D1704805

Falko Peschel

Offener Unterricht

Idee, Realität, Perspektive
und ein praxiserprobtes Konzept
in der Evaluation

Teil II

Schneider Verlag Hohengehren GmbH

Falko Peschel, Am Harzberg 1, 32676 Lüdge, Tel. 05282–969790
Falko.Peschel@Uni-Koeln.de

Gedruckt auf umweltfreundlichem Papier (chlor- und säurefrei hergestellt).

Bibliografische Information der Deutschen Nationalbibliothek

Die Deutsche Nationalbibliothek verzeichnet diese Publikation in der Deutschen Nationalbibliografie; detaillierte bibliografische Daten sind im Internet über ›http://dnb.d-nb.de‹ abrufbar.

---

4. unveränderte Auflage

ISBN: 978-3-8340-0136-8

Schneider Verlag Hohengehren, D-73666 Baltmannsweiler
Homepage: www.paedagogik.de

Inhaltsverzeichnis

Aus drucktechnischen Gründen musste die vorliegende Arbeit auf zwei Einzelbände aufgeteilt werden. Im ersten Teil sind dabei neben den einleitenden Bemerkungen die Kapitel 1 bis 7 zu finden, die primär die theoretischen bzw. didaktischen Grundlagen des untersuchten Unterrichts beschreiben. Diese Kapitel sind eng an die Ausführungen in Peschel 2002a&b angelehnt bzw. betten diese in eine umfassendere Betrachtung ein (vor allem die Konzepte des Sprach- und des Mathematikunterrichts). Im zweiten Teil des vorliegenden Werkes finden sich neben dem Literaturverzeichnis die Kapitel, die sich im engeren Sinne mit der Evaluation des im ersten Teil theoretisch eingeordneten Unterrichts beschäftigen. Dabei geht es neben der methodischen Einbettung der Untersuchung und einer ausführlichen Beschreibung des Bedingungsfeldes vor allem um die quantitative und qualitative Analyse der Ergebnisse des praktizierten Unterrichts.

Im Folgenden wird der Aufbau der Arbeit im Einzelnen kurz beschrieben:

Im ersten Kapitel der Arbeit erfolgt zunächst eine Hinführung an die Problematik der Umsetzung offener Unterrichtsformen in der Schulpraxis. Dazu wird die Offenheit gängiger Unterrichtsformen wie Wochenplanunterricht, Freie Arbeit, Projektunterricht, Werkstattunterricht und Stationslernen betrachtet und hinterfragt. Aufbauend auf der entsprechenden Kritik werden die entsprechenden Unterrichtsformen dann qualitativ weiterentwickelt und liefern dadurch Kriterien, die auch die Anforderungen an einen Offenen Unterricht bestimmen.

Im zweiten Kapitel geht es nach einer kurzen historischen Einbettung darum, den Begriff des Offenen Unterrichts bzw. seine praktische Umsetzung fassbarer und handhabbarer zu machen. Nach einer kritischen Betrachtung der inflationären Verwendung des Begriffs der Öffnung wird als Analysehilfe ein Bestimmungsraster bzw. ein Stufenmodell vorgestellt, das u. a. in Sitzungen der Projektgruppe OASE – „Offene Arbeits- und Sozialformen entwickeln" um HANS BRÜGELMANN an der Universität Siegen diskutiert und erprobt wurde. Die Raster können dabei nicht nur dazu dienen, den Grad der Offenheit in verschiedenen Dimensionen von Unterricht besser reflektieren bzw. bestimmen zu können, sondern geben Lehrern durch die integrierte Stufenfolge auch die Möglichkeit, ihren eigenen nächsten Schritt in Richtung Öffnung zu tun.

Das von mir in Anlehnung an eine Einteilung von HANS BRÜGELMANN (vgl. 1997a) erstellte Stufenmodell für Offenen Unterricht wird dann im dritten Kapitel anhand dreier Praxisbeispiele konkretisiert. Die „Didaktik der Kernideen" nach GALLIN und RUF (vgl. 1990) stellt ein Konzept hoher methodischer Öffnung des Unterrichts dar, ohne unbedingt die inhaltliche oder soziale Dimension zu öffnen. Die Kinder nehmen ein vom Lehrer vorgegebenes oder in der Klasse formuliertes Problem auf und setzen sich individuell damit auseinander, bevor sie sich mit anderen Kindern oder dem Lehrer austauschen und evtl. gemeinsam eine Vereinbarung treffen. Dabei dokumentieren sie ihren Lernweg fortlaufend in ihrem „Reisetagebuch". Die „Didaktik des weißen Blatts" nach ZEHNPFENNIG und ZEHNPFENNIG (vgl. 1992) gewährt hingegen nicht nur eine große methodische Offenheit auf Seiten des Schülers, sondern zeichnet sich auch durch die Freigabe der Inhalte aus. Die Kinder lernen nicht nur auf ihren eigenen Wegen, sondern bestimmen auch selbst, mit was sie sich in der Schule beschäftigen wollen – und das ohne den Rückgriff auf vorgegebene Arbeitsmaterialien. Das von mir als „Didaktik der sozialen Integration" bezeichnete Konzept umfasst schließlich methodische, inhaltliche und soziale Öffnung und versucht die Eigenverantwortung vom Bereich des Lernens auch auf den Bereich der Sozialerziehung, Regelerstellung und Klassenmitbestimmung auszudehnen.

Dieses Konzept wird dann auf allgemeindidaktischer Ebene weiter ausgeführt bzw. begründet. So findet sich im vierten Kapitel eine exemplarische Auseinandersetzung mit dem im Offenen Unterricht herrschenden Lernverständnis. Im Zentrum stehen die Begriffe der Selbststeuerung bzw. Selbstregulierung, die hier aus pädagogischer Sichtweise aufgegriffen und im Rahmen verschiedener Fragestellungen beleuchtet werden. Offensichtlich wird dabei, dass diese Zugangsweise eine ganz andere ist als die üblicherweise in der Literatur der pädagogischen Psychologie vorfindbare. Entsprechend wird der Lernbegriff viel weiter gefasst und es werden auch zufällige und unbewusste Lernprozesse als wichtige Komponenten schulischen Lernens einbezogen. Neben der Selbstregulierung wird der Stellenwert der Selbstbestimmung für das Lernen deutlich.

Nach einer kurzen Auseinandersetzung mit den Bildungszielen des Offenen Unterrichts wird dann konkreter auf das in der hier untersuchten Klasse praktizierte Unterrichtskonzept eingegangen, indem die methodisch-didaktischen Grundsätze der Unterrichtsgestaltung dargelegt werden. Dabei werden vor allem die Rollenänderungen deutlich: didaktische Theorie, Stoffkanon, Sozialerziehung, Schülerrolle, Lehrerrolle, Arbeitsmittel, Leistungsmessung, Unterrichtsplanung und Elternrolle stellen sich in einem Offenen Unterricht in hohem Maße anders dar als gewohnt. Abschließend werden die überfachlichen Grundsätze der Unterrichtsgestaltung noch einmal zusammengefasst, bevor in den nächsten Kapiteln eine fachdidaktische Einordnung des in der Klasse praktizierten Unterrichts erfolgt.

So wird im fünften Kapitel zunächst der in der Klasse praktizierte Sprachunterricht ausgeführt. Dabei erfolgt eine Schwerpunktsetzung in Bezug auf den Anfangsunterricht sowie das Rechtschreiblernen, für das ein „Modell des integrierten Rechtschreibunterrichts" entwickelt wurde. Eine Schärfung erfahren die Ausführungen durch die Abgrenzung des Konzepts im Hinblick auf andere Autoren wie HANS BRÜGELMANN, ERIKA BRINKMANN und JÜRGEN REICHEN, die mit dem Konzept des „Spracherfahrungsansatzes" sowie dem Konzept „Lesen durch Schreiben" sicherlich dem hier praktizierten Unterricht am nächsten stehen. Andere Bereiche des Sprachunterrichts werden ergänzend beschrieben.

Im sechsten Kapitel erfolgt eine Beschreibung des in der Klasse praktizierten Mathematikunterrichts, der – genau wie der Sprachunterricht – ganz in den Offenen Unterricht integriert wurde. Auch im Mathematikunterricht basierte die Auseinandersetzung der Kinder mit dem Fach vorwiegend auf ihren Eigenproduktionen, es erfolgte keine Vorstrukturierung durch den Lehrer. Vor dem Hintergrund des Spannungsfelds „vom Lehrer" oder „vom Schüler" ausgehender Arbeitsvorhaben sowie dem Spannungsfeld „vom (Schul-)Fach" oder „vom Alltag" ausgehender Problemstellungen erfolgt abschließend ein Vergleich des Konzepts mit anderen Ansätzen offenen Mathematikunterrichts.

Um eine Vorstellung vom gesamten, alle Fächer integrierenden Offenen Unterricht zu ermöglichen, werden im siebten Kapitel die restlichen Fächer der Grundschule sowie zusätzliche Bereiche wie „Begegnungssprachen" und „Medienerziehung" dargestellt. Aufbauend auf Überlegungen zu einem „integrierenden Sachunterricht" und seinen Richtzielen wie einer „Didaktik der Handlungsbefähigung", dem Aufbau einer Fragekultur, dem freien Forschen, der offenen Projektarbeit und der eigenständigen Aufbereitung von Vorträgen und Forschungsvorhaben wird erkennbar, dass der Offene Unterricht als ein alle Fächer umfassender Sachunterricht verstanden werden kann und entsprechend denselben didaktischen Grundprinzipien unterliegt. Dies wird auch deutlich, wenn danach auf die unterrichtliche Umsetzung der anderen Fächer bzw. Bereiche eingegangen wird. Auch sie lassen sich in den Offenen Unterricht einordnen. Zusätzlich wird die Rolle des Computers als ein Werkzeug unter mehreren im Offenen Unterricht ausgeführt, indem seine Funktion in verschiedenen Fächern bzw. Bereichen beschrieben bzw. analysiert wird.

Im achten Kapitel erfolgt der Brückenschlag zur vorliegenden Untersuchung. Durch einen kritischen Blick auf bestehende Untersuchungen zum „offenen Unterricht" wird deutlich, dass diese Untersuchungen in der Regel keinen Unterricht untersucht haben, der auch nur annähernd den Kriterien entsprechen würde, die im hier beschriebenen Konzept formuliert bzw. umgesetzt worden sind. Dies ist eine mögliche Erklärung dafür, warum die in dieser Untersuchung deutlich werdenden positiven Ergebnisse des Offenen Unterrichts noch nicht als empirisch gesichert gelten (können). Der methodische Aufbau der Untersuchung zeichnet sich dabei durch eine nicht repräsentative Evaluation in der Retrospektive aus, bei der die Entwicklung einer Klasse über ihre Grundschulzeit dokumentiert und analysiert wird. In der Untersuchung werden qualitative und quantitative Forschungsansätze miteinander verbunden. Dabei stellt die Untersuchung durch den Rückgriff auf üblicherweise vorhandenes Datenmaterial eine Form der Lehrerforschung dar, die sich von der gebräuchlichen Prozessforschung unterscheidet. Der Lehrer befindet sich zwar gleichzeitig in der Rolle des Konzeptentwicklers, des im Feld selbst involvierten Erprobenden sowie des nachträglich Evaluierenden, aber er nimmt vor allem die letzte Rolle aus einer zeitlichen Distanz ein, die ihm eine ganz neue Perspektive ermöglicht.

Um trotz der Doppelrolle des Lehrers und des Forschers eine möglichst aussagekräftige Untersuchung zu erhalten, sollte das Bedingungsfeld detailliert beschrieben werden. Neben der allgemein- und fachdidaktischen Ausführung des Konzepts gehört dazu eine Dokumentation der räumlichen und materiellen Bedingungen, d. h. der Lernumwelt der Kinder. So werden im neunten Kapitel Schule, Klassenraum und die verfügbaren Materialien vorgestellt. Aufschluss über die zeitlichen Bedingungen geben die Stundenpläne der vier Schuljahre und der ungefähre Ablauf eines Schultages. Weiterhin erfolgt ein Einblick in die Lehr- und Arbeitspläne, die der Lehrer für die Grundschulzeit formuliert hat. Sie drücken die Schwerpunktsetzung im Hinblick auf das individuelle Arbeiten der Kinder genauso aus wie seine Ausführungen über die Elternarbeit und die Gestaltung der Hausaufgaben.

In den nächsten beiden Kapiteln wird die Dokumentation des Bedingungsfelds durch eine Beschreibung der involvierten Personen ergänzt. Dazu werden im zehnten Kapitel nach einer Übersicht über allgemeine Angaben zur Lerngruppe alle Kinder, die die Klasse in ihrer Schulzeit irgendwann einmal besucht haben, in kurzen Einzelfallstudien porträtiert. Dabei erfolgt eine zusätzliche Schwerpunktsetzung dadurch, dass bestimmte Situationen, Entwicklungen, Probleme und Fragen konkreter beleuchtet werden, um so einen tieferen Einblick in das Gesamtkonzept bzw. damit einhergehende Zusammenhänge zu ermöglichen. Aus Datenschutzgründen wurde die Originalfassung des Kapitels von Informationen bereinigt, die Außenstehenden eine leichte Identifikation der beteiligten Personen ermöglicht hätten bzw. die von den Betroffenen als unsachgemäß bezeichnet werden könnten. Im elften Kapitel wird unter Nutzung verschiedener Quellen versucht, auch vom Lehrer ein möglichst differenziertes Bild zu entwerfen, das ihn in seiner Person und seinem Rollenverständnis bzw. in seiner Rollenausübung beschreibt.

Die unterrichtliche Gestaltung bzw. Ausgestaltung des Offenen Unterrichts wird dann im zwölften Kapitel auf der Basis von Klassenbucheinträgen und Tagebuchnotizen des Lehrers nachgezeichnet, um einen Eindruck bezüglich der konkreten unterrichtlichen Umsetzung des Konzepts über die vier Schuljahre zu ermöglichen. Weiterhin dienen die Tagebuchaufzeichnungen unter Zuhilfenahme ergänzender Dokumente dazu, die Entwicklung des Arbeits-, Sozial- und Lernverhaltens der Kinder im zeitlichen Verlauf auf Klassenebene grob nachzuzeichnen.

In den anschließenden drei Kapiteln wird die Entwicklung der Kinder in den in die Untersuchung einbezogenen Bereichen dargestellt: Schreiben und Rechtschreiben, Lesen(-lernen) sowie Arithmetik. Diese Bereiche wurden u. a. deshalb ausgewählt, weil gerade sie im Hinblick auf eine (radikale) Öffnung des Unterrichts häufig für problematisch gehalten werden. Zunächst erfolgt im dreizehnten Kapitel eine Auswertung der Erhebungen zu den schriftsprachlichen Kenntnissen der Kinder in der Eingangsphase sowie die Analyse ihrer weiteren Entwicklung im Schreiben und Rechtschreiben, ergänzt durch den Einbezug zusätzlicher Tests und Beobachtungen. Danach erfolgt im vierzehnten Kapitel eine Darstellung der Entwicklung im Lesen, bezogen sowohl auf Vorlesekompetenzen als vor allem im vierten Schuljahr auch auf das Leseverständnis. Schließlich wird im fünfzehnten Kapitel nach einer Beschreibung der Vorkenntnisse der Kinder die Leistungsentwicklung im Bereich Arithmetik veranschaulicht. Dies erfolgt im Rückgriff auf verschiedene Tests, von einem selbst entwickelten „Überforderungstest" über übliche Schulleistungstests bis hin zur Teilnahme an einer TIMSS-Nachuntersuchung.

Besonders wichtig erscheint vor dem Hintergrund der guten Leistungsergebnisse der Klasse eine qualitative Analyse der Entwicklung der Kinder, die in der eher quantitativ ausgerichteten Darstellung besonders auffallen. Dabei muss vor dem Hintergrund einer Rechtfertigung des offenen Unterrichtsprinzips das Hauptaugenmerk auf den Kindern liegen, deren Leistungen leistungsschwächer erscheinen als die der anderen Kinder. Zu diesen Kindern wurden im sechzehnten Kapitel ausführlichere Fallstudien angefertigt, die nicht nur das Bedingungsfeld dieser Kinder genauer beschreiben, sondern auch ihre Entwicklung in den getesteten Bereichen detaillierter dokumentieren. Aus Datenschutzgründen (s. o.) werden die Fallstudien in Abweichung zur Originalarbeit verkürzt wiedergegeben.

Entsprechend dem Konzept einer „Didaktik der sozialen Integration" erscheint zusätzlich eine genauere Betrachtung der Kinder interessant, die in der hier untersuchten Klasse „wider Erwarten" erfolgreich waren. Sie kamen nach Umzügen als Anwärter auf die Schule für Lernbehinderte sowie auf die Schule für Erziehungshilfe in die Klasse, sind dann aber trotz der Gutachten, die eine Regelbeschulung für unmöglich hielten, in der hier untersuchten Klasse geblieben. Ihre Fallstudien im siebzehnten Kapitel geben nicht nur Aufschluss über ihre Entwicklung in den verschiedensten Bereichen, sondern auch Hinweise darauf, dass der von ihnen vorher erfahrene Unterricht durchaus mit ihren Lernproblemen zu tun gehabt haben kann. Auch diese Fallstudien werden aus Datenschutzgründen verkürzt wiedergegeben.

Im achtzehnten Kapitel der Arbeit werden dann die Ergebnisse der Untersuchung noch einmal kurz zusammengefasst, zu aktuellen Fragestellungen und Forschungsergebnissen in Beziehung gesetzt und mit einem Ausblick versehen. Ein Nachwort zum Thema „Das Lernen hochhalten" sowie das Literaturverzeichnis bilden dann den Schluss der Arbeit.

8 Einordnung der Untersuchung

Im folgenden Kapitel wird nach einem kritischen Blick auf bestehende Untersuchungen zum „offenen Unterricht" der methodische Aufbau der Untersuchung als lehrereigene Evaluation aus der Retrospektive beschrieben und legitimiert. Im Anschluss daran findet sich eine Übersicht und Begründung der verwendeten Erhebungsverfahren.

8.1 Ein Blick auf die Problematik vorliegender Untersuchungen zum offenen Unterricht im Hinblick auf Aussagen zum hier zu Grunde liegenden Konzept

Blickt man auf die unterrichtliche Umsetzung vor Ort, so findet man nur sehr selten einen Offenen Unterricht, wie er hier als Konzept vorgestellt wurde. RAINER WINKEL veranschaulicht das Problem eindrucksvoll an einem Beispiel aus der Schulpraxis (vgl. i. F. Peschel 2002a, 215-227):

> Beschwörend und zum wiederholten Male versichert mir Herr *Steckel*, daß ich gleich „Offenen Unterricht" sehen werde – ganz im Sinne der „Kommunikativen Didaktik" und „trotz widriger Umstände". Dann öffnet er die Tür zu seiner 4b und ... Die ersten 10 Minuten gehen für Organisatorisches drauf, dann folgen viele Ermahnungen und hektische Anweisungen; im Zentrum der Stunde sollen Arbeitsblätter ausgefüllt werden, wobei ich mehrmals den – wiederum in beschwörendem Tonfall geäußerten – Hinweis des Lehrers registriere, daß jeder nur das Blatt bearbeiten soll, das ihm „auch wirklich Spaß macht". Den Kindern scheinen Bemerkungen über das gestrige Fernsehprogramm, das Werfen von Papierkügelchen oder auch einfaches Herumdösen mehr Spaß zu machen. Ich gehe herum und finde drei Lückentexte, acht Blätter mit Rechenpäckchen, fünf Kinder haben sich für Textaufgaben entschieden, ein Mädchen, die kaum Deutsch sprechende Mirja, sitzt vor einer Bildergeschichte (der sind es nur die Bilder?), und der Rest der Klasse sucht noch seinen Spaß. Herr *Steckel* sitzt am Pult und ruft gelegentlich in die Klasse. „Ich fände es gut, wenn ihr selbständig arbeitet!" Oder auch: „Natürlich könnt ihr, wenn ihr wollt, auch zusammenarbeiten!" *Mirja* schaut mich traurig und so hilflos an, daß ich meine Beobachterrolle aufgebe, mich neben sie setze und ... (Winkel 1993a, 12)

In der Regel befinden sich die Schüler in den „offenen" Unterrichtsphasen in einer Doppelbindungssituation: einerseits wird von ihnen größtmögliche Selbstständigkeit und Eigenverantwortung verlangt, andererseits werden ihnen aber gleichzeitig mehr oder weniger konkrete Arbeitsvorgaben gemacht. Dieser Widerspruch zwischen den hehren Zielsetzungen und Prinzipien des Offenen Unterrichts und dem gleichzeitigen Verstoß gegen eben genau diese Prinzipien in der tagtäglichen Anwendung führt zu einem sehr ineffektiven Unterrichtsgeschehen – was die Beteiligten meist auch spüren. Aber anstatt daraufhin die Qualität der Öffnung zu hinterfragen, greifen viele Lehrer dann – bewusst oder unbewusst – immer mehr auf „altbewährte" Techniken zurück. Die Folge ist, dass fast alles, was in der Schule als „offener" Unterricht gehandelt wird, dieses Etikett gar nicht verdient. Daraus ergibt sich folgendes Problem: Die Nichtexistenz eines qualitativ abgesicherten „offenen" Unterrichts in der Praxis führt dazu, dass es bislang keinerlei aussagekräftige Untersuchungen über die Effizienz dieser Unterrichtsform gibt, denn die den Untersuchungen zu Grunde liegenden Stichproben enthalten in der Regel gar keine Klassen, die über eine stundenweise organisatorische Öffnung hinausgehen (vgl. Hanke 2001a, 50).

Wie schon mehrfach anklang, besteht beim Thema „offener Unterricht" bislang kein wissenschaftlicher Konsens über konstituierende Merkmale bzw. eine genaue Definition. Was aber nicht genau bestimmt ist, kann auch nur eingeschränkt empirisch erforscht werden. Alle Untersuchungen werden keine aussagekräftigen Ergebnisse erbringen, solange nicht klar ist, welche Anforderungen man überhaupt an den betrachteten „offenen" Unterricht stellt. Wenn hier also im Folgenden Untersuchungen zum offenen Unterricht angesprochen werden, geschieht das nicht aus dem Grunde, die Stärken oder Schwächen dieser Unterrichtsform zu belegen, sondern um auf die Problematik einer empirischen Forschung in diesem Bereich hinzuweisen. Es soll gezeigt werden, dass es bislang noch keinerlei aussagekräftige Evaluation offenen Unterrichts gegeben hat und selbst die wenigen ernst zu nehmenden Studien nur sehr begrenzt Schlüsse zulassen.

8.1.1 Die meisten Untersuchungen zum offenen Unterricht untersuchen gar keinen (durchgängig praktizierten) „offenen Unterricht"

In seiner detaillierten Analyse der Forschung zum offenen Unterricht kommt BRÜGELMANN zu folgenden Schlüssen:

> Die Befunde der Forschung sind [...] nicht so einfach zu interpretieren, wie manche Zusammenfassungen suggerieren. Wesentlich sind folgende Punkte:
> 1. Über viele Studien hinweg zeigt sich, dass es *durchaus Unterschiede* zwischen sog. offenem und sog. lehrerzentriertem (bzw. durch Material stark vorstrukturiertem) Unterricht in beobachtbaren Verhaltensmerkmalen von SchülerInnen gibt – sowohl im Leistungs- als auch im Persönlichkeitsbereich. Die Dimension „Offenheit" ist also nicht irrelevant für die Beurteilung von didaktisch-methodischen Alternativen.
> 2. Die Unterschiede sind in der Regel *bereichsspezifisch.*
> a) Im fachlichen Bereich sind die Leistungen offener Ansätze im Mittel etwas niedriger, zugleich streuen die Leistungen oft breiter.
> b) Dagegen schneiden offene Ansätze im Bereich der Grundqualifikationen, der Einstellungen und der Persönlichkeitsentwicklung besser ab.
> 3. Die Unterschiede sind – gemittelt über verschiedene Studien hinweg – *gering.* [...] Wenn uns Selbstständigkeit, Mitverantwortung und Eigenaktivität als pädagogische Ziele wichtig sind, dann ist ein Unterricht vorzuziehen, der mit diesen Prinzipien übereinstimmt solange keine Verluste/Nachteile in anderen bedeutsamen Zielbereichen nachgewiesen sind. Dies aber ist die Situation, wie die Metaanalysen zeigen. In den Punkten 1 bis 3 wird allerdings ein Problem verdrängt:
> 4. Nicht nur sind die Unterschiede gering; oft weisen die Unterschiede sogar in einem Teil der Studien in die eine, in anderen Studien in die andere Richtung – und das mit *erheblicher Streuung* – zum Teil auch zwischen Klassen innerhalb der einzelnen Studien. (Brügelmann 1998c, 12f.)

Betrachtet man rückblickend die (internationalen und nationalen) Untersuchungen und Metaanalysen, die üblicherweise für oder gegen offenen Unterricht angeführt werden, so stellt man fest, dass keine einzige dieser Untersuchungen unseren Minimalkriterien von Offenheit standhalten würde. So folgten nach einer Vielzahl USamerikanischer Studien in den 30er und 40er Jahren zur „progressive education" (Reformpädagogik) vor allem zu Zeiten der „kognitiven Wende" in den 60er und 70er Jahren (ausgedrückt z. B. durch die Arbeiten von PIAGET, AUSUBEL und BRUNER) spezielle Untersuchungen zu entdeckendem Lernen, schülerorientiertem Unterricht oder informeller Unterrichtsgestaltung. Das Interesse zielte bei diesen Untersuchungen aber primär auf lerntheoretische und fachdidaktische Fragen im engeren Sinne (Wie eignen sich Kinder bestimmte Inhalte an?); Fragen, die man heute schultheoretisch und pädagogisch im Hinblick auf Komponenten inhaltlicher und sozialer Mitbestimmung stark erweitern würde (Was trägt die Schule bei zur Entwicklung der Kinder als individueller Persönlichkeit und als Bürger in einer demokratischen Gesellschaft?) (vgl. Brügelmann 1998c, 9).

Zusätzlich ist in vielen Untersuchungen die Einteilung in „offen" bzw. „geschlossen" unterrichtete Klassen erst im Nachhinein aus den vorhandenen Daten gebildet worden, d. h. die Daten selbst führten zur Erstellung der Kriterien von „offen" und „geschlossen", sie sind nicht *vorher* definiert worden (vgl. Brügelmann 1998c, 14ff.). Zum Teil wurden auch die Selbstzuweisungen der Lehrer als Zuordnungskriterium genutzt – ein nicht unbedingt sinnvolles Vorgehen, wie die aktuelle Untersuchung von HANKE zeigt: nach den Unterrichtsbeobachtungen konnte bei ihr keine einzige der Selbstzuweisungen zum „offenen" Unterricht aufrecht erhalten werden, da es sich statt des angegebenen „offenen" Arbeitens immer um geschlossenen bzw. lehrgangsorientierten Unterricht handelte (vgl. Hanke 2001b, 384). Des Weiteren hat man bei vielen Untersuchungen den Eindruck, dass der „informelle" bzw. „offene" Unterricht des Öfteren sogar in der Nähe eines „Laisser-faire-Stils" gelegen hat (vgl. Einsiedler 1990, 228). Aber auch die Untersuchungen, bei denen die Stichproben methodologisch korrekt vor der Auswertung als informell bzw. offen unterrichtet klassifiziert wurden, erscheinen fragwürdig, denn der „offene" Unterricht stellt sich auch hier in vielen der Studien, die überhaupt eine entsprechende Dokumentation der Unterrichtssituation liefern, zweifelsohne viel eher „geschlossen" als „offen" dar (vgl. Kasper 1995[3], 108f.; Wagener 2002, 102):

- Statt offenem Unterricht als durchgängigem Unterrichtsprinzip erfolgte die „Öffnung" meist nur für einzelne Stunden pro Woche in der Form von Wochenplanunterricht oder „Freier Arbeit";
- auf der Basis vorstrukturierten Aufgabenmaterials statt durch Eigenproduktionen der Kinder;
- mit vorwiegend rein reproduktiven Aufgabenstellungen statt entdeckendem oder herausforderndem Lernen;
- mit quantitativer Differenzierung durch Lehrer bzw. Material statt einer qualitativen Individualisierung durch das Kind;
- in der Form eines Nebeneinanderher-Lernens statt eines Miteinander-Lernens der Kinder;

- auf der Basis vorher durch den Lehrer eintrainierter Lern- und Verhaltensstrategien für den „offenen Unterricht" statt einer Entwicklung dieser Strategien durch die Kinder.

Untersucht wurde also in der Regel kein Unterricht, der auch nur annähernd den oben beschriebenen Prinzipien eines Offenen Unterrichts entspricht, sondern eher ein Unterricht, der nur in der Abgrenzung zu einem vollkommen geschlossenen lehrerzentrierten Unterricht einzelne kleine Öffnungsansätze (z. B. durch Materiallehrgänge) sichtbar werden lässt. Man hat fast den Eindruck, dass in vielen Untersuchungen ein Unterricht umso eher als „offen" bezeichnet wurde, je unstrukturierter bzw. chaotischer er sich darstellte. Entsprechend willkürlich erscheint dann auch die Zuteilung einer Klasse zum „geschlossenen" oder „offenen" Untersuchungsbereich. So findet man eine große Anzahl von Klassen bzw. Unterrichtstypen, die in den einen Untersuchungen als „offen" eingestuft wurden, in anderen aber nur als „traditionell" bzw. sogar noch niedriger eingestuft worden wären (vgl. Brügelmann 1998c, 19). Hier muss man den Forschern einen inflationären und unwissenschaftlichen Gebrauch des Kriteriums „offen" vorwerfen.

8.1.2 Es lassen sich gar keine ausreichenden Stichproben für (durchgängig praktizierten) offenen Unterricht finden

Was man den Forschern allerdings nicht vorwerfen kann, ist die als „offen" bezeichnete Unterrichtspraxis, die sie vorgefunden haben – und auf die sie in ihren Untersuchungen zwangsläufig angewiesen waren –, denn diese spiegelt (leider) nur die Schulwirklichkeit wider. Dass diese Umsetzungspraxis auch heute noch genauso anzutreffen ist, kann man aus den Untersuchungen von GÜNTHER (vgl. 1988; 1996), HANKE (vgl. 2001b, 382ff.), WAGENER (vgl. 2002) bzw. den Befragungen von GERVÉ (vgl. 1997a, b) und BRÜGELMANN (vgl. 1996/1997) ablesen. Während in der Untersuchung von GÜNTHER und in der Befragung von BRÜGELMANN weniger als 10% der Lehrer mehr als 4 Stunden Freie Arbeit pro Woche durchführen bzw. versuchen, Freie Arbeit täglich zu ermöglichen, kann man GERVÉS Befragung entnehmen, dass weniger als 5% der Freie Arbeit praktizierenden Lehrer mindestens eine Stunde Freie Arbeit pro Tag zulassen. HANKE konnte alle Selbsteinschätzungen der Lehrer, sie würden häufig/immer Freie Arbeit machen, nach der überprüfenden Beobachtung nicht aufrecht erhalten, und auch WAGENER kommt zu dem Schluss:

> Die Anwendung der Kriterien auf den „offenen" bzw. „schülerorientierten" Unterricht aus der Fachliteratur im Vergleich mit dem beobachteten Unterricht machte deutlich, dass in dieser Untersuchung nicht die Rede davon sein kann, dass Unterricht in der Grundschule überwiegend „offen" oder „schülerorientiert" ist. Kernpunkte „schülerorientierten" Unterrichts wie Freiarbeit, entdeckendes Lernen und Projektarbeit wurde während unserer Anwesenheit überhaupt nicht praktiziert. (Wagener 2002, 112)

Im Grund existiert Freie Arbeit als durchgehendes Konzept auch in „Freiarbeitsklassen" also gar nicht. Interessant ist dabei, dass der größte Teil der Befragten bei GERVÉ (83%) schon mehrere Jahre bzw. Klassendurchgänge „Freie Arbeit" praktiziert – von einer Annäherung an Öffnung in „kleinen" Schritten kann also keine Rede sein.

Einen Hinweis darauf, dass der offene Unterricht grundsätzlich als „materialzentrierter" Unterricht angesehen wird, geben die Aussagen der Lehrer zu den Gründen, die ihnen bezüglich einer Ausweitung der Freien Arbeit im Wege stehen. Als Argument von 74% der Lehrer, die den Anteil der Freien Arbeit in ihrer Klasse gerne ausweiten würden, sich dazu aber nicht in der Lage sehen, wird vor allem das Fehlen von Material und Lernangeboten angeführt – das ist auch der Grund, der von denen genannt wird, die deshalb keine Freie Arbeit praktizieren. Bedenkenswert ist auch das Verständnis, dass die Lehrer bei GERVÉ von „Freier Arbeit" haben: Für nur 4% der Lehrer war Freie Arbeit eine Zeit, in der die Kinder nach Belieben einer Beschäftigung ihres momentanen Interesses nachgehen können (BRÜGELMANN kommt im „offenen Unterricht" auf 4% „individuelle Vorhaben frei entwickeln" und 7% „Inhalte von Aufgaben bestimmen" bzw. „eigene Aufgaben zu formalen Vorgaben entwickeln dürfen") – 96% der frei arbeitenden Lehrer empfanden Freie Arbeit als durchaus lehrergesteuert. Nur 1% (!) der Lehrer ließ (in der sowieso nur auf einzelne Stunden beschränkten Freiarbeitszeit) bei den Kindern überwiegend Aufgaben zu, die nicht direkt in dem vom Lehrer vorbereiteten und selbst eingeführten Angebot enthalten waren. Dieses Verständnis von Freier Arbeit oder Öffnung und das darin enthaltene Potential zum Kontraproduktiven spricht für sich.

8.1.3 Schulleistungstests als Messinstrumente

Für die empirische Forschung stellt sich die Frage, wie überhaupt Lernerfolg im Unterricht gemessen werden soll bzw. kann. Beim Offenen Unterricht ergibt sich aus dem offenen Curriculum, dass für eine Leistungsmessung eigentlich Messinstrumente notwendig sind, die die angestrebten Kompetenzen lehrgangsunabhängig abfragen. Ein entsprechendes Instrumentarium können beispielsweise die auch für die laufende Leistungsüberprüfung im Offenen Unterricht empfohlenen Überforderungstests darstellen (s. u.), d. h. Fragestellungen, die weder einen bestimmten Stoffausschnitt noch ein bestimmtes Leistungsniveau im Auge haben, sondern Wissen und Kompetenzen in einem größeren Rahmen abfragen. Für den sprachlichen Bereich würden sich z. B. freie Aufsätze zur Bewertung der sprachlich/grammatikalischen Kompetenz anbieten, Lesetests zum sinnentnehmenden Lesen (vgl. Lehmann 1997) sowie (Bild-)Diktate mit bekannten, aber „schwierigen" Wörtern („Fahrrad", „Schiedsrichter" usw.) für den Bereich der Rechtschreibung (vgl. May 1997[3]; 1994[3]). Für die Mathematik fehlen zurzeit noch entsprechende Instrumente, aber Tests wie z. B. der AMI-Test des Projektes „Applying Mathematics International" (vgl. Selter 1999) scheinen in diese Richtung zu gehen, obwohl auch dieser Test noch auf eine spezielle Schulstufe bezogen ist. Die offene Aufgabenform könnte aber auf die Anforderungen anderer Schulstufen übertragen werden und in eine Überprüfung münden, die dann mehrere Schulstufen umfasst.

Solche Tests können dann u. U. zeigen, dass die Öffnung des Unterrichts in der Regel höhere Fachleistungen bei den Kindern erbringt als niedrigere. Das wäre deshalb naheliegend, weil ein Offener Unterricht, der direkt auf den Vorkenntnissen der Kinder aufbaut und sich nicht mehr der künstlichen Begrenzung durch Lehrgang oder Material unterwirft, auf Grund der idealen Passung zwischen herausforderndem Stoff und individuellen Schülermöglichkeiten einen größtmöglichen Fortschritt erzeugt – sowohl bei schwachen als auch bei starken Schülern. Aber das, was den Offenen Unterricht im Sinne einer Ausbildung entsprechender Kompetenzen eigentlich ausmacht, wird durch solche Messinstrumente auch nicht erfasst. Die m. E. durchweg höhere Selbstständigkeit, Sozialkompetenz und allgemeine Reife der Kinder ist wahrscheinlich nur vor Ort in der Klasse spürbar, wenn man sieht, wie die Kinder miteinander umgehen bzw. ihre Arbeitsvorhaben angehen.

8.1.4 Effektstudien

In jüngerer Zeit haben sogenannte „Effektstudien" zu bestimmten Fragestellungen von sich reden gemacht. Sie sehen vom Vergleichen ganzer Unterrichtskonzepte (offen vs. geschlossen) auf Grund der Vielzahl der das Ergebnis mitbestimmenden Faktoren ab und beschränken sich auf bestimmte Einzelfragen:

- „Aufmerksamkeitsverhalten von Schülern in offenen und geschlossenen Unterrichtskontexten" (vgl. Laus/ Schöll 1995),
- „Selbständiges Lernen in Phasen freier Aktivitäten" (vgl. Wagner/ Schöll 1992),
- „Lernzeit und Konzentration. Grundschulkinder in offenen Lernsituationen" (vgl. Lipowsky 1999).

Unter anderem um sich nicht den angesprochenen Problemen der Leistungsmessung im offenen Unterricht auszusetzen, wird Lernen oder Lernerfolg in solchen Studien nicht durch das Abfragen bestimmter Sachverhalte gemessen, sondern indirekt über Beobachtung z. B. der „aufgabenbezogenen Lernzeit" des Schülers. Als Rechtfertigung für die Gleichsetzung von Lernzeit und Lernerfolg wird angeführt „der von der Unterrichtsforschung vielfach abgesicherte Befund, daß zwischen dem Ausmaß an Aufmerksamkeit bzw. aktiv genutzter Lernzeit und dem Lernerfolg ein Zusammenhang besteht." (Lipowsky 1999, 233)

Während die Beziehung zwischen mehr Lernzeit und höherem Lernerfolg in Situationen, in denen ein fest umrissenes „Lernergebnis" durch „Einüben" bzw. „Auswendiglernen" erreicht werden soll, noch (eingeschränkt) nachvollziehbar ist, erscheint dieser Zusammenhang für die Kompetenzentwicklung im Offenen Unterricht fragwürdig. Schüler nehmen eigenmotiviert bzw. interessegeleitet Sachverhalte viel schneller auf, als wenn sie einem kleinschrittigen Lehrgangsunterricht folgen – manchmal geradezu in fast unglaublichen Lernsprüngen, wenn sie sich längere Zeit mit ganz anderen Dingen beschäftigt haben und plötzlich einen Kompetenzgewinn von mehreren Schuljahren haben. Das große (noch weitgehend unerforschten)

Feld impliziten und inzidentellen Lernens, das eben nicht durch die zeitliche Messung der Aufmerksamkeitsspanne oder der Lernaktivität erfasst wird, wird bei diesem Messvorgehen vernachlässigt. Auch misst die Größe Lernzeitnutzung immer nur Quantität, für sie spielt die Qualität bzw. der Anspruch der Lernarbeit ja zunächst gar keine Rolle.

In manchen Untersuchungen legt man als Indikator für den Lernerfolg die Konzentrationsfähigkeit der Schüler zu Grunde. Auch dieses Vorgehen erscheint problematisch, denn bei genauerer Betrachtung der Kinder würde man voraussichtlich feststellen, dass diese von sich aus einfach ganz verschiedene Rhythmen und Schnelligkeiten (und Konzentrationsfähigkeiten) beim Lernen haben, die zunächst wenig mit der Unterrichtsform zu tun haben. So ist z. B. zu vermuten, dass der größere Anteil, der durch Test oder Lehrerstatement als „nicht aufmerksam" bzw. „unkonzentriert" eingeschätzten Schüler sich eher als „leistungsschwach" oder als besonders „leistungsstark" herausstellt. Das Aufmerksamkeitsverhalten kann nicht unabhängig vom persönlichen Vermögen der Schüler untersucht werden, sondern muss immer in Beziehung zu ihren Möglichkeiten gesetzt werden.

Zwar sind die Ergebnisse der Untersuchungen im Hinblick auf den untersuchten „offenen" Unterricht sehr positiv, dennoch sollte man nachprüfen, in welchen Arbeitsphasen gemessene Lernzeit „verloren" wird. Dazu stellen die Autoren beim Vergleich des Verhaltens ein und derselben Klasse in geschlossenen und offenen Unterrichtskontexten fest:

> Die Schüler aller drei Leistungsgruppen arbeiten in Phasen Freier Aktivitäten durchschnittlich aufmerksamer als in Phasen lehrerinitiierter Arbeit [...], leistungsschwache Schüler [...] sind in Phasen lehrerinitiierter Arbeit weit unaufmerksamer als in Phasen freier Aktivitäten. [...] In Phasen Freier Aktivitäten nehmen die **„special situations"** [z. B. Orientierungszeiten, in denen die Kinder sich nicht konkret mit einer Arbeit auseinandersetzen, aber auch nicht nichts tun; FP] mit abnehmender Leistungsstärke zu [...]. Zurückzuführen sind die vergleichsweise hohen Anteile an „special situations" bei leistungsschwachen Schülern in Phasen Freier Aktivitäten z. T. auf die benötigte Zeit bei der Auswahl neuer Materialien. Diese brauchen durchschnittlich länger, bis sie sich zu Beginn oder nach einer Arbeitsphase (wieder) für die Beschäftigung mit Materialien entscheiden. (Laus/ Schöll 1995, 11f.)

Entsprechendes ist auch bei LIPOWSKY zu finden: „Hatten sich die konzentrationsschwächeren Kinder jedoch einmal für eine Aufgabenstellung entschieden, so arbeiteten sie ähnlich sach- und aufgabenbezogen wie die konzentrationsstärkeren Schülerinnen und Schüler." (Lipowsky 1999, 241) Man begegnet hier also in erster Linie wieder einem Problem materialzentrierten Unterrichts, das in dem hier beschriebenen Konzept Offenen Unterrichts in dieser Form nicht vorkommen kann, denn das angestrebte interessegeleitete Lernen erspart den Schülern gerade diese Phase der (vielleicht zeitintensiven, weil widerwilligen) Auswahl einer Beschäftigung aus einem vorgegebenen Lernangebot. Da die Aufmerksamkeit der leistungsschwächeren Schüler in den offenen Phasen allerdings weitaus höher als in den lehrerzentrierten Phasen war, scheinen sie eben nicht mehr Struktur und Vorgaben zu benötigen, sondern mehr Selbststeuerungsmöglichkeiten.

Die zuletzt geschilderte Problematik gibt einen Hinweis darauf, dass die in den oben genannten Effektstudien als „freie Aktivitäten" oder „offene Lern- oder Unterrichtssituationen" bezeichneten Lernarrangements dem hier formulierten Anspruch an Offenen Unterricht nicht genügen. Entsprechend entdeckt man in den Untersuchungsbeschreibungen immer wieder mehr oder weniger versteckte Hinweise auf die Stoff- bzw. Materialzentrierung des eigentlich als „offen" eingestuften Unterrichts:

> Im Zusammenhang mit motivationalen Aspekten steht die Förderung von differenzierendem und individualisierendem Lernen: Die Ausrichtung des Materials auf unterschiedliche Lerntypen und Lerninteressen, auf unterschiedlichen Leistungs- und Kenntnisstand sowie auf unterschiedliches Arbeitsverhalten zum einen, die Möglichkeit nach dem eigenen Lernrhythmus zu arbeiten zum anderen, sorgen in hohem Maße für ein differenzierendes und individualisierendes Lernen. (Laus/ Schöll 1995, 4f.)

> Zu Beginn der 3. Klasse hatte die Lehrerin mit der planmäßigen Einführung Freier Aktivitäten eingesetzt. Sie begann mit dem Aufzeigen verschiedener Übungsmöglichkeiten im Mathematikunterricht. Die Kinder konnten aus mehreren Angeboten frei wählen. [...] Zum Zeitpunkt der Untersuchung waren die Freien Aktivitäten auf einen Umfang von drei Schulstunden pro Woche angewachsen. (Wagner/ Schöll 1992, 16)

> Die Forschungsfragestellung wurde curricular auf den Lernbereich *Geometrie* begrenzt, denn für die Behandlung geometrischer Themen bieten sich geöffnete Unterrichtsformen in besonderer Weise an. (Lipowsky 1999, 235)

Natürlich erfordern Testarrangements, die durch die Beobachtung „aufgabenbezogenen Lernens" die „Lernzeitnutzung" messen wollen, indirekt in gewisser Weise die Ausrichtung auf bestimmten Lernstoff bzw. eine entsprechende Eingrenzung, denn würde diese wegfallen, so würde es viel schwerer sein, „nicht aufgabenbezogenes Lernen" auszumachen. Aber trotzdem können diese Untersuchungen eigentlich nur zur Evaluation materialzentrierten Unterrichts genutzt werden – die Vergleichsgruppe für den Offenen Unterricht fehlt. Dass ein solcher Unterricht zusätzlich zur Materialzentrierung wahrscheinlich immer auch stark lehrergelenkt abläuft, wird z. B. am Verhalten der Kinder in der Studie bei WAGNER und SCHÖLL offensichtlich. Die Autoren haben beobachtet, dass die Kinder aus dem gesamten zur Verfügung stehenden Material immer nur bestimmte Lernmittel auswählen. Das führt sie zu der Hypothese: „Vielleicht werden unbekannte Lernmittel u. a. wegen der Regel des Zuendeführens einer einmal begonnenen Arbeit nicht gewählt. Der Schüler weiß nicht, was ihn erwartet und vermeidet die unangenehme Erfahrung einer nicht befriedigenden Arbeit." (Wagner/ Schöll 1992, 46) Mit anderen Worten: Die Vorgabe der Lehrmittel und die Auflage des Beendenmüssens einer Arbeit führt dazu, dass sich die Schüler quasi „im Kreis drehen", von einem herausfordernden Unterricht ist nichts zu sehen. So sollte man trotz der positiven Ergebnisse für den Offenen Unterricht die Untersuchung insofern relativieren, als dass sie in einem wirklich „Offenen Unterricht" ohne Materialfixierung vermutlich signifikant anders aussehen würde.

8.1.5 Schülerbefragungen

Aus Gründen der Testdurchführung seltener in der Grundschule vorkommend, aber durchaus häufiger in der Sekundarstufe als Untersuchung anzutreffen, sind Befragungen von Schülern dazu, wie sie den praktizierten Unterricht empfinden bzw. was sie an Schule verbessern würden. Während z. B. GÜNTHER bei der Befragung von knapp 300 Schülern der Sekundarstufe I (40% Gymnasium, 26% Realschule, 12% Gesamtschule, 21% Hauptschule) heraus bekommt, dass nur ein Viertel der Schüler einen Unterricht der Art „Am besten finde ich es, wenn der Lehrer am Anfang die Hausaufgaben nachsieht, dann im Schulbuch im Stoff weitergeht und schließlich zum Schluß die Hausaufgaben aufgibt" (Günther 1996, 81) ablehnt (aber auch nur 30% zustimmen) und sich nur eine Minderheit von 7,5 % eine Schule wünscht, in der es *nur* Projektunterricht gibt (zwei Drittel lehnen diese Perspektive – mit ihren Projekterfahrungen – ab), fasst HAENISCH andere Untersuchungen folgendermaßen zusammen:

> Eine andere Unterrichtsform, die viele Elemente schülerorientierten Arbeitens enthält, ist der Projektunterricht. Auch ihm werden von Schülerinnen und Schüler, die ihn über längere Zeit kennengelernt haben, sehr gute Noten bescheinigt. Insgesamt wird er sogar wesentlich positiver beurteilt als der Normalunterricht. Nicht nur, daß er lebendiger, abwechslungsreicher und anregender eingeschätzt wird, ist hier zu vermerken, die SchülerInnen geben auch an, daß sie im Projektunterricht häufiger gut mitkommen. (Haenisch 1992, 4 mit Bezug auf Geist u. a. 1986)

Aber auch in diesen Untersuchungen merkt man bei genauerer Betrachtung, dass es sich nicht um einen Projektunterricht handelt, wie er zum hier beschriebenen Offenen Unterricht passt:

> Oft ist die Befürwortung von Projektunterricht mit einer negativen Darstellung der Schule verbunden. [...] Zwei Drittel der Schüler sehen das ganz entschieden so. Wenn sie für Projektunterricht sind, sind sie es mit der Devise „Endlich mal keine Schule!" [...] 60% stimmen deshalb dem Projektunterricht zu, weil man darin nicht soviel zu tun braucht. [...] Immerhin 90% der Befragten sind der Ansicht, daß in Projektwochen von einigen Schülern die ganze Arbeit gemacht wird. [...] Die Mehrheit (60%) erlebte im Projektunterricht, daß es nur anfangs Spaß macht und wenn auf ein Ergebnis hingearbeitet werden muß, das Projekt seine Vorzüge als erwünschter Unterricht verliert. [...] Für 55% erscheint der Unterricht durch die Lehrer zu schlecht vorbereitet. (Günther 1996, 82ff.)

So führen auch diese Untersuchungen nicht gerade weiter – und es ist fraglich, ob Schülerbefragungen (genauso wie Lehrerbefragungen!) überhaupt weiterführen können, denn um sich aussagekräftig über Offenen Unterricht äußern zu können, sollte ein solcher Unterricht irgendwie erlebt worden sein. Das haben aber die wenigsten Schüler und Lehrer. Aber selbst wenn man eine Klasse von Kindern befragen würde, die wirklich durchgängig Offenen Unterricht praktiziert, ergibt sich das Problem, dass diese u. U. keinen längeren Einblick in andere Unterrichtsformen gehabt haben, um wirklich vergleichen zu können.

8.2 Methodisches Design der Untersuchung – Standortbestimmung und Reflexion genereller Sichtweisen

Der fruchtbare Nährboden für Entwicklungen solcher Art ist meist die Kritik an einer relativen Wirkungs- und Bedeutungslosigkeit erziehungswissenschaftlicher Forschung und ihrer Ergebnisse für das Handeln von Pädagogen und Schülern. Wiederholt wird das empirisch-analytische Forschungsvorgehen als gegenstandsunangemessen abgehandelt. (Fischer 1982, 12)

Das besondere erkenntnisträchtige Potential von Praxisforschung läßt sich in folgenden Punkten zusammenfassen:

- Praxisforschung bringt Wissen aus der Kenntnis der Interna hervor.
- Praxisforschung schafft Wissen über konkrete Einzelfälle in ihren einzigartigen Kontexten.
- Praxisforschung hat Einsicht in viele Elemente des Feldes bzw. der pädagogischen Situation und kann sie in Beziehung zueinander setzen.
- Beobachtungszeiträume von Praxisforschung sind vergleichsweise dauerhaft.
- Neue sozialisatorische Entwicklungen können sofort beobachtet werden.
- Wissenschaftliche Ergebnisse und Theorien können durch Praxisforschung im Hinblick auf konkrete Einzelsituationen im Feld praxisrelevant wirksam werden.
- Das durch Praxisforschung hervorgebrachte Wissen wirkt sich unmittelbar aus auf pädagogisches Handeln, auf die Zielgruppen und erhöht die Chancen effektiven und sinnvollen Lernens. (Prengel 1997, 620)

Die hier vorgelegte Arbeit unterscheidet sich in verschiedener Hinsicht von anderen Untersuchungen. Sie kann als Fallstudienerhebung der qualitativen Forschungstradition zugerechnet werden, weist aber durch den Rückgriff auf standardisierte Messinstrumente einen starken Bezug zum quantitativ orientierten Forschungsparadigma auf. Sie hat ihren Schwerpunkt in der Retrospektive, enthält aber auch prospektive Elemente. Sie stellt in gewisser Weise eine Explorationsstudie dar, die in der Phase der Durchführung auch auf Handlungs- und Aktionsforschung zurückgreift, ist grundsätzlich aber dem historischen Paradigma der rückblickenden Analyse und Evaluation verpflichtet. Durch die Verbindung dieser verschiedenen Ansätze bzw. den Rückgriff auf sie soll ein möglichst genaues und fundiertes Bild der hier untersuchten Materie geliefert werden.

Darüber hinaus ist sie aber auch ein Beispiel für eine Art der Lehrerforschung, die durch die Verknüpfung von in den Unterricht eingebundener Dokumentation und retrospektiver wissenschaftlicher Aufbereitung den Pragmatismus verkörpert, der auch anderen Lehrer zur fundierten Evaluation ihrer Innovationsversuche verhelfen könnte. Die der Auswertung zu Grunde liegenden Quellen sind neben den sowieso verfügbaren Dokumenten (Schülerakten) Unterlagen, die jeder Lehrer entweder im Rahmen seiner Aufgaben sowieso erstellen muss (Zeugnisse) oder die ihm bei der Erstellung entsprechender Gutachten und der Evaluation des eigenen Unterrichts maßgeblich helfen können (Normtests).

Wir brauchen eine zweite, situationsbezogene Ebene der Forschung, nämlich durch Lehrer-Innen selbst, die ihren Unterricht dokumentieren, mit KollegInnen Erfahrungen austauschen und – zumindest punktuell – an der Systematisierung solcher Erfahrungen durch Hochschulprojekte beteiligt werden. (Brügelmann 1998c, 34)

8.2.1 Lehrer als Forscher

Lehrer – wie auch der Verfasser – finden sich bei einem solchen Ansatz in einer Doppelrolle wieder. Sie sind Lehrende und Forscher zugleich. Inwiefern sich diese Rollenüberschneidung als produktiv oder kontraproduktiv herausstellt, hängt von der Umsetzung im Einzelfall ab. In der Regel wird Lehrerforschung erst dann wissenschaftlich akzeptiert, wenn sie an entsprechenden Standards gemessen werden kann bzw. diese erfüllt.

Durch die Analyse von Daten und direkten Erfahrungen soll Sinn gewonnen, ein differenzierteres Verständnis der untersuchten Situation, eine „neue" praktische Theorie entstehen, die die bereits verfügbare weiterentwickelt. Wer analysiert, *strukturiert sein Daten- und Erfahrungsmaterial* auf neue Weise, arbeitet an seiner praktischen Theorie. In diesem Sinne bedeuten Analysieren, Theoretisieren und Strukturieren dasselbe.

Sind die dabei erzielten Theorien „wissenschaftlich"? Ist die analytische Tätigkeit des Lehrers „Forschung"? Eine scharfe Grenze zwischen wissenschaftlicher und alltäglicher Analyse läßt sich nicht ziehen. *Je systematischer* die Analyse erfolgt (d. h. je mehr sie auf dem bereits verfügbaren theoretischen und methodischen Wissen aufbaut), *je selbstkritischer* sie durchgeführt wird (d. h. je sorgfältiger geprüft wird und abweichende Daten und Interpretationen berücksichtigt werden) und *je kommunikativer* sie ist (d. h. je mehr sie auf das Öffentlichmachen von Prozeß und Ergebnissen eingestellt ist), desto eher verdient sie den Namen „Forschung". (Altrichter/ Posch 1994[2], 151)

Die Reflexion des einzelnen Lehrers über seinen Unterricht bzw. seine pädagogische Praxis wird dann zur Forschung, wenn ein gewisses Maß an intersubjektiver Deutung und Nachvollziehbarkeit möglich ist. Dabei nutzt der Lehrer innerhalb seines Handelns wissenschaftliche Methoden der quantitativen bzw. qualitativen Forschung, mit denen er ihm zugängliche Daten erhebt bzw. auswertet und darstellt. Die Lehrerforschung verbindet damit von sich aus verschiedene Formen der Erkenntnisgewinnung, die sich oft nicht mehr scharf voneinander trennen lassen. Einerseits ereignet sich die Erkenntnisgewinnung direkt und meist unbewusst im Handeln vor Ort, andererseits erfolgt eine bewusste Reflexion und Aufarbeitung der Geschehnisse aus eher distanzierter Sicht im Nachhinein. Dabei bedingen sich beide Erkenntnisweisen gegenseitig bzw. finden sich in einem dauernden Wechselspiel wieder.

In der hier vorliegenden Arbeit liegt der Schwerpunkt der Dokumentation jedoch in der Aufarbeitung der Entwicklungen und Erfahrungen aus der Retrospektive. Damit geht diese Arbeit über die typische Lehrerforschung in der Tradition der Handlungs- und Aktionsforschung hinaus, in der Aktion und Reflexion im Sinne eines Spiral-Modells ständig aufeinander folgen, um Unterrichts- oder Erziehungssituationen im Sinne der eigenen Fortbildung des professionellen Praktikers zu verbessern. Dieser Prozess der Entstehung des hier untersuchten Unterrichtskonzepts hat schon im

Vorfeld stattgefunden. Er findet nur als Endprodukt Eingang in diese Arbeit. Das liegt daran, dass erst die positiven Resultate bei der Unterrichtsdurchführung den Anlass gegeben haben, das Konzept und die Entwicklungen der Kinder im Nachhinein zusammenfassend zu dokumentieren und wissenschaftlich aufzuarbeiten. Damit erweitert sich das Untersuchungsanliegen in entscheidendem Maße: es geht nicht mehr nur um die Klärung eigener pädagogischer Fragestellungen, sondern um die Überprüfung eines Gesamtkonzepts bis hin zu seiner Einbettung in den wissenschaftlichen Diskurs – und zwar in dem Sinne, Möglichkeiten und Grenzen des Ansatzes näher zu beleuchten, nicht aber ein Rezept zu liefern. Durch dieses Anliegen aber vereinigen sich die Rollen des Praktikers und des Theoretikers, des Entwickelnden und des Evaluierenden. Es findet eine integrative Überprüfung eines Unterrichtskonzepts statt:

> [...] I would question the desirability of the emergence of the evaluator as a professional role. The existence of the evaluator implies the existence of the developer, another role of which I am sceptical. I want to argue against separation of developer and evaluator and in favour of integrated curriculum research. (Stenhouse 1975, 121)

Retrospektive Evaluation

Aus der Entstehungsgeschichte des Untersuchungsanliegens folgt, dass es sich hier nicht um eine im Vorfeld detailliert geplante Untersuchung innerhalb eines Forschungsprojektes handelt, sondern vielmehr um eine nachträgliche Evaluation eines weitgehend abgeschlossenen Geschehens. Dieser Umstand bedingt das Untersuchungsdesign maßgeblich, denn als Quellenmaterial kann nur auf Daten zurückgegriffen werden, die vorher im Rahmen der Unterrichtsdurchführung entstanden bzw. erhoben worden sind. (Was wiederum die oben angesprochene Beispielhaftigkeit dieser Untersuchung ermöglicht, die im Prinzip ohne großen zusätzlichen Forschungsaufwand von jedem Lehrer mit Datenmaterial durchgeführt werden kann, das für ihn auch im Unterrichtsalltag unentbehrlich erscheint: regelmäßige „Überforderungs-"Normtests, Sammlung der Eigenproduktionen der Kinder, angefertigte Gutachten, eigene Tagebuchnotizen etc.)

Durch die wissenschaftliche Aufarbeitung in der Rückschau wird in gewisser Weise auch die oben angesprochene Problematik der Doppelrolle des Lehrers und Forschers abgeschwächt, denn die Reflexionsprozesse des Lehrers in Aktion, im Unterricht, werden hier nicht näher untersucht. Es geht in dieser Arbeit vielmehr um die Evaluation des aus diesen Erfahrungen entstandenen Konzepts im vorgefundenen Bedingungsfeld. Dabei werden sowohl das Konzept als auch das Bedingungsfeld – im Gegenteil zu vielen anderen Untersuchungen – zum Verständnis der Untersuchungsgegebenheiten ausführlich dokumentiert. Durch diese Verlagerung weg von der Aktionsforschung hin zur Evaluation wird der angesprochene Rollenkonflikt von sich aus begrenzt: Die schwerpunktmäßige Ausübung der Rollen zunächst als Lehrer und Konzeptentwickler, danach als Forscher bzw. Evaluierender erfolgt in einem zeitlichen Nacheinander – hier sogar mit einem Abstand von über zwei Jahren zwischen der Begleitung der Schulklasse über ihre Grundschulzeit von August 1995 bis Juni 1999 und der Auswertung und Aufbereitung der Daten nach der Niederschrift des Konzepts ab Oktober 2001.

Voll teilnehmender Beobachter

Sicherlich kann aus dem zeitlichen Abstand der eingenommenen Rollen nicht per se eine größere Objektivität abgeleitet werden. So sind die Bedenken gegenüber der Lehrerforschung – insbesondere der als Aktionsforschung verstandenen –, die im Hinblick auf die Problematik des „voll teilnehmenden Beobachters" geäußert werden, näher zu betrachten:

> Ein häufiger Einwand gegen Aktionsforschung lässt sich in prägnanter Weise so formulieren: Weil Praktiker in ihrem Forschungsgegenstand persönlich involviert sind und weil sie per definitionem nicht nur Forschungs-, sondern auch Interventionsabsichten haben, können sie nicht die für richtige Forschung charakteristische „reflexive Distanz" aufbringen. Dadurch gelingt es ihnen nicht den selbstbestärkenden Zirkel zwischen Situationsdefinition, Handlung und deren Evaluation aufzubrechen. Ihre Tätigkeit besteht eher in einer Bestärkung bestehender Vorurteile als in kritischer Forschung; deren Ergebnisse sind in der Regel verzerrt und fehlerhaft. (Altrichter 1990, 159)

Der Lehrer ist nicht nur voll teilnehmender Beobachter, sondern stellt selber eine besondere Rolle im Untersuchungsfeld dar, die es ihm in der Regel schon aus organisatorischen Gründen nicht erlaubt, wie ein außenstehender Beobachter im Feld zu agieren bzw. „zu beobachten". Der Unterricht selbst bzw. die situativen Notwendigkeiten müssen zwangsläufig Vorrang vor der wissenschaftlichen Dokumentation haben. Gleichzeitig sind weder die Gewinnung von Eindrücken noch deren Aufarbeitung ohne Gefahr der Verführung durch die Situation selbst, denn letztendlich geht es immer auch um Selbstwahrnehmung und Selbstdarstellung. Inwiefern auch Alltagstheorien und unbewusste, implizite Theorien dabei eine Rolle spielen bzw. reflektiert werden können, ist zu bedenken. Diese Einwände sind grundsätzlich auch in Bezug auf die hier beschriebene Untersuchung nicht vollständig von der Hand zu weisen, aber sie werden durch zwei Gegebenheiten doch relativiert.

Zum einen unterscheidet sich das hier untersuchte Unterrichtskonzept im Hinblick auf die Lehrerrolle in großem Maße vom üblichen Unterricht. Wie aus der Darlegung der allgemein- und fachdidaktischen Überlegungen ersichtlich ist, hat der Lehrer nicht im traditionellen Sinne vor der Klasse stehend unterrichtet, sondern die Kinder haben sich selber ihre Arbeiten und Vorhaben ausgedacht bzw. verantwortet. Dadurch war der Lehrer einer unter vielen Agierenden bzw. Lernenden in der Klasse – sicherlich mit einer anderen Rolle und Verantwortung als die Kinder, aber er war jemand, der sich wirklich im Feld bewegt hat und Zeit hatte, auch Kleinigkeiten wahrzunehmen und sich mit den Kindern auch länger informell und nicht nur „stoff-" oder „unterrichtsbezogen" zu unterhalten. Es ist zu vermuten, dass dadurch, aber auch durch die außerschulisch bzw. außerhalb des Unterrichts stattfindenden Aktionen (in der Schule übernachten; Treffen mit den Familien; mehrtägige Klassenfahrten ab dem ersten Schuljahr etc.) eine sehr intensive Begegnung zwischen dem Lehrer und jedem einzelnen Schüler möglich war und damit auch eine vergleichsweise intensive Kenntnis des individuellen Bedingungsfelds einschließlich Interessen, Problemen und Hintergründen sowie der persönlichen Entwicklung.

Zum anderen schwächt der hier gewählte Zugang über die Evaluation in der Rückschau das angesprochene Problem zusätzlich ab. Die Untersuchung selbst basiert eben nicht bzw. nur zu einem geringen Teil auf der Darstellung der teilnehmenden Beobachtung, wie sie beispielsweise ein Ethnologe vornehmen würde. Sie ist vielmehr mit der Arbeit des Historikers zu vergleichen, der auf vorhandene Dokumente zurückgreift und diese nachträglich vor seinem Hintergrundwissen einordnet bzw. darstellt und interpretiert (vgl. Stenhouse 1982, 56ff.). Bei dieser Zugriffsweise wird nun aber die vorher eingenommene Rolle des Lehrers als voll teilnehmender Beobachter im Feld zu einem nicht von der Hand zu weisenden Vorteil bei der Interpretation der Daten, den er gegenüber einem außenstehenden Beobachter hat: Er hat die zu erforschende (Unterrichts-)Kultur über die gesamte Zeit miterlebt und ein Hintergrundwissen über die Beteiligten, die Strukturen und Zusammenhänge, das in dieser Art von einem Außenstehenden nicht so einfach erworben werden kann – vor allem nicht in der Authentizität der realen Situation.

Auch RAMSEGER (vgl. 1977, 265) weist z. B. in der Methodenreflexion seiner Untersuchung zum Offenen Unterricht auf den notwendigen nahen Bezug zwischen Lehrer und Forscher hin. Er sieht die Voraussetzung für den Zugang zu den intimsten Details des Unterrichtsprozesses vor allem im persönlichen Verhältnis zwischen Lehrer und Forscher und in der ausreichenden Übereinstimmung mit dem der Untersuchung zu Grunde liegenden Erkenntnisinteresse voraus. Wenngleich sein Resümee auch nicht die Notwendigkeit einer Trennung von Lehrer und Forscher bestreitet, so weist es doch auf die Vorteile hin, die sich tendenziell aus der personalen Vereinigung ergeben können: Die Zusammenführung des Untersuchungsvorhabens und der Untersuchungsdokumentation unterliegt weniger dem Zufall bzw. den Kommunikationsproblemen der Beteiligten, sondern ist durch die Zielorientierung ein hochgradig aufeinander abgestimmter Prozess. (Zugleich kann keine „Pädagogisierung" der Situation erfolgen, wie sie u. a. der deutschen Aktionsforschung der siebziger Jahre vorgeworfen wird, wenn ein Ungleichgewicht zwischen Forscher und Praktiker besteht und Prozesse der „Nach-Erziehung" der Lehrer durch die Wissenschaftler zu erkennen sind bzw. die Wissenschaftler ihre Position nutzen, um ihre pädagogischen Impulse über die Forschungsprozesse zu verbreiten (vgl. Moser 1995, 290f.).)

Langzeit- und Intensivbeobachtung im Feld

Im Gegensatz zu anderen Studien (vgl. Beck/ Scholz 1995; Bannach 2002) geht es in der vorliegenden Untersuchung nicht um eine zeitlich begrenzte oder eine ausschnitthafte Aufnahme der Entwicklung von Kindern im Offenen Unterricht an einer Regelschule, sondern um die Dokumentation der Leistungsentwicklung einer ganzen Klasse in ihrer gesamten Grundschulzeit. Wir haben es also unter dieser Betrachtungsweise mit einer (Längsschnitt-)Fallstudie der Stichprobengröße N=1 zu tun, bei der die Untersuchungsdauer der gesamten Existenzzeit der Stichprobe entspricht: Der Untersuchende hat bis auf einzelne Zeitpunkte jede Unterrichtsstunde in diesen vier Jahren miterlebt.

Neben der Betrachtungsweise der gesamten Untersuchung als einer Fallstudie über eine Schulklasse mit einem bestimmten Unterrichtskonzept können die Entwicklungen der einzelnen Kinder als einzelne Stichproben betrachtet werden. Je nachdem welche Kriterien man wählt (einzelne Kinder; Kernstichprobe, Zuwachsstichprobe, Verluststichprobe; schwache Kinder; wider Erwarten erfolgreiche Kinder etc.) ergeben sich unterschiedliche Zusammensetzungen und damit unterschiedliche Stichprobengrößen, denen jeweils Einzelfälle von Kindern zu Grunde liegen. In Bezug darauf birgt die Doppelrolle des Lehrers als Forscher den Vorteil, dass er jeden einzelnen Fall nicht nur über die gesamte Untersuchungsdauer in der Schule begleitet hat, sondern auch in außerschulischen Situationen sowie im jeweiligen familiären Hintergrund relativ intensiv kennen gelernt hat – und zwar nicht in einem experimentellen Untersuchungsfeld, sondern ausschließlich in authentischen Situationen (was u. a. auch für die Validität der Studie spricht; s. u.). Dabei ergibt sich eine direkte Verbindung des untersuchten Unterrichtskonzepts zu diesen Beobachtungsmöglichkeiten, denn die starke Verbindung inner- und außerschulischer Aktivitäten bzw. der Einbezug des familiären Umfelds spielt gerade im hier untersuchten Konzept eine große Rolle. Natürlich können sich die hier gemachten Aussagen über die Kinder und ihre Entwicklungen nicht dem Vorwurf der Möglichkeit einer subjektiven Darstellung verwehren, dem stehen allerdings die Vorteile gegenüber, die sich aus dem hohen zeitlichen Umfang sowie der ungewöhnlichen Intensivität der Betrachtung ergeben.

Verwendung standardisierter Messinstrumente und verfügbarer Dokumente

Um trotzdem dem Anspruch möglichst intersubjektiv gültiger Aussagen zu genügen, erfolgt ein großer Teil der Dokumentation im Rückbezug auf standardisierte Messinstrumente (vor allem bei der Darstellung der Leistungsentwicklung der Klasse) und bezieht (vor allem bei den Einzelfallbetrachtungen) neben selbst erstellten Zeitdokumenten wie Zeugnisgutachten und Tagebucheinträgen auch vielfältige fremde Quellen mit ein (Eigenproduktionen und Stellungnahmen der Kinder, Fremdgutachten, Schriftverkehr mit Eltern und anderen Personen etc.). Diese Vorgehensweise wird im Folgenden methodisch noch genauer erläutert bzw. begründet. Im Zusammenhang mit dem Thema „Lehrer als Forscher" ermöglicht sie nicht nur eine Absicherung der hier vorgelegten Ergebnisse durch Standardisierung und Einbezug fremder Quellen, sondern war schon während der Erhebungsphase immer wieder Anlass zum Perspektivwechsel und zur Selbstreflexion in Bezug auf das Unterrichtskonzept. Da der Schwerpunkt dieser Arbeit jedoch in der Evaluation des Unterrichtskonzepts in der Rückschau liegt, erfolgt keine explizite Darstellung der Prozesse der Konzeptfindung. Diese sind zu einem großen Teil als Zeitdokumente an anderer Stelle beschrieben (vgl. Peschel 1995-2002).

8.2.2 Zusammenführung quantitativer und qualitativer Forschungsansätze

In der Literatur zur Triangulation (und nicht nur dort) taucht z. B. immer wieder die Behauptung auf, multimethodische Designs seien auf jeden Fall begrüßenswert. Ohne zusätzliche Begründung kann dabei nur die schlichte (positivistische) Formel zu Grunde liegen, daß mehr Aufwand wohl auch zu mehr Erkenntnis führe. (Fromm 1990, 481)

Die Formulierung von methodologischen Konzepten sollte allerdings immer – unabhängig von den betroffenen Gegenstandsbereichen und Fachdisziplinen – von Überlegungen über die Natur des zu untersuchenden Phänomens ausgehen und auf der Grundlage solcher gegenstandsbezogener Reflexionen die Frage zu beantworten suchen, welche Untersuchungsmethode zur Beschreibung, zur Erklärung oder zum Verständnis dieses Phänomens eingesetzt werden soll. (Kelle/ Erzberger 2001, 90)

Die hier vorgelegte Untersuchung unterscheidet sich nicht nur im Hinblick auf den retrospektiven Lehrerforschungsansatz von anderen Arbeiten zu ähnlichen Themen, sondern auch durch die integrative Verbindung quantitativer mit qualitativen Forschungselementen (zur Problematik der Gegenüberstellung von quantitativer und qualitativer Forschung vgl. u. a. Heymann 1984; von Saldern 1992).

Die Verwendung verschiedener Zugänge bzw. das Beleuchten des Untersuchungsgegenstands auf unterschiedliche Weise, durch unterschiedliche Verfahren, mit Daten aus unterschiedlichen Quellen und von verschiedenen Personen weist ansatzweise in die Richtung einer Triangulation. KELLE und ERZBERGER (vgl. 2001) unterscheiden dabei neben einem an den Wortursprung angelehnten Triangulationsbegriff, der bedeuten würde, dass eine zweite Messung nicht eine erste Messung überprüft, sondern überhaupt erst ein Ergebnis ermöglicht, zwei Arten der Triangulation: Zum einen kann Triangulation zur wechselseitigen Validierung von Daten und Methoden dienen, zum anderen auch zur Ergänzung und Vervollständigung von Perspektiven.

FROMM (vgl. 1990, 473ff.) veranschaulicht die Mehrfacherfassung von Daten an einem Beispiel zur Triangulation, das MILES und HUBERMANN in Bezug auf die Evaluation einer Unterrichtsmethode vorschlagen:

1. test scores for first-year and second-year pupils whose teachers were and were not using the practice
2. testimony of teachers using the practice
3. testimony of teachers *not* using the practice
4. testimony of pupils
5. observations of the practice
6. samples of pupils' work
7. hands-on work with the practice in the classroom
8. testimony of local administrators
9. observation of classrooms *not* using the practice
10. analysis of the program manual and materials (Miles/ Hubermann 1984, 235)

Ob es sich dabei um die reine Mehrfacherhebung von Daten im Sinne einer methodischen Triangulation handelt, darüber kann man geteilter Auffassung sein. Zumindest ist das Ziel einer gegenseitigen Datenbestätigung durch den einfachen (möglichst operationalisierten bzw. quantifizierbaren) Vergleich der verschiedenen Daten nicht leicht – zu unterschiedlich sind u. U. die verschiedenen Zugangsweisen und Erhebungsverfahren. Da durch den Einsatz mehrerer Quellen und Verfahren aber in jedem Fall ein Zugewinn an differenzierter Sichtweise und Intersubjektivität erfolgt, sollte man den Begriff der Triangulation weiter fassen und auch additive Datenerhebungen durchaus berücksichtigen bzw. fördern. Sie liefern zusammen mit den quantitativen Darstellungen ein qualitativ verfeinertes Bild vom Untersuchungsgegenstand, ohne dass zwangsweise eine Transformation der Daten erfolgen muss. Verschiedene Aspekte eines komplexen Phänomens können sich so gegenseitig ergänzen. Entsprechend kann Triangulation als ein Verfahren dienen, das sowohl die Daten bzw. Aussagen durch wechselseitige Validierung absichert als auch eine Erweiterung von Sichtweisen ermöglicht. Die oben erwähnte streng mathematische Interpretation des Begriffs Triangulation als trigonometrische Bestimmung eines Punktes nach zwei Messungen kann daher erweitert werden: Je mehr Messungen – möglichst von unterschiedlichen Bezugspunkten her – getätigt werden, um so genauer wird das zu untersuchende bzw. bestimmende Phänomen erfasst.

> Es wurde immer wieder betont [...], daß qualitative und quantitative Analyse keinen strikten Gegensatz darstellen, daß beide miteinander verflochten sind. [...] Qualitatives Denken muß demgegenüber den Forschungsprozeß in all seinen Phasen gestalten, um so zu einer wirklichen Integration qualitativer und quantitativer Analyse zu gelangen. (Mayring 1990, 107)

Erweiterung und Kombination quantitativer und qualitativer Untersuchungsverfahren in Design und Methode

Dabei lässt sich der hier gewählte Zugang weder der qualitativen noch der quantitativen Forschungstradition direkt zuordnen, denn diese Einteilung erscheint unzureichend. So hat BRÜGELMANN schon 1993 auf die zu unterscheidenden Ebenen von Design und Methode hingewiesen, die bei einer Gegenüberstellung „quantitativer" und „qualitativer" Verfahren zu beachten sind (vgl. i. F. Brügelmann 1999a).

Die gängige Unterscheidung von „quantitativer" und „qualitativer" Forschung ist insofern einseitig, als man

bei einer quantitativen Untersuchung davon ausgeht, dass sie sich

- (in der Methode) als standardisierte Untersuchung
- (im Design) einer ausgewählten (repräsentativen) Stichprobe darstellt

und bei einer qualitativen Untersuchung davon ausgeht, dass sie sich

- (in der Methode) als interpretative Untersuchung
- (im Design) eines oder mehrerer Einzelfälle darstellt.

Über diese Unterscheidung hinaus sind aber weitere Kombinationen vorstellbar, die deshalb besonders zu beachten sind, weil sich oftmals der Eindruck ergibt, dass bislang nur die quantitativen Untersuchungen naturwissenschaftlicher Tradition in der Forschung anerkannt sind. Im Hinblick auf soziologische oder pädagogische Fragestellungen erscheinen diese Forschungen aber auf Grund des fehlenden „Tiefgangs" und der Beschränkung auf die Erhebung einzelner Merkmale oft zu oberflächlich und undifferenziert. Dieses Manko könnten qualitative Fallstudien-Untersuchungen beheben, die eine tiefergehende und differenziertere Analyse ermöglichen. Deren Aussagekraft ist dann allerdings auf den Einzelfall begrenzt und erlaubt daher keine Schlussfolgerungen bezüglich einer größeren Stichprobe.

BRÜGELMANN schlägt deshalb vor, zusätzlich zu den gängigen Vorgehensweisen

- (im Design) eines oder mehrere Einzelfälle
- (in der Methode) durch standardisierte Verfahren eine formalisierte Einordnung über „Fallanalysen" vorzunehmen

und weiterhin auch

- (im Design) einer ausgewählten Stichprobe
- (in der Methode) eine interpretative Verdichtung zu „Typen" vorzunehmen.

Dadurch wird die übliche Stichprobenerhebung mittels Zufallsauswahl durch Untersuchungen ergänzt, die Daten in einem bekannten Kontext erheben. Auf diese Weise können statistische Verallgemeinerungen situationsspezifisch interpretiert werden und es ergibt sich zusätzlich statt einer Nivellierung von Besonderheiten durch Standardisierung in umfangreichen Stichproben eine gezielte Kontrastierung von besonderen Fällen. BRÜGELMANN bringt dies auf die Kurzformel:

- von der induktiven Bildung und deduktiven Anwendung allgemeiner Regeln
- zur kumulativen Vernetzung und analogen Übertragung individueller Porträts. (Brügelmann 1999a, 11)

In Bezug auf Design und Methode entsteht daraus die folgende Matrix aus „quantitativen" und „qualitativen" Untersuchungsverfahren:

Design \ Methode	„quantitativ" **standardisiert – Test**	„qualitativ" **interpretativ – Beobachtung**
„quantitativ" (repräsentative) **Stichprobe**	statistische Aussagen als „Gesetze"	interpretierende Verdichtung zu „Typen"
„qualitativ" **Einzelfall/-fälle**	formalisierte Einordnung über „Fallanalysen"	persönliche Beschreibung als „Portraits"

(vgl. Brügelmann 1999a, 7)

Bei dieser Erweiterung der Verfahren, die je nach Untersuchung auch miteinander kombiniert werden können, geht es dann nicht mehr um ein Beweisverfahren, das im Sinne der naturwissenschaftlichen Tradition möglichst zu der einen „wahren" Lösung führt. Vielmehr geht es darum, den Handlungsforderungen vor Ort gerecht zu werden und im Sinne praxisrelevanter Schulforschung „pädagogische Evaluation" und „grundlagenorientierte Lehr-Lern-Forschung" zu betreiben (vgl. Brügelmann 1999a, 3).

Durch die Beschreibung des „Potentials" soll dem Leser ein möglichst differenziertes und fundiertes Bild von einer pädagogischen Konzeption oder Maßnahme ermöglicht werden. Diese Transparenz kann dann sowohl dem Lehrer vor Ort helfen, Anregungen und Lösungen für seine eigenen Fragestellungen zu bekommen, andererseits aber durch den Bezug auf Vergleichsstichproben mittels der standardisierten Instrumente auch darüber hinausgehende Verallgemeinerungen zulassen. Letztendlich führt diese Zugangsweise durch die Kombination verschiedener Dimensionen quantitativer und qualitativer Forschung dazu, mögliche Schwachstellen der verschiedenen Untersuchungsmethoden gegenseitig aufzufangen bzw. ihre jeweiligen Stärken zu nutzen.

> Field study data are 'strong in reality' which are difficult to organize. Test data are data 'weak in reality' which are susceptible to organization. (Stenhouse 1975, 139)
> We might look towards a battery which, placed alongside tests oriented on a particular programme, gave an indication of the contextual variables in any one setting. Well-standardized tests exist which would be strong candidates for inclusion in such a battery. (Stenhouse 1975, 138)

Merkmale der vorliegenden Untersuchung

In der vorliegenden Arbeit werden BRÜGELMANNS Anregungen für eine Erweiterung und Differenzierung wissenschaftlicher Untersuchungsverfahren in der Pädagogik aufgegriffen und führen zu einer Untersuchungskonzeption, die Offenen Unterricht als Einzelfallstudie auf Klassenebene vor allem mittels standardisierter Messinstrumente untersucht und darüber hinaus Entwicklungsverläufe durch Fallanalysen von

Kindern eingehend beleuchtet. Es ergeben sich dabei folgende Merkmale der Untersuchung, die im Folgenden noch weiter ausgeführt bzw. begründet werden:

Auf Klassenebene ist die gesamte Untersuchung als eine **Fallstudie** (N=1) der Überprüfung eines Unterrichtskonzepts in einer Schulklasse zu sehen;

- sie ist damit auf Grund der fehlenden Zufallsauswahl **nicht repräsentativ**, es wird jedoch versucht, möglichst viele Daten zum Vergleich der Voraussetzungen des Bedingungsfelds zu liefern, um eventuelle Abweichungen bzw. Abstände „vom Durchschnitt" zu veranschaulichen und statt einfacher Generalisierungen **Möglichkeiten der Übertragbarkeit** erkennbar zu machen;

- zusätzlich erfolgt (im Gegensatz zu vielen anderen Untersuchungen zum Thema) eine **ausführliche Beschreibung des** dem untersuchten Unterricht zu Grunde liegenden **Konzepts**, um die Zuordnung zum „Offenen Unterricht" bzw. das dahinter liegende Unterrichtsverständnis (einschließlich informellen Wissens) transparent zu machen und die situativen Bedingungen der Untersuchung zu veranschaulichen;

- bei der Fallstudie handelt es sich um eine echte **Längsschnittstudie**, die prozessorientiert den individuellen Entwicklungsverlauf derselben Kinder (Stichprobengröße je nach Auswahl n≥15) über ihre gesamte Zeit in der Klasse dokumentiert, wobei mindestens halbjährlich standardisierte Tests durchgeführt wurden;

- die Erhebung stellt damit auch eine sich in diesem Abstand wiederholende **Querschnittuntersuchung** der Entwicklung von Kindern in einer Schulklasse dar, bei der für eine nicht repräsentative Stichprobe (je nach Auswahl mit n≥15) Leistungen in verschiedenen Bereichen (Rechtschreibung, (Vor-)Lesen, Arithmetik) erhoben wurden;

- in der Kombination ergibt sich ein sehr großer Datenreichtum, der eine ausführliche und differenzierte Darstellung der Entwicklungen aller Kinder der Klasse als **Fallstudiensammlung** in den genannten Bereichen über die gesamte Grundschulzeit ermöglicht bzw. ermöglichen würde;

- in der Darstellung wird versucht, das durch Stichprobengröße, Untersuchungszeitdauer und Testfrequenz hohe Datenaufkommen in eine Form zu bringen, welche die sich über längere Zeiträume erstreckenden Prozesse in einer gleichsam **gerafften Darstellung** zum Einblick in Zusammenhänge im zeitlichen Kontinuum (vgl. Röbe 1986, 171) zugänglich macht;

- dabei erfolgte – wo möglich – ein Rückgriff auf **standardisierte Tests**, die auch in repräsentativen Untersuchungen Verwendung finden bzw. finden könnten, sodass entweder eine direkte oder indirekte Verortung (z. B. über die

Lehrplananforderungen) der Ergebnisse in einer größeren Stichprobe bzw. den üblichen Leistungsanforderungen möglich ist;

- dabei erfüllen die meisten der Tests den Anspruch von „**Überforderungsaufgaben**" und evaluieren nicht nur einen eng umrissenen Bereich, sondern liefern eher strategieorientiert ein umfassenderes Bild des Entwicklungsstands eines Kindes, wodurch es möglich wird, die Stimmigkeit der standardisierten Leistungserhebung mittels der Überforderungstests ggf. durch den **Einbezug anderer Quellen** (Eigenproduktionen der Kinder, Gutachten etc.) abzusichern.

Zusätzlich zu dieser Auswertung auf Klassenebene finden sich

- **Entwicklungsbeschreibungen aller Kinder** (mit N=1 bis N=28 bzw. N=33) im Sinne kleiner Einzelfallstudien, in denen meist zusätzlich ein besonderer Schwerpunkt ausgeführt wird, der u. a. weitere Informationen über das Bedingungsfeld liefert;

- eine **Einzelfallstudie,** in welcher der **Lehrer** bzw. das **Lehrerverhalten** im Rückgriff auf verschiedene Quellen und Beobachter näher beschrieben wird;

- ergänzende **Einzelfallstudien** (mit N=1 bzw. N=3), in denen die Kinder näher untersucht werden, die in der Stichprobe auf Klassenebene besonders durch vergleichsweise **schwache Leistungen** auffallen;

- ergänzende **Einzelfallstudien** (mit N=1 bzw. N=2), in denen die Kinder näher untersucht werden, die sich entgegen entsprechender Prognosen „**wider Erwarten erfolgreich**" entwickelt haben. In diesen zusätzlichen Fallanalysen soll ergänzend zu den Ergebnissen auf Klassenebene das **Potential des Konzepts** in Grenzbereichen untersucht werden, indem Entwicklungsverläufe ausführlicher mit einer genaueren Schilderung der Hintergründe dokumentiert und anschließend interpretiert werden. Dadurch ergibt sich zusätzlich ein **differenzierteres Bild** dessen, was als individuelles Können hinter den standardisierten Angaben der Untersuchung auf Klassenebene steht, sodass u. a. die Unterschiedlichkeit der Entwicklungen bzw. Strategieformen der Kinder ein und derselben Klasse deutlich wird.

Verwendung standardisierter Verfahren

These: Durch die Verwendung strategieorientierter Messinstrumente (Überforderungstests) können auch in Fallstudien qualitativ aussagekräftige Daten durch Standardisierung quantifiziert und direkt vergleichbar gemacht werden – und zwar auch im Sinne einer Verortung in oder Bezugnahme auf repräsentative(n) Stichproben.

Obwohl man sich diese Studie auch auf der Grundlage von 15 bis 20 Einzelfallanalysen im Rahmen einer interpretativen Wiedergabe der Entwicklung vorstellen könnte, wäre die Überfülle an Fallmaterialien bzw. an detaillierten Informationen sowohl in der Darstellung als auch in der Rezeption durch den Leser wahrscheinlich nur schwer zu bewältigen. Deshalb erfolgt neben den kurzen Entwicklungsbeschreibungen der Kinder die Beschreibung der Leistungen der Kinder in ausgewählten Bereichen auf Klassenebene. Als primäre Falldokumente werden die regelmäßig in der Klasse durchgeführten Tests ausgewählt. Sie veranschaulichen die Lernentwicklung des einzelnen Kindes beispielhaft und ermöglichen gleichzeitig einen Vergleich mit anderen Kindern sowohl innerhalb als auch außerhalb der Klasse.

Zwar macht dieser Rückgriff auf standardisierte Instrumente, die sonst vor allem in quantitativen Erhebungen verwendet werden, diese Untersuchung nicht repräsentativ, diese Tests zeichnen sich aber durch ihre hohe Stabilität in Bezug auf die Hypothesenüberprüfung im Leistungsbereich aus. Sie bieten durch die Standardisierung eine Darstellungsmöglichkeit, die dem Leser eine Einordnungshilfe bzw. Vergleichsmöglichkeit bietet. Neben den selber konzipierten bzw. skalierten Erhebungen schafft vor allem der Einsatz normierter Tests (zum Teil mit geeichten Prozentranglisten) die Möglichkeit der Verortung der Ergebnisse in größeren bzw. repräsentativen Stichproben. Die Messinstrumente und Messergebnisse können dabei zwar immer noch im Einzelnen aus messtheoretischen, fachlichen, pädagogischen oder anderen Gründen angezweifelt werden, die Ergebnisse liefern aber trotzdem eine intersubjektiv gültige Aussage über das Leistungsniveau im gemessenen Bereich.

Obwohl die Messinstrumente durch die erst nachträglich in Betracht gezogene Evaluation nicht im Vorhinein für die Erhebung ausgewählt worden sind, erfüllen sie die Untersuchungsanforderungen in sehr hohem Maße. Neben den verfügbaren individuellen Eigenproduktionen der Kinder finden sich konzeptbedingt weitgehend Überprüfungsformen, die als „Überforderungstests" ein umfassenderes Bild des Entwicklungsstands eines Kinder liefern. Hinzu kommen die Regelmäßigkeit und die Häufigkeit der durchgeführten Erhebungen. Sie bedeuten nicht nur eine gegenseitige Absicherung der Einzeltestergebnisse, sondern vor allem stellen sie eine wirkliche Längsschnittdokumentation der Leistungsentwicklung des jeweiligen Kindes bzw. der ausgewählten Stichprobe dar.

Dass dieses Datenmaterial der standardisierten Tests repräsentativ in Bezug auf den tatsächlichen Leistungsstand des Kindes ist, wird u. a. dadurch angenommen, dass eine entsprechende Beurteilung bzw. Einordnung des Materials schon zum Zeitpunkt der Entstehung durch den Lehrer erfolgte. Dabei war die offene und strategieorientierte Form der meisten verwendeten Überprüfungen als „Überforderungstest" entsprechend hilfreich. Die Ergebnisse der Erhebungen konnten sowohl zum Zeitpunkt ihrer Entstehung als auch in der nachträglichen Auswertung gut mit den sonstigen Produktionen der Kinder in Beziehung gesetzt werden, sodass etwaige größere Abweichungen zur kontinuierlichen Leistungseinschätzung bzw. -beobachtung direkt aufgefallen sind bzw. wären. Insofern geht die hier dargelegte quantitativorientierte Darstellung über die übliche Dokumentation eines standardisierten Verfahrens hinaus und enthält einen zusätzlichen absichernden Rückgriff auf qualitative Elemente.

Verwendung interpretativer Verfahren und Erweiterung durch Einzelfallanalysen

These: Vertiefende Einzelfallanalysen dienen nicht nur dazu, einen bestimmten Fall näher zu beleuchten, sondern auch dazu, die standardisierten Kennwerte inhaltlich zu füllen und auszudifferenzieren, vor allem wenn sich bestimmte Untergruppen aus der Gesamtdarstellung ergeben oder Typen auffälliger Einzelfälle näher betrachtet werden.

> In der Geschichtswissenschaft wird die Urteilskraft umso sachkundiger, je besser das Hintergrundwissen („second record") des Historikers ist (J.H.HEXTER 1972). Mit diesem Hintergrundwissen geht er an die Primärinformation (,Vordergrundwissen') der dokumentarischen Quellen heran, um sie zu deuten und zu erklären. Das Hintergrundwissen speist sich aus der intimen Kenntnis eines Spezialgebiets [...]. (Stenhouse 1982, 52)

Die oben angesprochene Doppelrolle des Untersuchenden als Lehrer und Forscher ermöglicht schon bei der (quantitativen) Darstellung bzw. Interpretation der Daten aller Kinder, (qualitative) Hinweise auf mögliche Hintergründe bzw. Ursachen für auffallende Phänomene zu geben. Gleichzeitig können auch Lernverläufe, die sich aus statistischen oder messmethodischen Gründen in der quantitativen Auswertung eher unauffällig zeigen, in Bezug auf ihre davon abweichende tatsächliche Entwicklung erklärt werden. Anhand dieser Hinweise und der ausführlicheren Darstellung einzelner Entwicklungen wird u. U. erkennbar, wie „unlinear" auch die Lernverläufe sein können, die in der statistischen Darstellung linear aussehen.

Zusätzlich zu einer Gesamtdarstellung der Entwicklung der Klasse macht eine genauere Betrachtung bestimmter Bereiche Sinn, um die Ergebnisse zu differenzieren. Für eine solche nähere Analyse der schulischen Entwicklung wurden die Kinder der Kernstichprobe ausgewählt, die in der quantitativen Untersuchung im unteren Bereich auffallen. Man hätte selbstverständlich auch andere Kriterien zur Auswahl der genaueren Betrachtung in Erwägung ziehen können wie z. B. einen möglichst charakteristischen Entwicklungsverlauf oder die Entwicklung von Kindern im oberen Bereich der Stichprobe. Trotzdem erschien die Auswahl der Kinder, deren Entwicklung unterdurchschnittlich verlief, im Hinblick auf eine Absicherung des Konzepts naheliegender als die Entwicklung von Kindern, die als weitgehend „problemlos" betrachtet werden können.

Die genauere Analyse der Lernentwicklung von Kindern, die in bestimmten Bereichen Schwächen zeigen, stellt dabei einerseits so etwas wie eine „Lupenstelle" bezüglich möglicher Probleme innerhalb des Konzepts dar, andererseits liefert sie auch Hinweise auf andere Faktoren, die entweder das Konzept oder aber auch generell das Lernen von Kindern beeinflussen können. Genau dieses Ziel verfolgen auch die Fallstudien von Kindern, die durch das hier untersuchte Unterrichtskonzept „wider Erwarten erfolgreich" waren. Bei ihnen haben sich die schulischen Rahmenbedingungen durch die Öffnung anscheinend so verändert, dass sie erst in dieser Situation in der Regelschule „beschulbar" wurden. Die genauere qualitative Betrachtung hilft hier, Entwicklungen zu erklären und schärft bzw. verfeinert damit die Interpretation der Daten des eher quantitativ darstellenden Ansatzes. Die Überprüfung am Einzelfall ist dabei nicht nur eine methodische Erweiterung, sondern auch eine Absicherung der Auswertung auf Klassenebene.

Letztendlich ermöglichen auch die verdichteten Informationen der eher quantitativ orientierten Darstellung auf Klassenebene wiederum eine Überprüfung der Vorkommenswahrscheinlichkeit der nur begrenzt gültigen Fallbeispiele. Damit hilft der quantitativ orientierte Ansatz, Einzelentwicklungen zu relativieren und Gemeinsamkeiten zu finden. Die Überprüfung an der Gesamtheit ist dabei nicht nur eine methodische Erweiterung, sondern auch eine Geltungsbegründung der qualitativen Auswertung.

8.2.3 Gütekriterien qualitativer und quantitativer Forschung

Ich weiß nicht, ich glaube, man braucht gar nicht unbedingt Kriterien. Ich verwende gar keine Kriterien. Zum Beispiel habe ich im Sommer einen Forschungsbericht gelesen und ich finde ihn einfach gut, er ist authentisch, denn die Forscherin hat mit den Untersuchten gesprochen, mit ihnen Interviews durchgeführt, sie war wirklich dort gewesen und hat sich dort lange aufgehalten (...) und ich kann mit ihren Beschreibungen und Analysen was anfangen. Es hat einen Nutzen, weil es mich auf neue Gedanken bringt. (Steinke 1999, 10)

Die gegenseitige Geltungsbegründung quantitativ bzw. qualitativ orientierter Vorgehensweisen dient nicht nur der Überprüfung von Resultaten, sondern vielmehr der systematischen Erweiterung und Vervollständigung von Erkenntnismöglichkeiten und stellt damit eine besondere Art der Validierung dar (vgl. Flick 1995, 250f). Dabei wird die vorliegende Untersuchung gerade durch die Verbindung der Untersuchungsmethoden den Gütekriterien der traditionellen empirischen Forschung, Objektivität, Reliabilität und Validität, gerecht – und zwar in einem besonderen Sinne.

Empirische Studien versuchen theoretische Aussagen über Bereiche zu machen, die der Erfahrung entstammen. Dadurch ergibt sich das Problem der Beziehung zwischen Theorie und Erfahrung bzw. „dasjenige der Beziehung *theoretischer Sätze* zu denjenigen Sätzen oder Aussagen, in denen Erfahrungen, Beobachtungen formuliert werden." (Bohnsack 2000[4], 12) Da empirische Aussagen im Sinne allgemeingültiger Hypothesen nicht verifizierbar sind, weil man nie ausschließen kann, dass nicht doch irgendwo eine Ausnahme zur Hypothese zu finden ist, geht es nicht um wahre, sondern allenfalls um bewährte Aussagen, die getroffen werden können.

Die vorliegende Untersuchung kann als Fallstudie der Überprüfung eines Unterrichtskonzepts in einer Schulklasse keinen Anspruch auf Repräsentativität oder Generalisierbarkeit erheben. Es erfolgte weder eine Zufallsauswahl der Stichprobe noch waren Kontrollgruppen vorhanden, sodass es nicht möglich ist, statistisch abgesicherte Aussagen über die Wahrscheinlichkeit des Eintretens der Hypothesen zu machen bzw. weitergehende Schlussfolgerungen zu ziehen. Was aber möglich erscheint, ist die Beschreibung des Potentials des Ansatzes. So kann die Repräsentativität der Untersuchung durch die Dokumentation der Ausgangsbedingungen bzw. des Bedingungsfelds vom Leser selbst beurteilt werden, wenn beispielsweise die Vorkenntnisse der Kinder oder ihre Lernvoraussetzungen im Mittel nicht bedeutsam vom allgemeinen Durchschnittswert abweichen. Des Weiteren ermöglichen die standardisierten Tests – vor allem die normierten – eine Verortung der Ergebnisse in einer größeren Stichprobe, auf die man in der Auswertung der Untersuchung Bezug nehmen kann – beispielsweise auf den Prozentrangwert 50 als Durchschnittswert einer fiktiven „Kontrollgruppe".

Objektivität

Objektivität, d. h. die Personenunabhängigkeit der Interpretation der Untersuchung, ist vor allem im erziehungswissenschaftlichen Bereich nur schwer erreichbar, denn Objektivität ist letztendlich nicht mehr als die Standardisierung subjektiver Wahrnehmung, die je nach Bedingungsfeld und Messinstrumenten immer anders ausfallen wird (vgl. Brügelmann 1982, 74). Dies wird in der hier vorgelegten Studie besonders an den unterschiedlichen Messverfahren und Interpretationen deutlich, die in den Fallstudien der „wider Erwarten erfolgreichen" Kinder von den Lehrern bzw. Gutachtern verwendet worden sind.

Intersubjektiv gültiger erscheinen hingegen die verwendeten Tests bzw. Normtests, die sicherlich im Einzelfall auch kritikwürdig sind, aber doch in ihrer Gesamtheit sowohl in Bezug auf die Stichprobengröße als auch der Länge des Erhebungszeitraums ein zumindest relativ verlässliches Instrument darstellen. Durch genormte Aufgabenstellungen und Auswertungsverfahren wird versucht, eine möglichst hohe Auswertungs- und damit auch Interpretationsobjektivität zu gewährleisten.

Insofern erzeugt die Kopplung der (standardisierten) Tests mit der Kontrolle durch andere Quellen (Gutachten, Stellungnahmen anderer Personen etc.) sowie dem Hintergrundwissen des Lehrers eine mehrperspektivische Betrachtung und damit ein gewisses Maß an intersubjektiv gültigen Aussagen. Ein zweiter Beobachter würde zwar nicht unbedingt dieselben Schlüsse ziehen müssen, würde aber auf Grund des Charakters der relativ „harten" Erhebungsdaten im Hinblick auf dieselbe Fragestellung eine besondere Beweislast haben, wenn er zu anderen Ergebnissen käme. Vor diesem Hintergrund kann größtmögliche „Objektivität" in einer solchen Arbeit dadurch angestrebt werden, dass die Verfahren der Messung und ihrer Interpretation intersubjektiv überprüfbar bzw. kontrollierbar sind – z. B. durch entsprechende Dokumentation. Dabei weist die ausführliche Beschreibung der Erhebungsbedingungen implizit auch darauf hin, dass die Objektivität nichts mit der Übertragbarkeit auf eine andere Situation zu tun hat, sondern nur ein Kriterium in Bezug auf die dokumentierte Erhebung darstellt.

Reliabilität

Ein weiteres oft genanntes Gütekriterium ist das Maß der Reliabilität. Der Forschungsprozess bzw. das Untersuchungsergebnis sollte unabhängig von situativen Störungen sein und damit zu einem späteren Zeitpunkt in möglichst gleicher Form reproduziert werden können. Dies bezieht sich einerseits auf die Maßstäbe und Kriterien, die der Auswertung zu Grunde liegen, andererseits aber auch auf die Leistungen der Untersuchten. Die Einzigartigkeit der Situation, insbesondere die nicht zu unterbindende dauernde Veränderung des Bedingungsfelds schließt das Erzielen desselben Ergebnisses zu zwei unterschiedlichen Zeitpunkten aber nahezu aus.

Es muss also zwischen der Konstanz des Messinstrumentes (Fehlervarianz) und der Veränderung der Wirklichkeit unterschieden werden. Eine vollkommene Reliabilität wäre nur bei der Messung völlig zeitstabiler Persönlichkeitsmerkmale erreichbar, die zudem noch unabhängig von anderen Einflussfaktoren erhoben werden können. Messtheoretisch erscheint die Wiederholung umso eher möglich, je mehr Rahmenbedingungen konstant gehalten werden. Im Idealfall geht es dabei um standardisierte Verfahren, die die Kommunikation zwischen Forscher und Forschungsgegenstand formalisieren bzw. möglichst gering halten (vgl. Bohnsack 2000[4], 16f.).

Der Anforderung im Sinne einer möglichst großen Zuverlässigkeit bzw. Reliabilität wird in der vorliegenden Untersuchung auf unterschiedliche Arten entsprochen. Zunächst erfolgt ein Rückgriff auf standardisierte Messinstrumente, die zwar in ihrer Form als Überforderungstests die Entwicklung der Kinder in einem weiten Bereich erfassen, gleichzeitig aber durch ihre Fokussierung auf bestimmte Fragestellungen (bzw. Aufgaben, Wörter, Kriterien) eine normierte Auswertung zulassen. Weiterhin ergibt sich durch die Durchführung mehrerer und inhaltlich verschiedener Tests sowie durch die Berücksichtigung der Eigenproduktionen der Kinder eine Variation der Anforderungen und Erhebungsbedingungen, die letztendlich für ein relativ verlässliches Ergebnis sorgt – bis hin zur Erkennbarkeit bestimmter Faktoren, die unterschiedliche Ergebnisse bedingen (Kontextbezug).

Validität

Zwischen den Orten der ‚Planung' und der ‚Theorienbildung' kann die quantitative Auswertung hypothesengenerierend, -bestätigend oder –abschwächend fungieren – ihre Relevanz im hermeneutischen Denkmodell hängt jedoch davon ab, wie weit sie für die Lebensumwelt, die

Lebenssituation des Kindes wichtige Aussagen treffen kann und wie weit die Ergebnisse in dieser Situation Gültigkeit besitzen können. (Röbe 1986, 183)

Durch die Verbindung quantitativer und qualitativer Methoden kann sowohl das Validitätsproblem der quantitativen als auch das Generalisierungsproblem der qualitativen Forschung gelöst werden. (Oswald 1997, 83)

Eine Messung, die sich durch ein hohes Maß an Standardisierung auszeichnet, ist als Methode nicht mehr dem Handeln der Person adäquat, die Gegenstand der Forschung ist (vgl. Bohnsack 2000[4], 16f.). Die Äußerungsmöglichkeiten der Probanden werden beschnitten und eingeengt, sodass in Frage gestellt werden muss, ob wirklich das gemessen wird, was gemessen werden soll. Daher erscheint in Bezug auf die Validität der Einbezug anderer Kommunikationsformen und ergänzender Betrachtungen wichtig, wie sie durch eine qualitative Überprüfung über das Hintergrundwissen des Lehrers sowie das Heranziehen anderer Dokumente und Quellen erbracht werden kann. Dabei wird durch die Einbettung verschiedener standardisierter Messinstrumente in den qualitativ erhobenen Gesamtkontext ein höheres Maß an Gültigkeit des Ergebnisses erreicht, als dies unter Verwendung nur einer Erhebungsmethode oder nur eines Tests bzw. Testbereichs möglich wäre. Zusätzlich ermöglicht die Darstellung des Bedingungsfelds bzw. der Erhebungsbedingungen dem Leser selbst, die Untersuchung nachzuvollziehen und damit die Gültigkeit der Aussagen zu beurteilen.

Weiterhin weist in der hier vorgelegten Untersuchung die Fokussierung auf ein in der Praxis evaluiertes Unterrichtskonzept zusätzlich auf ein hohes Maß an Inhaltsvalidität hin. Dabei wird davon ausgegangen, dass man soziale oder pädagogische Prozesse nicht in einer Laborsituation untersuchen kann, da diese zwar u. U. bestimmte Einflüsse oder Störquellen minimieren kann, aber die Situation eine künstliche, eben experimentelle ist. Insofern verfälschen gerade Komplexitätsreduktion und Alltagsferne die Validität, da die Bedingungen nicht den eigentlich zu untersuchenden Gegebenheiten entsprechen. Auch wenn sich über diesen Begriff der internen Validität sicherlich streiten lässt, so bedeutet der Rückgriff auf die im normalen Unterrichtsbetrieb entstandenen Tests und Erhebungen, dass keine Verfälschung durch eine nicht authentische Situation erfolgt ist. Geht man davon aus, dass die (standardisierten) Instrumente zu einem großen Teil auch das messen, was sie messen sollen (s. u.), so ist zumindest im schulischen Bereich auch das untersucht worden, was untersucht werden sollte.

Ob sich die Untersuchungsergebnisse im Sinne einer externen Validität auch auf andere Gruppen übertragen lassen, ist ein weiteres Problem, das in dieser Arbeit aber nicht messtheoretisch sondern pädagogisch bzw. didaktisch angesprochen werden soll. Messtheoretisch bedingen sich interne und externe Validität insofern gegenseitig, als sie sich tendenziell wechselseitig ausschließen. Hier hilft u. U. die obige Sichtweise auf das Belassen in der authentischen Situation. Eigentlich müsste man, um ein hohes Maß an äußerer Gültigkeit zu erreichen, alle Einflüsse auf die

Erhebung kennen, sie müssten identifizier-, untersuch- und damit kontrollierbar sein – was im pädagogischen Feld unmöglich erscheint. Dadurch dass es in der obigen Studie keine Komplexitätsreduzierung gegeben hat, ist die Untersuchungssituation eine ganz bestimmte, die nirgendwo anders noch einmal auftreten kann.

Und dennoch könnte gerade die Überprüfung des hier untersuchten Unterrichtskonzepts unter realen Bedingungen einen Hinweis darauf geben, dass das Konzept übertragbar und praktikabel ist – nicht als konkrete Anleitung, sondern als Deutungsfolie, als Herausforderung. Diese Ansicht interner und externer Validität findet sich ähnlich als „ökologische Validität" auch bei anderen Autoren. Sie zielt darauf ab, die reale Lebenssituation getreu und unversehrt zu lassen, den größeren sozialen und kulturellen Kontext einzuschließen, aus dem die untersuchten Personen kommen und konsistent mit der Situationsinterpretation des Untersuchten zu sein.

Alternative Gütekriterien: Authentizität der Untersuchungssituation

Wie schon aus den vorherigen Ausführungen ersichtlich wird, hat die Problematik, die aus der Tradition quantitativer Forschung entstammenden Gütekriterien auch bei der qualitativen Forschung umzusetzen, zu einem veränderten Begriffsverständis geführt. Kriterien für naturwissenschaftliche Versuchsanordnungen lassen sich nicht so einfach auf soziale Prozesse übertragen bzw. erfahren eine notwendige Begriffserweiterung, um die Bedingungen des Felds differenzierter zu erfassen.

MAYRING fordert die Ergänzung (bzw. Abgrenzung) vom naturwissenschaftlich begründeten Mess-Paradigma durch die folgenden „Grundlagen qualitativen Denkens", die er in fünf Postulaten zusammenfasst:

- Gegenstand humanwissenschaftlicher Forschung sind immer Menschen, Subjekte. Die von der Forschungsfrage betroffenen Subjekte müssen Ausgangspunkt und Ziel der Untersuchungen sein. [...]
- Am Anfang jeder Analyse muß eine genaue und umfassende Beschreibung (Deskription) des Gegenstandsbereiches stehen. [...]
- Der Untersuchungsgegenstand der Humanwissenschaften liegt nie völlig offen, er muß immer auch durch Interpretation erschlossen werden. [...]
- Humanwissenschaftliche Gegenstände müssen immer möglichst in ihrem natürlichen, alltäglichen Umfeld untersucht werden. [...]
- Die Verallgemeinerung der Ergebnisse humanwissenschaftlicher Forschung stellt sich nicht automatisch über bestimmte Verfahren her; sie muß im Einzelfall schrittweise begründet werden. (Mayring 1990, 9ff.)

Gerade vor dem Hintergrund erziehungswissenschaftlicher Forschung geht es also letztendlich bei der Beachtung der internen und externen Gütekriterien nicht mehr um „Wahrheit", sondern um „Glaubwürdigkeit" und nicht mehr um „Verallgemeinerung", sondern um „Erkennbarkeit" (vgl. Brügelmann 1982, 76f.). LINCOLN und GUBA schlagen generell das Kriterium der Vertrauenswürdigkeit (truthworthiness) vor und entwickeln Parallelformen zu den üblichen Gütekriterien (interne Validität, externe Validität, Reliabilität und Objektivität) mit den Konzepten Glaubwürdigkeit (credability), Übertragbarkeit (transferability), Zuverlässigkeit (dependability) und Bestätigbarkeit (confirmability) (vgl. Lincoln/ Guba 1985, 301ff.; Steinke 1999, 47).

STEINKE nennt als ersten Punkt, um eine hohe Glaubwürdigkeit (Verhältnis zwischen den Konstruktionen der Untersuchten und den Konstruktionen der Forscher über die Untersuchten) zu erreichen, dass sich die Forscher lange im Untersuchungsfeld aufhalten und umfangreiche Beobachtungen durchführen sollten. Dies führt zu einem Gütekriterium, das sich noch stärker vom traditionellen Schema abhebt als die gerade genannten: dem der Authentizität. Es wird deutlich, dass es hier um mehr geht als um eine formal-technische Maßnahme. Authentizität schließt nicht nur den Untersuchten und die Untersuchungssituation ein, sondern auch den Untersuchenden selbst. Entsprechend ist die Subjektivität des Forschers immanenter Bestandteil des Forschungsprozesses.

Die vorliegende Studie strebt – wie beschrieben – auf verschiedenen Ebenen ein möglichst hohes Maß an Authentizität an (authentische Situationen bei der Datenentstehung; Rollenvereinigung von Praktiker, Konzeptentwickler, Datenerheber und –auswerter). Damit dabei der Anspruch an Glaubwürdigkeit und Erkennbarkeit gehalten werden kann, muss der Leser Zugriff auf diese Zusammenhänge bekommen und sie auf seine eigene Erfahrungswelt beziehen können. Diese Brücke wird auf mehrfache Art geschlagen. Zum einen wird der Leser ausführlich über das Konzept und die Unterrichtsbedingungen informiert, bevor ihm die Ergebnisse detailliert und abgesichert in ihrer Gesamtheit vorgestellt werden. Zum anderen bieten ihm die kurzen und langen Fallstudien darüber hinaus nicht nur eine Verfeinerung der Analyse, sondern vor allem können sie ihn direkt mit seinen eigenen Erfahrungen ansprechen. Sie transportieren die Ergebnisse auf eine andere, direktere Art und erlauben einen ergänzenden, differenzierteren Zugang, der sich auf die Rezeption der ganzen Untersuchung auswirken kann.

> Das Verhältnis von Theorie, Methode und Erkenntnisbildung wird in einem relevanten Teil der qualitativen Forschungsmethodologie geradezu konträr zur quantitativen Vorgehensweise entworfen. Ist dort die Theorie zum einen die Voraussetzung für die Generierung von Hypothesen, die Operationalisierung der Variablen und die Konstruktion der Instrumente und zum anderen – in Form ihrer Falsifikation, also der Zurückweisung, Relativierung, Ergänzung oder Bestätigung der jeweilig vorgängig formulierten Theorie – Ergebnis ihrer Überprüfung, so ist die Theorie in qualitativen Verfahren gerade als Voraussetzung der empirischen Forschung suspendiert und erst als Ergebnis der explorativen Forschungstätigkeit legitim formulierbar. (Helsper u. a. 2001, 254)

Die Ansicht, dass sich quantitative und qualitative Forschung in ihrem Verhältnis von Theorie- und Methodengenerierung eher konträr gegenüber stehen, lässt sich nach den obigen Ausführungen nicht aufrecht erhalten. Durch das Zusammenspiel beider Forschungsansätze erfolgt nicht nur eine Überprüfung vorhandener Theorien, sondern es ist auch die Generierung neuer Theorien im Sinne einer explorativen Betrachtung möglich. Bedingt durch das Ziel der Überprüfung des hier beschriebenen und dokumentierten Konzepts liegt das Schwergewicht dieser Untersuchung allerdings in der Theorieevaluation und –verfeinerung und nicht in einer Theorieabstinenz, die Hypothesen erst neu und weitgehend ohne Einschränkung durch vorherige Theoriebildung finden bzw. formulieren möchte. In diesem Sinne sind die vorhandenen Fallstudien keine Beispiele für eine theoriegenerierende qualitative Forschung, sondern zeigen durch die Verbindung quantitativer und qualitativer Elemente eher die Möglichkeiten einer Methodenintegration im Sinne theorieausfüllender oder theoriedifferenzierender Forschung auf.

8.3 Methodisches Design der Untersuchung – Verwendete Erhebungsverfahren und ihre Einordnung

Neben den in den Entwicklungsbeschreibungen der Kinder verwendeten Quellen (Gutachten, Tagebuchaufzeichnungen, Korrespondenz, Schülerakten etc.) spielen vor allem die in der Untersuchung verwendeten Tests eine große Rolle. Als Auswahl- bzw. Begründungskriterien gelten grundsätzlich die gleichen Maßgaben wie sie in der Beschreibung des Unterrichtskonzepts für die Leistungsmessung generell bzw. in den einzelnen Fächern ausgeführt worden sind. Dies ist nicht nur deshalb naheliegend, weil die Untersuchung durch die Evaluation aus der Retrospektive zwangsläufig auf die vorher entstandenen Materialien zurückgreifen muss, sondern auch, weil anzunehmen ist, dass genau diese Erhebungsinstrumente bzw. –methoden das zeigen bzw. messen, was in dieser Untersuchung gezeigt bzw. gemessen werden soll. Auf Grund der Überschneidung mit den im Zusammenhang mit den im Konzept getätigten Beschreibungen erfolgt im Folgenden nur eine kurze Einordnung bzw. Ergänzung.

8.3.1 Vor- und Nachteile von Eigenproduktionen als Datenmaterial

Um ein möglichst aussagekräftiges Abbild der Entwicklung eines Kindes in einem bestimmten Bereich zu erhalten, darf nicht nur ein kleiner – womöglich durch Übung vorbereiteter – Ausschnitt seines Vermögens betrachtet werden, sondern es muss ein Messinstrument eingesetzt werden, das Rückschlüsse auf den generellen Leistungsstand in diesem Bereich zulässt. Grundsätzlich eignen sich dafür – egal in welchem Unterrichtskonzept – vor allem die (freien) Eigenproduktionen der Kinder. Sie zeigen deutlich bzw. geben Hinweise darauf, welche Kompetenzen und Fähigkeiten in einem Bereich erreicht sind.

Dennoch kann es sein, dass die Eigenproduktionen eines Kindes u. U. nicht seinen wahren Leistungsstand wiedergeben. Dies ist beispielsweise dann vorstellbar, wenn Kinder das selbstgesteuerte Arbeiten bzw. den freien Ausdruck nicht gewohnt sind und ihre Eigenproduktionen deshalb zu sehr vom im sonstigen Unterricht geübten Stoff beeinflusst werden. Einerseits kann es passieren, dass dann vornehmlich Auswendiggelerntes (Wörter, mathematische Techniken), aber doch Unverstandenes vom Kind verschriftet wird, die eigentliche Kompetenz des Kindes also eigentlich geringer ist. Andererseits kann es aber auch sein, dass Kinder sich auch bei den Eigenproduktionen nur auf den geübten Unterrichtsstoff beschränken und eigentlich weitaus mehr können bzw. könnten. Weiterhin ist vorstellbar, dass Kinder von der offenen Situation ohne Vorgaben schlichtweg überfordert sind, weil sie gewohnt sind, konkrete Anwesungen zu befolgen bzw. genau vorgegebene Aufgaben zu erledigen.

Dieses Problem ergibt sich in der hier untersuchten Klasse so nicht, weil die Kinder zum einen das freie Erstellen von Eigenproduktionen vom ersten Schultag an gewohnt sind und andererseits durch den fehlenden Lehrgangsunterricht gar keine Möglichkeit haben, auf vorher Auswendiggelerntes zurückzugreifen. Dies gilt mit einer gewissen Zeitverzögerung auch für die Kinder, die erst später in die Klasse kamen. In den Fallbeispielen solcher Kinder (z. B. in der ausführlicheren Fallstudie über Mehmet) ist der Wandlungsprozess vom Rückgriff auf Auswendiggelerntes zum Neuanfang mit Eigenem gut zu erkennen.

Trotzdem kann auch in einer ganz offen unterrichteten Klasse nicht ausgeschlossen werden, dass die Eigenproduktionen nicht den tatsächlichen Leistungsstand des Kindes abbilden, denn es kann ja sein, dass sich das Kind ständig unterfordert bzw. nur Sachen verschriftet oder zugänglich macht, die es eigentlich schon längst hinter sich hat. Dieser Fall ist aus der hier untersuchten Klasse nicht bekannt, wohl aber zeigen die Fallstudien, dass Kinder sich zu unterschiedlichen Zeitpunkten ganz unterschiedlich auf Inhalte einlassen. Ob man dann sagen kann, dass der entsprechende Bereich nicht beherrscht wird, oder ob man davon sprechen sollte, dass das Potential in diesem Bereich zu dieser Zeit nicht genutzt wird, ändert nichts an der Tatsache, dass letztendlich keine Aussage über die tatsächlichen Kompetenzen zu diesem Zeitpunkt gemacht werden können. Wichtig erscheint jedoch, möglichst Situationen zu schaffen, in denen das Kind herausgefordert bzw. überfordert wird. Im vorgestellten Konzept geschieht dies in ständiger Weise durch die Unterrichtssituation an sich, die letztendlich auf der gegenseitigen Herausforderung aller Beteiligten beruht.

8.3.2 Von der Eigenproduktion zum Überforderungstest

Um den oben begründeten Anspruch einer quantitativen Darstellung der (qualitativen) Entwicklung der Kinder in den zu untersuchenden Bereichen zu ermöglichen, könnten die Eigenproduktionen durch entsprechende Operationalisierung und Transformation in Zahlenwerte überführt werden. Eine andere Möglichkeit läge darin, auf schon bestehende Erhebungsformen zurückzugreifen, die denselben Prinzipien genügen bzw. die auch die für die Eigenproduktionen geltenden Kriterien erfüllen. Dies wären Erhebungsinstrumente, die im weitesten Sinne als „Überforderungstests" bezeichnet werden können, d. h. sie messen nicht einen fest umrissenen Teilbereich eines Inhaltes, sondern versuchen ein umfassenderes Bild bezüglich des Könnens zu liefern. Standardisierte Tests hätten dabei den Vorteil, dass die Daten durch dieselbe Aufgabenstellung direkt miteinander vergleichbar sind, während eine entsprechende

Gegenüberstellung bei freien Eigenproduktionen eher über Strategieprofile o. Ä. erfolgen müsste. Sollten die Messinstrumente darüber hinaus auch den Vergleich mit einer Eichstichprobe gestatten, so können die Leistungen der Kinder in ein direktes Verhältnis zu denen ihrer Altersgenossen gesetzt werden. Und letztendlich sollten – wenn möglich bzw. vorhanden – weitere Tests und Normtests einbezogen werden wie z. B. übliche Schultests, die nicht als Überforderungstests konzipiert sind, sondern einen bestimmten Stoffausschnitt testen. Sie bieten eine zusätzliche Kontrolle durch ein anderes Messinstrument bzw. ermöglichen u. a. eine direktere Leistungseinordnung in Bezug auf die zu einem Zeitpunkt üblichen Schuljahresanforderungen.

8.3.3 Verwendete (Überforderungs-)Tests

In der hier vorliegenden Arbeit werden alle diese Quellen genutzt, wobei außerhalb der Fallstudien keine direkte Auswertung der Eigenproduktionen der Kinder erfolgt. Aus den gerade ausgeführten Gründen wird möglichst auf vorhandene standardisierte Test- und Überprüfungsformen zurückgegriffen, andere Daten haben dabei nur ergänzenden oder bestätigenden Charakter. Im Folgenden werden die wichtigsten der verwendeten Testverfahren kurz aufgelistet, eine genauere Beschreibung mit Quellenangaben erfolgt innerhalb der Ergebnisdarstellung.

Gut möglich ist der Rückgriff auf vorhandene Messverfahren vor allem im Bereich Sprache bzw. Rechtschreiben, wo seit einigen Jahren erprobte Instrumente im Sinne des „Überforderungstests" bzw. „Überforderungsdiktats" existieren. Dabei liegen für den Bereich des Schuleingangs (Buchstabenkenntnis) und des Schriftspracherwerbs (Fünf- und Neun-Wörter-Diktat) verschiedene Vergleichswerte vor (für das Fünf-Wörter-Diktat nur als Rückgriff auf das Neun-Wörter-Diktat), für die Rechtschreibentwicklung (Hamburger Schreib-Probe, Diagnostischer Rechtschreibtest) eine weitgehende Normierung mit Prozentrangplätzen.

Für den Bereich des Lesens erfolgt zum Schuleingang der Rückgriff auf Vergleichswerte zur Buchstabenkenntnis. Für die Leseentwicklung war im Hinblick auf die Vorlesekompetenz kein direktes Messinstrument bekannt bzw. vorhanden, ein mögliches Instrument wird aber im Rückgriff auf ein im Unterricht entstandenes Erhebungsverfahren vorgestellt. Eine Normierung ist hier nicht gegeben. Allerdings wird zu zwei Messzeitpunkten in der vierten Klasse der normierte und international erprobte Worterkennungstest „Wort-Test O40" erhoben, der Aussagen über die grundlegende Lesesicherheit und Lesegeschwindigkeit macht. Zusätzlich wurde zu diesen beiden Testzeitpunkten der Leseverständnistest des Hamburger Lesetests durchgeführt, der vier unabhängig von einer Normierung geltende Niveaustufen des Leseverständnisses kategorisiert und zusätzlich eine Prozentrangnormierung für die vierte Klasse bietet.

Auch im Bereich Arithmetik gibt es zurzeit noch keine Überprüfungsverfahren, die sich an den konkreten arithmetischen Inhalten orientieren, gleichzeitig aber im Sinne eines „Überforderungstests" den Messbereich nicht auf bestimmte Operationen oder Zahlräume beschränken. Für die Schuleingangsphase kann auf Aufgaben und Vergleichswerte aus Erhebungen zurückgegriffen werden, die dem niederländischen MORE-Projekt entstammen. Für die weitere Entwicklung im Bereich Arithmetik ist dann ein eigenes Instrument im Sinne eines Überforderungstests entwickelt worden, das sich auf die Beherrschung der Grundrechenoperationen in verschiedenen Zahlräumen bezieht. Eine Normierung über eine Eichstichprobe existiert demzufolge nicht, wohl aber können die Leistungen der Kinder zu den üblichen durch Lehrplan bzw. Lehrgang vorgegebenen Inhalten in Beziehung gesetzt werden.

Alle diese Instrumente versuchen letztendlich die aus den Eigenproduktionen der Kinder bekannten qualitativen Daten durch Standardisierung zu quantifizieren, wobei sie den Blickwinkel auf das Wesentliche richten, aber nicht zu sehr verengen möchten. Wie schon oben angeführt, wurden dabei die Testergebnisse sowohl zum Zeitpunkt ihrer Entstehung als auch im Nachhinein mit Einschätzungen verglichen, die sich aus den sonstigen Produktionen der Kinder ergaben. Insofern ist davon auszugehen, dass die Tests trotz ihrer Standardisierung weitestmöglich das wiedergeben, was sie wiedergeben sollen, und die zwangsläufig damit einhergehende Informationsreduzierung akzeptabel ist. Zusätzlich werden allgemein übliche Schulleistungstests zur weiteren Überprüfung der Einschätzung herangezogen.

8.3.4 Datierung der wichtigsten Erhebungen und Hinweise zur Auswertung und Darstellung

Die Tabelle auf der folgenden Seite gibt eine Übersicht über die wichtigsten der durchgeführten Tests in ihrem zeitlichen Verlauf.

Die Ergebnisse einiger Tests (Buchstabenkompetenz, 5- und 9-Wörter-Diktat, Vorlesebeurteilung, arithmetischer Überforderungstest MT 1-5) werden in Kompetenzstufen angegeben. Dabei ist es unter statistischen Gesichtspunkten problematisch, arithmetische Mittelwerte zu bilden oder andere Verrechnungen mit diesen Daten durchzuführen. Aus diesem Grund werden die ordinal skalierten Daten auf Intervallskalenniveau angehoben. Die entsprechenden Ergebnisse der Verrechnungen sind dann als anschauliche Näherungswerte aufzufassen und so zu interpretieren. Diese Vorgehensweise hat sich im praktischen Gebrauch bzw. in anderen Untersuchungen bewährt und stimmt in hohem Maße mit Auswertungsverfahren überein, die berücksichtigen, dass die Niveaustufen eigentlich nicht auf einer Intervallskala liegen. Die Ergebnisse werden in der Regel zur zusätzlichen Absicherung durch eine Auswertung ergänzt, die sich auf bestimmte Schwellenwerte (prozentualer Anteil des Erreichens einer bestimmten Kompetenzstufe etc.) bezieht.

Zeitpunkt ca. (Abweichung in Klammern)	Schreiben/ Rechtschreiben	Lesen	Arithmetik	Allgemein
Einschulung	Buchstabenkenntnis	Buchstabenkenntnis	Aufgabenauswahl aus dem MORE-Projekt	KEV
Mitte 1. Klasse	5-Wörter-Diktat (nach 1 Mon.) 5-Wörter-Diktat (nach 3 Mon.) 5-Wörter-Diktat (nach 5 Mon.)		ZB1 (1-4) – alle Tests des 1. Schuljahres (nach 2,5 Mon.) ZB1 (2-4) – die Tests 2-4 des 1. Schuljahres (Mitte Klasse 1) MT 1-5 (Mitte Klasse 1)	inoffizielles Zeugnisgutachten
Ende 1. Klasse	5-Wörter-Diktat (nach 8 Mon.) 9-Wörter-Diktat (nach 9 Mon.) HSP 1 (Ende Klasse 1)	Vorlesen	MT 1-5	Zeugnisgutachten
Mitte 2. Klasse	9-Wörter-Diktat HSP 1	Vorlesen	MT 1-5	inoffizielles Zeugnisgutachten
Ende 2. Klasse	9-Wörter-Diktat HSP 2	Vorlesen	MT 1-5	Zeugnisgutachten
Mitte 3. Klasse	HSP 3	Vorlesen	MT 1-5	Zeugnisgutachten
Ende 3. Klasse	HSP 3	Vorlesen	MT 1-5	Zeugnisgutachten
Mitte 4. Klasse	HSP 4 DRT 4 HSP 5-9	Vorlesen HAMLET 3-4	MT 1-5 SRT 3	AzN 4+ Begründete Empfehlung Zeugnisnoten
Ende 4. Klasse	HSP 4 HSP 5-9 DRT 4 DRT 5	Vorlesen HAMLET 3-4	MT 1-5 SRT 4 TIMSS- Nacherhebung	AST 4 AzN 4+ BBT 3-4 BBT 4-6 CFT 20 Zeugnisnoten
Mitte 5. Klasse	*HSP 5-9*			
Ende 5. Klasse	*HSP 5-9*			
Mitte 6. Klasse	*HSP 5-9*			
Ende 6. Klasse	*HSP 5-9*			
Mitte 7. Klasse	*HSP 5-9*			

Abkürzungen:

5-Wörter-Diktat:	Überforderungstest zur Schreibentwicklung (Brügelmann 1995; 1988/1989)
9-Wörter-Diktat:	Überforderungstest zur Schreibentwicklung (Brügelmann 1988/1989)
AzN:	Aufgaben zum Nachdenken (Textaufgaben/Wortanalogien/Zahlreihen/ Satzergänzungen/Anweisungsverständnis) (Hylla/ Kraak 1993)
AST:	Allgemeiner-Schulleistungs-Test (Sprachverständnis/Sachkunde/ Rechnen/Textaufgaben/Rechtschreibung) (Fippinger 1992[3])
BBT:	Bildungs-Beratungs-Test: (Satzteile [Grammatik]/Zahlreihen/ Wortbedeutungen/Denk-/Textaufgaben) (Ingenkamp 1977; Ingenkamp u. a. 1992[2])
CFT:	Culture-Fair-Test – sprachfreier Test zur Messung der Grundintelligenz (Cattell/ Weiß 1998)
CPM	Coloured-Progressive-Matrices (Raven 1980[2])
DRT:	Diagnostischer-Rechtschreib-Test (Ingenkamp div. Jahrgänge)
DVET	Duisburger Vorschul- und Einschulungstest (Meis 1973)
HAMLET:	Hamburger Lesetest (Lehmann 1997)
HAWIK-R	Hamburg-Wechsler-Intelligenztest für Kinder (Tewes 1983)
HSP:	Hamburger Schreib-Probe (May 1997[3])
KEV:	Kieler Einschulungsverfahren (Fröse u. a. 1988[2])
MT 1-5:	eigener Arithmetiküberforderungstest (vgl. Peschel 2002b, 191)
MORE-Projekt:	Aufgabenauswahl in Anlehnung an die Erhebung von Selter (1995; van den Heuvel-Panhuizen 1995)
SRT:	Schweizer Rechentest (Lobeck 1987; 1990)
TIMSS-N:	eigene Auswahl von Aufgaben aus der TIMSS-Untersuchung innerhalb des Forschungsprojektes von Ratzka (i. V.)
ZB1:	Schulbuchtests des Zahlenbuchs (Berger u. a. 1994c)

Innerhalb der Auswertungen werden zusätzlich u. a. folgende Abkürzungen verwendet:

M 1 –	Mitte Klasse 1, M 2 – Mitte Klasse 2 etc.
E 1 –	Ende Klasse 1, E 2 – Ende Klasse 2 etc.
SKG –	Schulkindergarten
N –	Stichprobengröße
AM –	Durchschnittswert (arithmetisches Mittel)
SD –	Standardabweichung vom Mittelwert (wenn nicht anders angegeben beziehen sich die Werte auf konkrete Daten, z. B. Rohwerte oder Kompetenzstufen)

Sollte ein Normtest zu einem Testzeitpunkt durchgeführt worden sein, für den es keine direkt vergleichbaren Eichwerte gibt, ein entsprechender Vergleich aber Sinn machen würde, so wird auf Normierungswerte für frühere oder spätere Zeitpunkte zurückgegriffen und dies im Text ausgeführt. Die Werte selbst sind dann kursiv gedruckt und werden mit einem „+" versehen, wenn die tatsächlichen Werte ein Schulhalbjahr über den angegebenen liegen müssten (Verwendung einer für einen späteren Testzeitpunkt vorgesehenen Normierung), mit einem „–", wenn die tatsächlichen Werte ein Schulhalbjahr unter den angegebenen liegen müssten (Verwendung einer für einen früheren Testzeitpunkt vorgesehenen Normierung).

Bei den statistischen Angaben (Standardabweichung, Berechnung der Signifikanz, Prozentrangzuordnung aus Rohwerten etc.) erfolgt die Verrechnung der vorliegenden Daten mit den zulässigen statischen Verfahren. Dabei werden das Statistikprogramm SPSS für Windows 10.0 (SPSS Inc., Chicago, Illinois) oder das Programm „Meta-Analysis Version 5.3" (Ralf Schwarzer, Freie Universität Berlin) verwendet.

Beim t-Test wird zunächst mit Hilfe des F-Tests die Gleichheit der Varianzen in Bezug auf $\alpha = 0{,}01$ geprüft. Üblicherweise würde bei der Prüfung auf Unterschiedlichkeit sogar ein Wert von $\alpha = 0{,}05$ ausreichen. Da die Ergebnisse aber auch der strengeren Überprüfung mit $\alpha = 0{,}01$ standhalten, wird dieser Referenzwert zu Grunde gelegt. Im Grenzfall werden zusätzlich die Ergebniswerte für $\alpha = 0{,}05$ angegeben. Bei den Testanordnungen, bei denen ein Referenzwert von $\alpha = 0{,}05$ eher als ein Wert von $\alpha = 0{,}01$ die Hypothese bestätigt (z. B. um signifikante Abweichungen auszuschließen wie bei der Einbettung des Intelligenztests in die Vergleichsstichproben) wird dieser verwendet. Es wird also immer der zur Bestätigung der Hypothese ungünstigste Fall zu Grunde gelegt.

Mit dem jeweils entsprechenden t-Test (homogene oder heterogene Varianzen) werden dann die Mittelwerte auf signifikante Unterschiede getestet. Das Signifikanzniveau ist am entsprechenden p-Wert abzulesen. „α" gibt den entsprechenden Schwellenwert eines signifikanten Unterschieds an.

Dabei spricht man bei der Prüfung auf Unterschiedlichkeit der Stichproben im Falle von

- $\alpha \leq 0{,}05$ von einem signifikanten Unterschied (Irrtumswahrscheinlichkeit $\leq 5\%$),
- $\alpha \leq 0{,}01$ von einem sehr signifikanten Unterschied (Irrtumswahrscheinlichkeit $\leq 1\%$),
- $\alpha \leq 0{,}001$ von einem hoch signifikanten Unterschied (Irrtumswahrscheinlichkeit $\leq 0{,}1\%$).

Bei der Überprüfung auf Gleichheit der Stichproben wird als kritischer Wert in Bezug auf die Signifikanz ein Wert von $\alpha > 0{,}25$ zu Grunde gelegt. Dann ist davon auszugehen, dass sich die Stichproben nicht signifikant unterscheiden bzw. aus der gleichen Grundgesamtheit stammen (vgl. Bortz 1999[5], 161). Dabei gilt der t-Test bei unabhängigen Stichproben allgemein als sehr robust auf Verletzungen seiner Voraussetzungen (vgl. Bortz 1999[5], 138).

Beim Vergleich der (Teil-)Stichproben mit anderen Untersuchungen unterscheiden sich die Stichprobengrößen in der Regel erheblich. Sind die Varianzen homogen, wird die Präzision des t-Tests nicht beeinträchtigt (vgl. Bortz 1999[5], 138). Dies ist z. B. bei der Einbettung des Intelligenztests in die Vergleichsstichproben der Fall. Kommt es bei großen Stichprobenunterschieden zu heterogenen Varianzen, kann es zu einem höheren Prozentsatz an Fehlentscheidungen kommen (u. a. durch Kursivdruck gekennzeichnet, diese Werte sind als Näherungswerte zu verstehen). Jedoch gilt für die Überprüfung der Signifikanz in diesem Falle, dass die Testunterschiede dann eher konservativ ausfallen, wenn die Varianz in der größeren Stichprobe einen höhen Wert aufweist als in der kleineren (vgl. Bortz 1999[5], 140). Das ist in der vorliegenden Untersuchung für alle Vergleiche der Fall, wenn nicht anders beschrieben.

Wird im Text der Begriff der Streuung verwendet, so bezieht sich dieser im Zusammenhang mit statistischen Angaben immer auf plus/minus eine Standardabweichung vom arithmetischen Mittelwert (AM $\pm$ 1 SD). Dies gilt auch für berechnete Prozentrangbänder, die aus den Rohwerten abzüglich bzw. zuzüglich einer Standardabweichung berechnet werden. Dabei werden aus Gründen der Übersichtlichkeit die Rohwerte nicht zusätzlich wiederholt dargestellt.

Werden innerhalb der Auswertungen Begriffe wie „unterer Bereich", „Mittelfeld" oder „oberer Bereich" verwendet, so beziehen diese sich auf eine Aufteilung der Prozentränge in vier Quartile, von denen die mittleren beiden zum Mittelfeld zusammengefasst werden:

- PR 0-25:   unterer Bereich/Unterfeld
- PR 25-75:   mittlerer Bereich/Mittelfeld
- PR 75-100:   oberer Bereich/Oberfeld

Werden im Text Lehrplanbezüge hergestellt und es ist nichts anderes angegeben, so sind damit die für die untersuchte Klasse zum Unterrichtszeitpunkt 1995-1999 gültigen Richtlinien und Lehrpläne für die Grundschule von Nordrhein-Westfalen gemeint (vgl. Kultusminister NRW 1985).

Alle Namen von Betroffenen (einschließlich Spitznamen etc.) sind aus Datenschutzgründen geändert. Diese Änderung ist auch in zitierten Dokumenten und Eigenproduktionen der Kinder erfolgt, ohne dass dies extra als Entlehnung kenntlich gemacht ist. Es wurde dabei versucht, die Bezüge soweit wie möglich aufrecht bzw. entsprechend dem Original zu erhalten. So weit möglich werden in der Wiedergabe der Eigenproduktionen der Kinder Schreibweisen wie im Original belassen bzw. entsprechend dargestellt.

8.3.5 Zeitliche Einordnung der Entwicklung, Erprobung und Evaluation des Konzepts

Die Untersuchung selbst wurde als Evaluation in der Retrospektive angelegt. Von daher erscheint es angebracht, einen kurzen Überblick über die Datierung der Aktivitäten zu geben, die mit der Untersuchung zu tun haben. Es ergibt sich folgender zeitlicher Verlauf:

Zeitraum	Tätigkeit
von ca. Ende 1992 bis SJ 1995/1996	Entwicklung von Bausteinen eines Gesamtkonzepts Offenen Unterrichts im Rahmen der zweiten Ausbildungsphase, Hospitationen im In- und Ausland sowie Langzeitpraktika in der Glocksee-Schule Hannover sowie der Laborschule Bielefeld
	Verfassen erster Veröffentlichungen zum Thema
von SJ 1995/1996 bis SJ 1999/2000	Weitere Entwicklung sowie Erprobung des Konzepts in der Praxis
	Dokumentation, Erhebung und erste Auswertung der Leistungen und Entwicklungen der Kinder im Rahmen der unterrichtlichen Leistungsmessung
	Verfassen von einzelnen Bausteinen für eine Verschriftung des Konzepts
von SJ 1999/2000 bis SJ 2001/2002	Beschreibung, Reflexion und Veröffentlichung des allgemein- und fachdidaktischen Konzepts
SJ 2001/2002	Erstellen der vorliegenden Untersuchung unter Rückgriff auf die obigen Erhebungen und Veröffentlichungen sowie ergänzendes Datenmaterial
bis Dezember 2002	Überarbeitung der wissenschaftlichen Veröffentlichung

8.4 Zusammenfassung

Betrachtet man rückblickend die (internationalen und nationalen) Untersuchungen und Metaanalysen, die üblicherweise für oder gegen offenen Unterricht angeführt werden, so stellt man fest, dass keine einzige dieser Untersuchungen den hier beschriebenen Minimalkriterien von Offenheit standhalten würde. Der offene Unterricht wird bzw. wurde in den untersuchten Klassen in der Regel nicht als durchgängiges Unterrichtsprinzip umgesetzt, sondern meist nur in der Form einzelner Stunden pro Woche praktiziert – und dann in einer Umsetzung, wie sie schon im ersten Kapitel als materialzentrierter Unterricht kritisiert wurde. Weder methodische noch inhaltliche Offenheit sind in nennenswertem Maß zu finden. Zusätzlich ist in vielen Untersuchungen die Einteilung in „offen" bzw. „geschlossen" unterrichtete Klassen sehr fragwürdig. Nachträgliche Einordnung der Stichproben, Selbstzuweisungen der

Lehrer, Definitionslosigkeit im Hinblick auf das, was als „offen" oder „geschlossen" zu betrachten ist usw. führen dazu, dass Klassen, die in den einen Untersuchungen als „offen" eingestuft wurden, in anderen nur als „traditionell" oder niedriger eingestuft worden wären. Neben der unklaren Definition für die Offenheit des Unterrichts ist sicherlich ein anderer Grund für dieses Problem, dass sich gar keine ausreichenden Stichproben für (durchgängig praktizierten) Offenen Unterricht finden lassen. Darauf weisen auch die Ergebnisse in Lehrerbefragungen zu geöffneten Unterrichtsformen hin, eine wirkliche Selbstverantwortung der Kinder für ihr Lernen scheint von Lehrern trotz entsprechender Richtlinienvorgaben nicht umgesetzt – oder gewollt – zu werden.

Die hier vorliegende Arbeit unterscheidet sich auch aus diesen Gründen in verschiedener Hinsicht von anderen Untersuchungen und möchte u. a. durch eine ausführliche Darlegung von Bedingungsfeld und praktiziertem Unterrichtskonzept eine aussagekräftige Überprüfung des dargestellten Offenen Unterrichts ermöglichen. Dabei geht es darum, die Möglichkeiten und Grenzen des Ansatzes näher zu beleuchten. Die Arbeit ist im Gegensatz zu anderen Untersuchungen auf Grund ihrer Form als retrospektive Evaluation mit der eines Historikers vergleichbar, der auf vorhandene Dokumente zurückgreift und diese nachträglich vor seinem Hintergrundwissen einordnet bzw. darstellt und interpretiert. Insofern ist auch die Rollenüberschneidung des Untersuchenden als Konzeptentwickler, voll teilnehmendem Beobachter im Feld und als evaluierendem Wissenschafter eher positiv denn negativ zu sehen: Er hat die zu erforschende (Unterrichts-)Kultur nicht nur maßgeblich mitbestimmt und über die gesamte Zeit miterlebt, sondern auch ein Hintergrundwissen über die Beteiligten, die Strukturen und Zusammenhänge, das von einem Außenstehenden nicht so einfach erworben werden kann – vor allem nicht in der Authentizität der realen Situation.

Im Rückgriff auf BRÜGELMANNS (vgl. 1999a) Anregungen für eine Erweiterung und Differenzierung wissenschaftlicher Untersuchungsverfahren in der Pädagogik wird der Offene Unterricht als Einzelfallstudie auf Klassenebene vor allem mittels standardisierter Messinstrumente untersucht, darüber hinaus werden aber auch Entwicklungsverläufe von Kindern durch interpretative Fallanalysen eingehender beleuchtet. In diesem Sinne werden in dieser Arbeit verschiedene methodische Traditionen verbunden, da quantitativ und qualitativ erhobene Daten im Sinne eines erweiterten Triangulationsbegriffs dazu dienen, ein möglichst differenziertes Bild sowohl vom Untersuchungsgegenstand als auch vom Untersuchungsergebnis zu liefern. Durch eine ausführliche Dokumentation des Bedingungsfelds wird versucht, zu zeigen, dass die Stichprobenauswahl zwar nicht statistisch als repräsentativ abgesichert werden kann, aber unter zentralen Merkmalen nicht „vom Durchschnitt" abweicht, sodass die Möglichkeit einer Übertragung auf andere Situationen gegeben ist. Die Untersuchung stellt dabei sowohl eine Längsschnittstudie (Entwicklungsverlauf der Kinder über vier Jahre) als auch eine Querschnittuntersuchung (Leistungen in

Rechtschreibung, Lesen, Arithmetik zu bestimmten Zeitpunkten) dar, bei der neben ergänzenden qualitativen Dokumenten vor allem ein Rückgriff auf standardisierte (Überforderungs-)Tests erfolgte, sodass eine direkte oder indirekte Verortung der Ergebnisse in einer größeren (Norm-)Stichprobe möglich ist.

Zusätzlich finden sich Entwicklungsbeschreibungen aller Kinder als kleine Fallstudien, in denen zusätzlich weitere Informationen über das Bedingungsfeld geliefert werden. Ergänzend wird auch der Lehrer bzw. das Lehrerverhalten im Rückgriff auf verschiedene Quellen und Beobachter näher beschrieben. In ausführlicheren Fallstudien von den Kindern, die in der Stichprobe auf Klassenebene durch vergleichsweise schwache Leistungen auffallen, sowie von den Kindern, die sich entgegen entsprechender Prognosen „wider Erwarten erfolgreich" entwickelt haben, wird das Potential des Konzepts in Grenzbereichen untersucht. Insgesamt ergibt sich so ein differenzierteres Bild dessen, was als individuelles Können hinter den standardisierten Angaben der Untersuchung auf Klassenebene steht, sodass u. a. die Unterschiedlichkeit der Entwicklungen bzw. Leistungsformen der Kinder ein und derselben Klasse deutlich wird.

Durch dieses Arrangement wird die Untersuchung auch den Gütekriterien wissenschaftlicher Forschung gerecht. So erzeugt z. B. im Hinblick auf das Kriterium der „Objektivität" die Kopplung der (standardisierten) Tests mit der Kontrolle durch andere Quellen (Gutachten, Stellungnahmen anderer Personen etc.) sowie dem Hintergrundwissen des Lehrers eine mehrperspektivische Betrachtung und damit ein gewisses Maß an intersubjektiv gültigen Aussagen. Dem Kriterium der „Reliabilität" wird in der vorliegenden Untersuchung auf unterschiedliche Arten entsprochen. Zunächst erfolgt ein Rückgriff auf standardisierte Messinstrumente, die in ihrer Form als Überforderungstests die Entwicklung der Kinder in einem weiten Bereich erfassen, gleichzeitig aber durch ihre Fokussierung auf bestimmte Fragestellungen eine normierte Auswertung zulassen. Weiterhin ergibt sich durch die Durchführung mehrerer und inhaltlich verschiedener Tests sowie durch die Berücksichtigung der Eigenproduktionen der Kinder eine Variation der Anforderungen und Erhebungsbedingungen, die letztendlich für ein relativ verlässliches Ergebnis sorgt. Der Einbezug anderer Kommunikationsformen und ergänzender Betrachtungen erscheint in Bezug auf die Validität wichtig, genauso wie die Darstellung des Bedingungsfelds bzw. der Erhebungsbedingungen es dem Leser ermöglicht, die Untersuchung nachzuvollziehen und damit die Gültigkeit der Aussagen zu beurteilen. Der Rückgriff auf die im normalen Unterrichtsbetrieb entstandenen Tests und Erhebungen bewirkt zusätzlich, dass keine Verfälschung durch eine nicht authentische Untersuchungssituation erfolgt. Gerade die Überprüfung des hier untersuchten Unterrichtskonzepts unter realen Bedingungen kann einen Hinweis darauf geben, dass das Konzept übertragbar und praktikabel ist („ökologische Validität") – nicht als konkrete Anleitung, sondern als Deutungsfolie, als Herausforderung.

Unter anderem aus den gerade ausgeführten Gründen wird außerhalb der Fallstudien, in denen sowohl qualitative als auch quantitative Daten einbezogen werden, möglichst auf vorhandene standardisierte Test- und Überprüfungsformen zurückgegriffen. Im Bereich Sprache bzw. Rechtschreiben sind das „Überforderungstests" wie das „Fünf-" bzw. das „Neun-Wörter-Diktat" oder die „Hamburger Schreib-Probe". Für den Bereich des Lesens wird ein im Unterricht entstandenes Erhebungsverfahren vorgestellt. In der vierten Klasse wurde der „Wort-Test O40" erhoben, der Aussagen über die grundlegende Lesesicherheit und Lesegeschwindigkeit macht, sowie der Leseverständnistest des „Hamburger Lesetests". Im Bereich Arithmetik wurde ein eigener „Überforderungstest" entwickelt, der sich auf die Beherrschung der Grundrechenoperationen in verschiedenen Zahlräumen bezieht. Alle diese Instrumente versuchen die aus den Eigenproduktionen der Kinder bekannten qualitativen Daten durch Standardisierung zu quantifizieren. Zusätzlich werden allgemein übliche Schulleistungstests zur weiteren Überprüfung der Einschätzung herangezogen.

In den folgenden Kapiteln wird zunächst das Bedingungsfeld im Hinblick auf seine organisatorischen und personellen Komponenten erläutert, bevor dann die Entwicklung der Klasse bzw. der Kinder, die ihre ganze Grundschulzeit in der Klasse verbracht haben, in den oben genannten sprachlichen und mathematischen Bereichen beschrieben wird.

9 Einordnung des Bedingungsfeldes

Nicht nur die Komplexität des pädagogischen Felds an sich bzw. der Versuch, diese Komplexität angemessen darzustellen, erfordert eine Beschreibung der Untersuchungssituation einschließlich der in der Untersuchung involvierten Personen, sondern diese Informationen dienen auch maßgeblich dazu, den Gütekriterien wissenschaftlicher Forschung gerecht zu werden (siehe methodische Ausführungen im vorigen Kapitel). Der in dieser Untersuchung gewählte Forschungsansatz, der standardisierte Messinstrumente und qualitative Betrachtungen miteinander verbindet, ermöglicht auf Grund der Anlage als Fallstudie über eine ganze Schulklasse eine Beschreibung des Bedingungsfelds, die sich von der in vielen anderen Untersuchungen unterscheidet.

So ist es in repräsentativen empirischen Erhebungen schon auf Grund der Stichprobengröße in der Regel nicht möglich, eine genaue Beschreibung des individuellen Bedingungsfelds vorzunehmen. In der Folge können dann eigentlich keine oder nur eingeschränkte Aussagen gemacht werden, bei denen das Bedingungsfeld eine Rolle spielt. In der Praxis kommt es deshalb immer wieder in Untersuchungen vor, dass unzureichende bzw. zu undifferenzierte Typisierungen im Nachhinein vorgenommen werden, wichtige Unterschiede im Bedingungsfeld ignoriert werden bzw. sich gegenseitig nivellieren, oder aber als positive oder negative „Ergebnisse" Modelle als „Durchschnittswerte" konstruiert werden, die in der Realität gar nicht vorkommen (siehe auch die Kritik an bisherigen Untersuchungen zu offenen Unterrichtsformen im vorigen Kapitel). Bei Einzelfallstudien ist die Stichprobengröße hingegen oft so gering, dass eine ausführliche und genaue Beschreibung des Bedingungsfelds zwar möglich ist, weiterführende Schlüsse im Sinne von gemeinsamen Merkmalen oder Typisierungen aber auf Grund der zu geringen Fallanzahl nicht vorgenommen werden können.

Von daher erscheint die hier gewählte Stichprobengröße einer Schulklasse ein angebrachter Kompromiss, der zwar auch keine repräsentativen oder verallgemeinerbaren Aussagen zulässt, doch aber helfen kann, Gemeinsamkeiten und Tendenzen erkennbar zu machen sowie vor allem das Bedingungsfeld ansatzweise so differenziert zu schildern, dass seine Komplexität und Struktur deutlich wird. Der Leser kann dann selbst beurteilen, ob bzw. inwieweit das untersuchte Bedingungsfeld vom „Durchschnitt" oder auch von den von ihm erlebten Bedingungen abweicht.

RÖBE (vgl. 1986, 249) bestimmt u. a. vier soziale Felder, die Verläufe, Entwicklungen und Lernen im schulischen Kontext ihrer Bedingungen fassbar machen. Auf die vorliegende Untersuchung übertragen bzw. erweitert erscheinen die im Folgenden genannten Bereiche wichtig:

- Der Bereich der Lernumwelt, der über die beobachtete Zeit hinweg konstant bleibt (und u. a. das Unterrichtskonzept des Lehrers widerspiegelt).
- Die idiographische Ebene, die die Darstellung der Kinder als ,Person' notwendig macht. Handeln und Lernen werden erst von dorther einsehbar.
- Das Handeln (bzw. das Konzept) des Lehrers.
- Das Verhalten bzw. der Leistungsstand der Kinder, im Querschnitt jeweils als Darstellung statischer, im Längsschnitt zur Analyse und zum Aufweis dynamischer, sich verändernder Lernprozesse.
- Die unterrichtlichen Strukturen bzw. die Gestaltung bzw. Ausgestaltung des Unterrichts im zeitlichen Verlauf.
- Die Entwicklung des Arbeits-, Sozial- und Lernverhalten auf Klassenebene.

Im vorliegenden Kapitel soll daher zunächst die Lernumwelt mit den drei das Unterrichtskonzept maßgeblich prägenden Faktoren Raum, Material und Zeit beschrieben werden. Dann erfolgt eine kurze ergänzende Beschreibung, wie der Lehrer das Konzept im Hinblick auf seine Arbeitspläne, die Hausaufgaben und die Elternarbeit umsetzt.

Im nächsten Kapitel wird eine Übersicht über die Klassenzusammensetzung geliefert, d. h. es wird versucht, die Heterogenität, aber auch die Normalität des personalen Bedingungsfelds der Untersuchung aufzuzeigen. Zusätzlich zu Übersichten auf Klassenebene wird jedes Kind kurz bezüglich seiner außerschulischen Situation sowie der Entwicklung seines Arbeits- und Sozialverhaltens beschrieben, sodass ein detaillierter Einblick in die Lebens- und Lernbedingungen des einzelnen Schülers ermöglicht wird. Diese Beschreibungen werden gleichzeitig dazu genutzt, anhand verschiedener Schwerpunkte das Bild, das sich der Leser vom Bedingungsfeld macht, weiter zu differenzieren sowie die Kinder und Eltern zu Wort kommen zu lassen.

Das dann folgende Kapitel stellt eine Beschreibung des Hintergrunds und Rollenverständnisses des Lehrers bereit, ergänzt durch Fremdbeobachtungen seines Verhaltens in der Klasse. Da die unterrichtliche Vorgehensweise schon oben im Rahmen der Entwicklung und Begründung des Unterrichtskonzepts in ihren allgemein- und fachdidaktischen Dimensionen beschrieben wurde, erfolgt an dieser Stelle keine erneute Darstellung.

Im anschließenden Kapitel wird dann die Gestaltung bzw. Ausgestaltung des Unterrichts der vier Jahre Grundschulzeit beschrieben – wobei sich hier nur schwer das tagtägliche offene Arbeiten wiedergeben lässt und es eher um Schwerpunkte gemeinsamen Tuns geht. Neben einem Einblick in die Ausbildung von Ritualen und Institutionen wird in diesem Kapitel die Entwicklung des Arbeits-, Sozial- und Lernverhaltens auf Klassenebene im zeitlichen Verlauf dargestellt.

Die Dokumentation der fachlichen Leistungen und Entwicklungen der Kinder, die die Klasse während ihrer ganzen Grundschulzeit besucht haben, bildet dann den Hauptteil der Untersuchung und wird in den nachfolgenden Kapiteln exemplarisch in den Bereichen Schreibenlernen/Rechtschreiben, Lesen und Rechnen/Arithmetik veranschaulicht, bevor ausführliche Fallstudien über Kinder mit auffälligen Entwicklungsverläufen die Darstellung komplettieren.

9.1 Lernumwelt

Eines der wichtigsten Elemente des Offenen Unterrichts ist die Annahme aller am Unterricht Beteiligten „so wie sie sind". Alle sollen so weit wie möglich authentisch agieren und reagieren können. Wenn die Stärke des Offenen Unterrichts darin liegt, selbstgesteuert bzw. selbstreguliert lernen zu können, müssen zunächst unnötige organisatorische Zwänge vermieden werden, das heißt so weit möglich sollten die Beteiligten frei über Raum, Zeit und Sozialformen entscheiden können. Feste Sitzplätze, feste Stundenvorgaben und feste Vorgaben, alleine oder nur mit bestimmten Partnern zu arbeiten, machen grundsätzlich wenig Sinn und müssen immer wieder im Einzelfall begründet werden. (Peschel 2002b, 39)

Die Lernumwelt ist nicht nur etwas, was die organisatorischen Lernbedingungen der Kinder dokumentiert, sondern drückt in hohem Maße auch die praktische Umsetzung des hier untersuchten Unterrichtskonzepts aus. Die in einer gewissen Weise vorstrukturierte Lernumwelt bestimmt gerade in einem offenen Unterrichtskonzept die Aktionen und Interaktionen der Kinder in hohem Maße – vor allem, wenn das Konzept die vorgegebene Ordnung nur als eine „prozessuale" versteht, die jederzeit von der Lerngruppe verändert und von den Kindern selbst an ihre Bedürfnisse angepasst werden kann. Im Folgenden soll diese Lernumwelt einerseits im „geographischen Sinne" kurz beschrieben werden, dann vor allem aber auch im Hinblick auf die den Unterricht beeinflussenden Faktoren: Raum, Material und Zeit.

9.1.1 Gegebenheiten der Schule

Die Untersuchung beschäftigt sich mit der Entwicklung einer nach dem oben beschriebenen Unterrichtskonzept unterrichteten Klasse über die gesamte vierjährige Grundschulzeit von August 1995 bis August 1999. Es handelt sich dabei um eine ganz normale Klasse einer Regelschule in einer mittelgroßen „Industriestadt im Grünen" in Nordrhein-Westfalen. Die Schule ist in zwei Schulgebäude aufgeteilt, die einander entgegengesetzt jeweils am Rande des Stadt- bzw. Ortsteils liegen, sodass sich die Größe der Schule mit rund 500 Schülern nicht allzu nachteilig für die Kinder auswirkt: die räumliche Nähe der Kinder zur Schule bleibt gegeben, der Schulweg überschaubar und sicher. Die administrativen und pädagogischen Belange werden weitgehend zentral koordiniert.

Das doppelstöckige Schulgebäude, in der die hier untersuchte Klasse untergebracht ist, wurde in den siebziger Jahren als dreizügiger Schulteil fertig gestellt. Es ist zur Untersuchungszeit auch dreizügig mit Klassenstärken zwischen 25 und 32 Kindern belegt, sodass insgesamt rund 340 Kinder diesen Schulteil besuchen. Auf dem

Schulgelände befindet sich eine Turnhalle sowie ein asphaltierter Schulhof mit einer kleinen Spielecke (Rutsche und Sandkasten). Im Schulgebäude sind außer den Klassenstufen eins bis vier noch die Verwaltung und der Schulkindergarten untergebracht, dessen Einzugsgebiet aber auch andere Grundschulen umfasst. Der Schule gegenüber befindet sich einer der fünf Kindergärten des Einzugsgebietes.

Der Klassenraum der Lerngruppe ist über die gesamte Grundschulzeit derselbe und liegt im Erdgeschoss gegenüber einem teilbaren Mehrzweckraum, der vom Kollegium bzw. einer Fachlehrerin primär als Musikraum belegt wird. Vor der Klasse befindet sich ein Flur, der durch das Aufstellen von einzelnen Schülertischen als Ausweichmöglichkeit genutzt werden kann, aber wegen der Brandschutzauflagen keine weitere Einrichtung (Materialien etc.) enthält. Über das neben dem Klassenraum gelegene Treppenhaus lässt sich das Obergeschoss erreichen, des Weiteren ein Kellerflur und ein Ausgang nach draußen, der in einen auf der Rückseite der Schule gelegenen Grünstreifen (Flucht- bzw. Zufahrtsweg) mündet.

9.1.2 Einrichtung des Klassenraums

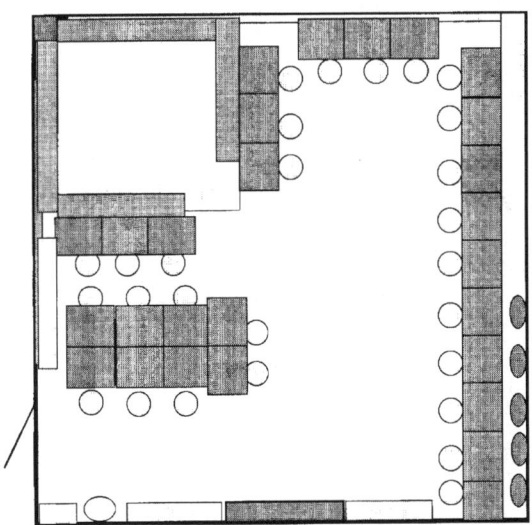

Der Klassenraum ist ungefähr acht mal acht Meter groß und wurde vom Lehrer wie in der Abbildung ersichtlich voreingerichtet, damit die Kinder zur Einschulung nicht einen leeren Raum vorgefunden hätten. Im Sinne eines Unterrichts, der keine frontal ausgerichtete Sitzordnung benötigt, sondern eher auf individuelles Arbeiten oder Arbeiten mit einem oder mehreren Partnern sowie Treffen der ganzen Gruppe oder von Teilgruppen ausgerichtet ist, wurde eine ganz dezentrale Sitzordnung umgesetzt. In einer Ecke der Klasse ist ein ca. 2,5 mal 2,5 Meter großer Sitzkreis fest auf einem mit einem Teppich bezogenen Podest aus Spanplatten installiert. Ungefähr zwanzig Schülertische sind rundum entlang den Wänden bzw. entlang des Sitzkreises gestellt (mit Blick zur Wand, zur Fensterbank bzw. zur Abtrennung des Sitzkreises). Vor dem Sitzkreis befindet sich ein Gruppentisch aus acht Einzeltischen.

Neben der Eingangstür und zwischen Waschbecken und Tafel befinden sich Regale mit Büchern bzw. Bücherkisten sowie eine Musikanlage. Am Waschbecken steht ein Kasten mit Mineralwasser, auf den jederzeit zugegriffen werden kann. Links neben der Tafel befindet sich ein Kopierer auf einem Tisch, unter dem Papier bzw. Plakatkarton und eine Werkzeugkiste untergebracht sind. Daneben schließen sich auf der Fensterbank fünf Computer (Betriebssystem MS-DOS bzw. MS-Windows 3.11) mit Drucker an. Die restliche Fensterfläche dient als weitere Ablagefläche (in der Anfangszeit mit Ablagefächern für die Kinder, später waren diese nicht mehr notwendig, weil die Kinder feste Sitzplätze vorzogen). Die der Tafel gegenüberliegende Wand ist mit einer großen Pinnwand verkleidet, über der größere Fotos aller Kinder der Klasse hängen. An der den Fenstern gegenüberliegenden Wand befindet sich eine Wandtafel, die auch als Plakatfläche genutzt werden kann. Ein großer Teil des Innenraums der Klasse ist frei und kann zum großflächigen Malen, Experimentieren, Basteln, Probieren etc. genutzt werden. Insgesamt wirkt die Klasse trotz der knapp 30 Tische, der Sitzecke, der Computer und Regale sehr übersichtlich. Ein Lehrerpult oder einen abschließbaren Schrank gibt es nicht.

Eine Sitzordnung wurde den Kindern nicht vorgegeben, sodass die Kinder zu Anfang auch keine festen Sitzplätze besetzt haben – was sicher auch daran lag, dass die verschiedenen von ihnen ausgeübten Aktivitäten vielfach mit einem Platzwechsel einhergingen. Ein paar Kinder hatten aber schnell Lieblingsplätze, die sie nach kurzer Zeit als die ihren betrachtet haben, andere Kinder wählten ihren Platz jeden Tag neu, bis sich dann im Laufe der Zeit eine festere (aber individuell flexible) Sitzordnung von selbst ergeben hat.

Im Gegensatz zu den Möbeln, deren Platzierung in der Klasse auch unter funktionalen Gesichtspunkten sinnvoll erscheint (Sitzkreispodest, Bücherregale, Computerarbeitsplätze, Kopierer), ändert sich die Aufstellung der Schülertische häufiger. Neben einer kurzen Phase, in der die Kinder das übliche Aufstellen der Tische in zur Tafel ausgerichteten Reihen wie in anderen Klassen ausprobieren wollen, setzt sich u. a. in den höheren Schuljahren eine Form durch, in der zwei große Gruppentische arrangiert werden. Vor dem Sitzkreis wird ein runder Tisch aufgestellt, der gemeinsamen Treffen dient oder Hospitanten zur Verfügung gestellt wird. Er wird von keinem Kind als eigener Sitzplatz genutzt – wahrscheinlich auf Grund seiner Verwendung und deshalb, weil es kein „Schultisch" ist.

Da alles, was die Kinder an Material benötigen, eigentlich so in der Klasse vorhanden ist, haben die Kinder die Schulranzen (mit ihrer Pausenverpflegung) in der Anfangszeit zum Teil draußen unter der Garderobe stehen gelassen, zum Teil haben sie ihren Ranzen aber auch lieber bei sich in der Klasse gehabt. Mit der festen Sitzplatzverteilung und dem Wunsch, Hefte und Bücher auch zu Hause nutzen zu können, ging im Laufe der Zeit einher, dass die Kinder ihre Ranzen an ihrem Arbeitsplatz in der Klasse deponiert haben.

Entsprechend dem Unterrichtsprinzip konnten die Kinder die ganze Schule bzw. das ganze Schulgelände zum Arbeiten nutzen. Klassen- und Kellerflur, sowie stundenweise freie Schulräume boten den Kindern Ausweichmöglichkeiten für Arbeiten, die aus den verschiedensten Gründen nicht so gut in der Klasse umsetzbar waren (Musik machen, Projekte durchführen, Theaterstücke proben, Material sammeln). Des Weiteren haben die Kinder auch Gänge zum Hausmeister oder in die Verwaltung von Anfang an selbst übernommen.

Damit spiegelt der Klassenraum schon viel des praktizierten Unterrichtskonzepts wieder:

- keine Ausrichtung der Arbeitsplätze auf eine zentrale Stelle (Lehrer bzw. Tafel)
- kein besonderer Arbeitsplatz des Lehrers, sondern weitgehende mobiliare Integration in die Klasse (kein Lehrerpult o. Ä.)
- funktionale, für die Kinder klar erkennbare Struktur der Einrichtung (Bücherregale, Computerarbeitsplätze, Materialien etc.)
- offene, jedem Kind zugängliche Materialien bzw. Werkzeuge
- feste Einrichtung zum (schnellen) gemeinsamen Treffen (Sitzkreis)
- optisch angenehme Atmosphäre und emotionale Wertigkeit durch kindgerechte Funktionsbereiche und eigene Gestaltungsmöglichkeiten der Kinder *ihres* Raumes (Sitzkreis mit Sitzpolstern und Teppichpodest, Plakate, Pinnwand, Ausstellungsflächen etc.)
- Erweiterung des Klassenraums auf das ganze Schulgelände, damit Anpassung der Räumlichkeit an die Arbeitsanforderung – einschließlich Rückzugsmöglichkeit (Sitzecke, Keller- und Flurbereich etc.)
- jederzeit mögliche Kontaktaufnahme und auch längerfristige Zusammenarbeit durch den Verzicht auf feste Sitzordnung bzw. Umgestaltungs- und Ausweichmöglichkeiten
- jederzeit mögliche Eigenregulierung des Bewegungsbedürfnisses
- eigene Organisation des Arbeitsplatzes und der darauf (und darunter) befindlichen Gegenstände (Becher, Trinkflasche, Maskottchen, Hefte, Bücher etc.)

9.1.3 Materialien

Entsprechend der Grundidee des hier untersuchten Unterrichtskonzepts, auf Lehrgänge und Lehrgangsunterricht zu verzichten und die Kinder ihren eigenen Lernweg gehen zu lassen, finden sich in der Klasse vor allem Materialien, die nicht für einen chronologischen Lehrgang konzipiert worden sind, sondern den Kindern im Sinne von offenen (Alltags-)Materialien und „Werkzeugen" ein selbstgesteuertes Lernen ohne enge methodische Vorgaben ermöglichen. Dies macht eine Beschreibung der Grundausstattung der Klasse deutlich, die folgende Materialien umfasst:

- Schreibwarenmaterialien als Arbeitsgrundlage (Papier und Stifte verschiedener Größen, Arten, Farben und Stärken; Schulhefte verschiedener Größe und Linierung; Klebstoff; Klebefilm; Scheren; Lineale etc.)
- Computer, Drucker und Kopierer als Notations-, Kontroll- und Gestaltungswerkzeuge

Bereich Sprache:

- Geschichten- und Sachbücher aller Art (Themen, Umfang, Schriftgröße, Bildanteil etc.)
- Buchstabentabelle (REICHEN) als Werkzeug beim Schriftspracherwerb für jedes Kind
- Schreibschriftalphabet nach Bedarf in der Klasse oder für jedes Kind als Werkzeug zum Erlernen einer Verbundschrift
- Wörterbücher verschiedener Art (zusätzlich eigenes Wörterbuch für jedes Kind)
- kopierbare Bildgeschichten (Der kleine Herr Jakob) oder Bilder als Schreibimpulse
- Software „Elementares Können" (REICHEN), Textverarbeitungsprogramm

Bereich Mathematik:

- einzelne Schulbücher bis zur Klasse 5
- Übungshefte des Zahlenbuches (mathe 2000) bis zur Klasse 4 für jedes Kind
- Zwanziger- bzw. Hunderterfeld, Tausenderbuch, Wendeplättchen, Fünfer-Schiffchen mit blau-roten Stöpseln, Rechengeld, Maßbänder
- Taschenrechner, Little Professor (Texas Instruments)
- Master Mind (Fa. PARKER), Schachbrett, Mathematix (REICHEN), Zahlendreieck (mathe 2000)
- Zirkel, Geodreiecke
- Software „Elementares Können" (REICHEN), Blitzrechnen (mathe 2000), MINIRE (Programm eines Vaters)

Bereich Sachunterricht:

- Sachbücher und Lexika aller Art (Themen, Umfang, Schriftgröße, Bildanteil etc.)
- Zugang zu Werkzeugen (Hammer, Säge, Kinder-Gartengeräte etc.), Experimentiermaterialien (Gefäße, Kocher, Magnete etc.), Modellen (ausgestopfte Tiere, Körperplastiken etc.) usw.

Musischer Bereich:

- Zugang zu Wasserfarbkästen, Stoffen, Bastelmaterialien, Kunstdrucken etc.
- Abspielmöglichkeiten für Kassetten und Compact Disks
- Zugang zu Xylophonen, Blockflöten, Keyboard, orff'schen Instrumenten, Liedersammlungen etc.

Diese Ausstattung unterscheidet sich bezüglich des Materials bzw. der dahinter stehenden konzeptionellen Idee in wichtigen Punkten von der üblichen Einrichtung anderer Klassen. Dies sei exemplarisch an der Materialübersicht für Sprache und Mathematik veranschaulicht, die RÖBE in seiner Untersuchung einer Freiarbeits-Klasse vorstellt:

Lesen:

- Arbeitsblätter zur akustischen und optischen Differenzierung
- Übungsblätter zum Einprägen von Wörtern und Buchstaben
- Graphem-Material zum Synthetisieren von Wörtern (Setzkasten, Stempelkasten, Buchstabenwürfel, Magnetbuchstaben, ausgeschnittene Buchstaben, Schreibmaschine)
- Spielformen zum Einprägen der Buchstaben und Üben der Lesetechnik (Lesetelefon, Leselotto, Wir lesen)
- Leseübungsangebote (Wortkarten mit ‚Lesetunnel', Leseblätter in Karteiform, Bildlexikon, Bilderbücher, selbst angefertigte Bücher)

Schreiben:

- Arbeitsblätter aus dem/zum Unterricht
- folierte und nummerierte Übungskarten
- Großformatiges weißes Papier und Wachsmalkreiden zum Malen und Schwingen
- Bild-Wortkarten zum Einprägen und Üben von Wörtern
- Tonband zum Anhören, Aufschreiben und Kontrollieren von Wörtern und Sätzen

Mathematik:

- Demonstrationsmaterial und Filztafel mit Rechenstäben und mathematischen Symbolen
- Arbeitsblätter aus dem/zum Unterricht
- LÜK-System-Kästen
- nach Schwierigkeiten geordnete folierte Aufgabenkarten
- nach Schwierigkeiten geordnete Wendekärtchen mit Rechnungen und Lösungen
- Spielformen zum Einprägen von Mengen und Mengenbezeichnungen (Rechenlotto, Rechendomino, Mengendomino) (vgl. Röbe 1986, 306 ff)

Vergleicht man diese beiden Klassenausstattungen, so werden die Unterschiede im Unterrichtskonzept deutlich. In der Auflistung von RÖBE sind fast alle Materialien einem direkten didaktischen Zweck zugeordnet bzw. können diesem zugeordnet werden. Entsprechend handelt es sich in den meisten Fällen um Übungsmaterialien, die in einem unmittelbaren Bezug zum in der Klasse unterrichteten Thema stehen. Dies wird auch durch die Schuljahresbezogenheit des Materials deutlich (Anfangsunterricht). Man kann vermuten, dass ein großer Teil des Materials nach einer bestimmten Zeit lehrplanabhängig durch anderes ersetzt wird.

Die Materialien, die von den Kindern auf unterschiedlichen Niveaustufen genutzt werden können, werden dabei wahrscheinlich immer noch weitgehend lehrplan- bzw. lehrgangsabhängig sein. D. h. es handelt sich dabei in der Regel nicht um Materialien, die so offen sind, dass die Kinder mit ihnen auf unterschiedlichem Leistungsniveau umgehen können, sondern die Kinder greifen zur Differenzierung auf Materialien zurück, die eigentlich einer anderen Schuljahresstufe zugeordnet sind (in vielen Klassen eher der vorherigen als der nächsten). So spiegelt die Übersicht weniger die generelle Grundausstattung der Klasse über die gesamte Grundschulzeit wieder, sondern eher die Ausstattung einschließlich Differenzierungsmöglichkeiten zu einem bestimmten Zeitpunkt.

Dies ist in der Beschreibung der Ausstattung der hier untersuchten Klasse anders. Der größte Teil der vorhandenen Materialien ist von sich aus keiner bestimmten Niveaustufe zuordbar. Es handelt sich in der Mehrzahl der Fälle um Material, das nicht nur über die ganze Grundschulzeit, sondern sogar darüber hinaus auf verschiedensten Niveaustufen Verwendung finden kann, da es nicht zur Schulung einer bestimmten Teilleistung bzw. nicht für einen chronologisch aufgebauten Lehrgang konzipiert worden ist. Dies gilt genauso für Materialien und Werkzeuge zum freien Schreiben (Papier, Textverarbeitung, Schreibimpulse), das von der ersten Buchstabennotation bis zur versierten Verschriftung von Geschichten und Vorträgen reicht, als auch für das Nutzen der Geschichten- und Sachbücher vom ersten Bilderansehen bis hin zur gezielten Informationssuche. Einige Werkzeuge werden dabei nur zeitweise genutzt wie z. B. die Buchstabentabelle zum Schreibenlernen oder spielen erst später eine Rolle wie Wörterbuch oder Thesaurus. Der Gebrauch bzw. der Nutzungszeitpunkt und die Nutzungsdauer sind dabei aber so individuell, dass es schwer fällt, die Materialien bestimmten Jahrgangsstufen zuzuordnen. Auch bei den didaktischen Materialien mit „Werkzeugcharakter" werden einzelne früher oder später von fast allen Kindern benutzt (Buchstabentabelle, Schreibschriftalphabet), andere hingegen nur von einzelnen bzw. wenigen Kindern (Rechenschiffchen, Wendeplättchen, Mathematikübungsmaterial).

Dabei erhalten selbst die Materialien, die vergleichsweise geschlossen und didaktisch geladen erscheinen, wie z. B. die Übungshefte, -materialien und -programme zum Rechnenlernen, ihre polyvalente Komponente durch das offene Unterrichtskonzept. Sie bilden hier – obwohl sie eigentlich tendenziell in diese Richtung konzipiert wurden – keinen geschlossenen Lehrgang (z. B. mit begrenzten Operationen in einem begrenzten Zahlenraum), sondern dienen den Kindern viel eher als „roter Faden" bzw. vor allem als Impuls für Eigenproduktionen (Kniffelaufgaben) oder aber einfach als Entlastung vom eigenen Aufschreiben und Ausdenken von Aufgaben.

Da den Kindern innerhalb des auf Eigenproduktionen basierenden offenen Unterrichtsprinzips von Anfang an Materialien aller Grundschuljahre zur Verfügung stehen, sind auch keine speziellen Materialien zur Differenzierung notwendig. Die Ausstattung der Klasse bleibt neben Änderungen situativer Art, die sich z. B. aus Vorhaben der Kinder ergeben, grundsätzlich immer dieselbe. Im Sinne des Unterrichtskonzepts bietet die Ausstattung den Kindern eine große Fülle an Anregungen, fordert ihnen aber gleichzeitig ein hohes Maß an Eigenaktivität, Selbstverantwortung und methodischer Selbststeuerung ab.

Damit spiegelt die Materialauswahl die Grundidee des praktizierten Unterrichtskonzepts wieder:

- keine Vorgabe eines geschlossenen Lehrgangs
- Zwang zur Eigenaktivität durch weitgehenden Verzicht auf Materialvorgaben und Arbeitsaufträge
- selbstgesteuerte Verwendung und Nutzung des Materials
- Reduktion auf einzelne, für die Kinder klar erkennbar zweckdienliche „didaktische Werkzeuge" (Buchstabentabelle, Hunderterfeld, Wörterbuch etc.)
- offenes Angebot nicht auf Teilleistungsschulung ausgerichteter Materialien bzw. Werkzeuge
- Material, das durch seine methodische Offenheit individualisiert genutzt werden kann und von einer äußeren Differenzierung unabhängig macht
- überfachliche Kombination und Verwendung der Materialien möglich
- individuelle Erweiterung und Ausrichtung des Materials durch die Möglichkeit, selber Material mitzubringen bzw. zu erstellen

9.2 Zeitliche Strukturen

An der Zeit, die Schülern für offene Unterrichtsphasen bzw. ihre freie Arbeit zur Verfügung gestellt wird, kann man ablesen, welche Relevanz dieser Arbeitsform in einer Klasse beigemessen wird. In der hier untersuchten Klasse ist bzw. war der Offene Unterricht durchgängiges Unterrichtsprinzip, d. h. er umfasste bis auf einzelne organisatorische Ausnahmen alle Fächer und die gesamte Unterrichtszeit.

9.2.1 Stundenplanübersichten von Klasse eins bis vier

Die folgenden Stundenpläne geben dabei nicht nur die Strukturierung des Tages bzw. der Woche wieder, sondern auch das weitgehende Belassen des Unterrichts in der Hand des Klassenlehrers.

Grobe Stundenplanübersichten (teilweise geringfügige Änderungen im Schuljahr):

1.1	M	D	M	D	F
1	X	X	(X)	(X)	*(Go)*
2	Sp	X	X	X	X
3	X	X	X	X	X
4	X	Sp	X	X	X
5	(X)	-	-	X	(X)
6	-	-	-	-	-

1.2	M	D	M	D	F
1	X	Sp	(X)	(X)	*(Go)*
2	X	X	X	X	X
3	Sp	X	X	X	X
4	X	X	X	X	X
5	(X)	-	-	X	-
6	-	-	-	-	-

2.1	M	D	M	D	F
1	X	*Rel*	X	X	*(Go)*
2	X	X	X	X	(X)
3	X	X	X	X	X
4	X	X	Sp	Sp	*Rel*
5	Sp	*Mu*	-	(X)	*(AG)*
6	-	-	-	-	-

2.2	M	D	M	D	F
1	X	*Rel*	Sp	-	*(Go)*
2	X	X	X	X	X
3	X	X	X	X	X
4	X	X	X	X	Sp
5	(X)	-	-	X	(X)
6	-	-	-	Sp	-

3.1	M	D	M	D	F
1	X	X	X	X	*(Go)*
2	X	X	X	X	*Rel*
3	X	X	X	X	X
4	X	X	*Schw*	X	X
5	X	*(AG)*	*Schw*	*Rel*	Sp
6	-	*(AG)*	-	-	-

3.2	M	D	M	D	F
1	X	X	X	X	*(Go)*
2	X	X	X	X	*Rel*
3	X	X	X	X	X
4	X	X	X	X	X
5	Sp	*(AG)*	*(AG)*	*Rel*	Sp
6	Sp	*(AG)*		-	

4.1	M	D	M	D	F
1	X	X	X	X	*(Go)*
2	X	X	X	X	X
3	X	X	X	X	X
4	X	X	*Schw*	X	X
5	*Rel*	*(AG)*	*Schw*	*(AG)*	X
6	-	*Rel*	-	*(AG)*	Sp

4.2	M	D	M	D	F
1	X	X	X	X	*(Go)*
2	X	X	X	X	X
3	X	X	X	X	X
4	X	X	X	X	X
5	X	*(AG)*	-	X	*Sp*
6	-	*(AG)*	-	-	*Sp*

X = Offener Unterricht

Sp = Sport; Schw = Schwimmen

Go = Gottesdienst; Rel = Religion

AG = Arbeitsgemeinschaft;

( ) = freiwillig, nicht verpflichtend

kursive Schrift = Unterricht beim Fachlehrer

normale Schrift = Unterricht beim Klassenlehrer

Im ersten Schuljahr wurde der Offene Unterricht noch an einzelnen Tagen durch festliegende Zeiten für die Turnhalle unterbrochen. Weiterhin führten mögliche unterschiedliche Anfangs- und Endzeiten für die Kinder dazu, dass maximal zwei bis drei Schulstunden als Einheit zur Verfügung standen (unterschiedlich von der großen Pause unterbrochen). Mit der Zeit – und dem Ansteigen der Wochenstundenzahl der Klasse – konnte der Offene Unterricht dann aber trotz Fachunterrichtes auf rund drei bis vier Stunden Arbeitszeit am Stück ausgeweitet werden. Dabei beinhaltete der Offene Unterricht sämtliche Fächer bzw. Fachstunden, die nicht „fremd" gegeben wurde – in den höheren Schuljahren zum Teil als Projektphasen (Musik, Kunst, Religion).

Fachlehrer wurden im zweiten, dritten und im vierten Schuljahr (hier nur im ersten Halbjahr) in Religion eingesetzt, wobei die Lerngruppe zum Teil konfessionsabhängig geteilt und klassenübergreifend unterrichtet wurde, zum Teil aber auch ökumenisch im Klassenverband belassen wurde. Freitags wurde in der ersten Stunde ein Gottesdienst angeboten. Der Sportunterricht umfasste in der Regel zwei Turnhallenstunden und eine zusätzliche Bewegungsstunde, im ersten Halbjahr des dritten und des vierten Schuljahres wurde stattdessen Schwimmunterricht gegeben. Im dritten und vierten Schuljahr wurden die zwei Hauptstunden Sportunterricht von einer Fachlehrerin durchgeführt. Die Arbeitsgemeinschaften waren klassen- und jahrgangsstufenübergreifende Angebote, deren Umfang sich nach der Lehrerversorgung bzw. Elternmitwirkung richtete. Sie umfassten Theaterspielen, Werken, Basteln, Forschen, Kochen etc. Im ersten und zweiten Schuljahr gab es statt spezieller Förderstunden Zeiten, in denen die Kinder schon früher kommen oder später gehen konnten.

9.2.2 Tagesablauf

Bis auf eine zeitweise Unterbrechung oder Umrahmung durch Fachlehrerstunden stand den Kindern also in der Regel der ganze Schultag für ihre eigenen Arbeitsvorhaben zur Verfügung. Die zeitliche Strukturierung ist dabei einerseits durch die festen Schulzeiten (Unterrichtsbeginn, Hofpause, Schulende) geprägt worden, anderseits durch bestimmte Sozialformen bzw. Institutionen (Arbeitsphasen, Treffen im Sitzkreis mit der Großgruppe, Treffen von Teilgruppen). Im Laufe der Zeit hat sich in der Klasse ein weitgehend fester Tagesablauf herauskristallisiert, der sich trotz situativer Änderungen und anderer Stundenverteilung ungefähr folgendermaßen typisieren lässt:

Ca. ab	Phase/Tätigkeiten
7.30 Uhr	Offener Anfang
8.15 Uhr	Sitzkreis (Absprachen, Arbeitsvorhaben)
8.35 Uhr	Offenes Arbeiten
9.40 Uhr	Frühstückspause
9.55 Uhr	Möglichkeit zur großen Hofpause
10.20 Uhr	Sitzkreis (erste Vorstellrunde)
10.30 Uhr	Offenes Arbeiten
11.15 Uhr	Sitzkreis (weitere Vorstellrunde sowie eigener Tagesrückblick)
11.45 Uhr	Schulschluss oder Möglichkeit zur kleinen Hofpause
12.05 Uhr	Meist Fachlehrerstunden, ansonsten weiteres Arbeiten
12.45 oder 13.30 Uhr	Schulschluss

Der Lehrer ist spätestens gegen 7.30 Uhr in der Klasse, die die Kinder ab diesem Zeitpunkt im Rahmen eines offenen Anfangs aufsuchen können. Die Kinder, die früher kommen, nutzen die Zeit meist, um sich miteinander zu unterhalten oder zu spielen, seltener um schon zu arbeiten. Kurz nach dem offiziellen Unterrichtsbeginn um 8.10 Uhr beruft der „Kreischef" (ein von seinem Vorgänger alle zwei Tage neu bestimmtes Kind) das gemeinsame Treffen im Sitzkreis ein. Hier können die Kinder oder der Lehrer Dinge mit der gesamten Klasse klären, Organisatorisches absprechen, Sachen erzählen, Ideen loswerden oder demokratisch Entscheidungen fällen. Danach fragt der Kreischef die Kinder reihum, was sie heute machen wollen, woraufhin diese den Sitzkreis verlassen und sich ihren Vorhaben zuwenden.

Diese Arbeitsphase dauert meist bis zur großen Pause, die in eine Frühstückspause von 9.40 Uhr bis 9.55 Uhr und in eine Hofpause bis 10.15 Uhr unterteilt ist. Da die Kinder jederzeit Essen und Trinken können, ist die Frühstückspause eher im Abspielen von Musik oder an spielerischen Aktivitäten erkennbar. Da der Lehrer seine Aufsichtsverpflichtungen so gelegt hat, dass er während der Pause in der Klasse bleiben kann, steht jedem Kind frei, in der Hofpause auf den Schulhof zu gehen oder auch in der Klasse zu bleiben. Dies wird von den Kindern sehr unterschiedlich genutzt. Es gibt Kinder, die nur selten rausgehen und lieber in der Klasse weiterarbeiten oder dort spielen, während andere nahezu regelmäßig auf den Schulhof gehen.

Nach der Pause findet in der Regel ein weiteres Treffen im Sitzkreis statt, bei dem schon erste Arbeitsprodukte vorgestellt werden oder neue Vorhaben organisiert werden. Wer lieber an seinen Sachen weiter arbeiten möchte, spricht das mit dem Kreisleiter ab. Je nach Notwendigkeit fragt dieser die Kinder vor dem Verlassen des Kreises noch einmal nach ihren Vorhaben für die zweite Hälfte des Tages. Neben dem Weiterführen der morgens begonnenen Arbeiten sind durch die neuen Anregungen weitere Kleingruppen entstanden, die sich direkt im Anschluss an den Kreis intensiver mit einer Sache auseinandersetzen wollen.

Nach der darauf folgenden Arbeitsphase und rechtzeitig vor Ende des Schultages findet dann der sogenannte „Schlusskreis" statt, in welchem sich die Kinder noch einmal Sachen gegenseitig präsentieren und dann der Reihe nach kurz berichten, mit was sie sich am Tag beschäftigt haben. Dabei beurteilen sie ihre eigene Leistung mit einem selbst erdachten Bewertungssystem.

Während die gemeinsamen Treffen im Sitzkreis in den ersten beiden Schuljahren ein wichtiges Moment waren, sich zu Unterrichtsbeginn oder nach der Pause wieder auf das gemeinsame Lernen einzustimmen, haben sich im Laufe der Jahre immer wieder andere Zeit- und Arbeitsrhythmen ergeben, sodass es im dritten und vierten Schuljahr oft auch Tage ganz ohne Sitzkreise gab bzw. vor allem „Vorstellkreise" einberufen wurden, in denen die Kinder Vorträge gehalten haben. Insgesamt ist das Arbeiten der Kinder vom ersten bis zum vierten Schuljahr nicht nur viel ruhiger, sondern auch gleichmäßiger geworden, sowohl auf die Berücksichtigung aller Fächer bezogen als auch im Hinblick auf den gesamten Arbeitsrhythmus, d. h. es wurde tendenziell immer länger und ausdauernder ohne Pausen gearbeitet.

Damit spiegelt auch die Zeitstruktur mit ihren Möglichkeiten zur Selbstregulation die Grundidee des praktizierten Unterrichtskonzepts wieder:

- möglichst flexible Nutzung der Unterrichtszeit im Rahmen der organisatorisch vorgegebenen oder als notwendig erscheinenden Vorgaben bzw. Rituale (Schulzeiten, gemeinsame Treffen)
- keine Unterteilung der Lernzeit in Fächer oder thematische Unterrichtsstunden, sondern weitgehend flexible und überfachliche bzw. situationsorientierte Nutzung der Zeit
- funktionale, für die Kinder klar erkennbare Struktur der zeitlichen Rhythmisierung, die sich als Kompromiss aus den individuellen und den gemeinsamen Bedürfnissen entwickelt hat
- jedem Kind selbst überlassene zeitliche Strukturierung von Anspannungs- und Entspannungsphasen, von Arbeits- und Pausenzeiten einschließlich der Möglichkeit, nach Absprache auch an Ritualen nicht teilzunehmen
- eigene zeitliche Organisation von lang- und kurzfristigen Arbeitsvorhaben
- Möglichkeit zur individuellen Anpassung des Lernprozesses durch den Verzicht auf die fremdvorgegebene kleinschrittige Phasierung der Unterrichtszeit und die Möglichkeit, die selbst gewählte Arbeit zu unterbrechen, zu verschieben, abzubrechen oder neu aufzurollen

9.3 Die Form der Lehr- und Arbeitspläne im Unterrichtskonzept

An vielen Schulen ist es üblich, die Vorgaben offen gestalteter Lehrpläne durch Standort-, Stoff- oder Arbeitspläne zu ersetzen, die der einzelne Lehrer erstellt. In vielen Fällen wird dabei die Struktur der verwendeten Lehrgänge bzw. Lehrwerke übernommen. Gerade die für die hier untersuchte Klasse gültigen, sehr offen gehaltenen Lehrpläne für die Grundschule in Nordrhein-Westfalen von 1985 (vgl. Kultusminister NRW 1985) scheinen ein solches Vorgehen verstärkt nach sich zu ziehen. Da das hier beschriebene Unterrichtskonzept auf Grund des weitgehend durch die Kinder selbst gestalteten Unterrichts bzw. durch die durch sie selbst praktizierte Individualisierung keinen Stoff- oder Arbeitsplan im herkömmlichen Sinne verfolgt, oblag es dem Lehrer, sein Vorgehen entsprechend zu begründen. Er erstellte daraufhin einen Arbeitsplan, der vom allgemein- und fachdidaktischen Ansatz im Grundsatz für alle vier Schuljahre gleich bleibt. Als Orientierungshilfe für Kinder und Eltern beschreibt er in einem zweiten Teil dann die für das jeweilige Schuljahr geltenden Lehrplanvorgaben einschließlich der vergangenen sowie der zukünftigen Schuljahre konkreter.

9.3.1 Pädagogisch-didaktische Grundlagen

Der folgende Teil des Arbeitsplans ist über die gesamte Grundschulzeit gleich. Die im ersten Schuljahr erstellte Version ist dabei etwas kürzer, da im Gegensatz zu den Folgejahren Rückbezüge auf Entwicklungen in der Klasse fehlen.

Arbeitsplan Teil 1: Unterrichtliche und erzieherische Aspekte

1. Um eine individuelle Förderung der Schüler zu gewährleisten, wird auf ein gleichschrittiges methodisches und leistungsbezogenes Vorgehen verzichtet. Jedes Kind bestimmt unter Impulsgebung des Lehrers seinen individuellen Weg zum durch die Lehrpläne festgelegten gemeinsamen Ziel. Dabei werden weder nach oben noch nach unten Grenzen gezogen, so daß neben dem altersbedingten Spektrum der Kinder von mehreren Jahren auch das Leistungsprofil (unabhängig vom Alter) sehr differieren darf. Die bisherigen Ergebnisse haben gezeigt, daß auch sehr schwache bzw. förderungsbedürftige Kinder die Lehrplaninhalte auf diesem Weg gut erreichen können. Gerade für diese Schüler war die Möglichkeit zu „scheinbarer Lernverweigerung" oder längeren Ausruhphasen sehr wichtig; incidentelles Lernen und sehr große Lernsprünge haben dieses Vorgehen gerechtfertigt und den Kindern eine ihrem „Lernweg" entsprechende Entwicklung ermöglicht. Die konsequente Durchführung dieses individuellen Lernens vom ersten Tag an hat jegliche Stigmatisierung von einzelnen verhindert, der Leistungsvergleich untereinander wird von den Schülern durchweg immer produktiv, selten negativ genutzt.

Die soziale Interaktion der Kinder wird durch die offene Raumgestaltung ohne feste Sitzplätze stark gefördert, es bilden sich täglich interessenbedingt vielfältige Gruppenzusammensetzungen, die sich in gemeinsamen Integrationsphasen zunehmend stärker austauschen werden. Die Integration der verhaltensauffälligen Kinder wird durch die eben genannte soziale Offenheit sowie das aggressionsvermeidende interessegeleitete, individualisierende Lernen erleichtert bzw. wird durch die mögliche Selbstregulierung nicht zu einem ständigen Problem. Alle auftauchenden sozialen Konflikte sind in der Regel situativ bedingt und für die Schüler nachvollziehbar. Mittlerweile regeln die Kinder fast alle Probleme in der Großgruppe oder in Kleingruppen individuell. Noch stark egozentrische Kinder reflektieren immer mehr ihr eigenes Verhalten in Bezug auf die Gruppe. Auch hier sind sehr große Entwicklungssprünge zu verzeichnen.

2. Das methodisch und thematisch offene Unterrichtsprinzip sowie die angesprochene Offenheit bzgl. der Sozialformen läßt jedem Schüler die Möglichkeit, sich individuell Inhalte und Techniken zum für ihn sinnvollen (passenden) Zeitpunkt anzueignen. Darüber hinaus erfolgt durch die jederzeit mögliche räumliche Mobilität des Einzelnen zunehmend ein großer Austausch an Anregungen und Erfahrungen der Kinder untereinander. Da die Lehrervorgaben (auch innerhalb etwaiger Materialien) minimal gehalten werden, sind die Schüler gezwungenermaßen für den ablaufenden „Unterricht" selbst verantwortlich. So werden in zunehmendem Maße Aktivitäten einschließlich Hausaufgaben etc. von den Schülern selbst organisiert, durchgeführt und reflektiert. Die Lehrerhilfe ist in der Regel auf sinnvoll minimale Impulsgebung/Fordern/Stützen der Kinder beschränkt. Entsprechend versteht sich der gesamte Unterricht als „Förderunterricht". Es wird versucht, jegliche „inszenierte" Motivation zu vermeiden, damit die Kinder lernen, selbst Verantwortung für das Nutzen ihrer Zeit auszubilden. Die Gruppendynamik des Unterrichts rechtfertigt dieses Vorgehen und bietet den Kindern natürlichere Motivationsanlässe.

Da in der Klasse alle Kinder zeitgleich an unterschiedlichen Inhalten mit ganz unterschiedlichem Niveau arbeiten, kann kein „Unterricht" im herkömmlichen Sinne stattfinden. Die Lehrplaninhalte werden daher weder vom Lehrer noch von den Eltern „belehrend" vermittelt, sondern weitgehend von den Kindern selbst „entdeckt". Entsprechend dem momentanen Informationsbedarf des Kindes dienen die vielfältigen Lerninhalte, die zeitgleich in der Klasse auftauchen, als entsprechende Impulse zum Weiterlernen. In den gemeinsamen Berichts- und Strukturierungsphasen werden so die lehrplanrelevanten Themen immer wieder thematisiert, so daß die Chance sehr groß ist, daß jedes Kind sein Informationsbedürfnis zu einem Zeitpunkt befriedigen kann, wenn es selber für diese Sache lernaufnahmebereit ist. Ist dem Großteil der Kinder nach entsprechender häufiger individueller Thematisierung dann eine Sache geläufig, so kann sie entsprechend lehrplanmäßig „abgehakt" werden. Die Vergangenheit hat gezeigt, daß dieses „unterste" Lernniveau in der Regel den Lehrplanvorgaben gut vorauseilt.

3. Die Öffnung der Klasse auch nach außen erfolgt einerseits durch die jederzeit offene Klasse, die in der unterrichtsfreien Zeit von Schülern aller Jahrgangsstufen genutzt wird (Computer, Bücher etc.), andererseits durch geplante gemeinsame Aktionen mit anderen Klassen/Parallelklassen. So hat z. B. der mit Elternhilfe angelegte Klassengarten mittlerweile dazu geführt, daß sich auch die Parallelklassen solche Gärten angelegt haben. Zeitweise finden jahrgangsstufenübergreifende Aktionen mit anderen Klassen statt (gemeinsame Projekte).

Klassenintern finden alle 4-6 Wochen Spielnachmittage mit den Eltern statt sowie zusätzliche Aktionen wie z. B. Schuleschlafen, Ausflüge, Klassenfahrten etc. Elternarbeit und Aktionen werden in den Unterricht integriert.

Innerhalb des Unterrichts wird versucht, die Schule als Ganzes einzubeziehen, so daß Ausleihaktionen/Beschaffungsmaßnahmen/verwaltungstechnische Aufgaben von den Kindern selbst durchgeführt werden und neben Lehrern und Kindern anderer Klassen auch die Schulleitung und die Verwaltungskräfte als Adressaten einbezogen werden. (Grundpfeiler für ein solches Vorgehen ist die sehr große Offenheit aller Beteiligten bzgl. sich ergebender Kollisionen mit evtl. vorhandenen Gewohnheiten und Traditionen.)

4. Die Orientierung an der Lebenswirklichkeit der Kinder wird auf natürliche Weise durch die individuell freie Themenwahl erreicht, wobei der gemeinsame Austausch eine gegenseitige Horizonterweiterung bedingt. Der Lehrer gibt bei Bedarf zusätzliche Impulse bzw. sorgt zunehmend in den gemeinsamen Phasen für Strukturierung und fachliche Richtigkeit, so daß

die individuellen Erfahrungen vom Schüler in das vorhandene Wissen richtig eingebettet werden können.

Durch das Einbeziehen der Schüler in die Lösung entstandener Konflikte ergibt sich entsprechend auch eine individuelle Erweiterung der zwischenmenschlichen Erfahrungen bzw. eine zunehmende Reflexion des eigenen Verhaltens innerhalb der Sozialgruppe.

Der Lebenswirklichkeitsbezug der Arbeit der Kinder in der Schule wird durch entsprechende vorbereitende oder problem-/situationsaufgreifende „Hausaufgaben" weitergeführt, wobei die Schüler sich immer auch eigene Hausaufgaben stellen können, so daß fortlaufend neue Impulse in der Klasse auftauchen. Die Schule dient so zur Integration der völlig verschiedenen Lebenswelten der Kinder.

5. Methodische und thematische Freiheit bedingen durch den individuellen Weg des einzelnen Schülers eine größtmögliche Passung zwischen Lernstoff und Lernstand, so daß zunächst von dieser Seite keine das Lernen einschränkende Demotivation erwartet werden muß. Tagesform und Methodenprobleme bzw. der Verzicht auf äußere Motivationsinitiationen (durch den Lehrer oder durch Arbeitsmittel bzw. Lernspiele) schaffen ein ehrliches Leistungsverständnis beim Schüler, das sowohl methodenbedingte Hochs (Entdeckungserlebnisse, hohe bewältigte Arbeitsmengen) als auch Tiefs (Frustration, Lustlosigkeit, Demotivation) miteinschließen kann.

Der gemeinsame Integrationskreis beinhaltet zunehmend gegenseitige Anerkennung und Bestätigung, aber auch eine kritische Reflexion der eigenen Tagesleistung durch das Öffentlichmachen. Dabei bewerten die Kinder die Leistungen gegenseitig höchst differenziert und pädagogisch wertvoll, indem sie die unterschiedlichen Fähigkeiten und Fertigkeiten des Einzelnen sowohl positiv als auch negativ berücksichtigen.

6. Durch die methodische Freigabe einschließlich Weg, Material, Zeit, Raum und Sozialform individualisiert jedes Kind für sich selbst. Es erfolgt eine echte Differenzierung durch das Kind. Die thematische Freigabe ergibt eine starke Interessenorientierung des Stoffs durch den Schüler, deren Lehrplanstimmigkeit der Lehrer überwacht. Der jederzeit mögliche Austausch hat für alle Schüler eine anregende Funktion. Durch den Verzicht auf „Unterricht" bleibt der Lehrer prinzipiell frei für Impulse und differenzierende Maßnahmen/Hilfen für alle Schüler, die zu diesem Zeitpunkt einen entsprechenden Bedarf haben.

9.3.2 Bezug zu den Aufgabenschwerpunkten der Lehrpläne

In einem zweiten Teil wird der Arbeitsplan durch den Bezug auf die Lehrplanvorgaben konkretisiert. Diese nimmt der Lehrer als grobe Orientierung und bespricht sie am Anfang eines jeden Schuljahres sowohl mit den Kindern als auch mit den Eltern. Vor den Zeugnissen bekommen die Eltern und Kinder zusätzlich eine Orientierung über die Vorgaben der vergangenen sowie der zukünftigen Schuljahre, damit sie die in den Verbalgutachten beschriebenen Leistungen besser einordnen können. Die Unterrichtspläne stellen kein festes Curriculum dar, die Aktivitäten der Kinder übersteigen die Rahmenvorgaben in der Regel sowohl von der Vielfalt der Themen als auch von der Intensität und dem Niveau der Auseinandersetzung her bei weitem.

Arbeitsplan Teil 2: Unterrichtspläne

Gemäß den oben ausgeführten Überlegungen, die aus Gründen der Schulung der Selbstverantwortung der Schüler als auch aus Gründen einer Vermeidung von „Schulkonsum" (Aberledigen von Arbeitsblättern, Lernspielen etc.) auf die vorwiegend situative und individuelle Behandlung des in den Lehrplänen festgelegten Stoffs hinauslaufen, können die Lehrplanvorgaben unter Berücksichtigung der Grundmethoden des Unterrichts (Produktives, entdeckendes Lernen [Lesen durch Schreiben/Freies Schreiben, Mathe 2000/natürliche Methode,

Offener Sachunterricht]) als (unteres) Rahmencurriculum benannt werden. Nach oben hin bleibt das Curriculum offen.

Stichpunkte Lehrplan Klasse 1

Mathematik: Rechnen im Zahlenraum bis 20, 1+1 beherrschen

Schreiben: kein Ziel für Klasse 1 -> eigenes Ziel: lautgetreu Schreiben können

Lesen: lautgetreue, bekannte, kurze Wörter lesen können

Rechtschreiben: durch Freies Schreiben insgesamt ca. 50 Wörter in „Erwachsenen-schrift" schreiben können

Sachunterricht (1-2): Schule/Schulweg, Zu Hause/Straße, Kleidung/Körperpflege, Essen/Trinken, Pflanzen/Tiere, Berufe, Werkstoffe/Werkzeuge, Zeit, Ich und die anderen, Mädchen/Jungen

Sport: Der Sportlehrplan kommt neu heraus, dabei steht Freude an der Bewegung im Vordergrund.

Religion: Ich und die anderen, Bibelgeschichten, Bilder, Kirche, Regeln

Kunst (1-4): Malen, Plastizieren/Bauen, Bilden textiler Formen und Flächen, Medien

Musik (1-2): Musik machen, hören, umsetzen, einfachste Notation (leiser/lauter etc.)

Stichpunkte Lehrplan Klasse 2

Mathematik: Rechnen im Zahlenraum bis 100, Rechnen mit zweistelligen Zahlen, einfache 1*1 Aufgaben beherrschen, geometrische Formen (Quadrat, Rechteck, Dreieck, Kreis, Quader), Strecken zeichnen/messen, Geld, Längen, Zeitmaße (Monat, Woche, Tag, Stunde, Minute)

Schreiben: alle Buchstaben schreiben, eine verbundene Schrift schreiben können

Lesen: kurze, kindgemäße Texte lesen, verstehen und vorlesen können

Rechtschreiben: durch Freies Schreiben insgesamt ca. 300 Wörter in „Erwachsenen-schrift" schreiben können

Sachunterricht (1-2): Schule/Schulweg, Zu Hause/Straße, Kleidung/Körperpflege, Essen/Trinken, Pflanzen/Tiere, Berufe, Werkstoffe/Werkzeuge, Zeit, Ich und die anderen, Mädchen/Jungen

Sport: Der Sportlehrplan kommt neu heraus, dabei steht Freude an der Bewegung im Vordergrund.

Religion: Fürsorge, Symbole, Bibel, Gemeinde, Schuld und Versöhnung

Kunst (1-4): Malen, Plastizieren/Bauen, Bilden textiler Formen und Flächen, Medien

Musik (1-2): Musik machen, hören, umsetzen, einfachste Notation (leiser/lauter etc.)

Stichpunkte Lehrplan Klasse 3

Mathematik: Rechnen im Zahlenraum bis 1000, Rechnen mit dreistelligen Zahlen, das 1*1 beherrschen, durch einstellige Zahlen dividieren, schriftliches Addieren und Subtrahieren, Proben, Überschläge, Raumorientierung, Achsensymmetrie, Geld, Längen, Gewichte, Kommaschreibweise

Schreiben: eine eigene verbundene Schrift schreiben können

Lesen: kindgemäße Texte lesen, verstehen und vorlesen können,

Rechtschreiben: durch Freies Schreiben insgesamt ca. 600 Wörter in „Erwachsenen-schrift" schreiben können

Sachunterricht (3-4): Wohnort, NRW, Umwelt, Geburt/Aufwachsen, Körper/ Gesundheit, Fahrrad/Straßenverkehr, Früher/heute, Materialien/Geräte, Versorgung/

	Entsorgung, Mediengebrauch/Medienwirkung, Luft/Wasser/Wärme, Wetter/Jahreszeiten
Sport:	Der Sportlehrplan kommt neu heraus, dabei steht Freude an der Bewegung im Vordergrund.
Religion:	Sachverhalte/Bilder/Geschichten versuchen richtig zu deuten, Problemlösungen benennen/spielen, helfen/unterstützen/verzeihen
Kunst (1-4):	Malen, Plastizieren/Bauen, Bilden textiler Formen und Flächen, Medien
Musik (1-4):	Musik machen, hören, umsetzen, Notationen, Instrumente kennenlernen

Stichpunkte Lehrplan Klasse 4

Mathematik:	Rechnen im Zahlenraum bis 1 Million, schriftliches Multiplizieren und Dividieren (einstellig), Proben, Überschläge, Raumorientierung, Parketierungen, Figuren verkleinern/vergrößern, Geld, Längen, Gewichte, Messen, passende Einheiten wählen
Schreiben:	eine eigene verbundene Schrift schreiben können
Lesen:	kindgemäße Texte lesen, verstehen und vorlesen können
Rechtschreiben:	durch Freies Schreiben insgesamt ca. 1000 Wörter in „Erwachsenenschrift" schreiben können
Sachunterricht (3-4):	Wohnort, NRW, Umwelt, Geburt/Aufwachsen, Körper/ Gesundheit, Fahrrad/Straßenverkehr, Früher/heute, Materialien/Geräte, Versorgung/ Entsorgung, Mediengebrauch/Medienwirkung, Luft/Wasser/Wärme, Wetter/Jahreszeiten
Sport:	Der Sportlehrplan kommt neu heraus.
Religion:	Sachverhalte/Bilder/Geschichten versuchen richtig zu deuten, Problemlösungen benennen/spielen, helfen/unterstützen/verzeihen, Leid/ Hoffnung/Gemeinschaft
Kunst (1-4):	Malen, Plastizieren/Bauen, Bilden textiler Formen und Flächen, Medien
Musik (1-4):	Musik machen, hören, umsetzen, Notationen, Instrumente kennenlernen

Stichpunkte Lehrpläne 5. und 6. Klasse (Gymnasium):

Algebra:	Klammernrechnen, Potenzen, Stellenwertsysteme, Variablen, Teilbarkeit, Primzahlen, Bruchrechnung, Dezimalzahlen, Überschläge, Umwandlung von Größen
Geometrie:	geometrische Bezeichnungen, Senkrechten, Parallelen, Radien, Durchmesser, Rechteck, Quadrat, Diagonale, Dreieck, Flächenmessung, Umfang/Inhalt vom Rechteck, Quader, Würfel, Volumenmessung, Falten, Spiegeln, Symmetrie, Parallelverschiebung, Winkelmessung, Drehung
Stochastik:	Zufallsexperimente, Baumdiagramme, Wahrscheinlichkeiten und ihre Ermittlung
Rechtschreibung:	Dehnung/Schärfung, ähnlich klingende Konsonanten/Vokale/ Umlaute, s-Laute, Silbentrennung, Groß- und Kleinschreibung von Satzanfang, Namen, Substantivierungen, Satzschlusszeichen, Getrennt- und Zusammenschreibung (leichte Fälle), Komma als Hauptfunktionen als Satztrenner

9.4 Weitere Bausteine des Konzepts – aufgezeigt im Rückgriff auf Informationen der Eltern

9.4.1 Hausaufgaben

Entsprechend der schon oben im Zusammenhang mit der „neuen Elternrolle" beschriebenen Ausführungen über das nachmittägliche Arbeiten der Kinder hat der Lehrer die Eltern immer wieder darauf hingewiesen, dass sie den Hausaufgaben keinen zu großen Stellenwert beimessen sollten. Direkt in der Anfangszeit hat sich allerdings gezeigt, dass vielen Eltern das regelmäßige Anfertigen bzw. Erledigen von Hausaufgaben sehr wichtig war. Innerhalb der entsprechenden Diskussionen in den Klassenpflegschaftssitzungen stellte der Lehrer u. a. Anfang des zweiten Schuljahres auch wissenschaftliche Untersuchungen vor, die zeigten, dass Hausaufgaben (im herkömmlichen Unterricht) zwar kurzfristig leistungssteigernd sein können, sich auf lange Sicht aber eher leistungsmindernd darstellen.

Trotzdem beharrten die meisten Eltern auf ihrer Forderung nach regelmäßigen Hausaufgaben. Dem Wortlaut nach wollten sie, „dass ihre Kinder zumindest einmal am Tag etwas tun mussten, was sie tun mussten, da man sich das im späteren Leben auch nicht aussuchen kann". Bald war klar, dass es diesen Eltern im Grund darum ging, nicht auch noch zu Hause ohne Einfluss oder Kontrollmöglichkeit in Bezug auf das schulische Lernen ihrer Kinder dazustehen. Sie akzeptierten zwar das Engagement des Lehrers und auch weitgehend den praktizierten radikal offenen Unterricht am Vormittag, wollten aber zumindest am Nachmittag etwas dagegen setzen. Da der Lehrer fühlte, dass er sich mit seiner Forderung nach Offenem Unterricht und Verzicht auf Hausaufgaben nicht würde durchsetzen können, wurden folgende Vereinbarungen getroffen:

- Die Kinder, deren Eltern dies wollen, fertigen regelmäßig Hausaufgaben an.
- Die Hausaufgabenzeit darf die üblichen Hausaufgabenzeiten nicht überschreiten (eine halbe Stunde in Klasse 1 und 2, eine Stunde in Klasse 3 und 4).
- Die Aufgaben können eigene Arbeiten oder Forschungen des Kindes sein.
- Der Lehrer gibt den Kindern als Alternative Hausaufgabenzettel mit, die sich ungefähr an den zu diesem Zeitpunkt üblichen Anforderungen orientieren.
- Die Eltern sollen sich weitmöglichst aus den Hausaufgaben der Kinder heraushalten.

Der Lehrer hoffte, dass er durch diesen Kompromiss der möglichen individuellen Hausaufgabengestaltung der Kinder sein Unterrichtskonzept auch dadurch stützen konnte, als dass die entsprechenden Eltern beruhigter mit dem offenen Unterrichtsvormittag umgingen. Zum einen, weil die Kinder ja früh genug an die übliche und regelmäßige Anfertigung von Hausaufgaben gewöhnt wurden, zum anderen aber vor allem deshalb, weil die Eltern schnell merken würden, dass die Kinder mit den Lehrplananforderungen kein Problem haben würden. Diese Überlegungen bewiesen sich als durchaus richtig, vor allem im Bereich Mathematik schienen die Eltern in der Regel durch den in den Hausaufgaben angebotenen Stoff und das diesbezügliche Können der Kinder entsprechend beruhigt und hatten nur selten Bedenken bezüglich des offenen Konzepts. Im Gegensatz dazu war im Bereich Rechtschreiben mehr Informationsarbeit des Lehrers notwendig (siehe dazu die Beispiele im nächsten Kapitel „Elternarbeit").

Dadurch, dass die Kinder jederzeit auf andere Arbeiten ausweichen konnten und auch nicht alle Kinder Hausaufgaben anfertigen mussten, fand zumindest eine kleine Selbstregulierung auch innerhalb der Hausaufgaben statt. Zusätzlich konnten die Kinder, die nicht auch noch am Nachmittag für ihre eigenen Lernvorhaben sorgen wollten, auf die Vorlagen des Lehrers zurückgreifen und diese einfach (schnell) erledigen. Die angefertigten Hausaufgaben konnten die Kinder täglich in ihre „Hausaufgabenfächer" stecken und bekamen sie am nächsten Tag durchgesehen vom Lehrer zurück, sodass sie nicht das Gefühl haben mussten, die Aufgaben umsonst angefertigt zu haben.

Trotz der genannten Absprachen waren die Hausaufgaben auch immer wieder in den Informationsschreiben des Lehrers Thema und wurden auf den Klassenpflegschaftssitzungen diskutiert. Vor allem in der Anfangszeit war es so, dass es den (motivierten) Eltern schwer fiel, sich aus den Hausaufgaben der Kinder herauszuhalten. Auszüge aus den Protokollen bzw. Informationsschreiben geben die Entwicklung wieder. Die Wiedergabe im Wortlaut soll zugleich die vom Lehrer gewählte Kommunikationsform verdeutlichen:

Anfang erstes Schuljahr:

Insgesamt hatten die Eltern aufgrund der merkbar sehr guten durchschnittlichen Leistungen der Schüler zur Zeit keine Bedenken gegenüber der ungewohnten Unterrichtsgestaltung. Die praktizierte Form der selbst ausgesuchten Hausaufgaben (eigene Rechenaufgaben erfinden, Wörter/Briefe/Geschichten schreiben, im Rechen- oder Schreibheft arbeiten etc.) war m. E. für die anwesenden Eltern O.K., genauso wie die nicht täglich stattfindende Einforderung der Aufgaben.

April erstes Schuljahr:

Wahrscheinlich nicht zum letzten Mal: Mir nützen richtige Hausaufgaben nichts. Ich weiß weder über den Stand des Kindes Bescheid, noch ob ich die Kinder zeitlich oder inhaltlich überfordere. Natürlich ist die direkte „Korrektur" zu Hause das effektivste Mittel, da das Problem noch im Horizont des Kindes ist. In diesem Fall aber bitte so korrigieren, daß ich eine Chance habe, Förderungsmöglichkeiten zu erkennen. Unterstreichen, drüberschreiben, durchstreichen, einkreisen, Kreuz dran etc. Dann kann ich in der Schule Sachen thematisieren, die gerade aktuell, d. h. im Problemhorizont der Kinder zu sein scheinen.

Alle Korrekturen positiv durchführen, d. h. es gibt keine Fehler, sondern nur etwas Neues zu dem vielen schon Gekonnten dazuzulernen!!! Die kids lernen wirklich gut und schnell! Und so am besten!

Für die Form der Hausaufgaben kommen sowohl Wochenheft als auch Einzelblätter in Frage, um den Kindern die eigene Zeiteinteilung zunehmend ins Bewußtsein zu rücken. Die quantitative und qualitative Differenzierung sollte allerdings von den Kindern durch eigene Aufgaben/Geschichten etc. selbst in die Hand genommen werden. Bei Materialbedarf einfach die Kinder oder mich entsprechend ansprechen.

Juni erstes Schuljahr:

Und wie immer: Bitte Finger weitgehend weg von den Hausaufgaben! Nachfragen erlaubt, Berichtigen und Vorsagen verboten ! Sie nehmen mir sonst die Planungsgrundlagen und ich unterrichte an den Kindern vorbei.

Beginn zweites Schuljahr:

Dann habe ich einen kurzen Text zum Thema Hausaufgaben ausgegeben; im Moment bin ich ganz zufrieden, weil endlich auch mal „echte", „ungetürkte" Hausaufgaben eintreffen (oder die Kinder haben die Eltern jetzt im 2. Schuljahr wissensmäßig überholt ...) Je mehr (produktive) „Fehler", desto besser weiß ich über Kind und vor allem Klassenstand Bescheid. Und die ausgeteilte Untersuchung zeigt, wie unsinnig und unproduktiv Hausaufgabenbetreuung sein kann. Also: Ruhig positiv interessiert sein, aber alleine machen lassen und Spielraum gewähren (was, wie lange, ob etc.). Und nicht daneben sitzen! Da könnte man sich als Kind schon dran gewöhnen ... Es ist zwar schön, aber überbehütet.

Im zweiten Schuljahr verfassen die Kinder nach einer Diskussion im Sitzkreis ein Schreiben an die Eltern in der Klassenpflegschaft, in dem sie darum bitten, dass sie freitags keine Hausaufgaben aufbekommen („weil das an anderen Schulen auch nicht so ist"). Die Eltern sind einstimmig damit einverstanden.

Nach den Osterferien im zweiten Schuljahr fragt der Lehrer in einem kleinen Fragebogen danach, wie die Hausaufgaben laufen – vor allem, weil einige Kinder sich beschweren. In einem Infoblatt ist danach zu lesen:

Der Fragebogen zu Hausaufgaben- und Stundenumfang sowie etwaigen „verdeckten" Problemen war im Ergebnis sehr positiv. Im Moment scheint nicht viel verkehrt zu laufen; bezeichnend war für mich, dass der Wunsch nach weniger Hausaufgaben an den „langen" Tagen gerade von den Eltern der Kinder kam, die ich mit den Hausaufgaben wahrscheinlich eher langweile. Sehen sie die Hausaufgaben also bitte nicht zu eng, zum Teil sind sie wirklich kontraproduktiv, wenn Kinder dann in der Schule argumentieren, dass sie ja zu Hause so lange arbeiten müssen und deshalb in der Schule ... Es nützt nichts, wenn unser „Freiwilligkeitsprinzip" (das ja weitgehend gut klappt) auf diese Weise umkippt. Ich glaube, manchmal holt uns alle unsere eigene Schulwirklichkeit ziemlich heimlich wieder ein. Leider.

Anfang des dritten Schuljahres ist als Reaktion auf das Gebaren einzelner Eltern – u. U. wegen der Diskussionen über den Verzicht einer Benotung der Kinder im Gutachten und auch die Gedanken bezüglich der bald anstehenden Schulformwahl – folgendes Anliegen des Lehrers in einem Infoschreiben zu finden:

Hausaufgaben: Immer wieder die Bitte: Nicht als Druckmittel nutzen. Ich drohe ja auch nicht mit Eltern! Es gibt mehrere Kinder, die in der Schule superklasse selbständig effektiv arbeiten und irgendwie Hausaufgabenpanik haben. Warum? Erfinden Sie lieber böse Geister zum Fürchten ...

Mitte des dritten Schuljahres scheint es dem Lehrer so, als ob die Hausaufgaben sowohl häufiger als auch umfangreicher von den Eltern eingefordert würden – vor allem im Hinblick auf ein Bearbeiten der Lehrervorschläge statt eigener Produktionen:

Eine andere auffällige Beobachtung ist die Beziehung zwischen Motivation in der Schule und Hausaufgaben. Wir haben ja im dritten Schuljahr die Hausaufgaben ungefähr auf eine Stunde angehoben. Ich hatte den Eindruck, dass die Menge an Aufgaben sehr oft kontraproduktiv war – einerseits innerhalb der Hausaufgaben (nach 30 Rechenaufgaben, geb ich mir bei den restlichen 30 irgendwann keine Mühe mehr), andererseits in Bezug auf den eigenen Leistungsdruck (ich habe gestern schon stundenlang gerechnet, dann mach ich in der Schule lieber was anderes). Beides Effekte, die nicht mit einem Training in irgendeine Richtung begründbar sind, denn einziges Ergebnis ist weniger Motivation und damit weniger Fortschritt. Denn von den Leistungen der Kinder her sehe ich nicht, dass in den Zeiten mit mehr Aufgaben auch mehr gelernt worden sein sollte – im Gegenteil, so manches Kind hat sich hinter Taschenrechnerlösungen oder Elternkorrekturen verstecken müssen. Und dann wird es für mich problematisch.

In der Zeit der freien Hausaufgaben hingegen ist auch in der Schule sehr viel gelaufen. Eigentlich sollten die Kinder ja sowieso immer auch eigene Sachen machen dürfen, wenn sie mein Blatt nicht machen wollen. Oder auch wirklich nur eine Stunde arbeiten, auch wenn sie dann nur einen Teil schaffen. Das klappt aber mit den Eltern nicht. Arbeite ich selber Eigenes, sagt mir hinterher jemand: „Ach, dann mach das Blatt doch auch noch schnell". Oder ich rechne schon eine Stunde an einer Aufgabe, dann muss ich die anderen eben abends noch machen. System verfehlt, denn weder passen die von mir mitgegebenen Aufgaben genau auf das, was das einzelne Kind im Moment braucht, noch ist die Menge für alle gleich gut! Provoziert werden ungewünschte Nebeneffekte, die auch nicht die beabsichtigte Gewöhnung an „vorgegebenen" Lernstoff bringen.

Vorschlag für die Zukunft: Ein Teil gestellte Hausaufgaben (weniger) und die Möglichkeit zusätzlich noch selber zu arbeiten (ohne Elterndruck!). Mögliches Ergebnis: mehr Lust auf Hausaufgaben und Eigeninitiative, mehr Lust auf Schule, noch bessere Leistungen, glückliche Omas ...

Als im vierten Schuljahr die Klassenpflegschaftssitzungen nur noch in größeren Abständen stattfinden, fragt der Lehrer die Eltern im zweiten Halbjahr wieder durch ein kleines Schreiben, ob sie mit den Hausaufgaben zufrieden sind. Bei einzelnen Kindern gibt es dazu detaillierte Rückmeldungen. So besteht Boris auch zu Hause auf maximal eine Stunde Hausaufgaben und sucht sich dabei die aus, die für ihn am leichtesten sind, womit wiederum die Mutter meist nicht einverstanden ist. Michaels Mutter bittet um größere Linien, ein Erklären der Aufgaben in der Schule und das Achten auf mehr Sauberkeit und Ordnung. Diese Probleme können allerdings auch beim hyperaktiven Michael mit Schwierigkeiten im Bereich der Motorik bzw. der Konzentrationsfähigkeit zu tun haben. Bei Kai schreibt die Mutter, dass die Hausaufgaben OK sind, es aber auf Kais Tagesform ankommt. Im Durchschnitt würde es laufen. Lars Mutter schreibt, die Hausaufgaben seien OK, nur: „Lars hat das Problem, dass er sich wieder zu sehr ablenken läßt." Die Erzieher von Björn schreiben, dass sie immer Stress wegen der Hausaufgaben haben, aber: „Das liegt an Björn, nicht an den Hausaufgaben." Bei den anderen Kindern sehen die Eltern keine Probleme, sie geben zum Teil Resonanz wie bei Andrea: „Andrea macht es sogar Spaß; sie teilt sich die Hausaufgaben gut ein." Ansonsten finden sich weitere Reaktionen der Eltern auf die Hausaufgaben in den Fallbeschreibungen der Kinder.

9.4.2 Elternarbeit

Die Elternarbeit hat in der Klasse keine unbedeutende Rolle gespielt (siehe auch den Punkt „Elternarbeit" innerhalb der allgemeindidaktischen Überlegungen), denn sicherlich ist es gerade für die Eltern nicht leicht, innerhalb ihrer Verantwortlichkeit eine Entscheidung „gegen den Strom" zu fällen und das eigene Kind einem „Experiment" – wie sie es oft selber bezeichnet haben – auszusetzen. Entsprechend hat der Lehrer – wie auch aus den Kurzdarstellungen der Kinder ersichtlich ist – schon vor der Einschulung Gespräche mit Kindern und Eltern geführt, in denen er versucht hat, das beabsichtigte Konzept zu erklären. Aus Unterhaltungen mit den Eltern und auch aus den Rückmeldungen der Eltern nach der Grundschulzeit geht hervor, dass bei diesen Gesprächen nicht nur die Stimmigkeit des Konzepts eine Rolle gespielt hat (vielleicht sogar eine eher geringe Rolle), sondern vor allem die Identifikation des Lehrers mit dem, was er vor hatte. Entsprechend ist hier die Beziehungsebene nicht zu unterschätzen. Kein Elternteil ist nach dem Gespräch auf das Angebot einer anderen Klassenzuordnung des eigenen Kindes eingegangen.

Sowohl vor den Sommerferien als auch in kurzen Abständen direkt danach fanden Klassenpflegschaftssitzungen statt, in denen der Lehrer neben den zu klärenden organisatorischen Sachen versucht hat, den Eltern das unterrichtliche Vorgehen generell, vor allem aber im Anfangsunterricht nahe zu bringen. Entsprechend wurden vor allem das freie Schreiben und das Erlernen der Buchstaben mit Hilfe der Buchstabentabelle nach der Methode „Lesen durch Schreiben" thematisiert, weiterhin die Schreib- und Rechtschreibentwicklung von Kindern einschließlich der Problematik von Regellernen, Grundwortschatzarbeit und Leistungsmessung durch Diktat. Auch der Verzicht auf Lese- und Vorleseübungen und das freie Lesen wurden besprochen. Ferner wurde das selbstgesteuerte Erwerben von Rechenkompetenzen durch Eigenproduktionen sowie der Verzicht auf einen kleinschrittigen Lehrgang ausgeführt. Neben den Informationen zu den fachdidaktischen Grundlagen, die vor allem dazu dienen sollten, dass die Eltern und andere Verwandte und Bekannte sich möglichst weitgehend aus dem Lernen der Kinder heraushielten, wurde ein Einblick in den möglichen Tagesablauf und die angestrebte Basisdemokratie in der Klasse gegeben.

Dass diese Erklärungen nicht unbedingt zur Folge hatten, dass die Eltern wirklich verstanden, was beabsichtigt war bzw. wie die Kinder lernen würden, wurde aber auch deutlich. So war z. B. zu beobachten, dass Eltern anschließend an die theoretischen Erörterungen das Klassenzimmer besichtigten und ganz erstaunt das Lehrerpult vor der Tafel suchten (siehe auch Kinderbeschreibung Meike). Auch gab es auf einer Klassenpflegschaftssitzung im ersten Schuljahr einen heftigen Streit zwischen den Eltern, entfacht innerhalb einer Diskussion über eine angemessene Leserziehung (siehe ausführliches Fallbeispiel Lutz).

Im Laufe der Zeit verringerte sich die Häufigkeit der Pflegschaftstreffen von einem ca. vier- bis sechswöchigen Abstand in der Anfangsphase zu nur noch einzelnen Treffen im vierten Schuljahr. Ursache war neben der wohl ausreichenden Klärung inhaltlicher Fragen auch die Möglichkeit, den Lehrer jederzeit bei Fragen anzurufen, ihm zu schreiben oder zu einem Treffen einzuladen. Diese Form des gemeinsamen Gesprächs bei den Kindern zu Hause wurde von beiden Seiten her als sehr entspannt erlebt und ermöglichte u. a. auch den berufstätigen Ehepartnern bei der Unterhaltung anwesend zu sein. Die Unabhängigkeit von etwaigen offiziellen Elternsprechtagen ermöglichte eine unmittelbare Klärung von Problemen oder Missverständnissen zum Zeitpunkt des Entstehens – sicherlich ein wichtiger Faktor, um die „Gerüchteküche" nicht unnötig anzufachen. Auf diesen Faktor weist auch der Schulleiter in seiner dienstlichen Beurteilung des Lehrers im Rahmen der Verbeamtung auf Lebenszeit Anfang des zweiten Schuljahres hin:

> Außergewöhnlich engagiert und mit erfreulichem Ergebnis hat er eine eher als konservativ einzuschätzende Elternschaft seiner Klasse von neuen Methoden und extrem offenen Unterrichtsformen überzeugt. Dies gelang nur mit außergewöhnlich vielen und immer noch gut besuchten Elternabenden und Hausbesuchen bei jedem Kind vor der Einschulung.

Zusätzlich zum persönlichen Kontakt und den Zusammenfassungen der auf den Klassenpflegschaftssitzungen angesprochenen Themen ließ der Lehrer den Eltern regelmäßig Informationsschreiben zukommen. In diesen klärte er einerseits organisatorische Sachen, gab aber andererseits auch Rückmeldung über den Leistungsstand bzw. die Entwicklungen und Probleme der Klasse. Außerdem wies er in seinen Schreiben auf zum entsprechenden Zeitpunkt besonders wichtige fachdidaktische Zusammenhänge und Verhaltensweisen hin – und wie schon oben am Beispiel der Hausaufgaben ersichtlich, durchaus auch wiederholt. Dabei war die Form der Schreiben eher locker bzw. kollegial. Der Lehrer versuchte auch hier einen möglichst direkten Draht zu den Eltern zu bekommen und nicht etwa ein künstliches Autoritätsgefälle aufzubauen. Ein Schreiben am Ende des dritten Schuljahres zeigt dies (um die vom Lehrer gewählte Kommunikationsform weiter zu verdeutlichen, werden die Schreiben im Folgenden möglichst unverändert zitiert):

> Ich möchte mich vor den Ferien nur noch kurz bei Ihnen für das schöne Schuljahr mit Ihnen und Ihren Kindern bedanken.

> Sie haben uns sowohl durch (grenzenloses) Vertrauen als auch durch finanzielle Mittel und tatkräftiges Mitanpacken wieder sehr viele tolle Erfahrungen ermöglicht! (Wer hätte gedacht, dass wir immer noch steigerungsfähig waren ?)

> Bedanken möchte ich mich auch für die schönen Gespräche und unser wirklich beneidenswertes Verhältnis, das wir langsam aber sicher aufgebaut haben. Es wird mir schwer fallen, Sie alle im nächsten Jahr gehen zu lassen; ich habe viel eher das Gefühl, langsam kann es erst richtig los gehen ...

> Nun bin ich schon sehr gespannt auf unser nächstes Jahr und wünsche mir vor allem, dass wir weiterhin unsere Entscheidungen im gewohnten, offenen und ehrlichen Verhältnis zusammen treffen werden. Aber da habe ich eigentlich keinerlei Bedenken ...

> Lassen Sie es sich gut gehen und schönen Urlaub für Sie und die kids !

Da die Rückmeldungen über die Entwicklung auf Klassenebene u. a. im Kapitel „Entwicklung der Kinder auf Klassenebene" zitiert werden, seien im Folgenden beispielhaft Auszüge zu fachdidaktischen Aspekten angeführt. Der größte Informations- bzw. Mitteilungsbedarf schien dabei im Bereich Sprache bzw. Rechtschreibung zu liegen:

Anfang erstes Schuljahr:

Es wurde darauf hingewiesen, die zur Zeit anlaufenden tollen Schreibversuche der Kinder (Briefe an die Oma etc.) auf jeden Fall immer ganz positiv zu verstärken und die lautgetreue Schreibweise absolut zu tolerieren. *Warnen Sie bitte auch alle Omas vor!!!* Es ist ganz ganz toll, was hier nach 5 Schulwochen passiert! Die Orthografie kommt noch! [Und Ali und Ina können wir (wenn´s denn sein muß) auch richtig schreiben.]

Einzelne wenige Kinder (z. T. mit Vorerfahrungen) versuchen schon, die Druckschrift zu einer „Schreibschrift" zusammenzuziehen. Die Schreibschrift hat noch lange Zeit! Wenn ihr Kind jedoch neugierig ist, hält Herr Peschel entsprechende Blätter bereit, damit direkt Erfahrungen mit der richtigen Schreibschrift (Vereinfachte Ausgangsschrift) gemacht werden. Aber absolut nicht unter Druck setzen lassen, wir haben eigentlich erstmal die Druckschrift vor uns, die Schreibschrift müssen wir nach 2 Jahren können, nicht nach 6 Wochen!

Ostern erstes Schuljahr:

Schreibschrift: Wer will kann. Viele Kinder haben mittlerweile in die Schrift hineingefunden. Es lohnt sich aber nur, wenn man mehr oder weniger fließend schreibt. Ansonsten lieber warten. Wenn sie finden, daß ihr Kind keine Schreibschrift lernen muß, kein Problem für mich, sie müssen später allerdings evtl. mit anderen Lehrern diskutieren. Ansonsten wird bei „Können" die verbundene Schreibschrift (welcher Art auch immer) das sein, mit dem die Kinder dann immer schreiben. Die Druckschrift ist eine Leseschrift. Schreibschriftlesen muß man nicht üben, solange die Kinder ihre eigene Schrift lesen können.

Schreiben: Positiv zu verstärkendes Freies Schreiben mit zunehmendem Korrekturbewußtsein. Lautgetreues Schreiben als Ausgangsbasis, dann werden immer mehr Wörter exemplarisch ins Bewußtsein gebracht. Die Korrektur erfolgt 1. Für Wörter, die man kennen müßte und 2. Für „neue Lernwörter", die dann zum ersten Mal thematisiert werden (stellen natürlich keinen Fehler dar!). Schwierige Wörter werden bei Bedarf „richtig" (Eltern oder Lehrerhilfe) im Wörterbuch zum eigenen Nachschlagen notiert. Am besten mit Bleistift, gekonnte Wörter können dann später wieder ausradiert werden. Nicht alle Wörter werden korrigiert!

Im Zusammenhang mit der individuellen Regelbildung kann es zu „Übergeneralisierungen" kommen, d. h. es tauchen plötzlich Fehler in schon gekonnten, richtig geschriebenen Wörtern auf. Z.B. ROSINE -> ROSIENE, weil das Kind gerade das lange „I" lernt. Ich hoffe auch, Ihnen die Angst vor der Rechtschreibung genommen zu haben, der Grundwortschatz wird bis zum vierten Schuljahr kein Problem darstellen (deshalb bitte nicht zum Problem machen!). Viele Kinder befinden sich schon auf einer hohen Stufe bzgl. des Rechtschreibbewußtseins.

Lesen: Effektivstes Lernen geschieht, wenn jemand zuhört und positiv verstärkt bzw. sich für den Inhalt interessiert (nachfragen). Sowohl in Lesegruppen in der Schule als auch zu Hause.

Mathe: Rechenheft 2. Schuljahr steht zum freien und freiwilligen Bearbeiten als Anregung in der Schule und zu Hause bereit. BITTE KEINE SCHRIFTLICHEN RECHENVERFAHREN (Untereinanderschreiben) ZEIGEN! Hat nichts mit „Rechnen" zu tun, kann jeder, ohne zu verstehen, was da abgeht (sogar wir alle).

Mitte zweites Schuljahr:

Das Rechtschreiblernen verläuft so wie bisher, anhand der eigenen Texte begegnen die Kinder Rechtschreibstrategien (Blätter von Blatt -> mit ä, Wald – Wälder, hinten mit d, langes i meistens als ie, Busfahrer von fahren, deshalb mit h, Namenwörter usw.). Dieser Kanon bleibt im Prinzip bis weit in die höhere Schule immer wieder gleich und irgendwann klickt es dann bei jedem Kind irgendwie und das Ding ist klar. Also: Strategien kann man nicht lehren, aber immer wieder ins Bewußtsein bringen. Das Rechtschreibbewußtsein der Kinder ist mittlerweile auf „Erwachsenenschrift" eingestellt, sie wollen immer öfter von sich aus richtig schreiben (und nicht, weil es Fehlerpunkte hagelt!). Nur mit diesem Bewußtsein kann man richtig schreiben lernen.

Um sich dann aber auch helfen zu können, muss man zusätzlich zu den oben genannten Strategien auch mit einem Wörterbuch umgehen können, denn Rechtschreibung ist im Deutschen auch nach der Reform noch immer ziemlich willkürlich. Wir haben daher abgestimmt, dass für zu Hause ein Wörterbuch angeschafft wird. Ich werde zu gegebener Zeit dann also eine Sammelbestellung tätigen. Bitte erstmal nichts selber kaufen.

Ende zweites Schuljahr:

An den Ergebnissen der einzelnen Schüler (vor allem, wenn man die längere Entwicklung betrachtet) läßt sich das Funktionieren des Rechtschreiblernens durch das freie Schreiben (anstelle des Wörter-Auswendig-Lernens) klar erkennen. Gerade die Kinder, die in den letzten Monaten kontinuierlich Texte überarbeitet haben, sind schon verdammt weit. [...]

Wie geht es weiter, was kann man tun (wenn man will):

- Geschichten schreiben, überarbeiten (Rechtschreibstrategien [Ableiten von anderen Wörtern, genau hinhören usw.]), Wörterbuchbenutzung üben. In den nächsten Schuljahren (auch nach der 4. Klasse) wird also immer wieder dasselbe weiter gemacht, was wir auch jetzt schon machen.

- Kopfrechnen und Führerscheine, aber bitte noch kein schriftliches Rechnen zeigen !!!

- Forscherinitiativen unterstützen (Tiere/Sachen beobachten/darüber berichten, Sachbücher nutzen können, Fragen dürfen ...

- und unsere Art des Religionsunterrichts wurde allgemein gutgeheißen, wir werden am Dienstag mit einem Moscheebesuch weitermachen.

Anfang drittes Schuljahr:

Machen Sie bitte „Schönschreiben" nicht zum Schreibhemmnis. Wer nicht mehr gerne schreibt, kann auch nicht sonderlich viel schön schreiben. Gestehen Sie auch den Kindern das Recht auf Notizen, Entwürfe, Schmierereien etc. zu. Zu früher Perfektionismus verunsichert und demotiviert unglaublich ! Lassen Sie uns lieber individuell über die Pappenheimer reden, denen wir gemeinsam auf die Füße treten sollten. Hab ich kein Problem mit.

Bitte, bitte keine schriftlichen Rechenverfahren zeigen (und die Kinder vor Geschwistern, Tanten, Omas und was da noch so rumläuft schützen!) Das ist kein Rechnen mehr, die Kinder müssen nicht denken, lernen unverstanden Techniken und können keine Größenvorstellungen aufbauen. Und dann können sie wirklich besser mit dem Taschenrechner rechnen. (Können sie zur Kontrolle übrigens gerne erlauben! In der Klasse klappt das gut, keiner bepfuscht sich – warum auch?)

Im weiteren Verlauf bzw. bis zum Ende der Grundschulzeit spielt die Thematisierung der fachdidaktischen Inhalte dann keine große Rolle mehr.

Abschließend sei noch auf verschiedene gemeinsame Aktivitäten von Kindern, Eltern und Lehrer hingewiesen. So gab es im ersten Schuljahr mehrere Spielnachmittag und auch sonst waren die Eltern zu Weihnachtsfeiern oder gemeinsamen Grillnachmittagen eingeladen. Auch dienten die sonstigen stattfindenden Aktionen wie das regelmäßige Schlafen in der Schule oder die Klassenfahrten schon ab dem ersten Schuljahr immer wieder zu einem informellen Kontakt zwischen Eltern und Lehrer bzw. Eltern und Eltern. Nicht zuletzt wurde von den Eltern nach eigenen Aussagen auch die gemeinsame, der Klasse anhaftende „Andersartigkeit" als etwas Verbindendes erlebt.

9.5 Zusammenfassung

Da u. a. eine ausführliche Beschreibung der Untersuchungssituation diese Untersuchung von anderen abheben soll, erfolgt zunächst eine Beschreibung der Lernumwelt mit den drei das Unterrichtskonzept maßgeblich prägenden Faktoren Raum, Material und Zeit. Anschließend wird dokumentiert, wie der Lehrer das Konzept im Hinblick auf seine Arbeitspläne, die Hausaufgaben und die Elternarbeit umgesetzt hat.

Die Untersuchung beschäftigt sich mit der Entwicklung einer nach dem oben beschriebenen Unterrichtskonzept unterrichteten Klasse über ihre gesamte Grundschulzeit von 1995 bis 1999. Es handelt sich dabei um eine ganz normale Klasse einer Regelschule, die auch von den Örtlichkeiten her keine Besonderheiten aufweist. Der Klassenraum der Lerngruppe ist über die gesamte Grundschulzeit derselbe und hat eine durchschnittliche Größe. Er spiegelt schon viel des praktizierten Unterrichtskonzepts wieder: In einer Ecke der Klasse ist ein Sitzkreis aus Bänken fest installiert. Eine Wand ist mit einer großen Pinnwand verkleidet, eine andere mit einer Wandtafelfläche, die zum Aufhängen von Plakaten genutzt wird. Innerhalb einer vollkommen dezentralen Sitzordnung sind die meisten Schülertische rundum entlang den Wänden bzw. entlang des Sitzkreises gestellt. Vor dem Sitzkreis befindet sich ein zusätzlicher Gruppentisch. Ein großer Teil des Innenraums der Klasse ist frei und kann zum großflächigen Malen, Experimentieren, Basteln, Probieren etc. genutzt werden. Insgesamt wirkt die Klasse trotz der knapp 30 Tische, der Sitzecke, der Computer und Regale sehr übersichtlich. Ein Lehrerpult oder einen abschließbaren Schrank gibt es nicht. Die Anordnung der Tische ändert sich entsprechend den Vorhaben der Kinder bzw. passt sich den wechselnden Anforderungen über die Schulzeit hinweg an.

In der Klasse befinden sich Geschichten- und Sachbücher aller Art, Lexika, Wörterbücher, Mathematikbücher, Taschenrechner, kopierbare Bildgeschichten, Schreibwarenmaterialien, eine Werkzeugkiste, eine Musikanlage, Xylophone, Flöten, Wasserfarbkästen, Stoffe, Bastelmaterialien, ein Kopierer, fünf Computer, ein Drucker und ein frei zugänglicher Kasten mit Mineralwasser. Diese Ausstattung unterscheidet sich bezüglich des Materials bzw. der dahinter stehenden konzeptionellen Idee in wichtigen Punkten von der üblichen Einrichtung anderer Klassen, da es sich weitgehend nicht um Material handelt, das einen didaktisierten Lehrgang verkörpert oder einer bestimmten Stufe des Curriculums zugeordnet werden kann. Selbst die Materialien, die vergleichsweise geschlossen und didaktisch geladen erscheinen wie z. B. die Materialien zum Rechnen, erhalten ihre polyvalente Komponente durch das offene Unterrichtskonzept und stellen statt eines gleichschrittigen Lehrgangs eher einen „roter Faden" bzw. einen Impuls für Eigenproduktionen dar.

In der Klasse ist bzw. war der Offene Unterricht durchgängiges Unterrichtsprinzip, d. h. er umfasste bis auf einzelne organisatorische Ausnahmen alle Fächer und die gesamte Unterrichtszeit. Außerhalb einer zeitweisen Unterbrechung oder Umrahmung durch Fachlehrerstunden stand den Kindern also in der Regel der ganze Schultag für ihre eigenen Arbeitsvorhaben zur Verfügung. Im Laufe der Zeit hat sich in der Klasse ein weitgehend fester Tagesablauf herauskristallisiert, der sich ungefähr folgendermaßen typisieren lässt:

Nach einem offenen Anfang ruft kurz nach dem offiziellen Unterrichtsbeginn der alle zwei Tage wechselnde „Kreischef" ein Treffen im Sitzkreis ein. Nach der Klärung organisatorischer Dinge o. Ä. fragt er die Kinder reihum, was sie heute machen wollen, woraufhin diese den Sitzkreis verlassen und sich ihren Vorhaben zuwenden. Diese Arbeitsphase dauert meist bis zur großen Pause. Anschließend findet in der Regel ein weiteres Treffen im Sitzkreis statt, bei dem schon erste Arbeitsprodukte vorgestellt werden oder neue Vorhaben organisiert werden. Je nach Notwendigkeit fragt der Kreisleiter die Kinder vor dem Verlassen des Kreises noch einmal nach ihren Vorhaben für die zweite Hälfte des Tages. Nach der darauf folgenden Arbeitsphase und rechtzeitig vor Ende des Schultages findet dann der sogenannte „Schlusskreis" statt, in welchem sich die Kinder noch einmal Arbeiten gegenseitig präsentieren und dann der Reihe nach kurz berichten, mit was sie sich am Tag beschäftigt haben. Dabei beurteilen sie ihre eigene Leistung mit einem selbst erdachten Bewertungssystem.

Da es an der Schule üblich war, die relativ offenen Lehrplanvorgaben durch einen Standort-, Stoff- oder Arbeitsplan zu ersetzen, erstellte der Lehrer einen Plan, der vom allgemein- und fachdidaktischen Ansatz im Grundsatz für alle vier Schuljahre gleich blieb und Raum für das individuelle und selbstgesteuerte Lernen der Kinder gab. Als Orientierungshilfe für Kinder und Eltern beschrieb er in einem zweiten Teil die für das jeweilige Schuljahr geltenden Lehrplanvorgaben einschließlich der vergangenen sowie der zukünftigen Schuljahre konkreter (s. o.).

Ergänzend im Hinblick auf eine möglichst genaue Beschreibung der Umsetzung des Konzepts in der Praxis sei im Folgenden kurz auf die Gestaltung der Hausaufgaben sowie auf die Elternarbeit eingegangen. Entsprechend der schon oben im Zusammenhang mit der Elternrolle beschriebenen Ausführungen über das nachmittägliche Arbeiten der Kinder hat der Lehrer die Eltern immer wieder darauf hingewiesen, dass sie den Hausaufgaben keinen zu großen Stellenwert beimessen sollten. Trotzdem beharrten die meisten Eltern auf ihrer Forderung nach regelmäßigen Hausaufgaben. Als Kompromiss und unter der Prämisse, dass sich die Eltern weitmöglich aus den Hausaufgaben der Kinder heraushalten sollten, gestalteten sich die Hausaufgaben dann folgendermaßen: nicht alle Kinder mussten Hausaufgaben anfertigen, die Aufgaben konnten eigene Arbeiten oder Forschungen des Kindes sein oder aber das einfache „Erledigen" eines Hausaufgabenzettels, den der Lehrer den Kindern mitgab (Orientierung an den üblichen Anforderungen).

Insgesamt hat die Elternarbeit in der Klasse keine unbedeutende Rolle gespielt, denn sicherlich ist es gerade für die Erziehungsberechtigten nicht leicht, innerhalb ihrer Verantwortlichkeit eine Entscheidung „gegen den Strom" zu fällen und das eigene Kind einem „Experiment" – wie sie es oft selber bezeichnet haben – auszusetzen. Neben den Gesprächen mit Eltern und Kindern schon vor der Einschulung fanden regelmäßig (wenn auch mit abnehmender Tendenz) Klassenpflegschaftssitzungen statt, in denen der Lehrer neben den zu klärenden organisatorischen Fragen versucht hat, den Eltern das unterrichtliche Vorgehen generell, vor allem aber im Anfangsunterricht nahe zu bringen. Neben den Informationen zu den fachdidaktischen Grundlagen, die vor allem dazu dienen sollten, dass die Eltern und andere Verwandte und Bekannte sich möglichst weitgehend aus dem Lernern der Kinder heraushielten, wurde ein Einblick in den üblichen Tagesablauf und die angestrebte Basisdemokratie in der Klasse gegeben. Zusätzlich gab es für die Eltern die Möglichkeit, den Lehrer jederzeit bei Fragen anzurufen, ihm zu schreiben oder zu einem Treffen einzuladen, sodass auch berufstätige Ehepartner bei der Unterhaltung anwesend sein konnten. Außerdem ließ der Lehrer den Eltern regelmäßig Informationsschreiben zukommen, in denen organisatorische Belange geklärt, aber auch Rückmeldung über den Leistungsstand bzw. die Entwicklungen und Probleme der Klasse gegeben wurde. Gemeinsame Aktivitäten von Kindern, Eltern und Lehrer rundeten die „Elternarbeit" ab.

10 Personales Bedingungsfeld – die Kinder der Klasse

In diesem Kapitel wird die Dokumentation des Bedingungsfelds durch eine Beschreibung der Stichprobe auf Schülerseite ergänzt. Nach einer Übersicht über allgemeine Angaben zur Lerngruppe werden alle Kinder, die die Klasse in ihrer Schulzeit irgendwann einmal besucht haben, in kurzen Einzelfallstudien dargestellt. Dabei werden bei der Beschreibung des Kindes bzw. seiner Entwicklung zusätzlich Situationen, Entwicklungen, Probleme und Fragen konkreter beleuchtet, die einen tieferen Einblick in das Gesamtkonzept bzw. damit einhergehende Zusammenhänge ermöglichen. Um auch die Betroffenen zu Wort kommen zu lassen, schließen Stellungnahmen bzw. Resonanzen der Kinder und der Eltern die Beschreibungen ab.

10.1 Die Klassenzusammensetzung im Überblick

10.1.1 Stichprobenaufteilung

Die hier untersuchte Stichprobe unterliegt – wie alle Schulklassen – einer gewissen Fluktuation, d. h. es gab über die gesamte Grundschulzeit Zu- und Abgänge von Kindern. Während ein solcher Wechsel der Probanden in einer entsprechend großen Stichprobe meist nicht zu Verzerrungen führt, ist dies bei der Begrenzung auf eine einzige Schulklasse eher zu erwarten. Von daher wird die Stichprobe im Folgenden in drei Untergruppen aufgeteilt:

- eine „Kernstichprobe" von den 15 Kindern, die über ihre ganze Grundschulzeit, d. h. zu allen Messzeitpunkten, in der Klasse waren;
- eine „Verluststichprobe" von vier Kindern, die ungefähr die ersten beiden Schuljahre besucht haben und dann aus der Klasse gegangen sind (zwei Kinder aus dem Schulkindergarten, die schon vor der Schule für sonderpädagogischen Förderbedarf vorgesehen waren und aufgefangen werden konnten, aber auf Wunsch der Eltern ein Schuljahr wiederholen sollten; ein Kind, das von der zweiten in die vierte Klasse gewechselt ist; und ein Kind, das in einen anderen Ort umgezogen ist);
- eine „Zuwachsstichprobe I" von fünf Kindern, die ab Ende der ersten Klasse durch Zuzüge dazugekommen sind (ein „Schulverweigerer", der eigentlich auf die Schule für Erziehungshilfe gehen sollte; ein kurdisches Kind, das eigentlich auf die Schule für Lernbehinderte gehen sollte; zwei leistungsschwache Kinder aus einem Zuzug in die Sozialwohnungen in der Nähe der Schule und ein marokkanisches Kind),
- und eine „Zuwachsstichprobe II" von vier Kindern, die ab Ende der zweiten Klasse aus Zuzügen dazugekommen sind (ein leistungsschwaches und zwei leistungsstarke russische Aussiedlerkinder sowie ein „Schulverweigerer", der extra in die Klasse eingewiesen wurde).

Nicht berücksichtigt in diesen Stichproben, aber trotzdem unten kurz beschrieben, werden Kinder, die umzugsbedingt nur wenige Wochen oder Monate in der Klasse waren (zwei deutsche Mädchen und ein Flüchtlingsjunge aus Zaire im ersten Teil des ersten Schuljahres und ein griechisches Mädchen zwischen dem dritten und dem vierten Schuljahr). Über sie liegen auf Grund der geringen Aufenthaltsdauer in der Klasse zu wenige Daten vor, um abgesicherte Aussagen über ihre Leistungsentwicklung machen zu können.

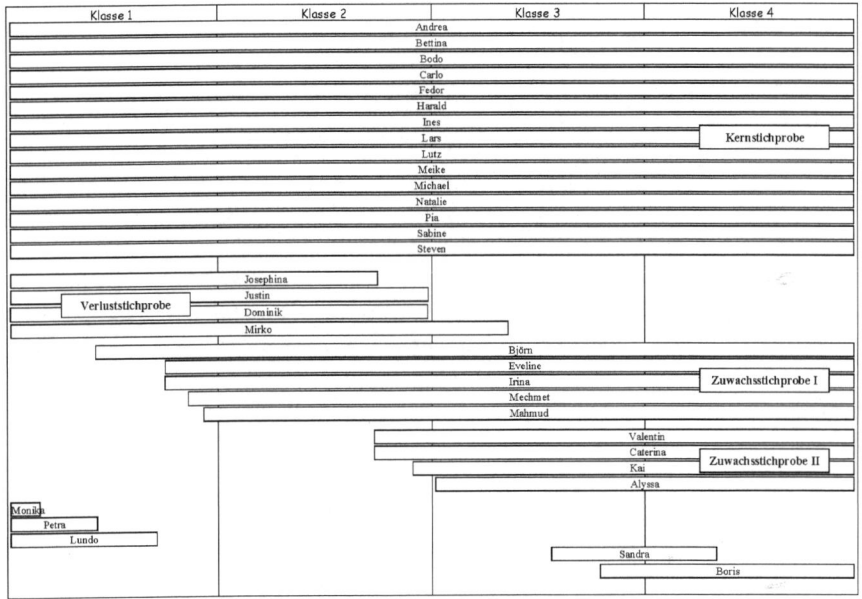

Des Weiteren erscheint der Einbezug eines (leistungsstarken und gut integrierten) Jungen, der erst gegen Ende des dritten Schuljahres in die Klasse kam, nicht sinnvoll. Er hat im Gegensatz zu den anderen Kindern, die alle mindestens die Hälfte ihrer Grundschulzeit in der Klasse verbracht haben, nur etwas über ein Jahr im hier untersuchten Unterricht gelernt, sodass ein Inbeziehungsetzen seiner Leistungen mit dem Konzept nicht angebracht erscheint. Aus diesem Grunde werden auch die Kinder der beiden Zuwachsstichproben nur ergänzend bzw. im Rahmen der kleinen und großen Fallstudienbeschreibungen in die Evaluation einbezogen.

10.1.2 Allgemeine Angaben zur Zusammensetzung der Lerngruppe

Wegen der unterschiedlichen Zusammensetzung der Klasse über die Erhebungszeitdauer können keine für alle Zeitpunkte gültigen Klassendaten erstellt werden. Aus diesem Grund werden die Daten entweder für die Schulhalbjahre erstellt oder es wird vereinfachend auf die verschiedenen Stichprobengruppen zurückgegriffen, deren zeitliche Beziehung aus der obigen Übersicht erkenntlich ist.

Klassengröße und Geschlechterverteilung

Anzahl Halbjahr	Mädchen	Jungen	Gesamt
1.1	8-10	11-13	21-22
1.2	8-10	12-15	20-24
2.1	10	14	24
2.2	10-11	14-16	24-26
3.1	11-12	13-14	24-26
3.2	11-12	13-14	25-26
4.1	11-12	14	25-26
4.2	11	14	25

In der Klasse ist der Anteil der Jungen mit ca. 55% über alle Schuljahre hinweg größer als der der Mädchen und liegt damit auch über dem statistischen Durchschnittswert für Nordrhein-Westfalen von rund 51% (vgl. www.lds.nrw.de am 27.04.02). Die Schülerzahl liegt nach umzugsbedingten Fluktuationen im ersten Schuljahr zwischen 24 und 26 Schülern, von denen 15 (Kernstichprobe) von Anfang bis Ende ihrer Grundschulzeit der Klasse angehören. Insgesamt besuchen 33 verschiedene Kinder die Klasse. Für den betreffenden Zeitraum 1995-1999 beträgt die durchschnittliche Klassengröße der Grundschule in Nordrhein-Westfalen zwischen 23,4 und 23,7 Schülern und in der gesamten Bundesrepublik zwischen 22,5 und 22,7 Schülern (vgl. www.kmk.org/statist/home.htm am 27.04.02). Die Klassengröße der untersuchten Klasse liegt also bis auf das erste Halbjahr leicht über dem Durchschnitt.

Alter der Kinder in Bezug auf den Einschulungszeitpunkt August 1995

Einschulungsalter	< 6;0	6;1-6;3	6;4-6;6	6;7-6;9	6;10-7;0	7;1-7;3	7;4-7;6	7;7-7;9	7;10-8;0	> 8;1
Kernstichprobe	0	4	1	4	3	3	0	0	0	0
Verluststichprobe	1	0	0	0	1	0	1	1	0	0
Zuwachs I	0	1	0	1	0	0	0	0	2	1
Zuwachs II	0	0	0	0	2	0	1	0	0	1

Das durchschnittliche Alter zu Beginn der ersten Klasse liegt für die Kinder der Kernstichprobe bei 6 Jahren und 8 Monaten, was ungefähr dem Durchschnittswert für Nordrhein-Westfalen entspricht. Die jüngsten Kinder sind 6 Jahre 3 Monate alt, das älteste Kind aus dem Schulkindergarten ein Jahr älter. In der Verluststichprobe ist das jüngste Kind mit 5 Jahren und 8 Monaten vorzeitig eingeschult worden, die beiden ältesten Kinder aus dem Schulkindergarten sind rund siebeneinhalb Jahre alt. Es ergibt sich hier ein Durchschnittswert von 6 Jahren und 11 Monaten. In der Zuwachsstichprobe I beträgt die Altersspanne auf den obigen Termin zurückgerechnet zwischen 6 Jahren und 3 Monaten bis hin zu 8 Jahren und 3 Monaten. In der Zu-

370

wachsstichprobe II liegt diese Altersspanne zwischen 6 Jahren 11 Monaten und 8 Jahren 11 Monaten. Entsprechend höher liegt der auf den obigen Termin zurückgerechnete Altersdurchschnitt in den Zuwachsstichproben bei 7 Jahren und 5 Monaten bzw. 7 Jahren und 7 Monaten. Der tatsächliche Altersdurchschnitt in der Klasse liegt je nach Messzeitpunkt ungefähr zwischen 6 Jahren 9 Monaten und 7 Jahren, wenn man ihn auf den Schulanfang zurückrechnet. (Dabei ist der Anstieg des Durchschnittsalters in höheren Klassenstufen auf Grund zurückgestellter bzw. ein Schuljahr wiederholender Kinder naheliegend.)

Herkunft der Familie der Kinder bzw. ihrer Eltern

	Nicht-deutsch	Deutsch-land	Russ-land	Bos-nien	Türkei	Marokko	Zaire	Grie-chenland
Kernstichprobe	7 %	14*	0	1	0	0	0	0
Verluststichpr.	25 %	3**	1	0	0	0	0	0
Zuwachsstichpr. I	60 %	2	1	0	1	1	0	0
Zuwachsstichpr. II	75 %	1	3	0	0	0	0	0
andere	25 %	3	0	0	0	0	1	1

* Ein Kind hat eine Mutter aus Spanien, ein zweites hat zwei deutsche Eltern, ist aber in Amerika geboren worden.

** Ein Kind hat einen verstorbenen belgischen Vater.

In der Klasse waren von Anfang an auch deutschstämmige sowie nicht-deutsche Kinder vor allem als Aussiedler und Asylbewerber vorhanden, wobei kein Kind so große Sprachprobleme hatte, dass man sich nicht mit ihm hätte verständigen können. Ihr Gesamtanteil an der Klassenzusammensetzung betrug je nach Zeitpunkt zwischen 10 und 32 Prozent. Zum Vergleich seien die nordrhein-westfälischen Zahlen für die betreffenden Jahre genannt: Der durchschnittliche Ausländeranteil betrug insgesamt ca. 15,2 %, der Anteil der Aussiedler lag bei 5 % (vgl. www.lds.nrw.de am 27.04.02).

In der Kernstichprobe ist Fedor der einzige Ausländer (entspricht 7%). Der geringe Anteil nicht-deutscher und deutschstämmiger Schüler an der Kernstichprobe bzw. der hohe Anteil in der Verlust- und den Zuwachsstichproben hat wahrscheinlich damit zu tun, dass die Aufenthaltsdauer von Asylanten- und Aussiedlerfamilien im Lande bzw. an einem Ort geringer ist als die der einheimischen Familien. Dies lag zum damaligen Zeitpunkt am Standort der Schule u. a. daran, dass von der Stadtverwaltung immer wieder neue Unterkünfte fertiggestellt wurden, die oft einen Umzug der Familie in einen anderen Ortsteil nach sich zogen. So hätte auch Fedor nach der Zuweisung einer neuen Unterkunft eigentlich eine andere Schule besuchen müssen (siehe Fallstudie) und wäre dann wie andere Kinder auch aus der Kernstichprobe, die definitionsgemäß einen kontinuierlichen Besuch der Klasse über vier Jahre erforderlich macht, herausgefallen.

Da die Daten der folgenden Angaben über den familiären Hintergrund der Kinder nicht im Rahmen der Schulaufnahme erhoben worden sind bzw. nicht erhoben werden durften, sind sie versuchsweise aus Gesprächen mit Eltern und Kindern bzw. aus den Hausbesuchen rekonstruiert. Die tatsächlichen Daten können u. U. abweichen, sie haben sich auch in Einzelfällen über die Grundschulzeit verändert.

Familiensituation

	beide leiblichen Eltern	Patch-work-Familie	Allein-erziehendes Elternteil	Pflege-familie	Wohn-gruppe	Schei-dungs-kinder
Kernstichprobe	11	1	3			4
Verluststichpr.	2		1	1		1*
Zuwachsstichpr. I	3	1			1	1
Zuwachsstichpr. II	4					

* Hinzu kommen zwei Todesfälle von Elternteilen

Über ein Viertel der Kinder der Kernstichprobe (27%) wächst nicht bei den leiblichen Eltern auf. Dieser Wert liegt stark über dem Durchschnittswert von weniger als 20% Kinder, die 1995 in Deutschland nicht bei ihren leiblichen Eltern aufwachsen (vgl. Fölling-Albers 2001, 19). Ein Fünftel der Kinder der Kernstichprobe wird alleinerziehend erzogen und sieht das andere Elternteil (hier den Vater) entweder gar nicht oder nur in Abständen. Auch dieser Wert ist fast doppelt so hoch wie der Durchschnittswert von ca. 11% alleinerziehender Eltern in den alten Bundesländern (vgl. Fölling-Albers 2001, 19). Der Anteil der Scheidungskinder liegt mit 27% in der Kernstichprobe auch weit über dem Durchschnittswert von 16%, der für die 10-12-Jährigen in einer Studie für Nordrhein-Westfalen angegeben wird (vgl. Zinnecker u. a. 2002, 101). Auch bei Hinzunahme der Zuwachsstichproben bleiben die Abstände zwischen den Klassendaten und dem Bundesdurchschnitt bestehen (verringert auf jeweils rund 5% Differenz).

Geschwister	keine	eins	zwei	drei	vier	fünf	sechs	sie-ben
Kernstichprobe	2	8	5					
Verluststichpr.	1	2		1				
Zuwachsstichpr. I	1*		1		1	1		1
Zuwachsstichpr. II	1	1	2					
Kernstichprobe	13%	53%	33%	0%				
Kernstichprobe und Zuwachsstichproben	17%	38%	33%	13%				
Durchschnittswerte BRD ca. (vgl. Fölling-Albers 2001, 19)	26%	47%	18%					

*Ein Kind wächst in einer Wohngruppe mit anderen, vowiegend jüngeren Kindern auf.

Insgesamt wächst der größte Teil der Kinder der Klasse mit Geschwistern bzw. Halbgeschwistern auf. Die meisten haben ein oder zwei Geschwister. Im Vergleich zum Bundesdurchschnitt gibt es tendenziell weniger Einzelkindfamilien und mehr Familien mit einer höheren Geschwisteranzahl. Der Altersabstand ist dabei sehr unterschiedlich, er reicht von wenigen Jahren bis hin zu relativ großen Altersunterschieden („Nachzügler").

Wohnsituation	Sozialwohnung	Mietwohnung	Eigenheim
Kernstichprobe	2	6	7
Verluststichpr.	1	3	0
Zuwachsstichpr. I	4	1	0
Zuwachsstichpr. II	1	2	1

Berufstätigkeit	kein Elternteil	ein Elternteil	beide Eltern (zum Teil halbtags)	zusätzliche Unterstützungsleistungen für Familie/Kind
Kernstichprobe	1	3	11	2
Verluststichpr.	0	2	2	3
Zuwachsstichpr. I	3	2	0	4
Zuwachsstichpr. II	1	1	2	1

Kinderhortbesuch	
Kernstichprobe (N=15)	2
Verluststichpr. (N=4)	1
Zuwachsstichpr. I (N=5)	0*
Zuwachsstichpr. II (N=4)	0

*Ein Kind wächst in einer Wohngruppe auf.

Die soziale Schichtzugehörigkeit der Familien ist in der Klasse sehr unterschiedlich. Neben dem zwangsläufigen Arbeitsverbot von Asylbewerbern und Aussiedlern reichen die ausgeübten Berufe von Reinigungskräften und Flohmarktverkäufern bis hin zu Selbstständigen, Beamten und Ingenieuren. Der Anteil der berufstätigen Mütter ist in der Kernstichprobe mit fast 75% vergleichsweise höher als der Bundesdurchschnitt von weniger als 50% (vgl. Fölling-Albers 2001, 19). In den meisten Familien, in denen beide Elterteile berufstätig sind, wird aber versucht, die Versorgung der Kinder durch halbtägige Berufstätigkeit, Heimarbeit oder Beaufsichtigung durch Geschwister oder Verwandte zu regeln, sodass nur zwei bzw. drei Kinder den Kinderhort besuchen.

Kindergartenbesuch und Schullaufbahn

Kindergartenbesuch	
Kernstichprobe (15)	14
Verluststichpr. (4)	4
Zuwachsstichpr. I (5)	4
Zuwachsstichpr. II (4)	4

Schullaufbahn vor dem Besuch der Klasse	mind. ein Jahr Schulkindergartenbesuch	mind. ein Schuljahr wiederholt
Kernstichprobe (15)	1	
Verluststichpr. (4)	2	
Zuwachsstichpr. I (5)	2	
Zuwachsstichpr. II (4)		1

Schullaufbahn nach dem Besuch der Klasse*	Hauptschule	Realschule	Gymnasium	Gesamtschule
Kernstichprobe	0	3	11	1
Zuwachsstichpr. I	3	1	1	0
Zuwachsstichpr. II	1	0	2	1
Weitere Kinder			1	
Gesamt Ende Klasse 4	4	4	15	2

*Ein Kind besucht eine einer Realschule entsprechende Schule in Bosnien. Ein Kind wechselt noch in der fünften Klasse von der Realschule auf das Gymnasium (hier dem Gymnasium zugewiesen).

Fast alle Kinder haben vor der Schule einen Kindergarten besucht, Ausnahmen stellen nur die Kinder dar, die als Asylbewerber bzw. Kriegsflüchtlinge in ihrer Heimat keine entsprechende Institution aufsuchen konnten oder wollten. In der Kernstichprobe liegt der Wert mit 93% knapp über dem Durchschnittswert von NRW mit ca. 91% (vgl. www.raumplanung.uni-dortmund.de am 31.08.02).

Bis auf ein Kind, das im Vorjahr nach der versuchsweisen Beschulung in der ersten Klasse in den Schulkindergarten zurückgestellt worden ist, sind alle Kinder aus der Kernstichprobe regulär eingeschult worden. Nach Absolvierung ihrer kompletten Grundschulzeit in der hier untersuchten Klasse wechselten insgesamt 73 % der Kinder der Kernstichprobe auf das Gymnasium, 20 % auf die Realschule und 7 % auf die Gesamtschule. Kein Kind wechselte auf die Hauptschule.

Aus der Verluststichprobe haben zwei Kinder vor dem Besuch der hier untersuchten Klasse den Schulkindergarten besucht. Für sie war sonderpädagogischer Förderbedarf vorgesehen. Sie konnten beide in der Klasse aufgefangen werden, sollten aber auf Wunsch der Eltern ein Schuljahr wiederholen, da sie einfach mehr als vier Grundschuljahre benötigten. Eines wiederholte die zweite Klasse und besuchte im Anschluss an die Grundschule die Sonderschule, das andere wechselte im dritten Schuljahr und besuchte nach dem vierten Schuljahr die Hauptschule. Ein weiteres Kind gehört zur Verluststichprobe, weil es die dritte Klasse übersprungen hat. Es wechselte danach auf das Gymnasium. Ein weiteres Aussiedlerkind verließ die

Klasse im zweiten Schuljahr wegen des Umzuges in einen anderen Stadtteil. Es wechselte danach auf die Realschule.

Die Kinder der Zuwachsstichprobe I kamen im Laufe bzw. gegen Ende des ersten Schuljahres in die Klasse. Unter ihnen befinden sich die zwei Kinder, die in den Einzelfallstudien zur „wider Erwarten erfolgreichen" Entwicklung beschrieben werden. Auch sie haben den Schulkindergarten besucht und sollten nach vergeblichen Bemühungen der Beschulung im ersten Schuljahr eigentlich auf die Sonderschule überwiesen werden. Sie wurden gezielt in die hier untersuchte Klasse auf Grund des offenen Unterrichtskonzept als „letzte Lösung" eingewiesen. Der als lernbehindert geltende Schüler wechselte nach dem Besuch der hier beschriebenen Klasse auf die Hauptschule, der als unbeschulbar eingestufte auf das Gymnasium. Ein Aussiedlerkind und ein weiteres Kind wechselten auf die Hauptschule, ein marokkanisches Kind ging auf die Realschule.

Die Zuwachsstichprobe II besteht aus Kindern, die gegen Ende des zweiten bzw. Anfang des dritten Schuljahres in die Klasse kamen. Unter ihnen findet sich ein Aussiedlerkind, das 1994 mit acht Jahren in Kasachstan eingeschult worden ist und nach verschiedenen Umzügen mit knapp 11 Jahren das zweite Schuljahr wiederholen sollte. Die Familie zogt deshalb nach eigenen Aussagen in den Einzugsbereich der hier betroffenen Schule um, sodass das Kind im letzten Drittel des zweiten Schuljahres in die hier beschriebene Klasse kam. Es wird nicht zurückgestellt und wechselte im Anschluss auf die Hauptschule. Zwei weitere Aussiedlerkinder wechselten auf das Gymnasium. Ein Kind, das in seiner vorigen Schule als unbeschulbar galt und auch gezielt in die Klasse eingewiesen wurde, wechselte im Anschluss an seine Grundschulzeit sehr erfolgreich auf die Gesamtschule.

Schullaufbahn nach dem Besuch der Klasse	Hauptschule	Realschule	Gymnasium	Gesamtschule
Hier untersuchte Klasse	16%	16%	60%	8%
Parallelklasse I (o. Gew.)	*ca. 31%*	*ca. 27%*	*ca. 31%*	*ca. 12%*
Parallelklasse II (o. Gew.)	*ca. 58%*	*ca. 25%*	*ca. 13%*	*ca. 4%*

Für die Verhältnisse der Schule ergibt sich in der Klasse ein ungewohnt positives Bild bezüglich der Verteilung auf die weiterführenden Schulen, da nach Aussagen der Kollegen der Schule in früheren Klassenstufen immer nur ein recht kleiner Teil von Kindern das Gymnasium besucht hat und die Mehrheit auf die Hauptschule gewechselt ist. Auch in Bezug auf die Parallelklassen ist der Unterschied deutlich. Die für die Klassenführung vorgesehenen Kolleginnen haben – vor dem Dienstantritt und ohne Einfluss des Lehrers der hier untersuchten Klasse – versucht, die Klassen wie gewohnt möglichst ähnlich bzw. ausgewogen zusammenzustellen. Obwohl das Erreichen dieser Absicht nicht nachprüfbar ist, ergibt sich ein auffällig unterschiedliches Ergebnis beim Übergang an die weiterführende Schule, da in den Parallelklassen z. B. deutlich weniger Kinder auf das Gymnasium gewechselt sind.

10.1.3 Intelligenzwertverteilung in den Stichproben

Bezüglich der Schulleistungen der Kinder ist zu erwarten, dass die Streuung in der Kernstichprobe für sich alleine geringer ist als in der Kombination mit den anderen Stichproben. Die Verluststichprobe hat durch die zwei wegfallenden Wiederholer und den einen „Überspringer" die ursprüngliche Klassenzusammensetzung im unteren und oberen Bereich beeinflusst. Bei den Zuwachsstichproben hat es immer wieder gezielte Einweisungen von Kindern in die hier untersuchte Lerngruppe gegeben, die in ihren früheren Klassen als an der Regelschule nicht beschulbar galten.

Entsprechend der Vorgabe der Schulleitung durfte vor bzw. zur Einschulung aus pädagogischen Gründen (Gefahr von Vorurteilen etc.) kein Intelligenz- oder Leistungstest erhoben werden. Es liegen aber für alle Schüler, die sich im vierten Schuljahr in der Klasse befunden haben (Kernstichprobe und beide Zuwachsstichproben), Ergebnisse aus einem nicht-sprachlichen Intelligenztest zum Testzeitpunkt Mitte Juni vor. Diese Erhebung fand im Rahmen der TIMSS-Nachuntersuchung statt, die RATZKA in der Klasse durchgeführt hat. Dabei wurde die Intelligenzleistung durch den „Cultur Fair Test Skala 20 – CFT 20" (vgl. Catell/ Weiß 1998) erfasst, wobei die Schüler in dieser Untersuchung die kurze Version des Tests bearbeiteten.

Unter der Prämisse eines relativ stabilen IQ-Wertes einer Person können diese Ergebnisse durchaus zur Darstellung der vorhandenen Leistungsbandbreite bzw. des durchschnittlichen Leistungspotentials der Stichproben herangezogen werden. Zumindest ist unter Berücksichtigung der insgesamt positiven Leistungsentwicklung der Kinder eine rückschrittige Entwicklung des IQ-Wertes im Laufe der Grundschulzeit eher unwahrscheinlich, sodass von gleichen bzw. eher niedrigeren Anfangswerten im ersten Schuljahr ausgegangen werden kann (vgl. auch Schneider u. a. 1998, 66). Auch ROSSBACH schlägt für Erhebungen ohne entsprechende Eingangsuntersuchung vor: „Methodisch würde sich eine – nachträgliche – Input-Kontrolle auf regressionsanalytischem Wege anbieten, z. B. über die Sozialschicht der Eltern und über den zumindest teilweise als stabil zu betrachtenden IQ der Schüler." (Roßbach 1996, 182)

In der vorliegenden Untersuchung ergaben sich im arithmetischen Mittel folgende IQ-Werte für die einzelnen Teilstichproben:

- Gesamtstichprobe (Kern- und Zuwachsstichproben; N= 24):   IQ 100,6
- Kernstichprobe alleine (N=15):   IQ 102,9
- Zuwachsstichprobe I (N=5):   IQ 96,4
- Zuwachsstichprobe II (N=4):   IQ 97,0

Damit liegt die gesamte Lerngruppe mit einem IQ-Durchschnittswert von 100,6 fast genau auf dem Eichwert 100. Im verwendeten Intelligenztest CFT 20 wird dabei auch in den aktuellen Auflagen auf die Normierung zum Eichzeitpunkt 1977 zurückgegriffen. Eine Neunormierung erschien den Autoren bislang nicht notwendig, obwohl allgemein davon ausgegangen werden kann, dass sich der Intelligenzquotient in den letzten 20 Jahren eher erhöht hat denn gleich geblieben ist (vgl. Bullock/ Ziegler 1997, 27). Sollte die Normierung nach oben hin korrigiert werden müssen, würde die Durchschnittlichkeit des Stichprobenwertes von 100,6 weiter bestärkt werden. Die Kernstichprobe weicht vom IQ-Durchschnittswert 100 leicht nach oben, die Zuwachsstichproben weichen leicht nach unten ab.

Bettet man die Ergebnisse in die gesamte Erhebung von RATZKA ein, so ergibt sich für alle Stichproben kein signifikanter Unterschied, wobei die geringe Stichprobengröße (vor allem bei der Einzelbetrachtung der Zuwachsstichproben) als einschränkender Faktor im Hinblick auf eine Verallgemeinerung zu berücksichtigen ist. Um den ungünstigsten Fall zu überprüfen, wird die Gleichheit der Varianzen (heterogen oder homogen) hier mit dem F-Test in Bezug auf $\alpha = 0,05$ statt $\alpha = 0,01$ geprüft.

Als kritischen Wert in Bezug auf die Signifikanz geht man bei einem Ergebniswert von $\alpha > 0,25$ davon aus, dass sich die Stichproben nicht signifikant unterscheiden bzw. aus der gleichen Grundgesamtheit stammen:

Entscheiden wir uns bei einem α =25%-Niveau für die H_0, wird diese Entscheidung mit einem kleineren β-Fehler versehen sein, als wenn wir bei α =5% die H_0 beibehalten. (Bortz 1999[5], 161)

Dies ist für alle Stichproben und Teilstichproben gegeben:

CFT 20				t-Test	
	N	AM	SD	F(t)-Wert	p-Wert
Stichpr. Erhebung Ratzka	681	101,4	14,6		
Kernstichprobe	15	102,9	11,8	F(0,42)=1,4	p=0,678
Zuwachsstichprobe I	*5*	*96,4*	*21,1*	*F(0,75)=0,6*	*p=0,453*
Zuwachsstichprobe II	*4*	*97,0*	*20,4*	*F(0,59)=0,6*	*p=0,554*
Kernstichprobe und Zuwachsstichprobe I	20	101,3	14,3	F(0,02)=0,1	p=0,988
Gesamtstichprobe (Kernstichprobe und beide Zuwachsstichproben)	24	100,6	15,0	F(0,25)=0,0	p=0,801

Auch in Bezug auf die Eichstichprobe (Klassen des vierten Schuljahres) des durchgeführten Intelligenztests CFT 20 ergibt sich für alle Stichproben kein signifikanter Unterschied, wobei auch hier die geringe Stichprobengröße zu berücksichtigen ist. Um den ungünstigsten Fall zu überprüfen, wird die Gleichheit der Varianzen auch in Bezug auf $\alpha = 0,05$ statt $\alpha = 0,01$ geprüft. Alle p-Werte liegen auch hier über dem 25%-Niveau.

CFT 20				t-Test	
	N	AM	SD	F(t)-Wert	p-Wert
Eichstichprobe	705	25,6	6,5		
Kernstichprobe	15	27,2	5,5	F(0,95)=1,4	p=0,344
Zuwachsstichprobe I	*5*	*25,4*	*9,1*	*F(0,07)=2,0*	*p=0,945*
Zuwachsstichprobe II	*4*	*25,8*	*9,3*	*F(0,06)=2,0*	*p=0,951*
Kernstichprobe und Zuwachsstichprobe I	20	26,8	6,4	F(0,78)=1,0	p=0,435
Gesamtstichprobe (Kernstichprobe und beide Zuwachsstichproben)	24	26,6	6,7	F(0,74)=1,1	p=0,459

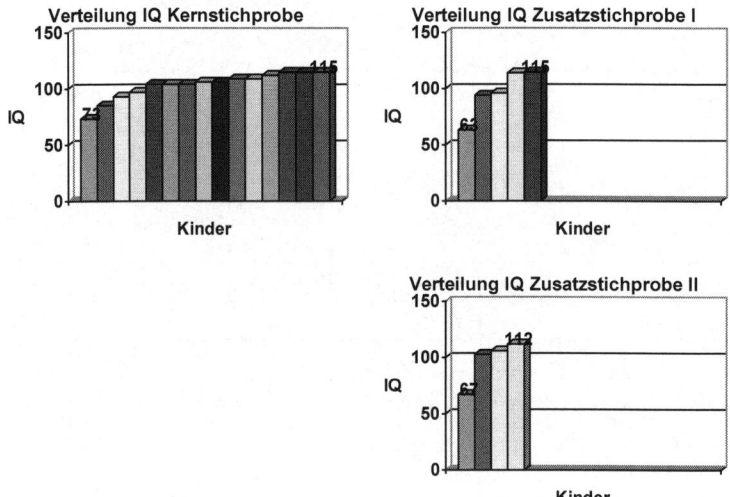

Betrachtet man zusätzlich die Streuung in den Stichproben, so ist zu erkennen, dass die Maximal- und Minimalwerte der Teilstichproben ähnliche Abstände aufweisen. Bei der Kernstichprobe ergeben sich IQ-Werte zwischen 73 und 115, die Werte der Zuwachsstichprobe II befinden sich zwischen 67 und 118 und die Zuwachsstichprobe I beinhaltet Werte zwischen 63 (das für Schule für Lernbehinderte vorgesehene Kind) und 115. Der statistische Wert für die Streuung ist erwartungsgemäß in der Kernstichprobe am geringsten (Weggang leistungsstarker und leistungsschwacher Schüler, umzugsbedingt höherer Anteil an nicht-deutschen oder sozial schwachen Kindern in den Zuwachsstichproben; s. o.).

Für die Verluststichprobe liegen Vergleichswerte nur für die beiden leistungsschwachen Kinder vor, die vor der Einschulung in die hier untersuchte Klasse den Schulkindergarten besucht haben. Mirko erreicht laut CPM-Test (Coloured Progressive Matrices – sprachfreier Intelligenztest; Raven 1980[2]) im April des ersten Schuljahres einen IQ-Wert von 89, Justin erreicht zu Beginn des dritten Schuljahres im selben Test einen IQ-Wert von 80. Diese Werte liegen über den Minimalwerten der anderen Teilstichproben. Hinzu kam ein wahrscheinlich durchschnittlich intelligentes Aussiedlerkind und ein wahrscheinlich überdurchschnittlich intelligentes Kind, welches das dritte Schuljahr auf Wunsch der Eltern übersprungen hat, nach dem Springen dann aber eher unterdurchschnittliche Leistungen gebracht hat. Es ist also auch in der Verluststichprobe m. E. von einem durchschnittlichen Gesamtwert bzw. einer Verteilung innerhalb der Minimal- und Maximalwerte auszugehen.

Es erscheint also auch in Bezug auf die Intelligenzwertverteilung statthaft, die Kernstichprobe als eine Stichprobe zu nutzen, die Vergleiche mit repräsentativen Stichproben bzw. Durchschnittswerten aus anderen Untersuchungen zulässt. Sie kann ggf. auch zahlenmäßig durch die anderen Teilstichproben verstärkt werden, ohne dass die Ergebnisse nicht mehr vergleichbar wären.

10.2 Die Kinder der Klasse im Einzelnen – und ein weiteres Durchleuchten des Konzepts vor dem Hintergrund verschiedener Entwicklungen und Sichtweisen

Im Folgenden sollen die Kinder der Klasse kurz charakterisiert bzw. im Hinblick auf ihre außerschulischen Hintergründe sowie die Entwicklung ihres Arbeits- und Sozialverhaltens qualitativ beschrieben werden. Dabei werden neben den Einschätzungen der Lehrer oder Gutachter auch die Perspektiven der Kinder und Eltern berücksichtigt.

Zugleich ergibt sich durch die vertiefte Darstellung die Möglichkeit, Teile und Details des Konzepts facettenreich zu beleuchten. Von daher werden manche Passagen nicht nur im Hinblick auf die Entwicklung des Kindes, sondern auch im Zusammenhang mit der Darstellung des Konzepts näher ausgeführt. Es ergibt sich so im Rahmen der Kinderbeschreibungen auch ein Eindruck der tagtäglichen Probleme und Chancen des Unterrichtskonzepts und seiner Auswirkungen auf und Rezeption durch die Beteiligten.

Wichtig erscheint in diesem Zusammenhang auch die Einstellung der Eltern zur schulischen Vorgehensweise, da anzunehmen ist, dass diese Komponente gerade im Hinblick auf die hier erfolgte radikale Öffnung des Unterrichts einen nicht zu unterschätzenden Faktor für die Identifikation der Kinder mit der (unüblichen) Art von Schule bzw. mit ihrer Klasse darstellt. Zusätzlich liefert die Perspektive der Eltern und die Beschreibung der Entwicklung, die diese teilweise durchmachten, zusätzliche Informationen darüber, wie das hier untersuchte Unterrichtskonzept von außen bzw. von Betroffenen wahrgenommen worden ist.

Dabei wird auf folgende Quellen zurückgegriffen:

- verfügbare, von verschiedenen Personen (Schulärztin, Sekretärin, Schulleitung, Schulkindergärtnerin, Klassenlehrer, Fachlehrern, Lehramtsanwärtern, Praktikanten, anderen Gutachtern) erstellte Dokumente (Schulakte, Schuleignungstests, Schulleistungstests und andere Gutachten);
- Angaben der Kinder oder ihrer Eltern in Gesprächen oder im Schriftverkehr mit dem Lehrer
- ergänzendes Hintergrundwissen des Lehrers, das dieser aus eigenen Beobachtungen im Unterricht, bei gemeinsamen Aktivitäten mit Kindern und Eltern, bei Hausbesuchen, in Gesprächen mit Kollegen oder bei anderen Gelegenheiten gewonnen hat;
- Tagebuchaufzeichnungen und andere Notizen des Lehrers;
- offizielle und inoffizielle halbjährlich erstellte Gutachten über die Entwicklung des Lern- und Arbeitsverhaltens sowie die Leistungen in den Fächern, die u. a. aus Gesprächen mit den Kindern bzw. der Klasse entstanden sind und zu denen die Kinder immer und die Eltern in der Regel bzw. im Bedarfsfall Rückmeldung gegeben haben;
- weitere mündliche und schriftliche Rückmeldungen der Kinder und der Eltern in Bezug auf den Unterricht (vor allem als Rückblick auf die gesamte Grundschulzeit).

Alle Dokumente sind hier und auch in den folgenden Darstellungen vor dem Hintergrund des in der Klasse herrschenden engen Verhältnisses zwischen Lehrer und Kindern zu lesen. So mögen manche Formulierungen in Gutachten oder Briefen des Lehrers an die Kinder sehr „direkt" wirken. Diese direkte Art ist dabei nicht als Instrument zu interpretieren, mit dem Druck auf die Kinder ausgeübt werden sollte, sondern sie spiegelt vielmehr das eher partnerschaftliche Verhältnis in der Klasse wider, das keine Beschönigungen erforderlich machte. Dabei ist zu vermuten, dass der Lehrer so „pädagogisch" formuliert hat, wie es ihm für das einzelne Kind passend erschien – ähnlich wie auch die nicht minder deutlich wertenden und kritischen Urteile der Kinder über einander, die sich in der Regel durch einen hohen Grad an individueller Passung (und Empathie) ausgezeichnet haben.

Die Reihenfolge der Kinderbeschreibungen richtet sich nach dem Zugang in die Klasse, bei gleichem Zugangsdatum erfolgt eine alphabetische Anordnung. Die Altersangaben beziehen sich – wenn nicht anders angegeben – zur Möglichkeit des unmittelbaren Altersvergleichs auf den Fixtermin des Schulbeginns im August 1995, sie wurden für die zu einem anderen Zeitpunkt eingeschulten Kinder entsprechend zurückgerechnet. Die Angaben zum Intelligenz-Quotienten beziehen sich – wenn nicht anders angegeben – auf den im vierten Schuljahr durchgeführten CFT 20 (zur Einschulung sollte nach Vorgabe der Schulleitung kein Test durchgeführt werden).

Entsprechend der oben schon ausgeführten Begründung (Annahme eines relativ stabilen IQ-Wertes einer Person, Unwahrscheinlichkeit eines Rückganges des IQ-Wertes bei guter Leistungsentwicklung) wird davon ausgegangen, dass die Werte bei der Einschulung ähnlich waren bzw. zumindest nicht höher gewesen sind.

Aus Gründen des Datenschutzes wurden alle Namen von Betroffenen (einschließlich Spitznamen etc.) geändert. Diese Änderungen sind auch in zitierten Dokumenten und Eigenproduktionen der Kinder vorgenommen worden, ohne dass dies extra als Entlehnung kenntlich gemacht worden ist. Es wurde dabei versucht, die Bezüge soweit wie möglich aufrecht bzw. entsprechend dem Original zu erhalten. Weiterhin wurde die Originalfassung der Dissertation von Hinweisen bereinigt, die Außenstehenden eine leichte Identifikation der beteiligten Personen ermöglicht hätten. Gleichzeitig erschien es aus wissenschaftsethischen Gründen geboten, nur Informationen zu veröffentlichen, die auch aus Sicht der Betroffenen als weitgehend neutral bezeichnet werden können. Durch den entsprechenden Verzicht der Darstellung negativ interpretierbarer Fakten und Zusammenhänge kann es sein, dass die Ausführungen ein positiveres Bild des Bedingungsfeldes erwecken, das so nicht den tatsächlich vorhandenen Verhältnissen entspricht. Dies sollte bei der Rezeption entsprechend berücksichtigt werden.

10.2.1 Die Kinder der Kernstichprobe

Alle Kinder der Kernstichprobe wurden Ende August 1995 in die Klasse eingeschult und sind nach vier Schuljahren im Sommer 1999 auf die weiterführenden Schulen gewechselt.

Andrea – oder: Einzelgänger im Offenen Unterricht

Andrea (6;3 Jahre/IQ 108) wohnt mit ihren Eltern und ihrem ein paar Jahre älteren Bruder in einem Einfamilienhaus in der Nähe der Schule. Die Mutter hat Erfahrungen im pädagogischen Bereich und ist auch nachmittags zu Hause. Sie hat Zeit, sich mit Andrea zu beschäftigen (z. B. zu basteln). Andrea hat ein eigenes Zimmer, das gut mit Spiel- und anderen Sachen ausgerüstet ist. Weiterhin finden sich im Wohnzimmer der Familie Bücher, in denen auch Andrea stöbern kann.

Beim Treffen mit dem Lehrer vor der Einschulung bei ihr zu Hause erscheint Andrea sehr schüchtern und zurückhaltend. Andrea spielt vorwiegend alleine oder mit ihrem älteren Bruder und wirkt im Kontakt zu anderen eher zurückhaltend. Sie hat Vorerfahrungen mit Zahlen und Namen, spielt gerne und hat Lust auf die Schule. Die Eltern sind kritisch gegenüber dem Konzeptvorschlag des Lehrers, aber durchaus aufgeschlossen – sie wollen erst sehen, wie sich die „neue" Unterrichtsmethode im Hinblick auf ihr Kind auswirkt. Sie sind sehr hilfsbereit, engagiert und kooperativ, treten für ihre Ansichten wiederum aber auch energisch ein. Insgesamt stehen beide aber im Zuge der positiven und unproblematischen Entwicklung Andreas sowie der anderen Kinder immer mehr hinter dem Konzept (s. u.).

In der Schule arbeitet Andrea eher für sich alleine, allerdings im Laufe der Zeit in einem immer umfassender werdenden lockeren Austausch mit ihren Tischnachbarn. In Klassenangelegenheiten hält sie sich eher zurück und ist auch im Sitzkreis relativ still. In den Zeugnissen der ersten beiden Schuljahre finden sich zum Sozialverhalten immer wieder Passagen wie diese:

> Einerseits spielst du immer wieder gute und lustige Sachen mit anderen, andererseits gibt es dann plötzlich mitten im Spiel oder im Gespräch einen deftigen Streit. Ich glaube immer noch, dass du zu schnell Sachen als böse gegen dich aufnimmst, wenn sie noch gar nicht so gemeint sind. Und dann wehrst du dich schon, wenn andere Kinder noch ganz normal mit dir spielen oder dir nur ihre Meinung erklären wollen – und schon ist der Streit da. Lass uns mal mehr zusammen darauf achten, versuch mal mit mir oder anderen darüber zu sprechen ohne direkt sauer zu sein, dass man dir vielleicht etwas wolle. Was du dir aber in jedem Fall abgewöhnen musst, ist, dich sofort mit wirklich blöden Ausdrücken oder mit Hauen oder Treten zu wehren, bevor man die Sache besprechen kann. Du hast zwar Recht, dass das nicht immer bei allen Kindern ohne Wehren geht, – da sollst du dir auch nichts gefallen lassen –, aber es geht bei mehr Kindern, als du vielleicht meinst. O.K.?

Auch Andrea selbst schreibt in ihren Eigenbeurteilungen (hier Ende zweites Schuljahr): „Ich helfe sehr selten. Ich kann nicht so gut mit anderen arbeiten. Wier streiten uns immer." Zu der Beschreibung im Zeugnis äußert sie sich im Anschluss zwiespältig, was auf ihre Eigenwahrnehmung zurückzuführen sein könnte: „Ich fand alles richtig beschrieben. Besonders wichtig und richtig: Das mit dem Schlagen und hauen. Nicht richtig: das ich gar nicht geschlagen und getreten habe." Sie nimmt sich für das folgende Schuljahr vor: „Das ich lieb zu den anderen bin."

Das schafft sie dann in den nächsten Schuljahren immer mehr, sodass sie in den Gutachten Rückmeldungen wie die folgende nach dem ersten Halbjahr Klasse 3 bekommt:

> Mit den anderen Kindern kommst du auch immer besser klar, du bist viel aufgeschlossener geworden und man hört dich mittlerweile sehr viel mehr lachen als streiten. Klasse! An deine manchmal etwas lautere Art haben sich ja nun alle auch mittlerweile gut gewöhnt, und es kommt mir so vor, als ob du auch bereit bist, den anderen Kindern gegenüber mehr Zugeständnisse zu machen und erst zu überlegen, ob sie es wirklich auf dich abgesehen haben, oder ob du etwas vielleicht doch falsch verstanden hast. Das klappt noch nicht immer – aber immer öfter! Was ich in letzter Zeit auch nicht mehr mitbekommen habe sind deine blöden Ausdrücken oder dein Hauen und Treten. Das finde ich absolut klasse! Mach so weiter, ich glaube du merkst selber, wie gerne die Kinder jetzt Sachen mit dir machen.
>
> Im Kreis und sonst im Unterricht würde ich mir für das nächste halbe Jahr wünschen, dass deine (neue) Ausgelassenheit sich im Laufe der Zeit noch ein bisschen mehr an der Klasse orientiert, denn da störst du jetzt manchmal die anderen Kinder beim Arbeiten oder im Kreis.

Sie reflektiert sich selber vor dem Zeugnis folgendermaßen: „Ich komme mit anderen gut aus. Nicht sehr gut bin ich beim besprechen." Sie nimmt sich vor: „Das ich nicht mehr so viel motse." Trotzdem gefällt ihr die Sichtweise des Lehrers im Zeugnis nicht. Sie äußert sich folgendermaßen: „Ich finde ganz falsch das du immer schreibst das ich angeblich immer ablenke, wenn ich nämlich etwas in die Hand nehme lenke ich schon ab."

Andrea arbeitet von Anfang an sehr eigenständig und ehrgeizig. Sie organisiert ihr Lernen in hochgradigem Maße selber und ist so gut wie nie auf Impulse oder Tipps des Lehrers angewiesen. Tendenziell liegt ihr vor allem der sprachliche Bereich, den sie weitgehend ohne spezielle Hilfsmaterialien für sich organisiert (Schreiben und Durchsehen von Geschichten, Lesen etc.). Rechnen liegt ihr weniger. Hier gelingt es ihr aber auf Grund ihres Ehrgeizes, trotz gelegentlicher „Rechenpausen", den Anforderungen des jeweiligen Schuljahres gut zu entsprechen. Dabei denkt sie sich dann allerdings weniger gerne selber Aufgaben aus, sondern greift auf fertige Aufgaben zurück. Auch das Forschen nimmt sie weniger gern in die Hand. Sie selber schreibt dazu (z. B. Ende Klasse 2): „Ich Forsche nur selten aber ich finde die Sachen nicht schlecht." Dies deckt sich mit den Eindruck des Lehrers, der in der begründeten Empfehlung im vierten Schuljahr schreibt: „Andrea ist an bestimmten Themen interessiert, wobei sie ihr Interesse oft nicht direkt äußert."

Insgesamt erreicht Andrea zum Ende des vierten Schuljahres einen Notenschnitt von 2,1 und wechselt auf Wunsch der Eltern auf das naturwissenschaftlich orientierte Gymnasium am anderen Ende der Stadt. Dort hat sie einen guten Start und kann ihren Notenschnitt auch weiterhin halten. Ihre Grundschulzeit reflektiert sie durchweg positiv: „Weil wir vieles können was andere Klassen nicht können." Ihr war vor allem wichtig, viel zu lernen: „Weil ich möchte ja schlau sein und nicht doof." Wenn sie sich nicht wohl gefühlt hat, lag das ihrer Aussage gemäß daran: „Ich hatte einfach keine Lust." Sie fand es schwierig so viele Tests durchzuhalten (bezieht sich vor allem auf die große Menge zum Schreibzeitpunkt der Rückmeldung Ende des vierten Schuljahres) und fand gut: „Das du auch mal Tests verschiebst oder Sachen sein lässt." Sie würde auf jeden Fall noch einmal in die Klasse gehen und schreibt u. a.:

> Ich bin traurig, weil du nicht mit auf die andere Schule gehen kannst. Weil du hast fast immer gute Sachen gemacht, und du hast auch immer mit uns gute Lösungen gefunden. Das finde ich toll. Der Unterricht war auch gut mit dir, es war einfach toll. Ich fand auch gut wie du uns alles beigebracht hast.

Auch die Eltern geben eine ausführliche Reaktion zu ihrer Wahrnehmung des Unterrichts. Sie fanden Konzept und Lehrer stimmig, „wobei wir unsicher waren, ob diese Art von Pädagogik tatsächlich in der Schule durchführbar ist". Die Unsicherheitsmomente, die sie zu Beginn hatten, lagen daran: „Weil uns klar war, dass der Arbeitsaufwand für dieses Konzept für Lehrer und Schüler sehr hoch war. Es war die Frage, ob man das durchhalten kann." „Überdenkenswert" finden sie das basisdemokratische Vorgehen: „Die freiere Interaktion der Kinder untereinander war beim Lernen und zur eigenen Einschätzung eine große Hilfe. Wobei ein Problem, dass man über alles und jedes abstimmte, bei uns einige Schwierigkeiten ergab." Ihre Ausführungen weisen darauf hin, dass Andrea die Beschlüsse der Klasse oft nicht als sinnvoll erlebt hat, sondern eher als freundschaftsbezogen. Dies würde das oben beschriebene Selbstbild von Andrea stützen – wobei nicht ausgeschlossen werden kann, dass Andrea durch ihr (eigenwilliges) Einzelgängertum tatsächlich öfter in einer Situation war, in der sie vergleichsweise wenig Unterstützung bekommen hat.

Andreas Eltern kommen zu einer sehr positiven Einschätzung der Grundschulzeit ihrer Tochter, die sie nach den Schulerfahrungen mit ihrem Sohn dem anderen Konzept zuordnen. Sie würden ihr Kind jederzeit noch einmal in die Klasse geben:

> Weil wir mit dem Resultat dieses pädagogischen Konzeptes sehr zufrieden sind! [...] Andrea geht arbeitsfreudig und zielstrebig an die an sie gestellten Aufgaben heran. Sie hat das Interesse an der Schule noch nicht verloren (im Gegenteil), sondern blickt optimistisch und unternehmungslustig in die Zukunft. [...] Ansonsten arbeitete sie sehr selbständig, schaute in Büchern zu bestimmten Themen nach und legte keinen Wert auf unsere Einmischung. Dies ist mit Sicherheit ein Erfolg dieses Konzeptes und der Tatsache, dass die Kinder tatsächlich auch dann angenommen wurden, wenn alles mal nicht so gut klappte (nicht nur tröstende Worte, sondern effektive Tipps -> mach mal das, schau mal hier nach ...)

> Ein lockeres Gespräch mit Eltern anderer Klassen war sehr schwierig, da keiner glaubte, dass sich kleine Menschen unter so einer Methode zu anständigen großen Menschen entwickeln.

Bettina – oder: Eigenstärke durch Selbstregulierung gewinnen

Bettina (6;7 Jahre/IQ 111) wohnt mit ihrer älteren Schwester und ihren Eltern im an den Ort angrenzenden Industriegebiet. Die Mutter arbeitet in einem pädagogischen Beruf, der Vater ist Freiberufler und kann sich seine Zeit so einteilen, dass er sich nachmittags um die beiden Töchter kümmern kann. Auf Grund der abgelegenen Lage der Wohnung hat Bettina keine direkten Freunde in der Nachbarschaft. Materielle Dinge scheinen in der Familie nicht überbewertet zu werden. Insgesamt strahlt die Familie eine sehr offene und freundliche Atmosphäre aus. Beim Besuch des zukünftigen Lehrers bei ihr zu Hause macht Bettina einen aufgeweckten Eindruck. Sie besitzt ein eigenes Zimmer mit Spielsachen und hat schon Vorerfahrungen mit Zahlen und Buchstaben. Die Eltern empfinden das vom Lehrer vorgestellte Unterrichtskonzept als sehr positiv – es scheint zu ihnen und ihrer Einstellung zum Leben bzw. zum Lernen zu passen.

In der Schule befreundet sich Bettina schnell mit Ines, was einerseits mit der Bekanntschaft von Bettinas Eltern und Ines Mutter zu tun hat, andererseits daran liegt, dass auch Ines außerhalb des Ortes wohnt. Bettina ist ein eher ruhiger Typ, der zwar lernbegeistert ist, andererseits aber nicht gerne neue Sachen macht. Sie scheint immer einen gewissen Halt zu benötigen. So ist sie beispielsweise das einzige Kind, das sich nach der Einschulungsfeier direkt einen Sitzplatz sucht, anstatt wie die anderen Kinder auf dem Boden oder irgendwo in der Klasse zu arbeiten. Auch später gibt es immer wieder Momente, in denen man den Eindruck hat, dass Bettina Halt und Bestätigung auch in Situationen sucht, in denen sie dies eigentlich nicht unbedingt müsste. Im ersten Schuljahr kommt Bettina an einem Tag mal zu spät und will wieder nach Hause gehen, weil Ines sie beim Eintreffen „Zuspätkommer" genannt hat.

Insgesamt lernt Bettina sehr schnell und problemlos, wobei der Lehrer den Eindruck hat, dass sie dies nicht aus Ehrgeiz, sondern aus Spaß an der Sache tut. Entsprechend interessegeleitet ist ihr Lernen, wenn sie – meist alleine oder mit ihrer Freundin zusammen – wochenlang oder sogar monatelang an einem Projekt bzw. bei einer Arbeitsform (z. B. Geschichtenschreiben oder Comiczeichnen) ausharren kann. Dabei werden von ihr auch Pausen oder andere festgelegte Zeiten in der Regel ignoriert, d. h. sie verbringt – soweit organisatorisch möglich – die Zeit vom offenen Anfang oft bis nach Schulschluss durchweg an ihrem Platz und sorgt selber für ihre Entspannungsphasen. Entsprechend ärgerlich findet sie auch die Unterbrechungen durch die gemeinsamen Treffen im Sitzkreis und bittet zeitweise die verantwortlichen Kinder (Kreisleiter) darum, weiter an ihrem Platz arbeiten zu können. Auch zu Hause findet sie oft eigene neue Projekte oder Arbeitsformen, die sie sich alleine oder mit ihrem Vater ausdenkt. Auch hier ergibt sich der Eindruck, dass es dabei nicht um eine bewusste Schulleistungsförderung, sondern das kreative Tun bzw. das gemeinsame Spielen geht.

Bettinas (unbegründete) Unsicherheit bezüglich des Lernens spiegelt sich auch in ihrem Zugang zu den Fächern wieder. Während sie mit dem Schreiben nie Probleme hatte, sehr bald schreiben konnte und schon nach kurzer Zeit unzählige Geschichten produziert hat, hatte sie im ersten bzw. zweiten Schuljahr eine Phase, in der sie sich selber zu lesefaul fand – was an einer Bemerkung der Mutter gelegen haben kann. Für sie war das Lesen dann tatsächlich zeitweise negativ belastet. Ähnlich war es beim Rechnen, wenn sie sich der Meinung ihrer engsten Freundin, die meinte, sie könne eben gar nicht rechnen, anschloss – obwohl sie alles konnte. Hier findet sie aber mit der Zeit (u. a. über Rechengeschichten) ihren eigenen Zugang und lässt sich nicht mehr von der Meinung anderer beeinflussen. Insgesamt besitzt Bettina schon früh eine hohe Reflexionskompetenz in Bezug auf ihre Leistungen bzw. Tagesleistungen, wie auch im Zeugnis für die Klasse 2 vermerkt ist:

> Du hast im letzten Jahr ganz toll selbständig gearbeitet. Du weißt immer etwas Sinnvolles zu tun und kannst den ganzen Tag ohne Pause durcharbeiten. Du teilst dir die anstrengenderen Sachen und die erholsameren selber ein und kannst am Ende des Tages beurteilen, ob du gut gearbeitet hast oder ob du hättest mehr schaffen können. Mach einfach weiter so !

Bettinas Schüchternheit wird an ihrer Stellungnahme zu einer Bemerkung des Lehrers im Zeugnis des ersten Schuljahres klar, in der ihr dieser schrieb:

> Beim Sport ist das manchmal ganz schön kompliziert mit deinen Turnsachen und dem Umziehen. So richtig hab ich immer noch nicht verstanden, was da abgeht. Dabei bist du doch ganz O.K. im Sport !

Bettina antwortet ihm schriftlich: „Mit turnen erkler iCh dir das mal. Ich hab angst das die Kinder wenn iCh in der unterhose bin lachen." In einer Äußerung zum Zeugnis des zweiten Schuljahres (erstes Halbjahr) schreibt Bettina: „Und ich weis nicht op alle Kinder mich mögen." Bettina ist im Klassengeschehen eher zurückhaltend und arbeitet nicht gerne in ihr fremden Gruppen. Sie selber reflektiert ihr Arbeitsverhalten in der ersten Klasse so: „Mit anderen Kindern ferSthe ich mich nicht So gut. Im Kreis hör ich eigentlich gut zu. Ich arbeite gut aleine."

Trotz dieser Unsicherheit bzw. ihrer zurückhaltenden Art ist Bettina in hohem Maße in die Klasse und deren Aktivitäten integriert. Aber auch wenn sie einmal von ihrer bzw. ihren besten Freundinnen (es gab zeitweise eine etwas schwierige Dreierkonstellation) versetzt wird, lässt sie sich das nicht anmerken und geht in beeindruckender Weise weiter ihren eigenen Weg. Sie nimmt sich im dritten Schuljahr vor: „Mehr sachen mitmachen die andere machen." Dies ist ihr auch gelungen, sodass sich danach im Zeugnis findet: „Du hast gut bei unseren gemeinsamen Sachen mitgemacht und bist – meiner Meinung nach – auch zu den anderen Kindern noch offener geworden. Toll hast du deine eigenen Gruppen geleitet."

In den Kreisgesprächen versteht Bettina es schon früh, sich auf eine einfühlsame Weise in andere Menschen bzw. Positionen hineinzudenken und diese Sichtweise im Kreis zu erklären. Im Zeugnis für die Klasse 2 findet sich:

> Du bist ein guter Kreisleiter, der darauf achtet, dass die Kinder sich an die Regeln halten, der aber auch merkt, wann man mehr Zeit für ein Gespräch braucht oder wann es besser ist, eine Diskussion abzubrechen.

Bettina erreicht zum Ende des vierten Schuljahres einen Notenschnitt von 1,6 und wechselt mit dem Großteil der Klasse auf das nahe gelegene Gymnasium. Sie kann dort durchweg einen Notenschnitt von 2 halten. In ihrer Grundschulklasse hat sie sich rückblickend sehr wohl gefühlt: „Weil man mit jedem reden kann. [...] Einfach anders zu sein als andere Klassen war schon cool." Schlecht fand sie: „Eigentlich nur, dass du uns etwas viel für die andere Schule vorbereitet hast." Gut fand sie: „Das wir Freiarbeit gemacht haben und damit viel gelernt haben." Sie würde „auf jeden fall" noch einmal in die Klasse gehen und schreibt in zwei Briefen:

> Lieber Peschelpapa!
>
> Die letzten vier Jahre mit dir werde ich bestimmt nie vergessen. [...]
>
> Ich find es sehr schade, dass ich auf eine andere Schule muss, und dich dann nie mehr sehe. Am liebsten wollte ich wieder im ersten Schuljahr sein, um noch mal 4 Jahre bei dir zu bleiben. Wenn ich dann gehe, werde ich dich, und meine Klassenkameraden sehr sehr doll vermissen. [...]
>
> In unserer Klasse hat man total viel gelernt. [...] In Mathe haben wir sehr viel gelernt und in Rechtschreibung auch nicht gerade wenig. Du hast dir sehr viel Mühe gegeben, vorallem bei den Klassenfahrten. Wir haben so viele Klassenfahrten erlebt, wie andere Kinder, in ihren ganzen Schuljahren (1-13 Schuljahr). Wir hatten ein sehr gutes verhältnis mit dir, weil du soviel mit uns gemacht hast. Wenn du uns etwas schwieriges beibrigen wolltest, hast du dir sehr viel zeit genommen. Wir mussten vor den Zeugnissen immer so viele Vorträge halten. das hat genervt. Aber du meintest es ja nur gut mit uns. Im kurtzen und ganzen: Die vier Schuljahre waren super. [...]
>
> Du bist bestimmt der allerallerallerbeste Lehrer den es jemals gegeben hat.
>
> Bis dann deine Bettina

Auch Bettinas Eltern äußern sich sehr positiv zu der erlebten Grundschulzeit. Sie fanden vor allem die „Entwicklung der Selbstständigkeit, Toleranz und Leistungsfähigkeit" gelungen. Sie bezeichnen die Verbindung von Konzeption und Klassenlehrer als „fantastische Vorbereitung für weitere Schulzeit und Lebensbewältigung" und begründen das folgendermaßen: „gerade das eigenverantwortliche Arbeiten ist in den weiterführenden Schulen sehr gefragt, und macht den ‚normalen' Schülern in der Regel die meisten Schwierigkeiten". Weiterhin schreiben Mutter oder Vater:

> Ich bin mit der „Peschel-Konzeption" für den Grundschulunterricht äußerst zufrieden, und bin froh darüber, dass Bettina die Gelegenheit hatte, in dieser Klasse ihre Schülerlaufbahn beginnen zu können! Ihre Entwicklung, was ihr soziales Engagement anbelangt, was Selbstständigkeit und Kritikfähigkeit angeht, oder aber, wenn es nur darum geht, wie viel und wie gut sie in diesen vier Jahren gelernt hat; diese Entwicklung kann ich nur als sehr positiv bezeichnen. [...]
> Abschließend wünsche ich mir, dass sich dieses Projekt in den Grundschulen durchsetzen wird, und irgendwann in die weiterführenden Schulen Einzug hält.

Bodo – oder: Sozialisierung zwischen Harmonie und Emanzipation

Bodo (6;8 Jahre/IQ 105) wohnt mit seiner jüngeren Schwester und seinen beiden Eltern zusammen. Bodos Eltern äußern sich dem Unterrichtskonzept gegenüber nicht abgeneigt. Die Wohnung ist geschmackvoll eingerichtet und spiegelt viel Liebe zum Detail wider. Beim ersten Gespräch mit dem Lehrer wirkt Bodo sehr aufgeweckt und interessiert. Er hat Vorerfahrungen mit Buchstaben und Zahlen und spielt ein wenig Keyboard. Bodo hat ein enges Verhältnis zu seinen Eltern, vor allem die Mutter kümmert sich viel um die beiden Kinder bzw. die Familie. Dabei fällt es Bodo trotz vieler Spiel- und Arbeitsmöglichkeiten nicht leicht, sich alleine zu beschäftigen. Insgesamt wirkt er eher zart und sensibel und ist in vielen Dingen zurückhaltender als andere Kinder.

Er zeichnet sich dabei durch ein ungewöhnliches Maß an Sozialverhalten bzw. Sozialkompetenz aus, das er aus der Familie bzw. aus dem Kindergarten mit in die Schule bringt. Er kann sich gut in andere Kinder bzw. Positionen hineinversetzen und zeigt ein erstaunliches Maß an Empathie, das allerdings dort an seine Grenzen stößt, wo er die Unruhe anderer Kinder nicht mehr nachvollziehen kann. Da wird Bodo – entgegen seiner sonst sehr ruhigen und bedächtigen Art – dann zeitweise ungeduldig mit den Kindern, die sich nicht an Regeln halten oder unruhig sind. Der Lehrer, dem das zeitweise auch so geht, findet das verständlich, aber sehr schade – durchaus auch, weil er Bodo um sein vorbildliches Sozialverhalten beneidet und befürchtet, dass dieses Verhalten sich negativ verändern könnte. Er schreibt ihm im „Privatzeugnis" zum ersten Halbjahr der Klasse 2:

> Mit den anderen Kindern kommst du – glaube ich – gut aus. Du hast tolle Vorstellungen von dem, wie es für alle am besten ist und kannst dich gut in andere Kinder (und mich) hineinversetzen. Wenn du nicht gerade deinen (in letzter Zeit auch viel zu häufigen) „Kichererbsen-Tag" hast, bist du manchmal etwas zu ungeduldig (und unfreundlich), wenn etwas mit den Kindern im Kreis nicht direkt klappt. Das könntest du von mir haben. Weil es aber nach

Weihnachten so gut mit allen Kindern läuft, geben wir uns beide einfach wieder viel Mühe, zuerst immer ganz geduldig und freundlich zu sein. O.K. ?

Diese – zugegebenermaßen nicht leicht zu verstehende (Eigen-)Kritik bzw. Formulierung – kommt bei Bodo auch nicht so wie gedacht an – was sicherlich auch mit der ihm eigenen Sensibilität zu tun hat. Bodo schreibt in seiner Reaktion auf das Zeugnis, er finde es nicht richtig beschrieben, dass er im Kreis unfreundlich sei. Auch später schreibt er in dem Zeugnis, das er dem Lehrer nach dem zweiten Schuljahr ausstellt: „Lieber Peschel! Ich wünsche mir von dir das du mich nicht immer anmeckerst."

In Bezug auf das Unterrichtskonzept drückt sich hier u. a. die Gratwanderung aus, die es in der Klasse mit den „schwierigen" bzw. verhaltensauffälligen Kindern zu meistern galt. Sie sollten als ganz normale Mitschüler integriert werden, haben die Toleranz der anderen Kinder aber zeitweise hart auf die Probe gestellt. Für Kinder mit einer hohen Sozialkompetenz wie Bodo stand plötzlich nicht mehr Empathie im Vordergrund, sondern eher die Wahrung der eigenen Rechte. Für den Lehrer gab es dabei keine einfache Lösung, denn es war innerhalb der „Didaktik der sozialen Integration" nicht möglich, eine bestimmte Ansicht oder Verhaltensweise per se als „richtig" zu bezeichnen. Vielmehr mussten gemeinsam Wege und Regeln gefunden werden, die langfristig von allen Kindern als machbar und fair betrachtet wurden. Für Kinder wie Bodo hieß das, auch unfreundlich werden zu dürfen, wenn dies das eigene Empfinden ausdrückte, für den Lehrer hieß das, eine Verhaltensänderung in diese (negative) Richtung auch bei den „sozialen Stützen" der Klasse zu akzeptieren.

Der Lehrer spricht die Problematik auch in einem Elternrundschreiben an:

Wir hatten vor den Ferien mehrere Kinder, die – sowohl zu Hause als auch in der Schule – ziemlich schlecht drauf waren. Das hat natürlich gerade in unserem offenen Prinzip Auswirkungen auf alle Kinder, da die Kinder einfach mehr miteinander machen und auch entsprechend öfter aneinandergeraten können. Wir haben daher überlegt, ob wir bzgl. Schimpfwörtern/Umgang miteinander etc. eine andere Linie fahren sollen, haben uns aber dann dazu entschlossen, das gemeinsame Thematisieren und Besprechen – wie damals miteinander abgestimmt – erstmal als Konzept beizubehalten.

Ich denke, wir haben in der Klasse einen unverhältnismäßig großen Anteil an Kindern, die nicht allzu harmlos sind (meine Kollegin aus der Parallelklasse hat mir ihren „Schlimmsten" mit zum Waldlauf gegeben, wenn ich unsere daran messen würde, hätte von Anfang an ein Drittel unserer Klasse arm ausgesehen.) Ich denke, daß die Kinder bei den Gesprächen in der Klasse wirklich schon sehr bewußt mit der Problematik umgehen, aber viele Kinder kennen dadurch nun zwangsläufig zwei Wirklichkeiten, die ja auch wirklich nebeneinander existieren: außerhalb der Klasse gilt nun einmal oft rüdes Faustrecht. Bitte besprechen Sie das so mit den Kindern, bauen Sie keine Fronten auf, wenn die Kinder diese zweite Sprache nun auch zu Hause an ihnen einmal austesten. Wir arbeiten an einem guten, netten und ehrlichen Umgang miteinander. D. h. aber auch, daß wir bestimmte Verhaltensweisen nicht tabuisieren wollen, sondern dann das gemeinsame Gespräch suchen. Manchmal ist aber auch so viel los, daß wir nicht immer direkt reagieren können. Das heißt dann aber nicht, daß schlechtes Benehmen gebilligt wird! Alle Kinder, die da Defizite hatten, haben wirklich schon große Fortschritte gemacht. Ein paar, die schon auf einem sehr hohen Stand waren, müssen es allerdings zwangsläufig zeitweise mit ausbaden. Ich glaube aber, daß dies auch für diese Kinder ein wichtiger Prozeß ist, wenn sie ihre „heile Welt" stellenweise relativieren müssen.

Diese Phase, die sicherlich auch mit einer Emanzipation der Kinder zu tun hat, die Regeln vor allem deshalb befolgten, „weil man das so macht", dauerte allerdings nur ein paar Monate. Sie war einerseits durch den Erfahrungsprozess der Kinder begrenzt, andererseits auch durch das immer besser werdende Verhalten aller Kinder, vor allem der „schwierigen" Kinder in den ersten eineinhalb Jahren der „Struktursuche". Es kam dem Lehrer so vor, als ob Bodo und andere Kinder nach den geschilderten Eigenerfahrungen auf einer Ebene mit anderen Kindern umgegangen sind, die ein höheres bzw. reflektierteres Niveau verkörperte. Im Zeugnis des dritten Schuljahres wird Bodos Kompetenz in der Zusammenarbeit mit anderen Kindern beschrieben:

> Du kannst gut Gruppen zu einem Ziel hin führen und wirst dabei von allen Kindern als Leiter akzeptiert, da du mit ihnen sehr verantwortlich arbeitest und sowohl Probleme in der Gruppe als auch die einzelner Kinder berücksichtigst. Man kann sich bei sämtlichen Vorhaben gut auf dich verlassen. Mach einfach weiter so !

Entsprechend seinen Schwierigkeiten, sich alleine zu beschäftigen, greift Bodo gerne auf in der Klasse befindliche Schreib- und Rechenideen zurück bzw. fragt den Lehrer nach kniffligen Aufgaben. Im Rahmen solcher Aufgabenimpulse kann Bodo schon im ersten Schuljahr Additions- und Subtraktionsaufgaben im Millionenraum lösen – wobei er sie dem Lehrer zunächst diktieren muss, da er selbst so hohe Zahlen noch nicht aufschreiben kann. Das Schreiben fällt Bodo weitaus schwerer als das Rechnen. Er braucht dazu im Vergleich zu den anderen Kindern sehr lange und es ist ihm von Anfang an wichtig, Wörter sowohl möglichst schön als auch richtig „in Erwachsenenschrift" zu schreiben. Es scheint so, als habe er einen zu hohen Anspruch an die korrekte Form, der ihm das Drauflosschreiben erschwert.

Sachinhalte kann Bodo schon früh auf einer theoretisch hohen Ebene erklären, es fällt ihm aber schwer, sich selber für Sachen zu interessieren, sodass er auch in diesem Bereich auf Impulse oder Zusammenarbeit von bzw. mit anderen abhängig ist. Beispielhaft sei hier eine Passage aus dem Zeugnis des ersten Halbjahres Klasse 3 angeführt:

> **Sachunterricht**: Du hast ein großes Sachwissen, dass du gezielt durch Informationen von außen ergänzt. Du bist auch an schwierigen Zusammenhängen interessiert und ich ärgere mich manchmal maßlos, wenn mir die Zeit fehlt, dir weiter etwas von „Auftrieb", „Ozonloch" oder dem Einfluss der Erdneigung auf die Entstehung der Jahreszeiten zu erzählen. Da musst du immer wieder auf der Matte stehen, ja ? (Das macht mir nämlich auch viel Spaß !) Freuen würde ich mich im nächsten Halbjahr wieder über einen guten Forschervortrag, denn damit beeindruckst du immer alle Kinder sehr.

Im Rahmen des „Privat-Zeugnisses" für das erste Halbjahr des zweiten Schuljahres beschreibt der Lehrer nicht nur Bodos Leistungen, die zum Teil erheblich über das hinausgehen, was er eigentlich nur können müsste, sondern es wird auch deutlich, dass er denkt, Bodo nutze sein hohes Potential noch nicht. Dabei wird auch viel über die Auffassung von Lernen und Leben, die der Lehrer hat, ausgedrückt:

Lieber Bodo,

du bist nach wie vor sehr fit, was alle Lernsachen angeht. Um so ärgerlicher ist es, wenn du (in letzter Zeit ziemlich oft) nicht direkt Sachen zum Arbeiten findest. In dieser Beziehung bist du ganz schön langweilig (und dadurch nervig). Ich persönlich finde es wirklich unheimlich wichtig, dass sich ein Mensch zuerst selber um das kümmert, was er lernen will, als einfach irgendetwas zu machen, was ihm jemand vorsetzt. Also: Gib dir einen Ruck und denk dir selber was aus, was dich interessieren könnte. Ich glaube nicht, dass es da nichts gibt! Ich helfe dir gerne dabei, Ideen zu finden, aber du musst wirklich wollen. Dann besorg ich dir auch gerne alle möglichen Sachen zum Arbeiten. Das hast du bei der Fallschirm-Idee gesehen.

Im zweiten Halbjahr des zweiten Schuljahres ändert sich Bodos Arbeitsverhalten positiv, was u. a. auch daran liegen kann, dass er jetzt im Schreiben so sicher geworden ist, dass er das eigene (Drauflos-)Schreiben von Geschichten bei sich akzeptiert. Im Zeugnis findet sich:

Du hast dich im letzten Jahr, vor allem im letzten Halbjahr, toll gemacht, was das selbständige Arbeiten angeht. Während es im ersten Halbjahr öfter Tage gab, an denen du nicht direkt etwas zum Arbeiten gefunden hast, gab es danach einige Forschersachen, bei denen du klasse am Ball geblieben bist. Mach so weiter und trau dich noch öfter an knifflige Sachen heran, auch dann, wenn dir nicht dauernd jemand helfen kann. Deine Ergebnisse sind immer klasse, weil du so super-sorgfältig und genau arbeitest. [...]

Vor allem im letzten Halbjahr bist du ja richtig zum Schriftsteller geworden. Während du davor nur wenig Lust zum Schreiben hattest, fabrizierst du jetzt ganz tolle Geschichten. Du kannst sogar mehrere Tage an einer langen Geschichte arbeiten, ohne dich zu wiederholen oder den Faden zu verlieren. Das kann nicht jeder ! Hier zeigt sich deine große Ausdauer. Zugleich schreibst du das, was du schreibst, immer perfekt auf. Du siehst gewissenhaft nach und achtest dabei auch gut auf Erwachsenenschrift. Da hat sich auch viel bei dir getan. Lesen kannst du auch schwierige Texte, Vorlesen kannst du gut flüssig und betont.

Im dritten Schuljahr reflektiert Bodo sein Arbeitsverhalten folgendermaßen: „Ich finde nicht immer Sachen zum arbeiten aber wenn ich was gefunden habe bin ich meistens ruhig und sorgfältig." Er hat dabei zu diesem Zeitpunkt einen kleinen Einbruch in seiner generellen Motivation, der zeitlich mit den Vorbereitungen bzw. dem Einsatz seines Vaters als Soldat in einem Kriegsgebiet einhergeht. Insgesamt steigert sich aber auch in den folgenden Schuljahren sein Arbeitsverhalten kontinuierlich, trotzdem greift er gerne auf Aufgabenimpulse und Rückmeldungen von Erwachsenen zurück. Insgesamt erreicht er ein hohes Leistungsniveau und verlässt die Grundschule mit einem Notenschnitt von 2,0. Er besucht mit dem Großteil der Klasse das nahe gelegene Gymnasium und erreicht dort einen Notenschnitt zwischen 2 und 3 (wobei der Grundschullehrer nach Besuch des Unterrichts und verschiedener Konferenzen des Gymnasiums den Eindruck hat, dass man hier Bodos eigentliches Potential noch nicht entdeckt hat).

Bodo schreibt am Ende seiner Grundschulzeit in zwei Briefen:

Lieber Peschel

Die Zeit mit dir war toll. Es hat mir sehr viel Spaß gemacht was wir so alles unternommen haben. [...]

Das freiearbeiten und das Arbeiten am Computer fand ich auch toll.

Eigene meinungen konnte man auch sagen probleme wurden gelöst und meistens sogar ohne hilfe von Peschel. Ich fand es toll das wir die Regeln selber erfinden konnten. [...]

Aber ich habe auch viel bei dir gelernt. Ich finde es echt schade das wir nicht noch mehr Schuljahre mit dir verbringen können.

Am schwierigsten fand er: „sich zum Arbeiten zu zwingen", am besten „Das Freiarbeiten". Er würde die Klasse jederzeit wieder besuchen: „Weil es gut war und Spass gemacht hat". Er hat sich immer wohl gefühlt: „Weil die Kinder selber entscheiden können was sie machen wollen. Weil der Lehrer nett ist. Weil es auch immer wieder spaß gemacht hat in die Schule zu können." Bodos Eltern geben leider keine der freiwilligen schriftlichen Rückmeldungen. Ob dies mit ihrer zurückhaltenden Art zusammen hängt oder andere Ursachen hat, kann nicht gesagt werden. Insgesamt haben sie das Geschehen in der Klasse immer unterstützt und halten den Kontakt zur Klasse und den regelmäßigen Treffen auch weiterhin.

Carlo – oder: Mäßigung von Unausgeglichenheit und Aggressionen

Carlo (6;3 Jahre/IQ 105) wohnt als Einzelkind mit seinen Eltern zusammen. Die Eltern machen einen lockeren, relativ unkonventionellen Eindruck. Beide sind berufstätig, sodass Carlo nach der Schule den Hort besucht. Die Eltern warnen den Lehrer beim ersten Gespräch bei ihnen zu Hause vor, dass Carlo sicherlich ein kleiner „Prinz" und entsprechend „verwöhnt" sei. Carlo wirkt bei diesem Gespräch sehr agil und selbstbewusst. Er will möglichst seinen Willen haben, ist aber interessiert und aufgeschlossen. Vorerfahrungen mit Zahlen oder Buchstaben hat er noch gar nicht. Die Eltern sind gegenüber dem Unterrichtskonzept aufgeschlossen.

In der Schule ist Carlo von seinem Sozialverhalten her in gewisser Hinsicht auffällig, wobei seine Verhaltensweisen sicherlich in geschlossenen Unterrichtsarrangements zu größeren Problemen hätten führen können. Es gibt Tage, an denen Carlo schnell einen Wutausbruch bekommt und auch handgreiflich wird. Dies passiert ihm vor allem mit Natalie, die – ähnlich veranlagt – mit Carlo zusammen den Hort besucht. Interessant ist in diesem Zusammenhang Carlos hervorragende Reflexionskompetenz. Während es beispielsweise Natalie extrem schwer fällt, Situationen nicht allein aus ihrer Perspektive wahrzunehmen, kann Carlo sein Fehlverhalten klar beschreiben und Alternativen benennen. Auf Anmerkungen bzw. Vorwürfe anderer reagiert er hingegen eher beleidigt. Insgesamt gelingt es ihm trotz der „verbalen Einsicht" nicht, das auch umzusetzen, was er sich in fast allen Zeugnissen und Gesprächen vornimmt: „nicht sofort ausflippen" und „keine Ausdrücke sagen".

Interessant ist auch, dass sich das Selbstbewusstsein, das Carlo in seinem alltäglichen Verhalten eigen ist, merkwürdigerweise – und zum Erstaunen aller Kinder – in bestimmten Situationen ins genaue Gegenteil verkehrt. So fängt er beim Schlafen in der Schule, das schon im ersten Schulhalbjahr regelmäßig stattfindet, an zu weinen, als jemand eine Kindergruselgeschichte vorgelesen haben möchte. Dabei erweckt er den Eindruck, dass er die Situation wirklich nicht aushalten kann bzw. aushalten möchte.

Anfang des zweiten Schuljahres äußern die Eltern Bedenken gegenüber dem offenen Unterrichtsprinzip bzw. der Integration der „verhaltensauffälligen" Kinder in der Klasse. In einem Briefwechsel weist der Lehrer u. a. auf Carlos Situation bzw. Entwicklung hin:

> Entsprechende Selbstregulierung gilt für die Sozialerziehung. Carlos starke Stimmungsschwankungen zwischen tödlichem Beleidigtsein und unkontrollierten Wutausbrüchen kann man nur vordergründig dadurch begegnen, daß man eine heile Klassenwelt konstruiert und die andere Welt auf Nachmittags verschiebt. Momentan wird Carlo von seinen Klassenkameraden (und eben nicht nur von einem Erwachsenen, der immer alles besser weiß) sowohl zurechtgewiesen als auch aufgefangen. Das hat ihm schon sehr gut getan und tut ihm immer noch gut. Er ist über weite Strecken sehr ausgeglichen und reflektiert sein Verhalten sehr gut. Der Fortschritt hier hat gleichzeitig auch Auswirkungen auf sein Lernverhalten. Während er im ersten Schuljahr absolute Panik hatte, wenn ihm im Rahmen der Worttests diktiert wurde, weil ihm das alles zu schnell ging, schreibt er jetzt mühelos ganz normal.

Im Zeugnis der zweiten Klasse ist schreibt der Lehrer Carlo diesbezüglich:

> Auch dein Verhalten in der Klasse war wechselhaft, es gab Tage, an denen du schon irgendwie geladen in die Schule kamst und schnell mit allen möglichen Kindern Streit hattest, an anderen Tagen warst du ganz toll drauf und hast gut mitgeholfen, dass für alle Kinder der Tag schön wurde. Denk da zwischendurch immer mal selber drüber nach, ohne dich direkt angegriffen zu fühlen. Denn du gibst anderen Kindern immer so tolle Tips, wie sie sich fair und gerecht verhalten können, dass es dann schon manchmal komisch ist, wenn gerade du immer in den Zankspielchen mitmischst. Achte auch noch mehr auf den Gebrauch von blöden Wörtern. Toll ist, dass du dir vorgenommen hast, nicht mehr sofort auszuflippen, wenn etwas los ist.

Insgesamt erscheinen alle Kinder der Klasse, die den Hort besuchen, emotional unausgeglichener als andere Kinder. Ob dies mit einem anderen Umgangston oder anderen „Überlebensstrategien" im Hort zu tun hat oder ob es neben anderen Gründen an der familiären Situation liegt, kann nicht gesagt werden. Carlos Unausgeglichenheit einschließlich der Handgreiflichkeiten und des Gebrauchs von Schimpfwörtern gibt sich weitgehend in der zweiten Hälfte des dritten Schuljahres. Das fällt zeitlich mit der Entscheidung der Mutter zusammen, nur noch halbtags arbeiten zu gehen, sodass Carlo von diesem Zeitpunkt an nicht mehr den Hort besucht.

Aber auch die Resonanz der Klasse bzw. des Lehrers auf Carlos Verhalten wurde im dritten Schuljahr heftiger als vorher. So findet sich z. B. der folgende Brief an Carlo zu Beginn des Halbjahres, in welchem der Lehrer versucht, sich mit Carlo auszutauschen:

> Lieber Carlo !
>
> Du hast gestern gemerkt, dass ich es nicht mehr schaffe die Ruhe zu bewahren, wenn du ausflippst, schlägst und vor allem so ganz ganz gemeine Schimpfwörter benutzt.

Die anderen Kinder fanden, dass ich Recht hatte, als ich dich da rausgeschmissen habe.

Rausschmeißen ist natürlich immer irgendwie ungerecht, weil es kein Problem löst. Aber es ist ein Schutz für die Kinder vor deinen Ausdrücken.

Und ich glaube, ich muss als Lehrer die Kinder davor schützen, denn du weißt, sie haben das abgestimmt.

Ich bin natürlich auch schlimm, wenn ich ausflippe, wenn du ausflippst, aber ich würde wiederum nicht ausflippen, wenn du keinen Grund dazu liefern würdest.

Ich möchte eigentlich nicht jeden Tag mit allen Kindern im Kreis darüber sprechen, wie du dich heute benommen hast (so wie wir das mit Michael mal gemacht haben), aber das werden wir bald machen müssen, wenn du dir nicht endlich wirklich ehrliche Mühe gibst.

Ich habe sonst echt Angst, dass du später in anderen Klassen nicht klar kommst, wenn die Kinder und Lehrer dich nämlich nicht gut kennen und so gerne mögen und verstehen wie wir.

Hast du vielleicht eine Idee, wie wir dir alle zusammen helfen können ?

Oder findest du, ich übertreibe, und die Sache ist gar nicht so schlimm ?

Kannst du mir zurückschreiben, oder das im Kreis besprechen ?

Danke !

Auch ein paar Wochen später geht der Lehrer in einem Rundschreiben, bei dem jedes Kind eine Resonanz auf seinen momentanen Leistungstand bekommt, auf dieselbe Problematik noch einmal ein:

Deine Leistungen sind gut, du brauchst keine Angst vor der nächsten Schule zu haben, wenn du so weiter machst wie bisher.

Du musst allerdings langsam höllisch aufpassen, dass du dein Verhalten endlich so in den Griff bekommst, wie du es immer wieder versprichst und dann doch nicht machst. Ich habe dir ja gerade in einem Brief geschrieben, dass ich da schon in der nächsten Zeit ziemlich schwarz für dich sehe, wenn da nichts passiert.

Wie auch deine Mutter letztens bemerkte, steht das ja wirklich schon in all den Zeugnissen drin, die du bislang bekommen hast (das liegt nicht an mir !), und den großen Fortschritt vermissen wir alle.

Ein paar Wochen später gibt es dann den ersten und einzigen harten Beschluss der Klasse gegen drei Kinder einschließlich Carlo, die sich einen Spaß daraus gemacht haben, die gemeinsamen Regeln nur begrenzt einzuhalten. Sie bekommen von den anderen Kindern gesagt bzw. nach der gemeinsamen Besprechung geschrieben, dass sie ja auch zu Hause bleiben könnten, wenn sie eh nichts lernen wollten. Carlo trifft diese Entscheidung sehr und er kommt stark ins Nachdenken – ihm ist die Klasse und der morgendliche Schulbesuch sehr wichtig. Er unterhält sich längere Zeit sowohl mit anderen Kinder als auch mit dem Lehrer. Da er wegen der Berufstätigkeit der Eltern nicht zu Hause bleiben kann, kommt er am nächsten Tag ganz normal zur Schule, was von allen Kindern problemlos akzeptiert wird. Auch dieses einschneidende Erlebnis bzw. die Grenzsetzung durch die anderen Kindern kann dazu geführt haben, dass Carlo sich in der Folgezeit doch merklich positiv verändert, wie im Zeugnis für das erste Halbjahr der Klasse 3 beschrieben ist:

Du hattest dir für das dritte Schuljahr vorgenommen, nicht mehr sofort auszuflippen, wenn etwas los ist. Das hat am Anfang zwar manchmal geklappt, aber lange nicht gut genug. Als du dann auch immer weniger auf die Klassenregeln gehört hast, haben die Kinder dir eine kleine Radikalkur verordnet. Das hat dir sichtlich zu denken gegeben und seitdem ist es richtig gut mit dir geworden. Du bist (bis auf einzelne Tage oder Stunden) gutgelaunt und ausgeglichen und verstehst auch Spaß. Wenn du so weiter machst, wird das klasse mit dir. Versuch auch in Situationen, wo die Kinder deine Aufregung gar nicht kapieren (wie zum Beispiel einmal beim Turnen), Sachen noch gelassener zu nehmen und Spaß zu verstehen. Dann haben wir gewonnen.

Dieses Verhalten festigt sich weiterhin, wie das Zeugnis für Ende Klasse 3 zeigt:

Du hast dich im letzten Halbjahr ganz toll gemacht, bist viel ausgeglichener als früher und fast immer gut gelaunt. Dein Umgang mit anderen Kindern ist hilfsbereiter geworden, du verstehst viel mehr Humor und ich kann mich nicht an ein Ausflippen deinerseits erinnern. Klasse ! Mach einfach so weiter und pass riesig auf, dass du nicht irgendwann wieder in alte Verhaltensweisen zurückfällst.

Insgesamt ist Carlo in der Klasse trotz seines zeitweise schwierigen Verhaltens beliebt und akzeptiert. Ruhiges Arbeiten fällt ihm verhältnismäßig schwer, er lenkt durch seine ungestüme und lustvolle Art andere Kinder schnell durch seine Lautstärke ab. Auch macht er in den ersten Jahren ungern bei gemeinsamen Sachen mit. Ansonsten arbeitet Carlo selbstständig und zügig, verschätzt sich allerdings manchmal so mit der Zeit, dass er weniger schafft, als er sich vorgenommen hat. So kann es passieren, dass er sich vornimmt, eine Geschichte zu schreiben und ein Bild dazu zu malen und beim Bild stecken bleibt. Trotz seiner geringen bzw. nicht vorhandenen Vorkenntnisse lernt er in kurzer Zeit zu rechnen, zu schreiben und zu lesen. Er besitzt schnell eine große Rechtschreibsicherheit und verfasst gut formulierte Geschichten. Rechnen fällt ihm etwas schwerer, hier fordert er sich nicht so heraus, wie er es nach Meinung des Lehrers durchaus könnte. Seine Leistungen sind aber immer über den Schuljahresanforderungen. Er zeichnet sich durch ein großes Sachwissen aus – zu dem er in der Resonanz auf das Zeugnis des ersten Halbjahres der Klasse 3 schreibt: „Also das mit dem Sachwissen wollen wir mal nicht übertreiben."

Zum Abschluss der Grundschule erreicht Carlo einen Notendurchschnitt von 2,2 und wechselt mit dem Großteil der Klasse auf das nahe gelegene Gymnasium. In seiner Empfehlung findet sich der Kommentar:

Die Empfehlung „Gymnasium oder Gesamtschule" wird auf Grund des Leistungsstandes sowie der kognitiven Leistungsmöglichkeiten des Schülers getroffen. Dem entgegen steht sein individuelles, teilweise unangepasstes Arbeitsverhalten. Ob deshalb (zunächst) der Besuch der Realschule in Erwägung zu ziehen ist, sollte mit der in Frage kommenden Schule bzw. den zuständigen Lehrern besprochen werden.

Carlo erreicht im Gymnasium Durchschnittsleistungen im Dreierbereich. Seine Grundschulzeit reflektiert er positiv: „Weil ich mich immer mit allen verstanden habe." Am meisten Probleme hat ihm bereitet: „Das ich früher immer durchgedreht bin." Gefallen hat ihm „alles" und er würde noch einmal in die Klasse gehen: „Weil die Klasse super-affen-geil war." Er schreibt weiterhin in zwei Briefen:

Lieber Peschel,

es war eine schöne Zeit mit dir und den Kindern, jetzt trennen wir uns leider und ich hoffe das du noch viel Spaß und Glück hast. [...]

Die letzten vier Jahre waren eigentlich ganz gut, bis auf ein paar kleinigkeiten. Ich habe viel gelernt und spaß gehabt, es war gut mit dem Freiarbeiten aber manchmal war es auch schwer etwas zu finden. [...]

Ich weis das ich nicht immer der liebste war und das wir uns auch mal in die Haare gekrigt haben, aber so sind wir in den vier Jahren ganz gute Freunde geworden, oder?

Auch die Eltern geben eine Rückmeldung. Darin beschreiben sie, dass sie ziemlich oft Unsicherheitsmomente bezüglich der Richtigkeit, so Schule zu machen, hatten: „Der Vergleich zur Normalität macht einem doch zu schaffen!" Während sie Carlo in den Gutachten nicht immer wiedergefunden haben, sind sie mit seiner schulischen Entwicklung „sehr zufrieden" und fanden die Passung der Ansprüche an ihn „optimal". Am schwierigsten für sie zu verstehen war das individuelle Arbeiten der Kinder ohne Lehrer. Schwierig fanden sie: „Das Konzept den Eltern zu vermitteln. Aus der Norm auszubrechen." Sie würden ihr Kind jederzeit wieder in die Klasse geben und schreiben, dass sie so viel Wissen, aber auch die Entwicklung bezüglich Sozialverhalten, Eigenverantwortung, Selbstständigkeit usw. – trotz immer wiederaufkommender Zweifel – nicht erwartet hätten. Mutter und/oder Vater schließen mit einer Positiv-Negativ-Übersicht und einem ergänzenden Kommentar:

Negativ:

Die Dauer der Klassenversammlungen empfand ich oft als zu lang. Insbesondere die Behandlung von Einzelproblemen.

Die Blätterwirtschaft

Wir konnten eigentlich kaum nachvollziehen, was tagsüber in der Klasse gelernt/gemacht wurde.

Die Erzählungen von unserem Sohn und auch anderen Kindern über die angeblich chaotischen Zustände in der Klasse beunruhigten uns immer wieder.

Positiv:

Das erworbene Wissen hat mich immer wieder verblüfft.

Die vielen in die Tiefe gehenden Einzelprojekte

Ihre enorme Zeitinvestition für die Anfertigung der Hausaufgaben, die schönen Ausflüge, das Tabaluga-Musical, Schuleschlafen, Elternbesänftigungsgespräche etc.

Über die Durchführung des Unterrichts hat wahrscheinlich jeder eine andere Meinung. Zweifel hatten uns wie auch bestimmt andere Eltern über die 4 Jahre stetig begleitet. Erst jetzt zum Ende glaube ich, dass Sie fast alles richtig gemacht haben. **Am Ende zählt nur der Erfolg und der hat sich zweifellos eingestellt.** [...]

Ich kann keine Empfehlung zur Konzeptverbesserung geben. Die Kinder konnten eigentlich immer mit Freude zur Schule gehen und haben verglichen mit anderen Klassen mehr gelernt und damit meine ich nicht nur die Fächer [...].

Ich halte es wirklich für ein großes Glück, dass unser Sohn seine Grundschulzeit in Ihrer Klasse verbringen durfte.

HERZLICHEN DANK !!!

Fedor – oder: Entwicklungen zwischen Integration und Abschiebung

Fedor ist eines der Kinder, über das eine ausführlichere Fallstudie angefertigt wurde (s. u.). Um die Möglichkeit eines kurzen Eindrucks zu bekommen, sei hier eine kurze Zusammenfassung bzw. eine Zusammenstellung von Ausschnitten der Fallstudie gegeben.

Fedor (7;1 Jahre/IQ 91) ist bosnischer Kriegsflüchtling und wohnt zu Beginn der Grundschulzeit zusammen mit seinen Eltern und seinem ca. drei Jahre älteren Bruder in einer alten Lagerhalle, in der die Stadtverwaltung kleine Ein-Zimmer-Parzellen für Asylanten verschiedenster Länder und Kulturen abgetrennt hat. Da die Familie schon einige Zeit vor Fedors Einschulung mit 7;2 Jahren nach Deutschland geflüchtet ist, können sich Fedor und sein Bruder ganz passabel auf Deutsch verständigen. Die Mutter versteht (einfaches) Deutsch und versucht auch, es ansatzweise zu sprechen. Der Vater spricht kein Deutsch. In der Familie wird primär bosnisch gesprochen. Als Fedor eingeschult wird, wechselt sein Bruder gerade auf die Gesamtschule.

Fedor ist von Anfang an sehr zurückhaltend und schüchtern. Er spricht nur, wenn er gefragt ist, und auch dann gibt er nur kurze Antworten. Insgesamt erscheint er außerhalb des elterlichen Umfelds eher unsicher. Er ist sportbegeistert, vor allem Fußball spielt er gerne und gut. Zu Hause sieht er meist mit seinem Vater fern (vorwiegend Sportkanäle) oder trifft sich mit anderen Kindern zum Fußballspielen. Insgesamt macht Fedor einen durchschnittlich intelligenten Eindruck. Er hat keine Vorkenntnisse im sprachlichen Bereich und zu Hause auch keine bzw. nur wenige entsprechende Anregungen. Rechnen scheint ihm eher zu liegen, er beschäftigt sich auch später lieber mit Mathematik als mit dem Schreiben und Lesen von Geschichten oder Sachtexten. Seine Geschichten lassen u. a. auf seine Fluchtsituation bzw. die Verarbeitung von Kriegserlebnissen schließen.

Da die Verlängerung der Aufenthaltsgenehmigung immer nur für einen kleinen Zeitraum erfolgt, ist die Familie fast zwei Jahre über ihren Rückführungstermin im Unklaren. Da sich Fedors Arbeitsverhalten in diesem Zeitraum vom zweiten Halbjahr des zweiten Schuljahres bis zum zweiten Halbjahr des vierten Schuljahres auffällig ändert, könnte es sein, dass Zusammenhänge zwischen dieser persönlichen Unsicherheit und Fedors Lern- und Leistungsmotivation vorhanden sind.

Fedor fällt das selbstständige Arbeiten von Anfang an nicht leicht, lieber ist ihm ein konkreter Arbeitsauftrag oder das Zusammenarbeiten mit einem seiner vorzugsweise nicht-deutschen Freunde. Im „Privat-Zeugnis" für das erste Schulhalbjahr schreibt ihm der Lehrer:

Lieber Fedor,

Du hast im letzten halben Jahr eine Menge gelernt. Oft weißt Du aber nicht, was Du machen könntest und jemand muß Dich fragen, ob Du nicht rechnen oder schreiben willst. Hast Du gar keine eigenen Ideen?

Wenn Du dann arbeitest, kannst Du das immer besser auch alleine ohne Hilfe.

Mit den anderen Kindern kommst Du gut zurecht. Manchmal bist Du aber auch zu schüchtern, den anderen Kindern zu sagen, was Du denkst. Da Du gut Deutsch sprichst, kann es doch eigentlich nicht an der Sprache liegen, oder?

In der zweiten Hälfte des ersten Schuljahres öffnet er sich immer mehr auch anderen Kindern, dabei scheint ihm seine Position als starker Sportler bzw. Fußballer zu helfen. Die Klassenkameraden arbeiten trotz oder auch wegen seiner leisen, zurückhaltenden Art gerne mit ihm. Immer mehr (aber immer noch selten) meldet Fedor sich in den gemeinsamen Runden zu Wort, um sich zu Gegebenheiten, die ihn stören oder die er anders sieht, zu äußern. Auch sein Arbeitsverhalten wird etwas selbstständiger, er schreibt kleine Geschichten, die den anderen Kindern gut gefallen, und denkt sich selber knifflige Mathematikaufgaben aus. In der Regel greift er aber lieber auf Impulse anderer Kinder oder des Lehrers zurück. Freiwillige Arbeiten als Hausaufgaben macht er nur selten.

Im zweiten Schuljahr nimmt Fedors Kompetenz, selbstständig zu arbeiten, weiter zu, wobei die Schwankungen im eigenen Anspruch bleiben. Es gibt Tage, an denen er sich mit sehr herausfordernden und kniffligen Arbeiten beschäftigt, während er an anderen Tagen sehr leichte Dinge macht, und für den Außenstehenden der Eindruck entsteht, dass er die Zeit nicht effektiv nutzt. Seine Beteiligung an Gesprächen im Sitzkreis nimmt nicht zu.

Im dritten Schuljahr zeigt Fedors Arbeitsverhalten einen recht starken Einbruch. Der Anteil der Tage, an denen ihm das – sich selbst herausfordernde – Arbeiten schwer fällt, nimmt zu. Fedor lässt sich leicht ablenken und orientiert sich leistungsmäßig eher an schwächeren Kindern. Im Zeugnis für das erste Halbjahr steht:

Du hast im letzten Jahr nicht jeden Tag so gut gearbeitet, wie du es hättest tun können. Es gab eine längere Phase, in der du wenig gemacht hast oder nur Sachen, die du schon konntest. Andererseits hast du an vielen Tagen gezeigt, dass du selbstständig Geschichten überarbeiten und auch kniffligere Rechensachen herausbekommen kannst. Lass dich von deinen Freunden nicht zu sehr ablenken und arbeite am besten schwierige Sachen mit deinem besten Freund.

Zeitlich fällt Fedors geändertes Arbeitsverhalten mit der konkreter werdenden Rückführung der Familie nach Bosnien zusammen.

Auch im zweiten Halbjahr ergibt sich der Eindruck, dass Fedors Arbeitsverhalten nicht viel selbstständiger und selbstverantwortlicher geworden ist. Um sich selbst die Entscheidung für eine Arbeit zu erleichtern, hat sich Fedor in diesem Halbjahr verstärkt Texte von anderen Kindern diktieren lassen und diese dann geübt. Diese Texte schreibt er je nach Übungsgrad fehlerfrei bzw. mit durchschnittlicher Fehlerzahl, was allerdings keine Auswirkung auf seine Rechtschreibleistung in freien Texten zu haben scheint. Hier fällt ihm das genaue Verschriften und Überprüfen der Wörter und Schreibweisen nach wie vor schwer. In Mathematik hat Fedor sich zwar weiter entwickelt, aber auch hier hat der Lehrer den Eindruck, dass Fedor unter seinen Möglichkeiten geblieben ist und sich vornehmlich in den in diesem Schuljahr üblichen Bereichen (schriftliche Addition und Subtraktion) und nicht darüber hinaus bewegt hat.

In der ersten Hälfte des vierten Schuljahres gehen Fedors Leistungen weiter zurück. Zu diesem Zeitpunkt bereitet sich die Familie mehr oder weniger monatlich auf die Rückführung nach Bosnien vor. Fedors Motivation, in der Schule herausfordernde Arbeiten selbst in Angriff zu nehmen, unterliegt immer größeren Schwankungen. Erstaunlich ist vor allem, dass Fedors Arbeitsverhalten auch in Bereichen dürftiger wird, die bei ihm bislang eher positiv besetzt waren (z. B. Mathematik). Fedors Arbeitsverhalten ändert sich in der zweiten Hälfte des vierten Schuljahres, was zeitlich mit der Information der Familie einhergeht, dass Fedor seine Grundschulzeit in unserer Klasse beenden kann. Fedor arbeitet plötzlich motiviert an eigenen Geschichten und Mathematikaufgaben und steigert seine Leistungen nicht unerheblich. Insgesamt erreicht Fedor in Mathematik Gymnasialniveau, in der deutschen Sprache Hauptschul- bis Realschulniveau. Er bekommt eine Empfehlung zum Besuch der Realschule bzw. der Gesamtschule und erreicht im zweiten Halbjahr einen Notenschnitt von 2,8. Beim Besuch einer entsprechenden weiterführenden Schule in Bosnien hat er zurzeit kein Problem.

Zum Ende seiner Grundschulzeit schreibt Fedor auf, wie er die vier Schuljahre in der Klasse rückblickend beurteilt. Dabei äußert er sich folgendermaßen: „Es gab keine Zeit, voh ich mich nicht vol gefült habe." Ihm war es wichtig, viel selbst bestimmen zu können und mit anderen Kindern bzw. dem Lehrer jederzeit sprechen zu können. Nicht wichtig war ihm das freie Arbeiten an selbst gewählten Inhalten und sich selbst zum Arbeiten zu zwingen, er schreibt allerdings auch, dass es ihm nicht schwer fiel, frei zu arbeiten. Es hört sich so an, als hätte das freie Arbeiten für ihn einfach nur einen geringen Stellenwert. Den Umgang des Lehrers mit ihm fand er gut, genauso die vielen Aktionen und Klassenfahrten, die gemacht worden sind. Er schreibt, dass er sich bei den anderen Kindern „sehr sehr" wohl gefühlt hat und jederzeit noch einmal in diese Klasse gehen würde. In einem Brief schreibt er ergänzend:

> Lieber Peschel!
>
> Jich möchte mich mit diesem Brieff bei dir ganz hertzlich bedanken.
>
> Als ich in die 1. Klasse kamm konnte ich nichts ich konnte nicht Rechnen nicht Lesen nicht Schreiben und nicht so gut Deutsch sprechen.
>
> Aber da du ja da warst und mir geholfen hast habe ich es geschaft.
>
> Ich kann froh sein das ich so einen guten und einen netten Lehrer wie dich hatte.
>
> Vielen, Vielen Dank. Fedor

Auch die Eltern waren mit dem Unterricht zufrieden, obwohl sie zeitweise bezüglich der Unterrichtsmethode unsicher waren. In einem Fragebogen mit vorgegebenen Items fanden sie Teamfähigkeit, Durchsetzungsvermögen, Demokratiebewusstsein, Kritikfähigkeit und Kreativität nicht sehr wichtig, schätzten aber Selbstverantwortung und Selbstdisziplin sowie Denkfähigkeit und Toleranz gegenüber anderen. Am schwierigsten zu verstehen fanden sie die Betonung der selbstgesteuerten Aneignung von Lerntechniken statt eines Auswendiglernens der Inhalte.

Harald – oder: Der Weg zum eigenverantwortlichen Arbeiten

Harald (6;7 Jahre/IQ 99) ist hat zwei ältere Geschwister. Seine Eltern sind berufstätig, wobei die Mutter in der Regel nachmittags zu Hause ist. Beim ersten Treffen bei der Familie zu Hause zeigen sich die Eltern aufgeschlossen für das beabsichtigte Konzept. Den Eindruck, den Harald beim ersten Gespräch macht, fasst der Lehrer in seinen Notizen u. a. mit dem Begriff „Lausbub" zusammen. Harald ist fidel, grinst verschmitzt, klettert gerne auf die Bäume im Garten und macht durchweg einen sympathischen und interessierten Eindruck. Er hat Vorkenntnisse bezüglich Buchstaben und Zahlen und schon eine bestimmte Vorstellung von Schule, die wahrscheinlich hauptsächlich aus den häuslichen Gesprächen über Schule und die Probleme der Geschwister resultiert. Er selbst möchte auch viel lernen. Im zu Schulbeginn durchgeführten Kieler Einschulungsverfahren spielt Harald allerdings lieber als zu arbeiten und springt teilweise unsicher zwischen den einzelnen Aufgaben hin und her, insgesamt ergeben sich aber keine nennenswerten Auffälligkeiten.

Haralds Arbeitsverhalten wird im Zeugnis des ersten Schuljahres folgendermaßen charakterisiert:

Lieber Harald !

Obwohl du dir meistens gute Sachen zum Arbeiten selbst ausdenkst, ist es im letzten Jahr passiert, daß du mit einer guten Idee aus dem Kreis rausgegangen bist, dir die notwendigen Sachen geholt hast, angefangen hast und ... Irgendwas ist dann passiert, daß du nicht weitergemacht hast oder keine Lust mehr zum Arbeiten hattest. Meistens hast du dann nach einer Aufgabe gefragt und z. B. ein Arbeitsblatt gemacht. Weil du die Sachen ja alle kannst und auch gute Ideen hast, war ich oft sehr ratlos, warum du die Sachen nicht durchgezogen hast. Im Moment arbeitest du allerdings gut selbständig. Klappt das jetzt auf Dauer so gut ?

Am liebsten hast du mit deinem Freund gearbeitet, in der letzten Zeit eher mit deiner Freundin. Aber auch mit anderen Kindern machst du viele Sachen. Manchmal hast du aber auch Lust, mit einigen Kindern Unsinn zu machen, das stört dann alle beim Arbeiten. Dabei möchtest du ja auch, daß es in der Klasse ruhig genug zum Arbeiten ist. Und es gibt Kinder bei uns, die bei jedem Unsinn mitmachen. Und dann ist der mit schuld, der die Sache anfängt.

Im zweiten Schuljahr verbessert sich Haralds Arbeitsverhalten weiterhin:

Lieber Harald !

Du hast dich im letzten Jahr gut gemacht. Du hast über längere Zeit ganz selbständig gearbeitet, dir selber Sachen zum Arbeiten gesucht und dich so gut mit Lernsachen beschäftigt. Zwischendurch gab es dann mal Phasen, in denen du dich unterfordert hast oder in denen es dir nur darum ging, eine Sache irgendwie zu erledigen (z. B. beim Pflanzenforschen). Wenn du das in den nächsten zwei Jahren noch hinbekommst, knifflige und schwierige Probleme zu finden und an denen dann wirklich dran zu bleiben, dann kann dir später nicht viel passieren. Setz dir selber Ziele, die du erreichen willst, und zieh sie auch dann durch, wenn sie mal unbequem erscheinen. Sogar beim Rechnen kannst du alleine noch mehr, als du denkst. Wenn ich dir nämlich zu schnell Lösungen verrate, musst du ja selber nicht mehr denken.

Mit den Kindern in der Klasse kommst du gut aus, ich habe auch den Eindruck, dass du dich immer mehr aus Streit heraushältst. Aber insgesamt ist es ja auch ruhiger bei uns geworden. Hilfst du jetzt auch außerhalb der Klasse gut mit, dass das da gut klappt?

Im dritten Schuljahr hat Harald zu Anfang eine sehr beeindruckende Arbeitsphase, die zeigt, dass er sehr wohl selbstständig und selbstverantwortlich im Offenen Unterricht arbeiten kann. Zum Ende des Schuljahres reflektiert er sein Arbeits- und Sozialverhalten folgendermaßen:

Ich finde die sachen in unsere Klasse sehr gut. Ich finde das ich in der Zeit ruhig und auch leise arbeite. [...] Im Moment bin ich gut im Kreis und ich mache sachen mit die wir zusammen machen. Im Moment arbeite ich wenig mit anderen Kindern. In der Zeit kann ich gut mit anderen arbeiten. Ich komme gut mit anderen aus. Jetzt in der Zeit streite ich nicht sehr viel.

Seine positiven Entwicklungen – und die verbleibenden Eigenarten – werden im Zeugnis der dritten Klasse beschrieben:

Du hast in diesem Schuljahr weiter gut selbstständig und selbstverantwortlich gearbeitet. Ich kann da nur sagen: das Warten hat sich gelohnt. Mach so weiter, du hast dabei viel gelernt und kommst mir insgesamt jetzt auch zufriedener und ausgeglichener vor. [...]
Die Arbeit in Gruppen hat im Gegensatz zum letzten Halbjahr auch besser geklappt, deine albernen Phasen hast du weitgehend hinter dir gelassen. Lass aber mehr Kritik an dich ran. Wenn sich jemand zu deinen (doch guten) Geschichten und Vorträgen äußert, wirst du immer ganz hektisch und schlecht gelaunt, so als ob du davon gar nichts hören wolltest. Dabei sind das doch gute Tipps! Du bist im Moment auf einem guten Weg zu dir selber. Setz dir für das nächste Schuljahr eigene Ziele, die du anstrebst und ab und zu überprüfst. Dann verstehst du mit der Zeit immer besser, um was es eigentlich in der Schule geht. Wenn du so weiter machst und noch lernst, mehr Kritik anzunehmen und deine Selbstständigkeit noch weiter herauszufordern, dann musst du dir über deine Noten wenig Gedanken machen.

Harald beendet die Grundschulzeit mit einem Notendurchschnitt von 2,1 und wechselt auf das Gymnasium. Dort hält er ungefähr einen Notenschnitt von 2,3.

In den Rückmeldungen, die Harald dem Lehrer im Rahmen der üblichen Halbjahreszeugnisse gibt, äußert er sich durchweg positiv zum Lehrer. Er schreibt z. B. im ersten Halbjahr der zweiten Klasse nach „Das war gut bei Peschel": „das er mir das gibt und das er immer so lieb ist". Im zweiten Halbjahr schreibt er: „Lieber Peschel! Du bist immer so lieb zu uns". Im ersten Halbjahr der Klasse 3: „Lieber Falko du solst nicht mehr Ausflippen sonst warst du ein guter Lehrer. Ich finde du unternimst mit uns viele schöne sachen. Du bist ein Klass lehrer." Zum Ende des dritten Schuljahres: „Hinweise zum Arbeits- und Sozialverhalten: Wie ein Satan! Warheit: Wie ein Engelchen. Du brauchst einen Heiligenschein." Haralds Resonanz zum Ende des vierten Schuljahres ist eher knapp:

Lieber Peschel,

es war eine schöne Zeit mit dir, aber die Zeit, die wir uns noch sehen werden, wird immer weniger.

Ich hoffe das du mal HEIRATEST, weil alleine ist es sehr langweilig.

Ich habe viel gelernt bei dir zum Beispiel: Schreiben, rechnen usw.

Ines – oder: Kind und Lehrer zwischen Lernvermögen und Leistungsanspruch

Ines (7;1 Jahre/IQ 101) wohnt mit ihrer Mutter und ihrem ungefähr drei Jahre jüngeren Bruder in einem Mehrfamilienhaus außerhalb des Ortes. Ihre Mutter ist ökologisch orientiert und wollte Ines eigentlich in die Waldorfschule geben, ist aber durch die ideologische Färbung abgeschreckt worden. Ines wächst unkompliziert in einfach ausgestatteter Umgebung mit viel Naturbezug auf. Im Haus bzw. in der Nähe wohnen viele Kinder, denen Haus und Garten immer offen stehen. Ihren Vater sieht Ines nur selten und findet das selbst sehr ungerecht.

Beim ersten Gespräch mit dem Lehrer bei Ines zu Hause herrscht eine sehr offene, liebenswürdige und unkomplizierte Atmosphäre. Ines wirkt sehr aufgeweckt und aktiv, schon verhältnismäßig groß und reif, und hat Lust auf Schule. Sie ist interessiert, hat Vorerfahrungen mit Buchstaben und Zahlen und baut direkt eine Beziehung zum Lehrer auf. Die zum Gespräch beide anwesenden Eltern nehmen das vom Lehrer vorgestellte Unterrichtskonzept sehr positiv auf. Es scheint zu ihrer Einstellung zum Leben zu passen.

Wie schon oben beschrieben, befreunden sich Ines und Bettina schnell, wobei Ines auf Grund ihrer emotional ausgeprägteren Wesensart die dominantere Rolle zukommt. Zusätzlich spielt Pia für Ines vor allem in den ersten Schuljahren eine größere Rolle, sodass sich eine etwas ungleiche Dreierkonstellation ergibt, in der Ines und Pia auf Grund ihres Charakters eine eher führende Rolle spielen, sich Bettina aber nicht von ihnen abhängig macht.

Vor allem in der Anfangszeit ist Ines einigen Kindern durch ihre laute und ungestüme Art etwas unheimlich. Die Kinder bemängeln ihren herrischen Umgangston. Verstärkt wird das durch Situationen, in denen sie ihre Emotionen nicht mehr unter Kontrolle hat und laut brüllt oder sich im Konfliktfall auch tretend gegen andere Kinder wehrt. Nach solchen Ausbrüchen braucht sie erst einmal Abstand durch Alleinsein und geht aus der Klasse oder sucht sich eine ruhige Ecke. Dabei kann sie diese Vorfälle in der Regel gut verarbeiten bzw. reflektieren. Insgesamt verändert sich Ines Verhalten schon im ersten Schuljahr so positiv, dass es danach kein Problem mehr darstellt.

Von Anfang an ist Ines ein Kind, das auch gerne Sachen für andere Kinder bzw. Gruppen organisiert und betreut. Sie versteht es, Probleme zu regeln, und ist ein guter Kreisleiter, der sehr empfindlich gegenüber Ungerechtigkeiten ist, sich aber andererseits gut in andere Personen hineinversetzen kann – eine andere Facette ihrer emotionalen Stärke. Ines arbeitet von Anfang an sehr motiviert – vor allem mit ihren beiden Freundinnen. Dabei lernt sie nicht so leicht wie Bettina und auch Pia, sie braucht länger, um Sachen zu verstehen und zu beherrschen. Diese Situation führt in der Anfangszeit einerseits dazu, dass Ines sich bei gemeinsamen Vorhaben stellenweise von den anderen mittragen lässt, andererseits hat sie zeitweise starke Motivationseinbrüche in bestimmten Bereichen. So meint sie z. B. phasenweise im ersten Schuljahr, sie könne nicht rechnen und baut fast eine Rechenphobie auf.

Insgesamt veranschulicht gerade die Entwicklung des Arbeitsverhaltens von Ines und Bettina den Weg zu einem ausgewogenen und selbstregulierten Arbeiten. So haben die zwei Freundinnen im ersten Schuljahr sehr bereichsbezogen gearbeitet, d. h. sie haben sich oft über Wochen ganztägig (und oft ohne Pausen) mit einer Thematik bzw. einem Bereich beschäftigt und z. B. nur Geschichten geschrieben oder Comics verfasst. Nach einer gewissen Zeit (und schwer auszuhalten für den Lehrer) haben die beiden dann aber gemerkt, dass die anderen Kinder in anderen Bereichen schon ganz andere Sachen machen, und sich dann mit diesen Themen befasst. Im Laufe der Jahre hat sich diese Arbeitsweise dann weitgehend so eingependelt, dass alle Bereiche oder Fächer an einem Tag vorkommen, wenn nicht längere Projekte dies ausschließen. Dieses „Einpendeln“ hat dabei wahrscheinlich auch damit zu tun, dass von Schuljahr zu Schuljahr immer schneller gearbeitet wurde und damit auch einfach Zeit vorhanden war, mehrere Vorhaben an einem Tag in Angriff zu nehmen. Im Zeugnis des ersten Halbjahres der zweiten Klasse ist formuliert:

Liebe Ines,

du hast im letzten Jahr gelernt, wirklich so ziemlich jeden Tag gut zu arbeiten. So gut, dass es dich manchmal ärgert, wenn du im Kreis mit uns was besprechen sollst, anstatt weiterzuarbeiten. Du regelst dabei das, was du arbeitest, gut. Schön ist, dass du dich auch immer mehr an kniffeligere Sachen herantraust. Mach das noch mehr, denn nur so lernt man ja etwas, was man nicht schon längst kann. Das Spielen wolltest du nun ganz in die Pause verschieben. Klasse, dass du meistens so viel Lust zum Lernen hast. [...]

Eine Zeitlang dachtest du, du könntest nicht gut rechnen, aber das hat dir ja keiner geglaubt. Bei dir sind das immer so Phasen. Manchmal findest du Rechnen am besten und rechnest wie ein Weltmeister, dann machst du wieder lieber wochenlang mit Geschichten rum. Am einfachsten ist es allerdings, alles immer ein bisschen zu machen (aber gut!).

Insgesamt fällt es Ines schwer, Sachen zu überarbeiten oder durchzusehen. Hier liegt ihre Anstrengungsbereitschaft und Frustrationstoleranz sicherlich unter der ihrer Freundin Bettina, was auch mit einem anderen intellektuellen Potential bzw. Charakter sowie einem – trotz ähnlicher Grundeinstellung – anderen häuslichen Umfeld zu tun haben kann. Die Differenz zwischen Ines' eigenem Wollen und ihren Möglichkeiten bewirkt eine gewisse Zerrissenheit des Lehrers in Bezug auf Ines' Person und den an sie gestellten Leistungsanspruch. Ihm ist wichtig, dass Ines glücklich und zufrieden ist und sich ihre Lernbereitschaft und Offenheit gegenüber Neuem erhält. Von daher ist er etwas vorsichtig, Ines' Wunsch und Selbstanspruch, es ihrer Freundin möglichst gleichzutun, unreflektiert zu unterstützen.

Dies wird beispielsweise im Zeugnis der dritten Klasse deutlich:

Liebe Ines !

Du hast dein selbstständiges Arbeiten auch im letzten Halbjahr weiter fortgesetzt und dich immer öfter aufgerafft, auch die dir unliebsameren Sachen anzugehen. Du musst dir weiterhin Ziele setzen und angehen, damit du für dich überprüfen kannst, wo deine Grenzen sind oder wo du noch mehr investieren willst. Beim Rechtschreiben und beim Rechen kann man sehen, dass du durch Üben gut lernst, aber auch, dass es dir irgendwann selber ausreicht und dir manche Mühe das Ergebnis nicht mehr Wert ist. Das ist vollkommen in Ordnung, solange du selber damit zufrieden bist und dich nicht irgendwann darüber ärgerst, dass du manche Sachen nicht so kannst wie andere. Steck deine Ziele also immer so, dass du sie gut erreichen kannst und auch wirklich erreichen willst.

Ines möchte nach dem vierten Schuljahr mit ihrer Freundin Bettina auf das Gymnasium gehen und strengt sich dazu – mit Erfolg – sehr an. In der begründeten Empfehlung für den Besuch des Gymnasiums oder der Gesamtschule ist im Sinne der obigen Ausführungen bzw. Bedenken u. a. zu lesen:

Ines gelingt es zurzeit, mit entsprechendem Arbeitsaufwand gute Ergebnisse zu erzielen. Sie zeigt dabei den Ehrgeiz, der sicherlich zum Durchlaufen der höheren Schule notwendig ist. Wie ausbaufähig ihre Leistungen noch sind, ist schwer vorherzusagen, die Ausbaufähigkeit wird in Relation zu ihrer eigenen Schwerpunktsetzung stehen. Ines Frustrationstoleranz hat sich sehr gut entwickelt, sodass auch Stresssituationen kein Problem mehr für sie darstellen.

Sie erreicht zum Ende des vierten Schuljahres einen Notenschnitt von 1,6 und wechselt wie gewünscht mit dem Großteil der Klasse auf das nahe gelegene Gymnasium. Sie kann dort einen Notenschnitt zwischen 2 und 3 halten. In ihrer Grundschulklasse hat sie sich rückblickend sehr wohl gefühlt: „Weil alle so wie meine Brüder und Schwestern sind. Weil ich mich fast immer gut gefühlt habe." Wichtig war für sie: „Einfach viel zur lernen, frei arbeiten, mit meinen Klassenkammeraden zursammen zur sein und natürlich auch mit Peschel." Problematisch bzw. gut fand sie: „Wenn andere Kinder laut waren, so das man nicht arbeiten könnte. Alles fand ich gut, aber besonders die Klassenfahrten." Sie würde „unbedingt" noch einmal in die Klasse gehen: „Weil wir einen super Peschelpappa haben." Weiterhin schreibt sie u. a. in einem Brief:

Lieber Peschel

Der abschied wird mir sehr schwer fallen, denn die letzten vier Jahre waren sehr schön mit dir. Auch wenn wir uns manchmal etwas gezoft haben. Ich würde am liebsten bis in die letzte Klasse bei dir bleiben. Es waren wirklich tolle Jahre, und ich bin auch glücklich das ich diese 4 Jahre mit dir verbringen durfte. Ich hoffe das du auch ohne uns glücklich bist. Ich werde dich aber sehr vermissen. [...]

Auch wenn du nur mein Lehrer bisst, finde ich, das du zur meiner Familie gehörst. Weist du noch wie schön unsere Klassenfahrten waren? Ich kann mir gar nicht vorstellen wie es ohne dich und meine Klasse wäre. Auch wenn du manchmal ein Bisschen dumm warst, fand ich dich doch ganz nett. Diesen Brief hier habe ich dir am 2. Mai geschrieben und war dabei sehr traurig. Ich wünschte mir das wir bis ins 13. Schuljahr bei dir bleiben könnten!

Bis dann Deine Ines

Auch die Eltern geben eine Rückmeldung. Sie hatten nur selten wegen Ines′ Rechtschreibleistungen Unsicherheitsmomente, aber generell keine Schulprobleme, „außer am Anfang wegen Mathematik". Sie würden ihr Kind jederzeit noch einmal in die Klasse geben und schreiben weiterhin jeder in einem Abschnitt:

> Ich finde die ganzen 4 Jahre, die Sie mit den Kinder verbracht haben, einfach Klasse! Das mit dem freien Schreiben ist auch eine ganz gute Sache. Die Kinder sind dann viel sicherer und schreiben nachher sowieso ihre Schriften.

> Lieber Herr Peschel, ich fand die ganzen 4 Jahre positiv und möchte mich bedanken für das ganze Vertrauen zwischen Ihnen und uns. Ich wünsche Ihnen alles Gute und vielleicht sehen wir uns als Eltern und Lehrer gegenüber wieder. Würden wir uns freuen.

Lars – oder: Zähmung großer Kraft

Lars (6;11 Jahre/IQ 109) zieht im Laufe der Sommerferien vor der Einschulung in den Einzugsbereich der Schule. Lars′ noch relativ junge Familie besteht aus seiner Mutter, seinem neuen Vater sowie seinem jüngeren Bruder als Kind der beiden. Ein weiteres gemeinsames Kind wird erwartet. Zu seinem leiblichen Vater hat Lars in bestimmten Abständen Kontakt. Insgesamt macht die Familie einen offenen und unkomplizierten Eindruck. Dabei bestimmen die Kinder durch ihren Charakter und ihr Alter maßgeblich das Familienleben. Beeindruckend erscheint u. a. auch die Beziehung zwischen Lars und seinem nicht leiblichen Vater, wenn die beiden vielfach Sachen zusammen unternehmen (werken, besichtigen etc.). Dem Unterrichtskonzept gegenüber sind die Eltern aufgeschlossen.

Lars ist sehr kräftig gebaut und relativ stark für sein Alter. Beim Kennlerngespräch vor der Einschulung noch in der alten Wohnung der Familie ist er sehr offen und strahlt einen großen Charme aus. Er malt sehr gerne und präsentiert dem Lehrer unzählige seiner Kunstwerke. Am liebsten sieht er sich Comichefte an oder baut mit Lego-Steinen. Er hat Vorerfahrungen mit Buchstaben und Zahlen und freut sich auf die Schule. Später möchte er – wie sein Vater – Soldat werden. Auffällig ist Lars′ Fähigkeit, die Umwelt völlig zu ignorieren und ganz in sich und seinen momentanen Bedürfnissen zu ruhen. So erzählt die Mutter, dass es normal sei, dass man Lars morgens endlich zum Aufstehen gezwungen hat, er sich die Hose halb anzieht, dabei ein Buch sieht und sich so auf die Erde fallen lässt und erst mal weiter im Buch guckt.

Dieses Verhalten ist Lars auch in der Schule zu eigen. Dabei fällt es schwer, diese Eigenart einseitig positiv oder negativ zu werten. Einerseits eignet sich Lars durch diese sehr „interessegeleitete" Haltung ein enorm großes und detailliertes Sachwissen an, andererseits hat das Ausblenden anderer Bereiche bzw. des Klassenumfelds auch seine Probleme. Insgesamt ermöglicht Lars das offene Unterrichtsprinzip aber in hohem Maße, so zu sein, wie er nun einmal schon seit Geburt ist, ohne ihn zu einem „erziehungsschwierigen" Kind zu machen. Es ist allerdings auf Grund der Aussagen von Fachlehrern anzunehmen, dass er in einem Unterrichtskonzept, das ihm keine Möglichkeit zur Selbstregulierung bzw. zum interessegeleiteten Lernen gegeben hätte, eher als renitent oder u. U. sogar als nicht an der Regelschule beschulbar aufgefallen wäre.

In der Schule ist Lars durch seine Statur und sein handgreifliches Verhalten schnell bekannt. Auch in der Klasse benutzt er in der ersten Zeit zur Konfliktbewältigung eher seine Kraft als seinen Verstand. Trotz dieses Verhaltens strahlt Lars auf alle Beteiligten den schon oben erwähnten ihm eigenen Charme aus. Er versteht es, andere Kinder an seiner Begeisterung für eine Sache teilhaben zu lassen. Dabei wird ihm allerdings oft die – ihm nicht unangenehme – Führerrolle zugesprochen. Dies veranschaulicht auch das Zeugnis des ersten Schuljahres:

> Lieber Lars!
>
> Du hast viele Freunde in der Klasse, die gerne mit dir zusammen arbeiten und spielen, weil du immer so tolle Ideen hast. Gut kannst du auch Aktionen für alle Kinder organisieren. Sieh nur zu, daß ihr dabei die wichtigen Sachen zusammen abstimmt und du nicht alleine der Bestimmer bist. Das ist zwar manchmal etwas kompliziert, aber es kann sich dann hinterher auch keiner beschweren.
>
> Du kannst ganz toll selbständig arbeiten und hast immer gute Ideen. Manchmal vertrödelst du dich aber auch und schaffst viel weniger als du dir vorgenommen hast. Weil du deine guten Ideen auch gerne den anderen sagen willst, fällt es dir fast immer schwer, damit zu warten. Dann platzt dein Kommentar so aus dir raus, daß die anderen keine Chance mehr haben, selbst etwas zu sagen. Versuch dich im Kreis und in der Klasse besser an die Regeln zu halten, du bist nicht immer automatisch dran, nur weil du eine gute Idee hast. Die haben andere Kinder auch und die sind dann traurig, weil du schon alles vorgesagt hast. Du mußt im nächsten Jahr bitte kräftig mithelfen, daß es noch ruhiger beim Arbeiten wird.

Lars Verhalten ändert sich schon im ersten Schuljahr und verbessert sich weiterhin im zweiten Schuljahr. Zum Halbjahresende geben Lehrer und Kinder ihm folgende Resonanz im Privat-Zeugnis:

> Mit den anderen Kindern kommst du ganz gut klar. Sie mögen dich, weil du gute Ideen hast und gut Sachen organisieren kannst. Die Kinder finden toll, dass das mit dem Schlagen und Prügeln besser geworden ist, aber sie wollen, dass du endlich ganz damit aufhörst. Das haben sie dir im Kreis gesagt. Trotzdem gab es in der letzten Zeit immer wieder mal Momente, wo du ganz brutal deine Kraft ausgenutzt hast. Da machen wir jetzt, wo es in der Klasse so gut klappt, alle nicht mehr mit und du bekommst wirklich Ärger, wenn du das nicht in den Griff bekommst. Du weißt doch bestimmt, dass Soldaten, die Schläger sind, direkt aus jeder Armee rausfliegen, oder?

Lars nimmt sich danach ausdrücklich vor: „nicht mer Prügeln" und bekommt zum Ende des zweiten Schuljahres folgende Resonanz im Zeugnis:

> Klasse bist du in Bezug auf Streit geworden, da gibt es keine besonderen Klagen mehr. Das hast du ganz toll geschafft. Achte aber darauf, dass du dafür nicht mehr Unsinn machst, halte dich bitte auch außerhalb der Klasse an die Schulregeln, sei es in der Pause oder bei gewissen Streichen, die du anderen schon mal spielst. Das kann eventuell schnell mal schief gehen.

Er selber schreibt vor dem Zeugnis: „ich Streite nicht mehr und verhindere Streit".

Insgesamt lernt Lars schnell und problemlos. Er behält aber seine Eigenart, bei Sachen, die ihn in einem Moment sehr interessieren, anderes auszublenden bzw. völlig zu ignorieren. Während diese Eigenart in den ersten Schuljahren eher deshalb auffällt, weil Lars dadurch zeitweise andere Kinder ablenkt, geht es im weiteren Verlauf darum, ihn an den Unterricht der weiterführenden Schule zu gewöhnen. Dabei fühlt sich der Lehrer selber im Zwiespalt. Er ist einerseits sicher, dass Lars durch das hohe Engagement und das fundierte Wissen, das er sich in den ihn interessierenden Bereichen erworben hat, eine wichtige Lern- und Lebensgrundlage innehat, die vielen anderen Menschen fehlt. Andererseits befindet er sich in einem System, das bestimmte Leistungen und ein bestimmtes vom individuellen Inhalt und seinem Sinn für den Lernenden unabhängiges Arbeitsverhalten verlangt. Der Lehrer schreibt Lars deshalb zu Anfang des dritten Schuljahres einen ähnlichen Brief wie auch dem „Schulverweigerer" Björn (s. u.):

> Deine Leistungen sind gut, du brauchst keine Angst vor der nächsten Schule zu haben, wenn du so weiter machst wie bisher.
>
> Setz dir allerdings bitte langsam immer wieder selber Aufgaben, die du durchziehen willst, auch wenn sie dir nicht so schmecken. Das musst du in den nächsten beiden Jahren noch üben.
>
> Verstehst du, du musst gar nicht so viel arbeiten, damit du Sachen kannst, sondern, damit du das ruhige (manchmal auch langweilige) Arbeiten lernst. Denn das musst du in der nächsten Schule können. Da bekommst du was gesagt und das musst du dann machen, ob du willst oder nicht. Diskutieren kannst du nur mit einem tollen Lehrer und den kann dir keiner garantieren.

Im dritten Schuljahr bittet Lars u. a. nach gemeinsamen Gesprächen mit dem Klassenlehrer und seinen Eltern, dass ihm die Klassengemeinschaft über ein paar Wochen kontinuierlich Rückmeldung zu seinem Verhalten gibt. Auch die Eltern wünschen in dieser Zeit eine regelmäßige Information über Lars´ Verhalten auf einem „Rückmeldezettel". In diesem Zusammenhang entstehen Briefe des Lehrers wie der folgende:

> Da ich Lars´ Zettel momentan irgendwie verlegt habe (oder hat er den Donnerstag schon wieder mitgenommen ? – da fehlte noch die heutige Kinderbefragung, und er wusste, dass das nicht viel Gutes bedeutete), kurz ein Brief.
>
> Es kommen von Lars leider nicht die erhofften klaren Signale (wie auch nicht von anderen.) Er arbeitet so wie immer, muss an gemeinsame Sachen erinnert werden und reagiert oft zu impulsiv.
>
> Die Kinder hatten einiges zu meckern. Bei manchen Sachen denke ich, dass er sie im Moment des Tuns gar nicht bemerkt:
>
> - Beim Schwimmen gab es Probleme, da hat er von den dortigen Schwimmlehrern eine Woche Schwimmverbot bekommen (wahrscheinlich hört er nicht so schnell und richtig ...) Zudem hat er Natalie untergetaucht, sodass er auch von der Klasse und mir noch eine Woche extra bekommen hat. Lars darf also die nächsten Mittwoche nicht schwimmen gehen. Ich denke, er sollte in dieser Zeit arbeiten müssen (entweder für die Schule oder im Haushalt).
>
> - Er ist oft zu unreflektiert, drückt mal einfach so auf eine Dose Fleckentferner und spritzt jemanden an, wirft Draht und Schere über die Tische, anstatt sie anzugeben, hält mal nebenbei Häckchen beim Rausgehen und grinst dazu, kann im Bus zum Waldlauf nicht freundlich bitten, vorbeigelassen zu werden, sondern baut sich drohend auf und macht unfreundlich auf sich aufmerksam usw.
>
> Also nicht viel Neues.

Vielleicht sollte man mit Lars wirklich mal aufschreiben, wie der Muster-Lars aussehen könnte, vielleicht hilft ihm das bei der Eigenreflexion. Ich weiß nicht, ob er weiß, was wir von ihm wollen. (Ich weiß selber nicht, was ich genau von ihm will: Charakter behalten und trotzdem vollkommen anders sein?)

Seine Leistungen sind OK.

Lars´ Arbeitsverhalten verbessert sich in diesem Zeitraum weiterhin positiv, wobei es bessere und schlechtere Phasen gibt. Im Zeugnis für das erste Halbjahr der dritten Klasse steht:

Du hattest im letzten Halbjahr ein paar ganz gute Tage, an denen du dir vorgenommen hast, deine Schwachstellen selber in Angriff zu nehmen. Du hast dich direkt hingesetzt und Geschichten geschrieben und überarbeitet oder Kniffelaufgaben gerechnet. Auch hast du für dich tolle Forschersachen gemacht, die man eigentlich einem Grundschulkind nicht zutraut (zum Beispiel über Geschichte).

Aber es gab auch Situationen, da tauchte dein altes Problem wieder auf. Du warst ganz in deine Sachen vertieft und nicht bereit, der Klasse zugute damit zurückzustecken. Das ging sogar mindestens zweimal so weit, dass du beim Arbeiten ohne aufzublicken Kinder weggeschubst hast, die dich nur etwas fragen wollten. Du musst auch bei Sachen, die dir im Moment sehr wichtig sind, die Situation um dich herum verfolgen und dich entsprechend anpassen. Insgesamt hat sich dein Verhalten aber weiterhin verbessert. Nimm dir bestimmte Sachen aber wirklich (schriftlich) vor und nutze die Klasse zum Kontrollieren.

Im ersten Halbjahr des vierten Schuljahres kann Lars eine Entwicklung bescheinigt werden, die einerseits ausdrückt, dass er als Person mit seinen Eigenarten so hat bleiben können, wie er nun einmal ist, er andererseits aber doch gelernt hat, auch Zugeständnisse an das Schulsystem bzw. seine Umwelt zu machen:

Lars fallen seine Leistungen im kognitiven Bereich nicht sehr schwer. Am liebsten arbeitet er dabei an eigenen Themen, die er konzentriert, zügig, zielstrebig und anstrengungsbereit verfolgt. Vorgegebene Themen erledigt er eher nebenbei. Ist er für eine Unterrichtssituation nicht motiviert, beschäftigt er sich gerne mit anderen Sachen und ist ablenkungsbereit. Es gelingt ihm aber zunehmend besser, das selbst zu kontrollieren. [...]
Lars ist sehr selbstständig und hat ein großes Durchsetzungsvermögen. Er ist – je nach Laune – mehr oder weniger konfliktbereit, hat sein Verhalten aber gut im Griff. Lars kann andere Kinder hervorragend motivieren, dabei Lernvorhaben kreativ und engagiert verfolgen, Gruppen organisieren, sich Informationen beschaffen und mit anderen zielorientiert zusammenarbeiten. Er kann Gespräche und Diskussionen leiten, reflektieren, für andere sprechen und Sachverhalte erläutern.

Lars erreicht nach dem vierten Schuljahr einen Notenschnitt von 2 und wechselt mit dem Großteil der Klasse auf das nahe gelegene Gymnasium. Er kann dort durchweg einen Notendurchschnitt im Dreierbereich halten, fällt allerdings durch seine eigenwillige Art schon auf. Das veranlasst die Eltern – u. a. nach Ratschlägen aus der Verwandtschaft, in der es ähnliche Verhaltensmuster bzw. auch massive Schulprobleme gibt – letztendlich dazu, Lars nun zeitweise medikamentös zu behandeln.

Im Rückblick auf seine Grundschulzeit äußert sich Lars positiv. Er hat sich in der Klasse wohl gefühlt: „Weil man so fiele Freunde hat und der Lehrer einem nicht alles vorbrabbelt. Alles hat mir bei dir gefallen." Nicht gut fand er Hausaufgaben zu machen, gut fand er „Das wir Frei arbeiten konnten." Er würde „Liebend gerne" noch einmal in die Klasse gehen und schreibt in zwei Briefen:

> Lieber Peschel!
>
> ich habe bei dir viel gelernt und Spass dabei gehabt. Es ist schade, das wir uns jetzt trennen müssen, da wir die letzten 4 Jahre ja ganz gut auskamen. [...]
>
> Ich fand besonders gut das wir sofiele Klassenfahrten gemacht haben und das wir nicht die ganze Zeit vor der Tafel gelernt haben, denn so etwas finde ich total langweilich und es macht auch keinen Spaß. Aber am besten fand ich das du uns selber entscheiden lassen hast. Mehr fällt mir leider nicht ein weil 4 Jahre ist eine verdammt lange Zeit und man kann sich ja nicht alles merken. [...]
>
> In den 4 Jahren die wir jetzt beisammen sind habe ich dich oft beobachtet und weiss jetzt was für ein Bild man sich von dir machen muß. Ich möchte mich bedanken das du dir sofiel zeit genommen hast um uns etwas beizubrinken. Vielen Dank !

Lars' Eltern geben auch eine Rückmeldung, wobei sie dies jeder individuell tun. Beide äußern sich sehr positiv in Bezug auf das Konzept, das Befinden und die Entwicklung des Kindes sowie den guten Kontakt zum Lehrer: „Hausbesuche fand ich total gemütlich und offener" bzw. „Daß der Lehrer auch ‚Hausbesuche' macht und immer Zeit mitbrachte". Am schwierigsten war für sie zu verstehen: „Daß man bei der Menge von Kindern allen etwas vermitteln kann." Probleme hatten sie dabei, Lars zu Hausaufgaben und ‚freiwilligem' Lernen zu motivieren. Gelungen fanden sie vor allem den Zusammenhalt und Teamgeist der Klasse und dass alle sehr viel gelernt haben. Sie würden Lars jederzeit noch einmal in diese Klasse geben: „Weil es ihm nicht nur ‚sozial' gut getan hat und er den ‚Umbruch' des alten Schulsystems gut gemeistert hat" bzw. „Weil Lars sich selbst zeigen konnte, was er alles mit und ohne Lehrer lernen kann (auch im sozialen Bereich)". Sie glauben, dass Lars weiterhin gut zurecht kommen wird: „Weil er ein Ziel hat" bzw. „Weil ich glaube, daß Lars weiß, was er will".

Ausführlicher schreibt der Vater:

> Positiv ist zu bewerten, dass sich die Kinder unterschiedlicher Religion und gesellschaftlicher Schicht so gut verstanden haben. Negativ, dass die Eltern verschiedener Kinder aus religiösen Gründen ihre Kinder aus der Klassengemeinschaft ausgegrenzt haben bzw. sich selber ausgrenzten.
>
> Die Klassenhochs und –tiefs wurden durch Gespräche mit anderen Eltern gemeinsam „durchlebt".
>
> Die Kinder sollten, und das wäre mein persönlicher Konzeptverbesserungsvorschlag, des öfteren „Frontalunterricht" in einem anderen Klassenraum; durch einen anderen Lehrer als Vergleich erleben.
>
> Toll fand ich die regelmäßigen „Zettel", die der Lehrer den Eltern zukommen ließ. Diese Zettel reflektierten so ziemlich alles, was ein Elternherz zu wissen wünschte.
>
> Weiterhin Good Luck und Danke für Alles

Die Mutter schreibt:

> Positiv fand ich, dass die Kinder im Kreis ihre eigene Meinung sagen konnten. Das auch über andere Kinder „Geurteilt" wurde, und zwar nicht auf Anraten des Lehrers.
>
> Ich hätte nie gedacht, daß sich Lars in Bezug auf Sachkunde so viel Wissen aneignen könnte.

Viele Eltern haben auf Klasse Peschel sehr negativ reagiert, obwohl ich meine, daß ihre Art des Lernens ihnen Recht gegeben hat.

Ich kann nur sagen, dass Lars einen der besten Lehrer bekommen hat und ich darüber sehr froh bin. Ich glaube auch, daß er bei einem anderen Lehrer nicht so gut geworden wäre, wie er ist.

Das einzig Negative meiner Meinung nach ist das Thema Disziplin. Da hätte Lars manchmal etwas mehr von gebrauchen können.

Auf jeden Fall finde ich, daß der Versuch Klasse 4e bestens gelungen ist und dafür möchte ich mich bei Ihnen noch mal ganz herzlich bedanken.

PS.: Falls Sie doch noch mal unterrichten, würde ich mich wirklich freuen, wenn [... Lars´ Bruder oder seine Schwester; FP] zu Ihnen in die Klasse kämen.

Lutz – oder: Ein Kind zwischen eigenen und fremden Fronten

Lutz ist eines der Kinder, über das eine ausführlichere Fallstudie angefertigt wurde (s. u.). Um die Möglichkeit eines kurzen Eindrucks zu bekommen, sei hier eine knappe Zusammenfassung bzw. eine Zusammenstellung von Ausschnitten der ausführlichen Fallstudie gegeben.

Lutz (6;3 Jahre/IQ 87) wohnt mit seinen Eltern und seinen älteren Geschwistern zusammen. Beim einführenden Gespräch des Klassenlehrers vor den Sommerferien bzw. vor der Einschulung bei Lutz zu Hause erscheinen die Eltern kritisch, aber sie wollen das im Gespräch ausgeführte Konzept mittragen (bzw. beobachten). In der Familie hat Bildung einen hohen Stellenwert. Lutz wirkt nicht leicht durchschaubar und verhält sich eher still. Er hat Vorerfahrungen mit Buchstaben und Zahlen, bekommt regelmäßig Klavierunterricht und lernt gerade schwimmen.

Lutz ist ein in hohem Maße in die Klasse integriertes Kind, das verlässlich Sachen in die Hand nimmt und auch gegenüber seinen Freunden ehrlich und kritisch Stellung beziehen kann. Ansonsten ist Lutz bei gemeinsamen Gesprächen im Sitzkreis eher zurückhaltend, er braucht einen konkreten Anlass, wenn er sich äußert. Am liebsten macht Lutz Sachen zusammen mit seinem Freund. Beiden Kindern fällt es schwer, sich außerhalb des gemeinsamen Spiels im Freien selber zu beschäftigen bzw. sich in der Schule Sachen zum Arbeiten vorzunehmen. Oft bleiben die eigenen Vorhaben auf einem für das Lernen eher unkonstruktiv erscheinenden Stand stehen. Obwohl Lutz die Unterrichtsgestaltung in Gesprächen und Äußerungen positiv reflektiert, fordert er sich selber nicht sonderlich heraus, sondern beschäftigt sich nur oberflächlich mit Sachen. Er liest lieber als zu schreiben oder zu rechnen und gibt sich bei seinen Eigenproduktionen mit einer eher geringen Menge an einfachen Aufgaben zufrieden. Dafür arbeitet er zu Hause mit der Mutter in eigenen Lernheften aus dem Buchhandel. Im Reflexionsprotokoll des Lehrers ist nach zwei Monaten Schule vermerkt: „Lutz hat zu Hause schon das zweite Schreibheft voll, in der Schule schafft er [...] nichts." Dabei sind Lutz´ Leistungen in den Fächern trotz seiner Schwierigkeiten mit dem selbstständigen Arbeiten gut.

Lutz' Arbeitsverhalten bleibt auch weiterhin wechselhaft. An manchen Tagen legt er direkt mit dem Arbeiten los, schreibt Geschichten oder arbeitet in seinem Rechenheft. An anderen Tagen lässt er sich von anderen Kindern oder vom Lehrer Texte diktieren oder knifflige Mathematikaufgaben geben. Aber es gibt auch Tage, an denen er nicht viel schafft. Die Ratlosigkeit des Lehrers bezüglich Lutz' Arbeitsverhalten, aber auch bezüglich seiner Kompetenzen wird im Gutachten für das zweite Halbjahr der dritten Klasse offensichtlich:

> „Das, was mich so wundert, ist Folgendes: Zum einen kannst du, wenn du willst, Aufgaben selbstständig und gut angehen, hast ein großes Forscherwissen, schreibst geübte Diktate fehlerfrei, kannst genau über Rechtschreibphänomene Auskunft geben und knifflige Rechenprobleme lösen. Zum anderen gibt es Zeiten, an denen du ziemlich chaotische Geschichten schreibst, dabei viele Sachen übersiehst, bei einfachen Rechenaufgaben nicht darauf kommst, ob man mal oder geteilt rechnen muss oder einen Vortrag zwar mit Raussuchen und Abschreiben perfekt vorbereitest, dann aber bei den Vorbereitungen für die Präsentation plötzlich völlig in den Seilen hängst.

> Abhängig scheint mir das von zwei Sachen zu sein. Einmal fällt es dir leichter, mit Hilfe und Betreuung zu arbeiten, als alleine. Das ist natürlich in Ordnung, aber gerade das Arbeiten ohne Hilfe solltest du ja lernen, denn nicht immer kann sich jemand um dich kümmern. Zwar wird das wieder etwas einfacher in der nächsten Schule, wenn alle das Gleiche machen, aber ob wirklich Zeit für genau *deine* Fragen bleibt, ist fraglich. Zum anderen scheint mir dein Arbeitsverhalten sehr von deinem Ehrgeiz und deiner Verfassung im jeweiligen Moment abzuhängen. Das geübte Diktat war dir wichtig, das hast du ganz bewusst (und gut) geschrieben, der Rechenzettel war relativ OK und hat dir dann so gereicht. Denk mal mit drüber nach, ob ich richtig liege und lass uns dann verabreden, ob das Arbeiten so wie jetzt für dich in Ordnung ist, oder wann du mehr Hilfe (oder Druck?) von mir haben willst, um vielleicht deinen Ehrgeiz dann anzuheizen, wenn du im Moment mal weniger hast. Aber du musst bitte die Initiative ergreifen.

Erstaunlich ist auch Lutz' Entwicklung in Mathematik. Hier ergibt sich der Eindruck, dass er nun auch in diesem von ihm eigentlich bevorzugten Fach immer oberflächlicher arbeitet und immer mehr nur noch von seinem Vorwissen zehrt, als sich zu neuen Dingen herauszufordern:

> Insgesamt sind deine Leistungen für das 3. Schuljahr natürlich voll in Ordnung, andererseits habe ich den Eindruck, dass dir manche Sachen immer schwerer anstatt leichter fallen. Mir ist allerdings überhaupt nicht klar, warum. Viele Sachen, die du früher ganz einfach automatisch konntest, musst du jetzt überlegen bzw. üben.

Nach dem Ende des dritten Schuljahres steht immer mehr die Frage nach der weiterführenden Schule an. Der Lehrer schreibt ihm in diesem Zusammenhang nach einigen Wochen:

> Deine Leistungen und dein Arbeitsverhalten fahren noch immer Achterbahn. Du hattest nach den ersten Tagen (wo ist dein Vertrag geblieben ?) ein paar wenig motivierte Phasen, bei denen du dich eher an Mehmet orientiert hast als an Kindern, die mehr leisten können (so wie du).

> Dann hattest du aber auch wieder Tage, an denen du gut oder sehr gut gearbeitet hast und große Lust hattest. Du musst das aber endlich irgendwie gleichmäßiger gestalten, Lutz, denn so reicht es noch nicht für das Gymnasium. Du bist zwar auf einem guten Weg, aber langsam wird die Zeit doch knapp. Mit deinem jetzigen Arbeitsverhalten würde ich dir raten, doch lieber auf einer etwas niedrigeren Schulstufe anzufangen und danach auf das Gymnasi-

um zu gehen. Ich denke, dass du das problemlos schaffen kannst und nicht so schnell gefrustet wirst. Es wäre schlimm, wenn du auf Dauer richtige Schulunlust bekämest.

Mit dem Gymnasium müsstest du ziemlich über dich hinaus wachsen und jetzt wirklich jeden Tag (!) Geschichten oder Diktate überarbeiten, evtl. sogar noch zusätzlich zu den Hausaufgaben (oder die aber immer ganz ganz toll machen). [...]

Entscheid dich also bald wirklich, greif aber nicht so hoch, dass dir dein Leben keinen Spaß mehr macht. Auf's Gymnasium kann man auf vielen Wegen kommen. Das muss man nicht von Anfang an.

Überleg mal. Aber setz dir Ziele und Kontrollmöglichkeiten, die du wirklich willst. Oder sei mal ganz ehrlich zu dir und setz dein Schulziel anders. Ist auch in Ordnung, denn es ist dein Leben. Solange du andere nicht belastest ist das OK.

Ab einem bestimmten Zeitpunkt nimmt Lutz dann von seinem Ziel „Gymnasium" Abstand und entscheidet sich für den Besuch der Realschule. Zum Halbjahr bekommt er eine begründete Empfehlung zum Besuch der Realschule oder der Gesamtschule. Da Lutz´ Leistungen im zweiten Halbjahr ansteigen, sieht der Lehrer nach der Anfrage der Eltern die Möglichkeit des Bestehens auf dem Gymnasium und verfasst einen Lernentwicklungsbericht und ein Vorab-Zeugnis zur Vorlage beim Gymnasium. Lutz hat sich im Bereich Sprache auf 3,3 und in Mathematik auf 2 gesteigert und wird dort angenommen. Lutz fasst schnell Fuß in der neuen Schule und bringt zurzeit (Ende Klasse 6) bis auf ausreichende Leistungen in Deutsch, Erdkunde und Geschichte befriedigende oder bessere Leistungen (Musik und Sport).

Zum Ende seiner Grundschulzeit äußert sich Lutz, wie er die vier Schuljahre in der Klasse rückblickend beurteilt. Dabei schreibt er: „Wir haben immer gute Sachen gemacht. Wenn wir Probleme haben, konnten wir mit dir Reden." Lutz fand die Sachen, die in der Klasse bzw. von ihm gelernt wurden in dieser Form OK und bezeichnet seine fachliche Ausbildung und das Vorbereiten auf selbstständiges Lernen als sehr gut, die Schulung auf den Umgang mit anderen gut. Probleme hat ihm in der Klasse vor allem die Integration der verhaltensauffälligen Kinder gemacht: „Wenn wir einfach Probleme hatten z. B. mit Michael oder so." Gefallen haben ihm vor allem die gemeinsamen Aktionen: „Ich fand die Klassenfahrten gut und was wir noch gemacht haben." Die offene, basisdemokratische Unterrichtssituation fand er nicht schwierig: „Weil wenn man erst richtig im gan war dann kam man nicht mehr raus." Er würde jederzeit wieder in diese Klasse gehen und denkt, dass er später gut klar kommt. Er schreibt weiterhin in einem Brief:

Hallo Peschel!

Wir hatten eine lange Zeit miteinander und manchmal warst du richtig unfer mit den Noten. [...] Aber trotzdem waren die 4 Jahre toll mit dir, ich hab bei dir lesen, rechnen und schreiben gelernt und manchmal fand ich das ja gut aber wir hätten auch mal was an der Tafel machen können.

Bis dahin dein Lutz

Der Vater reflektiert Lutz´ Schulzeit folgendermaßen: Man hatte in den vier Jahren des Öfteren Unsicherheitsmomente bezüglich der Unruhe in der Klasse, der fehlenden Disziplin (im Sinne von „discipulus") und die zum Teil fehlende Notwendigkeit der Schüler, etwas zu tun/lernen bzw. die zeitweise fehlende Aufsicht. Am schwierigsten war für ihn zu verstehen, dass sich die Kinder zu oft selbst überlassen waren. Beruhigend empfand er die Leistungen und die Entwicklung des eigenen Kindes und der anderen Kinder, die Gespräche mit dem Lehrer, anderen Eltern und auch dem Schulleiter. Gut empfand er die Vorbereitung des Kindes in Mathematik, im Sprachgebrauch und im Sachunterricht, schlechter im Bereich Rechtschreiben, Lesen und im musischen Bereich. Dabei sind ihm die Hauptfächer am wichtigsten. Vor allem gelungen war für ihn die Selbstständigkeit der Kinder, der offene Umgang und der erweiterte Horizont. Er würde der Grundschule die Note 2 für die Vorbereitung auf das selbstständige Arbeiten und Referieren sowie den sozialen Bereich geben und insgesamt die Note 2-3 zukommen lassen.

Auch würde er sein Kind noch einmal in diese Klasse geben, wobei er sich erhofft, die ersten zwei Jahre des „Suchens nach dem Weg" vermeiden zu können. Für die Zukunft des Kindes sieht er – „weil die Mutter intensiv eingreift und unterstützt" – kein Problem. Er schließt mit der Bestätigung, dass der Klassenlehrer nach vier Jahren mit diesen Erfahrungen „ein sehr guter Lehrer" sei – wobei er verschiedene Anforderungen bzw. Kinderproduktionen des vierten Schuljahres (Dreisatzaufgaben und Bildinterpretationen) im Gegensatz zum anfänglichen „Dahintrödeln" eines Sechstklässlers bzw. Obersekundaners würdig empfindet.

Meike – oder: Oberflächlichkeit und Ordentlichkeit in verschiedenen Unterrichtskonzepten

Meike (6;11 Jahre/IQ 112) wohnt mit ihren Eltern und ihrem jüngeren Bruder zusammen. Meikes Eltern sind berufstätig, wobei Mutter, Vater oder Oma nachmittags auf die Kinder aupassen können. Beim Kennlerngespräch bei der Familie zu Hause tun sich die Eltern zwar schwer mit dem Bild von Schule, das der Lehrer ihnen schildert, sind aber prinzipiell aufgeschlossen. Die Differenz zwischen theoretischem Verständnis und praktischer Umsetzung, die sich bei Eltern ergeben kann, wurde dem Lehrer in der Anfangszeit besonders an einer Reaktion von Meikes Mutter deutlich. So gab es nach dem ersten Elternabend, an welchem das Konzept und seine Hintergründe noch einmal detailliert vorgestellt bzw. diskutiert wurden, auch die Möglichkeit, die Klasse zu besichtigen. Trotz der ausführlichen vorhergehenden Beschreibung des auf „Unterricht" verzichtenden Vorgehens suchte Meikes Mutter ganz erstaunt das Lehrerpult vor der Tafel und wandte sich fragend an den Lehrer. Später hospitierte sie an verschiedenen Tagen in der Klasse, um sich einen eigenen Eindruck von der dortigen Arbeitsweise zu verschaffen. Dabei fand sie das Arbeiten und Lernen der Kinder ungewohnt, aber durchaus in Ordnung.

Meike macht beim Kennenlernen einen aufgeweckten, sicheren und neugierigen Eindruck. Sie erscheint sehr aktiv, hat Vorerfahrungen mit Buchstaben und Zahlen, malt gerne und freut sich auf die Schule. In der Klasse ist sie durch ihre offene und rege Natur schnell beliebt, wobei sie keiner festen Freundesgruppe angehört, aber doch immer in einer Gruppe aktiv ist. Dabei scheinen ihr Jungen mindestens so lieb zu sein wie Mädchen. Sie wird gerne als Kreischef bzw. als Streitchef gewählt, weil die Kinder ihre fröhliche und herzliche Art sowie ihre Fähigkeit, sich in andere Personen hineinzudenken, schätzen.

Meikes Engagement ist auch in ihrem Lernverhalten zu finden. Sie produziert schon in den ersten Wochen ganze Bücher mit Geschichten. Mit der Zeit stellt sich heraus, dass es ihr aber schwer fällt, genau und tiefergehend zu arbeiten. Sie schafft in der Regel ein hohes Tagespensum mit Schreiben, Rechnen, Lesen und Forschen, scheut sich aber vor Sachen, die man tiefgründiger angehen muss bzw. die eben nicht so schnell gehen. Im Zeugnis des ersten Schuljahres ist diesbezüglich zu finden:

> Obwohl du manchmal auch etwas trödelst, kannst du sehr gut selbständig und zügig arbeiten. Du hast immer eine Idee für eine Geschichte und schreibst zum Beispiel an einem Tag so ganz nebenbei ein ganzes Buch voll. Manchmal bist du allerdings so schnell, daß du nicht mehr sorgfältig arbeitest. Vor allem beim Rechnen ist das schlecht, wenn du zu Aufgaben weniger Lust hast, nur irgend etwas hinschreibst und nach dem Ausrechnen nicht mehr nachsiehst. Aber auch beim Schreiben vergißt du schon mal einen Buchstaben, den du beim Nochmal-Lesen bestimmt bemerken würdest. Wenn du so gearbeitet hast, stolpert man beim Lesen und versteht dann deine Geschichte nicht so gut wie sie aber eigentlich geschrieben ist.

Sie gibt sich im zweiten Schuljahr verstärkt Mühe, ihr Arbeitsverhalten in die Richtung eines tiefergehenden Arbeitens zu erweitern. Im inoffiziellen Halbjahreszeugnis findet sich:

> Liebe Meike,
> du arbeitest jeden Tag fleißig und gut. Du findest immer eine Menge Sachen zu tun und schaffst dann auch immer viel. In der letzten Zeit hast du gemerkt, wie wichtig es ist, Sachen nicht nur schnell, sondern am besten ganz sorgfältig zu machen. Das hast du dir jetzt vorgenommen. Das ist klasse. (Finden alle: Mutti, Vati und Peschel !) Das wird dir nicht immer leicht fallen, aber versuch das durchzuhalten. Man lernt dann ganz schnell, wenn man sich mit einer Sache so richtig beschäftigt und nicht nur so *husch husch*.

Trotzdem bleibt Meikes Arbeitsverhalten wechselhaft. Zugleich steigen die Anforderungen an vertieftes Arbeiten mit den Schuljahren immer mehr (Rechtschreibung, Automatisieren, Hintergrundwissen bei Vorträgen). Zum Ende der Klasse 2 formuliert Meike selber vor dem Zeugnis:

> Sorg felltig fersuche ich Zu sein. Sachen zum abeiten finde ich gut. [...] ich möchte ordent licher Schreibven und beser Reschnen. Texte fallen mir gut ein. meine schrift ist nicht so besonders. meine geschichten gug ich nicht so gut nach. [...] Sachen zum forschen finde ich gut. forcher sachen auf schreiben kann ich. anderen über forcher Sachen berichten kann ich Nicht so gut.

Im Zeugnis ergibt sich folgendes Bild bezüglich Meikes Arbeitsverhalten (im zweiten Abschnitt exemplarisch am Bereich Schreiben dargestellt):

> Du hast wie im letzten Jahr gut gearbeitet. Du findest immer etwas zu tun und kannst lange und mit Ausdauer an deinen Sachen arbeiten. Leider hast du immer noch gemeint, dass es besser ist, viel zu machen als Sachen ganz sorgfältig zu machen. Zum Teil musstest du des-

halb Sachen doppelt machen. Du musst dich jetzt bei allen Arbeiten, die du machst, zwingen, sie langsamer und sorgfältiger zu machen und am Schluss immer noch mal durchzusehen. Nur so kannst du dein tolles Arbeitsverhalten auch gut ausnutzen. [...]
Du bist ja sowieso unser Vielschreiber. Dass dir immer so viel einfällt, ist super. Zeitweise war es dir sehr wichtig, dass du ganz ordentlich schreibst und deine Texte gut nachsiehst. In dieser Zeit hast du viel gelernt. Dann gab es aber auch wieder eine Zeit, in der es dir nur wichtig war, dein Heft irgendwie voll zu schreiben. Du hast große Lücken zwischen den Wörtern gemacht und deine Geschichten waren nicht mehr spannend und krickelig geschrieben. In dieser Zeit hast du nicht viel gelernt, du hättest da also eigentlich auch gar nichts machen können. Wenn du dir Mühe gibst, ist deine Schrift O.K., aber ich erwarte wirklich, dass du in Zukunft sauberer schreibst oder vorschreibst und immer gut durchsiehst und auf deine kleinen „u" und die „L" und „h" achtest. Denk immer mehr daran, in Erwachsenenschrift zu schreiben und Wörter im Wörterbuch nachzuschlagen. Achte auch beim Abschreiben auf das Richtigschreiben.

Dabei steigt im zweiten Schuljahr auch der Druck der Eltern auf Meike in Bezug auf das sorgfältigere Arbeiten. Das führt letztendlich dazu, dass es zum Ende des zweiten, Anfang des dritten Schuljahres einen massiven Einbruch bei Meikes Schreibmotivation bzw. in ihrem ganzen Arbeitsverhalten gibt. Dies hat u. a. mit einer gespannten Situation bei den Hausaufgaben zu tun, die von den Eltern in einer anderen Form eingefordert werden, als Meike es von der Arbeit in der Schule her gewohnt ist.

Da die Eltern die Ursache für Meikes oberflächliches und unordentliches Arbeiten im offenen Unterrichtskonzept (und der „dort herrschenden Unruhe und Unordnung") begründet sehen und sich Meikes Verhalten trotz gemeinsamer Gespräche und Verabredungen mit dem Lehrer nicht ausreichend verändert, überlegen die Eltern, Meike in eine andere Klasse zu geben. Dabei geht es auch darum, Meike auf diese Weise zu zeigen, „dass es ernst wird". Der Lehrer ist zwar nicht überzeugt davon, dass Meikes oberflächliche Arbeitsweise im Unterrichtskonzept begründet ist, findet aber, dass Eltern generell ein Recht haben müssen, sich bewusst – d. h. unter konkreter Kenntnis bzw. Erfahrung von Vor- und Nachteilen – für eine Klasse, eine Unterrichtsform oder einen Lehrer zu entscheiden. Er verständigt sich mit den Eltern darauf, dass Meike ein paar Wochen probeweise eine der beiden Parallelklassen besuchen sollte, damit entsprechende Erfahrungen gemacht werden können.

Da sich auch Meike – evtl. auch aus Selbstschutz – nach einem ersten kleinen Schock mit der Hospitation in einer anderen Klassen anfreunden kann, finden entsprechende Gespräche mit den Kolleginnen statt und Meike wechselt von Mitte/Ende November bis zu den Weihnachtsferien in eine der Parallelklassen. Sie erfährt dort einen stark lehrgangsorientierten Unterricht, bei dem sie direkt und gut mitmachen kann. Ihre Arbeitsergebnisse sind ordentlich und spiegeln im Klassenvergleich gute Leistungen wieder. Bemerkenswert ist, dass sich Meike zu Hause über die ungewohnte Unruhe in dieser Klasse beschwert. Sie empfindet das dort notwendige Disziplinieren im Unterricht als sehr störend.

Die Eltern sind über die neuen Erfahrungen relativ überrascht. Einerseits haben sie gerade die „Unruhe" dem offenen Unterrichtskonzept zugeschrieben, andererseits hätten sie nicht vermutet, dass Meikes Ordentlichkeit so eng mit der Form der an sie gestellten Anforderungen zu tun hat. Meike muss sowohl zu Hause als auch in der Schule nur einen Bruchteil dessen arbeiten, was sie sonst freiwillig und selbstverständlich von sich aus arbeitet – und dazu noch auf einem viel niedrigeren Niveau. Den Eltern wird klar, dass es für Meike kein Problem ist, diese Anforderungen (bestimmte Übungen im Sprachbuch, Wörter und Texte abschreiben, geübte Rechenaufgaben ausführen, Lückentexte im Sachunterricht ausfüllen etc.) ganz ordentlich zu erfüllen.

Ihnen fällt erst jetzt auf, dass die Geschichten und Bücher, die Kniffelaufgaben in Mathematik oder die Forschervorträge, die Meike sonst verfasst und zumindest teilweise selbstständig überarbeitet, ein ganz anderes Leistungsniveau bzw. ganz andere Leistungsmöglichkeiten darstellen. Entsprechend dieser Erkenntnis und nach einem beruhigenden Gespräch mit der Kollegin kommt Meike nach der vereinbarten Zeit wieder in ihre alte Klasse zurück. Dadurch fühlt sich auch der Lehrer in seiner Ansicht bestätigt, dass Eltern mehr Vergleichsmöglichkeiten gegeben werden müssten, um sich für oder gegen Unterrichtskonzepte zu entscheiden – sonst wird ein offenes Unterrichtskonzept im Gegensatz zu einem geschlossenen immer in einem nicht zu begründenden größeren Legitimationszwang stehen.

Zu diesem Erfahrungsprozess schreibt der Lehrer Meike im Zeugnis des ersten Halbjahres der Klasse 3:

Liebe Meike !

Du hast ja selber zu spüren bekommen, dass weder deine Eltern noch ich dir jedes Jahr dasselbe sagen oder schreiben wollten, ohne dass du es ernst nimmst. Du hast trotz der täglichen Hinweise nicht alleine die Kurve bekommen, sorgfältiger und genauer zu arbeiten und Sachen zu üben. Dann gab es eine Radikalkur, die dir gezeigt hat, dass du das ja auch kannst, was alle von dir wollen. Bleib da dran, auch wenn es dir manchmal schwer fällt. Gerade in unserer Klasse wirst du dabei hart auf die Probe gestellt, den richtigen Weg zu gehen. Aber du schaffst das. Und wenn du das einmal durchhältst, dann kann dir später nicht mehr viel passieren, weil du zusätzlich viele Sachen gelernt hast, die andere Kinder nicht unbedingt können: dich ganz selber mit Lernsachen beschäftigen, bücherlange Geschichten schreiben, Forschervorträge machen, alleine Gruppen leiten und so weiter.

Insgesamt verbessert sich Meikes Arbeitsverhalten auch in den nächsten Schuljahren positiv, es fällt ihr aber – und das passt zu ihrem Charakter – weiterhin schwer, wirklich tiefgründig zu arbeiten. Da die Eltern aber – evtl. auch auf Grund der eigenen Schulbildung – wünschen, dass Meike nicht das Gymnasium, sondern die Realschule besuchen soll, sind sie mit ihren Leistungen soweit zufrieden. Da der Lehrer Meike auf Grund ihrer Begeisterungsfähigkeit durchaus zutraut – inmitten der gewohnten Sozialgruppe – auch die Anforderungen des Gymnasiums bestehen zu können, schwankt er zunächst zwischen einer Empfehlung für die Realschule und einer für das Gymnasium. Da Meikes Leistungen im ersten Halbjahr der vierten

Klasse, als das Gutachten verfasst wird, wieder nachlassen, schließt er sich den Eltern an und Meike bekommt eine Empfehlung für die Realschule. Zu diesem Zeitpunkt hat sie einen Notenschnitt von 2,3. Zum Schuljahresende verbessert sie sich auf 2,0.

Die Eltern wählen für sie die als etwas „strenger" geltende Realschule in der Stadt aus, die sie dann als einziges Kind der Klasse besucht. Sie findet dort schnell neue Freunde und kann ungefähr einen Notenschnitt im Bereich 2,2 halten. Da sie sich nach Meinung der Eltern nicht sehr anstrengen muss, überlegen diese dann doch, ob Meike nicht auf das Gymnasium wechseln sollte – und wann der beste Zeitpunkt dafür sein könnte. Sie bitten dazu auch den ehemaligen Grundschullehrer zu einem gemeinsamen Gespräch mit Meike. Da der Lehrer sowohl in der Realschulklasse als auch der in Frage kommenden Gymnasiumsklasse, in der sich schon neun Kinder der ehemaligen Grundschulklasse befinden, hospitiert hat, hält er einen baldigen Wechsel für sinnvoll und angebracht. Meike geht daher in der zweiten Hälfte der fünften Klasse von der Realschule auf das Gymnasium. Sie sinkt dort zunächst leistungsmäßig in den Bereich 3 ab, pendelt sich dann aber zwischen 2 und 3 ein. Schwer fallen ihr vor allem die Fremdsprachen. In den schon an der Grundschule unterrichteten Fächern hat sie keine Probleme.

Meike reflektiert ihre Grundschulzeit positiv, sie kritisiert nur: „Ich hätte mir Sprache und Rechtschreiben anders vorgestellt." Schulprobleme verursacht hat ihr: „Eigentlich garnix nur einmal als ich in eine andere Klasse gehen musste." Sie fand vor allem gut: „Das wir Freigearbeitet haben und das wir viel zusammen unternommen haben." Sie würde die Klasse jederzeit noch einmal wählen: „Weil es hir nicht so streng war. Mit den anderen gut auszukommen." Ferner schreibt sie in zwei Briefen:

> Lieber Peschel!
>
> Du warst ein sehr guter lehrer von dem man in den 4 Schuljahren sehr viel lernen konnte. Manchmal hast du die Kinder angemault, was nicht immer richtig war aber ansonsten warst Du sehr nett. Ich finde es schade das wir jetzt auf eine andere Schule müssen denn da haben wir bestimmt nicht sowiel Spaß wie bei Dir. [...]
>
> Ich fand gut das wir so oft auf Klassenfahrt waren. Du hattest auch gute Ideen wo wir hinfahren konnten. Ich fande gut das wir freiarbeiten gemacht haben und das wir 7 Computer hatten. Es wäre schön wenn du noch mal eine Klasse machen würdest. Du hättest dir vieleicht die Tests besser einteilen sollen denn in den letzten Tagen waren das viel zu viele Tests aufeinmal. Ansonsten warst du ein sehr guter Lehrer dem man alles sagen konnte und auch viel Lehrnen konnte. [...]
>
> Bei den Zeugnissen hattest Du manchmal Fachwörter bei, die wir nicht verstehen konnten. Aber ansonsten waren die Zeugnisse gut. [...] Es hat Spaß gemacht, dich als Lehrer zu haben.

Auch Meikes Eltern geben eine Resonanz auf ihr Erleben der Grundschulzeit. Sie hatten ziemlich oft Unsicherheitsmomente bezüglich der Richtigkeit, so Schule zu machen und begründen das so (wahrscheinlich vor allem auf die Hausaufgaben bezogen): „Die Kinder konnten sich immer eine Alternative zu den gewünschten Aufgaben aussuchen. Empfanden die Kinder die Aufgaben als zu schwer (oder zu langweilig) konnten sie etwas anderes machen, anstatt sich durch die gestellten Aufgaben durchzubeißen." Beruhigend fanden sie neben den Leistungen und der Entwicklung des Kindes vor allem: „Das Gespräch mit der anderen Klassenlehrerin nach 6 Wochen „Probeunterricht" in einer anderen Klasse. Offener und kritischer Meinungsaustausch war immer möglich." Wichtig gefunden hätten sie „Mehr Ordnung und Sauberkeit beim arbeiten" sowie „Etwas mehr Respekt der Kinder vor dem Lehrer wäre angebracht gewesen". Schwer gefallen ist ihnen: „Bei manchen Lerntechniken über Flüchtigkeitsfehler hinweg zu sehen". Gelungen war für sie die Klassengemeinschaft. Sie würden Meike jederzeit noch einmal in die Klasse geben: „Weil unsere Tochter das Lernziel der Grundschule mit viel Freude und ohne jeglichen Zwang erreicht hat." Sie denken, dass Meike weiterhin gut zurecht kommen wird: „Weil unsere Tochter selbstbewusst ist und sich gut durchsetzen kann." Weiterhin schreiben sie u. a.:

> Die Entwicklung unseres Kindes haben wir in 3 Stufen erlebt. Vom ersten bis zum zweiten Schuljahr war der Lernerfolg ziemlich gleichmäßig und zufriedenstellend. Dann kam ein Leistungseinbruch und wir zweifelten, ob diese Lerntechnik die richtige Methode war, unserer Tochter den Schulstoff beizubringen. In der zweiten Hälfte des vierten Schuljahres machte unsere Tochter aber noch einen großen Sprung nach vorne, sodass letztendlich das Klassenziel gut erreicht wurde.

> Das Lernkonzept als solches finden wir gut, würden aber mehr Ruhe beim arbeiten und mehr Sorgfalt mit in den Unterricht einfließen lassen.

Michael – oder: Kinder therapieren einen hochbegabten Hyperaktiven

Michael (6;3 Jahre/IQ 117) wohnt mit seinen Eltern und seiner ungefähr zwei Jahre jüngeren Schwester in einem neu erbauten Einfamilienhaus im Nachbarort der Schule. Der Vater arbeitet ganztägig, die Mutter an bestimmten Tagen in der Woche halbtags. Die Familie ist dem Lehrer und dem Konzept gegenüber aufgeschlossen, der Vater ist im dritten und vierten Schuljahr stellvertretender Klassenpflegschaftsvorsitzender. Michael wirkt sehr zierlich und zerbrechlich. Bei einer schulärztlichen Untersuchung Ende des ersten Schuljahres wiegt Michael 17,5 kg bei einer Körpergröße von 117 cm. Gewicht und Länge verändern sich auch in den folgenden Jahren nur geringfügig. Michael kann unbegrenzt zählen, etwas rechnen und seinen Namen schreiben. Schon beim Kennlerngespräch weisen die Eltern darauf hin, dass Michael Probleme im sozialen Bereich hat.

Im Verlauf des ersten Schuljahres ergibt sich u. a. im Rahmen der Überlegungen bezüglich der Beantragung einer sonderpädagogischen Unterstützung folgendes Bild von Michaels Vorgeschichte: Michael fiel schon direkt im Kindergarten auf, den er mit 3,5 Jahren besuchte. Er spielte nicht mit anderen Kindern oder aber versuchte, durch Zerstören von Spielmaterial oder durch andere aggressive Verhaltensweisen die Aufmerksamkeit der Kinder zu erregen. Die Mutter drückt sich so aus: „Michael hat die Gruppe gesprengt". Im direkten Einzelkontakt zu anderen Kindern bzw. zu Hause seien diese Probleme nicht so auffällig gewesen. Auf Anraten der Erzieherinnen nimmt die Mutter nach einem halben Jahr Kontakt zu einer Erziehungsberatungsstelle auf und Michael besucht ab dann regelmäßig eine Spieltherapie. In einem gegen Ende der ersten Klasse erstellten Gutachten zur Ermittlung sonderpädagogischen Förderbedarfs berichtet die begutachtende Sonderschullehrerin über das Gespräch mit der Leiterin der Spieltherapie:

> Laut Beobachtung [... der Therapeutin] hatte Michael erhebliche Probleme, sich in eine größere Gruppe von Kindern zu integrieren. Er nehme nur kurzfristig Kontakt auf und ziehe sich dann schnell wieder zurück. Sie glaubt, dass er so versuche, Konflikte zu vermeiden. Er habe keine Strategie entwickelt, Konflikte zu lösen, sein einziges Mittel sei, zuzuschlagen, meist sehr heftig und unkontrolliert. Andererseits provoziere er Konflikte, auch körperlich, er bedränge andere Kinder, nehme ihnen Spielzeug weg oder zerstöre es. Michael ist auffallend klein und zierlich, sie nimmt an, daß er seine geringe Größe durch Einsatz körperlicher Gewalt zu kompensieren versuche.

Neben der Spieltherapie wurde ein Training im Bereich Grob-/Feinmotorik durchgeführt. Ferner unterzog sich die Familie einem Video-Home-Training.

Erst im in der Klasse praktizierten Offenen Unterricht wird neben dem später bestätigten Verdacht auf „Aufmerksamkeitsdefizit mit hyperaktivem Verhalten" Michaels „Andersartigkeit" im kognitiven bzw. emotionalen Bereich ersichtlich. Emotionale und kreative Bereiche scheinen bei ihm nicht vorhanden bzw. nicht sonderlich ausgeprägt zu sein, während er durch hochqualifiziertes, strukturelles bzw. analytisches Denken hervorsticht. Dies fällt auch den Kindern auf. So vermerkt der Lehrer in seinem Tagebuch im November der ersten Klasse, dass Sabine bei einer Streitschlichtung zwischen Andrea und Michael sinngemäß bemerkt: „Ich glaube, dem sein Gehirn geht ganz anders. Der macht immer so Sachen zu einer anderen Zeit."

In Mathematik rechnet Michael schon in den ersten Wochen selbst ausgedachte, strukturorientierte Aufgaben im unbegrenzten Zahlenraum. Im Bereich Sprache lernt er die Buchstaben beiläufig, genauso bringt er sich das Lesen bei. Bezüglich der Rechtschreibung scheint es so, als würde er alle Wörter, die ihm irgendwo einmal begegnet sind, rechtschriftlich richtig behalten. In einem Gutachten bzw. einem nachfolgenden Brief an die für Sonderschulen zuständige Schulrätin beschreibt der Lehrer Mitte der Klasse 2 ein paar Erlebnisse und Eindrücke:

> Kurz nach Schulanfang: Die Kinder rechnen gemäß ihrem individuellen Können: 4 + 5, 20 + 4, 34 + 7 usw. Nur Michael nicht. Er tippt in den Computer: 1+1=2, 2+2=4, 4+4=8, 8+8... 8192+8192=16384 usw.
>
> Im Kreis: Ein Kind schlägt vor zu zählen. Alle zählen. Bei 100 winke ich ab. Michael zählt weiter. Irgendwann bekommen wir ihn stumm. Eine Stunde später hört man aus seiner Richtung 2342, 2343 etc. Er denkt übereinander, ist „durchgelaufen".
>
> Offener Anfang am Morgen: Michael startet den Computer und tippt auf der Tastatur rum. Ich will schon meckern, da merke ich, dass er schon längst angefangen hat zu arbeiten. Aber er wartet dabei nicht auf den Computer. Er hat alle Bestätigungsbefehle, Programmaufrufe etc. eingetippt, bevor der langsame Computer diese sichtbar machen kann. Er schreibt schon längst an seinem Text, während der Computer blind „nachläuft"...
>
> Man merkt Michael den sekündlichen Kampf an, der in seinem Kopf zu existieren scheint. Er scheint so unermüdlich „zu denken", daß er sehr oft einfach „leerdreht" und ihn der feh-

lende Input quasi verrückt macht. Beschäftigt sich jemand auf seinem Niveau mit ihm, ist seine hohe Intelligenz schnell positiv nutzbar. Seine Unselbständigkeit läßt wiederum aber nur ein Alleinarbeiten auf rein reproduktivem Niveau zu, er bleibt nicht von alleine an Problemen dran, die ihn wirklich fordern und befriedigen. [...] Michael hat zeitweise am Unterricht einer 4. Klasse teilgenommen, wahrscheinlich hat ihn aber der organisatorische Unterrichtsablauf überfordert, so daß er seit einiger Zeit nicht mehr in diese Klasse geht, sondern lieber einfach Texte am Computer abtippt.

Michaels Leistungen liegen sehr weit unter dem, was er wahrscheinlich leisten könnte. Würde man Michael fair fördern, so könnte Michael schnell auf wesentlich höherem Niveau arbeiten. Es ist dabei anzunehmen, dass die Erziehungsschwierigkeiten dann rapide zurückgehen werden.

Die angesprochenen „Erziehungsschwierigkeiten" äußern sich in der Schule folgendermaßen: Michael kann nicht stillsitzen und ist nur zu bändigen, indem sich der Lehrer ausschließlich mit ihm beschäftigt oder ihn zumindest festhält, damit nicht Sachen durch die Gegend fliegen, Tische und Stühle übereinandergebaut oder Bücher zusammengetackert werden.

Die Sonderschullehrerin, die Michael gegen Ende des ersten Schuljahres begutachtet, dokumentiert sein Verhalten in den von ihr besuchten Stunden folgendermaßen:

Michael fällt selbständiges Arbeiten sehr schwer. Es gelingt ihm alleine nur sehr selten, und nur, wenn ihn eine (anspruchsvolle) Sache stark beschäftigt. Ansonsten läßt er sich durch ihn umgebende Reize stark ablenken. Arbeiten in der Kleingruppe kommt ihm entgegen, am besten arbeitet er in Einzelarbeit mit dem Lehrer. Dabei läßt er sich dann auch auf verschiedene Sachen ein. Seine Ausdauer ist aber trotzdem stark themenorientiert; Sachen, die ihn nicht unmittelbar ansprechen oder ihm uninteressant erscheinen, geht Michael nicht an bzw. bricht sie schnell ab. Schwer fällt Michael auch die Teilnahme an den gemeinsamen Klassenbesprechungen im Sitzkreis. Ruhig sitzen und anderen Kindern zuhören kann er nur bei Themen, die ihn direkt betreffen.

Michael reagiert immer ganz situativ, d. h. er reflektiert Handlungen nicht und handelt so, wie es ihm gerade in den Sinn kommt. Regeln und Vorgaben stehen der momentanen Situation immer nach, so daß eine gewisse Unberechenbarkeit entsteht. Sein Verhalten ist allerdings nicht willkürlich, er handelt nicht absichtlich gegen die Regeln und schildert Vorfälle immer aufrichtig und sachlich. [...] Desweiteren zu betonen ist Michaels Furchtlosigkeit vor jeglicher Situation. Er reagiert auch auf offensichtlich gefährliche Situationen positiv und unreflektiert. [...]

Zu Beginn Kreisgespräch über die Klassenfahrt in der Vorwoche. Trotz mehrfacher Aufforderung nimmt Michael nicht teil. Er ißt Kekse, läuft aus der Klasse, kommt wieder herein, rangelt mit einem anderen Kind, das sich dem Kreisgespräch entzogen hat. Nach wiederholten Aufforderungen setzt er sich schließlich an den Tisch, um in einem Arbeitsheft zu lesen. Während der Arbeitsphase [...] beschäftigt er sich weiter mit seinem Arbeitsheft, spitzt Stifte an, läuft in der Klasse herum, holt weitere Stifte, die er anspitzt, holt sich immer neue Bücher, in die er kurz reinguckt. Dann nimmt er sich ein Steckspiel (Mathematik), mit dem er Türmchen baut, es mehrfach aus- und einräumt. [...]

Wegen seiner großen Unruhe und seinem großen Bewegungsdrang, wurde Michael auf Hyperkinese untersucht. Es wurde ein nervöser Grundantrieb und ein Grenzwert zum Hyperkinetischen festgestellt. Die Untersuchung erfolgte als Einzeluntersuchung, Michaels Verhalten in einer Gruppe wurde nicht getestet.

Während Michaels Verhalten zu Beginn des Schuljahres von der Klasse noch gut verkraftet werden konnte, ergab sich durch die enge Freundschaft von Michael und

Mirko nach den Herbstferien eine neue Situation. Beide Kinder verhalten sich gleich unreflektiert und beeinflussen sich gegenseitig so stark, dass sie der ununterbrochenen Aufmerksamkeit des Lehrers bedürfen. Dabei lenken sie nicht nur sich selbst vom Arbeiten ab, sondern bestimmen durch ihr Agieren auch die Lernatmosphäre der gesamten Klasse maßgeblich. Da beiden Kindern ein selbstständiges Arbeiten über einen längeren Zeitraum nicht möglich ist, muss in der Regel mindestens eines der beiden Kinder durch den Lehrer oder durch Klassenkameraden betreut bzw. beschäftigt werden.

Trotz der genannten Schwierigkeiten wird Michael von den anderen Kindern der Klasse voll als Klassenkamerad mitgetragen. Seine Sonderrolle wird akzeptiert, die Kinder äußern sich mit konstruktiven Vorschlägen zur Problemlösung, die Zugehörigkeit von Michael zur Klasse wird nicht in Frage gestellt. Michael geht gerne in die Schule und kommt mit allen Kindern aus. Interessen- und situationsabhängig ergeben sich sowohl positive als auch negative Kontakte zu allen Kindern der Klasse. Michael formuliert nach dem Zeugnis des ersten Schuljahres: „ich brauch fast immer einen der auf mich auf Past im Kreis aber nur fast. Das Stimmt. ich möchte ein Schulkind sein."

Insgesamt prägen aber die beiden „nicht kontrollierbaren" Kinder Michael und Mirko den Unterrichtstag so maßgeblich, dass auch die Eltern anfangen, Bedenken gegen die eigentlich wünschenswerte Integration Michaels (und anderer Kinder) anzumelden. Der Lehrer beschließt nach Gesprächen mit den Eltern und der Schulleitung, für die in der Klasse insgesamt vorhandenen (fünf) potentiellen Sonderschulkinder eine sonderpädagogische Unterstützung zu beantragen und leitet ein entsprechendes Verfahren ein. Da dem Wunsch von Seiten des Schulamtes nicht entsprochen werden kann und der Druck sowohl durch die Situation in der Klasse als auch durch die Eltern immer größer wird, überlegt der Lehrer nach den Weihnachtsferien im zweiten Schuljahr, ob die Integration Michaels weiterhin gegenüber den anderen Kindern vertretbar ist.

Vor dem Hintergrund dieser Entschlossenheit und als am ersten Tag nach den Ferien wieder die ersten Sachen durch die Luft fliegen, rufen die Kinder ein gemeinsames Kreisgespräch ein, um Lösungsmöglichkeiten zu finden. Diesen Prozess und seine Auswirkungen auf Michael beschreibt der Lehrer kurz danach in seinem Antwortbrief auf die Anfrage der zuständigen Schulrätin:

> Ich habe für Michael im Grunde keinen direkten Förderplan, da bis zu den Weihnachtsferien kein selbständiges Arbeiten für ihn möglich war und es primär darum ging, ihn jede Sekunde irgendwie im Auge zu behalten, damit nicht Schreibmaterial durch die Gegend flog, Kinder mit Werkzeugen bedroht wurden, Prügeleien stattfanden usw.
>
> Als es nach den Ferien ähnlich weiterzugehen drohte, hat die ganze Klasse nach entsprechenden Vorfällen den ersten Schultag damit verbracht, sich Lösungen für ihn zu überlegen. Vom eigenen Raum für ihn, über die eigene Spielecke bis hin zum Schulverweis kam alles auf. Dazu kam meine Entschlossenheit, mir nicht noch weiter tagtäglich den letzten Nerv rauben zu lassen. Kurz und gut: Der Zeitpunkt war gut. Michael ist seitdem tragbar. Ich hof-

fe derzeit, dass diese weiter Situation anhält. Ich hätte ihn sonst fallen lassen müssen, da ich ja – wie sie wissen – insgesamt 5 potentielle Integrationskinder habe, die alle ausnahmslos keiner „normalen/frontalen" Unterrichtssituation gewachsen sind. Alle haben sich schon gut gemacht, aber die Klasse hat maßgeblich unter den Zuständen und (oft ohnmächtigen) Integrationsversuchen gelitten. Wir waren kurz vor einem Elternaufstand, denke ich.

Seitdem Michael normaler ist und wirklich an sich arbeitet, ist es wieder auszuhalten, es kann endlich wieder nach vorne gearbeitet werden, alle Kinder sind weniger aggressiv, sie können ihre Stärken zeigen usw.

Dieses Kreisgespräch war wirklich so etwas wie ein Wendepunkt in Michaels Verhalten. Es ist zu vermuten, dass ihm durch das engagierte und hochgradig empathische Gespräch der Kinder der Klasse einerseits signalisiert wurde, er ist ganz so akzeptiert wie er ist, andererseits aber auch, dass sein Verhalten dazu führt, dass sich andere Kinder in ihren Rechten eingeschränkt fühlen. Der Lehrer vermerkt in seinem Tagebuch, dass ihn die reflektierte Art der Lösungsvorschläge und Fragen der Kinder selbst „weit in den Schatten gestellt" hat. In der nächsten Zeit ändert sich – wie schon beschrieben – Michaels Verhalten zumindest so weit, dass er zwar auffällig bleibt, aber tragfähig wird, und sich alle Beteiligten für sein Belassen in der Klasse aussprechen. Im „Privat-Zeugnis" des ersten Halbjahres Klasse 2 ist formuliert:

Lieber Michael,

nachdem ich dir nach den Weihnachtsferien gesagt habe, dass ich so keine Lust mehr auf dich habe und die Kinder über eine Stunde überlegt haben, ob und wie sie dir noch helfen können, da hast du gemerkt, wie ernst die Lage geworden ist. Du hast dich dafür entschieden, bei uns zu bleiben und dich gut zu benehmen. Die Kinder haben dir gesagt, wie toll sie dich jetzt finden. Du kannst jetzt nicht mehr zurück. Du hast uns gezeigt, dass du dich normal benehmen kannst und so muss das ab jetzt bleiben. Dann wird es bestimmt für alle ganz schön zusammen. Ich habe wieder viel Lust auf spannende Sachen mit dir.

Du nimmst dir jetzt immer Sachen zum Arbeiten vor. Meistens findest du auch gute Sachen. Das ist klasse. Du kannst mir gerne auch mal aufschreiben, was du noch so brauchst, damit du immer alles für gute Sachen parat hast.

Die Kinder haben sich noch von dir gewünscht, noch mehr auf blöde Ausdrücke zu achten und die am besten gar nicht mehr zu sagen oder zu zeigen. Auch nicht heimlich. Pass auf, dass du da nicht unehrlich wirst. Auch sollst du mehr schreiben, anstatt immer so viel am Computer zu machen.

Mitte der dritten Klasse verfasst der Lehrer auf Anfrage des Schulamtes ein Gutachten, in dem Michaels weitere Entwicklung u. a. folgendermaßen beschrieben wird:

Michaels Entwicklung hat im Großen und Ganzen weiter einen positiven Verlauf genommen. Er ist immer mehr in der Lage, phasenweise selbstständig zu arbeiten und sich auch alleine mit Themen auseinanderzusetzen. In diesen Phasen gerät er auch weniger mit Klassenkameraden aneinander.

Es gibt aber auch viele Tage, an denen er keine Arbeit annimmt und immer wieder in Streitereien verwickelt ist. Tendenziell scheint er mittlerweile immer weniger bereit zu sein, diese Streitereien offen und ehrlich auszutragen. Er hat leider zunehmend eine Haltung entwickelt, die ihn sich dann „gut" benehmen lässt, wenn man „hinsieht". [...]

Michael hat leistungsmäßig kein Problem. In den kreativen Bereichen, die ihm eben nicht liegen, fällt die Bewertung etwas negativer aus, ansonsten hängt die Note davon ab, inwieweit der Lehrer das Arbeits- und Sozialverhalten höher gewichtet als die tatsächliche Leistung. In den meisten Fächern liegen seine Leistungen weit über den für das 3. Schuljahr notwendigen.

Michael verändert sich auch weiterhin positiv, wie das Gutachten zum Ende des Schuljahres zeigt:

Lieber Michael !

Du hast dich im letzten Schuljahr in Bezug auf dein Verhalten in der Klasse so gut verändert, dass man an den meisten Tagen nicht mehr laufend auf dich achten muss. Es gibt zwar immer noch Tage, an denen du dauernd in irgendeinen Streit verwickelt bist, aber die Kinder haben auch gemerkt, dass du an vielen anderen Tagen gut und ruhig arbeiten kannst. Versuch bitte weiterhin an dir zu arbeiten, damit du gar nicht mehr in der Klasse beim Unsinn machen auffällst. Dann kann man auch wieder viel gerechter Probleme lösen, und keiner vermutet direkt, dass du vielleicht angefangen hast.

Was die Kinder auch stört, sind deine verletzenden Ausdrücke, Zeichen und Geschichten, mit denen du andere Kinder gerne ärgerst. Leider machst du das immer öfter heimlich, sodass man dir nicht mehr so trauen kann wie früher. Da hast du immer alles ganz ehrlich beschrieben, was passiert ist.

Das Arbeiten klappt viel besser als früher, aber du machst noch oft genug nicht die Sachen, die du eigentlich schon schaffen könntest. Es fällt dir schwer, alleine und selbständig an Sachen zu arbeiten, die dich wirklich herausfordern. Das ist sehr schade, denn bei deiner Intelligenz kannst du fast alles herausbekommen, mit dem du dich richtig beschäftigst. Aber selbst an den kniffligen Aufgaben, die ich dir dann gebe, bleibst du nicht lange dran und schreibst lieber etwas am Computer ab, was ich auch kopieren könnte. Nimm dir selber mal etwas vor, was du noch nicht kannst und versuch das dann auch durchzuziehen. Dass du das kannst, haben wir ja an deinem tollen Vortrag über das Ohr und das Hören gesehen. [...] Ich bin sehr froh darüber, wie du dich im letzten Jahr entwickelt hast. Du weißt jetzt, was man von dir erwartet, damit man gut mit dir klar kommt. Versuch da mitzumachen, dann wird Schule für uns alle leichter. Und versuch mehr aus dir herauszuholen, denn schlau bist du ja. Aber das hast du dir ja auch schon alles selbst vorgenommen.

Ich freue mich auf das dritte Schuljahr mit dir, Michael !

Die hier angesprochene Haltung Michaels, den Anforderungen von außen immer mehr durch eine bei ihm bislang völlig ungewohnte Unehrlichkeit zu begegnen, ist auch im dritten Schuljahr zu finden:

Das letzte Halbjahr war wieder sehr wechselseitig mit dir. Während du einige gute Phasen hattest, in denen du die meiste Zeit am Tag gut gearbeitet hast und auch gut mit deinen Klassenkameraden zurecht gekommen bist, gab es aber auch viele Tage, an denen du keine Arbeit angenommen hast und immer wieder in Streitereien verwickelt warst. Schade ist daran, dass du immer weniger bereit bist, diese Streitereien offen und ehrlich auszutragen. Es kommt mir immer mehr so vor, dass du dich nur dann gut benimmst, wenn man „hinsieht". Und wenn du denkst, dich kontrolliert keiner, dann machst du Blödsinn. Das wäre schlimm. Versuch bitte dich auch in solchen Situationen noch mehr unter Kontrolle zu bekommen. Denk erst über eine Situation nach und handle dann richtig. Dasselbe gilt auch für deine Gesten und Ausdrücke, die du immer mehr versuchst „hintenrum" loszuwerden.

An deinen „guten" Tagen hast du allerdings gezeigt, dass du vollkommen selbstständig und auch über einen gewissen Zeitraum hin konzentriert arbeiten kannst- eben dann, wenn du das selber willst. So hast du zeitweise gute „Tagebuchgeschichten" geschrieben oder Mathesachen ausgekniffelt. Auch die Weihnachtsfeier hast du alleine organisiert und auch in Arbeitsgruppen mit anderen Kindern mitgearbeitet, ohne dass es sofort Streit gab. Leider aber alles noch zu selten.

Eine positive Wendung, die dann auch anhält, ist aber im weiteren Verlauf des Schuljahres zu beobachten. Michael bekommt zum Ende des Jahres folgende Rückmeldung:

Meiner Meinung nach hast du dich im Hinblick auf dein Verhalten in der Klasse und zu anderen im letzten Halbjahr weiter positiv entwickelt. Es fällt dir zwar manchmal immer noch schwer, Ablenkungen oder Konflikten aus dem Weg zu gehen, aber wenn man deinen gesamten Entwicklungsverlauf betrachtet, kann man dir ein paar Ausrutscher nicht nachtragen. Besonders freut mich, dass ich langsam das Gefühl bekomme, dir wieder immer mehr vertrauen zu können. Vielleicht hat dir die schwierige Situation beim Schuleschlafen und die Gespräche mit den Kindern und Erwachsenen doch rechtzeitig zu denken gegeben. Wenn du es jetzt noch schaffst, dein „Benehmen" auch dann im Griff zu haben, wenn jemand anders anfängt Quatsch zu machen, oder auch dann, wenn keiner da ist, um zu dich kontrollieren, dann hast du es geschafft. Arbeite weiter daran, du tust das für deine Zukunft, und die gibt gerade dir sehr große Chancen.

Im vierten Schuljahr wählt Michael für sich als Schulwunsch das Gymnasium und meint: „Meine arbeiten genügen nicht beim Sozialverhalten aber ich bessere mich." Er erreicht zum Halbjahr einen Notendurchschnitt von 2,3 und bekommt eine Empfehlung für das Gymnasium. In dieser Empfehlung vermerkt der Lehrer in Fettdruck:

Michaels hohe kognitive Leistungen stehen in Widerspruch zu seinem oft noch sehr kindlichen Sozialverhalten. Ausgleichend könnten höhere kognitive Ansprüche an ihn wirken, da er in diesen Situationen nicht auffällig ist. Eine entsprechende intellektuelle Förderung bzw. Forderung wäre daher wünschenswert.

Da alle Bemühungen scheitern, Michael eine Schule mit einer Hochbegabtenförderung besuchen lassen zu können, besucht Michael nach dem vierten Schuljahr ein normales Gymnasium. Dort fällt Michael durch seine Art schnell auf Grund der sonst gewohnten Disziplin auf. Aus Gesprächen mit Michael und aus Beobachtungen bei Hospitationen in der Klasse bzw. Schule ergibt sich für den ehemaligen Klassenlehrer der Eindruck, dass Michael keinerlei Rückhalt durch seine neuen Mitschüler erfährt, die sein Anspringen auf jeden Anlass eher als willkommenen Ausgleich zum sonstigen Unterricht zu sehen scheinen. Das vormals so selbstverständliche Stützen und Regulieren Michaels durch Mitschüler und Lehrer hat keinen Platz im nun herrschenden Unterrichtskonzept – weder pädagogisch noch organisatorisch. Michael erreicht zunächst einen Notenschnitt im Dreierbereich, sinkt aber im Laufe der Zeit weiter ab und muss die sechste Klasse schließlich (als Hochbegabter ...) wiederholen.

Michael reflektiert seine Grundschulzeit positiv: „Weil Peschel der netteste Lehrer ist" und „Ich habe immer ein gute Gefühl gehabt". Ihm war nicht wichtig, das Lernen selber bestimmen zu können und auch nicht sehr wichtig, selber zu wissen, was man will und Sachen gemeinsam abzustimmen. Schulprobleme haben ihm höchstens schlechte Noten gemacht, Mathematik hat ihm viel Spaß gemacht. Er würde die Klasse jederzeit noch einmal besuchen – was er auch persönlich vorhat: „Weil ich sie besuchen gehe." Er schreibt weiterhin in einem Brief:

Lieber Peschel,

es war eine echt schöne Zeit mit dir. Ich werde dich vermissen. ich fand es gut, dass du mit uns so viel Freiarbeit gemacht hast. Toll war auch, dass wir im 1. Schuljahr mehrere Computer hatten. besonders klasse fand, dass wir so viele Klassenfahrten und Schulschlafen gemacht haben.

Michaels Mutter gibt folgende Resonanz:

Die Klasse ist oft negativ aufgefallen (z. B. an Bushaltestelle oder im Gang der Schule, angeblich sind die Kinder auch oft aus dem Fenster geklettert)

In der Klasse war es oft unruhig und laut.

Missfallen hat mir, daß sie sich von sich aus nicht immer gemeldet haben, wenn Auffälligkeiten o. ä. aufgetreten sind. Ursache könnte die Häufigkeit gewesen sein.

Positiv fand ich die freie Arbeit der Kinder. Jedes Kind konnte sich seiner Möglichkeiten gerecht entwickeln.

Ich fand gut, daß die Kinder nicht wie in anderen Klassen die meiste Zeit fest auf einem Platz (während des Unterrichts) sitzen mussten [...].

Gut fand ich die täglichen Gespräche im Kreis. Besser hätte ich gefunden, auf mehr Ordnung und Sauberkeit zu achten. Deshalb war es gut, daß die Kinder im 4. Schuljahr in Heften geschrieben haben und nicht auf Blättern dazwischen geschmiert.

Die Ansprüche an das Kind fand die Mutter: „Im wesentlichen o.k., lag am Kind, daß die persönliche Entwicklung nicht zufriedenstellend ist." Sie würde ihren Sohn noch einmal in die Klasse geben: „Weil sie für Michael die beste Form war. Er wurde dadurch besser/mehr gefordert, als es in anderen Klassen möglich ist."

Natalie – oder: Zulassen eigener (Schutz-)Welten

Natalie ist eines der Kinder, über das eine ausführlichere Fallstudie angefertigt wurde (s. u.). Um die Möglichkeit eines kurzen Eindrucks zu bekommen, sei hier eine kurze Zusammenfassung bzw. eine Zusammenstellung von Ausschnitten der Fallstudie gegeben.

Natalie (6;7 Jahre/IQ 73 – PR 3) wohnt zur Zeit der Einschulung mit ihrer Mutter zusammen. Ihre Eltern haben sich vor einiger Zeit getrennt, wobei beiden Elternteilen das Sorgerecht zugesprochen worden ist. Der Vater unternimmt vor allem am Wochenende Sachen mit Natalie. Durch die Berufstätigkeit der Eltern bzw. der Mutter wird Natalie schon vor der Schule in den Hort gebracht, geht dann vom Hort zur Schule, kehrt nach der Schule in den Hort zurück und wird erst am Abend nach Hause abgeholt. Bei den Hospitationen des Lehrers im Hort war immer wieder zu erkennen, dass Natalie sich dort ständig inmitten der Kinder behauptet hat bzw. behaupten musste. Dabei war die Annahme eines gewissen Faustrechtes bzw. Durchsetzungsvermögens durch verbale oder handgreifliche Maßnahmen bei ihr zu beobachten. Später bekommt Natalie einen eigenen Hausschlüssel und geht selbstständig zur Schule bzw. von der Schule nach Hause.

Natalie wirkt beim ersten Treffen vor der Einschulung zu Hause bei der Familie sehr aufgeschlossen und kontaktfreudig. Sie nutzt die Zeit mit dem Lehrer u. a., um mit ihm und der Mutter Gesellschaftsspiele zu spielen. Der Lehrer interpretiert dies trotz Natalies fehlender Vorkenntnisse bezüglich Buchstaben und Zahlen zunächst als Engagement und Lernfreude. In der Schule ist bei Natalie das dem Lehrer aus dem Treffen bekannte Engagement zwar wiederzuerkennen, allerdings auch der Bereich, in dem es sich abspielt. In einem Gutachten nach drei Monaten Schulzeit schreibt er:

> In der Klasse ist Natalie sehr selbständig, zieht allerdings spielerische Aktivitäten durchweg dem schulischen Lernen vor. [...] Natalie fällt es schwer, sich über längere Zeit lernend zu beschäftigen. Spielerische Aktivitäten stehen für sie im Vordergrund. Ihr Lernen erfolgt extrem sprunghaft bzw. schubweise. Zu für sie weniger interessanten Inhalten hat sie keinen Lernbezug, so verteilt sie z. B. in Mathematik dann wahllos Zahlen oder malt im Heft. Ihre Frustrationstoleranz und ihre Konzentrationsfähigkeit erscheinen sehr gering.

Diese Eigenschaften haben sich schon innerhalb des zu Schulbeginn durchgeführten Kieler Einschulungsverfahrens abgezeichnet, bei dem Natalie als möglicherweise schwächstes Kind der Klasse auffällt. In dem mit 10;5 Jahren durchgeführten Intelligenztest CFT 20 schneidet Natalie mit einem IQ-Wert von 73 und einem Prozentrangplatz von 3 sehr unterdurchschnittlich ab. Auch wenn dieser Wert, der mit einem Wert unter 80 genau genommen auf eine Lernbehinderung hinweisen würde, doch sehr wahrscheinlich nach oben zu korrigieren ist, so weisen auch andere Tests auf eine eher stark unterdurchschnittliche Intelligenzleistung Natalies in den getesteten Bereichen hin.

Innerhalb der Klasse geht Natalie sehr selbstbezogen ihre eigenen Wege, wobei sie einfach keinen Bedarf zu einer stärkeren Beteiligung an gemeinsamen Tätigkeiten mit anderen Kindern zu haben scheint. Dies spiegelt sich auch in dem oben erwähnten Gutachten wider:

> Natalie arbeitet/beschäftigt sich am liebsten alleine und hat genaue Vorstellungen von ihrer Tätigkeit. Ihren eigenen Kopf hat Natalie auch in bezug auf die Klassenregeln und die Interaktion mit den Mitschülern, je nach Tageslaune kann sie sich gut anpassen oder aber sich schlechter integrieren. Entsprechend schwierig sind für sie kooperative Verhaltensweisen. [...] Natalie wirkt in Klassengesprächen eher schüchtern [...]. Die Klassengemeinschaft spielt [...] keine große Rolle für sie.

Natalies Umgang mit anderen Kindern ist sehr situationsbezogen. Ihr Verhalten in der Klasse ähnelt dabei oft dem sich behauptenden Verhalten gegenüber anderen Kindern, das der Lehrer auch im Hort wahrgenommen hat. Ihr Sozialverhalten entwickelt sich im zweiten Schuljahr nicht unbedingt in positive Richtung weiter. Sie verhält sich eher egozentrisch bzw. egoistisch und versucht ihre Interessen jederzeit durchzusetzen. Sachen, die sie nicht unmittelbar persönlich betreffen, interessieren sie nicht besonders. Es hat den Anschein, als ob sie den Streit mit anderen Hortkindern als vertraute Kontaktaufnahme suchen bzw. genießen würde. Sie kommt dabei sehr gerne in die Schule, ist dort fröhlich und weiß immer etwas mit sich anzufangen. Man hat den Eindruck, dass sie einfach eine andere Kommunikationsform für sich gefunden hat, als sie gemeinhin üblich ist.

Natalie selbst nimmt im zweiten Schuljahr einen anderen Umgang des Lehrers mit ihr wahr. Sie schreibt in dem Zeugnis, das sie dem Lehrer zum Ende des zweiten Schuljahres ausfertigt: „Peschel du hast dich ein bischen geendert   wiso bist du so streng geworden   oder komt mier das nur so for?"

Im dritten Schuljahr wird Natalies Sozialverhalten besser, bleibt aber immer noch wechselhaft, wie im Zeugnis beschrieben ist:

> Auch in dem Verhalten zu deinen Mitschülern und beim Arbeiten mit anderen gab es gute und schlechte Zeiten. In manchen Gruppen hast du klasse mitgearbeitet und auch mal an die anderen gedacht. Aber es tauchte auch zeitweise dein altes Problem auf, dass du nämlich zunächst meistens an dich denkst und nicht an die anderen. Damit stehst du mittlerweile in der Klasse ziemlich alleine da. Denk da bitte noch öfters dran, auch wenn du gerade in einer anderen Laune bist.

Im nächsten Halbjahr macht sie allerdings eine sehr positive Entwicklung durch. Dazu steht im Gutachten für das Ende der dritten Klasse:

> Toll ist wirklich deine Entwicklung im Hinblick auf die Arbeit in der Gruppe. Du nimmst mittlerweile auch Sachen von anderen an und arrangierst dich gleichberechtigt mit den übrigen Gruppenmitgliedern. Auch in den Stunden mit den Studenten machst du viel besser und williger mit als früher. Weiter so, wir warten auf einen Vortrag von dir.

Ihre selbstbezogene Weltsicht bzw. ihr entsprechendes Verhalten hat sich aber nicht geändert:

> Was du noch stark verbessern musst, ist dein Verhalten in bestimmten Umgebungen. Wenn dir etwas wichtig ist, achtest du oft nicht darauf, dass du andere Menschen störst, unterbrichst oder ablenkst. Maßlos enttäuscht waren wir über deinen Ausrutscher beim Sport. das habe ich nicht verstanden. Versuch mal, deine Umwelt entsprechend mehr wahrzunehmen und deine Handlungen zu überdenken.

Interessant ist vor allem Natalies Lernverlauf in den Fächern. Ihr Lernen ist sehr stark abhängig von ihrem Interesse bezüglich eines Lerngebiets und durch auffällige „Lernschübe" gekennzeichnet. Natalie hat sich im ersten halben Jahr wenig mit den üblichen schulischen Inhalten beschäftigt. Rückblickend sieht es eher so aus, dass sie die Zeit genutzt hat, um sich ihren eigenen Weg zur schulischen Bildung zu bahnen. So erobert sie sich die neue Umgebung durch verschiedene Aktionen wie z. B. Playbacksingen zur Kassette (auf der Fensterbank stehend). Dem Schreiben bzw. der Buchstabentabelle als Werkzeug nähert sie sich durch das Abmalen der Bilder und der Buchstaben an und begegnet auch Zahlen und Rechenaufgaben erst einmal durch Abmalen und willkürliches Zusammenschreiben von Zahlen und Operationen zu „Rechenaufgaben".

Natalie lernt mehr oder weniger plötzlich schreiben (oder zeigt, dass sie es kann): Vor den Weihnachtsferien sieht sie auf dem Flur Kinder einer anderen Klasse Schreibschrift schreiben. Sie findet diese Schrift so schön, dass sie daraufhin zum Klassenlehrer geht und ihm sagt, dass sie auch so schreiben können möchte. Als dieser ihr erwidert, da müsse sie erst einmal überhaupt schreiben lernen, setzt sie sich hin und schreibt alle Wörter zu den Bildern der Buchstabentabelle weitgehend lautgetreu auf. In der ersten Hälfte des zweiten Schuljahres fixiert sich Natalies Arbeiten in der Schule in hohem Maße auf das Lesen, das sie auch zu Hause für sich entdeckt. Sie wird in kurzer Zeit zur besten (Vor-)Leserin der Klasse und kann flüssig und ziemlich sinnbetont vorlesen. Auf Rechtschreibung achtet sie verstärkt im dritten Schuljahr und verwendet dabei einmal richtig verschriftete Wörter ungewöhnlich konsequent und ohne längere Phasen der Unsicherheit oder Erprobung. Auch in Mathematik sind ähnliche Lernverläufe zu beobachten – allerdings verschachtelter: ein Auf und Ab von intensiven und weniger intensiven Phasen der eigenen Annäherung an Zahlen und mathematische Sachverhalte, an neue Operationen und an die Erweiterung des bekannten Zahlenraums. Lernsprünge, Rückschritte und Verinnerlichungen prägen Natalies in hohem Maße selbstgesteuerte Entwicklung.

Im vierten Schuljahr stabilisiert sich Natalies Arbeitsverhalten weiter. Im Zeugnis, das sie dem Lehrer zum Halbjahr ausstellt, schreibt sie u. a.: „In letzter zeit bist du ganz schön faul geworden. Ich hoffe du hast das nicht von mir früher". Trotz der positiven Entwicklung im Bereich der fachlichen Leistungen steht ihr stark ichbezogenes Verhalten weiterhin auffällig im Gegensatz zur Entwicklung der anderen Kinder. Sie zeigt immer noch wenig Interesse für gemeinsame Belange, die sie selbst nicht unmittelbar betreffen oder interessieren.

Natalie bekommt im vierten Schuljahr eine begründete Empfehlung, in der vor allem der Besuch der Gesamtschule angeraten wird:

Sehr geehrte Erziehungsberechtigte,
die Klassenkonferenz hat beschlossen, dass für Ihr Kind die folgenden beiden Schulformen für die weitere schulische Förderung am besten geeignet erscheinen:

Hauptschule oder Gesamtschule.

Natalies Arbeitsverhalten ist von ihrer Eigenmotivation im entsprechenden Fach abhängig. In Bereichen, die ihr Spaß machen oder mit denen sie sich arrangiert hat, sind ihre Leistungen relativ problemlos, wenn auch Schwankungen unterworfen. In anderen Bereichen fehlt ihr zum Teil die Bereitschaft zur intensiven Auseinandersetzung. Entsprechendes gilt für die mündliche Beteiligung im Unterricht.

Natalies Arbeitstempo ist bei Sachen, die ihr liegen, stimmig, ansonsten muss sie teilweise die zur Verfügung stehende Zeit überschreiten. Ihre Anstrengungsbereitschaft hält sich in Grenzen und ist von ihrer Eigenmotivation bzgl. der Aufgabe abhängig. Vorgegebene Aufträge erledigt sie nicht immer gerne.

Sie führt ihre Arbeiten ordentlich und optisch korrekt durch. Fremde Ziele macht sie in der Regel nicht zu ihren eigenen und ist bei der Erledigung entsprechender Aufgaben noch stark von Erwachsenen abhängig. Eigene Vorhaben kann sie selbstständig durchführen. Die notwendigen Lerntechniken hat sich Natalie angeeignet, wendet sie aber nur selten an. Meist muss sie zum Üben angehalten werden.

Natalie kann sich gut alleine in den Gebieten, die ihr Spaß machen, beschäftigen, formuliert sich aber in anderen Bereichen nicht gerne eigene Aufgaben. Eigene Ziele stellt sie nicht auf.

Natalies Lernvermögen war von Anfang an begrenzt. Durch individuelles Arbeiten konnten ihre Stärken vor allem im Bereich Sprache gefördert werden. Der mathematische Bereich liegt ihr weniger. Hier konnten im Laufe der Zeit die Grundfertigkeiten einigermaßen gesichert werden. Natalies Gedächtnisleistungen scheinen stark von ihrem Eigeninteresse abhängig zu sein. Natalie braucht zur Umsetzung von Anweisungen konkrete Beispiele. Vor allem ist sie bei abstrakten, verbalen Anweisungen und komplexeren Sachverhalten und Aufgabenstellungen auf Hilfe angewiesen. Natalie scheint in ihr unbekannten Bereichen in Tests teilweise blockiert zu sein, ihr fällt es dann schwer, Aufgabenstellungen richtig umzusetzen.

Natalie kann sich mündlich und schriftlich korrekt ausdrücken. Sie kann ihre Meinung in Gesprächen vertreten, ihr fällt es aber nicht leicht, sich von ihrem egozentrischen Standpunkt zu lösen und auch die Sichtweisen und Rechte anderer in ihre Überlegungen einzubeziehen. Natalie ist zwar generell schon relativ selbstständig, allerdings scheitern ihre soziale Selbstständigkeit und ihr Selbstdurchsetzungsvermögen an ihren ichbezogenen Forderungen, die selten konsensfähig sind.

Natalie spielt Querflöte und hat Haustiere. Ansonsten hat sie wenig Interesse an ihrer Umwelt und an übergreifenden Zusammenhängen.

Schwerpunktmäßig sollte bei der oben genannten Empfehlung die Gesamtschule in Betracht gezogen werden, da sich Natalies Leistungen in letzter Zeit auch in ihren schwachen Fächern (Mathematik) stark verbessert haben, sodass bei einer weiteren positiven Entwicklung evtl. auch eine Realschulempfehlung ausgesprochen werden könnte. Eine Aufnahme an der Gesamtschule erscheint zum jetzigen Zeitpunkt angebracht und wünschenswert.

Nach dem vierten Schuljahr wechselt Natalie mit einem Notenschnitt von 3,1 auf die Gesamtschule, wo sie zunächst Noten im Bereich zwischen 3 und 4, dann im Dreierbereich oder besser erlangt.

Zum Ende ihrer Grundschulzeit schreibt Natalie auf, wie sie die vier Schuljahre in der Klasse rückblickend beurteilt. Dabei war ihr für ihr Wohlbefinden in der Klasse am wichtigsten: „Hier würd man nicht zum Lernen gezwungen." Vor allem das „gemischt arbeiten, mal dies, mal das" fand sie gut. Mit dem Lehrer hat sie gerne geredet: „weil Peschel meistens immer ruhig bleibt.", fand seinen Umgang mit ihr aber verbesserungswürdig: „Er wird manchmal schnell überdrüssig." Wichtig war ihr, selbstständig zu arbeiten und selber das Lernen bestimmen zu können. Darüber hinaus fand sie wichtig, sich durchsetzen zu können. Mit anderen gut umzugehen oder zusammenzuarbeiten fand sie nicht sehr bedeutend, genauso wie Sachen gemeinsam abzustimmen. Sich selber Sachen auszudenken und selber Sachen erreichen zu wollen war ihr auch nicht sehr wichtig. Bezüglich eines nochmaligen Besuches der Klasse nimmt sie die Frage wörtlich und schreibt: „Nein, weil ich Liber die nächste Schule zu ende machen will." Sie schreibt weiterhin in einem Brief:

> Lieber Peschel!
>
> Ich fand es schade das du nicht als Lehrer weiter arbeitest. Denn andere Kinder wollen auch so einen Lehrer haben wie dich, weil du nett bist und sehr viel Geduld mit uns hattest. Wie ein paar Eltern aus unserer Klasse, die wollten ihre Kinder auch später in diese Klasse tun, aber das hat sich wohl erledigt, weil die Eltern gehört haben, das du aufhörst.
>
> Schade wir werden dich bestimmt in der nächsten Schule vermissen! An dir liegt was besonderes. Nur was ich Doof fand dass du immer strenger wurdest. Ich fand gut das du uns nicht zum Lernen gezwungen hast. Frei Arbeiten fand ich gut und dann fand ich noch gut dass du uns Hefte und Bücher zum Lernen gegeben hast so wie Schreibheft und Mathematikhefte und selber Geschichten Hefte. Mit dir konnte man auch Probleme schnell regeln.

Natalie hält auch nach dem Wechsel an die weiterführende Schule und dem Umzug in eine Nachbarstadt weiterhin Kontakt zum Klassenlehrer. Vor allem in Situationen wie nach dem 11. September 2001 schreibt sie lange Faxe an ihn, in denen sie aus eigener Betroffenheit versucht, die Situationen für sich zu klären.

Auch Natalies Mutter gibt dem Klassenlehrer in einem persönlichen Schreiben eine ausführliche Resonanz auf ihre Sicht auf Natalies Schulzeit:

Lieber Herr Peschel,

erst einmal möchte ich Ihnen ein großes Kompliment aussprechen. Sie kann man wirklich als Pädagoge bezeichnen (was mittlerweile bei den Lehrkräften eine Ausnahme geworden ist). Ich glaube man trifft kaum einen Lehrer, der sich mit so viel Engagement für seine Klasse („Kinder") einsetzt.

Sie waren immer für uns Eltern oder auch für die Kinder da, wenn es ein Problem zu besprechen gab. Über meine Sorge, Natalies Schulleistungen betreffend, brauche ich eigentlich nichts mehr zu sagen, da wir ja telefonisch in Kontakt waren.

Ich bin froh, dass Natalie sich so entwickelt hat. Manchmal habe ich mich etwas darüber geärgert, dass so wenig auf sauberes Arbeiten geachtet wurde. Und manchmal herrschte Chaos in der Klasse. Ich glaube aber, dass die Kinder in die neue Schule einiges mitbringen werden, da der Unterricht und die Themen so vielseitig waren. Ich glaube, dass unsere Kinder im Vergleich zu anderen Kindern, trotz der neuen Methode (oder wegen) sehr gut abschneiden. Diese Klasse war immer die „besondere Klasse" oder „Versuchsklasse". Ich habe diese Bezeichnung aber nicht negativ gesehen.

Ich fand es toll, wie schnell die Kinder schreiben und lesen konnten. Ich würde diese Lehrmethode (lautgetreu schreiben etc.) auf jeden Fall weiter empfehlen. Auch wenn ich mir Anfangs nicht so vorstellen konnte, dass das klappt. Aber man sieht ja den Erfolg.

In Mathematik haben Sie Natalie auch gut aufgefangen. Bin mal gespannt, wie das in der neuen Schule weiter geht. Verbessern würde ich an dem Konzept, dass die Kinder lernen sauberer zu arbeiten etc.

Ich wünsche Ihnen für die Zukunft, dass Sie wieder etwas mehr Privatleben haben.

Vielen Dank, dass Sie sich 4 Jahre so gut um meine Tochter Natalie gekümmert haben.

In den obigen Überlegungen wird deutlich, dass Natalies Entwicklung keine war, die als linear oder leicht prognostizierbar bezeichnet werden kann. Natalie kam mit sehr geringen Vorkenntnissen sowohl im sprachlichen als auch im mathematischen Bereich in die Schule. Vor allem aber zeichnete sie sich durch ein sehr egozentrisches und vergleichsweise sehr naives Verhalten aus. Sie schien sich immer ausschließlich in ihrer eigenen Welt bzw. ihren eigenen Interessen und Bedürfnissen zu bewegen, in der andere eigentlich nur dann eine größere Rolle spielten, wenn sie sich gestört fühlte. Ob dieses Verhalten mit der familiären Lage Natalies innerhalb der Sorgerechtsauseinandersetzungen der Eltern zusammenhing, oder aber veranlagungsbedingt war bzw. andere Gründe hatte, kann hier nicht beantwortet werden.

Betrachtet man die durchschnittlichen bis überdurchschnittlichen Ergebnisse von Natalies Entwicklung im sprachlichen und im mathematischen Bereich bzw. in der Schule insgesamt vor dem Hintergrund ihrer geringen Werte in den Intelligenztests, so ist zu vermuten, dass gerade die Möglichkeit für ihr selbstreguliertes, interessegeleitetes und in hohem Maße unlineares Lernen für diesen Erfolg „wider Erwarten" verantwortlich ist. Trotz ungünstiger Ausgangslage und dauernder außerschulischer Belastungen ist es Natalie in den meisten Bereichen möglich gewesen, ein mindestens durchschnittliches schulisches Fundament aufzubauen. Sollte dafür gerade die ihr im Offenen Unterricht gewährte Möglichkeit zur Selbststeuerung verantwortlich sein, so ist zu vermuten, dass ein linearer vorgehender Unterricht – wie z. B. ein auch noch so differenzierter Lehrgangsunterricht – zu einem schlechteren Resultat geführt hätte: der linear angeordnete Lehrgang hätte auf Grund von Natalies Entwicklung mit einem sehr unlinearen Zeitverlauf und vielen Kompetenzsprüngen, die zum Teil die Inhalte mehrerer Schuljahre betrafen, nur geringe Passung gehabt bzw. zwangsläufig haben können.

Pia – oder: Bemerkungen von außen und ihre Innenwirkungen

Pia (7;0 Jahre/IQ 103) wohnt mit ihren Eltern und ihrem älteren Bruder zusammen. Das erste Treffen mit Pia und ihrer Mutter findet wie auch die weiteren in der Schule statt. Pia verhält sich etwas schüchtern, erscheint dem Lehrer aber aufgeweckt. Sie hat Vorkenntnisse bezüglich Buchstaben und Zahlen, spielt aber lieber mit ihren Puppen. Später erzählt sie, dass sie ein eigenes Zimmer hat, in dem sie am liebsten auf dem Bett liegt und Fernsehen guckt. Bei den gemeinsamen Klassenaktionen ist zu bemerken, dass Pia sich auch gegen ihren älteren Bruder durchsetzen kann.

In der Schule zeigt sich diese Eigenschaft Pias auch. Dabei fällt sie im Vergleich zu den meisten anderen Kindern dadurch auf, dass sie eher eigenfixiert ist. Sie findet Ungleichheiten ungerecht und es ist ihr zunächst nicht oder nur schwer möglich, statt ihres Grundsatzes „Allen das Gleiche" die differenzierte Sichtweise der meisten anderen Kinder „Jedem das Seine" zu akzeptieren. Dies ist aber gerade in dieser Klasse, in der es mehrere „graue" Integrationsfälle von erziehungsschwierigen Kindern gibt, sicherlich notwendig und wird auch von fast allen Kindern als Selbstverständlichkeit gehandhabt. Im ersten Schuljahr und Anfang des zweiten Schuljahres wird Pia wegen ihrer häufigen massiven Kritik oft von den anderen Kindern als zu „meckerig" bezeichnet, da sie immer an allem etwas auszusetzen hat. Im Privat-Zeugnis zum Halbjahr des zweiten Schuljahres steht:

> Mit den anderen Kindern kommst du gut aus. Du bist nur noch selten meckerig drauf und meistens freundlich zu den Kindern (und mir). Klasse ! Da hast du schon toll was geschafft.
>
> Ein bisschen würde ich mir noch wünschen, dass du dich manchmal mehr in andere Kinder hineinversetzt. Da findest du vielleicht etwas ungerecht, was ein bestimmtes Kind darf und ein anderes nicht. Da hast du eigentlich auch Recht, aber du vergisst dann, dass man manche Kinder eben ganz anders behandeln muss als andere, weil sie eben ganz anders sind. Denk dann einfach mal weniger an dich und mehr an andere Kinder.

Pia selbst nimmt sich zu diesem Zeitpunkt vor: „Das ich nicht meher so viel meckern soll." Zum Schuljahresende hat sie sich und ihr Verhalten immer weiter unter Kontrolle und bekommt im Zeugnis diesbezüglich eine sehr positive Resonanz auf das gesamte zweite Schuljahr:

Auch im Umgang mit den anderen Kindern bist du besser geworden. Es gibt nur noch wenige Tage, an denen du meckrig oder unfair drauf bist, meistens versuchst du Streit zu vermeiden und bist zu allen freundlicher. Auch hast du im letzten halben Jahr gelernt, besser auch an andere zu denken und es nicht direkt unfair zu finden, wenn jemand anders behandelt wird als ein anderer. Ganz toll war es, als du unserem neuen Kind erklärt hast, wie es sich bei uns zu verhalten hat und warum das so sein sollte.

Pia arbeitet in der Anfangszeit am liebsten entweder mit Harald und Lutz, oder aber in einer zeitweise komplizierten Dreierbeziehung mit Ines und Bettina. Insgesamt ist sie vor allem in den ersten Jahren sehr abhängig von den Meinungen und der Wertschätzung der anderen. Dies ist auch das, was ihre Lernentwicklung in den ersten Jahren stark bestimmt. Während sie zu Schulanfang engagiert und ehrgeizig arbeitet, schlägt ihre Motivation fast schlagartig um, als sie von außerhalb der Klasse Kritik an ihren Leistungen bzw. indirekt an der Unterrichtsmethode „Lesen durch Schreiben" erfährt. Laut ihren Erzählungen muss es so gewesen sein, dass der Bruder sie bei ihren Arbeiten zu Hause damit ärgert – oder sie darauf hinweist –, dass sie ja alles falsch schreiben würde und das, was sie schreibt, noch nicht einmal lesen könne. Pia, die derartiger Kritik nicht begegnen kann – und diese auch nicht verträgt – verschriftet daraufhin nicht mehr gerne bzw. nicht mehr von sich aus. Im Privat-Zeugnis für das erste Schulhalbjahr schreibt ihr der Lehrer:

> Du bist eine klasse Schülerin; die Sachen, die Du machst, sind eigentlich immer alle gut und richtig. Wenn Du eine Idee hast, was Du machen willst, klappt das immer gut. Leider hat Dir vor den Ferien mal jemand gesagt, daß Du nicht richtig in Erwachsenenschrift schreibst. Das fandest Du blöd, weil das ja auch nicht stimmt. Dann warst Du sauer und hast nicht mehr gerne geschrieben, obwohl Du so gut schreiben kannst. Du hättest demjenigen das einfach mal erklären sollen, daß Du dafür schon alle Wörter der Welt schreiben kannst und die Erwachsenenschrift dann sowieso ganz automatisch lernst. Aber ich glaube, jetzt schreibst Du wieder Geschichten, oder?

Pia fällt dabei im Vergleich zu den anderen Kindern in ihren Rechtschreibleistungen zurück und erreicht beispielsweise in der Hamburger Schreib-Probe Mitte Klasse 2 mit Prozentrang 32 den mit Abstand niedrigsten Wert der Kernstichprobe, die durchschnittlich bei Prozentrang 72 liegt. Sie fängt sich zwar im zweiten Schuljahr wieder und schreibt vor allem im zweiten Halbjahr sehr viel, ihr fällt es aber trotzdem schwer, sich so selbstverständlich auf Rechtschreibung bzw. das Überarbeiten von Texten einzulassen wie andere Kinder.

Einen fast noch problematischeren Einbruch hat sie wahrscheinlich auch durch die oben angesprochenen Kommentare von außen beim Lesen. Sie kann zwar schon im Dezember der ersten Klasse lesen, hat aber sowohl Probleme mit dem lauten Vorlesen als auch mit dem sinnentnehmenden Lesen. Ihre Lesentwicklung verläuft auffällig anders als die der anderen Kinder. Es finden sich im Tagebuch des Lehrers immer wieder Kommentare wie der im März der ersten Klasse: „Pia kann noch nicht zufriedenstellend lesen!" Sie liest noch zum Ende des Schuljahres nur buchstabierend oder sehr verlangsamt vor. Sie ist das einzige Kind, das sich beim üblichen

Vorlesen vor den Zeugnissen bis Mitte des zweiten Schuljahres durch vorher geübte Textpassagen aus der Affäre zu ziehen versucht.

Im zweiten Schuljahr bekommt Pia allerdings auch beim Lesen eine neue Motivation. Zum Ende des Schuljahres kann sie zwar immer noch nicht flüssig lesen und stoppt beim lauten Vorlesen immer wieder, macht aber durch das nun häufigere Lesen einen merkbaren Sprung von keiner bzw. nur ansatzweisen Betonung hin zum gut betonten Vorlesen. Zum Halbjahr des dritten Schuljahres schreibt sie selbst zwar noch: „Ich kann nur leise lesen laut fast gar nicht" und „Ich muss mich noch ein bisschen in Lesen bessern. Ich kann auch noch nicht richtig flüssig lesen.", liest aber zum Ende des Schuljahres gut flüssig und betonend Texte aller Art auch laut vor.

Im Rechnen lässt sich Pias Arbeitsverhalten insofern als schwankend charakterisieren, als dass sie immer wieder versucht ist, „schnelle Lösungen" zu finden. So arbeitet sie im ersten Schulhalbjahr gerne mit anderen Kindern zusammen – und übernimmt dabei genauso gerne deren Lösungen. Auch beim Arbeiten zu Hause, wenn sie bestimmte Aufgaben machen soll, ist sie nach Wissen des Lehrers die einzige, die dazu in der Anfangszeit auch mal gerne den Taschenrechner benutzt – vielleicht auch angeregt durch den Bruder.

Vergleicht man Pias Ergebnisse im mathematischen Überforderungstest mit den Schuljahresanforderungen bzw. der durchschnittlichen Entwicklung der Klasse, wird Folgendes deutlich:

Entwicklung Pia:

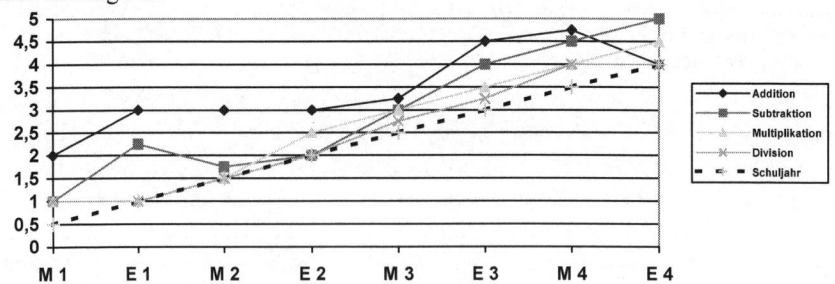

Entwicklung Kernstichprobe:

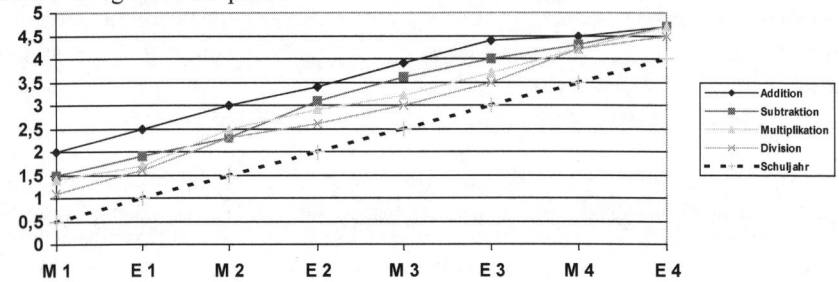

Pia kann schon im ersten Schuljahr Additionsaufgaben im Tausenderraum ausführen, löst höhere Aufgaben aber erst wieder zuverlässig Ende des dritten Schuljahres. Dabei beherrscht sie die Subtraktion nicht analog zur Addition, sondern fällt im zweiten Schuljahr nach anfänglicher Beherrschung von Aufgaben im Hunderterraum in ihrem Können eher wieder zurück. Sie erfüllt immer gerade die Schuljahresanforderungen – aber nicht mehr, wie die meisten Kinder bzw. der Durchschnitt der Klasse. Auch bei der Multiplikation und der Division achtet sie eher darauf, dass sie (nur) den Anforderungen entspricht, als sich diese Operationen unabhängig davon zu erobern.

Die Führerscheine, die die Kinder bezüglich des Einspluseins, Einsminuseins, Einmaleins und Einsdurcheins vor den Zeugnissen machen können, sind von Pia immer erst dann angegangen worden, als sie von ihrem eigenen Ehrgeiz her nicht mehr aufzuschieben waren. So schreibt ihr der Lehrer in einem Brief zu Anfang des dritten Schuljahres bzw. im Zeugnis des ersten Halbjahres der dritten Klasse diesbezüglich:

> Im Rechnen solltest du dich noch öfter an Kniffelaufgaben herantrauen, denn du kannst die ja !!! Du bist ja leider so schlau ! Über das Kopfrechnenüben mit den Führerscheinen schreib ich lieber nichts, das war schon peinlich, wie schnell das dann ging, als es wichtig wurde.
>
> Du kannst Plus- und Minusaufgaben im Tausenderraum rechnen, auch größere Aufgaben kannst du lösen, wenn man mit dir zusammen arbeitet. Deine Fehler sind höchstens Flüchtigkeitsfehler. Du hast noch alle Führerscheine (1+1, 1-1, 1*1, 1:1) geschafft (obwohl man dir damit hinterherlaufen musste) und kannst auch schon einzelne Aufgaben des großen Einmaleins lösen.

Sie selber formuliert vor dem Zeugnis zum Ende der Klasse 3:

> Ich kann eigentlich sehr gut rechnen wenn ich will. Aber wenn ich nicht will dann schreib ich irgend etwas da hin.

Inwiefern Pias Lernentwicklung und ihre schwankende Motivation in Bezug auf die selbstgesteuerte Beschäftigung mit Lerninhalten eine Folge von Kommentaren von außen sind, die gerade durch die Pia eigene Persönlichkeitsstruktur bestimmte Folgen haben, ist nur zu mutmaßen. Pias ganze Natur passt sowohl zu einem begeisterten, engagierten Arbeiten in den Bereichen, in denen sie selber aktiv sein will, als auch zu einem trägen Vernachlässigen eher ungeliebter Bereiche. Es ist durchaus auch möglich, dass ihr nach einer motivierten Anfangsphase die tiefere bzw. übende Auseinandersetzung mit Inhalten einfach schwerer gefallen ist.

Während Pias Bequemlichkeit noch am ehesten im Bereich Mathematik wiedererkannt werden kann, so ist dies im Bereich Sprache zumindest in der Anfangszeit nicht so einfach. Die Zeitpunkte von Pias Motivationseinbrüchen spiegeln hier nicht unbedingt die Phasen wider, in denen eine höhere Anstrengung notwendig gewesen wäre. Zu dieser Zeit war der für das Gros der Kinder schwierige Teil des Schreiben- und Lesenlernens von ihr schon weitgehend vollzogen worden und die Bereiche, in denen anstrengendere Tätigkeiten wie das Überarbeiten von Geschichten etc. eine Rolle spielen, waren noch nicht drängend. Da aber der Anspruch entsprechender

Tätigkeiten von jedem anders empfunden werden kann, ist eine diesbezügliche Beurteilung schwer. Zu vermuten ist, dass Pias Bequemlichkeit aber zumindest in den höheren Schuljahren Auswirkungen darauf gehabt hat, wie tief sie sich auf Herausforderungen oder Anstrengungen eingelassen hat.

Auch auf Grund dieser Kenntnis der Persönlichkeit und Launen Pias, aber auch wegen der Erfahrungen mit dem Sohn, wünschen die Eltern, dass Pia nach der Grundschule die Realschule besuchen soll. Der Lehrer hingegen ist hin- und hergerissen, da er Pia von ihrem Potential her eher für eine Gymnasiastin hält – zumindest dann, wenn sie in der bestehenden Sozialgruppe bleibt und dort ein bisschen durch die anderen Kinder sowie ihren eigenen Ehrgeiz „geregelt" werden kann. In seinem Gutachten formuliert der Lehrer u. a.:

> Pia hat sich kontinuierlich immer unter ihren Möglichkeiten bewegt und ist so mit relativ wenig Anstrengungen durch die Grundschule gekommen. Phasenweise lässt sie ihre Möglichkeiten erahnen, sodass ihre Leistungen noch stark ausbaubar erscheinen, wenn sie dies anstreben würde. Pias Gedächtnisleistungen sind von ihrem Übungsaufwand abhängig, den sie möglichst gering hält. Ihr fällt es manchmal schwer, unbekannte oder komplexe Arbeitsaufträge ohne Beispiele umzusetzen. Nach kurzem Erklären der Mitschüler versteht sie aber sehr schnell. [...]
>
> **Die Empfehlung „Realschule oder Gesamtschule" wird auf Grund des Wunsches der Schülerin und ihrem zeitweise schwankenden Arbeitsverhalten getroffen. Ihre Leistungen und Leistungsmöglichkeiten würden auch den Besuch des Gymnasiums oder der Gesamtschule ermöglichen.**

Pia erreicht zum Ende des vierten Schuljahres einen Notenschnitt von 2,5 und wechselt auf die Realschule. Sie erreicht dort einen Notenschnitt zwischen 2 und 3.

Pia gibt zum Ende ihrer Grundschulzeit eine positive Rückmeldung an den Lehrer bzw. die Klasse. Sie hat sich die ganze Zeit über wohl gefühlt: „Weil es total cool hier ist." Sie findet: „In Rechtschreiben und Lesen habe ich ganz schön geschludert." Als Schulproblem bezeichnet sie: „Wenn mich welche ergern, das ich dann ausflippe."

> Ich fand den Kreis eigentlich immer gut den im Kreis haben wir viel besprochen. Doch ich fand doof das wir alle immer laut waren. Und ich fand auch doof mit den ganzen Strafen. Doch der Kreisleiter hat meistens alles gut geregelt.
>
> Ich fand cool das wir in allen Jahren frei Arbeiten konnten. Wir haben viel gelehrnt. Obwohl wir anders als andere gelehrnt haben.
>
> Ich finde du bist echt ein cooler lehrer und wenn wir albern waren hast du manchmal sogar mitgemacht das fand ich cool.

Sie würde „am liebsten für immer" in diese Klasse gehen: „Ich würde am liebsten noch 100 Jahre hier bleiben, weil ich es hier schön finde." Sie glaubt auch, dass sie später gut zurecht kommt: „Es ist zwar blöd in die 5 Klasse zu gehen. Doch ich kann genug für später." Weiterhin schreibt sie in einem Brief:

> Hi Peschel
>
> Es waren echt die besten vier Jahre mit dir. Auch wenn du manchmal echt ein bischen komisch warst. Bist du trotzdem der beste Lehrer aller Zeiten. Manchmal denke ich du bist

mein Papa und gehörst zur Familie. Ich kann mir nicht vorstellen wie es ohne dich ist. Einmal habe ich Arbends sogar geheult weil ich mir vorgestellt habe wie es ohne dich ist. Ich werde dich oft zu Hause bei dir Besuchen. Erlich gesagt möchte ich keinen anderen Lehrer haben auser dir. Weist du noch die ganzen Klassenfahrten die wir zusammen erlebt haben. Oder wo wir bei der Klassenfahrt mit den Fahrrädern gefahren sind und ich bei dir Arbens auf dem Schoß eingeschlafen bin, und dann haben mich ein paar Kinder hochgetragen und ich bin fast auf eine Kante geknallt. Tja bald würde alles vorbei sein schade eigentlich.

Ich werde dich echt vermissen

Pias Eltern, zu denen – evtl. wegen ihrer Berufstätigkeit – während der ganzen Schulzeit eher wenig Kontakt bestand, geben leider keine offizielle Rückmeldung. Es gab aber auch bei den gemeinsamen Gesprächen nach den Zeugnissen außerhalb der oben angesprochenen Problematiken (Rechtschreiben, Lesen) keine Hinweise auf eine Unzufriedenheit.

Sabine – oder: Kinder stützen den Unterricht und andere Kinder

Sabine (6;5 Jahre/IQ 117) wohnt mit ihrer jüngeren Schwester und ihren Eltern zusammen. Sabines Mutter arbeitet so, dass sie trotz Berufstätigkeit die Kinder gut betreuen kann. Die Familie ist sehr offen und äußert sich positiv zum beabsichtigten Unterrichtskonzept. Beide Eltern engagieren sich tatkräftig in der Schule. Beim ersten Gespräch mit dem Lehrer wirkt Sabine eher schüchtern und etwas vorsichtig bzw. misstrauisch. Sie erscheint dem Lehrer aufgeweckt und interessiert und hat Vorkenntnisse bezüglich Zahlen und Buchstaben. Auch spielt sie schon ein wenig Keyboard. Sie hat ein enges Verhältnis zu ihren Eltern und ihrer kleinen Schwester, mit der sie sehr fürsorglich umgeht.

Diese hohe Sozialkompetenz und Empathie zeichnet Sabine auch in der Schule aus. Dabei unterscheidet sie sich durch ihre engagierte, anstrengungswillige und ehrgeizige Art von anderen Kindern. Sie nutzt den Offenen Unterricht schnell dazu, in der Klasse selber Sachen in die Hand zu nehmen, gemeinsame Vorhaben zu organisieren und – wenn sie es für notwendig befindet – für andere einzutreten und ihnen sowohl im sozialen Bereich als auch beim Lernen zu helfen. Dabei nimmt sie zwar schnell eine zentrale Rolle in der Klasse ein, aber eine, die von den Kindern wahrscheinlich gar nicht so empfunden wird, weil sie sich nicht aufdrängt. Sie hilft der Gemeinschaft bzw. dem Lehrer vielmehr durch ihr Vorbild und dadurch, dass sie „das Lernen hochhält". Sie ist eine wichtige Stütze für den Lehrer, ohne dabei in eine ähnliche Rolle zu verfallen.

Im Zeugnis des ersten Schuljahres schreibt ihr der Lehrer:

Liebe Sabine !

Du hast viele Freunde in der Klasse, die gerne mit dir zusammenarbeiten, weil du immer hilfsbereit und freundlich bist. Du hilfst toll mit, wenn Sachen zu erledigen sind oder etwas organisiert werden muß. Da kann man sich voll auf dich verlassen. Obwohl du schon mal nicht so ganz verstehst, warum unsere (manchmal für dich langweiligen) Treffen im Kreis wirklich notwendig sind, setzt du dich in unseren Gesprächen gut für andere ein und überlegst mit, wie man Probleme lösen kann.

Du kannst ganz toll selbständig lernen und findest mittlerweile auch immer etwas Gutes zum Arbeiten. Klasse! Du verstehst sehr schnell und traust dich auch an schwierige Sachen ran, laß dich nicht entmutigen, wenn das mal nicht auf Anhieb klappt, das macht es ja gerade erst spannend. Wenn man das dann durchhält, lernt man unheimlich schnell und viel. Wenn man dir dann einen Tip gibt, verstehst du sofort, was man meint. Sag bitte immer, was du interessant findest, damit wir zusammen dafür sorgen können, daß dir die Schule nicht langweilig wird.

Deine Hausaufgaben sind immer toll. Deine selbstausgedachten Bücher und Hefte finde ich immer ganz klasse! [...]

Ich freue mich auf das zweite Schuljahr mit dir!

Auch im Privat-Zeugnis des zweiten Schuljahres würdigt der Lehrer Sabines Wirken in der Klasse: „Liebe Sabine, [...] oft hast du viel bessere Ideen als ich, wie man mit einem Kind in einem Moment umgehen muss. Das ist klasse und hat mir schon viel geholfen."

Sie selber reflektiert ihr Verhalten Mitte des zweiten Schuljahres folgendermaßen:

Ich finde es Super zu Arbeiten. Ich abeite nicht immer sorgfältig. Ich räume auch nicht immer richtig. Manchmal sehr gut. Ich mache manchmal viel kwatsch im Kreis. Ich mach fast immer mit. Ich helfe anderen gut. [...] Ich komme mit anderen gut aus. [...] Ich kann gut Streit besprechen.

Neben der wichtigen Rolle, die Sabine im sozialen Bereich spielt, stellen auch ihre Arbeitsprodukte eine nicht zu unterschätzende Komponente als kontinuierliche Herausforderung zum eigenen Tun für alle Kinder dar. So schreibt sie ganze Bücher mit „Bibi-Bloxberg-Geschichten", die sie dann im Kreis vorliest oder versucht sich schon früh an Vorträgen vor der Klasse. Anfang des dritten Schuljahres hält sie einen Vortrag über die Wiedervereinigung Deutschlands, auf den der Lehrer in einem Brief folgendermaßen antwortet:

Dein Abschnitt über Deutschland war gut, aber du musst die Kinder erst mal an das Thema heranführen, mehr erklären und zu dem Erklärten auch Bilder zeigen, damit man sich das Vorstellen kann. So hat keiner genau gewusst, wer wann geteilt war und warum alle umziehen und was das danach mit den Städten und Flüssen und Bundesländern auf der Karte zu tun hatte.

Sie selber findet immer mehr Spaß daran, auch schwierige Sachthemen anzugehen: „Ich kann gut für andere die Forscher Sachen aufschreiben. Ich kann darüber berichten und das macht mir sehr viel Spaß." Ihre Kompetenz bezüglich der Vorträge entwickelt sich dabei beeindruckend weiter. So hält sie z. B. einen Vortrag über das Auge, der nicht nur vollkommen souverän ohne Vorlage von ihr frei vorgetragen wird und sehr anschaulich und aussagekräftig auf großen Plakaten illustriert ist, sondern den sie zusätzlich mit Modellen aus der Schulsammlung unterstützt. Vorher hat sie mit den Schülern Sehtests und Befragungen durchgeführt, deren statistische Auswertung sie darlegt. Zusätzlich bezieht sie während ihres Vortrages ganz versiert die Kinder durch weitere Tests, optische Täuschungen, herausfordernde Fragen usw. in das Thema ein.

Im dritten Schuljahr wird dem Lehrer – und auch den Eltern – Sabines eigener Ehrgeiz zeitweise etwas zu viel. Von daher versucht er ihr den eigenen Druck etwas zu nehmen, wie es auch aus folgender Bemerkung im Zeugnis des zweiten Halbjahres der dritten Klasse ersichtlich ist:

Auch im letzten Halbjahr hast du selbstständig und zuverlässig gearbeitet. Du hattest immer etwas Gutes zu tun und hast dich auch an kniffligere Sachen herangewagt. Toll fand ich die Momente, in denen du dich auch um andere Kinder gekümmert hast und ihnen Sachen erklärt oder mit ihnen geübt hast. Ich glaube, das ist auch deshalb für dich wichtig, damit du deinen Ehrgeiz auf sinnvolle Bahnen lenken kannst und dich lieber über den Erfolg, den andere haben, freust, als dich selber völlig unnötig unter Druck zu setzen. Du arbeitest gut und lernst schnell und hast dadurch auch entsprechend Freiraum und Zeit für andere, ohne dass es auf deine Kosten geht.

Im vierten Schuljahr verlässt Sabine die Grundschule mit einem Notenschnitt von 1,4 und wechselt mit dem Großteil der Klasse auf das nahegelegene Gymnasium. Dort erreicht sie einen Notenschnitt zwischen 1 und 2.

Sabine reflektiert ihre Grundschulzeit abschließend positiv. Sie fand gut: „Das wir frei gearbeitet haben." Schulprobleme hat ihr am ehesten verursacht: „Das die Kinder sich geprügelt haben." Sie würde jederzeit noch einmal in die Klasse gehen: „Weil es hier viel Spaß gemacht hat. Ich fühle mich gut Forbereitet." Sie schreibt weiterhin in zwei Briefen:

Hallo Peschel!

Es war eine schöne Zeit mit dir. Die 4 Jahre waren echt klasse auch wenn du manchmal ausgerastet bist. Die ganze Klasse war nett obwohl manche etwas kaotisch waren. [...]

Ich fand die Jahre eigentlich gut nur das schreihen fand ich blöd die Kinder haben fast die ganze Zeit im Kreis rumm gebrüllt und das hat genervt. Ich fand auch blöd das sie [wahrscheinlich sind die anderen Kinder gemeint, da der Lehrer geduzt wird; FP] manchen Kindern obwohl sie die ganze Zeit mist gemacht haben immer wieder eine Chance gegeben haben. Gut fand ich es das wir die meissten Sachen erleine geregelt haben. Ich würde weiterempfehlen das die Kinder sich alles selber beibringen das macht viel mehr Spaß. [...]

In den 4 Jahren haben wir viel gemacht und gelernt (manchmal wenigstens). Aber öffters habe ich mir gewünscht, das wir eine normale Klasse sind.

Du warst aber auch fast immer nett. Ich hoffe das wir uns irgend wann noch mal treffen.

Tschüss Sabine

Sabines Eltern geben auch eine Rückmeldung – sehr kurz und positiv, was auf die Problemlosigkeit zurückzuführen sein kann, mit der Sabine sich im Offenen Unterricht bewegt hat. Sie hatten keine Unsicherheitsmomente oder „Schulprobleme" und fanden vor allem den Zusammenhalt der Klasse gelungen. Sie würden die Vorbereitung im fachlichen Bereich, in der Sozialerziehung und bezüglich des selbstständigen Arbeitens durchweg die Note 1 geben und ihre Tochter jederzeit wieder in diese Klasse geben (was sie am liebsten auch mit ihrer Schwester gemacht hätten): „Weil wir keine negativen Erfahrungen gemacht haben".

Steven – oder: Interessegeleitetes Lernen eines „Originals"

Steven (7;2 Jahre/IQ 106) ist das einzige Kind der Kernstichprobe, das im Jahr zuvor schon einmal eingeschult wurde, dann aber Anfang Oktober in den Schulkindergarten der Schule zurückgestellt wurde. Dabei ist nicht auszuschließen, dass eher Stevens eigenwilliger Charakter und die hohe Klassenfrequenz von über 30 Kindern zu diesem Schritt geführt haben als etwa mangelnde kognitive Fähigkeiten.

Steven wohnt mit seinen Eltern und seinen beiden älteren Brüdern zusammen. Der Vater ist selbstständig, die Mutter hilft im Büro. Beim ersten Gespräch mit Steven und seiner Mutter in der Schule wirkt Steven aufgeweckt und vor allem an technischen Sachen interessiert. Er kennt das ABC und kann ungefähr im Zwanzigerraum zählen. Er freut sich, endlich aus dem (relativ frontal geführten) Schulkindergarten zu kommen und „richtig" in die Schule zu gehen. Die Mutter ist dem Unterrichtskonzept gegenüber aufgeschlossen. Steven begrüßt den Lehrer sehr achtungsvoll und siezt ihn auch später im Gespräch, etwas, was er auch nach Jahren im Beisein seiner Mutter bzw. seines Vaters immer macht, obwohl er außerhalb dieser Situationen kumpelhaft und duzend mit dem Lehrer umgeht.

In der Schule ist Steven derjenige, der schon am Tag nach der Einschulung anfängt, mit der Buchstabentabelle „MOTORAT" und „StAuPsAuGA" zu schreiben. Er nutzt die Zeit in der Schule zu einem hochgradig interessegesteuerten Lernen und macht immer nur „sein Ding". Steven hat die vier Grundschuljahre im Prinzip durchweg mit eigenen Forschungen – vornehmlich im biologischen Bereich – verbracht. Er hat sehr viel über Reptilien geforscht, Pflanzen und Frösche großgezogen und sich ein enormes, detailreiches Sach- und Methodenwissen angeeignet. Dabei hat er versucht, die anderen Bereiche, die in der Schule ein Rolle spielen, nicht aus den Augen zu verlieren. Seine Leistungen im Fach Sprache waren immer überdurchschnittlich, Steven hat von Anfang an Wörter orthographisch weitgehend korrekt geschrieben und seine Texte gut formuliert und strukturiert. In Mathematik hat er in bestimmten Abständen immer nachgesehen, was die anderen gerade so machen, hat dann geprüft, ob er die Sachen auch konnte und dann wieder an seinen Forschungen weiter gemacht. Hausaufgaben hat er fast nie gemacht, was für die Eltern in Ordnung war. Auch an den gemeinsamen Gesprächen im Kreis hat er in der Anfangszeit nicht teilgenommen.

Stevens eigenwilliges Arbeitsverhalten wird u. a. im Privat-Zeugnis des ersten Halbjahres des zweiten Schuljahres deutlich:

> Lieber Steven,
> du regelst noch immer deinen Tag fast ganz selbst. Du forschst viel über dein Lieblingsthema und schreibst dir wichtige Sachen auf. Du musst jetzt aber gut darauf achten, dass du wichtige Sachen, die wir lernen, nicht verpasst, wenn du keine Hausaufgaben machst. Trau dich ruhig öfters an neue Sachen ran, die sind oft ganz spannend. [...]

Du hast in diesem Halbjahr so viel Zeit mit Forschen und Schreiben verbracht, dass das Rechnen etwas gelitten hat. Du hast nämlich die dir unbequemen Minusaufgaben nicht gelernt und das Einmaleins hättest du eigentlich auch komplett schaffen können, oder? An deiner Stelle würde ich da entweder in der Schule oder zu Hause mehr machen, damit du nicht irgendwann mal den Anschluss verlierst und keine Lust mehr zum Rechnen hast. Denn schlau genug dafür bist ja dreimal, oder?

Forschen machst du am allerliebsten, das ist auch ganz wichtig. Du weißt schon viele Sachen, manchmal weißt du Sachen aber erst halb, versuch dann gut rauszubekommen, wie sie in Wirklichkeit sind (wie mit den Wolken, die ja nicht aus dem Vulkan kommen ...). [...]

Also Steven, soweit „Alles in Butter". Mach im Kreis noch besser mit, da lenkst du oft ab, weil dir Yoschi [Stevens Schildkröte; FP] und Quatsch halt wichtiger ist als unsere Geschichten. Aber eine Klasse muss sich ja auch für alle Kinder, die in ihr sind, interessieren.

Ich freue mich auf das nächste halbe Jahr mit Dir (Vielleicht kommst du dann ja auch mal pünktlich ...).

Zum Schuljahresende schreibt der Lehrer Steven u. a. Folgendes im Zeugnis:

Lieber Steven!

Du machst immer noch am liebsten deine eigenen Sachen und findest unsere gemeinsamen Sachen nicht so spannend. [...] Du hast im letzten Jahr weiterhin gut selbständig gearbeitet. Allerdings hattest du auch Zeiten, in denen du leichtere Sachen gemacht hast, als du eigentlich schon hättest machen können. Dann hast du bestimmt auch weniger gelernt. Aber eigentlich hast du das – insgesamt gesehen – gut im Griff. So hast du zum Beispiel im zweiten Halbjahr wieder mehr gerechnet, als du nach dem ersten Halbjahr gemerkt hast, dass du im Rechnen nicht mehr so viel konntest. [...]

Du schreibst gute Texte und Geschichten, meistens über ein Forscherthema. [...] Im Forschen bist du klasse, du kannst dir gezielt Informationen beschaffen, Sachen nachschlagen, Plakate machen und kleine Vorträge halten. Versuch beim Forschen immer, den Sachen genau auf den Grund zu gehen; manchmal denkt man, dass man weiß, wie etwas funktioniert, aber dann ist es doch ganz anders.

Hausaufgaben hast du nur dann gemacht, wenn du etwas Spezielles üben wolltest.

Stevens Vorstellungen von dem, was er in der Schule tun möchte, werden auch in den Eigenreflexionen deutlich, die die Kinder vor den Zeugnissen anfertigen. Steven beschreibt sein Arbeitsverhalten sehr ehrlich, zieht aber im Gegensatz zu den anderen Kindern nicht die (didaktisch) erwarteten Schlüsse daraus, denn sein Arbeiten ist für ihn so vollkommen in Ordnung. Bezüglich des Umgangs mit dem Wörterbuch schreibt er z. B., dass er zwar damit umgehen kann, es aber nicht gebraucht. Als Resümee für das nächste Schuljahr nimmt er sich nur vor „mehr zu forschen". Insgesamt stellt Steven trotz seiner eigenwilligen und eher einzelgängerischen Art eine wichtige Figur in der Klasse dar. Sein Interesse und seine Kenntnis bezüglich naturwissenschaftlicher Zusammenhänge, die er nicht nur in der Schule, sondern auch zu Hause untersucht (Terrarium, selbstangelegtes Biotop etc.), hat sicherlich auch Auswirkungen auf die Interessenbildung der anderen Kinder.

Im vierten Schuljahr möchten sowohl Steven als auch seine Eltern, dass Steven nach der Grundschulzeit die Realschule besucht – nicht zuletzt wahrscheinlich begründet in Erfahrungen mit den Geschwistern. Der Lehrer ist – ähnlich wie bei Pia – bezüglich der Entscheidung hin- und hergerissen, da er Steven für einen Gymnasiasten hält und nicht denkt, dass dessen eigenwilliges Arbeitsverhalten an der Realschule eher akzeptiert wird als am Gymnasium. Er entscheidet sich für eine Empfehlung des Gymnasiums oder der Gesamtschule und schreibt u. a.:

Steven kann zielstrebig und selbstständig arbeiten. Er zeichnet sich durch gute kognitive Leistungsmöglichkeiten aus, wobei er sehr individuell und eigenwillig lernt, sodass seine tatsächlichen Leistungen – abhängig von seiner Eigenmotivation – noch ausbaufähig erscheinen. [...] Im Unterricht bekommt Steven erstaunlich viel mit, obwohl er nach außen teilweise ablenkbar und unkonzentriert erscheint. [...] Steven ist ausgesprochen interessiert an wissenschaftlichen Zusammenhängen und Geschehnissen und verfügt über ein detailliertes Fachwissen. Steven ist sehr interessiert an Tieren und investiert sehr viel „Freizeit" in seine wissenschaftlichen Beobachtungen und Forschungen.

Die Empfehlung „Gymnasium oder Gesamtschule" wird auf Grund des Leistungsstandes sowie der kognitiven Leistungsmöglichkeiten des Schülers getroffen. Dem entgegen steht sein individuelles, teilweise unangepasstes Arbeitsverhalten. Ob deshalb (zunächst) der Besuch der Realschule in Erwägung zu ziehen ist, sollte mit der in Frage kommenden Schule bzw. den zuständigen Lehrern besprochen werden.

Steven wechselt nach dem vierten Schuljahr mit einem Notendurchschnitt von 2,4 auf die nahe gelegene Realschule und hält dort einen Notenschnitt im Bereich von 2,7.

Steven gibt dem Lehrer am Ende der Grundschulzeit eine Rückmeldung. Darin beschreibt er sein „Wohlfühlen" in der Klasse: „Manchmal ist es ein bisschen kalt, und es ist ein bisschen laut, aber sonst ist alles okay." Weiterempfehlen würde er: „Das Freiarbeiten ist toll, auch wenn es nicht immer klappt." Schulprobleme hat ihm „Michael" (das hyperaktive Kind) bereitet und wichtig war ihm: „Sich von Michael fern halten." Gut fand er vor allem die Computer und die Klassenfahrten. „Genervt" haben ihn die Hospitanten: „Ich musste zum Beispiel die doofen Tests von den Studenten machen." Er würde jederzeit noch einmal in die Klasse gehen, weil: „Es ist nicht so streng, und man darf Freiarbeiten." Zusätzlich verfasst Steven eine ausführliche Rückmeldung – in der ihm eigenen (plötzlich den Lehrer siezenden) Art:

Für Peschel von Steven

Vorwort: Es waren ein paar tolle Jahre die ich in Ihrer Klasse verbracht habe. Ich hatte wahnsinnig viel Spaß und Freude. Nur ich war soooooooo doof und habe nie die Hausaufgaben gemacht. Ich hoffe Sie sind mir deswegen nicht böse.

Nur ich kam mit dem Michael nicht so zu recht. Auf jeden Fall möchte ich ihnen danken das Sie so viel für mich und die Klasse gemacht haben.

Klasse 1

In der ersten Klasse lernte ich alles was ich für später brauchen werde wie: Rechnen, Schreiben ...

In der ersten Klasse lernte ich wie man mit einem Computer zurecht kam, vom ersten Buchstaben bis zur totalen Kontrolle, und siehe da Heute habe ich selber einen Computer. In der ersten Klasse fiel mir auch das Vorlesen schwer aber mit der Zeit lernte ich immer besser lesen.

Klasse 2

Hier lernte ich immer besser lesen schreiben rechnen U.S.w. Mit dem Computer kam ich immer besser zurecht das auch gute Auswirkungen auf die Rechtschreibung hatte. Aber dadurch das ich so viel am Computer geschrieben hatte und kaum mit der Hand, erlangte ich eine schlechte Handschrift.

Klasse 3

In der dritten Klasse kannte ich die Kunst des Lesens und des Schreibens (Rechtschreibung) ganz gut. In der dritten Klasse lernte ich und die anderen die Klasse 3c (heute 4c) kennen. Am Computer schrieb ich über vielfältige Projekte, ich schrieb aber am meisten über meine Schildkröten.

Klasse 4

Nun konnte ich besser als nie zu vor mit dem Computer umgehen. Aber trotz dem fiel mir das Handschreiben schwer das Lesen war für mich nun kein Problem mehr.

Einige Worte: Sie haben viel Aufwand auf sich genommen mit den: Klassenfahrten, Büchern u.s.w. Ich danke Ihnen für die vier wundervollen Jahre.

Ihr Steven

P.S: Meine Fische haben kleine Fische zur Welt gebracht, und wir kriegen einen neuen Hund.

Von Stevens Eltern kommt leider keine offizielle Rückmeldung, sie sind aber mit der schulischen Entwicklung von Steven und mit dem Konzept zufrieden gewesen, wie die Mutter in späteren Gesprächen mitteilt.

10.2.2 Die Kinder der Verluststichprobe

Alle Kinder der Verluststichprobe wurden Ende August 1995 in die Klasse eingeschult. Sie haben die Klasse aus unterschiedlichen Gründen (Umzug, Höherstufung, Wiederholung) zwischen der zweiten Hälfte des zweiten Schuljahres und der ersten Hälfte des dritten Schuljahres verlassen.

<u>Dominik – oder: Schneller Durchlauf</u>

Dominik (5;8 Jahre/IQ ?) wird auf Wunsch der Eltern vorzeitig eingeschult. Die Eltern sind dem Konzept gegenüber aufgeschlossen und unterstützen engagiert. Beim Kennlerngespräch erscheint Dominik aufgeweckt und lerninteressiert, er hat schon Erfahrungen mit Zahlen, auch mit großen Zahlen vom Monopoly-Spielen, kennt fast alle Buchstaben und kann einzelne Wörter lesen. Er möchte endlich in die Schule, weil es ihm im Kindergarten viel zu langweilig ist. Entsprechend dieser Haltung geht Dominik auch das Arbeiten in der Schule an. Er lernt auf Grund seiner Vorkenntnisse, seines Interesses und sicherlich auch durch eine große häusliche Unterstützung und Erwartung sehr schnell beim Schreiben, Lesen und Rechnen weiter. Auch forscht er begeistert über Sachthemen aller Art. Zum Ende des ersten Schuljahres schreibt er gut formulierte Geschichten in Druck- und Schreibschrift, erreicht hohe Werte in der orthographischen Kompetenz, kann gut sinnentnehmend lesen und rechnet Additions- und Subtraktionsaufgaben jeder Größe. Er ist schnell dem normalen Schuljahresstoff voraus.

Dominik ist in sehr hohem Maße sozial erzogen worden und versteht nicht, warum die anderen Kinder laut sind oder streiten. Da ihm die meisten Kinder zu unruhig sind, arbeitet Dominik am liebsten mit einzelnen Kindern. Im Privat-Zeugnis des zweiten Schuljahres steht:

Lieber Dominik,

du bist ein klasse Schüler. Fast immer organisierst du deinen Schultag ganz alleine und findest Sachen, die du machen kannst. Manchmal habe ich allerdings auch den Eindruck, dass dir andere zu viel sagen, was du machen sollst. Überleg dir immer gut, was dich wirklich interessiert und wo du spannende Sachen lernst. Probier mehr neue Sachen einfach aus. Ich gebe dir gerne Tips, wenn du ungefähr weißt, was dich interessiert, ob beim Schreiben, Rechnen oder Forschen.

Mit den Kindern in der Klasse kommst du gut aus, du wirst im Moment sehr oft von ihnen zum Chef gewählt. Und das heißt was! Seit es nach Weihnachten toller läuft, gibt es auch für dich nur noch selten Grund zum Beschweren. Versuch auch hier weiter Sachen selbst zu regeln und den Kindern zu erklären, was du für gerecht hältst. Ich glaube, fast alle können das jetzt verstehen, auch wenn das manchmal eine ganz schön nervige Sache ist.

Im zweiten Schuljahr ändert sich Dominiks Arbeitsverhalten zeitgleich mit der Geburt einer Schwester. Ihm fällt es immer schwerer, sich selber Sachen zum Arbeiten zu suchen, und er nimmt zunehmend Kontakt zum Lehrer auf. Der Lehrer vermutet, dass hier verschiedene Faktoren zusammen kommen. Zum einen ist Dominik im Stoff schon sehr weit, sodass er sich immer weniger an anderen Kindern orientieren kann (zumal er nicht gerne alleine arbeitet). So würde Dominik beispielsweise am liebsten über Lichtgeschwindigkeit und andere komplexe Phänomene forschen, es reicht aber nur zum Messen der Schallgeschwindigkeit mit dem Lehrer. Auch ist es möglich, dass sich die große Unterstützung, die Dominik von zu Hause aus gewohnt ist, durch den Familiennachwuchs verändert – u. a. auch einfach aus Zeitgründen.

Im Frühjahr des zweiten Schuljahres überlegen die Eltern, ob Dominik nicht die Klasse 3 überspringen sollte. Der Klassenlehrer bespricht sich mit einem engagierten Lehrerteam in der Schule, die u. a. bezüglich der Sozialerziehung auf eine geschützte Atmosphäre in ihrer Klasse achten und Dominik u. U. den für ihn notwendigen Raum bieten könnten. Leistungsmäßig traut der Lehrer Dominik den Sprung zu, betont aber, dass Dominik zwar sicherlich intelligent sei, aber nicht etwa hochbegabt oder Ähnliches. Nach diversen Gesprächen auch mit Dominik willigt der Klassenlehrer schließlich ein, wobei er betont, dass Dominik jederzeit zurück kommen kann, wenn er das für richtig hält. Entsprechend dieser Vereinbarung geht Dominik nach dem zweiten Schuljahr in die vierte Klasse. Er kommt dort gut klar und wechselt anschließend auf das Gymnasium.

Josephina – oder: Lernen, weil man nichts Besseres zu tun hat

Josephina (6;11 Jahre/IQ ?) ist ungefähr ein Jahr vor der Einschulung als Aussiedlerkind aus Russland gekommen. Sie lebt mit ihren Eltern und ihrer älteren Schwester in einem ca. 12 qm großen Zimmer in einem Aussiedlerheim. Im Zimmer ist gerade Platz für die Betten und einen kleinen Tisch, die Kinder arbeiten aber meist lieber auf dem Boden kniend und nutzen einen Stuhl als Arbeitsfläche. Trotz der

Enge ist die Atmosphäre wesentlich gelöster als z. B. im Flüchtlingsheim, in dem Fedor wohnt. Die Gespräche mit dem Lehrer übernimmt Josephinas Mutter, den Vater lernt der Lehrer nicht kennen. Die Mutter kann sich auf Deutsch verständigen, äußert sich aber nicht genauer zum vorgestellten Konzept.

Josephina ist beim Gespräch etwas schüchtern, spricht aber schon so gut Deutsch, dass hier keine Verständigungsprobleme zu erwarten sind. Sie freut sich auf die Schule und ist einverstanden damit, nicht in den Schulkindergarten zu gehen, dessen Besuch wohl bei den Schulaufnahmegesprächen in Erwägung gezogen wurde. Im zum Schulanfang durchgeführten Kieler Einschulungsverfahren fällt auf, dass sich Josephina bei verschiedenen Aufgaben stark an den anderen Kinder orientiert, was mit ihrer Sprach- bzw. Verständnisunsicherheit zusammen hängen kann. Nach der Einschulung lernt Josephina sehr schnell. Sie bringt sich trotz eher geringer Vorkenntnisse in kurzer Zeit das Schreiben und Lesen bei und hat auch das Rechenübungsheft für das erste Schuljahr schon nach wenigen Wochen fertig bearbeitet. Sie fängt nach knapp sechs Wochen an, sich selber Schreibschrift beizubringen und schreibt schon nach kurzer Zeit eine sehr schöne Verbundschrift. Der Lehrer hat den Eindruck, dass sie „einfach nichts Besseres zu tun hat" – sowohl in der Schule als auch zu Hause.

Insgesamt fällt es ihr aber eher schwer, sich selber Sachen zu suchen. Sie greift gerne auf Vorlagen und Impulse des Lehrers zurück, der für sie auch emotional ein wichtiger Haltepunkt zu sein scheint. Mit anderen Kindern arbeitet sie zunächst weniger zusammen, sie hat den Eindruck, dass sie wegen ihres kräftigen Körperbaus nicht von ihnen gemocht wird. Nachdem dies einigen Kindern auffällt, wird es – sehr direkt, aber auch sehr sozial und positiv – im Kreis thematisiert: „Wir mögen dich auch, wenn du so aussiehst", ist als Gesprächsergebnis im Tagebuch des Lehrers zu finden. In der Folgezeit öffnet sich Josephina immer mehr auch der Zusammenarbeit mit anderen. Im Zeugnis des ersten Schuljahres steht:

Liebe Josephina !

Du hast in deinem ersten Jahr in der Schule sehr viel gelernt. Gut, daß du dich nicht für den Schulkindergarten entschieden hast ! Du hast so fleißig und schnell gearbeitet, daß du als erste schon nach den Herbstferien fließend Schreibschrift schreiben konntest. Am liebsten arbeitest du zu Hause und machst auch viele freiwillige Hausaufgaben. In der Schule drückst du dich leider manchmal davor, dir selber neue, schwierige Sachen zum Arbeiten zu suchen. Dabei hast du oft so tolle Ideen ! Trau dich mehr, dir einfach Geschichten und knifflige Rechenaufgaben selbst auszudenken. Das kannst du und du lernst dabei am meisten.

Mit den anderen Kindern kommst du mittlerweile gut klar. Du hast gemerkt, daß dich alle mögen, auch wenn du früher manchmal geärgert worden bist. Du bist jetzt nicht mehr zu schüchtern, dann deine Meinung zu sagen, so daß man die Sache klären kann und du gar nicht erst traurig sein mußt. Sehr gerne kümmerst du dich um andere Kinder, denen du bei allen möglichen Gelegenheiten hilfst und Sachen erklärst. Man kann sich gut auf dich verlassen.

Im zweiten Schuljahr fällt es Josephina immer schwerer, sich Sachen zum Arbeiten zu suchen. Der Lehrer vermutet, dass sich die Mutter zu Hause sehr intensiv mit ihr beschäftigt, und Josephina dadurch zwei Formen des Lernens erfährt. Er gibt Josephina gerne Impulse und Hilfestellungen, möchte sie allerdings schon zum selbstständigen Lernen herausfordern. Im Privat-Zeugnis zum ersten Halbjahr des zweiten Schuljahres schreibt er u. a.:

Liebe Josephina,

du bist im letzten Jahr ziemlich faul geworden, hast dir aber in der letzten Zeit Mühe gegeben, wieder mehr zu tun. Ich finde es sehr sehr wichtig, dass man sich selber um seine Lernsachen kümmert und nicht darauf wartet, dass einem jemand etwas nachträgt. Du sollst bestimmen, was in deinen Kopf rein soll. Also, bleib dabei, du bist schlau und sollst dann auch schlaue Sachen machen. Das macht uns beiden dann mehr Spaß. [...]

Wenn du mal Geschichten schreibst, sind die ganz O.K. Zumindest, wenn du dir Mühe gibst. Du hast eine sehr schöne Schreibschrift und weißt schon viel über Erwachsenenschrift. Lesen kannst du auch ganz gut, lies einfach viel, dann lernst du auch schnell wie die Wörter alle richtig geschrieben werden.

Im Rechnen bist auch O.K., mach da immer kniffelige Sachen, damit es nicht langweilig wird. Du bist ja schlau genug, oder ? Schade, dass du den Einmaleins-Führerschein doch nicht mehr fertig gemacht hast. Du hast als allererste Malaufgaben gekonnt.

Im April des zweiten Schuljahres bekommt die Familie eine größere Wohnung in einem Nachbarort, sodass es Josephina nicht mehr möglich ist, die Klasse weiterhin zu besuchen. Der Lehrer trifft sie bzw. sie und ihre Mutter aber in der Folgezeit ein paar Mal und ist bestürzt über Josephinas weitere schulische Entwicklung.

Sie ist nach dem Umzug in eine sehr stark gelenkte Klasse gekommen, in der es primär darum ging, den Schulstoff auswendig zu lernen. Josephinas Schul- und Lernmotivation hat rapide abgenommen. Obwohl sie dem Stoff zur Zeit ihres Abgangs bestimmt ein Schuljahr voraus war, wurde ihr nach der Grundschule nur zum Übergang auf die Realschule geraten. Auch dort bedeutet Schule eher eine Last für Josephina, die mit stundenlangem nachmittäglichem Üben gemeistert werden muss. Es ist natürlich nicht nachweisbar, dass Josephina sich im Offenen Unterricht anders entwickelt hätte – es gab ja auch dort erste Anzeichen für Schwierigkeiten mit der eigenen Herausforderung – aber mit einer solch doch eher negativen Entwicklung hätte der Lehrer nie gerechnet. Das Kind, das sich in kürzester Zeit nach der Einschulung selber den Stoff der ersten und zweiten Klasse beigebracht hat, quält sich nun – nach eigener Aussage – lustlos durch vorgegebene Aufgaben.

Justin – oder: Eigendruck als Integrationsgrenze

Justin (7;6 Jahre/IQ 80 – PR 9 [CPM mit 9;8 Jahren]) wurde schon im Vorjahr eingeschult, aber nach ca. sechs Wochen in den Schulkindergarten eingewiesen, sodass er nach knapp einem Jahr Schulkindergarten in unsere Klasse kommt. Justin wohnt mit seiner Mutter und seiner fünf Jahre älteren Schwester alleine. Die Mutter arbeitet nachmittags, sodass Justin und seine Schwester in dieser Zeit den Hort besuchen. Über längere Zeit kommt Justin nur unregelmäßig bzw. oft zu spät zur Schule (wir haben verschlafen etc.). Ein gemeinsames Kennlerngespräch mit der Mutter findet nicht statt, aber der Lehrer nimmt vor der Einschulung Kontakt zu Justin auf, der ja den Schulkindergarten der Schule besucht. Justin wirkt dabei offen und aufgeweckt, er scheint sich zu freuen, dass er nicht mehr den Schulkindergarten besuchen muss. Im Kieler Einschulungsverfahren fällt Justin nicht auf, er kennt den Test schon und absolviert die Aufgaben ohne Probleme.

Im Schulkindergarten zeigte Justin laut den Aussagen seiner Betreuerin keinerlei schulische Motivation und zog anspruchsloses freies Spiel allen anderen Beschäftigungen vor. Er verhielt sich einerseits zeitweise ziemlich aggressiv, andererseits begab er sich auch gerne in unterordnende Rollen (Hund spielen etc.). Sein großer Bedarf auf emotionaler Ebene war offensichtlich, er suchte dauernd körperlichen Kontakt bei Erwachsenen. Konzentrationslosigkeit, plötzliches Vergessen und die Ablehnung jeglicher kognitiver Anforderungen führten dazu, der Mutter das Aufsuchen eines Arztes nahe zu legen. Auch in der Schule fällt schnell auf, dass Justin andere Bedürfnisse hat, als die Schule zum Lernen zu nutzen. Justin hat den Verlust seines Vaters bewusst miterlebt und trauert ihm des Öfteren nach. Es kann sein, dass er mitten im Unterricht anfängt zu weinen, wenn er irgendwie an Vater oder Familie erinnert wird. Wie im Schulkindergarten zeigt er auch in der Schule einen unverhältnismäßig großen Bedarf an persönlicher Zuwendung bzw. körperlichem Liebesbeweis durch andere. Dabei ist ihm vollkommen egal, wer sich mit ihm beschäftigt (auch fremde Hospitanten etc.). Schule scheint für ihn primär als emotional geprägter Raum bedeutsam zu sein.

Sein Sozialverhalten ist zwiespältig: einerseits ist er äußerst hilfsbereit, erledigt gerne alle möglichen Dienste und hilft anderen Personen (Kindern und Erwachsenen) tatkräftig, soweit er es vermag. Andererseits versucht er sich immer möglichst gut zu verkaufen und nutzt seine Stärke und Kraft zur gewaltsamen Konfliktlösung, solange niemand zusieht, der ihn zur Rechenschaft ziehen könnte. Sein Gerechtigkeitsgefühl befindet sich auf einer sehr egozentrischen Ebene und ist sehr aggressionsgeprägt (Nachschlagen, Nachhauen als „Ausgleich" etc.). Von seinen Klassenkameraden ist Justin gut akzeptiert und voll in die Klasse integriert.

Im Gegensatz zum Schulkindergartenkind Steven sind Justins Vorkenntnisse trotz eines Jahres Schulkindergarten mit festen Lehrgangs- bzw. Unterrichtszeiten sehr gering. Er beherrscht nur wenige Buchstaben, kann sie selbst aber noch nicht nutzen. Auffällig ist, dass er in der Anfangsphase des Schriftspracherwerbs – im Gegensatz zu den meisten anderen Kindern – Laute zu schreibender Wörter lieber willkürlich verschriftet als sie einfach wegzulassen. Noch nach einem halben Jahr schreibt er nicht lautgetreu, sondern erreicht diesen Stand erst ansatzweise zum Ende des Schuljahres. Dabei schreibt er nur große Buchstaben. Mit dieser Entwicklung liegt er nach dem Modell von BRÜGELMANN (vgl. 1988/1989) kontinuierlich ungefähr eine Rechtschreibstufe unter der durchschnittlichen Leistung der Klasse. In der Hamburger Schreib-Probe erreicht er zum Ende der Klasse 1 einen Prozentrang von 12,

Mitte der Klasse 2 einen Prozentrang von 11, Ende Klasse 2 einen Prozentrang von 19.

Auch das Lesenlernen fällt Justin schwer. Er kann nach den Weihnachtsferien des ersten Schuljahres zwar einzelne Wörter erlesen, beherrscht aber trotz seiner Vorkenntnisse erst einen Bruchteil der Buchstaben. Dabei sucht er meist nach bekannten Wörtern bzw. Wortformen. Noch Mitte des zweiten Schuljahres liest er Wörter vor, indem er die Buchstaben einzeln entziffert und zusammenzieht. Dabei kann er nicht immer wiedergeben, was er gelesen hat. Gerade das zusammenziehende Lesen bzw. der Drang zum Erkennen bekannter Wortformen fällt bei ihm auf, da die anderen Kinder nicht ersichtlich auf diese Weise Lesen gelernt haben. Es ist bei ihnen keine so lange Phase des (unverstandenen) Zusammenziehens von Buchstaben offensichtlich, wie sie sich bei Justin – und auch dem anderen schwachen Kind aus dem Schulkindergarten, Mirko – zeigt. Es ist nicht auszuschließen, dass diese Entwicklung auch mit Vorerfahrungen im Schulkindergarten bzw. dem synthetisierenden Vorleseunterricht dort zu tun hat.

In Mathematik hat Justin auch vergleichsweise geringe Vorkenntnisse. Er kennt zwar Zahlsymbole und kann im Zehnerraum vor- und rückwärts zählen, macht aber beim Abzählen und beim Plus- und Minusrechnen Fehler. Nach dem ersten Schultertial erweitert er seine Kenntnisse zwar auf den Zwanzigerraum, das Rechnen fällt ihm aber weiterhin schwer, er löst kleinere Rechenaufgaben meist nur im Beisein eines Erwachsenen und mit Material. Zum Ende des Schuljahres beherrscht Justin das Einspluseins und kann Zahlen des Zehnerraums verdoppeln; Minusaufgaben meidet er weitgehend. In der ersten Hälfte des zweiten Schuljahres rechnet er auch einzelne Malaufgaben und hat zum Ende des zweiten Schuljahres das Einsminuseins automatisiert. Einfache Additionsaufgaben rechnet er im Hunderterraum richtig aus.

Justins Bedürfnis, trotz seiner Probleme mit dem Lernen nicht allzu sehr hinter den anderen Kindern herzuhinken, wird im Laufe des zweiten Schuljahres immer offensichtlicher. Er wirkt dabei so, als ob es ihm gegen den eigenen Willen schwer fiele, sich zum Lernen zu überwinden. Zeitweise flüchtet er sich dabei in Arbeitsvorhaben, die ihn eigentlich unterfordern bzw. ihm zwar ein vorweisbares Produkt, aber keinen echten Lernerfolg bringen. So fängt er beispielsweise schon im ersten Schuljahr an, Schreibschrift in einem Schreibschriftbuch zu üben, obwohl er noch gar nicht schreiben kann. Er malt einfach die vorgegebenen „Muster" ab.

Schon im Zeugnis der ersten Klasse schreibt der Lehrer ihm:

> Das Arbeiten fällt dir oft schwer und dich interessiert alles andere, nur die Sachen zum Lernen nicht. Dann läßt du dich leicht ablenken und kannst dich nicht richtig konzentrieren. Bei den Hausaufgaben arbeitest du manchmal gut und viel, manchmal machst du aber auch gar nichts. Leider warst du sehr oft krank oder kamst zu spät [...]. Weil du eventuell zum Lernen sowieso etwas mehr Zeit als andere Kinder brauchst, mußt du dich einfach noch mehr zusammenreißen und das auch durchziehen, was du dir vornimmst. Nur du selbst kannst für dich lernen, das kann dir kein anderer abnehmen. Es kann auch nicht dauernd jemand neben

dir sitzen und dich an das Lernen erinnern. Und oft machst du es ja auch alleine ganz prima !
[...]

Warte mit der Schreibschrift bitte, bis du noch besser Druckschrift schreiben und lesen kannst. Es gibt da keine Abkürzung, alle Kinder haben das so gemacht. Wenn die Druckschrift gut klappt, geht das mit der Schreibschrift dann ziemlich einfach und schnell.

Obwohl Justin sich im nächsten Schuljahr an vielen Tagen zum Lernen überwindet und auch zeigt, dass er selbstständig lernen kann, ändert sich sein Arbeitsverhalten nicht wirklich. Im Privat-Zeugnis für Mitte Klasse 2 steht:

Lieber Justin,

du gibst dir in der letzten Zeit an den meisten Tagen viel Mühe, gut zu arbeiten. Allerdings machst du dabei oft nur Sachen, die du einfach findest. Du hast zum Beispiel sehr oft Schreibschrift abgeschrieben, obwohl ich dir gesagt habe, dass du die erst lernen kannst, wenn du richtig schreiben kannst. Deine Geschichten schreibst du immer so runter, obwohl ich dich gebeten habe, sie vor allem gut durchzulesen und dir ein paar Wörter in Erwachsenenschrift zu merken. Das ist dir dann wieder zu schwer, da schaltest du dann ab. Mach die richtigen Sachen, dann lernst du wirklich schneller! Wichtig ist auch, dass du bald mal untersuchen lässt, wie du lernst. Das weiß ich nämlich nicht und da brauche ich einen Tip. Ich warte da jetzt schon ein Jahr drauf und dieses Jahr fehlt dir jetzt.

Mit den anderen Kindern kommst du ganz gut klar, blöd finde ich es immer, wenn du deine Späße oder das Zanken heimlich machst und dann total beleidigt bist, wenn man dich ermahnt. Gewöhn dir das ab, das ist irgendwie unehrlich. Ein bisschen weniger prügeln und Schimpfwörter könnten auch nicht schaden, oder ?

Wenn wir mal zusammen Sachen machen, fällt es dir sehr schwer zuzuhören. Da machst du dann schnell Blödsinn und paßt nicht mehr auf.

Justin schreibt zum Zeugnis: „ESCH WEIS DAS ESCH EMER SO FAUL PEN UNT DAS ESCH SO FIL ROMPRÖGEL." Er weicht allerdings nicht von seinem eigenen Lernziel ab und nimmt sich für das nächste Halbjahr vor „GUT EN SCHREIP SCHREFT" zu werden.

Was der Lehrer im Zeugnis bezüglich einer Untersuchung Justins anspricht, ist die Bitte an die Mutter, Justin einmal ärztlich begutachten zu lassen. Justin bricht oft mitten im Reden ab und weiß nicht mehr, was er eigentlich sagen wollte. Wie schon oben erwähnt, bemühen sich Erzieher aus Schulkindergarten und Hort schon seit dem ersten Schuljahr um eine solche Untersuchung. Die Mutter ist zwar in Gesprächen immer wieder einverstanden damit, ergreift die Initiative dann aber doch nicht. Im Rahmen des zeitweiligen Versuchs der Schule, auf Grund der Aufnahme mehrerer „auffälliger" Kinder eine zusätzliche Förderungsbetreuung für die Klasse zu bekommen, beantragt der Klassenlehrer Mitte des zweiten Schuljahres im Einverständnis mit der Mutter ein Verfahren zur Feststellung sonderpädagogischen Förderbedarfs bei Justin. Dies tut er vor allem deshalb, weil bei Justin im Laufe des vergangenen Jahres keine nennenswerten Fortschritte im Hinblick auf Lernvermögen und Lernmotivation zu beobachten waren, während bei allen anderen „Integrationskindern" zumindest zeitweise größere Fortschritte bzw. Lernsprünge beobachtet werden konnten.

Im entsprechenden Antrag wird folgende vermutete Schädigung bzw. Förderung Justins angeführt:

> Es ist vorstellbar, daß Justins Vorstellung eines geborgenen Familienlebens (mit Vater, sich kümmernder Mutter etc.) sich von den tatsächlichen Umständen so stark unterscheidet, daß sein emotionaler Bedarf eine Lernblockade in Form jeglichen Motivationsverlustes zur Folge hat.
>
> Da Justin gut in die Klasse integriert ist, ist für ihn der Verbleib in dieser Sozialgruppe sehr wichtig. Um ihn trotz der oben geschilderten Schwierigkeiten fördern zu können, wäre die individuelle Hilfe einer Bezugsperson, die seine emotionalen Defizite auffangen und in die richtigen Bahnen leiten kann und ihn so zum selbständigen Lernen hinführt, wünschenswert. Unter ständiger Berücksichtigung seiner momentanen Verfassung und Interessen könnte Justins Motivation durch die emotionale Stärkung dann wahrscheinlich besser auf schulischen Lernstoff gelenkt werden, so daß er entsprechend seinen Fähigkeiten gefördert würde.

Dem Antrag kann von Schulamtsseite nicht entsprochen werden, weil es sich bei seiner „Störung" eher um emotionale Blockaden handelt als um eine Behinderung. Es wird eine Betreuung durch den Schulpsychologischen Dienst angestrebt, die aber von der Mutter nicht angenommen bzw. weiterverfolgt wird.

Als Justin durch seinen Leistungsabstand zu den anderen Kindern immer mehr selbst unter Druck zu geraten scheint und häufiger hinterhältige oder unehrliche Reaktionen zeigt, beschließen Lehrer, Gutachter und die Mutter, dass Justin zu einem geeigneten Zeitpunkt ein Schuljahr wiederholen sollte. Es ist offensichtlich, dass er einfach mehr als vier Grundschuljahre benötigt. Nach dem Aussuchen einer wahrscheinlich für ihn geeigneten Klasse wird Justin nach dem zweiten Schuljahr nicht versetzt.

Dieser Schritt ist sowohl für Justin als auch für die Kinder der Klasse und den Klassenlehrer kein leichter. Dies liegt auch daran, dass Justin in der Klasse eigentlich viel weniger auffällt als viele andere Kinder, die aber trotz eines weitaus unangepassteren Verhaltens „grau" integriert werden. Justins Klassenwechsel erfolgt in einem „weichen" Übergang, er hält sich auch nach dem offiziellen Übertritt noch zeitweise in seiner alten Klasse auf. Zugleich führt er einige ihm aus seiner alten Klasse bekannte Gepflogenheiten in seiner neuen Klasse ein, wie die neue Lehrerin nach ein paar Wochen in einem Bericht beschreibt:

> Justin wiederholt seit Anfang des Schuljahres das 2. Schuljahr in unserem Klassenverband. Die Schüler nahmen ihn anfangs mit etwas Bewunderung auf, da er einige neue Anregungen aus seiner alten Klasse mitbrachte, die z. T. auch umgesetzt wurden.

Leider fängt sich Justin in der neuen Klasse mit einem eher reproduktiven bzw. vorstrukturierten Unterricht nicht. Er hat zum Ende der wiederholten Klasse 2 „wieder einen deutlichen Abstand zu seinen Mitschülern", wie es im entsprechenden Gutachten heißt. Im dritten Schuljahr zeichnet sich ab, dass die Klassenlehrerin längere Zeit in Mutterschutz gehen wird. Die Schulleitung setzt eine ältere, neu an die Schule gekommene Kollegin parallel in der Klasse ein, die die Klasse dann auch später zu Ende führen wird. Ab dieser Zeit sieht man Justin einen Großteil seiner

Schulzeit alleine vor der Tür sitzen. Entgegen der Absprache mit dem ehemaligen Klassenlehrer, der Justin sein normales schulisches Umfeld erhalten wollte, wird das Verfahren zur Feststellung des sonderpädagogischen Förderbedarfs fortgesetzt.

In einem Ende Oktober 1999 erstellten Gutachten (die in dieser Arbeit untersuchte Klasse hat zu diesem Zeitpunkt die Grundschule schon verlassen) wird abschließend bei Justin ein ähnlicher eigener Leistungsdruck festgestellt, wie der, der zur Wiederholung des zweiten Schuljahres geführt hatte:

> Auch weiterhin hat Justin noch Schwierigkeiten, während der Stillarbeit konzentriert und ausdauernd an einer Sache zu bleiben. Er benötigt immer noch viel individuelle Hilfe, um neue Aufgabenstellungen zu durchschauen und erledigt sie auch dann nur selten fehlerfrei. Wochenpläne u. ä. schafft. er nur in einem geringen Umfang. Einen kleinen Teil der Hausaufgaben erledigt er inzwischen fast regelmäßig, wenn auch nicht ganz fehlerfrei. Hier zeigt sich deutlich, dass Justin lernwillig ist, denn er hat zu Hause keinerlei Unterstützung.

> An sachkundlichen Themen zeigt er nur zurückhaltendes Interesse. Er hat Schwierigkeiten, sachkundliche Zusammenhänge zu erfassen, Informationen aufzunehmen und sich zu merken, und er hat Mühe, sich sachlich angemessen auszudrücken. Erlerntes kann er oft nur unvollständig wiedergeben. Beim Schreiben von eigenen Texten hat sich wenig geändert. Für die Überarbeitung benötigt er viel Hilfe. Bei der Niederschrift weniger intensiv geübter Sätze nach Diktat sowie beim Abschreiben zeigt er Fortschritte. Mit genügend Übung vorher und bei guter Konzentration gelingt ihm das schon mit wesentlich weniger Fehlern. Jedoch ist diese Entwicklung noch nicht stabil. Merkhilfen und Rechtschreibregeln kann er noch nicht selbständig anwenden. Auch beim Lesen hat sich seit dem letzten Bericht nichts Wesentliches verändert. In Mathematik arbeitet er wie in den anderen Fächern zwar lernbereit mit, zeigt aber auch wenig Konzentrationsfähigkeit und Ausdauer. Probleme bereiten ihm Subtraktionsaufgaben mit Zehner- und Hunderterüberschreitung und das Rechnen mit Größen und Sachaufgaben. Er benötigt auch hier viel Hilfe, insbesondere, um sich auf neue Aufgabenformen einzustellen. Im sportlichen Bereich arbeitet Justin mit viel Freude und Einsatz mit. Er zeigt Ausdauer, Geschick und große Körperbeherrschung und erzielt erfreuliche Leistungen.

> Wie ich schon im Bericht vom 1.2.99 erwähnte, kann Justin nicht mit denselben Maßstäben wie die anderen Kinder gemessen werden. Bisher hat er sich aber in der Klasse sehr wohl und aufgehoben gefühlt. Dadurch entwickelte er eine enorme Lernbereitschaft und machte innerhalb seiner Möglichkeiten Fortschritte.

> Unter den Anforderungen und dem Leistungsdruck, der zwangsläufig mit der 4. Klasse verbunden ist, beginnt er nun aber zu leiden. Er bemerkt den großen Unterschied zu den anderen Kindern und scheint das nicht immer gut verarbeiten zu können. In Übereinstimmung mit [dem Schulpsychologischen Dienst, der; FP] ihn im August erneut getestet hat, denke ich, dass Justin an einer Hauptschule keine realistische Chance hat. Wann könnte nun der richtige Zeitpunkt für den Übergang in die LB-Schule sein ? Es ist fraglich, ob es seine Lernmotivation stärkt, wenn er sein erstes Zensurenzeugnis im Januar in der Hand hält.

Auf Grund dieser Ausführungen bzw. auf Anraten der Lehrerin beantragt die Mutter wenige Tage später Justins Aufnahme an der Schule für Lernbehinderte, die er auch jetzt noch besucht. Mit dieser Entwicklung Justins hat der Klassenlehrer nicht gerechnet, da er Justin nicht für lernbehindert gehalten hat bzw. hält. Er vermutet viel eher, dass Justin einfach Raum und Möglichkeit bedarf, sich selbst und seinen eigenen Weg zu finden. Justin benötigt mehr Zeit und emotionale Unterstützung als andere Kinder, aber nicht unbedingt eine andere Schule.

Welche Unterrichtsform Justin am ehesten gerecht wird, ist schwer zu beurteilen. Im Offenen Unterricht hatte Justin zwar keinen konkreten Leistungsdruck durch direkte Vergleichsmöglichkeiten mit seinen Klassenkameraden, aber auch hier war sein Abstand zum Durchschnitt der Klasse schließlich unübersehbar. Während anderen leistungsschwachen Kindern wie Mehmet oder Mirko dies relativ egal war, geriet Justin zunehmend unter Druck. Aber auch die Wegnahme dieses Drucks, die durch die Wiederholung des zweiten Schuljahres erfolgt, bringt keine langfristige Änderung. Auch in diesem Unterricht stellt sich das Phänomen wieder ein. Vergleicht man die Phasen, in denen Justin im Schulkindergarten sowie im gelenkteren Unterricht nach der Wiederholung der zweiten Klasse vorstrukturierter und reproduktiver gelernt hat, mit denen des Offenen Unterrichts, hat sich Justin in den geschlosseneren Lernumgebungen vergleichsweise wenig weiter entwickelt – wenn ein solcher Vergleich überhaupt möglich ist. Letztendlich bleibt abzuwarten, ob Justin vielleicht durch eine intensivere Einzelbetreuung und eine persönliche Festigung an der Sonderschule besser geholfen werden kann. Es kann sein, dass er nicht so schnell unter den beschriebenen Eigendruck geraten wird, es kann aber auch sein, dass sein Selbstbewusstsein auf anderer Ebene leidet und er auch im außerschulischen Umfeld auffällig wird – was er bislang nicht war.

Mirko – oder: Zeit, um Entwicklungsverzögerungen aufzuholen

Mirko (7;7 Jahre/IQ 89 – PR 23 [CPM mit 8;3 Jahren]) wurde bei der Einschulungsuntersuchung im Vorjahr in den Schulkindergarten zurückgestellt. Er erreichte damals im DVET (Duisburger Vorschul- und Einschulungstest; vgl. Meis 1977) einen Prozentrang von 2. Mirko lebt seit zwei Jahren in einer Pflegefamilie. Aus schulärztlichen Unterlagen sowie Auskünften der Pflegeeltern und des Jugendamtes lässt sich Mirkos Lebensweg ungefähr rekonstruieren: Mirko ist eine Frühgeburt in der 32. Schwangerschaftswoche. Der Vater war an Diabetes erkrankt, die Mutter hatte starken „Nikotinabusus" während der Schwangerschaft. Die frühkindliche Entwicklung ist sowohl statomotorisch (die Gleichgewichtsbewegung betreffend) wie auch sprachlich stark verzögert. Mirko wurde bis zum Alter von vier Jahren die meiste Zeit alleine im Gitterbett vor dem Fernseher abgestellt. Seine Mutter starb bei seiner Geburt, der Vater gab sich als sein Onkel aus, was Mirko nie erfuhr. Mirko kommt schließlich durch die Aktion seiner Schwester als Vollwaise in die Vormundschaft des Jugendamtes und so in eine Pflegefamilie.

Zu diesem Zeitpunkt mit vier Jahren war er sehr stark entwicklungsverzögert, konnte kaum laufen und sich nicht mit mehreren Personen in einem Raum aufhalten. Er hatte bis vor einem Jahr starke Angst bei jeglicher – auch kurzer – Trennung von der Bezugsperson. Bei ihm sind ärztlicherseits Konzentrationsschwierigkeiten und Auffälligkeiten im psychosozialen Verhalten (Entwicklungsrückstand) als Behinderung diagnostiziert. Mirko wird auf Grund seiner optischen Behinderung (starkes Schielen) in einer Sehschule gefördert, eine Operation ist geplant. Des Weiteren besucht er eine Ergotherapie, eine Spieltherapie und eine sprachheilpädagogische Behandlung. Er ist starker Allergiker mit regelmäßiger medikamentöser Behandlung. Ungefähr zeitgleich während seines Besuchs des Schulkindergartens nässt Mirko nachts ein.

Beim ersten Gespräch mit Mirko und seinen Pflegeeltern wirkt Mirko trotz seiner acht Jahre wie ein Kleinkind, wenn man seine Sprache und sein Verhalten betrachtet. Die Pflegeeltern weisen auf Mirkos Aggressivität beim Zusammensein mit anderen Kindern hin. Was sie ganz selbstverständlich vom Leben mit Mirko erzählen, von seinen Schrei- und Wutanfällen usw., klingt für den Lehrer nach einer wahren Herausforderung. Sie beabsichtigen, Mirko nach Möglichkeit zu adoptieren.

Im Schulkindergarten hat sich Mirko nach der Beschreibung der Leiterin folgendermaßen verhalten:

> Mirko nahm im Schulkindergarten vor allem spielerische Aktivitäten auf. Dabei sonderte er sich meist von den anderen Kindern ab und spielte in der Puppenecke oder konstruierte mit Baumaterialien. Unterrichtliche Situationen stand er nicht lange durch und fing an, den Unterricht zu stören. Besser war seine Ausdauer im Kleingruppenunterricht mit drei bis vier Kindern. Dabei arbeitete Mirko immer sehr langsam. Sein Lernverhalten war immer sehr labil und sehr stark interessenabhängig.
>
> Mirkos anfängliche Probleme mit der Feinmotorik besserten sich im Verlauf der Zeit mit Unterstützung einer entsprechenden Therapie. Auch sein Sprachverhalten entwickelte sich in Bezug auf Artikulation und Wortschatz zunehmend, genauso wie er im Laufe der Zeit seine Denkfähigkeit verbesserte.

Mirko kann durch den Unterricht im Schulkindergarten einzelne Buchstaben und Zahlen schreiben. Ferner bastelt er gerne. Bei allem benötigt er seine „Eigenzeit" und geht sehr langsam und bedächtig vor. Zu Beginn des Schuljahres hat Mirko keinerlei Interesse an schulischen Sachen, für ihn stehen spielerische Aktivitäten im Vordergrund (Bau einer Ritterburg, Kasperletheater mit Kulissen organisieren usw.). Anfängliche Phasen der Einzelarbeit mit dem Lehrer (gemeinsames Lautieren, Rechnen) sind höchst unproduktiv, Mirko blockt das aktive Lernen zum größten Teil massiv ab. Zugang zu Lerninhalten findet er nur dann, wenn sie seinen momentanen Vorstellungen entsprechen. Diese verfolgt er dann ganz gezielt und motiviert. Er hat klare Vorstellungen vom Endergebnis seiner Arbeit und lässt sich von seinem Weg nicht abbringen. Auf diese Art hat Mirko vermutlich auch schreiben gelernt, wie der Lehrer in einem Artikel schildert:

> Das ging soweit, bis dass nach einem halben Jahr eines Tages der entwicklungsverzögerte [... Mirko; FP] kam und sagte: „Ich schreibe heute einen Brief an meine Tante". Bislang war an Lernen oder ruhig in der Klasse sitzen bei ihm noch nicht zu denken gewesen, geschweige denn an das Heraushören eines Anlautes. Aber: heute setzte er sich hin und schrieb. Lautgetreu. Ich konnte es nicht glauben. (Peschel 1997d, 10)

Ähnlich ist es in Mathematik. Während Mirko vor den Sommerferien ungefähr das Einspluseins beherrschte, konnte er nach den Ferien plötzlich problemlos im Hunderterraum rechnen – ohne etwa geübt zu haben.

Mirko hat eine sehr niedrige Frustrationstoleranz. Nimmt er sich bestimmte Aufgaben oder Projekte vor, stößt dabei aber kurzfristig an seine eigenen oder aber auch an organisatorische Grenzen, kann es passieren, dass er jedes Weiterführen für längere Zeit abbricht. Außerhalb selbstständiger Beschäftigung, Kleingruppenarbeit oder Einzelarbeit mit dem Lehrer, springt Mirko auf viele Ablenkungen an, die sich ihm bieten. Er reagiert dabei immer ganz situativ, sodass alle Regeln und Vereinbarungen für ihn immer der Situation selber nachstehen. Für ihn gelten nur Erfahrungen, die er selber gemacht hat. Vorschriften Erwachsener kann er nur akzeptieren, wenn sie seinen eigenen Regeln entsprechen.

Während dieses Verhalten von Mirko zu Beginn des ersten Schuljahres von der Klasse noch gut verkraftet werden konnte, ergibt sich durch die enge Freundschaft von Mirko und Michael nach den Herbstferien eine neue Situation. Beide Kinder verhalten sich gleich unreflektiert und beeinflussen sich gegenseitig so stark, dass sie weitgehend ununterbrochener Aufmerksamkeit des Lehrers bedürfen. Dabei lenken sie nicht nur sich selber vom Arbeiten ab, sondern bestimmen durch ihr Agieren auch die Lernatmosphäre der gesamten Klasse maßgeblich. Da beiden Kindern ein selbstständiges Arbeiten über einen längeren Zeitraum nicht möglich ist, muss in der Regel mindestens eines der beiden Kinder durch den Lehrer oder durch Klassenkameraden betreut bzw. beschäftigt werden. Diese Problematik beschreibt der Lehrer u. a. im Zeugnis der ersten Klasse:

Lieber Mirko !

Obwohl du vielen Kindern in der Klasse oft zu unruhig und verspielt bist, machen sie viele Dinge auch gerne mit dir zusammen, denn du hast immer ganz tolle Ideen für Sachen, die man basteln oder spielen kann. Am Anfang haben die Kinder nichts dagegen gehabt, wenn du viel gespielt hast, mittlerweile finden sie aber, daß das sehr stört, wenn du durch die Klasse rennst oder Unsinn machst. Auch im Kreis hältst du dich oft nicht an die Regeln, so daß es dann für alle Kinder langweilig wird, wenn sie immer wieder auf dich warten müssen. Manchmal braucht man dann sogar extra einen 'Babysitter' für das 'Schulkind' Mirko. Das kann ja wohl nicht sein, oder ?

Am liebsten lernst und erzählst du, wenn nicht viele Kinder da sind. Das, was du erzählst, ist fast immer interessant und spannend. Manchmal traust du dich jetzt auch im Kreis, allen Kindern etwas zu erzählen. Es wäre toll, wenn du uns allen noch öfter was erzählen würdest.

An manchen Tagen arbeitest du gut und schaffst einigermaßen was. Oft muß man dich aber immer wieder an das erinnern, was du tun wolltest oder man muß neben dir sitzen, damit du nicht dauernd wieder aufhörst. Dabei weißt du genau, daß kein anderer für dich lernen kann. Das soll in deinen Kopf rein und das kannst nur du ganz alleine machen. Im zweiten Schuljahr kann der Lehrer sich nicht nur immer um dich kümmern. Da muß man sich besser auf dich verlassen können. Überleg dir gut, ob du jetzt Schulkind oder Kindergartenkind sein willst.

Unter diesen Voraussetzungen beantragt der Klassenlehrer Mitte des zweiten Schuljahres im Einverständnis mit den Pflegeeltern und dem Jugendamt als Vormund ein Verfahren zur Feststellung sonderpädagogischen Förderbedarfs bei Mirko, um in diesem Rahmen eine sonderpädagogische Unterstützung für die in der Klasse insgesamt vorhandenen potentiellen Integrationskinder zu bekommen. Ziel ist dabei vor allem, Mirko in der Sozialgruppe zu belassen, in der er sich sehr wohl fühlt. Bei Mirko geht es in der Schule weniger um bestimmte fachliche Lerninhalte, sondern um die Möglichkeit, sich in einem für ihn selbst sicheren Raum weiterentwickeln zu können. Die begutachtende Sonderpädagogin drückt das in ihrem Gutachten so aus:

Auf Grund der nicht altersgemäßen Persönlichkeitsentwicklung (Deprivation und Frustration im Kleinkindalter) müssen bei Mirko noch Nachreifungsprozesse initiiert werden, nur so kann sein Interesse für Schule, Gruppe und schulisches Lernen aktiviert werden.

Einen möglichen Hinweis darauf, dass sich die offene Unterrichtsstruktur vergleichsweise gut für Mirkos Förderung in diesem Bereich eignet, gibt u. a. seine große Lust, in die Schule zu gehen, und das weitgehende Aufhören des Bettnässens seit Besuch der Klasse. Mitte der zweiten Klasse nimmt sich Mirko selber vor, mehr zu lernen: „ich MöchTe NächSTeS HALBJAHR MeHR SchRAIBeN UNT LeSeN UNT GUT ARBITeN".

Da dem Antrag auf sonderpädagogische Unterstützung in der Klasse nicht entsprochen werden kann, machen sich Lehrer und Pflegeltern Gedanken über Mirkos weiteren Werdegang. Ihnen ist klar, dass Mirko mehr als vier Jahre Grundschulzeit benötigt, um seinen Entwicklungsverzug aufzuholen. Sie entscheiden sich schließlich dafür, Mirko zunächst in seiner vertrauten Lernumgebung zu belassen, aber auf einen Zeitpunkt zu achten, an dem er stabil genug für einen Wechsel in ein niedrigeres Schuljahr erscheint. Dabei haben sie eine bestimmte Klasse im Auge, in der auch offener gearbeitet wird.

Zum Ende der zweite Klasse hat Mirko sich ein gutes Stück seinen Vorsätzen genähert, wie aus dem Zeugnis ersichtlich ist:

Lieber Mirko !

Du hast dich in diesem Schuljahr toll gemacht. Du kannst mittlerweile ruhig arbeiten und störst die anderen Kinder nicht mehr. Zeitweise hast du ganz gute Phasen gehabt, in denen du stundenweise gut gearbeitet hast. Wenn du dich erholen musstest, hast du dich dann ruhig anders beschäftigt.

In diesen Phasen gab es auch wenig Streit mit anderen Kindern und du hast auch bei unseren gemeinsamen Sachen mehr mitgemacht. Als Kreischef warst du dann auch gut. Im Kreis oder dann, wenn wir alle etwas zusammen machen, fällt es dir manchmal schwer mitzumachen und mit den Gedanken bei uns zu bleiben. Da musst du noch lernen, mehr Geduld aufzubringen.

Du kümmerst dich gut um die anderen Kinder und bist sehr hilfsbereit, wenn jemand traurig ist oder etwas Ungerechtes geschieht. Deshalb mögen dich die Kinder auch gerne und sehen auch schon mal über deine unruhigeren Phasen hinweg.

Wenn du Geschichten schreibst, hast du gute Ideen. Du schreibst zwar langsam, aber mittlerweile schon weitgehend lautgetreu. Erwachsenenschrift berücksichtigst du noch nicht, das kannst du dann aber im nächsten Jahr machen. Du hast jetzt angefangen, Schreibschrift zu lernen, und gibst dir dabei viel Mühe. Im Lesen hast du auch Fortschritte gemacht, toll wäre es, wenn du noch mehr interessante Sachen lesen würdest, denn du lernst dabei auch viel über Wörter und Erwachsenenschrift.

Rechnen konntest du nach den Ferien plötzlich im Hunderterraum, du kannst sogar schon Plusaufgaben in größeren Zahlenräumen lösen. Minus rechnest du nicht gerne. Das kleine

1+1 und 1-1 kannst du aber schon weitgehend auswendig, das 1*1 lernst du gerade, Geteiltrechnen machst du dann danach.

Das Forschen ist dann interessant für dich, wenn du selber Versuche machen kannst. Selbständig arbeiten kannst du noch nicht gut, aber das liegt vielleicht auch daran, dass du ja noch Lesen und Schreiben lernst.

Malen, Basteln und Werken kannst du aber gut und selbständig, du hast da immer ganz tolle Ideen und weißt genau, was später herauskommen soll.

In Musik und Religion fällt es dir schwer, mit den anderen Kindern Sachen zusammen zu machen.

Auch beim Sport schaffst du das oft nicht, sodass die Kinder dir eine Auszeit geben, wenn du gefährliche Sachen machst, andere Kinder störst, dich nicht an die Regeln hältst oder beim Aufräumen Unsinn machst. Aber Turnen und Spielen kannst du ansonsten klasse.

Hausaufgaben machst du meistens so viel, wie du schaffst.

Bemerkungen: Die Beurteilung im Bereich Sprache erfolgt aufgrund einer Teilleistungsschwäche in diesem Bereich. Mirkos Leistungen entsprechen hier nicht denen des abgeschlossenen 2. Schuljahres. Die anderen Leistungen sind schwach, aber die Lernentwicklung Mirkos lässt im Zusammenhang mit der Wichtigkeit des Belassens in der ihm vertrauten Lerngruppe auf eine ausreichende Mitarbeit hoffen. Mit einer eventuellen Rückversetzung in die Klasse 2 nach angemessener Probezeit sind die Erziehungsberechtigten einverstanden.

Die Rückstufung Mirkos kommt dann auch sehr plötzlich und wird dem Lehrer durch einen Anruf von Mirkos städtischen Vormund vor den Herbstferien mitgeteilt. Der Klassenlehrer schreibt Mirko danach folgenden Brief:

Lieber Mirko !

Das mit dem Wechsel zu Frau [...] kam für mich genauso überraschend wie für dich.

Ich glaube aber, dass du mit Frau [...] viel Spaß haben wirst.

Du weißt schon viele Sachen mehr als die anderen Kinder und kannst denen jetzt gut helfen.

Frau [...] macht mit ihrer Klasse viele tolle Sachen, wahrscheinlich hat sie sogar oft noch bessere Ideen als ich.

Ich finde, sie ist eine tolle Lehrerin.

Vielleicht kannst du mir ja mal was schreiben, was ihr so alles macht ?

Alles klar, Kumpel ?

Mirko hat nach den Herbstferien einen ähnlich weichen Übergang wie vordem Justin und hält sich immer wieder auch in seiner alten Klasse auf. Er lebt sich gut in seine neue Klasse ein und macht weiterhin langsam, aber stetig Fortschritte, was sicherlich auch am Engagement und Unterrichtskonzept der neuen Klassenlehrerin liegt. Auch als die Familie in einen Nachbarort zieht, der nicht im Einzugsbereich der Schule liegt, verbleibt Mirko in der Klasse. Mirko wird in der neuen Klasse so gut aufgefangen, dass er nach der Grundschulzeit auf die Hauptschule wechselt, die er auch jetzt noch besucht.

Mirkos positive Entwicklung ist vor allem im Vergleich zur Entwicklung Justins erstaunlich, da sowohl der ehemalige Klassenlehrer als auch andere Personen, die beide Kinder miterlebt haben, Mirkos Ausgangslage als weitaus problematischer empfunden haben, als die von Justin. Vielleicht ist die unterschiedliche Entwicklung der beiden ein Hinweis auf die Wichtigkeit eines das Kind stützenden Umfelds – sowohl in der Schule als auch zu Hause.

10.2.3 Die Kinder der Zuwachsstichprobe I

Alle Kinder der Zuwachsstichprobe I kamen im ersten Schuljahr in die hier untersuchte Klasse und blieben bis zum Ende ihrer Grundschulzeit dort.

<u>Björn – oder: Erziehungsschwierig oder erziehungsschwierig gemacht?</u>

Björn ist eines der Kinder, über das eine ausführlichere Fallstudie angefertigt wurde (s. u.). Um die Möglichkeit eines kurzen Eindrucks zu bekommen, sei hier eine kurze Zusammenfassung bzw. eine Zusammenstellung von Ausschnitten der Fallstudie gegeben.

Björn (7;10 Jahre/IQ 94) kommt am 7. Dezember des ersten Schuljahres mit 8;3 Jahren in die hier untersuchte Klasse. Er ist drei Wochen zuvor in eine Außenwohngruppe der evangelischen Jugendhilfe im Ort eingewiesen worden, um zum Halbjahreswechsel im Februar seiner Schulpflicht in der Schule für Erziehungshilfe in einer benachbarten Stadt nachzukommen. Der Schulleiter der am Ort befindlichen Grundschule überlegt, ob Björn die rund zwei Monate Wartezeit nicht doch besser in seiner Schule als alleine in der Wohngruppe verbringen sollte. Björn kommt in die hier untersuchte Klasse.

Aus einem Gesprächsprotokoll mit Björns Erzieherin in der Wohngruppe ist über Björns Entwicklung folgendes bekannt:

> Kurz nach seiner Geburt habe Björn in die Kinderklinik gemußt, in der er 3-4 Monate blieb. Den Grund wisse sie nicht. Björn habe nach Angabe der Mutter spät sprechen und laufen gelernt, er konnte mit 2 Jahren noch nicht laufen. [...] Björn habe seine Tage weitgehend vor dem Fernseher verbracht. Erst jetzt erlebe er, daß ständig jemand da ist, erst jetzt lerne er spielen mit anderen, Kindern wie Erwachsenen.

Björn wird zum Schuljahr 1994/95 mit 6; 11 Jahren in den Schulkindergarten eingeschult. Sein Verhalten im Schulkindergarten wird folgendermaßen beschrieben:

> In seinem Sozialverhalten war Björn oft besonders schwierig. Er trat, spuckte und beschimpfte mit den unflätigsten Ausdrücken sowohl Kinder als auch Erwachsene. All die aufgezeigten Probleme machten eine Ursachenüberprüfung notwendig. Im Gespräch mit der Mutter wurde ebenfalls deutlich, welche großen Probleme im Zusammenleben Björn hatte. Im gemeinsamen Gespräch mit der Schulärztin und der Mutter wurde dann die kinderpsychiatrische Überprüfung eingeleitet und durchgeführt.

Björn wird im Mai des Jahres in die Kinderpsychiatrie eingewiesen und bleibt bis Ende September des Jahres in der Klinik. Am 2. Oktober wird er schließlich in die erste Klasse der für ihn zuständigen Grundschule eingeschult, in der er auch den Schulkindergarten besucht hat. Zeitgleich zur Rückkehr an die Schule wird für Björn ein Sonderschulaufnahmeverfahren beantragt. Es ist davon auszugehen, dass für Björn nach der Psychiatrie gar keine Beschulung an der Regelschule mehr beabsichtigt war, sondern diese nur aus Gründen der Schulpflicht erfolgt ist. In einem Brief wird der Mutter zeitgleich die Beantragung des Sonderschulaufnahmeverfahrens mitgeteilt:

> Sehr geehrte Frau [...],
>
> Björns Verhalten in der Schule ist inzwischen nicht mehr tragbar. Er stört den Unterricht derart, daß die anderen Kinder nicht arbeiten können.
>
> Selbst im Sportunterricht verweigert er die Teilnahme, bringt keine Arbeitsmittel (Mäppchen, ...) mit und ist durch nichts zu einem regelgerechten Verhalten zu bewegen.
>
> Ein Sonderschulaufnahmeverfahren habe ich beantragt. Dieses nimmt allerdings viel Zeit in Anspruch.
>
> In der Zwischenzeit kann ich Björn eigentlich nicht weiter beschulen. Im Rahmen von Ordnungsmaßnahmen müßte ich ihn vom Unterricht ausschließen.
>
> Da Sie, wie Sie mir mitteilten, ihn aber zu Hause in dieser Zeit nicht versorgen könnten, wenden Sie sich bitte an Frau [...] beim Jugendamt [...] und bitten um eine Notunterbringung für Björn bis zu dem Zeitpunkt, an dem eine reguläre Unterbringung in einem Heim mit heilpädagogischer Förderung erfolgen kann.

Mitte November gelangt Björn in die oben erwähnte Außenwohngruppe der evangelischen Jugendhilfe und damit in den Einzugsbereich der Schule. Björn kommt zwar mit der Perspektive der Einweisung auf die Schule für Erziehungshilfe in die hier untersuchte (Regelschul-)Klasse, stellt sich aber im Offenen Unterricht keineswegs als so unbeschulbar heraus, wie die erstellten Gutachten vermuten ließen. Er bleibt auf der Regelschule.

Mit unterrichtlichen Dingen beschäftigt sich Björn relativ wenig, sondern geht lieber in der Klasse herum, guckt, was andere Kinder machen, setzt sich vor den Computer oder blättert Bücher durch. Er weiß sich dabei in der Regel alleine oder mit anderen Kindern zu beschäftigen. Dabei vermeidet er alles, was irgendwie mit „Schule" zu tun hat. Sobald er Verpflichtungen verspürt, blockiert er sofort und verweigert die Arbeit. Es hat den Anschein, als ob er die Zeit weitgehend dazu nutzt, zu sehen, ob die ihm hier gewährte Freiheit bezüglich des Lernens auch ernst gemeint ist. Da bei ihm ansonsten keine Auffälligkeiten zu beobachten sind, ist zu vermuten, dass er diesen Freiraum nicht nur schätzt, sondern wahrscheinlich sogar benötigt.

Björn akzeptiert die demokratischen Grundstrukturen der Klasse von Anfang an. Die von den Kindern gemeinsam gefassten Regelungen in der Klasse – die Verbote und Strafen mit einschließen – scheinen für ihn eine andere Qualität zu haben als die Regelungen bzw. „Erziehungsmaßnahmen", die er außerhalb dieses Umfeld bzw. vor allem in der Wohngruppe erfährt. Hier ist er nicht so „pflegeleicht" wie in der Klasse – wird allerdings auch dauernd korrigiert und zu einem bestimmten Verhalten angehalten, wie der Lehrer bei seinen Besuchen in der Wohngruppe mitbekommt (wobei sich die einzelnen Erzieher zum Teil stärker hinsichtlich ihrer pädagogischen Handlungsweisen unterschieden haben).

Auch Björns Entwicklung im Arbeitsverhalten bzw. in den Fächern stellt sich in der hier untersuchten Klasse viel problemloser dar als anzunehmen gewesen wäre. In der zweiten Woche nach den Ferien fängt Björn plötzlich wie selbstverständlich an, zum derzeit beliebten Karnevalsthema „Vampire" am Computer zu schreiben. Besonders erschien damals nicht nur, dass Björn in der Schule überhaupt etwas freiwillig gearbeitet hat, sondern dass er direkt lautgetreu verschriftet hat (ohne Rechtschreibüberprüfung des Computers). Die Momente, in denen Björn ganz normal in der Klasse arbeitet, sind zwar Einzelfälle, aber nehmen weiter zu, wie u. a. im Privatzeugnis zum ersten Halbjahr des zweiten Schuljahres zu lesen ist:

Lieber Björn,

als du zu uns gekommen bist, hast du nie gearbeitet. Jetzt machst du immer öfters was. Als Computerspezialist machst du am liebsten was am Computer und probierst da viele Sachen aus. Dann hast du da was total Spannendes entdeckt und ich verdrehe erstmal die Augen, weil wieder nichts Richtiges zum Lernen gelaufen ist (und ich außerdem Angst um die Computer habe). Aber du hast dir jetzt vorgenommen, mehr auf Papier zu arbeiten und zum Beispiel Schreibschrift zu schreiben. Das hast du ganz gut und schnell durchgezogen. Da habe ich mich sehr drüber gefreut. Wenn du jetzt dran bleibst, haben wir mit der 3. Klasse kein Problem.

Mit den Kindern kommst du ganz O.K. aus. Ein bisschen mehr Mühe könntest du dir allerdings geben, dass du nicht immer nur zuerst an dich denkst. Du kommst immer zu den unmöglichsten Zeiten mit den unmöglichsten Ideen. Dann habe ich dafür gerade keine Zeit und du sagst: *Hier darf man ja gar nichts.* Dabei wissen wir beide, dass man ja wohl in anderen Klassen noch ziemlich viel weniger darf, oder nicht? Bereite einfach Sachen vor. Gib mir einen Zettel mit nach Hause, mit dem, was du willst. Da habe ich mehr Zeit dafür und mache gerne was für dich.

Schön wäre auch, wenn du ein bisschen mehr auf die anderen Kinder mitachtest. Es klappt mit [...] und [...] im Moment so gut, dass wirklich kein noch so kleiner Streit notwendig ist. Auch wenn du mal Recht haben solltest, versuch das bitte einfach anders zu regeln.

Björn entwickelt sich auch in den folgenden Schuljahren gut weiter, wobei er sich teilweise eine gewisse „Saisonarbeit" vor den Zeugnissen angewöhnt. Leistungsmäßig hat er von Anfang an kein Problem, bei ihm geht es nur darum, das ihm eigene Arbeitsverhalten so zu gestalten, dass er damit an der weiterführenden Schule klar kommt. Anfang des vierten Schuljahres möchte Björn nach der Grundschule entweder auf das Gymnasium (1) oder die Realschule (2) gehen. Der Lehrer bejaht diese Entscheidung, wobei er selber vor dem Zwiespalt steht, inwiefern für die Wahl des Gymnasiums Arbeits- und Anpassungsverhalten eines Schülers eher eine Rolle spielen als seine fachlichen Leistungen und kognitiven Möglichkeiten. Er schreibt Björn nach dem ersten Vierteljahr folgenden Brief:

Lieber Björn ! [...]

Wir haben schon oft darüber gesprochen, dass jetzt nicht mehr nur das zählt, was du kannst, sondern auch wie gut du im Unterricht mitmachst, wie eifrig und selbstverständlich du Aufgaben angehst, wie gut du alleine üben kannst, wie sorgfältig deine Arbeiten aussehen und wie gut du mit anderen Kindern zusammenarbeitest.

Obwohl deine Leistungen an sich gut sind und meiner Meinung nach zum Gymnasium tendieren, kann ich dich so nicht dahin schicken, denn dein Arbeitsverhalten ist zwar von „nicht vorhanden" vor ein paar Jahren bis „arbeitet, wenn es wichtig wird" gestiegen, aber das reicht so nicht für das Gymnasium.

Das Problem ist folgendes: Ein angepasstes Arbeitsverhalten brauchst du in jeder Schule. Du musst dich einfach besser verkaufen. Wenn in deiner nächsten Schule die Lehrer mehr Unterricht von Vorne machen, brauchen sie dauernd Schüler, die begeistert mitmachen (oder zumindest so tun). Da du ein großes Wissen hast, könntest du dich doch auch von alleine melden. (Manchmal redest du allerdings auch mit deinem Nachbarn und man bekommt dich dran.)

Es scheiden bei diesem Arbeitsverhalten also alle normalen Schulen aus, denn dir nützt eine Realschule oder eine Hauptschule da auch nicht mehr (wäre auch Quatsch bei deinen Fähigkeiten), da diese Schulen ja auch ein entsprechendes Arbeitsverhalten fordern. Also letztendlich doch die Sonderschule oder was ???

Ich verstehe nicht, dass du nicht endlich die Kurve bekommst. Ich bewerte jeden Tag dein Arbeitsverhalten und du kannst dir denken, welche Noten sich da an vielen Tagen ansammeln. Auch, wenn du Sachen letztendlich kannst.

Mehr als dir das immer wieder sagen, kann ich nicht. Das ist eine Frage deiner Einsicht. Es hat keiner Lust, dir noch jahrelang nachzulaufen.

Es ist höchste Zeit für einen Ruck, mit dem du allen zeigst, was *du* selber willst.

In Björns Empfehlung für das Gymnasium ist dann schließlich auch in Fettdruck zu finden:

Die Empfehlung „Gymnasium oder Gesamtschule" wird auf Grund des Leistungsstandes sowie der kognitiven Leistungsmöglichkeiten des Schülers getroffen. Dem entgegen steht sein individuelles, teilweise unangepasstes Arbeitsverhalten. Ob deshalb (zunächst) der Besuch der Realschule in Erwägung zu ziehen ist, sollte mit der in Frage kommenden Schule bzw. den zuständigen Lehrern besprochen werden.

Björns Benotung liegt zu diesem Zeitpunkt im Bereich Sprache bei 1,3; in Mathematik und Musik bei 2; im Sachunterricht, in Sport und in Kunst bei 3 und in Religion bei 4. Björns Leistungen steigen im Halbjahr danach zwar in Mathematik auf 1, fallen aber vor allem in den „Nebenfächern" ab und er wechselt schließlich mit einem Notenschnitt von 2,9 auf das Gymnasium am anderen Ende der Stadt.

Zum Ende der Grundschulzeit schreibt Björn im Rückblick auf seine Grundschulzeit, dass er noch einmal in diese Klasse gehen würde, „weil es Toll war". Er schreibt weiterhin:

Ich fand alle Klassenfahrten bisher gut. Auf der anderen Schule war es viel doofer als hier bei ihnen. Die anderen Lehrer waren auch viel strenger als sie. Aber ich muss zugeben sie sind auch ein bisschen streng gewesen. Am anfang war es gut für mich das ich hierhin gekommen bin aber jetzt ist es nicht mehr so gut weil ich mich auf die faule haut legen kann.

Inwieweit in dieser Reflexion auch Meinungen anderer eine Rolle gespielt haben, ist aus der letzten Bemerkung nur zu mutmaßen, die genau die dem Lehrer bekannte Einstellung der Erzieher trifft. Diese fanden die Freiheit für Björn im ersten Schuljahr gut, haben aber die weitergehende Offenheit des Unterrichts nicht unbedingt verstehen können bzw. selbst in der Wohngruppe eine andere pädagogische Richtung vertreten.

Die hier aufgezeigte Schulbiographie von Björn ist eine, die zum Nachdenken anregen muss. Im Rückblick auf seine Entwicklung in der hier untersuchten Klasse und auch aus späteren Bemerkungen Björns gewinnt der Lehrer immer mehr den Eindruck, dass Björn – trotz seiner sicherlich ungünstigeren familiären und körperlichen Ausgangslage – nicht von vornherein „schwer erziehbar" war, sondern sein Verhalten auch eine unmittelbare Reaktion auf das Verhalten seiner Umwelt dargestellt hat. Björn scheint in seiner Kindheit nicht viel Verlässlichkeit gehabt zu haben. Auch später noch weisen viele Verhaltensweisen Björns darauf hin, dass er so richtig eigentlich nur sich selber vertraut und auch Menschen, die ihm nahe stehen, immer wieder nicht wirklich bzw. verlässlich an sich heran lässt.

Björn macht später in Klassen- oder Einzelgesprächen einige Bemerkungen, die auf seine Enttäuschung bei bzw. nach der Einschulung hinweisen. Es könnte sein, dass Björn mit einer bestimmten Vorstellung und Erwartung in die Schule kam, so etwas wie: „Ich lerne jetzt lesen, schreiben, rechnen." Was er in der Schule aber dann kennen gelernt hat, ist – wie aus seinen Beschreibungen, aber auch aus den Gutachten und seinen alten Arbeitsheften abgeleitet werden kann – aus seiner Sicht eher der Beschäftigungstherapie zuzuordnen: Anstatt zu lesen, zu schreiben und zu rechnen, werden ihm viel zu kindisch erscheinende Lieder gesungen, Schwungübungen gemacht oder Fibelsätze auswendig gelernt (siehe Beispiele in der ausführlichen Fallstudie). Und dagegen hat sich Björn durch Arbeitsverweigerung bzw. Streik gewehrt.

Im Offenen Unterricht hat Björn nach einiger Zeit Vertrauen in sein eigenes Lernen gewinnen können. Er hat schon nach wenigen Wochen Schule in allen Bereichen einen Lernstand erreicht, der vergleichbar mit dem anderer Kinder war. Björn gibt sich immer mehr und kontinuierlicher an schulische Arbeiten und bildet trotz seiner nur sporadischen oder beiläufigen Aktivitäten in allen Bereichen erstaunliche Kompetenzen aus. Er erreicht in den hier näher untersuchten Bereichen Rechtschreiben, Lesen und Mathematik in entsprechenden Normtests Ergebnisse im obersten Bereich und ist mit diesen Messinstrumenten auf Grund des Deckeneffekts nicht mehr differenziert zu erfassen.

Was Björn betrifft, so ist aus dem Kind, das dem Schulleiter bei der Einschulung noch sagte: „Glaub ja nicht, ich bin so harmlos, wie ich aussehe!", innerhalb der Jahre in der Klasse ein ziemlich charmanter Junge geworden, dessen positive Entwicklung alle Erwachsenen, die sie mitbekommen haben, sehr beeindruckt hat. Ähnlich positiv haben auch die Lehrer auf dem Gymnasium beim Gespräch mit dem Klassenlehrer nach den ersten Schulmonaten reagiert. Leider hat sich diese Haltung im Laufe der Zeit nicht halten können – weder Björn hat sich in der erforderlichen Weise mit dem Frontalunterricht anfreunden können, noch die Lehrer mit Björns Auffassung von sinnvollem Lernen. Mittlerweile ist Björn – trotz seines nach Meinung des Grundschullehrers hohen kognitiven Potentials – auf die Realschule gewechselt und wiederholt dort die sechste Klasse.

Das Interessante an Björns schulischer Biographie ist aber nicht nur, dass er sich im Offenen Unterricht nicht als unbedingt problematischer gezeigt hat als andere Kinder auch (im Gegensatz zu den Erfahrungen davor), sondern vor allem die Art, wie er gelernt hat – nämlich weitgehend nicht so, wie man es in Schule generell unterstellt. Björn hat anscheinend weniger durch Erklärungen und Übungen gelernt, sondern sich Wissen und Kompetenzen eher beiläufig angeeignet. Diese Kompetenzen bzw. Entwicklungen werden in der ausführlichen Fallstudie am Beispiel der Bereiche Rechtschreiben, Lesen und Mathematik ausführlich dargestellt.

Eveline – oder: Zeit gegen die Gewöhnung ans Unselbstständigsein Teil I

Eveline (7;10 Jahre/IQ 96) kommt zusammen mit ihrer Klassenkameradin Irina Ende April des ersten Schuljahres in die hier untersuchte Klasse. Sie wohnt mit ihren fünf Halbgeschwistern, ihrer Mutter und ihrem neuen Vater zusammen. Die Eltern sind dem Unterrichtskonzept gegenüber aufgeschlossen. Eveline spielt gerne und ist außerhalb der Schulzeit meist mit anderen Kindern auf der Straße oder dem Schulgelände unterwegs. In der Familie ist durch die beengten Verhältnisse und die vielen Geschwister immer ein gewisser Trubel, sodass ruhiges Arbeiten dort nur begrenzt möglich ist.

Eveline ist im Vorjahr aus der ersten Klasse in den Schulkindergarten zurückgestellt worden und dann erneut in das erste Schuljahr eingeschult worden. Aus Erzählungen von Irina und Eveline schließt der Lehrer, dass in der alten Klasse ein sehr lehrgangsorientierter Unterricht mit starken Motivationselementen durch die Lehrerin (Belohnungsstempel etc.) bzw. viel spielerischer Verpackung des Lernstoffs (Ausmalblätter etc.) praktiziert wurde. Evelines Leistungen sind verhältnismäßig schwach. Auffällig sind die Unterschiede zu den anderen Kindern vor allem in Bezug auf das Rechnen. Sowohl Eveline als auch Irina haben anscheinend keine richtige Zahl- und Mengenvorstellung sowie Probleme mit dem Zehnerübergang, die ansonsten bei keinem Kind der Klasse in dieser Form zu finden sind. Beide Kinder arbeiten fast immer zusammen, haben aber fast nie Lust, etwas zu lernen. Sie gehen Aufgaben am liebsten dann an, wenn man alleine mit ihnen lernt oder sie mit großem Aufwand motiviert.

Da ein solches lehrer- bzw. motivierungsabhängiges Arbeitsverhalten bei sonst keinem Kind der Klasse in dieser Form offensichtlich ist und es sowohl bei Irina als auch bei Eveline langfristig vorhanden ist, vermutet der Lehrer, dass u. a. die bislang erfahrene schulische Sozialisation eine Ursache dafür sein kann. Deutlich wird das besonders im Privat-Zeugnis für das erste Halbjahr des zweiten Schuljahres:

Liebe Eveline,

du hast mir ja im letzten halben Jahr manchen Schlaf geraubt. Irgendwann fandest du das Arbeiten wohl so langweilig (oder anstrengend?), dass du fast nur noch gelesen hast. Du hattest keine Lust mehr, irgendwas zu tun. Ich glaube ja, du warst gewohnt, dass man dir erst alles mit vielen Spielchen und so an der Tafel erklärt und dir dann genau sagt, was du jetzt machen sollst. Ich fände das viel viel langweiliger als wenn man selbst entscheiden kann, was man machen möchte. Weil man dann nämlich mehr mit seinen eigenen Ideen arbeiten kann. Man lernt nämlich viel leichter, wenn man etwas rauskriegen will und das dann einfach mal probiert.

Dir musste man beim Lernen aber immer auf die Füße treten. Das findest du dann natürlich auch doof und ich glaube, dann lernt man auch nicht viel. In der letzten Zeit machst du manchmal wieder etwas mehr, jetzt habe ich auch wieder mehr Lust auf deine Sachen. Meinst du, du kannst das durchhalten? Es ist wirklich der bessere Weg. Nicht sehr bequem, aber gut. Und ich glaube, dass du viel schlauer bist, als du denkst. Mach doch was draus!

Mit den anderen Kindern kommst du gut aus, obwohl du immer mit Irina zusammenklebst. Wenn Irina mal nicht da ist, machst du doch auch tolle Sachen mit anderen Kindern. Na ja, du musst das selber entscheiden. Aber vielleicht fändest du mehr spannende Sachen, wenn du es auch mal mit anderen Kindern versuchst. Vielleicht hättest du dann auch mehr Lust zum Lernen?

Die Kinder fänden noch gut, wenn du im Kreis nicht immer so oft quatschst, wenn wir was besprechen. Da entgehen dir viele Tips, was man alles spannendes in der Schule machen kann.

Du schreibst schöne Geschichten, wenn du mal schreibst. Im letzten Jahr hast du allerdings viel mehr geschrieben. Die Kinder finden das total blöd, dass du jetzt nur noch so wenig schreibst. Das haben sie dir gesagt. Schreibschrift hast du dir jetzt vorgenommen, die kannst du ganz flott lernen, wenn du halt schreibst. Dann hast du viel Zeit gespart, die du sonst mit vielen langweiligen Übungen verplempert hättest. Lesen kannst du gut, das macht dir ja auch viel Spaß.

Rechnen tust du auch zu wenig, da könntest du wirklich mehr. Man kann das zwar immer so ein bisschen auswendig lernen, dass man so gerade weiß, was los ist, aber rechnen lernt man so nicht. Also: Lern bitte nicht einfach auswendig, sondern rechne. Selber. Mit deinem Kopf. O.K.? Man muss sich nur ein bisschen dafür interessieren. Ich weiß nun nicht, ob ich dich einfach in Ruhe lassen und abwarten oder dir nachlaufen soll. Was meinst du? Schreib mir mal. Bitte.

In den nächsten Jahren bleibt der Lehrer im Wechselbad dieser Gefühle. Er hat immer wieder Zeiten, in denen er überlegt, ob er Eveline und auch Irina nicht einfach Arbeitsblätter geben sollte, die sie abarbeiten können bzw. müssen. Was ihn davon abhält, ist die Vermutung, dass die Kinder durch diese Materialien auch nicht mehr lernen, als sie jetzt auch so lernen. Zudem gibt es immer wieder einzelne Momente, in denen beide zeigen, dass sie sehr wohl selbstverantwortlich und selbstständig arbeiten können. Eveline beabsichtigt – wie z. B. nach dem Zeugnis für die zweite Klasse – immer wieder: „Aber ich will mir vornehmen nicht mher faul zu sein."

Der Lehrer schreibt ihr Anfang des dritten Schuljahres u. a.:

Deine Leistungen sind so noch nicht so gut, wie sie sein könnten, denn du bist leider überhaupt nicht dumm. Es gibt so viele Sachen, die du so gut weißt und toll machst. Nur dann, wenn etwas Mühe oder Übung gebraucht wird, wirst du leicht bequem, oder?

Du musst da auch in der Schule mehr tun. Und zwar ohne, dass ich dir nachlaufen muss. Versuch dir bitte mit Irina den Tag so einzuteilen,. dass ihr zuerst die notwendigen, anstrengenderen Sachen macht und danach Zeit habt für die Sachen, die euch dann noch Spaß machen.

Trotz ihres eher gleich dürftigen Arbeitsverhaltens entwickeln sich Eveline und Irina unterschiedlich. Eveline fällt das Schreiben leichter und das Rechnen schwerer, während dies bei Irina umgekehrt ist. Im zweiten Halbjahr der dritten Klasse ändert sich Evelines Arbeitsverhalten weiter zum Positiven, wie im Zeugnis beschrieben wird:

> Du hast im letzten Halbjahr ganz gut gearbeitet und ich hatte den Eindruck, dass du dir immer mehr auch selber Sachen vornimmst, die du erreichen willst. Du hast es nicht immer geschafft, die unangenehmeren Sachen dann auch täglich durchzuziehen, aber bedeutend öfter als früher. Entsprechend hast du dich zum Beispiel in Sprache gut gemacht und auch in Mathematik hast du dich gesteigert. Wenn du dich hier auch noch ein bisschen mehr aufraffen könntest, wäre das klasse.

Der Lehrer ist vor allem erstaunt, dass sowohl Eveline als auch Irina im dritten und vierten Schuljahr ihr Lernen immer mehr selbst in die Hand nehmen. Er beschreibt dies folgendermaßen:

> [Auch Eveline und Irina; FP], die später zu uns kamen und völlig verspielt lange nichts mit Schule anfangen konnten, haben sich im dritten Schuljahr so von selbst gemacht, dass sie ihre eigenen Schwächen ausgelotet und sich selbst Sachen vorgenommen haben (wie z. B. die Beherrschung des Einmaleins und des Einsdurcheins) und im vierten Schuljahr mit völlig eigenständig aufbereiteten und kompetent präsentierten Vorträgen aufwarten konnten. Bei ihnen hatte sogar ich zeitweise Phasen, in denen ich überlegt habe, ob ich ihnen nicht irgendeine reproduktive Übung geben müsste, damit sie überhaupt mal etwas tun.

> Jetzt könnte man natürlich einwenden, dass diese Kinder bestimmt noch besser geworden wären, wenn sie einen gut strukturierten Unterricht genossen hätten. Aber genau das haben sie ja allesamt vorher erlebt [...]. Von diesem Unterricht scheinen sie nicht viel mitgenommen zu haben außer vielleicht einer negativen Einstellung zum Lernen. Sie haben sich dort stündlich aufs Neue inkompetent gefühlt, weil sie den Lernstoff nicht so aufnehmen konnten, wie es vorgesehen war. Lernen war das Einüben von Sachen, die sie nicht verstehen konnten oder in diesem Moment nicht verstehen wollten. (Peschel 2002b, 251f.)

Da Eveline später gerne auf die Hauptschule gehen möchte, die auch ihre Schwester besucht, lotet sie im vierten Schuljahr ihre Schwächen aus: „Mathe, das ist ein schweres fach für mich. Es ist das Rechnen das ich nicht pack." Eveline erreicht zum Ende des Schuljahres einen Notenschnitt von 3,5 und wechselt auf die Hauptschule in der Nähe der Schule. Dort erreicht sie einen Notenschnitt im Bereich 3.

Eveline reflektiert ihre Grundschulzeit nur kurz: Sie fand alles gut, außer Mathe. Der Lehrer hat sie zeitweise gestört: „Weil er mich wen ich arbeite Nerft." Sie gibt der Grundschule die Note 1 und würde jederzeit noch einmal in die Klasse gehen: „Weil es hir sehr schön ist." Weiterhin schreibt sie in einem Brief:

> Hallo Peschel
>
> Mir haben viele Sachen gefallen. Zum Beispiel das wir frei arbeiten durften. Das Tabalugastück war auch total gut. Die Klassenfahrten waren das Beste. Na ja, du warst halt ein super Lehrer.
>
> Deine Eveline

Auch die Mutter gibt eine kurze Resonanz: Sie hatte trotz der festen Zuweisung Evelines in die Klasse keine Unsicherheiten bezüglich des Unterrichtskonzepts. Am schwierigsten zu verstehen war für sie das individuelle Arbeiten der Kinder ohne Lehrer. Was ihr am meisten „Schulprobleme" verursacht hat, war: „Das mangelnde Selbstbewusstsein von Eveline — Zitat: ‚Das kann ich nicht' ohne es erst zu versuchen." Gelungen war für sie vor allem: „Der Zusammenhalt der Klasse, was sich in ‚nebenschulischen' Aktivitäten zeigte." Sie gibt der Schulvorbereitung ihrer Tochter durchweg die Note 2 und würde sie wieder in die Klasse geben.

Irina – oder: Zeit gegen die Gewöhnung ans Unselbstständigsein Teil II

Irina (6;3 Jahre/IQ 90 – 114) [Anmerkung zum IQ-Wert: Irina erreicht Mitte Klasse 4 im CFT 20 einen IQ-Wert von 114, in anderen Tests (z. B. den AzN 4+) aber nur Werte im Bereich von 90, sodass ein zufälliges oder ein nicht ganz auf ihrer eigenen Leistung beruhendes Ergebnis nicht ausgeschlossen werden kann.] Irina ist Ende April des ersten Schuljahres zusammen mit Eveline in die Klasse gekommen. Jetzt lebt sie mit ihren Eltern und zunächst sieben, später acht Geschwistern als zweit- bzw. drittjüngstes Kind zusammen. Die Familie ist von Russland nach Deutschland ausgesiedelt. Die Eltern sind sehr offen und freundlich. Der Vater darf nur einge- schränkt arbeiten.

Irina spricht gut deutsch. Irina ist in der Großgruppe zurückhaltend und beschwert sich immer beim Lehrer, wenn ihr etwas nicht passt, oder geht zu Eveline. Sonst hört man nicht viel von ihr. Selbstständiges Lernen fällt ihr schwer. Die Leistungen, mit denen sie in die Klasse kommt, sind vergleichsweise schwach. Auffällig im Vergleich zu den anderen Kindern ist besonders das schon im Zusammenhang mit Evelines Entwicklung beschriebene Problem mit dem Zehnerübergang. Auch bei Irina vermutet der Lehrer, dass die bisherigen schulischen Erfahrungen eine gewisse Rolle in Bezug auf die eigene Antriebslosigkeit gespielt haben. Als nach einer ge- wissen Startphase das Arbeitsverhalten Irinas abnimmt, schreibt ihr der Lehrer im Privat-Zeugnis für das erste Halbjahr des zweiten Schuljahres:

Liebe Irina,

das war vielleicht ein anstrengendes halbes Jahr mit dir. Irgendwie bist du ziemlich faul ge- worden, ich hoffe aber, dass du jetzt wieder fleißiger wirst. Bei uns musst du selber mit- bestimmen, was du lernen willst. Das ist deshalb, weil ich es wichtig finde, dass du etwas wirklich selbst lernen willst und nicht nur etwas machst, weil die Lehrerin es dir gibt. Dann lernst du nämlich viel schneller. Das hast du an der Schreibschrift gesehen, oder?

Also, gib dir einen Ruck und mach zuerst immer das, was du noch besser machen kannst. Schreib eine kleine Schreibschrift-Geschichte und rechne ein paar kniffelige Aufgaben. Da- nach kannst du immer noch lesen oder malen. O.K.?

Mit den anderen Kindern kommst du gut aus, obwohl ich es sehr langweilig finde, dass du immer am meisten mit Eveline machst. Wenn etwas schief läuft, bist du schnell traurig oder kommst zu mir. Versuch immer zuerst mal selber die Sache zu lösen, das ist dann zum Üben, weil nicht immer jemand da sein kann, der Sachen für dich lösen kann. Und beleidigt sein hilft ja nun gar nicht, oder?

Die Kinder wollen, dass du im Kreis nicht so viel mit Eveline quatschst und besser mit- machst.

Wie bei Eveline überlegt der Lehrer auch bei Irina immer wieder, ob er ihr Aufga- ben vorgeben oder ob er sie selber ihren Weg zum Lernen finden lassen sollte. Dies wird u. a. auch im Zeugnis des zweiten Schuljahres deutlich:

Du hast im letzten Jahr nicht so gut und fleißig gearbeitet, wie du es hättest tun können. An manchen Tagen hattest du Spaß daran, Rechenaufgaben herauszubekommen oder Geschichten zu schreiben, aber das war eher seltener der Fall. Meistens hast du mit deiner Freundin herumgetrödelt oder gelesen. Das ist deshalb so schade, weil ich weiß, dass die Sachen nicht zu schwierig für dich sind, sondern du oft einfach zu faul zum Arbeiten bist. Das sieht man auch daran, dass du oft nur etwas hinkrickelst, anstatt ordentlich zu schreiben. Das macht dann überhaupt keinen Spaß nachzusehen, weil es schon so aussieht, als sei es nichts wert. Und wenn es dann aber gute Sachen sind, merkt man das vielleicht gar nicht. Das ist dann einfach schade.

Ist es dir vielleicht lieber, wenn du jeden Tag ein paar Zettel als Schulaufgaben bekommst, die du dann machen musst ? Oder schaffst du es im dritten Schuljahr, selbständig zu arbeiten – und zwar richtig ?

Irina selbst schreibt vor dem Zeugnis, dass sie leider keine gute Schrift habe und nur einmal eine Geschichte durchgesehen habe. Sie stellt sich selber keine Rechenaufgaben und schreibt dazu: „ich trau mich nicht ich trau mich nur 1+1". Sie nimmt sich vor: „rechen üben" und „Schön Schreben üben". Ideen hat sie aber zum Forschen: „über pinguine, über Hünde, über katzen, über pferde".

Insgesamt zeichnen sich bei Irina und Eveline im dritten Schuljahr trotz der geringen Leistungen unterschiedliche Vorlieben ab. So fällt Irina der sprachliche Bereich schwerer, während Eveline mit dem Rechnen mehr Probleme hat. In einem Brief, den der Lehrer Irina Anfang der dritten Klasse schreibt, steht u. a.:

Du weißt selber, dass du weitaus besser sein könntest, als du bist. Ich glaube nicht, dass du dumm bist. Also musst du zu bequem sein. [...] Mach mit Eveline Sachen ab, die ihr schaffen wollt und macht nichts anderes, bevor ihr das dann auch geschafft habt. Danach könnt ihr dann ja eine Party feiern oder was.

Du schreibst so tolle Geschichten, hast aber scheinbar noch nie was von großen oder kleinen Buchstaben gehört. Du achtest nicht ein bisschen auf Erwachsenenschrift, dich interessiert das gar nicht. Da ist Eveline schon ein Stück weiter als du (du bist dafür im Kopfrechnen im Moment etwas besser). Also streng dich an !

Sie selber schreibt vor dem Halbjahreszeugnis:

ich muss arbeiten manchmal will ich arbeiten manchmal nicht. [...] auf sachen zum arbeiten habe ich keine lust. [...]
Mit Eveline kann ich nicht So gut arbeiten wen Eveline weg ist dan schon. [...]

Zum Sachunterricht schreibt sie nach dem Zeugnis interessanterweise: „Das macht Spass wen ich das mach dan falen mir immer Schönere sachen ein."

Im zweiten Halbjahr des dritten Schuljahres nimmt sich Irina immer öfter Sachen vor, die sie bearbeiten bzw. beherrschen will. Ihre Leistungen bleiben dabei zwar geringer, aber es ist dasselbe Phänomen festzustellen, das auch bei anderen schwachen Kindern in der Klasse auffällt: Ihre (schwachen) Leistungen haben insofern auch mit der Leistungsmessung in der Klasse zu tun, als dass sie in geübten Bereichen (geübtes Diktat, geübte Mathematikaufgaben) durchaus gute bis sehr gute Leistungen bringen bzw. bringen würden. Dies ist bei Irina auch so. Sie schreibt geübte Diktate mit nur einzelnen Fehlern und kann schriftliche Rechenverfahren fehlerfrei anwenden. Es ist nicht auszuschließen, dass Irina in einer anderen Klasse durchaus gute Noten bekommen würde, obwohl ihre eigentlichen Fähigkeiten in Bezug auf orthographische oder mathematische Kompetenzen eher im untersten Bereich liegen.

Beeindruckend ist Irinas Entwicklung aber vor allem im Bereich der Forschervorträge. So nimmt sie sich zusammen mit Eveline Vorträge über Wölfe und Füchse vor, zu denen sie selbstständig Material sucht bzw. auswählt, aufbereitet und kompetent präsentiert. In den Augen des Lehrers hat sich das Warten auf diese Eigeninitiative und Selbstständigkeit gelohnt. Er vermutet, dass Irina – und auch Eveline – nicht so weit gekommen wären, hätte man ihnen den Druck zur Eigenaktivität durch die Vorgabe von Arbeitsblättern genommen.

Irina möchte nach der vierten Klasse auf die Hauptschule am anderen Ende der Stadt wechseln, die auch von ihren älteren Geschwistern besucht wird. Sie erreicht mit einem Mangelhaft in Rechtschreiben und einem (schlechten) Ausreichend in Mathematik einen Notenschnitt von 2,6 und wechselt auf die Hauptschule. In der Folgezeit hält Irina noch Kontakt und sendet dem Lehrer eine Abschrift ihres Hauptschulzeugnisses. Sie erreicht dort mit einem Gut in Mathematik und einem Befriedigend in Deutsch einen Notenschnitt von 2,4. Damit ist Irina ein gutes Beispiel für die Frage, ob es wirklich notwendig ist, Kinder im letzten Grundschuljahr normierend zu bewerten:

> Insgesamt plädiere ich natürlich für eine Grundschule ohne Noten, denn ich sehe keinen Sinn darin, Kinder, die wenige Monate später sowieso auf verschiedenen Schultypen aufgeteilt werden, noch so krassen Vergleichsmöglichkeiten wie gemeinsamen Noten auszusetzen. Sämtliche Kinder, die auf Grund ihrer „geringeren Leistungen" (was heißt das eigentlich?) im Zeugnis des vierten Schuljahres schlechtere Noten bekommen haben, haben nach dem Übergang durch die vorgenommene äußere Differenzierung der weiterführenden Schulen plötzlich wieder gute Noten in der neuen Klasse. Warum ihnen also erst noch explizit zeigen, wie schlecht sie sind, wenn man sie dann in ein Umfeld schickt, indem sie plötzlich wieder gut sind? Erkauft man sich da die Freude über die guten Noten in der nächsten Schule nicht sehr hart? (Peschel 2002a, 187).

Zum Abschied schreibt Irina dem Lehrer folgenden Brief (im Original teilweise in großer Druckschrift):

> Hallo Peschel
>
> Ich freue mich dir ein Brief zum Abschied schreiben durfte. Ich kann mich sehr gut erinnern wen ich in die 1. Klasse zu dir kamm und ein Bild von unser ganzen Familie für dich gemalt habe. Sonst habe ich ales vom 1. Schuljahr fergesen.
>
> Im 2. Schuljahr weis ich noch wo ich den ganzen tag nur am Computer gehockt habe. Oder beim Turnen wo wir Oktupuzi gespielt und ich die 2 letzte war und als ich rüber gesprungen war aber nicht ganz weil Andrea mich am Fuss festgehalten hat und ich voll auf die Kniehe geknalt bin und du mich auf den Arm genomen hast.
>
> Im 3. Schuljahr kann ich mich gar nich so gut Erinnern.
>
> Im 4. Schuljahr kammen die schwirigien Aufgaben, und plums landen viele Schlechte Noten aufs Zeugnis.
>
> Tschüs Deine Irina

Mehmet – oder: Kleinschrittiges Lernen oder Herausforderung zur Selbstregulierung bei lernschwachen Schülern?

Mehmet ist eines der Kinder, über das eine ausführlichere Fallstudie angefertigt wurde (s. u.). Um die Möglichkeit eines kurzen Eindrucks zu bekommen, sei hier eine kurze Zusammenfassung bzw. eine Zusammenstellung von Ausschnitten der Fallstudie gegeben.

Mehmet (8;3 Jahre/IQ 63 – PR 1) kommt im Mai des ersten Schuljahres mit 8;11 Jahren in die hier untersuchte Klasse, nachdem die Stadtverwaltung seiner Familie eine Wohnung in einem Asylantenheim zugewiesen hat, das nicht im Einzugsbereich seiner vorigen Schule liegt. Mehmet gilt als lernbehindert und soll nach Abschluss des gerade laufenden Überprüfungsverfahrens auf die Lernbehindertenschule überwiesen werden.

Mehmets Familie muss ungefähr um 1992/93 um Asyl in Deutschland gebeten haben. Die Eltern sind Analphabeten, sie können weder lesen noch schreiben. Auch sprechen oder verstehen sie keinerlei Deutsch. Mehmet hat noch zwei jüngere Brüder. Bis zur Einschulung in die hier untersuchte Klasse muss die Familie unzählige Male die Asylunterkunft wechseln. Mehmet besucht ein Jahr lang den Schulkindergarten und wird danach 1995/96 mit 8;2 Jahren in die erste Klasse eingeschult. Durch den Umzug der Familie in eine neue Unterkunft wechselt Mehmet während des laufenden Verfahrens die Schule und kommt in die hier untersuchte Klasse. Auf Grund der geringen Zeit bis zum Schuljahresende schreibt Mehmets ehemalige Klassenlehrerin dem neuen Lehrer ein Vorschlags-Zeugnis, in dem Mehmets Lernstand folgendermaßen beschrieben wird:

Hinweise zum Arbeits- und Sozialverhalten:
Mehmet fand schnell Kontakt zu seinen Mitschülern. Im Umgang mit ihnen und mit seinen Lehrern musste er aber immer wieder ermahnt werden, Regeln einzuhalten und die Rechte anderer anzuerkennen. Er zeigte nur dann Ausdauer und Sorgfalt und arbeitete im angemessenen Tempo, wenn er über ein normales Maß hinausgehende Hilfe und Beachtung fand.

Hinweise zu Lernbereichen/Fächern:
Mehmet kann nur hinreichend geübte Schlüsselwörter lesen. Soll er neue Sätze aus bekannten Wörtern erlesen, fängt er an zu raten. Er kann Buchstaben, Wörter und kurze Sätze nur nach Vorlage schreiben. Er bemüht sich, klar gegliedert und normgerecht zu schreiben. Wenig Interesse zeigt er an sachkundlichen Themen. Seine Ergebnisse im Zeichnen und Basteln sind sehr unterschiedlich. Er kann die Ziffern 1-10 erkennen, versprachlichen und meist auch richtig schreiben. Im ZR 10-20 hat er noch Schwierigkeiten. Additionsaufgaben im ZR 1-10 löst er mit Hilfe von Anschauungsmitteln; die Lösung von Subtraktionsaufgaben bereitet ihm auch mit Hilfe noch große Schwierigkeiten.

Ersichtlich wird aus dem Gutachten und vor allem aus den Schulheften Mehmets, dass in der Klasse ein sehr lehrgangsorientierter, reproduktiv ausgerichteter Unterricht praktiziert wurde (siehe ausführliche Fallstudie). Da Mehmet in diesem Unterricht nicht zu lernen schien, hatte die Schule schon im Januar des Jahres ein Verfahren zur Feststellung des sonderpädagogischen Förderbedarfs beantragt. Ende April, also kurz vor seinem Umzug bzw. Schulwechsel, testet ein Sonderschullehrer Mehmet ausgiebig. In seinem später erstellten Gutachten formuliert er:

Im MZT erreichte der 8;11 Jahre alte Grundschüler im ersten Schuljahr ein MZA von 6 Jahren und damit einen MZQ von 67 Punkten [vgl. Ziler 1970; FP], woraus sich ein deutlicher Entwicklungsrückstand interpretieren läßt. Im CPM [...] entspricht der erreichte Prozentrang einer intellektuellen Fähigkeit, die als unzureichend zu bezeichnen ist. Der für die fünf Untertests [des HAWIK-R; FP] errechnete durchschnittliche Prozentrang beträgt 6,42. Die erzielten Testalter-Äquivalente für die Rohpunkte liegen bei allen durchgeführten Untertests unter 6;2 Jahren. Mehmet dürfte demnach also über zwei Jahre in seiner Entwicklung Gleichaltrigen gegenüber verzögert sein. Bei Mehmet scheint nach § 5, Abs. 1 der VO-SF Lernbehinderung vorzuliegen. [...]

Die geistigen Anforderungen sollten drastisch heruntergeschraubt werden. Kleinste, für den Jungen überschaubare, nachvollziehbare Lernschritte sollten eingerichtet werden, womit Vertrauen in die eigene Leistung aufgebaut werden könnte, vielleicht über den Sachunterricht. Es gilt, Konzentrationsfähigkeit zu fördern, zu lernen, optisch zu differenzieren, das räumliche Vorstellungsvermögen zu verbessern, zu lernen, unter Zeitdruck zu arbeiten, das Gedächtnis zu trainieren.

Diese Förderhinweise liegen fast diametral zu dem Unterricht, den Mehmet in seiner neuen Klasse erfährt. Nachdem Mehmet ungefähr vier Wochen in der hier untersuchten Klasse ist, findet ein gemeinsames Gespräch zwischen der ehemaligen Grundschullehrerin, dem begutachtenden Sonderschullehrer, Mehmets Vater, dem türkischen Hausmeister der alten Schule als Dolmetscher sowie Mehmets neuem Klassenlehrer statt. Dieses Gespräch wird später im Gutachten folgendermaßen zusammengefasst:

Herr [...] weiß, wozu er heute geladen sei. [...] Herr [...] wird auf die doch enormen Entwicklungsruckstände seines Sohnes aufmerksam gemacht, die auch nach den bisherigen Fördermaßnahmen nicht aufgeholt worden sind. Er erklärt sich mit einer eventuellen Umschulung in eine Sonderschule – Lb einverstanden: „Die Lehrer mögen wissen, was für Mehmet gut ist!"

Im Laufe des VO-SF zog Familie [...] an die o.a. Anschrift. Die ersten Eindrücke der dortigen GGS [...] (Herr Peschel) sind durchaus positiv. So habe sich Mehmet gut in die Klasse integriert; er habe Kontakte zu Mitschülern. Im freien Unterricht suche sich Mehmet selbst Sachen zur Arbeit aus; es fiele ihm aber schwer dabeizubleiben. Der Junge arbeite gerne am Computer; er rechne (mit Hilfsmitteln) im Zahlenraum bis 20; Konzentrationsschwierigkeiten seien aber offensichtlich. Seit er Mehmet kenne, seien Leistungsfortschritte deutlich erkennbar. Mehmets Leistungen entsprächen z. Zt. in Mathematik und im sprachlichen Bereich dem Lehrplan. Herr Peschel schlägt als möglichen Förderort zunächst die Grundschule vor und bittet um ein halbes Jahr Beobachtungszeit.

Ein halbes Jahr später beschreibt der Klassenlehrer Mehmets Entwicklung im Offenen Unterricht folgendermaßen:

Mehmet hat sowohl im Arbeits- als auch im Sozialverhalten Fortschritte gemacht. Er kann sich aber immer noch nicht über einen längeren Zeitraum mit einem Lernstoff durchgängig beschäftigen. Unterrichtsgeschehen jeglicher Art kann er nicht folgen, wobei unklar ist, ob mangelndes Interesse, fehlende Sprachkenntnisse oder kognitive Überforderung hier die Ursachen sind. Im Allgemeinen verfolgt Mehmet in solchen Situationen Vermeidungs- bzw. Ablenkungsstrategien.

Mehmet hat guten Kontakt zu seinen Mitschülern und ist in der Klasse integriert. Konflikte löst er allerdings immer noch gewaltsam, auch hierfür könnte seine mangelnde Sprachkompetenz eine Ursache darstellen. Ansonsten ist Mehmet sehr hilfsbereit und aufgeschlossen. Im Rahmen seines Vermögens ist Mehmet durchaus als aufgeschlossen zu betrachten, wobei er sich in Bezug auf Lernstoff selber lieber unter- als überfordert.

- zu den Lernbereichen/Fächern (Entwicklung, aktueller Stand, Leistung)

Mehmet kann mittlerweile zählend im Hunderterraum plus rechnen. Einfache Malaufgaben kann er entsprechend zählend lösen.

Mehmet schreibt große Druckschrift weitgehend lautgetreu, wobei seine mangelnde Sprachkompetenz schnell zu einer falschen lautgetreuen Schreibweise führt. Ein Überarbeiten von Wörtern ist ihm nicht möglich. Mehmet liest anfänglich stockend. Die meisten Buchstaben sind ihm bekannt.

Je nachdem wie man dieses Gutachten liest, kann Mehmets Entwicklung als mehr oder weniger beeindruckend gesehen werden. Im Hinblick auf das Arbeitsverhalten im Unterricht fällt Mehmets Problem mit einem Verfolgen einer „Lehrtätigkeit" auf. Mehmet ist – aus welchen Gründen auch immer – nicht in der Lage, sich selber einen fremd vorgezeigten Lernweg nutzbar zu machen. Im Offenen Unterricht ermöglicht ihm der Verzicht auf einen lehrenden bzw. einen Lehrgangs-Unterricht, die Auseinandersetzung mit dem Lernstoff genau auf der Stufe vorzunehmen, auf der er sich gerade befindet. Die vom Sonderpädagogen vorgeschlagenen zu trainierenden Strategien und Bereiche werden Mehmet selbst überlassen. Durch das selbstgesteuerte Arbeiten entwickelt er nicht nur neue Strategien und kognitive Muster in Bezug auf die fachlichen Inhalte, sondern lernt gerade durch die mögliche Selbstregulierung und Passung des Lernens langfristig wichtige Kompetenzen: sich zu konzentrieren und die auf ihn am besten passende Zeiteinteilung bzw. Rhythmisierung für das Lernen zu finden.

Insgesamt macht Mehmet einen sehr befreiten Eindruck. Darauf, dass das offene Unterrichtsprinzip Mehmet so etwas wie „einen Stein von der Seele" genommen haben muss, weist eine Bemerkung hin, die Mehmet später in einem Gespräch mit seinen Tischnachbarn geäußert und die der Lehrer mitbekommen hat. Dabei erklärt Mehmet den anderen sinngemäß: „Das ist ja wohl die tollste Klasse der Welt, hier kann man alles lernen, was man will und muss nicht immer auf die Tafel gucken." Er ist ganz erstaunt, als die angesprochenen Kinder – die anderen Unterricht nur vom Hörensagen kennen – seine Bemerkung relativ gleichgültig hinnehmen. Darüber ist er fast entrüstet, so als würden sie gar nicht wissen, wie gut sie es haben.

Diese Reflexion Mehmets passt gut zu seiner Lern- und Leistungsentwicklung in den ersten Wochen. Wie schon im obigen Gutachten beschrieben, holt Mehmet in den rund fünf Wochen bis zur Gutachtenerstellung den Stoff der ersten Klasse auf – trotz seiner sowohl von der ehemaligen Lehrerin als auch vom begutachtenden Sonderschullehrer festgestellten geringen Vorkenntnisse. Was den bisherigen Unterricht vom in dieser Zeit praktizierten Unterricht unterscheidet, ist vor allem der Verzicht auf gelenktes Lernen und die oben schon angesprochene Möglichkeit zur Selbststeuerung und Selbstregulierung. Das scheint Mehmet das Aufholen nahezu eines ganzen Schuljahres ermöglicht zu haben. Mehmets Leistungen entsprechen nun fast dem Lehrplan, sodass vor allem mit dieser positiven Tendenz einer Versetzung in die Klasse 2 nichts im Wege steht:

Im Rahmen dieser positiven Entwicklung wird von der Schulaufsicht festgestellt, dass kein sonderpädagogischer Förderbedarf für Mehmet besteht. Im dritten Schuljahr wird Mehmet auf Grund seiner schwachen Leistungen in Deutsch und Mathematik formal nicht versetzt, bleibt aber in der Klasse. Dass Mehmets Leistungen in der hier untersuchten Klasse nur mit schwach bzw. gerade ausreichend oder mangelhaft bewertet werden, liegt am Leistungsverständnis in dieser Lerngruppe bzw. an der anderen Art der Leistungsmessung des Lehrers. Würde man die in vielen Klassen übliche Leistungsmessung über auswendig gelernte Texte oder Techniken anwenden, so hätte Mehmet die Schuljahresanforderungen wahrscheinlich erfüllt. Mehmet schafft es, sich im Schuljahr danach so zu steigern, dass er mit den anderen Kindern die Schule verlässt – also formal von der Klasse 3 in die Klasse 5 versetzt wird. Mehmet ist zurzeit auf dem besten Wege zu einem guten Regelschulabschluss. Er wechselte nach der Grundschulzeit auf die Hauptschule, auf der er einen Notenschnitt von 2,6 erbringt. Von seinem Klassenlehrer dort wird Mehmets hohes Engagement und sein Ehrgeiz gelobt. Eine Lernbehinderung Mehmets scheint nicht vorzuliegen.

Mehmet äußert sich Ende des vierten Schuljahres zu seinen Erfahrungen in der Klasse. Er schreibt, er hätte sich wohlgefühlt: „weil die Klasse sehr guht ist es macht spaß in dieser Klasse". Ihm war vor allem wichtig, viel zu lernen und frei arbeiten zu können. Die Sachen, die gemacht wurden, fand er einerseits schwer, andererseits OK. Er sieht seine Schwächen darin, sich selber zum Lernen zu zwingen, sich durchsetzen zu können, Sachen mit anderen abstimmen zu können und sich selber Sachen auszudenken. Er fand es wichtig, gut mit anderen umzugehen und selber zu wissen, wie viel man arbeitet und was man will. Schwierig fand er das Selbermachen der Klassenregeln durch die Gruppe und das Machen von Vorträgen statt Sachen auswendig zu lernen. Gut fand er vor allem: „Mit unsere Klasse zur Klassenfahrt fahren". Die Leistung der Schule im Hinblick auf seine Vorbereitung würde er mit 1 oder 2 bewerten und jederzeit noch einmal in die Klasse gehen. Auch im Hinblick auf sein weiteres Fortkommen ist er sehr zuversichtlich und meint dass er wohl „ganz gut" zurecht kommen wird. Ferner schreibt er in einem Brief, den er wahrscheinlich mit der Hilfe einer Bekannten verfasst (da der Brief orthographisch korrekt geschrieben ist und der Lehrer gesiezt wird):

Lieber Herr Peschel

Ich kenne sie jetzt schon fast vier Jahre. Sie waren immer ein guter Lehrer. Sie waren oft lustig und wir Schüler haben viel gelacht, aber noch mehr gelernt bei ihnen. Nicht immer waren wir so fleißig wie es richtig gewesen wäre. Ich denke, was möglich war, habe ich gelernt. Dafür bedanke ich mich bei Ihnen und auch bei den anderen Lehrern, die uns unterrichtet haben.

Ihr Mehmet

Mehmets Eltern können auf Grund ihres Analphabetentums bzw. ihrer geringen Deutschkenntnisse keine Rückmeldung geben.

Mahmud – oder: Offener Unterricht als Chance für nicht-deutsche Kinder

Mahmud (6;9 Jahre/IQ 115) kommt als einziger Junge einer großen arabischen Familie aus Marokko Ende Mai des ersten Schuljahres in die Klasse. Er wirkt schüchtern, sagt kein Wort und macht den Eindruck, als hätte er große Angst, etwas falsch zu machen. Die Familie lebt schon einige Zeit in Deutschland. Mahmuds Vater spricht ein paar Worte Deutsch, es sind aber vor allem die älteren Schwestern, die den Kontakt nach außen halten. Die Familie ist streng religiös, sodass Mahmud an Klassenfahrten nicht teilnehmen darf und beim Schlafen in der Schule abends abgeholt wird – aber immerhin bis dahin bleiben darf. Am Wochenende hat Mahmud Koranschule.

Mahmud spricht Deutsch, sodass es keine Verständigungsprobleme gibt. Die anderen Kinder beeindruckt er vor allem durch seine Fußballkompetenzen. Er befreundet sich nach einiger Zeit mit Fedor, der in seiner Nähe wohnt. Im Vorschlagszeugnis der alten Klassenlehrerin wird Mahmud folgendermaßen beschrieben: Er ist sehr ruhiger, aufmerksamer Schüler, dessen Kontakt sich vor allem auf einen marokkanischen Mitschüler richtete. Mahmud beherrscht alle Buchstaben und kann nach Gehör lautgetreu schreiben. Er vermag Texte in Schreibschrift abzuschreiben, aber nicht Druckschrift in Schreibschrift umzusetzen. Er kann einfache, kurze Texte selbstständig lesen und im Zahlenraum bis 20 rechnen. Bei neuen Aufgabenstellungen benötigt er erklärende Hilfen.

Im Offenen Unterricht stellt sich schnell heraus, dass zumindest Mahmuds mathematische Kompetenzen weiter gehen, als in seiner alten Klasse ersichtlich war. Er hat kein Problem damit, sich selber Aufgaben auszudenken, und rechnet nach einiger Zeit auch stellenüberschreitende Additions- und Subtraktionsaufgaben im Tausender- und Zehntausenderraum, sodass er dem regulären Stoff in Bezug auf das halbschriftliche Rechnen schnell ein bis zwei Schuljahre voraus ist. Im vierten Schuljahr löst Mahmud den SRT 3 in weniger als einer halben Stunde bis auf ein bzw. zwei Fehler komplett richtig (Prozentrang 98 nach der Norm Klasse 3), beim SRT 4 erreicht er Mitte Klasse 4 einen Prozentrang von 59, in der TIMSS-Nacherhebung von RATZKA macht er zum selben Zeitpunkt zwei Fehler und erreicht damit Prozentrang 94.

Bezüglich des Schreibens ist Mahmuds nicht-deutschsprachiges Umfeld zu spüren. Er kann zwar Wörter so verschriften, wie er sie wahrnimmt, viele Wörter sind ihm aber einfach nicht geläufig, sodass von daher falsche Schreibweisen entstehen. Dabei schreibt er Geschichten, die durch Wortwahl und Witz beeindrucken – sowohl als ganz freie Texte als auch zu Schreibanlässen wie z. B. Bildergeschichten. Das

Überarbeiten der Geschichten fällt ihm nicht immer leicht, was aber auch daran liegt, dass er gerne viel schreibt und dadurch zwangsläufig eine verhältnismäßig hohe Fehlerzahl hat. Ab Mitte der Klasse 3 diktieren sich Fedor und Mahmud verstärkt gegenseitig Texte. Solche geübten Texte kann Mahmud fast fehlerfrei schreiben. Auch beim freien Schreiben wird er durch seine kontinuierliche Arbeitsmotivation immer besser, bleibt aber leistungsmäßig im Vergleich zu den anderen Kindern im Bereich zwischen Unter- und Mittelfeld. Während er sich nach der Norm des DRT 4 für Kinder mit deutscher Muttersprache zum Ende seiner Grundschulzeit nur im Prozentrangbereich 22-34 befindet, liegt er nach der Norm für Kinder mit anderer Muttersprache im Bereich „gut durchschnittlich". Ob das explizite Auswendiglernen von Wörtern durch das Üben der Diktattexte Mahmuds implizite Musterbildung gefördert oder gestört hat, ist nicht zu beantworten. Dieses Thema wird im Zusammenhang mit der ausführlichen Fallstudie von Fedor noch weiter verfolgt.

Verhältnismäßig positiv verläuft Mahmuds Entwicklung im persönlichen Bereich insofern, als dass er seine starke Schüchternheit schon im zweiten Schuljahr immer mehr ablegt. Im Halbjahreszeugnis der dritten Klasse findet sich:

> Lieber Mahmud !
>
> Du bist auch in diesem Halbjahr immer aufgeschlossener geworden, man sieht dich viel öfter Sachen mit deinen Freunden machen und hört dich auch mal lachen. Das finde ich klasse. [...] Toll fand ich, als du eine Gruppe selber geleitet und organisiert hast. Das hat mich stark beeindruckt. Da war ich richtig stolz auf dich. Ich würde mir wünschen, dass du dir noch einen kleinen Ruck gibst und noch mehr in der Klasse erzählst. Meist kommst du mit ganz tollen Bemerkungen zu mir und sagst mir das, obwohl dein Wissen ja für alle Kinder wichtig wäre. Ich weiß, dass dir das schwer fällt, aber das musst du noch im nächsten Jahr schaffen, sonst gehst du vielleicht später in der anderen Schule unter. Wer nichts sagt, den hört man auch nicht !

Da Mahmuds Arbeitsverhalten sehr positiv ist und er auch leistungsmäßig außerhalb des sprachlichen bzw. rechtschriftlichen Bereichs eher stark ist, steht der Lehrer am Ende der Grundschulzeit vor der Frage, welche Schule er Mahmud empfehlen soll. Er hält Mahmud für einen Gymnasiasten, kann aber nicht einschätzen, wie man dort mit seinen Sprach- bzw. Rechtschreibproblemen umgehen wird. Nach mehreren Gesprächen mit Kollegen der Grundschule und der weiterführenden Schulen schließt sich der Lehrer dem Wunsch Mahmuds und seines Vaters an und schreibt eine Empfehlung für Real- und Gesamtschule – mit folgendem fettgedrucktem Zusatz:

> Entscheidend für die Schulentscheidung zwischen Gymnasium, Realschule oder Gesamtschule sind die Rücksichtnahme auf die sprachlichen Einschränkungen Mahmuds bzw. die Fördermöglichkeiten, die an der entsprechenden Schule vorzufinden sind. Die kognitiven Möglichkeiten Mahmuds und seine Arbeitsbereitschaft würden den Besuch des Gymnasiums ermöglichen.

Während Mahmud im ersten Halbjahr des vierten Schuljahres mit sehr guten Leistungen in Mathematik und guten Leistungen im Sachunterricht noch einen Notenschnitt von 2,3 hatte, sinken seine Leistungen im zweiten Halbjahr auf einen Notenschnitt von 2,6. Wie beabsichtigt wechselt er an die nahe gelegene Realschule, die auch seine Schwestern besuchen. Er erreicht dort auf Dauer durchschnittliche Leistungen im Bereich von 2,5.

Mahmud reflektiert seine Grundschulzeit in der hier untersuchten Klasse positiv. Schulprobleme hat ihm „Garnich einklick [gar nichts eigentlich; FP]" verursacht und er fand vor allem „Forschen mit den Ländern" gut. Er würde jederzeit noch einmal in die Klasse gehen: „Weil Computer da waren und wir machen konnten was wir wollten." Auf die Frage, wie er weiterhin zurecht kommen wird, denkt er mittelmäßig: „Weil ich keinen an der Anderen Schule kenn." Er schreibt weiterhin in zwei Briefen:

> Lieber Peschel!
>
> Schade das wir in einer an deren Schule müssen, weil wir uns nicht mehr sehen können. dafür waren die vier Jahre gut. Weil die Rechentests einfach waren und die Gramatik Sachen auch einfach waren. Aber ich fand Blöd das wir lang im Kreis waren [...].
>
> Ich fand besonders gut Das wir die Sachen im kreis geregelt haben aber ich fand blöd das die Kinder immer gesagt haben Strafe und Schelte für sachen.
>
> Ich fand lesen und rechschreibung schwer [...]
>
> Unsere Klasse macht schwierige sachen als andere Klassen.
>
> Ich würde anderen Klassen empfehlen mal sachen machen von der 5 Klasse und Vortrege zu machen und mal Frei zu arbeiten.

Sogar Mahmuds Vater gibt – wahrscheinlich mit Hilfe einer der Töchter – Rückmeldung zum Unterricht seines Sohnes: Er fand das Kind manchmal im Bereich Rechtschreiben überfordert und denkt, dass Mahmud weiterhin mittelmäßig zurecht kommen wird: „weil er manchmal doch auf Hilfe angewiesen ist." Er gibt der Grundschulvorbereitung Noten zwischen 1 und 2 und würde sein Kind jederzeit wieder in die Klasse geben: „Es war einfach eine ganz andere Art von Schule, nicht wie bei meinen anderen Kindern." Weiterhin schreibt er:

> Ich fand die „Grundschulzeit" meines Kindes sehr gut, da sie lernen konnten selbstständig zu arbeiten. Das kenne ich bisher noch von keinem anderen Lehrer, überhaupt die Art, wie sie den Unterricht geführt haben, fand ich super. So eine Schulzeit habe ich nicht erlebt. Er war einfach eine sture [?; FP] Zeit.

10.2.4 Die Kinder der Zuwachsstichprobe II

Alle Kinder der Zuwachsstichprobe II kamen zwischen den Osterferien des zweiten Schuljahres und Anfang des dritten Schuljahres in die hier untersuchte Klasse und blieben bis zum Ende ihrer Grundschulzeit dort.

Valentin – oder: Offener Unterricht als Mittel gegen den heimlichen Lehrplan der Schule

Valentin (8;11 Jahre/IQ 67 – PR 1) kommt nach den Osterferien des zweiten Schuljahres in die Klasse. Er ist schon 10;7 Jahre alt und hat die sehr große und kräftige Statur eines Jugendlichen, was u. a. dazu führt, dass die Kolleginnen ihn am liebsten in der Klasse des männlichen Kollegen sehen. Valentin wird 1994 mit acht Jahren in Russland eingeschult und siedelt im November nach Sachsen um, wo er die erste Klasse weiter besucht. Er wiederholt im Schuljahr 1995/96 auf Grund seiner geringen Leistungen das erste Schuljahr, zieht aber im zweiten Halbjahr in das Stadtgebiet der hier untersuchten Schule um. Dort wird er an der für ihn zuständigen Grundschule wegen seines Alters in das zweite Schuljahr eingeschult, nach dem Schuljahr legte man den Eltern aber eine Wiederholung der Klasse nahe. Als sich während der Wiederholung des Schuljahres abzeichnet, dass Valentin erneut sitzen bleiben soll (Valentin wäre dann rund drei Jahre älter als die anderen Kinder), zieht die Familie in einen anderen Ortsteil um und bemüht sich an der nun für ihn zuständigen Schule, dass Valentin weiter im zweiten Schuljahr beschult wird bzw. im Anschluss in das dritte Schuljahr wechseln kann.

Valentin merkt man seine bisherige schulische Sozialisation von Beginn stark an. Für ihn besteht Schule eher in geschickter Lernvermeidung denn in einem eigenaktiven Befriedigen von Lernbedürfnissen. Insofern nimmt ihm der Offene Unterricht erst einmal ein wenig „den Wind aus den Segeln", da er durch den fehlenden Gleichschritt keine Gelegenheit bekommt, schulisches Lernen durch Abschreiben o. Ä. vorzutäuschen. Entsprechend schwer fällt es ihm, sich wirklich auf Lernsachen einzulassen und nicht nur bei einer oberflächlichen Bearbeitung bzw. Auseinandersetzung stehen zu bleiben. Er bearbeitet am liebsten rein reproduktive Sachen (Abmalen von Landkarten etc.). In einem Brief schreibt der Lehrer Valentin Anfang des dritten Schuljahres:

> Deine Leistungen sind zwar noch OK, aber du machst zu wenig Sachen, die dich weiterbringen. Alles, was anstrengender ist, machst du nicht: selber Geschichten ausdenken und nachgucken, selber kniffelige Aufgaben ausdenken und ausprobieren, für die Führerscheine üben. Das geht jetzt nur noch so lange gut, wie das reicht, was du schon wusstest. Wenn du das nicht bald änderst, bleibst du vielleicht noch mal auf der Strecke. [...] Beim Lesen habe ich manchmal den Eindruck, dass du gar nicht verstehst, was du gelesen hast. Stimmt das?

Auffällig ist Valentins Verhalten im sozialen Bereich. Ganz im Gegensatz zu den anderen Kindern versucht er Konflikte meist versteckt und durch Krafteinsatz zu lösen. Er bringt viele „linke" Sachen mit in die Klasse und stört Kinder gerne „hintenherum", indem er z. B. während der Arbeit oder im Sitzkreis anfängt, neben ihm sitzende Kinder zu zwicken oder sie durch andere Albernheiten abzulenken. Im Brief, den der Lehrer Valentin Anfang des dritten Schuljahres schreibt, wird diese Problematik angesprochen:

> Was mir gar nicht gefällt, ist dass du immer so viele Sachen hintenherum machst. In jedem Kreis musst du andere ärgern und reizen, und zwar ganz versteckt, sodass es keiner merken soll. Ich finde das ganz schrecklich. Du bist doch jetzt gut in unserer Klasse drin und hast das doch nicht nötig. Wenn du das Zuhören nicht schaffst, frag den Kreisleiter, ob du arbeiten gehen kannst, O.K. ?

Den anderen Kindern sind solche Verhaltensweisen völlig fremd, da sie gewohnt sind, ihre Zeit selbstreguliert zu nutzen, und nicht etwas vorgeben müssen, was sie nicht sind. Es trauen sich allerdings in der Anfangszeit nicht alle Kinder, die Problematik im Sitzkreis anzusprechen. Zum einen liegt das daran, dass sie gewohnt sind, dass „neue" Kinder ihre neue Freiheit erst einmal eine Zeitlang austesten, bevor sie normal arbeiten, zum anderen macht ihnen Valentin durch seine Größe und Brutalität auch ganz einfach eine gewisse Angst.

In Valentins Zeugnis für die zweite Klasse weist eine Passage auf diese Problematik hin:

Lieber Valentin !

Du bist ja noch nicht so lange bei uns, hast dich aber schon ganz gut eingelebt. Bestimmt war es eine Umstellung für dich, wenn in unserer Klasse die Kinder ziemlich viel selber entscheiden und der Lehrer nicht alles regelt.

Es ist für dich nicht leicht, als Ältester (und Stärkster) nicht deine Kraft einzusetzen, um etwas zu erreichen oder dich gegenüber anderen Kindern zu behaupten. Ich glaube aber, die anderen mögen dich ganz gerne. Mach ihnen deshalb nicht zu viel Angst, sondern mach lieber freundschaftliche Sachen mit ihnen. Hör ihnen im Kreis gut zu, wenn sie dir was sagen wollen, das ist gut gemeint und man sollte darüber nachdenken.

Im dritten Schuljahr ändert sich Valentins Arbeits- und Sozialverhalten nur ansatzweise, wie im Zeugnis des ersten Halbjahres beschrieben wird:

Dein Verhalten gegenüber anderen Kindern hat sich zwar gebessert, aber es gab in diesem Halbjahr ein paar harte Sachen, die in der Schule oder außerhalb passiert sind, und in denen du mit dringehangen hast. Du scheinst über viele Sachen nicht nachzudenken und achtest höchstens darauf, ob dich jemand dabei sieht oder nicht. Nur ändert das natürlich nichts daran, ob die Sachen ansich gut oder blöd sind. Du hast auch eine Verantwortung für deine Freunde, denen du als Ältester eher zeigen solltest, was man besser nicht macht. Sei bitte auch da ehrlicher zu dir und den anderen und steh auch zu dem, was du tust. Hör zu, was die anderen dir sagen wollen und überleg, ob sie nicht auch Recht haben könnten. [...]

Dein Arbeitsverhalten war bis vor ein paar Wochen sehr dürftig. Dir fiel es schwer, dir selber Sachen zu suchen, die dich wirklich herausfordern und dir etwas bringen. Oft hast du nur etwas abgeschrieben oder irgendein Bild für einen Vortrag gemalt, den du dann aber nie ausgearbeitet hast. Auch in Gruppen arbeitest du nicht so, wie du könntest. Deine momentane Lust (beziehungsweise Unlust) steht dir oft im Wege, etwas mit anderen wirklich gemeinsam zu tun. Andererseits bringst du oft interessante Sachen mit in die Schule, die du dann zeigst oder aufhängst. Wie gesagt, in der letzten Zeit hast du angefangen, wirklich fast täglich eine Geschichte zu schreiben und zu überarbeiten und auch zu rechnen. Das ist schon mal ein guter Anfang.

Seine Leistungen spiegeln dabei sein Arbeitsverhalten wider:

Sprache: Du kannst relativ flüssig und betont vorlesen. Nicht immer verstehst du allerdings beim Lesen direkt, was du gelesen hast. Lass dich da noch mehr auf die Sachen ein.

Auch beim Schreiben habe ich manchmal den Eindruck, dass du gar nicht genau weißt, was du geschrieben hast. Manchmal sind deine Sätze nicht sinnvoll oder noch unvollständig. Hier merkt man, dass du im letzten Halbjahr nicht viel geschrieben hast und deshalb auch nicht viel dazugelernt hast. Abschreiben nützt da nämlich relativ wenig. Du solltest viele (spannende) Bücher lesen und dir wirklich konsequent selber Geschichten ausdenken und überarbeiten. Dann kennst du mehr Wörter und bekommst ein Gefühl für Sätze und Geschichten. Reiß dich da am Riemen !

Du bist eines der wenigen Kinder, die im letzten Halbjahr scheinbar überhaupt keine Fortschritte in der Rechtschreibung gemacht haben. Noch reichen deine Leistungen gerade so aus, aber wenn du nicht mehr schreibst und überarbeitest, bleibst du zurück und bist bald auf einem nicht mehr ausreichenden Stand. [...]

Sachunterricht: Trotz deiner guten Absicht, mehrere Vorträge auszuarbeiten, hast du nichts geschafft. Du hast in der Regel mit dem bequemen Teil angefangen (Bilder und Karten malen) und hattest dann keine Lust mehr, die anderen Sachen auch anzugehen. Auch hier musst du dich mehr aufraffen und endlich zeigen, ob etwas in dir steckt oder nicht. Vor allem dann, wenn wir in Gruppen arbeiten, könntest du mehr leisten.

Mathematik: Beim Rechnen merkt man auch, dass du immer lieber den bequemeren Weg gehst. Sobald Aufgaben etwas schwieriger werden, machst du Fehler. Das liegt meiner Meinung daran, dass du dich nicht richtig mit den Aufgaben auseinandersetzt. Wenn du etwas nicht verstehst, lässt du es erst einmal laufen, anstatt direkt nachzufragen. Dabei sitzen wir nebeneinander. Ich bin doch da, um Sachen zu erklären. So hast du dich lange nicht davon abbringen gelassen, Aufgaben nicht mit „Untereinanderschreiben" zu lösen, obwohl du nur dadurch ein Gefühl für Zahlen und Aufgabenstellungen bekommen kannst. Überwind dich auch hier bitte und geh den schwereren Weg, den du kannst oft noch nicht einmal den leichteren richtig. Also: keine Aufgaben irgendwie „erledigen", sondern mitdenken. Dann lernst du schnell.

Du kannst mittlerweile 1+1, 1*1 und 1-1 einigermaßen, man merkt aber auch hier, dass du die Sachen noch nicht wirklich automatisch kannst. Auf das 1:1 warte ich schon bald ein Jahr, auch hier zeigst du, dass du keine Lust zum Üben hast. Rechengeschichten bekomme ich selten von dir, oft kannst du Textaufgaben nicht umsetzen.

Wichtig wäre für mich, dass du deine **Hausaufgaben nicht kontrollieren lässt**, sodass ich alle deine Fehler genau kenne und dir dann Tipps geben kann. Im Moment arbeitest du ganz gut mit, mach so weiter.

Er selber reflektiert sein Lernen bzw. seine Leistungen allerdings meist anders. So beschreibt er sich im zweiten Schuljahr vor dem Zeugnis in fast allen Fächern als „Super" bzw. „Sehr Gut". Im dritten Schuljahr wird er etwas selbstkritischer und schreibt u. a. auch über seine andere Auffassung bezüglich des Arbeitens:

Manchmal bin ich nich ruhig. Manchmal vinde ich keine Sachen zum arbeiten. Dann muß Peschel mir Sachen. [...] Arbeiten kann ich wen sie mir Alles erklären. Dann kann ich arbeiten. [...] Manchmal vinde ich keine Forschen. Manchmal nicht, Vielleicht vinde ich im nächsten Jahr Welche. [...] Aber wenn ich keine Lußt auf Lesen Dann kann ich nichts machen. [...]

Manchmal zange ich machmal Kinder. Aber ich mache das nicht mehr. [...] Streit kann ich besprechen manchmal kann ich nicht besprechen weil ich mich nicht traue.

Bis zum Ende des Schuljahres ist eine positive Entwicklung bei Valentin zu verzeichnen, die sich auch im Zeugnis widerspiegelt:

Du hattest im letzten Halbjahr einige gute Phasen, in denen du gearbeitet hast, aber noch viel zu oft auch Phasen, in denen du nichts Sinnvolles gemacht hast. Aber es ist eine – wenn auch geringe – positive Entwicklung zu verzeichnen. Wenn du allerdings deinen Schulwunsch umsetzen willst, musst du einfach viel konsequenter und mehr arbeiten.

Dein Verhalten gegenüber anderen Kindern hat sich gut gemacht, du denkst meiner Meinung nach jetzt mehr darüber nach, was falsch und was richtig ist, und schlitterst nicht mit falschen Freunden in dumme Sachen hinein. Auch gibst du eher Fehler deinerseits zu, nicht gerne, aber öfter als vorher. Arbeite da weiter an dir, denn Fehler kann man machen, und wenn man dazu steht, sind sie nicht schlimm.

Sei auch im Umgang mit anderen wieder ehrlicher zu dir (und den anderen) und steh immer zu dem, was du tust. Hör zu, was die anderen dir sagen wollen und überleg, ob sie nicht auch

Recht haben könnten. Ich freue mich darüber, dass ich jetzt wieder viel mehr Vertrauen in dich habe als im letzten Jahr.

Er selbst nimmt sich für das vierte Schuljahr vor:

Ich muß schneller Arbeiten und gut Arbeiten. In Mathe muß ich mich schnell ändern, In Schreiben muß ändern aber Schneller. In Sport bin ich gut. Ich hab schon ein Vortrag gemacht. Ich will eine Seite Rechnen und Schreiben. Pro Monat 3 oder 4 Vorträge machen. ich muß mehr in Gruppe Arbeiten.

Obwohl sich Valentins Arbeits- und Sozialverhalten weiter bessert und er am liebsten auf die Realschule gehen würde, zieht der Lehrer in Absprache mit Valentin und seiner Mutter eine Empfehlung für die Hauptschule vor. Valentin wechselt nach dem vierten Schuljahr mit einem Befriedigend in Sprache und einem Mangelhaft in Mathematik sowie einem Notenschnitt von 3,5 auf die Hauptschule. Dort erreicht er nach Auskunft des neuen Klassenlehrers Leistungen im oberen Drittel und auch sein Verhalten ist „O.K.".

Valentin reflektiert seine Grundschulzeit in der Klasse positiv: „Weil wir nicht so viele Hausaufgaben hatten." Er sagte, dass er sich öfters unwohl gefühlt hat: „wenn ich schlecht gelaunt war." Er fand das Selbermachen der Klassenregeln am schwierigsten zu verstehen und Schulprobleme hatte er „Mit dem Lehrnen". Er fand „eigentlich alles gut, nur wenn die Kinder Strafen geben" und führt das weiter aus: „Ich fand die Strafen schlecht, weil sie nicht zu hart waren. Man hat keine 5-6 gegeben." Schlecht fand er es: „Nur, wenn ich Strafen gekriegt habe." Weiterhin schreibt er „Ihn den letzten halbjahren habe ich schlecht gelehrnt." Er würde der Klasse durchweg Noten zwischen 1 und 2 geben und jederzeit wieder in die Klasse gehen: „Weil man in Peschels Klasse freiarbeiten kann. Ihn unserer Klasse konnte man vieles machen." Weiterhin schreibt er noch einmal in einem Brief:

Lieber Peschel ich fand gut das ich 2 Jahre in deiner Klasse sein konnte, die Klassenfahrten fand ich auch gut. Ich fand schlecht das bei uns in der Klasse keine strengen Strafen waren, und manche Kinder die eine Strafe bekommen müssten aber die haben keine bekommen. Ich fand auch gut das du uns Sachen gekauft hast, die wir in der Schule benutzen konnten. Du hast uns sogar Fotos geschenkt, die wir mit nach Hause mitnehmen durften.

Ich fand auch gut, das du mit uns und solcher Technik gearbeitet hast wie beim Tabaluga, andere Klassen durften so was bestimmt nicht.

Caterina – oder: Offener Unterricht ist Lernen ohne Grenzen

Caterina (7;6 Jahre/IQ 106) kommt nach den Osterferien des zweiten Schuljahres in die Klasse. Sie wohnt als russische Aussiedlerin mit ihren Eltern in einem kleinen Zimmer im Aussiedlerheim. Die Eltern sind anspruchsvolle Akademiker und Kunstmaler, die Mutter spricht ein wenig Deutsch, der Vater verhält sich eher zurückgezogen und nimmt nur ungern Kontakt mit der Außenwelt auf. Später zieht die Familie in eine größere Wohnung im Neubaugebiet eines anderen Stadtteils, Caterina darf aber weiterhin die Klasse besuchen.

Caterina ist 1995 in Russland eingeschult worden, ein Jahr später als in Deutschland üblich. Sie hat von Mai 1996 bis Februar 1997 eine Grundschule in Thüringen besucht. Nach einem Aufenthalt mit Schulbesuch in Unna-Massen kommt die Familie dann in den Einzugsbereich der Schule. Da die Schulleitung Caterinas Leistungen nicht einschätzen kann, kommt sie zunächst probeweise in die hier untersuchte Klasse. Ihre Leistungen wurden von ihrer letzten Lehrerin u. a. folgendermaßen beschrieben:

> Caterina [...] kann relativ schnell lesen und meistens auch den Inhalt erfassen. [...] Viele Wörter des Mindestwortschatzes kann sie richtig schreiben. Für die Additions- und Subtraktionsaufgaben im Zahlenraum bis 100 braucht sie noch etwas Zeit. [...] Die behandelten Malaufgaben beherrscht sie noch nicht.

Die Begrenztheit dieser – sicherlich richtigen – Leistungsbeschreibung und die Absurdität einer probeweisen Beschulung im zweiten Schuljahr wurde dem Lehrer schnell deutlich. Im Offenen Unterricht entpuppt sich Caterina als jemand, der in fast allen schulischen Bereichen besonders begabt erscheint. Caterina nutzt den Verzicht auf Lehrgangsunterricht immer mehr dazu, sich selber herausfordernde Aufgaben zu stellen. Schon nach den wenigen Wochen, die Caterina bis zum Ende des zweiten Schuljahres in der Klasse verbringt, zeichnet sich ihr Arbeitsverhalten sehr positiv ab. Im entsprechenden Zeugnis ist zu lesen:

> Liebe Caterina !
>
> Du bist ja noch nicht so lange bei uns. Sicherlich war es für dich eine große Umstellung, weil bei uns die Kinder sehr viel selber bestimmen können, was sie lernen wollen. Aber du hast das ganz toll ausgenutzt und dein Lernen absolut klasse selbst in die Hand genommen. Du arbeitest den ganzen Tag selbständig durch, schreibst Geschichten, rechnest knifflige Aufgaben und wenn noch Zeit ist, bastelst du tolle Sachen. Mach so weiter!
>
> Mit den anderen Kindern kommst du gut aus, du hast schnell neue Freunde gehabt, die auch gerne Sachen mit dir zusammen machen. Du arbeitest immer ruhig und zuverlässig, bietest niemandem Anlass für einen Streit und weißt gut Bescheid, was gerecht oder ungerecht ist.
>
> Auch als Kreisleiter bist du gut, vielleicht könntest du insgesamt noch ein kleines bisschen lauter werden, weil du manchmal so ruhig und leise bist, dass man gar nicht merkt, dass du überhaupt da bist ...

Caterina ist bald diejenige, die den Lehrer von allen Kindern am meisten fordert. Sie benötigt zwar beim Lernen keine direkte Unterstützung, möchte aber Rückmeldungen auf mögliche Fehler oder nicht korrekte Ausdrücke bzw. Vorgehensweisen haben. Da ihre vom Aufbau und vom Wortschatz her sehr beeindruckenden Geschichten, die sie fast täglich abliefert, fast immer zwischen 5 und 15 Seiten lang sind, hat der Lehrer alle Hände voll zu tun. Auch ihre Forschungen im mathematischen Bereich sind bemerkenswert. Sie denkt sich beim halbschriftlichen Rechnen unendlich lange Rechenaufgaben aus, deren Stellenwerte nicht mehr zu benennen sind, macht vor keinen Operationen und Verknüpfungen halt und kommt bei ihren Untersuchungen allen möglichen Zusammenhängen auf die Spur, wie z. B. unendlichen, sich periodisch wiederholenden Zahlen beim Dividieren mit Rest. Sie fertigt dreidimensionale Zeichnungen an, kann perfekt modellieren und bereitet versiert Forscher-Vorträge auf.

Das einzige, was ihr die Kinder vor den Zeugnissen als Verbesserungsvorschlag nennen, ist, dass Caterina bitte ihre leise Aussprache ändern solle. Sie hören Caterinas (lange) Geschichten sehr gerne, aber es ist sehr anstrengend, ihr zuzuhören. (Da Caterina dies zunächst aber nicht einfach ändern kann oder will, schafft man das Problem schließlich durch das Besorgen eines Mikrofons bzw. Verstärkers aus der Welt.)

Da viele Leistungen Caterinas die Anforderungen der Grundschule übersteigen, hat sie zum Ende ihrer Grundschulzeit einen sehr guten Notendurchschnitt von 1,3. In der Empfehlung für das Gymnasium oder die Gesamtschule wird sie folgendermaßen beschrieben:

> Caterina arbeitet auf einem sehr hohen Niveau selbstständig. Ihre Leistungen übertreffen die Anforderungen der Grundschule in allen Bereichen bei weitem. Caterina arbeitet zielstrebig und zügig und sucht sich selber immer höhere Anforderungen. Sie führt ihre Arbeiten sehr ordentlich und gewissenhaft durch, lässt sich nicht ablenken und fragt bei Unklarheiten nach. Sie arbeitet vollkommen selbstständig und unabhängig. Die notwendigen Lerntechniken hat sie sich angeeignet und setzt sie bei Bedarf gezielt ein.

> Caterina erfindet zusätzlich zu den normalen Anforderungen eigene Aufgabenstellungen höheren Niveaus und setzt diese gewissenhaft und ehrgeizig um. Soweit ihre guten Sprachkenntnisse das erlauben, setzt sie alle Anweisungen gekonnt um. Caterina nimmt Tipps und Impulse gerne und konstruktiv auf. Caterina zeichnet sich durch hohe Denkfähigkeit aus, die sie gewinnbringend einsetzt. Sie hat kein Problem mit Testsituationen.

> Caterina hat von Anfang an vollkommen selbstständig und selbstreguliert gearbeitet und so ihre Begabungen genutzt und gefördert. Sie ist eher ein stilles Kind und beteiligt sich nicht viel an Diskussionen, kann aber sehr reflektierte Beiträge beisteuern und gut Probleme lösen. Sie kann sich mündlich und schriftlich sehr gut ausdrücken. Sie gibt anderen keinen Anlass zu Konflikten und kann konstruktiv Probleme lösen.

> Caterina ist sehr selbstständig und zuverlässig und kann ihre Interessen trotz ihrer stillen Art durchsetzen. Eine stärkere mündliche Beteiligung wäre allerdings wünschenswert.

> Caterina ist an vielen Dingen interessiert, kann sich selbstständig Informationen beschaffen und Sachverhalte lehrerunabhängig aneignen. Caterina scheint im musischen Bereich sehr begabt zu sein, weist aber auch in allen anderen Bereichen überdurchschnittliche Fähigkeiten auf.

Sie wechselt nach der Grundschule mit dem Großteil der Kinder der Klasse auf das nahe gelegene Gymnasium. Dort erreicht sie einen Notenschnitt von 1,5.

Caterinas Entwicklung im Offenen Unterricht empfindet der Klassenlehrer vor allem deshalb als so bedeutsam, weil sie immer wieder über ihre Erfahrungen in den vorherigen Klassen erzählt hat. Neben der künstlichen Reduzierung ihrer Möglichkeiten durch die Begrenzung, die ein Lehrgangsunterricht zwangsläufig mit sich bringt, hatte die Unterrichtsstruktur auch im emotionalen Bereich Auswirkungen auf Caterina und ihre Lernmöglichkeiten. Vor allem empfand das leise, unscheinbare Mädchen das Stehen vor der Tafel als schrecklich. Sie reflektiert auch vor allem diesen Prozess in ihrer Rückmeldung am Ende ihrer Grundschulzeit:

Als ich erst nach Deutschland kam, könnte ich noch kein Deutsch sprechen und ich hatte auch Angst vor der Schule. Ich musste immer mit meiner Mutter nach der Schule viel üben. Ich sagte auch: Dass keiner mit mir aus meiner Klasse spielen wollte. Aber meine Mutter sagt: Dass keiner mit mir spielen will, weil ich kein Deutsch kann. Ich hatte auch Angst vor den Kindern, besonders wenn mich jemand etwas fragte. Aber als ich in diese Klasse kam, hatte ich plötzlich keine Angst mehr, und plötzlich spielten alle mit mir. Darum wollte ich auch unbedingt in dieser Klasse bleiben, und der Lehrer gefiel mir auch sehr.

Sie hatte zwar auch in der hier untersuchten Klasse eine Zeit, in der sie Angst hatte, dass sie von anderen Kindern als Streber angesehen würde, „aber dann wurde es viel besser". Für sie war wichtig, „das nicht nur mir jemand geholfen hat, sondern dass auch mich jemand fragt, ob ich ihm helfen soll." Den Lehrer fand sie gut: „Weil ich finde er ist der beste Lehrer, und er hat mir auch immer zugehört. [...] Weil er mich immer verstanden hat, und auch vieles erklärt hat." Mehr Möglichkeiten hätte sie im künstlerischen Bereich besser gefunden: „Ich find in Kunst könnten wir vielleicht etwas mehr machen, aber das andere war ganz OK." Schulprobleme hat ihr verursacht: „Einbisschen das zusammen arbeiten." Gut fand sie: „Geschichten sich selbst auszudenken und sie aufzuschreiben." Wichtig war ihr besonders: „Ich finde es ganz wichtig das wir in der Klasse Freiarbeiten machen!" Sie würde „sehr gern" noch einmal in diese Klasse gehen: „Weil Peschel ein sehr netter Lehrer ist und wir Freiarbeiten können."

Auch Caterinas Mutter gibt dem Lehrer eine kurze positive Resonanz auf Caterinas Grundschulzeit bei ihm. Gefallen hat ihr vor allem die „Hilfsbereitschaft des Lehrers" und „viel Verstand". Gelungen fand sie vor allem die „Entwicklung von Selbstständigkeit, Denkfähigkeit" und die gemeinsamen Aktionen der Klasse. Sie gibt der Vorbereitung in der Grundschule durchweg die Note „sehr gut" und würde Caterina jederzeit wieder in die Klasse bzw. „zu diesem Lehrer" geben.

Kai – oder: Eigene Wege für eigene Köpfe

Kai (6;11 Jahre/IQ 103) wohnt mit seinen berufstätigen Eltern und seiner älteren Schwester zusammen. Als Kai schulpflichtig wurde, haben die Eltern – laut eigenen Aussagen – Kai extra in die Schule des Nachbarortes einschulen lassen, weil die für ihn eigentlich zuständige (hier thematisierte) Schule für sie einen schlechteren Ruf hatte. Als Begründung für den Schulbezirkswechsel wird Kais Betreuung durch eine Tagesmutter in der Nähe der anderen Schule angegeben. Kais Schulkarriere verläuft dann aber ganz anders, als von den Eltern erwartet. Im Zeugnis der ersten Klasse findet sich u. a.:

> Kai fiel es nicht leicht, sich an die Schule zu gewöhnen. Er zeigte oft wenig Bereitschaft, sich mit Aufgaben und Situationen auseinanderzusetzen. Auch das Organisieren des Arbeitsmaterials bereitete ihm häufig Schwierigkeiten. Mit seinen Klassenkameraden konnte er kaum zusammenarbeiten.

Kai kennt die Buchstaben und Laute, geübte Wörter kann er oft aus der Vorstellung schreiben. Er liest bekannte Texte weitgehend flüssig. Kai addiert und subtrahiert im Zahlenraum bis 20, Ergänzungsaufgaben werden nicht immer gelöst. Kopfrechnen bereitet Kai noch Schwierigkeiten. Kai war nur selten in der Lage, sich am mündlichen Unterricht zu beteiligen. Auch Aufgaben in Kunst und Sport konnte er kaum angehen und bewältigen.

Kai braucht reduzierende Unterstützungs- und Strukturhilfen, um seine Fähigkeiten zu entdecken und seinen Platz zu finden.

Im zweiten Schuljahr werden die Probleme im Arbeits- und Sozialverhalten bei Kai noch größer. Er verweigert außerhalb der Holz-Arbeitsgemeinschaft jegliche Mitarbeit und sitzt auch seine Hausaufgaben aus, d. h. bei der Auflage, er dürfe erst spielen gehen, wenn er die Hausaufgaben fertig habe, bleibt er solange am Schreibtisch sitzen, bis er dann irgendwann nach 22 Uhr ins Bett geschickt wird.

Die Eltern werden von der Klassenlehrerin unzählige Male zu einem Gespräch in die Schule gebeten, und es bauen sich gegenseitige Fronten auf. Nach den Osterferien des nächsten Schuljahres bekommen die Eltern ein Schreiben der Schule, in dem ihnen mitgeteilt wird, dass Kais Leistungen in Sprache, Mathematik und Sachunterricht nicht ausreichen, um ihn zu versetzen. Die Eltern sind den Stress mit Kais Lehrern über die letzten Jahre nun leid. Da sie denken, dass Kais Schulprobleme nicht alleine an ihm liegen, gehen sie zu der eigentlich für Kai zuständigen Schule und wollen ihn dort anmelden. Der Schulleiter sieht im Offenen Unterricht der hier thematisierten Klasse eine Möglichkeit für Kai. Nach einigen Verhandlungen der beiden Schulleiter und einem Probebesuch der alten Lehrerin in der Klasse willigt man unter Vorbehalt schließlich ein.

Kai bekommt ein „Vorschlags-Zeugnis", in dem er folgendermaßen beschrieben wird:

Kai hatte zunehmend Schwierigkeiten, sich auf die Schulsituation einzulassen. Es gelang ihm immer weniger, Angebote und Anforderungen anzunehmen und angemessen darauf zu reagieren. Selbst mit persönlicher Hilfestellung und auch der Unterstützung seiner Klassenkameraden konnte er sein Material und seine Arbeit kaum noch organisieren. Individuell gestellte oder frei gewählte Aufgaben bearbeitete er nur ansatzweise und wenig sorgfältig. Die Kontakte zu Klassenkameraden reduzierten sich zunehmend und beschränkten sich auf Aktivitäten jenseits des Unterrichts. Von Zeit zu Zeit lieferte er häusliche Arbeiten ab, die mit Unterstützung Erwachsener angefertigt und deren Kommentaren versehen waren.

Kai kann zeitweise im Zahlenraum bis 100 in den Grundrechenarten rechnen, aber nicht immer richtig. Sachaufgaben überschaut er kaum soweit, dass er sie erfassen und mathematisch bewältigen kann.

Kai beherrscht die Lesetechnik, Ansätze zum gestaltenden Lesen sind jedoch noch gering. Auch kann er kaum den Inhalt wiedergeben und Verständnisfragen beantworten. Kai kann meist richtig, aber nur langsam und wenig nach Vorlage schreiben; beim Nachschreiben geübter Texte aus dem Gedächtnis macht er noch etliche Auslassungen und Fehler. Freie Schreibproduktionen waren gering. Auch in den musischen Fächern und bei Fachlehrern konnte Kai sich kaum am Unterrichtsgeschehen beteiligen und sich angemessen verhalten. In der Holz-AG hat Kai oft mit Einsatz gearbeitet.

Bemerkungen: Die Versetzung erfolgt probeweise. Ihr wird nur zugestimmt, wenn nach einer Frist von drei Monaten festgestellt werden kann, daß Kai die Lernziele der Klasse 3 erreichen kann.

Kai wechselt daraufhin Anfang Juni die Schule. In seiner neuen Klasse, in der er nicht mehr zum Arbeiten gezwungen wird, fühlt er sich direkt wohl und knüpft Kontakt zu Kindern aus seiner Straße. Er hat zunächst eine Zeit, in der er einige „Macken" auslebt, aber dieses Verhalten gibt sich nach ein paar Monaten. Ansonsten ist Kai vor allem davon fasziniert, Sachen auf dem Schulgelände zu erforschen und tut dies gemeinsam mit seiner neuen Freundin schon nach wenigen Tagen. Auch Kais Mutter kommt ungefähr zwei Wochen nach Kais Wechsel ganz begeistert in die Schule und berichtet dem Lehrer, dass sie erstaunt sei, wie gerne Kai plötzlich Hausaufgaben mache. In der Schule beteiligt sich Kai ganz normal an den Tests, die der Lehrer zum Schuljahresende durchführt.

Die Leistungen, die der Lehrer in den wenigen Wochen bis zum Schuljahresende von Kai mitbekommt, lassen das Gutachten der ehemaligen Lehrerin in einem anderen Licht erscheinen. So sieht der Lehrer keineswegs ein Problem darin, Kai zu versetzen, da Kai die Anforderungen des zweiten Schuljahres durchaus erfüllt. Es ergibt sich für den Lehrer eher der Eindruck, dass die Problematik Kais viel mit der Unterrichtsweise seiner alten Lehrer zu tun gehabt haben wird. Es kann sein, dass sich aus den unterschiedlichen Vorstellungen von Lernen und Schule schnell auch persönliche Probleme ergeben haben, die sich dann u. a. in einer arbeitsverweigernden Haltung Kais ausdrückten.

Kais langsamer, aber stetiger Entwicklungsprozess in Richtung eines „normalen" Lernens wird auch in den Gutachten deutlich, die der Lehrer ihm nach einem halben bzw. einem ganzen Jahr in der Klasse 3 schreibt:

Lieber Kai !

Mittlerweile bist du ja schon eine ganze Zeit bei uns. So ganz blicke ich noch nicht bei dir durch, aber zumindest gab es schon ein paar Gespräche zwischen uns und ich denke, dass du dich eigentlich in unserer Klasse ganz wohl fühlst. Deine Probleme mit Schule merkt man dir natürlich auch bei uns noch an, du hast zeitweise versucht, daran etwas zu tun, bist dann aber immer wieder steckengeblieben. Ich finde es schade, dass du erst nach zwei Jahren zu uns gekommen bist, denn entsprechend länger scheinst du zu brauchen, um normal lernen zu können. Es ist sehr wichtig, dass du dir jetzt die richtigen Sachen vornimmst und auch durchziehst, sonst verbaust du dir sehr viel für später. Und das weißt du auch, denn du bist ja absolut nicht dumm.

Mit den anderen Kindern kommst du immer besser zurecht, aber du läufst zeitweise auch immer härter bei ihnen und bei mir auf, wenn du Regeln brichst oder Vereinbarungen nicht einhältst. Da musst du dir fairerweise auch mal an die eigene Nase packen – was dir meistens ziemlich schwer fällt.

Ich hoffe, dass wir im nächsten Halbjahr einen guten Weg zusammen finden werden, mit dem du zurecht kommst, und der auch zu deiner Intelligenz passt.

Lieber Kai !

Du hattest dir für das letzte Halbjahr einige Sachen vorgenommen und auch schon Vorstellungen über deine nächste Schule geäußert. Obwohl du viele dieser Sachen dann doch nicht kontinuierlich umgesetzt hast, hat sich dein Arbeitsverhalten weiter positiv verändert. Du machst jetzt immer öfters Sachen selber oder mit anderen und lässt dich auch gut auf Sachen ein, die wir zusammen machen. Manchmal fällt es dir dabei noch sehr schwer, dich selber gegen deinen eigenen Willen mit Ablenkungen zurückzuhalten, aber du brauchst bei weitem nicht mehr den Freiraum, den alle dir am Anfang eingeräumt haben. Auch bei Konflikten lässt du eher mit dir reden und hast gelernt, auch die Meinung der anderen anzuhören beziehungsweise anzunehmen. Ein guter Schritt, Kai. Mach so weiter.

Was sich noch ändern muss, damit du deinen Schulwunsch angehen kannst, ist mehr Kontinuität beim Arbeiten vorzuweisen und dir nicht alles aus der Nase ziehen zu lassen. Es gibt ganz klare Erledigungs- und Abgabetermine für bestimmte Arbeiten und Hausaufgaben, aber das klappt fast nie bei dir. Denk dran, dass eine nicht rechtzeitig abgegebene Leistung auch dann ungenügend ist, wenn du die Sache eigentlich gut kannst. Also ziemlich dumm, sie nicht vorzuweisen, oder ?

Der hier angesprochene Schulwunsch Kais zielt auf das Gymnasium ab, denn Kai möchte gerne seiner Schwester folgen. Da Kais Entwicklung zwar positiv ist, seine Leistungen und sein Arbeitsverhalten aber nach Ansicht des Lehrers noch nicht das widerspiegeln, was Kai leisten könnte, bekommt Kai im vierten Schuljahr eine Empfehlung für die Realschule oder die Gesamtschule:

Kais Arbeitsverhalten ist sehr eigenwillig. Notwendige Arbeiten erledigt er, er arbeitet aber am liebsten an eigenen Projekten. Entsprechend schwankend sind bei ihm Anstrengungsbereitschaft, Konzentration und Ablenkbarkeit. Je nach Motivation arbeitet Kai schneller oder langsamer. In der Regel ist sein Arbeitstempo allerdings zu gering. Obwohl er bei gemeinsamen Arbeiten mitmacht, schweift er noch oft ab und arbeitet nicht zielstrebig. Entsprechende Hinweise von Außenstehenden sind oft notwendig, um ihn am Arbeiten zu halten. Betrachtet man Kais kognitives Vermögen, so scheinen seine Leistungen noch ausbaubar zu sein, betrachtet man sein Arbeitsverhalten, scheint er an seiner persönlichen Grenze zu sein.

Die notwendigen Lerntechniken hat Kai sich selbstständig angeeignet und wendet sie bei Bedarf entsprechend an. Eigene Aufgaben und Ziele stellt sich bzw. verfolgt Kai nicht. Kai kann – je nach Motivation – auch komplexe Anweisungen verstehen. Seine Gedächtnisleistungen sind gut, es mangelt nur an Übung (z.B. beim Schreiben und den Rechenverfahren). Kai kann – wenn er will – gut formulieren. Kai hinkt oft seinen eigenen Ansprüchen hinterher, sodass er in Test- und Stresssituationen teilweise nicht genügend Frustrationstoleranz aufweist.

Kai vermeidet eine aktive Auseinandersetzung bei Konflikten und zieht sich eher in sich zurück. Kai beteiligt sich nicht an Diskussionen. Ist er betroffen, so kann er eigene Handlungen reflektieren und akzeptiert auch Forderungen der Klasse. Kai erscheint sehr selbstständig, folgt aber auch gerne seinem eigenen Kopf.

Kai ist an vielen Sachen sehr interessiert, wobei handlungsorientierte Sachen ihn besonders reizen.

Die Empfehlung „Realschule oder Gesamtschule" setzt auf Kais Möglichkeiten und eine weitere positive Entwicklung. Sollte diese nicht eintreten, wird der Besuch der Hauptschule oder der Gesamtschule empfohlen.

Kai verlässt die Grundschule mit einem Notenschnitt von 3,3 und wechselt auf die Gesamtschule, die auch seine Schwester besucht. Dort kommt er in der Folge gut klar und erreicht Noten im Dreierbereich.

Er selber gibt dem Lehrer zum Ende seiner Grundschulzeit in einem kurzen Brief Resonanz:

Ich finde es sehr schade das wir gehen müssen nach dem was wir alle zusammen erlebt haben wie zumbeispiel die Klassenfahrt die wir mit dem Fahrrad gemacht haben oder wo wir in die Eifel auf Klassenfahrt in den Holzzelten waren.
Wenn wir auf der nächsten Schule sind können sie uns ja mal besuchen.

Seine Mutter verfasst einen langen Brief, in dem sie auch das schildert, was sie von Kai an Kritik mitbekommt:

Hallo Herr Peschel,

hiermit versuche ich einmal mein Glück die zwei Grundschuljahre von Kai aus meiner Sicht zusammenzufassen.

Vorab muß aber erwähnt werden, daß wir Herrn [... dem Schulleiter; FP] echt dankbar sind, daß er sich auf das Abenteuer ‚Kai in der 3. Klasse' eingelassen hat. Denn ohne seine Zustimmung Kai in die 3. Klasse probeweise mitzunehmen hätten wir vielleicht heute nicht ein fast normales Schulkind. Ich weiß nicht wie Kai – nach seiner Erfahrung mit Frau [... der ehemaligen Klassenlehrerin; FP] – auf Lehrerinnen reagiert hätte. So war die ganze Sache schon ok.

Das Fazit aus zwei Jahren ist: Wir haben jetzt ein Kind, was wieder Spaß an der Schule hat. Alles andere ist für uns zuerst einmal unwichtig. Ich habe immer – wenn es auch oftmals sehr schwer war – an Kai geglaubt. OK, er ist – und wird es auch wohl bleiben – etwas anders als die anderen Kinder, aber trotzdem ein liebes und hilfsbereites Kerlchen.

Wenn ich mir so die Notenzeugnisse ansehe, denke ich, daß da, wenn Kai will, noch etliches geistiges Potential vorhanden ist. Denn er hat sich wahrlich nicht verausgabt, was Lernen und Mitarbeit anging. Hätte er zu Hause auch mal gelernt wäre die Benotung sicherlich besser ausgefallen und sein Gymnasiumtraum hätte sich verwirklicht. Da er ja letztendlich doch immer seine eigene Endscheidungen traf, hat er jetzt das Ergebnis erhalten und vorerst seinen Traum ausgeträumt, obwohl er immer noch den Drang Richtung Gymnasium hat. Ich frage mich warum? Wir mögen ihn auch, wenn er zur Gesamtschule geht, so leistungsorientiert sind wir auch nicht. Unsere Meinung dazu kennen Sie ja.

Ich hoffe, daß das Kerlchen sich noch besinnt und auf der GS zu Höchstformen aufläuft, obwohl ich – gelinde gesagt – tierische Angst vor Kais Eigensinn habe. Wenn er einmal bei den Lehrern durch ist, ist es m. M. nach zu spät das Arbeitsverhalten zu ändern. Ich bin nur froh, daß ihm die Lehrerin und der Tutor sympathisch sind und hoffe in den 6 Wochen Ferien auf Einsicht was Ordnung und Lernverhalten angeht.

Es ist auch gut zu wissen, daß man Sie auch nach Schulzeitende kontaktieren kann, hoffentlich kommt Ihnen der Name Kai nicht mal hoch, denn ich kann mir vorstellen, daß er bei Ihnen bestimmt seinen Lehrer-/Schulfrust loswerden will, denn er hat Sie einfach in sein Herz geschlossen. Man kommt da schwer rein, aber genauso schwer wieder raus, denn Kai stellt Besitzansprüche. Das Loslösen muß er auch noch lernen, noch fällt es ihm das – egal in welchem Bereich – sehr schwer.

Zu Ihrer Unterrichtsform gibt es innerhalb der Familie unterschiedliche Auffassungen:

Kai fand diese Form klasse, im nachhinein hat er aber doch kritisiert, daß Sie manchmal etwas zu lasch waren und hätten öfter mal durchgreifen sollen. Die Mischung Frontalunterricht und freier Unterricht hätte ihm besser gefallen. Da er sich ja schnell ablenken läßt, war ihm der Frontalunterricht ohne größere Störungen letztendlich angenehmer, weil seiner Meinung nach mehr input möglich war.

Schrecklich fand er die Benotung durch die Kinder, denn er hatte oft das Gefühl, daß die Pänz ‚Noten nach Nase' verteilt haben. Sein größter Feind war da wohl – nach seinen Aussagen Sabine. Er war auch beim Abschlußzeugnis über die Notengebung total irritiert. Er meinte, daß sein Musikvortrag mehr als gut gewesen wäre und dann die ‚3', genauso wie in Kunst und Sport. Die 4 in Mathe hat ihm dann den Rest gegeben und er hat erstmal getobt. Lag die Note am nicht Können oder zu langsam sein? Kai meinte, daß er alles im Griff hatte und hat zu Hause auch nicht gerade den Streber herausgehangen. Hier stand mal wieder seine Selbstüberschätzung im Weg.

Kai hatte mir sein Matheheft gezeigt und ich war ganz erstaunt, daß da ‚so viel' in einem Schuljahr drin gearbeitet wurde. Hierzu ist meine Meinung, daß er zuerst hätte rechnen sollen und dann in die Freiarbeiten gehen kann. Kai konnte sich einfach zu viel für sich aussuchen und sah für sich vielleicht keine Grenzen. Jetzt muß er es zu Hause aufarbeiten. Das ist nicht als Strafe, sondern als Festigung zu betrachten.

Erstaunlich ist eigentlich, daß Sie bei ihm viel erreicht haben und ihn so genommen haben wie er ist. Da das möglich ist, wird es für mich schwer zu akzeptieren, wenn die neuen Lehrer Schwierigkeiten mit ihm haben, denn es hat sich doch gezeigt, daß er auch mit seinem Dickkopf lenkbar ist.

Ich hatte auch nie gedacht, daß Kai mal einen guten Aufsatz oder ein gutes Diktat hinkriegt. Wenn ich da nur an die vielen Fehler am Anfang denke, ich war da total skeptisch. Mein Mann meinte: Der H. Peschel wird's schon schaffen. Ich hatte da so echt meine Bedenken, 'tschuldigung.

Im nachhinein glaube ich, daß aufgrund unserer diversen Gespräche Hoffnungen aufs Gymnasium geweckt wurden. Heute bin ich der Meinung, sie hätten neben Kais persönlichen Fortschritten uns auch seinen Stand in der gesamten Klasse aufzeigen sollen. Kais persönliche Entwicklung und Lernerfolge waren gut, aber nicht in Bezug auf den Klassenverband. So dachten wir dann auch, daß alles paletti war, die Zeugnisnoten und -beurteilungen aufgrund des Notenrasters jedoch ein anderes Bild widerspiegelten und Kai doch nicht so der Reißer war.

Zukünftig wollen wir auch hoffen, daß Kai das Hausaufgabenbuch und die verschiedenen Heft und Bücher akzeptiert und nicht wieder mal sagt: So hatten wir es auf der anderen Schule nicht gehandhabt. Vielleicht machen wir uns auch zu viele Gedanken und sollen Kai einfach mal machen lassen.

[Unsere Tochter; FP] hat da auch so anfänglich ihre kleinen Probleme, was Ihre Unterrichtsführung angeht. Aber ich glaube, das liegt einfach daran, daß es für uns eine total neue Unterrichtsform war. Jetzt sage ich aus voller Überzeugung, daß diese Form dem Kai in der Grundschule gutgetan hat, aber schafft er den Sprung zu einer anderen Unterrichtsform ohne sich zu verweigern?

Bei der Hausaufgabenpflicht stand es 3:2 (Mama, Papa, Schwester : Kai und Sie), aber Sie kennen ja mittlerweile unsere Meinung zu diesem Thema.

Daß die Kinder aus Ihrer Klasse offener und selbstbewußter sind als andere, hat man dann an der Tabaluga- und Zirkusaufführung gesehen, beides war total super gewesen. Ich glaube, daß das daran liegt, daß die Pänz sie selbst bleiben konnten und sich nicht irgendwelchen – ob sinnigen oder unsinnigen – Schulriten hingeben mußten.

Im Endeffekt bleibt es nur abzuwarten und zu hoffen, daß Kai einsichtig ist. Er ist ja sonst so ein lieber Kerl und das die Schulwahl die richtige Entscheidung war. Leider haben wir schon einmal danebengelegen.

FAZIT: Ihre Unterrichtsform ist weiter zu empfehlen und Sie sollten den von Ihnen eingeschlagenen Weg bezüglich der Unterrichts- und Menschenführung beibehalten. Der lebende Beweis ist Kai.

Hiermit möchten wir Ihnen auch noch einmal danken, daß Sie Kai die Freude an der Schule und am Lernen wiedergegeben haben. Er war ja so erbärmlich durch [... seine alte Schule; FP] verkorkst worden. Eigenwillige Kinder sind halt nicht jedermanns Sache.

Ob dieser Brief alles so widerspiegelt wie Sie sich es erhofft haben weiß ich nicht, denn Gedanken so auf Papier zu bringen ist nicht einfach, da meine Gedankengänge schneller als meine Anschläge sind.

Einen schönen Sommer wünschen wir 4 und Hund Ihnen. Vielleicht hätten Sie mal Lust auf ein Gespräch, wenn Kai sich ein wenig an der neuen Schule eingelebt hat.

Neben der Ausführlichkeit der Rückmeldung ist der unterschiedliche Blickwinkel interessant, den Lehrer und Eltern bzw. Kai selbst in Teilaspekten haben. So stand für den Lehrer immer Kais individuelle Entwicklung im Vordergrund, die er mit den Eltern sicherlich auch in Bezug auf die für das Schuljahr geltenden Anforderungen besprochen hat, aber dadurch hatten die Eltern letztendlich wohl immer ein positiveres Bild von den Leistungen, als sie tatsächlich waren. Ob allerdings eine Betonung des Abstands zu anderen Kindern wirklich sinnvoll gewesen wäre oder aber zu Verhaltensweisen hätte führen können, die Kais eigene Wegfindung negativ beeinflusst hätten, bleibt fraglich.

Fast ein bisschen widersprüchlich nimmt der Lehrer auch den Blick auf den Offenen Unterricht und die gleichzeitige Forderung nach Frontalunterricht wahr, denn das lehrerzentrierte Unterrichtsprinzip hatte bei Kai ja mit hoher Wahrscheinlichkeit die Arbeitsverweigerung bedingt. Ob eine Mischform – wenn es diese wirklich geben kann – für Kai besser gewesen wäre, ist nicht auszuschließen. Es könnte aber auch sein, dass der Gedanke an herkömmliche Unterrichtsformen eher ein Ausdruck dafür ist, das nicht den eigenen Erwartungen entsprechende Ergebnis zu rechtfertigen. Insgesamt stimmen alle Beteiligten aber darin überein, dass Kais Entwicklung im Offenen Unterricht unerwartet positiv verlaufen ist. Zumindest konnte Kais alte Klassenlehrerin, die der Lehrer im Rahmen einer Erprobungsstufenkonferenz auf dem Gymnasium getroffen hat, seine Entwicklung nicht fassen. Sie hatte viel eher mit einer Beschulung an der Schule für Erziehungsschwierige gerechnet.

Alyssa – oder: Herausforderung zur Selbstständigkeit

Alyssa (7;0 Jahre/IQ 112) kommt zwei Wochen nach den Sommerferien Anfang des dritten Schuljahres in die Klasse. Sie wohnt mit ihren beiden kleinen Brüdern und ihren Eltern zusammen. Die Eltern sind vor ein paar Jahren als russische Aussiedler nach Deutschland gekommen und sprechen nur wenig Deutsch. Sie arbeiten beide sehr viel, so dass die Familie immer erst spät am Abend zusammen ist und auch nicht an Schulveranstaltungen teilnimmt — leider auch dann nicht, wenn Alyssa wichtige Teile kompetent übernimmt.

Alyssa ist sehr zuverlässig und ehrgeizig. Sie scheint mit dem Schulwechsel kein Problem zu haben, ihr fällt es jedoch nicht leicht, sich selbst Aufgaben zu stellen. Sie ist wahrscheinlich konkrete Vorgaben gewöhnt. Dabei sucht Alyssa immer wieder die Nähe des Lehrers und macht gerne durch bestimmte Aufforderungen auf sich aufmerksam. Der Lehrer hat das Gefühl, dass sie durch ihre Art versucht, emotionale Bestätigung und Anlehnung zu finden. Eine Hospitantin protokolliert in diesem Zusammenhang einmal eine solche Situation zwischen Alyssa und dem Lehrer. Sie kommt in 55 Minuten zu 74 Antworten (34 Kurzantworten und 40 erklärende Antworten) des von seinem Verhalten her eigentlich als „passiv" eingestuften Lehrers und weist auf Grund des für den Offenen Unterricht ungewöhnlichen Ergebnisses darauf hin:

> Fairerweise muß hier erwähnt werden, daß es in der Beobachtungszeit der Freiarbeit Situationen gab, in denen der Lehrer an einem Pult saß und eine Schülerin von ihm intensive Hilfestellung in Mathematik benötigte. Diese Schülerin allein stellte dem Lehrer schon eine Unmenge an Fragen, die er ihr gerne beantwortete. (Busse 1999, 113f.)

Insgesamt sind Alyssas Leistungen gut, aber sie scheinen noch weiter ausbaufähig zu sein – vor allem dadurch, dass Alyssa eigentlich schon anspruchsvolleren Stoff als den bewältigen kann, der laut Lehrplan vorgeschrieben ist. Im Zeugnis für das erste Halbjahr der Klasse 3 schreibt ihr der Lehrer u. a.:

> Liebe Alyssa !
>
> Du hast, seit du in der Klasse bist, ganz gut gearbeitet. Dir fiel es zwar am Anfang ziemlich schwer, dir immer selber Sachen zu suchen, aber das hast du immer besser im Griff. Eine tolle Idee ist, wenn du auch Sachen mit anderen Kindern zusammen machst, Geschichten schreibst und durchsiehst, Rechenaufgaben probierst und Forschersachen angehst. Versuch im nächsten halben Jahr noch mehr Sachen richtig bis zum Ende durchzuziehen, denn die Vorbereitung eures Vortrages über den „Wasserkreislauf" hat so lange gedauert, dass wir den dann anders besprochen haben.
>
> Du kannst gut in Gruppen arbeiten und kommst auch in der Klasse gut zurecht, auch wenn deine Art manchmal etwas „nervig" ist. Aber das weißt du ja selber. Mach einfach so weiter und üb vor allem, dir selber schwierige Sachen zu suchen und zu bearbeiten. [...]
>
> Deine Geschichten sind schon ganz gut, es fällt dir zwar manchmal schwer, dir etwas selber auszudenken, aber das hast du bald gut im Griff, wenn du das noch öfters machst. Dann kennst du auch bald immer mehr Wörter, die Geschichten spannend machen.

Ihr Arbeitsverhalten wird zwar im nächsten Halbjahr etwas ausgeglichener und weniger anstrengend für die anderen, entwickelt sich aber im Hinblick auf das selbstständige Arbeiten nicht unbedingt weiter, wie im Zeugnis des zweiten Halbjahres beschrieben wird:

> Liebe Alyssa !
>
> Nach einer etwas lauteren, nervigeren Phase hast du dich in deinem Verhalten in der Klasse gut gemacht. Du arbeitest – wenn du etwas zu tun hast – ruhig und zielstrebig und hältst dich an die Regeln. Du bist sehr anstrengungsbereit und traust dich zeitweise auch an schwierigere Sachen heran, die du gut lösen kannst.
>
> In deinem Arbeitsverhalten hast du dich aber nicht sehr im Gegensatz zum vorigen Halbjahr verändert. Du arbeitest zwar fleißig und gewissenhaft, aber es fällt dir immer noch schwer, selber Sachen zum Arbeiten zu suchen und entsprechend alleine Ziele für dich zu setzen. Ich hatte gehofft, dass du mehr mit anderen Kindern zusammenarbeitest und Schreib-, oder Rechenkonferenzen machst oder einen Vortrag erarbeitest. Nimm dir das wirklich mal für das nächste Schuljahr vor oder frag gezielt nach Material, das dich eine Zeitlang versorgt. Einen Privatlehrer kann es nicht geben.

Im vierten Schuljahr arbeitet Alyssa verstärkt mit anderen Kindern zusammen. Dabei gibt ihr vor allem die Zusammenarbeit mit Sabine, mit der sie beispielsweise Vorträge vorbereitet, eine neue Form der eigenen Herausforderung. Sie fängt an, mehr freie Texte zu schreiben sowie zu überarbeiten und traut sich verstärkt auch an knifflige Rechenaufgaben heran. Auf diese Weise kann sie ihre Leistungen weiter ihrem Potential gemäß ausbauen. Nach dem vierten Schuljahr bekommt sie eine Empfehlung für das Gymnasium und die Gesamtschule, in der ihr Arbeitsverhalten folgendermaßen beschrieben wird:

> Alyssa ist eine gute Schülerin, die von Anfang an immer den an sie gestellten Anforderungen in besonderem Maße entsprochen hat. Sie lernt leicht und ist sehr anstrengungsbereit. Sie arbeitet in der Regel zügig, konzentriert und zielstrebig. Sie kann sehr selbstständig nach Anweisung arbeiten, wobei sie am liebsten auf vorgegebene Aufgaben zurückgreift. Entsprechend ist ihr Lernstand noch weiter ausbaubar.

> Alyssa erscheint intelligent und kann auf einem hohen und abstrakten Niveau arbeiten. Sie ist selbstständig und vermag sämtliche Arbeiten ohne fremde Hilfe anzugehen und zu lösen. Sie kann sich gut ausdrücken und Dinge treffend beschreiben. Lerntechniken erwirbt sie leicht und wendet sie entsprechend problemlos und selbstverständlich an. Im vorgegebenen Rahmen kann sie Aufgaben entdecken, das selbstständige Setzen von Zielen ist ihr primär im Rahmen entsprechender Vorgaben möglich.

> Sie verfügt über ein großes Anweisungsverständnis. Ihre Gedächtnisleistungen sind gut. Sie nimmt Ratschläge, Impulse und Tipps gerne auf. Sie hat bei entsprechender Initiation Interesse an Informationen, Zusammenhängen und Wirkungen.

> Sie kann ihre Meinung in Diskussionen äußern, hält sich aber teilweise damit zurück. Sie ist sehr kooperationsfähig und kann Konflikte vermeiden, besprechen und lösen. Sie kann sich durchsetzen und ihren Standpunkt darstellen.

> Sie bewahrt auch in Stresssituationen die notwendige Ruhe und kann etwaige Schwächen eigenständig ausgleichen. Sie kann in verschiedensten Lerngruppen arbeiten und kommt gut mit ihren Mitschülern klar. Alyssa spielt mehrere Instrumente. Sie ist sehr zuverlässig und selbstständig.

Alyssa erreicht im vierten Schuljahr einen Notenschnitt von 2,0 und wechselt mit dem Großteil der Kinder der Klasse auf das nahe gelegene Gymnasium. Dort hält sie einen Notenschnitt im Bereich 2,0.

Zum Ende der Grundschulzeit gibt sie dem Lehrer eine Rückmeldung, in der sie schreibt, dass sie sich in der Klasse wohlgefühlt habe: „Weil hier der Unterricht anders ist als in anderen Klassen." Sie hatte keine Zeiten des Unwohlseins: „Weil ich nur zwei Jahre in der Klasse war und ich fand es toll." Zum Lehrer schreibt sie: „Er konnte einem viel erklären und war manchmal witzig." Wichtig war ihr: „Das man mit Peschel über viele Sachen reden kann." Probleme hatte sie: „Das mich manche Kinder geärgert haben." Schwierig fand sie: „Sich manchmal selber Sachen zu suchen." Aber gut fand sie: „Das man selber frei arbeiten kann." Sie würde jederzeit wieder in die Klasse gehen: „Weil ich mich hier wohlfühle und weil es hier anders ist als bei anderen." Sie denkt, dass sie später gut klar kommt: „Weil ich gut vorbereitet bin." Weiterhin schreibt sie in zwei Briefen:

Lieber Peschel!
Schade dass ich bald nicht dabei sein kann wie du Kindern Sachen beibringst.
Es hat mit spaß gemacht bei dir in der Klasse zu lernen. Die Sachen die du gemacht hast fand ich fast immer gut. Du bist der beste Lehrer den ich kenne, obwohl ich immer genervt und gemeckert habe. Seit ich in deiner Klasse war, kann ich mir nicht vorstellen noch 6 Jahre Unterricht an der Tafel zu haben. [...]

Die zwei Jahre waren toll

Als ich dass erste mal in dieser Klasse stand hatte ich ein bischen Angst, doch langsam und gut hatte ich mich daran gewöhnt. Ich hatte angefangen mich mit den Kindern zu unterhalten und fand so langsam Freunde. Vorallem fand ich es gut das Peschel einen fast immer reden konnte. Jetjt wo es heist abschied nehmen, will ich hier gar nicht weg, aber es muss sein.

Alyssas Eltern geben nur eine sehr kurze Rückmeldung (wahrscheinlich auch wegen der Sprachprobleme). Sie fanden sowohl die Vorbereitung in den Fächern als auch die in der Grundschule insgesamt der Note „sehr gut" entsprechend und würden Alyssa jederzeit wieder in die Klasse geben. Bezüglich Alyssas weiterem Werdegang sehen sie kein Problem.

10.2.5 Weitere Kinder

Die folgenden Kinder waren nur vorübergehend bzw. für kürzere Zeit in der Klasse, sodass es nicht sinnvoll erscheint, sie in die Zuwachs- oder Verluststichproben einzubeziehen. Ihre Entwicklung in der Klasse wird im Folgenden aus Gründen der Vollständigkeit kurz dargestellt. Da die Schülerakten bei Wegzug eines Kindes an die neue Schule weitergegeben werden, stehen teilweise nur wenige Datenquellen zur Verfügung.

<u>Lundo</u>

Lundo (7;11 Jahre/IQ ?) wohnt als Asylant aus Zaire in derselben alten Lagerhalle, in der auch Fedor zu Beginn seiner Grundschulzeit wohnte. In den in der Halle abgetrennten kleinen Ein-Zimmer-Parzellen wohnen Asylanten verschiedenster Länder und Kulturen. Messerstechereien und Schlägereien scheinen nach Aussagen ehrenamtlicher Betreuer zum Alltag zu gehören. Die Parzelle der zairischen Familie dient nicht nur Lundo und seinen Eltern, sondern auch zahlreichen anderen Verwandten als Unterkunft. Die Verständigung mit den Eltern und Verwandten ist schlecht, da alle nur französisch sprechen, und Lundo oder seine Schwester mit ein paar Brocken Deutsch aushelfen müssen.

Vor seiner Einschulung in die hier thematisierte Klasse besuchte Lundo das erste Schuljahr in seinem Heimatort in Zaire. Er kommt Anfang des Schuljahres 1994/1995 in eine erste Klasse der Schule, der auch die hier untersuchte Klasse angehört, wechselt aber nach drei Wochen in den Schulkindergarten der Schule. Im nächsten Schuljahr wird er dann in die hier untersuchte Klasse eingeschult. Lundo kommt gerne in die Schule, lacht viel und ist gut in die Klasse integriert. Der Lehrer hat dabei den Eindruck, dass seine Hautfarbe für die anderen Kinder weniger ein Problem ist als für ihn selbst. Das Arbeiten in der Schule fällt Lundo nicht leicht. Dabei hat der Lehrer den Eindruck, dass Lundo die anregungsreiche Umgebung während des Schulvormittags vor allem als (spielerischen) Ausgleich zum tristeren Leben in der Fabrikhalle benötigt.

Ohne Vorkenntnisse lernt Lundo im ersten Schulhalbjahr Wörter lautgetreu zu schreiben, wobei er in der Anfangszeit zeitweise auch Kunstwörter – oder zumindest dem Lehrer unbekannte Wörter – verschriftet oder auch Buchtexte einfach nur abmalt. Ende Januar entdecket Lundo beim Ansehen eines Comichefts, dass er lesen kann. Rechnen kann er schuljahresentsprechend im Zwanzigerraum, wobei er zu Anfang teilweise auf Material zurückgegriffen hat. Nach den Osterferien im ersten Schuljahr kommt Lundo plötzlich nicht wieder in die Schule. Fedor, der in derselben Unterkunft wohnt, erzählt, dass Lundos Familie in den Ferien kurzfristig umgezogen ist bzw. der Familie ein anderer Aufenthaltsort zugewiesen worden sei.

Monika

Monika (6;6 Jahre/IQ ?) wohnt mit ihren Eltern im Nachbarort der Schule. Sie macht beim Kennlerngespräch einen schüchternen und zurückhaltenden Eindruck, hat aber Lust auf Schule und ist lernbegierig. Sie hat geringe Vorkenntnisse bezüglich Buchstaben und Zahlen und kann sich auch still alleine beschäftigen. Die Mutter ist dem Unterrichtskonzept gegenüber aufgeschlossen. In der Schule fällt es Monika nicht schwer, alleine zu arbeiten, wobei sie zum Teil spielerische Beschäftigungen einem kontinuierlichen Lernen vorzieht. Da die Familie Mitte September in einen anderen Schulbezirk zieht, ist sie nur wenige Wochen in der Klasse.

Petra

Petra (6;2 Jahre/IQ ?) wohnt mit ihren berufstätigen Eltern zusammen, tagsüber besucht sie den Hort. Die schulärztliche Untersuchung weist darauf hin, dass Petra noch Zeit und Zuspruch benötigt, sodass neben „Abwarten" eine nur versuchsweise Einschulung empfohlen wird. Das erste Treffen mit Petra und ihrer Mutter findet in der Schule statt. Dabei wirkt Petra noch sehr verspielt und unselbstständig, was die Mutter auch für Petras generelles Verhalten bestätigt. Bei Fragen des Lehrers orientiert sich Petra immer an der Mutter und scheint ansonsten noch in ihrer eigenen Kinderwelt zu leben. Sie ist nicht bereit, Auskünfte über eventuelles Vorwissen im Bereich von Zahlen oder Buchstaben zu geben und zieht spielerische Aktivitäten/Basteln der Demonstration ihrer Kenntnisse vor. Dem Unterrichtskonzept gegenüber ist die Mutter aufgeschlossen.

In der Schule und auch im Hort fällt Petras Kindlichkeit durch den Vergleich mit den anderen Kindern besonders auf. Petra weiß nicht so recht, wozu Schule da sein soll, denn wie sie selbst sagt, will sie ja später nur Prinzessin werden. Am liebsten streichelt sie die ausgestopften Tiere der Schulsammlung. Da er Petra für noch nicht schulreif hält, rät der Klassenlehrer den Eltern, vorsichtshalber eine Rückstellung in den Schulkindergarten zu beantragen, Petra aber in der Klasse zu belassen. Im entsprechenden Gutachten Ende November wird Petra u. a. folgendermaßen beschrieben:

Arbeits- und Sozialverhalten

In der Klasse war Petra sehr anhänglich, sie brauchte einige Zeit, um sich in der ungewohnten Umgebung zu orientieren. Auch hier zog sie spielerische Aktivitäten durchweg dem schulischen Lernen vor. Die Kontaktaufnahme zu den anderen Kindern fand zunächst vereinzelt statt, wurde mit der Zeit aber immer besser [...]. Dabei reflektiert sie allerdings selten die Bedürfnisse des anderen und hat noch ein ausgesprochen egozentrisches Verhalten. Entsprechend schwierig sind für sie kooperative Vorgehensweisen. [...]

Lernentwicklung und Leistungsstand

Unter Einbezug ihrer Vorkenntnisse beherrscht Petra nach drei Monaten Schule (Lesen durch Schreiben/Mathe 2000) einen guten Teil der Buchstaben. Die Verschriftung ohne Hilfe erfolgt allerdings nur durch einzelne, signifikante Laute eines Wortes, mit der Hilfe gedehnten, lautbetonenden Vorsprechens können auch Wörter und Sätze verschriftet werden. Petra beherrscht den Zahlenraum bis Zwanzig in aufbauender Richtung. Plusaufgaben ohne Zehnerübergang werden von ihr richtig gelöst.

Petras Leistungen sind stark von ihrer eigenen Lernmotivation abhängig, sie zieht einfache, anspruchslosere Aufgaben bzw. Tätigkeiten (Abschreiben/Abmalen) immer den selbstgesteuerten Aufgaben vor.

Die Zurückstellung Petras erfolgt Anfang September, aber die Eltern gehen darauf nicht ein und überlegen, ob Petra in einer „normalen" Klasse anders bzw. besser lernen würde. Deshalb wird in Erwägung gezogen, Petra Erfahrungen in einer Parallelklasse sammeln lassen zu können. Petra wechselt daraufhin in eine der beiden Nachbarklassen, wo aber auch keine Leistungssteigerung erkennbar ist. Da die Eltern kurz darauf in einen anderen Stadtteil ziehen, kommt Petra nicht mehr in die hier untersuchte Klasse zurück. Sie wiederholt später das erste Schuljahr und wird nach der Grundschulzeit auf eine Privatschule mit kleinen Förderklassen geschickt.

Sandra – oder: Aufarbeiten von Basiskompetenzen

Sandra (6;1 Jahre/IQ ?) kommt ein paar Tage vor Anfang des zweiten Halbjahres des dritten Schuljahres in die Klasse. Sie ist griechischer Abstammung, spricht aber Deutsch, sodass es keine Verständigungsprobleme gibt. Schulische Unterstützung gibt es zu Hause nicht. Nach der Schule besucht Sandra den städtischen Hort. Sandra ist sehr fidel und ihre gute Laune ist ansteckend. Interessant sind die Zeugnisse, die Sandra vorweisen kann. Sie sind alle sehr positiv verfasst und man muss als Laie schon genau „zwischen den Zeilen lesen", um herauszubekommen, dass die ehemalige Lehrerin hier einen Weg geht, der als „beschönigend" gesehen werden muss. So wird Sandras Leistungsstand zum Zeitpunkt, als sie in die hier untersuchte Klasse kommt, u. a. folgendermaßen beschrieben:

> Liebe Sandra!
> Du warst auch in diesem Schuljahr eine wissbegierige, eifrige und fröhliche Schülerin. [...]
> Deine Hausaufgaben hast du regelmäßiger und allmählich sorgfältiger angefertigt. [...]
> Im Lesen hast du gute Fortschritte erzielt. Es fällt dir aber noch schwer, fremde Texte fließend zu lesen und mit guter Betonung zu lesen. In der Rechtschreibung sind deine Leistungen auch besser geworden. Gut geübte Texte schreibst du nun mit weniger Fehlern. Deine Schrift kann man mittlerweile besser lesen. Üb weiterhin fleißig!
> Geschichten aller Art sind bei dir auf großes Interesse gestoßen. Du hast auch gerne kleine Geschichten aufgeschrieben und warst dankbar über jede Hilfe. Es ist dir noch schwer gefallen, dich richtig auszudrücken.
> Im Mathematikunterricht hat deine Mitarbeit nachgelassen: Es fällt dir schwer im Zahlenraum bis 1000 zu rechnen und du zeigst große Unsicherheit. Auch das kleine Einmaleins musst du viel besser lernen. Du hast dich aber darum bemüht, deine Aufgaben mit Hilfe zu lösen.

Obwohl Sandra formal im dritten Schuljahr ist, entsprechen ihre Leistungen zur Zeit des Eintritts in die hier untersuchte Klasse ungefähr denen eines Erstklässlers. Sie kann keine kompletten Sätze verschriften, schreibt nur ansatzweise lautgetreu und hat noch keine Rechtschreibstrategien ausgebildet. Sie kann unbekannte Texte nicht lesen oder verstehen und betont entsprechend nicht sinngemäß. Sie hat keine oder nur eine geringe Zahl- bzw. Mengenvorstellung, rechnet durch Abzählen an den Fingern und sucht immer nach Techniken oder Hilfsmitteln, um Aufgaben zu lösen. Sachunterrichtliches Wissen ist so gut wie gar nicht vorhanden, viel eher prägen sehr naive kindliche Theorien ihren Zugang zur Umwelt.

Da der Lehrer sich über die Einstufung Sandras in die dritte Klasse wundert, nimmt er Kontakt zur ehemaligen Klassenlehrerin auf. Bei diesem Gespräch kommt heraus, dass die Lehrerin Sandra trotz ihrer geringen Leistungen in der Klasse belassen wollte, weil diese sich dort so wohl fühlte. Sie sagt, dass sie Sandra nicht in die dritte Klasse versetzt hätte, wenn es klar gewesen wäre, dass Sandra die Schule wechseln würde. Zusätzlich kommt bezüglich der Leistungseinschätzung Sandras sicherlich auch hinzu, dass ihre ehemalige Schule einen großen Teil ihrer Schüler aus einer Hochhaussiedlung bezieht, die als sozialer Brennpunkt bezeichnet werden kann. Das durchschnittliche Leistungsniveau der Schule liegt zum Teil stark unter dem sonst üblichen. Da er eine Förderung Sandras im Offenen Unterricht für vielversprechender hält als im geschlossenen Unterricht einer niedrigeren Klassenstufe, beschließt der Lehrer, Sandra zum Schuljahresende formal nicht zu versetzen, aber weiterhin in der Lerngruppe zu belassen.

Sandra schreibt dem Lehrer in sein Halbjahreszeugnis:

> der Herr Peschel ist Lieb und Net und Schreibt gut und ist der libze mann den man Noh Denken kann. Du kannz lesen kanzt du gut und Rechen kannz gut und Schreiben Kannzt Du gut. ich freue mich das ich in Die Schule gekommen Bien. Sandra

Sandra entwickelt sich im Offenen Unterricht gut weiter, wobei es dabei für sie vor allem um „Grundlagenarbeit" geht. Sie lernt auf einem ganz anderen Niveau als die anderen Kinder, kommt damit aber gut klar. So entwickelt sie in dem Dreivierteljahr, in welchem sie die Klasse besucht, nicht nur eine reifere Einstellung zum Lernen, sondern schafft sich auch eine Basis von sprachlichen, rechtschriftlichen und mathematischen Kompetenzen, die sie vom Auswendiglernen von bestimmten (unverstandenen) Inhalten, Verfahren und Techniken entbindet. Als sie im November auf Grund eines Wegzuges die Klasse 4 (formal als Drittklässlerin) verlässt, hat sie sich ein erstes tragfähiges Wissen im Bereich der Arithmetik, der Orthographie und der Sprachkompetenz angeeignet, das ihr vermutlich helfen wird, die weiteren Schuljahre gut zu bewältigen. Da Sandra nach der wiederholten dritten und der daran anschließenden vierten Klasse problemlos auf die Gesamtschule wechselt, scheint sich diese Vermutung zu bestätigen.

Boris

Boris (7;0 Jahre/IQ 109) kommt nach den Osterferien des dritten Schuljahres in die Klasse. Er ist mit seinen Eltern und seiner ein paar Jahre älteren Schwester in ein neu gebautes Einfamilienhaus im benachbarten Ort umgezogen. Die Mutter hatte über private Kontakte schon vom Offenen Unterricht in der nun für Boris zuständigen Schule gehört und möchte Boris in diese Klasse geben. Dabei verspricht sie sich eine besondere Förderung vor allem dadurch, dass Boris in seinen leistungsstarken Bereichen nicht mehr an den Lehrplan bzw. Lehrgang gebunden ist. Entsprechend hatten sowohl Boris als auch seine Eltern ungefähre Vorstellungen vom Unterricht, der Boris erwartete. Da sich Boris´ bisherige Klassenlehrerin und der Lehrer der hier untersuchten Klasse kennen, war schnell ein entsprechender Kontakt hergestellt.

Aus Boris´ bisherigen Entwicklungsberichten ist ersichtlich, dass ihm u. a. das Arbeiten in der Gruppe nicht leicht gefallen ist. Im Zeugnis des ersten Schuljahres ist zu finden:

> Ab und zu bist Du schon ein richtig wilder Kerl. Du könntest noch mehr zu unserer Gemeinschaft beitragen, wenn Du Dich mit unseren besonders stürmischen Kindern nicht mehr so aufheizt. [...] Manchmal fällt es dir schwer, nicht als erster das Wort zu haben.

Auch hat er Schwierigkeiten beim selbstständigen Arbeiten, wie im Zeugnis des zweiten Schuljahres beschrieben ist:

> Es gibt aber immer wieder Momente, z.B. in der Werkstatt, da kannst du dich nicht entscheiden und vertrödelst so wertvolle Zeit. Das ist dann besonders ärgerlich, wenn dadurch Unruhe in die Werkstattzeit kommt.[...] Lass dich bitte im neuen Schuljahr weniger ablenken.

Boris´ Leistungen in Mathematik übersteigen zum Zeitpunkt des Wechsels die Anforderungen des dritten Schuljahres. Er rechnet gerne, sucht sich aber auch hier nicht gerne selber Aufgaben, sondern greift lieber auf Anregungen aus Büchern oder Heften zurück. Er kann gut lesen und vorlesen, die Textproduktion fällt ihm hingegen nicht leicht, er schreibt oder überarbeitet ungern Texte. Er hat ein gutes sachunterrichtliches Wissen, arbeitet aber in diesem Bereich eher oberflächlich und unvollständig. Es fällt ihm schwer, Sachen wirklich zu Ende zu führen. Boris lebt sich direkt gut in die Klasse ein, was auch daran erkennbar ist, dass er zunächst noch mit seiner alten Klasse auf Klassenfahrt fahren wollte, die Zeit dann aber lieber in seiner neuen Klasse verbringt. Wenige Wochen nach seinem Schulwechsel schreibt ihm der Lehrer im Zeugnis:

Lieber Boris !

Du bist ja noch nicht so lange bei uns, sodass ich keinen Entwicklungsverlauf beschreiben kann. Ich habe dich als intelligenten und denkfähigen Schüler kennen gelernt, dessen Leistungen keine Bedenken machen müssen. Du kannst dich durchaus auf Arbeiten konzentrieren und diese zielgerichtet angehen. Allerdings fällt dir die freiwillige Suche nach Lernmöglichkeiten noch schwer, aber das ist auch ein sehr hoher Anspruch, den sogar die meisten Erwachsenen nicht erfüllen. Trotzdem denke ich, dass du dich durchaus mehr aufraffen kannst und für dich herausfordernde Sachen angehen kannst. Nimm dir das für das nächste Jahr mal gezielt vor, du begegnest in der Schule und zu Hause bestimmt vielen Sachen, denen man dann nachgehen kann.

Du hast dich sehr schnell in die Klasse integriert und direkt mit den anderen Kindern zusammengearbeitet. Das war eine tolle Leistung. Achte im nächsten Jahr darauf, mit den Kindern in unserer Klasse besonders streitvermeidend umzugehen, die auf alle Ablenkungen gerne anspringen. Du konntest das vorher nicht wissen, kennst die Kinder aber jetzt. Achte da verstärkt drauf und lass dich nicht von deren Verhalten ablenken.

Im Verlauf des vierten Schuljahres baut Boris seine Leistungen und seine Leistungsbereitschaft weiter aus – allerdings nach Meinung des Lehrers noch nicht so, wie er könnte. Immer wieder ergibt sich der Eindruck, dass er nur dann arbeitet, wenn er eine konkrete äußere Motivation verspürt. Dies wird auch im Gutachten für das Gymnasium ersichtlich, das Boris bekommt:

Boris erbringt seine guten Leistungen mit relativ geringem Aufwand, sodass davon auszugehen ist, dass sie noch weiter ausbaufähig sind. Boris kann bei der Vorgabe von Aufgaben sehr zielstrebig und zügig arbeiten. Übrig gebliebene Zeit nutzt er leider nicht konstruktiv. Boris ist in entsprechenden belohnenden Situationen sehr arbeitsbereit, findet aber nur ungern selber Sachen zum Arbeiten. Er kann gut selbstständig und unabhängig von Erwachsenen arbeiten, wenn er entsprechende Arbeitsaufträge erhalten hat. Die notwendigen Lerntechniken hat Boris sich selber angeeignet und kann sie entsprechend sinnvoll einsetzen. Er vermag eigene Aufgaben zu entdecken, greift aber in der Regel immer auf vorgegebene Aufträge zurück, die er dann sehr ehrgeizig und möglichst fehlerfrei ausführt. [...] Boris erscheint sehr selbstständig und kann eigene Interessen verfolgen. Das Setzen eigener Ziele wäre allerdings schön. Er übernimmt momentan lieber die von außen an ihn herangetragenen Ansprüche. Boris verliert auch in Stresssituationen nicht den Kopf – wobei ihm sein übertriebener Ehrgeiz unter Umständen mal einen Streich spielen kann, wenn die Anforderungen höher werden.

Er kann sich engagiert in Diskussionen einbringen, wobei er aber meist zu emotional reagiert. Eigenreflexion fällt ihm schwerer, Forderungen der Klasse akzeptiert er aber. Durch sein manchmal etwas unkontrolliertes Wesen eckt Boris zeitweise mit anderen Kindern an, steht aber gut zu seinen Fehlern und versucht vorzubeugen.

Er hat ein breites Interesse, das sich allerdings leider nicht sehr spezifiziert und eher von momentaner Lust bzw. Langeweile getragen zu sein scheint denn von wirklicher Identifikation.

Boris erreicht zum Ende seiner Grundschulzeit einen Notenschnitt von 2,0 und wechselt auf das nahe gelegene Gymnasium, das auch der Großteil der Kinder der Klasse besucht. Er erreicht dort Noten im Bereich zwischen 2 und 3.

Zum Ende seiner Grundschulzeit gibt er dem Lehrer positive Resonanz auf seine Zeit in der Klasse und schreibt, dass er sich immer wohl gefühlt habe: „Weil die Kinder so nett sind." Ihm war „ein netter Lehrer" wichtig und er weiß nichts, was ihm Schulprobleme verursacht hat. Er fand vor allem das „Frei arbeiten" gut und würde vielleicht wieder in die Klasse gehen, der er die Note 2+ für seine Vorbereitung gibt. Er schreibt zum vorher erfahrenen (Werkstatt-)Unterricht: „Bei Frau [... der ehemaligen Lehrerin; FP] war es viel anders. Wir konnten nicht Frei arbeiten. Es waren mehr Hausaufgaben." Zusätzlich verfasst Boris einen ausführlichen Brief:

> Lieber Herr Peschel
>
> Ich war zwar nicht sehr lange in der Klasse aber mir hat es sehr viel Spaß gemacht bei ihnen mitzumachen. Es war auch mal was anderes Frei zu arbeiten. Ihre Art zu unterrichten war einfach toll! Sie hatten immer gute Ideen die glaube ich allen Spaß gemacht haben. Nicht jede Klasse hat Computer, Schachcomputer, so viele Bücher, Kreis usw. Es war auch interessant im Museum Ludwig sich ein bißchen umzuschauen. Das Inlinerfahren hat bestimmt jedem Kind Spaß gemacht. Wir haben zwar manchmal etwas Ärger gemacht aber sie waren uns fast nie böse. Unsere Probleme haben wir immer im Kreis besprochen und gelöst. Deshalb gab es fast nie Probleme. Obwohl ich fast nie die Hausaufgaben machen wollte haben sie doch immer Spaß gemacht. In der Schule habe ich manchmal zwar nichts gearbeitet trotzdem hat mir der Unterricht gefallen. Die Zusammenarbeit mit meinen Freunden war sehr interessant. In Stadt Kül haben wir viel erlebt. Die Burgbesichtigung war sehr interessant. Sie haben so viel Zeit für uns genommen. Das Stück Tabaluga war ganz toll und hat viel Spaß gemacht. (Eigentlich hat mir alles Spaß gemacht !) Als die anderen Klassen erst 5+5 gerechnet haben, haben wir schon 10*7 gerechnet. Als wir schon den Stoff von der 3. Klasse fertig hatten mußten die anderen Klassen noch den Stoff zu ende machen. Das Marmorieren hat mit den Studenten sehr viel Spaß gemacht. Es sind immer sehr viele Studenten gekommen. Sie waren ein toller Lehrer. Ich bin immer gerne in die Schule gegangen. Ich wünsche ihnen noch viel Glück und alles Gute.

Auch Boris' Mutter gibt dem Lehrer ein positives Feedback. Sie hat hinter dem Konzept gestanden und sich dabei nicht unwohl gefühlt. Zur Gesprächsbereitschaft des Lehrers schreibt sie: „Es hat uns besonders gefallen, daß auch Termine am Wochenende oder abends angeboten wurden. [...] Daß die Kinder sie mit ‚Peschel' angesprochen haben, war für mich etwas befremdlich." Sie fand das Selbererstellen der Klassenregeln am schwierigsten zu verstehen. Sie findet, dass man den sprachlichen Ausdruck der Kinder durch das Umschreiben und Untersuchen von Texten, das Ausprobieren und Üben von Satzanfängen und ausschmückenden Adjektiven etc. noch mehr hätte fördern sollen, schreibt aber weiterhin: „Ich weiß aber auch, dass zu viel Kritik den Kindern das Schreiben verleidet. Ist schon ganz schön schwierig!!" Sie gibt der Vorbereitung durch die Grundschule Noten von „sehr gut" bis „gut" und würde Boris jederzeit wieder in die Klasse geben. Weiterhin schreibt sie:

> Für Boris war diese „Art" zu lernen ideal! Ich denke er wird gut zurechtkommen, weil er Spaß an der Schule hat. Im Großen und Ganzen haben sie ihren Job sehr gut gemacht. Ich wünsche ihnen alles Gute für ihre Zukunft und weiterhin viel Spaß bei ihrer Arbeit.

10.3 Fazit und Zusammenfassung

Die hier untersuchte Klasse wurde in den vier Jahren Grundschulzeit von durchschnittlich ungefähr 24 Kinder besucht. Insgesamt besuchten 33 verschiedene Kinder die Klasse. Da es in dieser Arbeit um die Überprüfung eines in der Praxis erprobten Unterrichtskonzepts geht, erscheint es sinnvoll, die Schülerfluktuation bei der Auswertung zu berücksichtigen, da es sonst innerhalb der kleinen Stichprobengröße zu Verzerrungen kommen kann. Von daher wird die Stichprobe im Folgenden in verschiedene Untergruppen aufgeteilt:

- eine „Kernstichprobe" von den 15 Kindern, die über ihre ganze Grundschulzeit in der Klasse waren;

- eine „Verluststichprobe" von vier Kindern, die ungefähr die ersten beiden Schuljahre besucht haben,

- sowie eine „Zuwachsstichprobe I" von fünf Kindern, die ab Ende der ersten Klasse durch Zuzüge dazugekommen sind, und eine „Zuwachsstichprobe II" von vier Kindern, die ab Ende der zweiten Klasse aus Zuzügen dazugekommen sind.

Dabei scheint die Zusammensetzung der Klasse im Hinblick auf die Alters- und Geschlechterstruktur sowie die familiären Hintergründe gängigen Verhältnissen zu entsprechen. Dies wird besonders in den Fallstudien bzw. Entwicklungsbeschreibungen der Kinder deutlich, die hier nicht erneut zusammengefasst werden. Sie spiegeln eine sehr heterogene Klassenzusammensetzung mit immensen Unterschieden sowohl im kognitiven Bereich (vom „Lernbehinderten" bis zum „Hochbegabten") als auch im sozialen Bereich (von der gewalttätigen bis zur empathischen Konfliktlösung) wider. Die Spannbreite umfasst auf den verschiedenen Ebenen Entwicklungs- und Leistungsunterschiede von mindestens drei bis vier Schuljahren und begründet den Verzicht auf einen gleichschrittigen Unterricht damit zusätzlich.

Entsprechend heterogen ist trotz des gemeinsamen Einzugsbereichs der Schule auch die soziale Herkunft der Kinder und ihr häusliches Umfeld:

- die Klasse besteht aus einer Mischung deutscher und nicht-deutscher bzw. deutschstämmiger Kinder (vor allem Asylbewerber und Aussiedler);

- es findet in allen Schuljahren eine Fluktuation in der Klasse statt (der Anteil der Kinder der Kernstichprobe an der jeweiligen Gesamtzahl der Schüler beträgt ungefähr 60 %);

- es sind nicht wenige Kinder vertreten, die bei alleinerziehenden Elternteilen, in Patchwork-Familien oder in einer Wohngruppe bzw. Pflegefamilie leben;

- die meisten Kinder wachsen mit Geschwistern auf, wobei es beträchtliche Altersunterschiede gibt;

- der größere Teil der Kinder wohnt in bezuschussten Wohnungen oder Mietwohnungen;

- in den meisten Fällen sind die Eltern beide berufstätig;

- fast alle Kinder haben einen Kindergarten besucht.

Es ergibt sich der Eindruck, dass sich in der Klasse die momentanen Lebens- und Schulbedingungen von Kindern in ihrer Vielfalt aber auch in ihrer Problematik widerspiegeln. Die Klasse vermittelt keineswegs den Eindruck eines besonders positiv ausgewählten Klientels und stellt sich auch in Bezug auf Vergleichswerte eher als problematischer denn vorteilhafter dar.

Auf Grund der Ergebnisse eines nicht-sprachlichen Intelligenztests (CFT 20), der im vierten Schuljahr innerhalb einer TIMSS-Nachuntersuchung erhoben wurde, ergibt sich für die gesamte Lerngruppe (Kernstichprobe und Zuwachsstichproben) mit einem mittleren IQ von 100,6 ein durchschnittlicher Wert. Die Kernstichprobe weicht vom IQ-Durchschnittswert leicht nach oben ab, die Zuwachsstichproben leicht nach unten, wobei sich alle Stichproben nicht signifikant von den Vergleichs- bzw. Eichuntersuchungen unterscheiden. Auch die Maximal- und Minimalwerte der Teilstichproben weisen ähnliche Abstände auf. Bei der Kernstichprobe ergeben sich IQ-Werte zwischen 73 und 115, die Werte der Zuwachsstichproben befinden sich zwischen 63 (ein als lernbehindert diagnostiziertes Kind) und 118. Die Streuung ist erwartungsgemäß in der Kernstichprobe am geringsten (Weggang leistungsstarker und leistungsschwacher Schüler, umzugsbedingt höherer Anteil an nicht-deutschen oder sozial schwachen Kindern in den Zuwachsstichproben). Unter der Prämisse eines relativ stabilen IQ-Wertes einer Person können diese Ergebnisse durchaus zur Darstellung der vorhandenen Leistungsbandbreite bzw. des durchschnittlichen Leistungspotentials der Stichproben herangezogen werden (s. o.).

Diese Ergebnisse bezüglich der Struktur der Klasse lassen es statthaft erscheinen, die Kernstichprobe durchaus als eine Stichprobe zu nutzen, die Vergleiche mit repräsentativen Stichproben bzw. Durchschnittswerten aus anderen Untersuchungen zulässt. Sie kann ggf. auch zahlenmäßig durch die anderen Teilstichproben verstärkt werden, ohne dass die Ergebnisse nicht mehr vergleichbar wären.

11 Personales Bedingungsfeld – der Lehrer der untersuchten Klasse

In diesem Kapitel wird unter Nutzung verschiedener Quellen versucht, auch vom Lehrer ein möglichst differenziertes Bild zu entwerfen, das ihn als Person und in seinem Rollenverständnis bzw. in seiner Rollenausübung beschreibt. Sicherlich stellt der Lehrer mit seiner Einstellung, seiner Kompetenz und seinem Engagement in jedem Unterricht einen entscheidenden Faktor dar. Dass dieser Faktor in vielen Unterrichtskonzeptionen nicht besonders betont wird – man denke nur an die sogenannten „teacher-proof-curricula" –, liegt wahrscheinlich eher daran, dass die Person des Lehrers letztendlich nur wenig beeinflussbar erscheint, als daran, dass sie als Variable des Bedingungsfelds vernachlässigbar wäre. Aber gerade in Bezug auf die Rolle des Lehrers bewegt sich das hier beschriebene Offene Unterrichtskonzept in einem interessanten Spannungsfeld:

Zum einen spielt der Lehrer im Konzept und auch in der Unterrichtswirklichkeit nicht mehr die Rolle der Hauptperson, die alle Fäden in der Hand hat, den Stoff kleinschrittig aufbereitet und versucht, die Schüler unmittelbar zum Lernen zu motivieren. Es gibt viele Kinder im Offenen Unterricht, die vergleichsweise sehr wenig mit dem Lehrer zu tun haben und ihre Grundschulzeit fast alleine über das freie Arbeiten – meist sogar ohne Material – bestreiten (Andrea beispielsweise). Zum anderen hat der Lehrer aber auch im Offenen Unterricht trotz der veränderten Rolle, die er einnimmt, durchaus die Funktion desjenigen, der darauf achtet, dass das Lernen in der Klasse „hochgehalten" wird. Dabei ist der Lehrer gerade durch die offene Unterrichtssituation jederzeit ansprechbar und bekommt viel mehr von dem mit, was inner- und außerhalb des Klassenraums stattfindet, als dies in anderen Konzepten vorstellbar ist. Dadurch ist es ihm möglich, direkt auf die Kinder und ihre Lernbedürfnisse zu reagieren und sie durch seinen Erfahrungsvorsprung positiv zu unterstützen. Insofern kann es durchaus sein, dass gerade die Freiheit, die der Offene Unterricht dem Lehrer gibt – eben ohne Lehrgang und Stundendruck intensiv und informell auf die Kinder einzugehen – den Faktor „Lehrerpersönlichkeit" zu einer zentralen Bedingung für den Erfolg des Offenen Unterrichts macht. Zudem ist er als Person wichtiger als in anderen Unterrichtsformen. Aus diesen Gründen erscheint es wichtig, den Lehrer der hier untersuchten Klasse, seinen Hintergrund und auch sein von anderen im Unterricht wahrgenommenes Verhalten kurz zu beschreiben.

11.1 Biographie und Tätigkeiten des Lehrers und ihr möglicher Bezug zum Konzept

Der folgende Text wird als lebenslaufähnliches Dokument in der Ich-Form wiedergegeben. Die Darstellung ist dabei eine sehr persönliche, was überraschen mag, aber nach den oben gemachten Aussagen sinnvoll erscheint, um ein möglichst genaues Bild vom Lehrer und seiner Persönlichkeit aufzeigen zu können:

Ich wurde Anfang 1965 geboren. Mein Vater ist Realschullehrer, meine Mutter Hausfrau. Als Kleinkind zog ich mit meinen Eltern in eine kleine Einliegerwohnung in einem Ortsteil der Stadt, in der auch die hier beschriebene Schule liegt. Meine Kindheit war in den ersten Jahren durch eine kinderreiche Nachbarschaft und viele Spielmöglichkeiten außerhalb der Wohnung geprägt. Im Alter von sieben Jahren bekam ich eine kleine Schwester. Unsere Familie zog daraufhin in ein neu gebautes Haus in einem anderen Teil des Ortes. Dort gab es keine Spielmöglichkeiten, wie sie vorher vorhanden waren. Meine Kindheit war ansonsten u. a. durch Aktivitäten in der Pfarrgemeinde geprägt, ich war Messdiener und zunächst als Mitglied, später zeitweise als Gruppenleiter in der Katholischen Jungen Gemeinde aktiv.

Meine Grundschulzeit absolvierte ich in der Gemeinschaftsgrundschule am Ort, die ich problemlos und ohne große Anstrengungen durchlief – was auch damit zu tun hatte, dass die Anforderungen auf Grund des eher sozial- bzw. bildungsschwachen Einzugsbereiches relativ niedrig waren. in Bezug auf die Grundschulzeit sind mir dabei vor allem die Phasen in Erinnerung, in denen ich selber außerhalb der Schulzeit eigene Projekte in Angriff genommen habe, wie z. B. das selbstständige Organisieren und Erstellen einer Klassenzeitung oder die Vorbereitung und Gestaltung von Aufführungen. Ansonsten war auf Grund des lehrgangs- und lehrerzentrierten Unterrichts in der Schule wenig Spielraum für eigene Aktivitäten.

Nach der Grundschule wechselte ich auf das naturwissenschaftlich-technische Gymnasium der nahe gelegenen Stadt. Da mein Vater auf Grund seines eigenen Studiums Latein als erste Fremdsprache für mich gewählt hatte, kam ich in eine Eingangsklasse ohne meine Freunde aus der Grundschule, die alle Englisch als erste Fremdsprache gewählt hatten. Da das Gymnasium damals das ganze Stadtgebiet und sogar noch Nachbarstädte als Einzugsbereich hatte, wohnten die nächsten Mitschüler der Lateinklasse alle relativ weit entfernt. Mit der Arbeitsweise und den Anforderungen des Gymnasiums habe ich mich eher schwer getan. Schon im ersten Halbjahr bekam ich trotz eines Notenschnitts von 1,8 und Noten von „sehr gut" und „gut" an der Grundschule auf dem Gymnasium in Deutsch und Latein ein „mangelhaft" und in Mathematik ein „ausreichend". Für mich wurden Beschäftigungen außerhalb der Schule schnell wichtiger als die Schule selbst (s. u.) – evtl. auch deshalb, weil ich durch das fehlende Freundesumfeld eher auf mich allein gestellt war. In der zehnten Klasse wurde ich auf Grund mangelhafter Leistungen in Mathematik und Latein sowie eines fehlenden Ausgleichs nicht versetzt. Ich wiederholte die Klasse unter anderem mit einem mehrmonatigen Aufenthalt in England. Dort beschäftigte ich mich aus eigenem Interesse mit meinen schwachen Fächern und holte trotz der in England üblichen Ganztagsschule in der kurzen Zeit von drei Monaten das „fehlende Wissen" der letzten Jahre auf. Ich konnte in der Folge meine Noten entsprechend verbessern und besuchte nach der wiederholten zehnten Klasse die Oberstufe des Gymnasiums, das ich schließlich mit einem Abitur-Notenschnitt von 2,7 verließ.

Schon während meiner Grundschulzeit beschäftigte ich mich am liebsten mit Sachen, die mich selbst interessiert haben. Als meine alte Grundschullehrerin später einmal eine Fortbildung bei mir besuchte, sagte sie mir, dass sie mich sehr in dem Konzept, das ich vorgestellt habe, wiedererkenne. Ich hätte früher in der Grundschule auch immer meine eigenen Sachen und nicht das, was die anderen gemacht haben, machen wollen. Durch mehrere Jahre technischen Experimentierens und kindlichen Forschens habe ich mir schon früh als Autodidakt Kenntnisse im Bereich der Tontechnik beigebracht. Ich fand mit ca. 14 Jahren zunächst als Aufnahmetechniker, später als Bassist und Beschallungstechniker Anschluss an eine Musikgruppe. Mit 16 Jahren arbeitete ich als Tontechniker bei verschiedenen Beschallungsfirmen in der nahe gelegenen Großstadt und baute in den folgenden Jahren nebenher mehrere eigene Firmen auf; eine Firma für Beschallungs- und Beleuchtungstechnik, einen Veranstaltungsservice, ein Tonstudio und ein Musikgeschäft.

Diese Firmen führte ich als geschäftsführender Gesellschafter während meiner Zeit als Zivildienstleistender in einer Werkstatt für Behinderte und während meines Studiums weiter. Im Studium des Lehramtes für die Primarstufe mit den Fächern Sachunterricht (Schwerpunkt

Physik), Mathematik und Deutsch beeindruckten mich vor allem alternative Schulmodelle wie die Schule Summerhill und die Freien Alternativschulen. Meine mit „sehr gut" benotete Examensarbeit behandelte das Thema „Physik im offenen Unterricht der Primarstufe". Ich nahm Kontakt zu verschiedensten Schulen (Summerhill, Freie Schulen) auf und hospitierte dort mehrmals.

Das Studium schloss ich Anfang 1992 nach der Regelstudienzeit mit der Note 1,8 ab und begann am Ende des Jahres meine Lehramtsanwärterzeit im Studienseminar. Es gelang mir, den praktischen Teil der Ausbildung mit befreundeten Studienkollegen an einer Schule zu absolvieren. Dort erlebte ich die Problematik, die offenen Richtlinienvorgaben und die aktuellen fachdidaktischen Konzepte („Lesen durch Schreiben", „mathe 2000", offener Sachunterricht) innerhalb der – implizit noch immer gelenkten und geschlossenen Unterricht fordernden – Ausbildungs- und Schulbedingungen umzusetzen. Ich hatte den Eindruck, dass eine wirkliche Öffnung von den meisten Lehrern und Ausbildern nur auf dem Papier, aber nicht wirklich gewollt war.

Zu dieser Zeit zog ich mich aus dem operativen Bereich meiner Firma zurück und ließ die mittlerweile zu einer Großfirma zusammengeführten Betriebe von einem Teilhaber weiter führen. (Leider musste die mittlerweile bundesweit agierende Firma ein paar Jahre nach meinem offiziellen Ausscheiden Insolvenz anmelden.) Da ich mit dem Gedanken an die Gründung einer Ausbildungsschule für Beschallungs- und Veranstaltungstechniker spielte, absolvierte ich während meiner Lehramtsanwärterzeit in den Jahren 1992 und 1993 u. a. erfolgreich ein Studium zum „Audio Engineer" an der internationalen „School of Audio Engineering".

Meine zweite Staatsprüfung bestand ich im Jahre 1994 mit „sehr gut" und absolvierte danach neben vielen Tageshospitationen im In- und Ausland mehrmonatige Praktika an Freien Schulen und Versuchsschulen wie der Glocksee-Schule in Hannover und der Laborschule in Bielefeld. Die dort gemachten Erfahrungen empfand ich in vielen Bereichen als eher desillusionierend (vgl. Peschel 1995a; b; c). Zugleich betreute ich von diesem Zeitpunkt an für die Universität zunächst an meiner Ausbildungsschule, später an meiner Stammschule regelmäßig schulpraktische Studien im Sachunterricht. Weiterhin führte ich Fortbildungen im Bereich der Grundschulpädagogik bzw. Fachdidaktik durch und übernahm den Förderverein der englischen Schule Summerhill in Deutschland.

Ab Sommer 1995 begleitete ich die hier untersuchte Klasse auf ihrem Weg durch die Grundschule. An der Schule übernahm ich den Vorsitz verschiedener Fachkonferenzen (Mathematik, Sachunterricht), kümmerte mich um die Computer der Schule und wurde in die Schulkonferenz und den Lehrerrat gewählt. Ich betreute Lehramtsanwärter und führte kollegiumsinterne Fortbildungen im Bereich Sprache und Mathematik durch. Zu dieser Zeit entstand auch ein regelmäßiger Austausch mit HANS BRÜGELMANN bzw. der Projektgruppe OASE an der Universität Siegen. Neben der Durchführung der schulpraktischen Studien Sachunterricht übernahm ich Lehraufträge im erziehungswissenschaftlichen Bereich und später auch im Lernbereich Sachunterricht an der Universität Köln. Auch arbeitete ich zeitweise in einer Projektgruppe des Landesinstitutes für Schule und Weiterbildung in Soest zur Entwicklung von Material zur Moderatorenausbildung „Integrierender Sachunterricht" mit und hospitierte weiterhin an Schulen, in denen aktuelle Unterrichtskonzepte praktiziert werden (Werkstattunterricht, Reisetagebücherunterricht, natürliche Methode etc.).

Nachdem die hier beschriebene Klasse ihre Grundschulzeit im Sommer 1999 beendet hatte, wurde ich für vier Jahre mit einer halben Stelle an die Arbeitsgemeinschaft Primarstufe der Universität Siegen abgeordnet und führe dort vor allem Seminare zur Betreuung der erziehungswissenschaftlichen Praktika, zu Themen der Reform- und Alternativschulpädagogik sowie zur Allgemein- und Fachdidaktik des Offenen Unterrichts durch. Mit der anderen halben Stelle verblieb ich an meiner ehemaligen Schule, wurde aber für verschiedene Projekte und Lehr- bzw. Moderatorentätigkeiten stundenmäßig entlastet. Ich richtete in meiner Stammschule ein Computernetzwerk für alle Klassen ein und gestaltete zusammen mit

ASTRID REINHARDT und JÜRGEN KOCH meinen alten Klassenraum zur „Integrativen Lernwerkstatt im Rhein-Sieg-Kreis" um. Weiterhin entwickelten wir gemeinsam ein Konzept für ein „Integrierendes Schulpraktikum Primarstufe" (vgl. Peschel 2002c) als Kooperation der Universität Köln, des Studienseminars Siegburg und des Schulamtes für den Rhein-Sieg-Kreis, das ich nach der Genehmigung in Abwechslung mit ASTRID REINHARDT leite. Zusätzlich übernahm ich weitere Lehrveranstaltungen im Bereich Sachunterricht an der Universität Köln und führe für das Schulamt einen Arbeitskreis zur Implementation und Evaluation offener Unterrichtsformen durch.

Aus der vorliegenden Beschreibung wird noch einmal das deutlich, was schon die alte Grundschullehrerin von FALKO PESCHEL ansprach, als sie sagte, dass sie ihn selbst stark im von ihm vorgestellten Unterricht wiederfinde. So lassen sich viele Elemente des hier vorgestellten Unterrichtskonzepts mit biographischen Elementen in Verbindung bringen:

- Die positiven Erfahrungen des freien Spielens außerhalb des Einflusses Erwachsener in der frühen Kindheit.

- Das Erfüllen der Anforderungen der Grundschule „nebenher" – aber auch hier schon Einforderung eigenen Tuns.

- Das eher Auf-sich-selbst-gestellt-Sein und Sich-selbst-beschäftigen-Müssen nach dem Umzug der Familie bzw. nach der Einschulung in die Lateinklasse.

- Die Erfahrung eines nicht an der einzelnen Person und ihren Lernbedürfnissen orientierten Unterrichts am Gymnasium – sicherlich durch unbefriedigende Leistungen und die Isolation von den früheren Freunden noch verstärkt.

- Die Erfahrung des leichten und schnellen Lernens im Rahmen des eigenmotivierten und selbstgesteuerten Arbeitens außerhalb des schulischen Einflusses während des Aufenthaltes an der englischen Schule.

- Das Aufgehen in den eigenen Tätigkeiten und das autodidaktische Lernen im technischen und betriebswirtschaftlichen Bereich bzw. in der Geschäftsführung der eigenen Betriebe.

- Das Wiederfinden der bis dahin eher unbewussten eigenen Schulkritik im Selbstregulierungs- und Selbstregierungs-Konzept der Schule Summerhill.

- Die eher desillusionierenden Erfahrungen im Zusammenhang mit der praktischen Umsetzung offener Umsetzungsformen sowohl an den Alternativ- als auch an den Regelschulen.

- Die Neugier, die offensichtliche Diskrepanz zwischen Richtlinienansprüchen, fachdidaktischen Konzepten und Unterrichtsrealität in der Ausbildung anzugehen bzw. ein „ehrlicheres" Konzept zu erproben.

- Den Wunsch, durch eigenes Tätigwerden in der Lehreraus- und -fortbildung überholte Strukturen zu verändern und Dinge selbst in die Hand zu nehmen.

Alles in allem ergibt sich das Bild eines Menschen, der seine Lebenszeit als kostbares Gut ansieht und es wichtig findet, eigene Ziele zu haben – und das Recht, diese zumindest so weit umsetzen bzw. verfolgen zu dürfen, wie die Umsetzung nicht zu Lasten eines anderen geht.

11.2 Lern- und Leistungsbegriff des Lehrers

Da der Lern- und Leistungsbegriff des Lehrers schon ausführlich in den entsprechenden Passagen der Beschreibung des Unterrichtskonzepts (Lernverständnis, Lehrerrolle, Kindbild, Leistungsmessung, „Lernen hochhalten" etc.) angesprochen wurde, erfolgt hier nur eine ergänzende Darstellung im Rückgriff auf zwei Fragebogenuntersuchungen, an denen der Lehrer teilgenommen hat.

11.2.1 Fragebogen „Öffnung des Unterrichts" des Projekts OASE

Im Rahmen seiner Forschungsarbeiten zur Öffnung des Unterrichts erhob HANS BRÜGELMANN über mehrere Jahre hinweg mittels eines Fragebogens Daten zur Definition und Umsetzung offener Unterrichtsformen. Bis zum Veröffentlichungszeitpunkt im August 1997 (vgl. i. F. Brügelmann 1996/1997) konnten Daten für verschiedene Stichproben erhoben werden: von Lehrern aus vier Schulamtsbezirken über Lehramtstudierende in verschiedenen Uni-Seminaren und Lehramtsanwärter in zwei Studienseminaren bis hin zu dem Versuch, über die Zeitschrift „Grundschulzeitschrift" auf eine größere Teilnehmerzahl zurückgreifen zu können. Da die Rücklaufquoten sehr unterschiedlich waren – von 100% Rücklauf in den Seminaren bis zu weniger als 1% bei der Fragebogenaktion der Grundschulzeitschrift – und damit die Repräsentativität der Stichprobe (Positivauswahl) nicht gewährleistet werden konnte, nahm BRÜGELMANN die Auswertung der Ergebnisse nach Teilgruppen vor.

Der Lehrer der hier untersuchten Klasse nahm auch an dieser Fragebogenaktion teil. Im Folgenden sollen seine Antworten dazu dienen, seine Einstellung zur Öffnung des Unterrichts bzw. seine Definitions- und Umsetzungsvorstellungen aufzuzeigen. Sie können zusätzlich mit den Untersuchungsergebnissen in Beziehung gesetzt werden.

In den folgenden Items sollen vorgegebene Assoziationen mit dem Stichwort „Öffnung des Unterrichts" verbunden werden und auf einer Skala von 1 (weniger) bis 5 (vor allem) beurteilt werden. Hier stimmt der Lehrer den ersten Items voll zu, den Punkten „Öffnung nach außen" und „Lernen mit allen Sinnen" nur durchschnittlich.

- Aufmerksamkeit der LehrerIn für die persönlichen Gedanken, Gefühle und Probleme der SchülerInnen
- Raum im Unterricht für die individuell unterschiedlichen Sacherfahrungen der SchülerInnen in ihrer alltäglichen Lebenswelt
- Differenzierung von Niveau oder Inhalt der Aufgaben nach den Leistungsunterschieden zwischen den SchülerInnen
- Herausforderung und Unterstützung der Selbst– und Mitverantwortung von SchülerInnen für ihr eigenes Lernen
- Einbeziehung außerschulischer Personen, Einrichtungen und Orte in die Arbeit mit den Kindern
- Lernen „mit allen Sinnen", auch über nicht(schrift-)sprachliche Wahrnehmungs- und Ausdrucksformen

Daraus ergibt sich, dass für ihn der Einbezug fremder Personen oder außerschulischer Orte nicht zwangsweise im Offenen Unterricht vorkommen muss, sehr wohl aber ein solcher Einbezug, wenn er sich aus der Sache ergibt, zugelassen werden sollte bzw. als sinnvoll erachtet wird. Ähnlich ist es beim Punkt „Lernen mit allen Sinnen". Die übliche Umsetzung dieses Unterrichtsprinzips in der Form von Stationsbetrieben oder anderen inszenierten Beschäftigungen der Kinder lehnt er ab (erster Satzteil), er schätzt aber sehr wohl die Freigabe des Lernweges sowie keine Beschränkung der Ausdrucks- bzw. Darstellungsformen (zweiter Satzteil).

Im nächsten Themenkomplex wird eine zeitliche Aufteilung der Unterrichtszeit verlangt. Die vom Lehrer angegebenen Werte sind fett gedruckt:

Unterricht ist gut balanciert, wenn die Kinder **von 100 %** Unterrichtszeit etwa

10% 20% 30% 40% 50% 60% 70% 80% 90%	individuell an Pflichtaufgaben eines gemeinsamen Wochenplans arbeiten
10% 20% 30% 40% 50% 60% 70% 80% 90%	von der Lehrerin individuell zugewiesene Aufgaben bearbeiten
10% 20% 30% 40% 50% 60% 70% **80% 90%**	frei gewählte bzw. selbst erdachte Aufgaben selbständig bearbeiten
10% 20% 30% 40% 50% 60% 70% 80% 90%	unter Anleitung der L. als Klasse dieselben Aufgaben bearbeiten
10% 20% 30% 40% 50% 60% 70% 80% 90%	arbeitsteilig in gemeinsam entwickelten Projekten arbeiten

Diese Auswahl zeigt deutlich, dass der Lehrer ganz auf das selbstgesteuerte Arbeiten der Kinder setzt, wobei er Gruppenprojekten Raum gewähren möchte, sie aber nicht als unbedingt notwendig ansieht. Als fehlend zu betrachten ist hier sicherlich die Berücksichtigung der außerhalb der konkreten Gruppenarbeiten stattfindenden Gruppenprozesse (einschließlich der Kreisgespräche). BRÜGELMANN gibt als Ergebnis seiner Auswertung an, dass nur 1-2% der Lehrer individuell zugewiesenen Aufgaben oder arbeitsteiligen Projekten eine dominantere Form einräumten.

Im letzten Teil des Fragebogens listet BRÜGELMANN eine Vielzahl von Unterrichtsmomenten (29 Items) auf, zu denen die Befragten Stellung nehmen sollen. Dabei werden folgende Werte vorgegeben:

1 = gar **nicht**	(wichtig / realisiert)
2 = in jedem **Monat** mindestens einmal	(wichtig / realisiert)
3 = mindestens in jeder **Woche**	(wichtig / realisiert)
4 = mindestens an jedem **Tag**	(wichtig / realisiert)
5 = in jeder **Stunde**	(wichtig / realisiert)

Anzukreuzen sind diese Werte in zwei Spalten, einer Spalte „Soll", durch die die „Wichtigkeit" ausgedrückt werden soll, die der Lehrer dem Item theoretisch zumisst, und einer Spalte „Ist", in der die tatsächliche Realisation angegeben werden soll. BRÜGELMANN geht es hier also auch um eine Erhebung der Differenz zwischen Wunsch und Wirklichkeit. Der Lehrer gibt allerdings in beiden Spalten dieselben Werte an – er scheint das umsetzen zu können, was er sich vorstellt. Entsprechend erfolgt hier nur die Angabe eines Wertes, der gleichzeitig „Soll" und „Ist" darstellt:

Die Kinder können in meinem Unterricht

a] zwischen verschieden schwierigen Aufgaben wählen — 1 (5)

b] ungewöhnliche Lösungswege entwickeln und probieren — 5

c] Orte/Sachverhalte außerhalb der Schule erkunden — 1 (5)

d] sich an mich auch als Person (nicht nur als LehrerIn) wenden — 5

e] das Tempo ihrer Arbeit selbst bestimmen — 5

f] nebeneinander an verschiedenen Aufgaben arbeiten — 5

g] Ziele und Inhalte von Unterrichtsvorhaben mitbestimmen — 5

h] zu einer formalen Vorgabe selbst Aufgaben entwickeln — 1 (5)

i] entscheiden, wann sie einzelne Aufgaben bearbeiten — 5

j] gemeinsame Vorhaben arbeitsteilig angehen — 1 (5)

k] ihre Gruppe/PartnerInnen selbst wählen — 5

l] sich an der Festlegung von Klassenregeln beteiligen — 5

m] auf Materialien, Spiele, ... frei zugreifen — 5

n] eigene Fragen/Informationen in den Unterricht einbringen — 5

o] aus alternativen Übungsformen selbst auswählen — 1 (5)

p] nach Erledigung der Pflichtaufgaben frei tätig sein — 1 (5)

q] auf einen verwertbaren Gegenstand hinarbeiten — 1 (5)

r] Gegenstände von außerhalb in den Unterricht einbringen — 1 (5)

s] die Lösung ihrer Aufgaben am Material selbst kontrollieren — 1 (5)

t] Verantwortung für Hilfe bei bestimmten Aufgaben übernehmen — 1 (5)

u] den Inhalt von Aufgaben (z. B. Texten) selbst bestimmen — 5

v] Gegenstände/ihre Eigenschaften selbsttätig untersuchen — 5

w] in der Schule individuelle Vorhaben frei entwickeln — 5

x] Sachfragen mit anderen/in der Klasse selbständig klären — 5

y] Aufgaben nach Entwicklungsstand zugewiesen bekommen — 1 (5)

z] sich selbst Aufgaben für andere Kinder ausdenken — 1 (5)

ä] Mitverantwortung für die Lösung von Konflikten übernehmen — 5

ö] persönliche Erfahrungen im Unterricht aufarbeiten — 5

ü] Erfahrungen „mit allen Sinnen" machen — 1 (5)

Wie aus den Angaben des Lehrers ersichtlich ist, hatte er große Probleme mit der Art der Fragestellung im Erhebungsbogen. Da er viele Fragen nicht direkt zustimmend beantworten konnte, die von sich eine andere Form offenen Unterrichts impliziert haben, hat er zusätzlich den Wert in Klammern angegeben, der seine Grundeinstellung widerspiegelt – um dem zu entsprechen, was wohl auch in der Erhebung mit dem Item gemeint worden ist. Tätigkeiten wie „zwischen verschieden schwierigen Aufgaben wählen", „zu einer formalen Vorgabe selbst Aufgaben entwickeln", „nach Erledigung der Pflichtaufgaben frei tätig sein", „Aufgaben nach Entwicklungsstand zugewiesen bekommen" oder „die Lösung ihrer Aufgaben am Material selbst kontrollieren" kommen in seinem auf den Eigenproduktionen der Kinder beruhenden Unterricht so nicht vor. Entsprechend musste er Stufe 1 (gar nicht) angeben. Da er aber vermutet, dass diese Antwort bei der Auswertung der Erhebung insofern ein falsches Bild ergibt, als dass sie einem eher lehrerzentrierten Unterricht zugerechnet wird, hat er Stufe 5 (in jeder Stunde) ergänzt, da den Kindern eine freie Wahl des Schwierigkeitsgrade bzw. der Aufgaben oder das eigene Entwickeln von Aufgaben jederzeit möglich war. Entsprechendes gilt für Situationen, die im Offenen Unterricht vorkommen können, aber nicht zwangsweise vorkommen müssen wie „Orte/Sachverhalte außerhalb der Schule erkunden", „gemeinsame Vorhaben arbeitsteilig angehen", „aus alternativen Übungsformen selbst auswählen", „auf einen verwertbaren Gegenstand hinarbeiten", „Gegenstände von außerhalb in den Unterricht einbringen", „Verantwortung für Hilfe bei bestimmten Aufgaben übernehmen", „sich selbst Aufgaben für andere Kinder ausdenken" oder „Erfahrungen „mit allen Sinnen" machen".

Insgesamt ergibt sich aus den Einordnungen ein äußerst radikales Verständnis von Offenem Unterricht, das keiner zeitlichen Differenzierung durch den Lehrer unterliegt, sondern das Vorkommen der angesprochenen Momente vom situativen und individuellen Arbeiten der Kinder abhängig macht. Die extreme Position des Lehrers wird zusätzlich deutlich, wenn man die von ihm angegebenen Werte mit den Ergebnissen der Untersuchung von BRÜGELMANN vergleicht. Es erfolgt dabei der Bezug auf die Teilstichprobe, die 470 Lehrer aus vier Schulaufsichtsbezirken umfasst, wobei hier auf Grund der Freiwilligkeit der Rückmeldung von einer Positivauswahl ausgegangen werden kann.

Über die jede Stunde umzusetzenden Items macht BRÜGELMANN keine Angaben, vermutlich gibt es hier entweder nur wenige Antworten oder aber keine großen Übereinstimmungen. Als möglichst täglich umzusetzen (wünschenswert, nicht real) haben die Lehrer vorwiegend Items angegeben, die als eher lehrergelenkt mit Berücksichtigung einer organisatorischen Öffnung zu bezeichnen sind (von 91% bis 69% in dieser Reihenfolge: n, p, d, ä, ü, e, t, s, a, y, m, ö, o), z. B. Freiarbeit nach Pflichtaufgaben, eigenes Tempo bestimmen, Selbstkontrolle am Material, zwischen Aufgaben wählen, aus vorgegeben Übungsformen wählen. Die von den Lehrern als wöchentlich wünschenswert bezeichneten Items gehen in die Richtung methodischer und ansatzweise inhaltlicher und sozialer Öffnung (von 91% bis 70% in dieser Reihenfolge: r, k, x, b, f, i, l, v, h, u, z, j, g, q), z. B. Gegenstände einbringen, Sachfragen mit anderen klären, Lösungswege probieren, sich an der Erstellung von Regeln beteiligen, Aufgaben zu einer Vorgabe selber ausdenken etc.). Das Item, das den Offenen Unterricht des Lehrers am besten charakterisiert („in der Schule individuel-
504

le Vorhaben frei entwickeln"), wird von den Lehrern mit dem längsten möglichen Zeitabstand des Vorkommens (nur ungefähr einmal im Monat) belegt. Dabei handelt es sich – wie gesagt – um die „Soll"-Angaben der Lehrer. Die „Ist"-Angaben liegen laut BRÜGELMANN rund 10-20 % unter den Wunschwerten.

Diese Übersicht macht deutlich, dass es sich bei dem vom Lehrer angestrebten und umgesetzten Konzept um eine nicht als alltäglich zu bezeichnende Variante handelt, die sich nicht nur in der Umsetzung, sondern auch in der theoretischen Konzeptionierung stark von dem unterscheidet, was die meisten Lehrer für ihren Unterricht real oder als Wunschvorstellung überhaupt in Erwägung ziehen.

11.2.2 Selbsteinschätzungsbogen in Bezug auf die konstruktivistische Grundeinstellung des Lehrers (TIMSS-Nacherhebung)

Innerhalb der in der hier beschriebenen Klasse durchgeführten Nachuntersuchung zur TIMS-Studie erhob RATZKA auch die mathematisch-didaktisch Grundeinstellung des Lehrers mit Hilfe eines Selbsteinschätzungsbogens. Der verwendete Fragebogen stammt aus dem englischsprachigen Raum (vgl. Carpenter u. a. 1990) und wurde von STERN und STAUB übersetzt bzw. eingesetzt (vgl. 1995). Auf einer Skala mit fünf Stufen sollte der Grad der Zustimmung zu einem Item angekreuzt werden. Je „konstruktivistischer" ein Lehrer eingestellt war, um so mehr Punkte bekam er bei der Auswertung. Insgesamt konnten zwischen 48 und 240 Punkten erreicht werden.

> In dem Fragebogen wird erfasst, ob Lehrer/innen eine eher konstruktivistische oder eine eher rezeptive Grundhaltung zum Mathematiklernen haben. Eine konstruktivistische Grundhaltung [...] basiert auf der Annahme, dass Schüler/innen sukzessive durch eigene Lernaktivitäten zu einem mathematischen Verständnis kommen und die zentrale Rolle der Lehrer/innen in der Auflösung und Begleitung dieser Lernaktivitäten besteht. Eine rezeptive Einstellung beruht dagegen auf der Überzeugung, dass mathematisches Verständnis vor allem durch das Nachvollziehen von Darstellungen und Erklärungen der Lehrer/innen gewonnen wird. [...] Während Lehrer/innen mit konstruktivistischer Grundauffassung die Vorgabe von Aufgaben, für die Kinder nicht explizit alle Voraussetzungen erworben haben, für wichtig halten, ziehen Lehrer/innen mit rezeptiver Grundhaltung Aufgaben vor, die bereits im Unterricht behandelt wurden. (Stern/ Staub 2000, 95)

RATZKA weist darauf hin, dass man bei einem solchen Selbsteinschätzungsbogen in Betracht ziehen muss, dass Lehrer so ankreuzen, wie es ihrer Meinung nach pädagogisch erwünscht ist. Dass die im Fragebogen gemessene konstruktivistische Grundeinstellung mit der mathematischen Leistung der Schüler zusammenhängt, ist keinesfalls zwingend zu erwarten. Doch in der SCHOLASTIK-Studie wurde bezüglich des eingesetzten Fragebogens eine aussagefähige Korrelation erkannt:

> Da an bayerischen Grundschulen zwischen der zweiten und dritten Klasse ein Lehrerwechsel stattfindet, konnte der Einfluss der konstruktivistischen Grundeinstellung der in der dritten Klasse eingesetzten Lehrer auf den zwischen der zweiten und dritten Klasse zu verzeichnenden Lernfortschritt der Schüler erfasst werden. [...] So lassen sich 32% der zwischen den Klassen auftretenden Varianz des Lerngewinns im Lösen von Textaufgaben mit der konstruktivistischen Grundeinstellung der Lehrer erklären. Zudem zeigte sich eine Korrelation von .43 (p<.05) zwischen der im Fragebogen geäußerten konstruktivistischen Grundeinstel-

lung und der Vorgabe strukturierter Aufgaben – ein beachtlicher Wert für eine Einstellungs-Verhaltens-Korrelation. (Stern/ Staub 2000, 95-96)

Obwohl dieser Fragebogen speziell auf den Bereich Mathematik abgestimmt ist, lassen sich viele der Fragen auch auf andere Fachbereiche übertragen. Es ist anzunehmen, dass ein Lehrer, der Fragen wie die folgenden „konstruktivistisch" beantwortet, auch in anderen Fächern ähnliche unterrichtliche Grundsätze verfolgt. Dabei sind hier die Fragen nach Zustimmung bzw. Ablehnung zusammengestellt, im Original sind sie gemischt angeordnet:

Lehrerinnen und Lehrer sollten Schüler ermutigen, ihre eigenen Lösungswege für Mathematikaufgaben zu suchen, selbst wenn diese ineffizient sind. [...]

Schüler sollten Rechenprozeduren verstehen, bevor man viel Zeit auf ihre Einübung verwendet. [...]

Mathematik sollte in der Schule so gelehrt werden, daß der Schüler Zusammenhänge selbst entdecken kann. [...]

In der Mathematik werden die Lehrziele am besten erreicht, wenn Schüler ihre eigenen Methoden finden, um die Aufgabe zu lösen. [...]

Es hilft Schülern Mathematik zu begreifen, wenn man ihre eigenen Lösungsideen diskutieren läßt. [...]

Die meisten Grundschüler können für viele Mathematikaufgaben auch ohne die Hilfe von Erwachsenen Lösungswege finden. [...]

Die Erklärungen der Schüler zu ihren Aufgabenlösungen vermitteln einen guten Einblick in deren Mathematikwissen.

Um Mathematik zu lernen, ist es wichtig, daß der Schüler gut zuhören kann.

Man sollte von den Schülern verlangen, Aufgaben so zu lösen, wie es im Unterricht gelehrt wurde.

Die meisten Schüler können Mathematik nicht selbst entdecken und benötigen explizite Unterweisung.

Rechenprozeduren sollten eingeübt werden, bevor man von den Schülern erwarten kann, daß sie diese Prozeduren auch verstehen.

Am besten lernen Schüler Mathematik aus Darstellungen und Erklärungen ihrer Lehrerin oder ihres Lehrers.

Die 48 Items des Fragebogens sind dabei so zusammengestellt worden, dass sich vier gleichgroße Untergruppen bilden lassen:

1. Die Rolle des Lernenden (Kinder konstruieren ihr mathematisches Wissen selbst)
2. Die Beziehung zwischen Fertigkeiten, Verstehen und Problemlösen (Mathematikunterricht als kleinschrittiger Lehrgang oder als Befähigung zum Verstehen und Problemlösen)
3. Die sozial-konstruktivistische Perspektive des Lehrers (im Gegensatz zu einer behavioristischen)
4. Die Rolle des Lehrers (möglichst leicht nachvollziehbare Vorgabe der Lerninhalte oder Unterstützung der eigenen Konstruktionen auf Seiten der Kinder)

Dabei dienen die Items zur gegenseitigen indirekten Kontrolle.

In RATZKAS Untersuchung füllten 59 der 63 befragten Lehrer den Fragebogen aus. Durchschnittlich erzielten die befragten Lehrer 166 Punkte (SD=23,8). Der niedrigste Punktwert lag bei 124 Punkten. Diese Werte erscheinen im Vergleich zu anderen Untersuchungen sehr hoch, evtl. ist von einer Positivauswahl auszugehen. So bekommt STERN in ihren Untersuchungen (N=53) nur einen Durchschnittswert von rund 115 Punkten mit Werten zwischen 83 und 172 heraus. Der Lehrer der in dieser Arbeit untersuchten Klasse erreicht in der Untersuchung von RATZKA das höchste Ergebnis mit 236 von 240 Punkten. Dieser Wert ist entsprechend im Hinblick auf beide Untersuchungen als sehr hoch einzustufen.

Auf Grund dieses Ergebnisses erscheint es interessant, in welchem Zusammenhang der Lehrer nach Meinung der Fragebogenautoren nicht „konstruktivistisch" gedacht hat. Der „Punktabzug" erfolgte bei nur einer Frage: „Die von den Schülern schriftlich gelösten mathematischen Aufgaben lassen den Grad des Verstehens erkennen." Bei dieser Frage wurde eine verneinende Antwort erwartet. Der Lehrer war (und ist) aber durchaus der Meinung, dass sich auch – oder gerade – aus schriftlichen Produktion der Kinder Hinweise auf das Verständnis ableiten lassen. Wahrscheinlich haben die Fragebogenautoren aber bei ihrer Aufgabenformulierung das halbschriftliche Rechnen bzw. Eigenproduktionen nicht mitgemeint und zielten mit ihrer Frage auf das unverstandene Ausführen von Algorithmen ab. Es könnte sein, dass die Frage als überprüfendes Pendant zur Frage: „Die Erklärungen der Schüler zu ihren Aufgabenlösungen vermitteln einen guten Einblick in deren Mathematikwissen" erstellt wurde. Letztendlich handelt es sich hier also um ein unterschiedliches Verständnis der Frage und nicht um ein „nicht-konstruktivistisches" Moment, denn ob die Analyse schriftlichen Rechnens wirklich keinen Aufschluss über das mathematische Verständnis bzw. Unverständnis geben kann, ist zumindest in Frage zu stellen.

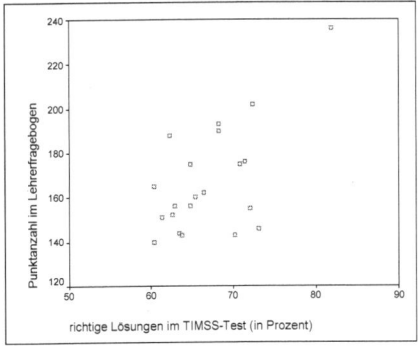

Im abgebildeten Diagramm sind die Schulklassen und Lehrer aufgeführt, die in der Untersuchung von RATZKA denselben Test bearbeitet haben, den auch die hier untersuchte Klasse bearbeitet hat und dabei mindestens 60 Prozent des Tests richtig lösen konnten (N=21). Die hier untersuchte Klasse bzw. der Lehrer liefern dabei den Abbildungspunkt rechts oben. Es wird die hohe Korrelation zwischen der konstruktivistischen Grundauffassung des Lehrers und der Leistung der hier untersuchten Klasse deutlich, die in dieser TIMSS-Nachuntersuchung mit Abstand Klassenwert erreicht.

Insgesamt unterstreicht diese Fragebogenerhebung die (extrem) konstruktivistische Haltung des Lehrers und veranschaulicht auch, dass diese sich erheblich von der üblichen Einstellung von Lehrern unterscheidet – zumindest im Mathematikunterricht, wahrscheinlich aber auch in anderen Fächern.

11.3 Lehrer und Lehrerverhalten in der Fremdwahrnehmung

Wichtig für eine differenzierte Darstellung des Bedingungsfelds erscheint es, auch auf die Wahrnehmung des Lehrers von außen einzugehen. Dazu werden einerseits die halbjährlichen Resonanzen der Kinder durch die Zeugnisse, die sie dem Lehrer ausgestellt haben, aufgegriffen. Andererseits erfolgt eine weitere Darstellung im Rückgriff auf Personen, die ihre Hospitation in der Klasse aus unterschiedlichen Gründen gezielt dokumentiert haben. Neben der Revision des Lehrers durch den zuständigen Schulrat war der Offene Unterricht bzw. der Lehrer auch Objekt wissenschaftlicher Untersuchungen im Rahmen von Diplom- und Promotionsarbeiten.

11.3.1 Dienstliche Beurteilungen Anfang zweites Schuljahr

Im Rahmen der Beurteilung zur planmäßigen Anstellung und Verbeamtung auf Lebenszeit wurde die hier untersuchte Klasse Anfang des zweiten Schuljahres vom zuständigen Schulaufsichtsbeamten besucht. Im Rahmen dieser Amtshandlung wurde auch der Schulleiter der Schule um eine dienstliche Beurteilung des Lehrers gebeten. Er schilderte den Lehrer als engagierten Kollegen und schrieb diesbezüglich u. a.:

> Abgesehen davon, daß ich Herrn Peschel noch nicht in Prüfungen erlebt habe, schließe ich aus Gesprächen und Konferenzen auf ein hohes Fachwissen. Seine Fortbildungswilligkeit und die Bereitschaft, Gelerntes in die Praxis umzusetzen, ergänzen das Bild. Dabei geht er konsequent innovative Wege, toleriert aber andere Einstellungen und Methoden anderer Kolleginnen und Kollegen.
>
> Er hat von Anfang an keine pädagogische Aufgabe verweigert, sondern unter erschwerten Bedingungen seine Arbeit ernstgenommen; soweit dies schon überprüfbar ist, mit guten Ergebnissen.
>
> Sein Umgang mit Schülern ist partnerschaftlich, konsequent, freundlich, vor allem aber sehr ruhig.
>
> Im ersten Jahr hat er in einigen Problemfällen deutlich seine hohe Überzeugungskraft gegenüber Eltern und Schülern, auch in Zusammenarbeit mit Kollegen anderer Schulen bewiesen.
>
> In seiner Klasse betreut er 3 Kinder mit sonderpädagogischem Förderbedarf in Richtung Erziehungshilfe.
>
> Außergewöhnlich engagiert und mit erfreulichem Ergebnis hat er eine eher als konservativ einzuschätzende Elternschaft seiner Klasse von neuen Methoden und extrem offenen Unterrichtsformen überzeugt. Dies gelang nur mit außergewöhnlich vielen und immer noch gut besuchten Elternabenden und Hausbesuchen bei jedem Kind vor der Einschulung.

Sein dienstliches Verhalten ist geprägt von Zuverlässigkeit, Pünktlichkeit und Kooperationsbereitschaft, kritischem Widerspruchsgeist und zeitlich wie arbeitsmäßig außergewöhnlichem Engagement. Dies gilt sowohl gegenüber der Schulleitung als auch in der Zusammenarbeit mit Kolleginnen und in Fachkonferenzen. Herr Peschel arbeitet in allen schulischen Bereichen gewinnbringend mit, gilt es Computer zu reparieren, der Sekretärin die Ablage zu ordnen, die eigene Klasse einzurichten oder grundzureinigen oder das Kollegium wissenschaftlich fundiert zu informieren.

Er spielt insgesamt eine tragende, innovierende und Maßstäbe setzende Rolle in unserer Schule.

Im Bericht des Schulamtsdirektors wird der erlebte Unterricht bzw. der Lehrer folgendermaßen beschrieben:

Herr Peschel verfügt über weitreichende, vertiefte und besonders auf innovatorische Elemente einer „Schule der Zukunft" bezogene Fachkenntnisse. Er kann sie überzeugend darstellen und seine Standpunkte begründet in die Diskussion einbringen.

In Kooperation mit der Uni Köln und Uni Siegen sowie bekannten Schulfachleuten hat er interessante Veröffentlichungen getätigt, insbesondere zum „Offenen Unterricht", zu positiven wie abträglichen Erscheinungsformen. Das produktive Einbringen der Fachkenntnisse in schulische Arbeitskreise verdient besondere Anerkennung. [...]

Herr Peschel lebt mit seiner Klasse in einer Lernwerkstatt, in der die freie Wahl der Sozialform wie auch der Materialien möglich ist. Unter zurückhaltender Anleitung des Lehrers demonstrieren die Kinder in eindrucksvoller Weise ihren natürlichen Lernantrieb. Die Arbeits- und Lernangebote sind äußerst vielfältig. Grundforderungen der Richtlinien zu Individualisierung und Differenzierung werden in vorbildlicher Weise in der Praxis umgesetzt. Auffallend ist, daß Herr Peschel auch Schüler mit beachtlichen Erschwernissen in den Lebens- und Lernbedingungen einbeziehen und fördern kann. Die Klasse zeigt insgesamt einen sehr geförderten Stand, wobei der Lehrer in selten zu findender Klarheit die praktische Umsetzungsmöglichkeit offenen Unterrichts demonstriert. Die notwendige Akzeptanz bei Eltern, im Kollegium und bei der Schulleitung konnte Herr Peschel durch Arbeitstransparenz und Informationsarbeit bewirken. [...]

Das dienstliche Verhalten ist geprägt von Begeisterung für die Unterrichtsarbeit, Zuverlässigkeit, Kooperationsbereitschaft und zeitlich wie arbeitsmäßig außergewöhnlichem Engagement. Er konnte bereits eine tragende, innovierende und Maßstäbe setzende Rolle in der Schule einnehmen. Sein Konfliktlöseverhalten ist sachlich, geschickt und weitsichtig. Er benötigt viel Freiraum, um sein Konzept verantwortlich umsetzen zu können.

Bei dieser Beschreibung ergab sich für den Lehrer der Eindruck, dass der Schulamtsdirektor das Wesentliche des Unterrichts, den Verzicht auf die gängigen Arbeitsmaterialien und Lehrgänge, nur eingeschränkt wahrgenommen hat bzw. dies in seinem Bericht nicht so deutlich hervorgehoben hat, wie man es in Abgrenzungen zu Unterrichtsformen wie dem Werkstattunterricht o. Ä. hätte tun können. Dabei war der Lehrer über die bestätigende und unterstützende Resonanz von Seiten der Schulaufsicht sehr dankbar und fühlte sich in seinem Konzept bestärkt.

Neben der durchaus positiven Rückmeldung in Bezug auf das erprobte Konzept und vor allem auch die Lernentwicklung der auffälligen Kinder weisen sowohl Schulleiter als auch Schulamtsdirektor einerseits auf das Engagement andererseits auf die Fachkompetenz des Lehrers hin. Beide Faktoren spielen im Zusammenhang mit der Frage nach der Übertragbarkeit des Konzepts eine Rolle – vor allem, wenn man sich die Frage stellt, inwiefern nicht Engagement und Fachkompetenz bei jedem Lehrer vorausgesetzt werden müssen bzw. können.

11.3.2 Zeugnisse der Kinder über den Lehrer vom ersten bis zum vierten Schuljahr

Die Rückmeldungen der Kinder an den Lehrer sind ein weiterer wichtiger Baustein in Bezug auf die Darstellung von Lehrerpersönlichkeit und Lehrerverhalten, da das Geschehen in der Klasse von den Kindern oft ganz anders wahrgenommen wurde als vom Lehrer bzw. von Erwachsenen. Sowohl der Lehrer selbst als auch Hospitanten (Kollegen, Eltern, Praktikanten etc.) nehmen bei ihrer Betrachtung des in der Klasse praktizierten Unterrichts die Freiheit der Kinder sowie ihre Möglichkeit zur Selbstbestimmung vor allem vor dem Hintergrund ihrer Erfahrungen mit traditionellem Unterricht wahr. Dies ist bei den Kindern in der Regel nicht so. Sie interpretieren die Aktivitäten oder Äußerungen des Lehrers eher nicht als didaktische Maßnahme, sondern nehmen sein Verhalten vornehmlich auf der persönlichen Ebene wahr. Dadurch können sie nicht nur eine andere Sichtweise auf die Dinge ausdrücken, sondern auch das Lehrerverhalten und viele der Probleme, die in der Klasse existieren, direkter ansprechen.

Im Rahmen der halbjährlich erstellten Gutachten gab es neben den Einzel- und Klassengespräche, den schriftlichen Eigenbeurteilungen der Kinder vor den Zeugnissen und den Rückmeldungen nach dem Zeugnis auch eine Beurteilung des Lehrers durch jedes Kind. Diese Beurteilung erfolgte in der Form, dass bei der gemeinsamen Reflexion vor den Zeugnissen auch darüber gesprochen wurde, was die Kinder am Lehrer gestört hat bzw. was er besser hätte machen können. Danach wurden die Kinder gebeten, dem Lehrer diesbezüglich ein Zeugnis zu schreiben. Diese Vorgehensweise ist aus der Unterrichtssituation heraus verständlich, da von der gemeinsamen Reflexion vor den Gutachten alle Beteiligten betroffen sind, also genauso über den Lehrer wie über die Kinder gesprochen wird. Trotzdem erweist sich diese Abfolge in der Rückschau aber im Hinblick auf das methodische Vorgehen als nicht ganz unproblematisch. Zumindest in der Anfangszeit wurde einerseits wenig Kritik am Lehrerverhalten geäußert, andererseits wurde die im gemeinsamen Kreisgespräch von einzelnen Kindern geäußerte Kritik dann aber von vielen Kindern in ihrer Verschriftung aufgegriffen bzw. übernommen. Ob deshalb ein Verzicht auf ein der Verschriftung vorangehendes Gespräch oder aber Einzelgespräche mit den Kindern sinnvoller gewesen wären, ist im Nachhinein nicht mehr zu sagen.

Trotz dieser methodischen Mängel ergeben sich aus den Rückmeldungen der Kinder wichtige Hinweise auf ihre Rezeption des Klassengeschehens und der Lehrerhandlungen. Aus den Anmerkungen einiger Kinder wird ersichtlich, dass der Lehrer – vor allem in der Anfangszeit – keineswegs eine passive Rolle in der Klasse eingenommen hat (was auch im Konzept nicht vorgesehen ist, aber leicht missverstanden wird). Den Empfindungen dieser Kinder nach hat er zeitweise doch massiv durch

„Aufregen" und „Ausflippen" auf das Geschehen in der Klasse Einfluss genommen – was auch ihr Hauptkritikpunkt im vorangegangenen Kreisgespräch war. Diese Kritik ist vor allem in den ersten beiden Schuljahren vorhanden:

GUT BRÖLN   IS NET   MANSchMAL MOZIEG   (Natalie)

HeRn Peschel DU SOLST MIT BeSA um Gen Zum WeiSPIL immer nicht so SchRein ODER DU BrinST UNS SUPA ReSchnen Bei ABA DU SOLST uns Keine HAUSAUF-GABen AUFGeBen FON Ines   FÜR PASchel   ich HOFe DU FineST es nicht Gemein Mit Den HAUSAUFGABEN   (Ines)

Du Solzt dich nichtd immer so auregen. Du kanzt doch ale Lern Sachen aus wendich. zum beichpeil das a.b.c.   ich freue mich mit dir aufs nexte Schulja   Bettina

Du Bist ein guter lehrer   du hast den Kreis noch nicht so im grif da mus es beser werden im 2 schul jar und du must auf deine laudsterke Achten und nicht immer derekt Ausflipen deine Sabine

Andere Kinder billigen dem Lehrer zu, dass sein störendes Verhalten oft durch die Situation bedingt ist:

DU GIBST DIR WIRKLISCH FIL MÜE DAMID DU NICHT WÜDEND WIRST   DU HAST MIT UNZ SchO FIL UNTER NOMEN ABER Ich FINDE DOF DAS DU NUR DEN KINDAN FOR LIST DI NOCH NICHT LESEN KÖNEN   DU   KÖNTEST BESER WERDEN MIT DEM BRÖLEN MIT MANCHEN KINDAN GEST DU DOF UM WIMIT DEM MICHA   ABA ANSONSTEN STÖRT MICH NIKS FON DIR Meike

liber her pechel ich finde manchmal dof das du manchmal brölst aber das liKt auch an den Kindan [...] ich hap di Klase lip   Pia

Dass der Lehrer sich auch in Bezug auf die Arbeiten der Kinder nicht unkritisch verhält, wird vor allem an den Äußerungen von Irina und Eveline deutlich, die erst einige Wochen vorher in die Klasse gekommen sind und vorher wahrscheinlich einen anderen (behüteteren?) Umgang erfahren haben. Sie beschweren sich darüber, dass sie nun selber arbeiten müssen bzw. dass der Lehrer zu viel (über ihr Arbeitsverhalten) meckert:

Peschel ist zu faul und er Megert immer run   und Sonzt ist Peschel immer Lieber Eveline

Peschel ist ZU FAUL in Der Schule Wir MÜSen ArBeiten unt er nih DAS ist GeMein Irina

Das Gefühl, zu wenig Unterstützung zu bekommen, haben auch einzelne andere (leistungsstarke) Kinder:

mir war ales Gut   DU SolZt mir öfter ZuhÖren sSOnZt War ales OK (ohne Name, wahrscheinlich Dominik oder Andrea)

du Kanzt Ales Gut   manichmal Komstdu nicht zu mir und zum ale Komstdu Josephina

Ansonsten werden von die Möglichkeiten, die die Klasse bzw. die der Lehrer durch sein Verhalten bietet, positiv reflektiert:

du Kanst Tol Lesen und Schreiben und du Kanst Tol Mit den Kindern etwas Machen Lars

> Lieber peschel mir hat es in ihrer Klase gut Gefallen besonders die kompjuter und der kreis hat mir auch Gefallen. ich habe fiel bei inen Gelernt söne ferien wünscht ihnen
>
> Steven

Mitte zweites Schuljahr geben die Kinder Rückmeldung zu den beiden Vorgaben „Das war gut bei Peschel" und „Das muss besser werden bei Peschel". Viele (aber nicht alle) stellen dabei eine Besserung in Bezug auf das „Ausflippen" fest – die nicht zuletzt wahrscheinlich auch dadurch zu Stande kommt, dass die Klasse immer weiter in ihrer Regelfindung gekommen ist und vor allem auch die „verhaltensauffälligen" Kinder (vor allem Michael) unauffälliger geworden sind:

> Das peschel nicht derekt ausgeflipt ist   Nichts mus gut werden   Andrea

> Erstens find ich klasse das du uns 5 Compjuter gekauft hast. Und du bist Gut in Lerer sein. Du must dich ja aufregen wenn Michael da komisch ist.   Bettina

> Du warst nicht immer so schnel ausgeflibt   Bodo

> Peschel hat sich im schimpfen gebesert. Und er ist emoment sehr nett Dominik

> Ich finde Peschel ist super Nicht mer schreien   Ines

> es war alles Gut.   mit dem Mekkern.   Lars

> ich finde du flipst in leste zeit Nicht so Oft Aus. Und das Mit Michael ist Auch Beser geworden.   Einglich Nicks   Pia

Neben den positiven Rückmeldungen an den Lehrer, wie viele Geschichten er nachsieht und wie viele Führerscheine er abfragt, taucht eine neue Kritik im Kreisgespräch– und danach verstärkt in den schriftlichen Rückmeldungen der Kinder – auf:

> Das Gewusel MIT DEN HENDEN   DAS MEKERN   NATALIE

> Das er unz frei arbeiten lest.   das du fil geduld hast der sol im kreis nicht immer mit den fingern zapeln   Meike

> Das man machen kann was man will   Er muss nicht so fil Mekern Er sol nicht So fil Mit den Henden wakeln   Irina

Diese Eigenart des Lehrers, seine Äußerungen beim Reden gestisch zu unterstützen, wird später zum spannenden Diskussionsthema: Kann man darüber abstimmen, dass jemand die Hände ruhig halten muss, oder kann man das nicht? Im Zusammenhang mit den hier getätigten Betrachtungen weist das Vorkommen dieser Kritik am Lehrer in mehreren Zeugnissen auch auf die oben genannten methodischen Probleme des gegenseitigen Übernehmens der im gemeinsamen Gespräch geäußerten Punkte hin.

Ende des zweiten Schuljahres sind die Rückmeldungen der Kinder auch auf Grund ihrer höheren Schreibkompetenz ausführlicher:

Die Rückmeldungen bezüglich des „Ausflippens" werden dabei differenzierter, es
ist zu vermuten, dass der Lehrer sich – als Lehrer bzw. als Person – immer weniger
zu einem Einschalten gefordert fühlt:

Der Hinweis von Sabine auf die größere Zurückhaltung im Kreis weist u. a. darauf
hin, dass der Lehrer sich trotz des Verzichtes auf die Kreisleitung wahrscheinlich
doch in den ersten Schuljahren immer wieder in das Kreisgeschehen eingeschaltet
hat – mit dem Risiko der Verwarnung durch den Kreisleiter. Nach den ersten beiden
Schuljahren scheint sein Einmischen aber immer weniger zu erfolgen (bzw. notwendig zu sein). In diesem Zusammenhang ist nicht unwichtig zu erwähnen, dass das
Sprechen ohne aufgerufen worden zu sein dem Lehrer bei ihm wichtigen Sachen
auch in anderen Gesprächssituationen außerhalb der Klasse (Konferenzen, Ge-
sprächskreisen etc.) schwer fällt, es sich also – zumindest aus seiner Sicht – zumindest zum Teil um ein persönliches Problem und nicht unbedingt um ein didaktisch
motiviertes Eingreifen handelt, wenngleich es dies durchaus darstellen kann.

Dass das Ausflippen und Einmischen des Lehrers von den Kindern zwar als störend
und zu kritisierend betrachtet wird, aber nicht als „Strenge" oder Autoritätsmiss-
brauch, wird aus der generell positiven Rückmeldung der Kinder im Hinblick auf
den Umgang des Lehrers mit ihnen deutlich. Beim Lesen der Rückmeldungen ergibt
sich eher der Eindruck, dass die Kinder einen sehr direkten Draht zum Lehrer haben,
und über ihn – trotz der sicherlich anderen Rolle – weitgehend so geurteilt wird wie
auch über andere Kinder. Bemerkungen wie die folgende von Natalie könnten ein
Hinweis darauf sein. Sie nimmt eine Zunahme der „Strenge" in Bezug auf ihre Person gerade zu der Zeit wahr, in der die vormals kritisierten Lehrerreaktionen abnehmen:

Über ihr Empfinden bei Abwesenheit des Lehrers in der Klasse schreibt Ines:

Lieber Peschel!
Du warst das lezte schuljah gut drauf. Nur manch marl hast du zu laut geschrihen. Sonzt warst du gut drauf. Es gab aber auch tage wo du ganz tole sachen gemacht hast. Ein marl warst du krank da hat [... die Lehramtsanwärterin] mit uns gearbeitet waren wir fro als du wider gekomen bist. Ines

Ines' letzte Bemerkung kann einerseits darauf hinweisen, dass die Lehramtsanwärterin die Kinder nicht wie gewohnt offen hat arbeiten lassen und man deshalb über die Rückkehr des Lehrers froh war. Andererseits könnte ihre Aussage aber auch bedeuten, dass der Lehrer im Offenen Unterricht als Person eben nicht so einfach ersetzbar ist, wie das u. U. in lehrgangs- oder lehrbuchorientierten Unterrichtskonzepten der Fall ist. Es ist zu vermuten, dass der Lehrer auch außerhalb einer explizit erkennbaren Lehrerzentrierung doch maßgeblich das Unterrichtsgeschehen durch seine Anwesenheit beeinflusst. Das könnte ein Hinweis auf seine Funktion im Hinblick auf „das Lernen hochhalten" sein.

Im ersten Halbjahr des dritten Schuljahres bereitet den Kindern im gemeinsamen Gespräch über das, was der Lehrer besser machen sollte, vor allem seine schlechte Handschrift Probleme. Außerdem wird ihm das Kontrollieren von Aufgaben mit dem Taschenrechner vorgehalten. Entsprechend finden sich diese Punkte – neben anderen bekannten – gehäuft in den Rückmeldungen:

Lieber Peschel, du solltest dich in Hausaufgaben nachgucken besern. [...] Du solltest mit deiner krageligen schrift aufhören. Alyssa

Lieber Peschel!
Du solltest mal deine Schrift besser. [...] Wenn ich schwirige Rechenaufgaben gerechnet habe solltest du nicht immer mit Taschenrechner nachrechnen. Lesen kannst du sehr gut. Aber du solltest mehr forschen. Bettina

Lieber Herr Peschel!
Im rechnen bis du gut nur manchmal rechnest du mit Taschenrechner. Ich weiß das du gut rechnen kannst du rechnest nur mit Taschenrechner weil du schneller vertig werden willst, aber wir haben doch viel Zeit. Vielleicht kannst du dich daran noch einbisschen verbessern. Im schreiben bis du gut nur du schreibst mit solcher Schrieft die ich nicht immer verstehen kann. Im malen weiß ich nicht wie gut du bist weil ich hab noch nie gesehen wie du malst. Sonst machst du alles gut. Mach so weiter. Mit fröhlichen Grüsen! Caterina

Lieber Peschel!
Ich finde das du mit deiner Krigel schrieft, auf hören solst. Mit den ausfliepen hast du dich auch gebesert du darfst auch sobleiben wie du bist und saich hofe das du die 4 Klasse auch noch aus hällst mit uns. Deine Ines

Lieber Peschel du must dich noch im rechnen bessern damit du nicht immer den Taschenrechner benuzen must. Im Schreiben bist du ser ser schlunzig so das die Kinder bei den Hausaufgaben nichtz lesen können. Ansonsten bist du gut. Meike

Aus dem „Ausflippen" des Lehrers ist in den letzten Jahren zunehmend ein Spiel zwischen dem Lehrer und dem hyperaktiven Schüler Michael geworden, den der

Lehrer oft nur zur Ruhe bekommt, wenn er ihn mit sich herum trägt. Dieses Herumtragen leitet er oft mit einem kräftigen Schwung Michaels (wie beim Flugzeugspielen) ein:

> Lieber Peschel!
> Du hast dich mit dem Schleudern gebessert und du bist ein Klasse Lehrer. Du kannst gut rechnen gut Schreiben gut Lesen, Aber das ist ja auch kein Wunder du bist Lerer   Carlo

Generell ist es eine positive Resonanz der Kinder auf die Entwicklung des Lehrers bzw. seines Verhaltens. Pia drückt dies so aus:

> Lieber Peschel
> Du warst im letzten Halbjahr eigentlisch ein toller Lehrer. Du hast auch viel mit uns unternomen das fant ich Klasse. aber du hast dich auch im schreihen ferbesert. Ich weis nich wo du dich noch fabesern köntest. bleib wie du bist Pia

Im zweiten Halbjahr der dritten Klasse wird dem Lehrer bescheinigt, dass sein Verhalten kein Problem mehr darstellt bzw. dann, wenn es vorkommt, aus der Situation heraus zu verstehen ist. Ihm wird damit das gleiche Recht zugesprochen wie auch anderen Kindern:

> Lieber Peschel!
> Du hast dich gut gebesert mit Michael komst du gut kla. Aber ich glaube das Michael sich auch gebesert hat. Ich muß bei inen nicht mehr schreiben. Ines
> Peschel manchmal fliepst du aus aber daran sind wir selber schuld. [...] Valentin
> Ich finde du hast dich im Motzen sehr gebessert und im herum schleudern auch. Andrea
> Du verhälst dich ruig aber wenn dich Lars auf die Palme bringt kochst du.   Bodo
> Du arbeitets gut und ganz schön aber beim Michael auch manschmal gut und lieb aber wen Michael ausflip dann würt peschel sauer Fedor

Bezüglich der Leistung des Lehrers in den Fächern gibt es durchaus unterschiedliche Meinungen bei den Kindern – vor allem in Mathematik:

> Was mir aufgefallen ist, ist das du mansche aufgaben noch nicht rechnen oder schreiben kannst [...] Im 1000 der raum must du noch viel lernen das must du dir wirklich noch angucken. Kann ich nur sargen faulheit. 6-   Meike
> Ich finde du bist in Mathe sehr faul [...] bei Alyssas Aufgabe wolltest du nur mit dem Taschenrechner rechnen. 6 -
> Rechnen kanst du eigentlich gut aber ich frag mich immer warum du beim 1000000 bereich nie nachrechnest. Note 2-
> Du rechnest im Millionenraum wie ein Taschenrechner. Bodo

Die letzten Lehrerbeurteilungen außerhalb der Gesamtreflexion am Ende der Grundschulzeit werden nach dem ersten Halbjahr der vierten Klasse geschrieben. Dabei halten sich viel Schüler sehr kurz, aber eine besonders originelle Variante mit Briefkopf und anderem mehr wird von einer Schülerin erstellt, deren Namen hier aus Datenschutzgründen nicht genannt werden kann:

Zeugnis Klasse 4 (1. Halbjahr)

Für Falko Peschel   Geboren am ? Klasse 4e   Schuljahr 1998/99
                    Gymnasium

Falkos Arbeitsverhalten ist besser geworden. Er kann recht viele Sachen. Versteht sie auch bestens. Hausaufgaben macht er auch super. Bis an ein paar Tagen wenn er nicht so gut gelaunt ist schleudert er Kinder herum und brüllt durch die Klasse.

Wie gesagt nur an ein paar Tagen. Er kann alle Fächer super bis auf ein paar. Falko probiert nicht so gerne schwierige Sachen aus. Er lässt das lieber andere ausprobieren.

Falko lässt sich auch manchmal ablenken. Er freut sich oft wenn er Lösungen raus kriegt. Manchmal ist er recht albern, aber ich glaube das ist die ganze Klasse oft auch. Er macht sich recht nützlich wenn ihn einer fragt. Falko kommt auch gut mit anderen Kindern aus. Er zeigt gerne anderen Kinder wie manche Sachen funktionieren. Aber das was raus kommt sagt er nicht. Falko kann in Gruppen zusammmen Arbeiten. Er hört auch aufmerksam im Kreis zu.

Ansonsten gibt es vor allem in Mathematik und Sport (schon bekannte) Kritik:

Peschel ist manchmal so stinkefaul das er manchmal null bock hat das er zum überprüfen einen Taschenrechner nimmt. Lars

Herr Peschel macht guten Unterricht. Die Hausaufgaben sind leider meistens nicht gut. Bei Sport bliebt die leistung zu wünschen übrig er macht nie mit. Sabine

Die Leistungen sind sehr gut nur bei Sport machst du fast nie mit und bei rechnen musst du fast nur mit Taschenrechner rechnen aber du kanst gut rechnen. Mahmud

Du könntest wenigstens bei Sport mitmachen in letzter zeit bist du ganz schön faul geworden. Ich hoffe du hast das nicht von mir früher [...] Natalie

Insgesamt wird der Lehrer und sein Arbeitsverhalten in der Klasse seiner Meinung nach erstaunlich genau von den Kindern beschrieben – und das veranlasst ihn immer wieder zur Eigenreflexion:

Falko arbeitet zwar gut und fleisig doch fauel ist er manschmal.
Er ist als Lehrer gut geeignet und hat auch lust auf seine Klasse (glaube ich).
Falko ist in Musik kein super Lehrer aber er gibt sich bestimmt mühe. Ines

Lieber Peschel!
Du bist in der Letzten Zeit ziemlich wenig ausgeflipt. Aber dafür hast du manchmal Kinder angemotzt. Im kurzen und ganzen mach so weiter. Bettina

Dein verhalten ist relativ gut geworden, du solltest nur überlegen ob es auch immer richtig ist was du machst. [...] Ansonsten sind deine fehichkeiten gut, auch als Lehrer muss man noch dazu lehrnen. Meike

Du bist ein guter Peschel Lehrer, und ich bin traurig das wir bald nicht mehr bei dir sind. Dein Michael

Diese Rückmeldungen der Kinder geben wichtige Hinweise auf das Lehrerverhalten, die zum Teil sogar im Widerspruch zu anderen Einschätzungen bzw. zum Unterrichtskonzept zu stehen scheinen, in jedem Fall aber die Unterrichtspraxis anders bzw. weiter beleuchten. Ein wichtiger Punkt scheint dabei die Geduld des Lehrers zu sein, die ihm z. B. vom Schulleiter aber auch von anderen Personen als besondere Eigenschaft zugesprochen wird. Auch die Kinder bescheinigen dem Lehrer in ihren Rückmeldungen eine solche Geduld, vor allem aber im Bereich des Lehrens bzw. Lernens. Sie bedanken sich für seine ständige Hilfsbereitschaft und Ansprechbarkeit sowie den Freiraum beim Lernen, den sie erhalten. Gleichzeitig aber sprechen sie ganz direkt anscheinend fehlende Geduld an, wenn sie – wie sie das bei allen anderen Kindern auch tun – sein Sozialverhalten reflektieren. Sie weisen ihn auf Situationen hin, in denen er meist relativ plötzlich und für die meisten Kinder nicht direkt nachvollziehbar reagiert hat und z. B. „ausgeflippt" ist. Auch empfinden einzelne Kinder seine Anmerkungen in Bezug auf ihr Lernverhalten als „Meckerei" (wie sie diesbezüglich vermutlich auch andere Erwachsene immer wieder wahrnehmen).

Dieses Verhalten des Lehrers hat das Klassengeschehen bzw. die Klassenatmosphäre zumindest mitbestimmt. Das Einbringen der eigenen Person in der Reaktion auf bestimmte Vorkommnisse kann – neben dem störenden Charakter für die Nichtbetroffenen – dabei einerseits als widersprüchlich zum Konzept interpretiert werden oder aber auch als ein anscheinend wichtiges Element desselben. Es könnte sein, dass die im Konzept gewährte große Freiheit sowohl im fachlichen als auch im sozialen Bereich zwei Dinge begründet: Zum einen schafft sie eine Basis, in der der Lehrer trotz der anderen Rolle, die er in der Klasse spielt, nicht alleiniger Bestimmer und Verantwortlicher ist, sondern vor allem Mitglied einer Gemeinschaft. Durch diese Situation sind außer ihm auch alle anderen Mitglieder der Klasse zwangsläufig gefragt, die Belange der Gemeinschaft wahrzunehmen bzw. darüber zu befinden. Zum anderen kann es sein, dass gerade das hohe Maß an Freiheit und das Fehlen von Vorgaben zur Folge hat, dass der Lehrer selbst und auch die Kinder bestimmte Erwartungen an den Lehrer knüpfen – auf Grund der anderen Rolle, die er als Erwachsener bzw. als Lehrer in der Klasse spielt. Erwartungen, die sich z. B. in einer größeren Verantwortung ausdrücken, in der Schule „das Lernen hochzuhalten". In diesem Fall würde der Lehrer zwar nicht durch die Vorgabe bestimmter Klassenregeln oder Arbeitsanweisungen, wohl aber durch sein Verhalten indirekt Grenzen setzen bzw. signalisieren.

Inwiefern diese Form der indirekten Einflussnahme als widersprüchlich zum Konzept der Selbstbestimmung der Schüler gesehen wird, hängt vom Betrachter ab. Aus den Aussagen der Kinder kann man eher schließen, dass sie sein Verhalten durch die damit einhergehenden Störungen ärgerlich fanden, es aber nicht unbedingt in Frage gestellt haben. Es scheint vielmehr so, als dass sie dem Lehrer solche Verhaltensweisen genauso zubilligen wie auch anderen Kindern – allerdings mit dem gleichen Hinweis, diese bitte in den Griff zu bekommen, da sie als störend empfunden werden.

Hospitanten wiederum haben in vielen Gesprächen rückgemeldet, dass sie weniger das „Ausflippen" des Lehrers wahrgenommen, sondern vielmehr seine Geduld bis zu diesem Zeitpunkt bewundert hätten. Im Hinblick auf eine Diskussion des Konzepts ist zu überlegen, ob die angesprochenen Verhaltensweisen des Lehrers das Konzept in Frage stellen, weil der Lehrer indirekt Regeln vorgibt, oder ob sein Verhalten das Konzept erst ermöglicht. Es könnte ja auch sein, dass der große Freiraum durch die situativ nachvollziehbare Grenzsetzung, die eher persönlichen Motiven entspringt als didaktischen, erst bedingt bzw. handhabbar wird. Vor diesem Hintergrund sind die Äußerungen des Lehrers als solche zu verstehen, die keine Regeln oder Handlungsanweisungen vorgeben – das bleibt der Klassengemeinschaft vorbehalten –, sondern er sich als Betroffener äußert, der das Recht auf eine bestimmte Meinung hat. Auf Grund seines Erfahrungsvorsprungs werden diese Äußerungen allerdings meist in eine Richtung gehen, die das Allgemeinwohl besonders im Auge hat. Dieser Fragestellung wird auch in den folgenden Unterkapiteln weiter nachgegangen.

11.3.3 Beobachtung des Lehrerverhaltens im Rahmen einer Diplomarbeit

Im Rahmen der Erstellung einer Diplomarbeit hospitiert eine Studentin eine Woche im vierten Schuljahr. Sie schreibt ihre Arbeit bei einem Professor, der offenen Unterrichtsformen sehr kritisch gegenüber steht, und wurde von ihm bewusst in die hier untersuchte Klasse geschickt. Dabei kommt sie leider genau in die (kurze) Phase im vierten Schuljahr, in der es zu Schuljahresanfang im Zusammenhang mit der anstehenden Klassenfahrt (Radtour am Rhein entlang) sowie den Gesprächen zur Wahl der weiterführenden Schule nach einem Beschluss der Kinder nur einzelne Stunden Offenen Unterrichts gibt.

> Das Prinzip des Offenen Unterrichts wird in dieser Klasse seit der Einschulung der Kinder angewendet. In den ersten drei Unterrichtsjahren fand vollständig Offener Unterricht statt [...]. Die Unterrichtssituation hat sich allerdings seit Beginn des vierten Schuljahres dahingehend verändert, daß die Kinder eine Vorbereitung für die weiterführende Schule forderten.
>
> Somit wird im Augenblick auch in dieser Klasse z. T. Frontalunterricht abgehalten, der den Kindern den Übergang zur weitergehenden Schule erleichtern soll. Es sei noch einmal darauf hingewiesen, daß die Schüler selbst den Frontalunterricht gefordert haben, um sich an den Unterrichtsstil in den weiterführenden Schulen gewöhnen zu können.
>
> Aus diesem Grund stellt auch die Unterrichtsbeobachtung kein vollständiges Bild des Offenen Unterrichts bei PESCHEL dar, da auch ich während meiner Beobachtungszeit Strukturen von Frontalunterricht wie Vorbereitung und Durchführung von Tests miterlebte. (Busse 1999, 62f.)

Leider war damals von der Seite der Studentin her kein Ausweichtermin möglich. Entsprechend können die von ihr erhobenen Daten nur eingeschränkt verwendet werden. Dennoch seien im Folgenden ein paar ihrer Beobachtungen im Hinblick auf das Lehrerverhalten angeführt.

Insgesamt ist der Beobachterin schwer gefallen, das Lehrerverhalten zu durchschauen:

In meinen Beobachtungen habe ich ohne großen Erfolg versucht, den „roten Faden" in der Regel- und Grenzsetzung und im allgemeinen Lehrerverhalten zu finden. Dies war nicht sehr einfach und ist mir häufig auch nicht gelungen.

Dabei muß allerdings berücksichtigt werden, daß aufgrund der situativen Reaktionen des Lehrers gar kein roter Faden zu finden ist. Dieser ist ausschließlich in den übergeordneten Richtzielen, wie z. B. Demokratie, anzutreffen. (Busse 1999, 75)

Sie sieht die Übertragbarkeit des Konzepts als nicht einfach an, da es für sie viel mit der Lehrerpersönlichkeit zu tun hat:

Als Voraussetzung zur Durchführung dieses Experiments gilt die Zustimmung des Schulleiters. In dem dargestellten Modellversuch war dies kein Problem. Der Schulleiter stand stützend hinter dem Lehrer und gab diesem alle Freiheiten und Hilfen, die er für die Durchführung seiner Ideen benötigte.

Ebenso gab es keinerlei Einspruch von Seiten der Eltern. Diese waren mit dem Unterrichtsstil des Lehrers einverstanden, nachdem dieser in ausführlichen Vorgesprächen den Eltern seine Vorgehensweise und sein theoretisches Konstrukt vorgestellt hat.

Als Probleme für die Übertragbarkeit des Unterrichtsmodells auf andere Schul- und Unterrichtsformen müssen verschiedene kritische Punkte betrachtet werden.

Einer davon ist die Abhängigkeit dieses Unterrichtsmodells von der Persönlichkeit des Lehrers, die in dem Fall sehr ausgeprägt ist. Die Lehrerpersönlichkeit ist vielleicht sogar das wichtigste Kriterium der Übertragbarkeit.

Die Persönlichkeit PESCHELS spiegelt sich in der gesamten Klassensituation und im Verhalten der Kinder wider. Durch seine Konsequenz im Umgang mit Lernmethoden und durch sein Vertrauen in die Kinder gibt er ihnen Anhaltspunkte, an denen sich die Kinder orientieren können. Nicht zu vergessen ist auch das große Engagement, das der Lehrer der Gestaltung seines Klassenraumes und den Schülern entgegenbringt.

Ein anderer wichtiger Faktor für das Kriterium der Übertragbarkeit ist das komplette Verständnis des Unterrichtskonzepts von PESCHEL, welches sich als nicht ganz einfach erweist. Man muß erst einmal seine, recht extreme, Auffassung von Freiarbeit und Unterricht im Allgemeinen verstehen, um sein Modell kopieren zu können. Ferner muß man alle anderen Facetten seines theoretischen Konstrukts und seines praktischen Experiments verstehen, um es übernehmen zu können. Hier besteht die Gefahr, dass PESCHEL in seinen Ideen ähnlich falsch verstanden wird wie NEILL in seiner Arbeit. [...]

Es darf nicht unberücksichtigt bleiben, dass es ein Lehrer geschafft hat, an einer Regelschule unkonventionell arbeiten zu können. Wenn es einem Lehrer gelingt, kann es auch anderen Lehrern gelingen. Diese Durchsetzungsfähigkeit und den Glauben an eigene Ideen nicht zu verlieren basiert wiederum auf einer starken Persönlichkeit.

Es ist also möglich, die eben aufgeführten Faktoren durch die Lehrerpersönlichkeit zu beeinflussen. Das hat wiederum zur Folge, daß dieses Unterrichtskonzept übertragbar auf andere Schulen ist, wenn die Person, die es praktizieren möchte, auf bestimmte Faktoren genügend Einfluß ausübt. (Busse 1999, 78f.)

Sie beschreibt die Grundlagen des Lehrerverhaltens im Rückgriff auf die pädagogischen Vorstellungen ALEXANDER NEILLS:

- hohe Achtung vor dem Leben und der Freiheit
- positives Menschenbild (der Mensch ist von Natur aus gut)
- Freiheit zur Selbstentfaltung und individuelle Zeit zum Lernen
- hohes Maß an Achtung vor dem Kind und Aufbau eines partnerschaftlichen Verhältnisses

- Vertrauen auf die Fähigkeiten des Kindes und darauf, dass es sich die wichtigen Dinge zu seinem eigenen Zeitpunkt aneignet (vgl. Busse 1999, 79f.)

In der Folge untersucht BUSSE das Lehrerverhalten genauer, wobei sie gemäß des Zieles ihrer Arbeit vor allem autoritäre Strukturen aufdecken will. Auf die Problematik des Untersuchungszeitpunktes bzw. die Mischung offener und geschlossener Unterrichtsphasen wurde schon oben hingewiesen. Die Beobachtung erfolgte über drei Tage und nur durch die Beobachterin, es wurden keine weiteren Hilfsmittel zur Dokumentation genutzt. Die Beobachterin weist ausdrücklich darauf hin, dass sie keinen Anspruch auf Objektivität und Repräsentativität erhebt und führt im Rückblick auf ihre Untersuchung weiter aus:

> Es ist bedauernswert, daß sich viele Erfolge dieser Klasse nicht in einfache Noten umwandeln lassen und somit Außenstehenden Vergleiche ermöglichen. Zwischenmenschliche Erfolge und positive Verhaltensänderungen bei erziehungsschwierigen Kindern lassen sich nun einmal nicht gut erfassen und nehmen in der Schule normalerweise auch einen geringen Stellenwert ein. Nicht so in dieser Klasse. (Busse 1999, 86)

> Die guten Ergebnisse, die mit der Integration der verhaltensauffälligen Kinder erzielt wurde, sollten [...] nicht verschwiegen werden und sollten noch einmal genauer untersucht werden. Eine relativ zwangfreie Erziehung in Verbindung mit verhaltensauffälligen Kindern wäre eine denkenswerte und bisher wenig praktizierte Alternative in der Erziehungsschwierigenpädagogik. (Busse 1999, 76)

Zusammenfassend wurde von BUSSE im Hinblick auf das Lehrerverhalten Folgendes beobachtet:

Die Situation „Sitzkreis" wird von den Schülern selbstbestimmt durchgeführt, aber der Lehrer nimmt aktiv am Unterrichtsgeschehen teil. Er beteiligt sich im Beobachtungszeitraum von 105 Minuten durchschnittlich alle vier Minuten am Geschehen:

> Vergleicht man diese Ergebnisse mit der Häufigkeit der Anweisungen und engen Fragen bei einem Lehrer, der nach herkömmlichen Unterrichtsmethoden unterrichtet, so ist diese Anzahl sicherlich gering. [...] Geht man aber von einem selbstbestimmten Unterricht aus, so muß festgestellt werden, daß die Einmischung des Lehrers und seine Kommentare eine unerwartet hohe Häufigkeit aufweisen. Dabei ist zu berücksichtigen, daß der Lehrer meistens von den Schülern gefragt wurde und daraufhin zu einer bestimmten Sachlage oder zu einem bestimmten Thema [Klassenfahrt bzw. Radtour; FP] Informationen an die Klasse weitergegeben hat. (Busse 1999, 104)

In diesem Zusammenhang (Fragen zur Klassenfahrt) bemerkt sie, dass der Lehrer im Normalfall innerhalb weniger Augenblicke vom Kreisleiter zu Wort genommen wird. Sie führt weiterhin aus, „wie wenig negative Äußerungen der Lehrer den Schülern gegenüber abgibt. Werden die Ablehnung des Verhaltens und der Gedanken der Schüler zusammengerechnet, so reagiert der Lehrer in 105 Minuten Beobachtungszeit 5 mal mit Ablehnung." (vgl. Busse 1999, 107)

> Der Lehrer besteht im weiteren nicht darauf, daß die Schüler seine Ratschläge annehmen. Er gibt diese nach Wunsch des Schülers auf einer absolut freiwilligen Basis. Wie man [...] erkennen kann, benötigen die Kinder im Sitzkreis nicht viele Tips und Vorschläge. Sie sind in der Lage, selbständig den Sitzkreis zu führen. (Busse 1999, 106)

Dass die Intensität der Beteiligung des Lehrers an den gemeinsamen Gesprächen eher situativ begründet ist (Informationsbedarf bezüglich Sachen, die nur der Lehrer organisiert hat oder weiß), zeigt sich auch in einem Hinweis, den BUSSE am Schluss ihrer Ausführungen zum Lehrerverhalten im Sitzkreis gibt:

Abschließend sei bemerkt, daß ich in dieser Beobachtungssituation viele Elemente einer Selbstbestimmung und Selbstregulierung der Klasse erlebt habe, die in einen Kriterienkatalog zur Überprüfung des Lehrerverhaltens nicht aufgenommen werden konnten.

Erwähnenswert ist eine Unterrichtseinheit im Sitzkreis, die die gesamte Dauer von 35 Minuten ohne Beteiligung des Lehrers durchgeführt und reibungslos abgelaufen ist. Kann man einmal an einer solchen Situation teilnehmen, so erscheint mir ein selbstbestimmter Unterricht nicht nur möglich, sondern erstrebenswert.

Außerhalb des Sitzkreises innerhalb der beobachteten Arbeitsphasen (insgesamt 55 Minuten) errechnet BUSSE ein durchschnittliches aktives Agieren des Lehrers alle 3 Minuten, das vor allem mit dem Besorgen von Materialien (keine Arbeitsmittel, sondern meist Werkzeuge oder auch Pappe, Stifte etc.) oder auch dem Beantworten von Fragen und dem Geben von Impulsen (weiterführende Literatur etc.) zu tun hat.

Auch hierbei ist auf die häufige Einzelbetreuung des Lehrers hinzuweisen, durch die sich diese hohen Zahlen teilweise erklären lassen.

Die Offenheit zeigt sich zum einen in der weiten Fragestellung und zum anderen dadurch, daß der Lehrer den Schülern Materialien anbietet oder Vorschläge unterbreitet. Diese können die Schüler annehmen, müssen sie aber nicht. [...] Positiv ist zu bemerken, daß der Lehrer nicht aktiv in das Unterrichtsgeschehen eingreift. Gleichzeitig wird er von den Schülern als „Anlaufstelle" angesehen, die sie immer dann anlaufen können, wenn es Probleme o. ä. gibt. (Busse 1999, 111f.)

Insgesamt wird der Lehrer während der beobachteten Zeit von 55 Minuten rund 86 mal etwas gefragt und gibt 74 Antworten – was allerdings nicht repräsentativ erscheint und vor allem mit dem situativen Gesprächsbedarf einer Schülerin zu tun hatte (vgl. auch die Kurzbeschreibung der Schülerin Alyssa):

Auch wenn der Lehrer von sich aus eine eher passive Rolle einnimmt, wie das in der Untersuchung der Fall war, zeigt sich in der genauen Analyse, daß der Lehrer auch hier eine große Rolle spielt. [...] Zum Abschluß dieser Ergebnisdarstellung muß erwähnt werden, daß sich die hohe Anzahl von Antworten [...] auf die einzelnen Situationen zurückführen lassen.

Fairerweise muß hier erwähnt werden, daß es in der Beobachtungszeit der Freiarbeit Situationen gab, in denen der Lehrer an einem Pult saß und eine Schülerin von ihm intensive Hilfestellung in Mathematik benötigte. Diese Schülerin allein stellte dem Lehrer schon eine Unmenge an Fragen, die er ihr gerne beantwortete. [...]

Wichtig ist auch zu bemerken, daß einige Schüler mehrmals Fragen stellten und immer wieder zum Lehrer kamen und von ihm Antworten verlangten, während eine ganze Reihe von Schülern sich still und ohne Hilfe beschäftigten. (Busse 1999, 113ff.)

Trotz der von der Autorin selbst geschilderten Bedenken gegenüber der Erhebung verdeutlichen ihre Beobachtungen vor allem folgende Merkmale des Lehrerverhaltens im praktizierten Unterricht:

- Der Lehrer legt seine Rolle nicht ab und ist durchaus am Unterricht beteiligt;

- er reagiert weitgehend situativ und nicht aus einer Vorplanung heraus;

- er nimmt innerhalb seiner Rolle als Erwachsener mit Erfahrungsvorsprung eine eher partnerschaftliche Stellung ein;
- er reagiert zeitweise aktiv durch Interesse, Impulse und Kritik auf die Arbeiten der Kinder;
- er verhält sich zeitweise aber auch passiv und muss extra angesprochen oder aufgefordert werden;
- er reagiert vornehmlich auf einzelne Fragen von einzelnen Kindern;
- er hat Zeit, sich auch über nichtschulische Dinge mit den Kindern zu unterhalten und pflegt so eine direkte Beziehung, die über die Rolle als Lehrer und Erzieher hinausgeht.

Als Resümee betont BUSSE die große Offenheit des von ihr erlebten Unterrichts, spricht aber auch den Unterschied zu einem Unterricht an, den man als Laissez-faire-Unterricht bezeichnen würde. Sie nähert sich dem, was der Lehrer immer wieder mit seinem Ausdruck „Das Lernen hochhalten" zu beschreiben versucht, dabei von der Frage der Notwendigkeit der Lehreraktivität – bedingt durch die Fragestellung ihrer Arbeit an Hand des Begriffs der autoritären Strukturen im Offenen Unterricht:

PESCHEL gibt den Kindern in der aktiven Durchsetzung seines Unterrichtskonzepts größtmögliche Selbstbestimmung und Freiheit. Dieses große Maß an Freiheit und Selbstbestimmung setzt er in der praktischen Arbeit durch, indem er versucht, seine Auffassung von Freiheit, Offenheit und Selbstbestimmung in den Unterricht zu übertragen. Die Strukturen, die er den Kindern in der Klasse gibt, sind so offen, wie dies, meiner Ansicht nach, in dem Umfeld Schule nur möglich ist. Er schafft eine optimale Ausgangsposition, aus der heraus ein gutes Lernen erst möglich ist.

Es scheint mir aber nun so, daß er diesen gegebenen Freiraum durch sein eigenes Verhalten ein Stück wieder eingrenzt. [...] Obwohl PESCHEL in der Theorie den Standpunkt vertritt, daß die Einmischung von Seiten des Lehrers auf ein Minimum reduziert werden muß, hat diese Analyse ergeben, daß auch er diesen Anspruch in seiner praktischen Arbeit nicht vollständig erfüllen kann. Des weiteren kann aber die Vermutung angestellt werden, daß dieses hohe Maß an Kommunikation von Seiten des Lehrers ein allgemeines Lehrerproblem ist. Mir scheint es, als ob jeder Lehrer in seinem Verhalten mehr agiert, als ihm dies bewußt ist. Allerdings müßte eine weitere Untersuchung weitere Klärung zu dieser Problematik bringen.

Wie die Analyse des Lehrerverhaltens gezeigt hat, sind in PESCHELS Verhalten auch eine Menge von autoritären Strukturen zu erkennen. Er ermahnt die Kinder zum Beispiel zu mehr schulischer Aktivität oder erteilt Befehle. Meiner Ansicht nach muß aber an dieser Stelle die Überlegung angestellt werden, ob diese autoritären Strukturen vielleicht gar nicht als solche im engen Sinn zu verstehen sind.

Vielleicht sollte man diese autoritären Verhaltensweisen des Lehrers als aktive Unterstützung zur Vermeidung weiterer manipulativer Einflüsse sehen. Es könnte doch sein, daß sich der Lehrer teilweise autoritär verhalten muss, um den freiheitlichen Rahmen, den er geschaffen hat, gegen destruktive und nicht freiheitliche äußere Einflüsse zu verteidigen. Anders ausgedrückt würde dies die Überlegung aufwerfen, ob freiheitliche Erziehung vielleicht nur unter autoritärem Rahmen möglich ist. Ein gewisser autoritärer Rahmen muß sicherlich vorhanden sein, um das Unterrichtskonzept vor Manipulation und Unterdrückung zu schützen.

Idealerweise müßte dieser autoritäre Rahmen aber von den Personen gesteckt werden, die für die Freiheit und die Selbstbestimmung der Kinder verantwortlich sind. Das hätte zur Folge, daß die Freiheit nicht von den schulischen Strukturen eingeschränkt werden dürfte.

In diesem Unterrichtskonzept ist Realität, daß die nicht freiheitlichen Strukturen, die in dieser Analyse gefunden wurden, zu einem bestimmten Ausmaß auch auf die äußere schulische Organisation zurückzuführen sind. Dadurch ergibt sich nun die Frage, ob es der Freiheit vorzuwerfen ist, wenn diese durch die Vorbereitung auf die kommende Unfreiheit eingeschränkt wird. [...]

Das Unterrichtsmodell von PESCHEL bewerte ich im allgemeinen als nachahmenswert und exemplarisch wertvoll. Es zeigt in seiner Komplexität zahlreiche Aspekte auf, die einer eingehenderen Betrachtung würdig wären und zu einer allgemeinen Diskussion über die Öffnung der Schulen herangezogen werden könnten. In dieser Arbeit konnten leider nur einige wenige Aspekte dieses Konzepts intensiver betrachtet werden.

Besonders erstaunlich war für mich während meiner Hospitationszeit immer wieder die Tatsache, daß dieses Modell funktioniert. Die Kinder waren einfach in der Lage, unter Eigenregie einen Sitzkreis einzuberufen und diesen durchzuführen. Mich erstaunte dabei immer wieder die Selbstverständlichkeit der Kinder, wie diese mit den ungewöhnlichen Methoden des Lehrers umgegangen sind. Ohne großes Nachdenken und ohne Reflexion dessen, was sie getan haben, verhielten sich die Kinder in einer Natürlichkeit frei, offen und selbstbestimmt, daß man sich von der Überlegung nicht freimachen kann, warum nicht jedes Kind so sein kann wie diese Kinder.

Dieses Verhalten der Kinder ist sicherlich dem großen Engagement und der ausgeprägten Persönlichkeit des Lehrers zuzuschreiben. Meiner Einschätzung nach wäre es wünschenswert, mehr Kinder zu erleben, die mit Hilfe eines solchen Unterrichtskonzepts solche positiven Verhaltensweisen erlangen. (Busse 1999, 117ff.)

BUSSE bestätigt damit in ihrer Arbeit sowohl den Eindruck, der aus den Rückmeldungen der Kinder in Bezug auf die indirekte Einflussnahme des Lehrers auf den Unterricht gefolgert werden konnte, als auch den Eindruck, den Hospitanten bezüglich der großen Freiheit der Kinder haben. Sie stellt dieselbe Frage nach der Rechtfertigung der Lehreraktivitäten, die schon im letzten Unterkapitel aufgeworfen wurde und kommt letztendlich zu der Vermutung, dass die Lehreraktivitäten vor allem der Sicherung der freiheitlichen Strukturen dienen. Dass das von ihr beobachtete Lehrerverhalten in der Regel situativ bedingt war und zudem keinen „roten Faden" erkennen ließ, weist zudem darauf hin, dass der Lehrer eher als Person bzw. als Teil der Gemeinschaft agiert hat denn als jemand, der eine bestimmte Vorplanung umsetzt. Dieser Faktor lässt sich vielleicht am ehesten mit „authentischem Verhalten" charakterisieren.

Diese Sicht auf das Lehrerverhalten würde durchaus dem Konzept entsprechen, in welchem der Lehrer immer wieder darauf hinweist, dass die Selbstbestimmung der Kinder keineswegs bedeutet, dass sich die Lehrperson nicht in die Belange der Klasse einmischen darf. Er ist ja ein Teil der Gemeinschaft, noch dazu ein verantwortlicher. Wichtiger noch als die Frage nach dem Recht auf das Einmischen des Lehrers in das Klassengeschehen erscheint hingegen die Sicherung der Selbstbestimmungsmöglichkeit der Kinder, die wahrscheinlich dadurch ermöglicht wird.

11.3.4 Beobachtung des Lehrerverhaltens im Rahmen der Dokumentation für eine Promotionsarbeit

Im Rahmen der Erstellung einer Promotionsarbeit hospitierten eine Doktorandin und eine studentische Hilfskraft zwei Wochen in der Klasse. Sie wählten dabei die Zeit direkt vor den Osterferien im vierten Schuljahr, wobei die beiden Beobachtungswochen durch eine Religions-Projektwoche unterbrochen wurden. Dokumentiert wurde das Unterrichtsgeschehen durch handschriftliche Aufzeichnungen sowie durch Videoaufnahmen der gemeinsamen Treffen im Sitzkreis. Da die schriftlichen Notizen bislang noch nicht ausgewertet wurden, wird im Folgenden auf die Videodokumente zurückgegriffen, die im Rahmen der vorliegenden Arbeit von der damaligen studentischen Hilfskraft durch Verschriftlichung ausgewertet und mit persönlichen Kommentaren versehen wurden. Im Gegensatz zu der im letzten Unterkapitel beschriebenen Untersuchung von BUSSE wurde zur Hospitationszeit durchgängig der übliche Offene Unterricht praktiziert, wobei sich die Kinder zu diesem Zeitpunkt neben dem freien Schreiben und Rechnen vor allem mit dem Erstellen von Vorträgen beschäftigten.

Im Hinblick auf das Lehrerverhalten ergibt sich ein ähnliches Bild, wie es auch in der Untersuchung von BUSSE erkennbar ist. Das Lehrerverhalten ist stark situativ geprägt. So gibt es Tage, an denen der Lehrer sich nicht im Kreis befindet und die Kinder Vorträge, Abstimmungen etc. ganz alleine durchführen oder ihn nur kurz von sich aus „als Experten" einbeziehen. An anderen Tagen wiederum beteiligt sich der Lehrer intensiver im Kreis und stellt weiterführende Fragen oder gibt Impulse. Als qualitative Ergänzung der vorwiegend quantitativen Beobachtungen von BUSSE soll im Folgenden das Agieren – oder eben Nicht-Agieren – des Lehrers anhand konkreter Beispiele veranschaulicht werden.

So wird am ersten Tag der Dokumentation beim ersten Sitzkreistreffen, das ungefähr 30 Minuten dauert, ein Vortrag über Ägypten gehalten. Die Vortragende bezieht dabei die anderen Kinder versiert in ihre Präsentation ein, beantwortet und stellt Fragen, verweist auf Abbildungen etc. Nach dem Vortrag diskutieren die Kinder über die Note und nennen dabei verschiedenste Kriterien zur Begründung ihrer Vorschläge: viele Seiten, freier Vortrag mit Hilfe von Stichwörtern, viele Bilder, gut erklärt, Fragen konnten beantwortet werden etc. Der Kreisleiter führt dann eine Notenabstimmung durch und bezieht zu diesem Zeitpunkt auch den Lehrer ein, der auf Grund seines Sitzplatzes außerhalb des Kreises (u. a. aus räumlichen Gründen, da die Hospitanten im Kreis sitzen) nicht innerhalb der normalen Kreisrunde zu Wort kommt:

Kreisleiter: „Für was bist du denn, Peschel?"

Lehrer: „Ich fand das auch gut."

Kreisleiter: „Gut oder sehr gut?"

Lehrer: „Ja, der Augenvortrag war noch 'n bisschen besser, aber das war schon ... für die anderen Noten, die ihr bisher verteilt habt, war das auch sehr gut, ja."

Danach fragt der Kreisleiter die Kinder vor dem Verlassen des Kreises, was sie nun arbeiten wollen. Nach der großen Pause hält ein anderes Kind einen Vortrag über Ratten, indem es seinen Text vom Plakat abliest und zwischendurch Fragen beantwortet. Auch hier befindet sich der Lehrer außerhalb des Kreises. Der Kreisleiter maßregelt Störer, schickt Kinder aus dem Kreis, setzt Kinder um und leitet das Gespräch. Bei der Benotung des Vortrags werden als Kriterien genannt: langweilig, viel geschrieben, viele Bilder, nicht mit Stichwörtern gearbeitet, nicht sauber geschrieben.

Am nächsten Tag hält ein Kind im ersten Kreistreffen einen Vortrag über Hunde, der wiederum selbstständig von den Kindern diskutiert und benotet wird. Anschließend liest ein anderes Kind eine Zusammenfassung des Buchs „Ben liebt Anna" (vgl. Härtling 1986) vor. Es wird keine „Runde gemacht", in der die Kinder angeben, was sie nun arbeiten wollen. Nach der großen Pause hält ein Kind einen Vortrag über den Ersten Weltkrieg. Als es das Wort „Patriotismus" nicht erklären kann, wird der Lehrer gefragt. Anschließend an den Vortrag begründen die Kinder ihre Notenvorschläge: 2-3 Seiten verfasst, Stichwörter, viele Bilder, Fragen konnten nicht (alle) beantwortet werden, Kinder haben manche Sachen nicht verstanden, man hat beim Vortragenden Unsicherheit auf dem Gebiet gemerkt und schlägt als Note eine 3 vor. Der Kreisleiter bezieht darauf hin wieder den außerhalb sitzenden Lehrer ein:

Kreisleiter: „Und wofür bist du Peschel?"

Lehrer: „Jo, auch so."

Direkt im Anschluss hält ein anderer Schüler einen Vortrag über das Dritte Reich. Dabei wird der Lehrer gefragt, wie es zum Begriff des Dritten Reiches kommt bzw. welches die anderen beiden Reiche waren. Außerdem überlegt er mit den Kinder zusammen, was die Abkürzung NSDAP genau bedeutet. Danach wird die Note ohne den Lehrer diskutiert und abgestimmt.

Im Schlusskreis des Tages sitzt der Lehrer mit im Kreis. Da zwei Kinder in der vergangenen Arbeitsphase durch Stören anderer Kinder aufgefallen sind, wird gemeinsam beratschlagt, was gemacht werden soll. Ohne Beteiligung des Lehrers kommt man schließlich zu dem Ergebnis, dass die Kinder ein letztes Mal verwarnt werden sollen, es also beim nächsten Mal eine Strafe gibt. Danach diskutieren die Kinder über einen angeblichen Virus auf dem Computer. Trotz des Klingelns, das den Schulschluss signalisiert, bleiben alle Kinder sitzen. Der Lehrer meldet sich nach einiger Zeit und weist darauf hin, dass das diskutierte Computerproblem auch damit zusammenhängen kann, dass ein Programm und eine Datei doppelt geöffnet sind.

Auch am dritten Hospitationstag wird der Lehrer nur bei einzelnen Vorträgen in die Bewertung einbezogen. Des Weiteren teilt er Informationen zur klassenübergreifenden Religions-Projektwoche aus. Er wird von den Kindern gefragt, was für die Projektwoche gebraucht wird:

Lehrer: „Wir treffen uns immer zur Ersten, und was du brauchst? Nur ein Heft und was zum Schreiben."

Schüler: „Auf dem Zettel steht aber, dass das nur für die ersten und zweiten Schuljahre gilt. Wir müssen normal mitnehmen."

Lehrer: „Ja, was nimmst du denn sonst noch mit? Das ist doch dein Problem, was du noch mitschleppst. Für mich musst du doch eh immer nur ein Heft mitnehmen!"

In der anschließenden Unterrichtsstunde wird eine Situation dokumentiert, in der der Lehrer den verhaltensauffälligen Michael auf dem Schoß sitzen hat, der dort rechnet. Der Lehrer bittet einen anderen Schüler: „Carlo, gib ihm mal 'ne Aufgabe." Im Abschlusskreis nennt Michael wie alle Kinder, was er am Tag gemacht hat und spricht von seiner Arbeit an einem Vortrag und von „Mathe mit Peschel". Daraufhin meldet sich der Lehrer und sagt: „Ja, wir müssen mal gucken auf Dauer, wer so der Chef ist vom Michael, der wuselt immer hier so rum." Später gibt auch er Rechenschaft über sein Tagwerk und sagt, dass er ein paar Kindern Sachen zugeliefert hat. Er hätte aber eigentlich mehr machen können.

Der Eindruck der Hospitantin nach der Auswertung der Aufnahmen des Sitzkreises in diesem Zeitraum ist:

> Der Lehrer hält sich sehr zurück bzw. ist kaum bemerkbar. [...] Innerhalb des Sitzkreises wird die Lehreraktivität meistens von den Kindern eingefordert: Der Lehrer soll sich zur Benotung eines Vortrags äußern oder wird um Hilfe gebeten. [...] Wenn der Lehrer sich selbst zu Wort meldet, dann meistens, weil ihn etwas stört oder er etwas Organisatorisches unterbringen muss (Informationsschreiben austeilen, fehlende Runde, Problem mit Michael).

Am nächsten Tag sitzt der Lehrer wieder außerhalb des Kreises. Es erfolgen die üblichen Absprachen und Abstimmungen der Kinder. Der Lehrer meldet sich anschließend und fragt ein paar Kinder, ob sie nicht über das Problem des Vortages berichten wollen. Daraufhin berichten zwei Kinder davon, dass sie Ärger mit dem Hausmeister und anderen Lehrern bekommen haben, weil sie im Schulgebäude Inliner gefahren sind. Sie haben nach dem Vorfall direkt eine Entschuldigung verfasst, in der sie sich selber ein „absolutes Inlinerverbot" auferlegen, wenn sie die von ihnen diesbezüglich erstellten Regeln missachten. Nach der entsprechenden Information der Klasse möchte der Kreisleiter die Kinder fragen, was sie nun arbeiten wollen. Der Lehrer meldet sich und fragt:

> „Bodo, wir müssen mal überlegen, wann wir die Vorträge machen. Jetzt ist relativ wenig Zeit – nur noch bis zur Pause. Wäre die Frage, ob man jetzt nicht lieber 1-2 Vorträge macht, dass man danach dann die Stunde zum Arbeiten zur Verfügung hat."

Da die Kinder aber lieber direkt arbeiten wollen, führt der Kreisleiter doch die Fragerunde durch und die Kinder gehen anschließend an ihre individuellen Arbeiten.

Nach der Pause hält ein Kind einen Vortrag über Wale und Haie. Der Lehrer ist außerhalb des Kreises. Die Kinder fragen beim Vortragenden nach und tragen auch selber ergänzende Informationen bei. Zwischendurch ist es immer wieder unruhig. Kinder mahnen die Verantwortlichen zur Ruhe, es erfolgt aber keine Lehreraktivität. Als die Kinder über die Frage spekulieren, wie viel ein Blauwal in der Woche etwa trinkt und überlegen, ob es vielleicht 2000 Liter sein könnten, wird der Lehrer einbezogen:

Schülerin: „So viel Wasser?"

Lehrer: „Ich hab nicht zugehört gerade."

Schülerin: „Oh, du hörst ja nie zu!"

Lehrer: „Ja, ich bin ja auch abgelenkt. Die hängen da irgendwas auf, und du redest da."

Ines: „Also ich habe gefragt, wie viel Wasser der Blauwal ungefähr in einem Tag oder in der Woche trinkt."

Der Lehrer führt daraufhin seine Vorstellung von der Nahrungsaufnahme des Wals aus (und bezweifelt dabei, dass Wale Menschen oder größere Objekte verschlingen können, wie es in den Geschichten von Jonas oder Pinocchio dargestellt wird). Als es weiterhin unruhig ist und sich die Schülerin, die eben den Lehrer gefragt hat, weiterhin gestört fühlt, sagt sie zu ihm:

Schülerin: „Oh Mann, Peschel, sag doch mal was! Der [Kreisleiter; FP] kriegt das nicht geregelt!"

Lehrer: „Ja, dann wählt ihn ab."

Schülerin: „Wer ist alles dafür, dass der kein Kreisleiter mehr ist?"

Schülerin: „Wer will neuer Kreisleiter sein?"

Bezüglich des anschließenden Unterrichts notiert die Hospitantin:

Der Lehrer sitzt auf ,seinem' Platz inmitten der Kinder. Die Kinder kommen zu ihm, um ihn etwas zu fragen, sich Tipps zu holen, Fragen zu stellen, um Hilfe zu bitten oder um ihm etwas zu zeigen. Er korrigiert Geschichten, albert mit den Kindern rum oder provoziert die Kinder mit herausfordernden Fragen. Zum Schüler Michael sagt er: „Oh, du nervst!"

Im Schlusskreis sitzt der Lehrer mit im Kreis. Michael hält einen Vortrag über den Weltraum. Diesmal ist es so, dass sich der Lehrer während des Vortrags öfters einbringt, was u. U. daran liegen kann, dass Michael das Potential des Themas seiner Meinung nach nicht genügend ausschöpft. So fragt der Lehrer beispielsweise, warum ein Spaceshuttle eine Weiterentwicklung im Vergleich zu einem Raumschiff ist. Nach der Begründung der Notenvorschläge und einer Benotung von 3-4 für den Vortrag weist der Lehrer die Kinder noch einmal auf die Religions-Projektwoche in der folgenden Woche hin.

Nach der Unterbrechung durch die Projektwoche wird die letzte Woche vor den Osterferien bis auf den Freitag wieder dokumentiert. Auch in dieser Woche prägen vor allem Vorträge der Kinder die Kreistreffen. Der Lehrer sitzt mit im Gesprächskreis. Nach einem Vortrag über Füchse und der Absprache über weitere Präsentationen, die an diesem Tag stattfinden sollen, fragt der Lehrer nach einer Rückmeldung bezüglich der Religionswoche. Nach der großen Pause wird zunächst ein Vortrag über Frösche gehalten, diskutiert und benotet. Nach dem anschließenden Vortrag einer Schülerin über das Thema Wölfe erfolgt erhebliche Kritik von Seiten der Kinder („Du hattest keine Ahnung davon.") Es wird eine Note im Bereich von 4 vorgeschlagen. Daraufhin bringt sich der Lehrer ein:

„Also irgendwo habt ihr natürlich Recht, so im Zusammenhang mit den anderen Vorträgen. Was ich im Kopf hab ist einfach, dass Eveline letztes Mal auch noch nicht gehalten hat und dass das mit einer der ersten Vorträge von ihr ist. Und dass ich das klasse fand, dass sie das selber halt angegangen ist und auch so durchgezogen hat, genau wie Irina auch."

Es erfolgen Einwände der Kinder bezüglich der Qualität des Vortrages. Der Lehrer nimmt dazu Stellung:

Lehrer: „Aber sie haben sich aufgerafft und statt Barbiepuppen-Streicheln haben sie Vorträge gemacht, das finde ich schon mal super. Und wie gesagt, Eveline hat letztes Mal schon nicht richtig die Kurve gekriegt zu den Vorträgen. Und wir haben auch bei den anderen Kindern, die als die das das erste Mal so gemacht haben und das war nicht so toll, und die haben sich drangesetzt, haben wir dann auch ein bisschen besser bewertet."

Schülerin: „Wir haben immer gesagt ,mach mal', Eveline hat immer gesagt ,nachher'!"

Der Lehrer sagt, er persönlich würde Eveline von einer 4+ auf eine 3- rutschen lassen, weil Eveline es alleine so hingekriegt hat, dass sie einen Vortrag zeigen konnte. Trotzdem stimmen die Kinder sogar eine 4- für den Vortrag ab. Die auswertende Hospitantin vermerkt diesbezüglich, dass sie zwar manchmal den Eindruck hatte, dass sich Kinder auch an der Benotung des Lehrers orientieren würden, die Diskussion und Abstimmung bezüglich Evelines Note aber gegen diese Vermutung sprechen würde. Man kann das Verhalten der Kinder aber differenzierter betrachten: Anzunehmen ist eher, dass sich die Kinder in den Fällen, wo sie sich persönlich unsicher bezüglich der richtigen Benotung sind, den Lehrer als Experten oder als Orientierung nutzen, eine solche Hilfe aber nicht benötigen, wenn sie sich schon eine bestimmte Meinung gebildet haben. Zu berücksichtigen ist dabei auch, dass die Kinder zwar von Schulanfang an gewohnt sind, sich gegenseitig zu bewerten, Ziffernnoten aber erst seit dem letzten Halbjahreszeugnis eine Rolle in der Klasse spielen und die Kinder daher noch auf der Suche nach der „richtigen" Notengebung sind. Der bevorstehende Wechsel an die weiterführende Schule führt dabei verstärkt dazu, dass Noten zum Beobachtungszeitpunkt ein wichtiges Thema für die Schüler darstellen.

Während sich der Lehrer bei den vorhergehenden Vorträgen des Tages über Füchse, Frösche und Wölfe nicht beteiligt hat (außer einer Bemerkung zur Größe von Wölfen), bringt er sich im nun folgenden Vortrag von Pia über Müll stärker ein. So wird darüber diskutiert, in welchen Müll Illustrierte gehören oder ob Papier auch in den Biomüll getan werden darf, um z. B. Madenbildung zu verringern. Nach verschiedenen Beiträgen der Kinder entstehen Fragen zu den Nachteilen der Mülltrennung (tickende Zeitbomben, Brände bei den Entsorgungsfirmen statt Recycling) oder auch zu bestimmten Begriffen (Verbundstoff), bei denen der Lehrer Impulse setzt oder Erklärungen liefert. Nach über einer Zeitstunde, die sich die Kinder schon im Kreis befinden, wird der Vortrag über Müll unterbrochen, um ihn am nächsten Tag fortzusetzen.

Nach der Beendigung des Vortrags am folgenden Tag wird die Benotung diskutiert. Die Kinder äußern sich im Hinblick auf die Note 1 oder 1-. Als der Lehrer gefragt wird, führt er aus:

> Lehrer: „Ich sag mal was, was ich jetzt Lehrern dazu sagen würde, die diese Stunden halten, weil du hast es fast wie eine ganze Schulstunde so gehalten. Also einmal hast du gute Sachen ausgesucht, die du dann gemacht hast. Ein paar Sachen hast du doppelt gemacht, d. h. das zum Schluss war schon mal dasselbe wie am Anfang. Und zum Schluss hätte ich es so gemacht, dass du vielleicht schon so mögliche Sachen irgendwie auf Kärtchen gehabt hättest, dann hätte es nicht so lange gedauert mit dem Reinschreiben. Bei so ein paar Stellen kam es mir so vor, dass du dich nicht richtig vorbereitet hast. Das passiert Lehrern aber auch so. Ich finde gut, dass du es so angegangen bist, aber mir wäre lieber gewesen, du hättest dir ein Thema rausgesucht und das intensiver gemacht."
>
> Mehrere Kinder rufen laut (und genervt): „Die Note!"
>
> Lehrer: „Ich kann doch erst mal selber für mich überlegen, sonst sag ich gar keine Note! Ich muss mir das auch ausdenken! Ich finde es gut, dass du das so gemacht und in Angriff genommen hast, aber ich fand ein paar Sachen auch schwach, wahrscheinlich würde ich so 2-3 sagen!"

Die Beobachterin vermerkt in ihrem Auswertungskommentar: „Die Kinder sind bestürzt über diese Bewertung!" Trotzdem ergibt sich bei der nun folgenden Abstimmung statt der vorher ins Auge gefassten Bewertung von 1 oder 1- nun eine Note von 2-3. Das würde wiederum dafür sprechen, dass die Kinder sich in diesem Fall doch wieder stärker am Lehrer orientieren – oder aber auch seine Kritik (an der in der Klasse nicht unbeliebten Schülerin) nachvollziehen konnten.

Insgesamt ist es an diesem Tag sehr unruhig. Der Lehrer sitzt an seinem Platz, erklärt einem Schüler etwas und korrigiert Geschichten, die ihm von Kindern gegeben werden. Er äußert sich folgendermaßen zur Unruhe: „Können nicht die mal rausgehen, die quatschen wollen? Wir sind alle nicht gut drauf bei dem Wetter, aber mir ist das echt zu laut!" Im Sitzkreis nach der großen Pause werden verschiedene organisatorische Sachen abgestimmt und auch der Geburtstag einer Hospitantin gemeinsam gefeiert. Bezüglich der Unruhe in der Klasse drückt der Lehrer seine persönliche Empfindung so aus:

> Mir ist es persönlich jetzt zu laut. Ich bin eh schlecht gelaunt, habt ihr schon gemerkt, reicht so langsam. Ich brauch auch meine Ferien und mir ist es so zu unruhig. Stimmt ab, was ihr macht, und entweder gehe ich dann woanders hin, oder ihr sagt, ihr lernt, und dann ist es leise.

Der Kreisleiter führt eine Abstimmung durch, in der für „Lernen" gestimmt wird. Weiterhin wird beschlossen, dass die Kinder, die nicht lernen wollen, nach draußen oder in den Keller gehen sollen. Im Abschlusskreis diskutieren und klären die Kinder verschiedene Probleme ohne den Lehrer. Zum Stundenschluss redet der Lehrer auf seinem Platz mit dem auf seinem Schoß sitzenden Michael. Dabei geht es darum, dass Michael in letzter Zeit nichts „auf die Reihe kriegt".

Der Eindruck der Hospitantin nach der Auswertung der letzten Aufnahmen des Sitzkreises ist:

Im Gegensatz zur ersten Beobachtungswoche ist der Lehrer jetzt meistens mit im Kreis anwesend. Hier ist es nun auch nicht mehr so, dass die Lehreraktivität ausschließlich von den Kindern eingefordert wird. Der Lehrer soll sich zwar weiterhin bei der Benotung eines Vortrags äußern oder Fragen beantworten, aber er bringt sich auch von selbst ein, ohne dass er explizit von den Kindern darum gebeten wird. Dabei fällt auf, dass der Lehrer oft ‚didaktische Fragen' stellt, d. h. er will mit seiner Frage einen gewissen Denkprozess bei den Kindern anregen („Warum ist das eigentlich eine Weiterentwicklung, ein Spaceshuttle im Vergleich zum Raumschiff?" „Wofür sind die denn jetzt gut, die Beerdigungen? Warum ist das vielleicht gut, wieder in die Erde gebracht zu werden?" „Was wären denn Nachteile der Mülltrennung. Gibt's da auch Nachteile?")

Auffällig ist meiner Meinung nach auch, dass der Lehrer sich bei organisatorischen Fragen mit einbringt und sich auch mehr bei der Gestaltung des Tages einmischt– zumindest öfter als bei den vorhergehenden Beobachtungen („Pia, wollt ihr das von gestern noch den anderen sagen, dass die Bescheid wissen?" „Bodo, wir müssen mal überlegen wann wir die Vorträge machen." „Dann wollte ich fragen, wie das jetzt mit den Reli-Tagen war." „Aber bitte 'ne Runde, weil ich nicht weiß, wer diese Woche leerläuft." „Ne, lass uns erst mal die Vorträge machen." „Mir ist es persönlich jetzt zu laut. Ich bin eh schlecht gelaunt, habt ihr schon gemerkt, reicht so langsam [...].", „Wär schön, wenn ihr noch mal so'n bisschen gründlich aufräumt, Leute.")

Weiterhin ist speziell am Fall Michael zu beobachten, dass der Lehrer sich anscheinend um die Kinder kümmert, die es aufgrund von persönlichen Schwierigkeiten o. Ä. im Moment nicht schaffen, zu arbeiten. Hier versucht der Lehrer im Gespräch mit dem Kind eine konstruktive Lösung zu finden.

Die beiden folgenden Tage sind die letzten Schultage, die von den Hospitanten dokumentiert werden, bevor der Freitag der Woche zum Aufräumen vor den nun beginnenden Osterferien genutzt wird. Im Sitzkreis erkundigt sich der Lehrer zunächst bei einer Schülerin, ob sie wie versprochen etwas mit Michael machen möchte: „Sechs Stunden diktieren wollte er haben ..." Anschließend meldet sich Meike mit einem Vortrag über Hunde. Die Kinder beteiligen sich, fragen (kritisch) nach und kommentieren selbst. Nach der Präsentation überprüft Meike den Lehrerfolg ihres Vortrages, indem sie die Kinder einen Lückentext ausfüllen lässt und sie bittet, verschiedene Bilder von Hunden mit der entsprechenden Rasse zu benennen.

Bei der anschließenden Notendiskussion wird auch der Lehrer wieder nach seiner Noteneinschätzung gefragt: „Peschel, sag du auch noch!" Er antwortet: „Ne, möchte ich nicht so gerne, weil gestern hatte ich auch den Eindruck, dass viele sich umentschieden haben und das will ich dann nicht." Ines schlägt vor: „Wir stimmen ab und dann kannst du ja sagen." Nach der Abstimmung erklärt der Lehrer:

Also gestern fand ich's auch blöd, dass als ich das gesagt habe und Pia dann eine schlechtere Note bekommen hat als ihr es alle vorgeschlagen habt. Allerdings denke ich auch, dass da was dran ist, was ich gesagt habe, deshalb fand ich es auch nicht so schlimm [...]. Also ich kann auch nie immer so genau eine Note sagen, deshalb habe ich auch gestern bei Pia so angefangen was ich Lehrern so sagen würde, wenn die das so machen würden. Weil das sollte heißen, dass viele Leute das so machen wie Pia und die kriegen da richtig viel Geld für und machen's nicht besser. Vielleicht ist das gestern nicht so rüber gekommen. Ich find's schon mal klasse, wie ihr das anpackt und wie ihr das so macht und dass ihr die Vorträge auch freiwillig so richtig locker macht. Was mir halt bei Meike genauso wie bei Pia so'n bisschen fehlt, ist so die Tiefe, so wirklich die Sachen noch versuchen rauszubekommen, die noch keiner so richtig weiß und die für die anderen dann spannend sind. Deshalb weiß ich nicht – auch 2-3 so in der Kante dann. Also so wie Pia vielleicht, wobei sie mengenmäßig etwas weniger hatte als Pia [...] Ich finde das schwierig zu entscheiden, weil für 'ne vierte Klasse ist das alles klasse – finde ich zumindest.

An dieser Situation ist zu sehen, dass es dem Lehrer wichtig ist, den Kindern nicht die Möglichkeit zu geben, eine Meinung oder Bewertung einfach zu übernehmen. Vielmehr will er ihnen Kriterien an die Hand geben, die sie zur eigenen Meinungsbildung nutzen können.

Nach der Pause findet ein weiterer Vortrag statt, bei dem das Computerspiel „Anno 1602" vorgestellt wird. Die Kinder sind dabei sehr ruhig und interessiert und stellen viele Fragen. Bei der Notengebung wird der Lehrer nicht gefragt. Anschließend stellen Fedor und Mahmud ihren Vortrag über Krokodile vor. Bei der an die Kinder weitergegeben Frage, wie viele Eier Krokodile im Schnitt legen, spricht Steven von rund 100 Eiern. Der Lehrer fragt ihn interessiert, wie viele davon überleben würden. Steven antwortet und ergänzt: „ [...] manche werden auch nicht befruchtet." Als der Lehrer dann weiter nachfragt, wird er von den anderen Kindern ermahnt: „Peschel, melde dich!"

Insgesamt wird es bei diesem Vortrag wieder sehr unruhig, woraufhin sich Fedor beklagt. Der Lehrer bestärkt ihn: „Ja meld dich und sag denen das! Ja trau dich das doch mal zu sagen, wenn dich was ärgert!" Zu den anderen Kindern sagt er: „Der Fedor hat keinen Bock einen Vortrag zu machen, bei dem keiner zuhört und das kann ich verstehen!" Natalie spricht er direkt an: „Eben habt ihr über eine Stunde zugehört [...]. Ja bei dieser Haltung. Ich hätte keine Lust jetzt einen Vortrag zu halten, wenn jemand so wirkt [...] ‚Hauptsache ich lieg hier ruhig in meiner Ecke'. Ja, so kommt das rüber. Dann setz dich doch nach draußen, ist doch okay!"

Am nächsten Tag wird nur wenig dokumentiert. Der Lehrer sitzt wieder außerhalb des Sitzkreises, ein Schüler liest eine Geschichte vor, nach der Pause hält Mechmet einen Vortrag über Tiger, zu dem die anderen Kinder Fragen stellen und Informationen ergänzen. Die dann gemeinsam diskutierte und abgestimmte Note entspricht der, die auch der anschließend gefragte Lehrer geben würde. Weiterhin werden Geschichten vorgelesen und zum Schluss des Tages machen die Kinder eine Runde, bei der sie ihre Tagesleistung rückblickend bewerten.

In ihrem Gesamteindruck nach Auswertung aller Videofilme schreibt die Hospitantin:

Ich konnte kein einheitliches Bild des Lehrers feststellen: Einerseits ist der Lehrer oft sehr zurückhaltend, sitzt außerhalb des Kreises, lässt die Kinder alles selber regeln und agiert nur, wenn die Kinder dies einfordern (dies vor allem bei den ersten Analysen). Auf der anderen Seite konnte ich aber auch einen Lehrer erleben, der sich eigenständig in das Geschehen mit einbringt und bestimmte Dinge aufgreift, um den Denkprozess bei den Kinder anzuregen (dies vor allem bei den zweiten Analysen).

Weiterhin sorgt der Lehrer stellenweise für die Organisation, d. h. er kümmert sich u. a. darum, dass die Kinder die ‚Runden' machen und dass genügend Zeit und Aufmerksamkeit für die Vorträge zur Verfügung stehen. Diese Situation ist aber insofern nicht spezifisch, als dass alle Kinder ihre Vorträge noch in der knappen Zeit vor den Ferien halten wollten und dadurch eine entsprechende Häufung erfolgte.

Wichtig scheint dem Lehrer zu sein, dass in der Schule gelernt wird. So sorgt er – in der Regel nach Aufforderung – dafür, dass Kinder versorgt werden, die mit dem Lernen Probleme haben. Außerdem greift er – wie auch die Kinder – ein, wenn es zum Lernen und Arbeiten in der Klasse zu laut wird. Der Lehrer hält quasi ‚das Lernen hoch'.

Insgesamt können die Beobachtungen zur Illustration und Weiterführung der im letzten Unterkapitel beschriebenen Verhaltensmerkmale dienen. Dabei scheinen sich die dort geäußerten Vermutungen im Hinblick auf ein eher situativ orientiertes Lehrerverhalten zu bestätigen. Es wird aber auch deutlich, dass der fehlende „rote Faden" eher ein Problem des Beobachters ist als etwas, was der Lehrer auch so empfinden würde. Da er vorwiegend an den Stellen im Unterricht reagiert, an denen er es selbst für sinnvoll hält bzw. an denen es ihm ein persönliches Bedürfnis ist einzugreifen, ergibt sich für ihn selbst ein hohes Maß an Authentizität und individuellem „rotem Faden". Zugleich ermöglicht ihm diese Verhaltensweise die Vermeidung eines Rollenkonfliktes zwischen größtmöglicher persönlicher Nähe zum Schüler ohne didaktische „Hintergedanken" und dem Rückfall in die traditionelle Lehrerrolle durch ein „indirektes Lehren". Wenn der Lehrer in Gesprächen im Sitzkreis oder mit einzelnen Schülern anfängt „zu lehren", dann tut er dies aus einem persönlichen Bedürfnis in der Situation heraus und nicht deshalb, weil er vorher eine bestimmte Lehrabsicht (didaktisch) geplant hat. Zugleich haben die angesprochenen Schüler immer die Möglichkeit, die als „Belehrung" oder Störung empfundenen Äußerungen des Lehrers zurückzuweisen. Es sind bei diesem Lernverständnis große Parallelen zum (beiläufigen) Lernen im Alltag bzw. zu Hause erkennbar.

11.4 Fazit und Zusammenfassung

Insgesamt ergibt sich durch den Rückgriff auf die verschiedenen Quellen ein differenziertes Bild des Lehrers bzw. seines Verhaltens. Deutlich wird, dass er sich in hohem Maße mit dem in der Klasse praktizierten Unterricht identifiziert, was u. U. auch an seiner eigenen Schulbiographie bzw. an seiner Persönlichkeit liegen kann. Er hat sich auch außerhalb der Schule als jemand bewiesen, der einem selbstständigen Beruf nachgehen kann und es versteht, dort Aufbauarbeit zu leisten. Seine Einstellung im Hinblick auf die Wissensvermittlung bzw. –aneignung lässt sich als radikal konstruktivistisch bezeichnen, was neben der in seinen Veröffentlichungen geäußerten Vorstellungen auch durch das Profil deutlich wird, das in der Auswertung entsprechender Fragebögen deutlich wird. Dort erreicht er im Hinblick auf seine konstruktivistische Haltung und die ihm eigenen Vorstellungen zur Öffnung von Unterricht Werte, die sich durch einen großen Abstand zu den Durchschnittswerten auszeichnen bzw. in den Untersuchungen Extremwerte darstellen. Dadurch wird auch deutlich, dass es sich bei dem vom Lehrer angestrebten und umgesetzten Konzept um eine nicht als alltäglich zu bezeichnende Variante handelt, die sich nicht nur in der Umsetzung, sondern auch in der theoretischen Konzeption stark von dem unterscheidet, was die meisten Lehrer für ihren Unterricht als Wunschvorstellung überhaupt in Erwägung ziehen oder gar realisieren.

Einen maßgeblichen Unterschied stellt dabei die eigene Rollenwahrnehmung dar, die sich vor allem im besonderen Verhältnis zu den Schülern äußert. Der Lehrer erachtet eine enge und vertraute Beziehung zu den Kindern als wichtig, die einerseits durch das Zubilligen größtmöglicher Freiheit und Selbstverantwortung geprägt ist, sich andererseits aber wiederum auch durch eine große Verantwortlichkeit für den Einzelnen auszeichnet. Schule wird dabei immer als Ort des Lernens gesehen, in welchem der Lehrer herausfordern, rückmelden und unterstützen, das Lernen selbst aber immer nur durch das Kind selbst erfolgen kann. Der Lehrer schafft dazu mit den Kindern ein Umfeld, das – fast schonungslos – keine Möglichkeit bietet, durch uneffektives Reproduzieren angelernten Wissens oder bloß formaler Techniken dem Lernen und der diesbezüglichen Selbstverantwortung auszuweichen.

Vor diesem Hintergrund wird deutlich, dass der in der hier untersuchten Klasse praktizierte Offene Unterricht weder Laissez-faire-Unterricht noch „Kuschelecken-Pädagogik" darstellt. Im Gegenteil, oft ist der Umgangston sehr rau und direkt – und der Lehrer wird von Kindern als jemand bezeichnet, der zu viel „meckert". Diese Äußerungen sind dabei vor dem Hintergrund des Offenen Unterrichts zu interpretieren. Der Lehrer ist wichtiger Beteiligter im System, der das Recht hat, Kritik zu üben, Impulse zu setzen und Fragen zu stellen – bis hin zum Herausfordern und Provozieren. All dies tut er aber in einer Gemeinschaft, in der dem Kind das Recht auf eigene Entscheidung und Selbstbestimmung nicht genommen wird. Von daher stellen die Äußerungen des Lehrers keine Anweisungen oder Maßregelungen dar, sondern gehen eher in die Richtung der Fürsorge, die jemand als enge Bezugsperson auf Grund seiner Erfahrung äußert.

Die Anwesenheit des Lehrers in der Klasse ist vermutlich wichtig, um dort „das Lernen hoch zu halten", aber der Lehrer wird – wie u. a. die dargestellten Unterrichtsbeobachtungen zeigen – nicht benötigt, um den individuellen bzw. gemeinschaftlichen Arbeitsablauf in der Klasse zu regeln. Die Kinder können den Schultag auch ohne Organisation durch den Lehrer sinnvoll und kompetent bestreiten. Sie beziehen ihn dabei einerseits als Mitglied der Klassengemeinschaft ein, wenn er z. B. wie jeder andere auch nach seiner Meinung gefragt wird, andererseits nutzen sie ihn als Experten für bestimmte Bereiche. Dies tun sie mit anderen Kindern auch, aber der Lehrer wird vermutlich auf Grund seiner Rolle bzw. seines allgemeinen Erfahrungs- und Wissensvorsprungs eher und öfter angesprochen – zumindest bei Kreisgesprächen und wenn kein anderer Ansprechpartner vorhanden ist, d. h. außerhalb informeller Unterrichtssituationen, bei denen sich Tischnachbarn oder Freunde untereinander austauschen.

Der Lehrer selbst fördert die Selbstständigkeit der Kinder insofern, als er versucht, sich als eins unter vielen Mitgliedern der Klassengemeinschaft zu bewegen und die Verantwortung für den Tagesablauf und das Lernen in hohem Maße den Kindern zu lassen. Allerdings fühlt er sich in bestimmten Situationen dazu verpflichtet, nachzufragen und weiterführende Impulse und Anregungen zu geben. Diese Impulsgebung findet einerseits dann statt, wenn er von Kindern direkt angesprochen wird (z. B. weil nur er die Informationen liefern kann), sie kann aber auch von ihm selbst ausgehen, wenn er Kinderarbeiten in der Klasse oder im Sitzkreis begegnet.

Die Reaktion der Kinder auf seine Äußerungen ist dabei unterschiedlich. Es gibt Kinder, die seine Fragen und seine Aufmerksamkeit gerne für sich selbst nutzen, andere hingegen empfinden sie eher als das übliche „Meckern" eines Erwachsenen. Dabei hat das individuelle Empfinden eines Kindes vermutlich sowohl mit seinem Leistungsstand bzw. -vermögen als auch mit seiner Persönlichkeitsstruktur (Ehrgeiz, Selbstständigkeit, emotionale Bedürfnisse etc.) und seinen außerschulischen Erfahrungen zu tun. Auch im Sitzkreis kann sich das Empfinden einzelner Kinder, aber auch der ganzen Gruppe ähnlich gestalten. Zum einen können einzelne Erklärungen, Fragen oder Provokationen des Lehrers allgemein als sinnvoll empfunden werden, es kann aber auch sein, dass eine längere Ausführung des Lehrers den Beigeschmack indirekter Belehrung erhält und der Austausch Züge eines „Frontalunterrichts" bekommt.

Insgesamt scheint das Verhalten des Lehrers durch zwei Faktoren geprägt zu sein:

- einerseits durch seine Bedeutung als Person, sein Engagement und seine individuelle Beziehung zu jedem einzelnen Kind,
- andererseits durch eine Fachkompetenz, die sich nicht in der Durchführung eines Lehrgangs äußert, sondern in individueller und situativer Reaktion eines Experten auf das Geschehen in der Klasse bzw. eine Schülerproduktion.

Durch dieses Rollenverständnis scheint der Lehrer sowohl für sich als auch für die Kinder die sozial-emotionale Ebene und die fachlich-methodische Ebene verknüpfen zu können. Die Achtung vor dem einzelnen Kind, die Atmosphäre in der Klasse, in der der Einzelne sich gewürdigt und „zu Hause" fühlen kann, die Möglichkeit, jederzeit das Geschehen in der Klasse mitbestimmen zu können, alle diese Faktoren könnten die Grundlage für eine überdurchschnittliche Effektivität auch beim fachlichen Lernen darstellen. In diesem Sinne würde der Begriff der Authentizität das Rollenverständnis des Lehrers als „facilitator" signifikanten Lernens (vgl. Rogers 1974, 152ff.; Groddeck 1998 und Kapitel 4.2.1) treffend beschreiben.

Die zurückhaltende, Selbstverantwortung stärkende, aber eigene Verantwortung nicht ablehnende Position wird auch in der folgenden Textpassage aus J. D. SALINGERS „Catcher in the Rye" deutlich, mit der der Lehrer gerne seinen „Traumberuf" beschreibt:

„You know what I´d like to be? I mean if I had my goddam choice? [...]
Anyway, I keep picturing all these little kids playing some game in this big field of rye and all. Thousands of little kids, and nobody´s around – nobody big, I mean – except me. And I´m standing on the edge of some crazy cliff. What I have to do, I have to catch everybody if they start to go over the cliff – I mean if they´re running and they don´t look where they´re going I have to come out from somewhere and *catch* them. That´s all I´d do all day. I´d just be the catcher in the rye and all. I know it´s crazy, but that´s the only thing I´d really like to be. I know it´s crazy." (Salinger 1951; 1999[11], 173)

12 Unterrichtsgestaltung und Entwicklungen auf Klassenebene im zeitlichen Verlauf

In diesem Kapitel geht es darum, einen Einblick in die tagtägliche Unterrichtswirklichkeit der untersuchten Klasse über ihre gesamte Grundschulzeit zu ermöglichen. Neben für bestimmte Jahres- und Schuljahresphasen charakteristischen Unterrichtsthemen stellen dabei die Ausbildung von Ritualen und Institutionen des Unterrichts sowie die Entwicklung des Arbeits- und Sozialverhaltens auf Klassenebene wichtige Dokumentationspunkte dar, die das Bedingungsfeld weiter veranschaulichen.

12.1 Die unterrichtliche Gestaltung bzw. Ausgestaltung im zeitlichen Verlauf

Im Folgenden soll mit Hilfe der Tagebuch-, Klassenbuch- und sonstigen Aufzeichnungen des Lehrers die Entwicklung und Füllung der unterrichtlichen Strukturen im praktizierten Offenen Unterricht grob nachgezeichnet werden. Hier steht neben der Institutionalisierung und Veränderung bestimmter Rituale (Treffen im Sitzkreis, offenes Arbeiten) vor allem der Einblick in die tagtägliche Unterrichtswirklichkeit – mit all ihren Problemen und Chancen – im Vordergrund. Dabei ist das tatsächliche Unterrichtsgeschehen nur schwer wiederzugeben, da in der Regel jedes Kind konzeptbedingt jeden Tag an mehreren Sachen gearbeitet hat, die sich in Inhalt und Niveau von den Beschäftigungen der anderen Kinder unterschieden haben. Ein paar seiner Eindrücke in den ersten drei Schuljahren hat der Lehrer in einem persönlichen Tagebuch festgehalten. Eine auf das einzelne Kind bezogene Dokumentation ist aber nicht erfolgt bzw. hätte wahrscheinlich auch nur durch gezielte Beobachtung einzelner Kinder und entsprechend hohen Personalaufwand erbracht werden können – u. a. auch deshalb, weil die Kinder nicht nur in der Klasse, sondern auch auf dem Flur, im Keller oder an anderen Stellen auf dem Schulgelände gearbeitet haben.

Die Problematik des unzureichenden Erfassens der individuellen Arbeitstätigkeiten eines Kindes ist auch an den Einträgen bzw. Arbeitsberichten im Klassenbuch abzulesen, die eher spärlich vermerkt wurden und nur grobe Angaben über das Unterrichtsgeschehen beinhalten. Dabei kam dem Lehrer die Form der Klassenbücher entgegen, da diese im Rahmen der veränderten Unterrichtsgestaltung in der Grundschule (kein 45-Minuten-Takt) bzw. der Änderung der Ausbildungsordnung (Zusammenfassung von Sprache-, Mathematik-, Sach- und Förderunterricht zu einem Block „fächerübergreifenden Unterrichts") keine Stunden- bzw. Tageseintragungen mehr erforderten, sondern nur eine wöchentliche Notation. Aber selbst diese war nicht so möglich, dass sie das tatsächliche Klassengeschehen bzw. die Vielfältigkeit der Lerninhalte auch nur annähernd wiedergibt.

Es finden sich daher im Klassenbuch vornehmlich generalisierende Einträge wie: freies Schreiben, Geschichten vorstellen, Gedichte, Bücher lesen, Erzählen, Diskutieren, Planen, Organisieren, Rechnen, Messen, Forschen, Vorträge erstellen und präsentieren, Illustrieren, Basteln, Formen, Bauen, Werken, Malen, Singen, Musik hören, Musik machen, Tanzen, Schauspielern, Rollen, Schwingen, Springen, Laufen etc. Ansonsten war es dem Lehrer nur möglich, die Sachen im Klassenbuch festzuhalten, die in der Klasse gerade eher „in Mode waren" als andere (wie z. B. „Briefe schreiben" oder „Kniffelaufgaben rechnen") oder aber Arbeitsvorhaben, zu denen es gemeinsame Absprachen gab (wie z. B. das gemeinsame Forschen zu Themen wie „Mittelalter" oder „Menschlicher Körper"). Ferner konnten Vorhaben, die Lehramtsanwärter oder Praktikanten in der Klasse durchführten (s. u.), in Bezug auf die Thematik konkreter angegeben werden.

Darüber hinaus war das Schuljahr vor allem durch Ferien, Feiertage, Klassenfahrten, Schulveranstaltungen und die damit verbundenen Vorbereitungen rhythmisiert (individuelle Martinsfackeln bauen; Weihnachts-, Oster-, Muttertags- und Vatertagsgeschenke basteln; das Schlafen in der Schule, Klassenfahrten, Ausflüge und Aktionsnachmittage konzipieren und organisieren; Theateraufführungen, Weihnachtsfeiern, Schulfestbeiträge organisieren, planen, einstudieren etc.).

Während der Vorlesungszeiten an der Universität fanden in der Klasse stundenweise Schulpraktische Studien im Sachunterricht statt, in denen Studierende eine Unterrichtsstunde oder ein Lernarrangement für die Klasse vorbereiteten. Dabei war es den Kindern in der Regel freigestellt, mitzumachen oder aber an ihren Sachen weiter zu arbeiten. Schnell schätzten die Kinder aber das Engagement der Studierenden, und es waren nur einzelne Kinder in der Anfangszeit, die lieber ihre Sachen weiterverfolgten, als an den Vorhaben der Studierenden teilzunehmen.

Des Weiteren waren über die vier Jahre stundenweise Lehramtsanwärter in der Klasse, die im Offenen Unterricht hospitierten, dort zum Teil aber auch einige ihrer Unterrichtsproben durchführten. Folgende Themen waren u. a. dabei vertreten: mathematisches Strukturieren, freies Schreiben, Zoo, Palästina zur Zeit Jesu, Denkschule. Auch im Rahmen dieser Unterrichtsproben ist die Entwicklung der Klasse gut zu erkennen. Während eine sehr kompetente Lehramtsanwärterin in den ersten Schulwochen eine Unterrichtsprobe in Mathematik durchführen wollte, die im völligen Desaster endete, weil die Kinder anfingen, das zum Abzählen und Sortieren mitgebrachte Material erst einmal auf seine Flugfähigkeit zu testen (s. u.), erreichte ein Lehramtsanwärter im vierten Schuljahr mit sehr anspruchsvollen, strategieorientierten Aufgabenstellungen in einer „Denkschul-Werkstatt" in der Klasse die Note „sehr gut".

Neben Projektwochen, in denen zum Teil zusammen mit anderen Lehrern der Schule klassen- bzw. jahrgangsübergreifend Kunst, Musik oder Religion im Vordergrund standen, fand im dritten und vierten Schuljahr auch jeweils eine Woche „Unterricht wie in der fünften Klasse" statt. Der Lehrer versuchte den Kindern durch die Simulation von Unterrichtsstunden in Mathematik, Deutsch, Englisch, Latein, Physik, Chemie, Biologie, Erdkunde, Geschichte, Politik, Kunst, Musik und Religion einen

Einblick in die Fach- und Unterrichtsstruktur der weiterführenden Schule zu geben und sie dadurch ein wenig auf den Wechsel vorzubereiten.

Im Folgenden soll ein detaillierterer Überblick über das unterrichtliche Geschehen dazu dienen, einen etwas konkreteren Eindruck des praktizierten Unterrichts zu ermöglichen. Auf Grund der schon oben angesprochenen zwangsläufigen Begrenztheit der Dokumentation kann es nur um eine exemplarische Darstellung gehen. Dabei erscheinen im Hinblick auf das Konzept vor allem die Phasen interessant, die den ersten Umgang mit der offenen Unterrichtsituation bzw. den Weg der Kinder zum immer ausgeglicheneren und eigenverantwortlicheren Arbeiten in der Klasse beschreiben. Entsprechend erfolgt für die Phase des Schulbeginns und des ersten Schuljahres eine etwas detailliertere Beschreibung der Abläufe im wöchentlichen Rhythmus. In den höheren Schuljahren wird nur noch eine kurze Übersicht über besondere Aktionen und Vorkommnisse gegeben. Die stellenweise Nennung einzelner Kinder steht meist im Zusammenhang mit den in den Kinderbeschreibungen bzw. –fallstudien geschilderten Entwicklungen dieser Kinder, die auch im Tagebuch des Lehrers eher Raum einnehmen als der „normale" Tagesablauf. Auf eine wiederholte Darstellung der Zusammenhänge wird an dieser Stelle verzichtet, im Bedarfsfalle sollte auf die Kurzbeschreibungen der Kinder zurückgegriffen werden.

12.1.1 Erstes Schuljahr

<u>Von der Einschulung bis zu den Herbstferien</u>

Am ersten Schultag geht die Klasse nach der gemeinsamen Einschulungsfeier der ganzen Schule mit dem Lehrer, einer Lehramtsanwärterin und einer Praktikantin in die Klasse. Die Kinder gucken sich um und es entstehen vielfältige Aktionen: ein paar Kinder sehen sich Bücher an, viele Kinder holen sich Stifte und große Papiere und fangen an zu malen, das ehemalige Schulkindergartenkind Steven fragt, ob er Flieger bauen dürfe. Im Tagebuch des Lehrers steht weiterhin: „... kein Überblick, der Lehrer und die Lehrerinnen sitzen fasziniert/nichtsnutzig auf den Tischen, die meiste Arbeit erfolgt auf dem Boden, nur Bettina sucht sich einen Platz." Später wird ein Treffen im Kreis einberufen, bei dem Josephina ihren Geburtstag feiert. Der Lehrer fragt, ob es schon Hausaufgaben geben soll. Die Kinder stimmen zum ersten Mal ab und sind dafür.

Am zweiten Schultag fangen alle schnell an, sich mit irgendetwas zu beschäftigen. Auf Grund der hohen Nachfrage nach Arbeiten am Computer wird nach der Pause ein Treffen organisiert. Im Tagebuch steht: „Zunächst muß zusammen geklärt werden, wie wir das mit den Computern handhaben wollen. Vorschläge von 5, 8 und 30 Minuten werden gemacht. Nach einigem Hin und Her und mehreren Abstimmungen kristallisiert sich 30 Minuten als Zeitintervall heraus. Demokratisch." Danach fragt Pia, wann es denn richtig (mit dem Unterricht) losgeht. Sie will Schreiben lernen. Alle Kinder gehen aus dem Kreis und versuchen zu schreiben. Ein paar sind sich unsicher, ob sie wirklich schreiben können, andere schreiben erst mal Buchstaben bzw. Wörter ab. Steven kann mit Hilfe der Buchstabentabelle schreiben. Als Hausaufgabe gibt es den Auftrag: Zähle Sachen zu Hause (Türen, Teddys etc.) mit Strichliste und Aufmalen.

Am dritten Schultag fragt der Lehrer im Kreis, was gestern Spaß oder keinen Spaß gemacht hat: Schreiben, Computer etc. waren toll. Keine Kritik von Seiten der Kinder. Im Anschluss bietet die Praktikantin Übungen zur Buchstabentabelle an, die keine sonderlich große Resonanz finden (Symbole finden, Wörter mit gleichem Anlaut suchen, eigene Tabelle machen). Sie ändert ihr Vorhaben und die Kinder, die wollen, schreiben einfach so. Ansonsten wird gemalt, Bücher werden angesehen und Zahlen und Rechenaufgaben geschrieben. Es ist chaotisch, aber es macht allen Spaß. An den beiden restlichen Tagen wird zusammen mit der Leiterin des Schulkindergartens das Kieler Einschulungsverfahren durchgeführt.

In der zweiten Woche werden verschiedene Sachen im Kreis thematisiert, die sich auf das Aufräumen von Materialien oder auf das Schreibenlernen beziehen. Die Praktikantin möchte die in einer Kiste vorhandenen Rechenschiffchen mit den blauroten Stöpseln einführen, aber das klappt nicht wie gedacht und verläuft dann im Sande. Die gemeinsamen Kreistreffen dienen immer mehr der Ideengebung für anschließende Lerntätigkeiten. Man beschließt, dass jedes Kind dem Kreisleiter beim Rausgehen aus dem Kreis sagen muss, was es arbeiten will. Die letzte Phase des Tages wird zeitweise zum Spielen genutzt. Die ersten Sportstunden mit freiem Turnen erfolgten, d. h. die Kinder beschäftigen sich selbstständig mit Materialien und Geräten in der Turnhalle.

Am Montag der dritten Woche wird von der Lehramtsanwärterin, die zeitweise mit in der Klasse ist, die erste Unterrichtsprobe gehalten. Laut Tagebuch läuft sie folgendermaßen ab:

> Die Lehramtsanwärterin fängt mit dem Kreis an, man vermisst den Peschel-Lehrer und nimmt ihr nicht viel ab. Beim stummen Impuls (Körbchen mit Radiergummis, Spitzern, Stiften) bricht die Grabsch- und Schmeißschlacht los, das Chaos ist perfekt, niemand hört auf die Lehramtsanwärterin, sie stellt den Kindern frei, aus dem Kreis zu gehen, was die meisten dann auch tun. Sieht nicht nach Unterrichtsprobe aus, der Peschel greift ein, die Lehramtsanwärterin geht mit vielen Kindern raus, die anderen arbeiten in der Klasse an den von ihr vorbereiteten Arbeitsblättern oder Mathematerial. Geht so. Als die Gruppen wieder zusammenkommen, hat die Lehramtsanwärterin keine Lust mehr auf den Kreis, sie arbeitet nur noch mit wenigen Schülern, der Peschel integriert und reflektiert dann.

Am nächsten Tag sind einige Kinder über den vorigen Tag bestürzt und überlegen dann im Sitzkreis, wie sie sich bei der Lehramtsanwärterin entschuldigen können. Sie schreiben ihr mit Hilfe des Lehrers ein Entschuldigungsschreiben, kleben es mit selbst gemalten Bildern auf ein Plakat und übergeben es später der Lehramtsanwärterin. Ansonsten wird in der Woche weiter viel geschrieben, vor allem aber gibt es ein „Zählfieber“, d. h. die Kinder zählen so weit sie können (und zum Teil bis über 200). In den Kreistreffen geht es u. a. auch um die Ruhe in der Klasse: „Dann werden Vorschläge für Sanktionen bezüglich Stillseins gemacht: Klebestreifen über den Mund, an den Haken hängen, zum Langweilen draußen verdonnern, Schlüssel wegwerfen, Handzeichen geben, ein Schild mit einem durchgestrichenen schreienden Kind wie beim Parkverbot aufhängen."

Während die ersten drei Wochen nach der Einschulung ein reduzierter Stundenplan gegolten hat, wird ab der vierten Woche volle Stundenzahl unterrichtet. Dies bedeutet zunächst einen anderen Rhythmus, da viele Kinder denken, dass nach einer Stunde Schule direkt Pause sei. Neben dem selbstständigen Schreiben, Zählen, Rechnen und Bücheransehen entstehen die ersten Kinderprojekte. Ein Kasperletheaterstück wird aufgeführt (einschließlich Kulissenmalen, Eintrittskarten ausgeben, Stück ausdenken, Theater besorgen usw.), eine Natur-Ausstellung wird in der Klasse aufgebaut (mit Blättern, Gräsern und Baumfrüchten vom Schulgelände, Tiermodellen aus der Schulsammlung etc.) und man denkt sich verschiedenste Möglichkeiten der Gestaltung der Martinsfackeln aus (Blechdosenmenschen, Geisterlaternen), Fallschirme werden gebastelt und in der nächsten Turnstunde bezüglich ihrer Flugfähigkeit erprobt, Geldscheine selbst hergestellt und zum gegenseitigen Einkaufen genutzt. An einem Nachmittag findet ein (freiwilliger) Spielnachmittag mit Kindern und Eltern statt.

In der fünften Woche werden die verschiedenen Projekte neben den üblichen Tätigkeiten der Kinder (Eigenproduktionen etc.) weiter verfolgt, der Lehrer hat aber Bedenken, dass die Aktivitäten zeitweise ins Spielen abrutschen könnten und nicht mehr viel mit Lernen zu tun haben. Einige Kinder scheinen sich immer wieder vor dem Lernen zu drücken und auch die Kreistreffen werden von immer weniger Kindern wahrgenommen. Der Lehrer wird in Bezug auf die große Schere, die sich leistungsmäßig auftut, richtig unsicher, wie der folgende Tagebucheintrag zeigt:

> Ich habe einen unbefriedigenden Eindruck von der ganzen Angelegenheit, die Schere geht weit auf, einige Kinder können noch nichts beim Rechnen, haben keine Zahlvorstellungen, andere haben irgendwann schon das ganze Buch durch. Die Schreibmotivation ist momentan bei allen relativ klein, eine dicke Lücke im Konzept? Muß für einige Kinder doch irgendeine Art von Unterricht her?

Aber in der nächsten Woche bricht plötzlich eine „Briefkasten-Manie" aus. Viele Kinder bauen sich einen eigenen Briefkasten und fangen an, sich kleine Briefe zu schreiben. Weiterhin kommt das Malen von komplexen Labyrinthen in Mode, und einzelne Kinder wie Sabine denken sich Angebote für andere Kinder aus (Tüten basteln und bemalen). Das von den Kindern aufgebaute Tiermuseum wird weiter beschriftet und ein eigenes Kasperlestück aufgeführt. Beruhigend für den Lehrer ist u. a. auch eine Vertretungsstunde in einer der Parallelklassen. Er stellt fest, dass die meisten Kinder dort gerade bis zur 5 rechnen und zwar Ina und Ali lesen können, nicht aber Ani und Ila.

In der siebten Woche, der Woche vor den Herbstferien, finden sich die folgenden Tagebucheinträge des Lehrers. Sie zeigen einerseits, dass seine Unsicherheit nur eine vorübergehende war, andererseits verdeutlichen sie das Klassengeschehen:

> Wozu ist der Lehrer eigentlich in der Schule? In der ersten Stunde schreiben Lars, Petra, Natalie. Dominik schreibt alleine, Lutz schreibt wenig: Kokusnus. Justin schreibt mit Antje am Computer. Natalie schreibt gut: Maus geht aus dem Haus, fliegt aus dem Haus. Die anderen Kinder kommen dazu, Steven und Mirko spielen, Michael macht Reihenaufgaben 1+1, 2+2, 3+3 bis ca. 29 +29. Bettina und Ines hören Cassette beim Schreiben am Computer, Harald, Lutz und Pia machen Mathe, Josephina probiert Schreibschrift, Natalie entdeckt das Mikro und macht stundenlang mit Sabine Mini-Playback-Show quer durch die Klasse. Carlo nimmt mit einer Gruppe von Kindern Sachen (Schimpfwörter) auf. Später schreibt Steven sich etwas aus einem Heft Spielen und Lernen ab. [...] In der Pause und nach der 4. Stunde ist die Klasse voll mit Kindern aus anderen Klassen. Offenheit ist schon lustig.

> Mirko will schreiben. Klasse! Wir schreiben dann an Ines. Natalie macht weiter Disco, Carlo und Lutz spielen mit dem Casettenrecorder und rechnen, Dominik macht Labyrinthe, Lars hat Sachen mitgebracht, die er der kleinen Gruppe vorstellt, Michael rechnet am Computer, Steven liest, Ines und Bettina schreiben dem Unbekannten, später bekommt Lars noch einen Brief, einen bösen und dann einen lieben. In der Pause ist ein Fußballspiel der vierten Klassen, unsere Kinder werden eingeladen und machen sich Eintrittsgeld und eine Reportageausrüstung. Ansonsten stehen Drachen steigen lassen und Leute interviewen hoch im Kurs. Nach der Pause bleibt Arthur aus dem vierten Schuljahr in der Klasse, ich bedanke mich für die tolle Arbeit aller Kinder und erzähle vom Schuleschlafen und der Klassenfahrt nach den Ferien. Später klappt das Aufräumen.

Des Weiteren gibt es einen gemeinsamen Spielnachmittag mit Kindern und Eltern, bei dem man u. a. Drachen steigen lässt.

Von den Herbstferien bis zu den Weihnachtsferien

Nach den Ferien notiert der Lehrer sich bezüglich des Leistungsstands der Klasse: „Ungefähr ein Drittel der Kinder kann allmählich lesen. Die anderen werden wahrscheinlich noch brauchen." Im Unterricht steht für viele Kinder zunächst Basteln und Malen im Vordergrund, was auch mit dem anstehenden Martinszug zu tun hat. Für den Lehrer ist der eigene Anspruch, auf die üblichen gleichen Fackeln für alle Kinder zu verzichten, nicht leicht zu halten. Man trägt die Andersartigkeit der Klasse und das Hinwegsetzen über ungeschriebene Gesetze nach außen – quasi durch den ganzen Ort. Im Tagebuch des Lehrers findet sich an einem solchen Fackelbautag folgender Eintrag:

> Der Tag steht im Schatten des Laternebastelns. Alle bekommen etwas gebastelt, bei manchen Kindern gibt es komische Laternen: Lars und Natalies Kisten, Fedors Rolle etc. Die meisten bekommen sogar schon die Beleuchtung fertig. Erstaunlich ist, daß viele Kinder gerne in der 5. Stunde noch in der Schule bleiben wollen, obwohl sie teilweise frustriert, gelangweilt oder angespannt wirkten.

In der zweiten Woche nach den Ferien findet das erste gemeinsame Schlafen in der Schule statt, das entsprechend vorher von bzw. mit den Kindern organisiert wird. Das Schlafen selbst verläuft gut, obwohl viele Eltern Bedenken hatten, ob die Kinder in diesem Alter dazu fähig seien. In seinem Tagebuch notiert sich der Lehrer:

Schuleschlafen ist klasse, alle Kinder total mutig, keine Ausfälle. Essen kochen, Nachtwanderung mit Friedhof, dann geht ein Teil noch eine große Runde über den Damm etc., Lagerfeuer, Geschichten, gegen 24 Uhr schlafen, nur Petra muß mal auf Toilette, ansonsten alles klar. Gegen kurz vor sieben weint Lutz ein wenig, langsam wacht alles auf, die Eltern kommen mit Frühstück. Alle gut drauf, die Kinder hängen ein wenig durch, hat aber allen Spaß gemacht. Gut!

Ansonsten werden im Unterricht Geschichten über Monster sowie Briefe und Weihnachtswünsche geschrieben, Geschichten im Kreis vorgelesen und Rechenaufgaben ausgedacht bzw. im Rechenheft gelöst. Weiterhin gibt es eine Protestaktion, weil bei den neben der Schule stattfindenden Bauarbeiten das „Gebüsch" beschädigt wird, welches das Schulgelände begrenzt. Die Protestaktion wandelt sich zum Schreibanlass an den Schulleiter, der an diesem Tag auswärtige Verpflichtungen hat. Weiterhin gibt es viele „Schuleschlafen-Geschichten" und die Frage nach der Bedeutung von Größer- und Kleinerzeichen.

In der dritten Woche nach den Ferien hängen viele Kinder durch, selbst Kinder, die sonst immer etwas zum Arbeiten gefunden haben. Frühstücken und mit Bauklötzen bauen stehen im Vordergrund. Schließlich wird das Problem im Kreis thematisiert. Man nimmt sich vor, wieder besser zu arbeiten. Unter anderem entsteht in der Folgezeit die Idee, Maßstöcke und Lineale anzufertigen, um die Höhe der gebauten Türme zu messen. Andere Kinder werden dadurch dazu bewegt, alle möglichen Gegenstände und Längen in der Klasse und auf dem Flur abzumessen. Neben Forschungen über den menschlichen Körper dient die gerade aktuelle Geschichte vom „König der Löwen" als Schreibanlass. Zusätzlich wird die Klasse in dieser Zeit von einem Fernsehteam besucht, das für die Sendung „Kind & Kegel" einen Beitrag zum Übergang Kindergarten-Grundschule dreht. Entgegen den Erwartungen des Redakteurs finden die Kinder es in der Schule viel spannender und besser als im Kindergarten, der sich für sie mittlerweile als „Pippikram" darstellt.

In der vierten Woche nach den Ferien herrscht wieder eine intensivere Arbeitsatmosphäre in der Klasse. Beispielhaft für das Lerngeschehen sei ein Tagebucheintrag des Lehrers zitiert:

Harald kriegt im Comic das Wort „kein" hin, Ines malt mit Bettina ein Pferdebild und übt sich dann in Schreibschrift, was für sie noch nicht so gut paßt. Sabine schreibt an ihrem Buch weiter. Bodo interessiert sich für Weltall und Dinos, das Forschen alleine ist aber eine Überforderung. Fedor schreibt ein paar Wörter und den Anfang einer Geschichte. Carlo schreibt auch ein bisschen. Pia kriegt nur ein paar Aufgaben auf die Reihe, Lars einen Comic (O.K.), Mirko rechnet mit dem Little Professor, Dominik im Rechenheft, Lutz hat zu Hause das zweite Schreibheft voll, in der Schule schafft er mit Harald nichts. Petra bekommt die Kurve auch nicht so sonderlich, wird aber in ihrer Selbständigkeit bestärkt. Andrea rechnet mit Dominik und interessiert sich weiter für Körper, Natalie schreibt zum Schluß zwei Sätze, Lundo kriegt auch erst zum Schluß die Kurve. Steven ist fasziniert von Sabines „Buch" und macht ein eigenes. Meike schreibt zum Schluß drauf los. Michael bekommt es nicht hin. Turnen war klasse, das Hockey-Spielen hat auch ohne Schiedsrichter gut geklappt.

Außerdem finden die ersten Schulpraktischen Studien mit Studierenden der Universität statt, die mit den Kindern eine große Weltkarte malen, auf der Tiere entsprechend ihres natürlichen Vorkommens platziert werden können. Des Weiteren kommt das Schreiben von Schreibschrift das erste Mal in Mode, was u. a. die Auswirkung hat, dass das Verwenden kleiner Buchstaben in den Horizont der Kinder rückt.

In der fünften Woche nach den Ferien breitet sich das „König-der-Löwen-Fieber" weiter aus, die Kinder kopieren Bilder aus einem entsprechenden Ausmalbuch und schreiben dazu Texte bzw. ganze Bücher voll. Gefrorene Pfützen bringen viele Kinder dazu, über Eis und Schmelzen zu forschen, es kommt dabei aber nicht zur Niederschrift des Erforschten. Innerhalb der Schulpraktischen Studien werden Dioramen mit Tieren und den sie umgebenden Landschaften bzw. Lebensräumen gebaut. Ansonsten finden verschiedenste Lernaktivitäten statt, aber die Atmosphäre wird fortlaufend gespannter, weil die verhaltensauffälligen Kinder Mirko und Michael zusammen immer unkontrollierbarer werden.

In der sechsten Woche nach den Ferien forschen Kinder über das menschliche Skelett und über fremde Länder. Es werden Bildergeschichten „Der kleine Herr Jakob" als „Müller-Geschichten" entdeckt und als Schreibanlass genutzt, weiterhin werden Ausmalbilder von „Pocahontas" kopiert und für eigene Texte genutzt. Ein paar Kinder bieten eine Leseschule an. Die Adventszeit beginnt mit einem gemeinsamem Singen der ganzen Schulgemeinschaft in der Turnhalle.

In der siebten Woche nach den Ferien fangen langsam Weihnachtsvorbereitungen an, neben den üblichen Beschäftigungen wird Christbaumschmuck u. Ä. gebastelt. Des Weiteren steht zusammen mit den Studierenden ein Besuch in einem zoologischen Museum an. Insgesamt wird nach Empfinden des Lehrers in der Woche dürftiger als sonst gearbeitet.

In der achten Woche nach den Ferien findet ein langes Kreisgespräch statt, in dem die Kinder die Arbeitsatmosphäre reflektieren und u. a. schließlich abstimmen, dass bestimmte Kinder als „Rausschmeißchefs" für Ruhe sorgen sollten. Am nächsten Tag wird diese Entscheidung aber wieder gekippt und es wird beschlossen, dass sich alle Kinder um alles kümmern sollen. Da es schon lange keine Regeln für die Computerbenutzung mehr gibt (viele erstellte Regeln schlafen im Laufe der Zeit ein bzw. laufen in stillschweigender Einigkeit aus), erfolgt hier eine neue Abstimmung, die vor allem vermeiden soll, dass einzelne Kinder nur am Computer arbeiten.

Die nächste Woche, die zugleich die letzte Woche vor den Weihnachtsferien ist, wird von vielen Kindern zum Vorbereiten von Weihnachtsschmuck, -karten und -geschenken genutzt. Es entstehen Arbeiten mit Holz, Wachs, Papier etc. Interessant sind auch Diskussionen im Kreis, die sich mit der Existenz Gottes beschäftigen. Im Tagebuch findet sich folgender Eintrag des Lehrers:

Es ist interessant, wie sich die Kinder äußern:

Es gibt den Gott, der macht wieder Dinosaurier, wenn die Menschen ausgestorben sind, danach Weltuntergangsspekulationen.

Aber auch: Gott gibt es nicht wirklich, den stellt man sich nur vor.

Von den Weihnachtsferien bis zu den Osterferien

Am ersten Schultag nach den Ferien fragt Ines die anderen Kinder im Kreis, ob sie Schreibschrift lernen wollen. Es gibt eine allgemeine Zustimmung. Dabei entsteht die Diskussion, ob der Lehrer diesbezüglich nicht festen Unterricht durchführen sollte. Einige Kinder sind in diesem Zusammenhang für feste Sitzplätze und eine zur Tafel ausgerichtete Sitzordnung. Andere Kinder kontern. Letztendlich einigt man sich darauf, dass der Lehrer Vorlagen zum Schreibschriftschreiben bereit stellt und bezüglich des Schreibschriftschreibens ansprechbar ist, es aber keinen festen Unterricht gibt. Wohl aber entsteht kurzzeitig eine neue Sitzordnung und der Lehrer zeigt zeitweise Schreibschrift an der Tafel. In diesen Phasen wird nach Meinung des Lehrers ersichtlich, dass die beiden „verhaltensauffälligen" Kinder Mirko und Michael im herkömmlichen Unterricht nicht zu kontrollieren wären. Das Aufräumen in der Klasse klappt immer weniger gut, der Lehrer schreibt dazu in seinem Tagebuch: „Man denkt, wenn es um den eigenen Platz sauber ist, war's das."

In der zweiten Woche nach den Ferien fallen nach den negativen Erfahrungen mit Michael und Mirko mehrere Entscheidungen im Sitzkreis. Mirko wird zum Kreisleiter gewählt. Es werden jeweils zwei Kinder bestimmt, die sich um ihn und Michael kümmern sollen. Als Björn „Rausschmeißchef" werden will, wird ihm erklärt, dass ein solcher Posten nicht mehr nötig sei bzw. vom Kreisleiter mitgetragen werden kann. Aber es werden „Lernchefs" bestimmt, die von anderen Kindern angesprochen werden können, wenn ihnen Arbeitsimpulse fehlen. Im Notfall können von ihnen auch Arbeitsblätter verteilt werden. Beim Arbeiten werden vor allem Reportergeschichten geschrieben, Reime verschriftet, Zahlenmauern ausgedacht sowie ein Weltraumforschungs-Projekt und ein Kasperlestück anvisiert.

In der nächsten Woche benimmt sich Michael so vorbildlich, dass er von den Kindern im Kreis ausgiebig gelobt wird. Es finden Gespräche mit den Kindern über die Einschätzung ihrer Leistungen statt, da der Lehrer zum Halbjahr inoffizielle „Privat-Zeugnisse" ausgeben will. Aus den Geschichten, die die Kinder schreiben, kristallisiert sich „Gruseln und Monster" als Karnevalsthema heraus.

In der vierten Woche nach den Ferien lädt der gefallene Schnee zum Spielen und Forschen ein (Schmelzversuche, Temperaturmessungen etc.) – diesmal notieren sogar die meisten Kinder ihre Beobachtungen. Weil viele Kinder mit dem in der Klasse befindlichen Rechengeld umgehen wollen, wird ein „Geldchef" bestimmt. Weiterhin wird das Gruselprojekt geplant: Plastikspinnennetz, Sarg, Schminke, Mumien, Gruselmasken, Gruselessen, Gruselsachen, Gruseldisco werden als Inhalte genannt und von den Kindern meist schriftlich in Gruppen vorgeplant.

In der fünften Woche nach den Ferien arbeiten die Kinder neben den üblichen Beschäftigungen weiter an ihren Karnevalsvorbereitungen. Des Weiteren führt die Lehramtsanwärterin zwei Unterrichtsproben in der Klasse durch. Im Fach Sprache fordert sie die Kinder auf, mit „Gespensterbleistiften" eine Gespenstergeschichte zu schreiben. Im Sachunterricht arbeiten die Kinder weiter an ihren Gruselprojekten. Alle Kinder machen gut mit und die Unterrichtsproben sind erfolgreich.

In der sechsten Woche nach den Ferien gibt es im Kreis eine Diskussion über den Gebrauch von Schimpfwörtern. Dann hält der Karneval Einzug – auch durch freie Tage. In der Woche nach Karneval finden neben den üblichen Arbeiten der Kinder mit Geschichten schreiben, Kniffelaufgaben ausdenken usw. auch verschiedene Forscherprojekte statt, die meist aus der Auseinandersetzung mit Experimentierbüchern entstehen. Malaufgaben machen die Runde.

In der achten Woche nach den Ferien arbeiten die Kinder sehr ruhig und zielorientiert. Viele Kinder lassen sich Führerscheine (Einspluseins) abfragen. Harald bekommt nach Absprache mit den Eltern vom Lehrer Aufgabenblätter und einen Wochenbericht, der über sein Arbeiten in der Schule Aufschluss geben soll. Andere Kinder wollen in der Folge auch solche Blätter und Berichte haben bzw. erstellen sich welche. Justin und Natalie fallen beim Einkaufenspielen auf, sie haben noch wenig mathematische Vorstellungen. Innerhalb der Problematik bezüglich der verhaltensauffälligen Kinder Michael und Mirko entbrennt eine Diskussion, in der Kinder sagen, dass sie es schlimm finden, dass die beiden immer alles schuld sind. Es werden verschiedene vorgefallene Situationen thematisiert, und es wird dann untersucht, wer das Problem eigentlich verursacht hat. Viele Kinder argumentieren nach Meinung des Lehrers beeindruckend reflektiert.

In der neunten Woche nach den Ferien wird wieder ein Schuleschlafen geplant und das Mitbringen des Essens organisiert und notiert. Weiterhin stehen Ostervorbereitungen an, viele Kinder schreiben an den Osterhasen. Ein Pflanzen-Projekt entsteht, das zwei Kinder maßgeblich in die Hand nehmen. Samen werden mitgebracht und zum Keimen gebracht bzw. eingepflanzt. Es wird beschlossen, nur den Kindern Samen zu geben, die einen „Vertrag" zur Pflege der Pflanzen unterschreiben. Die Kinder notieren (zumindest) immer dann ihre Beobachtungen, wenn etwas mit den Pflanzen passiert. Das Schlafen in der Schule geht fast schon ganz routiniert vonstatten, es wird selbst gekocht, eine Nachtwanderung durchgeführt und ein Lagerfeuer gemacht. Ein Kind hat einen Muskelkrampf und wird abgeholt. Gefrühstückt wird diesmal ohne Eltern, was wesentlich entspannter zu sein scheint. In der folgenden Woche ist der Lehrer in das Landesinstitut abberufen und wird durch die Lehramtsanwärterin vertreten. Nach einzelnen weiteren „normalen" Schultagen sind Osterferien.

Von den Osterferien bis zu den Sommerferien

Nach den Ferien sind fast alle Kinder sehr arbeitsmotiviert – auch die beiden „lernschwachen" Kinder: Mirko kann plötzlich schreiben und lesen, Justin rechnet ganz eigenmotiviert. Auch Harald, der sonst Antriebsschwierigkeiten hat, schreibt freie

Texte. Ein paar Kinder haben die Idee, vor dem Fenster einen Klassengarten anzulegen und sprechen im Kreis ab, einen Antrag an den Schulleiter zu stellen. Sie fangen danach an, Flächen zu vermessen, Pläne zu zeichnen und den Garten zu konzipieren. Auch kommt es in Mode, Zahlreihen und Rechenaufgaben auf meterlangen Kassenrollen aufzuschreiben. Da in der anschließenden Woche die erste mehrtägige Klassenfahrt als Selbstversorger auf einem alten Bauernhof ansteht, muss auch diesbezüglich geplant werden. Unter anderem hospitiert auch JÜRGEN REICHEN auf der Durchreise nach Köln einen Vormittag in der Klasse. Auf Grund des Weggangs von Lundo und des Zugangs der neuen Kinder Irina und Eveline gibt es Gespräche darüber, wie das ist, wenn man auf eine neue Schule kommt.

In der zweiten Woche nach den Ferien wird in den ersten Tagen weiterhin gut gearbeitet, aber den beiden neuen Kindern Irina und Eveline ist es zu laut. Auf Grund der Bedenken, die auch Lutz´ und Haralds Eltern haben, wird die Lautstärke in der Klasse angesprochen. Dann findet die dreitägige Klassenfahrt sehr erfolgreich und problemlos statt. Kein Kind muss abgeholt werden und das abenteuerliche Gelände bereitet allen viel Spaß. Die beiden neuen Kinder sind direkt voll dabei.

In der dritten Woche nach den Ferien häufen sich die Hospitanten am ersten Tag sehr. Am nächsten Tag wird das Thema Lautstärke noch einmal aufgegriffen. Alle sind dafür, dass es leiser werden sollte, aber konkrete Vorschläge zum Erreichen gibt es nicht. Nach einem folgenden Feiertag ist die Arbeitsmotivation gedämpft, es wird im Klassengarten gearbeitet und einige Kinder kopieren sich Kreuzworträtsel. Auffällig ist das schwache mathematische Wissen der beiden neuen Kinder im Vergleich zu den anderen Kindern (Zehnerübergang). Harald und Lutz haben eine Idee zur Lautstärkebekämpfung und führen Störlisten, in die sie „laute" Kinder eintragen. Aber beide bekommen selbst die Kurve trotz ruhigen Arbeitens der anderen Kinder nicht.

In der vierten Woche nach den Ferien wird weiter im Klassengarten gearbeitet. Angeregt durch die Klassenfahrt wird das Thema Haus- und Nutztiere angesprochen. Einige Kinder wollen sich ein Theaterstück ausdenken, was längere Diskussionen über Rollenverteilung und Stückgestaltung nach sich zieht. Andere Kinder bereiten Sachen zum Muttertag vor. Mirko bastelt ein riesengroßes Herz, das viele Kinder sehr beeindruckt. Lutz und Harald diktieren sich gegenseitig aus dem Buch „Das kleine Gespenst". Im Sitzkreis werden Kinder ausgewählt, die sich als „Computerchefs" intensiver mit der Betreuung der Computer befassen sollen, um anderen Kindern kompliziertere Vorgänge erklären zu können.

In der fünften Woche nach den Ferien gibt es nur drei Schultage, an denen neben der Vorbereitung des Vatertages im Rahmen der Schulpraktischen Studien das Thema „Müll" thematisiert wird. In der nächsten Woche findet die Aufführung eines eigenen Kasperletheaterstücks statt und die Studierenden regen Experimente mit Eiern an. Viele Kinder lassen sich das Einsminuseins abfragen. Es wird im Kreis darüber abgestimmt, ob allen Kindern Diktattexte diktiert werden sollen, aber es meldet sich nur eine Minderheit, sodass es kein derartiges Vorgehen gibt.

In der siebten Woche nach den Ferien steht neben den üblichen Beschäftigungen der Kinder die Arbeit im Klassengarten im Vordergrund. Zusätzlich wird die Klasse von Kindergartenkindern besucht, die im nächsten Jahr eingeschult werden. Der Lehrer ist zwei Tage ins Landesinstitut abberufen und wird von der Lehramtsanwärterin vertreten. In der folgenden Woche arbeiten fast alle Kinder sehr intensiv. Einige schreiben Geschichten „am laufenden Band". Weiterhin wird viel im Klassengarten gearbeitet und eine Unterrichtsprobe erfolgreich durchgeführt, die mit dem Sortieren und Zählen von Samen zu tun hat. Außerdem finden an der Schule Bundesjugendspiele statt. In der Klasse wird verstärkt das Thema „Verhalten bei Gezanktwerden" diskutiert.

In der neunten Woche nach den Ferien findet in der Klasse viel mathematisches Knobeln statt. Das Arbeiten der Kinder erfolgt relativ leise, allerdings haben sich in der letzten Zeit immer mehr Schüler aus anderen Klassen in der Klasse eingefunden, um am Computer zu arbeiten. Diese Kinder bekommen aus Gründen der Lautstärke erst einmal Computerverbot außerhalb der Pause. Auf Grund des heißen Wetters werden vor der Klasse Tische und Bänke aufgebaut und die Regentonne dient den Kindern als Mini-Planschbecken. In den Schulpraktischen Studien fertigen die Kinder mit den Studierenden Papier an. Das regt mehrere Kinder zur eigenen Erfindung von Papiermaschinen an, die sie planen und aufzeichnen. Am Wochenende findet das Schulfest der Schule statt, das entsprechend vorbereitet wird.

Die zu dieser Zeit in der Klasse herrschende Gesprächskompetenz schildert der Lehrer im Tagebuch so:

> Die Kinder warten schon eine ganze Zeit draußen, weil Dienstbesprechung und Stufenkonferenz zusammenfallen. Man erzählt von einer Auseinandersetzung zwischen Lutz und Michael. Im Kreis wird dann strukturiert darüber gesprochen. Super! Es ist ganz leise, die Betroffenen schildern ihren Sachverhalt, sehr emotional, aber O.K. Es werden sehr reflektierte Äußerungen gemacht und man steigt auf die Äußerungen des Vorredners ein, ergänzt und schildert unter anderem Gesichtspunkt. Michael und Mirko können allerdings nicht diskutieren. Mirkos Babysprache fällt auf.

In der zehnten Woche nach den Ferien bittet der Lehrer die Kinder nach einem ihm merkwürdig vorkommenden Tag einmal aufzuschreiben, was sie u. U. momentan stört bzw. was sie ungerecht oder gemein finden. Dabei kommt aber nichts heraus, es scheint sich nur um Stimmungsschwankungen einzelner Kinder gehandelt zu haben. Weiterhin finden Gespräche mit den Kindern über ihre Schulleistungen und die Darstellung dieser im Zeugnis statt. Im Rahmen der Schulpraktischen Studien beschäftigen sich die Kinder mit dem Stromkreis und bauen Beleuchtungen für Papphäuser. Da Dominiks Mutter in der nächsten Woche mit ihrem Baby kommen will, werden Fragen gesammelt, und mehrere Kinder fangen an, darüber zu forschen, wie das mit Mann und Frau und dem Kinderkriegen funktioniert. Des Weiteren wird verstärkt mit Rechengeld gearbeitet, Sachen werden gewogen, gemessen und verkauft.

In der elften Woche nach den Ferien wird die Mutter mit dem Baby von den Kindern interviewt. Manchen Kindern ist das Zusehen beim Stillen unangenehm und sie arbeiten lieber. Zwei andere Mütter helfen bei der Arbeit im Klassengarten. Die Kinder erzählen über Menschen früher und lassen den Lehrer Geschichten vom Leben Jesu vorlesen. Innerhalb der Schulpraktischen Studien bereiten die Kinder Obstsalat aus mitgebrachten Zutaten zu. Für die Mitnahme von Büchern nach Hause werden Ausleihzettel eingeführt und ein geplanter Spielnachmittag fällt wegen Regen aus.

In der nächsten Woche gibt es nach einem gemeinsamen Jahresrückblick die ersten offiziellen Zeugnisse, ansonsten wird neben dem üblichen Arbeiten der Kinder die Klasse zur Grundreinigung in den Ferien ausgeräumt.

12.1.2 Zweites Schuljahr

Von den Sommerferien bis zu den Herbstferien

Nach den Ferien fallen besonders bei einigen schwachen Kindern größere Lernsprünge im Bereich des Rechnens und des Schreibens auf – ohne dass mit ihnen in den Ferien geübt worden wäre. Insgesamt kommen dem Lehrer die Kinder sehr arbeitsmotiviert vor. Sie beschäftigen sich dabei mit den üblichen Tätigkeiten: Geschichten schreiben, Kniffelaufgaben in Mathematik ausdenken bzw. rechnen, Bücher lesen, Sachen erforschen usw. Verschiedene Kinder bieten eigene Projekte an, wie z. B. Tiere erforschen, ein Steinmuseum gestalten, mit Holz werken, Farben untersuchen, Waffeln backen, eine Dinosaurierausstellung anfertigen. Von einigen Kindern wird das Thema „Fliegen" und „Flughafen" aufgegriffen – nicht zuletzt durch die unmittelbare Nähe des Flughafens und die Arbeit mehrerer Eltern dort. Es findet u. a. auch ein gemeinsamer Besuch des Flughafens statt. Als regelmäßige Aktion wird wieder ein gemeinsames Schlafen in der Schule durchgeführt, das von den Kindern entsprechend vorbereitet wird.

Das Arbeiten wirkt auf den Lehrer ruhiger als vor den Ferien. Auch die Treffen im Sitzkreis und die gemeinsamen Abstimmungen scheinen von den Kindern als viel selbstverständlicher angesehen zu werden als noch im ersten Schuljahr. Ein Tagebucheintrag des Lehrers zu dieser Zeit sei beispielhaft angeführt:

Harald führt den Kreis gut, alle finden etwas zu tun, Mirko macht eine Steinkiste, die er auch beschriftet. Es ist heute etwas wuseliger/unruhiger als in der letzten Woche, aber durchaus OK. Irina und Eveline bekommen den Dreh erst nach der Pause, Harald und Lutz rechnen lieber als zu schreiben. Sabine ist zunächst lustlos, aber dann rechnet sie knifflige Textaufgaben. Bodo versucht sich weiter an seiner Reihe (in den Millionen); er bittet mich, die Zahl aufzuschreiben, ich habe keine Ahnung, wie er rechnet. Björn hängt rum, Lars hat ein gute Idee, einfach ein Schlumpfbuch abzuwandeln und eine eigene Geschichte draus zu machen. Ines und Bettina schreiben wie verrückt Geschichten, Meike auch. Carlo bekommt nicht viel hin. Fedor schreibt eine gute Geschichte, Mehmet schafft nicht so viel. Justin macht sein Schreibschriftheft zu Ende. Josephina rechnet und schreibt zwei Briefe. Im Kreis nach der Pause liest Lars vor, dann fragt Harald die Runde ab. Klappt gut. Dann organisiert Bodo die Gartenkinder, die mit seiner Mutter draußen arbeiten. Alle arbeiten dann wieder an ihren Sachen. Aufräumen klappt nicht so gut. Turnen ist erst nach der zweiten Pause. Da ist es laut, viele Rollbretter und ein Fußballspiel.

Im Kreis wird eine Reflexion des Arbeitsverhaltens am Ende der Woche eingeführt, später aber wieder gelassen, da die Tagesreflexionen auszureichen scheinen. Zunehmend arbeiten die Kinder statt mit Bleistift auf Blättern lieber mit Füller in eigenen Heften, die der Lehrer zentral besorgt.

Ansonsten gibt es in diesem Schulhalbjahr einzelne Musikstunden sowie konfessionsgebundene Religionsstunden, die von Fachlehrern erteilt werden. Natalie und Björn wollen zeitweise nicht am von ihnen als sehr langweilig empfundenen Religionsunterricht teilnehmen, lassen sich aber dann doch überreden. Neben der Hospitation von Studierenden und Lehrern erfolgt im Rahmen der Verbeamtung des Lehrers auf Lebenszeit ein Besuch des zuständigen Schulamtsdirektors, der von diesem sehr positiv reflektiert wird (siehe voriges Kapitel).

Von den Herbstferien bis zu den Weihnachtsferien

Nach den Ferien gibt es Klagen von Eltern, die sich über den schlechten Umgangston beschweren, den sich einzelne Kinder angewöhnt haben. Es findet eine gemeinsame Diskussion statt, in der die Kinder die Situation gut reflektieren. Es wird aber auch klar dabei, dass verschiedene Kinder einfach von zu Hause aus einen anderen Umgangston gewohnt sind als andere. Der Kreisleiter wird gebeten, Kinder bei Schimpfwortgebrauch zu verwarnen. Inhaltlich beschäftigen sich viele Kinder mit Malaufgaben und gehen die entsprechenden Führerscheine an. Auch Geteiltaufgaben sind immer mehr gefragt.

Die Klasse nimmt geschlossen an einem städtischen Waldlauf teil, es werden Martinsfackeln konzipiert bzw. gefertigt und im Rahmen der Schulpraktischen Studien wird zusammen mit den Studierenden Brot gebacken. Auch aus den Schulpraktischen Studien ergeben sich Kindervorhaben zum Thema „Wetter", eine Gruppe von Kindern wird u. a. zum regelmäßigeren Messen und Dokumentieren anregt. Aus Tierforschungen der Kinder und Vorbereitungen der Lehramtsanwärterin, die in der Klasse eine Stunde ihres Examens durchführen möchte, entsteht das Thema „Zoo" – einschließlich eines Zoobesuchs. Die Kinder konzipieren eine Ausstellung und bereiten (Dia-)Vorträge vor, zu der sie auch andere Klassen einladen.

Weiterhin geht eine Gruppe von Kindern das Schreiben und Einproben eines eigenen Theaterstücks an, das aber auf Grund zu vieler Akteure und einer gewissen Planlosigkeit nicht gut ankommt. Im Musikunterricht bereitet die Musiklehrerin mit den Kindern eine Schattenspielaufführung von „Peter und der Wolf" vor. Zum entsprechenden Zeitpunkt werden Vorbereitungen für Weihnachten getroffen, die Kinder backen Plätzchen und basteln Karten, Geschenke und auch Schmuck für den in der Klasse aufgestellten Weihnachtsbaum. Eine große Weihnachtsfeier für Eltern und Verwandte wird von ihnen organisiert. In diesem Zusammenhang entstehen mehrere neue Theaterprojekte, die sich zum Teil an Kurzgeschichten anlehnen, zum Teil aber auch frei gestaltet werden. Requisiten und Kostüme werden besorgt bzw. gebastelt.

Neben anderen Hospitanten besucht auch ein offenen Unterrichtsformen gegenüber sehr kritisch eingestellter Professor der Universität Köln die Klasse, der dem Lehrer in der Folge eine positive Rückmeldung zur Eigenaktivität und dem sozialen Umgang der Kinder gibt.

Von den Weihnachtsferien bis zu den Osterferien

Direkt nach den Ferien gibt es eine wichtige Diskussion über Möglichkeiten, mit dem hyperaktiven und verhaltensauffälligen Michael in der Klasse umzugehen, da auch der Lehrer nicht mehr weiß, ob dessen Verhalten der Klasse weiterhin zumutbar ist. Inhaltlich steht neben den gängigen Arbeiten der Kinder zunächst vor allem das Abfragen der Kopfrechen-Führerscheine im Vordergrund. Des Weiteren werden die anstehenden (inoffiziellen) Zeugnisbeurteilungen in Einzel- und Klassengesprächen verabredet.

Im zweiten Schulhalbjahr erfolgt der Religionsunterricht nach Absprache mit den Eltern ökumenisch sowohl als Einzelstunde einer Fachlehrerin als auch in den Offenen Unterricht integriert. Statt eines festen Musikunterrichts wird eine Flöten-Arbeitsgemeinschaft organisiert, an der ein Großteil der Kinder auf Dauer teilnimmt. Teilweise unterrichten sich die Kinder auch außerhalb der dafür vorgesehenen Zeiten gegenseitig. Im Sportunterricht erfolgt zeitweise ein gemeinsames (doppelt langes) Turnen mit einer anderen Klasse.

Das Überarbeiten von Texten mit Hilfe des Wörterbuchs kommt in Mode und teilweise greifen die Kinder die Idee des Lehrers auf, die im Kreis vorgelesenen Geschichten mitzuspielen. Diese Idee verläuft allerdings recht schnell im Sande. Hingegen werden wieder Theaterstücke im Keller geprobt, mit Kulissen und Requisiten gestaltet und der eigenen und anderen Klassen vorgeführt. Es wird verstärkt mit Holz gewerkt, weiter im Garten gearbeitet und es entstehen Konstruktionen für Fallschirme und Flöße. Die Vorbereitungen für Karneval nehmen mit Ideen für eine Klassendisco Gestalt an. Während der Pausen sind zu dieser Zeit Probeschminken und Tanzproben für das Lied „Macarena" angesagt. Ein viertes Schuljahr lädt die Kinder zu ihrem Ritterprojekt ein, das einzelne Kinder dann in der Klasse aufgreifen bzw. fortführen. Ein Theaterstück des „Knirpstheaters" zum Thema sexueller Missbrauch wird in der benachbarten Schule aufgeführt und besucht.

In den Schulpraktischen Studien behandeln die Studierenden u. a. das Thema Fernsehen. Beim Nachrechnen ihres Fernsehkonsums bekommen die Kinder heraus, dass im Durchschnitt über zwei Stunden am Tag und bis zu fünf Stunden am Wochenende ferngesehen wird. Eine andere Gruppe von Studierenden erstellt eine Sinnes-Werkstatt und regt die Kinder dadurch auch zu eigenen Forschungen über den menschlichen Körper an. Zusätzlich werden Experimente aus der Werkstatt aufgegriffen und entwickeln sich zu Vorhaben einzelner Kinder weiter (Bechertelefon – Nachrichtenübertragung). Zur Reflexion der Kinder in Bezug auf die Werkstatt der Studierenden notiert der Lehrer in seinem Tagebuch:

> Nach der Pause treffen wir uns im Kreis. Die Studenten fragen danach, wie die Werkstatt aufgenommen worden ist. Die Antworten der Kinder sind sehr subjektiv, keine große Hilfe zur weiteren Planung – aber warum sollten die Kinder darin besser sein als die Lehrer?

Im Hinblick auf die unterrichtlichen Strukturen werden verschiedene Varianten von Aufräumregeln und -diensten erprobt und es gibt eine Reflexion der Arbeitslautstärke in der Klasse. Was den Kindern laut vorkommt, ist vor allem das Einberufen des Kreises und die Pause. Auch die Kinder, die sich selbst bzw. deren Eltern sich zeitweise über eine zu hohe Lautstärke beschwert haben, finden die momentane Arbeitsruhe gut.

Von den Osterferien bis zu den Sommerferien

Nach den Ferien entstehen vor allem bei Kindern, denen das Schreiben nicht leicht fällt, verschiedene neue Ideen für Texte und Geschichten. Neben Reportagen und „3-Fragezeichen-Geschichten" werden auch Frühlingsgeschichten und –gedichte verschriftet. Große halbschriftlich zu rechnende Aufgaben verbreiten sich weiter und viele Kinder lassen sich Kopfrechnen-Führerscheine abfragen.

Es gibt Ideen für Erfindungen, die dann aufgezeichnet und technisch beschrieben werden (z. B. das „Hebelgesetz" usw.). Die Arbeit im Klassengarten wird wieder organisiert und es bilden sich Gruppen, die vertieft zu Pflanzen forschen. Es gibt Ausflüge in den Wald und es entsteht eine Ausstellung mit Blättern, Pflanzen und anderen Naturmaterialien etc. Es bilden sich Musikgruppen, die sich Musik- bzw. Geräuschstücke mit Orff'schen Instrumenten ausdenken, diese notieren und vorspielen. Im Rahmen des klasseninternen Religionsunterrichts werden die katholische und die evangelische Kirche des Ortes sowie die Moschee der Stadt besichtigt. Neben dem üblichen freien Turnunterricht erfolgt die Abnahme des Sportabzeichens.

Die Studierenden richten innerhalb der Schulpraktischen Studien eine Fahrrad-Werkstatt und einen Fahrrad-TÜV ein und führen mit den Kindern einen Fahrrad-Parcours durch. Bei der Verkehrserziehung ist der Lehrer erstaunt, wie subjektiv die Kinder doch noch Verkehrszusammenhänge wahrnehmen. Eine andere Gruppe von Studierenden stellt mit den Kindern geometrische Formen und Körper her. Mutter- und Vatertagsgeschenke werden gebastelt.

Im Kreis gibt es u. a. Überlegungen, wie man Justin beim Lernen unterstützen kann. Man einigt sich schließlich darauf, ihm Angebote zu machen, aber dann muss er schon selber sehen, wie er zurecht kommt. Als Michael und Steven nach einem Streit früher von einem Ausflug alleine in die Schule zurück gehen, gibt es mehrere Klassenbesprechungen. Die Kinder diskutieren und stimmen dann Strafen ab (Turnverbot, Computerverbot, Strafzettel, Nachsitzen und Aufräumdienst). Die Entscheidung fällt zunächst auf das Nachsitzen, wird aber später wieder revidiert, da die Kinder es „Quatsch finden", Schule als Strafe zu gebrauchen. Zum Ende des Schuljahres hat der Lehrer den Eindruck, dass immer weniger gemeinsame Regeln beachtet werden. Der Lehrer wird zum ersten Mal von den Kindern zum Kreisleiter gewählt.

Vor den Ferien gibt es die üblichen Zeugnisbesprechungen zwischen Kind und Lehrer bzw. mit der ganzen Klasse. Des Weiteren wird eine dreitägige Klassenfahrt mit Selbstverpflegung auf einen Ponyhof organisiert und durchgeführt. U. a. ergeben sich dadurch erste Erfahrungen mit Himmelsrichtungen und dem Lesen von Karten.

12.1.3 Drittes Schuljahr

Von den Sommerferien bis zu den Herbstferien

Nach den Ferien legen die Kinder direkt mit vielen Aktivitäten los. Angeregt durch verschiedenste Souvenirs und Mitbringsel sind vor allem fremde Länder ein Thema. Es werden Vorträge konzipiert, Ausstellungen vorbereitet sowie Karten gemalt und abgepaust. Es entstehen Forschergruppen, die sich mit Solartechnik und Stromerzeugung befassen. Zeitweise drückt die große Hitze die Arbeitsmotivation. Michael ist in den Sommerferien ins Krankenhaus gekommen und kommt erst einen Monat später (zunächst im Rollstuhl) wieder in die Schule – heiß ersehnt von den anderen Kindern.

Die Kinder haben statt des Sportunterrichts in der Turnhalle im ersten Schulhalbjahr Schwimmunterricht bei Fachlehrern. Auch der Religionslehrer wechselt, aber es kann weiter ökumenisch im Klassenverband unterrichtet werden. Der neue Lehrer kommt gut an. Das Thema „Samen", das er mit den Kindern behandelt, führt zu Forschungen über Korn, Mehl und Brot bzw. Landwirtschaft früher. Einzelne Kinder bringen alte Familienfotos mit landwirtschaftlichen Geräten etc. mit. Es findet ein Besuch in der Bäckerei statt. Im Rahmen des in der Nähe der Schule entstehenden Projektes „Hotel Europa" des Aktionskünstlers HA SCHULT erfolgt der Besuch einer seiner Ausstellungen, was eine tätige Auseinandersetzung mit Moderner Kunst nach sich zieht. Das Schulfest der Schule wird als Sport- und Spielfest vorbereitet und es gibt erste Vorübungen für die Radfahrprüfung im nächsten Schuljahr, die gut von den Kindern gemeistert werden. Ein Grillfest mit den Eltern mit anschließendem Schlafen in der Schule wird organisiert und durchgeführt.

Von den Kindern werden immer mehr Forschervorträge erstellt und im Kreis reflektiert, sodass immer differenziertere Ansprüche an die Vorträge entstehen. Einige

Kinder fangen an, sich gegenseitig Diktattexte zu diktieren, anstatt frei zu schreiben. Das Teilen mit Rest wird im Kreis thematisiert. Durch den nach den Herbstferien beabsichtigten Besuch einer „Mitmach-Ausstellung" auf dem Schiff „Wasserfloh" wird das Thema Wasser vom Lehramtsanwärter aufgegriffen und es entstehen verschiedene kleine Vorhaben bei den Kindern.

Von den Herbstferien bis zu den Weihnachtsferien

Nach den Ferien findet der Besuch auf der „Wasserfloh-Ausstellung" statt und zieht weiteres Forschen zum Thema nach sich – innerhalb eigener Aktivitäten der Kinder als auch zusammen mit dem Lehramtsanwärter oder mit den Studierenden (vom Wasserkreislauf bis zur Wasserversorgung). Unter anderem angeregt durch das Thema „Wassermangel" forschen Kinder über Afrika bzw. Entwicklungsländer und es wird ein Ausflug in ein Missionsmuseum für Völker und Kulturen organisiert.

Das Theaterstück „Jim Knopf" wird demnächst im Bürgerhaus der Stadt aufgeführt, woraufhin beschlossen wird, dass die Kinder sich gegenseitig die Kapitel des Buchs in einer Zusammenfassung vorstellen. Teilweise ergeben sich dabei spannende Diskussionen über technische Zusammenhänge, Luftspiegelungen usw. Es entstehen wieder Theatergruppen, in denen Kinder eigene Stücke schreiben, die sie dann im Keller einstudieren und aufführen. Ansonsten erfolgt das übliche Basteln der Martinslaternen und die Teilnahme am städtischen Waldlauf. Vor Weihnachten führt der Lehramtsanwärter ein kleines Projekt zu „Palästina zur Zeit Jesu" durch, es wird eine palästinensische Stadt aus Ton gebaut und Weihnachtsbräuche in anderen Ländern werden thematisiert. Ansonsten gibt es die üblichen Vorbereitungen für Weihnachtsgeschenke sowie eine Weihnachtsfeier mit den Eltern.

Inhaltlich kommt neben den Vorträgen, Geschichten und mathematischen Kniffelaufgaben das große Einmaleins in Mode. Auch am gegenseitigen Diktieren von Texten versuchen sich zeitweise mehr Kinder, vor allem reizt hier wahrscheinlich die Möglichkeit, Texte nach ein bisschen Üben fehlerfrei schreiben zu können. Das Vorgehen setzt sich aber nicht auf breiter Basis durch, da die zur Verfügung gestellten Diktattexte und das Wörterüben von den meisten Kindern als langweilig empfunden werden. Ein paar Kinder wie Fedor, Mahmud, Harald und Lutz diktieren sich aber weiterhin zeitweise lieber Texte als frei zu schreiben.

Es gibt verschiedene Versuche, die Kreistreffen umzugestalten. So gibt es eine Phase, in der ganz bzw. weitgehend auf gemeinsame Kreistreffen verzichtet wird und nur Treffen als Angebote (Vorlesekreis etc.) stattfinden. Das klappt zwar zeitweise, aber nicht auf Dauer, sodass man beschließt, sich doch wieder regelmäßig zu treffen. Ungefähr zu diesem Zeitpunkt gibt es auch die erste und einzige harte Maßnahme, die von den Kindern ergriffen wird, als drei Jungen über mehrere Tage schlecht drauf sind und das Arbeiten der anderen stören. Es wird abgestimmt, ob diese Kinder nicht lieber zu Hause bleiben sollten, wenn sie in der Schule sowieso nicht arbeiten wollen. Das wirkt auf alle drei Kinder sehr aufrüttelnd. Zu einem anderen Zeitpunkt schlägt ein Mädchen vor, die Tische doch in frontal ausgerichteten Bankreihen aufzustellen, der Vorschlag wird aber mit großer Mehrheit abgelehnt.

Von den Weihnachtsferien bis zu den Osterferien

Nach den Ferien hat der Lehrer den Eindruck eines arbeitsmotivierten Starts der Kinder. Neben anderen Forschungsvorhaben spielen in der Klasse vor allem geschichtliche Themen eine Rolle (Entwicklung der Erde, Steinzeit, Römer, Mittelalter, 2. Weltkrieg etc.). Im Rahmen der schulpraktischen Studien bieten die Studierenden Sachen rund um die „Post" an. Es werden Briefe geschrieben und adressiert, Postsendungen gemessen, gewogen und frankiert, Postverteilungsnetz und Zustellung besprochen.

Vor den Halbjahreszeugnissen finden die gewohnten Einzel- und Klassenbesprechungen statt, bei denen es diesmal auch um Benotung geht, obwohl nach Beschluss der Klassen- und Schulpflegschaft in der Klasse offiziell noch keine Noten gegeben werden müssen. In der letzten Woche vor den Zeugnissen simulieren Lehrer und Lehramtsanwärter den Unterricht in der weiterführenden Schule, indem sie Unterrichtsstunden in Mathematik, Deutsch, Englisch, Latein, Physik, Chemie, Biologie, Erdkunde, Geschichte, Politik, Kunst, Musik und Religion durchführen. Die Resonanz der Kinder ist gut, es gibt nur individuelle Vorlieben für bestimmte Fächer, keine generelle Kritik oder etwa Verweigerung o. Ä. Der Lehrer ist erstaunt über die rege Beteiligung und die Eigeninitiative, Sachen mitzuschreiben.

Im zweiten Halbjahr beschäftigen sich immer mehr Kinder mit der schriftlichen Addition und Subtraktion, da sie das halbschriftliche Addieren und Subtrahieren problemlos auch mit großen Zahlen beherrschen. Im Rahmen seiner Examensarbeit führt der Lehramtsanwärter ein Projekt zum Thema „Indianer" durch, innerhalb dessen sich die Kinder mit verschiedensten, von ihnen gewählten Themen befassen und dazu Vorträge ausarbeiten oder Sachen anfertigen. In dieses Projekt werden auch andere Aktivitäten wie die Karnevalsvorbereitung und das übliche Schlafen in der Schule integriert (letzteres u. a. als Zelten vor der Klasse). Außerdem erfolgt eine Exkursion in ein völkerkundliches Museum, bei der sich viele Kinder erstaunlich gut auf das eigene Forschen und Notieren einlassen.

Von den Osterferien bis zu den Sommerferien

Eine Praktikantin, die im ersten Schuljahr schon einmal in der Klasse war, hat vor ihrer Festeinstellung Zeit und möchte mit den Kindern Musik machen. Man einigt sich auf ein Musicalvorhaben zur Geschichte von „Tabaluga" und organisiert eine große Aufführung mit Kulissenbau, Ton- und Lichttechnik, Chor- und Sologesang sowie szenischer Umsetzung. Es gibt mehrere erfolgreiche Vorführungen, eine davon zusammen mit einem Grillfest der Eltern.

Des Weiteren wird eine einwöchige Klassenfahrt in ein Waldjugendlager geplant, vorbereitet und erfolgreich durchgeführt. Angeregt durch die Klassenfahrt bzw. das Orientieren in der freien Natur greifen die Studierenden in ihren Schulpraktischen Studien das Thema „Kartenkunde" auf und entwickeln mit den Kindern eigene Karten bzw. organisieren eine Exkursion, bei der die Kinder sich in unbekanntem Gebiet alleine mit der Karte orientieren müssen. Zum Schuljahresende finden die üblichen Einzel- und Klassengespräche zur Leistungsbeurteilung statt und das Schulfest wird vorbereitet.

12.1.4 Viertes Schuljahr

Von den Sommerferien bis zu den Herbstferien

Nach den Sommerferien entsteht ein gemeinsames Projekt der Kinder, in welchem sie in Gruppen zu bestimmten (meist europäischen) Ländern arbeiten und sich die Ergebnisse dann in der Form von Ausstellungen, Vorträgen oder anderen Aktionen (Kochen, Sprachen lernen, Musik hören etc.) vorstellen.

Des Weiteren wird eine einwöchige Klassenfahrt als Fahrradtour entlang des Rheins geplant und vorbereitet. Neben Radfahrübungen, Fahrrad-TÜV und Verkehrserziehung wird in diesem Zusammenhang das Thema „Der Rhein" vertieft behandelt. In dieser Phase gibt es neben Vorträgen von Kindern auch Stunden gemeinsamen Unterrichts, auch deshalb, weil zu dieser Zeit verstärkt Gespräche über die Wahl der weiterführenden Schule stattfinden und die Kinder entsprechenden „anderen" Unterricht erleben wollen. Dabei werden Dias und Filme über den Rhein angesehen, Sagen und Legenden gelesen, besprochen, nacherzählt und selbst erfunden. Daraus entsteht später wiederum ein Projekt zum Thema „Mittelalter", zu dem alle Kinder einen von ihnen ausgedachten und ausgearbeiteten Beitrag (Ritter, Burgen, Leben im Mittelalter etc.) einbringen. Auf der Klassenfahrt können dann viele der Stellen aus den Sagen besichtigt werden, außerdem werden mehrere Burgen und andere Denkmäler besucht. Die Unterbringung erfolgt in am Rhein gelegenen Jugendherbergen.

Im Bereich Mathematik zeichnen viele Kinder geometrische Muster und beschäftigen sich näher mit dem halbschriftlichen Dividieren. Im Rahmen der Vorbereitung seiner Examenslehrprobe in der Klasse bietet der Lehramtsanwärter eine Werkstatt mit strategieorientierten Aufgaben zur Denkschulung an. Im Bereich Kunst beschäftigen sich viele Kinder mit Bildbetrachtungen und machen eigene Versuche zum Verfremden von Bildern. Im Bereich Musik ist neben dem üblichen Flötenspielen vor allem das Spielen mit dem Xylophon angesagt.

Zeitweise wird mit den Kindern in Einzel- oder Klassengesprächen über ihren Wunsch in Bezug auf die weiterführenden Schule gesprochen – und es erfolgt diesbezüglich eine Reflexion ihrer Leistungen.

Von den Herbstferien bis zu den Weihnachtsferien

Nach den Ferien führt der Lehramtsanwärter seine Prüfungsstunde in der Denkschul-Werkstatt sehr erfolgreich durch. Viele Kinder arbeiten auch später noch in der Werkstatt. Ansonsten entstehen verstärkt Rechengeschichten und Text- und Sachaufgaben mit großen Zahlen – auch in Anlehnung an vorgegebene Aufgaben. Dabei werden auch Größen und Maßeinheiten thematisiert. Im Zusammenhang mit dem jährlichen Bau der Martinslaternen einigt man sich in der Klasse nach einem Probebau darauf, aus Regenbogenpapier verschiedene geometrische Körper als Laternen zu bauen. So werden Körpernetze für verschiedene Körper entwickelt (Zylinder, Tetraeder, Pyramide, Würfel, Quader u. a. Polyeder).

Im Bereich der Textproduktion kommt durch ein an einem städtischen Gymnasium aufgeführtes Theaterstück „Der Prozess gegen Hänsel und Gretel" das Parodieren von Märchen in Mode. Ein Ausflug in ein Museum mit Ausstellungen zur Modernen Kunst, in dem auch praktisch gearbeitet werden kann, führt zum Malen und Plastizieren von großen und kleinen Nana-Figuren nach NIKI DE SAINT PHALLE.

Im Rahmen der üblichen Forschervorträge entsteht ein Projekt zum menschlichen Körper, bei dem sich alle Schüler mit einem bestimmten damit zusammenhängenden Thema befassen, es aufbereiten und präsentieren. Dabei werden sehr beeindruckende Vorträge verfasst, zum Teil unter Verwendung von Modellen und anderen Materialien, die sich die Kinder selbst besorgen oder anfertigen.

Ansonsten wird der jährlich stattfindende Waldlauf besucht, die Weihnachtsfeier vorbereitet und das übliche Schlafen in der Schule organisiert und durchgeführt. Weiterhin finden Beratungsgespräche mit Kindern und Eltern in Bezug auf die Wahl der weiterführenden Schule statt.

Von den Weihnachtsferien bis zu den Osterferien

Nach den Weihnachtsferien finden zusätzlich zu den Überlegungen vor den Ferien die üblichen Einzel- und Klassenbesprechungen für die Gutachten statt. Nach dem Jahresbeginn kommen Forschungen zum Thema „Zeit" auf, die sich schnell mit dem Thema „Weltraum" vermischen. Dabei geht es um die Stellung der Planeten, um Tag und Nacht, die Entstehung der Jahreszeiten, verschiedene Arten von Kalendern (geschichtlich und geographisch) usw.

In Mathematik beschäftigen sich immer mehr Kinder mit der schriftlichen Multiplikation und Division, nachdem sie auch große Aufgaben halbschriftlich lösen können. Weiterhin gibt es in der Klasse Kopfrechnen-Wettbewerbe für das Kleine und Große Einmaleins sowie das Kleine Einsdurcheins.

Da das Thema „Verliebtsein" in der Klasse eine immer größere Rolle spielt, einigt man sich darauf, das Buch „Ben liebt Anna" gemeinsam zu lesen und darüber zu sprechen. In diesem Zusammenhang entstehen Gespräche über Liebe und Verliebtsein, aber auch über das Leben als Ausländer in einem Land, über Arbeitslosigkeit und in der Folge davon über Umweltschutz, Gerechtigkeit etc.

Der Religionsunterricht findet neben der üblichen Integration in den Unterricht vor allem in der Form zweier vorösterlicher Projektwochen statt, in der sich die Kinder mit dem Thema „Tod, Trauer, Auferstehen" beschäftigen. Es gibt Exkursionen zum Friedhof und zum Bestatter. Auch werden in diesem Zusammenhang religiöse Bilder von REGLINDIS AGETHEN betrachtet und von den Kindern mündlich und schriftlich interpretiert. Weiterhin findet vor den Ferien ein Besuch der Stadtbücherei statt, der von den Kindern zur (kräftigen) Ausleihe von Büchern genutzt wird.

Von den Osterferien bis zu den Sommerferien

Nach den Ferien findet eine Hospitation der gesamten Klasse am nahe gelegenen Gymnasium statt, um den Kindern einen Eindruck von der Größe und dem Unterricht der weiterführenden Schule zu ermöglichen. Es gibt mehrere Übungen zur Radfahrprüfung, die schließlich sehr erfolgreich mit dem Bestehen aller Kinder durchgeführt wird. Außerdem entsteht in der Klasse so etwas wie ein „Vortragsfieber", alle Kinder wollen noch vor Schuljahresende zu verschiedensten Themen Vorträge halten (vom 2. Weltkrieg über das alte Ägypten bis hin zu bestimmten Tieren).

Der Kunstunterricht wird als mehrwöchiges Kunstprojekt gestaltet, innerhalb dessen den Kindern verschiedenste Materialien und Farben zum Malen und Plastizieren zur Verfügung stehen. Im Rahmen der Schulpraktischen Studien wird Papier marmoriert und danach die Dichte von Flüssigkeiten untersucht. An das Kunstprojekt schließt sich einige Wochen später ein Musikprojekt an, innerhalb dessen die Kinder sich gegenseitig verschiedene Instrumente vorstellen, Hörbeispiele liefern und die akustische Tonerzeugung thematisieren. Musikstücke von der Klassik bis zur Rockmusik werden angehört sowie analysiert und es findet ein Besuch mit Instrumentenerkundung bei einer Rockband statt.

Zum Ende des Schuljahres führt der Lehrer noch einen „Crashkurs" bezüglich grammatikalischen Grundwissens durch und bespricht mit den Kindern in Einzel- und Klassengesprächen die Zeugnisnoten, bevor die Klasse noch eine weitere Klassenfahrt als Abschlussfahrt angeht – wieder in das Waldjugendlager, in dem sie im dritten Schuljahr schon einmal war. Die Abschlussfeier schließlich wird von den Kinder mit Hilfe einzelner Eltern als Überraschung für den Lehrer eigenverantwortlich als beeindruckende Zirkusvorstellung gestaltet.

12.2 Die Entwicklung des Arbeits-, Sozial- und Lernverhaltens auf Klassenebene

Im Folgenden soll die Entwicklung im Bereich des Arbeits- und Sozialverhaltens auf Klassenebene grob nachgezeichnet werden. Als Grundlage dienen dabei vor allem die zum jeweiligen Zeitpunkt erstellten Informationsschreiben des Lehrers bzw. seine Protokolle zur Klassenpflegschaftssitzung. Dabei werden die Einschätzungen der Leistungen der Kinder auf Klassenebene so wiedergegeben, wie der Lehrer sie damals wahrgenommen bzw. den Eltern geschildert hat. Eine differenziertere Auswertung ist erst im Rahmen dieser Arbeit erfolgt (s. u.). An der zeitlichen Verteilung der Schreiben ist auch zu erkennen, dass dem Lehrer eine Rückmeldung zum Klassengeschehen und zum Leistungsstand vor allem in der Anfangsphase wichtig erschien. Dies lag u. a. daran, dass sich das Arbeiten der Kinder in der Klasse mit der Zeit immer besser entwickelte und das Konzept durch diese positive Entwicklung immer weniger unter Rechenschaftsdruck stand.

Zusätzlich zur Beschreibung der angesprochenen Entwicklungen können die Dokumente auch als Beispiel für den Schreib- und Kommunikationsstil dienen, den der Lehrer innerhalb seiner Rückmeldungen an die Eltern gepflegt hat. Aus diesem Grunde werden die Dokumente weitgehend im Originaltext belassen. Die folgenden Zitatstellen sind immer dem vom Lehrer zum jeweiligen Zeitpunkt erstellten Sitzungsprotokoll entnommen, das gleichzeitig als generelles Informationsschreiben diente.

12.2.1 Erstes Schuljahr

Dass dem Lehrer eine umfassende Information der Eltern wichtig war, lässt sich u. a. an den vor der Einschulung durchgeführten Einzelgesprächen mit Eltern und Kindern ablesen. Auch findet schon vor dem Schulbeginn der Kinder die erste Klassenpflegschaftssitzung statt, eine zweite in der zweiten Schulwoche, eine dritte nach einem weiteren Monat. Während der Lehrer in den ersten Sitzungen vor allem versucht, den Eltern das Konzept allgemein- und fachdidaktisch zu erklären, gibt er bei der dritten Sitzung im Herbst des ersten Schuljahres eine erste Einschätzung der Entwicklung der Kinder bzw. der Strukturen in der Klasse.

Der Lehrer weist die Eltern auf den guten Leistungsstand der Klasse hin, betont aber auch die hohen Anforderungen, die sich für einzelne Kinder konzeptbedingt durch den verlangten hohen Grad an Eigenmotivation ergeben. Die Menge der Kinder, die nach den ersten Wochen Schule mit dem selbstgesteuerten Arbeiten relativ problemlos umgehen, schätzt er auf ungefähr 50-60%, den Anteil der Kinder, denen dies eher schwer fällt, auf rund 20-25%:

> Durch Individualisierung relativ „hoher" Leistungsstand aller Kinder, verhältnismäßig hohe Grundmotivation vieler Kinder. Teilweise zu hohe Anforderung an die (sehr abstrakte) Eigenmotivation der Kinder (z. B. beim Schreibenlernen).

Bei der Hälfte bis zwei Dritteln der Kinder guter Umgang mit dem eigenverantwortlichen Lernen in der Schule und zu Hause. Ein Viertel bis ein Fünftel der Kinder arbeitet unregelmäßiger bzw. stellt für sich das schulische Lernen nicht in den Vordergrund. Einige Kinder brauchen noch mehr Halt und Kontrolle bzgl. der eigenen (Haus-)Aufgaben.

Auch gibt er eine positive Rückmeldung in Bezug auf den Umgang der Kinder miteinander, weist aber darauf hin, dass die Regelfindung ohne Lehrervorgaben bzw. die gemeinsamen Kreistreffen für viele Kinder nicht attraktiv ist, da sie eher sich selbst als die Belange der Gemeinschaft im Blick haben:

Durch die offene Gestaltung der Klasse eine hohe gegenseitige Kontaktaufnahme aller Kinder (!), es scheint, als ob kein Kind eine Außenseiterposition innehat (auch nicht die auffälligeren Kinder) oder sich in sich zurückzieht. Das so wichtige gegenseitige Helfen (ohne Vorsagen) steckt leider noch ganz am Anfang. Gegenseitige Verantwortung für Lernen und Lernatmosphäre überfordert einige Kinder (noch egozentrisches, unreflektierendes Verhalten und Austesten der Grenzen). Gemeinsame Regelbildung/Regeleinhaltung ist oft uninteressant bzw. fällt noch schwer, dadurch zeitweise „Chaos", fehlende Arbeitsruhe, wenig Verantwortung für das Aufräumen und sehr hohe Anforderungen an die Frustrationstoleranz der Beteiligten. Die „Klassenkonferenz" ist entsprechend (noch?) zu unattraktiv.

Einige Anfangsschwierigkeiten bzgl. der offenen Lernsituation haben sich ganz von selbst gelöst (sie nehmen aber trotzdem irgendwie noch nicht merklich ab, was wahrscheinlich an der offenen Situation liegt, bei der leider nichts unter den Teppich gekehrt werden kann.). Die Offenheit und der Wunsch, situativ richtig zu reagieren, reduziert bzw. verlagert die Möglichkeiten der Lehrerintervention.

Zum Schluss versucht er sogar die Zwiespältigkeit seiner eigenen Gedanken und Verhaltensweisen darzustellen, wenn er den Verzicht auf Lehrervorgaben anspricht:

Tageweise ganz toller, von den Kindern weitgehend selbst getragener „Unterricht" mit einer sehr hohen Aktivität, Zusammenarbeit, gegenseitigen Anregung, Austausch etc. Oft ein (verständlicher) Motivations- oder Lerneinbruch nach 2 Stunden Lernen. Die permanente Gretchenfrage für den Lehrer: Beschäftigungsangebote machen oder aber weiter primär auf die Kinder setzen?

Die nächste Klassenpflegschaftssitzung findet Mitte des ersten Schuljahres statt. Der Lehrer hat das Gefühl, dass sich das Warten auf die Selbstständigkeit der Kinder gelohnt hat. Sie haben die Verantwortung für den Tagesablauf immer mehr angenommen und die als wichtig erachteten Regelstrukturen bzw. Institutionen und Ämter gemeinsam ins Leben gerufen. Nur einzelne Kinder sind an den gemeinsamen Treffen (noch) nicht durchgehend interessiert:

Nach den Ferien ist der Knoten geplatzt. Die Kinder fühlen sich für den Ablauf und die Organisation in der Klasse zunehmend verantwortlich. Der Kreis klappt jetzt meist toll, die gelassenen Nerven zeigen endlich ihre Ernte. Es werden eigene Bedürfnisse vorgetragen, es entstehen laufend Lösungen für Probleme (z. B. durch die Berufung neuer „Chef's"). Die Abstimmung ist demokratisch, man bringt Argumente vor und hört zu. Für eine erste Klasse meist ganz tolle Diskussionen, von den Kindern durch eingeführte Gesprächsregeln weitgehend selbst gesteuert und organisiert. Tolle, mitfühlsame, reflektierende, verständige Kinder. Macht richtig Spaß. Großes Durchhaltevermögen der meisten Kinder (stellenweise bis über eine Stunde!). Zwei bis drei Kindern fällt die ständige Teilnahme am Kreis schwer, aber auch hier steigt das Interesse, immer mehr mitzumachen. In die Regelbildung und Klassenaktionen sind sie integriert.

Durch das praktizierte offene Unterrichtsprinzip wird nach der Schulanfangsphase schnell das unterschiedliche Niveau deutlich, auf dem die Kinder arbeiten:

Die praktizierte Differenzierung scheint relativ ehrlich Leistungen widerzuspiegeln. Der Unterschied der Kinder liegt zwischen „gerade angefangen zu rechnen und zu schreiben" bis hin zu „Stand 2. Schuljahr". Trotz zeitweisen Methoden-, Material- und Organisationsungereimtheiten ein durchweg erfolgreiches Halbjahr: 14 Kinder schreiben schon gut, 5 fast, 3 weniger; der größte Teil liest anfänglich, im Rechnen haben 3 Kinder noch Probleme. Es ergibt sich bislang ein durchaus guter Klassendurchschnitt.

Auch in dieser Rückmeldung an die Eltern versucht der Lehrer zum Schluss wieder auf die generelle Problematik hinzuweisen, vor der er tagtäglich beim Zulassen des offenen Arbeitens und den Verzicht auf Vorgaben steht. Er sieht aber in reproduktiven Aufgabenstellungen keine Alternative zum selbstgesteuerten Arbeiten der Kinder:

Trotzdem immer noch tageweise Antriebsprobleme einiger Kinder. Die Gratwanderung zwischen notwendigem Druck und pädagogisch sinnvoller Freiheit ist oft nicht einfach zu vollziehen. Zudem ergeben sich teilweise Probleme, sinnvolles Material bereitzustellen. (Abschreiben ist keine Alternative zu „Selbstschreiben").

Nach den Osterferien reflektiert der Lehrer die Entwicklung der Klasse in seinem Protokoll weiterhin positiv und weist u. a. darauf hin, dass die Lernentwicklung der Kinder nicht unbedingt etwas mit direkter Arbeitstätigkeit zu tun hat:

Allgemein sehr gutes Klima nach den Ferien, mal sehen, ob wir es halten können.

Lernsprünge bei vielen Kindern in den Ferien (auch ohne Lernen! Ich habe nachgefragt!) Das sollte uns und unserem Bild von Schule zu denken geben! Wie und wo lernen Kinder am besten?

Alle können schreiben, einige sind schon dabei, die ersten Rechtschreibregeln individuell für sich umzusetzen. Lautgetreues Schreiben ist fast kein Problem mehr (nunmehr tagesformabhängig). Rechnen ist eh O.K. Zahlvorstellung und Rechnen im Zwanzigerraum nimmt auch bei den drei schwächeren Kindern Gestalt an.

Die Bedenken, die sich auf Elternseite nach der zusätzlichen Aufnahme zweier eigentlich für die Sonderschule vorgesehener Kinder im Hinblick auf die Gesamtzahl der zu integrierenden Kinder ergeben, werden u. a. aus einem Schreiben des Pflegschaftsvorsitzenden an den Schulleiter ersichtlich, das dieser in Absprache mit dem Klassenlehrer erstellt hat. (In diesem Schreiben geht es vor allem darum, die bisherige Praxis der Zuweisung neuer Schüler nach der Art der Schreibschrift, die sie erlernt haben, in Frage zu stellen. Der entsprechende Abschnitt wird hier nicht wiedergegeben, da er im hier thematisierten Zusammenhang unwichtig erscheint):

In Folge einer entsprechenden Diskussion auf unserer letzten Klassenpflegschaftssitzung möchten wir Ihnen kurz unsere Meinung zur organisatorischen Situation der Klasse 1e darstellen. Vielleicht können Sie unsere Stellungnahme bei Verhandlungen mit dem Kollegium oder dem Schulamt konstruktiv nutzen. Es handelt sich dabei um eine vorbeugende Maßnahme, keine Kritik an bisherigem Verhalten.

Momentane Situation der Klasse 1e: 10 Mädchen/14 Jungen

4 Jungen mit Gutachten bzgl. sonderpädagogischen Förderbedarfs (3 E, 1 E/LB)

Die ersten zwei Fälle sonderpädagogischer Förderung der Schüler Mirko und Michael wurden von Herrn Peschel selbst zusammen mit den betroffenen Erziehungsberechtigten in die Wege geleitet. Trotz zeitweise besserer Phasen (z. B. während der Begutachtung) benötigen gerade diese beiden Kinder fast immer die ununterbrochene Aufmerksamkeit des Lehrers. Beide können nur unter Aufsicht „ruhig" gehalten werden und sind oft „nicht" bzw. nur „schwer" zu kontrollieren. In den entsprechenden Gutachten wird aufgrund der erfolgten guten Integration der Kinder der Verbleib in der Klasse unbedingt gefordert. Die Klasse hat bislang die beiden Kinder auffangen können und beabsichtigt dies auch weiterhin zu tun, solange dies irgendwie tragbar erscheint.

Die Zuweisung der beiden weiteren Fälle sonderpädagogischen Förderbedarfs (Björn und Mehmet) erfolgten aufgrund des Offenen Unterrichtsprinzips bzw. der schon vorhandenen Integrationskinder. Hier versprach man sich durch die Anhäufung mehrer Integrationskinder in einer Klasse die in den Gutachten geforderte Unterstützung durch eine zweite Lehrkraft. [...]

Wir möchten Sie daher abschließend bitten, bei evtl. neuen Schülerzuweisungen Folgendes zu berücksichtigen:

- die zur Zeit sehr ungünstige Jungen/Mädchenrelation -> Jungenüberschuß

- die Fähigkeit selbständig zu arbeiten bzw. die Offenheit der Klasse pädagogisch auszunutzen (wie z. B. im Fall von Björn). Dabei ist die Schreibschrift der Kinder natürlich völlig egal, es können auch LA- oder SchAS- Schüler aufgenommen werden.

- die Stellung als Integrationsklasse -> In anderen Schulbezirken gelten in solchen Klassen Höchstwerte von 22 bis 23 Kindern (bei doppelter Besetzung!), uns erscheint der Klassenfrequenzrichtwert von 24 Kindern (nach BASS 11-11 Nr.1/Nr.1.1) den absoluten Höchstwert für Integrationsklassen darzustellen, zumal die Richtwerte in Sonderschulen bei 11 Kindern liegen.

- die Zuweisung weiterer Integrationskinder möglichst nur bei teilweiser Doppelbesetzung der Klasse vorzunehmen.

Bitte fassen Sie unsere Wünsche konstruktiv auf, wir verstehen die momentanen Engpässe in der Lehrerversorgung und werden/können uns nicht davor drücken, auch höhere Klassenkapazitäten entsprechend mitzutragen. Diese sollten aber wohlüberlegt und pädagogisch verantwortbar sein. Wir stehen jederzeit zu Gesprächen bereit.

Zum Ende des Schuljahres bedankt sich der Lehrer in einem Schreiben bei den Eltern für den Freiraum, den sie ihm im ersten Jahr gelassen haben. Er selber hat das Schuljahr als ziemliche „Achterbahnfahrt" erlebt und sich das im Vorhinein auch durchaus einfacher vorgestellt. Er sieht im Rückblick aber auch keine Alternative zum gewählten „schwereren Weg":

Ich bin vor einem Jahr ziemlich mit der Tür ins Haus gefallen, habe ihnen was von „neuen Methoden" und „die Kinder einfach mal machen lassen" erzählt. Sie haben mir vertraut, anders vorgestellt haben wir uns das ganze wahrscheinlich alle irgendwie. Es gab immer wieder Zeiten, in denen uns allen die Kinder, das Konzept oder die Realität den Angstschweiß auf die Stirn getrieben haben. Der eine meinte, „jetzt bricht aber alles zusammen", während ein anderer dachte, „die lernen das ja nie", und staunte, daß sich der Nächste über momentan herrschende Unterforderung beschwerte. Und trotzdem kamen alle irgendwie ja doch ganz gut klar (das ist zumindest das, was ich so mitbekomme).

Gelernt haben wir alle (und ich am meisten), daß das Berücksichtigen des individuellen Lernens eines jeden Kindes der beste Weg ist, sich Sachen relativ unproblematisch anzueignen und die vorhandene Schullust einigermaßen zu halten; aber auch, daß dieser Weg mehr ist als 24 Achterbahnfahrten zugleich. 24 Kinder, die mit all ihren Macken und Launen und Beziehungsproblemen aufgefangen werden wollen, die minütlich ganz individuell bedient und beachtet werden wollen, die in ihren Lernprozessen ganz unvermittelt von Chaos zu Leistungsschub und dann wieder zum Chaos wechseln. Und das alles soll dann auch noch eine pflegeleichte und vorzeigbare Gemeinschaft werden. War dann doch nicht so einfach und ist auch jetzt noch nicht geschafft.

Da ich sicher bin, daß sie so manche schlaflose Nacht mit mir geteilt haben, möchte ich mich für ihr Vertrauen und ihre „Vorschußlorbeeren" ganz ganz herzlich bedanken und mich für ein Stückweit Chaos, Zumutungen und Pannen ehrlich entschuldigen. (Aber mit dem Gedanken daran, daß wir alle den schwereren Weg bewußt gewählt haben. Wir hätten es uns alle mit ein paar Schulbüchern bequemer machen können).

Die Kinder haben sich für das nächste Jahr viel vorgenommen (vom besseren Verhalten bis hin zum Lösen „echt" schwieriger Aufgaben), ich auch: ich nehme mir vor, etwas weniger gutmütig, dafür aber berechenbarer zu werden. (Nehm ich mir allerdings jede Ferien vor). Vielleicht klappt's ja jetzt mal.

12.2.2 Zweites Schuljahr

Anfang des zweiten Schuljahres gibt der Lehrer den Eltern im Rahmen der Vorstellung der Anforderungen des zweiten Schuljahres auch eine kurze Rückmeldung seines Eindrucks bezüglich des Arbeits- und Sozialverhaltens der Klasse, die im ersten Schuljahr auf Grund der nicht vorgegeben Strukturen und Regeln schnell den (teilweise eher liebevoll, teilweise eher ernst gemeinten) Beinamen „Chaotenklasse" bekommen hatte:

Im Unterricht merkt man durchweg einen „Reifeschub", es ist ein schöner Fortschritt zum 1. Schuljahr zu beobachten. Wir sind zwar noch nicht täglich vorzeigbar (vor allem nicht, wenn ich im Streß bin), aber wir beeindrucken pädagogisch interessierte Leute mittlerweile schon durch unsere Selbständigkeit und unsere Ehrlichkeit bzgl. der wirklichen Leistungen. Hoffentlich können wir es halten.

Nach den Herbstferien geht der Lehrer genauer auf den Leistungsstand der Klasse ein – vor allem aber versucht er den Eltern vor dem Hintergrund der guten Leistungen der Kinder die für ihn im Unterricht herrschende Problematik offensichtlich zu machen. Grund dafür sind sicherlich auch die von den Eltern verstärkt angesprochenen Probleme, die sich durch die beiden „verhaltensauffälligen" Kinder Michael und Mirko ergeben. Auch dem Lehrer kommt die Integration dieser Kinder immer unzumutbar den anderen Kindern gegenüber vor:

Klassenstand: Die Schere ist riesig offen, so daß es immer schwieriger wird, allen Kindern tagtäglich wirklich gerecht zu werden. Da wir aber – denke ich – im Mittel ein gutes Niveau fahren und dazu noch sehr viele Kinder mitnehmen, die sonst woanders wären, kenne ich keine bessere Alternative.

Bezüglich des Leistungsstands der Kinder versucht er eventuellen Bedenken der Eltern (z. B. in Bezug auf das Erlernen der Rechtschreibung) einerseits durch Beruhigung bzw. Hinweise auf den guten Leistungsstand der Kinder andererseits durch fachdidaktische Argumentation zu begegnen:

Ich versuche momentan individuell bei den Kindern, die mir reif dafür erscheinen, den Schritt von der Kinderschrift zur Erwachsenenschrift und den Schritt vom Drauflosschreiben zum ordentlichen Schreiben anzubahnen. Ich habe aber auch Kinder, bei denen viel zusammenbrechen würde, wenn man jetzt ganz radikal vorginge. Da ich jeden Tag 24 verschiedene

Pläne im Kopf haben muss/müsste, kann es natürlich sein, daß mancher Impuls schon mal eine gewisse Zeit zu spät kommt. Das ist lerntheoretisch aber immer noch viel besser als zu früh! Unter Zeitdruck steht bei uns keiner, also: Ruhe bewahren und mich direkt ansprechen, wenn Sie Fragen haben oder ich etwas zu übersehen scheine.
In Mathe sind die Sachen vom 2. Schuljahr zumindest ansatzweise von allen Kindern erfasst worden, wir haben jetzt also noch viel Zeit zum Strukturieren, Üben und Automatisieren.

Im Zusammenhang mit dem nicht vom Klassenlehrer erteilten Musikunterricht sowie dem Religionsunterricht, zu dem die Klasse konfessionsbedingt aufgeteilt und mit anderen Klassen zusammen unterrichtet wird, weist der Lehrer auf die positive Rückmeldung der Fachlehrer hin. Das Arbeitsverhalten (und der Anspruch) der Kinder scheint sich deutlich von anderen Klassen abzuheben:

Religion wird von den Kindern gemischt aufgenommen: Da darf man immer Malen und Zuhören/da muß man immer Malen und Zuhören. Ich habe in Religion und Musik relativ gute Kritiken von den Lehrern bekommen, die Kinder verhalten sich wohl ganz O.K. und sind z. B. viel schreibbereiter als die anderen.

Er nutzt diese Rückmeldungen auch, um auf die erfolgreichen Integrationsbemühungen hinzuweisen:

Aber es fällt jetzt auch auf, daß unsere förderungsbedürftigen Kindern in keinem „normalen" Unterricht sehr lange überlebt hätten. Da haben wir alle zusammen schon sehr viel geschafft. Vor allem die ganze Klasse !

Wie schon angedeutet, wird die Integration der verhaltensauffälligen Kinder in der Elternschaft schon länger nicht als so selbstverständlich gesehen, wie es der Lehrer bis zu diesem Zeitpunkt sicherlich getan hat. So schreibt ein Vater – übrigens einer, der dem Lehrer nach dem vierten Schuljahr eine sehr positive Rückmeldung gibt – als „Anmerkung zum Elternabendprotokoll":

Die Schere ist riesig offen, so daß es immer schwieriger wird, allen Kindern wirklich gerecht zu werden: Das habe ich schon vor einem Jahr prophezeit. Die Schere und somit auch Ihre Schwierigkeiten bzgl. der Individualbetreuung wird auch noch größer werden. Sind Ihnen die Gründe hierfür bekannt? Mein Sohn, aber auch andere Kinder berichten weiterhin über die zumindest teilweise chaotischen Zustände während des Unterrichts. Ist hier vielleicht nicht doch ein Umdenken hinsichtlich Disziplin und Unterrichtsmethode erforderlich? Die richtige Mischung scheint mir immer noch nicht gefunden zu sein. Vielleicht wäre auch die Durchführung von 2 normalen Unterrichtstagen (2 Std. Mathe, 2 Std. Schreiben etc. für alle Kinder) je Woche einen Versuch wert.
Da ich jeden Tag 24 verschiedene Pläne im Kopf haben muss/müsste, kann es natürlich sein, daß mancher Impuls schon mal eine gewisse Zeit zu spät kommt: Bei diesem Konzept neben der Studentenbetreuung, der Studienarbeit und anderen Dingen mehr kann natürlich keiner den Überblick behalten. Manchmal ist auch weniger mehr.
Aber es fällt jetzt auch auf, daß unsere förderungsbedürftigen Kindern in keinem „normalen" Unterricht sehr lange überlebt hätten: Hoffentlich erfolgt diese Förderung nicht zu Lasten anderer Kinder. Aufgrund unserer Berufstätigkeit können wir Unterrichtsdefizite nicht ausgleichen. Diese Klasse kann nicht Heilstätte/Auffangbecken für sämtliche Problemkinder sein! Ist die Unterrichtsqualität/Motivation Ihrer Kollegen tatsächlich so schlecht?

Auf dieses Schreiben antwortet der Lehrer ausführlich. Im Folgenden sind einzelne Auszüge angeführt, die seine Position und Wahrnehmung verdeutlichen:

Es gibt keine faire Alternative zu der „offenen Schere". Würde ich herkömmlich unterrichten, so müßte ich mich zwangsweise am unteren Drittel der Klasse orientieren, ein paar Kinder völlig absägen und zwei Drittel unterfordern. (Zum Vergleich: Ihr Kind würde laut Lehrgang in einer Parallelklasse gerade den Hunderterraum in 10-er Schritten strukturieren, Schreibschriftbuchstaben reihenweise abschreiben und Kindern, die nicht lesen können stundenlang beim Zusammenziehen von Buchstaben zuhören müssen). Vielleicht würde er ganz brav da sitzen, sich nicht langweilen und zu Hause begeistert dieselben Sachen als Hausaufgabe machen. Vielleicht fände er es aber auch schnell langweilig, würde den Pippikram möglichst schnell „aberledigen", Schule insgesamt unfair und ätzend finden und dies auch zu Hause spüren lassen.

Zur Zeit macht er sich seinen Lehrgang mit meiner Hilfe selbst. Er schreibt schon länger Schreibschrift, liest hervorragend und rechnet auch schon die Malaufgaben, die erst im 2. Halbjahr dran sind. Dabei lernt er nicht täglich in allen Fächern ein bisschen, sondern phasenweise sehr intensiv: Mal vor allem rechnen, dann wieder schreiben, lesen oder forschen. Wenn man ihn täglich zu Sachen zwingen würde, müßte man ihn täglich aufs neue motivieren, anstatt seine Eigenmotivation auszunutzen. Er könnte wahrscheinlich viel weniger. [...] Würde ich nun jeden Tag ein oder zwei Stunden Kursunterricht praktizieren wollen (den machen wir im Prinzip in lockerer Art in unseren Kreisgesprächen), was soll ich mit allen machen, ohne daß der „Lehrgang" des Einzelnen kaputt geht oder sich die Schüler faul zurücklegen und mich für Beschäftigung sorgen lassen? Alleine, sich selbst für sein Lernen verantwortlich zu sehen und sich selbständig Sachen anzueignen, ist eine so große Sache, daß die illusionären Vorteile einer Gleichschaltung lächerlich wirken.

Stellen sie sich einmal vor, beim Schwimmenlernen würden sich die Eltern alle im gleichen Abstand zu ihren Kindern aufstellen und diese auf sich zu schwimmen lassen, anstatt daß sie versuchen, gerade so weit wegzugehen, daß das Kind herausgefordert wird, es aber zugleich auch schaffen kann. Viele Kinder würden untergehen, viele würden lange nicht so gut schwimmen, wie sie könnten. Wahrscheinlich wäre der Abstand nur für ein oder zwei Kinder optimal.

Unsere „chaotischen Zustände" scheinen von Eltern anders rezipiert zu werden als von Pädagogen. Wir haben schon wichtige Leute bei uns gehabt (von Dr. Jürgen Reichen bis hin zum Schulamtsdirektor u. a.), die äußerst positiv von der Selbständigkeit der Schüler beeindruckt waren. Wahrscheinlich hätten gewisse Eltern diese Stunden als Katastrophe bezeichnet, die andere als toll empfunden hätten. Wenn man stille, brave Kinder sucht, die still dasitzen, bis sie gefragt werden und immer genau das machen, was von ihnen verlangt wird, dann haben wir die schlimmste Klasse der Welt. Wenn man Kinder möchte, die sich selbstverantwortlich ihr Lernen und ihr Zusammenleben organisieren können, Diskussionen eigenständig führen können und Demokratie wirklich nutzen und ausüben, dann haben wir eine ganz tolle Klasse, die darüber hinaus noch ganz Tolles leistet, indem sie alle Kinder so akzeptiert wie sie eben sind (einschließlich ihres Kindes).

Die 24 Pläne, die ich im Kopf habe, folgen aus den o.g. Überlegungen, dabei wollte ich klarstellen, daß das Unterfangen immer ein hoffnungsloses sein muß (in jedem Beruf, in dem jemand versucht, sein Gegenüber wirklich ernst zu nehmen), es aber keine Alternative gibt. [...] Die Grenzen des Konzeptes ergeben sich also nicht durch eine falsche Zeitplanung meinerseits, sondern dadurch, daß die Förderung/Forderung von 24 verschiedenen Kindern eben immer noch optimaler sein kann. Aber ich denke, unser Kompromiß ist schon ziemlich gut: Durchweg gehen alle Kinder gern zur Schule und alle bringen individuelle gute bis sehr gute Leistungen. Stellenweise Unruhe und Unordnung sind zu bemängeln, ich arbeite dran, vielleicht habe ich auch Fehler gemacht, vielleicht wären aber auch andere Probleme aufgetaucht, wenn man hier anders verfahren wäre. Ich weiß es nicht.

Natürlich hat das Auffangen bestimmter Kinder zunächst mit der Lehrermotivation zu tun, aber es ist eben auch eine Frage des Unterrichtsprinzips (s. o.). Ich kann im Frontalunterricht eben nicht individualisieren und auch nur ganz begrenzt differenzieren. Natürlich sind irgendwann die Auffanggrenzen erreicht, aber solange dieses Schulsystem keine echten Alternativen bereithält, sollten wir (als Menschen oder Christen oder was auch immer) schon auch ein Stück dazutun. Die Kinder haben bei uns ganz tolle Fortschritte gemacht, an den entsprechenden Schulen für Erziehungsschwierige oder Lernbehinderte wären sie für ihr ganzes Leben stigmatisiert worden. Ich übernehme diese Verantwortung nicht. Und alle Kinder bei uns können mehr als sie müßten, es gibt kein Lerndefizit, das auf diese Kinder zurückgeführt werden kann. Lediglich Unruhe und Unordnung konnten vor allem im ersten Schuljahr teilweise angeführt werden, man müßte Kinder wie ihren Sohn und andere dann aber genauso zeitgleich nennen. [...]

Ich mag diese Klasse und bin auch stolz auf sie. Manchmal habe ich den Eindruck, daß die Eltern deshalb mißtrauisch sind, weil die Schule ein stückweit ihren Schrecken verloren hat. ... Der Ernst des Lebens. Die Schule als Druck- und Disziplinierungsmittel zu mißbrauchen, da mache ich allerdings nicht mit.

Mitte des zweiten Schuljahres nimmt der Lehrer Bezug auf die in der Klasse durchgeführten Tests und führt besonders die guten Ergebnisse der Hamburger Schreib-Probe zur Schreib- bzw. Rechtschreibentwicklung der Kinder an. Insgesamt erscheinen auch die Eltern durchaus zufrieden:

Klassenstand: Die Leistungseinschätzung der Klasse durch Testverfahren mit überregionalen Vergleichswerten war positiv (über die Aussagekraft läßt sich bei allen Test natürlich streiten.) Grob gesagt, gibt es im Bereich Sprache drei Kinder, die noch auf dem Stand des ersten Schuljahres sind. Das sind Kinder, für die sonderpädagogischer Förderbedarf beantragt ist, die also im Prinzip zieldifferent lernen (eben so, wie sie können). Ansonsten liegen im Bereich Rechtschreiben 18 Schüler über 75% ihrer Altersgenossen im Bundesgebiet. Vor allem im Bereich der Rechtschreibstrategien haben wir gute Zahlen! (12 Schüler besser als 92%, davon 5 Schüler besser als 97%). Allerdings werden natürlich irgendwann die Meßwerte unscharf und es kann natürlich auch bei uns Einbrüche geben. Aber immerhin.

Die Lesemotivation ist durch die Bank gut.

Mit Schreibschrift haben nur die drei oben genannten Kindern noch nicht angefangen, weil es eben noch viel zu früh wäre.

Im Rechnen befindet sich ein Kind auf dem Niveau des ersten Schuljahres, vier Kinder anfänglich auf dem des zweiten Schuljahres, der Rest ist gut im Plan bzw. stößt darüber (ca. vier bis zehn Kinder, je nachdem wie man das sieht).

Zu Ostern im zweiten Schuljahr beschreibt der Lehrer in seiner Rückmeldung an die Eltern das Arbeitsverhalten der Kinder folgendermaßen:

Mit den Leistungen der Kinder bin ich ganz zufrieden, der große Teil arbeitet absolut selbständig und engagiert (ohne Motivationsverpackung und Notendruck), ein paar bekommen so langsam wieder die Kurve.

Es ist anzunehmen, dass die Klammerbemerkung u. a. auch auf die bald anstehenden Gespräche über die Handhabung der Leistungsbewertung durch Ziffernnoten hinweist. Die Klassenpflegschaft spricht sich dabei im Einvernehmen mit dem Lehrer dafür aus, offiziell auf eine zusätzlich zu den Verbalgutachten erfolgende Benotung in der Form von Ziffernnoten zu verzichten, wobei der Lehrer jederzeit bereit ist, Auskunft über die entsprechende Benotung zu geben.

Eine ausführlichere Rückmeldung zur Leistungsentwicklung der Klasse gibt es zum Ende des Schuljahres – auch dadurch bedingt, dass der Lehrer auf die vor den Zeugnissen durchgeführten Tests zurückgreifen kann und aussagefähige Daten der Leistungseinschätzung auf Klassenebene zur Verfügung hat. Er stellt zunächst die überdurchschnittlichen Ergebnisse der Hamburger Schreib-Probe vor, um dann die praktizierte Methode zu reflektieren. Damit möchte er wahrscheinlich dem steigenden Druck der Eltern in Bezug auf das Rechtschreiblernen der Kinder begegnen und sie im Hinblick auf nicht angemessene Erwartungen beruhigen bzw. sich und den Kindern, die länger zum Schreibenlernen benötigen, einen gewissen Spielraum verschaffen:

> Klassenstand: Die Leistungseinschätzung der Klasse durch Testverfahren mit überregionalen Vergleichswerten war positiv (über die Aussagekraft läßt sich bei allen Test natürlich streiten.) Im Schnitt befinden wir uns bzgl. Rechtschreiben/Rechtschreibstrategien bei 70% -75% statt 50%. Also O.K.

> An den Ergebnissen der einzelnen Schüler (vor allem, wenn man die längere Entwicklung betrachtet) läßt sich das Funktionieren des Rechtschreiblernens durch das freie Schreiben (anstelle des Wörter-Auswendig-Lernens) klar erkennen. Gerade die Kinder, die in den letzten Monaten kontinuierlich Texte überarbeitet haben, sind schon verdammt weit. Alle Kinder haben den Stand, den sie jetzt haben, ganz sicher, ein Abkippen durch Auswendiggelerntes (aber Unverstandenes) kann nicht passieren. Es kann allerdings sein, dass manche Kinder insgesamt weit mehr Zeit brauchen als andere (wäre ja auch logisch). Mal sehen.

Weiterhin wird der Erfolg der Leseerziehung durch Verzicht auf Leselehrgang bzw. gleichschrittigen (Vor-)Leseunterricht thematisiert, wobei der Lehrer vor allem darauf hinweist, dass sich auch das gestaltende Vorlesen bei den Kindern ohne entsprechende Übungen entwickelt. Auch hier versucht er durch die Schlussbemerkung seinen Freiraum weiter abzusichern:

> Lesen: Durchweg lesen alle Kinder (immer noch) ganz gerne, haben kein Problem auch mit schwierigen Texte und verstehen diese auch. Klasse (!) und auch nicht sooo selbstverständlich. Vorlesen war bislang noch nicht wichtig bei uns, aber auch hier kommt flüssiges Lesen und Betonen immer mehr. Ist mir aber viel weniger wichtig als überhaupt Lust am Lesen zu haben.

Bezüglich des Faches Mathematik gab es in der Klasse nur selten Bedenken der Eltern – evtl. deshalb, weil die Leistungen der Kinder durch den von ihnen beherrschten Zahlenraum bzw. die von ihnen angewendeten Operationen in Bezug auf den Lehrplan leichter einzuordnen waren als in anderen Bereichen:

> Rechenstand: 1+1, 1-1 bei allen. 1*1 beim Großteil, 1:1 kommt nächstes Schuljahr automatisch aus dem 1*1. Auch hier haben die meisten Kinder kein Problem mit kniffligeren Aufgaben, Lust am Rechnen mit großen Zahlen usw.

> Insgesamt habe ich zwar bei jedem Kind Gewissensbisse, weil ich jedes noch besser fördern könnte, und es gibt leider auch Kinder, bei denen das Anhalten zum Lernen sehr mühsam ist, aber im Schnitt ist es doch relativ O.K., denke ich.

12.2.3 Drittes und viertes Schuljahr

Nach den ersten Wochen im dritten Schuljahr beschreibt der Lehrer das generelle Arbeitsverhalten in der Klasse positiv, weist aber auch darauf hin, dass einigen Kindern die eigene Herausforderung zu tiefergehenden Auseinandersetzungen nicht leicht fällt. Dies sind vor allem Kinder, die sich bislang gut mit ihrem Vorwissen und ihrer Intelligenz bezüglich den Anforderungen haben halten können, es aber weniger gewöhnt sind, sich auf Tätigkeiten wie das Überarbeiten von Geschichten oder das Erproben eigener Rechenstrategien einzulassen:

> In der Schule ist eigentlich seit einiger Zeit eine sehr schöne Atmosphäre, irgendwie sind wir mittlerweile ein gutes, eingespieltes Team (mit all seinen Fehlern und Schwächen ...). Der Leistungsstand ist auch gut, die meisten Kinder sind völlig problemlos dabei, ein paar haben Anstrengungsprobleme durch den Schritt zum Übenmüssen (es fällt nicht mehr alles in den Schoß), aber ansonsten ist alles in Butter. Wir ernten langsam immer mehr Früchte aus den ersten Schuljahren (wohlverdient).

In Mathematik sind die meisten Kinder innerhalb ihrer Eigenproduktionen dem Lehrplan gut voraus und haben den im dritten Schuljahr zu thematisierenden Zahlenraum schon durchdrungen:

> Der Klassenstand ist soweit gut, in Mathematik haben die meisten den Stoff des ganzen Halbjahres hinter sich (woanders hat man gerade die Wiederholung des 2. Schuljahres abgeschlossen), alle Kinder haben also noch Zeit, das Rechnen im 1000-er Raum zu festigen und dann den Rest des Schuljahres das schriftliche Rechnen (das vor allem dann auch den „Schwachen" zu gute kommt) anzugehen. Momentane „Fehler" sind also normal und berechtigt.

Bezüglich der Rechtschreibentwicklung meldet der Lehrer den Eltern einerseits zurück, dass viele Kinder schon gut dabei sind, eigene Texte auch rechtschriftlich zu reflektieren bzw. zu überarbeiten. Er möchte diesen selbstgesteuerten Weg aber andererseits auch den Kindern ermöglichen, die sich zur Zeit noch schwer damit tun und bei denen Eltern und Lehrer versucht sein könnten, doch auf reproduktive Lernformen zurückzugreifen:

> Im Schreiben befinden wir uns immer noch bei einigen Kindern an der Umbruchphase vom einfachen „Schreiben" zum Überarbeiten. Das ist ein hohes Ziel und kostet sicherlich einige Überwindung, aber es lohnt sich, wie die Kinder zeigen, die diese „Chaosphase" schon hinter sich haben. Ob man bei den „rechtschreibschwächeren" Kindern mit Wörterpauken zusätzlich nachbessern muss, ist fraglich. Ich bitte da im Einzelfall um Rücksprache. Die Schreibforschung besagt, dass das Auswendiglernen von Wörtern nicht viel nützt, da Richtigschreiben vom Kind selber „nacherfunden" werden muss. Aber auch hier kann ich nicht in die Entwicklung der Kinder hineinsehen, sodass man einzeln drüber sprechen sollte. Von den Strategien liegen bei uns <u>alle</u> Kinder außer einem Integrationskind sogar zurzeit <u>über dem Bundesdurchschnitt</u> !

Nach den Weihnachtsferien im dritten Schuljahr spricht der Lehrer bezüglich der Entwicklung des Arbeitsverhaltens in der Klasse von einem großen Schritt, den die Kinder gemacht haben. Vor allem findet er die Entwicklung der Kinder beeindruckend, die sich bis zu diesem Zeitpunkt nie oder nur wenige eigene Ziele gesetzt haben und sich nun selber um eigenverantwortliches Arbeiten bemühen:

> Es hat sich bei uns im letzten Jahr viel getan. Die Klasse ist sehr ruhig geworden, zur Zeit sind so ziemlich alle Kinder mit sehr viel Spaß an ihren Arbeiten, selbst die Kinder, bei denen ich auch manchmal unsicher war (Sachen abschreiben/einpauken lassen oder auf die Eigenaktivität warten ?) produzieren toll und haben scheinbar langsam verstanden, dass auch

die ätzenden Sachen, die ihnen so verdammt schwer fallen (Geschichten durchsehen, Probe-aufgaben rechnen), doch Sinn machen. Wie gesagt, zur Zeit gut bei so ziemlich allen, das wird mit Sicherheit abnehmen, aber es ist ein Niveau, was mit diesem Maß an lernintensiver Eigenverantwortung so nicht oft vorzufinden sein wird.

Die Leistungen im Bereich Rechtschreiben spiegeln auch bei den Normtests ein gutes (und den Eltern als Beruhigung dienendes Ergebnis) wider:

> Wir haben in standardisierten Tests beim Rechtschreiben ein signifikant höheres Ergebnis als der Bundesdurchschnitt (ca. 60% statt 50%). Und zwar jetzt schon für die Vergleichswer-te Ende Klasse 3! Es liegen in Sprache nur drei Schüler unter dem sonstigen Durchschnitt! Alles Kinder, deren Eltern nicht viel/kein Deutsch sprechen. Zwei nur knapp unter dem Durchschnitt, das andere Kind weiter, es ist ein Integrationskind, das auf die Lernbehinder-tenschule gehen sollte.

Das Mathematikniveau der Klasse beschreibt der Lehrer vor allem durch die Leis-tungen der schwachen Kinder, die vergleichsweise hoch erscheinen – und zwar ohne den Rückgriff auf auswendig gelernte Techniken:

> Auch in Mathe habe ich den Eindruck, dass es in anderen Klassen noch weitaus schwächere Kinder gibt, als unsere schwächsten. Eins unserer Mathefaulis hat mal so aus Lust im letzten Test eine 2+ geschrieben. (Sie kann, wenn sie will!)

Weiterhin gibt er den Fremdeindruck der Fachlehrer wieder, die in Bezug auf die Klasse und den Vergleich zu anderen Klassen durchweg positive Rückmeldung geben:

> Schulmotivation, Selbstständigkeit, Selbstverantwortung, das Setzen eigener Ziele und vor allem die Reflexion der eigenen Schwächen sind signifikant anders als in anderen Klasse. Die Kinder erscheinen auch anderen Kollegen „älter", „reifer" und „aufmerksamer" in der Wahrnehmung dessen, was um sie vor sich geht.

In diesem Zusammenhang versucht er auch seine Erfahrungen mit der von ihm emp-fundenen gegenseitigen Hilfsbereitschaft und Empathie in der Klasse zu beschrei-ben, die seiner Meinung nach für Außenstehende bei oberflächlicher Betrachtung nicht immer zu erkennen ist – u. a. weil die Kinder teilweise einen eher „sehr direk-ten" Umgang miteinander pflegen. Er vergleicht dies mit dem auf unnötige Floskeln verzichtenden Umgangston, der auch in einer Familie vorkommen kann und eher die gegenseitige Nähe der Beteiligten ausdrückt denn einen etwaigen Abstand:

> Das Sozialverhalten ist sehr demokratisch und mitverantwortlich, wenn man nicht nur ir-gendwelche Floskeln oder eintrainierten Rituale erwartet. Die Kinder können sich sehr gut gegenseitig einschätzen und beurteilen, helfen und zurechtweisen. Manchmal sehr schroff, manchmal unhöflich, aber nie unehrlich. Ich denke, das ist bei Ihnen zu Hause ähnlich. Es ist jetzt schon eine tolle Gemeinschaft geworden, die zusammen durch dick und dünn geht und alle Kinder mit ihren Macken akzeptiert, aber auch massiv Korrekturen einfordert. Die Ag-gressivität ist bei genauer Betrachtung (d. h. man darf einzelnen Kindern auch mal einen kleinen Wutausbruch erlauben) sehr gering (wogegen auch?), die Frustrationstoleranz relativ hoch. Messbar ist das natürlich nicht so einfach.

Insgesamt zeichnet er ein sehr positives Bild von der Entwicklung der Klasse. Die-ses wird ihm auch immer wieder von Hospitanten bestätigt, die zum Teil sehr stau-nend in der Klasse sitzen, während das ganze Unterrichtsgeschehen ohne Zutun des Lehrers von den Kindern in die Hand genommen wird: Die Kinder rufen Kreisgespräche ein, geben sich gegenseitig Impulse und Arbeitsideen, organisieren gemeinsame Vorhaben, besprechen Regeln und lösen Konflikte – während der Lehrer Fragen der Hospitanten beantwortet.

Dass die Eltern auch mit der Entwicklung der Klasse bzw. ihrer Kinder zufrieden sind, zeigt u. a. ein Schreiben des Lehrers, in dem dieser seine Verunsicherung beschreibt, weil er nur wenig Rückmeldung von Elternseite her bekommt:

Ich habe relativ wenig Resonanz im Hinblick auf einen Elternsprechtag. Es gibt zwei Möglichkeiten: Entweder mein Angebot der dauernden Sprechzeit bei Bedarf ist so ausreichend, dass alle gut damit klar kommen oder es nützt sowieso nichts, mit mir über irgend etwas zu sprechen und man spart es sich deshalb. Auf meine Nachfrage hin wurde mir die erste Variante bestätigt. Bei wem das nicht so sein sollte, den möchte ich bitten, mir einen Wink zu geben. Ich möchte niemanden zu mir zitieren, da ich ja über Briefe, Zeugnisse und Hausaufgaben kontinuierlich Resonanz gebe, wäre aber wirklich enttäuscht, wenn vielleicht im nächsten Jahr irgendwelche Kritik aus dem Nichts erscheint, die dann alle betrifft, auch diejenigen, die die Möglichkeit zu Gesprächen nutzen. Also: Meckern erbeten !

Wir sind z. B. auch im Verlauf des Elternabends auf das Thema „weiterführende Schule" zu sprechen gekommen und haben unsere Ängste/Bedenken angesprochen. Tenor war im Endeffekt, dass die Kinder natürlich auf das „andere System" vorbereitet werden müssen, es aber vom Standpunkt des „sicheren Lernens" zu unserer Arbeit methodisch wiederum auch keine Alternative gibt: alle Kinder sind eigentlich gemäß ihren Möglichkeiten ganz gut dabei und abkippen kann uns auch keiner. Wenn da also jemand konstruktive Vorschläge hat, sind alle Ohren offen dafür. Später beschweren gilt nicht !

In Zusammenhang mit der Vorbereitung auf die weiterführende Schule führt der Lehrer in der letzten Woche vor dem Ende des Halbjahres eine Woche Unterricht wie in der Sekundarstufe durch. Sein Gefühl in dieser Woche beschreibt er den Eltern folgendermaßen:

Unsere 5. Schuljahres-Frontal-Woche klappt übrigens erschreckend gut. Die Kinder machen engagiert mit, schreiben sich ganz freiwillig Stichpunkte auf, können problemlos still sitzen .... Manchmal komm ich mir vor wie in einem Unihörsaal. [...] Auch mit Abstrichen bzgl. „Neuheit" oder „Ungewohntheit" brauchen wir uns wirklich keine Gedanken über das Verhalten in der nächsten Schule zu machen. Ich bin gespannt, wie die Kinder selbst die gesamte Woche reflektieren.

Nach den Osterferien des dritten Schuljahres gibt der Lehrer nur folgende kurze Resonanz bezüglich des Leistungsstands der Klasse an die Eltern:

Das jetzige Halbjahr ist sehr kurz, irgendwie war nach dem letzten Zeugnis direkt Karneval, dann Indianerprojekt und jetzt ist schon wieder bald Pfingsten mit neuen Zeugnissen. Gut, dass wir schon ziemlich weit waren/sind, so haben wir keinen Stress in Bezug auf den Stoff des 3. Schuljahres. Die Leistungen der Kinder sind sowohl nach oben als auch nach unten hin gut.

Die nächste Rückmeldung an die Eltern erfolgt im Dezember des vierten Schuljahres, was u. a. auch an den Einzelgesprächen mit den Eltern liegt, die im Zusammenhang mit der Wahl der weiterführenden Schule geführt werden. Die Elternabende finden auf Grund des geringen Bedarfs der Eltern schon länger in größeren Abständen statt:

> Wir haben den Elternabend vor allem deshalb eingeschoben, damit wir uns nicht nur noch zum Anfang und zum Ende des Jahres einmal sehen und es ein Gesprächsforum für Fragen Ihrerseits gibt, die die Klasse betreffen. Der Bedarf war nicht so groß, sodass wir schnell mit den Neuigkeiten und Fragen fertig waren.
>
> Der Leistungsstand der Klasse ist entsprechend der – wie immer zum Zeugnis – gehäuft vorkommenden Tests gut. Auch in den für „normal unterrichtete" Klassen standardisierten Tests liegen wir gut im Durchschnitt bzw. oft noch darüber. D. h. nicht, dass wir nicht auch Kinder haben, die ziemlich niedrig abschneiden. Es gibt allerdings keine „Ausbrecher", die man nicht vorgeahnt hat – und wenn, dann eher nach oben als nach unten. Die Gesamtheit der verschiedenen Tests – mit zum Teil wirklich hohen Anforderungen – kann vorhandene Einschätzungen abrunden bzw. bestätigen. Näheres in unseren Einzelgesprächen.

Weiterhin weist der Lehrer auf die Problematik hin, die sich für ihn aus der in anderen Klassen erfolgenden Leistungsmessung durch vorher geübte Diktate oder Rechenverfahren ergibt und die er nicht als Bewertungsgrundlage für das entsprechende Fach heranziehen möchte. Er möchte einzelnen Kindern aber auch nicht absprechen, sich über das Üben von Texten (oder auch Rechenverfahren) gewisse Erfolgserlebnisse zu verschaffen, die evtl. eine tiefergehende Auseinandersetzung bedingen können:

> Ein paar – sonst eher schreibfaule – Kinder schreiben jetzt geübte Diktate, um zu zeigen, dass sie ihre Rechtschreibleistungen doch verbessern wollen. Die geübten Diktate werden benotet, allerdings hat diese Note dann nichts (bzw. wenig) mit der Rechtschreibnote auf dem Zeugnis zu tun, sie soll vor allem die Anstrengung würdigen.

Ansonsten scheint es auf Grund des guten Arbeitsverhaltens der Kinder bzw. ihrer Leistungen keinen Grund für weitere Rückmeldungen auf Klassenebene zu geben. Weitgehend allen Wünsche der Kinder bzw. der Eltern in Bezug auf die nach der Grundschule besuchte Schulform kann entsprochen werden, erstaunlicherweise sind es sogar eher die Eltern und Kinder, die eine niedrigere Schulform in Erwägung ziehen als der Lehrer (Björn, Mahmud, Meike, Steven, Pia). Nur im Ausnahmefall erreichen Kinder (Kai, Valentin) oder Eltern (Lutz) ihren Wunsch für die Empfehlung nicht oder erst später (Lutz).

12.3 Weiterführende Zusammenfassung

Betrachtet man die Entwicklung und Füllung der unterrichtlichen Strukturen im beschriebenen Konzept über die vier Grundschuljahre hinweg, so wird deutlich, dass auch in einem so hoch individualisierten Unterricht die Gemeinschaft eine zentrale Rolle spielt. Neben der gegenseitigen Anregung zu kleineren und größeren Arbeitsvorhaben – von Geschichten oder Rechenaufgaben bestimmten Formats bis hin zu Klassenprojekten – trägt die Gemeinschaft maßgeblich die Lernatmosphäre in der Klasse. Dabei war es in der hier untersuchten Klasse so, dass die von den Kindern gemeinsam beschlossenen Regeln immer – zumindest mittelfristig – das Lernen geschützt haben, d. h. im Zweifelsfall Störungen oder Tätigkeiten, die als nicht als zum schulischen Arbeiten gehörig angesehen waren (Spielen etc.), unterbunden bzw. in spezielle Zeiträume verschoben wurden (Pausen etc.).

Die Ausbildung von Institutionen und Ritualen verlief dabei so, dass im ersten Schuljahr zwar Kreistreffen u. Ä. von den Kindern getragen wurden, die Kinder diesbezüglich aber eher uninteressiert und in ihrem Agieren zum Teil noch sehr egozentrisch wirkten. Es kann sein, dass das Ritual des Sitzkreises zwar auf Grund der Bekanntheit aus dem Kindergarten angenommen wurde, aber noch keine wirkliche Identifikation mit der Aufgabe bzw. Akzeptanz der Verantwortung erfolgte. Im Laufe der Zeit wurden die Kreisgespräche dann immer reflektierter und konstruktiver, es bildeten sich Gesprächsregeln, die Kompetenz der Kreisleiter wuchs etc. Anfang des zweiten Schuljahres hat der Lehrer den Eindruck, dass die gemeinsamen Gespräche im Sitzkreis und das basisdemokratische Abstimmen den Kindern immer wichtiger geworden und nun unentbehrlicher Bestandteil des Schultages sind. Dies ändert sich in den höheren Schuljahren dann teilweise wieder, wenn nicht viel zu besprechen ist bzw. die Kinder lieber an ihren eigenen Sachen weiterarbeiten, und die Kreistreffen aus diesem Grunde nicht unbedingt im gewohnten Rhythmus einberufen werden.

Neben dem eigenen Entwickeln und Austesten von Regeln für das Sozialverhalten bzw. dem Umgang mit Maßnahmen, die zu ihrer Einhaltung dienen, ist auch in anderen Bereichen eine kontinuierliche Verbesserung zu beobachten. Beispielhaft kann hier die Ordnung in der Klasse genannt werden. Hier haben sich im Laufe der Zeit immer klarere Strukturen und auch Selbstverpflichtungen der Kinder sowohl zum Ordnunghalten als auch zum ordentlichen Arbeiten gebildet. Auf inhaltlicher bzw. methodischer Ebene sind ähnliche Fortschritte zu finden, wenn z. B. nach dem Schriftspracherwerb das rechtschriftliche Überarbeiten von Texten als selbstverständlich angesehen wird – ohne dass sich der individuelle Schüler dabei unter Druck gesetzt fühlt. Ein anderes Beispiel ist die Ausbildung von Kriterien zum Halten von Vorträgen. Auch hier haben sich im Laufe der Zeit – u. a. aus der geäußerten Wahrnehmung der Gruppe – Maßstäbe und Anforderungen ergeben (nicht abschreiben, sondern selbst erarbeiten/frei vortragen etc.), die eine Vorgabe von Regeln zur Erstellung von Vorträgen überflüssig gemacht haben.

Im zeitlichen Verlauf wird auch die Selbstregulation der Klasse deutlich, die sich nicht auf der individuellen, sondern einer höheren Ebene abspielt. Es ergibt sich der Eindruck, dass Phasen hoher und niedriger Arbeitsmotivation, Phasen von Anspannung und Entspannung, die das Klassengeschehen in einem Zeitraum von mehreren Wochen prägen, von den Kindern selbst „aufgefangen" werden: Immer wieder geht es dem Lehrer so, dass gerade zu den Zeitpunkten, an denen er Zweifel am Offenen Unterricht oder an den Arbeitsleistungen bekommt, plötzlich sehr produktive Ideen und Arbeitsvorhaben bei den Kindern entstehen, die die Situation vollkommen ändern und die Bedenken zerstreuen.

Offensichtlich wird bei der Betrachtung der Arbeitsprozesse auch der Einfluss einer von selbst stattfindenden jahreszeitlichen Rhythmisierung des Unterrichts, wenn

Feste, Feiertage, Schulveranstaltungen etc. von Kindern aufgegriffen werden und entsprechende Themen auch das allgemeine Arbeiten in der Klasse beeinflussen. Daneben liefern die fachlichen Inhalte selbst ein kontinuierliches Curriculum, wenn einerseits eine Tätigkeit selbst immer wieder den nächsten (Lern-)Schritt herausfordert, andererseits vielfältige Anregungen durch eigene Erfahrungen, Impulse von anderen, Bücher etc. dazu führen, dass ein Thema nie wirklich beendet oder abgehakt werden kann.

Insgesamt kann der Lehrer den Kindern und Eltern eine fortwährend positive Entwicklung der Klasse zurückmelden – ausgehend von eher als „chaotisch" zu bezeichnenden Verhältnissen in der Anfangszeit hin zu einem beeindruckenden selbstverantwortlichen Arbeiten aller Kinder in den höheren Schuljahren. Neben dem, was die Eltern bei ihrem eigenen Kind an Fortschritt mitbekommen, tragen sicherlich auch die kontinuierlich guten Leistungen der Klasse als Gesamtheit sowie die positive Entwicklung der Integrationskinder zur Beruhigung bei. Diese Leistungsentwicklung der Kinder auf Klassenebene wird in den nächsten Kapiteln für die Bereiche (Recht-)Schreiben, Lesen und Arithmetik dargestellt, anschließend erfolgt ergänzend eine ausführliche Darstellung der Entwicklung von Kindern, die in bestimmten Bereichen als leistungsschwach oder aber als nicht an der Regelschule beschulbar galten.

13 Entwicklungen im Bereich Schreiben- und Rechtschreiblernen

Das Rechtschreiben stellt einen sehr sensiblen Bereich innerhalb des Sprach-, vielleicht sogar des gesamten schulischen Unterrichts dar. Auch wenn sich Schulpädagogen und Didaktiker seit Jahren vehement gegen eine Überbewertung der Rechtschreibleistung wehren, wird an dieser oft der Erfolg eines Unterrichts bzw. eines Unterrichtskonzepts oder gar der Erfolg des gesamten schulischen Lernens eines Kindes gemessen.

Aus der Sicht des Offenen Unterrichts sind dabei die didaktischen Forderungen an den Schreib- und Rechtschreibunterricht durchaus zwiespältig, denn einerseits wird das freie Schreiben durch die ihm innewohnende Möglichkeit der Individualisierung von vielen Wissenschaftlern und Schulpsychologen als (einzig) sinnvolle Prophylaxe gegenüber möglichen Lese-Rechtschreib-Schwierigkeiten gesehen, andererseits wird Rechtschreibung von Lehrern und Didaktikern oft als ein Inhalt betrachtet, der zu großen Teilen durch entsprechende Wortschatzarbeit (im weitesten Sinne) einzuüben ist. Im oben beschriebenen Unterrichtskonzept wird das Rechtschreiblernen hingegen ganz in das Konzept des freien Schreibens integriert, d. h. hier erfolgt kein (auch noch so individualisiertes) Auswendiglernen von Wörtern oder Regeln, sondern die Begegnung mit den Strukturen und Phänomenen der Rechtschreibung findet eher beiläufig, ungeplant und zufällig – aber immer im Raume stehend – statt. Rechtschreibung spielt eine wichtige Rolle, aber sie wird nicht „gelehrt".

Da sich in den landläufigen Untersuchungen wie z. B. der SCHOLASTIK-Studie in der Regel bislang empirisch keine Beziehung zwischen verschiedenen Methoden des Rechtschreibunterrichts und der orthographischen Kompetenz der Kinder feststellen lässt (vgl. u. a. Helmke/ Weinert 1997, 249), Rechtschreiblernen aber auch kein Reifungsprozess ist, der ganz von selbst vonstatten geht, soll im Folgenden die Rechtschreibentwicklung bzw. -kompetenz der nach dem oben beschriebenen Unterrichtskonzept unterrichteten Kinder dargestellt werden. Dabei geht es nicht um eine empirische Absicherung dieses Konzepts als „didaktische Lösung" des Rechtschreibunterrichtes – dazu wäre die Stichprobe bei weitem nicht ausreichend –, sondern vielmehr um die Überprüfung der These, dass Rechtschreiben nicht explizit gelehrt werden muss. Die Rechtschreibentwicklung wird als ein vornehmlich beiläufig erfolgender Prozess impliziter Musterbildung des Einzelnen gesehen, der in der entsprechenden Lernumgebung auch ohne Unterrichten ablaufen kann.

Um diese Entwicklung aufzuzeigen, werden auf der Basis der zur Verfügung stehenden Daten zunächst die Voraussetzungen der Kinder zu Schulanfang dargestellt und in eine Vergleichsstichprobe eingeordnet. Dasselbe erfolgt mit mehreren Erhebungen im Laufe des ersten bzw. zweiten Schuljahres. Testbasis sind hier fünf bzw. neun von BRÜGELMANN (vgl. 1995; 1988/1989) als Überforderungsdiktat vorgeschlagene Wörter, die von Kindern aus der gesprochenen Sprache in die schriftliche

„übersetzt" werden müssen. Da im untersuchten Unterricht Wörter nicht explizit geübt werden, müssen alle Wörter vom Kind individuell konstruiert werden. Aus dieser Konstruktion lassen sich dann Rückschlüsse auf die Entwicklungsstufe ziehen, auf der sich das Kind gerade befindet.

Ab dem Ende der ersten Klasse wurde dann die „Hamburger Schreib-Probe" (HSP) von MAY (vgl. 1997[3]; 1994[3]) kontinuierlich bis in die weiterführende Schule als Rechtschreibtest eingesetzt. Auf dieser Basis lassen sich die Leistungen der Klasse durch die Möglichkeit des Vergleichs mit vorhandenen Normwerten in eine bundesweite Stichprobe einordnen bzw. in Prozentrangpunkten ausdrücken. Dies ist besonders vor dem Hintergrund der fehlenden direkten Vergleichsstichprobe sinnvoll. Dabei überschneiden sich Neun-Wörter-Diktat und Hamburger Schreib-Probe vom Ende des ersten bis zum Ende des zweiten Schuljahres. Zusätzlich zu diesen Tests stehen unzählige Eigenproduktionen der Kinder über alle vier Schuljahre zur Verfügung, die zur vertiefenden Betrachtung bzw. Absicherung der Testergebnisse herangezogen werden.

Bei der Stichprobenauswahl erscheint es sinnvoll, vor allem die Kinder zu betrachten, die ihre ganze Grundschulzeit in der Klasse verbracht haben, also wirklich ausschließlich nach dem hier beschriebenen Konzept gelernt haben. Dies wären die Kinder der Kernstichprobe. Um zu zeigen, dass die gesamte Klassenleistung ähnlich positiv war, werden – wo möglich und sinnvoll – auch andere Teilstichproben bei der Darstellung hinzugenommen. Während die Verluststichprobe für den Zeitraum, an dem die Kinder sich noch in der Klasse befunden haben, denselben Maßstäben unterliegen muss wie die Kernstichprobe, ist die einfach Hinzunahme der Zuwachsstichproben nicht so einfach zu begründen, da das Kriterium des ausschließlichen Unterrichts nach dem beschriebenen Konzept hier nicht zutrifft. Aus diesem Grund wird weitgehend auf eine entsprechende Darstellung verzichtet, wobei sich die positive Entwicklung auch dieser Kinder hier und in anderen Kapiteln der Arbeit erkennen lässt (Personales Bedingungsfeld, Fallstudien).

Mit Hilfe dieser Daten sollen auf der Grundlage der Vergleichbarkeit der entsprechenden Stichproben mit einer Normstichprobe bezüglich der Lernbedingungen und Lernvoraussetzungen der Kinder folgende drei Fragen im Hinblick auf die ohne expliziten Rechtschreibunterricht geführte Klasse beantwortet werden:

- Ist die Rechtschreibleistung der Klasse mindestens durchschnittlich?
- Ist die Streuung bzw. die Entwicklung der Streuung nicht höher als üblich?
- Entwickelt sich die Gruppe der „schwachen" Rechtschreiber mindestens durchschnittlich?

Sollten diese drei Fragen positiv beantwortet werden können, so muss die Behauptung, dass Rechtschreibung auf Klassenebene nur mit einem expliziten Rechtschreiblehrgang erlernt werden kann, zumindest relativiert werden, da die beschriebene Stichprobe dies für den hier beschriebenen Rahmen widerlegen würde. Das könnte dann entsprechende Konsequenzen für ein Umdenken in der Rechtschreibdidaktik bedeuten, von der implizite und inzidentelle Lernprozesse stärker beachtet und untersucht werden müssten.

13.1 Schriftsprachliche Kenntnisse der Kinder in der Eingangsphase

13.1.1 Buchstabenkenntnisse vor der Einschulung

Da in der Untersuchung auf vorhandene Daten zurückgegriffen werden muss, richtet sich auch das Untersuchungsdesign nach den in der Klasse durchgeführten Tests. Entsprechend der Vorgabe der Schulleitung durfte vor bzw. zur Einschulung kein Intelligenz- oder Leistungstest erhoben werden, sondern man wollte zusammen mit der Leiterin des Schulkindergartens das „Kieler Einschulungsverfahren" (vgl. Fröse u. a. 1988) durchführen, einschließlich intensiver Einzelgespräche des Lehrers mit Kindern und Eltern. Innerhalb dieser noch vor den Sommerferien geführten Gespräche gab es für die hier untersuchte Klasse eine (kleine) Erhebung der Vorkenntnisse der Kinder in Bezug auf ihre Buchstaben- und Zahlenkenntnisse, die allerdings nicht den üblichen Testsituationen entsprach, sondern beiläufig im Gespräch ermittelt wurde.

Die so erfassten Kenntnisse der Kinder lassen sich fünf Stufen der Buchstabenkompetenz zuordnen. Unterscheiden möchte ich dabei zwischen:

- Stufe 0: nur sehr geringe Vorkenntnisse, Schrift hat bislang keine Rolle gespielt
- Stufe 1: kann eigenen Namen und einzelne Buchstaben (auswendig) malen, es findet im Prinzip aber noch keine Phonem-Graphem-Zuordnung statt
- Stufe 2: kann über den eigenen Namen hinaus noch andere Wörter malen und einige Buchstaben schreiben, für die eine anfängliche Phonem-Graphem-Zuordnung stattfindet
- Stufe 3: kann mehrere Buchstaben nach Diktat verschriften, es findet eine Phonem-Graphem-Zuordnung statt
- Stufe 4: kann (fast) alle Buchstaben nach Diktat verschriften
- Stufe 5: kann Wörter zumindest lautgetreu schreiben

Unter dem Vorbehalt der schon in den methodischen Überlegungen angesprochenen Problematik, bei einer Auswertung nach Kompetenzstufen Mittelwerte zu bilden, ergibt sich sowohl für die Kernstichprobe als auch die Verluststichprobe ein Durchschnittswert von 1,7 als anschaulicher Näherungswert. Die Verteilung stellt sich folgendermaßen dar:

Buchstabenkenntnis „Schreiben" – Eingangserhebung Kernstichprobe (⌀Stufe 1,7)

	Stufe 0	Stufe 1	Stufe 2	Stufe 3	Stufe 4	Stufe 5
Vorkenntnisse Schreiben	keine oder nur sehr geringe Vorkenntnisse	kann eigenen Namen malen und bis zu 5 Buchstaben schreiben	kann mehrere Wörter malen und 6-10 Buchstaben schreiben	kann mehr als 10 Buchstaben schreiben	kann fast alle Buchstaben schreiben	kann Wörter lautgetreu schreiben
Andrea			X			
Bettina				X		
Bodo				X		
Carlo	X					
Fedor	4X					
Harald			X			
Ines		X				
Lars			X			
Lutz		X				
Meike		X				
Michael				X		
Natalie	X					
Pia		X				
Sabine				X		
Steven (SKG)					X	
Prozentualer Anteil der Kinder/ Stufe	20,0%	26,7%	20,0%	26,7%	6,7%	0

Buchstabenkompetenz „Schreiben" Eingangserhebung

Stufe	Kinder	%
0	3	20
1	4	26,7
2	3	20
3	4	26,7
4	1	6,7
5	0	0
Summe	15	100,1

N=15	AM=1,7	SD=1,3

Stufe	Kinder	%
0	3	15,8
1	7	36,8
2	3	15,8
3	4	21,1
4	2	10,5
5	0	0
Summe	19	100

N=19	AM=1,7	SD=1,3

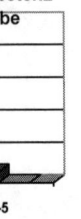

Buchstabenkompetenz Kernstichprobe

Anteil Kinder in %

Kompetenzstufen 0-5

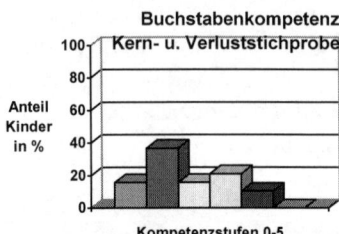

Buchstabenkompetenz Kern- u. Verluststichprobe

Anteil Kinder in %

Kompetenzstufen 0-5

Die Vorkenntnisse der Kinder unterscheiden sich erwartungsgemäß stark: von Kindern ohne Schriftvorerfahrung bis hin zu Kindern, die schon alle Buchstaben beherrschen. Es gibt allerdings keine Kinder, die vor der Schule schon schreiben können. Obwohl für die oben genannten Stufen keine direkte Vergleichsstichprobe vorliegt, können die Daten zu Ergebnissen anderer Studien in Beziehung gesetzt werden. In diesen Studien liegen die Mittelwerte für die Buchstabenkenntnis je nach Erhebung zwischen 5 und 10 Buchstaben.

RICHTER (vgl. 1992, 115ff.) bekommt in ihrer Eingangserhebung bei einer Stichprobengröße von N=481 einen Mittelwert zwischen 11 und 12 für Buchstaben heraus, die die Kinder spontan aus dem Gedächtnis aufschreiben sollten. Der Modalwert, d. h. die größte Häufigkeit, lag bei 8 Buchstaben, die Anzahl der aufgeschriebenen Buchstaben variierte dabei von keinem Buchstaben bis alle Buchstaben des Alphabets. Die Standardabweichung lag bei 5 bis 6 Buchstaben. Beim Diktat von 10 häufigen Buchstaben ergab sich in einer Stichprobe der Größe N=505 ein Mittelwert von 7 Buchstaben, wobei der Modalwert bei 10 Buchstaben, also der Obergrenze lag. Hier fehlt sicherlich die Differenzierung im oberen Bereich, sodass mit einem anderen Testverfahren wahrscheinlich ein höherer Wert hätte erreicht werden können. Die Standardabweichung lag bei knapp 3 Buchstaben.

Im Vergleich mit diesen Ergebnissen lässt sich – trotz aller Vorbehalte hinsichtlich des Erhebungsverfahrens und eines direkten Vergleichs – feststellen, dass die Kinder der hier untersuchten Klasse zumindest keine überdurchschnittlichen Vorkenntnisse hatten. Die durchschnittliche Buchstabenkenntnis liegt zwischen 6 und 10 Buchstaben, ein Drittel der Stichprobe beherrscht mehr als 10 Buchstaben, fast die Hälfte weniger als 6 Buchstaben. Diese Werte liegen sogar unter denen anderer Untersuchungen.

13.1.2 Ergebnisse nach dem 6-phasigen Modell der Schreibentwicklung von Brügelmann

Der erste richtige Test zur Leistungserfassung erfolgte nach vier Wochen Schule mittels des „Fünf-Wörter-Diktats" von BRÜGELMANN, das in zweimonatigen Abständen wiederholt wurde. Dieses wurde dann zum Ende des ersten Schuljahres durch das „Neun-Wörter-Diktat" ersetzt, das dann halbjährlich bis zum Ende der zweiten Klasse eingesetzt wurde (vgl. Brügelmann 1995; 1988/1989). Parallel dazu erfolgte ab dem Ende der ersten Klasse bis in die weiterführende Schule der halbjährliche Einsatz der „Hamburger Schreib-Probe" (vgl. May 1997[3]).

Zur Auswertung des Fünf- bzw. des Neun-Wörter-Diktat wird auf das 6-phasige Modell der Schreibentwicklung von BRÜGELMANN zurückgegriffen, das im Gegensatz zu anderen Entwicklungsmodellen (wie z. B. den 6 Etappen der Schreibentwicklung von SPITTA (vgl. 1983, 73ff.)) bzw. anderen Auswertungs-Vorgehensweisen (wie z. B. der strategieorientierten Auswertung der Hamburger

Schreib-Probe, s. u.) eine größere Differenzierung in der Anfangsphase zulässt. Diese ist für die im ersten und zweiten Schuljahr erhobenen Fünf- bzw. Neun-Wörter-Diktate besonders wichtig, da orthographische oder morphematische Strategien hier noch keine so große Rolle spielen bzw. besser im Rahmen der Auswertung der Hamburger Schreib-Probe überprüft werden können. Zudem weist das Modell durch seine Einteilungskriterien eine gut handhabbare Operationalisierung auf, die nicht auf einen bestimmten Wortschatz ausgelegt ist.

BRÜGELMANN schlägt in seinem 6-phasigen Modell der Schreibentwicklung (vgl. Brügelmann 1988/1989) folgende Einteilung vor:

- Stufe 0: keine Buchstaben oder nur Buchstaben ohne Lautbezug („willkürliche Schreibweise")
- Stufe 1: ein Laut korrekt abgebildet (meist der Anlaut)
- Stufe 2: „Laut-Skelett" (weniger als 2/3 der Laute korrekt)
- Stufe 3: fast lauttreu (mehr als 2/3 der Laute korrekt)
- Stufe 4: Lautfolge genau, evtl. übergenau wiedergegeben („Umschrift")
- Stufe 5: orthographisch korrekte Schreibung (ohne Groß-Kleinschreibung)

Mit Hilfe dieser Stufeneinteilung lässt sich jede Verschriftung eines Kindes zunächst ganz konkret einer bestimmten Schreibentwicklungsstufe zuordnen. Diese Zuordnung ist abhängig vom zu verschriftenden Wort und der erfolgten Verschriftung, sodass bei mehreren Wörtern ein Mittelwert der Einzelergebnisse errechnet wird. Diese Vorgehensweise hat sich im praktischen Gebrauch bzw. in anderen Untersuchungen bewährt und stimmt in hohem Maße mit feineren Auswertungsverfahren überein (z. B. der Auszählung der richtigen Laute), die berücksichtigen, dass die Niveaustufen eigentlich nicht auf einer Intervallskala liegen und deshalb nicht einfach Mittelwerte gebildet werden können. Dabei ist davon auszugehen, dass sich die Entwicklung der Kinder entsprechend dieser Stufen weiterentwickeln wird, d. h. die Kinder langfristig immer höhere Werte erreichen werden (vgl. Brügelmann 1988/1989). Alle Verrechnungs- und Durchschnittswerte sind dabei aus statistischen Gründen nur als anschauliche Näherungswerte zu verstehen.

Vergleicht man das bis zum Ende der ersten Klasse eingesetzte Fünf-Wörter-Diktat (bestehend aus den Wörtern *Leiter, Hose, Schere, Regen* und *Mund*) mit dem Neun-Wörter-Diktat (*Kanu, Saum, Rosine, Schimmel, Leiter, Wand, billig, Lokomotive, Strumpf*), das normalerweise die Grundlage für das Auswertungsverfahren von BRÜGELMANN darstellt, so stellt man fest, dass keine ausreichende Differenzierung im Hinblick auf die Zuordnung der 5. Stufe der Schreibentwicklung erfolgt. Im Fünf-Wörter-Diktat müssen vom Schreibenden nur beim Wort *Mund* orthographische Strategien eingesetzt werden, um die rechtschriftlich korrekte Form zu schreiben, alle anderen Wörter enthalten keine von der üblichen Phonem-Graphem-Zuordnung abweichenden orthographischen Elemente. Um trotzdem sinnvoll zwischen der Stufe 4 und 5 unterscheiden zu können, wurde zur Einteilung in die Stufe 5 auf zusätzliches Wortmaterial aus Eigenproduktionen der Kinder zurückgegriffen. Entsprechend erfolgte eine individuelle Einordnung in diese Rechtschreibstufe auf Grund der Schreibkompetenz des Kindes zum jeweiligen Zeitpunkt. Alternativ hätte man u. U. die Stufen 4 und 5 beim Fünf-Wörter-Diktat zusammenfassen können, was allerdings auf Grund der dann fehlenden Differenzierung im Bereich dieser Stufen als nicht angebracht erscheint.

Fünf-Wörter-Diktat Anfang September Klasse 1 (∅ Stufe 1,3)

5-Wörter-Diktat September Klasse 1	Wörter Stufe 0	Wörter Stufe 1	Wörter Stufe 2	Wörter Stufe 3	Wörter Stufe 4	Wörter Stufe 5	Stufe ∅
	keine oder willk. Verschriftung	1 Laut korrekt	weniger als 2/3 Laute korrekt	mehr als 2/3 Laute korrekt	lautgetreu, evtl. übergenau	orthographisch korrekt	5-Wörter-Diktat Sept. Klasse 1
Andrea	2	3	0	0	0	0	0,6
Bettina	0	0	0	2	3	0	3,6
Bodo	0	5	0	0	0	0	1
Carlo	0	5	0	0	0	0	1
Fedor	1	4	0	0	0	0	0,8
Harald	1	4	0	0	0	0	0,8
Ines	0	5	0	0	0	0	1
Lars	1	1	3	0	0	0	1,4
Lutz	1	4	0	0	0	0	0,8
Meike	1	4	0	0	0	0	0,8
Michael	1	3	1	0	0	0	1
Natalie	4	1	0	0	0	0	0,2
Pia	0	5	0	0	0	0	1
Sabine	0	5	0	0	0	0	1
Steven (SKG)	0	0	0	0	5	0	4
Prozentualer Anteil der Kinder/ Stufe	16%	65,3%	5,3%	2,6%	10,6%	0%	

Damit ergibt sich für die Schuleingangsphase eine durchschnittliche Rechtschreibstufe von 1,3 nach dem Modell von BRÜGELMANN. Zum Schulkindergartenkind Steven, der schon vor Schulbeginn alle Buchstaben schreiben konnte, ist ein Kind (Bettina) dazugekommen, das ansatzweise lautgetreu bzw. in Skelettschrift schreiben kann. Bis auf ein Kind (Natalie), das noch nicht auflautieren kann, bewegen sich alle anderen Kinder der Kernstichprobe auf der ersten Stufe der Schreibentwicklung, d. h. sie sind in der Lage, einen Laut eines Wortes zu verschriften. Dabei handelt es sich in der Regel um den Anlaut.

Fünf-Wörter-Diktat Anfang September Klasse 1 – Kernstichprobe

Stufe	Kinder	%
0 (0-0,5)	1	6,6
1 (0,5-1,5)	12	80
2 (1,5-2,5)	0	0
3 (2,5-3,5)	0	0
4 (3,5-4,5)	2	13,3
5 (4,5-5)	0	0
Summe	15	99,9

N=15	AM=1,3	SD=1,1

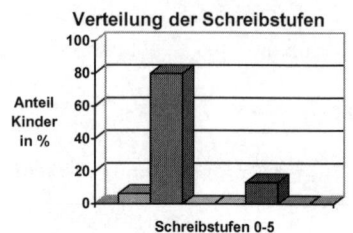

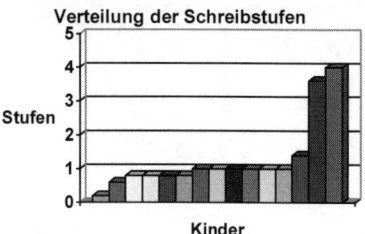

Kern- und Verluststichprobe

Auch bei Berücksichtigung der Verluststichprobe verändern sich die Werte im Grunde nicht bzw. eher leicht nach oben. Vergleichswerte für andere Klassen liegen für diesen Test leider nicht vor:

Stufe	Kinder	%
0 (0-0,5)	2	10,5
1 (0,5-1,5)	13	68,4
2 (1,5-2,5)	1	5,2
3 (2,5-3,5)	0	0
4 (3,5-4,5)	3	15,8
5 (4,5-5)	0	0
Summe	19	99,9

N=19	AM=1,4	SD=1,2

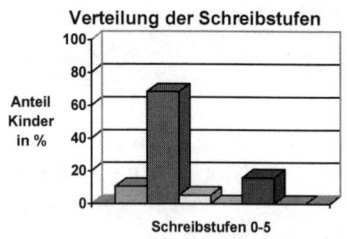

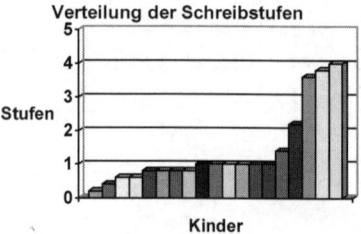

Fünf-Wörter-Diktat Ende November Klasse 1 – Kernstichprobe

Zum nächsten Testtermin Ende November sind alle Kinder der Kerngruppe über die 1. Stufe der Schreibentwicklung hinaus und verschriften nicht mehr nur die Anlaute der Wörter. Dabei befindet sich der größte Teil der Kinder zwischen der 3. und der 4. Stufe der Schreibentwicklung, d. h. sie verschriften den größten Teil der Laute korrekt bzw. können die (einfachen) Wörter des Fünf-Wörter-Diktats mindestens lautgetreu schreiben. Es ergibt sich eine mittlere Schreibentwicklungsstufe von 3,3. Die Streuung beträgt weniger als eine Stufe.

Stufe	Kinder	%
0 (0-0,5)	0	0
1 (0,5-1,5)	0	0
2 (1,5-2,5)	2	13,3
3 (2,5-3,5)	6	40
4 (3,5-4,5)	7	46,7
5 (4,5-5)	0	0
Summe	15	100

N=15	AM=3,3	SD=0,7

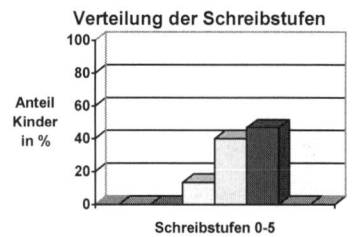

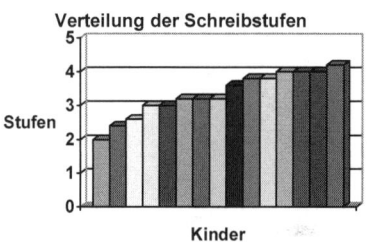

Kern- und Verluststichprobe

Mittelwert und Streuung bleiben bei Hinzunahme der Verluststichprobe gleich:

Stufe	Kinder	%
0 (0-0,5)	0	0
1 (0,5-1,5)	0	0
2 (1,5-2,5)	3	15,8
3 (2,5-3,5)	7	36,8
4 (3,5-4,5)	9	47,3
5 (4,5-5)	0	0
Summe	19	99,9

N=19	AM=3,3	SD=0,7

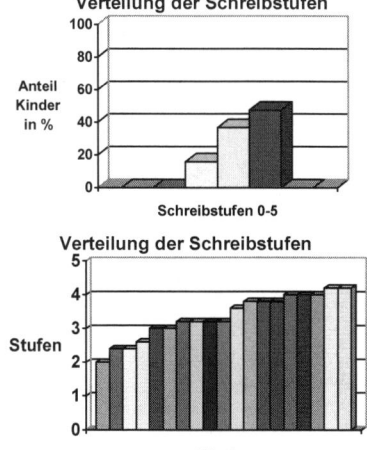

Fünf-Wörter-Diktat Ende Januar Klasse 1 – Kernstichprobe

Nach weiteren zwei Monaten befinden sich alle Kinder der Kernstichprobe Ende Januar auf der Stufe 4 der Schreibentwicklung. Der Mittelwert liegt bei 4,0; die Streuung geht gegen 0.

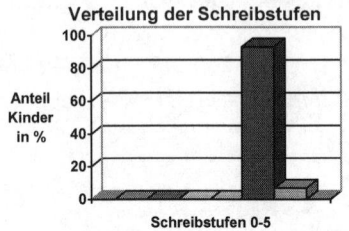

Stufe	Kinder	%
0 (0-0,5)	0	0
1 (0,5-1,5)	0	0
2 (1,5-2,5)	0	0
3 (2,5-3,5)	0	0
4 (3,5-4,5)	14	93,3
5 (4,5-5)	1	6,7
Summe	15	100

N=15	AM=4,0	SD=0,3

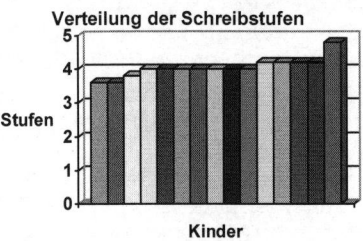

Kern- und Verluststichprobe

Die Hinzunahme der Verluststichprobe ändert den Durchschnittswert nicht, aber es wird eine größere Streuung offensichtlich, da sowohl die Stufen 2 und 3 als auch die höchste Stufe 5 von Kindern der Verluststichprobe belegt werden. Kein Kind der Verluststichprobe befindet sich im Mittelfeld (was beim Anteil von „Wiederholern" und „Überspringern" nahe liegt).

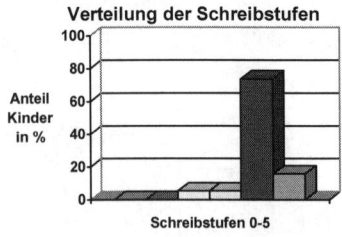

Stufe	Kinder	%
0 (0-0,5)	0	0
1 (0,5-1,5)	0	0
2 (1,5-2,5)	1	5,3
3 (2,5-3,5)	1	5,3
4 (3,5-4,5)	14	73,7
5 (4,5-5)	3	15,7
	19	100

N=19	AM=4,0	SD=0,6

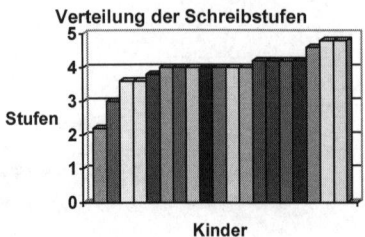

582

Fünf-Wörter-Diktat April Klasse 1 – Kernstichprobe

Im April haben dann fast alle Kinder die Stufe 5 der orthographisch korrekten Schreibung des verwendeten Fünf-Wörter-Diktats erreicht. Drei Kinder befinden sich noch auf der Stufe des lautgetreuen Schreibens, eines davon mit einem Wert von 4,4 knapp vor der nächsten Stufe. Der Durchschnittswert beträgt 4,7. Hier ist sicherlich durch die Einfachheit der Wörter ein „Deckeneffekt" erreicht, sodass mit dem einfachen Fünf-Wörter-Diktat keine aussagekräftige Differenzierung mehr erfolgt. Entsprechend kann die bislang beschriebene Entwicklung nur die erreichten Minimalanforderungen beschreiben.

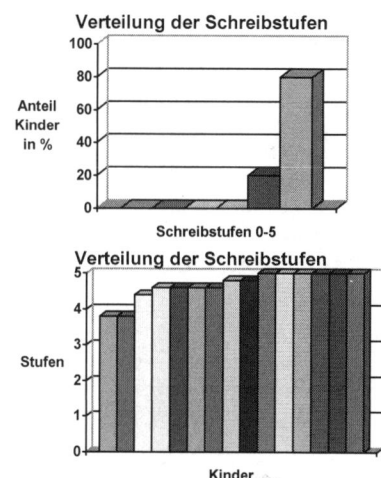

Stufe	Kinder	%
0 (0-0,5)	0	0
1 (0,5-1,5)	0	0
2 (1,5-2,5)	0	0
3 (2,5-3,5)	0	0
4 (3,5-4,5)	3	20
5 (4,5-5)	12	80
	15	100

N=15	AM=4,7	SD=0,4

Kern- und Verluststichprobe

Nimmt man die vier Kinder der Verluststichprobe hinzu, so verändert sich der Wert geringfügig von 4,7 auf 4,6. Aber selbst die beiden schwachen Kinder befinden sich schon auf der Stufe des lautgetreuen Schreibens, die beiden anderen schreiben sogar orthographisch korrekt. Die Streuung beträgt eine halbe Stufe.

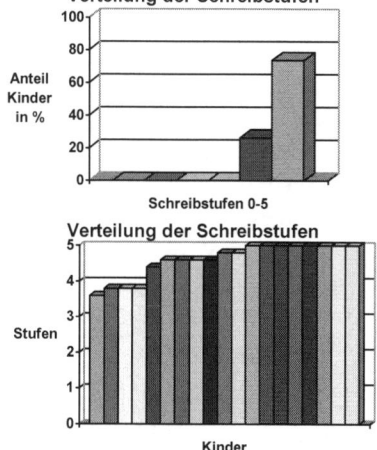

Stufe	Kinder	%
0 (0-0,5)	0	0
1 (0,5-1,5)	0	0
2 (1,5-2,5)	0	0
3 (2,5-3,5)	0	0
4 (3,5-4,5)	5	26,3
5 (4,5-5)	14	73,6
	15	99,9

N=19	AM=4,6	SD=0,5

Leider liegen für das 5-Wörter-Diktat mit den Wörtern *Leiter, Hose, Schere, Regen* und *Mund* keine Vergleichsdaten vor, sodass das Ergebnis nicht direkt in eine größere Stichprobe eingeordnet werden kann. Vergleichswerte in Bezug auf eine Auswertung nach dem 6-phasigen Modell der Schreibentwicklung von BRÜGELMANN gibt es allerdings für das aus wesentlich schwieriger zu verschriftendem Wortmaterial bestehende Neun-Wörter-Diktat (*Kanu, Saum, Rosine, Schimmel, Leiter, Wand, billig, Lokomotive, Strumpf*), das als Fortsetzung des Fünf-Wörter-Diktats ab dem Ende der ersten Klasse eingesetzt wurde.

Neun-Wörter-Diktat Ende Klasse 1

9-Wörter-Diktat Ende Klasse 1	Wörter Stufe 3 mehr als 2/3 der Laute korrekt	Wörter Stufe 4 lautgetreu, evtl. übergenau	Wörter Stufe 5 orthographisch korrekt	Stufe ⌀ 9-Wörter-Diktat Ende Klasse 1	Stufe ⌀ 5-Wörter-Diktat April Klasse 1
Andrea	2	3	4	4,2	5
Bettina	0	4	5	4,56	5
Bodo	0	2	7	4,8	5
Carlo	1	2	6	4,56	5
Fedor	2	4	3	4,1	4,6
Harald	2	4	3	4,1	4,6
Ines	3	6	0	3,67	4,6
Lars	0	4	5	4,56	5
Lutz	4	2	3	3,9	4,4
Meike	1	2	6	4,56	4,6
Michael	2	4	3	4,1	5
Natalie	2	5	2	4	3,8
Pia	3	4	2	3,9	3,8
Sabine	0	1	8	4,9	4,8
Steven (SKG)	1	5	3	4,2	4,8
Prozentualer Anteil der Kinder/ Stufe	17%	38,5%	44,4%	⌀ **Alle 4,3**	⌀ **Alle 4,7**

Man sieht, dass der Wert der dem einzelnen Schüler zugeordneten Rechtschreibstufe auf Grund des höheren Schwierigkeitsgrades des Neun-Wörter-Diktats im Gegensatz zum Fünf-Wörter-Diktat abnimmt, erwartungsgemäß vor allem im Rahmen der stärkeren Differenzierung zwischen Stufe 4 und 5: Da wo im Fünf-Wörter-Diktat die Einfachheit des Wortmaterials im Laufe der Zeit zur orthographisch korrekten Schreibung geführt hat, kann der Entwicklungsstand des einzelnen Kindes beim Neun-Wörter-Diktat genauer abgelesen werden. Die Differenz beträgt im Mittel weniger als eine halbe Stufe, eine ganze Stufe als Unterschied ist erwartungsgemäß bei keinem Kind zu verzeichnen.

Neun-Wörter-Diktat Ende Klasse 1 – Kernstichprobe

Stufe	Kinder	%
0 (0-0,5)	0	0
1 (0,5-1,5)	0	0
2 (1,5-2,5)	0	0
3 (2,5-3,5)	0	0
4 (3,5-4,5)	9	60
5 (4,5-5)	6	40
	15	100

N=15	AM=4,3	SD=0,4

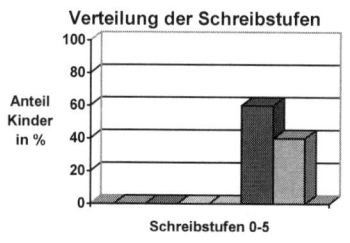

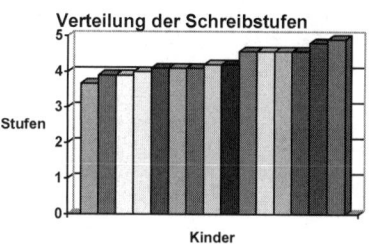

Der im Neun-Wörter-Diktat erreichte mittlere Wert von 4,3 (mit Verluststichprobe 4,2) ist dabei im Vergleich zu vorliegenden Stichproben leicht überdurchschnittlich. BRÜGELMANN (1994a, 105) vgl. ermittelte in seiner Untersuchung (N=260) im Juni/Juli 1989 einen mittleren Wert von 4,1; RICHTER (vgl. 1992, 137f.) in ihrer Untersuchung im Juni 1990 (N=434) einen Bereich der mittleren 50% zwischen 3,7 und 4,3 (Mittelwert 3,85). Dabei erscheint die Streuung in der vorliegenden Untersuchung mit weniger als einer halben Stufe (0,4) sowohl für die Kernstichprobe als auch Kernstichprobe und Verluststichprobe sehr gering. In der Untersuchung von RICHTER beträgt sie fast eine ganze Stufe (0,87). Das Ergebnis der Kernstichprobe unterscheidet sich dabei signifikant in Bezug auf die Werte von RICHTER ($F_{(4,08)}=4,8$; $p=0,000$).

Neun-Wörter-Diktat Mitte Klasse 2

Betrachtet man die nächste Erhebung mit dem Neun-Wörter-Diktat Mitte des zweiten Schuljahres, so lässt sich nur eine geringfügige Steigerung in den Schreibentwicklungsstufen feststellen, wobei die Streuung mit einem Wert von 0,2 immer mehr gegen Null geht:

	Wörter Stufe 3	Wörter Stufe 4	Wörter Stufe 5	Stufe $\varnothing$	Stufe $\varnothing$
9-Wörter-Diktat Mitte Klasse 2	mehr als 2/3 der Laute korrekt	lautgetreu, evtl. übergenau	orthographisch korrekt	9-Wörter-Diktat Mitte Klasse 2	9-Wörter-Diktat Ende Klasse 1
Andrea	0	4	5	4,56	4,2
Bettina	0	6	3	4,33	4,56
Bodo	1	5	3	4,22	4,8
Carlo	0	5	4	4,44	4,56
Fedor	2	6	1	3,89	4,1
Harald	1	4	4	4,33	4,1
Ines	1	7	1	4	3,67
Lars	1	5	3	4,22	4,56
Lutz	0	5	4	4,44	3,9
Meike	0	5	4	4,44	4,56
Michael	0	5	4	4,44	4,1
Natalie	0	4	5	4,56	4
Pia	0	6	3	4,34	3,9
Sabine	0	4	5	4,56	4,9
Steven (SKG)	0	6	3	4,33	4,2
Prozentualer Anteil der Kinder/ Stufe	3,4%	57%	38,5%	$\varnothing$ **Alle 4,3**	$\varnothing$ **Alle 4,3**

Bei einzelnen Kindern ergibt sich sogar eine leichte Verschlechterung bei der Zuordnung der Rechtschreibstufen, obwohl die tatsächlichen Leistungen der Kinder nicht schlechter sind. Die Ursachen dafür liegen zum einen im Messinstrument, wenn sich einzelne Verschiebungen um die Trennwerte direkt auch in den Endwerten widerspiegeln. Zum anderen lässt sich auf der Ebene der einzelnen Verschriftung ein vermehrtes Verwenden überflüssiger orthographischer Phänomene beobachten, das oberflächlich zu einer höheren Fehlerzahl führt, auch wenn es einen Fortschritt in der verwendeten Strategie andeutet. Hier unterscheidet das Messinstrument nicht zwischen der von der orthographisch korrekten Schreibung abweichenden Stufe des lautgetreuen Schreibens und der in der Entwicklung höher liegenden Stufe des Übergeneralisierens. Beide werden der Stufe 4 zugeordnet, sodass bei einigen Kindern trotz der Weiterentwicklung ein Verharren bzw. ein Rückentwickeln gemessen wird. Der Durchschnittswert beträgt für die Kernstichprobe 4,3 und ändert sich auch mit Verluststichprobe nicht.

Neun-Wörter-Diktat Mitte Klasse 2 – Kernstichprobe

Stufe	Kin-der	%
0 (0-0,5)	0	0
1 (0,5-1,5)	0	0
2 (1,5-2,5)	0	0
3 (2,5-3,5)	0	0
4 (3,5-4,5)	12	80
5 (4,5-5)	3	20
	15	100

N=15	AM=4,3	SD=0,2

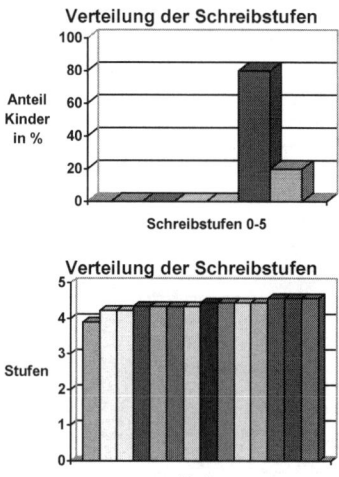

Vergleichswerte liegen hier nur von BRÜGELMANN (vgl. 1994a, 105) für November vor. In dieser Untersuchung mit einer relativ geringen Stichprobengröße von N=78 beträgt der Mittelwert 4,4. Geht man davon aus, dass der Mittelwert dem auch sonst offensichtlich ansteigenden Verlauf folgt, hieße das, dass die hier untersuchte Klasse zum Testzeitpunkt Mitte der zweiten Klasse (Dezember) mit einem Wert von 4,3 nur knapp im Durchschnittsbereich bzw. sogar leicht darunter liegt. Inwiefern hier das angesprochene Problem der Übergeneralisierung zu einer entsprechenden Verzerrung führt, die nicht in beiden Stichproben gleich sein muss, ist nicht zu beantworten.

Neun-Wörter-Diktat Ende Klasse 2

Eine größere Steigerung ist zum Testzeitpunkt im dritten Tertial des zweiten Schuljahres (Mai) zu verzeichnen, für den allerdings wiederum keine Vergleichswerte vorliegen:

9-Wörter-Diktat Ende Klasse 2	Wörter Stufe 3 mehr als 2/3 der Laute korrekt	Wörter Stufe 4 lautgetreu, evtl. übergenau	Wörter Stufe 5 orthographisch korrekt	Stufe ∅ 9-Wörter-Diktat Ende Klasse 2	Stufe ∅ 9-Wörter-Diktat Mitte Klasse 2
Andrea	0	3	6	4,67	4,56
Bettina	0	4	5	4,56	4,33
Bodo	0	1	8	4,89	4,22
Carlo	1	1	7	4,67	4,44
Fedor	0	4	5	4,56	3,89
Harald	0	2	7	4,78	4,33
Ines	0	4	5	4,56	4
Lars	0	2	7	4,78	4,22
Lutz	0	2	7	4,78	4,44
Meike	0	6	3	4,67	4,44
Michael	0	2	7	4,78	4,44
Natalie	0	4	5	4,56	4,56
Pia	0	3	6	4,67	4,34
Sabine	0	3	6	4,67	4,56
Steven (SKG)	1	2	6	4,56	4,33
Prozentualer Anteil der Kinder/ Stufe	1,5%	31,8%	66,7%	∅ Alle 4,7	∅ Alle 4,3

Neun-Wörter-Diktat Ende Klasse 2 – Kernstichprobe

Stufe	Kinder	%
0 (0-0,5)	0	0
1 (0,5-1,5)	0	0
2 (1,5-2,5)	0	0
3 (2,5-3,5)	0	0
4 (3,5-4,5)	0	0
5 (4,5-5)	15	100
	15	100

N=15	AM=4,7	SD=0,1

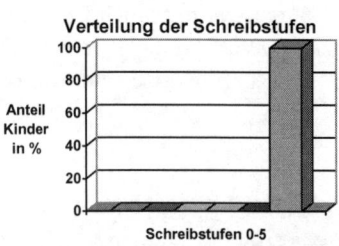

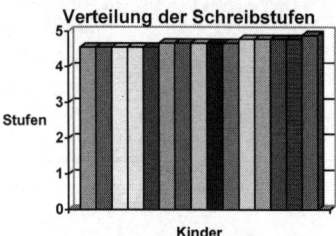

Alle Kinder befinden sich nun ausnahmslos auf Stufe 5, kein Kind hat sich verschlechtert. Zwei Drittel der 135 Wörter aller Kinder wurden orthographisch korrekt verschriftet, nur zwei Wörter enthielten nicht lautgetreue Verschriftungen, die im Rahmen der anderen Verschriftungen des Kindes als Flüchtigkeitsfehler klassifiziert werden können (*Strupf* und *billilig*). Für die Verluststichprobe liegen keine Werte mehr vor.

Die Streuung beträgt nur noch ein Zehntel einer Stufe, was auch mit dem Deckeneffekt zu tun hat, d. h. das Messinstrument kann beim Erreichen der höchsten Stufe nicht mehr genügend differenzieren. Aus diesen Gründen macht es Sinn, ein Instrument einzusetzen, das in dieser Hinsicht weiter geht. Dies ist – zumindest zunächst – mit der Hamburger Schreib-Probe möglich, deren Einsatz in der hier untersuchten Klasse im Folgenden vorgestellt wird.

13.2 Entwicklung der Rechtschreibfähigkeit der Kinder in der Grundschulzeit

13.2.1 Ergebnisse nach der Hamburger Schreib-Probe

Die Hamburger Schreib-Probe von MAY (vgl. 1997[3]) wurde regelmäßig im Halbjahresabstand ab dem Ende des ersten Schuljahres eingesetzt. Sie ermöglicht wie das 6-phasige Modell der Schreibentwicklung von BRÜGELMANN einen Einblick in die individuelle Konstruktion der Verschriftungen des Kindes. Entsprechend wird nicht ein bestimmter Übungswortschatz auf seine Korrektheit hin abgefragt, sondern es werden vom Kind Wörter verschriftet, die eben nicht unbedingt zu seinem Grundwortschatz gehören. An diesen Verschriftungen lassen sich durch das Auszählen von Graphemtreffern sowie der Betrachtung bestimmter Lupenstellen auf eine effiziente Weise Rückschlüsse auf die Rechtschreibkompetenz des Kindes ziehen, sodass – wie auch im Modell von BRÜGELMANN – nicht nur eine quantitative, sondern auch eine qualitative Zuordnung erfolgt.

Die empirische Absicherung der Hamburger Schreib-Probe gestattet durch die vorhandene Normierung eine Zuordnung der ermittelten Werte zu Prozenträngen, d. h. die Leistung der Klasse sowie die einzelner Kinder lassen sich zu einem repräsentativen Durchschnittswert in Bezug setzen. Dabei differenziert die Hamburger Schreib-Probe vor allem im unteren Bereich, sodass auch hier u. U. ein „Deckeneffekt" entstehen kann bzw. berücksichtigt werden muss. Aus diesem Grund wurden in der hier untersuchten Klasse zu verschiedenen Testzeitpunkten zusätzlich die Tests der nächsten Klassenstufe durchgeführt. Diese bieten dann eine bessere Differenzierung im oberen Bereich, können allerdings auf Grund der fehlenden Normierung für das entsprechende Schuljahr nicht mit Prozentrangwerten in Bezug gesetzt werden. Im Folgenden wird aber zunächst eine Beschränkung auf die für das jeweilige Schuljahr normierten Tests und dabei wiederum auf die Auszählung der Graphemtreffer vorgenommen.

Da es für die Mitte des dritten Schuljahres keine Vergleichswerte für die Hamburger Schreib-Probe gibt, werden hier die Normen für Ende des dritten Schuljahres verwendet. Da man von einer positiven Entwicklung der Testergebnisse im zeitlichen Verlauf ausgehen kann, liegen die tatsächlichen Leistungen entsprechend über diesen Werten. Es erfolgt eine Kenntlichmachung durch Kursivdruck und ein Pluszeichen (+) hinter dem entsprechenden Wert.

Hamburger Schreib-Probe – Prozentränge Graphemtreffer

Hamburger Schreib-Probe PR Graphemtreffer	E1	M2	E2	*M3*	E3	M4	E4
Andrea	70	72	84	*82*	73	81	88
Bettina	70	72	84	*66*	82	62	56
Bodo	70	60	70	*73*	73	71	77
Carlo	84	83	78	*91*	91	71	97
Fedor	42	72	34	*27*	39	22	34
Harald	70	83	70	*82*	73	81	65
Ines	56	72	47	*60*	82	71	49
Lars	70	83	99	*98*	98	92	77
Lutz	56	60	63	*39*	47	28	34
Meike	42	72	63	*42*	66	49	49
Michael	84	83	95	*82*	91	81	88
Natalie	42	46	47	*73*	82	54	65
Pia	56	32	78	*66*	73	54	56
Sabine	52	83	90	*82*	82	81	77
Steven	84	83	84	*82*	98	81	65
Ø GT Kernstichprobe	51,5	56,3	138,5	*182,7*	185	267,6	269
SD	2,1	2,5	5,2	*6,6*	4,8	7,9	5,6
	E1	M2	E2	*M3*	E3	M4	E4
Ø Gesamt (PR)	**56**	**72**	**70**	**66 +**	**73**	**54**	**56**
Kernstichprobe *PR-Band (RW ± 1 SD)*	*42- 84*	*60- 83*	*55- 90*	*47- 91*	*60- 98*	*41- 92*	*45- 88*
Eichstichprobe *PR-Band (RW ± 1 SD)*	*12- 93*	*11- 83*	*12- 90*	*(16- 91)*	*16- 91*	*18- 92*	*16- 97*

Test/ Zeitpunkt	Eichstichprobe			Kernstichprobe			t-Test	
	N	AM	SD	N	AM	SD	F(t)-Wert	p-Wert
HSP 1/ E 1	996	48,63	7,33	15	51,53	2,10	F(4,92)=12,2	p=0,000
HSP 2/ M 2	762	52,20	7,25	15	56,33	2,47	F(5,99)=8,6	p=0,000
HSP 2/ E 2	1470	130,00	13,40	15	138,47	5,21	F(6,09)=6,6	p=0,000
HSP 3/ M 3 (+)	*1188*	*173,10*	*15,30*	*15*	*182,73*	*6,60*	*F(5,47)=5,4*	*p=0,000*
HSP 3/ E 3	1188	173,10	15,30	15	185,00	4,77	F(9,10)=10,3	p=0,000
HSP 4/ M 4	946	258,60	16,80	15	267,60	7,86	F(4,28)=4,6	p=0,000
HSP 4/ E 4	1158	260,00	16,40	15	267,60	7,86	F(3,64)=4,4	p=0,001

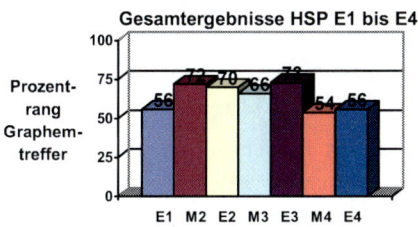

Insgesamt ergibt sich ein positiver Entwicklungsverlauf für die Kernstichprobe. Die Durchschnittswerte liegen zu jeder Zeit über dem Prozentrang 50 – und zwar mit einem hochsignifikanten Unterschied. Dabei ergeben sich vor allem im zweiten und dritten Schuljahr höhere Prozentrangwerte, die auch nach Abzug der Standardabweichung alle über dem durchschnittlichen Prozentrang 50 liegen. Aber auch im vierten Schuljahr liegt der durch Berücksichtigung der Standardabweichung statistisch gesicherte Durchschnittswert der Kernstichprobe mit Prozentrangwerten zwischen 41 und 92 sehr hoch. Ersichtlich ist auch die viel geringere Streuung im Vergleich zur Eichstichprobe.

Hamburger Schreib-Probe – Prozentränge Graphemtreffer

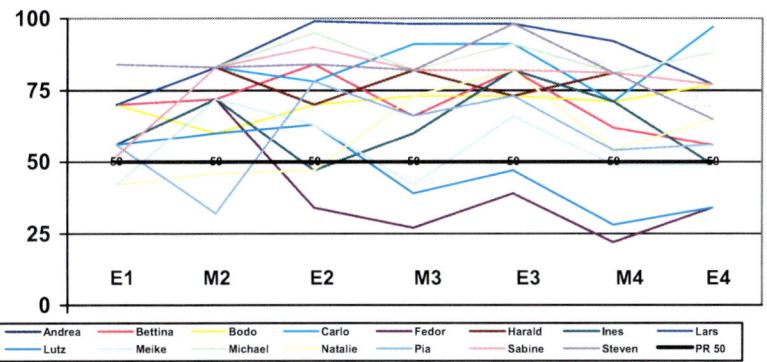

Auch auf der Individualebene ergibt sich ein positives Bild. Im Großen und Ganzen liegen die Kinder der Kernstichprobe in ihrem Entwicklungsverlauf bis auf einzelne Ausreißer über Prozentrang 50 – mit Streuungswerten, die weit unter denen der Eichstichprobe liegen (s. o.). Nur zwei Schüler bewegen sich länger unterhalb des mittleren Prozentrangs 50: Fedor, der als bosnischer Kriegsflüchtling nur während seiner Grundschulzeit in Deutschland gelebt hat, und Lutz, der vor allem im vierten Schuljahr vor dem Wechsel an die weiterführende Schule einen Leistungseinbruch zu verzeichnen hat. Diese beiden Kinder haben bei genauerer Betrachtung ihrer

Verschriftungen auch zum Ende ihrer Grundschulzeit noch keine tragfähigen ortho-graphischen Strategien aufgebaut, liegen mit Prozentrang 34 aber noch nicht im unteren Bereich. Eine eingehende Analyse erfolgt im Rahmen der ausführlichen Fallstudien dieser Kinder (siehe Kapitel 16).

In diesem Zusammenhang ist darauf hinzuweisen, dass in anderen Rechtschreibtests wie dem „Diagnostischen Rechtschreibtest" (Ingenkamp, div. Jahrgänge) ausländi-sche Kinder explizit aus der Gesamteichung ausgeschlossen werden bzw. eine ge-trennte Eichung erfolgt. Fedor liegt z. B. im DRT 4 zum geeichten Testzeitpunkt Mitte Klasse 4 nach den Individualnormen für Kinder mit deutscher Muttersprache im Prozentrangband zwischen 17 und 30 (es werden im DRT nur Prozentrangbänder angegeben), was gut zu seinem Ergebnis von PR 22 in der zeitgleich durchgeführten Hamburger Schreib-Probe passt. Im DRT würde Fedor aber nach der Norm für Kin-der mit anderer Muttersprache ausgewertet werden und läge dann im Prozentrang-band zwischen 51 und 75, d. h. im überdurchschnittlichen Bereich. Auch in der Hamburger Schreib-Probe gibt es für Ende Klasse 4 einen Vergleichswert für zwei-sprachige Kinder, aus dem sich ein ungefährer mittlerer Prozentrang von 34 (statt normalerweise 50) für Kinder mit europäischer Muttersprache (außer Türkei) und von 22 (statt normalerweise 50) für Kinder mit außereuropäischer Muttersprache ergibt. Fedor hat hier PR 34 erreicht, liegt also je nach angewendeter Norm im Mit-telfeld oder sogar darüber.

Fazit: Trotz durchschnittlicher bzw. leicht unterdurchschnittlicher Voraussetzungen liegen in der hier untersuchten Klasse bzw. Stichprobe überdurchschnittliche Ergeb-nisse für den Bereich der Schreib- und Rechtschreibentwicklung vor, einen Bereich, der nicht explizit geübt bzw. gelehrt worden ist.

13.2.2 Auswertung der Hamburger Schreib-Probe nach Rechtschreibstrate-gien

Die Hamburger Schreib-Probe bietet durch die im Test beinhalteten „Lupenstellen" die Möglichkeit eines Erfassens von Rechtschreibstrategien. In diesem Rahmen erfolgt ein Berücksichtigen folgender grundlegender Strategien:

Alphabetische Strategie
Damit wird die Fähigkeit beschrieben, den Lautstrom der Wörter aufzuschließen und mit Hilfe von Buchstaben bzw. Buchstabenkombinationen schriftlich festzuhalten. Diese Zugriffsweise basiert also auf der Analyse des eigenen Sprechens („Verschriftlichen der ei-genen Artikulation").

Orthographische Strategie
Damit wird die Fähigkeit beschrieben, die einfache Laut-Buchstaben-Zuordnung unter Be-achtung bestimmter orthographischer Prinzipien und Regeln zu modifizieren. „Orthographi-sche Elemente" sind zum einen solche, die sich der Lerner als von der Verschriftlichung der eigenen Artikulation abweichend merken muß („Merkelemente", z. B. *Zahn*, *Vater*, *Hexe*). Zum anderen sind dies Elemente, deren Verwendung hergeleitet werden kann („Regelele-mente", z. B. *Koffer*, *stehen*, *Hand*).

Morphematische Strategie

Damit wird die Fähigkeit beschrieben, bei der Herleitung der Schreibungen die morphematische Struktur der Wörter zu beachten. Sie erfordert sowohl die Erschließung des jeweiligen Wortstammes wie bei *Staubsauger* und *Räuber* (morphematisches Bedeutungswissen) wie auch die Zerlegung komplexer Wörter in Wortteile wie bei *Fahrrad* und *Geburtstag* (morphologisches Strukturwissen). (May 1997[3], 8)

Dabei unterscheidet sich die Anzahl der entsprechenden Lupenstellen von Strategie zu Strategie bzw. von Test zu Test. In den Tests für Ende des ersten Schuljahres und Mitte des zweiten Schuljahres sind orthographische und morphematische Strategie zusammengefasst, sodass diesbezüglich nur ein beide Strategien umfassender Prozentrangwert angegeben werden kann.

Hamburger Schreib-Probe					
Maximal erreichbare Anzahl	E1	M2	E2	M/E3	M/E4
Graphemtreffer	61	63	148	191	277
Lupenstellen Alphabetische Strategie	15	15	20	20	25
Lupenstellen Orthographische Strategie	(7) 10	(7) 10	15	15	20
Lupenstellen Morphematische Strategie	(3)	(3)	10	10	15

Da die Anzahl der den einzelnen Rechtschreibstrategien zugeordneten Lupenstellen im Gegensatz z. B. zur Anzahl der Graphemtreffer in einem Test sehr gering ist, erscheint eine Darstellung mit Prozentrangwerten einzelner Kinder nicht sinnvoll. So würden sich z. B. in der für die Mitte der zweiten Klasse vorgesehenen Hamburger Schreib-Probe im Rahmen der Überprüfung der alphabetischen Strategie zwischen zwei Fehlerwerten Sprünge von rund 40 Prozentrangpunkten ergeben (z. B. 15 von 15 richtigen Lösungen entspricht PR 74, 14 von 15 richtigen Lösungen entspricht PR 36). Entsprechend groß sind die Werte der Kritischen Differenzen, die aber erst eine gültige Aussage unter Berücksichtigung des Messfehlers bzw. der Zufallsschwankungen ermöglichen würden. Daher wird im Folgenden der Anteil richtiger Lösungen in Prozent als Individualwert angegeben. Die Streuung wird durch die Angabe der Standardabweichung vom mittleren Rohwert ersichtlich.

Der dem durchschnittlich von der Kernstichprobe erreichten Ergebnis wird dann der entsprechende Prozentrang der Normstichprobe zugeordnet (näherungsweise, da keine exakten Angaben vorliegen). Dieser Wert kann als Tendenzwert helfen, den Leistungsstand der Kernstichprobe grob einzuordnen. Die geäußerten Vorbehalte bezüglich einer individuellen Prozentrangzuordnung bleiben zwar bestehen, relativieren sich aber durch die Vergrößerung der Stichprobe entsprechend. Für den Messzeitpunkt Mitte Klasse 3 liegen keine Daten vor, hier wird die Eichung für Ende Klasse 3 verwandt, sodass der eigentlich erreichte Wert vermutlich entsprechend höher liegen würde.

Hamburger Schreib-Probe – Alphabetische Strategie

Alphabetische Strategie Anteil richtiger Lösungen in Prozent	E1	M2	E2	*M3*	E3	M4	E4
Andrea	100	100	90	100	100	100	100
Bettina	100	100	100	100	100	100	92
Bodo	93	100	95	100	100	100	100
Carlo	100	100	95	100	100	100	96
Fedor	87	100	95	95	95	92	96
Harald	100	100	100	100	100	100	100
Ines	93	87	95	90	100	100	100
Lars	100	100	100	100	100	100	100
Lutz	87	100	95	85	100	84	100
Meike	93	93	95	95	100	92	96
Michael	100	100	95	100	100	96	100
Natalie	93	100	100	100	100	96	100
Pia	93	93	100	100	100	92	100
Sabine	87	100	100	100	100	100	100
Steven	100	100	90	100	100	100	100
Ø Rohwert	14,3	14,8	19,3	*19,5*	19,9	24,2	24,7
SD=	0,8	0,6	0,7	*0,9*	0,5	1,2	0,6
	E1	M2	E2	*M3*	E3	M4	E4
Ø **Kernstichprobe**	**95**	**98**	**96**	**98**	**99**	**97**	**99**
ØRichtwerte (PR) ca.	*65*	*65*	*82*	*70+*	*80*	*62*	*72*

Die Auswertung der Lupenstellen für die alphabetische Strategie zeigt, dass die Kinder der Kernstichprobe diese Strategie mit hohen Durchschnittswerten zwischen 95% und 99% richtiger Schreibweisen anwenden. Entsprechend überdurchschnittlich sind die Prozentrangwerte, die erreicht werden. Da diese Werte zu allen Messzeitpunkten ähnlich hoch sind, kann man davon ausgehen, dass die alphabetische Strategie von allen Kindern der Kernstichprobe direkt ab dem ersten Messzeitpunkt Ende ersten Schuljahr in hohem Maße beherrscht wurde und dieser „Vorsprung" zur Normstichprobe über die ganze Schulzeit gehalten wird. Eine mögliche Erklärung kann der selbstgesteuerte Schriftspracherwerb der Kinder darstellen. Sie haben sich die alphabetische Strategie lehrgangslos und genau ihrer eigenen Entwicklung gemäß angeeignet, weshalb sie diese Strategie wahrscheinlich überdurchschnittlich gut beherrschen.

In welchem Maße dies auch für die Aneignung anderer Strategien wie die orthographische oder die morphematische gilt bzw. gelten kann, ist fraglich, denn die selbstgesteuerte Aneignung der alphabetischen Strategie bzw. des lautgetreuen Schreibens ist eher nachvollziehbar als die selbstgesteuerte Aneignung dieser auf „willkürlich" festgesetzten Normen basierenden Phänomene. Erreicht die Stichprobe auch hier zumindest durchschnittliche Werte, obwohl es keinen Lehrgang gab, der orthographische oder morphematische Rechtschreibphänomene bzw. -strukturen thematisiert hat?

Hamburger Schreib-Probe – Orthographische Strategie

Orthographische Strategie Anteil richtiger Lösungen in Prozent	*E1* *O/M*	*M2* *O/M*	E2	*M3*	E3	M4	E4
Andrea	*40*	*70*	93	93	93	100	100
Bettina	*40*	*80*	93	80	93	95	100
Bodo	*50*	*60*	80	80	80	95	95
Carlo	*50*	*90*	73	87	93	85	100
Fedor	*30*	*80*	67	67	73	55	65
Harald	*40*	*80*	67	93	100	85	90
Ines	*20*	*70*	53	73	93	90	85
Lars	*40*	*80*	100	100	100	95	85
Lutz	*30*	*50*	73	67	67	60	60
Meike	*20*	*30*	87	67	80	85	85
Michael	*60*	*90*	100	87	80	95	95
Natalie	*30*	*30*	40	87	93	85	90
Pia	*30*	*60*	80	60	87	90	95
Sabine	*60*	*100*	93	87	87	95	90
Steven	*60*	*80*	80	93	100	100	95
∅ Rohwert	*4*	*7*	11,8	*12,2*	13,2	17,5	17,7
SD=			2,6	*1,8*	1,5	2,6	2,3
	E1	M2	E2	*M3*	E3	M4	E4
∅ Kernstichprobe	**40**	**70**	**79**	**81**	**88**	**88**	**89**
∅ Richtwerte (PR) ca.	**41**	**84**	**74**	**41+**	**53**	**57**	**53**

Betrachtet man die der orthographischen Strategie zugeordneten Lupenstellen (zu den Messzeitpunkten Ende 1 und Mitte 2 werden orthographische und morphematische Strategie in der Hamburger Schreib-Probe zusammengefasst), so ergeben sich auch hier hohe Werte – aber nicht bei allen Kindern. Auffallend sind vor allem die durchgängig niedrigeren Werte von Fedor und Lutz, die durchweg und auch noch im vierten Schuljahr rund ein Drittel der entsprechenden Lupenstellen nicht richtig schreiben. Sie haben bis zum Ende der Grundschulzeit noch keine tragfähigen Strategien in diesem Bereich aufgebaut. Ines und Natalie hingegen haben zum Ende der zweiten Klasse zwar niedrige Werte, erreichen aber ab dem dritten Schuljahr höhere bis hohe Werte. Sie haben sich den Bereich der Beachtung orthographischer Phänomene später als die anderen Kinder erschlossen, liegen aber ab dem dritten Schuljahr im mittleren Bereich.

Insgesamt erscheinen die Leistungen der Kinder im Bereich der orthographischen Phänomene durchschnittlich, wobei zum ersten Messzeitpunkt Ende Klasse 2 im Vergleich zur Normstichprobe ein sehr hoher Durchschnittswert erreicht wird. Dies kann daran liegen, dass die Eichung in einer repräsentativen Stichprobe vorgenommen worden ist. Da in den meisten Klassen in den ersten beiden Schuljahren dem eigenen Aufbau von Rechtschreibstrategien durch freies Schreiben in der Regel eher wenig Raum gegeben wird, könnte die hier untersuchte Stichprobe der Eichstichprobe entsprechend zeitweise voraus gewesen sein. Der durchschnittliche Anteil richtig geschriebener Lupenstellen (PR 50) liegt in der Eichstichprobe Ende Klasse 2 bei gut 60%, die Kernstichprobe erreicht hingegen knapp 80%.

Dass dann der Prozentrangwert für die orthographische Strategie als Durchschnittswert wieder absinkt, wird am Deckeneffekt liegen, denn der Anteil richtiger Schreibweisen der Lupenstellen steigert sich bei der Kernstichprobe weiter von 80% auf rund 90%. Dies ist allerdings in der Eichstichprobe genauso, hier liegen die Durchschnittswerte (PR 50) schnell bei 13 richtigen Schreibweisen von 15 Lupenstellen (87%) bzw. bei 17 von 20 (85%). Es kann sein, dass bestimmte der „Überforderungswörter" im Durchschnitt weder von der Normstichprobe noch von der hier untersuchten Stichprobe richtig geschrieben werden, obwohl man mit einem differenzierteren Messverfahren durchaus Leistungsunterschiede feststellen könnte. Es lassen sich nach dieser Messmethode keine detaillierten Aussagen im oberen Bereich, d. h. im Prozentrangband über 50 machen, denn hier würde eine zusätzlich richtig geschriebene Lupenstelle schon Sprünge von rund 20 Prozentrangpunkten ausmachen.

Sicher ist jedoch, dass die hier untersuchte Klasse auch ohne Rechtschreiblehrgang mindestens die Werte anderer Klassen erreicht. Dies würde die schon oben angesprochene These, dass sich in der Regel keine Beziehung zwischen verschiedenen Methoden des Rechtschreibunterrichts und der orthographischen Kompetenz der Kinder feststellen lässt (vgl. Helmke/ Weinert 1997, 249), bestätigen. Dass diese Leistung allerdings auch ohne Rechtschreibunterricht erreicht wird, ist ein bedenkenswerter Aspekt, der diese These in ein neues Licht rückt.

Hamburger Schreib-Probe – Morphematische Strategie

Auch der Wert für die morphematische Strategie (zu den Messzeitpunkten Ende 1 und Mitte 2 werden orthographische und morphematische Strategie in der Hamburger Schreib-Probe zusammengefasst) liegt gerade in den Tests der zweiten Klasse höher als in den anderen Schuljahren. Der durchschnittliche Anteil richtig geschriebener Lupenstellen (PR 50) liegt in der Eichstichprobe bei ungefähr 45% bzw. 55%, die Kernstichprobe erreicht hingegen 70% bzw. 75%.

Dass dann der Prozentrangwert für die morphematische Strategie als Durchschnittswert wieder absinkt, liegt auch hier am Deckeneffekt, denn der Anteil richtiger Schreibweisen der Lupenstellen steigert sich bei der Kernstichprobe weiter von 80% auf 85%. In der Eichstichprobe liegen die Durchschnittswerte (PR 50) schnell bei 8 von 10 richtigen Schreibweisen (80%) bzw. bei 12 bis 13 von 15 (80%). Entsprechend gering ist die Möglichkeit einer differenzierten Analyse in diesem Bereich, sodass sich nach dieser Messmethode keine detaillierten Aussagen im oberen Bereich, d. h. im Prozentrangband über 50 machen lassen. Hier würde eine zusätzlich richtig geschriebene Lupenstelle Sprünge von rund 20 Prozentrangpunkten ausmachen.

Morphematische Strategie Anteil richtiger Lösungen in Prozent	E1 O/M	M2 O/M	E2	M3	E3	M4	E4
Andrea	40	70	70	80	70	87	87
Bettina	40	80	80	70	80	87	87
Bodo	50	60	90	90	100	87	93
Carlo	50	90	100	100	90	87	100
Fedor	30	80	40	60	40	53	60
Harald	40	80	80	80	90	93	93
Ines	20	70	40	80	90	80	60
Lars	40	80	90	100	100	100	100
Lutz	30	50	50	60	80	47	80
Meike	20	30	60	40	60	80	80
Michael	60	90	100	100	100	93	100
Natalie	30	30	50	80	80	67	73
Pia	30	60	80	80	80	100	93
Sabine	60	100	90	90	100	100	87
Steven	60	80	90	90	100	100	87
∅ Rohwert	4	7	7,4	8	8,4	12,6	12,7
SD=			2,1	1,7	1,7	2,5	1,9
	E1	M2	E2	M3	E3	M4	E4
∅ **Kernstichprobe**	40	70	74	80	84	84	85
∅ *Richtwerte (PR) ca.*	41	84	74	51+	59	57	50

Analog zu den Ergebnissen bezüglich der orthographischen Strategie lässt sich aber feststellen, dass sich auch die Werte für die morphematische Strategie mindestens im durchschnittlichen Bereich befinden, was die geäußerte These einer fehlenden Beziehung zwischen Unterrichtsmethoden und dem Aufbau orthographisch/ morphematischer Kompetenz der Kinder weiterhin unterstützt.

Auf der Ebene der Kinder ergeben sich ähnliche Daten wie bei den Lupenstellen zur orthographischen Strategie. Fedor und Lutz erreichen mit einzelnen Ausnahmen eher unterdurchschnittliche Werte, Ines und Natalie liegen bis zum Ende der zweiten Klasse eher im unteren Bereich, danach aber mindestens im Mittelfeld. Weiterhin fällt Meike der morphematische Bereich bis zum Ende des dritten Schuljahres tendenziell schwerer.

13.2.3 Rechtschreibleistungen Mitte und Ende Klasse 4 nach dem Diagnostischen Rechtschreibtest bzw. der Hamburger Schreib-Probe für Klasse 4 und 5

Zusätzlich zur Hamburger Schreib-Probe wurde die Rechtschreibleistung der Kinder im vierten Schuljahr noch durch den „Diagnostischen Rechtschreibtest – DRT" (Ingenkamp, div. Jahrgänge) erhoben. In der Mitte der vierten Klasse wurde der DRT 4 durchgeführt, Ende der vierten Klasse DRT 4 und DRT 5. Leider liegen Vergleichsnormen nur für Mitte des vierten bzw. des fünften Schuljahres vor, sodass in der folgenden Auswertung nur die Werte für Mitte Klasse 4 geeicht sind. Der Ende Klasse 4 (Anfang Mai) durchgeführte DRT 4 wird hier mit den bis Januar gültigen Normen für Klasse 4 dargestellt, der kurz danach Mitte Mai durchgeführte Test DRT 5 mit den bis Januar gültigen Normen für Klasse 5. Die Ergebnisse des DRT 4 Ende Klasse 4 müssten also geeicht etwas niedriger liegen (Kennzeichnung „–"), die Ergebnisse des DRT 5 Ende Klasse 4 etwas höher (Kennzeichnung „+"). Dass dies tatsächlich nicht so ist, kann mit der Normierung des DRT 5 zu tun haben, dessen Eichung für Mittelschule/Regelschule/Sekundarschule nicht unbedingt der Leistungsstärke der Klasse entspricht (s. u.). Zusätzlich werden zum Vergleich die Ergebnisse der Hamburger Schreib-Probe 4 (Testversion HSP 4-5) gelistet, ergänzt durch die Ende Klasse 4 durchgeführte Hamburger Schreib-Probe 5 (Testversion HSP 5-9). Entsprechend dem vorgezogenen Messzeitpunkt von einem Jahr vor dem Eichtermin müssten hier die Prozentrangwerte geeicht entsprechend höher liegen bzw. es lässt sich feststellen, inwieweit die Stichprobe schon den Anforderungen für das Ende des fünften Schuljahres genügt. Dabei ergaben sich im Vergleich zur Hamburger Schreib-Probe 4 bzw. 5 folgende Werte für die Kernstichprobe (im DRT werden nur Prozentrangbänder angegeben):

Prozentrang Rechtschreib-tests Klasse 4	HSP 4 M4	DRT 4 M4 von	DRT 4 M4 bis	HSP 4 E4	DRT 4 E4 von	DRT 4 E4 bis	HSP 5 E4	DRT 5 E4 von	DRT 5 E4 bis
Andrea	81	88	100	88	77	96	66	92	100
Bettina	62	67	88	56	77	96	44	79	92
Bodo	71	67	88	77	49	67	47	66	84
Carlo	71	58	78	97	67	88	58	77	90
Fedor	22	51	75	34	51	75	11	76	90
Harald	81	54	72	65	72	93	66	82	93
Ines	71	67	88	49	58	78	39	58	79
Lars	92	58	78	77	82	99	66	82	93
Lutz	28	24	37	34	22	34	24	39	63
Meike	49	27	42	49	58	78	32	86	98
Michael	81	67	88	88	88	100	51	84	96
Natalie	54	72	93	65	62	83	47	77	90
Pia	54	54	72	56	54	72	39	53	77
Sabine	81	72	93	77	82	99	58	82	93
Steven	81	77	96	65	82	99	74	90	100
∅ Gesamt (PR)	54	58	78	56	62-	83-	47++	74+	88+

Test/ Zeitpunkt	Eichstichprobe			Kernstichprobe			t-Test	
	N	AM	SD	N	AM	SD	F(t)-Wert	p-Wert
HSP 4/ M 4	946	258,60	16,80	15	267,60	7,86	F(4,28)=4,6	p=0,000
DRT 4/ M 4	1978	29,59	8,57	15	34,53	5,17	F(2,23)=2,8	p=0,013
HSP 4/ E 4	1158	260,00	16,40	15	267,60	7,86	F(3,64)=4,4	p=0,001
DRT 4/ E 4 (-)	*1978*	*29,59*	*8,57*	*15*	*35,93*	*4,73*	*F(5,13)=3,3*	*p=0,000*
HSP 5/ E 4 (++)	*1212*	*319,00*	*21,20*	*15*	*322,80*	*9,97*	*F(1,44)=4,5*	*p=0,0756*
DRT 5/ E 4 (+)	*330*	*32,05*	*3,08*	*15*	*42,40*	*5,55*	*F(7,17)=3,3*	*p=0,000*

Fedor wird dabei im DRT nach den Normen für Kinder mit anderer Muttersprache ausgewertet, bei der Gesamtauswertung allerdings wie alle anderen mit seiner Rohpunktzahl einbezogen. Würde man ihn aussparen, wie es eigentlich im DRT vorgesehen ist, würden daraus noch etwas höhere Durchschnittswerte resultieren.

Insgesamt werden die durch die Hamburger Schreib-Probe erhobenen Werte auch durch den DRT bestätigt. Mitte Klasse 4 befinden sich alle Kinder außer Lutz und Meike (Fedor wurde nach der Norm für Kinder mit anderer Muttersprache ausgewertet) im DRT mit ihren gesamten Prozentrangbändern über Prozentrang 50, d. h. über dem Durchschnitt. Dies wird – auch wenn hier die Eichung nicht korrekt ist – tendenziell durch die Ende Klasse 4 durchgeführten Tests bestätigt. Meike befindet sich nur im Mitte Klasse 4 durchgeführten DRT 4 im Prozentrangband zwischen 27 und 42, danach liegt sie – wie auch in der Hamburger Schreib-Probe – ziemlich genau im Klassendurchschnitt.

Der Durchschnittswert der Kernstichprobe ist dabei zu allen Testzeitpunkten sehr bzw. hoch signifikant überdurchschnittlich (bis auf die Ende Klasse 4 durchgeführte, aber nach der Norm für Ende Klasse 5 ausgewertete Hamburger Schreib-Probe 5). Vor allem verblüfft das hohe Ergebnis für den DRT 5, der eigentlich für den Messzeitpunkt ein halbes Jahr später geeicht ist. Das gute Resultat kann durchaus mit der Normierung des Tests zu tun haben, denn der Mittelwert von 42,4 Rohpunkten, dem für Mittelschule/Regelschule/Sekundarschule ein Prozentrangband von 74 bis 88 zugeordnet wird, ergibt für die verschiedenen Schularten folgende Werte:

Hauptschule	74 – 91
Realschule	45 – 69
Gymnasium	20 – 34

Auch die für das Ende des fünften Schuljahres vorgesehene Hamburger Schreib-Probe 5 zeigt, dass die Kinder sich mit einem durchschnittlichen Prozentrang von 47 schon zum Testzeitpunkt Ende viertes Schuljahr fast auf dem Niveau des fünften Schuljahres befinden. Entsprechend kann durch diese Werte sicherlich die Behauptung gestützt werden, dass das Ergebnis der Kernstichprobe im Bereich Rechtschreiben eher über- denn unterdurchschnittlich ist.

13.2.4 Sprachverständnis Ende Klasse 4 nach dem Allgemeinen Schulleistungstest

Innerhalb des Ende der vierten Klasse durchgeführten „Allgemeinen Schulleistungstest für 4. Klassen – AST 4" (vgl. Fippinger 1992[3]; 1967) wurde auch ein Untertest zum Sprachverständnis durchgeführt. In diesem Test geht es um das Erkennen und Unterscheiden von Sätzen, Satzteilen, aktiven und passiven Satzformen, Wortfamilien, Wortpaaren, Adjektiven, Nomen, Verben und Zeitformen. Es kann also m. E. eine Leistungsfeststellung im Bereich allgemeinen Sprachverständnisses einschließlich grammatikalischer Analysen bzw. Reflexionen vorgenommen werden.

Dabei ergaben sich zum geeichten Messzeitpunkt im zweiten Halbjahr des vierten Schuljahres folgende Ergebnisse für die Kernstichprobe:

Sprachverständnis (AST 4)	AST 4 E4
Andrea	67
Bettina	97
Bodo	94
Carlo	76
Fedor	44
Harald	53
Ines	90
Lars	94
Lutz	30
Meike	90
Michael	90
Natalie	40
Pia	76
Sabine	81
Steven	67
∅ **Gesamt (PR)**	**71**

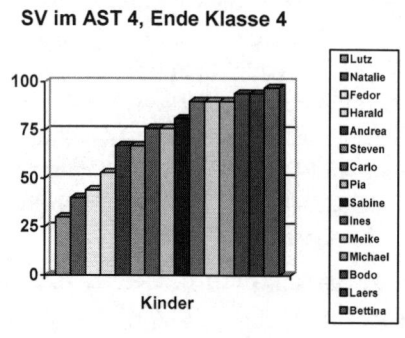

SV im AST 4, Ende Klasse 4

Test/ Zeitpunkt	Eichstichprobe			Kernstichprobe			t-Test	
	N	AM	SD	N	AM	SD	F(t)-Wert	p-Wert
SV AST 4/ E4	3268	22,78	7,97	15	28,20	4,95	F(2,63)=2,6	p=0,004

Bis auf Fedor, Lutz und Natalie liegen alle Kinder über dem Durchschnitt, d. h. über Prozentrang 50. Außer Harald, der in diesem Test im Mittelfeld liegt, liegen sogar die meisten Kinder auf Prozentrang 67 oder darüber. Es ergibt sich ein durchschnittlicher Prozentrang von 71, der signifikant über dem Durchschnitt der Vergleichsstichprobe liegt.

Obwohl dieser Test sicherlich keine detaillierten Rückschlüsse auf das erlernte grammatikalische Wissen der Kinder zulässt, so weist er auf ein zumindest durchschnittliches, eher sogar überdurchschnittliches Ergebnis in diesem Bereich hin.

13.2.5 Erlernen der Schreibschrift

Das selbstgesteuerte Erlernen der Schreibschrift erfolgte bei den Kindern nicht gleichzeitig, sondern weitgehend individuell. Dabei ergab sich folgender Verlauf, der sich auf ein fließendes Schreiben in Schreibschrift, nicht ein Abmalen von Schreibschriftbuchstaben bezieht:

Flüssiges Schreiben von Schreibschrift	Schuljahr 1.1	Schuljahr 1.2	Schuljahr 2.1
Andrea		X	
Bettina		X	
Bodo		X	
Carlo		X	
Fedor		X	X
Harald		X	
Ines			X
Lars		X	
Lutz			X
Meike			X
Michael			X
Natalie			X
Pia		X	
Sabine		X	
Steven (SKG)		X	

Josephina aus der Verluststichprobe fing schon nach sechs Wochen Schule an, Schreibschrift zu schreiben. Sie löste damit eine erste Welle der Schreibschrift-Faszination aus, die Mitte November des ersten Schuljahres einen ersten Höhepunkt fand. Dieser resultierte aber auf Grund des viel zu frühen Zeitpunktes für eigenes Schreiben in Schreibschrift bei vielen Kindern eher in einer Motivation, ihre Texte nun mit großen und kleinen Druckbuchstaben statt nur mit großen Druckbuchstaben zu verschriften (4 Kinder der Kernstichprobe schreiben mit großen und kleinen Buchstaben, 10 Kinder vorwiegend mit großen Buchstaben, Natalie anfänglich mit großen Buchstaben). Einzelne Kinder fangen trotzdem an, mit einem Alphabet in Vereinfachter Ausgangsschrift Schreibschrift zu lernen bzw. ihre Druckschrift in eine eigene Schreibschrift zu übersetzen.

Direkt nach den Weihnachtsferien kommt eine zweite Schreibschriftwelle, bei der die Kinder sogar über die allgemeine Einführung der Schreibschrift abstimmen. Nach einiger Diskussion über das Für und Wider gelenkten Kursunterrichts in diesem Bereich wird der Lehrer gebeten, den Kindern Schreibschriftmaterialien (Buchstabentabelle in Schreibschrift, Schreibschrift-ABC, Übungshefte) zur Verfügung zu stellen. Das hilft einigen Kindern beim selbstständigen Erwerb der Schreibschrift, führt andererseits aber bei einzelnen Kindern, die noch mit dem Verschriften an sich Probleme haben, zum reinen Abmalen von Schreibschriftwörtern. Allerdings merken diese Kinder bald, dass sie einfach noch nicht so weit sind, Schreibschrift zu lernen.

Alle Kinder der Kernstichprobe lernen bis zur Mitte des zweiten Schuljahres auf der Basis der Vereinfachten Ausgangsschrift eine eigene verbundene Handschrift zu schreiben (Natalie weitgehend), die meisten sogar schon innerhalb des ersten Schuljahres. Bei einzelnen Kindern geraten dabei phasenweise schon einmal Druck- und Schreibschrift durcheinander, alle Kinder entwickeln aber innerhalb der beschriebenen Zeit eine weitgehend ordentliche und gut lesbare Handschrift.

Bei den Kindern der Verluststichprobe zeigen sich erwartungsgemäß große Unterschiede. Während Josephina als erste schon nach wenigen Schulwochen Schreibschrift schreiben konnte und auch Dominik kein Problem damit hatte, gestalteten sich die Schreibschriftversuche von Justin und Mirko nur als Abmalübungen. Sie haben erst Ende des zweiten Schuljahres bzw. danach eine Verbundschrift erlernt, mit der sie wirklich selber schreiben konnten.

13.3 Fazit und Zusammenfassung

Das Rechtschreiben stellt einen Bereich dar, an dem oft der Erfolg eines Unterrichts bzw. eines Unterrichtskonzepts gemessen wird. Im Gegensatz zu üblichen Formen des Rechtschreibunterrichts mit hohen Anteilen des Einübens von Wörtern, Regeln etc. ist das Rechtschreiblernen im oben beschriebenen Unterrichtskonzept ganz in das freie Schreiben und Lesen integriert. Es geht in diesem Kapitel also um die Überprüfung der These, dass Rechtschreiben nicht explizit gelehrt werden muss, sondern als ein vornehmlich beiläufig erfolgender Prozess impliziter Musterbildung des Einzelnen erfolgt, der in einer entsprechenden Lernumgebung auch ohne Unterrichten ablaufen kann.

Aus diesem Grund erscheint es bei der Stichprobenauswahl sinnvoll, vor allem die Kinder zu betrachten, die ihre ganze Grundschulzeit in der Klasse verbracht haben und ausschließlich nach dem hier beschriebenen Konzept gelernt haben (Kernstichprobe). Der zusätzlich vorgenommene Einbezug der Verluststichprobe zeigt dabei, dass die Leistung der gesamten Klasse dieselben bzw. ganz ähnliche Werte ergibt (s. o.). Die Zuwachsstichproben werden an dieser Stelle nicht berücksichtigt, da bei ihnen das Kriterium des ausschließlichen Unterrichts nach dem beschriebenen Konzept nicht zutrifft, wobei sich die positive Entwicklung auch dieser Kinder in anderen Kapiteln der Arbeit erkennen lässt (u. a. in den Kapiteln 10 und 17).

Mit Hilfe dieser Daten sollen folgende drei Fragen im Hinblick auf die ohne expliziten Rechtschreibunterricht geführte Klasse beantwortet werden:

- Ist die Rechtschreibleistung der Klasse mindestens durchschnittlich?
- Ist die Streuung bzw. die Entwicklung der Streuung nicht höher als üblich?

- Entwickelt sich die Gruppe der „schwachen" Rechtschreiber mindestens durchschnittlich?

Um neben der oben vorgenommenen Verortung der Intelligenzwerte der Klasse bzw. der Teilstichproben in größeren Stichproben auch fachspezifische Anhaltspunkte für die Vergleichbarkeit der Kinder zu bekommen, wurden die Vorkenntnisse der Kinder im Bereich der Buchstabenkompetenz erhoben und mit den Ergebnissen anderer Studien in Beziehung gesetzt. Dabei lässt sich – trotz eventueller Vorbehalte hinsichtlich des Erhebungsverfahrens und eines direkten Vergleichs – feststellen, dass die Kinder der hier untersuchten Klasse zumindest keine überdurchschnittlichen Vorkenntnisse hatten. Die durchschnittliche Buchstabenkenntnis lag zwischen 6 und 10 Buchstaben, ein Drittel der Stichprobe beherrschte mehr als 10 Buchstaben, fast die Hälfte weniger als 6 Buchstaben. Diese Werte liegen sogar unter denen anderer Untersuchungen.

Um den weiteren Verlauf der Schreib- und Rechtschreibentwicklung zu dokumentieren, wurden verschiedene gängige „Überforderungsdiktate" eingesetzt. Im ersten Schuljahr war dies das Fünf-Wörter-Diktat, vom Ende der ersten bis zum Ende der zweiten Klasse das Neun-Wörter-Diktat (vgl. Brügelmann 1995; 1988/1989) und vom Ende der ersten Klasse bis in die weiterführende Schule die Hamburger Schreib-Probe (vgl. May 1997[3]), die im Gegensatz zu den anderen Tests eine Einordnung der Ergebnisse in eine bundesweite Stichprobe ermöglicht.

Zur Auswertung des Fünf- bzw. des Neun-Wörter-Diktat wurde auf das 6-phasige Modell der Schreibentwicklung von BRÜGELMANN zurückgegriffen, wobei beim Fünf-Wörter-Diktat auf Grund des zu einfachen Wortmaterials zusätzlich Eigenproduktionen der Kinder für die Vergabe der höchsten Stufe (orthographisch korrekte Schreibung) einbezogen wurden. Die einfacheren Wörter dieses Diktats führen auch dazu, dass die Werte für das Neun-Wörter-Diktat zunächst unter denen des Fünf-Wörter-Diktats liegen. Die angegebenen Werte bzw. Mittelwerte sind dabei aus statistischen Gründen immer nur als anschauliche Näherungswerte zu verstehen. Diese Vorgehensweise hat sich im praktischen Gebrauch bzw. in anderen Untersuchungen bewährt und stimmt in hohem Maße mit Auswertungsverfahren überein, die berücksichtigen, dass die Niveaustufen eigentlich nicht auf einer Intervallskala liegen und deshalb nicht einfach Mittelwerte gebildet werden können. Zur statistischen Präzisierung und zur weiteren Veranschaulichung wird der Anteil der Kinder angegeben, die über einem bestimmten Schwellenwert bzw. einer Kompetenzstufe liegen. Vergleichswerte liegen leider nur für das Neun-Wörter-Diktat und auch da nur für zwei Erhebungszeitpunkte vor (vgl. Brügelmann 1994a, Richter 1992):

Kernstichprobe (N=15)	Testform	∅ Kompetenzstufe	SD	sicher erreichte Kompetenzstufe (Anteil Kinder)	Erhebung Brügelmann	Erhebung Richter
nach 1 Monat	5-W.-Diktat	1,3	1,1	1 (93%)		
nach 3 Monaten	5-W.-Diktat	3,3	0,7	3 (87%)		
nach 5 Monaten	5-W.-Diktat	4,0	0,3	4 (100%)		
nach 8 Monaten	5-W.-Diktat	4,7	0,4	5 (80%)		
Ende Klasse 1	9-W.-Diktat	4,3	0,4	4 (100%)	4,1 (N=260)	3,9 (3,7-4,3) (SD=0,9; N=434)
Mitte Klasse 2	9-W.-Diktat	4,3	0,2	4 (100%)	4,4 (N=78)	
Ende Klasse 2	9-W.-Diktat	4,7	0,1	5 (100%)		

Ersichtlich ist eine stetige Entwicklung der Schreibkompetenz der Klasse. Zwischen den Testzeitpunkten Ende Klasse 1 und Mitte Klasse 2 lässt sich keine Steigerung feststellen, was an der Verwendung überflüssiger orthographischer Elemente liegen kann, die bei diesem Messinstrument zu einer höheren Fehlerzahl führt, auch wenn eigentlich ein Fortschritt in der verwendeten Strategie vorhanden ist. Die Streuung nimmt im Laufe der Zeit immer mehr ab und erscheint auch unabhängig vom einsetzenden Deckeneffekt im Vergleich zu anderen Untersuchungen (z. B. der von RICHTER Ende Klasse 1) eher gering. Insgesamt weisen die Ergebnisse auf Leistungen hin, die zumindest nicht unterdurchschnittlich erscheinen.

Die von Ende Klasse 1 bis Ende Klasse 4 durchgeführte Hamburger Schreib-Probe gestattet eine Prozentrangzuordnung auf der Basis einer bundesweiten Vergleichsstichprobe. Für Mitte des dritten Schuljahres liegen keine Vergleichswerte vor, sodass hier die Normen für Ende des dritten Schuljahres verwendet werden. Die tatsächlichen Leistungen liegen entsprechend über diesen Testwerten (+).

Prozentrang Graphemtreffer (GT)	E1	M2	E2	*M3*	E3	M4	E4
∅ Gesamt (PR)	56	72	70	66 +	73	54	56
PR-Band (RW ± 1 SD)	*42-84*	*60-83*	*55-90*	*47-91*	*60-98*	*41-92*	*41-92*

Insgesamt ergibt sich ein positiver Entwicklungsverlauf für die Kernstichprobe. Der Durchschnittswert liegt zu jeder Zeit über dem Prozentrang 50 und unterscheidet sich hochsignifikant von der Eichstichprobe (siehe ausführliche Darstellung oben). Dabei ergeben sich vor allem im zweiten und dritten Schuljahr höhere Werte, die auch nach Abzug der Standardabweichung alle über Prozentrang 50 bleiben. Auch im vierten Schuljahr liegt der durch Berücksichtigung der Standardabweichung statistisch gesicherte Durchschnittswert der Klasse mit Prozentrangwerten zwischen 41 und 92 sehr hoch. Nur Fedor und Lutz bewegen sich länger unterhalb des mittleren Prozentrangs 50, beide Kinder haben bei genauerer Betrachtung ihrer Verschriftungen auch zum Ende ihrer Grundschulzeit noch keine tragfähigen orthographischen Strategien aufgebaut, liegen mit Prozentrang 34 aber noch nicht im unteren Bereich.

Eine eingehende Analyse erfolgt im Rahmen der ausführlichen Fallstudien dieser Kinder.

Trotz durchschnittlicher bzw. leicht unterdurchschnittlicher Voraussetzungen liegen in der hier untersuchten Klasse bzw. Stichprobe überdurchschnittliche Ergebnisse für den Bereich der Schreib- und Rechtschreibentwicklung vor, ein Bereich, der nicht explizit geübt bzw. gelehrt worden ist. Auch die geringen Werte für die Streuung weisen nicht darauf hin, dass der Unterricht bestimmte Kinder- oder Leistungsgruppen benachteiligt. Selbst die beiden schwächsten Kinder der Kernstichprobe erreichen zum Ende der Grundschulzeit Werte, die nicht im unteren Leistungsbereich liegen. Es ist also auf der Grundlage der oben genannten Vergleichbarkeit der Lernvoraussetzungen mit einer Normstichprobe davon auszugehen, dass sich auch die Gruppe der „schwachen" Rechtschreiber eher über- als unterdurchschnittlich entwickelt hat. Es könnte sogar sein, dass Kinder, die sonst u. U. dieser Gruppe auf Grund ihrer Leistungen hätten zugerechnet werden müssen, im hier untersuchten Unterrichtskonzept gar nicht erst zu „schwachen" Rechtschreibern geworden sind.

Die Behauptung, dass Rechtschreibung auf Klassenebene nur mit einem expliziten Rechtschreiblehrgang erlernt werden kann, muss nach diesen Ergebnissen zumindest relativiert werden, da die Stichprobe dies für den hier beschriebenen Rahmen widerlegt. Das könnte dafür sprechen, impliziten und inzidentellen Lernprozessen auch in der Rechtschreibdidaktik eine stärkere Beachtung zu schenken und statt auf explizite Teilleistungsübungen o. Ä. im Unterricht mehr auf selbstgesteuertes Lernen, z. B. durch freies Schreiben und Lesen zu setzen.

14 Entwicklungen im Bereich Lesen

Der Bereich Lesen spielt im hier untersuchten Unterrichtskonzept insofern eine interessante Rolle, als dass es über die gesamte Schulzeit keinerlei explizite Leseerziehung im Bereich des Lesenlernens bzw. des weiterführenden Lesens gab. Entsprechend dem zu Grunde liegenden Konzept „Lesen durch Schreiben" haben die Kinder allein durch ihr selbstgesteuertes Verschriften in der zum Lesen anregenden Klassenatmosphäre Lesen und Vorlesen gelernt. Es gab weder eine Einführung von Buchstaben noch eine Anleitung zum synthetisierenden Erlesen von Wörtern und auch später gab es keinerlei gemeinsame oder individuelle Leseübungen, die flüssiges oder sinnbetonendes Lesen zum Inhalt gehabt hätten.

Die gesamte Leseerziehung basierte primär auf selbstgesteuertem Lesen, Vorlesen und Zuhören:

- Die eigenen Texte wurden beim Verschriften gelesen und zum Teil anderen Kindern in der Klasse oder im Sitzkreis vorgelesen.
- Die in der Klasse oder zu Hause vorhandenen Bücher regten zum stillen Lesen von Geschichten oder Sachinformationen an.
- Durch die Rolle des Zuhörers in der Klasse bzw. im Kreis ergab sich für die Kinder immer wieder eine bewusste oder unbewusste Reflexion der für ein erfolgreiches Textverstehen wichtigen Vorlesekompetenzen des Vortragenden.

Es ergibt sich die Frage, inwieweit ein Unterricht, der bewusst auf die gängigen Lese- und Vorleseübungen verzichtet, die Ziele des Lesenlernens einschließlich der Vorlesekompetenz erfüllt bzw. in welchen Bereichen sich Unterschiede zum herkömmlichen Unterricht ergeben.

Dazu wurden die Lese- bzw. Vorleseleistungen der Kinder nach der schon oben beschriebenen Ermittlung der Eingangsvoraussetzungen bezüglich der Buchstabenkompetenz (siehe Kapitel 13.1.1) halbjährlich in Einzeluntersuchungen erhoben (im ersten Schuljahr konzeptbedingt nur eingeschränkt). Die Erhebungen waren neben der Überprüfung des sinnentnehmenden Lesens (Können die Kinder über das von ihnen Gelesene detailliert Auskunft geben?) vor allem auf die Vorlesekompetenzen der Kinder gerichtet, weil gerade dies der Bereich ist, auf den die Leseübungen im herkömmlichen Unterricht in der Regel abzielen. Entsprechend wurde der Stand der Kinder in Bezug auf Leseflüssigkeit und sinnbetonendes Vorlesen festgehalten. Zusätzlich wurde zu den Testzeitpunkten Mitte und Ende des vierten Schuljahres der Hamburger Lesetest (Lehmann 1997) durchgeführt, der Aufschluss über die Lesesicherheit und das Leseverständnis der Kinder gibt und dabei den Vergleich mit einer angenähert repräsentativen Stichprobe ermöglicht.

Wie schon innerhalb der Auswertung der Schreib- und Rechtschreibentwicklung der Kinder angesprochen, erscheint es sinnvoll vor allem die Kinder zu betrachten, die ihre ganze Grundschulzeit in der Klasse verbracht haben, also wirklich ausschließlich nach dem hier beschriebenen Konzept gelernt haben (die Kinder der Kernstichprobe). Um zu zeigen, dass die gesamte Klassenleistung ähnlich positiv war, werden – wo möglich und sinnvoll – auch andere Teilstichproben bei der Darstellung hinzugenommen.

Mit Hilfe dieser Daten sollen auf der Grundlage der Vergleichbarkeit der Stichprobe mit einer Normstichprobe bezüglich der Lernbedingungen und Lernvoraussetzungen der Kinder folgende drei Fragen im Hinblick auf die ohne explizite Lese- und Vorleseübungen geführte Klasse beantwortet werden:

- Ist die Lese- und Vorlesekompetenz der Klasse mindestens durchschnittlich?
- Ist die Streuung bzw. die Entwicklung der Streuung nicht höher als üblich?
- Entwickelt sich die Gruppe der „schwachen" Leser mindestens durchschnittlich?

Sollten diese drei Fragen positiv beantwortet werden können, so muss die Behauptung, dass Lesen, Vorlesen und Leseverständnis auf Klassenebene nur mit einem expliziten Leselehrgang erlernt werden können, zumindest relativiert werden, da die beschriebene Stichprobe dies für den hier beschriebenen Rahmen widerlegen würde. Das könnte dann entsprechende Konsequenzen für ein weiteres Umdenken in der Lesedidaktik bzw. der Schulpraxis bedeuten, sodass statt der Durchführung spezieller Leselehrgänge und Vorleseübungen implizite und inzidentelle Lernprozesse stärker beachtet und unterstützt werden müssten.

14.1 Kenntnisse der Kinder im Bereich Lesen in der Eingangsphase

14.1.1 Buchstabenkenntnisse vor der Einschulung

Bezüglich einer Einordnung der Eingangsvoraussetzungen der Kinder wird aus den schon oben beschriebenen Gründen auf die vorhandenen Daten zur Buchstabenkenntnis zurückgegriffen, die vor den Sommerferien in den Einzelgesprächen mit Kindern und Eltern ermittelt wurden.

Unter dem Focus „Lesen" lassen sich folgende Kompetenzstufen unterscheiden:

- Stufe 0: nur sehr geringe Vorkenntnisse, Schrift hat bislang keine Rolle gespielt
- Stufe 1: kann eigenen Namen und einzelne Buchstaben (bis zu 5) erkennen bzw. benennen, es findet im Prinzip aber noch keine Graphem-Phonem-Zuordnung statt
- Stufe 2: kann über den eigenen Namen hinaus noch einige andere Buchstaben benennen (zwischen 6 und 10), es findet eine anfängliche Graphem-Phonem-Zuordnung statt
- Stufe 3: kann Buchstaben benennen (zwischen 11 und 20), es findet eine Graphem-Phonem-Zuordnung statt
- Stufe 4: kann (fast) alle Buchstaben (mehr als 21) des ABC benennen
- Stufe 5: kann einfache Wörter erlesen

Buchstabenkenntnis „Lesen" – Eingangserhebung Kernstichprobe (∅ Stufe 1,9):

	Stufe 0	Stufe 1	Stufe 2	Stufe 3	Stufe 4	Stufe 5
Vorkenntnisse Lesen	keine oder nur sehr geringe Vorkenntnisse	kann bis zu 5 Buchstaben benennen	kann 6-10 Buchstaben benennen	kann 11-20 Buchstaben benennen	kann fast alle Buchstaben benennen	kann einfache Wörter lesen
Andrea				X		
Bettina				X		
Bodo				X		
Carlo	X					
Fedor	X					
Harald			X			
Ines			X			
Lars			X			
Lutz		X				
Meike		X				
Michael				X		
Natalie	X					
Pia		X				
Sabine					X	
Steven (SKG)					X	
Prozentualer Anteil der Kinder/ Stufe	20,0%	20,0%	20,0%	26,7%	13,3%	0

Unter dem Vorbehalt der schon in den methodischen Überlegungen angesprochenen Problematik, bei einer Auswertung nach Kompetenzstufen Mittelwerte zu bilden, ergibt sich für die Kernstichprobe ein Durchschnittswert von 1,9 als anschaulicher Näherungswert. Für die 4 Kinder der Verluststichprobe beträgt der Durchschnittswert 2,0. Damit ergibt sich für Kernstichprobe und Verluststichprobe zusammen, also die Zusammensetzung der Klasse zu Schulanfang, ein Durchschnittswert von knapp 2. Die Verteilung stellt sich folgendermaßen dar:

Buchstabenkompetenz „Lesen" Eingangserhebung

Stufe	Kinder	%
0	3	20
1	3	20
2	3	20
3	4	26,7
4	2	13,3
5	0	0
Summe	15	100

N=15	AM=1,9	SD=1,4

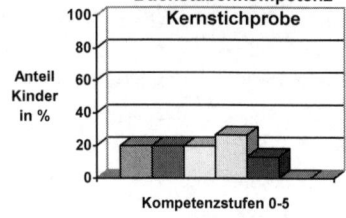

Stufe	Kinder	%
0	3	15,8
1	6	31,6
2	3	15,8
3	4	21,1
4	2	10,5
5	1	5,2
Summe	19	100

N=19	AM=2,0	SD=1,5

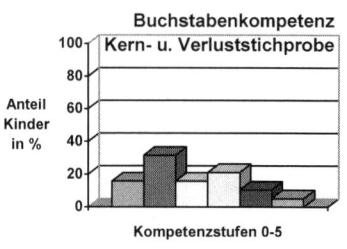

Die Vorkenntnisse der Kinder unterscheiden sich erwartungsgemäß stark: von Kindern ohne Schriftvorerfahrung bis hin zu einem Kind (Dominik aus der Verluststichprobe), das schon einfache Wörter erlesen kann. Obwohl für die oben genannten Stufen keine direkte Vergleichsstichprobe vorliegt, können die Daten zu Ergebnissen anderer Studien in Beziehung gesetzt werden. Dazu wird auf die Erhebung von RATHENOW Ende der siebziger Jahre zurückgriffen (vgl. Rathenow/ Vöge 1982, 50) sowie intern verfügbare Daten der Längsschnittstudie LOGIK, die Mitte/Ende der achtziger Jahre erhoben wurden. Die in diesen Untersuchungen ermittelten Kenntnisse von Schulanfängern lassen sich gut in unser Stufenmodell einordnen und stellen sich in der Gegenüberstellung wie folgt dar:

	Stufe 0	Stufe 1	Stufe 2	Stufe 3	Stufe 4	Stufe 5
Vorkenntnisse Lesen	keine oder nur sehr geringe Vorkenntnisse	kann bis zu 5 Buchstaben benennen	kann 6-10 Buchstaben benennen	kann 11-20 Buchstaben benennen	kann 21-26 Buchstaben benennen	kann einfache Wörter lesen
Rathenow (N=182)	6,6%	37,4%	19,8%	19,3%	9%	8%
LOGIK (N=210)	12,9%	38,5%	18,1%	17,8%	12,8%	
Kernstichprobe	20,0%	20,0%	20,0%	26,7%	13,3%	0
Kernstichprobe u. Verluststichprobe	15,8%	31,6%	15,8%	21,1%	10,5%	5,2%

Im Vergleich mit diesen Ergebnissen lässt sich – trotz aller Vorbehalte hinsichtlich des Erhebungsverfahrens und eines direkten Vergleichs – feststellen, dass die Kinder der hier untersuchten Klasse ungefähr durchschnittliche Vorkenntnisse hatten. Die Buchstabenkenntnis liegt im Schnitt auf Stufe 2, d. h. zwischen 6 und 10 Buchstaben, die Durchschnittswerte der anderen Studien liegen bei 8-10 Buchstaben. 47% der Gesamtstichprobe (40% der Kernstichprobe) beherrschen nur bis zu 5 Buchstaben, in den anderen Studien sind dies zwischen 44% und 51% der Kinder. Ungefähr 37% der Gesamtstichprobe (40% der Kernstichprobe) beherrschen mehr als 10 Buchstaben, in den anderen Studien sind dies zwischen 30% und 36% der Kinder. Damit liegt die Gesamtstichprobe im Durchschnittsbereich der anderen Untersuchungen, die Kernstichprobe leicht darüber.

14.2 Entwicklung der Lesefähigkeit und Lesekompetenz der Kinder in der Grundschulzeit

14.2.1 Ergebnisse im Rahmen der Lese- und Vorlese-Erhebungen

Die Lesekompetenz der Kinder wurde halbjährlich erhoben, indem die Kinder sowohl ihnen bekannte als auch ihnen unbekannte Textpassagen vor der Klasse vorgelesen haben. In diesem Rahmen haben die Kinder ab dem zweiten Schuljahr selbst Kriterien zur Einschätzung der Lese- bzw. Vorleseleistung entwickelt und sich diesbezüglich gegenseitig eingeordnet.

Folgenden Kriterien waren für sie ausschlaggebend:

- Sinnentnahme: Kann der Schüler über das Vorgelesene (fremde Geschichten- bzw. Sachtexte) detailliert Auskunft geben?
- Flüssigkeit: Wie flüssig wird vorgelesen?
- Betonung: Wie sinnbetont wird vorgetragen?

Aufbauend auf diesen Bereichen haben die anwesenden Lehrpersonen (Klassenlehrer und zum Teil auch Lehramtsanwärter) die Leistungen der Kinder protokolliert und in ein Stufenschema gebracht.

Vorlesen: Flüssigkeit

- Stufe 0: buchstabierend/ zusammenziehend
- Stufe 1: abgehackt
- Stufe 2: verlangsamt oder erst stilles Erlesen
- Stufe 3: langsam
- Stufe 4: fast flüssig
- Stufe 5: flüssig

Vorlesen: Betonung

- Stufe 0: nicht sinnbetont
- Stufe 1: einzelne Wörter sinnbetont
- Stufe 2: ansatzweise sinnbetont
- Stufe 3: ziemlich sinnbetont
- Stufe 4: gut sinnbetont
- Stufe 5: hervorragend sinnbetont

Neben den festen Zuordnungen zu den Kompetenzstufen wurden auch Viertelstufen als Zwischenwerte zur weiteren Differenzierung verwendet. Da alle Schüler in den Erhebungen ab dem zweiten Schuljahr immer über den vorgelesenen fremden Text detailliert Auskunft geben konnten, wurde auf eine Skalierung des Bereichs „Sinnentnahme" verzichtet. Eine differenziertere Erfassung des (stillen) Leseverständnisses erfolgte im vierten Schuljahr im Rahmen der unten beschriebenen Erhebung des „Hamburger Lesetests".

Zusätzlich zu diesen Überprüfungen ab dem zweiten Schuljahr wurden die Leseleistungen der Kinder im ersten Schuljahr vom Lehrer dokumentiert. Dies geschah nicht durch Vorlesestunden vor der Klasse, sondern beiläufig im Unterricht, um entsprechend dem Konzept „Lesen durch Schreiben" das selbstgesteuerte Lesenlernen der

Kinder nicht durch eine zu frühe Betonung der Lese- und Vorlesekompetenz zu gefährden. Da das laute Vorlesen (im Gegensatz zum stillen Lesen) in der Phase des Lesen- und Schreibenlernens im ersten Schuljahr keine bedeutende Rolle spielte, wurde vor allem festgestellt, ob die Kinder überhaupt lesen können bzw. ob sie fremd vorgegebenen Wörtern bzw. Texten mittleren Schwierigkeitsgrades Sinn entnehmen können. Zum Testzeitpunkt Ende erstes Schuljahr wurde zusätzlich die Flüssigkeit des Lesens dokumentiert, aber noch nicht das Betonen der Wörter.

Zeitpunkt des ersten Lesens

Erstes Lesen Kernstichprobe	Sept.	Okt.	Nov.	Dez.	Jan.
Andrea		X			
Bettina	X				
Bodo		X			
Carlo			X		
Fedor				X	
Harald			X		
Ines			X		
Lars		X			
Lutz			X		
Meike				X	
Michael			X		
Natalie				X	
Pia				X	
Sabine		X			
Steven (SKG)	X				

Sinnentnahme Kernstichprobe	M 1	E 1
Andrea		
Bettina		
Bodo		
Carlo		
Fedor	–	–
Harald		
Ines	–	
Lars		
Lutz		
Meike	–	–
Michael		
Natalie	–	–
Pia	–	
Sabine		
Steven (SKG)		

Erstes Lesen Verluststichprobe	Sept.	Okt.	Nov.	Dez.	Jan.
Dominik	X				
Josephina		X			
Justin (SKG)					(X)
Mirko (SKG)					(X)

Sinnentnahme Verluststichprobe	M 1	E 1
Dominik		
Josephina		
Justin (SKG)	–	–
Mirko (SKG)	–	–

Die mit einem „–" markierten Kinder waren im Bezug auf die Sinnentnahme beim Vorlesen negativ auffällig.

Alle Kinder der Kernstichprobe lernten im ersten Schulhalbjahr Lesen, allerdings zu ganz unterschiedlichen Zeitpunkten. Steven, der ein Jahr im Schulkindergarten war, konnte neben Dominik aus der Verluststichprobe fast unmittelbar nach Schulanfang (Anfang September) lesen. Bettina lernte als erstes Kind ohne entsprechende Vorkenntnisse innerhalb der ersten vier Wochen lesen, gefolgt von einer nächsten Welle von Kindern, die innerhalb der ersten zwei Monate lesen konnten. Bis zu den Weihnachtsferien konnten alle Kinder der Kernstichprobe lesen.

Bei den ehemaligen Schulkindergartenkindern Justin und Mirko aus der Verluststichprobe zeichnete sich schnell ab, dass sie wahrscheinlich mehr Zeit zum Lesenlernen brauchen würden als andere Kinder. Sie konnten erst nach den Weihnachtsferien einzelne Wörter erlesen, beherrschten aber trotz vorhandener Vorkenntnisse noch nicht alle Buchstaben und lasen noch zum Ende des ersten Schuljahres zusammenziehend vor. Dabei konnten sie auf Nachfrage nicht alle Wörter erklären. Auffällig war der besondere Entwicklungsverlauf der beiden auch in der Hinsicht, dass alle anderen Kindern eben nicht auf diese Weise Lesen gelernt hatten. Bei ihnen allen war keine längere bzw. so lange Phase offensichtlich gewesen, in der sie mühevoll Buchstaben zusammengezogen haben, um Wörter zu erlesen. Ob der andere Entwicklungsverlauf mit dem Lese- und Schreibunterricht im Schulkindergarten zu tun hat, den Justin und Mirko vor der ersten Klasse besucht haben, oder ob ihre von sich aus langsamere Lese- und Schreibentwicklung dazu geführt hat, bleibt unklar.

In Bezug auf die Sinnentnahme beim Vorlesen sind von den Kindern der Kernstichprobe Fedor, Meike und Natalie sowie Ines und Pia aufgefallen – und zwar in folgender Hinsicht:

Fedor konnte im ersten Schuljahr zwar Wörter und Sätze erlesen, die Informationen aber nicht immer in seinen eigenen Worten wiedergeben. Als mögliche Erklärung dafür kann sicherlich sein sprachliches Handicap dienen. Er hatte in einer nur eingeschränkt deutsch sprechenden Umgebung im Asylantenheim einerseits sprachlich ungünstige Voraussetzungen zum Lesen- und Schreibenlernen, andererseits spielten Fernsehen und Sport bei ihm bzw. seiner Familie eine viel größere Rolle als das Lesen von Büchern. Inwieweit er wirklich Schwierigkeiten mit dem sinnentnehmenden Lesen hatte, ist nicht abschließend zu beurteilen, da ihm wegen seines begrenzten deutschen Wortschatzes das Wiedergeben der Textinformationen mit eigenen Wörtern schwer fiel, was nicht heißen muss, dass er den Text nicht erfasst hat.

Natalie hatte wie auch in anderen Lernbereichen beim Lesen Anlaufschwierigkeiten, die zumindest zum Teil mit ihren geringen Vorkenntnissen erklärbar sind. Um so verblüffender ist ihre sprunghafte Leseentwicklung, auf die später noch genauer eingegangen wird.

Alle anderen Kinder hatten beim in der Klasse üblichen stillen Lesen kein Problem mit der Sinnentnahme. Wenn sie einen Text lasen, taten sie dies seines Inhalts willen und konnten die enthaltenen Informationen immer detailliert wiedergeben. Die folgenden Bemerkungen beziehen sich daher nur auf die Wiedergabe detaillierter Informationen in einer Vortragssituation, z. B. dann, wenn ein Kind von einem anderen gebeten wurde, ihm einen Text vorzulesen:

Meike war beim Vorlesen schnell zu einem leicht oberflächlichen Lesen verführt, sodass auch sie nicht immer genau wusste, was sie gerade vorgelesen hatte. Dies war allerdings nur beim lauten Lesen so, beim stillen Lesen für sich selbst konnte sie die Informationen direkt nutzen.

Ines und Pia haben phasenweise eine gewisse Lesehemmung beim lauten Vorlesen gehabt, die bei Ines im ersten Schuljahr generell immer wieder bei „neuen" fachlichen Inhalten zu verzeichnen war. Ines hat vor dem lauten Vorlesen den Satz erst still gelesen, bis sie ihn verstanden hat, um ihn dann entsprechend vorzutragen. Ein direktes Vorlesen war ihr zunächst nicht möglich bzw. angenehm. Sie wollte wissen, was sie vorlas.

Bei Pia resultierten ihre anfänglichen Probleme mit dem Lesen aus der Angst, nicht lesen zu können. Diese Angst war nach ihrer eigenen Aussage wiederum auf entsprechende Kommentare ihres wenige Jahre älteren Bruders zurückzuführen. Dieser hat nicht nach dem Konzept „Lesen durch Schreiben" lesen gelernt und entsprechend nicht verstanden, dass Pia ihre eigenen Verschriftungen zunächst selber nicht lesen bzw. vorlesen konnte.

Insgesamt haben alle Kinder der Kernstichprobe in der ersten Hälfte des ersten Schuljahres sinnentnehmendes Lesen gelernt – etwas, wofür ihnen mindestens zwei Schuljahre Zeit zur Verfügung gestanden hätten.

Vorlesen: Flüssigkeit

- Stufe 0: buchstabierend/zusammenziehend
- Stufe 1: abgehackt
- Stufe 2: verlangsamt oder erst stilles Erlesen
- Stufe 3: langsam
- Stufe 4: fast flüssig
- Stufe 5: flüssig

Vorlesen: Flüssigkeit	M 1	E 1	M 2	E 2	M 3	E 3	M 4	E 4
Andrea		1,75	2	3,5	4	4	4,75	5
Bettina		2	2,5	3,5	4	4	4,25	5
Bodo		3,5	3,5	4	4,25	4,5	4,5	5
Carlo		3	4	4,5	4,75	4,75	5	5
Fedor	–	1,5	1,5	2,5	3	3	3,5	4
Harald		3	4	4	4	4	4,25	5
Ines		2	2	3	3	3,5	4	5
Lars	–	4	4,5	4,75	4,75	5	5	5
Lutz		1,75	3	4,25	4	4	4	4
Meike		2	3	3,5	4	4,5	4,5	4,75
Michael	+	4	4	4,5	4,75	5	4,75	5
Natalie	–	2	4,5	4,5	4,75	5	5	5
Pia	–	1	2	2,5	3	4	4	4
Sabine		4	4,5	4,5	4	4,5	5	5
Steven		3	4	4	4,5	5	5	5
Ø **Kernstichprobe**		**2,6**	**3,3**	**3,8**	**4,1**	**4,3**	**4,5**	**4,8**
SD=		1,0	1,0	0,7	0,6	0,6	0,5	0,4

Die mit einem „–" bzw. mit einem „+" markierten Kinder waren im Bezug auf die Flüssigkeit beim Vorlesen negativ oder positiv auffällig.

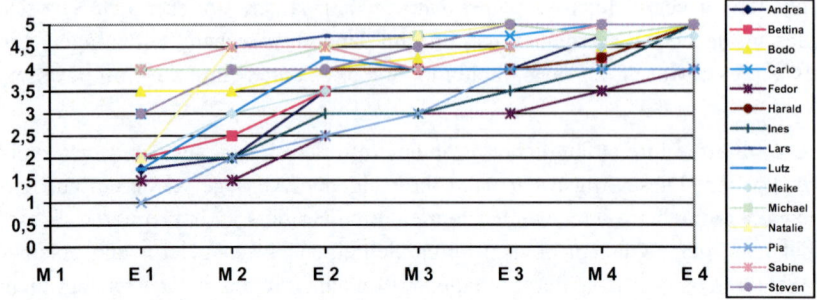

In Bezug auf die Darstellung der Ergebnisse in Niveaustufen sowie die Mittelwertbildung gelten hier und im Folgenden die schon mehrfach angesprochenen Bedenken aus statistischer Sicht. Von daher sind alle Werte als anschauliche Näherungswerte zu verstehen und zu behandeln.

Die Übersicht über die Fähigkeit der Kinder in Bezug auf ein flüssiges Vorlesen zeigt anschaulich die hohe Bandbreite der Lesefertigkeit, die in der Klasse von Anfang an vorhanden war. Neben Kindern, die schon zum Ende des ersten Schuljahres fremde Texte weitgehend flüssig vorlesen konnten (Lars, Michael, Sabine), gab es in der Kernstichprobe Kinder wie Pia und Fedor, die zu diesem Zeitpunkt nur buchstabierend oder sehr verlangsamt vorgelesen haben.

Stufe	Kinder	%
0 (0-0,5)	0	0
1 (0,5-1,5)	2	13,3
2 (1,5-2,5)	6	40
3 (2,5-3,5)	4	26,7
4 (3,5-4,5)	3	20
5 (4,5-5)	0	0
	15	100

N=15	AM=2,6	SD=1,0

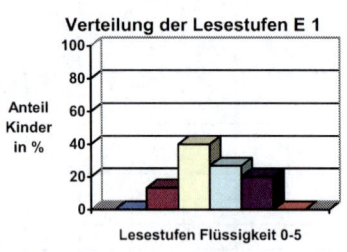

Dabei befinden sich die Kinder in Bezug auf die Flüssigkeit des Vorlesens zum Ende des ersten Schuljahres durchschnittlich zwischen Stufe 2 und 3, d. h. sie können fremde Texte ohne zu stocken vorlesen.

Zum Ende des zweiten Schuljahres befinden sich 60% der Kinder der Kernstichprobe schon auf den beiden Stufen des flüssigen Vorlesens, lediglich zwei Kinder (Pia und Fedor) lesen noch nicht ganz flüssig und befinden sich zwischen Stufe 2 und 3.

Stufe	Kinder	%
0 (0-0,5)	0	0
1 (0,5-1,5)	0	0
2 (1,5-2,5)	2	13,3
3 (2,5-3,5)	4	26,7
4 (3,5-4,5)	8	53,3
5 (4,5-5)	1	6,7
	15	100

N=15	AM=3,8	SD=0,7

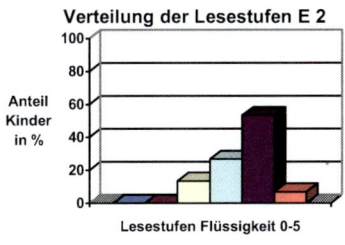

Verteilung der Lesestufen E 2

Anteil Kinder in %

Lesestufen Flüssigkeit 0-5

Bedenkt man, dass der Leselernprozess, d. h. das Erlesen einfacher Wörter, erst jetzt abgeschlossen sein müsste, erscheint das Ergebnis durchaus positiv. Im weiteren Verlauf steigt die Lesefertigkeit im Bereich des flüssigen Vorlesens weiter an, sodass zum Ende der vierten Klasse alle Kinder flüssig oder fast flüssig vorlesen können. Statistisch ist hier wieder ein starker Rückgang der Streuung bis unter eine halbe Kompetenzstufe sowie ein Deckeneffekt zu beobachten, da die Stufe 5 (das flüssige Vorlesen) nicht weiter steigerbar ist bzw. innerhalb dieser Erhebung nicht differenzierter erfasst wird.

Vorlesen: Betonung

- Stufe 0: nicht sinnbetont
- Stufe 1: einzelne Wörter sinnbetont
- Stufe 2: ansatzweise sinnbetont
- Stufe 3: ziemlich sinnbetont
- Stufe 4: gut sinnbetont
- Stufe 5: hervorragend sinnbetont

Vorlesen: Betonung	M 1	E 1	M 2	E 2	M 3	E 3	M 4	E 4
Andrea			2,5	3	3,75	4	4,5	4,5
Bettina			2,5	3	3	4,5	4,5	4,5
Bodo			3	4	4,25	4,5	4,75	5
Carlo			4	4,5	4,5	4,75	5	4,75
Fedor			2	2	3	3,25	3,25	3,5
Harald			2,75	3,75	3,75	4	4,5	5
Ines			2,75	4	3,75	3,75	4	4,5
Lars			4	4,5	4	4,5	5	5
Lutz			4	4,5	4	4	3,5	4
Meike			3,75	4,5	4	4,25	4,5	4,25
Michael			3,75	3,75	4,5	5	5	5
Natalie			3,75	4	4,5	5	5	5
Pia			2	3,75	3,75	4,5	4	4
Sabine			4	4,5	4,5	4,75	5	5
Steven			2,75	4	4	4,75	5	4,75
Ø **Kernstichprobe**			**3,2**	**3,9**	**4,0**	**4,4**	**4,5**	**4,6**
SD=			0,8	0,7	0,5	0,5	0,6	0,5

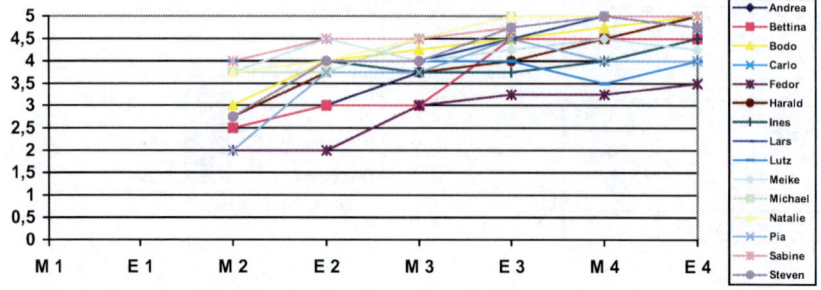

Bezüglich eines sinnbetonten Vorlesens ergibt sich zum Ende des zweiten Schuljahres folgende Verteilung:

Stufe	Kinder	%
0 (0-0,5)	0	0
1 (0,5-1,5)	0	0
2 (1,5-2,5)	1	6,7
3 (2,5-3,5)	2	13,3
4 (3,5-4,5)	12	80
5 (4,5-5)	0	0
	15	100

N=15	AM=3,9	SD=0,7

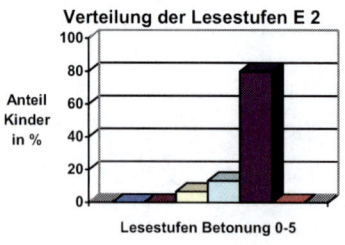

Fast alle Kinder der Kernstichprobe befinden sich schon auf der Stufe 4 des sinnbetonten Vorlesens, d. h. sie lesen die Wörter sinnentnehmend und im Satzzusammenhang vor. Lediglich Fedor fällt es schwer, jedes Wort im entsprechenden Zusammenhang zu betonen – was sicherlich auch mit seinen Schwierigkeiten beim flüssigen Lesen eines fremden Texts bzw. dem gleichzeitigen Erfassen der Wortbedeutung im Zusammenhang mit dem Vorlesen zu tun hat. Interessant ist der Fortschritt von Pia, die im Gegensatz zum gleichbleibenden Stand von Fedor von der Mitte bis zum Ende des zweiten Schuljahres fast zwei Stufen gesprungen ist. Sie ist nach Überwinden der oben beschriebenen Schwierigkeiten von einer unzureichenden Umsetzung der Betonung zum gut betonten Vorlesen gelangt.

Bedenkt man auch hier, dass der Leselernprozess erst zu diesem Zeitpunkt, Ende des zweiten Schuljahres, abgeschlossen sein müsste, erscheint das Ergebnis entsprechend positiv. Bis zum Ende der Grundschulzeit steigt die Lesefertigkeit im Bereich der Betonung weiter an, lediglich Fedor erreicht die Stufe 4 des sinnbetonten Vorlesens wahrscheinlich aus den oben schon angedeuteten Gründen (lesefernes und deutschsprachlich armes Umfeld) nicht. Da die Stufe 4 (das sinnbetonte Vorlesen) nicht unbedingt weiter steigerbar ist bzw. die Stufe 5 (hervorragend sinnbetont) nur eingeschränkt eine weitere Differenzierung zulässt, ist der schon bekannte Deckeneffekt zu beobachten.

14.2.2 Ergebnisse nach dem Hamburger Lesetest

Eine viel größere Rolle als die Lesefertigkeit in Bezug auf das Vorlesen spielt im oben beschriebenen Unterrichtskonzept das Leseverständnis der Kinder, denn gerade dieses soll ja durch den Verzicht auf Lese- und Vorleseübungen über die gesamte Grundschulzeit gefördert werden: Die Kinder lesen von Anfang an nur dann, wenn sie einem Text auch Informationen entnehmen wollen. Entsprechend ist zu vermuten, dass die Kompetenzen der Kinder in Bezug auf sinnentnehmendes Lesen vergleichsweise hoch sein müssten.

Während sich für die gerade beschriebenen Erhebungen und Stufeneinteilungen der Flüssigkeit oder Betonung nur indirekt eine Vergleichsmöglichkeit durch die Bezugnahme auf die für die jeweilige Klassenstufe vorgesehenen Lehrpläne herstellen lässt, gibt es für den Bereich des Leseverständnisses standardisierte Testverfahren. Ein entsprechendes Instrument für das stille Lesen stellt der „Hamburger Lesetest für 3. und 4. Klassen – HAMLET 3-4" (vgl. Lehmann 1997) dar, der aus einem Worterkennungstest und einem Leseverständnistest besteht.

Der Worterkennungstest „Wort-Test O40" ist ein von einer dänischen Forschergruppe international erprobter Test, der Aussagen über die grundlegende Lesesicherheit und Lesegeschwindigkeit von Dritt- und Viertklässlern macht, indem die Schüler in 90 Sekunden 40 Wörtern das passende Bild von vier Bildern zuordnen.

Beim Leseverständnistest des Hamburger Lesetests sollen zehn Texte einzeln gelesen und die dazugehörigen Fragen durch anzukreuzende Lösungen beantwortet werden. Die Texte sind unterschiedlicher Schwierigkeit und unterschiedlicher Art, von Geschichten bis hin zu Sachtexten, Tabellen, Anleitungen und anderen Gebrauchstexten. Auch die Auswahl der richtig(st)en Antwort erfordert unterschiedliche Kompetenzen des Lesers. Kategorisiert wurden vier Niveaustufen des Leseverständnisses, angefangen mit klar aus dem Text entnehmbaren Passagen, deren Auffinden zur Beantwortung ausreicht, bis hin zu komplexen Lösungsvariationen, die einen eigenen Transfer verschiedener Hinweise im Text erfordern. Entsprechend zeigen die Testergebnisse schnell Parallelen zu Ergebnissen von Intelligenz- oder Denktests auf (u. U. noch durch den Zeitdruck verstärkt).

Der Hamburger Lesetest wurde zu den zwei Testzeitpunkten Mitte und Ende des vierten Schuljahres durchgeführt. Dabei ergaben sich für die Kernstichprobe die im Folgenden dargestellten Prozentrangwerte.

Lesesicherheit und Lesegeschwindigkeit (Wort-Test O40)

In Bezug auf die Eichstichprobe des HAMLET ergibt sich für das vierte Schuljahr folgende Verteilung richtig gelöster Aufgaben im Wort-Test O40:

Wort-Test O40	Kernstichprobe Mitte Klasse 4	Kernstichprobe Ende Klasse 4	Eichstichprobe HAMLET Ende Klasse 4
geringe Lesegeschwindigkeit: LG 1 (0-20 richtige Lösungen)	0%	0%	5,6%
mittlere Lesegeschwindigkeit: LG 2 (21-35 richtige Lösungen)	6,6%	0%	24,6%
hohe Lesegeschwindigkeit: LG 3 (36-40 richtige Lösungen)	93,3%	100%	69,8%
Ø Kompetenzstufe LG AM=	2,9	3	2,6
SD=	0,3	0,0	keine Angabe verfügbar

Test/ Zeitpunkt	Eichstichprobe E 4			Kernstichprobe			t-Test	
	N	AM	SD	N	AM	SD	F(t)-Wert	p-Wert
O40/ M 4 (+)	*1698*	*35,71*	*6,76*	*15*	*39,4*	*0,6*	*F(16,35)=127,0*	*p=0,000*
O40/ E 4	1698	35,71	6,76	15	40	0	F(t)->∞	p=0,000

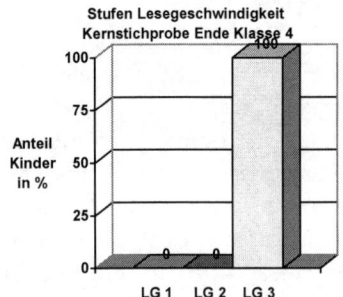

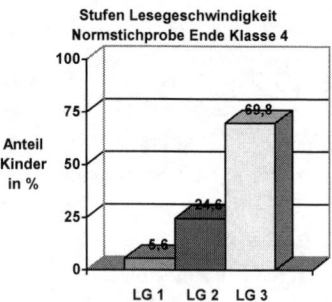

Im Worterkennungstest ist nur Fedor und nur zum Testzeitpunkt Mitte viertes Schuljahr nicht ganz mit der Zeit hingekommen und hat 31 von den 40 Items gelöst, alle anderen Kinder haben den Test völlig fehlerfrei (40 richtige Lösungen) innerhalb der gesetzten Zeit bearbeitet. Für den Testzeitpunkt Mitte viertes Schuljahr ergibt sich dadurch für alle Kinder außer Fedor eine Zuordnung zur Stufe LG 3, d. h. sie zeichnen sich durch eine (sehr) hohe Lesegeschwindigkeit aus. Fedors Wert mit 31 von 40 bearbeiteten Items wird von den Autoren dem oberen Bereich der Stufe der mittleren Lesegeschwindigkeit LG 2 zugeordnet.

Zum Messzeitpunkt Ende des vierten Schuljahres haben alle Kinder einschließlich Fedor den Worterkennungstest in der entsprechenden Zeit fehlerfrei gelöst und befinden sich ausnahmslos auf der Stufe der Kinder mit hoher bzw. sehr hoher Lesegeschwindigkeit. Beide Ergebnisse unterscheiden sich hochsignifikant von der Eichstichprobe.

Hamburger Lesetest – Leseverständnis

Der Testaufbau des HAMLET lässt durch verschieden schwierige Items eine differenzierte Zuordnung zu vier Stufen des Leseverständnisses zu.

- Stufe 0: extrem schwache Leser
- Stufe 1: einfache Informationen auffinden
  (einzelner inhaltlicher Aspekt/sehr konkrete Frage)
- Stufe 2: gezielt Informationen aufnehmen
  (Zusammenführen von Aspekten/Hintergrundinformationen)
- Stufe 3: Kombinieren/Rekonstruieren
  (Kombination mehrerer Informationen/Handlungs- oder Hintergrundmotive)
- Stufe 4: Verknüpfen/Schlussfolgern
  (Fähigkeit schlussfolgernden Denkens und inferentiellen Verknüpfens von Informationen, d. h. vorhandene Informationslücken müssen geschlossen werden, indem die für den Verstehensprozess notwendigen Informationen aus Kontext- und Allgemeinwissen abgeleitet werden)

Grundlage für die Auswertung sind zehn Texte verschiedenen Schwierigkeitsgrades, zu denen jeweils vier Fragen mit je vier ankreuzbaren Antwortvorgaben gestellt werden. LEHMANN weist darauf hin, dass innerhalb der internationalen Erprobung früherer Testversionen mit geschlossenen und offenen Antwortformen kein Zugewinn bei offenen Antwortmöglichkeiten im Hinblick auf die Multiple-Choice-Items beobachtbar war (vgl. Lehmann u. a. 1995, 33f.). Die einzelnen Fragen sind dabei mehr oder weniger unabhängig von der Komplexität des Texts vier Schwierigkeitsstufen zugeordnet: 8 Fragen der Stufe 1, 10 Fragen der Stufe 2, 14 Fragen der Stufe 3 und 8 Fragen der Stufe 4. Die von den Kindern erreichten Werte werden in Prozent richtiger Lösungen angegeben. Von einer sicheren Beherrschung der Schwierigkeitsstufe wird dann ausgegangen, wenn mindestens 75% der Aufgaben dieser Schwierigkeitsstufe gelöst worden sind.

Die Zuordnung des Schülers zu einer der oben beschriebenen Stufen des Leseverständnisses 1 bis 4 kann einerseits über das Erreichen der gerade beschriebenen Schwierigkeitsstufen 1 bis 4, andererseits über die Einordnung des über alle Aufgaben erreichten Prozentrangwertes erfolgen. Beides wird im Folgenden dargelegt.

Hamburger Lesetest – Leseverständnis Mitte Klasse 4

Für Anfang Dezember ergeben sich für die Kernstichprobe folgende Werte:

HAMLET 3-4 Mitte Klasse 4	Stufe 1 in %	Stufe 2 in %	Stufe 3 in %	Stufe 4 in %	Rohpunkte	PR Norm E 3	PR Norm E 4
Andrea	88	90	36	63	30	81	64
Bettina	100	90	93	75	36	96	91
Bodo	100	100	79	88	36	96	91
Carlo	100	90	86	50	33	91	80
Fedor	75	40	14	38	14	14	8
Harald	100	100	86	50	36	98	94
Ines	100	70	71	25	27	67	64
Lars	100	100	86	88	37	98	95
Lutz	63	70	50	0	19	35	17
Meike	88	80	79	13	27	61	43
Michael	100	70	71	25	27	61	43
Natalie	63	70	64	38	24	55	30
Pia	100	90	64	63	31	80	73
Sabine	88	100	71	63	32	88	76
Steven	100	90	79	75	34	90	78
∅ **Kernstichprobe**	**91**	**83**	**69**	**50**	**30**	**79-**	**61+**
PR-Band (RW ± 1 SD)						*48-97*	*26-93*

Test/ Zeitpunkt	Eichstichprobe E 4			Kernstichprobe			t-Test	
	N	AM	SD	N	AM	SD	F(t)-Wert	p-Wert
HAMLET 3-4/ M 4 (+)	*1702*	*27,32*	*6,74*	*15*	*29,53*	*6,67*	*F(1,28)=1,0*	*p=0,101*

Die Schwierigkeitsstufe 1 wird von allen Kindern der Kernstichprobe bis auf zwei Kinder (Lutz und Natalie) erreicht. Das entspricht einem Anteil von 87%. Fedor liegt genau auf dem Grenzwert von 75%. Es ergibt sich ein durchschnittlicher Wert von 91% richtiger Lösungen, d. h. fast alle Kinder können gesuchte Informationen auffinden und Fragen zu einem Text richtig beantworten.

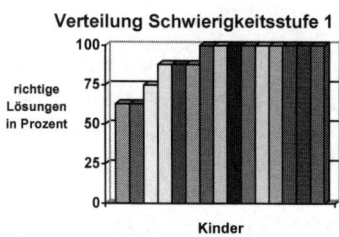

Die Schwierigkeitsstufe 2 erreichen zwei Drittel aller Kinder der Kernstichprobe, wobei alle Kinder außer Fedor (mit 40%) mindestens 70% in dieser Schwierigkeitsstufe erreichen. Sie können gezielt Informationen aufnehmen und verschiedene Aspekte und Hintergrundinformationen eines Texts zusammenführen. Es ergibt sich ein Durchschnittswert von 83%.

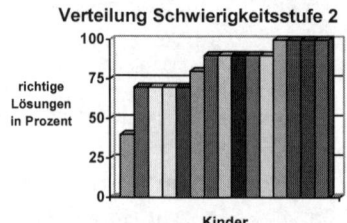

Die Schwierigkeitsstufe 3 erreicht knapp die Hälfte der Klasse, wobei ein weiteres Drittel der Kinder mit Werten von 64% bzw. 71% noch in der Nähe des Grenzwertes liegt. Die Kinder können mehrere Informationen bzw. Handlungs- oder Hintergrundmotive zum Beantworten der Fragen kombinieren und rekonstruieren. Drei Kinder fallen mit ihren Werten heraus: Lutz mit 50%, Andrea mit

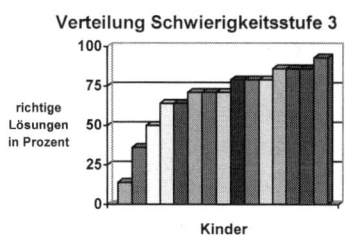

36% (sie erreicht allerdings auf Stufe 4 wiederum 63%) und Fedor mit nur 14%. Es ergibt sich ein durchschnittlicher Wert von 69% richtiger Lösungen.

Bei der höchsten Stufe 4 des schlussfolgernden Denkens und der inferentiellen Verknüpfung von Informationen aus Kontext- und Allgemeinwissen ergibt sich die differenzierteste Übersicht über die Fähigkeiten der Kinder, die allerdings nicht mehr allein als Leseleistungen bezeichnet werden können. Die Beantwortung der Fragen dieser Schwierigkeitsstufe erfordert vom Text unabhängiges

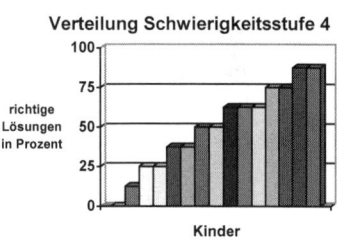

Zusatzwissen und gute Denkfähigkeit. Entsprechend ergibt sich eine fast gleichmäßige Verteilung über die gesamte Bandbreite der möglichen Antworten, wobei kein Kind alle Antworten korrekt lösen konnte. Diese Stufe erreicht über ein Viertel der Kernstichprobe, der durchschnittliche Wert beträgt 50% richtige Lösungen.

Betrachtet man die Verteilung der Lesestufen, die aus der Gesamtauswertung des Tests resultiert, so ergibt sich ein durchschnittlicher Wert von 30 Rohpunkten, d. h. die Kinder befinden sich durchschnittlich ungefähr auf der Lesestufe 3.

Stufe	Kinder	%
0 (0-0,5)	0	0
1 (0,5-1,5)	2	13,3
2 (1,5-2,5)	4	26,7
3 (2,5-3,5)	5	33,3
4 (3,5-4,5)	4	26,7
	15	100
N=15	AM=2,7	SD=1,0

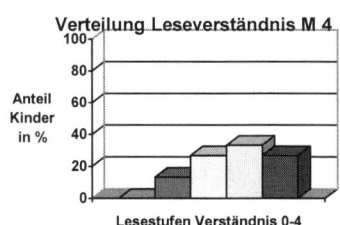

Ein Kind (Fedor) befindet sich auf der Verständnisstufe 1, ein Kind (Lutz) am Übergang zur Stufe 2. Alle anderen Kinder befinden sich auf Stufe 2 oder höher, d. h. sie können gezielt Informationen aufnehmen und Aspekte bzw. Hintergrundinformationen zusammenführen. Über ein Viertel der Kernstichprobe hat sogar schon die höchste Leseverständnisstufe erreicht. Diese Werte decken sich mit den Auswertungen nach Schwierigkeitsstufen.

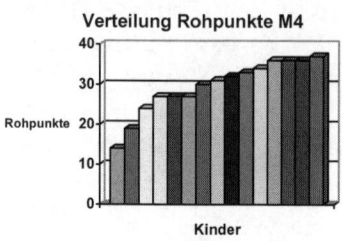

Die Ergebnisse der Zuordnung zum allgemeinen Leseverständnis sind alters- bzw. klassenstufenunabhängig. Erst der Bezug auf die geeichte Vergleichsstichprobe gibt Aufschluss über die Einordnung der Leistungen im Hinblick auf die in dieser Klassenstufe üblichen Leistungen. Leider liegt keine Eichung für den Messzeitpunkt Anfang Dezember viertes Schuljahr vor, sodass hier die Prozentrangwerte für Juni/Juli drittes Schuljahr und Juni/Juli viertes Schuljahr verwendet werden. Die richtigen Werte müssen zwischen diesen beiden Werten liegen, annäherungsweise kann dabei vom Mittelwert ausgegangen werden.

Es ergibt sich folgendes Bild: Bei der Auswertung nach den Normen für Ende des dritten Schuljahres liegen alle Kinder bis auf Fedor mit PR 14 und Lutz mit PR 35 über dem Durchschnitt, d. h. über Prozentrang 50.

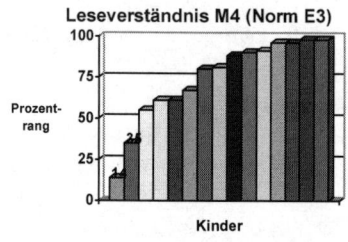

Bei der Auswertung nach der Norm für Ende des vierten Schuljahres liegen schon ein halbes Jahr vor diesem Eichtermin zwei Drittel der Kernstichprobe über dem Durchschnitt von PR 50. Neben Fedor mit PR 8 und Lutz mit PR 17 liegen noch Natalie mit PR 30 sowie Meike und Michael mit PR 43 unter dem Durchschnittswert für das Ende der vierten Klasse.

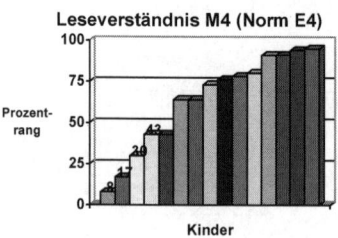

Insgesamt ergibt sich ein durchschnittlicher Prozentrang von knapp 80 nach der Norm Ende Klasse 3 bzw. ein Prozentrang von 61 für die Normierung Ende Klasse 4. D. h. dass die Kernstichprobe zu diesem Zeitpunkt schon erheblich über Prozentrang 50 liegt.

Hamburger Lesetest – Leseverständnis Ende Klasse 4

Zu dem viel ausschlaggebenderen Messzeitpunkt am Ende der Grundschulzeit (Testdurchführung Anfang Mai) ergeben sich folgende Werte:

HAMLET 3-4 Ende Klasse 4	Stufe 1 in %	Stufe 2 in %	Stufe 3 in %	Stufe 4 in %	Roh-punkte	PR E 4
Andrea	100	100	86	75	36	91
Bettina	100	100	93	50	35	91
Bodo	100	100	86	63	35	91
Carlo	100	100	86	75	36	91
Fedor	75	70	57	25	23	27
Harald	100	90	86	75	35	85
Ines	100	90	86	50	33	73
Lars	100	100	86	63	35	91
Lutz	100	90	57	25	26	39
Meike	100	90	93	50	34	86
Michael	88	100	93	50	31	70
Natalie	100	80	71	50	30	57
Pia	100	70	79	50	30	64
Sabine	100	100	93	100	39	99
Steven	100	90	100	63	36	94
∅ **Kernstichprobe**	**98**	**91**	**84**	**58**	**33**	**77**
PR-Band (RW ± 1 SD)						*54-96*

Test/ Zeitpunkt	Eichstichprobe E 4			Kernstichprobe			t-Test	
	N	AM	SD	N	AM	SD	F(t)-Wert	p-Wert
HAMLET 3-4/ E 4	1702	27,32	6,74	15	32,93	4,23	F(3,22)=2,5	p=0,001

Die Schwierigkeitsstufe 1 wird nun ausnahmslos von allen Kindern der Kernstichprobe erreicht. Fedor liegt weiterhin auf dem Grenzwert von 75%. Es ergibt sich ein durchschnittlicher Wert von 98% richtiger Lösungen. Alle Kinder der Kernstichprobe können gesuchte Informationen auffinden und Fragen zu einem Text richtig beantworten.

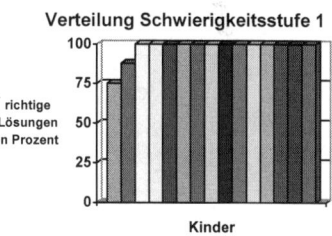

Verteilung Schwierigkeitsstufe 1

Die Schwierigkeitsstufe 2 wird nun auch von fast allen Kindern der Kernstichprobe erreicht, lediglich Fedor und Pia liegen mit 70% knapp unter dem Grenzwert von 75%. Sie können gezielt Informationen aufnehmen und verschiedene Aspekte und Hintergrundinformationen eines Texts zusammenführen. Es ergibt sich ein Durchschnittswert von 91% richtiger Lösungen.

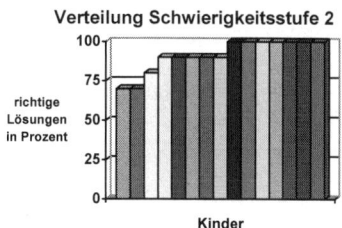

Verteilung Schwierigkeitsstufe 2

Die Schwierigkeitsstufe 3 erreichen vor Ende des vierten Schuljahres 80% der Kinder der Kernstichprobe. Diese Kinder können mehrere Informationen bzw. Handlungs- oder Hintergrundmotive zum Beantworten der Fragen kombinieren und rekonstruieren. Nur drei Kinder befinden sich noch nicht auf dieser Stufe: Fedor und Lutz liegen bei 57%, Natalie liegt mit 71% kurz vor dem Grenzwert von

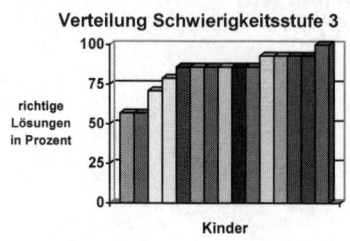

75%. Es ergibt sich ein durchschnittlicher Wert von 84% richtiger Lösungen.

Die höchste Stufe 4 des schlussfolgernden Denkens und der inferentiellen Verknüpfung von Informationen erreicht wieder über ein Viertel der Kernstichprobe – allerdings andere Kinder als im Halbjahr davor. Entsprechend sollte hier nur die positive Tendenz der Klasse betrachtet werden: mittlerweile beantworten bis auf Fedor und Lutz alle Kinder mindestens die Hälfte der 8 Fragen richtig – allerdings

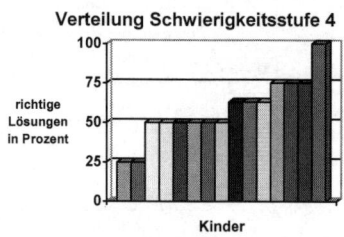

würde schon bei zufälligem Ankreuzen ein Viertel der Fragen korrekt gelöst werden. Der durchschnittliche Anteil richtiger Lösungen beträgt 58%. Betrachtet man die Ergebnisse beider Tests Mitte und Ende des vierten Schuljahres, so lässt sich feststellen, dass die höchste Stufe der Lesekompetenz wahrscheinlich bei noch keinem Kind abschließend sicher erreicht ist.

Sieht man sich die Verteilung der Lesestufen an, die aus der Gesamtauswertung des Tests resultiert, so ergibt sich ein Durchschnitt von 33 Rohpunkten, d. h. die Kinder befinden sich im Schnitt vor dem Übergang von Lesestufe 3 zu Lesestufe 4.

Stufe	Kinder	%
0 (0-0,5)	0	0
1 (0,5-1,5)	0	0
2 (1,5-2,5)	2	13,3
3 (2,5-3,5)	5	33,3
4 (3,5-4,5)	8	53,3
	15	99,9

N=15	AM=3,4	SD=0,7

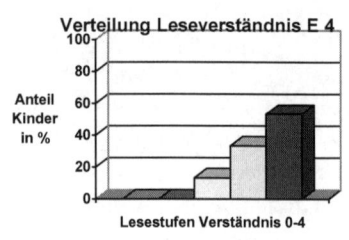

624

Zwei Kinder (Fedor und Lutz) befindet sich auf der Verständnisstufe 2, alle anderen Kinder befinden sich auf Stufe 3 oder höher, d. h. sie können mehrere Informationen bzw. Handlungs- oder Hintergrundmotive zum Beantworten der Fragen kombinieren und rekonstruieren. Über die Hälfte der Kernstichprobe hat sogar schon die höchste Leseverständnisstufe 4 erreicht. Diese Werte unterstützen die Auswertungen nach Schwierigkeitsstufen.

Diese Steigerungen zeichnen sich auch in den Prozentrangwerten der Stichprobe ab, die nun korrekt mit der Eichung für Juni/Juli des vierten Schuljahres ermittelt werden können. Dabei ergibt sich folgendes Bild: Alle Kinder bis auf Fedor und Lutz liegen über dem Durchschnitt Prozentrang 50, die Hälfte der Stichprobe sogar über Prozentrang 75, d. h. sie befindet sich im oberen Leistungsbereich.

Fedor hat Prozentrang 27 erreicht, d. h. er befindet sich im unteren Bereich des Mittelfelds, Lutz liegt mit PR 39 im mittleren Bereich.

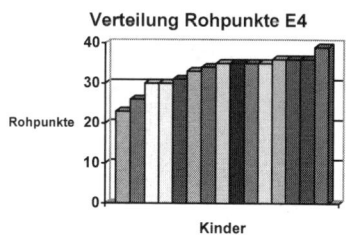

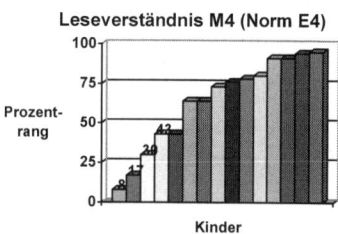

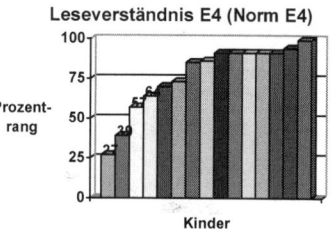

Insgesamt ergibt sich ein durchschnittlicher Prozentrang von 77, der sich hochsignifikant von der Eichstichprobe unterscheidet. Die Kernstichprobe liegt sogar im Klassendurchschnitt im oberen Prozentrangbereich der Eichstichprobe. Auch bei Berücksichtigung der Standardabweichung (Prozentrangband 54 bis 96) befindet sich die Untergrenze des Klassendurchschnitts über Prozentrang 50.

14.3 Fazit und Zusammenfassung

Da es im hier untersuchten Unterricht über die gesamte Grundschulzeit keinerlei explizite Leseerziehung im Bereich des Lesenlernens bzw. des weiterführenden Lesens gab, stellt sich die Frage, inwieweit die Ziele des Lesenlernens einschließlich der Vorlesekompetenz erreicht werden konnten. Vor dem Hintergrund, in die Auswertung vor allem die Kinder einzubeziehen, die ausschließlich nach dem hier beschriebenen Konzept gelernt haben (Kernstichprobe), sollen folgende drei Fragen beantwortet werden:

- Ist die Lese- und Vorlesekompetenz der Klasse mindestens durchschnittlich?
- Ist die Streuung bzw. die Entwicklung der Streuung nicht höher als üblich?
- Entwickelt sich die Gruppe der „schwachen" Leser mindestens durchschnittlich?

Die Erhebung der Buchstabenkompetenz vor Schulbeginn weist darauf hin, dass die Kinder der hier untersuchten Klasse in Bezug auf das Lesen von Buchstaben zumindest keine überdurchschnittlichen Vorkenntnisse haben. Die diesbezügliche Buchstabenkenntnis liegt im Schnitt zwischen 6 und 10 Buchstaben, Durchschnittswerte anderer Studien (s. o.) liegen bei 8-10 Buchstaben. 47% der Gesamtstichprobe (40% der Kernstichprobe) beherrschen nur bis zu 5 Buchstaben, in den anderen Studien sind dies zwischen 44% und 51% der Kinder. Ungefähr 37% der Gesamtstichprobe (40% der Kernstichprobe) beherrschen mehr als 10 Buchstaben, in anderen Studien sind dies zwischen 30% und 36% der Kinder. Damit liegt die Gesamtstichprobe im Durchschnittsbereich der anderen Untersuchungen, die Kernstichprobe leicht darüber.

Die Lesekompetenz der Kinder wurde halbjährlich erhoben, indem die Kinder sowohl ihnen bekannte als auch ihnen unbekannte Textpassagen vor der Klasse vorgelesen und sich bezüglich der Kriterien „Sinnentnahme", „Flüssigkeit" und „Betonung" gegenseitig bewertet haben. Alle Schüler konnten ab dem zweiten Schuljahr immer über den Inhalt des vorgelesenen fremden Texts detailliert Auskunft geben, sodass eine differenziertere Erfassung des (stillen) Leseverständnisses erst wieder im vierten Schuljahr im Rahmen des „Hamburger Lesetests" erfolgte.

Alle Kinder der Kernstichprobe lernen ohne expliziten Leseunterricht im ersten Schulhalbjahr Lesen. Zum Ende des Schuljahres können alle Kinder der Kernstichprobe fremde Texte ohne zu stocken vorlesen, zum Ende des zweiten Schuljahres lesen nur zwei Kinder noch nicht ganz flüssig, wobei eines der Kinder auch Probleme mit einem sinnbetonten Vorlesen hat (Fedor). Bedenkt man, dass der Leselernprozess erst zu diesem Zeitpunkt, Ende des zweiten Schuljahres, abgeschlossen sein musste, erscheint das Ergebnis entsprechend positiv. Im weiteren Verlauf steigt die Lesefertigkeit im Bereich des flüssigen und sinnbetonten Vorlesens weiter an, sodass zum Ende der vierten Klasse alle Kinder (Fedor mit Einschränkungen) weitgehend flüssig und sinnbetont vorlesen können. Im Lesesicherheit und Lesegeschwindigkeit messenden „Wort-Test O40" (vgl. Lehmann 1997) erreicht nur Fedor und nur zum Testzeitpunkt Mitte viertes Schuljahr die Stufe 3 von vier Stufen, zum Messzeitpunkt Ende des vierten Schuljahres befinden sich alle Kinder der Kernstichprobe einschließlich Fedor auf der Stufe hoher bzw. höchster Lesegeschwindigkeit und Lesesicherheit und unterscheiden sich damit hochsignifikant von der Eichstichprobe.

Das viel wichtigere Leseverständnis wurde im vierten Schuljahr mit dem „Hamburger Lesetest" erhoben (vgl. Lehmann 1997). Dabei müssen Texte unterschiedlicher

Schwierigkeit und Art, von Geschichten bis hin zu Sachtexten, Tabellen, Anleitungen und anderen Gebrauchstexten durch Ankreuzen (1 aus 4) richtig beantwortet werden.

Aus diesen Antworten werden vier Stufen des Leseverständnisses als Prozentangabe errechnet. Für das sichere Erreichen einer Stufe wird ein Wert von mindestens 75% benötigt. Diese Zuordnung ist alters- bzw. klassenstufenunabhängig. Zusätzlich kann ein Gesamtwert berechnet werden, für den dann auch eine Prozentrangnormierung vorliegt. Für Mitte Klasse 4 liegen keine Vergleichsdaten vor, sodass hier die Werte für Ende Klasse 3 (-) und Ende Klasse 4 (+) abgebildet sind.

HAMLET 3-4 ⌀ Kernstichprobe	Stufe 1 in %	Stufe 2 in %	Stufe 3 in %	Stufe 4 in %	PR Norm E 4	PR Norm E 3
Mitte Klasse 4	91	83	69	50	61+	79-
Ende Klasse 4	98	91	84	58	77	

Es ist ersichtlich, dass die Kernstichprobe im Durchschnitt zum Messzeitpunkt Mitte Klasse 4 zwischen der Stufe 2 (gezielt Informationen aufnehmen) und 3 (Kombinieren/Rekonstruieren) liegt. Innerhalb der Gesamtauswertung des Tests wird den Kinder dabei die Lesestufe 3 zugeordnet. Bei der Auswertung nach Prozenträngen (Norm Ende Klasse 3) liegen alle Kinder bis auf Fedor mit PR 14 und Lutz mit PR 35 über Prozentrang 50. Bei der Auswertung nach der Norm für Ende Klasse 4 liegen schon ein halbes Jahr vor diesem Eichtermin zwei Drittel der Kernstichprobe über dem Durchschnitt von PR 50. Neben Fedor mit PR 8 und Lutz mit PR 17 liegt Natalie mit PR 30 im schwächeren Bereich. Insgesamt ergibt sich ein durchschnittlicher Prozentrang von knapp 80 nach der Norm Ende Klasse 3 bzw. ein Prozentrang von 61 für die Normierung Ende Klasse 4, d. h. dass die Kernstichprobe zu diesem Zeitpunkt schon merklich über Prozentrang 50 liegt.

Ende Klasse 4 wird in der Auswertung nach Verständnisstufen die dritte Stufe überschritten, während die höchste Verständnisstufe (inferentielles Verknüpfen von Informationen/Schlussfolgern) nicht als Durchschnittswert gesichert erreicht werden kann. Auch innerhalb der Gesamtauswertung befinden sich die Kinder vor dem Übergang von Lesestufe 3 zu Lesestufe 4. Bei der nun korrekt geeichten Auswertung nach Prozenträngen liegen alle Kinder bis auf Fedor und Lutz über Prozentrang 50, die Hälfte der Stichprobe sogar über Prozentrang 75, d. h. sie befindet sich im oberen Leistungsbereich. Aber selbst Fedor und Lutz befinden sich mit Prozentrangwerten von 27 und 39 noch nicht im unteren Quartil – eine eingehende Analyse erfolgt im Rahmen der ausführlichen Fallstudien dieser Kinder. Insgesamt ergibt sich ein durchschnittlicher Prozentrang von 77, d. h. dass die Kernstichprobe sogar im Klassendurchschnitt im oberen Prozentrangbereich liegt. Auch bei Berücksichtigung der Standardabweichungen (ergibt ein Prozentrangband von 54 bis 96) liegt die Untergrenze des Klassendurchschnitts über Prozentrang 50 und unterscheidet sich hochsignifikant von der Eichstichprobe.

Da auch die Ergebnisse für das Vorlesen bezüglich Flüssigkeit und Betonung im Vergleich mit den Lehrplanvorgaben sehr positiv bzw. „vorauseilend" aussehen, sollte das weit überdurchschnittliche Ergebnis im Bereich des Leseverständnisses zum Nachdenken anregen. Anscheinend ist die Leseentwicklung durch das oben beschriebene Unterrichtskonzept bzw. den Verzicht auf ein explizites Lese- oder Vorlesetraining trotz eher durchschnittlicher Voraussetzungen bei der hier untersuchten Stichprobe sehr positiv verlaufen. Dies deckt sich auch mit den Beobachtungen im Hinblick auf die hohe Lesemotivation der Kinder sowie ihre Selbstständigkeit und Kompetenz in Bezug auf das Suchen und Aufbereiten von Informationen aus Sachbüchern.

Auch weisen die niedrigen Werte für die Streuung nicht darauf hin, dass bestimmte Kinder- oder Leistungsgruppen durch diese Art des Unterrichts benachteiligt worden wären. Selbst die beiden schwächsten Kinder der Kernstichprobe erreichen zum Ende der Grundschulzeit Werte, die nicht im unteren Leistungsbereich liegen. Es ist also auf der Grundlage der oben genannten Vergleichbarkeit der Lernvoraussetzungen mit einer Normstichprobe davon auszugehen, dass sich auch die Gruppe der „schwachen" Leser eher über- als unterdurchschnittlich entwickelt hat. Es könnte sogar – wie schon im Bereich Rechtschreibung vermutet – sein, dass Kinder, die sonst u. U. dieser Gruppe auf Grund ihrer Leistungen hätten zugerechnet werden müssen, im hier untersuchten Unterrichtskonzept gar nicht erst zu „schwachen" Lesern geworden sind.

Die Behauptung, dass Lesen, Vorlesen und Leseverständnis nur mit einem expliziten Leselehrgang erlernt werden können, muss nach diesen Ergebnissen auf Klassenebene zumindest relativiert werden, da die beschriebene Stichprobe dies für den hier beschriebenen Rahmen widerlegt. Das könnte dafür sprechen, impliziten und inzidentellen Lernprozessen auch in der Lesedidaktik eine stärkere Beachtung zu schenken und statt auf explizite Teilleistungsübungen o. Ä. im Unterricht mehr auf selbstgesteuertes Lernen z. B. durch freies Schreiben und Lesen zu setzen.

15 Entwicklungen im Bereich Arithmetik

Die Arithmetik kann bzw. muss man als zentralen Bereich der Mathematik in der Grundschule bezeichnen. Egal ob Kinder, Eltern oder Lehrer, sie bringen den Mathematikunterricht in erster Linie mit „Rechnenlernen" bzw. der Arithmetik in Verbindung. Andere Bereiche der Mathematik werden entweder mehr oder weniger erfolgreich in den Arithmetikunterricht eingebettet wie der Umgang mit Größen oder aber sie müssen als phasenweise Auflockerung des Rechenlehrgangs herhalten wie der Geometrieunterricht. Entsprechend dienen vor allem die arithmetischen Leistungen – analog zur Rechtschreibleistung im Bereich Sprache – oft zur Beurteilung des Erfolgs eines Unterrichts bzw. eines Unterrichtskonzepts.

Dabei findet sich gerade der Mathematikunterricht in einem fast unlösbaren Spannungsfeld zwischen den unterschiedlichen Vorerfahrungen der Kinder und dem unverzichtbar erscheinenden Lehrgang wieder. Auch Lehrer, die andere Bereiche wie z. B. den Sprach- oder Sachunterricht sehr offen gestalten, führen den Mathematikunterricht in der Regel immer stark lehrgangsorientiert durch. Selbst in Klassen, in denen es alternative Unterrichtskonzepte wie z. B. eine Kultur mathematischer Erfindungen oder Projekte gibt, existiert in der Regel nebenher ein mathematischer Lehrgang (siehe Kapitel 6 bzw. Ende Kapitel 6.5.7). Diese Vorgehensweise wird durch verschiedene Untersuchungen unterstützt. Einsiedler schreibt in seiner Auseinandersetzung mit aktuellen Forschungsergebnissen im Bereich Mathematik nach der Nennung der SCHOLASTIK-Studie (vgl. Helmke/ Weinert 1997; siehe Kapitel 18.5):

> Auch in vielen anderen Untersuchungen konnte dieser Einfluss der Kenntnisse aus den jeweils vorhergehenden Schuljahren gefunden werden. Lernen ist ein kumulativer Prozess, je besser die Vorwissensniveaus ausgebaut sind, desto mehr Anknüpfungspunkte bestehen für nachfolgend erfolgreiches Lernen. Gerade bei den hierarchisch aufeinander aufbauenden Fähigkeiten in Mathematik scheint ein systematisches Vorgehen besonders wichtig zu sein. (Einsiedler 2001, 43)

Der in dieser Arbeit untersuchte Unterrichtsansatz schlägt durch den expliziten Verzicht auf eine entsprechende Steuerung durch Lehrer oder Lehrgang eine ganz andere Richtung ein. Auch mathematisches Lernen wird als ein Prozess aufgefasst, der durch die Selbststeuerung der Kinder wesentlich effektiver von statten geht als durch einen fremdgesteuerten Unterricht, in dem die Inhalte vom Lehrer vorstrukturiert und rhythmisiert dargeboten werden. Von daher geht es um die Überprüfung der These, ob Mathematik- bzw. Arithmetikunterricht nicht auch ohne Lehrgang bzw. „Unterrichten" gestaltet werden kann.

Um die Leistungen bzw. die Entwicklung der Kinder in einem solchen Unterricht aufzuzeigen, werden auf der Basis der zur Verfügung stehenden Daten zunächst die Voraussetzungen der Kinder zu Schulanfang dargestellt und in eine allgemeinere Vergleichsstichprobe eingeordnet.

Danach wird die Entwicklung der Kinder im arithmetischen Bereich mittels erhobener Tests und anderer Fallmaterialien dargestellt. Der Übersichtlichkeit halber erfolgt dabei eine Aufteilung in die Bereiche Addition/Subtraktion und Multiplikation/Division, innerhalb derer wiederum Kopfrechnen/halbschriftliches Rechnen und schriftliches Rechnen getrennt voneinander dargestellt werden.

Da sich schon zurzeit der Unterrichtsdurchführung keine Messinstrumente fanden, die das gesamte Können des Schülers im arithmetischen Bereich evaluiert hätten, d. h. die Schülerleistung über die für die jeweilige Klassenstufe vorgesehenen Inhalte hinaus erfasst hätten, wurde dazu ein eigener Test entwickelt. Dieser war als halbjährlich durchgeführter „Überforderungstest" konzipiert, in welchem den Kindern vom ersten Schuljahr an exemplarische Aufgaben aus der ersten, zweiten, dritten und vierten Klasse, ab dem dritten Schuljahr Aufgaben von der ersten bis zur fünften Klasse gestellt wurden. Mit Hilfe dieser Tests lässt sich die Eroberung des Zahlenraums und der Operationen durch die Kinder gut erfassen. Zusätzlich wurden zu verschiedenen Messzeitpunkten Tests aus Schulbüchern (halbschriftliches und schriftliches Rechnen) zum jeweils vom Lehrgang vorgesehenen Zeitpunkt (oder früher) durchgeführt. Beide Testarten erlauben die Leistungen eines Kindes zu den Lehrplanvorgaben bzw. den üblichen Lehrgangsinhalten in Beziehung zu setzen. Darüber hinaus liegen mehrere in der vierten Klasse durchgeführte Normtests sowie eine Erhebung im Rahmen einer TIMSS-Nachuntersuchung vor, die eine Einordnung der Schülerergebnisse in größere Vergleichsstichproben bzw. die Zuordnung zu Prozenträngen erlauben. Andere Fallmaterialien (Rechnungen bzw. Eigenproduktionen der Kinder, halbjährliche Gutachten ab Schulbeginn, Kopfrechenführerscheine etc.) ergänzen die Einordnungen.

Wie auch in den anderen Bereichen erscheint es bei der Stichprobenauswahl sinnvoll, vor allem die Kinder zu betrachten, die ihre ganze Grundschulzeit in der Klasse verbracht haben und ausschließlich nach dem hier beschriebenen Konzept gelernt haben (die Kinder der Kernstichprobe). Um zu zeigen, dass die gesamte Klassenleistung ähnlich positiv war, werden – wo möglich und sinnvoll – auch andere Teilstichproben bei der Darstellung hinzugenommen.

Mit Hilfe dieser Daten sollen auf der Grundlage der Vergleichbarkeit der Stichprobe mit einer Normstichprobe bezüglich der Lernbedingungen und Lernvoraussetzungen der Kinder folgende drei Fragen im Hinblick auf die ohne Lehrgangsunterricht geführte Klasse beantwortet werden:

- Ist die arithmetische/mathematische Leistung der Klasse mindestens durchschnittlich?
- Ist die Streuung bzw. die Entwicklung der Streuung nicht höher als üblich?
- Entwickelt sich die Gruppe der in Mathematik „schwachen" Kinder mindestens durchschnittlich?

Sollten diese drei Fragen positiv beantwortet werden können, so muss die Behauptung, dass Mathematik auf Klassenebene nur mit einem expliziten Lehrgang erlernt werden kann, zumindest relativiert werden, da die beschriebene Stichprobe dies für den hier beschriebenen Rahmen widerlegen würde. Das könnte dann entsprechende Konsequenzen für ein Umdenken in der Mathematikdidaktik bedeuten, innerhalb der dann auch lehrgangslose und selbstgesteuerte Lernprozesse stärker beachtet und untersucht werden müssten.

15.1 Rechenfähigkeit der Kinder in der Eingangsphase

15.1.1 Zahl- und Rechenkenntnisse zum Schulanfang

Um eine mit anderen Untersuchungen vergleichbare Erhebung der Vorkenntnisse der arithmetischen Grundkompetenzen der Kinder zu gewährleisten, kann auf 6 Testaufgaben zurückgegriffen, die auch SELTER (vgl. 1995) einer Stichprobe von N=881 Erstklässlern in Nordrhein-Westfalen vorgelegt hat. Die Aufgaben entstammen einer Testserie, die im Rahmen des MORE-Projekts (Methoden Onderzoek Reken-Wiskunde-Onderwijs – Untersuchung der Qualität verschiedener Unterrichtsmethoden im Mathematikunterricht) von VAN DEN HEUVEL und GRAVEMEIJER (vgl. van den Heuvel 1995) in den Niederlanden entwickelt wurde. Dabei handelt es sich um weitgehend selbsterklärende Aufgaben, die mit einem Minimum an vorherigen Erläuterungen von Vorschulkindern oder Schulanfängern direkt bearbeitet werden können. Die von SELTER ausgewählten Aufgaben wurden in den folgenden Jahren ergänzend zu den Erhebungen in den Niederlanden in verschiedenen anderen Untersuchungen (in Berlin/Brandenburg, der Schweiz, der Tschechischen Republik und der Slowakei) weiter verwendet (vgl. Röthlisberger 1999, 23ff.). Im Folgenden wird auf Grund der anzunehmenden besseren Vergleichbarkeit der Stichproben auf die auch in NRW erhobenen Ergebnisse von SELTER Bezug genommen (leider sind nach Auskunft des Autors keine weiteren statistischen Daten dieser Untersuchung mehr verfügbar).

In den ausgewählten sechs Aufgaben geht es um:

- die Erfassung von Verhältnisbeziehungen;
- die Kenntnis von Zahlsymbolen;
- die Zahlreihe rückwärts zählen können;
- eine Menge abzählen zu können;
- zwei Werte im Rahmen eines Kontextproblems addieren zu können und
- die Differenz zweier Werte im Rahmen eines Kontextproblems bestimmen zu können.

Für die hier untersuchte Klasse ergaben sich bei der Untersuchung zu Schulanfang für die Kernstichprobe folgende Kenntnisse:

Mathematische Vorkenntnisse „MORE-Projekt" – Eingangserhebung

Aufgaben MORE-Projekt	Verhältnis-beziehung	Zahl-symbole	Zählen rückwärts	Abzählen	Addieren	Subtra-hieren
Andrea	1	1	1	1	1	0
Bettina	1	1	1	1	1	1
Bodo	1	1	1	1	1	1
Carlo	1	1	0	1	0	0
Fedor	1	1	1	1	1	0
Harald	1	1	1	0	1	1
Ines	1	1	1	1	1	1
Lars	1	1	1	1	1	0
Lutz	1	1	1	1	0	0
Meike	1	0	1	1	0	1
Michael	1	1	1	1	1	1
Natalie	1	0	0	0	0	0
Pia	1	0	1	1	0	1
Sabine	1	1	1	1	1	1
Steven (SKG)	1	1	1	1	1	0
∅ Kernstichprobe	100%	80%	87%	87%	67%	53%
∅ Ergebnisse Selter	98%	95%	63%	87%	66%	50%

Nimmt man die Verluststichprobe hinzu, variieren die Ergebnisse nur leicht und tendieren dabei eher zu geringeren Werten:

Aufgaben MORE-Projekt	Verhältnis-beziehung	Zahl-symbole	Zählen rückwärts	Abzählen	Addieren	Subtra-hieren
Dominik	1	1	1	1	1	1
Josephina	1	1	0	1	1	1
Justin (SKG)	1	1	1	0	0	0
Mirko (SKG)	1	1	0	1	1	0

Aufgaben MORE-Projekt	Verhältnis-beziehung	Zahl-symbole	Zählen rückwärts	Abzählen	Addieren	Subtra-hieren
∅ Kernstichprobe (N=15)	100%	80%	87%	87%	67%	53%
∅ Kernstichprobe u. Verluststichpr. (N=19)	100%	84%	79%	84%	68%	53%
∅ Ergebnisse Selter (N=881)	98%	95%	63%	87%	66%	50%

Es ergeben sich folgende Resultate: Das Erfassen der Verhältnisbeziehung (das höchste Gebäude von dreien zu markieren) ist weder für die hier untersuchte Klasse noch die Vergleichsstichprobe ein Problem. Bei der Kenntnis der Zahlsymbole erreicht die hier untersuchte Klasse im Durchschnitt etwas schlechtere Ergebnisse als die Vergleichsstichprobe, insgesamt können 3 Kinder in der entsprechenden Aufgabe Zahlsymbole (hier die 5) nicht erkennen bzw. zuordnen. Beim Rückwärtszählen hingegen liegen die Ergebnisse über denen der Vergleichsstichprobe. Bis auf ein insgesamt mit geringen mathematischen Vorkenntnissen ausgestattetes Kind (Natalie) können auch die Kinder, die in der vorigen Aufgabe die Zahlsymbole noch nicht zuordnen konnten, die Zahl markieren, die in einem Countdown von 10, 9, 8 als nächste folgen würde. Das Markieren von genau neun Kreisen in einer Menge von 20 Kreisen fällt nur zweien der 15 bzw. 19 Kinder schwer, was wiederum dem Durchschnittswert der Vergleichsstichprobe entspricht. Das Addieren und Subtrahieren in Kontextsituationen (Spielergebnis beim Flippern errechnen und Gegenstand bezahlen) beherrschen rund zwei Drittel bzw. die Hälfte der Kinder, was dem durchschnittlichen Ergebnis in der Untersuchung von SELTER entspricht.

Insgesamt gibt die Stichprobe ein durchaus durchschnittliches Bild, lediglich im Bereich des Countdown-Zählens weicht der Wert mit 87% bzw. 79% vom Durchschnittswert von 63% bei SELTER ab. Dabei dürfen diese Ergebnisse auf Grund der geringen Aufgabenzahl nicht überbewertet werden, sie sollen lediglich zeigen, dass zu Schulbeginn keine überdurchschnittlichen Vorerfahrungen der Kinder vorhanden waren. Ein Kind (Natalie) fällt dabei durch besonders wenige bzw. gar keine mathematischen Vorkenntnisse auf. Alle anderen Kinder machen nur einzelne Fehler.

15.1.2 Rechenkenntnisse im Verlauf des ersten Schulhalbjahres

Zwei Wochen nach den Herbstferien (13. Schulwoche) wurden den Kindern an einem Schultag alle vier für das erste Schuljahr vorgesehene Mathetests des „Zahlenbuchs" (vgl. Berger u. a. 1994c) zum Bearbeiten vorgelegt. Es ging also um eine Abfrage des gesamten Stoffs der ersten Klasse, wobei schon im ersten Test entsprechend der Konzeption dieses Lehrwerkes der Zahlenraum bis 20 benötigt wurde. Im vierten Test erfolgt als Ausblick auf das zweite Schuljahr eine Erweiterung des Zahlenraums bis 100 sowie eine Ausweitung des Addierens, Subtrahierens, Ergänzens und Verdoppelns um das Multiplizieren. Die einzelnen Testblätter hatten dabei folgende Schwerpunkte bzw. Aufgaben:

Test 1:
- Mengen mit Strichliste zählen und Anzahl als Ziffer notieren
- Anteil grauer und weißer Kreise einer Menge auszählen und Anzahl als Ziffer notieren
- Strukturierte Mengenabbildungen (Punktmuster) und dazugehörige Ziffer verbinden
- Vorgänger und Nachfolger zweistelliger Zahlen notieren

Test 2:
- Den Gesamtwert mehrerer Geldmünzen notieren
- Verdoppeln von Zahlen
- Addieren und Subtrahieren von zwei Zahlen, eigene Additions-/ Subtraktionsaufgaben als Umkehraufgaben zu Plättchendarstellung im Zwanzigerfeld
- Additions- und Subtraktionsaufgaben in Zahlenhäusern komplettieren

Test 3:
- Dreistufige Zahlenmauern ausrechnen (Basis gegeben/Basis teilweise gegeben)
- Zahlendreiecke vervollständigen (verschiedene Anordnungen)
- Additionsaufgaben im Ausschnitt der Plustafel ausrechnen
- Additions-, Subtraktions- und Ergänzungsaufgaben ausrechnen

Test 4:

- Additionsaufgaben ausrechnen
- Subtraktionsaufgaben ausrechnen
- In einer Einkaufssituation Differenzen errechnen (im 100er-Raum)
- Malaufgaben ausrechnen und
- Punktfelder entsprechend einkreisen

Diese eigentlich für eine vierteljährliche Kontrolle über das ganze Schuljahr vorgesehenen Tests wurden den Kindern nach dem ersten Schultertial als (freiwilliger) Überforderungstest gegeben. Entsprechend viele Kinder haben nach dem Bearbeiten des ersten oder weiterer Blätter aus Motivations- bzw. Konzentrationsgründen aufgehört. Eine Zeitbeschränkung gab es nicht, damit die Leistungsfähigkeit der Kinder – und nicht ihre Stressfähigkeit – möglichst umfassend erhoben werden konnte. Dabei ergab sich folgendes Resultat (ein seitenverkehrtes Schreiben einer Ziffer wurde nicht als falsch gewertet):

Schulbuchtests „Zahlenbuch 1. Schuljahr"

Anteil richtiger Ergebnisse in %:	Test 1	Test 2	Test 3	*Test 4*
Andrea	100	93		
Bettina	100			
Bodo	100	93	95	*52*
Carlo	96	90	78	*38*
Fedor	100	93		
Harald	100	90	75	
Ines	100			
Lars	96	90	78	
Lutz	100	93		
Meike	100			
Michael	100	93	90	*62*
Natalie	100			
Pia	100	93		
Sabine	100	93	88	*82*
Steven (SKG)	100			
Anteil der Kinder, die den Test bearbeitet haben	100%	63%	37%	21%
∅ Anteil richtiger Ergebnisse der beteiligten Kinder Kernstichprobe	99,5%	92,1%	84%	--

Anteil richtiger Ergebnisse in %:	Test 1	Test 2	Test 3	*Test 4*
Dominik	100	93	98	
Josephina	100	93		
Justin (SKG)	100			
Mirko (SKG)	96			
∅ Anteil richtiger Ergebnisse der beteiligten Kinder Kernstichprobe u. Verluststichprobe	99,4%	92,3%	86%	--

kursiv: unvollständig bearbeitet, aber alles richtig

Zum Testzeitpunkt, der ca. zwei Wochen nach dem Termin lag, der von den Lehrgangsautoren zur Durchführung des ersten Tests vorgesehen ist, haben alle Kinder der Kern- und der Verluststichprobe die entsprechenden Testaufgaben lösen können. Die drei Fehler, die insgesamt gemacht wurden, sind Flüchtigkeits- bzw. Verständnisfehlern zuzuordnen, d. h. zwei Kinder haben bei der Auszählung einer Menge die Zahlen für die weißen und die grauen Objekte vertauscht und ein Kind hat beim Auszählen einer Menge von Kirschen zusammenhängende Kirschenpaare als ein Mengenelement gezählt. Rund zwei Drittel der Kinder haben dann freiwillig auch schon den erst für das Ende des Schulhalbjahres vorgesehenen Test weiter bearbeitet und auch hier fast alle Aufgaben richtig gelöst. Neben nur einzelnen Rechenfehlern hat vor allem die unbekannte (und nicht leicht zu verstehende) Aufgabenstellung, zu einer abgebildeten Plättchenmenge auf dem Zwanzigerfeld selbst die richtige Aufgabe und deren Umkehraufgabe zu notieren, zu Fehlern geführt.

Betrachtet man die Eigenproduktionen sowie noch folgende Testergebnisse der Kinder, die nicht weiter gearbeitet haben, so ist davon auszugehen, dass bei ihnen motivationale Gründe (z. B. an eigenen Sachen weiterzumachen anstatt sich noch länger mit dem vorgegebenen Test zu beschäftigen) und nicht unbedingt mangelnde Rechenfertigkeit den Ausschlag für das Nichtfortführen gaben. Mit dem für den Testzeitpunkt Mitte zweites Halbjahr der ersten Klasse vorgesehenen Test haben sich dann immer noch rund 37% der Kinder weiter beschäftigt, wobei sie die gestellten Aufgaben zu rund 85% richtig gelöst haben. Die hier gemachten Fehler sind als Rechen- bzw. Flüchtigkeitsfehler zu bezeichnen. Den eigentlich erst für das Ende des ersten Schuljahres vorgesehenen Test haben dann noch vier Kinder angefangen, aber kein Kind hat ihn zu Ende geführt. Dabei waren bei allen Kindern alle bearbeiteten Aufgaben richtig gelöst, die Prozentangabe in der obigen Tabelle spiegelt also insofern nicht den Anteil richtiger Lösungen wider, sondern gibt Aufschluss über den überhaupt noch bearbeiteten Aufgabenanteil. Entsprechend lassen sich hier keine Durchschnittswerte bilden.

Insgesamt zeichnet sich hier schon nach dem ersten Schultertial trotz der durchschnittlichen Eingangsvoraussetzungen sowohl ein hohes arithmetisches Können als auch – bei vielen Kindern – eine hohe mathematische Motivation im Rahmen der Überforderungsaufgaben ab.

Um die Entwicklung der Kinder weiterhin mit diesem Messinstrument verfolgen zu können, wurden die Tests 2 bis 4 (eine nochmalige Durchführung von Test 1 als Absicherung nach unten erschien auf Grund des erfolgreichen ersten Durchlaufs unnötig) zum Halbjahresende, also dem regulären Termin für Test 2, noch einmal eingesetzt. Dabei ergab sich folgendes Resultat:

Anteil richtiger Ergebnisse in %:	Test 2	Test 3	Test 4
Andrea	90	93	77
Bettina	100	98	90
Bodo	100	98	90
Carlo	97	80	--
Fedor	86	100	*77*
Harald	93	85	87
Ines	--	100	--
Lars	93	95	69
Lutz	83	93	85
Meike	93	93	85
Michael	93	100	82
Natalie	24	13	16
Pia	100	98	88
Sabine	93	98	90
Steven (SKG)	86	100	80
Anteil der Kinder, die den Test bearbeitet haben	95%	95%	79%
Ø Anteil richtiger Ergebnisse der beteiligten Kinder Kernstichprobe	87,9%	89,6%	76,5%
Dominik	93	93	100
Josephina	90	98	*49*
Justin (SKG)	76	53	
Mirko (SKG)	66		
Ø Anteil richtiger Ergebnisse der beteiligten Kinder Kernstichprobe u. Verluststichprobe	86,4%	88,2%	78%

kursiv: unvollständig bearbeitet, aber alles richtig

Den für diesen Testzeitpunkt regulär vorgesehenen Test 2 bearbeiteten alle Kinder bis auf eines (Ines), das auf Nachfragen sagte, es werde von den verschiedenen Aufgabenformaten, insbesondere der ersten Aufgabe mit den Geldmünzen, abgeschreckt. Dieses Kind löst stattdessen den dritten Test fehlerfrei, es handelt sich bei ihr also nicht um mangelnde rechnerische Kompetenz. Betrachtet man einmal die Testergebnisse vor diesem Hintergrund, so scheint der Test 3 den Kindern generell leichter zu fallen als der Test 2. Die in Test 2 von den Schulbuchautoren als Hilfsmittel gedachten Veranschaulichungen verwirren die ohne Lehrgangsunterricht lernenden Kinder anscheinend eher, als dass sie ihnen helfen. Dies klang schon im ersten Test bei der hohen Fehlerquote im Rahmen der Aufgabenstellung, zu einer abgebildeten Plättchenmenge auf dem Zwanzigerfeld selbst die richtige Aufgabe und deren Umkehraufgabe zu notieren, an.

Drei Kinder kristallisieren sich nun langsam als rechenschwächer heraus. Zwei Kinder (Justin und Mirko) der Verlustgruppe, die im Vorjahr im Schulkindergarten waren, haben den ersten Test zum vorherigen Testtermin noch sehr gut lösen können, erreichen nun aber im Vergleich zu den anderen Kindern geringere Werte von 76% bzw. 66%. Während Mirko nur den einen Test angeht, versucht Justin sich auch an Test 3 und liegt dort bei einer Fehlerquote von rund 50%. Natalie, die auch den ersten Test fehlerfrei bearbeitet hat, erreicht zum Messzeitpunkt stark unterdurchschnittliche Werte, im zweiten Test 24%, im dritten Test 13% und im vierten Test 16%. Sie war diejenige, die als einzige im Rahmen der Eingangsuntersuchung keinerlei mathematische Vorerfahrungen hatte.

Ansonsten lösen alle Kinder mindestens 80% der Aufgaben des zweiten und dritten Tests fehlerfrei, den vierten Test bearbeiten diesmal immer noch knapp 80% der Kinder und lösen dabei die von ihnen bearbeiteten Aufgaben fast alle richtig. Insgesamt zeichnet sich nach dem ersten Schulhalbjahr trotz der durchschnittlichen Eingangsvoraussetzungen ein eher überdurchschnittliches Können der nach dem oben beschriebenen Konzept ohne Lehrgangsunterricht lernenden Kinder ab. Ob diese Entwicklung auch in den nächsten Schuljahren gehalten werden kann, soll im Folgenden weiter überprüft werden.

15.2 Entwicklung der Rechenfähigkeit der Kinder in der Grundschulzeit

15.2.1 Mathematischer Überforderungstest

Als durchgängiges Messinstrument über die Grundschulzeit wurde ein Überforderungstest eingesetzt, der inhaltlich nicht nur auf den im jeweiligen Schuljahr beschränkten Zahlenraum bzw. die dann üblichen Operationen begrenzt war, sondern immer schon Aufgaben aus den nachfolgenden Schuljahren enthielt. Die Kinder konnten dann entsprechend so weit vordringen, wie sie die Aufgaben schon lösen konnten.

Dabei lassen sich die Kenntnisse der Kinder in den Bereichen Addition, Subtraktion, Multiplikation und Division in fünf Stufen einteilen, die sich wiederum an den für die ersten vier bzw. fünf Schuljahre in Lehrplänen bzw. Lehrgängen vorgesehenen Inhalten orientieren. Erreicht ein Kind z. B. die Stufe 2 bei der Addition, so kann es gemischte Zahlen mit Überschreitung der Zehner im Hunderterraum addieren. Kann das Kind nur gemischte Zahlen ohne Überschreitung der Zehner sicher rechnen, so würde die Stufe 1,5 zugeordnet. Die Stufenzuordnung zeigt also grob an, in welchem „Schuljahresstoff" sich das Kind bewegt bzw. inwieweit es ihn beherrscht (Vergleichsstufe). Der Übersichtlichkeit halber werden in der inhaltlichen Übersicht nur „ganze" Kompetenzstufen angegeben. Bei der Testauswertung erfolgte eine differenziertere Einteilung in Schritten von Viertelstufen.

Die angegebenen Werte bzw. Mittelwerte sind dabei aus statistischen Gründen immer nur als anschauliche Näherungswerte zu verstehen. Diese Vorgehensweise hat sich aber im praktischen Gebrauch bzw. in anderen Untersuchungen (siehe Kapitel Rechtschreiben) bewährt und stimmt dort in hohem Maße mit Auswertungsverfahren überein, die berücksichtigen, dass die Niveaustufen eigentlich nicht auf einer Intervallskala liegen und deshalb nicht einfach Mittelwerte gebildet werden können.

Zur weiteren Veranschaulichung wird der Anteil der Kinder angegeben, die über bzw. unter einem bestimmten Schwellenwert bzw. einer Kompetenzstufe liegen.

Allerdings kann trotzdem von dieser Stufenzuordnung nur eingeschränkt ein direkter Vergleich mit anderen Testergebnissen vorgenommen werden. Es ist davon auszugehen, dass auch in einem Lehrgangsunterricht höhere Kompetenzen vorhanden sein können als die, die mit den üblichen auf ein bestimmtres Stoffgebiet oder Schuljahr beschränkten Tests erfasst werden. Zudem besteht sicherlich ein Unterschied zwischen dem Anwenden einer Operation in einem Zahlenraum und dem versierten Rechnen in diesem Zahlenraum, sodass hier die Gleichsetzung der Lehrplanvorgaben und der Ergebnisse im Überforderungstest zumindest mit Vorsicht betrachtet werden muss. Weiterhin wurden die durchgeführten Überforderungstests nicht unter dem üblichen Zeitdruck bzw. Stress bei Klassenarbeiten angefertigt, allerdings in der Regel innerhalb der üblichen Testzeiten von 45 Minuten bearbeitet. Das Aufgabenvolumen für die jeweilige Leistungsstufe ist zudem auf Grund des großen Bereichs, den die Aufgaben insgesamt abdecken, zahlenmäßig beschränkter als in üblichen Tests. Dafür bildet der Test aber das tatsächliche rechnerische Können in Bezug auf den vom Kind beherrschten Zahlenraum sowie die ihm geläufigen Operationen umfassender ab. Vielleicht kann die Leistung eines Kindes gerade aus diesen Gründen genauer angegeben werden als in den üblichen Klassenarbeiten, die nur punktuell auf den aktuell „durchgenommenen" Stoff ausgerichtet sind und das Können des Schülers bewusst in einer Testsituation erheben.

Schriftlich zu rechnende Aufgaben wurden erst ab Ende Klasse 3 in variierenden Versionen einbezogen und immer zusätzlich zu halbschriftlich zu lösenden Aufgaben. Es konnte also kein Kind durch einfaches Ausführen eines Algorithmus in einen höheren Zahlenraum vorstoßen.

Übersicht Kompetenzstufen Mathematischer Überforderungstest

Addition:

- Stufe 1: Addieren (nichtschriftlich) im 20er Raum
- Stufe 2: Addieren (nichtschriftlich) im 100er Raum
- Stufe 3: Addieren (nichtschriftlich oder halbschriftlich) im 1.000er Raum
  ab Test Ende 3 auch: schriftliche Addition (auch als Probeaufgabe) im 1.000er Raum
- Stufe 4: Addieren (halbschriftlich) im 100.000er Raum
  ab Test Ende 3 zusätzlich: schriftliche Addition (auch als Probeaufgabe) und mit mehreren Summanden im 10.000er bzw. 100.000er Raum
- Stufe 5: Addieren (halbschriftlich) im unbegrenzten Zahlenraum (1 Milliarde)
  ab Test Ende 3 zusätzlich: schriftliche Addition mit mehreren Summanden im 100.000er Raum und schriftliche Addition mehrerer Dezimalbrüche

Subtraktion:

- Stufe 1: Subtrahieren (nichtschriftlich) im 20er Raum
- Stufe 2: Subtrahieren (nichtschriftlich) im 100er Raum
- Stufe 3: Subtrahieren (nichtschriftlich oder halbschriftlich) im 1.000er Raum
  ab Test Ende 3 auch: schriftliche Subtraktion (auch als Probeaufgabe) im 1.000er Raum
- Stufe 4: Subtrahieren (halbschriftlich) im 100.000er Raum
  ab Test Ende 3 zusätzlich: schriftliche Subtraktion (auch als Probeaufgabe) mit einem und mit mehreren Subtrahenden im 10.000er bzw. 100.000er Raum
- Stufe 5: Subtrahieren (halbschriftlich) im unbegrenzten Zahlenraum (1 Milliarde) ab Test Ende 3 zusätzlich: schriftliche Subtraktion mit mehreren Subtrahenden im 100.000er Raum und schriftliche Subtraktion mehrerer Dezimalbrüche

Multiplikation:

- Stufe 1: Verdoppeln (nichtschriftlich) im 20er Raum
- Stufe 2: Multiplizieren (nichtschriftlich) einstelliger Zahlen (kleines Einmaleins)
- Stufe 3: Multiplizieren (nichtschriftlich oder halbschriftlich) einstelliger Zahlen mit glatten Zehnerzahlen bis 100 und gemischten Zehnerzahlen bis 20 (großes Einmaleins)
- Stufe 4: Multiplizieren (nichtschriftlich oder halbschriftlich) einstelliger Zahlen mit gemischten Zehnerzahlen bis 100
- Stufe 5: Multiplizieren (halbschriftlich) einstelliger Zahlen mit gemischten Tausenderzahlen (auch als Probeaufgabe) sowie Dreisatzaufgabe
  ab Test Ende 4 zusätzlich: schriftliche Multiplikation von Dezimalbrüchen (auch als Probeaufgabe)

Division:

- Stufe 1: Halbieren (nichtschriftlich) ohne Rest im 20er Raum
- Stufe 2: Dividieren (nichtschriftlich) zweistelliger durch einstellige Zahlen ohne Rest (kleines Einsdurcheins) (auch als Textaufgabe)
- Stufe 3: Dividieren (nichtschriftlich oder halbschriftlich) dreistelliger glatter Zehnerzahlen durch einstellige Zahlen oder zweistellige Zehnerzahlen ohne Rest (auch als Textaufgabe)
- Stufe 4: Dividieren (nichtschriftlich oder halbschriftlich) dreistelliger gemischter Hunderterzahlen durch einstellige Zahlen ohne Rest (auch als Probeaufgabe)
- Stufe 5: Dividieren (halbschriftlich) gemischter Zehntausenderzahlen durch einstellige Zahlen mit und ohne Rest (auch als Probeaufgabe) sowie Dreisatzaufgabe
  ab Test Ende 4 zusätzlich: schriftliche Division von Dezimalbrüchen mit und ohne Rest (auch als Probeaufgabe)

Mathematischer Überforderungstest – Durchschnittswerte Kernstichprobe

Entsprechend der beschriebenen Stufeneinteilung ergaben sich folgende Resultate:

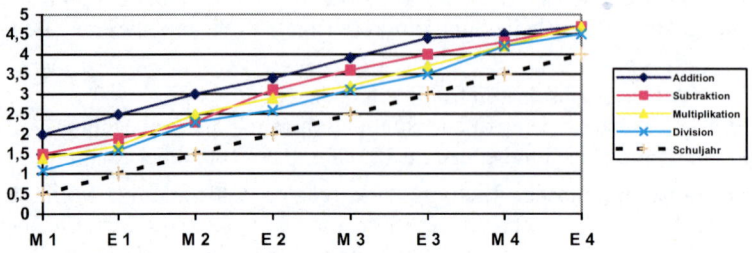

Mathematischer Überforderungstest								
Testzeitpunkt: (Vergleichsstufe:) Kernstichprobe (N=15)	M 1 (0,5)	E 1 (1)	M 2 (1,5)	E 2 (2)	M 3 (2,5)	E 3 (3)	M 4 (3,5)	E 4 (4)
Addition AM=	2,0	2,5	3,0	3,4	3,9	4,4	4,5	4,7
SD =	0,8	0,6	0,6	0,4	0,6	0,4	0,3	0,4
Subtraktion AM=	1,5	1,9	2,3	3,1	3,6	4,0	4,3	4,7
SD=	0,6	0,5	0,8	0,7	0,8	0,4	0,5	0,5
Multiplikation AM=	1,4	1,7	2,5	2,9	3,2	3,7	4,2	4,7
SD=	0,5	0,6	0,7	0,5	0,6	0,7	0,6	0,4
Division AM=	1,1	1,6	2,3	2,6	3,1	3,5	4,2	4,5
SD=	0,5	0,6	0,6	0,7	0,6	0,7	0,6	0,4

Mit dem schon angesprochenen Vorbehalt gegenüber einer direkten Inbeziehungsetzung der Stufenzahlen mit Schuljahren (gestrichelte Linie als Bezugswert) kann über die verschiedenen Aufgabenarten von einer mindestens durchschnittlichen, im Mittel eher überdurchschnittlichen Entwicklung der Klasse im arithmetischen Bereich ausgegangen werden. Zu allen Testzeitpunkten beherrschen die Schüler schon Stoff, den sie in Bezug auf den Zahlenraum bzw. die Operationen und Verfahren eigentlich noch nicht können müssten.

Dabei sticht vor allem der Bereich der Addition heraus, hier haben die Kinder schon in der Mitte der ersten Klasse im Durchschnitt den Stoff der zweiten Klasse präsent, d. h. sie können mit beliebigen gemischten Zahlen im Hunderterraum rechnen. Dieser Vorsprung von eineinhalb Schuljahren hält sich fast über die gesamte Grundschulzeit, bis der Deckeneffekt bzw. das Messinstrument im vierten Schuljahr höhere Leistungen nicht mehr richtig erfasst, da die Operation der Addition nur noch mit Einschränkungen steigerbar ist (z. B. durch spezielle Inhalte der Sekundarstufe wie Bruchrechnung oder Rechnen mit Unbekannten).

Im Bereich der Subtraktion beträgt der durchschnittliche Vorsprung vor dem gängigen Lehrplan rund ein Schuljahr, d. h. die Kinder können z. B. zum Messzeitpunkt Mitte erstes Schuljahr im Durchschnitt schon mit Zahlen im Hunderterraum umgehen, aber noch nicht sicher mit Überschreiten der Zehnerstellen mit ihnen rechnen. Auch hier stellt sich im vierten Schuljahr wie bei der Addition ein Deckeneffekt ein.

Bei der Multiplikation schwankt der Vorsprung gegenüber den Lehrgangsinhalten zwischen einem dreiviertel und einem ganzem Jahr. So erobern sich die Schüler z. B. im Durchschnitt schon im zweiten Schuljahr das große Einmaleins. Auch hier stellt sich im vierten Schuljahr wie bei den anderen Operationen ein Deckeneffekt ein.

Die Division ist für die Schüler wohl mit die schwierigste oder auch alltagsfernste Operation, zumindest spielt sie im ersten Schuljahr eine eher untergeordnete Rolle. Die Aufgaben des Halbierens werden wahrscheinlich primär aus den dazugehörigen Verdopplungsaufgaben abgeleitet. Im Schnitt liegen die Schüler bei der Division ein halbes Schuljahr vor dem Lehrgangsstoff, wobei zu berücksichtigen ist, dass die entsprechenden Divisionsverfahren im Lehrgangsunterricht meist auch erst nach den Multiplikationsverfahren eingeführt werden. Würde man diese Tatsache einbeziehen, ergäben sich – mit Vorbehalt – wahrscheinlich entsprechend höhere Vergleichswerte zwischen einem halben und einem Schuljahr Vorsprung.

Mathematischer Überforderungstest – Durchschnittswerte Kern- und Verluststichprobe

Bezieht man die Verluststichprobe bis zu ihrem Wegfall mit ein, so verändern sich die Werte im Grunde nur marginal und auch nicht in eine bestimmte Richtung:

Mathematischer Überforderungstest				
Durchschnittswerte	Addition	Subtraktion	Multiplikation	Division
Kernstichprobe M 1	2,0	1,5	1,4	1,1
Kernstichprobe und Verluststichprobe M 1	2,0	1,4	1,4	1,1
Kernstichprobe E 1	2,5	1,9	1,7	1,6
Kernstichprobe und Verluststichprobe E 1	2,6	1,9	1,6	1,6
Kernstichprobe M 2	3,0	2,3	2,5	2,3
Kernstichprobe und Verluststichprobe M 2	3,1	2,4	2,4	2,2

Insgesamt zeigt die Übersicht, dass die Leistungen der Kinder in einem selbstgesteuerten Mathematikunterricht ohne Lehrgang in der Tendenz eher über den Kompetenzen liegen, die allgemein für die jeweilige Jahrgangsklasse angenommen werden. Auch die Werte für die Streuung erscheinen eher gering bzw. haben keine offensichtlich zunehmende Tendenz (wobei gegen Ende der Grundschulzeit eingeschränkt auch der Deckeneffekt eine Rolle spielen kann). Um einen direkten Vergleich zu haben, müsste man allerdings den hier verwendeten Überforderungstest in einer größeren Stichprobe erproben. Geht man allerdings davon aus, dass in einer durchschnittlichen Klasse meist nicht alle Kinder das Klassenziel erreichen bzw. sich in Bezug auf den Lehrstoff oft eine Verteilung von Kindern, die schon mehr können und Kindern, die den Stoff noch nicht beherrschen, ergibt, so ist der hier erreichte Wert als Durchschnittswert positiv einzuordnen. Um die Leistungsverteilung noch etwas genauer zu betrachten, seien im Folgenden die Werte der einzelnen Kinder der Kernstichprobe abgebildet:

Mathematischer Überforderungstest – Einzeldarstellung Kernstichprobe

Addition:

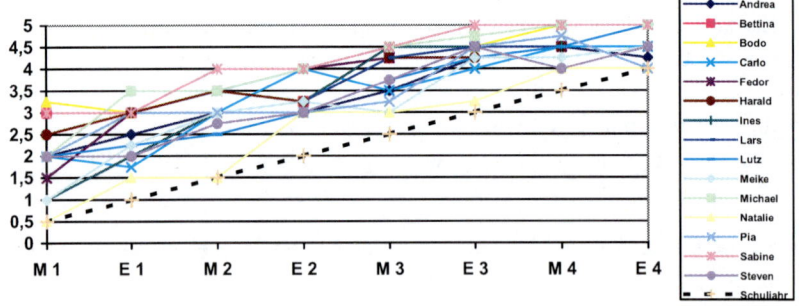

Testzeitpunkt: (Vergleichsstufe:) Kernstichprobe (N=15)	M 1 (0,5)	E 1 (1)	M 2 (1,5)	E 2 (2)	M 3 (2,5)	E 3 (3)	M 4 (3,5)	E 4 (4)
Addition AM=	**2,0**	**2,5**	**3,0**	**3,4**	**3,9**	**4,4**	**4,5**	**4,7**
SD=	0,8	0,6	0,6	0,4	0,6	0,4	0,3	0,4

Nimmt man die Stufenwerte trotz der geäußerten Vorbehalte einer direkten Vergleichbarkeit als ungefähre Bezugsgröße (gestrichelte Linie), so ergibt sich, dass kein Kind der Kernstichprobe im Bereich der Addition die Lehrplanvorgaben nicht zum vorgesehenen Zeitpunkt erfüllt. Selbst die schon oben erwähnte mathematikschwache Schülerin Natalie liegt für die Addition immer im „grünen" Bereich (das gilt auch für die beiden schwachen Kinder der Verluststichprobe, Justin und Mirko, solange sie in der Klasse waren). Die stärksten Schüler liegen schon zwei bis zweieinhalb Jahre über den Anforderungen der Klassenstufe.

Subtraktion:

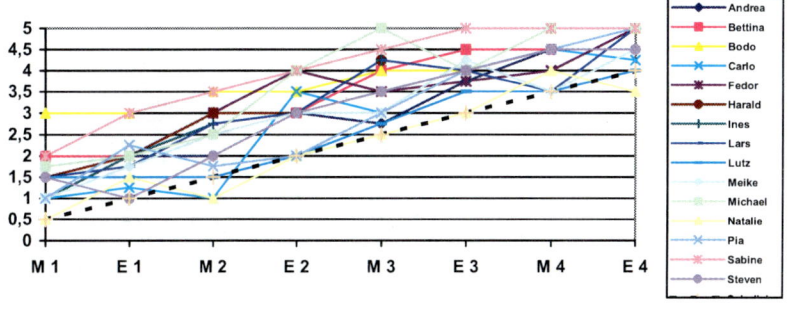

Testzeitpunkt: (Vergleichsstufe:) Kernstichprobe (N=15)	M 1 (0,5)	E 1 (1)	M 2 (1,5)	E 2 (2)	M 3 (2,5)	E 3 (3)	M 4 (3,5)	E 4 (4)
Subtraktion AM=	**1,5**	**1,9**	**2,3**	**3,1**	**3,6**	**4,0**	**4,3**	**4,7**
SD=	0,6	0,5	0,8	0,7	0,8	0,4	0,5	0,5

Bei der Subtraktion sieht es ähnlich aus, allerdings liegt hier die rechenschwache Natalie immer sehr nahe am normalen Lehrgangsstoff. Justin und Mirko aus der Verlustgruppe erreichen zu den drei Messzeitpunkten Mitte Klasse 1 bis Mitte Klasse 2 maximal Stufe 1, können also m. E. im Zwanzigerraum subtrahieren, haben aber zunächst Probleme, sich die Subtraktion im Hunderterraum zu erschließen.

Interessant sind auch die Entwicklungen von Kindern wie Carlo, Meike, Pia, Steven, die in ihrem Verlauf zeitweise auf bzw. unter die Vergleichslinie sinken. Sie haben kein Problem mit dem Subtrahieren im Zwanzigerraum, nehmen sich das Subtrahieren im Hunderter- oder Tausenderraum aber erst später vor – ganz im Gegensatz zur von ihnen in diesem Zahlenraum beherrschten Addition. So lassen sich bei diesen Kindern im Vergleich von Subtraktion und Addition zum Teil „mehrjährige" Unterschiede in ihrem individuellen Profil finden.

Insgesamt aber liegen die Werte der Stichprobe bis auf einzelne Ausreißer, die schon aus messmethodischen Gründen nicht auszuschließen sind, alle mehr oder weniger weit über den zum jeweiligen Messzeitpunkt gültigen Lehrplananforderungen. Die stärksten Schüler liegen auch hier zwei bis zweieinhalb Jahre über den eigentlichen Anforderungen der jeweiligen Klassenstufe.

Multiplikation:

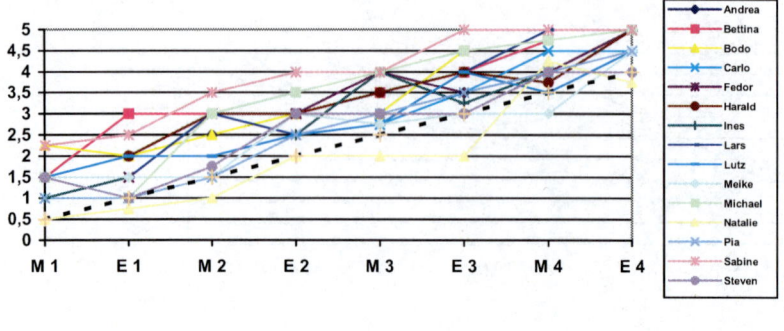

Testzeitpunkt: (Vergleichsstufe:) Kernstichprobe (N=15)	M 1 (0,5)	E 1 (1)	M 2 (1,5)	E 2 (2)	M 3 (2,5)	E 3 (3)	M 4 (3,5)	E 4 (4)
Multiplikation AM=	**1,4**	**1,7**	**2,5**	**2,9**	**3,2**	**3,7**	**4,2**	**4,7**
SD=	0,5	0,6	0,7	0,5	0,6	0,7	0,6	0,4

Auch bei der Multiplikation fällt vor allem Natalie als schwächer auf, sie liegt bei dieser Operation eher unter den Anforderungen des jeweiligen Schuljahres, erreicht aber zur Mitte bzw. zum Ende des vierten Schuljahres durchaus akzeptable Werte (auch bei Justin und Mirko aus der Verluststichprobe liegen die Werte entweder bei oder unter den entsprechenden Schuljahresanforderungen). Ansonsten ergibt sich ein relativ linearer Verlauf bei den Schülern. Bis auf einen Ausreißer bei Meike liegen die Ergebnisse der Stichprobe alle über den zum jeweiligen Messzeitpunkt gültigen Lehrplananforderungen. Die stärksten Schüler liegen eineinhalb bis zwei Jahre über den eigentlichen Anforderungen der jeweiligen Klassenstufe.

Division:

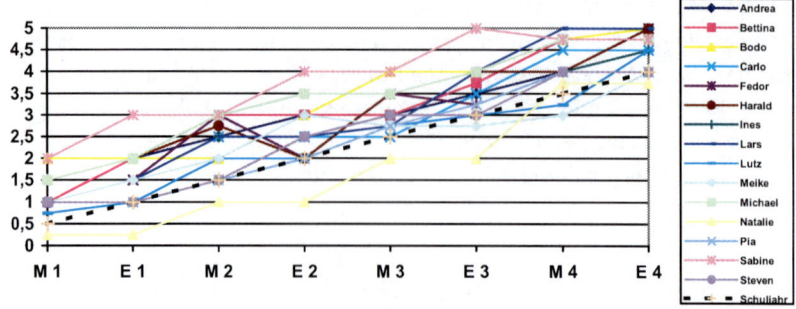

Testzeitpunkt: (Vergleichsstufe:) Kernstichprobe (N=15)	M 1 (0,5)	E 1 (1)	M 2 (1,5)	E 2 (2)	M 3 (2,5)	E 3 (3)	M 4 (3,5)	E 4 (4)
Division AM=	**1,1**	**1,6**	**2,3**	**2,6**	**3,1**	**3,5**	**4,2**	**4,5**
SD=	0,5	0,6	0,6	0,7	0,6	0,7	0,6	0,4

Bei der Division gibt es im Vergleich zur Multiplikation mehr Kinder, die sich diese Operation erst relativ spät erschließen, d. h. sich über das Ableiten der Divisionsaufgaben vom Verdoppeln bzw. vom kleinen Einmaleins aus mit dieser Operation beschäftigen. Bei schwachen Kindern wie Natalie ist der „langsame" Start besonders gut sichtbar, die Division spielt lange keine große Rolle bzw. gestaltet sich für sie schwieriger als die anderen Operationen. Auch Justin und Mirko aus der Verluststichprobe bleiben – wie auch bei der Subtraktion – zu den drei Messzeitpunkten Mitte Klasse 1 bis Mitte Klasse 2 auf Stufe 1, können also m. E. Zahlen im Zwanzigerraum halbieren, haben aber Probleme, losgelöst Aufgaben des kleinen Einsdurcheins zu lösen.

Interessant ist u. a., dass die Kinder, die schon mit der Subtraktion Anlaufschwierigkeiten hatten (Carlo, Meike, Pia, Steven), in ihrem Entwicklungsverlauf auch bei der Division erst später einsteigen. Allerdings lernen sie die Division wahrscheinlich im Zusammenhang mit der Multiplikation „mit", sodass sich zwischen Multiplikation und Division keine so gravierenden Unterschiede ergeben wie z. B. die oben angesprochenen mehrjährigen Unterschiede zwischen Addition und Subtraktion. Insgesamt liegen die Ergebnisse der Stichprobe bis auf einzelne Ausreißer nach unten wie bei Meike alle über den zum jeweiligen Messzeitpunkt gültigen Lehrplananforderungen. Die stärksten Schüler liegen eineinhalb bis zwei Jahre über den eigentlichen Anforderungen der jeweiligen Klassenstufe.

15.2.2 Normtestergebnisse im vierten Schuljahr

Im vierten Schuljahr wurden im Rahmen der zu schreibenden Gutachten zusätzlich zu den beschriebenen Überforderungstests zwei Mathematik-Normtests durchgeführt und es wurde an einer Erhebung im Rahmen einer TIMSS-Nachuntersuchung teilgenommen. Des Weiteren beinhalten die durchgeführten Schulleistungstests teilweise mathematische Untertests, deren Ergebnisse einbezogen werden können.

Bei den Mathematik-Normtests handelt es sich um Rechentests von LOBECK (vgl. 1987; 1990) für die dritte und die vierte Klasse, die mit Stichproben aus der Schweiz geeicht worden sind („Schweizer Rechentest – SRT"). Dabei wurde der für das letzte Tertial der dritten Klasse vorgesehene Rechentest in der hier untersuchten Klasse erst in der Mitte der vierten Klasse durchgeführt, sodass die Prozentrangnormierung nicht für den Testzeitpunkt geeicht ist, wohl aber Leistungstendenzen aufgezeigt werden können (der durchschnittliche Prozentrang der Kernstichprobe läge bei 81).

Schweizer Rechentest 3 – Testzeitpunkt Mitte Klasse 4

Prozentrangwerte Mitte Klasse 4	SRT 3
Andrea	86
Bettina	97
Bodo	98
Carlo	97
Fedor	27
Harald	89
Ines	81
Lars	99
Lutz	30
Meike	76
Michael	89
Natalie	25
Pia	64
Sabine	93
Steven	93
∅ **Kernstichprobe**	**81-**
Kernstichprobe **PR-Band (RW ± 1 SD)**	**43-98**
Eichstichprobe **PR-Band (RW ± 1 SD)**	**21-86**

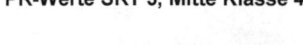

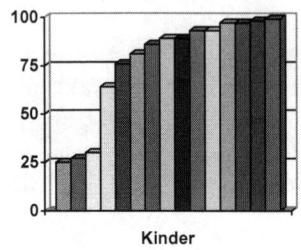

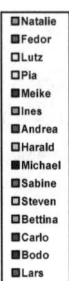

Test/ Zeitpunkt	Eichstichprobe			Kernstichprobe			t-Test	
	N	AM	SD	N	AM	SD	F(t)-Wert	p-Wert
SRT 3/ M 4 (-)	*388*	*27,37*	*6,87*	*15*	*32,73*	*5,55*	*F(2,98)=1,5*	*p=0,002*

In diesem Test schneiden neben der generell mathematikschwächeren Natalie nur Lutz und Fedor als einzige Kinder der Kernstichprobe relativ schwach ab. Lutz´ Leistungseinbruch ist dabei auch in anderen Fächern erfolgt (vgl. oben zum Bereich Rechtschreiben) und hatte wahrscheinlich mit dem anstehenden Schulwechsel zu tun. Ein ähnliches Phänomen (Unsicherheit, wann die Rückführung nach Bosnien vorgenommen wird), aber vor allem das Nichtverständnis des hohen Aufgabenanteils von rund 40% Textaufgaben haben wahrscheinlich auch beim sonst rechenstarken Fedor zu diesem Testergebnis geführt. Die Entwicklungen aller drei Kinder werden unten im Rahmen ausführlicher Fallstudien vertiefend analysiert (siehe Kapitel 16). Alle anderen Kinder liegen gut über dem sonstigen Durchschnittswert.

Für das letzte Tertial der vierten Klasse vorgesehen und auch zu diesem Messzeitpunkt durchgeführt wurde der Rechentest für die vierte Klasse, dessen Prozentrangwerte entsprechend aussagekräftig verwendet werden können. Der durchschnittliche Prozentrangwert der Kernstichprobe liegt bei 74, befindet sich also sogar als Durchschnittswert schon an der Grenze zwischen oberem Mittelfeld (PR 50-75) und oberem Bereich (PR 75-100). Auch nach Abzug der Standardabweichung ergibt sich mit Prozentrang 47 ein Wert, der auf ein weit überdurchschnittliches Ergebnis hinweist, das sich nach Überprüfung hochsignifikant von der Eichstichprobe unterscheidet.

Schweizer Rechentest 4 und Mathematikteiltest AST 4 – Testzeitpunkt Ende Klasse 4

Prozentrangwerte Ende Klasse 4	SRT 4	MA im AST 4
Andrea	87	40
Bettina	97	93
Bodo	97	99
Carlo	72	90
Fedor	74	84
Harald	74	84
Ines	83	90
Lars	87	99
Lutz	59	63
Meike	74	76
Michael	91	96
Natalie	3	40
Pia	74	90
Sabine	99	98
Steven	83	93
Ø **Kernstichprobe**	**74**	**84**
Kernstichprobe PR-Band (RW ± 1 SD)	*47-100*	*63-99*
Eichstichprobe PR-Band (RW ± 1 SD)	*18-83*	*21-84*

PR-Werte SRT 4, Ende Klasse 4

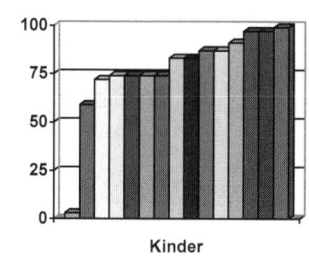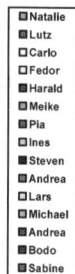

MA im AST 4, Ende Klasse 4

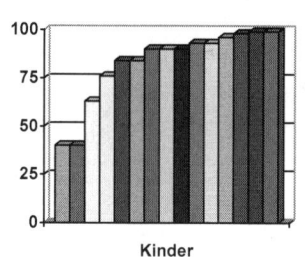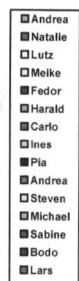

Test/ Zeitpunkt	Eichstichprobe			Kernstichprobe			t-Test	
	N	AM	SD	N	AM	SD	F(t)-Wert	p-Wert
SRT 4/ E 4	500	29,20	8,78	15	36,20	7,58	F(3,05)=1,3	p=0,001
MA AST 4/ E4	3268	17,73	7,03	15	25,40	5,14	F(4,22)=1,9	p=0,000

Das Kind, das aus diesem Test mit einem Prozentrangplatz von 3 herausfällt, ist Natalie. Sie hat weniger als ein Drittel der Aufgaben richtig gelöst bzw. gar nicht erst bearbeitet, während sie im SRT 3 über die Hälfte der Aufgaben lösen konnte und auch zumindest versucht hat, alle Aufgaben zu lösen. Neben der fehlenden Motivation Natalies, diesen für sie schweren Test anzugehen, könnte es sein, dass der Schweizer Rechentest durch seine Aufgabenauswahl und Anforderungen gerade mathematikschwächeren Kindern Probleme bereitet. Deshalb wird zusätzlich der Untertest „MA" (Mathematische Aufgaben) des deutschen „Allgemeinen Schulleistungstests für 4. Klassen – AST 4" (Fippinger 1992[3]) herangezogen. Hier erreicht Natalie einen Prozentrangwert von immerhin 40. Es scheint so, als ob im SRT im Gegensatz zu anderen Tests durch die Aufgabenstellung vor allem eine größere Differenzierung im unteren Bereich erfolgt.

Insgesamt erreicht die Kernstichprobe im Mathematikuntertest „MA" des AST 4 schon im Durchschnitt einen Prozentrang von 84; das Ergebnis liegt hochsignifikant über dem Mittelwert der Eichstichprobe. Nur Natalie und Andrea liegen bei PR 40, wobei Andrea im SRT 4 einen Prozentrang von 87 erreicht. Alle anderen Kinder befinden sich weit bis sehr weit über Prozentrang 50. Dadurch wird das positive Ergebnis des SRT 4 auch durch den Mathematikuntertest im AST 4 bestätigt.

TIMSS Nacherhebung – Testzeitpunkt Ende Klasse 4

In der von RATZKA im Mai des vierten Schuljahres durchgeführten TIMSS-Nacherhebung für den Grundschulbereich schnitt die Klasse (einschließlich der bislang nicht thematisierten Zuwachsstichproben sowie des Schülers Boris) als beste Klasse aller getesteten Klassen (N=38) ab, obwohl der im Rahmen derselben Untersuchung mittels CFT-20 (vgl. Cattell/ Weiß 1998) erhobene Intelligenzquotient mit einem Klassenmittelwert von 100,6 sich nicht signifikant vom Durchschnittswert unterscheidet (vgl. Kapitel 10.1.3). Das Klassenergebnis lag durchschnittlich mit einem Anteil von 89% richtig gelöster TIMSS-Aufgaben innerhalb der Stichprobe von RATZKA (N=744) auf Prozentrang 94.

Die im Folgenden abgebildete Kernstichprobe lag bei einem durchschnittlichen IQ von knapp 103 bei rund 91% richtig gelöster Aufgaben auf Prozentrang 96. Dabei befand sich die mathematikschwächere Schülerin Natalie bei einem Anteil von knapp 65% richtig gelöster Aufgaben auf Prozentrang 61, alle anderen Schüler lagen mit über 80% richtig gelöster Aufgaben auf Prozentrang 88 oder darüber. Auf Grund der geringen Streuung befindet sich das Ergebnis auch nach Abzug der Standardabweichung mit einem Prozentrangwert von 88 stark im überdurchschnittlichen Bereich und unterscheidet sich hochsignifikant von der Vergleichsstichprobe.

Prozentrangwerte Ende Klasse 4	TIMSS Nacherhebung
Andrea	98
Bettina	98
Bodo	100
Carlo	98
Fedor	94
Harald	88
Ines	98
Lars	98
Lutz	88
Meike	100
Michael	98
Natalie	61
Pia	98
Sabine	100
Steven	88
Summe	
∅ **Kernstichprobe**	**96**
Kernstichprobe PR-Band (RW ± 1 SD)	*88-100*
Vergleichsstichprobe PR-Band (RW ± 1 SD)	*20-80*

PR-Werte TIMMS, Ende Klasse 4

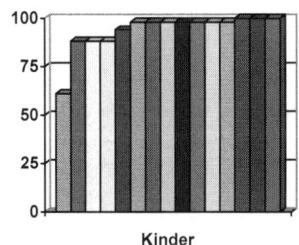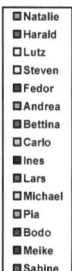

Test/ Zeitpunkt	Vergleichsstichprobe			Kernstichprobe			t-Test	
	N	AM	SD	N	AM	SD	F(t)-Wert	p-Wert
TIMSS/ E 4	720	10,13	3,4	15	15,4	1,6	F(12,22)=10,5	p=0,000

Da der TIMSS-Test seinen Schwerpunkt nicht nur im arithmetischen Bereich hat, sondern verschiedenste Bereiche der Mathematik einbindet, scheinen die mathematischen Kompetenzen der Kinder durch den Verzicht auf einen Mathematiklehrgang zumindest nicht gelitten, sondern sich eher positiv entwickelt zu haben. Das selbstgesteuerte Lernen mit dem Verzicht auf langwierige Einführungs- und Übungsstunden hat den Kindern anscheinend die Zeit eingeräumt, die sie benötigt haben, um ihren Vorkenntnissen entsprechend die Arithmetik bzw. die Mathematik zu erobern.

Interessant ist auch, dass innerhalb der Untersuchungen von RATZKA zur Beziehung von Intelligenz und Mathematikleistung die Kinder der Kernstichprobe mit einem IQ unter dem Median von 101 Testergebnisse erbringen, die sonst durchschnittlich nur die Kinder mit einen IQ-Wert über dem Median von 101 erreichen (hier ist N=680, da nicht alle Kinder den IQ-Test mitgemacht haben).

Test/ Zeitpunkt	Vergleichsstichprobe			Kernstichprobe			t-Test	
TIMSS/ E 4	N	AM	SD	N	AM	SD	F(t)-Wert	p-Wert
Kinder IQ<101	359	8,85	3,1	4	15,25	1,0	*F(4,12)=10,5*	*p=0,000*
Kinder IQ>101	321	11,76	3,1	11	15,45	1,8	*F(3,95)=2,9*	*p=0,000*
Vergleichsstichprobe IQ ≥ 101 und Kernstichprobe IQ < 101							*F(2,26)=10,3*	*p=0,012*

Test/ Zeitpunkt	Vergleichsstichprobe			Kernstichprobe und Zuwachsstichproben			t-Test	
TIMSS/ E 4	N	AM	SD	N	AM	SD	F(t)-Wert	p-Wert
Kinder IQ<101	359	8,85	3,1	8	15,00	1,5	*F(5,59)=4,2*	*p=0,000*
Kinder IQ>101	321	11,76	3,1	16	15,19	1,8	*F(4,41)=2,9*	*p=0,000*
Vergleichsstichpr. IQ ≥ 101 und Kern-/Zuwachsst. IQ < 101							*F(2,96)=4,2*	*p=0,001*

Es ist sogar so, dass alle Kinder der gesamten Klasse – außer Natalie mit einem IQ-Wert von 73 und einem Testergebnis von 11 richtig gelösten Aufgaben – über dem durchschnittlichen Wert von 11,76 richtig gelösten Aufgaben liegen, die in der Stichprobe von RATZKA die Kinder erreichen, die einen überdurchschnittlichen Intelligenzquotienten haben.

Dies würde bedeuten, dass das oben beschriebene Unterrichtskonzept zumindest für die hier untersuchte Klasse insofern sehr positive Auswirkungen hatte, als dass auch Kinder mit niedrigerem IQ-Wert mathematische Leistungen erbracht haben, die sonst nur Kinder mit höherem IQ-Wert erreichen. Die Lerngeschichte bzw. Unterrichtsmethode wäre damit für die Entwicklung der Kinder ausschlaggebender als ihr Intelligenzquotient.

Ein am Verständnis mathematischer Prinzipien orientierter Unterricht hilft offensichtlich Schüler/innen unabhängig von ihren Eingangsvoraussetzungen beim Aufbau eines erweiterten mathematischen Verständnisses. (Stern/ Staub 2000, 97)

15.2.3 Textaufgaben

Teiltests der in der Klasse im vierten Schuljahr durchgeführten Schulleistungstests können zur groben Bewertung der Lösungskompetenz von Textaufgaben herangezogen werden. Zum einen enthält der schon angesprochene Untertest Mathematik des AST 4 einen hohen Anteil an Textaufgaben, zum anderen kann auf entsprechende Teile des Tests „Aufgaben zum Nachdenken – AzN 4+" (vgl. Hylla/ Kraak 1993) sowie des „Bildungs-Beratungs-Tests – BBT" (vgl. Ingenkamp 1977, Ingenkamp u. a. 1992[2]) in den Versionen 3-4 und 4-6 zurückgegriffen werden. Da für viele der Untertests keine Prozentrangwerte angegeben werden, erfolgt die Darstellung durch Prozentwerte, die den Anteil richtiger Lösungen angeben:

Textaufgaben Anteil richtiger Lösungen in %	Teiltest RE in den AzN Mitte 4	Teiltest RE in den AzN Ende 4	Teiltest DA im BBT 3-4 Ende 4	Teiltest DA im BBT 4-6 Ende 4	Untert. MA im AST 4 Ende 4
Andrea	50	50	80	87	47
Bettina	58	57	90	93	88
Bodo	100	86	95	100	97
Carlo	50	64	80	87	84
Fedor	25	42	45	67	78
Harald	58	64	90	87	78
Ines	75	64	80	60	84
Lars	66	86	100	93	97
Lutz	42	64	70	73	63
Meike	66	79	90	73	72
Michael	75	86	95	73	91
Natalie	33	28	65	60	47
Pia	42	71	75	87	84
Sabine	75	86	100	93	94
Steven	75	57	90	73	88
∅ **Kernstichprobe**	**59**	**66**	**83**	**80**	**79**

Insgesamt erreicht die Kernstichprobe im Teiltest „RE" (Rechnen) der AzN 4+ zum Testzeitpunkt Mitte des vierten Schuljahres einen durchschnittlichen Anteil von knapp 60% richtiger Lösungen, im Test zum Ende des vierten Schuljahres einen Anteil von 66% richtiger Lösungen. Eine Prozentrangnormierung mit Individualnormen liegt für den Teiltest nicht vor, wohl aber Angaben über den mittleren Prozentrang 50, der zum Eichzeitpunkt Ende Klasse 4 einem richtig gelösten Aufgabenanteil von ca. 42% entspricht. Zum selben Eichzeitpunkt entspricht das mittlere Prozentrangband von PR 25 bis PR 75 einem richtig gelösten Aufgabenanteil von ca. 31% bis 58%. Das bedeutet, dass die Kernstichprobe mit einem Durchschnittswert von 66% gesamt im oberen Bereich liegt und dass nur Natalie als einziges Kind unter dem Durchschnittswert von 42% richtig gelöster Aufgaben liegt. Sie befindet sich bezüglich der Denk- bzw. Textaufgaben um Prozentrang 25, d. h. am Übergang vom Unter- zum Mittelfeld.

Vergleichbare Ergebnisse liefert der Teiltest „DA" (Denkaufgaben) des BBT 3-4 bzw. des BBT 4-6, die beide zum Ende der Klasse 4 durchgeführt wurden. Der Anteil der durchschnittlich von der Kernstichprobe richtig gelösten Aufgaben beträgt rund 80%. Auch hier liegen keine direkten Prozentrangwerte für den Teiltest vor, lassen sich jedoch näherungsweise aus anderen Daten bestimmen. Auszugehen ist als Mittelwert der Eichstichprobe (Prozentrang 50) von einem Anteil richtiger Lösungen von ca. 60% bis 70%. In diesem Test fällt Natalie nicht aus dem Mittelfeld heraus, lediglich Fedor erreicht im Teiltest des BBT 3-4 nur einen Anteil von knapp 50% richtiger Lösungen, liegt allerdings im Teiltest des BBT 4-6 bei 67%.

Auf den Teiltest „MA" (Mathematische Aufgaben) des AST wurde schon oben im Vergleich zum SRT 4 eingegangen, insgesamt erreicht die Kernstichprobe im

Durchschnitt knapp 80%, nur Natalie und Andrea liegen knapp unter 50%. Insgesamt lässt sich auch in diesen Erhebungen ein eher überdurchschnittliches Ergebnis für den Bereich der Denk- und Textaufgaben feststellen.

15.2.4 Zahlreihen

Zwischen mathematischen und allgemeinen Denkfähigkeiten kann das Lösen von Zahlreihen angesiedelt werden. Diese sind als Teiltests der eben genannten Tests AzN 4+ und BBT 3-4 bzw. BBT 4-6 erhoben worden. Die Ergebnisse werden auch hier auf Grund fehlender Prozentrangwerte durch Angabe des Anteils der richtigen Lösungen angeben:

Zahlreihen Anteil richtiger Lösungen in %	Teiltest ZR in den AzN Mitte 4	Teiltest ZR in den AzN Ende 4	Teiltest ZR im BBT 3-4 Ende 4	Teiltest ZR im BBT 4-6 Ende 4
Andrea	75	76	80	73
Bettina	94	94	100	87
Bodo	106	100	95	100
Carlo	94	76	95	100
Fedor	69	64	75	47
Harald	88	94	90	73
Ines	94	64	70	87
Lars	94	88	100	93
Lutz	69	64	75	73
Meike	56	88	95	87
Michael	75	94	95	93
Natalie	50	59	65	60
Pia	50	100	75	93
Sabine	94	100	95	100
Steven (SKG)	100	94	80	87
∅ **Kernstichprobe**	**81**	**84**	**86**	**84**

Auch hier liegen keine Individualnormen für diese Teiltests vor, andere Daten geben jedoch Hinweise bezüglich der Einordnung der Ergebnisse. So liegt der Anteil richtig gelöster Aufgaben beim Teiltest „ZR" (Zahlreihen) der AzN 4+ nach der Eichung für Ende des vierten Schuljahres im Durchschnitt (Prozentrang 50) bei 70%, der mittlere Bereich (Prozentränge 25 bis 75) entspricht einem Anteil richtiger Lösungen von 56% bis 84%. Die Ergebnisse der Kernstichprobe liegen damit durchschnittlich schon über dem mittleren Prozentrangband, nur Fedor, Lutz und Natalie liegen mit einem Anteil von 64% bzw. 59% richtig gelöster Aufgaben unter dem Durchschnitt, aber immer noch gut im mittleren Bereich.

Vergleichbare Ergebnisse liefert der Teiltest „ZR" (Zahlreihen) des BBT 3-4 bzw. des BBT 4-6, die beide zum Ende der Klasse 4 durchgeführt wurden. Der Anteil der durchschnittlich von der Kernstichprobe richtig gelösten Aufgaben beträgt rund 85%. Auch hier liegen keine direkten Prozentrangwerte für den Teiltest vor, lassen sich jedoch näherungsweise aus anderen Daten bestimmen. Auszugehen ist im

Durchschnitt (Prozentrang 50) von einem Anteil richtiger Lösungen von ca. 50% bis 60%. In diesem Test befindet sich Natalie genau im Mittelfeld, lediglich Fedor erreicht im Teiltest des BBT 4-6 nur einen Anteil von knapp 50% richtiger Lösungen, liegt allerdings im Teiltest des BBT 3-4 bei 75%, d. h. mindestens im oberen Mittelfeld.

Insgesamt lässt sich für die untersuchte Kernstichprobe ein eher überdurchschnittliches Ergebnis im Bereich der Weiterführung von Zahlreihen feststellen.

15.2.5 Kopfrechnen

Da im hier untersuchten Unterrichtskonzept die klassischen Übungen zum Erlernen und Einüben von Rechenaufgaben nicht stattfinden, liegt ein Blick auf den Automatisierungsprozess der Einspluseins-, Einsminuseins-, Einmaleins- und Einsdurcheinsaufgaben nahe. Dabei ist vor allem interessant, zu welchem Zeitpunkt die Kinder die Aufgaben automatisiert hatten bzw. ob die selbstgesteuerte Automatisation rechtzeitig bzw. lehrplangemäß (z. B. als Voraussetzung für die schriftlichen Rechenverfahren) erfolgt ist.

Die folgende Tabelle gibt einen Überblick über den Zeitpunkt, zu dem die Kinder die entsprechenden Aufgaben zum ersten Mal automatisiert hatten. Dabei ging es nicht um ein Auswendiglernen der Aufgabenreihen, sondern die Aufgaben wurden durcheinander und auf unterschiedlichste Art (Aufgabe, Ergänzungsaufgabe, Umkehraufgabe etc.) abgefragt und mussten direkt bzw. in kürzester Zeit danach richtig beantwortet werden. Die Erhebung wurde ab dem Ende des ersten Schuljahres durchgeführt und nach dem „Erstbestehen" immer halbjährlich wiederholt, sodass nicht ein einmaliges bzw. kurzfristiges Auswendiglernen erfasst ist, sondern der Zeitpunkt, an dem die Aufgaben wirklich langfristig automatisiert worden sind. Einbezogen wird hier auch das große Einmaleins (gr. 1*1), das eigentlich nicht mehr Stoff der Grundschule ist.

Zeitpunkt der Automatisation

Automatisation	Anzahl Kinder						
Kopfrechenreihen	Ende 1	Mitte 2	Ende 2	Mitte3	Ende 3	Mitte 4	Ende 4
1+1	13	1	1				
1-1	7	2	5	1			
1*1		7	3	5			
1:1			6	6	2	1	
1*1					4	7	3

Automatisation	Ende 1	Mitte 2	Ende 2	Mitte3	Ende 3	Mitte 4	Ende 4
Andrea	1+1		1-1 1*1	1:1		gr. 1*1	
Bettina	1+1 1-1	1*1		1:1		gr. 1*1	
Bodo	1+1 1-1	1*1	1:1		gr. 1*1		
Carlo	1+1 1-1	1*1		1:1		gr. 1*1	
Fedor	1+1	1-1	1*1 1:1		gr. 1*1		
Harald	1+1	1*1	1-1 1:1			gr. 1*1	
Ines	1+1.			1-1 1*1 1:1			gr. 1*1
Lars	1+1 1-1		1*1 1:1			gr. 1*1	
Lutz	1+1	1*1	1-1 1:1			gr. 1*1	
Meike		1+1 1-1		1*1	1:1		gr. 1*1
Michael	1+1 1-1	1*1		1:1	gr. 1*1		
Natalie			1+1 1-1		1*1 1:1		
Pia	1+1 1-1			1*1 1:1		gr. 1*1	
Sabine	1+1 1-1	1*1	1:1		gr. 1*1		
Steven	1+1		1-1	1*1		1:1	gr. 1*1

In Bezug auf das Können der Kinder zum jeweiligen Zeitpunkt ergeben sich folgende Verteilungen für die einzelnen Aufgabenreihen bzw. Aufgaben:

Einspluseins	Anzahl Kinder	Anteil Kinder in %
Ende Klasse 1	13	87
Mitte Klasse 2	1	7
Ende Klasse 2	1	7
Mitte Klasse 3	0	0
Ende Klasse 3	0	0
Mitte Klasse 4	0	0
Ende Klasse 4	0	0
Summe	15	101

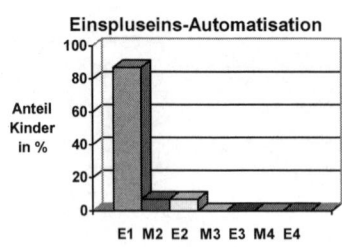

Das Einspluseins haben fast alle Kinder der Kernstichprobe schon im ersten Schuljahr automatisiert, einem Zeitraum, in dem sie es sich laut Lehrplan erschlossen haben müssten und dann eingeprägt haben sollten. Ledilich Meike und Natalie beherrschen die entsprechenden Aufgaben erst im zweiten Schuljahr abschließend bzw. so sicher, dass man sie als wirklich automatisiert bezeichnen kann.

Einsminuseins	Anzahl Kinder	Anteil Kinder in %
Ende Klasse 1	7	47
Mitte Klasse 2	2	13
Ende Klasse 2	5	33
Mitte Klasse 3	1	7
Ende Klasse 3	0	0
Mitte Klasse 4	0	0
Ende Klasse 4	0	0
Summe	15	100

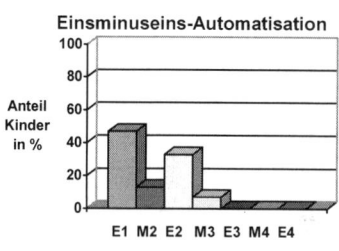

Die Automatisation des Einsminuseins erfolgt langfristiger, d. h. zwar beherrscht knapp die Hälfte der Kinder der Kernstichprobe die entsprechenden Aufgaben schon direkt im ersten Schuljahr sicher auswendig, aber es gibt fast genauso viele Kinder, die die Aufgaben des kleinen Einsminuseins erst im zweiten Schuljahr automatisiert haben. Allerdings muss man bedenken, dass die Automatisation dieser Aufgaben im Gegensatz zur Beherrschung des Einspluseins im herkömmlichen Unterricht keine (große) Rolle spielt, wahrscheinlich deshalb, da die Aufgaben nicht für die schriftlichen Rechenverfahren benötigt werden. Leider liegen hierzu keine Vergleichsstichproben vor. Dennoch erscheint es positiv, dass sogar die eher „ungeliebten" Minusaufgaben von den selbstgesteuert lernenden Kindern innerhalb des ersten/zweiten Schuljahres sicher beherrscht werden.

Einmaleins	Anzahl Kinder	Anteil Kinder in %
Ende Klasse 1	0	0
Mitte Klasse 2	7	47
Ende Klasse 2	3	20
Mitte Klasse 3	4	27
Ende Klasse 3	1	7
Mitte Klasse 4	0	0
Ende Klasse 4	0	0
Summe	15	101

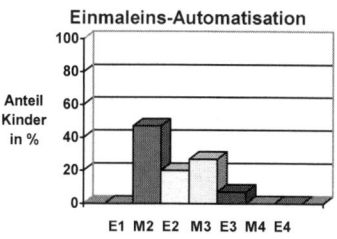

Das Einmaleins, das laut Lehrplan bis zum Ende des dritten Schuljahres gedächtnismäßig beherrscht werden soll, haben rund die Hälfte der Kinder der Kernstichprobe schon in der Mitte des zweiten Schuljahres automatisiert, Mitte der dritten Klasse haben alle Kinder außer Natalie die Aufgaben präsent.

Einsdurcheins	Anzahl Kinder	Anteil Kinder in %
Ende Klasse 1	0	0
Mitte Klasse 2	0	0
Ende Klasse 2	6	40
Mitte Klasse 3	6	40
Ende Klasse 3	2	13
Mitte Klasse 4	1	7
Ende Klasse 4	0	0
Summe	15	100

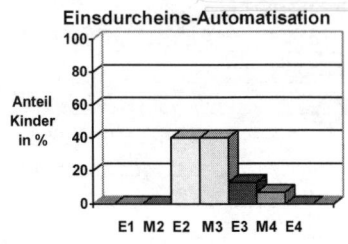

Das Einsdurcheins, das wahrscheinlich noch eher mit dem Einmaleins einhergeht als das Einsminuseins mit dem Einspluseins, eignen sich alle Kinder der Kernstichprobe bis auf drei Kinder noch vor Mitte des dritten Schuljahres an. Bis zum Ende des dritten bzw. bis zur Mitte des vierten Schuljahres haben es alle Kinder präsent. Lehrplanmäßig ist die gedächtnismäßige Beherrschung des Einsdurcheins nicht vorgesehen, wird jedoch in der Regel Ende des dritten bzw. im vierten Schuljahr im Zusammenhang mit dem Einmaleins bzw. der schriftlichen Division thematisiert.

Gr. Einmaleins	Anzahl Kinder	Anteil Kinder in %
Ende Klasse 1	0	0
Mitte Klasse 2	0	0
Ende Klasse 2	0	0
Mitte Klasse 3	0	0
Ende Klasse 3	4	27
Mitte Klasse 4	7	47
Ende Klasse 4	3	20
Summe	14	94

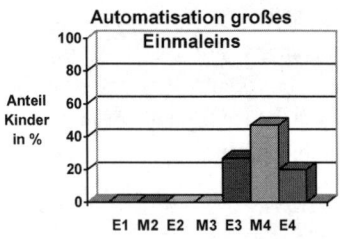

Das eigentlich erst zum Lehrplan der weiterführenden Schule gehörende, oft aber gar nicht mehr als zu automatisieren betrachtete große Einmaleins erlernen außer Natalie sogar alle Kinder der Kernstichprobe innerhalb ihrer Grundschulzeit, die meisten bis zur ersten Hälfte der vierten Klasse als Fortsetzung des von ihnen schon früh beherrschten Einmaleins. Gerade dieser Umstand gibt einen Hinweis auf die hohe Mathematikmotivation fast aller Kinder, die durch eine stetige Eigenherausforderung gekennzeichnet ist.

Kopfrechengeschwindigkeit

Im vierten Schuljahr erfolgte zusätzlich zum gemischten individuellen Abfragen der Aufgaben eine schriftliche Erhebung dazu, in welcher Zeit die Kinder alle Aufgaben des Einmaleins und des Einsdurcheins (außer zu leichten Aufgaben mit 1, 2 oder 10) in gemischter Form lösen konnten. Für die insgesamt 49 Aufgaben ergaben sich folgende Werte:

Kopfrechnen in Min.'Sek.	1*1 Mitte 4	1*1 Ende 4		1:1 Mitte 4	1:1 Ende 4
Andrea	2'10	2'40		2'40	2'30
Bettina	2'00	1'50		2'50	1'40
Bodo	2'40	3,00		2'00	2,10
Carlo	2'40	3,00		2'40	2,50
Fedor	1'50	1'40		1'40	1'30
Harald	2'10	1'50		2'20	3'00
Ines	3'00	3'10		3'10	3'00
Lars	3'40	2'50		2'20	2'20
Lutz	3'30	3'10		3'30	2'00
Meike	3'10	2'40		4'50	2'40
Michael	3'10	3,20		3'50	2,50
Natalie	4'00	3,10		3'30	2,50
Pia	2'00	2'20		1'40	2'30
Sabine	2'20	1'30		2'50	1,40
Steven	3'40	2'50		2'40	2'50

Ordnet man die Lösungszeiten inklusive Verschriftung fünf Zeitstufen zu, so ergibt sich folgendes Bild:

- 0 (>5'45 Min.): Lösungszeit > 7 Sek./Aufgabe
- 1 (4'55-5'45 Min.): Lösungszeit < 7 Sek./Aufgabe
- 2 (4'05-4'55 Min.): Lösungszeit < 6 Sek./Aufgabe
- 3 (3'20-4'05 Min.): Lösungszeit < 5 Sek./Aufgabe.
- 4 (2'30-3'20 Min.): Lösungszeit < 4 Sek./Aufgabe.
- 5 (<2'30 Min.): Lösungszeit < 3 Sek./Aufgabe.

Einmaleins Mitte Klasse 4	Anzahl Kinder	Anteil Kinder in %
0 (> 7 Sek./Aufg.)	0	0
1 (< 7 Sek./Aufg.)	0	0
2 (< 6 Sek./Aufg.)	0	0
3 (< 5 Sek./Aufg.)	4	27
4 (< 4 Sek./Aufg.)	5	33
5 (< 3 Sek./Aufg.)	6	40
	15	100

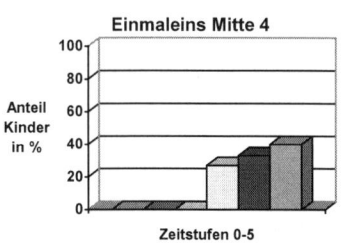

Einmaleins Ende Klasse 4	Anzahl Kinder	Anteil Kinder in %
0 (> 7 Sek./Aufg.)	0	0
1 (< 7 Sek./Aufg.)	0	0
2 (< 6 Sek./Aufg.)	0	0
3 (< 5 Sek./Aufg.)	0	0
4 (< 4 Sek./Aufg.)	10	67
5 (< 3 Sek./Aufg.)	5	33
	15	100

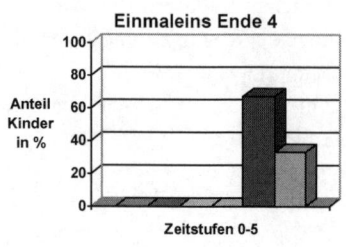

Zum Testzeitpunkt Mitte des vierten Schuljahres lösen alle Kinder der Kernstichprobe die 49 schweren Einmaleinsaufgaben in einer Zeit bis 4 Minuten. Zum Ende des vierten Schuljahres braucht kein Kind länger als 3 Minuten und 20 Sekunden zum Lösen der Aufgaben. Zwei Drittel der Kinder brauchen durchschnittlich zwischen 3 und 4 Sekunden zum Finden und Verschriften der Lösung einer Aufgabe, ein Drittel liegt dabei sogar unter drei Sekunden.

Einsdurcheins Mitte Klasse 4	Anzahl Kinder	Anteil Kinder in %
0 (> 7 Sek./Aufg.)	0	0
1 (< 7 Sek./Aufg.)	0	0
2 (< 6 Sek./Aufg.)	1	7
3 (< 5 Sek./Aufg.)	3	20
4 (< 4 Sek./Aufg.)	6	40
5 (< 3 Sek./Aufg.)	5	33
	14	100

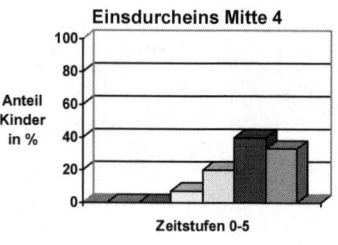

Einsdurcheins Ende Klasse 4	Anzahl Kinder	Anteil Kinder in %
0 (> 7 Sek./Aufg.)	0	0
1 (< 7 Sek./Aufg.)	0	0
2 (< 6 Sek./Aufg.)	0	0
3 (< 5 Sek./Aufg.)	0	0
4 (< 4 Sek./Aufg.)	7	47
5 (< 3 Sek./Aufg.)	8	53
	15	100

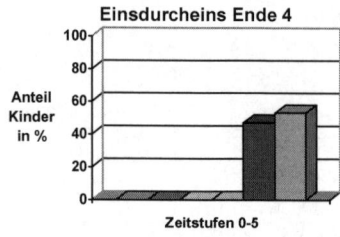

Für das Einsdurcheins ergibt sich ein ähnliches Bild. Alle Kinder bis auf Ines lösen das Einsdurcheins in der Mitte der vierten Klasse unter 4 Minuten. Die Lösungsgeschwindigkeit steigert sich zum Ende des vierten Schuljahres bei vielen Kindern noch weiter, Ines halbiert ihre Lösungszeit sogar fast. Kein Kind benötigt länger als 3 Minuten zum Finden und Verschriften der Lösung der 49 Aufgaben. Dabei sind die Ergebnisse für das Einsdurcheins sogar noch besser als für das Einmaleins, denn rund die Hälfte der Kinder benötigt durchschnittlich nur noch 3 bis 4 Sekunden Zeit pro Aufgabe, die andere Hälfte der Kinder sogar noch weniger. Das könnte allerdings auch daran liegen, dass die Verschriftung des Ergebnisses beim Einsdurcheins einfach schneller geht, weil nur eine Ziffer geschrieben werden muss. Insofern machen differenziertere Stufeneinteilungen auch keinen Sinn, weil dann die Schreibschnelligkeit der Kinder das Ergebnis zu sehr beeinflussen bzw. verzerren würde.

Insgesamt lässt sich auf Grund der Ausführungen auch ohne direkte Vergleichswerte feststellen, dass trotz des Verzichtes auf explizite Übungsstunden die gängigen Automatisierungen so rechtzeitig erfolgt sind, dass sie dem durch den Lehrplan oder Lehrgang vorgegebenen Zeitpunkt immer voraus waren – und zwar bei allen Kindern. Selbst Natalie, die die Aufgaben von allen Kindern zum jeweils spätesten Zeitpunkt automatisiert hat, liegt mit allen ihren Werten immer innerhalb der Lehrplananforderungen. Des Weiteren ist die Entwicklung von Steven auffällig, der sich trotz seiner guten Rechenfertigkeiten nie sonderlich um das gedächtnismäßige Beherrschen der Aufgaben gekümmert hat. Seine Verzögerungen resultieren eher aus einer Gleichgültigkeit bezüglich der Erhebungen denn aus defizitärem Können. Auf die Verzögerungen der unliebsameren Operationen Minus und Geteilt wurde schon oben Bezug genommen.

15.3 Fächerübergreifende Ergänzung: Denk- und Schulleistungstests

Ende des vierten Schuljahres wurden verschiedene Denk- und Schulleistungstests durchgeführt. Auch wenn diese Tests nicht direkt dem mathematischen Bereich zuzuordnen sind, soll an dieser Stelle kurz auf sie eingegangen werden.

Der Test „Aufgaben zum Nachdenken – AzN 4+" (vgl. Hylla/ Kraak 1993) enthält Textaufgaben zum Denken und Rechnen, Analogiebildungen von Wörtern, Zahlreihen, Satzergänzungen und Aufgaben zum Instruktionsverständnis. Der „Allgemeine Schulleistungstest für 4. Klassen – AST 4" (vgl. Fippinger 1992[3]) beinhaltet Aufgaben zum Sprachverständnis (einschließlich Grammatik), zum Sachunterricht, zur Mathematik (Textaufgaben zum Zahlbegriff, zu Größen, zu Sachsituationen) und einen Test zur Überprüfung der Rechtschreibung eines Textes. Der „Bildungs-Beratungs-Test – BBT" (vgl. Ingenkamp 1977; Ingenkamp u. a. 1992[2]), der in den Versionen 3-4 und 4-6 erhoben wurde, beinhaltet Aufgaben zu Wortbedeutungen, Zahlreihen sowie Denk- bzw. Textaufgaben. Ergebnisse der Untertests wurden schon teilweise im Rahmen der fachlichen Betrachtungen ausgeführt.

Eichstichproben mit Prozentrangplätzen bzw. -bändern liegen für den Messzeitpunkt Ende des vierten Schuljahres für alle Tests vor, wobei die Testautoren beim BBT 3-4 eine Durchführung im ersten Halbjahr der Klasse 4 empfehlen und eher den hier auch durchgeführten BBT 4-6 für das zweite Halbjahr vorsehen.

Denk- und Schulleistungstests Prozentrangwerte	AzN E4	*BBT 3-4*	BBT 4-6	AST 4
Andrea	65	*59-79*	63-78	53
Bettina	91	*82-98*	90-99	93
Bodo	95	*82-98*	88-97	93
Carlo	68	*72-91*	87-97	81
Fedor	21	*20-33*	32-49	39
Harald	82	*75-94*	80-92	68
Ines	59	*59-79*	67-82	86
Lars	95	*91-100*	90-99	93
Lutz	71	*51-68*	81-92	30
Meike	82	*82-98*	80-92	72
Michael	82	*72-91*	72-84	81
Natalie	14	*35-51*	58-72	34
Pia	94	*61-82*	78-90	72
Sabine	96	*88-100*	87-97	93
Steven	84	*68-88*	69-85	77
Ø **Kernstichprobe**	**74-77**	*65-85*	**75-88**	**63-81**

Test/ Zeitpunkt	Eichstichprobe			Kernstichprobe			t-Test	
	N	AM	SD	N	AM	SD	F(t)-Wert	p-Wert
AzN 4+/ E 4	1967	47,40	13,09	15	57,20	10,69	$F_{(2,89)}=1,5$	p=0,002
BBT 3-4/ E 4	3522	41,09	11,92	15	50,93	6,99	$F_{(3,20)}=2,9$	p=0,001
BBT 4-6/ E 4	941	33,10	11,33	15	45,20	6,21	$F_{(4,12)}=3,3$	p=0,000
AST 4/E4	3268	80,27	21,36	15	95,07	14,25	$F_{(2,68)}=2,3$	p=0,004

Durchweg unterdurchschnittlich sind nur die Ergebnisse von Fedor, ähnlich schwach sind die Ergebnisse von Natalie. Lutz schneidet im AST 4 schwächer ab, erreicht aber in den anderen Tests durchschnittliche bis überdurchschnittliche Werte. Die Entwicklung dieser drei Kinder wird unten im Rahmen ausführlicher Fallstudien noch genauer analysiert (siehe Kapitel 16). Ansonsten liegen alle Kinder der Kernstichprobe in allen Tests über Prozentrang 50 bzw. über dem entsprechenden Prozentrangband. Die Durchschnittswerte liegen im Mittel ungefähr bei Prozentrang 75, d. h. die Klasse befindet sich gesamt am Übergang vom oberen Mittelfeld zum Oberfeld und damit auch unter Abzug der Standardabweichung immer über dem Mittelwert der Eichstichprobe und unterscheidet sich sehr bzw. hochsignifikant von dieser.

15.4 Fazit und Zusammenfassung

Die Arithmetik bzw. das „Rechnenlernen" stellt den zentralen Bereich der Mathematik in der Grundschule dar. Entsprechend dienen oft vor allem die arithmetischen Leistungen – analog zur Rechtschreibleistung im Bereich Sprache – zur Beurteilung des Erfolgs eines Unterrichts bzw. eines Unterrichtskonzepts. Dabei geht man in diesem Bereich – und hier im Gegensatz zum Bereich der Rechtschreibung – von einer starken Beziehung zwischen der Unterrichtsgestaltung und den mathematischen Leistungen aus und zwar insofern, als dass vor allem Unterrichtsmerkmale, die eher lehrerzentriert bzw. lehrergesteuert erscheinen, als effektiv betrachtet werden. Soziales Klima und Förderungsorientierung des Unterrichts werden als eher unwichtig angesehen (vgl. Helmke/ Weinert 1997).

Da das hier untersuchte Konzept gerade auf dem positiven sozialen Klima in der Klasse und der persönlichen Beziehung zwischen den Schülern sowie dem Lehrer und den Schülern basiert und zudem auch die Lehrersteuerung durch das selbstgesteuerte Arbeiten der Kinder stark relativiert wird, geht es um die Überprüfung der These, ob Mathematik- bzw. Arithmetikunterricht nicht auch ohne Lehrgang bzw. „Unterrichten" gestaltet werden kann. Vor dem schon in den vorigen Kapiteln angesprochenen Hintergrund, in die Auswertung vor allem die Kinder einzubeziehen, die ausschließlich nach dem hier beschriebenen Konzept gelernt haben (Kernstichprobe), sollen folgende drei Fragen beantwortet werden:

- Ist die arithmetische/mathematische Leistung der Klasse mindestens durchschnittlich?
- Ist die Streuung bzw. die Entwicklung der Streuung nicht höher als üblich?
- Entwickelt sich die Gruppe der in Mathematik „schwachen" Kinder mindestens durchschnittlich?

Um neben der oben vorgenommenen Verortung der Intelligenzwerte der Klasse bzw. der Teilstichproben in größeren Stichproben auch fachspezifische Anhaltspunkte für die Vergleichbarkeit der Kinder zu bekommen, wurden die fachlichen Voraussetzungen der Kinder zu Schulanfang erhoben und mit den Ergebnissen anderer Studien (vgl. Selter 1995) in Beziehung gesetzt. Dabei lässt sich – trotz eventueller Vorbehalte hinsichtlich des Erhebungsverfahrens und eines direkten Vergleichs – feststellen, dass die Kinder der hier untersuchten Klasse zumindest keine überdurchschnittlichen Vorkenntnisse hatten. Ein Kind (Natalie) fällt durch besonders wenige bzw. gar keine mathematische Vorkenntnisse auf.

Im ersten Schuljahr wurden den Kindern nach 2,5 Monaten und nach einem halben Jahr die für das gesamte erste Schuljahr vorgesehenen Tests des „Zahlenbuchs" (vgl. Berger u. a. 1994c) zum Bearbeiten vorgelegt. Dabei zeigte sich, dass alle Kinder der Kernstichprobe wesentlich mehr Aufgaben lösen konnten bzw. weiter im Stoff waren, als sie gemusst hätten. Nur Natalie, die den ersten Test fehlerfrei bearbeitet hat, erreicht zum Halbjahr eher unterdurchschnittliche Werte. Dabei weisen die

Testergebnisse darauf hin, dass generell vor allem Aufgaben mit als Hilfsmitteln gedachten Veranschaulichungen falsch gelöst wurden. Insgesamt zeichnet sich trotz der durchschnittlichen Eingangsvoraussetzungen ein eher überdurchschnittliches Können als auch eine vergleichsweise hohe mathematische Motivation der ohne Lehrgangsunterricht lernenden Kinder ab.

Als durchgängiges Messinstrument bis in die fünfte Klasse hinein wurde ein Überforderungstest geschrieben, der inhaltlich nicht nur auf den im jeweiligen Schuljahr beschränkten Zahlenraum bzw. die dann üblichen Operationen begrenzt war, sondern immer schon Aufgaben aus den nachfolgenden Schuljahren enthielt. Zur Auswertung wurden die Operationen Addition, Subtraktion, Multiplikation und Division in fünf Stufen eingeteilt, die sich wiederum an den für die ersten vier bzw. fünf Schuljahre in Lehrplänen bzw. Lehrgängen vorgesehenen Inhalten orientieren (als Vergleichsstufe „Schuljahr" notiert bzw. abgebildet).

Die angegebenen Werte bzw. Mittelwerte sind dabei aus statistischen Gründen immer nur als anschauliche Näherungswerte zu verstehen. Diese Vorgehensweise hat sich aber im praktischen Gebrauch bzw. in anderen Untersuchungen (siehe Kapitel Rechtschreiben) bewährt und stimmt dort in hohem Maße mit Auswertungsverfahren überein, die berücksichtigen, dass die Niveaustufen eigentlich nicht auf einer Intervallskala liegen und deshalb nicht einfach Mittelwerte gebildet werden können. Zur weiteren Veranschaulichung wird der Anteil der Kinder angegeben, die über bzw. unter einem bestimmten Schwellenwert bzw. einer Kompetenzstufe liegen. Folgende Resultate ergaben sich als Durchschnittswerte der Kernstichprobe:

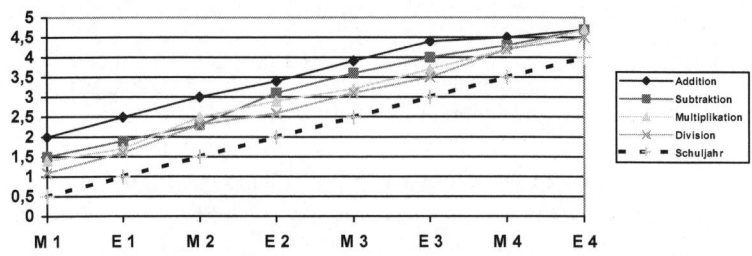

Mathematischer Überforderungstest Kernstichprobe (N=15)								
Testzeitpunkt:	M 1	E 1	M 2	E 2	M 3	E 3	M 4	E 4
(Vergleichsstufe:)	(0,5)	(1)	(1,5)	(2)	(2,5)	(3)	(3,5)	(4)
Addition AM=	**2,0**	**2,5**	**3,0**	**3,4**	**3,9**	**4,4**	**4,5**	**4,7**
SD =	0,8	0,6	0,6	0,4	0,6	0,4	0,3	0,4
Subtraktion AM=	**1,5**	**1,9**	**2,3**	**3,1**	**3,6**	**4,0**	**4,3**	**4,7**
SD=	0,6	0,5	0,8	0,7	0,8	0,4	0,5	0,5
Multiplikation AM=	**1,4**	**1,7**	**2,5**	**2,9**	**3,2**	**3,7**	**4,2**	**4,7**
SD=	0,5	0,6	0,7	0,5	0,6	0,7	0,6	0,4
Division AM=	**1,1**	**1,6**	**2,3**	**2,6**	**3,1**	**3,5**	**4,2**	**4,5**
SD=	0,5	0,6	0,6	0,7	0,6	0,7	0,6	0,4

Zwar ist ein direktes Inbeziehungsetzung der Stufenzahlen mit Schuljahren mit Vorbehalt zu betrachten, dennoch kann aber auf jeden Fall von einer mindestens durchschnittlichen, im Mittel eher überdurchschnittlichen Entwicklung der Klasse im arithmetischen Bereich ausgegangen werden. Zu allen Testzeitpunkten beherrschen die Schüler schon Stoff, den sie in Bezug auf den Zahlenraum bzw. die Operationen und Verfahren eigentlich noch nicht können müssten. Auch bei näherer Betrachtung ist erkennbar, dass – wenn man die Schuljahresanforderungen als Schwellenwert nimmt – die ganze Kernstichprobe bis auf ein Kind immer über den Anforderungen liegt:

Im Bereich der Addition haben die Kinder fast über die gesamte Grundschulzeit einen Vorsprung von rund eineinhalb Schuljahren, bis das Messinstrument wie auch bei den anderen Operationen im vierten Schuljahr höhere Leistungen nicht mehr richtig erfasst (Deckeneffekt) bzw. auf Grund der Beschränkung auf den Grundschulstoff nicht mehr erfassen kann. Kein Kind liegt irgendwann unter den Anforderungen. Im Bereich der Subtraktion beträgt der durchschnittliche Vorsprung vor dem gängigen Lehrplan rund ein Schuljahr und nur Natalie liegt zu zwei Messzeitpunkten eine halbe Stufe unter den Anforderungen. Bei der Multiplikation schwankt der Vorsprung gegenüber den Lehrgangsinhalten zwischen einem dreiviertel und einem ganzem Jahr und auch hier liegt nur Natalie zu einzelnen Messzeitpunkten unter den Anforderungen. Die Division ist für die Schüler wohl die schwierigste oder auch alltagsfernste Operation, sie spielt eine eher untergeordnete Rolle. Im Schnitt liegen die Schüler bei der Division trotzdem ungefähr ein halbes Schuljahr vor dem Lehrgangsstoff. Neben Natalie, die bis zum vierten Schuljahr kontinuierlich unter den Anforderungen liegt, erreicht nur Meike zu zwei Messzeitpunkten Werte, die eine viertel bzw. eine halbe Stufe unter den Anforderungen liegen. Auch bei Einbezug der Verluststichprobe verändern sich die Werte im Grunde nur marginal und auch nicht in eine bestimmte Richtung.

Insgesamt zeigt die Übersicht, dass die Leistungen der Kinder in einem selbstgesteuerten Mathematikunterricht ohne Lehrgang in der Tendenz eher über den Kompetenzen liegen, die allgemein für die jeweilige Jahrgangsklasse angenommen werden. Auch die Werte für die Streuung erscheinen eher gering bzw. haben keine offensichtlich zunehmende Tendenz (wobei gegen Ende der Grundschulzeit eingeschränkt auch der Deckeneffekt eine Rolle spielen kann). Als schwaches Kind fällt in der Kernstichprobe besonders Natalie auf. Ihre Leistungen sind im Bereich der Addition immer entsprechend bzw. über den Lehrplananforderungen, bei der Subtraktion liegt sie hingegen sehr nahe am normalen Lehrgangsstoff. Bei der Multiplikation liegt sie eher unter den Anforderungen des jeweiligen Schuljahres, die Division erschließt sie sich erst spät, diese gestaltet sich für sie schwieriger als die anderen Operationen. Trotzdem erreicht Natalie zur Mitte bzw. zum Ende des vierten Schuljahres bezüglich beider Operationen durchaus akzeptable Werte. Ihre Entwicklung wird im Rahmen der ausführlichen Fallstudien noch näher analysiert (siehe Kapitel 16).

Diese positiven Ergebnisse im Bereich der Arithmetik werden durch andere durchgeführte Erhebungen und Normtests bestätigt, die auch andere mathematische Bereiche umfassen. So wurden im vierten Schuljahr der Schweizer Rechentest 3 und 4 (vgl. Lobeck 1987; 1990) und eine Erhebung im Rahmen einer TIMSS-Nachuntersuchung (vgl. Ratzka i. V.) durchgeführt. Des Weiteren beinhalteten durchgeführte Schulleistungstests teilweise mathematische Untertests, deren Ergebnisse einbezogen werden können. Der SRT 3 ist hier wegen fehlender Vergleichsdaten nach der Norm Ende Klasse 3 ausgewertet, der SRT 4 ist korrekt normiert.

Prozentrangwerte Ende Klasse 4	*SRT 3*	SRT 4	MA im AST 4	TIMSS Nacherheb.
Ø **Kernstichprobe**	*81-*	**74**	**84**	**96**
Kernstichprobe PR-Band (RW ± 1 SD)	*43-98*	*47-100*	*63-99*	*88-100*
Eich- bzw. Vergleichsstichprobe PR-Band (RW ± 1 SD)	*21-86*	*18-83*	*21-84*	*20-80*

In allen Tests liegen die Ergebnisse der Kernstichprobe vergleichsweise hoch, oft sogar als Durchschnittswert schon im oberen Bereich der Eich- bzw. Vergleichsstichproben (PR 75-100). Der Unterschied ist dabei immer hochsignifikant. In der TIMSS-Nacherhebung schneidet die Klasse (einschließlich der bislang nicht thematisierten Zuwachsstichproben) als beste Klasse aller getesteten Klassen ab, obwohl der im Rahmen derselben Untersuchung erhobene Intelligenzquotient mit einem Klassenmittelwert von 100,6 dem Durchschnittswert entspricht (s. o.). Dabei befindet sich die mathematikschwächere Schülerin Natalie auf Prozentrang 61, alle anderen Schüler liegen auf Prozentrang 88 oder darüber. Im SRT schneidet Natalie hingegen schwach ab, in diesen Tests liefern auch Lutz und Fedor Ergebnisse unter dem Durchschnitt, was u. a. auf den hohen Anteil an komplexen Textaufgaben zurückzuführen sein kann. Die Entwicklungen aller drei Kinder werden unten im Rahmen ausführlicher Fallstudien vertiefend analysiert (siehe Kapitel 16). Alle anderen Kinder liegen gut über dem Durchschnittswert.

Ähnliche Ergebnisse liefern auch verschiedene Teiltests von Schulleistungsüberprüfungen, die zur Beurteilung der Kompetenz des Lösens von Textaufgaben, Zahlreihen oder Denkaufgaben herangezogen werden können. Auch hier erreicht die Kernstichprobe überdurchschnittliche Ergebnisse, und lediglich Natalie, Fedor und Lutz fallen als eher unter dem Durchschnitt liegend auf.

Da im selbstgesteuerten Mathematikunterricht keine Übungsphasen vorgegeben werden, stellt sich die Frage, ob bzw. wann die Kinder die entsprechenden Aufgaben automatisiert haben. Das Einspluseins haben fast alle Kinder der Kernstichprobe schon im ersten Schuljahr automatisiert, lediglich Meike und Natalie beherrschen die entsprechenden Aufgaben erst im zweiten Schuljahr abschließend bzw. so sicher, dass man sie als wirklich automatisiert bezeichnen kann. Die Automatisation des Einsminuseins erfolgt langfristiger. Zwar beherrscht knapp die Hälfte der Kinder der Kernstichprobe die entsprechenden Aufgaben schon direkt im ersten Schuljahr sicher auswendig, aber es gibt fast genauso viele Kinder, die die Aufgaben des kleinen Einsminuseins erst im zweiten Schuljahr automatisiert haben. Das Einmaleins, das laut Lehrplan bis zum Ende des dritten Schuljahres gedächtnismäßig beherrscht werden soll, haben rund die Hälfte der Kinder der Kernstichprobe schon in der Mitte des zweiten Schuljahres automatisiert, Mitte der dritten Klasse haben alle Kinder außer Natalie die Aufgaben präsent. Das Einsdurcheins eignen sich alle Kinder der Kernstichprobe bis auf drei Kinder noch vor Mitte des dritten Schuljahres an. Bis zum Ende des Schuljahres bzw. bis zur Mitte des vierten Schuljahres haben es alle Kinder parat. Das eigentlich gar nicht mehr als zu automatisieren betrachtete große Einmaleins erlernen außer Natalie alle Kinder der Kernstichprobe innerhalb ihrer Grundschulzeit, die meisten bis zur ersten Hälfte der vierten Klasse als Fortsetzung des von ihnen schon früh beherrschten Einmaleins. Gerade dieser Umstand gibt einen Hinweis auf die hohe Mathematikmotivation fast aller Kinder, die durch eine stetige Eigenherausforderung gekennzeichnet ist.

Insgesamt lässt sich auf Grund der Ausführungen auch ohne direkte Vergleichswerte feststellen, dass trotz des Verzichtes auf explizite Übungsstunden die gängigen Automatisierungen so rechtzeitig erfolgt sind, dass sie dem durch den Lehrplan oder Lehrgang vorgegebenen Zeitpunkt immer voraus waren – und zwar bei allen Kindern. Selbst Natalie, die die Aufgaben von allen Kindern zum jeweils spätesten Zeitpunkt automatisiert hat, befindet sich immer innerhalb der Lehrplananforderungen.

Trotz nicht überdurchschnittlicher Eingangsvoraussetzungen liegen in der hier untersuchten Klasse bzw. Stichprobe überdurchschnittliche Ergebnisse für den Bereich der Arithmetik vor – und zwar ohne dass ein lehrgangsmäßiger Unterricht stattgefunden hätte. Auch die geringen Werte für die Streuung weisen nicht darauf hin, dass der Unterricht bestimmte Kinder- oder Leistungsgruppen benachteiligt hätte. Selbst die drei schwächsten Kinder der Kernstichprobe erreichen zum Ende der Grundschulzeit Werte, die nicht im untersten Leistungsbereich liegen (vgl. auch die ausführlichen Fallstudien in Kapitel 16 und die befriedigenden Mathematiknoten dieser Kinder auf der weiterführenden Schule). Es ist also auf der Grundlage der oben genannten Vergleichbarkeit der Lernvoraussetzungen der Stichprobe mit einer Normstichprobe davon auszugehen, dass sich auch die Gruppe der „Mathematikschwachen" eher über- als unterdurchschnittlich entwickelt hat. Es könnte sogar – wie schon in den Bereichen Lesen und Rechtschreiben vermutet – sein, dass Kinder, die sonst u. U. dieser Gruppe auf Grund ihrer Leistungen hätten zugerechnet werden müssen, im hier untersuchten Unterrichtskonzept gar nicht erst „mathematik-schwach" geworden sind.

Die Behauptung, dass Arithmetik bzw. Mathematik auf Klassenebene nur mit einem expliziten Lehrgang erlernt werden kann, muss nach diesen Ergebnissen zumindest relativiert werden, da die beschriebene Stichprobe dies für den hier beschriebenen Rahmen widerlegt. Das könnte dafür sprechen, impliziten und inzidentellen Lern-prozessen auch in der Mathematikdidaktik eine stärkere Beachtung zu schenken und statt expliziter Einführungen und Übungen o. Ä. im Unterricht mehr auf selbstge-steuertes Lernen, z. B. durch freies Rechnen und Mathematik-Treiben zu setzen.

16 Die Leistungsentwicklung der leistungsschwächer erscheinenden Kinder der Kernstichprobe im Offenen Unterricht

In der in den letzten Kapiteln erfolgten Darstellung der Leistungsentwicklung auf Klassenebene (bzw. der Kernstichprobe) fallen immer wieder drei Kinder besonders auf: Fedor, Lutz und Natalie. Ihre Leistungen erscheinen im Vergleich zu denen der anderen Kinder eher schwach und liegen in Normtests durchweg unter den Durchschnittswerten der jeweiligen Eichstichproben. Von daher erscheint es angebracht, die Entwicklungen dieser Kinder näher zu betrachten.

Dabei steht die Frage im Vordergrund, ob es Kinder gibt, die im oder sogar durch den Offenen Unterricht schlechtere Leistungen erbringen als in anderen Unterrichtsformen. Diese Frage wird sich auf Grund der komplexen Zusammenhänge, die das Lernen und die Entwicklung von Kindern bestimmen, nicht abschließend beantworten lassen. Aber dennoch kann eine nähere Betrachtung der Zusammenhänge helfen, Risiken und Chancen Offenen Unterrichts fassbarer zu machen und das Konzept in gewisser Weise „nach unten hin" abzusichern. Die genauere Analyse stellt dabei einerseits so etwas wie eine „Lupenstelle" bezüglich möglicher Probleme innerhalb des Konzepts dar, andererseits liefert sie auch Hinweise auf andere Faktoren, die entweder das Konzept oder aber auch generell das Lernen von Kindern beeinflussen können. Aus Datenschutz- bzw. wissenschaftsethischen Gründen sind im Folgenden nur gekürzte Versionen der Originalfallstudien zu finden.

16.1 Fedor

Fedor ist bosnischer Kriegsflüchtling und wohnt zu Beginn der Grundschulzeit zusammen mit seinen Eltern und seinem ca. drei Jahre älteren Bruder in einer alten Lagerhalle, in der die Stadtverwaltung kleine Ein-Zimmer-Parzellen für Asylanten verschiedenster Länder und Kulturen abgetrennt hat. In den Wohnungen ist gerade Platz für die Betten und einen Tisch, gekocht wird in einem Küchenraum, der sämtlichen Asylantenfamilien zur Zubereitung ihres Essens dient. Wasser gibt es nur in den Waschräumen. Nach Auskunft einiger Frauen aus dem Ort, die in der Unterkunft zeitweise ehrenamtlich tätig sind und versuchen, den Asylanten bei Formalitäten o. Ä. zu helfen, zählen Messerstechereien und Schlägereien zum Alltag. Später wird Fedors Familie eine Wohnung in den für Asylbewerber neu errichteten Mehrfamilienhäusern auf dem Gelände des städtischen Bauhofes zugewiesen.

Da die Familie schon einige Zeit vor Fedors Einschulung mit 7;2 Jahren nach Deutschland geflüchtet ist, können sich Fedor und sein Bruder ganz passabel auf Deutsch verständigen. Die Mutter versteht (einfaches) Deutsch und versucht auch, es ansatzweise zu sprechen. Der Vater spricht kein Deutsch, lernt allerdings im Laufe der Zeit einiges dazu, sodass er dann Gespräche sinngemäß mitverfolgen kann. In der Familie wird primär bosnisch gesprochen. Als Fedor eingeschult wird, wechselt sein Bruder gerade auf die Gesamtschule.

Fedor ist von Anfang an sehr zurückhaltend und schüchtern. Er spricht nur, wenn er gefragt wird, und auch dann gibt er nur kurze Antworten. Insgesamt erscheint er außerhalb des elterlichen Umfelds eher unsicher. Er ist sportbegeistert, vor allem Fußball spielt er gerne und gut. Zu Hause sieht er meist mit seinem Vater den Sportkanal oder trifft sich mit anderen Kindern zum Fußballspielen. Beim Gespräch vor der Einschulung wirkt vor allem die Mutter trotz einer spürbar vorhandenen Resignation engagiert, das Beste aus der Lage zu machen. Unter anderem überschattet das Arbeitsverbot des Vater den täglichen Alltag. In den regelmäßig alle paar Monate stattfindenden Gesprächen – meist bei Fedor zu Hause – ist in Bezug auf die Situation der Familie die große Unsicherheit bezüglich der Rückführung nach Bosnien-Herzegowina als sehr belastender Faktor erkennbar. Vor allem möchte man, dass Fedor die Grundschulzeit in Deutschland beenden kann.

Da die Verlängerung der Aufenthaltsgenehmigung aber immer nur für einen kleinen Zeitraum erfolgt, ist die Familie fast zwei Jahre über ihren Rückführungstermin im Unklaren. Da sich Fedors Arbeitsverhalten in diesem Zeitraum vom zweiten Halbjahr des zweiten Schuljahres bis zum zweiten Halbjahr des vierten Schuljahres auffällig ändert, könnte es sein, dass Zusammenhänge zwischen dieser persönlichen Unsicherheit und Fedors Lern- und Leistungsmotivation vorhanden sind. Letztendlich erfolgt die Rückführung dann aber erst nach Fedors Grundschulbeendigung (u. a. verzögert durch Krankheit in der Familie). Da der Heimatort der Familie auf serbischem Gebiet liegt, kann die Familie nicht in ihr altes Haus zurückkehren. Sie bekommen einen neuen Wohnort von der Föderation zugewiesenen. Entsprechend der Knappheit der Arbeitsmöglichkeiten bzw. der öffentlichen Mittel vor Ort haben sich die Lebensbedingungen der Familie nach der Rückführung weiter verschlechtert.

16.1.1 Entwicklung im Arbeits- und Sozialverhalten

Fedor macht einen durchschnittlich intelligenten Eindruck, schneidet bei (sprachfreien) Intelligenztests aber unterdurchschnittlich ab (CFT 20 mit 10;11 Jahren: IQ-Wert 91; Prozentrang 31). Fedor ist auch in der Schule sehr zurückhaltend und still. Der sprachliche Bereich fällt ihm schwer, er beschäftigt sich lieber mit Mathematik als mit dem Schreiben und Lesen von Geschichten oder Sachtexten. In seinen Erzählungen schreibt er vielfach über Tiere, die ausziehen und Freunde finden. Seine Bilder sind von Kriegserlebnissen geprägt, er malt beispielsweise viele Bilder, in denen Häuser ohne Dächer vorkommen.

1. Schuljahr

Fedor fällt das selbstständige Arbeiten von Anfang an nicht leicht, lieber ist ihm ein konkreter Arbeitsauftrag oder das Zusammenarbeiten mit einem seiner vorzugsweise nicht-deutschen Freunde. Im „Privat-Zeugnis" für das erste Schulhalbjahr schreibt ihm der Lehrer:

Hinweise zum Arbeits- und Sozialverhalten:

Lieber Fedor,

Du hast im letzten halben Jahr eine Menge gelernt. Oft weißt Du aber nicht, was Du machen könntest und jemand muß Dich fragen, ob Du nicht rechnen oder schreiben willst. Hast Du gar keine eigenen Ideen?

Wenn Du dann arbeitest, kannst Du das immer besser auch alleine ohne Hilfe.

Mit den anderen Kindern kommst du gut zurecht. Manchmal bist Du aber auch zu schüchtern, den anderen Kindern zu sagen, was Du denkst. Da Du gut Deutsch sprichst, kann es doch eigentlich nicht an der Sprache liegen, oder?

Hinweise zu den Lernbereichen/Fächern:

Du kannst schon gut schreiben, am besten dann, wenn Du langsam schreibst und das danach noch einmal liest. Denn Lesen kannst Du auch schon. Bald kannst Du Deine Geschichten selber vorlesen! Deine „Alter-Opa-Geschichte" wollen die Kinder immer noch hören. Du schreibst tolle Geschichten!

Rechnen kannst Du auch gut, noch besser wäre das, wenn Du ein bißchen mehr üben würdest. Du siehst, man kann immer etwas tun.

Forschersachen hast Du noch nicht so viele gemacht, vielleicht überlegst Du Dir mal etwas spannendes?

Ich freue mich auf das nächste halbe Jahr mit Dir.

In der zweiten Hälfte des ersten Schuljahres öffnet er sich immer mehr auch anderen Kindern, wobei ihm seine Position als starker Sportler bzw. Fußballer zu helfen scheint. Die Klassenkameraden arbeiten trotz oder auch wegen seiner leisen, zurückhaltenden Art gerne mit ihm. Immer häufiger (aber immer noch selten) meldet Fedor sich in den gemeinsamen Runden zu Wort, um sich zu Gegebenheiten, die ihn stören oder die er anders sieht, zu äußern. Auch sein Arbeitsverhalten wird etwas selbstständiger, er schreibt kleine Geschichten, die den anderen Kindern gut gefallen und denkt sich selber knifflige Mathematikaufgaben aus. In der Regel greift er aber lieber auf Impulse anderer Kinder oder des Lehrers zurück. Freiwillige Arbeiten als Hausaufgaben macht er nur selten.

In seinem eigenen Rückblick auf das erste Schuljahr findet Fedor seine Leistungen, sein Arbeitsverhalten, seine Zusammenarbeit mit anderen und seine Beteiligung im Sitzkreis gut. Er reflektiert positiv, dass er jetzt lesen kann, sieht allerdings Mängel beim Schreiben. Seine Leistungen im Rechnen findet er OK, das eigene Forschen und sein „Wissen um Jesus" wiederum nicht. Im Hinblick auf die Zeugnisbeurteilung durch den Lehrer schreibt er: „MAEIN ZEUGNIS WARGUT iCh MUS NOH BESER DEUTSChE WÖRTER LERNEN".

2. Schuljahr

Im zweiten Schuljahr arbeitet Fedor immer selbstständiger. An vielen Tagen schreibt er Geschichten, die er zusammen mit dem Lehrer nachsehen möchte, liest kleine Heftchen und Bücher und denkt sich schwierige Mathematikaufgaben aus. An anderen Tagen ist sein Arbeitsverhalten allerdings eher auf reproduktive Arbeiten ausgerichtet, und er beschäftigt sich teilweise mit Sachen, die er eigentlich schon kann bzw. die keine neuen Inhalte enthalten. Impulse des Lehrers nimmt er aber bereitwillig an. Dazu ist im „Privat-Zeugnis" des ersten Halbjahres formuliert: „Manchmal machst du langweilige Sachen, aber dann muss man dir nur mal ein Zeichen geben."

In der Reflexion des ersten Halbjahres der zweiten Klasse bestätigen die anderen Kinder Fedor, dass er gute Geschichten schreibt, denen sie gerne zuhören. Sie fragen ihn auch, warum er nicht mehr Geschichten im Kreis vorlesen würde. Seine Rechtschreibkompetenz finden sie „mittel", seine Schreibschrift gut (sie hatten kurz vorher einen „Schönschreibwettbewerb" durchgeführt, bei dem Fedor bei den drei Siegerkindern war). Seine Leseleistungen erscheinen ihnen auch eher „mittel", während sie ihn im Rechnen und den anderen Bereichen einschließlich seines Arbeits- und Sozialverhaltens als gut einschätzen. Sie legen ihm nahe, mehr zu lesen und sich auch mal ein paar Bücher mit nach Hause zu nehmen. Das deckt sich gut mit Fedors eigener Leistungsreflexion, die er im Vorfeld formuliert hat: Ich mus meh Bücher lesen und mer Bücher na Hause mit bringen und noch im Greis vor lesen".

Im zweiten Halbjahr nimmt Fedors Kompetenz, selbstständig zu arbeiten, weiter zu, wobei die Schwankungen im eigenen Anspruch bleiben. Es gibt Tage, an denen er sich mit sehr herausfordernden und kniffligen Arbeiten beschäftigt, während er an anderen Tagen sehr leichte Dinge macht und für den Außenstehenden der Eindruck entsteht, dass er die Zeit nicht effektiv nutzt. Seine Gesprächsteilnahme im Sitzkreis ist nicht lebendiger geworden. Auch das freie Forschen fällt ihm noch immer schwer, im Zeugnis ist formuliert: „Forschen tust du am liebsten nach Anleitung, das ist aber nicht so gut wie Selberforschen. Trau dich auch hier mehr, es gibt doch bestimmt viel, was dich interessiert." Der letzte Satz drückt den Versuch des Lehrers aus, herauszubekommen, ob es nicht Bereiche gibt, in denen Fedor eigenes Interesse entwickeln könnte. Im Gegensatz zu den meisten anderen Kindern scheinen Fedors Vorlieben stark auf Sport und Fußball begrenzt zu sein. Hier könnte unter Berücksichtigung der von Fedor bzw. der Familie zu verarbeitenden Erlebnisse ein Zusammenhang zwischen dem sehr anregungsarmen außerschulischen Umfeld (Sport im Fernsehen gucken bzw. Fußball spielen) und den eher geringen eigenen Interessen bestehen. Wenn Fedor allerdings mit anderen Kindern in Forschergruppen zusammen arbeitet, ist er verlässlich bei der Sache. Musik und Malen liegen Fedor nicht so, er zieht es eher vor zu werken oder etwas Konkretes zu bauen.

Sein Arbeitsverhalten schätzt Fedor zu diesem Zeitpunkt mit „mittel" negativer als vorher ein, was sich mit dem Eindruck der anderen Kinder, des Lehrers und auch der Mutter deckt (und zeitlich mit der größer werdenden Unsicherheit der Familie bezüglich der Rückführung nach Bosnien zusammenfällt). Fedor reflektiert rückblickend, dass er vor allem dann gut arbeitet, wenn er etwas zusammen mit seinem Freund aus Marokko angeht, der Ende des ersten Schuljahres in die Klasse gekommen ist. Das Schreiben und Nachsehen seiner Geschichten mit anderen Kindern, dem Lehrer oder dem Wörterbuch beurteilt er mit gut, genauso seine Kompetenzen im mathematischen Bereich. Das Forschen reflektiert er kritischer, dort ordnet er sich „mittel" ein. So beurteilt er sich auch im Lesen, das er sich erneut für das nächste Schuljahr verstärkt vornimmt.

Diese Einschätzungen entsprechen denen der anderen Kinder, die Fedors Schreibleistung (für ihn und seine Umstände) gut finden, allerdings auch sagen, dass er weniger schreibe als früher. Fedors Leseleistung wird als „mittel" betrachtet – genauso wie seine Forschungsaktivitäten, zu denen sie ihn unbedingt mehr anregen wollen. Fedor nimmt sich darauf hin für das nächste Schuljahr vor: „Ich möchte viel über Bäume und Tiere lernen. Am liebsten möchte ich ein kleines Schiff basteln, das auch schwimmen kann. [...] Ausflüge möchte ich in den Zoo gehen." Aber auch: „Im zweiten Halbjahr möchte ich gerne Fusball spielen."

3. Schuljahr

Im dritten Schuljahr zeigt Fedors Arbeitsverhalten einen recht starken Einbruch. Der Anteil der Tage, an denen ihm das sich selbst herausfordernde Arbeiten schwer fällt, nimmt zu. Fedor lässt sich leicht ablenken und orientiert sich leistungsmäßig eher an schwächeren Kindern. Im Zeugnis für das erste Halbjahr steht:

> Du hast im letzten Jahr nicht jeden Tag so gut gearbeitet, wie du es hättest tun können. Es gab eine längere Phase, in der du wenig gemacht hast oder nur Sachen, die du schon konntest. Andererseits hast du an vielen Tagen gezeigt, dass du selbstständig Geschichten überarbeiten und auch kniffligere Rechensachen herausbekommen kannst. Lass dich von deinen Freunden nicht zu sehr ablenken und arbeite am besten schwierige Sachen mit deinem besten Freund.

Auch seine Teilnahme an den gemeinsamen Gesprächen nimmt weiter ab und er ist wieder stiller und zurückhaltender geworden:

> Aufgegeben habe ich mir langsam, mir zu wünschen, dass du in der Schule mehr redest. Ich habe fast den Eindruck, das wird eher weniger als mehr! Warum ist das so? Du weißt viele gute Sachen und die Kinder freuen sich immer total, wenn du etwas vorliest.

Das geänderte Arbeitsverhalten Fedors spiegelt sich auch in seinen fachlichen Leistungen im Bereich Sprache wieder. Fedor schreibt relativ einfache und sich einander stark ähnelnde Geschichten. Dabei reflektiert bzw. überprüft er seine Verschriftungen nur selten, sodass er viele Wörter, die er richtig schreiben kann, nicht orthographisch korrekt verschriftet oder auch Buchstaben vergisst. In Mathematik wird sein sonst eher motiviertes Arbeitsverhalten wechselhafter, sodass er im Zeugnis zwar schuljahresentsprechende Leistungen bescheinigt bekommt, aber doch auch die Enttäuschung des Lehrers über den geringen Fortschritt herauszuhören ist:

> **Mathematik:** Du kannst Plus- und Minusaufgaben im Tausenderraum lösen, größere Aufgaben ohne Überschreitung auch. Wenn du in diesem Halbjahr mehr gerechnet hättest, wären Aufgaben aller Größen kein Problem für dich! Auswendig kannst du 1+1, 1-1, 1*1 und 1:1, das große Einmaleins wartet noch auf dich, obwohl du die Aufgaben bestimmt schon lösen kannst. Gib dich dran! Deine Rechengeschichten sind gut, du hast auch keine Angst vor schwierigeren Aufgaben.

Zeitlich fällt Fedors geändertes Arbeitsverhalten mit der konkreter werdenden Rückführung der Familie nach Bosnien zusammen.

Fedor reflektiert das erste Halbjahr der dritten Klasse nun auch in den Fächern kritischer als sonst und schätzt sich in vielen Bereichen statt „gut" nur noch „mittel" ein. Er nimmt sich vor: „Ich mache jeden Tag jetzt 1 Geschichte ein bicjen lesen danach Computter".

Auch im zweiten Halbjahr ergibt sich der Eindruck, dass Fedors Arbeitsverhalten nicht viel selbstständiger und selbstverantwortlicher geworden ist. Seine Beteiligung in der Klasse ist auf eher zurückhaltendem Niveau geblieben. Fedors Geschichten sind wieder abwechslungsreicher und auch umfassender geworden, aber er schreibt seltener als vorher. Auch seine Vorsätze bezüglich des Lesens hat er nicht erfüllt und eher weniger denn mehr gelesen. Im Zeugnis ist dazu zu finden:

> Du hattest dir zwar vorgenommen, mehr zu lesen, hast das aber nicht gemacht. Entsprechend liest du noch nicht flüssig. Auch bezüglich der Betonung der Wörter hat sich im letzten Halbjahr nicht viel getan. Du musst wirklich einfach mehr lesen, damit du deine schlechteren Ausgangsbedingungen auffangen kannst.
>
> Deine Geschichten sind zwar besser geworden, aber du hast wiederum nicht sehr viele geschrieben. Ich denke, dass dir das Lesen auch hier viele Anregungen geben kann und zugleich deinen Wortschatz erweitern wird. Da solltest du wirklich mehr machen !

Um sich das selbstständige Entscheiden für eine Arbeit zu erleichtern, hat sich Fedor in diesem Halbjahr verstärkt Texte von anderen Kindern diktieren lassen und diese dann geübt. Diese Texte schreibt er je nach Übungsgrad fehlerfrei bzw. mit durchschnittlicher Fehlerzahl, was allerdings keine Auswirkung auf seine Rechtschreibleistung in freien Texten hat. Hier fällt ihm das genaue Verschriften und Überprüfen der Wörter und Schreibweisen nach wie vor schwer.

> Obwohl du geübte Texte sogar fehlerfrei schreibst, hast du beim Rechtschreiben wieder nur geringe Fortschritte gemacht, deine Leistungen werden hier im Vergleich immer schwächer. Du musst einfach mehr lesen und schreiben, denn viele Fehler liegen daran, dass du für dich nicht geläufige Wörter verwendest und diese dann nicht richtig schreibst, weil du nicht genau hinhörst. Zugleich bist du unsicher mit den Besonderheiten bei der Rechtschreibung (Buchstaben verdoppeln, zusätzliche „h"'s und so weiter) und überlegst auch oft nicht, aus welchen Wörtern andere Wörter zusammengebaut sind.

In Mathematik hat Fedor sich zwar weiter entwickelt, aber auch hier hat man den Eindruck, dass er unter seinen Möglichkeiten geblieben ist und sich vornehmlich in den in diesem Schuljahr üblichen Bereichen (schriftliche Addition und Subtraktion) und nicht darüber hinaus bewegt hat. In der eher projektgebundenen Arbeit beim Forschen hat Fedor gut in einer Gruppe mitgearbeitet.

Seine eigenen Leistungen reflektiert Fedor zum Schluss des Schuljahres etwas besser als zu Beginn und formuliert sie wieder eher im Bereich „gut". Seine Schwächen sieht er beim Nachsehen von Geschichten: „Ich sehe meine Geschichten mitel nach Ich benutze mein Wörterbuch nicht oft". Er nimmt sich Anfang des vierten Schuljahres vor: „Ich muss noch mer Geschichten schreiben und mehr nachkucken. Eine Seite Lesen und in Drei Tage eine Geschichte nachsen." Seine Mathematikleistungen findet er gut, während er seine Leistungen beim Forschen und Vortragen als nicht gut bezeichnet.

<u>4. Schuljahr</u>

In der ersten Hälfte des vierten Schuljahres gehen Fedors Leistungen noch weiter zurück. Zu diesem Zeitpunkt bereitet sich die Familie mehr oder weniger monatlich auf die Rückführung nach Bosnien vor. Fedors Motivation, in der Schule herausfordernde Arbeiten selbst in Angriff zu nehmen, unterliegt immer größeren Schwankungen.

Der Lehrer schreibt Fedor in einem Brief:

> Du bist im letzten Jahr immer fauler und lustloser geworden. Schade. Vielleicht bist du unsicher wegen eures Umzuges nach Bosnien ?
>
> Du musst unbedingt mehr lesen, schreiben und überarbeiten. Manchmal gibst du dir da viel zu wenig Mühe. Geübte Texte sind zwar OK, aber freie Geschichten sind immer noch zu schlecht.
>
> Auch bist du mir im Mündlichen viel zu ruhig. Du sagst nur ganz selten etwas. Was soll man da für eine Note geben ? [...]
>
> Also: Lesen, schreiben, Vorträge und mehr mitmachen !
>
> Sonst landest du statt auf einem Gymnasium doch auf einer Hauptschule. Und das wäre ja wohl Quatsch!

Erstaunlich ist vor allem, dass Fedors Arbeitsverhalten auch in Bereichen dürftiger wird, die bei ihm bislang eher positiv besetzt waren, wie z. B. der Mathematik. Beim Lesen und Schreiben setzt er immer mehr auf das Üben von Texten, worin er dann auch gute Leistungen erbringt. Betrachtet man aber die Leistungen beim Schreiben und Lesen von freien Texten, so ist festzustellen, dass die orthographischen Leistungen bzw. das Leseverständnis eher unterdurchschnittlich sind. Mit dem folgenden Kommentar wird er im Bereich Sprache mit Ausreichend benotet:

> Die Leistungsbewertung im Lesen bezieht bei Fedor auf Grund seiner sprachlichen Situation Vorleseleistungen mit ein. Evaluierendes und interpretatives Leseverständnis ist nicht gegeben. Die Leistungsbewertung im Rechtschreiben bezieht auf Grund Fedors sprachlicher Situation geübte Diktate sowie Kompetenzen und Engagement im Überarbeiten von Texten verstärkt mit ein. In freien Texten sind die Leistungen schlechter.

Im Sachunterricht erhält Fedor auch ein Ausreichend, in Mathematik, Musik und Kunst ein Befriedigend und in Sport ein Gut.

Im Gutachten für die weiterführende Schule wird Fedors Arbeitsverhalten folgendermaßen beschrieben:

Fedor kann selbstständig arbeiten, sich selber Ziele setzen und eigenständig Aufgaben bearbeiten und lösen. Zeitweise sind sein Arbeitstempo und seine Anstrengungsbereitschaft abhängig von seiner Motivation. Fedor beherrscht die notwendigen Lerntechniken und wendet sie – je nach Konzentration – mehr oder weniger gezielt an. Das Suchen und Entdecken von eigenen Aufgaben fällt Fedor schwer. Am liebsten arbeitet er nach klaren Vorgaben.

Bislang ist Fedor gut im Unterricht mitgekommen, lediglich im Bereich Sprache hinkte er hinterher. In der letzten Zeit gingen seine Beteiligung und seine Leistungen allerdings auffällig zurück.

Fedor kann gut kombinieren und logisch denken. Seine Gedächtnisleistungen sind gut. Manchmal fällt es ihm – evtl. aus sprachlichen Gründen – schwer, Anweisungen richtig zu verstehen und umzusetzen. Leider traut er sich dann nur selten, nachzufragen oder Erklärungen einzufordern.

Fedor beteiligt sich nicht an Gesprächen und Diskussionen, sobald die Gruppengröße die einer Kleingruppe übersteigt.

Er nimmt Tipps und Impulse gerne auf. Bei Gruppenarbeit kann man sich gut auf ihn verlassen. Allerdings nimmt er auch hier nicht gerne selber Sachen in die Hand, obwohl sein Wissen und seine Fähigkeiten dies ermöglichen würden.

Obwohl Fedors Wechsel auf die weiterführende Schule in Bosnien erfolgen wird, wird der Besuch der Realschule oder der Gesamtschule empfohlen.

Fedors Arbeitsverhalten ändert sich in der zweiten Hälfte des vierten Schuljahres, was zeitlich mit der Information der Familie einhergeht, dass Fedor seine Grundschulzeit in unserer Klasse beenden kann. Fedor arbeitet plötzlich motiviert an eigenen Geschichten und Mathematikaufgaben und steigert sich nicht unerheblich. Seine Mathematikleistungen können als „gut" bezeichnet werden, der Sprachgebrauch erscheint „befriedigend". Seine Leistungen im Rechtschreiben erscheinen je nach Kriterium zwischen „gut" und „mangelhaft", d. h. beurteilt man die Rechtschreibleistung nach geübten Diktaten, so erbringt Fedor gute Leistungen, in freien Texten ist seine Leistung weitaus schlechter. In der Hamburger Schreib-Probe erreicht Fedor den Prozentrang 34, im Diagnostischen Rechtschreibtest nach der Auswertung für Kinder mit anderer Muttersprache liegt er im Prozentrangband 51 bis 75. Mit einem entsprechenden Hinweis bekommt Fedor ein Ausreichend für seine Rechtschreibleistung. Auch im Lesen erhält Fedor ein Ausreichend, allerdings ohne Einschränkung. Seine Vorleseleistungen erscheinen „befriedigend", er kann jetzt weitgehend flüssig und sinnbetont vorlesen und auch den Sinn eines Texts korrekt wiedergeben. In entsprechenden Normtests zeigt Fedor aber, dass er zwar gezielt Informationen aufnehmen und zusammenführen kann, ihm aber das Kombinieren bzw. Rekonstruieren mehrerer Handlungs- oder Hintergrundmotive oder das Schließen von Informationslücken aus Kontext- und Allgemeinwissen nur eingeschränkt gelingt. Im Hamburger Lesetest erreicht er Ende Klasse 4 einen Prozentrang von 27. In den anderen Fächern hält er seine Noten, in Sport steigert er sich (durch das Wegfallen des Schwimmunterrichts) auf ein „Sehr gut".

Fedors Rückblick auf seine Schulzeit

Zum Ende seiner Grundschulzeit gibt Fedor eine Rückmeldung, wie er die vier Schuljahre in der Klasse beurteilt. Dabei schreibt er: „Es gab keine Zeit, voh ich mich nicht vol gefült habe." Ihm war es wichtig, viel selbst bestimmen zu können und mit anderen Kindern bzw. dem Lehrer jederzeit sprechen zu können. Nicht wichtig war ihm das freie Arbeiten an selbst gewählten Inhalten und sich selbst zum Arbeiten zu zwingen; er schreibt allerdings auch, dass es ihm nicht schwer fiel, frei zu arbeiten. Es hört sich so an, als hätte das freie Arbeiten für ihn einfach nur einen geringen Stellenwert.

Den Umgang des Lehrers mit ihm fand er gut, genauso die vielen Aktionen und Klassenfahrten, die gemacht worden sind. Er schreibt, dass er sich bei den anderen Kindern „*sehr sehr*" wohl gefühlt hat und jederzeit noch einmal in diese Klasse gehen würde.

Auch die Eltern waren mit dem Unterricht zufrieden, obwohl sie zeitweise bezüglich der Unterrichtsmethode unsicher waren. In einem Fragebogen mit vorgegebenen Items fanden sie Teamfähigkeit, Durchsetzungsvermögen, Demokratiebewusstsein, Kritikfähigkeit und Kreativität nicht sehr wichtig, schätzten aber Selbstverantwortung und Selbstdisziplin sowie Denkfähigkeit und Toleranz gegenüber anderen. Am schwierigsten zu verstehen fanden sie die Betonung der selbstgesteuerten Aneignung von Lerntechniken statt eines Auswendiglernens der Inhalte.

Im Folgenden werden die Leistungen in den Bereichen Rechtschreiben, Lesen und Arithmetik und ihre Entwicklung noch einmal differenzierter anhand konkreter Beispiele dargestellt bzw. untersucht.

16.1.2 Entwicklung im Rechtschreiben

Fedors Entwicklung im Bereich Rechtschreiben ist von einer guten Startphase und durchschnittlichen Leistungen bis zur Mitte des zweiten Schuljahres gekennzeichnet, danach liegen seine Leistungen im Vergleich zur (deutschen) Normstichprobe eher im unteren Mittelfeld. Eine genauere Betrachtung seiner Verschriftungen im Rückgriff auf die Wörter des Fünf- und des Neun-Wörter-Diktats, der Hamburger Schreib-Probe sowie eigener Texte ergibt bis zum Ende des vierten Schuljahres folgendes Bild:

1. Schuljahr

Fedor hat zwar Kenntnisse in der deutschen Sprache, aber keine Vorkenntnisse im Lesen und Schreiben. Er kann Deutsch verstehen und sich mit eingeschränktem Wortschatz verständigen, wobei er aber sehr zurückhaltend ist. Zusätzlich spricht er eher undeutlich, die Schulärztin formuliert vor der Einschulung „er nuschelt gern". Fedor erkennt Buchstaben als Elemente des Lesens und Schreibens, kann sie selbst aber noch nicht nutzen. Trotz seiner ungünstigen Voraussetzungen und seiner

Schwierigkeiten in diesem Bereich lernt er das Schreiben in einem durchaus angemessenen Zeitraum. Wie die meisten der Kinder der Klasse kann er nach ungefähr vier Wochen Schule Anlaute ansatzweise verschriften: Im Fünf-Wörter-Diktat schreibt er zu diesem Zeitpunkt *L* für Leiter, *U* für Hose, *SCh* für Schere, *R* für Regen und *M* für Mund. Er liegt mit einem Wert von 0,8 nach dem Stufenmodell von BRÜGELMANN (vgl. 1988/1989) im unteren Mittel der Klasse (Durchschnittswert 1,4; die Rechtschreibstufe 1 ist mit 68,4% am stärksten vertreten).

Nach drei Monaten verschriftet er die fünf Diktatwörter lautgetreu: *LAITA, HOSE, REGEN, ScHER* und *MUND*. Er befindet sich damit sicher auf Rechtschreibstufe 4 und gut über dem Klassendurchschnitt von 3,3. Ende des ersten Halbjahres schreibt Fedor: *LATA, HOSE, SChERE, REGEN, MUND* und verschriftet diese Wörter auch im April des Schuljahres noch so.

Auch in freien Texten verschriftet Fedor Ende der ersten Klasse Wörter lautgetreu, im Diktat der 100 häufigsten Wörter (Pronomen, Partikel usw.) schreibt er: *INZ, NUA, PLÜZLISCH, SEA, MAINER, FILE*. Teilweise lässt er einzelne Buchstaben weg (*DOH* für doch, *WAL* für weil). Auch in den Wörtertests vergisst er bei für ihn schwierigeren Wörtern teilweise einzelne Buchstaben (*schRUF* für Strumpf, *FART* für Fahrrad, *TELFON* für Telefon). Nicht lautgetreu zu verschriftende Wörter, die er u. U. aus anderen Verschriftungen kennt, schreibt er orthographisch korrekt (*HUND, WAND*) und verwendet dieses Muster teilweise illegal (*DORD*). Generell nutzt er aber noch keine orthographischen oder morphematischen Strategien (*SPIGEL, HAMER*).

2. Schuljahr

Im zweiten Schuljahr fängt Fedor an, Wörter in Schreibschrift und damit nun auch in Klein- und Großbuchstaben zu verschriften. Er beginnt einzelne orthographische Elemente zu verwenden (*Spiegel, Fahrat*). Zum Teil schreibt er vorher schon einmal richtig geschriebene Wörter falsch (*Want*). Es kann sein, dass er diese Wörter jetzt nicht mehr aus seiner Erinnerung schreibt, sondern vornehmlich eigene Verschriftungsstrategien anwendet. Das ganz korrekte Abbilden der Laute gelingt ihm noch nicht immer (*Kano, Leita, Bilsch, Strunf*), was mit einer Unbekanntheit der Wörter bzw. deren korrekter Aussprache zu tun haben kann.

Ende der zweiten Klasse verwendet Fedor immer mehr orthographische Strategien (*Rosiene, Schimmel, Lokomotiewe, fliegt, Kertze*). Morphematische Gesichtspunkte scheint er nur bei für ihn einfachen Wörtern zu berücksichtigen (*Wand*). In der Regel achtet er nicht auf Wortverwandtschaften oder darauf, dass Wörter aus anderen Wörtern bzw. aus Wortbausteinen zusammengesetzt oder abgeleitet sein können (*Bekerei, Zehne, Meuse, Fahrad, Schluseloch*).

3. Schuljahr

In der dritten Klasse fängt Fedor an, die zu schreibenden Wörter teilweise von Wortverwandten abzuleiten (*Bäckerei, Zähne*). Dies geschieht aber bei etwas schwierigeren Wörtern in der Regel nicht, diese verschriftet er lautgetreu (*Brieftreger, Leuferin, Fergeuferin*). Einige der Testwörter schreibt er ab diesem Zeitpunkt nun über längere Zeit bzw. bis ins vierte Schuljahr hinein falsch, er scheint hier keine Strategien mehr zu verbessern bzw. anzuwenden (*Spiene, Räber*). Er beachtet bei den Testwörtern immer mehr orthographische Phänomene (*Gieskanne, Blätter, Rollschuhe*), wendet sie aber in einem Großteil der Verschriftungen falsch an (*Schitzrichter, Qwackkucken, Computter*). Die entsprechenden Strategien scheinen nicht gefestigt bzw. verinnerlicht zu sein. In seinen freien Texten verzichtet Fedor in der Regel auf diese Elemente, dort verschriftet er weitgehend lautgetreu, ohne orthographische oder morphematische Phänomene zu beachten (*wolte, esen, net*).

Ende der dritten Klasse ergibt sich ein ähnliches Bild. Fedor verschriftet viele der Testwörter zwar anders als vorher, aber nicht richtiger. Er schreibt sogar einige Wörter, die er vorher richtig verschriftet hatte, jetzt falsch, ohne dass dies mit einem Übergeneralisieren zu erklären wäre (*Bangräber, Fahratschloss, Fakeuferin, Rolschuhe, Schichrichter*). Orthographische Elemente lässt er weitgehend weg und wendet auch morphematische Strategien wenig bzw. gar nicht an. Vor allem das Zusammensetzen von Wörtern aus Bausteinen bzw. anderen Wörtern beachtet er nicht konsequent. Dies ist auch in seinen freien Texten so. Dort berücksichtigt er zudem nun in der Regel die Großschreibung der Substantive, trennt aber zeitweise Sätze nicht mehr durch Punkte.

4. Schuljahr

Im vierten Schuljahr entwickeln sich die orthographischen Strategien zwar teilweise weiter (*Schmetterling*), bleiben aber wechselhaft (*Rolschuhe*) bzw. werden übergeneralisiert (*Banckräber, Geburstagsgeschenck, Mutt, Giebfel, trinckt*). Dies ist bei den morphematischen Strategien der Wortzusammensetzungen ähnlich, sie werden zwar bei bestimmten Wörtern angewandt (*Qwarkkuchen, Verkersschild, Eichhörnchen*), bei anderen aber nicht (*Fahratschloss*). Auch das Erkennen bestimmter Bausteine bzw. Schreibweisen ist wechselhaft (*Verkersschild – Ferkeuferin; verlegt – ferlegt*). Zum Teil haben die Schreibweisen bzw. der Rückfall auf die alphabetische Strategie sicherlich auch mit der Ungeläufigkeit der Wörter zu tun (*erzten* statt Ärztin, *Fabrigfüra* für Fabrikführer). In den freien Texten werden orthographische und morphematische Strategien nur eingeschränkt, vornehmlich bei ihm bekannten bzw. von ihm öfter verwendeten Wörtern angewandt.

Zum Ende des vierten Schuljahres scheinen sich die Strategien ansatzweise gefestigt zu haben. Vor allem Testwörter, die über längere Zeit kontinuierlich falsch geschrieben wurden (*Giskanne, Spienennetz*), werden nun anders verschriftet (*Gies-*

kanne, Spinnennetz). Viele Wörter werden richtiger bzw. (wieder) richtig geschrieben (*Rollschuhe, Farradschloss*). Bei für ihn komplexen oder unbekannten Wörtern sind Übergeneralisierungen zu finden (*verschliemmert*). Auch in den freien Texten ist die Entwicklung positiv, dort werden immer mehr orthographische und morphematische Elemente benutzt, allerdings relativ willkürlich. Es ergibt sich der Eindruck, als ob Fedor erst jetzt wieder an seine ersten Versuche des Umgangs mit orthographischen Phänomenen in der zweiten Klasse anknüpft.

Entwicklung und Verwendung bestimmter Rechtschreibmuster

Betrachtet man Fedors Verschriftungen bezüglich einzelner orthographischer Phänomene an ausgewählten Beispielen, so ergibt sich folgendes Bild:

Jahr- Monat	alph.: ei/-er	alph.: rum orth.: st-/ pf	orth.: nn morph.: nn	alph.: fern orth.: h orth.: mm morph.: kk	alph.: ar orth.: qu	orth.: h orth.: ll	orth.: h orth.: ss morph.: rr	morph.: äu morph.: ver	orth.: h morph.: ssch morph.: ver-
0-1	L								
0-3	LAITA								
0-5	LATA		SChpine						
0-8	LATA								
0-9	LAEITA	schRUF					FART		
1-5	Leita	Strunf					Fahrat		
1-9	Leiter	Strunf					Fahrt		
2-1			Spiene	Vensiher		Rolschuche	Fahrad		
2-4			Spiene	Feseher		Rollschuche	Fahrad		
2-5		Stumpfhose	Spienenetz	Fenseher	Qwackkucken	Rolschuhe	Fahradschlos	Fergeuferin	Farkerschild
2-9		Stunfhose	Spienennetz	Fenserprogram	Kwarckkuchen	Rolschuhe	Fahratschloss	Fakeuferin	Ferkerschild
3-5		Strumpfhose	Spienennetz	Fernseprogram	Quarkkuchen	Rolschuhe	Fahratschloss	Ferkeuferin/ Verkeuferin	Verkersschild
3-9		Strumpfhose	Spinnennetzt	Fernsehernprogram	Quarkkuchen	Rollschuhe	Farradschloss	Ferkeuferin/ Verkäferin	Verkersschild

Das Rechtschreibmuster *ei* entwickelt Fedor in der ersten Hälfte des zweiten Schuljahres aufbauend auf Schreibweisen mit *AJ, AI oder AEI* (GAEIGE). Von da an bleibt es im Grunde konstant.

Die Endung -*er* entwickelt Fedor aus Schreibweisen wie *EJA* oder A (*ALTA OPA, ZAUBARA*). Ab Ende des zweiten Schuljahres nutzt er das Rechtschreibmuster -*er* dann relativ konstant, es gibt lediglich zeitweise sich überlagernde Übergeneralisierungen (*Eimehr*) oder den Rückfall in die alphabetische Strategie bei für ihn komplexen oder unbekannten Wörtern (*Fabrigfüra* für Fabrikführer). Ein orthographisch falsches Anwenden dieses Musters auf Wörter mit der Endung -a ist nicht zu beobachten (*Opa, Simba*).

Die Rechtschreibmuster *sp* und *st* nutzt Fedor genauso wie *sch* schon im ersten Schuljahr, was darauf zurückzuführen sein kann, dass diese Lautverbindungen auf der Buchstabentabelle abgebildet sind, mit der er Schreiben lernt. Dabei nutzt er das *sch* in der Anfangszeit auch zum lautgetreuen Verschriften anderer Laute (*KÖNISCH, TRAURISCH*). Während Fedor ihm nicht geläufige Wörter in den ersten Monaten der zweiten Klasse noch teilweise lautgetreu schreibt (*schRUF*), verschriftet er *sp* und *st* ab Mitte der zweiten Klasse eigentlich durchgängig korrekt (*Spielplatz, Staubsauger*). In Einzelfällen generalisiert er aber auch noch im vierten Schuljahr in freien Texten über (*wistieger* für wichtiger).

Jahr-Monat						
0-9	FLIGE	SPIGEL				ROSINE
1-5	Fliege	Spiegel				Rosine
1-9	Fliege	Spiegel	Stiefel			Rosiene
2-1			Stiefel	Briefmarke		
2-4				Briefmarcke		
2-5				Brieftreger	Gieskanne	
2-9				Briefmarcke/ Briefträger	Giskane	
3-5				Briefträger	Giskanne	
3-9				Briefträger	Giskanne/ Gieskanne	

Das Rechtschreibmuster *ie* wird von Fedor ab dem zweiten Schuljahr verwendet, er schreibt nun z. B. *Fliege, Spiegel* und später *Rosiene* und *Lokomotiewe*. In der Folgezeit verwendet er das *ie* oft zur selben Zeit sowohl richtig als auch falsch (*Stiefel, Spierplatz, Spiene, giebfel, friert*). Bis zum Ende des vierten Schuljahres nutzt er das Rechtschreibmuster nicht konsequent. Während er bestimmte Wörter ab Mitte des zweiten Schuljahres fortan immer gleich richtig (*Stiefel, Brief*) oder aber über einen längeren Zeitraum konsequent falsch verschriftet (*Spiene*), wechselt seine Schreibweise bei anderen Wörtern im Laufe der Zeit (*Spierplatz, Spilplatz, Spielplatz*). Ende des vierten Schuljahres findet sich bei den Testwörtern der Hamburger Schreib-Probe keine falsche Anwendung des *ie* mehr, bei anderen Wörtern macht er allerdings weiter Fehler (*richen, verschliemmert*).

Das Dehnungs-*h* nutzt Fedor verstärkt erst ab dem dritten Schuljahr und dann sehr wortabhängig. Hier lässt sich kein genauer Zeitpunkt feststellen, an dem eine tragfähige Strategie entwickelt wurde. So schreibt Fedor zwar das Wort Fahrrad schon ab Mitte des zweiten Schuljahres mit Dehnungs-*h*, schreibt es aber ohne Dehnungs-*h*, als er es zum Ende der vierten Klasse endlich aus den beiden Wortteilen fahren und Rad zu Fahrrad mit zwei *rr* zusammensetzt. Hier überlagert evtl. die morphematische Strategie zeitweise die orthographische bzw. setzt das „innere Lexikon" außer Kraft.

Außerhalb des Wortes Fahrrad taucht das *h* bei den Testwörtern zuerst bei der Verschriftung des Wortes Fernseher auf (*Vensiher*). Bei diesem Wort befindet sich das Dehnungs-*h* am Silbengelenk und ist hörbar. Fedor verschriftet es zu den folgenden Testzeitpunkten dann auch weiterhin richtig mit *Feseher* und *Fenseher*. Fehlt ihm aber bei einer anderen Wortzusammensetzung die Mitsprache des Dehnungs-*h*s, so verschriftet er es trotz immer besserer Abbildung der Laute nicht (*Fenserprogram, Fernseprogram*). Erst zum Ende des vierten Schuljahres scheint er den morphematischen Gesichtspunkt der verwandten Schreibweise zu berücksichtigen und schreibt nun *Fernsehernprogram*.

In anderen Wörter, bei denen das *h* am Silbengelenk steht, verschriftet er die Dehnung im ersten Halbjahr der dritten Klasse zunächst mit *ch* (Rollschuche), in der Folge dann aber konsequent mit *h* (Rollschuhe). Dies erinnert an Schreibweisen, die er im ersten Schuljahr verwendet hat. Hier hat er oft das *-ch* nur mit einem *-h* verschriftet (*DAH* für Dach, *BUH* für Buch). Evtl. wendet er nun diese korrigierte Strategie anders herum an. In Wörtern, in denen das Dehnungs-*h* nicht hörbar ist, verschriftet Fedor es bis zum Ende der Grundschulzeit auch nicht (*Verkersschild*). Als Übergeneralisierung tritt das *h* bei Fedor nur selten auf, z. B. Ende der zweiten Klasse im Wort *fohr* oder später dann, wenn es vermutlich durch vorhergehende Wortstellen (*Lehrehin*) oder gleichlautende Wörter (*das Mehr*) provoziert wird.

Insgesamt lässt sich feststellen, dass Fedor wahrscheinlich beim Schreiben des Dehnungs-*h*s statt orthographischer eher alphabetische oder daran angelehnte morphematische Strategien anwendet, indem er versucht, ein für ihn hörbares bzw. ein ihm aus anderen Wortzusammensetzungen bekanntes *h* zu verschriften.

Auch bezüglich der Verdopplung von Konsonanten als Kürzezeichen lässt sich kein genauer Zeitpunkt aufzeigen, an dem Fedor eine Strategie konsequent zu nutzen scheint. Dabei verwendet er Doppelkonsonanten ab dem Ende des zweiten Schuljahres (*Hammer, Kamm*), aber auch nicht in allen Wörtern (*Bläter, Schneke*). Ab Mitte der dritten Klasse nutzt er das Verdoppeln von Konsonanten häufiger (*Blätter, Schwimmbad, Schlüsseloch*) und auch übergeneralisierend (*Briefmarcke, Qwackkucken, kamm* für kam). Aber gerade bei diesem Rechtschreibmuster pendelt Fedor in der Folgezeit immer wieder zwischen verschiedenen Schreibweisen (*Bläter – Blätter – Bläter – Blätter; Rolschuche – Rollschuche – Rolschuhe – Rollschuhe*). Zum Ende der Grundschulzeit scheint er aber zumindest Strategien ausgebildet zu haben, die ihm erlauben, auch schon längere Zeit verwendete Rechtschreibmuster zu überprüfen (*Spinne* statt *Spiene*).

Auf der morphematischen Ebene fällt Fedor das Schreiben zweier gleichklingender aufeinanderfolgender Konsonanten bei Wortzusammensetzungen schwer. Hier entwickelt er erst ab der Mitte des dritten Schuljahres entsprechende Strategien. Während Komposita aus ihm bekannten Wörtern kein Problem bei der Verschriftung im Wortdiktat darstellen (*Handtuch*), kommt das doppelte Schreiben eines Buchstaben bei bestimmten Wörtern zwar konsequent vor (*Schlüsselloch, Qwarckkuchen*), bei den meisten Wörtern entwickelt es sich aber erst im Zeitraum ab Ende des dritten (*Spienennetz*) bzw. vierten Schuljahres (*Farradschloss*). Dabei fällt Fedor das doppelte Schreiben eines Buchstabens dann einfacher, wenn dieser unterschiedlichen Lauten bzw. Graphemen entstammt (*Verkersschild, Eichhörnchen*).

Zur weiteren Betrachtung der morphematischen Ebene werden im Folgenden die Schreibweise *äu* als Ableitung von verwandten Wörtern sowie das Verwenden der Vorsilbe *ver-* untersucht.

In Bezug auf die Verwendung des *äu* ergibt sich bei Fedor anhand der Testwörter folgender Verlauf:

E1	MOISE				
M2	Meuse				
E2	Meuse	Beume	Reuber		
M3			Räber/ Bankräber	Fergeuferin	
E3			Bangräber	Fakeuferin	
M4			Bankreuber	Ferkeuferin/ Verkeuferin	
E4			Bankräber	Ferkeuferin/ Verkäferin	läft

Nach der lautgetreuen Schreibweise *OI* verwendet Fedor Ende der zweiten Klasse das *eu* für das *äu*. In der Verbindung mit dem Wort Räuber schreibt er das *äu* ab der Mitte des dritten Schuljahres nur als *ä* (*Räber*), in anderen Wörtern verschriftet er das *äu* weiterhin lautgetreu als *eu* (*Ferkeuferin*), bis er dann seine Strategie der Schreibweise *ä* für das *äu* Ende des vierten Schuljahres auch auf einzelne andere Testwörter überträgt (*Verkäferin, läft*). Ein möglicher Grund für diese Schreibweise könnte sein, dass auf der Buchstabentabelle, mit der Fedor selbstgesteuert Schreiben gelernt hat, kein *äu*, sondern nur ein *eu* zu finden war. Im Gegensatz zu den anderen Kindern der Klasse, die sich die Schreibweisen für Mäuse oder Räuber explizit von Wortverwandten wie Maus oder Raub oder implizit aus anderen Erfahrungen abgeleitet haben, geschah dies bei Fedor nicht. Allerdings scheint er zu wissen, dass im Wort Räuber ein *ä* vorkommt, sodass er das *äu* nun als *ä* verschriftet. Da er auf die Testwörter keine Resonanz bekommt, prägt sich die Schreibweise *Räber* bei ihm ein und er wendet sie zum Ende seiner Grundschulzeit sogar schließlich als Strategie für andere Wörter an. In den von ihm vorliegenden freien Texten ist diese falsche Strategiebildung auf Grund fehlender Wörter mit *äu* nicht aufgefallen. Man kann davon ausgehen, dass Fedor in Bezug auf die Schreibweise des *äu* (und evtl. auch sonst) keine morphematischen Strategien angewendet hat.

Sieht man sich anhand der Testwörter Fedors Schreibweisen für die Vorsilbe *ver-* an, so ergibt sich folgendes Bild:

E2	fakleidet	vasucht						
M3		fesucht					Fergeuferin	Farkerschild
E3		fersucht					Fakeuferin	Ferkerschild
M4			verträgt	ferlegt	fergesen	verlezte	Ferkeuferin/ Verkeuferin	Verkersschild
E4			värträgt	verlegt	fergessen	ferletzte	Ferkeuferin/ Verkäferin	Verkersschild

Fedor experimentiert zwar schon Ende der zweiten Klasse teilweise mit der Schreibweise *v* (*vasucht*), bewegt sich dabei aber noch auf der Ebene der alphabetischen Verschriftung. Erst in der Mitte des vierten Schuljahres verwendet er das *ver-* bei einzelnen Wörtern, bei anderen hingegen zur selben Zeit nicht. Es lässt sich auch hier kein Zeitpunkt bestimmen, an dem er sein Wissen um die Schreibweise dieser Vorsilbe konsequent anwendet bzw. von einem Wort auf ein anderes überträgt.

Betrachtet man abschließend Fedors Entwicklung der alphabetischen Strategie, so ist erkennbar, dass Fedor zwar in einem durchaus angemessenen Zeitraum lautgetreu schreiben gelernt hat, er aber auch in höheren Schuljahren vor allem bei komplexeren Wörtern noch Schwierigkeiten mit dem alphabetischen Prinzip hat. Wörter wie Strumpf bzw. Strumpfhose schreibt er erst in der Mitte der vierten Klasse so, dass alle Laute abgebildet sind. Ähnlich ist es beim Wort Fernsehprogramm, das er erst zu diesem Zeitpunkt mit *Fernseprogram* richtig alphabetisch verschriftet, es aber bei der nächsten Erhebung wieder falsch mit einen *n* zuviel *Fernsehernprogram* schreibt. Auch das *ar* in Quarkkuchen bildet er erst Ende des dritten Schuljahres ab. Noch Mitte bzw. Ende des vierten Schuljahres fallen ihm Wörter wie Geburtstagsgeschenk schwer, er verschriftet es als *Geburstagsgeschenck* bzw. als *Geburtstagtgeschenck*. Ob es sich dabei allerdings um Probleme des Auflautierens und Verschriftens oder aber eher um Schwierigkeiten mit dem Wortschatz bzw. fehlender Kenntnis des genauen Wortlauts handelt, bleibt unklar, wenngleich Letzteres im Zusammenhang mit Fedors Lernausgangslage eine durchaus plausible Erklärung darstellen würde.

<u>Ergebnisse in den Normtests zum Rechtschreiben</u>

Die obigen Betrachtungen können helfen, Fedors Ergebnisse in den Normtests besser zu verstehen. Zunächst sind die Ergebnisse der Graphemtreffer in der Hamburger Schreib-Probe mit ihren Prozentrangwerten angegeben. Der durchschnittliche Prozentrang für die Eichstichprobe liegt bei PR 50. Zum Vergleich werden die Ergebnisse der Kernstichprobe zusätzlich dargestellt.

Graphemtreffer (GT) Prozentrang	E1	M2	E2	*M3*	E3	M4	E4
Fedor	42	72	34	*27*	39	22	34
∅ Kernstichprobe	56	72	70	*66* +	73	54	56

Fedor erreicht Ende des ersten Schuljahres mit Prozentrang 42 einen leicht unterdurchschnittlichen Wert, er kann lautgetreu verschriften, benutzt aber keine orthographischen Phänomene. Mitte Klasse 2 erreicht er im fast identischen Test den Prozentrang 72, befindet sich also im Vergleich zur Eichstichprobe im oberen Bereich. Allerdings liegt der Durchschnittswert für die gesamte Kernstichprobe auch bei Prozentrang 72, sodass sich Fedor im Hinblick auf die Kernstichprobe im Durchschnittsbereich befindet. Er verschriftet lautgetreu und fügt bei einzelnen Testwörtern orthographische Elemente ein. Ab dem Ende des zweiten Schuljahres erreicht Fedor nur noch Prozentrangwerte zwischen 22 und 39 und liegt damit im unteren Mittelfeld. Seine Verschriftungen werden zwar immer besser und einzelne (einfachere) Rechtschreibmuster verwendet er auch kontinuierlicher bzw. sicherer (ei, -er, sp/st), andere aber eher willkürlich bzw. gar nicht (Konsonantenverdopplung, Dehnungs-h, Komposita etc.).

Dies spiegelt auch die Auswertung nach Rechtschreibstrategien wieder. In den folgenden Abbildungen zur strategieorientierten Auswertung der Hamburger Schreib-Probe sind die Werte zuerst als Anteil der richtigen Lösungen von Fedor angegeben. In der nächsten Zeile befinden sich zum Vergleich die Ergebnisse der Kernstichprobe. Darunter stehen die Prozentrangwerte, die Fedor innerhalb der Eichstichprobe der Hamburger Schreib-Probe erreicht, zum Vergleich sind zusätzlich die Ergebnisse der Kernstichprobe als grobe Richtwerte angegeben. Die Ergebnisse für die orthographische und die morphematische Strategie Ende Klasse 1 und Mitte Klasse 2 sind testbedingt zusammengefasst. Normwerte für Mitte Klasse 3 liegen nicht vor, hier sind die Werte für das Ende des jeweiligen Schuljahres angegeben, die tatsächlichen Werte liegen entsprechend höher.

Alphabetische Strategie	E1	M2	E2	*M3*	E3	M4	E4
Fedor % **Anteil richtiger Lösungen**	**87**	**100**	**95**	**95**	**95**	**92**	**96**
Kernstichprobe % Anteil richtiger Lösungen	95	98	96	98	99	97	99
Fedor Prozentrang	*33*	*74*	*77*	*53+*	*53*	*38*	*50*
Kernstichprobe Richtwerte (PR) ca.	*65*	*65*	*82*	*70+*	*80*	*62*	*72*

Fedor beherrscht die alphabetische Strategie relativ schnell und sicher. Er erreicht vor allem in den Worttests des zweiten Schuljahres hohe Prozentrangwerte bei den entsprechenden Lupenstellen. Danach nehmen seine Werte in Bezug auf die Eichstichprobe kontinuierlich ab und stabilisieren sich auf Durchschnittsniveau. Da die Kernstichprobe durchweg überdurchschnittliche Werte erreicht, vergrößert sich

Fedors Abstand zu seinen Mitschülern entsprechend. Fedor macht zwar Fortschritte innerhalb der alphabetischen Strategie, diese sind aber im Verhältnis zu den Fortschritten der anderen Kinder der Kernstichprobe bzw. der Eichstichprobe geringer. Dabei macht Fedor wahrscheinlich vor allem komplexeres bzw. ihm unbekannteres Wortmaterial zu schaffen. Entsprechend können hier Fedors eingeschränkte Erfahrungen mit der deutschen Sprache als mögliche Ursache der geringer werdenden Leistungen angeführt werden. Es ergibt sich bei ihm der Eindruck eines gewissen Deckeneffekts. Seine Leistungen bezüglich der alphabetischen Strategie stabilisieren sich zwar auf durchschnittlichem Niveau, Fedor könnte aber auf Grund seiner Voraussetzungen eine gewisse Grenze erreicht haben, sodass seine Fertigkeiten nicht mehr so leicht steigerbar zu sein scheinen wie die der anderen Kinder der Klasse.

Orthographische Strategie	E1	M2	E2	*M3*	E3	M4	E4
Fedor % **Anteil richtiger Lösungen**	*30*	*80*	67	67	73	55	65
Kernstichprobe % Anteil richtiger Lösungen	*40*	*70*	79	81	88	88	89
Fedor Prozentrang	*45*	*84*	*57*	*27+*	*32*	*21*	*25*
Kernstichprobe Richtwerte (PR) ca.	*41*	*84*	*74*	*41+*	*53*	*57*	*53*

Bezüglich der orthographischen Strategie erscheinen Fedors tatsächliche Rohwerte bis auf kleine Abweichungen relativ konstant, er verschriftet rund zwei Drittel der entsprechenden Lupenstellen richtig. Im Vergleich zu den Ergebnissen der Eichstichprobe nehmen seine Prozentrangwerte aber kontinuierlich ab, weil immer mehr Kinder immer besser orthographisch verschriften. Er erreicht zum Ende des vierten Schuljahres den Prozentrangwert 25, befindet sich also an der Grenze zwischen unterem Mittelfeld und unterem Bereich.

Dieser Entwicklungsverlauf spiegelt sich weitgehend auch in der Betrachtung von Fedors Entwicklungen im Bereich bestimmter Rechtschreibmuster wider. Zwar entwickelt Fedor seine Strategien auf der orthographischen Ebene weiter, aber sie scheinen erst auf einem Niveau des Ausprobierens und der anfänglichen Festigung zu sein. Allerdings zeigen sich Ende des vierten Schuljahres qualitative Unterschiede zur Zeit vorher, wenn Fedor verstärkt auf orthographische Elemente achtet und längere Zeit falsch verwendete Rechtschreibmuster überprüft.

Morphematische Strategie	E1	M2	E2	*M3*	E3	M4	E4
Fedor % **Anteil richtiger Lösungen**	*30*	*80*	40	60	40	53	60
Kernstichprobe % Anteil richtiger Lösungen	*40*	*70*	74	80	84	84	85
Fedor Prozentrang	*45*	*92*	*32*	*30+*	*15*	*17*	*18*
Kernstichprobe Richtwerte (PR) ca.	*41*	*84*	*74*	*51+*	*59*	*57*	*50*

Die morphematische Strategie wird von Fedor nur in einfachen Fällen angewandt. In der Regel verschriftet er Wörter unter Nutzung der alphabetischen Strategie, ohne an verwandte Wörter oder Wortzusammensetzungen zu denken. Entsprechend gering sind seine Rohwerte für die morphematische Strategie. Fedor schreibt zwar trotz des immer schwieriger werdenden Wortmaterials ungefähr die Hälfte dieser Lupenstellen richtig, dennoch sind seine Fortschritte geringer als die anderer Kinder. Seine Prozentrangwerte sinken von PR 32 auf PR 18 (die Werte für Ende Klasse 1 und Mitte Klasse 2 beziehen sich testbedingt auf die morphematische und die orthographische Strategie). Fedor liegt damit im unteren Leistungsband.

Diese Feststellung deckt sich mit den qualitativen Betrachtungen in diesem Bereich. Fedor nutzt zwar ab dem dritten Schuljahr auch morphematische Gesichtspunkte beim Schreiben immer mehr, wenn er an Wortverwandte oder Ableitungen denkt, dies macht er aber nur bei ihm vertrauten bzw. bei einfachen Wörtern. Er bildet die morphematischen Strategien aber nicht so weit aus, dass er die immer schwieriger werdenden Testwörter richtig verschriften kann. Auch hier können Fedors eingeschränkte Erfahrungen mit der deutschen Sprache als mögliche Ursache angeführt werden. Das Nichterkennen von Wortzusammensetzungen oder Ableitungen scheint in hohem Maße mit einer Unbekanntheit der Wörter einherzugehen bzw. auch mit einem fehlenden Sich-Einlassen auf diese Wörter und die deutsche Sprache überhaupt.

Resümee

Insgesamt spielt bei Fedors Verschriftungen die lautliche Durchgliederbarkeit der Wörter und Rechtschreibmuster eine große Rolle. Rechtschreibmuster, die nicht oder nur schwer hörbar sind wie z. B. das Dehnungs-*h* außerhalb des Silbengelenks oder Buchstabenverdopplungen bei Komposita, werden von ihm entweder gar nicht beachtet oder erst sehr spät verwendet. Zwar entwickelt Fedor seine Strategien auf der alphabetischen, der orthographischen und der morphematischen Ebene immer weiter, aber es ergibt sich oft der Eindruck, dass die eigene Strategiebildung nur oberflächlich oder nicht kontinuierlich erfolgt bzw. Fedor sich nicht auf komplexeres Wortmaterial einlässt. Während die alphabetische Strategie nur noch an einzelnen für ihn unbekannten bzw. komplizierten Wörtern scheitert, scheint die orthographische Strategie erst auf einem Niveau des Ausprobierens und der anfänglichen Festigung zu sein. Die morphematische Strategie wird von Fedor nur in einfachen Fällen angewandt, in der Regel scheint er Wörter unter Nutzung der alphabetischen Strategie zu verschriften, ohne an verwandte Wörter oder Wortzusammensetzungen zu denken.

Im Hinblick auf Fedors Rechtschreibentwicklung ergibt sich der Eindruck, dass es für viele Wörter keinen klaren Zeitpunkt gibt, von dem an er sie orthographisch korrekt verschriftet. Vielmehr wendet er zu verschiedenen Zeitpunkten unterschiedliche Strategien des Schreibens an. Auffällig bezüglich des in der hier untersuchten Klasse verwendeten Konzepts des freien Schreibens sind vor allem diejenigen seiner Schreibweisen, die eher auswendig gelernt denn strategieorientiert erscheinen. Auch hier könnte die andere Muttersprache bzw. der eingeschränkte Gebrauch der deutschen Sprache Fedor zu anderen Aneignungsstrategien (explizites Lernen statt impliziter Musterbildung) verleitet haben.

So hat Fedor sich ab der Mitte der dritten Klasse verstärkt Texte von anderen Kindern diktieren lassen anstatt selber frei zu schreiben. Inwieweit dies seine Rechtschreibleistungen positiv oder negativ beeinflusst hat, ist nicht zu sagen. Die obige Analyse lässt jedoch vermuten, dass der Rückgriff auf das Auswendiglernen von Wörtern bzw. Diktattexten, bei dem Fedor durchaus erfolgreich war, seine eigene Strategieausbildung wahrscheinlich eher nicht unterstützt hat. Es könnte sein, dass das explizite Auswendiglernen von Wörtern Fedors implizite Musterbildung gestört hat. Dies wäre neben den ungünstigen Lernbedingungen und Lernvoraussetzungen sowie der psychischen Belastung ein weiteres erklärendes Moment für Fedors geringere Rechtschreibleistungen. Offen bleibt allerdings die Frage, welche Alternativen es gegeben hätte, denn offensichtlich hat Fedor die reproduktive Aneignungsform ja zeitweise bewusst dem freien Schreiben vorgezogen.

Es ist möglich, dass es Fedor von seinem Naturell und seiner Situation aus einfach schwerer als den anderen Kindern gefallen ist, sich selbstverantwortlich und selbstfordernd mit der deutschen Sprache und Rechtschreibung auseinander zu setzen. Ob er dabei beim Üben von Diktattexten mehr Struktur und Halt gesucht hat oder ob ihm die reproduktive Form geholfen hat, sich auch mit geringerer Motivation schulisch irgendwie beschäftigen zu können, kann nicht geklärt werden. Da Fedor sein Lernen und seinen Aufenthalt in der Schule aber immer sehr positiv beschrieben hat, kann es sein, dass er für sich selbst den richtigen Weg gegangen ist und das, was Außenstehenden als zeitweise Unterforderung vorkam, einfach zur Verarbeitung der Kriegserlebnisse bzw. der aktuellen Situation benötigt hat.

16.1.3 Entwicklung im Lesen

Im Bereich Lesen ist Fedors Entwicklung von Anfang an schwächer als in anderen Bereichen. Er hat zwar Kenntnisse in der deutschen Sprache, aber keine Vorkenntnisse im Lesen und Schreiben. Er kann Deutsch verstehen und sich mit eingeschränktem Wortschatz verständigen, ist dabei aber sehr zurückhaltend. Er erkennt Buchstaben als Elemente des Lesens und Schreibens, kann sie selbst aber noch nicht nutzen. Gemäß dem in der hier untersuchten Klasse praktizierten Konzept lernt er das Lesen durch das Schreiben.

So entdeckt Fedor nach drei Monaten Schule, dass er lesen kann. Er ist damit unter den letzten Kindern der Klasse, die lesen können. Allerdings war dieser Zeitpunkt im Vergleich zu anderen Kindern bzw. Klassen noch so früh, dass es keinen Grund gab, von einer Leseschwäche oder Ähnlichem auszugehen. Dafür gibt es auch später keine Anzeichen, vor allem dann nicht, wenn man Fedors anderssprachiges Umfeld berücksichtigt.

Fedor liest sehr zurückhaltend und wenig, kann aber zum Ende des ersten Schuljahres beliebige Texte (sehr) langsam und richtig lesen bzw. vorlesen. Dabei vermag er allerdings die enthaltenen Informationen nicht immer in seinen eigenen Worten wiederzugeben, was aber durchaus auch am begrenzten deutschen Wortschatz liegen kann. Seine Vorlesekompetenz nimmt im zweiten Schuljahr zwar verhältnismäßig gering zu, aber er liest zum Schuljahresende nicht mehr so stark verlangsamt wie im ersten Schuljahr. Auch sein Vorlesestil verändert sich positiv, wenngleich man noch nicht von einem Betonen der Wörter sprechen kann – was wiederum mit seinen Schwierigkeiten beim flüssigen Lesen eines fremden Texts bzw. dem gleichzeitigen Erfassen der Wortbedeutung im Zusammenhang mit dem Vorlesen zu tun haben kann.

Im Gegensatz zu anderen Kindern, die erst später angefangen haben zu lesen, und ihre Verzögerungen zum Teil durch größere Lernsprünge ausgleichen (Natalie, Pia), entwickelt sich Fedor zwar stetig, aber eher langsam weiter. Im dritten Schuljahr liest er immer noch nicht flüssig, aber fängt an durchgängiger zu betonen. Im vierten Schuljahr wird sein Lesen versierter, sodass er zum Ende des Schuljahres fast flüssig vorlesen kann. Auch die Betonung der Wörter erfolgt durchgängiger, aber immer noch nicht kontinuierlich. Seine Vorleseleistungen erscheinen insgesamt befriedigend. Im Worterkennungstest des Hamburger Lesetests erreicht Fedor zum Testzeitpunkt Mitte des vierten Schuljahres den oberen Bereich der Stufe der mittleren Lesegeschwindigkeit, zum Messzeitpunkt Ende des vierten Schuljahres hat er wie alle anderen Kinder der Kernstichprobe die Stufe hoher Lesegeschwindigkeit erreicht.

Bezüglich des sinnentnehmenden Lesens fällt Fedor im Unterricht beim Lesen von Geschichten- und Sachbücher bzw. beim Vortragen von Referaten nicht besonders negativ auf. Die Fragen, die er anderen stellt, beziehen sich vornehmlich auf ihm ungeläufige Wörter. Im Hamburger Lesetest erreicht er Mitte des vierten Schuljahres gesichert die Stufe 1 des Leseverständnisses; er kann einfache Informationen auffinden und konkrete Fragen zu einem Text beantworten. Die Stufe 2 der gezielten Informationsaufnahme bzw. das Zusammenführen von Aspekten und Hintergrundinformationen gelingt ihm erst Ende des vierten Schuljahres gesichert. Zu diesem Zeitpunkt erreicht er fast schon die Stufe 3 des Kombinierens/Rekonstruierens mehrerer Informationen bzw. Handlungs- oder Hintergrundmotive. Die Stufe 4 der Fähigkeit des schlussfolgernden Denkens und inferentiellen Verknüpfens von Informationen beherrscht er nicht. Er erreicht im Hamburger Lesetest Ende des vierten Schuljahres insgesamt einen Prozentrang von 27, d. h. er befindet sich im unteren Bereich des Mittelfelds. Berücksichtigt man allerdings seine Lernbedingungen und

Lernvoraussetzungen, so erscheint dieser Wert für einen nichtdeutschen Schüler durchaus akzeptabel.

Fedors Schwierigkeiten mit komplexeren Sprachanforderungen werden auch in verschiedenen Untertests der im vierten Schuljahr durchgeführten Normtests deutlich (AzN 4+, BBT 3-4, BBT 4-6, AST 4).
So fällt es ihm schwer, Wortbedeutungen gezielt voneinander zu unterscheiden, z. B. wenn er das passendste Wort für „Großzügigkeit" ankreuzen soll (Fedors Lösungen in Kursivdruck):

A) Verschwendung, B) Freigebigkeit, C) Freiheit, D) *Reichtum.*

Vor allem (komplexere) Satzergänzungen kann er innerhalb der Testsituation nicht richtig bestimmen:

Die Blätter der Bäume _?_ sich, _?_ es windig wird.

Welche Wörter fehlen: *verfärben* – solange – dass – erwärmen – bewegen – *bevor*.

Auch (komplexere) Anweisungen kann er nicht umsetzen:

Schreibe alle Buchstaben, die mehr als einmal, aber weniger als dreimal in dem Worte „Institutseinrichtung" vorkommen, zwischen die beiden Punkte: *suerchg*.

Offen bleibt die Frage, ob eine gelenktere Lese- bzw. Spracherziehung Fedor mehr genützt hätte als der Verzicht auf ebendiese. Da Fedor trotz guter Vorsätze erst im vierten Schuljahr den Weg zum Lesen gefunden hat, ist fraglich, ob ein Lesezwang positivere Resultate erbracht hätte. Unter Umständen hätte Fedor vielleicht früher Fortschritte im flüssigeren Vorlesen und Betonen geübter Texte gemacht, inwiefern ihm diese Kompetenzen dann aber auch bei unbekannten Texten genützt hätten, ist nicht zu sagen. Vergleicht man Fedors Vorleseleistungen mit denen anderer nichtdeutscher Schüler mit ähnlichen Lernbedingungen, so erscheinen sie verhältnismäßig positiv. Vor allem aber sind seine Lesekompetenzen auch bei unbekannten Texten vorhanden. Die von ihm zum Ende der Grundschulzeit erreichte Stufe 3 der Lesegeschwindigkeit sowie das sichere Erreichen der Stufe 2 des Leseverständnisses bzw. das annähernde Erreichen der Stufe 3 erscheinen vor diesem Hintergrund als durchaus beachtliche Ergebnisse.

16.1.4 Entwicklung in Mathematik

Fedor kommt mit durchschnittlichen bis guten mathematischen Vorkenntnissen in die Schule. Er beherrscht den Zahlenraum bis 10 sicher und kann auch darüber hinaus im Hunderterraum zählen, wobei er teilweise Schwierigkeiten mit den Zehnerübergängen bzw. den Zehner- und Einerstellen hat. Er kennt alle zehn Ziffern und kann Zahlen weitgehend verschriften, verdreht nur ab und zu Zehner- und Einerstellen (evtl. werden Zahlwörter im Bosnischen anders als im Deutschen zusammengesetzt). Einfache Zahlen kann er im Zehnerraum addieren und subtrahieren, wobei ihm die Subtraktion schwerer fällt.

In dem an das MORE-Projekt (vgl. van den Heuvel 1995; Selter 1995) angelehnten Schuleingangstest kann er Verhältnisbeziehungen erfassen, Zahlsymbole richtig verwenden, die Zahlreihe rückwärts zählen, Mengen richtig abzählen bzw. kennzeichnen und eine einfache Additionsaufgabe ($4 + 3 = 7$) im Rahmen der gestellten Kontextaufgabe lösen. Die Aufgabe $10 - 2 = 8$ löst er in diesem Test nicht richtig. Dieses Ergebnis stimmt gut mit den durchschnittlichen Kenntnissen der anderen Kinder der Klasse als auch mit anderen Vergleichsstichproben überein.

1. Schuljahr

Nach rund zweieinhalb Monaten Schule löst Fedor die für das erste Schulhalbjahr vorgesehenen Mathematiktests des „Zahlenbuchs" (vgl. Berger u. a. 1994c) mit Rechenaufgaben aus dem Zwanzigerraum fast komplett richtig (Test 1: 100% richtig und Test 2: 93% richtig). Fedor kann Mengen abzählen und mit der entsprechenden Ziffer beschriften, Vorgänger und Nachfolger zweistelliger Zahlen bestimmen und notieren, Geldbeträge addieren, Zahlen verdoppeln sowie Additions- und Subtraktionsaufgaben ausrechnen und im Zwanzigerfeld darstellen. Er kann einfache Minusaufgaben lösen ($12 - 6 = 6$; $17 - 7 = 10$), etwas schwierigere Aufgaben ($12 - 4$) lässt er offen. Teilweise macht er Fehler beim Ergänzen von Zahlen (Zahlenhaus mit der Summe 15 -> $12 + 13$). Zur Lösung der Tests für das zweiten Halbjahres der ersten Klasse kann er sich zum Testzeitpunkt nicht durchringen.

Diese geht er zusammen mit der Wiederholung des zweiten Tests zum nächsten Testzeitpunkt Mitte der ersten Klasse an, d. h. er versucht die Tests 2 bis 4 auf einmal zu lösen. Auch hier entspringen die Aufgaben primär dem Zwanzigerraum. Über die schon im November erbrachten Leistungen hinaus zeigt er, dass er Zahlenmauern und Rechendreiecke mittels formaler Addition und Subtraktion ausrechnen sowie Plus-, Minus- und Ergänzungsaufgaben auch mit Zehnerübergang fehlerfrei lösen kann. Die letzten Aufgaben (Rechnen im Hunderterraum bzw. einfache Multiplikationsaufgaben) des Abschlusstests für das erste Schuljahr geht er zum Testzeitpunkt Mitte Klasse 1 nicht mehr an.

Im mathematischen Überforderungstest rechnet Fedor wenig später einfache Additionsaufgaben im Hunderterraum richtig aus, kann glatte Zehnerzahlen addieren und auch einstellige Zahlen zu gemischten Zehnerzahlen hinzuzählen, was er aber nicht immer richtig macht. Die Addition zweier gemischter Zehnerzahlen gelingt ihm noch nicht. Das kleine Einspluseins hat er noch nicht automatisiert. Subtraktionsaufgaben löst er neben einfachen Aufgaben mit glatten Zehnerzahlen ($100 - 50 = 50$) nur im Zwanzigerraum, wobei er diese Aufgaben beim freien Rechnen eher meidet. Er kann Zahlen innerhalb des Zwanzigerraums verdoppeln und gerade Zahlen halbieren. Ansonsten vermag er noch keine Multiplikations- oder Divisionsaufgaben zu lösen.

Im zweiten Halbjahr des ersten Schuljahres experimentiert Fedor mit mathematischen Strukturen. So bildet er zunächst Reihen wie 50 + 50 = 100, 60 + 60 = 200 etc., kommt dann aber mit der 100er-Tafel auf die richtigen Ergebnisse. Ende des Schuljahres beherrscht er sogar schon die Addition im Tausenderraum, er kann gemischte Hunderterzahlen addieren. Die Subtraktion gelingt ihm jetzt im Hunderterraum, er subtrahiert gemischte Zehnerzahlen relativ problemlos, wenngleich ihm die Subtraktion nicht so liegt wie die Addition. Das kleine Einspluseins hat er nun automatisiert, das kleine Einsminuseins noch nicht. Er kann einfache Multiplikations- und Divisionsaufgaben im Zusammenhang lösen, vermeidet diese Operationen aber noch weitgehend.

Mit diesen Leistungen bewegt sich Fedor Ende des ersten Schuljahres in Bezug auf die Addition schon im Stoff des dritten Schuljahres, in Bezug auf die Subtraktion im Stoff des zweiten Schuljahres. Sein Wissen bezüglich des Multiplizierens und Dividierens überschreitet das des ersten Schuljahres, entspricht aber noch nicht dem des zweiten Schuljahres. Fedor ist dem regulären Stoff operationsabhängig ungefähr ein halbes bis zwei Jahre voraus.

2. Schuljahr

Im zweiten Schuljahr entwickelt Fedor seine Rechenfertigkeiten in allen Bereichen weiter. Er probiert immer größere Additionsaufgaben zu rechnen, was ihm aber vor allem beim stellenüberschreitenden Rechnen nicht immer gelingt. Mitte des zweiten Schuljahres löst er Additions- und Subtraktionsaufgaben ohne Stellenüberschreitung im Hunderttausenderraum. Subtraktionsaufgaben im Tausenderraum bearbeitet er weitgehend richtig und hat auch das Einsminuseins automatisiert. Multiplikationsaufgaben des kleinen Einmaleins löst er korrekt und vermag die Operationen sogar schon auf größere Zahlen zu übertragen, sodass er auch Aufgaben des Zehnereinmaleins bzw. des großen Einmaleins lösen kann. Divisionsaufgaben löst er primär im Bereich des kleinen Einsdurcheins, kann aber Umkehraufgaben zu Multiplikationsaufgaben bilden und so dreistellige glatte Zehnerzahlen durch einstellige Zahlen teilen bzw. Aufgaben des großen Einsdurcheins lösen. Er hat das kleine Einmaleins und das kleine Einsdurcheins aber noch nicht automatisiert.

Zum Ende des zweiten Schuljahres beherrscht Fedor die Addition im Hunderttausenderraum stellenüberschreitend. Er löst nun auch Minusaufgaben mit Stellenüberschreitung im selben Zahlenraum. Die Multiplikation festigt sich weiter, während Fedor Divisionsaufgaben eher meidet bzw. oft falsch herausbekommt. Hier ist eher ein Rückschritt zu verzeichnen. Das kleine Einmaleins und das kleine Einsdurcheins hat er nun automatisiert.

Mit diesen Leistungen bewegt sich Fedor Ende des zweiten Schuljahres in Bezug auf die Addition und die Subtraktion vom Zahlenraum und vom halbschriftlichen Rechnen her im vierten Schuljahr. In Bezug auf die Multiplikation entsprechen seine Leistungen denen des dritten Schuljahres, einschließlich der Automatisation des kleinen Einmaleins. Seine Fertigkeiten in Bezug auf die Division sind noch nicht gefestigt und kommen eher dem regulären Stand des Schuljahres gleich. Damit ist Fedor dem Stoff des zweiten Schuljahres bei der Division nicht, bei der Multiplikation ungefähr ein Schuljahr und bei Addition und Subtraktion ungefähr zwei Jahre voraus.

3. Schuljahr

Im dritten Schuljahr wagt sich Fedor an Additionsaufgaben im Milliardenraum, macht bei stellenüberschreitenden Aufgaben aber einzelne Fehler. Komplexe Additionsaufgaben im Hunderttausenderraum löst er sicher, während ihm dies bei Subtraktionsaufgaben noch nicht immer gelingt. Er kann einstellige Zahlen mit gemischten Zehner- oder Hunderterzahlen multiplizieren und rechnet nun auch Divisionsaufgaben mit glatten Zehnerzahlen bzw. Aufgaben des großen Einsdurcheins richtig aus, vermeidet diese Operation aber weiterhin bei seinem freien Rechnen. Schulbuchtests aus dem Zahlenbuch für das dritte Schuljahr zum Rechnen im Hunderter- bzw. Tausenderraum löst er fast fehlerfrei in sehr kurzer Zeit (er benötigt ca. 13-14 Minuten bei einem Test für eine Schulstunde). Das große Einmaleins hat er noch nicht automatisiert.

Dieses gelingt ihm aber bis zum Ende des dritten Schuljahres. Zu diesem Zeitpunkt hat er sich auch die schriftliche Addition und Subtraktion angeeignet und kann diese Operationen einschließlich Probeaufgaben im unbegrenzten Zahlenraum anwenden. Die Addition von Kommazahlen geht er nicht an. Während ihm die Addition mehrerer Zahlen problemlos gelingt, beherrscht er die schriftliche Subtraktion mehrerer Zahlen nicht. Ihm ist die dazu notwendige Kombination von Addition und Subtraktion noch nicht geläufig. Bei Multiplikations- und Divisionsaufgaben scheinen sich seine Leistungen nicht weiterzuentwickeln, er macht diesbezüglich eher mehr Fehler als vorher. Divisionsaufgaben löst er nur noch selten und zieht dabei einfachere Aufgaben mit Zehnerzahlen oder Aufgaben des kleinen Einsdurcheins vor. Das große Einmaleins hat er automatisiert.

Mit diesen Leistungen bewegt sich Fedor Ende des dritten Schuljahres in Bezug auf die Addition schon über dem eigentlich für die Grundschulzeit vorgesehenen Stoff, wenn man neben dem schriftlichen Rechnen vor allem das halbschriftliche Rechnen mit hohen Zahlen berücksichtigt. Bei Subtraktionsaufgaben sind seine Leistungen etwas niedriger, liegen aber gut im Bereich des vierten Schuljahres. Auch seine Leistungen bezüglich der Multiplikation und der Division befinden sich in diesem Bereich, wobei die Divisionsleistungen am schwächsten sind. Fedors Leistungsvorsprung hat in diesem Schuljahr merklich abgenommen, er ist zwar immer noch den Lehrplanzielen voraus, aber – nimmt man die Addition aus – nur noch ein halbes Jahr denn mehr.

4. Schuljahr

Im ersten Halbjahr des vierten Schuljahres lernt Fedor das schriftliche Subtrahieren mehrerer Zahlen, macht allerdings bei größeren Zahlen noch Fehler. Auch eignet er sich das schriftliche Multiplizieren und das Dividieren ohne Rest einschließlich Probeaufgaben an, wobei ihm aber auch hier immer wieder Fehler unterlaufen. Seine Rechenproduktionen wirken relativ oberflächlich, er beschäftigt sich oft eher reproduktiv und rechnet große Aufgaben lieber schriftlich als halbschriftlich oder im Kopf. Kopfrechnen übt er allerdings im Rahmen entsprechenden Wettrechnens, das er gerne mit seinen Freunden durchführt. So ist Fedor Mitte des vierten Schuljahres der schnellste Kopfrechner der Klasse.

Im Norm-Rechentest für das dritte Schuljahr (SRT 3) schneidet Fedor zum Testzeitpunkt Mitte Klasse 4 für sein eigentliches mathematisches Können relativ schlecht ab. Fehler macht er dabei vor allem bei ungewohnten Aufgabenstellungen, wie z. B. __ − 43 = 267. Hier subtrahiert er, anstatt zu addieren und kommt zum falschen Ergebnis 224.

Den höchsten Fehleranteil aber hat er bei den 16 vorhandenen Textaufgaben. Von diesen löst er 11 Aufgaben nicht richtig. Dabei macht er weniger Rechenfehler, sondern scheint Schwierigkeiten mit dem Verständnis der Aufgabe bzw. der Kombination der Informationen zu haben. So löst er die Aufgaben „Mathias misst 1 m 32 cm. Simon ist 7 cm kleiner als Mathias und Markus 9 cm größer als Mathias. Wie groß sind Simon und Markus." mit 1 m 41 cm für Markus und 1 m 39 cm für Simon. Vor allem Aufgaben, die das Umdrehen der logischen Verknüpfungen erfordern, bekommt er nicht richtig heraus: „Von einer Zahl hat man 300 weg gezählt. Wenn man davon den siebten Teil nimmt, erhält man 60." Oder: „Ich denke mir eine Zahl aus der Dreißigerreihe. Wenn ich sie verdopple, ist sie auch eine Achtzigerzahl. Sie ist kleiner als 300." Als Endergebnis erreicht Fedor zu diesem Zeitpunkt im SRT 3 nach der Norm für das Ende der dritten Klasse nur den Prozentrang 27. Sein Fehleranteil beträgt bei den Textaufgaben, die 40% des Tests ausmachen, knapp 70%, bei den restlichen Aufgaben ca. 25%. Das schlechte Ergebnis in Bezug auf Textaufgaben wird auch durch den zum selben Messzeitpunkt durchgeführten Untertest Rechnen der „Aufgaben zum Nachdenken" (AzN 4+) bestätigt. Bei den dort gefragten Aufgaben (z. B. „Ein Händler kaufte eine Anzahl Schafe für 800 DM und verkaufte sie für 1040 DM. An jedem Schaf verdiente er 6 DM. Wie viele Schafe waren es?") schnitt Fedor sehr schlecht ab und konnte nur ein Viertel der Aufgaben lösen, d. h. er erreicht hier einen Fehleranteil von 75%.

Fedors eher unmotivierte oder auf reproduktive Aufgaben beschränkte Arbeitshaltung ändert sich allerdings im zweiten Halbjahr des vierten Schuljahres. Er rechnet sowohl im Kopf als auch halbschriftlich und schriftlich sehr sicher. Er kann halbschriftlich und schriftlich im unbegrenzten Zahlenraum addieren und subtrahieren sowie schriftlich mehrere Dezimalbrüche addieren bzw. voneinander subtrahieren.

Er kann einstellige Zahlen im Kopf bzw. halbschriftlich mit gemischten Tausenderzahlen multiplizieren und Dezimalbrüche schriftlich malnehmen. Auch das Dividieren beherrscht er jetzt sicher, er kann gemischte Zehntausenderzahlen oder auch Dezimalbrüche durch einstellige Zahlen mit und ohne Rest dividieren. Beim Kopfrechnen erreicht Fedor noch höhere Werte als im Jahr davor, sodass er seinen Stand als schnellster Rechner halten kann (wobei diesbezüglich kein Wettbewerb in der Klasse vorhanden war). Er rechnet die knapp 50 Aufgaben des kleinen Einspluseins bzw. des kleinen Einsdurcheins (einfache Aufgaben mit 1, 2, oder 10 wurden weggelassen) mit schriftlicher Ergebnisnotation in weniger als 2 Sekunden pro Aufgabe.

Im zum Schuljahresende und zum richtigen Eichtermin durchgeführten Norm-Rechentest (SRT 4) erreicht Fedor nun sogar Prozentrang 74. Dabei macht er die meisten Fehler bei den ihm unbekannten Zuordnungen, z. B. 3 Kisten -> 1800 kg; 18 Kisten -> _?_ kg. Der Anteil der Textaufgaben ist in diesem Test mit 9 von 45 Aufgaben (20%) geringer als im SRT 3. Von den 9 Textaufgaben löst Fedor 5 Aufgaben, sein Fehleranteil beträgt hier entsprechend 44%. Bei den anderen Aufgaben liegt der Fehleranteil unter 14%. Im zum selben Testzeitpunkt durchgeführten Allgemeinen Schulleistungstest AST 4 erreicht Fedor im Untertest Mathematik, der fast gänzlich aus Textaufgaben besteht, einen Prozentrang von 84. Dieser Test ist als Multiple-Choice-Test aufgebaut, was Fedor wohl auch maßgeblich hinsichtlich des Textverständnisses geholfen hat. Er hatte so die Möglichkeit, die in Bezug auf die Fragestellung sinnvollste der Lösungen auszuwählen.

Die positive Tendenz in Bezug auf Textaufgaben wird auch ansatzweise in anderen Normtests deutlich, die Denk- und Textaufgaben zum Inhalt haben. Im Untertest Rechnen des AzN 4+ steigert Fedor den Anteil der richtig gelösten Aufgaben von 25% auf 42%. Gleichzeitig werden hier aber auch seine Grenzen deutlich, er löst nur die linear aufgebauten Textaufgaben richtig, scheitert aber an allen, die komplexere Operationen oder Verknüpfungen erfordern. In den Denkaufgaben des BBT 3-4 bzw. des BBT 4-6 löst Fedor 45% bzw. 67% der als Multiple-Choice-Aufgaben gestalteten Fragestellungen. Auch hier bereiten ihm vor allem nicht-lineare Aufgaben bzw. komplexere Verknüpfungen Probleme: „Auf der Jagd wurden 38 Stück Wild erlegt, darunter 2 Rehe. Es wurden doppelt so viele Fasane wie Hasen geschossen und 10 Hasen mehr als Rehe. Wie viele Fasane waren es?" Oder: „Erika hat im Diktat 3 Fehler weniger als Marianne. Claudia hat 3 Fehler mehr als Irina. Claudia hat 5 Fehler. Marianne hat im Diktat 1 Fehler mehr als Irina. Wie viele Fehler hat Erika?"

In der Ende des vierten Schuljahres von RATZKA durchgeführten TIMSS-Nacherhebung löst Fedor alle Aufgaben bis auf eine Aufgabe fehlerfrei, bei einer anderen Aufgabe zeichnet er eine Statistik ungenau. Bei den verhältnismäßig einfachen Aufgaben des TIMSS-Tests scheint ihm das Verstehen und Mathematisieren der Anweisungen bzw. Aufgabenstellungen kein Problem zu machen. Er liegt dabei unter dem Durchschnitt der Kernstichprobe, allerdings mit einen Prozentrang über 90 im obersten Bereich der Vergleichsstichprobe.

Mit diesen Leistungen bewegt sich Fedor Ende des vierten Schuljahres in Bezug auf alle Rechenoperationen (wieder) gut über dem eigentlich zu beherrschenden Stoff, wenn man sein sprachliches Problem mit Textaufgaben einmal ausklammert. Die Inhalte der fünften Klasse dürften ihm keine großen Schwierigkeiten bereiten.

Nach dem in der Klassenanalyse verwendeten Stufenmodell, das sich ungefähr an den Lehrplanvorgaben orientiert bzw. die Stufenfolge aus dem beim Rechnen genutzten Zahlenraum ableitet, ergibt sich für Fedor dieses Bild:

Mathetest M 1-5 Fedor	Addition	Subtraktion	Multiplikation	Division
M 1	1,5	1	1	1
E 1	3	2	1,5	1,5
M2	3,5	3	3	3
E 2	4	4	3	2
M 3	4,25	3,5	4	3,5
E 3	4,5	3,75	3,5	3,25
M 4	4,5	4	4	4
E 4	5	5	5	5

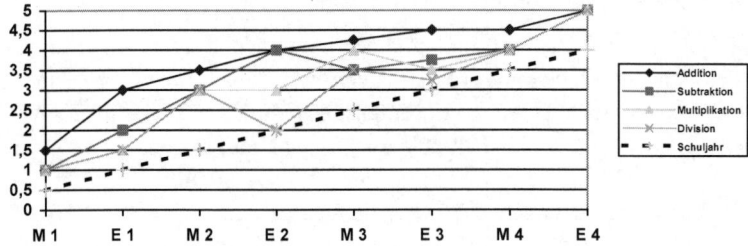

Fedors Entwicklung in Mathematik ist zwar wechselhaft – und gerade in diesem weitgehend sprachunabhängigen Fach ergab sich für den Lehrer oft der Eindruck, dass Fedor sich wesentlich mehr hätte fordern können – aber Fedors Leistungen zum Ende des vierten Schuljahres erscheinen bis auf den Bereich der Textaufgaben sehr positiv. Ob sich dieser Bereich der Verknüpfung von Sprache und Mathematik durch entsprechenden Lehrgangsunterricht besser hätte fördern lassen, ist nicht zu beantworten. Zum einen lag durch das freie Rechnen das Erfinden und Angehen von Textaufgaben und Rechengeschichten in Fedors eigenem Ermessen und hätte durch entsprechende Vorgaben sicherlich quantitativ verstärkt werden können, andererseits ist fraglich, ob es sich bei seinen Schwierigkeiten mit diesen Aufgaben nicht eher um durchaus verständliche Sprachprobleme handelt. Andere Testergebnisse scheinen diese Schwierigkeiten im Bereich des Sprachverständnisses zu bestätigen, wenn

Fedor vor allem komplexere Aufgaben und Anweisungen nicht richtig löst bzw. sprachlich nicht zu fassen bekommt. Die durchaus überdurchschnittlichen Mathematikleistungen Fedors scheinen dabei das Konzept des freien Rechnens eher zu bestätigen denn in Frage zu stellen.

16.1.5 Resümee

Fedors Arbeitsverhalten im hier beschriebenen Konzept Offenen Unterrichts ist von Zurückhaltung geprägt. Er ist dabei trotz seiner durchaus vertretbaren Leistungen eher hinter den Erwartungen des Lehrers zurückgeblieben. Fedors Lernmotivation ist einerseits Schwankungen in kleineren Zeiträumen (gute und schlechte Tage) unterworfen, andererseits auch durch eine längere Phase der verringerten Lust an der eigenen Herausforderung vom zweiten Halbjahr des zweiten Schuljahres bis zum zweiten Halbjahr des vierten Schuljahres gekennzeichnet. Diese hat sich vor allem im Bereich Sprache bemerkbar gemacht. Fedor hat sich zeitweise vor dem eigenaktiven Angehen seiner Schwächen gescheut bzw. versucht, diese durch reproduktivere Arbeitsformen (Partnerdiktate etc.) anzugehen – oder auch zu umgehen.

Dieses Vorgehen breitet sich in der zweiten Hälfte des dritten und der ersten Hälfte des vierten Schuljahres auch auf das Fach Mathematik aus, in dem es ihm bis dahin leichter fiel, sich herausfordernden Aufgaben zu stellen. Er zieht zu dieser Zeit das schriftliche Addieren und Subtrahieren dem halbschriftlichen Rechnen vor und meidet anspruchsvollere Operationen wie die Division. Im vierten Schuljahr bessern sich seine Leistungen in allen Bereichen erheblich, Fedor stellt sich wieder motiviert den eigenen Herausforderungen. Im Bereich Rechtschreibung scheinen orthographische und morphematische Strategien eine (neue) Rolle zu spielen, im Lesen macht Fedor hör- und messbare Fortschritte bezüglich seiner Vorlesekompetenz und seines Leseverständnisses. Auch in Mathematik vergrößert er wieder den Abstand zu den Lehrplaninhalten in positiver Richtung und liefert gute bis sehr gute Ergebnisse.

Eine mögliche Erklärung dafür, dass Fedor nicht in allen Fächern und nicht durchgängig die (hohen) Leistungen erbracht hat, die Lehrer und Kassenkameraden im tagtäglichen Kontakt mit ihm eigentlich erwartet hätten, könnten seine Lernausgangslage bzw. sein soziales und psychisches Umfeld liefern. In entsprechenden Gesprächen mit ihm und seiner Familie (vornehmlich der Mutter) tauchen immer wieder die folgenden Faktoren auf, die Fedors zeitweise fehlenden Ehrgeiz erklären könnten:

- Verarbeiten der eigenen Kriegserlebnisse (malt oft Häuser ohne Dächer, schreibt über Tiere, die Freunde suchen und finden);
- anregungsarmes familiäres Umfeld (fast keine Bücher, Spielsachen etc.);
- durch das Arbeitsverbot des Vaters bedrückende häusliche Situation;
- fehlende Ausweichmöglichkeiten zum Spielen zu Hause (primär Fernsehgucken);

- eingeschränkte Spielmöglichkeiten in der Asylantenbaracke bzw. auf dem Gelände des Bauhofs (Fußballspielen mit wechselnden Asylantenkindern anderer Nationen);
- räumliche Ferne zu den Klassenkameraden (Wohnung zuerst im Industriegebiet, dann in einem ganz anderen Ortsteil);
- im Hinblick auf die deutsche Sprache fehlendes Anregungspotential (zu Hause wird bosnisch gesprochen, aber auch für diese Sprache gibt es keine weiteren Anregungen durch Bücher etc.);
- Probleme der Zweisprachigkeit, da beide Sprachen von Fedor „nicht richtig" gesprochen bzw. geschrieben oder gelesen werden; zusätzlich unterscheiden sich beide Sprachen nach Auskunft der Mutter in der Eindeutigkeit der Phonem-Graphem-Beziehung, sodass Fedor vor dem Hintergrund der Rückführung nach Bosnien vor allem lautgetreu schreiben können sollte, die deutsche Orthographie aber nicht unbedingt ein wichtiges Lernziel darstellte;
- und vor allem die psychische Belastung aller Familienmitglieder durch die immer wieder drohend bevorstehende Rückführung nach Bosnien, obwohl die Familie lieber (länger) in Deutschland bleiben würde.

Berücksichtigt man diese Situation Fedors, so erscheinen seine Leistungen, die sich in Mathematik durchweg im oberen Mittelfeld befinden und auch im Bereich Sprache und Rechtschreiben innerhalb der Gruppe der nichtdeutschen Kinder eher überdurchschnittlich sind (Prozentrang 51-75 im DRT 4) in einem anderen Licht, auch wenn er nach Meinung des Lehrers und der Klassenkameraden seine Möglichkeiten nicht vollständig bzw. nicht durchgängig genutzt hat. Insgesamt erreicht Fedor in Mathematik Gymnasialniveau und in der deutschen Sprache Hauptschul- bis Realschulniveau. Er bekommt mit dem Hinweis auf seine sprachlichen Kompetenzen eine Empfehlung zum Besuch der Realschule bzw. der Gesamtschule. Beim Besuch einer entsprechenden weiterführenden Schule in Bosnien hat er zurzeit kein Problem.

Es ergibt sich nach diesen Ausführungen kein klarer Anhaltspunkt dafür, dass der Offene Unterricht der Entwicklung Fedors geschadet, oder dass Fedor in einer anderen Unterrichtsform bessere Leistungen erbracht hätte. Unter Umständen hat die ihm mögliche Selbstregulierung – die u. a. an Fedors besseren und schlechteren Arbeitsphasen erkennbar ist – sogar dazu geführt, dass er nicht nur seine Stärken (Mathematik etc.) hat zeigen können, sondern auch, dass er in seinen schwachen Bereichen in seinem eigenen Tempo und Rhythmus hat lernen können. In jedem Fall war ihm aber jederzeit ein Verarbeiten und Aufarbeiten seiner Erlebnisse und Ängste (Kriegserlebnisse, Rückführung nach Bosnien etc.) möglich, ohne dass er innerhalb dieser Phasen den Anschluss an die Klasse bzw. an einen Lehrgang o. Ä. verloren hätte.

16.2 Lutz

16.2.1 Entwicklung im Arbeits- und Sozialverhalten

Lutz macht beim Kennlerngespräch vor der Einschulung einen durchschnittlich intelligenten Eindruck, schneidet beim CFT 20 mit 10;1 Jahren aber unterdurchschnittlich ab (IQ-Wert 87, Prozentrang 19). Innerhalb des Kieler Einschulungsverfahrens erscheint Lutz schulreif, fällt aber leicht bezüglich seiner Feinmotorik und der Gliederungsfähigkeit auf. Auch ist auffällig, dass er – im Gegensatz zu den meisten anderen Kindern – vor dem Angehen von Tätigkeiten nach Arbeitsanweisung erst zögerlich um sich sieht. Er verhält sich sehr still und erscheint bei einzelnen Aufgaben nicht so anstrengungsbereit wie andere Kinder. Lutz ist mit Ausnahme des vorzeitig mit 5;8 Jahren eingeschulten Dominik aus der Verluststichprobe mit 6;3 Jahren das jüngste Kind der Klasse.

1. Schuljahr

Lutz ist ein in hohem Maße in die Klassengemeinschaft integriertes Kind, das verlässlich Sachen in die Hand nimmt und auch gegenüber seinen Freunden ehrlich und kritisch Stellung beziehen kann. Im Zeugnis für die erste Klasse ist formuliert: „Die Kinder wissen, daß man sich auf dich und deine Hilfe gut verlassen kann. Wenn etwas ist, erzählst du genau, was los war, so daß man eine Lösung suchen kann." Ansonsten ist Lutz bei gemeinsamen Gesprächen im Sitzkreis eher zurückhaltend, er braucht einen konkreten Anlass, zu dem er sich dann äußert.

Am liebsten macht Lutz Sachen zusammen mit seinem Freund. Beiden Kindern fällt es schwer, sich außerhalb des gemeinsamen Spiels im Freien selber zu beschäftigen bzw. sich in der Schule Sachen zum Arbeiten vorzunehmen. Oft bleiben die eigenen Vorhaben auf einem für das Lernen eher unkonstruktiv erscheinenden Stand stehen. Dafür arbeiten beide zu Hause mit den Müttern in eigenen Lernheften aus dem Buchhandel. Im Reflexionsprotokoll des Lehrers ist nach zwei Monaten Schule vermerkt: „Lutz hat zu Hause schon das zweite Schreibheft voll, in der Schule schafft er [...] nichts."

In Lutz' „Privatzeugnis" nach dem ersten Schulhalbjahr steht: „In der Schule weißt Du manchmal nicht genau, was Du machen sollst. Dann machst Du etwas mit anderen Kindern, aber dann kann es passieren, dass ihr zuerst malt und forscht und dann keine Zeit mehr zum Aufschreiben habt." Diese Schwierigkeiten sind allerdings weniger vorhanden, wenn Lutz nicht mit seinem Freund zusammen arbeitet: „Wenn Du alleine arbeitest, hast Du immer tolle Ideen. So hast Du die Müller-Geschichten erfunden und die Reportergeschichten, auf die sich alle Kinder immer freuen." Dabei ist Lutz das Problem der Zusammenarbeit mit seinem Freund durchaus bewusst, da er dies am Tagesende selber so im Sitzkreis reflektiert. An vielen Tagen versucht Lutz zumindest am Tagesende noch etwas Vorweisbares zu Stande zu bringen und bittet um ein Arbeitsblatt, das er dann schnell (und problemlos) fertig macht und mit nach Hause nehmen kann.

Lutz′ Leistungen in den Fächern sind trotz seiner Schwierigkeiten mit dem selbstständigen Arbeiten gut. In Mathematik bearbeitet er das Übungsheft des Zahlenbuchs für das erste Schuljahr und hat es – wie die meisten anderen Kinder – schon nach wenigen Monaten fertig. Schreiben fällt ihm schwerer, aber auch hier erscheinen seine Leistungen nicht bedenklich. Es ist aber auffällig, dass Lutz seine verschrifteten Wörter nicht durch Lesen kontrolliert. So steht im Vorentwurf des Privatzeugnisses für das erste Halbjahr: „Es wäre toll, wenn du auch deine selbst geschriebenen Wörter und Geschichten immer noch mal durchliest, damit dir kein wichtiger Buchstabe durchgeht." Lesen lernt Lutz innerhalb der ersten zwei bis drei Schulmonate.

Im zweiten Halbjahr kümmern sich immer wieder auch andere Kinder um Lutz und wollen mit ihm eine Geschichte schreiben oder bieten ihm Kniffelaufgaben zum Rechnen an. Motiviert erscheint Lutz vor allem bei praktisch orientierteren Sachen wie z. B. einer Zusammenstellung des gewünschten Essens für das nächste Schlafen in der Schule. In diesem Zusammenhang führt er z. B. mit seinem Freund eine Umfrage durch und veröffentlicht anschließend ein großes Plakat. Lutz′ Arbeitsverhalten bleibt insgesamt aber unausgewogen und ändert sich erst vor den Gesprächen zu den Gutachten am Ende des zweiten Schulhalbjahres: „An manchen Tagen hast du eine gute Idee, was man arbeiten könnte und du arbeitest ganz selbständig. Früher hast du dir oft etwas im Kreis vorgenommen, dann aber weniger als gedacht auf die Reihe bekommen. Meistens hast du dir dann irgendwann noch ein Blatt geholt, das du gut bearbeitet hast. Seit ein paar Wochen arbeitest du gut selbständig alleine." Auch scheint Lutz jetzt die Tipps anzuwenden, die er bei der letzten Zeugnisbesprechung bezüglich des Schreibens bekommen hat, und kommt fehlenden Buchstaben in seinen Verschriftungen durch nochmaliges Lesen immer mehr auf die Schliche.

In seiner Stellungnahme zum Zeugnis des ersten Schuljahres ist Lutz kurz angebunden und beurteilt sich und seine Leistungen als „gut". Er schreibt weiterhin: „GeschichtenSchreiben, Bücherlesen, Aufgaben lösen, Sport macht mir Spas".

2. Schuljahr

Im ersten Halbjahr der zweiten Klasse nimmt Lutz′ positives Arbeitsverhalten bzw. seine Leistungsbereitschaft wieder ab. Obwohl er die Unterrichtsgestaltung in Gesprächen und Äußerungen positiv reflektiert, fordert er sich selber nicht sonderlich heraus, sondern beschäftigt sich nur oberflächlich mit Sachen. Er liest lieber als zu schreiben oder zu rechnen und gibt sich bei seinen Eigenproduktionen mit sehr geringen bzw. einfach gemachten Arbeiten zufrieden. Entsprechend erfolgt seine Eigenbewertung im Kreisgespräch eher zu positiv, wenn er das schnelle Hinschreiben einer Geschichte für sich als OK oder „super" bewertet. Man hat den Eindruck, dass er dem Leistungsdruck durch eine Orientierung an unteren Maßstäben zu entgehen versucht. Ein Indiz dafür könnte auch seine (neue) Freundschaft mit dem als „lernbehindert" in die Klasse gekommenen Asylanten Mehmet sein.

Leistungsmäßig äußert sich sein Arbeitsverhalten in nicht noch einmal nachgesehenen Geschichten: „Wenn du mal schreibst, sind deine Geschichten ganz O.K., aber oft hast du keine Lust mehr zum Nachgucken. Dann merkt man die Stellen, an denen du an etwas anderes gedacht hast, weil da Wörter doppelt sind oder etwas fehlt. Auch vergisst du manchmal Buchstaben, wenn du zu schnell schreibst." Diese Probleme finden sich bei keinem anderen Kind der Klasse in dieser Art. Diese Oberflächlichkeit äußert sich auch in Lutz' Schriftbild: Wörter sind nicht immer leicht zu lesen und auch bei den Zahlen lassen sich z. B. 0 und 6 nicht immer auseinander halten. Dabei sind Lutz' Schreib- und Leseleistungen mindestens lehrplangemäß, allerdings im Vergleich zu den anderen Kindern der Klasse eher unterdurchschnittlich. In Mathematik ist Lutz relativ stark, er beherrscht schon im ersten Halbjahr das kleine Einmaleins, während er Einsminuseins und Einsdurcheins zum Ende des Schuljahres automatisiert hat.

Lutz reflektiert das erste Halbjahr der zweiten Klasse im Klassengespräch vor den „Privatzeugnissen" kritisch und ändert seine Selbsteinschätzung des letzten Halbjahres nun von „OK" und „super" zu „mittel". Dabei bezieht er sich vor allem auf das Schreiben von Geschichten und seine Rechtschreibleistung. Alle anderen Bereiche findet er „gut" und sagt, dass sie ihm Spaß machen. Auch die anderen Kindern bescheinigen ihm, dass er „faul geworden sei" und nur noch lesen würde. Er solle sich „bessern mit dem Lesen". Ansonsten sei aber „alles in Butter".

Insgesamt bleibt Lutz' Arbeitsverhalten im zweiten Schuljahr sehr wechselhaft, was sich wiederum ein paar Wochen vor Schuljahresschluss positiv ändert. Dann nimmt er Sachen selber in die Hand und scheint kein Problem mit dem selbstständigen Arbeiten zu haben. Entsprechendes gilt auch für das tiefergehende Arbeiten:

> Wenn du willst, kannst du gute Geschichten schreiben. Leider ist es manchmal passiert, dass du nur irgendetwas hingeschrieben hast, was du dir dann nicht mehr durchgelesen hast. Dann waren deine Geschichten nur schwer zu verstehen und haben wenig Spaß beim Lesen gemacht. Wenn du dir aber Mühe gegeben hast, sind oft ganz tolle Geschichten dabei herausgekommen (so wie deine „druckreifen" Rechengeschichten). So ähnlich ist das auch mit deiner Schreibschrift und mit dem Durchsehen der Geschichten auf Erwachsenenschrift. Beides kannst du eigentlich schon besser, als man manchmal denkt. Wenn man dich nämlich fragt, weißt du schon sehr viele Sachen über Erwachsenenschrift, die du in den Geschichten dann aber manchmal nicht beachtest.

Lutz' Schreib- und Rechtschreibleistungen sind entsprechend von Text zu Text unterschiedlich und im Vergleich zu anderen Kindern der Klasse eher schwach, aber immer noch durchaus lehrplanentsprechend. Seine Leseleistung verbessert sich vom ersten zum Ende des zweiten Schuljahres (auch durch das viele Lesen) von einem sehr langsamen, unsicheren Lesen zu einem flüssigen und gut betonenden Lesen. Auch in Mathematik ist Lutz dem Lehrplan voraus. Er hat Einspluseins, Einsminuseins, Einmaleins und Einsdurcheins automatisiert, nutzt seine rechnerischen Fähigkeiten aber nur selten zur eigenen Herausforderung. Seine „Forscherprojekte" spiegeln durchaus sein Interesse an verschiedenen Themen und seine Kenntnis darüber wider, aber es fällt ihm auch hier schwer, tiefergehend zu arbeiten, sodass es oft bei einer spielerischen Auseinandersetzung bleibt, die nicht weiter aufbereitet wird.

Lutz reflektiert sein Arbeitsverhalten vor den Gutachten zum Schuljahresende folgendermaßen: „Ich solte etwas leiser abeiten und ich finde nie so schnel immer was zum abeiten. [...] mir faln nie so schnel gute Texte ein ich weil ich mich ablenen lase [...] erst Forsche ich dann hör ich auf [...] nich so gut weil ich hab manchmal habe ich keine lust". Lutz nimmt sich für das nächste Schuljahr vor, mehr zu schreiben und höhere Aufgaben zu rechnen. Die anderen Kinder äußern sich zum Schuljahresende derart, dass sich Lutz in der letzten Zeit gebessert habe, nicht mehr so viele Schimpfwörter gebrauchen würde und nun gut Geschichten schreiben könne.

Als Rückmeldung zu seinem Gutachten schreibt Lutz auf die Frage, was er im Zeugnis nicht ganz richtig beschrieben finden würde: „und ein bisen schlecht das du gesagt hast das ich nich gut in der Klasse nich Abeite". Ansonsten sei alles gut beschrieben.

3. Schuljahr

Nach den Sommerferien hatte Lutz wieder eine längere Anlaufzeit mit vielen Tagen, an denen er weniger geschafft hat als er vielleicht hätte schaffen können. Dabei zieht er reproduktive Beschäftigungen wie das Abschreiben von Texten oder das Ausfüllen eines Übungsblatts, das er sich kopiert, selbstständigeren Arbeiten vor. Aber auch diese Arbeiten macht er eher oberflächlich. Nachdem Lutz beim Schreiben eines Diktattexts gemerkt hat, dass er nun hinter anderen Kindern zurücksteht, geht er das Schreiben bzw. Rechtschreiben verstärkt an. In den Wochen vor Ende des ersten Halbjahres wandelt sich sein Arbeitsverhalten. Er versucht, Ablenkungen zu entgehen, indem er nicht nur mit seinem engsten Freund zusammenarbeitet, sondern auch mit anderen Kindern bzw. Kindergruppen. Auch arbeitet er nun zielstrebig und reflektiert, d. h. er überprüft z. B. seine Schreibweisen nach dem Verschriften, indem er die Texte noch einmal liest und (allerdings selten) auf das Wörterbuch zurückgreift. Er schreibt verstärkt freie Texte, deren Qualität allerdings davon abhängt, wie sehr sich Lutz auf ein Thema einlässt. Neben einzelnen sehr schönen Geschichten gibt es viele, die den Eindruck erwecken, nur geschrieben worden zu sein, um überhaupt etwas zu schreiben.

Während Lutz bislang auch beim Rechnen eher oberflächlich gearbeitet hat, überprüft er zum Halbjahresende seine Ergebnisse immer mehr selbst und vermeidet so unnötige Fehler. Große Fortschritte in Bezug auf die Erweiterung des Zahlenraums bzw. die Operationen macht er nicht, allerdings sind seine Leistungen immer noch (gut) lehrplanentsprechend.

Vor dem Zeugnis reflektiert Lutz seine veränderte Arbeitsweise im ersten Schulhalbjahr so: „Ich hab nur ein mal mit [... seinem Freund; FP] nicht so gut gearbeitet". [...] Mir fallen nicht immer so gute Texte ein und ich schreibe schön wenn ich will. Ich mach viele Fehler, duschsehn ist grade nicht meine spitzilatet. Ich benutze das Wörterbuch nicht so oft." Für das nächste Halbjahr nimmt er sich vor: „duch sehn, schreiben, lesen, rechnen". Im Kreisgespräch finden die anderen Kinder, dass es gut sei, wie sich Lutz gebessert habe. Er würde nicht mehr so „rumwechseln", mehr und gut arbeiten und es sei gut, dass er nun seine Geschichten fast immer nachsehen würde. Er solle noch mehr mit anderen Kindern Geschichten schreiben, dann würde ihm auch selber zum Schreiben mehr einfallen und es würden bessere Sätze herauskommen. Er solle ruhig mehr schreiben und weniger rechnen. Auf sein Gutachten reagiert Lutz u. a. folgendermaßen: „Das ist richtig wenn ich albern bin dann leng ich Kinder ab Mit den kwasch machen".

Im zweiten Halbjahr bleibt Lutz' Lernverhalten wechselhaft. An manchen Tagen legt er direkt mit dem Arbeiten los, schreibt Geschichten oder arbeitet in seinem Rechenheft. An anderen Tagen lässt er sich von Kindern oder vom Lehrer Texte diktieren oder knifflige Mathematikaufgaben geben. Aber es gibt auch Tage, an denen er nicht viel schafft. Die Ratlosigkeit des Lehrers bezüglich Lutz' Arbeitsverhalten, aber auch bezüglich seiner Kompetenzen wird im Gutachten für das zweite Halbjahr der dritten Klasse offensichtlich:

Das, was mich so wundert, ist Folgendes: Zum einen kannst du, wenn du willst, Aufgaben selbstständig und gut angehen, hast ein großes Forscherwissen, schreibst geübte Diktate fehlerfrei, kannst genau über Rechtschreibphänomene Auskunft geben und knifflige Rechenprobleme lösen. Zum anderen gibt es Zeiten, an denen du ziemlich chaotische Geschichten schreibst, dabei viele Sachen übersiehst, bei einfachen Rechenaufgaben nicht darauf kommst, ob man mal oder geteilt rechnen muss oder einen Vortrag zwar mit Raussuchen und Abschreiben perfekt vorbereitest, dann aber bei den Vorbereitungen für die Präsentation plötzlich völlig in den Seilen hängst.

Abhängig scheint mir das von zwei Sachen zu sein. Einmal fällt es dir leichter, mit Hilfe und Betreuung zu arbeiten, als alleine. Das ist natürlich in Ordnung, aber gerade das Arbeiten ohne Hilfe solltest du ja lernen, denn nicht immer kann sich jemand um dich kümmern. Zwar wird das wieder etwas einfacher in der nächsten Schule, wenn alle das Gleiche machen, aber ob wirklich Zeit für genau *deine* Fragen bleibt, ist fraglich. Zum anderen scheint mir dein Arbeitsverhalten sehr von deinem Ehrgeiz und deiner Verfassung im jeweiligen Moment abzuhängen. Das geübte Diktat war dir wichtig, das hast du ganz bewusst (und gut) geschrieben, der Rechenzettel war relativ OK und hat dir dann so gereicht. Denk mal mit drüber nach, ob ich richtig liege und lass uns dann verabreden, ob das Arbeiten so wie jetzt für dich in Ordnung ist, oder wann du mehr Hilfe (oder Druck?) von mir haben willst, um vielleicht deinen Ehrgeiz dann anzuheizen, wenn du im Moment mal weniger hast. Aber du musst bitte die Initiative ergreifen.

Ansonsten bist du im letzten Halbjahr eigentlich durchgängig gut drauf gewesen, kamst wesentlich ausgeglichener in die Schule als früher, warst eigentlich in keinen Streit verwickelt, hast im Kreis gut mitgemacht und es hat allen viel Spaß gemacht, mit dir zu arbeiten. Ganz toll, Lutz ! Mach weiter so !

Zur Leistungsentwicklung im Bereich Sprache ist diesbezüglich zu lesen:

Leider hast du im letzten Halbjahr doch nicht so viel geschrieben, wie ich gehofft hatte. Teilweise hast du dir Sachen diktieren lassen, teilweise hast du eigene Geschichten geschrieben, aber die richtige Begeisterung für das Schreiben ist doch irgendwie ausgeblieben. Ich habe sogar den Eindruck, dass du immer weniger gerne alleine schreibst, denn du hast früher längere und schönere Geschichten geschrieben als im letzten Halbjahr. Ich weiß einfach nicht, wie ich dich dazu anstacheln kann, wieder mehr Lust zum Schreiben zu bekommen, denn deine Geschichten fand ich immer gelungen und habe sie wirklich gerne gelesen. Und ich glaube, ich bin in der Klasse nicht der Einzige, der sie vermisst. Frag mal die anderen Kinder.

Das Problem ist, dass du sehr wohl richtig schreiben kannst, wenn du dich daran gibst. So hast du das geübte Diktat fehlerfrei geschrieben, obwohl du um diese Zeit ziemlich viel um die Ohren hattest. Aber trotzdem sind deine Rechtschreibleistungen – und die sieht man natürlich nicht in den vorher geübten Texten – im letzten Halbjahr nicht besser geworden – relativ zur Entwicklung bei den anderen Kindern entsprechend sogar schlechter. Lutz, da hilft wirklich nur mehr schreiben und genauer und öfter durchsehen. Ich habe dir allerdings schon beim letzten Zeugnis geraten, jeden Tag eine kleine Geschichte zu schreiben und nachzusehen, aber das nützt nur etwas, wenn du den Text dann ganz bewusst durchsiehst. Das heißt, auf Besonderheiten bei den Wörtern achtest (Verdopplung von Buchstaben, zusätzliche „h"'s und so) und darauf, dass Wörter oft aus anderen Wörtern oder Wortteilen zusammengebaut sind („ver" als Vorsilbe nicht mit „f" und so weiter). Vor allem bekommst du dann auch wieder Übung im Schreiben, sodass du die ganzen Saachen, die du auf Nachfragen alle kennst (!), unbewusst richtig anwendest, automatisch genau hinhörst und keine Buchstaben verwechselst oder auslässt. Gib dich da bitte wieder mehr ran, damit du das Schreiben nicht irgendwann wieder verlernst ...

Ob es für dich auf die Dauer besser ist, statt eigener Geschichten lieber kleine Diktate zu üben, weiß ich nicht, aber wenn du auch dabei nicht über die Schreibweise von Wörtern nachdenkst, glaube ich rückblickend, dass das nicht so viel bringt. Aber irgendwie mehr und bewusster schreiben musst du jetzt.

Erstaunlich ist Lutz´ Entwicklung in Mathematik. Hier ergibt sich der Eindruck, dass er nun auch in diesem Fach immer oberflächlicher arbeitet und eher von seinem Vorwissen zehrt, als sich zu neuen Dingen herauszufordern:

Insgesamt sind deine Leistungen für das 3. Schuljahr natürlich voll in Ordnung, andererseits habe ich den Eindruck, dass dir manche Sachen immer schwerer anstatt leichter fallen. Mir ist allerdings überhaupt nicht klar, warum. Viele Sachen, die du früher ganz einfach automatisch konntest, musst du jetzt überlegen bzw. üben.

Lutz reflektiert das zweite Halbjahr der dritten Klasse u. a. folgendermaßen:

Ich find nicht immer sofort was. [...] Gute Texte fallen mir ein. Meine Schrift ist mittel. Mit duchsehn ist es mittel. ich mache immer unterschitlich. Ich benutz das Wörterbuch ab und zu mal. [...] Ich denke mir nicht sofiele Rechenaufgaben aus und Rechengeschichten mach ich im moment keine. [...] Ich hab das letztes mal gut geforscht.

Für das nächste Schuljahr nimmt er sich vor, neue Kniffelaufgaben anzugehen und mehr zu schreiben.

4. Schuljahr

Anfang des vierten Schuljahres möchte Lutz nach der Grundschule entweder auf das Gymnasium oder die Realschule gehen. Dabei nimmt er sich vor: „Ich muss noch beim schreiben mich besern [...] und beim dochsehen [...] auch mehr Rechnen". Er möchte ab und zu mal an Arbeitsgruppen teilnehmen, in denen sich Kinder gegenseitig Sachen diktieren oder zusammen rechnen. Einen Lernvertrag mit sich selber möchte er nicht abschließen, schlägt das aber einige Zeit später – u. a. nach einem gemeinsamen Gespräch mit den Eltern vor.

Der Lehrer schreibt ihm in diesem Zusammenhang nach einigen Wochen:

> Deine Leistungen und dein Arbeitsverhalten fahren noch immer Achterbahn. Du hattest nach den ersten Tagen (wo ist dein Vertrag geblieben ?) ein paar wenig motivierte Phasen, bei denen du dich eher an Mehmet orientiert hast als an Kindern, die mehr leisten können (so wie du).
>
> Dann hattest du aber auch wieder Tage, an denen du gut oder sehr gut gearbeitet hast und große Lust hattest. Du musst das aber endlich irgendwie gleichmäßiger gestalten, Lutz, denn so reicht es noch nicht für das Gymnasium. Du bist zwar auf einem guten Weg, aber langsam wird die Zeit doch knapp. Mit deinem jetzigen Arbeitsverhalten würde ich dir raten, doch lieber auf einer etwas niedrigeren Schulstufe anzufangen und danach auf das Gymnasium zu gehen. Ich denke, dass du das problemlos schaffen kannst und nicht so schnell gefrustet wirst. Es wäre schlimm, wenn du auf Dauer richtige Schulunlust bekämest.
>
> Mit dem Gymnasium müsstest du ziemlich über dich hinaus wachsen und jetzt wirklich jeden Tag (!) Geschichten oder Diktate überarbeiten, evtl. sogar noch zusätzlich zu den Hausaufgaben (oder die aber immer ganz ganz toll machen). [...]
>
> Entscheid dich also bald wirklich, greif aber nicht so hoch, dass dir dein Leben keinen Spaß mehr macht. Aufʼs Gymnasium kann man auf vielen Wegen kommen. Das muss man nicht von Anfang an.
>
> Überleg mal. Aber setz dir Ziele und Kontrollmöglichkeiten, die du wirklich willst. Oder sei mal ganz ehrlich zu dir und setz dein Schulziel anders. Ist auch in Ordnung, denn es ist dein Leben. Solange du andere nicht belastest ist das OK.

Zum Halbjahr bekommt Lutz eine begründete Empfehlung zum Besuch der Realschule oder der Gesamtschule. Über Lutzʼ Leistungsentwicklung innerhalb der Grundschulzeit steht im Gutachten:

> Lutzʼ Lernen ist von Schwankungen gekennzeichnet. In guten Phasen lernt er gut und effektiv, in schlechteren wenig. Lutzʼ emotionale Verfassung, seine Unausgeglichenheit und sein Selbstvertrauen haben sich in den letzten Jahren sehr positiv entwickelt, weisen aber immer noch Unstetigkeiten auf, sodass er sich nicht immer auf kontinuierliches Arbeiten und Üben einlässt. Seine Anstrengungsbereitschaft ist entsprechend begrenzt, wobei ihm das richtige Einschätzen seiner Leistungen nicht leicht fällt. Er orientiert sich z.B. bzgl. seines Durchhaltevermögens noch oft an anderen Kindern, die nicht so viel Zeit brauchen wie er oder die effektiver arbeiten. Selbst gesetzte Ziele verfolgt er entsprechend eingeschränkt.
>
> Selbstständiges, zielgerichtetes Arbeiten fällt ihm in der Kleingruppe oder mit einem Erwachsenen leichter. Dort vermag er wesentlich mehr zu leisten als alleine. Eigene Aufgaben stellt er sich ungern, Ziele formuliert er sich, schafft es aber noch nicht, sie auch langfristig zu verfolgen.
>
> Lutz kann reflektiert diskutieren, Positionen vertreten und sich in andere hineinversetzen. Er nimmt Tipps und Impulse gerne an. Je nach Verfassung fällt es ihm schwer, sich auf abstrakte Anweisungen einzulassen oder Aufgabenstellungen zu erkennen.
>
> Lutz hat gute Fortschritte in seiner Ausdrucksfähigkeit gemacht, allerdings fehlt ihm durch seine Abneigung gegenüber dem Schreiben die Übung im schriftlichen Ausdruck.
>
> Lutz hat gute Fortschritte in Bezug auf Konfliktvermeidung und -lösung gemacht. Andere Kinder arbeiten gerne mit ihm zusammen. Er ist im sozialen Bereich sehr selbstständig geworden. Er kann seine eigene Meinung vertreten und begründen.

Lutz ist vielfältig interessiert, wobei es ihm nicht leicht fällt, eigenständig Sachen zu verfolgen und für sich nutzbar zu machen. In Testsituationen braucht Lutz noch sehr viel Zeit, was mit dann stattfindender höherer Ablenkungsbereitschaft bzw. Nervosität zusammenhängen kann.

Lutz hat viele Hobbys, [...] treibt Sport, spielt mehrere Instrumente usw.

Lutz ist verantwortungsbewusst und zuverlässig.

Da Lutz' Leistungen in den Fächern nicht nur im Vergleich zu seinen Mitschülern, sondern auch im Hinblick auf den Lehrplan weiter abgenommen haben, erreicht er in den Bereichen Lesen, Sprachgebrauch und Rechtschreiben jeweils nur ein Ausreichend, in Mathematik ein Befriedigend. Im Zeugnis ist dazu bemerkt: „Die Leistungen in Mathematik sind in einzelnen Teilbereichen (Denk- und Sachaufgaben) auch schlechter. Die Leistungsbewertung im Rechtschreiben bezieht geübte Diktate verstärkt mit ein. In freien Texten und ungeübten Diktaten ist die Rechtschreibleistung schlechter." Nach der Entscheidung über die Wahl der weiterführenden Schule ändert sich Lutz' Arbeitsverhalten wieder auffällig und er arbeitet im zweiten Halbjahr sehr engagiert, tiefgehend und zielbewusst, sodass er seine Leistungen nicht unerheblich verbessern kann. Er kann seine Leistung im Lesen und im Rechtschreiben von „ausreichend" auf „befriedigend" steigern (unter Einbezug geübter Diktate) und auch in Mathematik bekommt Lutz nun gute statt befriedigende Leistungen bescheinigt. In einem Lernentwicklungsbericht, der Lutz' Eltern die Anmeldung auf dem Gymnasium ermöglichen soll, steht:

Lutz hat im letzten Halbjahr seine Leistungen gut verbessert. Seine Arbeitsmotivation ist kontinuierlicher geworden, er hat versucht, die sich selbst gesetzten Ziele zu erreichen, was ihm im Großen und Ganzen auch geglückt ist. Entsprechend ausbaubar scheint sein Wissen auch weiterhin noch zu sein.

Lutz hat gute Fortschritte in seiner Ausdrucksfähigkeit, im Lesen und in der Rechtschreibung gemacht, sodass sich seine Leistungen im Bereich Sprache jetzt im Mittelband bewegen.

Auch in Mathematik hat er sich verbessert, sodass er in entsprechenden Arbeiten gute Ergebnisse erzielt. Beim Umsetzen eingekleideter Aufgaben sind seine Leistungen etwas schlechter als beim Rechnen, aber auch hier sind Leistungsfortschritte zu verzeichnen.

Lutz kann reflektiert diskutieren, Positionen vertreten und sich in andere hineinversetzen. Er nimmt Tipps und Impulse gerne an. Lutz hat gute Fähigkeiten in Bezug auf Konfliktvermeidung und -lösung. Er kann seine eigene Meinung vertreten und begründen. Er ist im sozialen Bereich sehr selbstständig, reflektiert und fürsorglich. Andere Kinder arbeiten gerne mit ihm zusammen.

Lutz ist vielfältig interessiert, er kann sich selbstständig Material zu einem Thema besorgen und innerhalb einer Gruppe für einen Vortrag o.ä. aufbereiten. In Testsituationen wirkt Lutz ausgeglichen, er bearbeitet Aufgaben in der Regel in der ihm zur Verfügung stehenden Zeit.

Lutz hat viele Hobbys, lernt Spanisch, treibt Sport, spielt mehrere Instrumente usw.

Lutz ist verantwortungsbewusst und zuverlässig.

Lutz hat in der kurzen Zeit seit dem letzten Zeugnis positive Signale gesetzt. Er scheint sich jetzt immer mehr für das Lernen zu entscheiden und seine Leistungen entsprechend kontinuierlicher bringen zu wollen. Da diese bislang eher durch seine schwankende Arbeitshaltung, denn durch eine etwaige Überforderung begrenzt wurden, scheint es möglich, auch in Zukunft noch weitere Leistungssteigerungen erwarten zu können.

Lutz´ Rückblick auf seine Schulzeit

Zum Ende seiner Grundschulzeit schreibt Lutz auf, wie er die vier Schuljahre in der Klasse rückblickend beurteilt. Dabei gibt er folgende Resonanz: „Wir haben immer gute Sachen gemacht. Wenn wir Probleme haben, konnten wir mit dir Reden." Lutz fand die Sachen, die in der Klasse bzw. von ihm gelernt wurden, so OK und beurteilt seine fachliche Vorbereitung und das Vorbereiten auf das selbstständige Lernen mit „sehr gut", die Vorbereitung auf den Umgang mit anderen mit „gut". Probleme haben ihm in der Klasse vor allem die „Integration" der verhaltensauffälligen Kinder gemacht: „Wenn wir einfach Probleme hatten z. B. mit Michael oder so." Gefallen haben ihm vor allem die gemeinsamen Aktionen: „Ich fand die Klassenfahrten gut und was wir noch gemacht haben."

Ihm war es wichtig, selber das Lernen und den Umfang der Arbeit bestimmen zu können, mit anderen umzugehen, Sachen gemeinsam abzustimmen und Ratschläge zu hören, aber er fand es nicht sehr wichtig, sich selber zum Arbeiten zu zwingen und mit anderen zusammen zu arbeiten. Unwichtig fand er vor allem die Hausaufgaben. Er ist mit den Beschreibungen in den Gutachten und der Schulempfehlung zufrieden. Die offene, basisdemokratische Unterrichtssituation fand er nicht schwierig: „Weil wenn man erst richtig im gan war dann kam man nicht mehr raus." Er würde jederzeit wieder in diese Klasse gehen und denkt, dass er später gut klar kommt. Er schreibt weiterhin in einem Brief:

> Hallo Peschel!
> Wir hatten eine lange Zeit miteinander und manchmal warst du richtig unfer mit den Noten. [...] Aber trotzdem waren die 4 Jahre toll mit dir, ich hab bei dir lesen, rechnen und schreiben gelernt und manchmal fand ich das ja gut aber wir hätten auch mal was an der Tafel machen können.
> Bis dahin dein Lutz

Der Vater reflektiert Lutz´ Schulzeit folgendermaßen: Man hatte in den vier Jahren des Öfteren Unsicherheitsmomente bezüglich der Unruhe in der Klasse, der fehlenden Disziplin (im Sinne von „discipulus") und der zum Teil fehlenden Notwendigkeit der Schüler, etwas zu tun/lernen bzw. der zeitweise fehlenden diesbezüglichen Aufsicht. Am schwierigsten war für ihn zu verstehen, dass sich die Kinder zu oft selbst überlassen waren. Beruhigend empfand er die Leistungen und die Entwicklung des eigenen Kindes und der anderen Kinder, die Gespräche mit dem Lehrer, anderen Eltern und vor allem auch das gemeinsame Gespräch mit dem Schulleiter Ende der zweiten Klasse. Gut empfand er die Vorbereitung des Kindes in Mathematik, im Sprachgebrauch und im Sachunterricht, schlechter im Bereich Rechtschreiben, Lesen und im musischen Bereich. Vor allem gelungen war für ihn die Selbstständigkeitserziehung der Kinder, der offene Umgang miteinander und der erweiterte Horizont. Er würde der Grundschule die Note 2 für die Vorbereitung auf das selbstständige Arbeiten und Referieren sowie den sozialen Bereich geben und insgesamt die Note 2-3 erteilen.

Er würde sein Kind noch einmal in diese Klasse geben, wobei er sich erhofft, die ersten zwei Jahre des „Suchens nach dem Weg" vermeiden zu können. Für die Zukunft des Kindes sieht er – „weil die Mutter intensiv eingreift und unterstützt" – kein Problem. Er schließt mit der Bestätigung, dass der Klassenlehrer nach vier Jahren mit diesen Erfahrungen „ein sehr guter Lehrer" sei – wobei er verschiedene Anforderungen bzw. Kinderproduktionen des vierten Schuljahres (Mathe – Dreisatz und Kunst – Bildbeschreibung) im Gegensatz zum anfänglichen „Dahintrödeln" eines Sechstklässlers bzw. Obersekundaners würdig empfindet.

Im Folgenden werden Lutz´ Leistungen in den Bereichen Rechtschreiben, Lesen und Arithmetik und ihre Entwicklung noch einmal differenzierter anhand konkreter Beispiele dargestellt bzw. untersucht.

16.2.2 Entwicklung im Rechtschreiben

Obwohl Lutz von Beginn an nicht gerne schreibt, bewegen sich seine Leistungen beim Schriftspracherwerb und im Rechtschreiben bis zum dritten Schuljahr im durchschnittlichen Bereich, sinken aber danach ein Stück unter den Normdurchschnitt ab. Ob Lutz von Anfang an Schwächen hatte, die erst im vierten Schuljahr offensichtlich wurden, oder ob es zu diesem Zeitpunkt einen bestimmten Leistungseinbruch gegeben hat, oder ob eine Mischung aus beiden Faktoren besteht, soll im Folgenden anhand Lutz´ schriftlicher Eigenproduktionen sowie Testergebnisse näher beleuchtet werden.

<u>1. Schuljahr</u>

Lutz kann zu Schuleingang seinen Namen aufmalen und Buchstaben als Elemente des Lesens und Schreibens erkennen, sie selbst aber noch nicht nutzen. Nach ungefähr vier Wochen Schule kann er Anlaute ansatzweise verschriften, verwendet aber im Einzelfall noch willkürliche Schreibweisen. Im Fünf-Wörter-Diktat schreibt er zu diesem Zeitpunkt *L* für Leiter, *O* für Hose, *T* für Schere, *R* für Regen und *L* für Lippe (anstatt Mund). Er liegt mit einem Wert von 0,8 nach dem Stufenmodell von BRÜGELMANN (vgl. 1988/1989) im unteren Mittel der Klasse (Durchschnittswert 1,4; die Rechtschreibstufe 1 ist mit 68,4% am stärksten vertreten). Oft, aber nicht immer, verdreht er Buchstaben wie P, p, B, b und d, was ihm allerdings auch noch im zweiten Schuljahr innerhalb desselben Satzes passiert (*einbrechen – eindrechen*).

Nach drei Monaten verschriftet er die meisten Laute der Wörter des Fünf-Wörter-Diktats, schreibt aber nur ein Wort lautgetreu: *LAEIA, HOSE, REG, SchRE* und *MOT*. Er befindet sich damit auf Stufe 2,6 und bewegt sich im unteren Bereich der Klasse (Klassendurchschnitt 3,3). In seinen Texten verschriftet er einzelne Wörter zeitweise von rechts nach links (RNAIDNI) oder benutzt im Einzelfall Buchstabennamen zur Verschriftung (CEBRA).

Zum Ende des ersten Halbjahres verschriftet er zwar mehr Wörter als vorher lautgetreu, lässt aber bei Wörtern auch Laute in der Mitte weg: *LEITA, HOSE, SchRE,*

706

REN, LEPN (anstatt Mund). Er befindet sich damit ungefähr auf Rechtschreibstufe 3,6 (Klassendurchschnitt 4,0). Stellenweise finden sich in seinen Verschriftungen orthographische Elemente (SIEBEN, BIENE, SEE, Messer).

Im April des ersten Schuljahres verschriftet Lutz die Wörter des Fünf-Wörter-Diktats auch außerhalb der aus der Buchstabentabelle bekannten Grapheme (Sch, Ei usw.) nun teilweise mit kleinen Buchstaben: LeiTa, Hose, Schere, ReGeN, MONT. Er kann nun alle Wörter lautgetreu abbilden und erreicht die Rechtschreibstufe 4,4 (Klassendurchschnitt 4,7). Seinen Namen versucht er zu dieser Zeit in Schreibschrift zu schreiben.

Zum Ende der ersten Klasse befindet sich Lutz auf dem Stand des laugetreuen Schreibens. Er schreibt z. B. im Diktat der 100 häufigsten Wörter (Pronomen, Partikel usw.): *WIA, IA, Sakt, PLöZLICH, SiSch, Worde, edwas, FiLe.* Teilweise lässt er einzelne Buchstaben weg (*GiNeN* für gingen, *SchANT* für stand) oder verdreht sie (*Haden*). In den Wörtertests vergisst er nur beim komplexen Wort Lokomotive einzelne Buchstaben (LOKOMTWe). Dabei erscheint die Bandbreite seiner Verschriftungen relativ groß, Lutz verwendet einerseits schon ansatzweise einzelne orthographische bzw. morphematische Phänomene (*PIZZA, WAND*), andererseits verschriftet er in seinen freien Texten teilweise noch nicht einmal lautgetreu (z. B. *TeleFo*). Generell nutzt er aber noch keine orthographischen oder morphematischen Strategien (*Spigel, Hama, meuse*).

2. Schuljahr

Im zweiten Schuljahr verschriftet Lutz seine Wörter immer konsequenter komplett in Schreibschrift. Er beginnt einzelne orthographische Elemente zu verwenden, macht dies aber nicht immer und nicht immer legal (*fliegt, Fliege – Spigel, Schiemel*). Entsprechend finden sich vor allem in den Testergebnissen einzelne Übergeneralisierungen (*Pfarat, kanuh*), was in den freien Texten eher nicht der Fall ist. Dort kommen orthographische Phänomene primär nur bei Wörtern vor, die er später verbessert hat (*Skelett*). Die Verwendung des „g" statt des „ck" taucht bei einzelnen Wörtern auf (*Unklügswoche*).

Seine Produktionen unterscheiden sich vom Niveau her sehr voneinander. So sind die drei folgenden Texte alle von Oktober/November des zweiten Schuljahres:

Text I mit dem Bild eines Mulis und einer Widmung an den Lehrer (geschrieben in Druckschrift):

ein Esel kam nach Hause nach Spanien
Hallo Mama wie geht es dir? Hallo
mein Kind komm zu mir in mein Arm mein Liebling.

Text II zu einer Bildergeschichte (geschrieben in Druckschrift):

Pia und Michael und Harald
dann ist Harald Kirschen
ar Kirschen endlich etwas zum esen sarkt Harald
Michael und Pia Merken nigz das Harald die Kiresen est
Sehsien Harald
du kanSt JeSt gen Fetsag
ende

Text III zu einem Schreibimpulsbild mit einem Fußball (geschrieben in Schreibschrift):

Harald und ich Spielen Fusbal und ich habe ein Tor geschosen ich Füre mit 10 zu 0 wer ist beser du ende

Dabei erscheinen seine Produktionen im Gegensatz zu denen der anderen Kinder nicht nur uneinheitlicher sondern auch insgesamt viel dürftiger, was die Wortwahl und das Sich-Einlassen auf eine Geschichte betrifft.

Ende der zweiten Klasse verschriftet Lutz die Wörter des Neun-Wörter-Diktats bis auf *Schimel* und *Lokomotife* alle orthographisch korrekt. Er verwendet immer mehr orthographische Phänomene (*Stiefel, Kamm*). Morphematische Gesichtspunkte bzw. das Ableiten von Wörtern beachtet er nur in den ihm schon länger bekannten Einzelfällen (*Mäuse*). Ansonsten macht er gerade in diesem Bereich sehr viele Fehler (*Bleter, Beckerei, Zehne, Fahrat, Leuferin, ferkleidetsich*). Teilweise lässt er auch jetzt noch Buchstaben am Wortende weg (*Die Kiend habe; zu Polize gehen*).

3. Schuljahr

Auch in der dritten Klasse ergibt sich ein ähnliches Bild. Lutz benutzt zwar nun in mehr Wörtern orthographische und morphematische Gesichtspunkte (*Katze, Briefmarke, Bäckerei, Spinne, Läuferin, Zähne*), schreibt andere Wörter aber ohne entsprechende Phänomene zu verwenden (*Rolschue, Bläter*). Das Erkennen bestimmter Bausteine bzw. Schreibweisen erfolgt nicht konsequent (*Verkäufein – Ferkersschild – fasucht*), das Zusammensetzen von Wörtern und Wortbausteinen wird nicht durchgängig erkannt (*Fahrad*) und auch die Rückführung auf verwandte Worte erfolgt (auch bei einfacheren Wörtern) nicht durchgängig (*Brieftreger, Reuber, Geburstag*).

Vor allem aber fällt Lutz' oberflächliches Arbeiten immer mehr auch in den Tests auf, wenn er in vielen Wörtern Buchstaben im Wort oder am Wortende weglässt (*Spinnennes, Stabsauger, fernsher, Kfer, zu Pulizei*). Neben dem Fortlassen von Buchstaben verschriftet er einige Wörter mit Strategien, die eher einer ganz einfachen, lautgetreuen Durchgliederung entsprechen denn üblichen Strategien des dritten Schuljahres (*sahr* für sah, *Herschien* für Herrchen, *Schisrichta* für Schiedsrichter). Häufig verschriftet er „e" und „ä" falsch: *Pegchien* für Päckchen, *Läckerei, Kläckerei, Osterfähren, sälbst, Vorrete, vergrebt*). Auffällig ist auch das ab dem dritten Schuljahr fast durchgängig als „g" verschriftete „ck" bzw. „k": *Qargkuchen, Frühstug, knagt, Pegchien, gepagt, dengt.*

Ende der dritten Klasse schreibt Lutz in den Normtests bis auf wenige Ausnahmen dieselben Wörter falsch wie ein halbes Jahr zuvor (*Fahrad, Reuber, fasucht*), die etwas schwierigeren Wörter allerdings mit anderen Fehlern (*Schwimmbat – Schwimmbard, Fernsher – Fährnser*). Teilweise verschriftet er Wörter, die er vorher richtig geschreiben hat, (wieder) falsch (*Brieftreger – Briftreger; Windmühle – Windmülle; Lehrerin – Lerhin*). Insgesamt ergibt sich der Eindruck, dass vom Ende des ersten Halbjahres bis zum Ende des zweiten Halbjahres bei Lutz keine Leistungssteigerung zu verzeichnen ist und seine Leistungen eher ab- denn zugenommen haben.

4. Schuljahr

Im vierten Schuljahr entwickeln sich die orthographischen Strategien bei Lutz zwar teilweise zur richtigen Schreibweise fort (*schicken, rennen, Pfütze*), andere Wörter werden aber weiterhin falsch verschriftet (*Giskane*), wieder falsch geschrieben (*schimpft – schimpft*) oder übergeneralisiert (*Familie – Famillie*). Bei den morphematischen Strategien werden nun bei allen entsprechenden Testwörtern die Wortzusammensetzungen beachtet (*Hantuch – Handtuch; Spinnenätz – Spinnenetz; Ferkarschild – Verkersschild; Fahradschlos – Fahrradschloß*). Vorsilben wie „ver-" verschriftet er bei den Testwörtern weitgehend, aber nicht immer richtig (*Verkeuferin, Verkersschild, verlegt, vergese, faletzte*). Bezüglich der Ableitung von Wörtern oder Wortteilen von verwandten Wörtern scheint keine Steigerung feststellbar (*Brieftreger, Fehrnsehprogram, Arbeitspletze*). Das „ck" bzw. „k" verschriftet er weiterhin oft als „g" (*knagt, tringt, märgt, Fabrig*).

Zum Ende des vierten Schuljahres ergibt sich ein ähnliches Bild. Während einige der Testwörter nun richtig oder richtiger geschrieben werden (*Gieskane – Gieskanne – Gießkanne*) werden andere weiterhin falsch verschriftet (*Bormaschine, Verkeuferin, knagt/knakt, märgt/mehrgt*). Innerhalb der morphematischen Strategie wird die Konsonantenverdopplung bei Wortzusammensetzungen weiterhin durchgängig beachtet und auch das Schreiben der Vorsilbe „ver-" erfolgt bei den entsprechenden Testwörtern korrekt. Bezüglich der Rückführung von Wörtern auf verwandte Wörter verbessern sich Lutz´ Schreibweisen weiter (*Bankräuber, Schiedsrichter*), es gibt aber immer noch viele (einfache) Wörter, bei denen er keine Ableitung vornimmt (*Brietreger, verhelt, leuft, Hemt*).

Bezüglich der orthographischen Elemente macht Lutz vergleichsweise viele Fehler. Hier lässt sich keine richtige Strategie erkennen, die Wörter entstammen den unterschiedlichsten Rechtschreibmustern (*nehmen, telefoniren, Belonung, past, richen*). Auffällig ist auch, dass Lutz immer wieder Buchstaben nicht verschriftet bzw. vergisst zu verschriften. Dies passiert ihm zum einen zeitweise bei bestimmten Lautmustern wie dem „ng" am Wortende (*Kreutzun, Schmetterlin*) zum anderen aber auch im Wort, was wahrscheinlich auf oberflächliches Verschriften oder eine kurzzeitige Überforderung beim Schreiben zurückzuführen ist (*erstautes, Verkesschild, Gebustagsgeschenck, pfleg* und *Fühstei* bzw. *Früstügei* für das Wort Frühstücksei). Manche Wörter erinnern an einfache alphabetische Strategien (*nigs* für nichts).

Entwicklung und Verwendung bestimmter Rechtschreibmuster

Betrachtet man Lutz' Verschriftungen bezüglich einzelner orthographischer Phänomene an ausgewählten Beispielen, so ergibt sich folgendes Bild:

Jahr-Mo-nat	alph.: ei/-er	alph.: rum / orth.: st-/pf	orth.: nn / morph.: nn	alph.: fern / orth.: h / orth.: mm	alph.: ar / orth.: qu / morph.: kk	orth.: h / orth.: ll	orth.: h / orth.: ss / morph.: rr	morph.: äu / morph.: ver-	orth.: h / morph.: ssch / morph.: ver-
0-1	L	T							
0-3	LAEIA	SchRE							
0-5	LATA	SchRE							
0-8	LEITA	Schere							
0-9	LeiTa	STRUMF		HAMA			FARAT		
1-5	Leiter	Strumpf		Hamer			Pfarat		
1-9	Leiter/Bleter	Strumpf		Hamer			Farahd/Fahrat		
2-1	Bläter		Spinne				Rolschuhe	Farad/Fahrad	
2-4			Spiene	Feseher			Rolschue	Fahrad	
2-5	Bläter	Strumpfhose	Spinnennes	Fehrnseprogam	Qargkuchen	Rolschue	Faradschlos	Verkläufein	Ferkersschild
2-9		Strumpfhose	Spinnenätz	Fehmseprogram	Kqrgkuchen	Rollschuhe	Fahradschlos	Verkeuferin	Ferkarschild
3-5		Strumpfhose	Spinnennetz	Fehmseprogram	Kwargkuchen	Rollschuhe	Fahrradschloß	Verkeuferin	Verkersschild
3-9		Strumpfhose	Spinnennetz	Fernsehprogram	Qwarkkuchen	Rollschuhe	Fahradschlos	Verkeuferin	Verkesschild
4-6			*Spinnennatz*	*Fehrnseheprogram*			*Fahrradschols*	*Verkæuferin*	*Verkesschield*
5-1			*Spinnennetz*	*Fehrnesprogramm*			*Fahradschloss*	*Verkäuferin*	*Verkehrsschield*
5-7			*Spinnennetz*	*Fersehprogramm*			*Fahrradschloss*	*Verkäuferrin*	*Verkehrsschield*
6-1			*Spinnennezt*	*Fehrnseprogram*			*Fahrradschloss*	*Verkäuferin*	*Verkesschield*
6-6			*Spinnennetz*	*Fernsehprogram*			*Fahrradschloß*	*Verkäuferin*	*Verkersschield*

Das Rechtschreibmuster *ei* nutzt Lutz von Anfang an wie alle anderen Buchstaben bzw. Buchstabenverbindungen, wobei er es ganz zu Beginn teilweise als *AEI* verschriftet.

Die Endung *-er* entwickelt Lutz im zweiten Schuljahr aus der Schreibweise *-ar (HAMAR)* bzw. *-a (BIBA)* und nutzt es von da ab relativ konsequent, fällt allerdings bei ungewohnten oder schwierigeren Wörtern auch noch in höheren Schuljahren (z. B. im zweiten Schuljahr mit *oda*, im dritten mit *mancha, Schisrichta*) in die alphabetische Strategie zurück. Ein orthographisch falsches Anwenden dieses Musters auf Wörter mit der Endung -a ist nicht zu beobachten (*Cebra, Hura, Mama*).

Die Rechtschreibmuster *sp* und *st* nutzt Lutz genauso wie das *sch* konsequent von Anfang an, was darauf zurückzuführen sein kann, dass diese Lautverbindungen auf

710

der Buchstabentabelle abgebildet sind, mit der er Schreiben lernt. Lediglich in Einzelfällen vergisst er im ersten Schuljahr schon einmal Buchstaben (*SIMEL* für Schimmel).

Jahr-Monat							
0-9	FLIGE	SPIGEL				Rusin	
1-5	Fliege	Spigel				Rosine	
1-9	Flige	Spiegel	Stiefel			Rosine	
2-1			Stifel	Briefmarcke			
2-4				Briefmarke			
2-5				Brieftreger	Giskane		riessengrose
2-9				Brifmarke/Briftreger	Giskane		
3-5				Brieftreger	Gieskane		
3-9				Brieftreger	Gieskanne/ Gießkanne		
4-6				*Briefträger*	*Gieskanne*		
5-1				*Briefträger*	*Gieskanne*		
5-7				*Briefträger*	*Gieskanne*		
6-1				*Briefträger*	*Gieskane*		
6-6				*Briefträger*	*Gießkahne*		

Das Rechtschreibmuster *ie* wird von Lutz ab dem zweiten Schuljahr verwendet, allerdings wortunterschiedlich und wechselhaft. So schreibt er Mitte des zweiten Schuljahres *die, dieb* und *fliegt* bzw. *Fliege* und generalisiert auch über (*siend, Schiemel, giebt*), während er andere Wörter weiterhin ohne ie schreibt (*Spigel*). Zum Ende des Schuljahres schreibt er hingegen *Spiegel* und *Stiefel* mit ie, während er z. B. *fligt* und *Flige* wieder ohne ie verschriftet. Andere Wörter wie *Rosine* bleiben in der Verschriftung konstant, obwohl auch hier ein Übergeneralisieren erwartet werden könnte. Anfang des dritten Schuljahres schreibt er *Stifel* wiederum ohne ie. Ähnlich ist es mit anderen der Testwörter wie Zusammensetzungen mit dem Wort Brief, die er nach längerem richtigen Schreiben zeitweise falsch schreibt. Andere Wörter wie das Wort Gießkanne werden erst im vierten Schuljahr mit ie verschriftet. Insgesamt nimmt der Anteil des richtigen Gebrauchs des langen *i* zwar zu, aber eine konsequente Verwendung (auch innerhalb eines Wortstammes) ist nicht zu erkennen, wie die unterschiedlichen Verschriftungen am Ende des vierten Schuljahres zeigen: *fliegen, biegt, frieren, Frieden, schließen – fligt, gratoliren, richen, belibt, Schwirigkeit, telfoniren.* Auch finden sich immer noch einzelne Übergeneralisierungen (*pfliecken*).

Das Dehnungs-*h* verwendet Lutz ab Anfang des dritten Schuljahres zunächst bei ihm bekannten Worten (*Zahn/Zähne; Fahrad*), aber selbst bei häufigen Wörtern nicht konsequent (*in* statt ihn). Dabei ist gut möglich, dass er das Dehnungs-*h* weniger aus einem Gefühl für die richtige Strategie verwendet, sondern eher aus dem

Wissen, dass im Wort irgendwo ein zusätzliches h vorkommen muss. So schreibt er z. B. von der Mitte des dritten Schuljahres bis zum Ende des vierten Schuljahres das Wort Fernsehprogramm als *Fehrnseprogram*. Auch Wörter wie Fahrrad und Windmühle schreibt er nicht ab einem bestimmten Zeitpunkt korrekt, sondern lässt das Dehnungs-*h* zeitweise wieder weg (z. B. in der Wortverbindung *Faradschlos*). Auf andere Wörter wendet er bis zum Ende des vierten Schuljahres keine entsprechende Strategie an (*Ferkersschild*). In Wörtern, bei denen das *h* am Silbengelenk steht, verschriftet er die Dehnung ab dem Ende des dritten Schuljahres konsequent mit *h* (*Rollschuhe*). Übergeneralisierungen kommen auch noch am Ende des vierten Schuljahres vor (*mehrgt*).

Die Verdopplung von Konsonanten als Kürzezeichen verwendet Lutz außerhalb von außen verbesserten Wörtern (*Skelett*) ab Mitte des zweiten Schuljahres zunächst bei häufigen Wörtern (*dann, Hallo*) bzw. bei Wörtern, die sonst mit anderen verwechselt werden könnten (*Kamm*). Bei den meisten anderen Wörtern beachtet er die Konsonantenverdopplung nicht (*Hamer, Bleter*), sie bleibt dabei über lange Zeit wechselhaft (*Rolschue – Rollschue – Rolschue – Rollschuhe*). Im Rahmen der Verschriftung der Testwörter fallen diesbezüglich noch im vierten Schuljahr Unsicherheiten auf, wenn Lutz z. B. das Wort Schmetterling mehrfach korrigiert und zuerst *Schmeling* schreibt, aus dem *l* ein *t* macht, ein zusätzliches t einfügt und auch ein zusätzliches *m* notiert, das er dann wieder durchstreicht. Zum Ende des vierten Schuljahres verschriftet Lutz dann viele der Testwörter bezüglich dieses Rechtschreibphänomens richtig (*Tischtennisschleger, Reißverschluss, Gießkanne, verschlimmert*), andere (auch verwandte Wörter) werden hingegen fehlerhaft geschrieben (*Fußballmanschaft, Fernsehprogram, Spanung, Hoffnung, schlim*). Übergeneralisierungen finden sich zu diesem Zeitpunkt noch in Wörtern wie *Kranckheit* oder *Kreutzung* vor allem bei Rechtschreibmustern, bei denen die Konsonantenverdopplung zu zwei verschiedenen Buchstaben führt.

Auf der morphematischen Ebene beachtet Lutz das Schreiben zweier gleichklingender aufeinanderfolgender Konsonanten bei Wortzusammensetzungen ungefähr ab dem dritten Schuljahr (*Schluselloch, Ferkersschild, Spinnennes*), korrigiert diese Schreibweise aber zeitweise (*Ferkarschild, Spinnenätz*) und verwendet sie erst ab Mitte des vierten Schuljahres konsequenter.

Zur weiteren Betrachtung der morphematischen Ebene werden im Folgenden die Schreibweise *äu* als Ableitung von verwandten Wörtern sowie das Verwenden der Vorsilbe *ver-* untersucht.

E1	meuse			
M2	Mäuse			
E2	Mäuse	Roiber		
A3		Roiber		
M3		Bankreuber	Verkäufein	
E3		Bankreuber	Verkeuferin	
M4		Bankreuber	Verkeuferin	
E4		Bankräuber	Verkeuferin	leuft
M5		*Bankräube*	*Verkeuferin*	
E5		*Bankreuber*	*Verkäuferin*	
M6		*Bankräuber*	*Verkäuferrin*	
E6		*Bankräuber*	*Verkäuferin*	
M7		*Bankräuber*	*Verkäuferin*	

Lutz verwendet im ersten Schuljahr zunächst das ihm aus der Buchstabentabelle bekannte *eu* zur Verschriftung des *äu (meuse)*. Im zweiten Schuljahr verschriftet er es bei ihm bekannten bzw. ableitbaren Wörtern richtig als *äu (Mäuse)*, während er bei Wörtern, die er nicht von anderen Wörtern ableitet, zunächst lautgetreue Schreibweisen verwendet (*Roiber*). Neben einzelnen Ausnahmen wie der Schreibweise *Verkäufein* in der Mitte des dritten Schuljahres verschriftet Lutz das *äu* in der Regel mit *eu*. Dies ist bei den meisten Wörtern auch im vierten Schuljahr noch so (*Verkeuferin, leuft*) bzw. bleibt auch später wechselhaft (*Bankräuber – Bankreuber – Bankräuber*), bis sich in der sechsten Klasse bei den Testwörtern eine kontinuierlichere Schreibung zu zeigen scheint.

Lutz′ Schreibweisen für die Vorsilbe *ver-* ergeben folgendes Bild:

E2	ferkleidet	fersucht						
M3		fasucht					Verkäufein	Ferkersschild
E3		fasucht					Verkeuferin	Ferkarschild
M4			verträgt	verlegt	vergese	faletzte	Verkeuferin	Verkersschild
E4			vertregt	verlegt	vergesen	verletzte	Verkeuferin	Verkesschild
M5					*vergesen*	*verletzten*	*Verkeuferin*	*Verkesschield*
E5					*vergessen*	*verletzte*	*Verkäuferin*	*Verkehrsschield*
M6					*vergessen*	*verlezte*	*Verkäuferrin*	*Verkehrsschield*
E6					*vergessen*	*verlezte*	*Verkäuferin*	*Verkesschield*
M7					*vergessen*	-	*Verkäuferin*	*Verkersschield*

Lutz nutzt die Vorsilbe *ver-* bei einzelnen Wörtern ungefähr ab Mitte des dritten Schuljahres, eine häufigere bzw. durchgängigere Verwendung ist aber erst ab der Mitte des vierten Schuljahres zu erkennen. Ab dann ist eine fast durchgängige Richtigschreibung dieser Vorsilbe auch in seinen freien Texten zu beobachten.

<u>Ergebnisse in den Normtests zum Rechtschreiben</u>

Die obigen Betrachtungen können helfen, Lutz' Ergebnisse in den Normtests besser zu verstehen. Zunächst sind die Ergebnisse der Graphemtreffer in der Hamburger Schreib-Probe mit ihren Prozentrangwerten angegeben. Zum Vergleich werden die Ergebnisse der Kernstichprobe zusätzlich dargestellt. Die Werte nach dem vierten Schuljahr sind in regelmäßigen Treffen der Klasse nach der Grundschulzeit erhoben worden. Der durchschnittliche Prozentrang für die Eichstichprobe liegt bei PR 50. Normwerte liegen für Mitte Klasse 3, 5 und 6 nicht vor, hier sind die Werte für das Ende des jeweiligen Schuljahres angegeben, die tatsächlichen Werte liegen entsprechend höher.

Graphemtreffer (GT) Prozentrang	E1	M2	E2	*M3*	E3	M4	E4	*M5*	E5	*M6*	E6	M7
Lutz	56	60	63	*39+*	47	28	34	*20+*	20	*28+*	24	27+
Ø Kernstichprobe	56	72	70	*66+*	73	54	56					

Lutz erreicht Ende des ersten Schuljahres in der Hamburger Schreib-Probe einen Prozentrang von 56 und liegt genau im Durchschnitt der Kernstichprobe. Dabei verwendet er Groß- und Kleinbuchstaben durcheinander. Er kann alle Testwörter lautgetreu verschriften, benutzt aber keine orthographischen Phänomene. In der Mitte und am Ende der Klasse 2 erreicht Lutz im fast identischen Test Prozentränge von 63 bzw. 60, befindet sich also im Vergleich zur Eichstichprobe im oberen Bereich. Da der Durchschnittswert für die Kernstichprobe aber bei Prozentrang 72 bzw. 70 liegt, liegt Lutz innerhalb der Klasse unter dem Durchschnitt der Kernstichprobe. Er verschriftet lautgetreu und fügt bei einzelnen Testwörtern orthographische Elemente ein.

Ab dem dritten Schuljahr fällt Lutz' Leistung ab, er erreicht nach der Norm für das Ende der dritten Klasse Prozentrangwerte, die im bzw. leicht unter dem Durchschnittsbereich der Eichstichprobe liegen, im Vergleich zur Kernstichprobe aber schon mehr als 25 Prozentrangpunkte niedriger ausfallen. Dieser Abstand bleibt auch im vierten Schuljahr bestehen, wobei Lutz nun mit Prozentrangwerten von 28 bzw. 34 auch in den unteren Mittelbereich der Eichstichprobe fällt. Lutz verwendet zwar immer mehr orthographische Elemente (Doppelkonsonanten, Dehnungs-*h*) und beachtet morphematische Zusammenhänge (Wortzusammensetzungen, Vorsilbe *ver-*), wendet aber nur wenige Strategien konsequent an.

Die zum Ende des vierten Schuljahres angenommene positive Tendenz scheint danach nicht eingetreten zu sein, viel mehr zeigen die im fünften und sechsten Schuljahr erhobenen Werte, dass sich Lutz' Leistungen im Grunde auch auf dem Gymnasium nicht weiter verbessert haben. Er erreicht in der im vierten, fünften und sechsten Schuljahr durchgeführten Hamburger Schreib-Probe 5-9 im fünften Schuljahr eine geringere Anzahl von Graphemtreffern als Ende des vierten Schuljahres, im sechsten Schuljahr eine höhere Anzahl, die aber zumindest teilweise auch auf die nun fünfte bzw. sechste Wiederholung des immer gleichen Tests zurückzuführen sein kann. Es sind im Grunde keine signifikanten Unterschiede festzustellen. (Zur Gesamteinordnung sind zusätzlich Prozentrangwerte angegeben. Da es für Klasse 4 und Mitte Klasse 5 keine Prozentrangwerte der Eichstichprobe gibt, sind hier die Werte für Ende Klasse 5 angegeben, für Mitte Klasse 6 die Werte für Ende Klasse 6. Die tatsächlichen Prozentrangwerte liegen entsprechend höher. In den Klassenauswertungen wird für Mitte und Ende des vierten Schuljahres nicht die Hamburger Schreib-Probe 5-9, sondern die auch durchgeführte und für den jeweiligen Testtermin geeichte Hamburger Schreib-Probe 4/5 genutzt.)

HSP 5-9 (maximal 339 Graphemtreffer)	(M4)	(E4)	*M5*	E5	*M6*	E6	M7
Graphemtreffer (GT)	294	311	*306*	307	*321*	319	324
Prozentrang	*28+++*	*34++*	*20+*	20	*28+*	24	*27+*

In den folgenden Abbildungen zur strategieorientierten Auswertung der Hamburger Schreib-Probe sind die Werte zuerst als Anteil der richtigen Lösungen von Lutz angegeben. In der nächsten Zeile befinden sich zum Vergleich die Ergebnisse der Kernstichprobe. Darunter stehen die Prozentrangwerte, die Lutz innerhalb der Eichstichprobe der Hamburger Schreib-Probe erreicht, zum Vergleich sind zusätzlich die Ergebnisse der Kernstichprobe als grobe Richtwerte angegeben. Die Ergebnisse für die orthographische und die morphematische Strategie Ende Klasse 1 und Mitte Klasse 2 sind testbedingt zusammengefasst. Normwerte liegen für Mitte Klasse 3, 5 und 6 nicht vor, hier sind die Werte für das Ende des jeweiligen Schuljahres angegeben, die tatsächlichen Werte liegen entsprechend höher.

Alphabetische Strategie	E1	M2	E2	*M3*	E3	M4	E4	M5	E5	M6	E6	M7
Lutz % Anteil richtiger Lösungen	87	100	95	85	100	84	100	87	93	97	100	93
Kernstichprobe % Anteil richtiger Lösungen	95	98	96	98	99	97	99					
Lutz Prozentrang	*33*	*74*	*77*	*25+*	*83*	*19*	*81*	*22+*	*44*	*51+*	*80*	*26+*
Kernstichprobe Richtwerte (PR) ca.	*65*	*65*	*82*	*70+*	*80*	*62*	*72*					

Lutz beherrscht die alphabetische Strategie relativ schnell und sicher. Zwar sind seine Ergebnisse zum Teil von erheblichen Schwankungen in den Prozentrangwerten gekennzeichnet, diese haben ihre Ursache aber eher in den großen Sprüngen zwischen den einzelnen Werten (z. B. hat Lutz in der Hamburger Schreib-Probe Ende Klasse 1 zwei Fehler in der alphabetischen Strategie, die zu einem geringen Prozentrangwert von 33 führen; in der Hamburger Schreib-Probe Mitte Klasse 4 erreicht Lutz mit vier falsch verschrifteten Lupenstellen Prozentrang 19, im Test davor und danach schreibt er alle Lupenstellen richtig und erreicht Prozentrang 99).

Trotzdem fallen Lutz' Ergebnisse im Vergleich zu allen anderen Kindern der Kernstichprobe als die wechselhaftesten und die mit der größten Streuung auf. Kein anderes Kind erreicht so niedrige Werte wie er und vor allem nicht zu so späten Messzeitpunkten wie Mitte Klasse 3 oder Mitte Klasse 4. Bei näherer Betrachtung sind die Fehler im alphabetischen Bereich vor allem auf oberflächliches Arbeiten (*Kfer* statt Koffer, *Schluselloch* statt Schlüsselloch, *Eichhönrche* statt Eichhörnchen, *Pächen* statt Päckchen, *Schmetling* statt Schmetterling) und fehlende akustische Differenzierung (*zu Pulizei* statt zur Polizei, *Schisrichta* statt Schiedsrichter) zurückzuführen.

Orthographische Strategie	E1	M2	E2	*M3*	E3	M4	E4	M5	E5	M6	E6	M7
Lutz % **Anteil richtiger Lösungen**	*30*	*50*	**73**	**67**	**67**	**60**	**60**	**52**	**68**	**84**	**76**	**84**
Kernstichprobe % Anteil richtiger Lösungen	*40*	*70*	79	81	88	88	89					
Lutz Prozentrang	*45*	*58*	*67*	**27+**	**27**	**25**	**21**	*11+*	*22*	*34+*	*20*	*24+*
Kernstichprobe Richtwerte (PR) ca.	*41*	*84*	*74*	*41+*	*53*	*57*	*53*					

Bezüglich der orthographischen Strategie liegen Lutz' tatsächliche Rohwerte bis auf einzelne Abweichungen bei rund zwei Dritteln richtig verschrifteter Lupenstellen – mit steigender Tendenz nach dem fünften Schuljahr. Auf Grund der allgemeinen Leistungssteigerung der Vergleichsstichprobe nehmen seine Prozentrangwerte aber ab, sodass er sich bezüglich der orthographischen Strategie fast durchgängig im unteren Drittel des allgemeinen Leistungsbereichs befindet. Dies ist auch noch in der weiterführenden Schule so.

Lediglich im ersten und zweiten Schuljahr erreicht Lutz höhere Prozentrangwerte. Diese Werte können allerdings dadurch entstanden sein, dass sich die hier untersuchte Stichprobe bzw. Klasse unterrichtsmethodisch von der Eichstichprobe unterscheidet. Darauf wurde schon oben im Zusammenhang mit der Untersuchung der Entwicklung der orthographischen Kompetenz der Kernstichprobe hingewiesen. Es ist möglich, dass sich die strategiebezogene Kompetenz zur Verschriftung der Testwörter vor allem in den ersten beiden Jahren des Schriftspracherwerbs zwischen Lehrgangsunterricht und freiem Schreiben unterscheidet. So ergeben sich auch bei relativ hoher Fehlerzahl innerhalb der Eichstichprobe noch hohe Prozentrangwerte, weil einfach die meisten Kinder der Eichstichprobe bei den ihnen in der Regel unbekannten Wörtern entsprechend viele Fehler machen (Prozentrang 50 bei einem Fehleranteil von ca. 70% Ende Klasse 1 bzw. ca. 55% Mitte Klasse 2 und immer noch ca. 40% Ende Klasse 2). Da es im Konzept des freien Schreibens von Anfang an keine Übungswörter oder Ähnliches gibt, könnten die das Schreiben unbekannter Wörter gewohnten Kinder mit der orthographisch korrekten Verschriftung der Testwörter besser zurecht kommen – oder eher orthographische Strategien ausbilden – als Kinder, die das Schreiben an Fibelwörtern bzw. an einem Grundwortschatz lernen. Einen Hinweis darauf geben die hohen Prozentrangwerte der Kernstichprobe von Prozentrang 84 bzw. 74 zu diesem Zeitpunkt, die sich dann ab dem dritten Schuljahr auf Durchschnittsniveau einpendeln. Betrachtet man zusätzlich die geringe Anzahl und die Einfachheit der in der Hamburger Schreib-Probe Ende Klasse 1, Mitte Klasse 2 und Ende Klasse 2 verschrifteten Wörter bzw. orthographischen Phänomene, sollte ein hohes Prozentrangergebnis nicht überbewertet werden. So sind Lutz' Ergebnisse, wenn man sie statt mit der Eichstichprobe mit der Kernstichprobe vergleicht, immer unterdurchschnittlich.

Es ergibt sich der Eindruck, als würde Lutz der richtige Gebrauch orthographischer Phänomene über die gesamte Schulzeit hinweg schwer fallen. Er scheint für viele Rechtschreibmuster zu keinem Zeitpunkt eine weitgehend tragfähige Strategie auszubilden, sondern die ihm bekannten orthographischen Phänomene relativ willkürlich zu verwenden bzw. Strategien nicht lang genug zu erproben. Wie auch die Betrachtungen zur Verwendung bestimmter Rechtschreibmuster zeigen, gibt es bei ihm anscheinend keine Phasen, in denen er ein Muster mit den entsprechenden Übergeneralisierungen wirklich austestet. Im orthographischen Bereich scheint bei ihm kein Rechtschreibgespür vorhanden zu sein, vielmehr nutzt er orthographische Elemente zwar bei einzelnen Wörtern, überträgt die Rechtschreibmuster aber nicht auf andere Wörter. Ob die niedrigeren Fehlerquotienten in den Testergebnissen des sechsten Schuljahres nun auf ein verspätetes Ausbilden der entsprechenden Strategien hinweisen, ist nicht zu sagen, denn die besseren Ergebnisse könnten auch an der Wiederholung des immer gleichen Tests (Hamburger Schreib-Probe 5-9) ab dem vierten Schuljahr liegen.

Morphematische Strategie	E1	M2	E2	M3	E3	M4	E4	M5	E5	M6	E6	M7
Lutz % **Anteil richtiger Lösungen**	30	50	50	60	80	47	80	80	70	90	90	95
Kernstichprobe % Anteil richtiger Lösungen	40	70	74	80	84	84	85					
Lutz Prozentrang	45	58	43	30+	51	13	41	34+	20	52+	52	61+
Kernstichprobe Richtwerte (PR) ca.	41	84	74	51+	59	57	50					

Die Entwicklung der morphematischen Strategie gestaltet sich bei Lutz anders als die der orthographischen. Mit einer einzigen Ausnahme beim Test Mitte des vierten Schuljahres ist hier eine kontinuierliche Leistungssteigerung von 50 % bis zu 95% richtig verschrifteter Lupenstellen zu verzeichnen. Im Test Mitte viertes Schuljahr ist die höhere Fehleranzahl vor allem auf den falschen Gebrauch des „eu" bzw. „e" statt des „äu" bzw. „ä" sowie die fehlerhafte Schreibweise des Wortes Schiedsrichter zurückzuführen. Ohne diese Fehler hätte Lutz auch hier einen Anteil richtiger Lösungen von 80% und einen Prozentrang von 49.

Im Vergleich zur Eichstichprobe liegt Lutz mit diesen Werten innerhalb der Grundschulzeit ungefähr zwischen Prozentrang 40 und 50, sinkt im fünften Schuljahr ab, erreicht aber im sechsten Schuljahr wieder Durchschnittswerte, wobei auch hier nicht ausgeschlossen werden kann, dass die besseren Werte nicht zumindest teilweise auf die Wiederholung des immer gleichen Tests (Hamburger Schreib-Probe 5-9) ab dem vierten Schuljahr zurückgeführt werden müssen.

Die Entwicklung der morphematischen Strategie, die oben innerhalb der schuljahresbezogenen Betrachtungen bzw. der Verwendung der Rechtschreibmuster aufgezeigt wurde, wird durch die Testergebnisse nur eingeschränkt wiedergegeben. Lutz' Probleme mit der Rückführung der Schreibweise von Wörtern oder Wortteilen auf andere Wörter spiegeln sich in den maximal durchschnittlichen Testergebnissen wider; die fast durchgängig konsequente Beachtung von Wortzusammensetzungen ab dem dritten bzw. vierten Schuljahr führt zu einer relativen Steigerung von 50-60% zu 80% richtig geschriebener Lupenstellen. Dass sich dabei die Prozentrangwerte nicht stark steigern, liegt einerseits an der geringen Anzahl der Testwörter, andererseits daran, dass Lutz auch bezüglich der morphematischen Strategie der Entwicklung der meisten Kinder ein Stück hinterherhinkt, sodass die entsprechenden Vergleichswerte (z. B. bezüglich Wortzusammensetzungen) zu dem Zeitpunkt, an dem Lutz sie erreicht, schon wieder höher liegen und in einem entsprechend geringeren Prozentrangergebnis resultieren.

Resümee

Insgesamt ergibt sich bezüglich Lutz' Verschriftungen im Vergleich mit den anderen Kindern der Kernstichprobe der Eindruck, dass es bei ihm zu keiner richtigen bzw. nur zu einer eingeschränkten Strategieausbildung kommt. Während bei anderen Kindern mit geringerer Rechtschreibleistung (wie z. B. Fedor) doch eine zumindest eingeschränkte Weiterentwicklung von Strategien erkennbar zu sein scheint, wirken Lutz' Verschriftungen oft sehr willkürlich. Vor allem machen sie den Eindruck, als seien sie sehr von seiner momentanen Verfassung bzw. Schreibmotivation abhängig. Lutz verwendet in einigen Texten viele Rechtschreibmuster richtig und kann auch erklären, warum er z. B. einen Konsonanten verdoppelt hat oder von welchem Wort er ein anderes ableiten kann. Erinnert sei hier an das oben zitierte Gutachten zum zweiten Schuljahr: „Wenn man dich nämlich fragt, weißt du schon sehr viele Sachen über Erwachsenenschrift, die du in den Geschichten dann aber manchmal nicht beachtest." In anderen Texten (leider den meisten) verschriftet er hingegen nicht richtig. Sein Rechtschreibgespür, das ihn intuitiv richtig schreiben lassen sollte, scheint nicht richtig ausgeprägt zu sein.

Reflektiert man Lutz' Entwicklung innerhalb des Konzepts des freien Schreibens, so muss man sich fragen, worin die Ursachen für diese – bei Lutz anders als bei anderen Kindern der Kernstichprobe verlaufende – Entwicklung liegen können bzw. ob ein anderes Unterrichtskonzept für ihn eine bessere Lösung dargestellt hätte. Diese

Frage lässt sich nicht abschließend beantworten, aber es sollen trotzdem im Folgenden diesbezüglich einige Gedanken angesprochen werden.

Lutz kam durch die Erzählungen seiner Familienangehörigen und Bekannten bzw. durch das in der Familie durch die schulische Entwicklung der Geschwister ständig im Raume stehende Thema „Schule" mit bestimmten Erwartungen in den Unterricht. Diese Erwartungen haben sich so nicht erfüllt. Der Klassenraum sah von der Struktur wahrscheinlich dem Kindergarten ähnlicher als die erwarteten Sitzreihen, es gab keinen Lehrer, der an der Tafel Sachen vorgemacht hat und es gab auch keine konkreten Aufgaben, die man erledigen sollte.

Das selbstverantwortliche Lernen ist Lutz über weite Teile seiner Schulzeit schwer gefallen. Dabei gestaltete sich das selbstständige Arbeiten für Lutz in Mathematik durch das Bearbeiten des Übungshefts oder den Austausch von Aufgaben mit anderen Kindern sowie Lutz´ Vorkenntnisse und Motivation bezüglich dieses Faches noch machbar, beim Schreiben war die Anforderung für ihn ungleich höher. Er hatte nur eine Buchstabentabelle, weiße Blätter und ein kleines Schreibheft mit Anlautbildern, zu denen er die Wörter schreiben konnte, zur Verfügung und sollte nun selbstständig Schreiben lernen. Dennoch hat er, zwar etwas später als die meisten Kinder, aber immer noch vergleichsweise schnell, innerhalb von zwei bis drei Monaten Schreiben und Lesen gelernt. Hier wäre der Lehrgangsunterricht vermutlich nicht effektiver gewesen.

Trotzdem wurde Schreiben schnell zu einem unliebsamen Thema für Lutz, was zeitgleich mit der praktizierten häuslichen Unterstützung durch die Eltern zusammenfiel, die sicherlich zunächst auch seiner Vorstellung von Schule entsprochen hat. Lutz´ dürftiges Arbeitsverhalten in der Schule bzw. seine geringe Textproduktionen wurden zum Anlass genommen, nachmittags mit ihm verstärkt zu arbeiten. Zunächst wurde mit dem für die Schule vorgesehenen Material gearbeitet, d. h. mit Schreibheftchen, in denen man Wörter zu kleinen Bildern schreiben bzw. eigene Wörter und Bilder eintragen konnte. Später wurden vornehmlich Lernhefte mit Schreib- und Leseübungen aus dem Buchhandel verwendet. Der frühe Zeitpunkt und das Ausmaß dieser häuslichen Nachhilfe wird in einem Brief deutlich, den der Vater nach acht Wochen Schule, also noch während der Schriftspracherwerbsphase formuliert:

> Ich muß jedoch auch erkennen, daß der Klassenfortschritt vorrangig wohl auf dem nachmittäglichen Einsatz der Mütter beruht. [...]
> Ich bin überrascht, daß die SchülerInnen (d.h. wohl vornehmlich die Eltern) den Unterricht nun gestalten sollen, oder haben meine Frau und ich etwas falsch verstanden? [...]
> Nach Malen, Computerbeschäftigung, Schreiben und Rechnen wäre es sinnvoll, den SchülerInnen Lesen und etwas Rechtschreibung zu vermitteln (warum wird ein Wort kurz, ein anderes lang ausgesprochen, was ändert sich bei der Schreibweise [Dehnungs-E, Verdoppelung von Konsonanten], warum heißt die Butter Butter und nicht Buta?

Lutz holt also nachmittags zu Hause das an „Schule" nach, was er vermeintlich vormittags versäumt: Er erfährt durch das Bearbeiten vorgegebener Aufgaben „Unterricht". Dass der nachmittägliche Unterricht nicht unbedingt deshalb durchgeführt wird, weil Lutz' Leistungen dies unbedingt erfordern, wird auch im Brief des Vaters deutlich:

> Ich wiederhole meine Äußerungen, daß zumindest mein Sohn nach zwei Monaten Schulunterricht bereits im Schreiben und Rechnen weiter ist als ich am Ende des ersten Schuljahres. (Meinen Universitätsabschluß habe ich trotzdem errungen).

Es geht hier also eher um das Praktizieren herkömmlicher Schule bzw. die Gewöhnung an regelmäßiges schulisches Arbeiten denn um die übliche häusliche Nachhilfe zur Begleitung oder Nacharbeit des Lernstoffs. Dass es dabei möglich ist, dass sich das vormittägliche Verhalten in der Schule nicht in dieselbe Richtung entwickelt, sondern statt dessen eher in einer Arbeitsvermeidung resultiert, ist von den Eltern nicht in Betracht gezogen worden. Lutz hat dies zumindest in der Anfangszeit als Begründung für sein geringes schulisches Arbeitspensum in Gesprächen angeführt und sinngemäß gesagt, dass er ja eh nachmittags lernen müsse, dann wolle er wenigstens morgens etwas anderes machen können.

In Gesprächen mit der Familie hatte man den Eindruck, dass man die Kapazitäten der Mutter in dem Sinne verwenden wollte, dass diese – nur wenigen Eltern überhaupt mögliche – „zusätzliche" Förderung des Sohnes dessen Leistungschancen vergrößern sollte. Man wollte also ergänzend zum normalen schulischen Lernen, wie es alle Kinder erfahren, noch mehr schaffen. Dabei wurde die mögliche Unvereinbarkeit zwischen dem in der Schule praktizierten Konzept und den häuslichen Übungen nicht beachtet bzw. man fand auch langfristig keine andere Alternative.

Trotz sehr selbstständiger Phasen, in denen Lutz zeigt, dass er sehr wohl zielorientiert und selbstreguliert arbeiten kann, stützt er sich auch in der Schule immer wieder auf das Bearbeiten fertiger Arbeitsblätter bzw. arbeitet in den von zu Hause mitgebrachten Lernheften. Zeitweise gibt es Phasen, in denen er versucht, durch das schnelle Ausfüllen eines Arbeitsblatts für zu Hause am Schultagsende dem Anspruch an ihn gerecht zu werden bzw. dem empfundenen Leistungsdruck entgegenzuwirken. In diesem Zusammenhang ist auch die generell zu positive Bewertung eigener und auch fremder Leistungen durch Lutz erwähnenswert. Darin hat er sich immer mehr von den anderen Kindern – bis in die weiterführende Schule hinein – unterschieden. So gibt er z. B. beim Aufschreiben seiner Gymnasiumsnoten in der extra für die Eigenbewertung vorgesehenen Spalte „Was ich mir geben würde" als einziges Kind die Noten in allen Fächern um eine Note höher an, als er sie von den Lehrern bekommen hat.

Im dritten Schuljahr geht Lutz sein Problem mit dem Schreiben dadurch an, dass er sich öfter Texte von anderen Kindern diktieren lässt und auch zu Hause verstärkt Diktattexte übt. Er zieht dies dem freien Schreiben und anschließenden Überarbeiten von Texten vielfach vor. Die Diktate übt er nur zeitweise so, dass er sie danach auch fehlerfrei schreibt, obwohl er in Einzelfällen zeigt, dass er das durchaus könnte.

Meist gibt er sich mit einer Fehlerzahl zufrieden, die ungefähr der anderer Kinder beim ungeübten Schreiben eines solchen Texts entsprechen würde bzw. sogar noch niedriger liegt (ca. 10% bis 15% der Wörter fehlerhaft).

Inwieweit dieses Üben seine Rechtschreibleistungen positiv oder negativ beeinflusst hat, ist nicht zu sagen. Die obige Analyse lässt jedoch vermuten, dass der Rückgriff auf das Auswendiglernen von Wörtern bzw. Diktattexten zwar geholfen hat, Lutz′ Unzufriedenheit mit seiner Rechtschreibleistung in gewisser Weise entgegenzuwirken, die Ausbildung seines Rechtschreibbewusstseins aber eher nicht unterstützt und auch nicht zu einer bewussten Reflexion von Schreibweisen geführt hat. Bei ihm ist – trotz eher höherer Leistungen – noch weniger als bei anderen Kindern wie z. B. Fedor ein Erproben bzw. Ausbilden orthographischer und auch morphematischer Strategien erkennbar. Es könnte sein, dass das frühe Bearbeiten von Lernheften und Sprachübungsblättern und dann das Üben von Diktattexten Lutz′ implizite Musterbildung von Anfang an bzw. kontinuierlich gestört hat, sodass sich nach dem normal verlaufenden Schriftspracherwerb durch das selbstgesteuerte freie Schreiben kein „Gespür" für orthographisch korrekte Schreibweisen entwickeln konnte.

Ein Hinweis darauf könnte auch sein, dass sich bei den morphematischen Strategien langfristig nur die ausgebildet haben, die einfach nachzuvollziehen sind bzw. die ohne ein Einlassen auf Rechtschreibmuster erkennbar sind, wie z. B. die Zusammensetzung von Wörtern oder das Schreiben der Vorsilbe *ver-* mit *v*. Währenddessen bleibt bei Lutz das Erkennen bestimmter Wortstellen als rechtschriftliche Hürde bzw. das Überprüfen von Schreibweisen durch das Rückführen auf andere Wörter weitgehend problematisch. Es ergibt sich oft der Eindruck, dass sich diese Rechtschreibmuster genauso wie die meisten orthographischen Phänomene Lutz′ Rechtschreibbewusstsein entziehen, und er keine Regelmäßigkeiten erkennt bzw. beim intuitiven Schreiben anwendet. Dass er auf Nachfrage oft das explizite Wissen dazu hat und Regeln und Ableitungen angeben kann, würde die These stützen, dass das Üben von bestimmten Phänomenen oder Techniken nicht automatisch zu einer Verbesserung des Rechtschreibbewusstseins führt, sondern eher zu vom intuitiven Schreibprozess losgelösten Wissensinseln.

Offen bleibt die Frage, welche unterrichtlichen Alternativen es für Lutz gegeben hätte. Ob ein kontinuierlicher Lehrgangsunterricht bei Lutz höhere Rechtschreibleistungen grundgelegt hätte, kann nicht beantwortet werden. Seine Leistungen liegen Ende Klasse 4 in der Hamburger Schreib-Probe mit Prozentrang 34 immer noch im unteren Mittelband. Auch ändern sie sich nicht signifikant in der weiterführenden Schule, in der durchweg Frontalunterricht praktiziert wird. Problematisch erscheint eher die Mischung zweier entgegengesetzter Unterrichtsmethoden in der Grundschulzeit, die sich gegenseitig beeinflusst haben könnten. Diese Problematik war allen Beteiligten von Anfang an durchaus bewusst, schien aber durch die familiäre und die schulische Situation nicht einfach lösbar zu sein. Der Lehrer hätte zwar darauf achten bzw. darauf bestehen können, dass Lutz nicht zwei Unterrichtsmethoden zeitgleich ausgesetzt ist, das hätte aber entweder die Folge gehabt, dass Lutz die Klasse (und sein ihm wichtiges soziales Umfeld) hätte verlassen müssen, oder aber die Eltern hätten ihre Forderung nach Lehrgangsunterricht aufgeben bzw. den Leistungsdruck verringern müssen. Das wäre aber auf Grund der Rolle, die Schule ständig zu Hause auch bei den Geschwistern spielt, für Lutz wahrscheinlich nie wirklich glaubhaft geworden. Einen Hinweis darauf, dass die Verringerung des Drucks in Bezug auf Schulische Anforderungen u. U. eine tragfähige Lösung hätte darstellen können, könnte Lutz' Leistungs- und Motivationssteigerung nach der Wahl der weiterführenden Schule geben. Lutz hat nach eigenen Aussagen zu diesem Zeitpunkt die Festlegung an sich bzw. die Entscheidung als sehr entlastend empfunden.

Eine dritte Alternative ist bzw. wäre gewesen, Lutz neben den (offen unterrichteten) anderen Kindern lehrgangsmäßig zu unterrichten. In gewisser Weise geht das tatsächlich als Kompromiss praktizierte Zulassen von Arbeitsblättern in diese Richtung. Eine Beschränkung auf einen vorwiegend reinen Lehrgangsunterricht ließ sich allerdings nicht aufrecht erhalten, weil sich Lutz nicht – bzw. wahrscheinlich kein Kind – inmitten einer so offen und interessegeleitet lernenden Klasse ständig zum fremdbestimmten Bearbeiten vorgegebener Übungszettel hätte zwingen können. Entsprechende Versuche in der Anfangsphase haben sich für alle Seiten als nicht durchführbar erwiesen. Dafür waren die Anregungen und der Reiz des selbstregulierten Arbeitens zu groß. Zudem hätte dies auch nicht zu unterschätzende Auswirkungen auf das gesamte Unterrichtskonzept gehabt, denn dieses basiert ja gerade auf dem Nichtvorhandensein von Beschäftigungsmaterial und dem Zwang zur Eigenaktivität. Somit erschien das Zulassen der Arbeitsblätter mehr oder weniger als „Alibiarbeit" und damit als unbefriedigender, aber naheliegender Kompromiss.

16.2.3 Entwicklung im Lesen

Lutz erkennt zu Schulbeginn Buchstaben als Elemente des Lesens und Schreibens, kann sie selbst aber noch nicht nutzen. Er kann seinen eigenen und einzelne andere Namen (z. B. den seiner Schwester) benennen, es findet dabei aber im Prinzip noch keine Phonem-Graphem-Zuordnung statt. Lesen kann Lutz nach ungefähr zwei bis drei Monaten, wobei nicht auszuschließen ist, dass mit ihm zu Hause geübt wird und er das Lesen nicht nur nach dem in der Schule praktizierten Konzept „Lesen durch Schreiben" lernt, sondern (auch) durch traditionelle Leseerziehung. Lutz liest in der Schule relativ wenig, kann aber immer Auskunft über das Gelesene geben. Zum Ende des ersten Schuljahres kann Lutz beliebige Texte langsam vorlesen, dabei ist er eins der wenigen Kinder, die sich dabei ständig vergewissern, ob das, was von ihnen vorgelesen wurde, auch richtig ist. Lutz versucht dabei die Wörter direkt richtig zu betonen. Manchmal liest er auch falsch vor, bemerkt dies dann aber selbst und verbessert sich. Seine Vorlesekompetenz nimmt im zweiten Schuljahr verhältnismäßig stark zu, er liest bis zum Schuljahresende gut sinnbetont und fast flüssig. Auf diesem Niveau bleiben seine Vorleseleistungen dann aber bis zum Ende seiner Grundschulzeit stehen. Im Worterkennungstest des Hamburger Lesetests erreicht Lutz im vierten Schuljahr wie alle anderen Kinder der Kernstichprobe mit der maximalen Punktzahl die Stufe hoher bzw. sehr hoher Lesegeschwindigkeit.

Im Hamburger Lesetest erreicht Lutz Mitte des vierten Schuljahres die Stufe 1 des Leseverständnisses mit einem Prozentwert von 63% zunächst nicht sicher (das sichere Erreichen einer Lesestufe wird ab 75% richtigen Lösungsanteils angesetzt), mit 100% zum Ende des Schuljahres dann aber gesichert. D. h. er kann einfache Informationen auffinden und konkrete Fragen zu einem Text beantworten. In der Stufe 2 erreicht Lutz Mitte der vierten Klasse 70% und am Ende der vierten Klasse 90%. Er kann damit Informationen gezielt aufnehmen und mit Hintergrundinformationen zusammenführen. Die Stufe 3 des Kombinierens/Rekonstruierens mehrerer Informationen bzw. Handlungs- oder Hintergrundmotive erreicht Lutz nicht gesichert. Mitte des vierten Schuljahres löst er 50% der Fragen richtig, am Ende des Schuljahres 57%. Bei der Stufe 4 der Fähigkeit des schlussfolgernden Denkens und inferentiellen Verknüpfens von Informationen gibt Lutz Mitte des Schuljahres keine richtige Lösung an und am Ende nur 25%. Diese Stufe ist bei ihm gar nicht erreicht. Lutz und Fedor sind die einzigen Kinder der Kernstichprobe, die weniger als die Hälfte der Antworten korrekt lösen bzw. deren Lösungszahl innerhalb der Multiple-Choice-Antwortmöglichkeiten nicht größer ist als die 25%, die statistisch im Durchschnitt schon bei rein zufälligem Ankreuzen erreicht werden müssten. Lutz erreicht insgesamt im Hamburger Lesetest Ende des vierten Schuljahres einen Prozentrang von 39, d. h. er befindet sich im Bereich des Mittelfelds und wird dem oberen Bereich der zweiten Lesestufe zugeordnet, was wiederum die Ergebnisse der Einzelauswertungen unterstützt.

Obwohl sich Lutz' Lese- und Vorlesekompetenz im mittleren Bereich befindet, verwundert sein im Verhältnis zu den anderen Kindern der Kernstichprobe eher schlechtes Abschneiden. Er erreicht als einziges Kind außer dem sich in einem ganz anderen sprachlichen und sozialen Umfeld bewegenden Fedor Werte unter Prozentrang 50 bzw. hat im Hinblick auf sein Leseverständnis einen erheblichen Abstand zum Durchschnitt der Kernstichprobe inne.

Gibt es Anzeichen dafür, dass eine andere Unterrichtsmethode Lutz hätte höhere Leistungen erbringen lassen? Die Frage, ob eine gelenktere Lese- bzw. Spracherziehung Lutz mehr genützt hätte als der Verzicht auf ebendiese, ist auch hier nicht zu beantworten. Interessant sind einzelne Beobachtungen bezüglich der Lesentwicklung Lutz, die Anhaltspunkte geben könnten, dass Lutz auch bezüglich der Leseerziehung unterschiedlichen Unterrichtskonzepten ausgeliefert war. Dies könnte eine Ursache für die zwar nicht verfehlte, aber doch tendenziell schlechtere Leseentwicklung im Vergleich zur Kernstichprobe sein. So war u. a. das Lesenüben ein Teil des nachmittäglichen Leseunterrichts von Lutz und könnte u. U. dazu geführt haben, dass sich bei ihm ein Leseverhalten ergeben hat, das sich von dem der anderen Kinder unterschieden hat. Neben der möglichen Tatsache, dass die nachmittäglichen Übungen Lutz' generelle Schreib- und Lesemotivation betroffen haben können, finden sich in mehreren Protokollen des Lehrers Notizen, die auf eine andere Art des Lesens bzw. Vorlesens von Lutz hinweisen.

So ist Lutz im zweiten Halbjahr des ersten Schuljahres das einzige Kind, das sich dauernd bezüglich der Richtigkeit des von ihm Vorgelesenen beim Lehrer rückversichert, während andere Kinder entweder sehr langsam bzw. sehr leise vorlesen oder aber (wie Ines) den unbekannten Text zuerst still lesen, um ihn dann laut vorzulesen. Auch finden sich Notizen, dass Lutz den Text „manchmal falsch, aber vorschlagend" vorliest. Alle diese Verhaltensweisen, die vermehrt in Fibelklassen zu finden sind, könnten Hinweise darauf sein, dass Lutz das Lesen weniger nach dem Konzept „Lesen durch Schreiben" denn durch traditionelle Leseerziehung zu Hause gelernt hat. Das könnte u. U. erklären, warum sich seine Lesekompetenz doch stark von der anderer Kinder unterscheidet und sich eher im Rahmen der normalen Eichstichprobe befindet.

16.2.4 Entwicklung in Mathematik

Lutz kommt mit durchschnittlich erscheinenden mathematischen Vorkenntnissen in die Schule. Er beherrscht das Zählen im Zahlenraum bis 10 und kann auch darüber hinaus zählen, zählt allerdings nicht kontinuierlich, sodass keine Aussage über die Beherrschung des Zahlenraums zu Schulanfang gemacht werden kann. Er kennt alle zehn Ziffern und kann diese ansatzweise verschriften, wobei er seine eigene Darstellungsform hat. So schreibt er die 2 über längere Zeit als umgedrehtes „S", bevor er sich dann an die übliche Schreibweise hält. Einfache Zahlen kann er im Zehnerraum addieren und subtrahieren, wobei ihm die Subtraktion schwerer fällt.

In dem an das MORE-Projekt (vgl. van den Heuvel 1995; Selter 1995) angelehnten Schuleingangstest kann er Verhältnisbeziehungen erfassen, Zahlsymbole richtig verwenden, die Zahlreihe rückwärts zählen und Mengen richtig abzählen bzw. kennzeichnen. Die Additionsaufgabe (4 + 3) löst er falsch mit 8, die Subtraktionsaufgabe 10 − 2 versucht er nicht zu lösen. Dieses Ergebnis ist innerhalb der Klassenergebnisse leicht unterdurchschnittlich, da die Addition von knapp 70% und die Subtraktion von über 50% der Kinder gelöst wurden. Insgesamt macht Lutz aber den Eindruck eines eher mathematisch interessierten Schülers.

1. Schuljahr

Nach rund zweieinhalb Monaten Schule hat Lutz das Übungsheft des Zahlenbuchs (vgl. Berger u. a. 1994b) komplett durchgearbeitet und richtig gelöst. Die für das erste Schulhalbjahr vorgesehenen Mathematiktests des „Zahlenbuchs" (vgl. Berger u. a. 1994c) löst er mit Rechenaufgaben aus dem Zwanzigerraum fast komplett richtig (Test 1: 100% richtig und Test 2: 93% richtig). Lutz kann Mengen abzählen und mit der entsprechenden Ziffer beschriften, Vorgänger und Nachfolger zweistelliger Zahlen bestimmen und notieren, Geldbeträge addieren, Zahlen verdoppeln sowie Additionsaufgaben ausrechnen und im Zwanzigerfeld darstellen. Bei der Darstellung im Zwanzigerfeld hat er allerdings seine eigene Notationsform, bei der er die Zahlen einzeln darstellt und das Feld nicht wie gedacht als Rechenhilfe oder Zählhilfe nutzt. Falsch löst er (wie allerdings viele Kinder) die Aufgabenstellung, zu einer abgebildeten Plättchenmenge auf dem Zwanzigerfeld neben der Additionsaufgabe deren Umkehraufgabe zu notieren. Er kann sich selbst Additions- und Subtraktionsaufgaben in Zahlentürmen ausdenken, wobei er nur einen Fehler im 20er-Turm macht, als er 14+14 als Ergebnis notiert. Zur Lösung der Tests für das zweite Halbjahr der ersten Klasse kann er sich nach anfänglichem Angehen zum Testzeitpunkt nicht weiter durchringen.

Diese Tests geht er zusammen mit der Wiederholung des zweiten Tests zum nächsten Erhebungszeitpunkt Mitte der ersten Klasse an, d. h. er versucht alle drei Tests auf einmal zu lösen. Dabei löst er von Test 2 ungefähr 83% (vorher 93%), von Test 3 rund 93% und vom erst für das Ende der ersten Klasse vorgesehenen Test 4 schon 85%. Die Aufgaben entstammen dabei primär dem Zwanzigerraum. Über die schon im November erbrachten Leistungen hinaus zeigt er, dass er Zahlenmauern und Rechendreiecke mittels formaler Addition und Subtraktion ausrechnen sowie Plus-, Minus- und Ergänzungsaufgaben auch mit Zehnerübergang fast fehlerfrei lösen kann. Die drei Fehler, die er dabei macht, passieren ihm bei Minusaufgaben, bei denen er sich im Ergebnis um 1 irrt ($14 - 3 = 12$; $15 - 8 = 8$ und $16 - 8 = 7$). Es ist möglich, dass er hier noch zählend vorgeht. Die Aufgaben, die einfaches Rechnen im Hunderterraum in einer Sachsituation erfordern, löst er richtig. Multiplikationsaufgaben löst er als Additionsaufgaben (3 mal 4 = 7; 6 mal 2 = 8 usw.), obwohl eine Darstellung mit Punktfeldern erfolgt. Er scheint zu diesem Zeitpunkt – oder in diesem Zusammenhang – noch keinen Bezug zur Operation der Multiplikation zu haben.

Im wenig später geschriebenen mathematischen Überforderungstest rechnet Lutz einzelne Additions- und Subtraktionsaufgaben im Hunderterraum und Tausenderraum richtig aus, macht aber bei anderen ähnlichen Aufgaben noch Fehler. Das kleine Einspluseins oder das kleine Einsminuseins hat er noch nicht automatisiert. Aufgaben des kleinen Einmaleins löst er nun richtig, Aufgaben des kleinen Einsdurcheins kann er in der Darstellung einer Sachsituation ausrechnen, die entsprechenden Reihen hat er aber noch nicht automatisiert.

Nach der Bearbeitung des Übungshefts für das erste Schuljahr geht Lutz direkt das Übungsheft für das zweite Schuljahr (vgl. Berger u. a. 1995b) an. Zum Ende des Schuljahres beherrscht er die Addition im Hunderterraum und rechnet auch schon sicherer im Tausenderraum. Die Subtraktion gelingt ihm jetzt im Hunderterraum fast durchläufig, er macht allerdings bei gemischten Zahlen stellenweise noch Fehler.

Das kleine Einspluseins hat Lutz nun automatisiert, das kleine Einsminuseins noch nicht. Er kann Multiplikationsaufgaben gut lösen, Divisionsaufgaben fallen ihm schwerer, diese löst er als Umkehrung der Multiplikation bzw. in einem Sachzusammenhang am besten. In Lutz´ freien Produktionen finden sich Minusaufgaben und Geteiltaufgaben seltener als Additions- und Multiplikationsaufgaben.

Mit diesen Leistungen bewegt sich Lutz Ende des ersten Schuljahres in Bezug auf die Addition schon anfänglich im Stoff des dritten Schuljahres, in Bezug auf die Subtraktion mitten im Stoff des zweiten Schuljahres. Sein Wissen bezüglich der Multiplikation entspricht dem Ende des zweiten Schuljahres, während sein Können beim Dividieren den momentanen Anforderungen entspricht. Lutz ist dem regulären Stoff operationsabhängig nicht bis zu gut einem Jahr voraus.

2. Schuljahr

Im zweiten Schuljahr entwickelt Lutz seine mathematischen Kompetenzen zwar weiter, sein Fortschritt hält sich allerdings im Rahmen. Im ersten Halbjahr macht er bei der Addition im Tausenderraum keine richtigen Fortschritte und auch die Subtraktion im Hunderterraum bereitet ihm immer noch Schwierigkeiten, sodass er hier seinen Lehrplanvorsprung verliert. Dafür automatisiert er das kleine Einmaleins und kann nun Geteiltaufgaben sicher lösen.

Im zweiten Halbjahr verbessert er das Rechnen im Tausenderraum und kann nun auch stellenübergreifende Additionsaufgaben zuverlässig lösen. Bei Subtraktionsaufgaben gelingt ihm das nur im Hunderterraum, das Rechnen im Tausenderraum ist noch fehleranfällig. Über das kleine Einmaleins hinaus rechnet er auch schon größere Multiplikationsaufgaben des Zehnereinmaleins bzw. des großen Einmaleins. Divisionsaufgaben löst er weiterhin primär im Bereich des kleinen Einsdurcheins. Er hat nun auch das kleine Einsminuseins und Einsdurcheins automatisiert.

Mit diesen Leistungen bewegt sich Lutz Ende des zweiten Schuljahres in Bezug auf die Addition auf dem Niveau Ende des dritten Schuljahres (abgesehen von der Kenntnis der Normalverfahren). Bezüglich der Subtraktion liegt seine Kompetenz im Rahmen der Lehrplanvorgaben. Seine Leistungen im Bereich der Multiplikation entsprechen ungefähr den Mitte des dritten Schuljahres üblichen, seine Fertigkeiten in Bezug auf die Division sind noch nicht gefestigt und liegen im Rahmen der Lehrplanvorgaben. Damit entsprechen Lutz´ Leistungen in Mathematik überall den Anforderungen des zweiten Schuljahres und gehen im Bereich der Multiplikation ungefähr ein halbes Schuljahr, im Bereich der Addition ungefähr ein Schuljahr über diese hinaus.

3. Schuljahr

Im dritten Schuljahr entwickelt sich Lutz beim Rechnen zwar weiter, orientiert sich aber eher an schwächeren Kindern. So rechnet er insgesamt weniger und auch in den Überforderungstests sind neben den Aufgaben des nächstens Schuljahres Kommentare wie „Weis nicht sack es mir Dann weis ich es" oder „Kein bock" vermerkt. Er rechnet nun auch Aufgaben, die er vorher im Kopf gerechnet hat, lieber halbschriftlich. Dabei löst er Additionsaufgaben im Tausender- und Zehntausenderraum fehlerfrei, bei Subtraktionsaufgaben macht er im Tausenderraum bei stellenübergreifenden Aufgaben einzelne Fehler. In Bezug auf Multiplikationsaufgaben ist kein größerer Fortschritt festzustellen, Aufgaben außerhalb des großen Einmaleins bzw. des Zehnereinmaleins geht er nicht an. Allerdings überträgt er seine Kenntnisse bezüglich der Multiplikation auch auf die Division und löst Aufgaben des großen Einsdurcheins nun richtig. Schulbuchtests aus dem Zahlenbuch für das dritte Schuljahr zum Rechnen im Hunderterraum bzw. Tausenderraum löst er mit 3 bzw. 4 Fehlern weitgehend richtig.

Zum Ende des dritten Schuljahres hat Lutz sich die schriftliche Addition und Subtraktion angeeignet und beherrscht die schriftliche Addition mehrerer Zahlen im unbegrenzten Zahlenraum, die schriftliche Subtraktion mehrstelliger Zahlen hat er noch nicht erlernt. Beim halbschriftlichen Subtrahieren macht er auch bei einfachen Aufgaben Fehler, weil er das bei der von ihm angewandten Rechenmethode entstehende negative Vorzeichen bei manchen Differenzen nicht beachtet. Er traut sich nun auch an höhere Multiplikationsaufgaben aus dem Tausenderraum heran, während ihm das Lösen von Divisionsaufgaben aus diesem Zahlenraum noch nicht gelingt.

Mit diesen Leistungen bewegt sich Lutz Ende des dritten Schuljahres in Bezug auf die Addition über dem eigentlich für die Grundschulzeit vorgesehenen Stoff, wenn man neben dem schriftlichen Rechnen vor allem das halbschriftliche Rechnen mit hohen Zahlen berücksichtigt. Bei Subtraktionsaufgaben liegen seine Leistungen im Bereich der Mitte des vierten Schuljahres, bei der Multiplikation am Ende. Die Leistungen bezüglich der Division entsprechen ungefähr den Lehrplananforderungen. Lutz ist damit immer noch den Lehrplanzielen voraus.

4. Schuljahr

Nach durchaus guten Leistungen zu Beginn des vierten Schuljahres mit fehlerfreien Tests (halbschriftliche Division und schriftliche Subtraktion mit Probeaufgaben) nehmen Lutz' Leistungen bis zum Ende des ersten Halbjahres des vierten Schuljahres auffällig ab. Er rechnet nur noch wenige Aufgaben im Kopf und rechnet viele Mal- und Geteiltaufgaben, die er noch vor einiger Zeit durch Kopfrechnen problemlos gelöst hat, nun oft falsch. Er arbeitet langsam und oberflächlich und macht nun auch Fehler bei Aufgaben, die er schriftlich oder halbschriftlich rechnet. Die Subtraktion mehrstelliger Zahlen beherrscht er noch nicht und macht nun auch bei Probeaufgaben Fehler. Er beherrscht das große Einmaleins und rechnet größere Malaufgaben aus dem Zehn- oder Hunderttausenderraum mit einstelligem Multiplikator halbschriftlich richtig, macht bei entsprechenden Geteiltaufgaben aber Fehler. Dabei bereiten ihm vor allem Aufgaben mit Rest Schwierigkeiten. Bei der schriftlichen

Multiplikation von Dezimalbrüchen beachtet er die Kommaschreibweise nicht. Bezüglich der Schnelligkeit beim Einmaleins und Einsdurcheins erscheinen seine Leistungen mit gut 4 Sekunden pro Aufgabe zwar zufriedenstellend, er liegt dabei aber im unteren Bereich der Klasse.

Im Norm-Rechentest für das dritte Schuljahr (SRT 3) zum Testzeitpunkt Mitte Klasse 4 löst Lutz 60% der Aufgaben richtig, was nach der Norm für Ende Klasse 3 einem Prozentrangplatz von 30 entspricht. Fehler macht er beim Rechnen bzw. Angeben von Größen (Vergessen von Einheiten oder zusätzliches Notieren beim Multiplikator) und vor allem bei Textaufgaben. Dort löst er nur 7 von 16 Aufgaben richtig, hat also einen Fehleranteil von über 56%. Insbesondere scheinen ihm eingekleidete Rechenaufgaben (Zahlenrätsel) schwer zu fallen (Fehleranteil 64%, d. h. 7 von 11 Aufgaben falsch gelöst). Das schlechte Ergebnis in Bezug auf normale Textaufgaben wird auch durch den zum selben Messzeitpunkt durchgeführten Untertest Rechnen der „Aufgaben zum Nachdenken" (AzN 4+) bestätigt. Dort kann Lutz nur die ersten, leichteren Aufgaben richtig lösen und erreicht insgesamt einen Fehleranteil von rund 60%.

Lutz′ Arbeitshaltung ändert sich im zweiten Halbjahr des vierten Schuljahres auffällig. Er arbeitet motivierter, engagierter und reflektierter. Er kann nun halbschriftlich und schriftlich im unbegrenzten Zahlenraum mehrere ganze Zahlen und Dezimalbrüche addieren, subtrahieren sowie die entsprechenden Probeaufgaben erstellen und ausrechnen. Er macht nur beim Kopfrechnen bei der stellenüberschreitenden Subtraktion im Tausenderraum Fehler. Er vermag ein- und mehrstellige Zahlen schriftlich und halbschriftlich miteinander zu multiplizieren. Bei der Multiplikation von Dezimalbrüchen vergisst er teilweise das Komma im Ergebnis. Auch das Dividieren beherrscht er jetzt sicher, er kann gemischte Zehntausenderzahlen oder auch Dezimalbrüche durch einstellige Zahlen mit und ohne Rest dividieren. Beim Kopfrechnen verbessert er sich vor allem bezüglich des Einsdurcheins und ist um ein Drittel schneller als im Halbjahr zuvor.

Im zum richtigen Eichtermin durchgeführten Norm-Rechentest für das Ende des vierten Schuljahres (SRT 4) erreicht Lutz mit über 70% richtig gelösten Aufgaben Prozentrang 59. Dabei liegt die Fehlerursache bei den meisten Aufgaben eher in Problemen beim Mathematisieren der Aufgabenstellung bzw. beim Anwenden von Komplimentäroperationen als in mangelnder rechnerischer Kompetenz. Von den drei vorhandenen eingekleideten Textaufgaben (Zahlenrätsel) löst er zwei richtig, von den sechs normalen Textaufgaben mit Sachbezug löst er fünf richtig. Auch bei den Textaufgaben des Untertests Rechnen der AzN 4+ steigert Lutz den Anteil der richtig gelösten Aufgaben von 42% auf 64%. In den Denkaufgaben des BBT 3-4 bzw. des BBT 4-6 löst er 70% bzw. 73% der als Multiple-Choice-Aufgaben gestalteten Fragestellungen.

Im mathematischen Untertest des AST 4 erreicht Lutz einen Prozentrang von 63, in der von RATZKA durchgeführten TIMSS-Nacherhebung mit zwei Fehlern den Prozentrang 88. Dabei löst Lutz die Aufgabe „Um wie viel ist 25 * 18 größer als 24 * 18 falsch mit der Antwort „1" und interpretiert ein Symbol in einer Statistik falsch. Er liegt dabei unter dem Durchschnitt der Kernstichprobe (PR 96), allerdings mit seinem Prozentrang von knapp 90 im obersten Bereich der Vergleichsstichprobe.

Mit diesen Leistungen bewegt sich Lutz Ende des vierten Schuljahres in Bezug auf alle Rechenoperationen gut im bzw. über dem eigentlich zu beherrschenden Stoff. Die Inhalte der fünften Klasse dürften ihm keine großen Schwierigkeiten bereiten, was sich nach krankheitsbedingten Anlaufschwierigkeiten mit einem Befriedigend in Mathematik auf dem Gymnasium auch zeigt.

Nach dem in der Klassenanalyse verwendeten Stufenmodell, das sich ungefähr an den Lehrplanvorgaben orientiert bzw. die Stufenfolge aus dem beim Rechnen genutzten Zahlenraum ableitet, ergibt sich für Lutz dieses Bild:

Mathetest M 1-5 Lutz	Addition	Subtraktion	Multiplikation	Division
M 1	2	1,5	1,5	0,75
E 1	2,25	1,5	2	1
M2	2,5	1,5	2	2
E 2	3	2	2,5	2
M 3	3,75	2,75	2,75	2,75
E 3	4,25	3,5	4	3
M 4	4,5	3,5	3,5	3,25
E 4	5	4	4,5	4,5

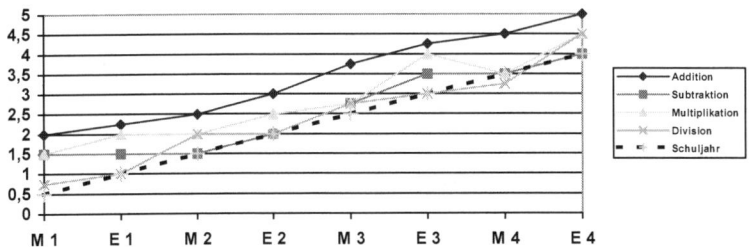

Lutz´ Entwicklung in Mathematik erscheint im abgebildeten Diagramm eher linear. Wie die obigen Betrachtungen zeigen, war seine Lernentwicklung aber relativ wechselhaft. Nach einem guten Start kann er eine Weile von seinem Wissen und seinen mathematischen Fertigkeiten zehren und seine Motivationsschwankungen teilweise auffangen. Allerdings orientiert er sich zeitgleich an schwächeren Schülern, bis er in der ersten Hälfte des vierten Schuljahres auf einem Tiefpunkt seiner mathematischen Motivation und auch Leistungen ist. Inwiefern seine Leistungen dabei auf ein fehlendes Sich-Einlassen oder auf mangelnde Fertigkeiten zurückzuführen sind, kann nicht abschließend beantwortet werden. In der zweiten Hälfte des vierten Schuljahres findet er seine Motivation wieder und erreicht bis zum Ende durchaus befriedigende Leistungen.

Ob Lutz' Entwicklung in einem lehrgangsorientierteren Unterricht anders verlaufen bzw. anders herausgekommen wäre, ist nicht zu klären. Auch bleibt offen, inwieweit die Übungsangebote, auf die Lutz z. B. in der Form des Übungshefts des Zahlenbuchs zurückgegriffen hat, sein Lernen positiv oder negativ beeinflusst haben. Auffällig innerhalb des Faches Mathematik ist das oben geschilderte zeitliche Zusammentreffen seines Motivationsverlustes, seiner Orientierung an schwächeren Kindern und dem Rückgriff auf algorithmische halbschriftliche und schriftliche Verfahren. Ob sein Motivationsverlust mit einer anderen fachlichen Methodik hätte verhindert werden können, ist nicht zu beantworten. Allerdings ist eine Leistungssteigerung nach Festlegung der weiterführenden Schule ohne jegliche Konzeptänderung erfolgt. Es können hier also durchaus dieselben Ursachen angenommen werden, die schon im Rahmen seiner Entwicklung im Rechtschreiben thematisiert worden sind.

16.2.5 Resümee

Lutz ist das Arbeiten im Offenen Unterricht von Anfang an schwer gefallen. Er kommt anders als die anderen Kinder mit einer bestimmten Vorstellung von Unterricht in die Schule. Diese in Richtung Frontalunterricht gehenden Erwartungen werden durch die Andersartigkeit des praktizierten Konzepts nicht erfüllt. Mit dem selbstverantwortlichen Arbeiten hat Lutz über weite Teile seiner Schulzeit Schwierigkeiten. Während Lutz seine Leistungen im ersten Schuljahr noch durch sein Potential und seine anregungsreiche Umgebung in gewisser Weise auffangen kann, versucht er dem Leistungsdruck im zweiten Schuljahr durch die Orientierung an schwächeren Kindern auszuweichen. Wenn er arbeitet, arbeitet er sehr oberflächlich, kann aber auch im zweiten Schuljahr noch durchweg lehrplanentsprechende bzw. darüber hinaus gehende Leistungen erbringen.

Im ersten Halbjahr des dritten Schuljahres arbeitet Lutz selbstständiger und zielorientierter, was er sonst immer nur vor den Gutachten gemacht hatte. Dabei greift er aber verstärkt auf reproduktive Arbeitsformen zurück. Sein besseres Arbeitsverhalten ändert sich im zweiten Halbjahr der dritten Klasse, zeitgleich zu den ersten Überlegungen bezüglich Notengebung bzw. dem Besuch der weiterführenden Schule. Lutz arbeitet wechselhafter und nachlässiger, wobei sich sein oberflächliches Arbeiten nun auch auf Bereiche auswirkt, die vorher relativ problemlos waren, wie z. B. seine Leistungen in Mathematik. Danach ändert sich Lutz' Arbeitsverhalten wieder und er arbeitet im zweiten Halbjahr des vierten Schuljahres sehr engagiert und kontinuierlich, sodass er seine Leistungen erheblich verbessern kann.

Für Lutz war die Schulzeit sicherlich trotz seiner durchweg positiven Resonanz auf den Schulvormittag keine einfache Zeit. Er kam dem Lehrer immer als notgedrungen zwischen den Stühlen stehend vor. Einerseits hat Lutz sich morgens in der Schule generell sehr wohl gefühlt und auch eine wichtige Rolle im sozialen Bereich der Klasse gespielt. Andererseits wirkt er aber immer wieder sehr unausgeglichen, vermutlich weil er sich ständig im Kampf zwischen der eigenen Selbstbestimmung und den Vorstellungen von Schule befand, die er durch seine Geschwister kennen gelernt hat. Es ist schwer zu sagen, ob eine andere Unterrichtsgestaltung eine positivere Entwicklung bei Lutz erbracht hätte. Sowohl Lutz' Rückblick auf seine Schulzeit als auch der seiner Eltern ist durchweg positiv, man würde trotz der zeitweisen Probleme diese Klasse mit diesem Unterrichtskonzept (um ein paar Erfahrungen reicher) wieder wählen. Auch hat Lutz trotz seiner eher unterdurchschnittlichen Abschlussleistungen in der Grundschule gut auf dem Gymnasium Fuß gefasst und spielt vor allem im sozialen Bereich der Klasse eine wichtige und engagierte Rolle. Der Klassenlehrer sieht nach wie vor sowohl die Entwicklung von Lutz als auch seine eigenen Verhaltensweisen als problematisch an, findet aber auch im detaillierten Rückblick keine Alternativen, die die Situation von schulischer Seite her hätten entschärfen bzw. maßgeblich verbessern können. Es kann sein, dass im Fall Lutz der Offene Unterricht die komplexen Probleme nicht hat lösen können, aber immer noch eine der besseren Alternativen bzw. Wege war.

16.3 Natalie

Natalie wohnt zur Zeit der Einschulung mit ihrer Mutter zusammen. Natalies Eltern haben sich vor einiger Zeit getrennt, wobei beide Elternteile das Sorgerecht zugesprochen bekommen haben, Natalie aber bei der Mutter lebt. Der Vater unternimmt regelmäßig an Wochenenden etwas mit Natalie. Nach ihrer Grundschulzeit zieht Natalie zu ihm und seiner neuen Ehefrau. Durch die Berufstätigkeit der Eltern bzw. der Mutter hat Natalie schon vor der Einschulung mit 6;7 Jahren den Kinderhort des Ortes besucht. Auch in den ersten Schuljahren geht sie weiterhin in den Hort, wobei sie frühmorgens zunächst dorthin gebracht wird, dann vom Hort zur Schule geht, nach der Schule in den Hort zurückkehrt und erst am Abend nach Hause abgeholt wird. Später bekommt Natalie einen eigenen Hausschlüssel und geht selbstständig zur Schule bzw. nach der Schule nach Hause.

Natalies Situation unterscheidet sich durch mehrere Faktoren von der Situation der meisten anderen Kinder. Zum einen ist es der tägliche sehr lange Besuch des Hortes, der sicherlich ein hohes Maß an Anstrengung von Natalie fordert. Sie ist oft die Erste im Hort und wird als Letzte abgeholt. In der Schule ist sie oft müde und abgespannt. Bei den Hospitationen des Lehrers im Hort war immer wieder zu bemerken, dass sie sich dort ständig inmitten der Kinder behauptet hat bzw. behaupten musste. Die familiäre Situation ist durch die Berufstätigkeit der Mutter geprägt, die erst spät nach Hause kommt und nach der Arbeit auch ihre Eigenzeit benötigt. Entsprechend kurz ist zwangsläufig das tägliche Miteinander von Mutter und Tochter zwischen dem Abholen vom Hort und dem relativ frühen Zubettgehen Natalies.

Natalie wirkt bei allem, was sie tut, eher eigensinnig und selbstfixiert, so als ob sie ihr eigenes Vorhandensein betonen möchte bzw. sich dann, wenn sie zu Hause ist, als Person besonders be- und geachtet fühlen möchte. Dieses Verhalten ist auch im Hort zu verspüren, nur kann Natalie dort durch die Vielzahl der Kinder nicht so leicht den Mittelpunkt darstellen. Hier achtet sie eher darauf, dass sie nicht zu kurz kommt. In der Schule geht sie eher eigene Wege und versucht nicht, die Hauptrolle zu übernehmen, wohl aber ihre eigenen Interessen ohne großartige Reflexion bezüglich der Bedürfnisse anderer durchzusetzen.

16.3.1 Entwicklung im Arbeits- und Sozialverhalten

Natalie wirkt beim ersten Treffen vor der Einschulung zu Hause sehr aufgeschlossen und kontaktfreudig. Sie nutzt die Zeit mit dem Lehrer u. a., um mit ihm und der Mutter Gesellschaftsspiele zu spielen, was dieser als Engagement und Lernfreude interpretiert. In der Schule lässt sich dieser Eindruck allerdings so nicht aufrecht erhalten. Natalie erscheint inmitten der anderen Kinder noch sehr naiv und kindlich. So fängt sie z. B. als einziges Kind der Klasse beim Aufsuchen des Klassenraums nach der Einschulungsfeier leicht an zu weinen, kann aber durch das Händehalten des Lehrers beruhigt werden.

In der Schule ist bei Natalie das dem Lehrer aus dem ersten Treffen bekannte Engagement zwar wiederzuerkennen, allerdings auch der Bereich, in dem es sich abspielt. In einem Gutachten nach drei Monaten Schulzeit wird ihr Verhalten so beschrieben:

> In der Klasse ist Natalie sehr selbständig, zieht allerdings spielerische Aktivitäten durchweg dem schulischen Lernen vor. [...] Natalie fällt es schwer, sich über längere Zeit lernend zu beschäftigen. Spielerische Aktivitäten stehen für sie im Vordergrund. Ihr Lernen erfolgt extrem sprunghaft bzw. schubweise. Zu für sie weniger interessanten Inhalten hat sie keinen Lernbezug, so verteilt sie z. B. in Mathematik dann wahllos Zahlen oder malt im Heft. Ihre Frustrationstoleranz und ihre Konzentrationsfähigkeit erscheinen sehr gering.

Diese Eigenschaften haben sich schon innerhalb des zu Schulbeginn durchgeführten Kieler Einschulungsverfahrens abgezeichnet, bei dem Natalies eingeschränkte Gliederungsfähigkeit, ihre Probleme, Anweisungen und Aufträge zu verstehen, sowie ihre Unkonzentriertheit aufgefallen sind. Ferner hatte sie als Linkshänderin beim Zeichnen von Formen und Linien in bestimmte vorgegebene Spuren eine auffällige Rechts-Links-Orientierung und Probleme bezüglich der Motorik. Es fiel ihr insgesamt sehr schwer sich anzustrengen. Bei den Denk- und Gedächtnisaufgaben hat sie die schlechtesten Ergebnisse von allen. Ihre Konzentrationsfähigkeit war immer nur sehr kurz vorhanden, sie wurde durch Kleinigkeiten von ihrer Arbeit abgelenkt und musste immer wieder durch Nachfragen oder Denkanstöße ermuntert werden. Die meisten Aufgaben löste sie sehr übereilt, ungenau und oberflächlich. Natalie schneidet in diesem Test als schwächstes Kind der Klasse ab (die beiden schwachen Kinder der Verluststichprobe, Justin und Mirko, kannten den Test bzw. solche Aufgaben schon aus dem Jahr Schulkindergarten, das sie gerade hinter sich hatten).

Insgesamt wird damit auch die schulärztliche Untersuchung Natalies vor der Einschulung bestätigt, in der ihr Beeinträchtigungen bezüglich der Hörfähigkeit, Ungeübtheit in der Feinmotorik und der visuellen Umsetzung sowie eine sehr schwankende Konzentration bescheinigt wurden. Die Schulärztin empfahl damals nur eine versuchsweise Einschulung. Trotz der Ergebnisse im Kieler Einschulungsverfahren sind die begutachtenden Lehrpersonen (die Leiterin des Schulkindergartens, der Klassenlehrer und eine Lehramtsanwärterin) der Meinung, dass man eine Einschulung in eine so individualisierend arbeitende Klasse wie die vorgesehene aber ruhig vornehmen sollte. Die Förderung im Schulkindergarten scheint nicht effektiver oder individueller ausrichtbar zu sein.

In dem mit 10;5 Jahren durchgeführten Intelligenztest CFT 20 schneidet Natalie mit einem IQ-Wert von 73 und einem Prozentrangplatz von 3 sehr unterdurchschnittlich ab. Auch wenn dieser Wert, der üblicherweise als Hinweis auf eine Lernbehinderung ausgelegt wird, doch sehr wahrscheinlich nach oben zu korrigieren ist, so weisen auch andere Tests auf eine eher stark unterdurchschnittliche Intelligenzleistung Natalies in den getesteten Bereichen hin (z. B. ein ungefährer IQ-Wert von 82 und Prozentrang 14 in den Aufgaben zum Nachdenken AzN 4+ zum gleichen Messzeitpunkt).

1. Schuljahr

Innerhalb der Klasse geht Natalie sehr selbstbezogen ihre eigenen Wege, wobei sie einfach keinen Bedarf zu einer stärkeren Beteiligung an gemeinsamen Tätigkeiten mit anderen Kindern zu haben scheint. Dies spiegelt sich auch in dem oben erwähnten Gutachten wider:

> Natalie arbeitet/beschäftigt sich am liebsten alleine und hat genaue Vorstellungen von ihrer Tätigkeit. Ihren eigenen Kopf hat Natalie auch in Bezug auf die Klassenregeln und die Interaktion mit den Mitschülern, je nach Tageslaune kann sie sich gut anpassen oder aber sich schlechter integrieren. Entsprechend schwierig sind für sie kooperative Verhaltensweisen. [...] Natalie wirkt in Klassengesprächen eher schüchtern [...]. Die Klassengemeinschaft spielt [...] keine große Rolle für sie.

Auf Grund von Natalies noch sehr naivem, verspieltem sowie sehr stark egozentrischem Verhalten schlägt der Lehrer den Eltern nach den ersten Schulmonaten vor, Natalie auf jeden Fall in der Klasse zu belassen, aber vorsichtshalber eine Zurückstellung vom Schulbesuch zu beantragen. So kann bei einer möglichen Entscheidung für die Wiederholung des ersten Schuljahres das jetzige Jahr als Besuch des Schulkindergartens gerechnet werden. Da Natalie sehr gerne in die Klasse geht und insofern gut mit dem offenen Unterrichtsprinzip zurecht kommt, als dass sie den ganzen Tag eigene Ideen und Projekte verfolgt (die Bilder der Buchstabentabelle abmalen, Bücher ansehen, Kasperlestücke aufführen, Playbacksingen etc.), erscheint die Möglichkeit, sie innerhalb der offenen Arbeit inmitten der anderen Kinder ihren eigenen

Zugang zu Schule bzw. zum schulischen Lernen finden zu lassen, als ein möglicher fruchtbarer Weg.

Die Ratlosigkeit bezüglich Natalies Lernverhalten wird in dem entsprechenden Gutachten deutlich:

> Unter Einbezug ihrer Vorkenntnisse beherrscht Natalie nach drei Monaten Schule (Lesen durch Schreiben/Mathe 2000) einen guten Teil der Buchstaben. Die Verschriftung ohne Hilfe erfolgt allerdings nur durch einzelne signifikante Laute eines Wortes, mit der Hilfe gedehnten, lautbetonenden Vorsprechens können auch Wörter und Sätze verschriftet werden. Allerdings ist hier in den letzten Tagen ein größerer Lernfortschritt zu beobachten, der darauf hinweisen könnte, dass Natalie in kurzer Zeit Schreiben und Lesen lernt. Natalie beherrscht den Zahlenraum bis Zwanzig. Ihre Rechenfähigkeit ist je nach Lust und Verfassung sehr unterschiedlich, wobei das ihr zur Verfügung stehende Material nicht viel ändert.
> Natalies Leistungen sind sehr stark von ihrer eigenen Lernmotivation abhängig. Ihre Schulreife ist trotz des Vorziehens der spielerischen Aktivitäten aufgrund der sporadischen Lernschübe schwer einzuschätzen. [...] Natalies Desinteresse an schulischen Inhalten hemmt ihre Lernentwicklung zeitweise sehr stark. Allerdings sollte im Falle einer Rückstellung – durch die in der Klasse mögliche individuelle Förderung – ein Belassen in der jetzigen Sozialgruppe erfolgen, zumal sich Natalie gut in die Klasse integriert hat und in der letzten Zeit immer häufiger intensive Lernphasen zu beobachten sind, die darauf hinweisen könnten, dass Natalie das Ziel der Klasse 1 erreichen kann.

Die in diesem Gutachten angedeuteten Lernschübe und die Abhängigkeit der schulischen Leistung von ihrem eigenen Interesse an einem Lerngebiet prägen Natalies gesamte Schulzeit – vor allem aber die ersten Jahre. So lernt sie mehr oder weniger plötzlich Schreiben, als sie vor den Weihnachtsferien auf dem Flur Kinder einer anderen Klasse Schreibschrift schreiben sieht. Sie findet diese Schrift so schön, dass sie daraufhin zum Klassenlehrer geht und ihm sagt, dass sie auch so schreiben können möchte. Als dieser ihr erwidert, da müsse sie erst einmal überhaupt schreiben lernen, setzt sie sich hin und schreibt alle Wörter zu den Bildern der Buchstabentabelle weitgehend lautgetreu auf. Später gibt es ähnliche Erlebnisse bezüglich des Lesen und der Rechtschreibung. Sich auf Mathematik einzulassen ist ihr hingegen immer schwer gefallen.

Nach einiger Zeit macht Natalie häufiger auch bei gemeinsamen Sachen aller Kinder mit, vor allem nimmt sie regelmäßiger an den Gesprächen im Sitzkreis teil. Arbeiten bzw. sich beschäftigen tut sie sich allerdings weiterhin lieber alleine, sodass es ihr nicht leicht fällt, Sachen wegen der Besprechung gemeinsamer Belange unterbrechen zu müssen. Andererseits bereut sie auch zeitweise, an bestimmten Aktionen nicht teilgenommen zu haben. Im Tagebuch des Lehrers ist dazu beispielsweise die folgende Episode beschrieben, in der eine Gruppe von Studierenden eine Stunde zum Thema „Eier untersuchen" durchführt:

> 22.5.: Wir fangen mit den Schulpraktischen Studien an. Klappt ganz gut. Osterhasenpaket mit Brief, den Dominik vorliest, dann werden die Schachteln mit den Eiern verteilt. Pia und Natalie haben nicht so viel Lust, sie machen andere Sachen, was auch gut klappt. Pia schafft einigermaßen was, sie schreibt sogar dem Osterhasen und fragt, warum die Eier vertauscht worden sind. Natalie war später sogar traurig, daß sie nicht mitgemacht hat. Die Kinder for-

schen ganz gut und versuchen herauszubekommen, ob die Eier roh, gekocht oder ausgepustet sind. Ausgepustet kein Problem, bei gekocht und roh gibt es Differenzen.

Natalies Sozialverhalten bzw. ihr Umgang mit anderen Kindern ist sehr situationsbezogen. Ihr Verhalten in der Klasse ähnelt dabei oft dem sich behauptenden Verhalten gegenüber anderen Kindern, das der Lehrer auch im Hort wahrgenommen hat. So steht im Zeugnis für die erste Klasse:

> Zu den anderen Kindern bist du manchmal ganz nett, manchmal aber auch direkt unfreundlich, je nachdem, ob dir eine Sache in den Kram paßt oder nicht. Vielen Kindern ist das zu kompliziert und die machen dann einfach nicht so viele Sachen mit dir zusammen. Vielleicht kannst du da ein bißchen darauf achten. Wenn man zu anderen freundlich ist, sind die anderen meistens auch zu einem selbst freundlich. Das macht dann allen mehr Spaß.
>
> An unsere Regeln hältst du dich nicht immer und bist dann mit schuld, wenn der Kreis zu lange dauert oder es laut wird. Versuch noch mehr, bei einem Streit andere Kinder um Rat zu fragen. Sich nur laut zu streiten nützt meist keinem was.

Natalies sich von den anderen Kindern unterscheidende Naivität wird vor allem innerhalb einer Unterrichtsprobe deutlich, die eine Lehramtsanwärterin in der Klasse durchführt. Zu einem Gespensterbild als Sprech- bzw. Schreibimpuls sollen die Kinder mit einem von der Lehramtsanwärterin aus einem Bleistift, einem Papierkügelchen und einem Taschentuch gebastelten „Gespensterstift" Geschichten schreiben. Als Natalie nichts einfällt, sagt ihr die Lehramtsanwärterin, dass ihr das Stiftgespenst eine Geschichte ins Ohr flüstern würde. Natalie nimmt diese Information auf und lauscht gespannt, bis sie sich eine ganze Zeit später meldet und der Lehramtsanwärtin enttäuscht mitteilt: *„Meins sagt gar nichts."*

Trotz der Bedenken bezüglich der Richtigkeit des Einschulungszeitpunktes erreicht Natalie das Klassenziel der ersten Klasse. Der mathematische Bereich fällt ihr sehr schwer und ihr Verständnis von Mathematik bzw. ihre Beziehung zu Zahlen erscheinen lange Zeit auch in Sachsituationen (Einkaufen etc.) sehr willkürlich. Trotzdem kann sie zum Schuljahresende das Einspluseins weitgehend auswendig und hat angefangen, auch das 1-1 zu automatisieren. Sie kann kleine Geschichten lautgetreu in großen Druckbuchstaben schreiben, überarbeitet sie allerdings nicht weiter. Nach einigen Anlaufschwierigkeiten lernt Natalie noch im ersten Schulhalbjahr Lesen, sodass sie zum Ende des Jahres fremde Texte mit entsprechender Mühe langsam lesen bzw. vorlesen kann.

In ihrem eigenen Rückblick auf das erste Schuljahr findet Natalie ihre Leistungen im Lesen und im Schreiben gut. Sie betont besonders, dass sie nun auch Schreibschrift lesen kann und das Schreibschriftschreiben verstärkt üben würde.

2. Schuljahr

Natalies Sozialverhalten entwickelt sich im zweiten Schuljahr nicht unbedingt in positive Richtung weiter. Sie verhält sich nach wie vor sehr egozentrisch und versucht ihre Interessen jederzeit lautstark oder handgreiflich durchzusetzen. Sachen, die sie selbst nicht unmittelbar betreffen, interessieren sie nicht besonders. Sie ist oft unfreundlich zu anderen Kindern, verwendet die ihr aus dem Hort bekannten Schimpfwörter, und es hat den Anschein, als ob sie den Streit mit anderen Hortkindern als vertraute Kontaktaufnahme genießen würde. Natalie kommt dabei sehr gerne in die Schule, ist dort fröhlich und weiß immer etwas mit sich anzufangen. Man hat den Eindruck, dass sie einfach eine andere Kommunikationsform für sich gefunden hat, als sie allgemein üblich ist.

In der ersten Hälfte des zweiten Schuljahres fixiert sich Natalies Arbeiten in der Schule in hohem Maße auf das Lesen, das sie auch zu Hause für sich entdeckt. Sie wird in kurzer Zeit zur besten (Vor-)Leserin der Klasse und kann flüssig und ziemlich sinnbetont vorlesen. Schreiben tut sie hingegen wenig und selten und überarbeitet ihre Texte nicht. Auch dann, wenn sie für sich Texte nur abschreibt, beachtet sie die Rechtschreibung nicht, sondern verschriftet trotz der Textvorlage vorwiegend gemäß der Entwicklungsstufe, auf der sich auch ihre freien Produktionen befinden. In Mathematik erscheinen Natalies Leistungen sehr wechselhaft. An manchen Tagen arbeitet sie motiviert und bekommt Aufgaben korrekt heraus, an anderen Tagen löst sie die gleichen oder ähnliche Aufgaben falsch. Insgesamt rechnet sie sehr wenig. Auch mit Sachthemen beschäftigt sie sich kaum. Eine Ausnahme bilden allerdings Themen, die sie sehr interessieren bzw. zu denen sie einen ganz konkreten persönlichen Bezug hat (wie z. B. ihre Haustiere). Bei diesen Themen kann sie relativ kompetent Auskunft geben, während ihre sonstigen Kenntnisse und Theorien über die Welt im Vergleich zu den anderen Kindern der Klasse als sehr naiv und kleinkindlich auffallen.

Auf Grund dieser Entwicklung bespricht der Klassenlehrer zum Ende des Halbjahres erst mit Natalie, dann mit ihr und ihrer Mutter und zu einem weiteren Termin mit ihrem Vater, wie sich Natalies Entwicklung darstellt, und wo es schwierig sein könnte, die Ziele des zweiten Schuljahres zu erreichen. Natalie selbst reflektiert ihre Leistungen bis auf Mathematik ähnlich wie der Klassenlehrer und sagt, dass sie fast gar nicht schreiben würde, ihre Geschichten „mittel" seien, sie noch keine Schreibschrift schreibe und Erwachsenenschrift nur ein bisschen könne. Beim Lesen sind sich beide einig, dass Natalie sich schon auf dem Niveau des vierten Schuljahres befinden würde. Beim Rechnen sagt Natalie: „Ja, sehr gut – Hmmh, gut, wenn ich will." Forschen mache sie nicht und auch Malen fast nie. Musik mache ihr Spaß. Religion finde sie „Scheiße" und würde nicht alles mitmachen. Sport sei „geil", das fände sie gut. Bezüglich ihres Arbeitsverhaltens sagt sie, dass sie fast nichts außer Lesen machen würde und bezüglich ihres Sozialverhaltens äußert sie, dass sie ein bisschen unfreundlich sei und im Kreis zu viel quatschen würde. Sie nimmt sich vor, nicht mehr so viel zu quatschen, mehr zu schreiben und zu rechnen und mehr mitzumachen, was andere machen.

Die anderen Kinder der Klasse äußern sich im Kreisgespräch vor den Gutachten auch zu Natalie und sagen ihr, dass sie mehr schaffen könne und faul sei. Sie solle sich im Schreiben bessern und sie würde zu wenig rechnen. Im Lesen sei sie super. Sie überlegen, ob Natalie ein Leseverbot bekommen sollte, finden ein Verbot durch die Klasse aber doof; wenn dann müsse Natalie sich selbst dazu entschließen. Natalie würde viel zu viele Schimpfwörter gebrauchen und andere Kinder immer auslachen. Außerdem meckere sie immer und würde immer motzen. Sie solle sich entsprechend mit den Ausdrücken bessern.

Natalie nimmt sich nach dem Halbjahreszeugnis vor, mehr zu schreiben und zu rechnen und erlegt sich selbst ein (zeitweises) Leseverbot auf.

Im zweiten Halbjahr schafft Natalie es, ihr Arbeits- und Sozialverhalten weiterzuentwickeln. Im Zeugnis steht dazu:

> Während für dich im ersten halben Jahr das Lesen an erster Stelle stand und du dich nicht sehr um andere Sachen in der Schule gekümmert hast, hast du im zweiten Halbjahr schon ein ganzes Stück besser gearbeitet. Ich glaube, du hast jetzt angefangen zu verstehen, wofür die Schule eigentlich so da ist. Trotzdem hattest du auch im letzten halben Jahr mal gute und mal weniger gute Phasen. So hast du zwar fast immer etwas gearbeitet, aber du hattest nicht immer den Ehrgeiz, dich richtig anzustrengen. So hast du oft Geschichten geschrieben, die du dann nicht nachgesehen hast. Oder du hast einfachere Rechenaufgaben gerechnet, anstatt dich mal an einer richtig kniffligen Aufgabe zu versuchen. Aber insgesamt bist du auf jeden Fall besser geworden, was das Arbeiten betrifft.
>
> Auch in Bezug auf dein Verhalten gegenüber deinen Mitschülern hast du – vor allem im zweiten Halbjahr – zeitweise große Fortschritte gemacht. Es kam mir so vor, als würdest du auch mal darüber nachdenken, wenn man dir gesagt hat, dass du im Moment wieder einmal nur an dich denkst. In der letzten Zeit vermisse ich deinen Ehrgeiz allerdings wieder etwas, da machst du wieder öfter nicht im Kreis mit und hältst dich nicht an Regeln, wenn du dir selber wichtiger bist als die anderen Kinder. Vor allem dann, wenn wir etwas zusammen machen, schaltest du schnell ab und interessierst dich nicht dafür, obwohl auch du gut mitmachen könntest. Versuch dich besser zu konzentrieren und dich und andere weniger abzulenken.
>
> Schön ist aber immer deine gute Laune, mit der du in die Schule kommst und die kleinen Späße, die wir beide zusammen machen können.

Natalies Leistungen verbessern sich insofern, als dass sie nun gute Geschichten schreibt und auch Schreibschrift schreiben kann. Ihre Rechtschreibleistung entwickelt sich nicht viel weiter, auf Rechtschreibung achtet sie eigentlich nur, wenn sie am Computer schreibt und den Text dann dort direkt verbessern kann. In Mathematik beherrscht sie nun den Hunderterraum und hat das kleine Einspluseins und Einsminuseins automatisiert. Sie kann sich Informationen aus Büchern suchen und notieren. Den angebotenen Flötenkurs bricht sie vor dem Ende ab. Generell fällt es ihr noch immer schwer, Sachen mitzumachen, die alle Kinder machen (z. B. Forschungsprojekte oder Mannschaftsspiele). Einer Versetzung ins dritte Schuljahr steht aber nichts im Wege.

Natalie reflektiert ihre Leistungen vor den Zeugnissen u. a. folgendermaßen:

> Mir fallen gute Texte ein aber manchmal weis ich nicht was ich Schreiben soll und die Schöne Schrift habe ich erst bekomen meine Geschichten sehe ich gut nach ich habe Probleme mit den Wörter Buch Ich Forsche nie

Sie nimmt sich nach dem Zeugnis vor, nicht mehr so zu meckern, nicht mehr so viel zu lesen und ihre Texte besser nachzusehen. Die anderen Kinder finden es gut, dass sie mehr und genauer schreiben will und empfehlen ihr, mehr zu rechnen, nicht so den Jungs hinterher zu laufen, mehr zu forschen und sich weniger ablenken zu lassen.

3. Schuljahr

Im dritten Schuljahr arbeitet Natalie zu Anfang weiterhin so wie im Halbjahr zuvor. Sie schreibt viele Geschichten, von denen sie jetzt sogar einen großen Teil nachsieht. Dann hat sie allerdings eine Phase, in der sie sich selber nicht mehr herausfordert und auch mit Hilfestellung nicht viel schafft. Ob hier eine zeitliche Nähe zu besonderen Auseinandersetzungen um Natalies Aufenthaltsort vorlag, kann im Nachhinein nicht mehr genau festgestellt werden. Da Natalies Situation über die gesamte Grundschulzeit sehr gespannt war, hat der Lehrer keine diesbezüglichen Aufzeichnungen vorgenommen, sondern versucht, sie generell in der Schule zu stützen bzw. aufzufangen.

Ähnlich wechselhaft ist auch Natalies Sozialverhalten, wie es im Zeugnis für das erste Halbjahr der dritten Klasse beschrieben wird:

> Auch in dem Verhalten zu deinen Mitschülern und beim Arbeiten mit anderen gab es gute und schlechte Zeiten. In manchen Gruppen hast du klasse mitgearbeitet und auch mal an die anderen gedacht. Aber es tauchte auch zeitweise dein altes Problem auf, dass du nämlich zunächst meistens an dich denkst und nicht an die anderen. Damit stehst du mittlerweile in der Klasse ziemlich alleine da. Denk da bitte noch öfters dran, auch wenn du gerade in einer anderen Laune bist.

Leistungsmäßig macht Natalie bezüglich der Rechtschreibung einen ähnlichen Sprung, wie er auch zu verspüren war, als Natalie das Lesen bzw. etwas später das Geschichtenschreiben für sich entdeckt hat. In Mathematik sind ihre Leistungen weiterhin wechselhaft. Sie kann im Hunderter- oder Tausenderraum richtig rechnen, wenn sie sich darauf einlässt, es gibt aber auch Zeiten, in denen sie die gleichen Aufgaben nicht richtig rechnet. Den schon im zweiten Schuljahr in Angriff genommenen Einmaleinsführerschein hat sie noch nicht automatisiert. Geteiltaufgaben rechnet sie nur sehr ungern, Sach- bzw. Textaufgaben außerhalb eigener (einfacher) Rechengeschichten fallen ihr schwer. Sachtexte kann sie dann gewinnbringend auswerten, wenn sie selber (von innen her motiviert) die entsprechenden Informationen benötigt. Einen eigenen Forschervortrag bereitet sie im Gegensatz zu den meisten anderen Kindern noch nicht auf. Insgesamt fällt ihr die Arbeit in der Gruppe bzw. das Zusammenarbeiten mit anderen Kindern weiterhin schwer bzw. es interessiert sie nicht.

Vor dem Zeugnis reflektiert Natalie u. a.:

> Ruhig und sorgfältig Arbeite ich nicht immer. Aufreumen kann ich gut auf meine sachen achte ich nicht [...]
> beim Streiten rutchen mir manchmal Woter raus. Streit kann ich besprechen.

> Ich finde meine Schrift gut Texte fallen mir immer welche ein manschmal mit Wörter Buch
> wenn ich meine Geschichte durgucken kann [...]
> anderen die Forschersachen berichten das kann ich [...]
> Ich kann ser gut Lesen betonen kann ich auch gut

Sie findet Schreiben ganz gut, ihre Schrift mittel, das Durchgucken des Geschriebenen nicht so gut. Sie will sich im Rechnen im nächsten Halbjahr einen Ruck geben.

Die anderen Kinder sagen im Kreisgespräch vor den Gutachten, dass Natalie sich mit ihrem Rummotzen toll gebessert hätte und sie so bleiben solle. Sie sei eine Quasseltante, die aber „könne, wenn sie wolle". Im Rechnen wüssten sie ihre Leistungen nicht richtig einzuschätzen, aber es sähe eher nach wenig aus, sie solle da am besten mehr tun. Ihre Schrift, ihre Geschichten und ihre Ausdrücke seien besser geworden, aber es könnte auch noch besser werden.

Zu dem vom Lehrer verfassten Halbjahresgutachten schreibt Natalie: „In Sprache bin ich viel besser als du dengst manchmal mache ich blödsin. Mathematik: Da habe ich mich ein bissen gebessert."

Im zweiten Halbjahr entwickelt sich Natalies Arbeitsverhalten positiv, sie arbeitet den größten Teil der Zeit zielorientiert an schulischen Sachen und nimmt sich selber Sachen vor, die sie weiter üben will. Während sie sich nun in Phasen des selbstständigen Arbeitens nicht nur gut auf den Stoff einlässt, sondern auch länger zielorientiert arbeiten kann, lässt ihre Anstrengungsbereitschaft, Ausdauer und Konzentrationsfähigkeit außerhalb dieser Phasen auffällig nach. Sie verbessert sich in fast allen Fächern weiterhin, wobei ihr in Mathematik sicherlich das schriftliche Rechnen hilft. Kleines Einmaleins und Einsdurcheins beherrscht sie nun gedächtnismäßig.

Ihr Verhalten in der Klasse bzw. zu ihren Mitschülern entwickelt sich auch weiter positiv, sie fügt sich nun immer besser in Gruppen ein. Dazu steht im Gutachten für das Ende der dritten Klasse:

> Toll ist wirklich deine Entwicklung im Hinblick auf die Arbeit in der Gruppe. Du nimmst mittlerweile auch Sachen von anderen an und arrangierst dich gleichberechtigt mit den übrigen Gruppenmitgliedern. Auch in den Stunden mit den Studenten machst du viel besser und williger mit als früher. Weiter so, wir warten auf einen Vortrag von dir.

Ihre selbstbezogene Weltsicht bzw. ihr entsprechendes Verhalten hat sich aber nicht geändert:

> Was du noch stark verbessern musst, ist dein Verhalten in bestimmten Umgebungen. Wenn dir etwas wichtig ist, achtest du oft nicht darauf, dass du andere Menschen störst, unterbrichst oder ablenkst. Maßlos enttäuscht waren wir über deinen Ausrutscher beim Sport. Das habe ich nicht verstanden. Versuch mal, deine Umwelt entsprechend mehr wahrzunehmen und deine Handlungen zu überdenken.

Natalie reflektiert ihr Verhalten vor dem Zeugnis u. a. folgendermaßen:

> Ich bin nicht so gut im Kreis die Sachen mache ich mit die wir zusammen machen. Anderen helfe ich nur wenn sie mich brauchen, mit anderen kann ich nicht so gut arbeiten. Ich komme mit den anderen gut aus manchmal streiten wir uns und es ist schwer zu vermeiden. [...]
> In Sport bin ich nicht so gut, aber ich hab was neues gelernt, ich mache bei den Spielen mit.

Dabei geht sie auch mit Fächern bzw. Bereichen anders um als früher, wie z. B. mit dem Sachunterricht oder dem nicht im Klassenverband von einer Fachlehrerin unterrichteten Religionsunterricht:

> Selber Sachen zum Forschen finde ich gut. Ich kann Forschersachen für andere aufschreiben. Ich kann anderen über meine Forschersachen berichten. [...]
> Ich mache gut in Relli mit, manchmal mache ich blödsin in der Relli.

Natalies Leistungen sind zwar außerhalb des nun insgesamt gut dastehenden sprachlichen Bereichs eher schwach, entsprechen aber in jedem Fall den Grundanforderungen der dritten Klasse, sodass einer Versetzung nichts entgegen steht.

4. Schuljahr

Im vierten Schuljahr stabilisiert sich Natalies Arbeitsverhalten zwar weiter, aber das ihr eigene selbstbezogene Verhalten steht weiterhin auffällig im Gegensatz zur Entwicklung der anderen Kinder. Sie zeigt immer noch wenig Interesse für gemeinsame Belange, die sie nicht unmittelbar betreffen oder interessieren. So schreibt der Lehrer ihr vor den Herbstferien u. a.:

> Bedenklich finde ich allerdings deine Haltung in Bezug auf das Mitmachen im Unterricht. Du tust immer so, als würde dich das alles nichts angehen. Du machst wirklich gar kein bisschen mit. Damit bist du mittlerweile so ziemlich die einzige von 25 Kindern! [...]
> Nimm endlich deine Umwelt mehr wahr! Du lebst in einer ganz eigenen Welt. Das passt nicht mehr zu deinem Alter. Mach auch zu Hause Haushaltsarbeit, lern Verantwortung und die Bedürfnisse deiner Mitmenschen kennen, anstatt dich hängen zu lassen.

Im Halbjahresgutachten wird Natalies Arbeitsverhalten so beschrieben:

> Sehr geehrte Erziehungsberechtigte,
> die Klassenkonferenz hat beschlossen, dass für Ihr Kind die folgenden beiden Schulformen für die weitere schulische Förderung am besten geeignet erscheinen:
> Hauptschule oder Gesamtschule.
> Natalies Arbeitsverhalten ist von ihrer Eigenmotivation im entsprechenden Fach abhängig. In Bereichen, die ihr Spaß machen oder mit denen sie sich arrangiert hat, sind ihre Leistungen relativ problemlos, wenn auch Schwankungen unterworfen. In anderen Bereichen fehlt ihr zum Teil die Bereitschaft zur intensiven Auseinandersetzung. Entsprechendes gilt für die mündliche Beteiligung im Unterricht.
> Natalies Arbeitstempo ist bei Sachen, die ihr liegen, stimmig, ansonsten muss sie teilweise die zur Verfügung stehende Zeit überschreiten. Ihre Anstrengungsbereitschaft hält sich in Grenzen und ist von ihrer Eigenmotivation bzgl. der Aufgabe abhängig. Vorgegebene Aufträge erledigt sie nicht immer gerne.
> Sie führt ihre Arbeiten ordentlich und optisch korrekt durch. Fremde Ziele macht sie in der Regel nicht zu ihren eigenen und ist bei der Erledigung entsprechender Aufgaben noch stark von Erwachsenen abhängig. Eigene Vorhaben kann sie selbstständig durchführen. Die notwendigen Lerntechniken hat sich Natalie angeeignet, wendet sie aber nur selten an. Meist muss sie zum Üben angehalten werden.
> Natalie kann sich gut alleine in den Gebieten, die ihr Spaß machen, beschäftigen, formuliert sich aber in anderen Bereichen nicht gerne eigene Aufgaben. Eigene Ziele stellt sie nicht auf.
> Natalies Lernvermögen war von Anfang an begrenzt. Durch individuelles Arbeiten konnten ihre Stärken vor allem im Bereich Sprache gefördert werden. Der mathematische Bereich liegt ihr weniger. Hier konnten im Laufe der Zeit die Grundfertigkeiten einigermaßen gesi-

chert werden. Natalies Gedächtnisleistungen scheinen stark von ihrem Eigeninteresse abhängig zu sein. Natalie braucht zur Umsetzung von Anweisungen konkrete Beispiele. Vor allem ist sie bei abstrakten, verbalen Anweisungen und komplexeren Sachverhalten und Aufgabenstellungen auf Hilfe angewiesen. Natalie scheint in ihr unbekannten Bereichen in Tests teilweise blockiert zu sein, ihr fällt es dann schwer, Aufgabenstellungen richtig umzusetzen.

Natalie kann sich mündlich und schriftlich korrekt ausdrücken. Sie kann ihre Meinung in Gesprächen vertreten, ihr fällt es aber nicht leicht, sich von ihrem egozentrischen Standpunkt zu lösen und auch die Sichtweisen und Rechte anderer in ihre Überlegungen einzubeziehen. Natalie ist zwar generell schon relativ selbstständig, allerdings scheitern ihre soziale Selbstständigkeit und ihr Selbstdurchsetzungsvermögen an ihren ichbezogenen Forderungen, die selten konsensfähig sind.

Natalie spielt Querflöte und hat Haustiere. Ansonsten hat sie wenig Interesse an ihrer Umwelt und an übergreifenden Zusammenhängen.

Schwerpunktmäßig sollte bei der oben genannten Empfehlung die Gesamtschule in Betracht gezogen werden, da sich Natalies Leistungen in letzter Zeit auch in ihren schwachen Fächern (Mathematik) stark verbessert haben, sodass bei einer weiteren positiven Entwicklung evtl. auch eine Realschulempfehlung ausgesprochen werden könnte. Eine Aufnahme an der Gesamtschule erscheint zum jetzigen Zeitpunkt angebracht und wünschenswert.

Natalies Leistungen in den Fächern spiegeln bis auf ihre guten Leistungen im Sport (Schwimmen) und in Kunst ein befriedigendes Niveau wider. Vor allem in Mathematik hat sie Fortschritte gemacht, was zum Teil sicherlich auf die ihr leichter fallenden schriftlichen Rechenverfahren zurückzuführen ist. Allerdings zeigt sie – evtl. als Folge des neuen Zugangs zum Rechnen – auch höhere Kompetenzen beim halbschriftlichen Rechnen. Während sie Ende des dritten Schuljahres noch zeitweise auch einfache Aufgaben aus dem Hunderterraum oberflächlich bzw. falsch gelöst hat, passiert ihr das nun nicht mehr. Weiterhin rechnet sie nun auch schwierigere Additions- und Subtraktionsaufgaben aus dem Zehntausenderraum bzw. Multiplikations- und Divisionsaufgaben aus dem Tausenderraum im Kopf. Gerade bei diesen Operationen scheint sie einen größeren Lernsprung gemacht zu haben. Diese Leistungsentwicklung wird bei ihrer Mathematiknote (befriedigend) positiv einbezogen:

Die Leistungsbewertung in Mathematik bezieht Natalies sehr positive Entwicklung im letzten Halbjahr mit ein. Ihre Leistungen sind teilweise auch schlechter als befriedigend. Anspruchsvolle Denk- und Sachaufgaben vermag sie oft nicht zu lösen.

Im zweiten Halbjahr der vierten Klasse sinken Natalies Leistungen in Mathematik allerdings wieder. Sie arbeitet oberflächlicher und nicht kontinuierlich genug, sodass sie zeitweise die ihr bekannten schriftlichen Rechenverfahren nicht mehr richtig anwendet und auch bei den gerade erlernten der schriftlichen Multiplikation und Division Fehler macht. Im mathematischen Untertest des Allgemeinen Schulleistungstests AST 4 erreicht sie einen Prozentrang von 40, im Schweizer Rechentest SRT 4 fällt sie mit einem Prozentrangplatz von 3 völlig heraus. Während sie noch zum Halbjahr im SRT 3 über die Hälfte der Aufgaben lösen konnte, löst sie nun weniger als ein Drittel der Aufgaben des SRT 4. Auf dem Zeugnis bekommt Natalie ein Ausreichend in Mathematik, in allen anderen Fächern bzw. Bereichen – bis auf ein Gut in Lesen – ein Befriedigend. Entsprechend dem oben beschriebenen Gutachten wechselt Natalie nach dem vierten Schuljahr mit einem Notenschnitt von 3,1 auf die Gesamtschule, wo sie zunächst Noten im Bereich zwischen 3 und 4, dann im Dreierbereich oder besser erlangt.

<u>Natalies Rückblick auf ihre Schulzeit</u>

Zum Ende ihrer Grundschulzeit schreibt Natalie auf, wie sie die vier Schuljahre in der Klasse rückblickend beurteilt. Dabei war ihr für ihr Wohlbefinden in der Klasse am wichtigsten: „Hier würd man nicht zum Lernen gezwungen." Vor allem das „gemischt arbeiten, mal dies, mal das" fand sie gut. Mit dem Lehrer hat sie gerne geredet: „weil Peschel meistens immer ruhig bleibt.", fand seinen Umgang mit ihr aber verbesserungswürdig: „Er wird manchmal schnell überdrüssig."

Wichtig war ihr, selbstständig zu arbeiten, selber das Lernen bestimmen und sich durchsetzen zu können. Mit anderen gut umzugehen oder zusammenzuarbeiten fand sie nicht sehr bedeutend, genauso wie Sachen gemeinsam abzustimmen. Sich selber Sachen auszudenken und selber Sachen erreichen zu wollen war ihr nicht sehr wichtig. Bezüglich eines nochmaligen Besuches der Klasse nimmt sie die Frage wörtlich und schreibt: „Nein, weil ich Liber die nächste Schule zu ende machen will." Sie schreibt weiterhin in einem Brief:

> Lieber Peschel!
>
> Ich fand es schade das du nicht als Lehrer weiter arbeitest. Denn andere Kinder wollen auch so einen Lehrer haben wie dich, weil du nett bist und sehr viel Geduld mit uns hattest. Wie ein paar Eltern aus unserer Klasse, die wollten ihre Kinder auch später in diese Klasse tun, aber das hat sich wohl erledigt, weil die Eltern gehört haben, das du aufhörst.
>
> Schade wir werden dich bestimmt in der nächsten Schule vermissen! An dir liegt was besonderes. Nur was ich Doof fand dass du immer strenger wurdest. Ich fand gut das du uns nicht zum Lernen gezwungen hast. Frei Arbeiten fand ich gut und dann fand ich noch gut dass du uns Hefte und Bücher zum Lernen gegeben hast so wie Schreibheft und Mathematikhefte und selber Geschichten Hefte. Mit dir konnte man auch Probleme schnell regeln.

Natalie hält auch nach dem Wechsel an die weiterführende Schule und dem Umzug in eine Nachbarstadt weiterhin Kontakt zum Klassenlehrer. Vor allem in Situationen wie nach dem 11. September 2001 schreibt sie lange Faxe an ihn, in denen sie versucht, die Situationen für sich zu klären.

Auch Natalies Mutter gibt dem Klassenlehrer in einem persönlichen Schreiben eine ausführliche Resonanz auf ihre Sicht auf Natalies Schulzeit:

> Lieber Herr Peschel,
>
> erst einmal möchte ich Ihnen ein großes Kompliment aussprechen. Sie kann man wirklich als Pädagoge bezeichnen (was mittlerweile bei den Lehrkräften eine Ausnahme geworden ist). Ich glaube man trifft kaum einen Lehrer, der sich mit so viel Engagement für seine Klasse („Kinder") einsetzt.
>
> Sie waren immer für uns Eltern oder auch für die Kinder da, wenn es ein Problem zu besprechen gab. Über meine Sorge, Natalies Schulleistungen betreffend, brauche ich eigentlich nichts mehr zu sagen, da wir ja telefonisch in Kontakt waren.

Ich bin froh, dass Natalie sich so entwickelt hat. Manchmal habe ich mich etwas darüber geärgert, dass so wenig auf sauberes Arbeiten geachtet wurde. Und manchmal herrschte Chaos in der Klasse. Ich glaube aber, dass die Kinder in die neue Schule einiges mitbringen werden, da der Unterricht und die Themen so vielseitig waren. Ich glaube, dass unsere Kinder im Vergleich zu anderen Kindern, trotz der neuen Methode (oder wegen) sehr gut abschneiden. Diese Klasse war immer die „besondere Klasse" oder „Versuchsklasse". Ich habe diese Bezeichnung aber nicht negativ gesehen.

Ich fand es toll, wie schnell die Kinder schreiben und lesen konnten. Ich würde diese Lehrmethode (lautgetreu schreiben etc.) auf jeden Fall weiter empfehlen. Auch wenn ich mir Anfangs nicht so vorstellen konnte, dass das klappt. Aber man sieht ja den Erfolg.

In Mathematik haben Sie Natalie auch gut aufgefangen. Bin mal gespannt, wie das in der neuen Schule weiter geht. Verbessern würde ich an dem Konzept, dass die Kinder lernen sauberer zu arbeiten etc.

Ich wünsche Ihnen für die Zukunft, dass Sie wieder etwas mehr Privatleben haben.

Vielen Dank, dass Sie sich 4 Jahre so gut um meine Tochter Natalie gekümmert haben.

Der Vorbereitung in den Fächern würde sie die Note 2 geben, der Vorbereitung bezüglich des selbstständigen Arbeitens der Kinder eine 1, der Erziehung im sozialen Bereich auch eine 1 und der Grundschulausbildung insgesamt eine 1-2.

Im Folgenden werden die Leistungen in den Bereichen Rechtschreiben, Lesen und Arithmetik und ihre Entwicklung noch einmal differenzierter anhand konkreter Beispiele dargestellt bzw. untersucht.

16.3.2 Entwicklung im Rechtschreiben

Natalies Leistungen im Rechtschreiben bewegen sich die ersten zwei Schuljahre im unteren Bereich der Klasse, steigen aber im dritten Schuljahr auffällig an und scheinen sich dann leicht über dem Klassendurchschnitt zu stabilisieren. Eine genauere Betrachtung ihrer Verschriftungen im Rückgriff auf die Wörter des Fünf- und des Neun-Wörter-Diktats, der Hamburger Schreib-Probe sowie eigener Texte ergibt bis zum Ende des vierten Schuljahres folgendes Bild:

1. Schuljahr

Natalie hat zu Schulanfang nur geringe Vorkenntnisse im sprachlichen Bereich. Sie erkennt Buchstaben als Elemente des Lesens und Schreibens und kann ihren eigenen Namen in Blockbuchstaben aufmalen (wobei sie teilweise Buchstaben auslässt), hat aber keinen weiteren Bezug zu Schrift.

Sie fängt nicht wie die anderen Kinder direkt mit dem Schreiben an, sondern malt lieber die Bilder und Buchstaben der Anlauttabelle ab. Nach ungefähr vier Wochen Schule verschriftet Natalie die Testwörter des Fünf-Wörter-Diktats sehr willkürlich. Während alle anderen Kinder bis auf einzelne falsche Elemente nur die Laute verschriften, die sie auch wirklich auflautiert haben (oft nur den Anlaut), schreibt Natalie immer mehrere Buchstaben bzw. Zeichen, die allerdings keinen oder nur geringen Phonem-Graphem-Bezug aufweisen: Sie schreibt iIE (oder ähnlich) für Leiter, LIR für Hose, SBR für Schere, RLe für Regen und NEA für Mund. Insgesamt liefert sie damit vier willkürliche Verschriftungen und eine Verschriftung, die im Anlaut korrekt ist. Sie hat mit der daraus resultierenden Rechtschreibstufe von 0,2 (wenn man die Stufen von BRÜGELMANN unter Berücksichtigung der schon in der Klassenauswertung angesprochenen Vereinfachung durch das Fünf-Wörter-Diktat anstatt des Neun-Wörter-Diktats hier anwendet; vgl. Brügelmann 1988/1989) das schlechteste Ergebnis der Klasse ($\varnothing$ 1,4) und ist das einzige Kind, das überhaupt der Stufe 0 (0-0,5) zugeordnet wird.

Im Fünf-Wörter-Diktat nach drei Monaten Schulzeit fängt Natalie an, Anlaute und sogar schon Inlaute zu verschriften. Sie schreibt: *LADA*, *OSIE*, *PGN*, *ChR* und *MOD*. Sie befindet sich jetzt ungefähr auf Rechtschreibstufe 2, liegt aber im Vergleich zu den anderen Kindern als schwächstes Kind weiterhin im unteren Bereich (Klassendurchschnitt 3,3).

Zum Ende des ersten Halbjahres verschriftet Natalie die Wörter des Fünf-Wörter-Diktats weitgehend lautgetreu, bildet allerdings nicht immer alle Buchstaben ab (*E* als Endlaut bei Schere, nicht bei Hose). Teilweise verdreht sie Buchstaben wie das weniger gängige *J*, das sie bei der Verschriftung des Wortes Leiter benutzt: *LAJ(umgedreht)TA, HOS, SchERE, REGN, MONT*. Sie liegt bei einem Klassendurchschnitt von 4,0 mit ihren Verschriftungen auf Rechtschreibstufe 3,6 und zeigt damit ein besseres Ergebnis als die beiden schwachen Kinder aus der Verluststichprobe, die Ergebnisse auf Stufe 3,0 (Justin) und 2,2 (Mirko) erreichen.

Im April verschriftet Natalie die Testwörter teilweise schon unter dem Einfluss überflüssiger orthographischer Elemente. Sie schreibt: *LEITA, HOE, SchERRE, REGN, MONNT*, wobei sie das zweite N bei MONNT sehr klein zwischen das N und das T einfügt. Sie liegt damit auf Rechtschreibstufe 3,8 (Klassendurchschnitt 4,6). Justin erreicht wie sie Stufe 3,8, Mirko liegt mit 3,6 leicht darunter. Hier spielen auch der schon in der Klassenauswertung angesprochene Deckeneffekt bzw. die einfachen Wörter des Fünf-Wörter-Diktats eine Rolle.

Zum Schuljahresende der ersten Klasse befindet sich Natalie auf dem Stand des lautgetreuen Schreibens. Eine weitere Übergeneralisierung orthographischer Phänomene kann außerhalb der im letzten Abschnitt vorgestellten Testwörter nicht in größerem Umfang beobachtet werden. Es könnte daher sein, dass Natalie die Konsonantenverdopplung eher auf Grund der Testsituation verwendet denn als Ausdruck einer stärken Beschäftigung mit orthographischen Phänomenen. Im Diktat der 100 häufigsten Wörter (Pronomen, Partikel usw.) schreibt Natalie: *FON, IMEAR, SAGTDE, FOAR, UNZ, JAR, EDWAS, WÖRDE, WERE* usw. Teilweise lässt sie einzelne Buchstaben weg (*NCH* für noch, *FLE* für viele), in Einzelfällen führt der Buchstabenname zum Weglassen des anschließenden Vokals (*HBEN* für haben, *WOTE* für wollte), manche fehlenden Buchstaben können auch mit ihrer Aussprache zu tun haben (*GIN* für ging, *GENEN* für gingen). Einzelne Verdrehungen kommen vor (*SIHC* für sich). Als Rechtschreibmuster kommt (innerhalb der einfachen Wortauswahl) nur das *ie* in den Wörtern IEN (ihn) und WIEDER vor, ist allerdings nicht durchgängig zu finden, wie Wörter aus der Hamburger Schreib-Probe zeigen (FLIGE, SPIGEL). In diesem Test (Hamburger Schreib-Probe 1) fallen besonders die Verschriftungen *TELEPFON* und *PFARAT* auf. Die Verschriftung des *f*-Lautes als *PF* ist allerdings vermutlich keine Übergeneralisierung, sondern eher auf die in der Buchstabentabelle, mit der sie schreiben lernt, vorhandene Abbildung des Pf/pf (mit dem Bild einer Pfanne) zurückzuführen.

Im Neun-Wörter-Diktat verschriftet Natalie vorwiegend lautgetreu (*SCHEMEL, SCHTROMF, WANT, BELLEG, KANO*). Bei komplexeren Wörtern wie Lokomotive vergisst sie einzelne Buchstaben (*LOKOMOTWE*). Insgesamt sind ihre Leistungen der Rechtschreibstufe 4 nach BRÜGELMANN zuzuordnen, womit sie zwar bei den Schwächeren der Klasse liegt, im Vergleich zu anderen Erhebungen aber genau im Durchschnittsbereich. BRÜGELMANN (vgl. 1994a, 105) ermittelte in seiner Untersuchung (N=260) im April einen mittleren Wert von 3,9, im Juni/Juli 1989 einen mittleren Wert von 4,1; RICHTER (vgl. 1992, 139) in ihrer Untersuchung im Juni 1990 (N=434) einen Bereich der mittleren 50% zwischen 3,7 und 4,3.

2. Schuljahr

Im ersten Halbjahr des zweiten Schuljahres schreibt Natalie vorwiegend lautgetreu ausschließlich in großen Druckbuchstaben, bis sie zum Jahreswechsel den Wunsch hat, Schreibschrift schreiben zu können. Dabei übt sie zunächst ihren Namen in Verbundschrift, schreibt ihre Texte aber weiterhin in großen Druckbuchstaben. Erst im zweiten Halbjahr verschriftet sie – wahrscheinlich angeregt durch das Schreiben der Schreibschrift – große und kleine Buchstaben sowohl in Druck- als auch in Schreibschrift. Dabei verwendet sie noch bis zum dritten Schuljahr zeitweise Druckschrift und Schreibschrift gemeinsam in einem Text.

In ihren Eigenproduktionen nutzt Natalie fast keine orthographischen Elemente, sondern schreibt vorwiegend lautgetreu. Dies macht sie allerdings relativ sicher, d. h. sie vergisst keine Phoneme und verdreht auch keine Buchstaben oder Buchstabengruppen. In den Überforderungstests (Neun-Wörter-Diktat und Hamburger Schreib-Probe) schreibt sie einerseits „sehr überbetont", d. h. sie fügt überflüssige Buchstaben ein (*WARND, DAR*), andererseits versucht sie orthographische Elemente zu verwenden (so schreibt sie *FARRAHT*, in dem sie neben dem doppelten *R* auch ein winziges *H* vor das *T* einfügt oder sie radiert *FLIGE* wieder aus und schreibt stattdessen *VLIGE*). Diese Schreibweisen können aber wiederum mit der Testsituation zu tun haben und sprechen so noch nicht für eine Verwendung entsprechender Strategien. Zum Ende des zweiten Schuljahres finden sich hingegen vermehrt orthographische Elemente in bestimmten Wörtern (*Billik, Kamm, Lokomotiewe, Kertze, Stiefel*), die aber noch sehr wechselhaft erscheinen (*Stifel – Stiefel, Kamm – Kam*). Auch morphematische Gesichtspunkte werden zum Ende des Schuljahres in einzelnen Wörtern beachtet (*Mäuse, Bläter, Räuber*), aber auch nicht durchgängig (*Mäuse*

– *Meuse, Bläter* – *Bleter, Räuber* – *Reuber*) bzw. in anderen Wörtern gar nicht (*Bekerei, Zehne, Hantuch, Leuferin*).

3. Schuljahr

Im dritten Schuljahr entwickelt sich Natalies Rechtschreibleistung gut weiter. Sie benutzt relativ plötzlich viele orthographische Phänomene nun richtig und sicher bzw. kontinuierlich (*Spiene* wird zu *Spinne, Schubkare* zu *Schuppkarre, Brifmarke* zu *Briefmarke, Kiender* zu *Kinder, Kofer* zu *Koffer*). Fehler macht sie u. a. bei der Verwendung des Dehungs-*h* (*Verkersschild, Früschtüg, Lerrin, in* statt ihn), allerdings gibt es auch Wörter, in denen sie das *h* konsequent richtig verwendet (*Windmühle*). Übergeneralisierungen sind bei der Vorsilbe *ver-* und beim *ck* zu finden (*Vermillie, Banckräuber*). Auch bei den morphematischen Phänomenen macht sie Fortschritte (*Bäckerei, Zähne, Schlüsselloch*), beachtet diese aber nicht bei allen Wörtern (*Läuferin,* aber *Verkeuferin; Brieftreger; Geburstag*).

Zum Schuljahresende verbessert sie sich zwar bei einzelnen Wörtern, die sie von da ab kontinuierlich richtig verschriftet (*Verkäuferin*), andere Wörter schreibt sie hingegen wieder falsch (*Zäne*) oder weiter falsch (*Brieftreger, Fahradschloß*). Übergeneralisierungen einzelner orthographischer Elemente sind nicht mehr zu finden bzw. haben vermutlich ihre eigene Aussprache zur Ursache (*Schuppkarre*). Einen von ihr geübten Diktattext schreibt sie fehlerfrei.

4. Schuljahr

Die Testergebnisse im vierten Schuljahr weisen bei Natalie auf eine relativ sichere Rechtschreibung hin. Die Testwörter, die sie nicht korrekt verschriftet, lassen sich in dauerhafte Fehlschreibungen bis in die sechste Klasse hinein (*Gieskanne, Geburstagsgeschenk*), in anzunehmende Flüchtigkeitsfehler (*Fernsehpogramm, Spinnenetz, Rollschuche*) und in sich immer mehr zur Richtigschreibung hin einpendelnde Schreibweisen unterteilen. Fortschritte macht sie dabei vor allem bei Wörtern mit Dehnungs-*h* (*Früstück* – *Frühstück, Verkerschild* – *Verkehrsschild, Bormaschiene* – *Bohrmaschine, stönt* – *stöhnt*). Ansonsten handelt es sich bei ihren Fehlerwörtern vorrangig um Wörter höheren Schwierigkeitsgrades (*Schietzrichter, Sekreterien* – *Sekreterin, Tierärtzten* – *Tierärtzin*), sodass man behaupten kann, dass sie orthographische und morphematische Strategien in der Regel richtig anwendet.

Entwicklung und Verwendung bestimmter Rechtschreibmuster

Betrachtet man Natalies Verschriftungen bezüglich einzelner orthographischer Phänomene an ausgewählten Beispielen, so ergibt sich das im Folgenden dargestellte Bild:

Nach ersten Näherungen durch Verschriftungen als *AI* oder *AJ* verwendet Natalie das Rechtschreibmuster *ei* schon ab dem zweiten Halbjahr der ersten Klasse kontinuierlich.

Die Endung *-er* entwickelt Natalie Ende des ersten/Anfang des zweiten Schuljahres aus der Schreibweise *A (TIGA, MESA, HAMA)* bzw. *EA (AISBEA)* und nutzt es von da ab konsequent und ohne Übergeneralisierung.

Die Rechtschreibmuster *sp* und *st* gebraucht Natalie genauso wie das *sch* schon in der ersten Klasse, was darauf zurückzuführen sein kann, dass diese Lautverbindungen auf der Buchstabentabelle abgebildet sind, mit der sie Schreiben lernt. Sie fällt allerdings im ersten Halbjahr des zweiten Schuljahres bei einigen Wörtern vorübergehend in die alphabetische Schreibweise zurück (*SCHBED* für spät, *SPIGEL – SCHBIGEL, SCHDRUMF*), verwendet die Rechtschreibmuster danach aber konsequent richtig.

Jahr-Mo-nat	alph.: ei/-er orth.: st-/pf	alph.: rum orth.: nn morph.: nn	alph.: fern orth.: h orth.: mm	alph.: ar orth.: qu morph.: kk	orth.: h orth.: ll	orth.: h orth.: ss morph.: rr	morph.: äu morph.: ver-	orth.: h morph.: ssch morph.: ver-
0-1	IIE	SBR						
0-3	LADA	ChR						
0-5	LA(J)TA	SchERE						
0-8	LEITA	SchERRE						
0-9	LEITP	SchTROMF	HAMA			PFARAT		
1-5	LEITER	SCHDRUMF	HAMER			FARRAHT		
1-9	Leiter/Bläter	(Soke)	Hamer			Farad		
2-1	Bleter		Spiene	Fernsehr		Rollschuhe	Fahrahd/Fahrad	
2-4			Spinne	Fernseher		Rollschuhe	Fahrad	
2-5	Blätter	Strumpf hose	Spinnennetz	Ferhnseher program	Quark kuchen	Rollschuhe	Fahradschloß	Verkeuferin	Verkersschild
2-9		Strumpfhose	Spinnennetz	Fernsehprogram	Quarkkuchen	Rollschuhe	Fahradschloß	Verkäuferin	Verkersschild
3-5		Strumpfhose	Spinnennetz	Fernsehprogramm	Quarkkuchen	Rollschuhe	Fahradschloss	Verkäuferin	Verkerschild
3-9		Strumpfhose	Spinnenetz	Fernsehprogramm	Quarkuchen	Rollschuche	Fahradschloss	Verkäuferin	Verkehrsschild
4-6			*Spinnennetz*	*Fernsehprogramm*			*Fahrradschloss*	*Verkäuferin*	*Vehrkehrsschild*
5-1			-	-			-	-	-
5-7			*Spinnennetz*	*Fersehprogramm*			*Fahrradschloss*	*Verkäuferin*	*Verkehrsschild*
6-1			*Spinnennezt*	*Fernsehprogramm*			*PfahradSchloss*	*Verkäuferin*	*Verkehrsschild*
6-6			*Spinnennezt*	*Fernsehprogramm*			*PfahradSchloss*	*Verkäuferin*	*Verkehrsschild*

Das Rechtschreibmuster *ie* verwendet Natalie zum ersten Mal im Diktat der 100 häufigsten Wörter Ende der ersten Klasse (*WIEDER, IEN* für ihn). Ansonsten beachtet sie das *ie* aber weder in ihren freien Texten (*SI, Di, WI, FILE*) noch in Texten, die sie sich abschreibt (*list*). Erst Ende des zweiten Schuljahres fängt sie an, das *ie* in bestimmten Wörtern zu verschriften, wobei sie zunächst teilweise sprachlich nachvollziehbar übergeneralisiert (*wier, Tieger*) oder aber das Rechtschreibmuster auch in Testsituationen unlogisch verwendet (*SCHIEMEL*). Ungefähr ab dem Ende der dritten Klasse verschriftet sie das *ie* konsequent und es finden sich nur noch einzelne Wörter, in denen sie dieses Rechtschreibmuster nicht beachtet (*schlißt*).

Jahr-Monat							
0-9	FLIGE	SPIGEL				ROSINE	WIEDER
1-5	VLIGE	SCHBIGEL				ROSINE	
1-9	Fliege	Spiegel	Stifel			Rosinen	
2-1			Stiefel	Brifmarke			
2-4				Briefmarke			
2-5				Brieftreger	Giskanne		
2-9				Briefmarke/ Brieftreger	Gieskanne		
3-5				Briefträger	Gieskanne		
3-9				Briefträger	Gieskanne		
4-6				*Briefträger*	*Gieskanne*		
5-1				*-*	*-*		
5-7				*Briefträger*	*Gießkanne*		
6-1				*Briefträger*	*Gießkanne*		
6-6				*Briefträger*	*Gießkanne*		

Das Dehnungs-*h* verschriftet Natalie in den ersten zwei Schuljahren in der Regel entweder nicht (*sär* statt sehr, *Hölle* statt Höhle, *mer* statt mehr) oder aber – z. B. bei den entsprechenden Pronomen – als *ie* (*IEN, IEREN*). In der Mitte des zweiten Schuljahres durchgeführten Hamburger Schreib-Probe fügt Natalie nachträglich ein sehr klein geschriebenes *H* in das Wort Fahrrad ein (*FARRAHT*). Es ist anzunehmen, dass ihr das Vorkommen dieses Rechtschreibmusters innerhalb der Testsituation bekannt ist, sie es aber noch nicht richtig anwenden kann. Konsequenter taucht das Dehnungs-*h* Ende der zweiten Klasse/Anfang der dritten Klasse auf (*Zehne, Fahrad, Fernsehr*), zum Teil aber auch als überflüssiges Element (*Fahrahd, neht* für nett). Dabei schreibt Natalie vor allem Wörter von Anfang an richtig, bei denen das Dehnungs-*h* am Silbengelenk steht (*Rollschuhe, Windmühle*). Bei den meisten Wörtern mit Dehnungen innerhalb der Silben verwendet sie das *h* erst Ende des vierten Schuljahres (*Verkehrsschild, Frühstücksei*). Wenn Natalie es aber bei einem Wort verwendet, dann tut sie dies bis auf einzelne Ausnahmen, die u. U. auf Flüchtigkeitsfehler innerhalb der Testsituation zurückgeführt werden können (*Zäne, Rollschuche*), konsequent.

Die Konsonantenverdopplung als Kürzezeichen ist bei Natalie schon im Fünf-Wörter-Diktat im zweiten Halbjahr der ersten Klasse zu finden, als sie *SchERRE* und *MONNT* verschriftet, wobei sie im letzten Wort das zweite N nachträglich klein einfügt. Wie auch beim eben beschriebenen nachträglichen Einfügen des Dehnungs-

748

h in das Wort *FARRAHT* ist anzunehmen, dass Natalie das Vorkommen der Konsonantenverdopplung bekannt ist, sie diese aber noch nicht richtig anwenden kann bzw. sie unbedingt auch bei nicht passenden Wörtern anwenden will. Ende der ersten Klasse verdoppelt sie den Konsonanten *l* richtig im Wort *BELLEG*, während sie dieses Rechtschreibmuster nicht generell anwendet (*SchEMEL, HAMA*). Mitte der zweiten Klasse sind einzelne sowohl richtige als auch überflüssige Konsonantenverdopplungen zu beobachten (*PFENNIG, LOKOMOTIFFE*), generell greift Natalie aber nicht auf dieses Rechtschreibmuster (*AUFGEGESEN, aleine*) zurück. Ende der zweiten Klasse verwendet Natalie die Konsonantenverdopplung bei einzelnen Worten (*Kamm, alles, gegrillt*), das macht sie teilweise auch übergeneralisierend (*gezelltet, Kertze, Hölle* statt Höhle). Anfang des dritten Schuljahres tauchen verschiedenste Formen der Konsonantenverdopplung auf (*Katze, Schwimmbad, Backerrei, Rollschuhe*), die von da an konsequent richtig verschriftet werden. Daneben sind im zweiten Halbjahr einzelne Übergeneralisierungen zu finden (*Schuppkarre*), die zum Teil auch länger so verschriftet werden (*Banckräuber*). Bei einzelnen Testwörtern wendet Natalie die Konsonantenverdopplung innerhalb der Grundschulzeit (*Schmeterling*) bzw. bis zur siebten Klasse (*Fußbalmanschaft*) nicht an.

Das Schreiben zweier gleichklingender aufeinanderfolgender Konsonanten bei Wortzusammensetzungen beachtet Natalie ungefähr ab der Mitte des dritten Schuljahres, wobei sie die entsprechenden zusammengesetzten Testwörter getrennt verschriftet (*Quark kuchen, Verkers schild*). Da sie dies aber bei allen zusammengesetzten Wörtern macht, um sie in einem darauf folgenden Korrekturgang dann zu verbinden, scheint es sich hier eher um eine generelle Strategie der Vereinfachung der Verschriftung zusammengesetzter Wörter zu handeln denn um eine Reflexion des morphematischen Phänomens. Ein konsequenteres Beachten dieses Elementes findet sich erst Ende des vierten Schuljahres.

Zur weiteren Betrachtung der morphematischen Ebene werden im Folgenden die Schreibweise *äu* als Ableitung von verwandten Wörtern sowie das Verwenden der Vorsilbe *ver-* untersucht.

Natalies Umgang mit dem Rechtschreibmuster *äu* ist insofern interessant, als dass sie die Testwörter Mäuse (Ende Klasse 1) und Räuber (Ende Klasse 2) bei der ersten Verschriftung jeweils korrekt mit *äu* schreibt, danach aber zumindest zeitweise mit *eu*. Lautgetreue Schreibweisen (z. B. als *oi*) sind auch in der Anfangszeit nicht zu finden (im Gegensatz zu *MAOS* für Maus). Ab Ende des dritten Schuljahres verschriftet Natalie das *äu* in der Regel konsequent richtig.

E1	MÄUSE			
M2	MEUSE			
E2	Meuse	Räuber		
A3		Reuber		
M3		Banckrauber	Verkeuferin	
E3		Banckräuber	Verkäuferin	
M4		Bankräuber	Verkäuferin	
E4		Bankräuber	Verkäuferin	läuft
M5		*Bankräuber*	*Verkäuferin*	
E5		-	-	
M6		*Bankräuber*	*Verkäuferin*	
E6		*Bankräuber*	*Verkäuferin*	
M7		*Bankräuber*	*Verkäuferin*	

Sieht man sich anhand der Testwörter Natalies Schreibweisen für die Vorsilbe *ver-* an, so ist zu erkennen, dass Natalie die Vorsilbe *ver-* ab dem dritten Schuljahr durchgängig sowohl bei den Testwörtern als auch in ihren freien Texten richtig verschriftet:

E2	ferkleidet							
A3	verkleided	versucht						
M3		versucht					Verkeuferin	Verkersschild
E3		versucht					Verkäuferin	Verkersschild
M4			verträgt	verlegt	vergessen	verletzte	Verkäuferin	Verkehrschild
E4			verträgt	verlegt	vergessen	verlezte	Verkäuferin	Verkehrsschild
M5					*vergessen*	*verletzte*	*Verkäuferin*	*Vehrkehrsschild*
E5			-	-	-	-		-
M6					*vergessen*	*verletzte*	*Verkäuferin*	*Verkehrsschild*
E6					*vergessen*	*verletzte*	*Verkäuferin*	*Verkehrsschild*
M7					*vergessen*	*verletzte*	*Verkäuferin*	*Verkehrsschild*

Ergebnisse in den Normtests zum Rechtschreiben

Die obigen Betrachtungen können helfen, Natalies Ergebnisse in den Normtests besser zu verstehen. Zunächst sind die Ergebnisse der Graphemtreffer in der Hamburger Schreib-Probe mit ihrem Prozentrangwert angegeben. Zum Vergleich sind die Ergebnisse der Kernstichprobe zusätzlich dargestellt. Die Werte nach dem vierten Schuljahr sind in regelmäßigen Treffen der Klasse nach der Grundschulzeit erhoben worden. Der durchschnittliche Prozentrang für die Eichstichprobe liegt bei PR 50. Normwerte liegen für Mitte Klasse 3, 5 und 6 nicht vor, hier sind die Werte für das Ende des jeweiligen Schuljahres angegeben, die tatsächlichen Werte liegen entsprechend höher.

Graphemtreffer (GT) Prozentrang	E1	M2	E2	*M3*	E3	M4	E4	*M5*	E5	*M6*	E6	M7
Natalie	42	46	47	*73 +*	82	54	65	*51 +*	-	*67 +*	57	56 +
⊘ Kernstichprobe	56	72	70	*66 +*	73	54	56		-			

Natalie erreicht Ende des ersten Schuljahres in der Hamburger Schreib-Probe einen Prozentrang von 42 und liegt damit ein Stück unter dem Durchschnitt der Kernstichprobe. Sie kann alle Testwörter lautgetreu in Großbuchstaben verschriften, benutzt aber keine orthographischen Phänomene. In der Mitte und am Ende der Klasse 2 erreicht sie im fast identischen Test ähnliche Prozentränge von 46 und 47. Damit liegt sie im Vergleich zur Eichstichprobe im Durchschnittsbereich, ihr Abstand zum Durchschnitt der Kernstichprobe wird allerdings immer größer, da die Kernstichprobe im Schnitt Prozentrang 70 bzw. 72 erreicht. Natalie befindet sich mit ihren fast ausschließlich lautgetreuen Verschriftungen kontinuierlich im untersten Bereich der Kernstichprobe.

Im dritten Schuljahr fängt Natalie an, orthographische und morphematische Elemente (konsequenter) zu verwenden und erreicht Prozentränge, die mit Werten über 70 bzw. 80 rund 10 Prozentrangpunkte über dem Durchschnitt der Kernstichprobe liegen und damit im oberen Bereich der Eichstichprobe. Im vierten Schuljahr nimmt der Abstand der Kernstichprobe zur Eichstichprobe ab, wobei Natalie trotzdem oberhalb des Durchschnittswertes der Kernstichprobe liegt. Sie kann auch in den Folgejahren in der Gesamtschule mit Werten zwischen 50 und 70 ihre Position über dem Durchschnittswert der Eichstichprobe behaupten.

Natalie erreicht in der im vierten, fünften und sechsten Schuljahr durchgeführten Hamburger Schreib-Probe 5-9 eine relativ kontinuierlich steigende Anzahl von Graphemtreffern. Ihre Fehlerzahl pendelt sich auf Grund des Deckeneffekts bzw. der Überprüfung mit immer denselben Wörtern bei einer Fehlerzahl von fünf bis acht falschen Schreibungen ein, von denen sich ungefähr die Hälfte immer wiederholt. (Zur Gesamteinordnung sind zusätzlich Prozentrangwerte angegeben. Da es für Klasse 4 und Mitte Klasse 5 keine Prozentrangwerte der Eichstichprobe gibt, sind hier die Werte für Ende Klasse 5 angegeben, für Mitte Klasse 6 die Werte für Ende Klasse 6. Die tatsächlichen Prozentrangwerte liegen entsprechend höher. In den anderen Auswertungen wird für Mitte und Ende des vierten Schuljahres nicht die Hamburger Schreib-Probe 5-9, sondern die auch durchgeführte und für den jeweiligen Testtermin geeichte Hamburger Schreib-Probe 4/5 genutzt.)

HSP 5-9 (maximal 339 Graphemtreffer)	(M4)	(E4)	*M5*	E5	*M6*	E6	M7
Graphemtreffer (GT)	320	324	*326*	-	*332*	330	333
Prozentrang	*39+++*	*47++*	*51+*	-	*67+*	57	56 +

In den folgenden Abbildungen zur strategieorientierten Auswertung der Hamburger Schreib-Probe sind die Werte zuerst als Anteil der richtigen Lösungen von Natalie angegeben. In der nächsten Zeile befinden sich zum Vergleich die Ergebnisse der Kernstichprobe. Darunter stehen die Prozentrangwerte, die Natalie innerhalb der Eichstichprobe der Hamburger Schreib-Probe erreicht, zum Vergleich sind zusätzlich die Ergebnisse der Kernstichprobe als grobe Richtwerte angegeben. Die Ergebnisse für die orthographische und die morphematische Strategie Ende Klasse 1 und Mitte Klasse 2 sind testbedingt zusammengefasst. Normwerte liegen für Mitte Klasse 3, 5 und 6 nicht vor, hier sind die Werte für das Ende des jeweiligen Schuljahres angegeben, die tatsächlichen Werte liegen entsprechend höher.

Alphabetische Strategie	E1	M2	E2	M3	E3	M4	E4	M5	E5	M6	E6	M7
Natalie % Anteil richtiger Lösungen	93	93	100	100	100	96	100	97	-	100	97	97
Kernstichprobe % Anteil richtiger Lösungen	95	98	96	98	99	97	99					
Natalie Prozentrang	*55*	*36*	*94*	*83 +*	*83*	*56*	*81*	*61 +*	*-*	*80 +*	*51*	*40 +*
Kernstichprobe Richtwerte (PR) ca.	*65*	*65*	*82*	*70+*	*80*	*62*	*72*					

Natalie beherrscht die alphabetische Strategie relativ schnell und sicher. Sie schreibt entweder alle Lupenstellen richtig oder macht maximal einen Fehler (in der Hamburger Schreib-Probe 5-9 z. B. *Tierärtztin*). Die Schwankungen in den Prozenträngen sind daher irreführend und haben messmethodische Ursachen.

Orthographische Strategie	E1	M2	E2	M3	E3	M4	E4	M5	E5	M6	E6	M7
Natalie % Anteil richtiger Lösungen	*30*	*30*	*40*	*87*	*93*	*85*	*90*	*92*	*-*	*100*	*96*	*92*
Kernstichprobe % Anteil richtiger Lösungen	*40*	*70*	*79*	*81*	*88*	*88*	*89*					
Natalie Prozentrang	*45*	*25*	*25*	*49 +*	*70*	*53*	*56*	*66 +*	*-*	*95 +*	*75*	*49 +*
Kernstichprobe Richtwerte (PR) ca.	*41*	*84*	*74*	*41+*	*53*	*57*	*53*					

Im Hinblick auf die Ausbildung der orthographischen Strategie bestätigen sich die obigen Ausführungen auch in den Werten der Hamburger Schreib-Probe. Natalie verwendet im ersten Schuljahr außer dem *SP* keine orthographischen Elemente und verschriftet selbst das *Sp* Mitte der zweiten Klassen als *SCHB*, sodass sie gar keine orthographischen Lupenstellen richtig schreibt. Ende Klasse 2 verschriftet sie nur 8 von 20 orthographischen Phänomenen richtig und liegt dabei mit einem Prozentrang von 25 im untersten Bereich der Kernstichprobe und auf der Grenze zum unteren Quartil der Eichstichprobe. Die hohen Werte im orthographischen Strategiebereich, die die Kinder der Klasse bzw. der Kernstichprobe wahrscheinlich konzeptbedingt durch das freie Schreiben im Vergleich zur Eichstichprobe im ersten und zweiten Schuljahr erlangt haben (s. o. Evaluation Lutz), werden von ihr weit unterschritten.

Natalie fängt im Gegensatz zu den meisten anderen Kindern sowohl der Kernstichprobe als auch der Eichstichprobe erst im dritten Schuljahr an, orthographische Elemente (konsequenter) zu verwenden. Dann erreicht sie allerdings schnell Werte, die dem Durchschnitt der Kernstichprobe entsprechen und auch über dem Durchschnitt der Eichstichprobe liegen. Auch hier scheinen sich die oben gemachten Beobachtungen zu bestätigen, dass Natalie Wörter, bei denen sie einmal eine (orthographische) Strategie anwendet, danach fast konsequent weiter richtig verschriftet. Dabei gibt es bei ihr anscheinend keine (längeren) Phasen, an denen sie ein Muster mit den entsprechenden Übergeneralisierungen austestet.

Morphematische Strategie	E1	M2	E2	*M3*	E3	M4	E4	M5	E5	M6	E6	M7
Natalie % **Anteil richtiger Lösungen**	*30*	*30*	**50**	**80**	**80**	**67**	**73**	**85**	-	**85**	**90**	**95**
Kernstichprobe % Anteil richtiger Lösungen	*40*	*70*	*74*	80	84	84	85					
Natalie Prozentrang	*45*	*25*	*43*	*51 +*	*51*	*30*	*32*	*45 +*	*-*	*38 +*	*52*	*61 +*
Kernstichprobe Richtwerte (PR) ca.	*41*	*84*	*74*	*51+*	*59*	*57*	*50*					

Auch im morphematischen Bereich entwickelt Natalie ab dem dritten Schuljahr verstärkt entsprechende Strategien, was vor allem in Bezug auf die Werte der Kernstichprobe zu erkennen ist. Außerhalb eines leichten Einbruchs in den Tests des vierten Schuljahres liegt sie ungefähr im Durchschnittsbereich der Eichstichprobe, im Vergleich zur Kernstichprobe eher unter den entsprechenden Werten. Auch in der weiterführenden Schule steigert sie sich kontinuierlich, wobei nicht ausgeschlossen werden kann, dass die steigenden Werte nicht zumindest teilweise auf die Wiederholung des immer gleichen Tests (Hamburger Schreib-Probe 5-9) ab dem vierten Schuljahr zurückgeführt werden müssen. Insgesamt werden die obigen Betrachtungen bezüglich der Entwicklung der morphematischen Strategien insofern bestätigt, als dass Natalie verschiedene dieser Elemente nach bestimmten Zeitpunkten konsequent verwendet. Sie verbessert sich also kontinuierlich in diesem Bereich, wobei ihre Leistungen von den jeweiligen Testwörtern bzw. den abgefragten Strategien abhängig sind.

Resümee

In der Rückschau ist Natalies Entwicklung im Bereich Rechtschreiben vor allem wegen ihres Verlaufes interessant. Sie hat von allen Kindern die geringsten Vorkenntnisse im sprachlichen Bereich und findet länger als alle anderen keinen Bezug zur Schrift und zum Schreiben, sodass sie nach drei Monaten Schule immer noch relativ willkürlich verschriftet. Lehrer und Eltern überlegen zu diesem Zeitpunkt, ob Natalie nicht vorsichtshalber den Status eines Schulkindergartenkindes bekommen sollte. Nach ungefähr einem halben Jahr Schule fängt Natalie an, lautgetreu zu verschriften, ohne allerdings immer alle Buchstaben abzubilden. Zum Schuljahresende befindet sie sich dann auf dem Stand lautgetreuen Schreibens.

Natalie schreibt dabei immer nur in Großbuchstaben und erlernt Kleinbuchstaben erst im zweiten Halbjahr des zweiten Schuljahres über ihren Wunsch, Schreibschrift schreiben zu können. Dabei verwendet sie noch bis zum dritten Schuljahr zeitweise Druckschrift und Schreibschrift gemeinsam (z. B. Schreibschrift bei einzelnen Testwörtern, Druckschrift bei Fließtext). Im dritten Schuljahr entdeckt sie dann zunehmend auch die Rechtschreibung für sich und fängt an, auf orthographische oder morphematische Elemente zu achten. Dabei scheint sie verhältnismäßig wenige Phasen der Übergeneralisierung zu haben, sondern – obwohl es keinen zu übenden Grundwortschatz gibt – entsprechende Wörter nach der Verwendung entsprechender Rechtschreibmuster relativ kontinuierlich richtig zu verschriften.

Natalie vollzieht vom zweiten zum dritten Schuljahr einen relativ großen Sprung im Hinblick auf ihre orthographische Kompetenz – und das eben ganz ohne Rechtschreibunterricht oder -übungen. Wie auch in anderen Bereichen (z. B. Lesen) ist sie ein Beispiel für eine positive Entwicklung trotz eher negativer Prognosen. Sie scheint durch das offene Unterrichtsprinzip auch im Bereich Rechtschreibung einen selbstgesteuerten Zugang bekommen zu haben, der ihr das Aufarbeiten ihrer geringen Vorkenntnisse und auch das Kompensieren ihrer sicherlich vergleichsweise geringeren Möglichkeiten im kognitiven Bereich (IQ-Werte im Bereich von 72-83 Mitte Klasse 4) ermöglicht hat.

Entsprechend ist rückblickend zu vermuten, dass ein Lehrgangs- oder Förderunterricht das Risiko geborgen hätte, dass Natalie Schrift und Rechtschreibung von Anfang als einen bei ihr selber defizitär ausgebildeten Bereich wahrgenommen hätte, der mit andauerndem Einüben bestimmter Wörter verbunden gewesen wäre. Schon das Erlernen verschiedener Buchstaben in bestimmter Reihenfolge wäre bei ihr wahrscheinlich schnell auf Unverständnis gestoßen, da diese Tätigkeit für sie in diesem Moment keinen Sinn gemacht hätte. Diesen Schluss legt auch Natalies generelles Verhalten nahe, das in hohem Maße durch eine Wehr gegen Vorgaben und durch ein in hohem Maße egozentrisches Lernen geprägt war.

Es ist nicht auszuschließen, dass Natalie über die ganze Grundschulzeit hinweg ihre schwache Ausganglage nicht hätte kompensieren können und ständig im Förderbereich verblieben wäre. Entsprechend positiv erscheint ihr Entwicklungsverlauf im offen gestalteten Unterricht trotz der schwierigen Anfangsphase, wenn man Natalies geringe Vorkenntnisse, ihren niedrigen Intelligenzquotienten und ihre sprunghafte Entwicklung berücksichtigt, die ihr bis in die weiterführende Schule hinein eine tragfähige Grundlage im Bereich Rechtschreiben geliefert zu haben scheint. Dabei unterscheidet sich bei ihr die Rechtschreibentwicklung durch die erstaunlich kontinuierliche Verwendung einmal richtig verwendeter Rechtschreibmuster auffällig von den Entwicklungen anderer schwacher Kinder. Trotz des Verzichtes auf

Grundwortschatzarbeit und Rechtschreiblehrgang erfolgte die implizite Musterbildung bei Natalie relativ konsequent und ohne längerfristige Phasen des „Einpendelns" der richtigen Schreibung wie z. B. bei Fedor oder Lutz.

16.3.3 Entwicklung im Lesen

Die für den Bereich Rechtschreibung festgestellte Entwicklung Natalies verläuft im Bereich Lesen ähnlich, wenn nicht sogar noch offensichtlicher.

Natalie erkennt zu Schulbeginn zwar Buchstaben als Elemente des Lesens und Schreibens, kann sie selbst aber noch nicht nutzen. Ihr ist die Bedeutung von Schrift nur in sehr begrenztem Maße bewusst bzw. sie sieht auch für sich keinen Anlass, Schrift für sich selbst zu nutzen. Gemäß dem in der hier untersuchten Klasse praktizierten Konzept lernt Natalie das Lesen durch das Schreiben, wobei sie im Vergleich zu anderen Kindern sehr wenig verschriftet und sich lieber anders mit der Buchstabentabelle beschäftigt, indem sie beispielsweise die darauf befindlichen Bilder für sich abmalt. Als sie – motiviert durch den Wunsch, Schreibschrift schreiben zu lernen – vor den Weihnachtsferien verstärkt anfängt, Wörter, Sätze und kleine Geschichten zu verschriften, beginnt sie nach kurzer Zeit mit dem Lesen, indem sie versucht, Laute zusammenzuziehen. Sie ist damit unter den letzten Kindern der Klasse, die Lesen lernen. Zum Halbjahresende kann sie auf diese Weise anfänglich lesen, aber nicht immer über das Vorgelesene Auskunft geben. Bis zum Schuljahresende löst sie sich vom lautierenden Lesen und kann Texte aller Art zwar langsam, aber richtig vorlesen und darüber Auskunft geben.

Anfang des zweiten Schuljahres entdeckt Natalie das Lesen für sich – man hat den Eindruck, als ob sie sich selber eine neue Welt geöffnet hätte. Sie nutzt sowohl in der Schule als auch zu Hause den größten Teil ihrer Zeit zum Lesen von Geschichtenbüchern aller Art. Sachbücher liest sie – trotz der Auswahl in der Klasse – nur selten bzw. nur, wenn sie eine bestimmte Information (z. B. über Tiere) sucht. Sie verbessert ihre Leseleistung in kurzer Zeit vom langsamen Lesen zum fast perfekten flüssigen Lesen bzw. Vorlesen, sodass sie schnell die beste (Vor-)Leserin der Klasse ist. Sie steigt damit von der Gruppe der schwächsten Leser bzw. vom Kind mit den geringsten Vorkenntnissen in diesem Bereich zur Spitze des Oberfelds auf und erreicht eine fast nicht mehr weiter steigerbare Kompetenz in Bezug auf Flüssigkeit und sinnbetontes Vorlesen, die auch von den anderen Kindern gerne genutzt wird (z. B. zum Vorlesen und Einüben eines eigenen Weihnachtsstückes im zweiten Schuljahr). Entsprechend wird ihr im in dieser Arbeit verwendeten Stufenmodell schon ab dem Ende der dritten Klasse die höchste Stufe der Vorlesekompetenz zugeordnet. Im Worterkennungstest des Hamburger Lesetests erreicht Natalie Mitte und Ende des vierten Schuljahres wie alle anderen Kinder der Kernstichprobe (außer Fedor zum Testzeitpunkt Mitte des vierten Schuljahres) die höchste Stufe der Lesegeschwindigkeit.

Bezüglich des sinnentnehmenden Lesens ist Natalie schon beim Lesenlernen aufgefallen, als sie nicht immer Auskunft über das gerade (zusammenziehend) Gelesene bzw. Vorgelesene geben konnte. Über die von ihr gelesenen Geschichten konnte sie ab dem zweiten Schuljahr immer gut Auskunft geben, was allerdings auch sicherlich einfacher ist, als z. B. einen Sachtext mit eigenen Worten auszuführen.

HAMLET 3-4, Mitte Klasse 4	Stufe 1 in %	Stufe 2 in %	Stufe 3 in %	Stufe 4 in %	Rohpunkte	*PR Norm E 3*	*PR Norm E 4*
Natalie	63	70	64	38	24	*55*	*30*
Ø Kernstichprobe	91	83	69	50	30	*79*	*61*

Im Hamburger Lesetest erreicht Natalie Mitte des vierten Schuljahres trotz ihrer hohen Vorlesekompetenz keine der Stufen des Leseverständnisses gesichert, d. h. mit einem Prozentanteil von 75%. Ihre Werte liegen allerdings für die ersten drei Stufen zwischen 63% und 70%, erst bei der Stufe 4 fällt sie auf 38 % ab (die Wahrscheinlichkeit bei zufälligem Ankreuzen beträgt 25%). Natalie hat also durchaus Kompetenzen, aus Texten gezielt Informationen aufzunehmen und diese unter Einbezug mehrerer Handlungs- oder Hintergrundmotive zu kombinieren. Sie erscheint bei der Erfüllung dieser Anforderungen allerdings nicht ganz sicher. Dabei kann der geringere Wert für die Leseverständnisstufe 1 auch messmethodische Ursachen haben, denn Natalie macht alle Fehler in dieser Stufe bei einer einzigen Aufgabe, in der sie Fragen zu einem abgebildeten Rezept beantworten soll.

Bei der Gesamtauswertung nach Rohpunkten wird Natalie mit 24 von 40 Punkten die Leseverständnisstufe 2 zugeordnet. Sie liegt mit Fedor (14 Punkte) und Lutz (19 Punkte) auf den untersten Rangplätzen der Kernstichprobe. Insgesamt erreicht sie nach der Norm für Ende des dritten Schuljahres einen Prozentrangwert von 55, nach der Norm für Ende des vierten Schuljahres einen Prozentrangwert von 30. Ihr Ergebnis kann daher für die Mitte der vierten Klasse als ungefähr durchschnittlich mit leichter Tendenz nach unten angesehen werden.

Das doch eher etwas ungewöhnliche – wenn auch evtl. messmethodisch erklärbare – Testergebnis von Prozenträngen zwischen 63% und 70% ohne absinkende Tendenz in den ersten drei Leseverständnisstufen ändert sich für Natalie zum Ende ihrer Grundschulzeit. Ende der vierten Klasse erreicht Natalie die Lesestufe 1 mit 100%, die Lesestufe 2 gut mit 80% und liegt mit 71% knapp unter einem sicheren Erreichen der Lesestufe 3. Mit 30 von 40 Rohpunkten erreicht Natalie die Lesestufe 3 auch gut in der Gesamtauswertung. Damit kann sie gezielt mehrere Informationen aufnehmen und in der Regel auch Kombinieren und Rekonstruieren. Die Stufe 4 der Fähigkeit des schlussfolgernden Denkens und inferentiellen Verknüpfens von Informationen beherrscht sie nicht gesichert – diese Stufe wird immerhin von über der Hälfte der Kinder der Kernstichprobe erreicht. Sie bekommt in der Gesamtauswertung einen Prozentrang von 57 zugewiesen, d. h. sie liegt in Bezug auf das Leseverständnis über dem Durchschnitt der Eichstichprobe. In Bezug auf die Kernstichprobe liegt sie weiterhin vor Fedor und Lutz nur auf dem drittletzten Platz, die Kinder der Kernstichprobe erreichen einen durchschnittlichen Prozentrang von 77.

Welche Ursachen könnte Natalies im Vergleich zu ihren Altersgenossen leicht überdurchschnittliches, im Vergleich zu den anderen Kindern der Kernstichprobe aber unterdurchschnittliches Abschneiden haben? Sieht man sich Natalies generelles Leistungsprofil an, so finden sich vor allem Schwächen im Bereich des logischen Denkens bzw. bei komplexen Sprachanforderungen. Ihr fallen Denktests allgemein und insbesondere Tests mit Textaufgaben schwer. In den Untertests der im vierten Schuljahr durchgeführten Normtests wird dies deutlich. So liefert Natalie beispielsweise bei den Textaufgaben dieser Tests (AzN 4+, BBT 3-4, BBT 4-6, AST 4) im Mittel die schlechtesten Ergebnisse aller Kinder der Kernstichprobe. Dass dieses Ergebnis wahrscheinlich neben geringeren mathematischen Leistungen auch mit Schwächen beim Sprachverständnis zu tun haben kann, zeigen andere Testergebnisse wie z. B. der Sprachverständnistest des AST 4, in dem Natalie das zweitschlechteste Ergebnis (Prozentrang 40) bekommt.

Es liegt daher die Vermutung nahe, dass Natalies schlechteres Abschneiden im Vergleich zur Kernstichprobe u. a. auch auf ihre begrenzten kognitiven Möglichkeiten (IQ-Werte im Bereich von 72-83 Mitte Klasse 4) zurückzuführen ist. Die im Hamburger Lesetest abgefragte Lesekompetenz greift vor allem bei den höheren Leseverständnisstufen 3 und 4 in zunehmendem Maße auf allgemeine Kombinations- und Denkfähigkeiten zurück, bei der Stufe 4 müssen Informationslücken sogar in jedem Fall aus Kontext- und Allgemeinwissen abgeleitet werden. Hier hat Natalie vermutlich eine andere Ausgangslage als die anderen Kinder, sodass ihr geringeres Abschneiden u. U. erklärbar wird. Es ist vielmehr erstaunlich, dass sie mit einem so unterdurchschnittlichen IQ-Prozentrangwert von 3 (!) im CFT 20 (IQ-Wert 73) und einem ungefähren Prozentrang von 14 in den AzN 4+ (IQ-Wert 82) zum Messzeitpunkt Mitte des vierten Schuljahres trotzdem so hohe Lesekompetenzen neben dem sinnbetonenden, flüssigen Vorlesen vor allem bezüglich des Leseverständnisses (Prozentrang 57 Ende Klasse 4) erreicht. Auch hier scheint ihr das offene Unterrichtsmodell mit jeglichem Verzicht auf eine fremdgesteuerte Leseerziehung einen sehr konstruktiven und sicheren eigenen Weg ermöglicht zu haben. Einen Weg mit ganz individuellem Zeitverlauf, der sowohl interessegeleitete Lernphasen als auch Entwicklungssprünge zugelassen hat.

16.3.4 Entwicklung in Mathematik

Natalie kommt mit unterdurchschnittlichen mathematischen Vorkenntnissen in die Schule. Sie kennt Zahlen zwar beispielsweise vom Würfeln bei Gesellschaftsspielen, hat aber keinen weiteren Zugang zu ihnen. In dem an das MORE-Projekt (vgl. van den Heuvel 1995; Selter 1995) angelehnten Schuleingangstest löst sie nur die Aufgabe zu den Verhältnisbeziehungen, in dem sie das höchste der drei abgebildeten

Hochhäuser ankreuzt. Die anderen Aufgaben bearbeitet sie zum größten Teil gar nicht oder falsch. Sie hat von allen Kindern der Kern- und der Verluststichprobe die geringsten Vorkenntnisse.

1. Schuljahr

Natalie fällt der Umgang mit Zahlen und Mengen bzw. das Rechnen von Anfang an schwer bzw. es erscheint ihr nicht interessant genug zu sein. Wenn sie sich mit Mathematik beschäftigt, malt sie am liebsten Zahlen ab, wie sie das auch zeitweise mit den Buchstaben ihrer Buchstabentabelle macht. Für diese Tätigkeiten braucht sie relativ viel Zeit. Einige Ziffern wie die 4, die 7 oder besonders die 1 schreibt sie über längere Zeit spiegelverkehrt.

Nach ca. zweieinhalb Monaten kann sie den für ca. zwei Wochen vor diesem Zeitpunkt vorgesehenen Mathematiktest des „Zahlenbuchs" (vgl. Berger u. a. 1994c) richtig lösen (bei falscher Schreibweise einzelner Ziffern). Sie vermag Mengen im Zwanzigerraum mit Strichlisten abzuzählen, die Anzahl von Elementen einer Menge mit einer Zahl anzugeben und die Vorgänger und Nachfolger zu Zahlen aufzuschreiben. Den für das Ende des ersten Halbjahres vorgesehenen Test, in welchem es um das Bestimmen von Geldbeträgen, das Verdoppeln von Zahlen sowie das Addieren und Subtrahieren im Zwanzigerraum geht, kann sie nicht lösen bzw. geht diesen im Gegensatz zu den meisten anderen Kindern gar nicht erst an.

Dieser Test bereitet ihr auch zum von den Lehrbuchautoren vorgesehenen Zeitpunkt Ende des ersten Halbjahres noch Probleme, sie löst nur das erste (leichte) Viertel der Aufgaben. Dabei schreibt sie mehrere Ziffern spiegelverkehrt und kann Geldbeträge außerhalb von Fünfer- und Zehnermünzen nicht addieren. Nach Erklärung kann sie Zahlen verdoppeln, macht aber auffällige Fehler (Zahl 10 – das Doppelte 10, Zahl 1 – das Doppelte 1). Additions- und Subtraktionsaufgaben kann sie auch mit Veranschaulichung des Zwanzigerfelds nicht lösen, vielmehr scheint sie nur relativ willkürlich Zahlen einzutragen. Eine Strategie oder eine bestimmte Fehlerart ist nicht zu erkennen. Neben der Aufgabe 12+4=16 löst sie nur einzelne (leichte) Additionsaufgaben aus dem Zehnerraum richtig (0+5=10, 3+3=6, 4+3=7, 4+4=8, 4+5=9, 3+5=8, 5+5=10) sowie die Subtraktionsaufgabe 10-5. Sie erreicht mit einem Ergebnis von 24% richtig gelöster Aufgaben im zweiten Test, 13% richtiger Aufgaben im dritten Test und 16% richtiger Aufgaben im vierten Test ein stark unterdurchschnittliches Ergebnis. Dieses Ergebnis bestätigt sich wenig später im mathematischen Überforderungstest, bei dem sie nur die einfachsten Aufgaben lösen kann.

Im zweiten Halbjahr gibt es viele Situationen, in denen Natalies eingeschränkter Bezug zur Mathematik weiter auffällt. Sie schreibt Ergebnisse zu Rechenaufgaben willkürlich auf und zeigt weder beim Rechnen mit Hilfsmitteln noch in Sachsituationen (wie z. B. beim gespielten Einkaufen) kein Verständnis. Doch dann wird sie plötzlich sicherer und kann zum Schuljahresende Plus-, Ergänzungs- und (anfänglich) Minusaufgaben im Hunderterraum lösen, wobei ihr die Überschreitung des

Zehners bei Ergänzungs- und Minusaufgaben mit gemischten Zahlen noch Probleme macht. Das Einspluseins beherrscht sie weitgehend auswendig, das Einsminuseins nur teilweise. Malaufgaben kann sie nur als Verdopplungsaufgabe oder ganz einfache Aufgabe lösen, Geteiltaufgaben nicht. Sachaufgaben fallen ihr schwer.

Mit diesen Leistungen befindet sich Natalie bezüglich Addition und Subtraktion anfänglich im Stoff des zweiten Schuljahres. Multiplikation und Division gehören noch nicht zum Stoff des ersten Schuljahres, allerdings sind die anderen Kinder bezüglich dieser Operationen bzw. der diesbezüglichen Vorkenntnisse schon viel weiter als sie. Ihre mathematischen Leistungen entsprechen zwar formal den Anforderungen für die Klassenstufe, erscheinen aber trotzdem sehr unterdurchschnittlich, was ein tieferes Verständnis mathematischer Beziehungen und Zusammenhänge betrifft.

2. Schuljahr

Im ersten Halbjahr des zweiten Schuljahres rechnet Natalie sehr wenig. Sie entwickelt sich beim Rechnen bezüglich des Multiplizierens und Dividierens ein wenig weiter, versteht diese Operationen nun und kann sie bei einfachen Aufgaben auch anwenden, d. h. sie verdoppelt oder halbiert nun weitgehend richtig und löst einzelne Aufgaben des kleinen Einmaleins sowie die dazugehörigen Einsdurcheinsaufgaben. Damit bewegt sie sich aber immer noch unter dem Können, das die meisten anderen Kinder schon vor einem Jahr gezeigt haben. Die Addition und das Ergänzen im Hunderterraum beherrscht sie weiterhin, an Subtraktionsaufgaben löst sie hingegen nur noch die des kleinen Einsminuseins. Größere Aufgaben geht sie gar nicht mehr an. Sachaufgaben fallen ihr weiterhin schwer.

Das bessert sich allerdings im zweiten Halbjahr. Natalie findet wieder etwas mehr Spaß am Rechnen und entwickelt ihre Rechenfertigkeiten in allen Bereichen weiter. Sie probiert Additionsaufgaben im Tausenderraum auszurechnen, was ihr auch stellenüberschreitend gelingt. Subtraktionsaufgaben rechnet sie nun (wieder) im Hunderterraum aus, erscheint beim stellenüberschreitenden Rechnen aber noch unsicherer. Sie kann die Aufgaben des kleinen Einmaleins ausrechnen, hat sie aber noch nicht automatisiert. Einfache Aufgaben des großen Einmaleins wie 15 * 5 kann sie auch lösen. Geteiltaufgaben beherrscht sie nur in Sachsituationen oder als zur entsprechenden Einmaleinsaufgabe gehörige einfache Einsdurcheinsaufgabe. Generell meidet sie das Geteiltrechnen aber. Entsprechend hat sie das kleine Einsdurcheins noch nicht automatisiert. Sachaufgaben löst sie zeitweise, aber eher ungern.

Mit diesen Leistungen bewegt sich Natalie Ende des zweiten Schuljahres in Bezug auf die Addition vom Zahlenraum her schon im dritten Schuljahr. Bezüglich der Subtraktion und der Multiplikation erscheinen ihre Leistungen dem regulären Stand des Schuljahres zu entsprechen. In Bezug auf die Division befindet sie sich eher auf dem Stand Anfang des zweiten Schuljahres. Damit erreicht Natalie den durch die üblichen Lehrwerke vorgegebenen Stand des zweiten Schuljahres nur bei der Division nicht, wobei ihr die Lehrplanvorgaben hier durchaus Luft lassen, denn dort ist formuliert: „Grundvorstellungen des multiplikativen Rechnens gewinnen; Zahlen multiplizieren, dividieren (aufteilen, verteilen), multiplikativ zerlegen." (Kultusminister NRW LP Mathematik 1985, 30) Vergleicht man Natalies Leistungsentwicklung im ersten Schuljahr und vor allem ihre geringen Fortschritte in den ersten zwei Dritteln des zweiten Schuljahres, so hat sie zum Ende des zweiten Schuljahres sehr große Fortschritte gemacht – und nun evtl. einen gewissen Zugang zur Mathematik für sich selbst gefunden.

3. Schuljahr

Aber auch im dritten Schuljahr rechnet Natalie nach einer besseren Anfangsphase nur wenig. Sie beherrscht die Addition im Tausenderraum mit Hilfe halbschriftlicher Strategien relativ gut und löst jetzt auch Minusaufgaben auf diese Art. Ihr Fehleranteil ist bei den Minusaufgaben stark von ihrer Konzentration abhängig bzw. davon, wie sehr sie sich auf diese Aufgaben einlässt. Entsprechendes gilt für das Rechnen im Hunderterraum. Hier macht sie auch bei einfachen Aufgaben zeitweise wieder Fehler. Das kleine Einmaleins und Einsdurcheins hat sie noch nicht automatisiert. Geteiltaufgaben beherrscht sie jetzt aber unabhängig von Sachsituationen oder der Rückführung auf Einmaleinsaufgaben. Entsprechend der noch nicht automatisierten Reihen fällt ihr das Lösen von Aufgaben der Form 56 = __ * __ schwer bzw. es gelingt ihr nur bei ganz einfachen Aufgaben. Sie fängt an, einfache Rechengeschichten zu schreiben, fremde Text- oder Sachaufgaben fallen ihr hingegen schwer.

Im zweiten Halbjahr eignet sich Natalie nach dem halbschriftlichen nun auch das schriftliche Addieren und Subtrahieren an. Sie kann halbschriftlich Additions- und Subtraktionsaufgaben im Tausenderraum lösen, schriftlich auch darüber. Dabei macht sie eine Zeitlang bei den Subtraktionsaufgaben Fehler beim stellenüberschreitenden Rechnen, beherrscht das Verfahren aber bis zum Ende des Schuljahres, sodass sie es einschließlich Probeaufgaben anwenden kann. Die Addition mehrerer Zahlen sowie die Addition von Kommazahlen beherrscht Natalie noch nicht. Insgesamt bleibt die Fehlerfreiheit ihrer Rechenproduktionen davon abhängig, wie sehr sie sich auf die entsprechenden Aufgaben einlässt. Natalie kann nun auch einzelne Malaufgaben des großen Einmaleins und des Zehnereinmaleins lösen und hat das kleine Einmaleins und Einsdurcheins zum Ende des Schuljahres automatisiert. Sie schreibt weiterhin Rechengeschichten, das Sich-Einlassen auf bzw. das Lösen von Textaufgaben und das Rechnen mit Größen fallen ihr aber immer noch schwer.

Damit passen Natalies Leistungen in Bezug auf die Addition und die Subtraktion auf den regulären Stand des dritten Schuljahres, ihre Leistungen bezüglich der Multiplikation und Division scheinen hingegen eher der Mitte des dritten Schuljahres zu entsprechen. Die Lehrplanvorgabe „das gesamte ‚Kleine 1 x 1' gedächtnismäßig beherrschen und bei Aufgaben mit größeren Zahlen anwenden; [...] durch einstellige Zahlen dividieren" erfüllt sie zwar, aber nur in den Grundanforderungen.

4. Schuljahr

In der ersten Hälfte des vierten Schuljahres macht Natalie gute Fortschritte in Mathematik. Sie rechnet zum Ende des Halbjahres sicher halbschriftlich im Tausenderraum und schriftlich im Hunderttausenderraum. Sie hat die schriftliche Addition und Subtraktion mehrerer Zahlen gelernt und vermag entsprechende Aufgaben mit Probeaufgaben zu lösen. Sie kann zweistellige mit einstelligen Zahlen im Kopf multiplizieren, macht bei analogen einfachen Divisionsaufgaben aber zum Teil Fehler, die darauf schließen lassen, dass sie eher eine Technik ausführt denn ein tieferes Verständnis entwickelt hat (924:3=38 statt 308). Sie kann Mal- und Geteiltaufgaben im Zehntausenderraum mit Probeaufgaben halbschriftlich ausrechnen und Malaufgaben schriftlich lösen. Beim Kopfrechnen braucht sie von allen Kindern der Kernstichprobe am längsten zum Ausrechnen der Aufgaben (durchschnittlich ca. 5 Sekunden pro Einmaleinsaufgabe und ca. 4 Sekunden pro Einsdurcheinsaufgabe jeweils inklusive Ergebnisnotation). Sie löst nun einfache Denk- und Sachaufgaben und auch Aufgaben mit Größen, ihre Leistung bzw. ihr Leistungsvermögen ist in diesem Bereich aber gering.

Natalie braucht zwar zum Rechnen mehr Zeit als andere Kinder, liegt nun aber gut in den Lehrplananforderungen des vierten Schuljahres. Beeindruckend ist vor allem, dass sie neben der Aneignung der schriftlichen Rechenverfahren auch Fortschritte in Bezug auf die halbschriftlichen Verfahren und das Kopfrechnen gemacht hat. Ihre Leistungssteigerung ist nicht eine, die nur auf die Vereinfachung des Rechnens durch die Anwendung der entsprechenden Algorithmen zurückzuführen ist, sondern weitreichender.

Im Norm-Rechentest für das dritte Schuljahr (SRT 3) kann Natalie zum Testzeitpunkt Mitte Klasse 4 gut die Hälfte der Aufgaben lösen, was nach der Norm für das Ende der dritten Klasse einem Prozentrang von 25 entsprechen würde. Fehler macht sie dabei vor allem bei ungewohnten Aufgabenstellungen, wie z. B. __ – 43 = 267 oder __ * 3 = 420. Dabei lässt sich keine bestimmte Fehlerart erkennen.

Den höchsten Fehleranteil hat Natalie bei den 16 vorhandenen Textaufgaben, von denen sie 7 richtig löst (allerdings teilweise insofern fehlerhaft, als dass sie die dazugehörigen Größen nicht bei der Lösung angibt). Dabei hat sie Schwierigkeiten mit dem Verständnis von Aufgaben, die das Umdrehen der logischen Verknüpfungen erfordern. So löst sie die Aufgabe „Das Doppelte einer Zahl ist gleichviel wie das Dreifache von 60" mit 180. D. h. sie rechnet richtig, aber geht nur den ersten Schritt. Ähnlich ist es auch bei Aufgaben wie „Ich denke mir eine Zahl aus der Sechzigerreihe. Wenn ich 30 dazuzähle, bekomme ich eine Zahl aus der Siebzigerreihe. Sie ist kleiner als 300." Als Lösung gibt Natalie 240 an, führt die zur richtigen Lösung notwendigen Schritte also nur ansatzweise aus.

Im zweiten Halbjahr der vierten Klasse arbeitet Natalie wieder oberflächlicher. Sie kann zwar mehrere Zahlen als reine Zahlen oder als Kommazahlen schriftlich addieren, scheint aber das Subtrahieren von mehr als zwei Zahlen nicht mehr als Algorithmus ausführen zu können. Sie erlernt zusätzlich zur schriftlichen Multiplikation die schriftliche Division, macht aber beim halbschriftlichen Multiplizieren und Dividieren nun Fehler wie 300 * 7 = 350 oder 160:8=80. Beim Kopfrechnen verbessert sie ihre Schnelligkeit um durchschnittlich eine halbe bis eine Sekunde. Bei Aufgaben aus dem Tausenderraum macht sie innerhalb der Testaufgaben nur kleine Flüchtigkeitsfehler, sie scheint in diesem Bereich bezüglich der Grundoperationen mittlerweile relativ sicher zu sein.

Im mathematischen Untertest des Allgemeinen Schulleistungstests AST 4 löst Natalie knapp die Hälfte der Multiple-Choice-Aufgaben (Trefferchance 25%) und erreicht einen Prozentrang von 40. Im nun zum richtigen Messzeitpunkt durchgeführten Schweizer Rechentest SRT 4 löst sie weniger als ein Drittel der Aufgaben richtig bzw. geht diese gar nicht erst an. Damit erreicht sie einen Prozentrangplatz von 3. Besonders schwer fällt ihr das Umrechnen von Maßeinheiten, vor allem wenn sich die Einheiten stark unterscheiden bzw. Nullstellen im Ergebnis zu beachten (2kg 5g = 2005 g) oder Umrechnungen aus anderen Zahlsystemen vorzunehmen sind (Zeiteinheiten). Zuordnungen (48 Schüler -> 8700 DM / 12 Schüler -> _ DM) löst sie gar nicht, genauso wie die Zahlenrätsel und Textaufgaben, die sie auch nicht angeht.

Natalies schlechtes Abschneiden bezüglich Denk- und Textaufgaben wird auch in anderen Normtests deutlich. Im Untertest Rechnen des AzN 4+ bekommt Natalie sowohl im Test Mitte des vierten Schuljahres als auch Ende des vierten Schuljahres nur die vier einfachsten Aufgaben heraus, die im Gegensatz zu den restlichen Aufgaben einschrittig zu lösen sind, sodass die zwei in der Aufgabe vorhandenen Zahlen nur mit der richtigen Operationen verknüpft werden müssen. Bei Aufgaben, in denen mehr als zwei Zahlen vorkommen oder in denen die Aufgabe nur durch die Kombination mehrerer Schritte bzw. Operationen und Zahlen gelöst werden kann, wendet sie trotzdem die einfache Strategie der Kombination zweier Zahlen an und kommt so zu einem falschen Ergebnis. In den Denkaufgaben des BBT 3-4 bzw. des BBT 4-6 löst Natalie 65% bzw. 60% der als Multiple-Choice-Aufgaben (Trefferchance 25%) gestalteten Fragestellungen. Dabei bekommt sie nur eins aller Zahlrätsel richtig heraus. Zahlrätsel scheinen ihr besondere Probleme zu bereiten. Es könnte sein, dass ihr die Lösung kontextgebundener Aufgaben generell bzw. durch die Multiple-Choice-Antwortmöglichkeiten leichter fällt und sie diesen Kontext bei Zahlrätseln auf Grund der anderen Abstraktionsebene für sich so nicht vorfindet. In der Ende des vierten Schuljahres von RATZKA durchgeführten TIMSS-Nacherhebung erreicht Natalie einen Prozentrang von 61 und hat damit aber das schlechteste Ergebnis der gesamten Klasse.

Mit diesen Leistungen bewegt sich Natalie zum Ende der Grundschulzeit in Bezug auf die Rechenoperationen unter den durchschnittlichen Anforderungen für das Ende des vierten Schuljahres – vor allem in den Phasen, in denen sie sich nicht auf die

Aufgaben einlässt bzw. oberflächlicher arbeitet oder Algorithmen nicht ständig anwendet. Im Gegensatz zu anderen Kindern mit geringeren mathematischen Fähigkeiten scheinen bei ihr allerdings die Grundoperationen, d. h. vor allem das halbschriftliche Anwenden mathematischer Operationen sowie das Kopfrechnen etwas stärker gefördert worden zu sein. Sie kann Aufgaben auch außerhalb auswendig gelernter Techniken ausrechnen bzw. Operationen anwenden. Defizitär sind ihre Leistungen im Bereich der Denkfähigkeiten, was besonders bei Denk- und Sachaufgaben auffällt, und hier vor allem bei Zahlrätseln oder Zuordnungen. Logisches Denken und Kombinieren scheint nicht Natalies Stärke zu sein. Hier spielt sicherlich ihr geringerer Intelligenzquotient – sie erreicht gegen Ende des vierten Schuljahres je nach verwendetem Test IQ-Werte zwischen 73 und 82 – eine nicht zu unterschätzende Rolle.

Nach dem in der Klassenanalyse verwendeten Stufenmodell, das sich ungefähr an den Lehrplanvorgaben orientiert bzw. die Stufenfolge aus dem beim Rechnen genutzten Zahlenraum ableitet, ergibt sich für Natalie dieses Bild:

Mathetest M 1-5 Natalie	Addition	Subtraktion	Multiplikation	Division
M 1	0,5	0,5	0,5	0,25
E 1	1,5	1,5	0,75	0,25
M2	1,5	1	1	1
E 2	3	2	2	1
M 3	3	2,5	2	2
E 3	3,25	3	2	2
M 4	4	4	4,25	3,75
E 4	4	3,5	3,75	3,75

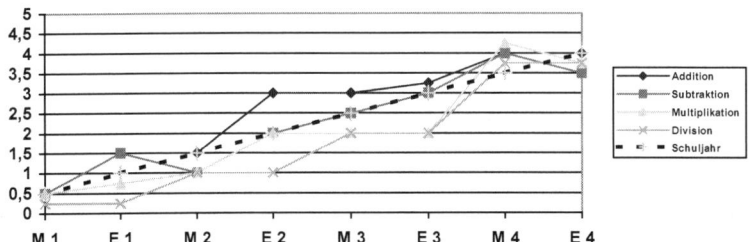

Natalies Entwicklung in Mathematik sollte vor dem Hintergrund ihres sehr unterdurchschnittlichen Intelligenzwertes betrachtet werden. Natalie kam mit sehr geringen mathematischen Vorkenntnissen in die Klasse. Mathematik bzw. Rechnen haben für sie auch später nie eine große Rolle gespielt. Dennoch hat sie – trotz ihres in allen Fächern sehr von ihren eigenen momentanen Bedürfnissen geleiteten Lernens – in einer dauernden Auseinandersetzung mit sich selbst einen doch einigermaßen tragfähigen Weg zur Mathematik gefunden. Sieht man sich ihre Entwicklung im

Bereich der Grundrechenarten an, so fallen einerseits zeitweise größere Lernsprünge als auch Stagnationen und Rückfälle auf. Sie hat sich zwar durchgehend weiterentwickelt, allerdings nicht in allen Bereichen gleich und kontinuierlich.

Natalie ist die Addition nach anfänglicher Orientierungsphase von allen Operationen am leichtesten gefallen und ihre diesbezüglichen Leistungen haben immer ungefähr den Schuljahresanforderungen entsprochen. Die Betrachtungen zeigen aber auch, dass sie immer ungefähr ein Jahr vom erstmaligen Rechnen im neuen Zahlenraum bis zum Schritt in den nächsten Zahlenraum benötigt hat. Dass sie dabei nicht linear dazu gelernt hat, wurde oben beschrieben. Bei der Subtraktion sind bei ihr sogar zeitweise Rückschritte zu erkennen, d. h. Natalie hat z. B. Ende des ersten Schuljahres schon im Hunderterraum gerechnet, im zweiten Schuljahr aber zunächst nur wieder im Zwanzigerraum. Im vierten Schuljahr hat sie auch gerade bei der Subtraktion bestimmte Verfahren wie das Subtrahieren mehrerer Zahlen wieder vergessen.

Bezüglich der Multiplikation und der Division erlernt Natalie das Kopfrechnen mit größeren Zahlen erst, als sie entsprechende Aufgaben halbschriftlich bzw. schriftlich lösen kann. Dabei spielt für sie die Division lange keine beachtenswerte Rolle. Bis zum dritten Schuljahr ist die Lösung der Divisionsaufgaben primär von der Anbindung an andere Aufgaben (Halbieren, Einmaleinsaufgaben, Sachsituationen) abhängig, bis sie im vierten Schuljahr Divisionsaufgaben aller Art mit einstelligem Divisor lösen kann.

Ob sich Natalie in einem Lehrgangsunterricht besser entwickelt hätte, ist nicht zu beantworten. Sie selber und auch ihre Mutter reflektieren gerade die Möglichkeit, dass Natalie ihren eigenen Weg hat gehen und finden können, positiv – nicht zuletzt, weil Natalies Naturell sie den Lehrgangsunterricht wahrscheinlich eher hätte boykottieren lassen, oder sie aber schnell in die Ecke „Dyskalkulie" gedrängt worden wäre. Da Natalies Entwicklung auch in anderen Fächern ähnliche Züge aufweist und sie gerade durch den ihr Raum gebenden Offenen Unterricht ihre schlechte Ausgangslage in vielen Bereichen – oft sehr plötzlich und sprunghaft – hat kompensieren können, kann vermutet werden, dass ihr diese Offenheit auch in Mathematik genützt hat.

Wenn Letzteres auch eine Hypothese bleiben muss, so ist in jedem Fall Natalies Kompetenz im Kopfrechnen und im halbschriftlichen Bereich hervorzuheben. Es ist anzunehmen, dass sich diese Bereiche in einem Lehrgangsunterricht, der ab dem dritten Schuljahr vorrangig die schriftlichen Rechenverfahren eingeübt hätte, nicht in derselben Weise entwickelt hätten. Auch ob sich Natalies Umgang mit Denk- und Textaufgaben bzw. mit Größen anders gestaltet hätte, ist fraglich, denn gerade diese Bereiche werden auch im traditionellen Unterricht oft als defizitär bzw. nicht ausreichend ausgebildet bezeichnet und vor allem schwächere Kinder fallen gerade in diesen Bereichen besonders auf.

Da sich Natalies Mathematikleistungen an der Gesamtschule, die sie besucht, zurzeit im Bereich „befriedigend" bewegen, scheint ihre Vorbereitung zumindest ausreichend gewesen zu sein.

16.3.5 Resümee

In den obigen Überlegungen wird deutlich, dass Natalies Entwicklung keine war, die als linear oder leicht prognostizierbar bezeichnet werden kann. Natalie kam mit sehr geringen Vorkenntnissen sowohl im sprachlichen als auch im mathematischen Bereich in die Schule. Vor allem aber zeichnete sie sich durch ein sehr egozentrisches und vergleichsweise sehr naives Verhalten aus. Sie schien sich immer ausschließlich in ihrer eigenen Welt bzw. ihren eigenen Interessen und Bedürfnissen zu bewegen. Andere spielten eigentlich nur dann eine größere Rolle, wenn Natalie sich von ihnen gestört fühlte. Ob dieses Verhalten mit der familiären Lage Natalies zusammenhing oder aber veranlagungsbedingt war, kann hier nicht beantwortet werden. Neben der seelischen Beanspruchung war Natalies Schulleben zusätzlich durch die rein körperliche Belastung durch den Hortbesuch vor und nach der Schule geprägt, was sich u. a. in ihrer starken Müdigkeit am Schulvormittag äußerte.

Mit dem Offenen Unterricht kam Natalie insofern gut klar, als dass sie sich immer gut selber beschäftigen konnte – allerdings tat sie das „weitreichender" als die meisten anderen Kinder, bei denen keine so hohe zeitliche Konzentration auf nur einzelne Bereiche zu beobachten war. Natalie hat sich im ersten halben Jahr wenig mit den üblichen schulischen Inhalten beschäftigt. Rückblickend sieht es eher so aus, dass sie die Zeit genutzt hat, um sich ihren eigenen Weg zur schulischen Bildung zu bahnen: so erobert sie die neue Umgebung durch verschiedene Aktionen für sich wie z. B. Playbacksingen zur Kassette, sie nähert sich der Buchstabentabelle als Werkzeug zum Schreibenlernen durch das Abmalen der Bilder und Buchstaben und begegnet auch dem Rechnen ähnlich erst einmal durch Abmalen von Ziffern bzw. willkürlichem Aufschreiben von Ziffern und Rechenaufgaben.

Als sie dann für sich den Entschluss fasst, Schreibschrift schreiben können zu wollen, lernt sie relativ zügig lautgetreu zu schreiben, während ihr Rechtschreibung nichts bedeutet. Dafür entdeckt sie im zweiten Schuljahr Bücher bzw. das Lesen für sich und entwickelt diesbezüglich in kurzer Zeit ein erstaunliches Potential, das fast schon im Widerspruch zum geringen Maß ihrer Vorkenntnisse steht. Auf Rechtschreibung achtet sie dann verstärkt im dritten Schuljahr und verwendet dabei einmal richtig verschriftete Wörter ungewöhnlich konsequent und ohne längere Phasen der Unsicherheit oder Erprobung. Auch in Mathematik sind ähnliche Lernverläufe zu beobachten – allerdings verschachtelter: ein Auf und Ab von intensiven und weniger intensiven Phasen der eigenen Annäherung an Zahlen und mathematische Sachverhalte, an neue Operationen und an die Erweiterung des bekannten Zahlenraums. Lernsprünge, Rückschritte und Verinnerlichungen prägen dabei Natalies in hohem Maße selbstregulierte Entwicklung.

Betrachtet man die durchschnittlichen bis überdurchschnittlichen Ergebnisse von Natalies Entwicklung vor dem Hintergrund ihrer geringen Werte in den Intelligenztests (die üblicherweise als Hinweis auf eine Lernbehinderung ausgelegt werden), so ist zu vermuten, dass gerade die Möglichkeit für dieses selbstgesteuerte, interessegeleitete und in hohem Maße unlineare Lernen für diesen Erfolg „wider Erwarten" verantwortlich ist. Trotz ungünstiger Ausgangslage und dauernder außerschulischer Belastungen ist es Natalie in den meisten Bereichen möglich gewesen, ein mindestens durchschnittliches schulisches Fundament aufzubauen. Sollte dafür gerade die ihr im Offenen Unterricht gewährte Möglichkeit zur Selbststeuerung verantwortlich sein, so ist zu vermuten, dass ein linearer vorgehender Unterricht – wie z. B. ein auch noch so differenzierter Lehrgangsunterricht – zu einem schlechteren Resultat hätte führen können: der linear angeordnete Lehrgang hätte auf Grund von Natalies Entwicklung mit einem sehr unlinearen Zeitverlauf und Kompetenzsprüngen, die zum Teil die Inhalte mehrerer Schuljahre betreffen, nur geringe Passung gehabt bzw. zwangsläufig haben können.

Um Natalie auch nach der Grundschule einen gewissen Spielraum bezüglich der Anpassung ihrer eigenen Leistungen an die schulischen Vorgaben zu ermöglichen, wurde in ihrer Empfehlung der Besuch der Gesamtschule ausdrücklich empfohlen (s. o.). Dort kommt sie zurzeit gut klar und konnte im Laufe der Zeit sogar ihre schwachen Bereiche (Mathematik) gut verbessern.

16.4 Zusammenfassung

Bei der Betrachtung der Leistungsentwicklung der Kinder, die ihre ganze Grundschulzeit nach dem hier beschriebenen Konzept unterrichtet worden sind, fallen drei Kinder durch vergleichsweise schwache Leistungen auf: Fedor, Lutz und Natalie.

Diese Kinder unterscheiden sich durch verschiedene Faktoren von den anderen Kinder der Kernstichprobe. So sind es beispielsweise genau die drei Kinder, die auch in den Intelligenztests die schwächsten Leistungen erbringen. Natalies Ergebnis liegt Mitte Klasse 4 im CFT 20 (vgl. Cattell/ Weiß 1998[4]) bei einem IQ-Wert von 73. Das entspricht einem Prozentrangplatz von 3 und wird üblicherweise als Lernbehinderung ausgelegt. Auch andere Untersuchungsergebnisse legen zumindest eine stark unterdurchschnittliche Intelligenzleistung Natalies in den getesteten Bereichen nahe (z. B. ein ungefährer IQ-Wert von 82 und Prozentrang 14 in den Aufgaben zum Nachdenken AzN 4+ zum gleichen Messzeitpunkt). Auch Lutz´ intellektuelles Vermögen stellt sich zumindest nach den Testergebnissen als (stark) unterdurchschnittlich dar. Er erreicht beim CFT 20 einen IQ-Wert von 87 und liegt damit auf Prozentrang 19. Fedors IQ-Wert im sprachfreien CFT 20 liegt bei 91, was einem Prozentrang von 31 entspricht. Damit liegen Natalie und Lutz im Unterfeld der Eichstichprobe, Fedor knapp darüber – aber dafür hat Fedor als bosnischer Asylant zusätzlich das Problem einer geringeren Kompetenz in Bezug auf die deutsche Sprache. Es ist zu vermuten, dass seine Schulleistungen dadurch negativ beeinflusst werden, wenn es sich um Leistungen handelt, die nicht sprachfreien Messverfahren unterliegen bzw. die deutsche Sprache einschließen.

Aber auch durch äußere Faktoren sind die genannten Kinder vergleichsweise stark belastet. Natalies Eltern haben sich vor ihrer Einschulung getrennt und Natalie lebt seitdem „zwischen den Stühlen". Natalie besucht vor und nach der Schule den Hort und ist erst relativ spät – und dadurch sehr kurz – mit ihrer Mutter zusammen. Lutz' Situation ist eine andere. Er und auch seine Eltern und Geschwister haben – zumindest in den ersten Jahren - ein eher traditionelles Bild von Schule. Entsprechend ist nachmittägliches Aufarbeiten des Schulstoffs o. Ä. an der Tagesordnung. Diese Konstellation scheint bei Lutz zu bewirken, dass er in der Schule – wo er sich sehr wohl fühlt – nicht arbeitet. Fedors schwierige Situation erscheint am offensichtlichsten. Er ist bosnischer Kriegsflüchtling und wohnt mit seinen Eltern und seinem älteren Bruder in einem Asylbewerberheim. Ein sehr belastender Faktor ist die große Unsicherheit der Familie bezüglich des Zeitpunkts der Rückführung nach Bosnien. Hier ergeben sich auffällige zeitliche Parallelen zwischen Fedors zeitweise dürftigem Arbeitsverhalten und der immer wieder drohenden Rückführung. Zusätzliche Faktoren, die Fedors Lernen beeinflusst haben können, sind u. a. in der Verarbeitung der eigenen Kriegserlebnisse, im anregungsarmen familiären Umfeld und im Problem der Zweisprachigkeit (bzw. der „Unwichtigkeit", nach der Rückführung Deutsch schreiben und lesen zu können) zu finden.

Trotz dieser Belastungen und intellektueller Voraussetzungen, die sich eher im Unterfeld bewegen, war es den drei schwächsten Kindern der Kernstichprobe möglich, sich im Offenen Unterricht die Grundlagen anzueignen, die ihnen in der Folge den (erfolgreichen) Besuch des Gymnasiums, der Realschule (oder einer äquivalenten Schule in Bosnien) sowie der Gesamtschule ermöglicht haben. Dabei war ihre Entwicklung in den Fächern unterschiedlich:

Beim Schreiben und Rechtschreiblernen bewegen sich Natalies Leistungen die ersten zwei Schuljahre im unteren Bereich der Klasse, steigen aber im dritten Schuljahr auffällig an und scheinen sich dann leicht über dem Klassendurchschnitt zu stabilisieren. Sie hat ausgehend von sehr geringen Vorkenntnissen eine längere Anlaufphase und verschriftet als einziges Kind der Kernstichprobe relativ lange willkürlich, indem sie u. a. irgendwelche Buchstaben ohne Lautbezug malt. Schreiben wird für sie dann wichtig, als sie den Wunsch hat, Schreibschrift zu erlernen. Im dritten Schuljahr entdeckt sie dann zunehmend auch die Rechtschreibung für sich und fängt an, auf orthographische oder morphematische Elemente zu achten. Dabei scheint sie verhältnismäßig wenige Phasen der Übergeneralisierung zu haben, sondern – obwohl es keinen zu übenden Grundwortschatz gibt – entsprechende Wörter nach der Verwendung entsprechender Rechtschreibmuster relativ kontinuierlich richtig zu verschriften. Sie vollzieht einen relativ großen Sprung im Hinblick auf ihre orthographische Kompetenz – und das ganz ohne Rechtschreibunterricht oder -übungen.

Bei Lutz und Fedor ist es eher so, dass beide zwar im Anfangsunterricht sehr wenig geschrieben, sich ihre Leistungen aber durchaus im normalen Rahmen bewegt haben. Bei Fedor sinken die Leistungen im zweiten Schuljahr immer mehr, bei Lutz ab dem dritten Schuljahr. Die genauere Betrachtung zeigt, dass beide Kinder nur eingeschränkt Rechtschreibstrategien aufbauen. Dabei spielt bei Fedors Verschriftungen die lautliche Durchgliederbarkeit der Wörter und Rechtschreibmuster eine große Rolle. Rechtschreibphänomene, die nicht oder nur schwer heraushörbar sind, werden von ihm entweder gar nicht beachtet oder erst sehr spät verwendet. Zwar entwickelt Fedor seine Strategien immer weiter, aber es ergibt sich oft der Eindruck, dass Fedor sich nicht wirklich auf komplexeres Wortmaterial einlässt. Während die alphabetische Strategie nur noch an einzelnen für ihn unbekannten bzw. komplizierten Wörtern scheitert, scheint die orthographische Strategie erst auf einem Niveau des Ausprobierens und der anfänglichen Festigung zu sein. Die morphematische Strategie wird von Fedor nur in einfachen Fällen angewandt, in der Regel scheint er Wörter unter Nutzung der alphabetischen Strategie zu verschriften, ohne an verwandte Wörter oder Wortzusammensetzungen zu denken. Insgesamt ist für viele Wörter kein klarer Zeitpunkt zu erkennen, von dem an sie orthographisch korrekt verschriftet werden. Vielmehr wendet Fedor zu verschiedenen Zeitpunkten unterschiedliche Strategien des Schreibens an. Auffällig bezüglich des in der hier untersuchten Klasse verwendeten Konzepts des freien Schreibens sind vor allem diejenigen seiner Schreibweisen, die eher auswendig gelernt denn strategieorientiert erscheinen. Hier könnte die andere Muttersprache bzw. der eingeschränkte Gebrauch der deutschen Sprache Fedor zu anderen Aneignungsstrategien (explizites Lernen statt impliziter Musterbildung) verleitet haben. In mehreren Gesprächen mit Fedor und seiner Mutter wird zudem deutlich, dass ihnen das lautgetreue Schreiben als Grundlage ausreicht, da das Bosnische wohl eher eine Lautschrift ist als das Deutsche. Auch dies könnte ein Grund dafür sein, dass Fedor keine Notwendigkeit darin sieht, sich vertieft auf die deutsche Orthographie und Wortbildung einzulassen.

Auch bei Lutz ergibt sich der Eindruck, dass es bei ihm zu keiner richtigen Strategieausbildung kommt. Während bei Fedor doch eine zumindest eingeschränkte Weiterentwicklung von Strategien erkennbar zu sein scheint, wirken Lutz´ Verschriftungen oft sehr willkürlich. Vor allem machen sie den Eindruck, als seien sie sehr von seiner momentanen Verfassung bzw. Schreibmotivation abhängig. Während Lutz in einigen Texten viele Rechtschreibmuster richtig verwendet und auch erklären kann, warum er ein Wort auf eine bestimmte Art schreibt, verschriftet er in anderen Texten auch einfache Wörter nicht korrekt. Sein Rechtschreibgespür, das ihn intuitiv richtig schreiben lassen sollte, scheint nicht richtig ausgeprägt zu sein. Da sowohl Lutz als auch Fedor Phasen hatten, in denen sie Diktattexte auswendig gelernt haben, könnte es sein, dass diese Übungsformen die Ausbildung des Rechtschreibbewusstseins nicht unterstützt und auch nicht zu einer bewussten Reflexion von Schreibweisen geführt haben. Dabei ist bei Lutz – trotz eher höherer Rechtschreibleistungen – noch weniger als bei Fedor ein Erproben bzw. Ausbilden orthographischer und morphematischer Strategien erkennbar. Es könnte sein, dass bei ihm zusätzlich das frühe Bearbeiten von Lernheften und Sprachübungsblättern die implizite Musterbildung von Anfang an gestört hat, sodass sich nach dem normal verlaufenden Schriftspracherwerb durch das selbstgesteuerte freie Schreiben kein „Gespür" für orthographisch korrekte Schreibweisen entwickeln konnte.

Trotzdem erreichen alle Kinder zum Ende ihrer Grundschulzeit in entsprechenden Rechtschreibtests Ergebnisse im Mittelfeld. Natalie liegt mit einem Prozentrang von 65 gut über dem Durchschnitt, Lutz und Fedor befinden sich mit Prozentrang 34 leicht darunter. Wertet man Fedors Rechtschreibleistungen allerdings im Diagnostischen Rechtschreibtest nach der Norm für nichtdeutsche Kinder aus, was bei der Hamburger Schreib-Probe nicht möglich ist, so stellen auch sie sich eher überdurchschnittlich dar (Prozentrang 51-75 im DRT 4).

Auch beim Lesen sind unterschiedliche Entwicklungen erkennbar. Alle drei Kinder haben entweder keine oder nur wenige Vorkenntnisse. Sie sind die Kinder der Kernstichprobe, die als Letzte lesen können. Während sich Fedors (Vor-)Lesekompetenz zwar stetig, aber sehr langsam weiterentwickelt und er eigentlich erst zum Ende der Grundschulzeit weitgehend flüssig vorlesen kann, ist Natalies Entwicklung eher sprunghaft. Natalie entdeckt Anfang des zweiten Schuljahres das Lesen für sich – und macht fast nichts anderes mehr. Sie verbessert dabei ihre Leseleistung in kurzer Zeit vom langsamen Lesen zum fast perfekten flüssigen Lesen bzw. Vorlesen, sodass sie von der Gruppe der schwächsten Leser zur Spitze des Oberfelds aufsteigt. In Bezug auf Lutz´ Leseentwicklung ist nicht auszuschließen, dass mit ihm zu Hause geübt wurde und er das Lesen nicht nach dem in der Schule praktizierten Konzept „Lesen durch Schreiben" gelernt hat, sondern eher durch traditionelle Leseerziehung. Er ist eines der wenigen Kinder, die sich beim Lesen ständig vergewissern, ob das, was von ihnen vorgelesen wurde, auch richtig ist. Lutz´ Vorlesekompetenz nimmt im zweiten Schuljahr verhältnismäßig stark zu, er liest bis zum Schuljahresende gut sinnbetont und fast flüssig. Auf diesem Niveau bleiben seine Vorleseleistungen dann aber bis zum Ende seiner Grundschulzeit stehen.

Im Worterkennungstest des Hamburger Lesetests erreichen alle drei Kinder Ende des vierten Schuljahres die Stufe hoher bzw. sehr hoher Lesegeschwindigkeit. Im Leseverständnistest erreicht Natalie einen Prozentrang von 57 und liegt damit über dem Durchschnitt der Eichstichprobe. Lutz wird der Prozentrang 39 zugeordnet, sodass er sich im Mittelfeld befindet – wie auch noch Fedor mit einem Prozentrang von 27. Fedors Ergebnis liegt dabei an der Grenze zum Unterfeld, erscheint für seine Lernbedingungen und als Wert für einen nichtdeutschen Schüler aber durchaus akzeptabel. Leider liegen keine Normen für ausländische Kinder vor.

Unterschiedliche Entwicklungsverläufe ergeben sich auch im mathematischen Bereich. Obwohl sich Fedors Leistungen in Mathematik durchweg immer über den

Lehrplananforderungen bewegen, ist bei ihm zeitgleich zur konkreter werdenden Rückführung nach Bosnien vor allem in der zweiten Hälfte des dritten und der ersten Hälfte des vierten Schuljahres auch in Mathematik ein Leistungseinbruch zu verzeichnen. Als sich allerdings abzeichnet, dass er seine Grundschulzeit in Deutschland beenden kann, steigert er sich im zweiten Halbjahr der vierten Klasse wieder und liefert gute bis sehr gute Ergebnisse. Im Norm-Rechentest für das Ende der Klasse 4 erreicht er sogar Prozentrang 74. Lediglich der Bereich der Textaufgaben macht ihm Probleme – was mit seinen Schwierigkeiten mit der deutschen Sprache zu tun haben kann.

Eine ähnliche Entwicklung macht Lutz durch, für den das Rechnen auch immer einen höheren Stellenwert als das Schreiben und Lesen hatte. Genau so wie bei Fedor gibt es einen Einbruch im zweiten Halbjahr der dritten Klasse, als die Wahl der weiterführenden Schule ansteht. Nach der entsprechenden Entscheidung arbeitet Lutz im zweiten Halbjahr der vierten Klasse auch in Mathematik wieder engagierter und verbessert seine Leistungen erheblich. Im zum Schuljahresende durchgeführten Norm-Rechentest erreicht Lutz Prozentrang 59 und liegt damit über dem Durchschnitt der Eichstichprobe. Ähnlich wie bei Fedor fallen ihm allerdings vor allem Textaufgaben schwer.

Im Gegensatz zu Lutz und Fedor kommt Natalie mit sehr geringen mathematischen Vorkenntnissen in die Schule, und Rechnen spielt für sie immer eine eher belastende Rolle. Sieht man sich Natalies Entwicklung im Bereich der Grundrechenarten an, so fallen einerseits zeitweise größere Lernsprünge als auch Stagnationen und Rückfälle auf. Sie hat sich zwar durchgehend weiterentwickelt, allerdings nicht in allen Bereichen gleich und kontinuierlich. Obwohl Natalie Algorithmen und Techniken nach entsprechendem Üben anwenden kann, löst sie im Norm-Rechentest Ende Klasse 4 weniger als ein Drittel der Aufgaben richtig bzw. geht diese gar nicht erst an. Mit diesen Leistungen bewegt sich Natalie zum Ende der Grundschulzeit in Bezug auf die Rechenoperationen unter den durchschnittlichen Anforderungen für das Ende des vierten Schuljahres. Im Gegensatz zu anderen Kindern mit geringen mathematischen Fähigkeiten scheinen bei ihr allerdings die Grundoperationen, d. h. vor allem das halbschriftliche Anwenden mathematischer Operationen sowie das Kopfrechnen etwas stärker gefördert worden zu sein. Sie kann Aufgaben auch außerhalb auswendig gelernter Techniken ausrechnen bzw. die geforderten Operationen anwenden. Defizitär sind ihre Leistungen im Bereich der Denkfähigkeiten, was besonders bei Denk- und Sachaufgaben auffällt, und hier vor allem bei Zahlrätseln oder Zuordnungen.

Auffällig ist, dass alle drei Kinder Probleme mit Denk- und Textaufgaben haben. Bei Fedor wird dies u. a. mit seiner deutschen Sprachkompetenz zu tun haben. Bei Natalie und Lutz könnten die sehr unterdurchschnittlichen Werte in den Intelligenztests einen Hinweis darauf geben, dass ihnen komplexere Operationen und mehrschichtige Verknüpfungen, wie sie bei den entsprechenden Textaufgaben gefragt sind, möglicherweise schwerer fallen. Insgesamt erscheinen die überdurchschnittlichen Ergebnisse von Lutz und Fedor im Bereich Mathematik positiv. Natalies Entwicklung könnte darauf hinweisen, dass bei ihr einfach die innere Motivation, die ihr in den anderen Fächern immer wieder große Lernsprünge ermöglicht hat, in Mathematik nicht vorhanden war. Ob sie anders besser hätte gefördert werden können, kann nicht gesagt werden. Es sieht bei der Gesamtbetrachtung allerdings eher so aus, als ob sie ihre geringen intellektuellen Möglichkeiten gerade durch den Offenen Unterricht – zumindest im Bereich Sprache – habe ausgleichen können, weil ihr die Selbststeuerung den Aufbau einer tragfähigen inneren Motivation ermöglicht hat. Zudem ist anzunehmen, dass die Kompetenzen, die Natalie im Bereich des halbschriftlichen Rechnens erworben hat, in reproduktiver angelegten Unterrichtsformen nicht so weit entwickelt worden wären. Da sich Natalies Mathematikleistungen an der Gesamtschule, die sie zurzeit besucht, im Bereich „befriedigend" bewegen, scheint ihre Vorbereitung trotz der negativen Bewertung an der Grundschule doch „ausreichend" oder besser gewesen zu sein.

Insgesamt ergibt sich der Eindruck, dass auch die drei schwächsten Kinder der Kernstichprobe mit teilweise sehr unterdurchschnittlichen IQ-Werten und belastenden äußeren Faktoren im Offenen Unterricht doch so gefördert worden sind, dass sie Leistungen erbracht haben, die sich entweder im Mittelband der Normstichprobe bewegen oder aber – wie im Falle von Natalies Mathematikleistungen – ein Fundament darstellen, das an der weiterführenden Schule befriedigende Leistungen ermöglicht. Alle Kinder kommen zurzeit an Gymnasium, Realschule und Gesamtschule gut zurecht – und haben in ihrer Grundschulzeit zusätzlich die Möglichkeit gehabt, viele schwierige Erfahrungen und Belastungen zu verarbeiten. Es scheint zumindest nicht so zu sein, dass das hohe Durchschnittsniveau, das die Klasse bzw. insbesondere die Kernstichprobe erreicht, zu Lasten der schwachen Kinder ging. Vielmehr erscheint es so, als ob die Leistungen aller Kinder nach oben verschoben wären. Insofern konnte gezeigt werden, dass sogar die Kinder mit den geringsten IQ-Werten und den vermutlich höchsten äußeren Belastungen sich leistungsmäßig nicht im Unterfeld bewegen müssen, sondern sehr wohl Leistungen im Mittelfeld erbringen können – vermutlich, weil ihnen ein selbstreguliertes und interessegeleitetes Lernen ermöglicht wurde.

17 Die Leistungsentwicklung der nicht an der Regelschule beschulbar erscheinenden Kinder im Offenen Unterricht – positive Entwicklung „wider Erwarten"

> Denn wenn in Deutschland ein Schüler schlecht steht, sagen ihm die Lehrer auf der höheren Schule, du bist hier falsch, geh ab. Der Ausschluss funktioniert bis hin zum Verweis von der Haupt- zur Sonderschule. Deutsche Lehrer sind geradezu besessen von der Vorstellung, die falschen Schüler zu haben. Diese Obsession wiederholt sich auch an Gesamtschulen, wenn dort die vermisste Gaußsche Normalverteilung der Schülerpopulation zum Grund für Misserfolge erklärt, also als bequeme Ausrede benutzt wird. Alle Schulen sind bei uns im Zweifelsfall davon überzeugt, die falschen Schüler zu haben. Die Folge davon ist eine fatale Grundstimmung, die die Kinder und Jugendlichen so interpretieren: Willkommen bist du nicht. (Kahl 2002, 46)

Im vorigen Kapitel wurde die Entwicklung der Kinder dokumentiert, die leistungsmäßig innerhalb der Gruppe von Mädchen und Jungen auffallen, die ihre ganze Schulzeit im hier beschriebenen Offenen Unterricht verbracht haben. Die nähere Betrachtung ergab dabei Entwicklungsverläufe, die das Konzept des Offenen Unterrichts eher als Hilfe für diese Kinder erscheinen lassen denn etwa als Ursache für geringere Leistungen. Alle Kinder sind durch äußere Faktoren – von der Kriegsflucht über ein vorgeprägtes Bild von Schule bis hin zur Verarbeitung der Trennung der Eltern – belastet und erreichen trotz teilweise sehr geringer Lernvoraussetzungen (Vorkenntnisse, intellektuelles Vermögen) immer noch Ergebnisse, die im Vergleich zu diversen Eichstichproben bzw. zum Lehrplan nicht im unteren Bereich liegen. Sie wechseln nach der Grundschule auf das Gymnasium, die Realschule (oder eine äquivalente Schule in Bosnien) sowie die Gesamtschule – und besuchen diese Schulen zurzeit erfolgreich.

Er ergibt sich der Eindruck, als würden Kinder, die in anderen Unterrichtsformen möglicherweise schnell im unteren Leistungsbereich der Klasse liegen könnten, durch die Möglichkeit des selbstregulierten und interessegeleiteten Lernens im Offenen Unterricht immer noch Leistungen im mittleren Bereich erbringen. Diese These lässt sich nicht durch einzelne Fallbeispiele bzw. die Untersuchung einer einzigen Klasse bestätigen. Deshalb erscheint es angebracht, weiteren Hinweisen in Bezug auf die mögliche Richtigkeit dieser Vermutung nachzugehen. Dies soll im Folgenden geschehen, wenn in zwei weiteren ausführlichen Fallstudien die Entwicklung von Kindern beschrieben wird, die in verschiedenen Gutachten als nicht an einer Regelschule beschulbar diagnostiziert wurden.

Auch wenn sich hier keine verallgemeinerbaren Aussagen treffen lassen, so geben die Entwicklungen dieser Kinder nicht nur einen Hinweis darauf, welche Chancen der Offene Unterricht Kindern bietet, die für erziehungsschwierig oder lernbehindert gehalten werden, sondern (leider) auch, was der traditionelle Unterricht eben nicht leistet. Vor allem aber hilft eine nähere Betrachtung der Zusammenhänge, die Risiken und Chancen Offenen Unterrichts weiter fassbar zu machen und das Konzept „nach unten hin" abzusichern. Sollten Kinder, die als nicht an der Regelschule beschulbar gelten, im Offenen Unterricht „wider Erwarten" erfolgreich lernen können, so ist ein weiteres Vorurteil bezüglich des Offenen Unterrichts zu überdenken: Dann ist es – zumindest in den radikal auf Selbststeuerung und soziale Integration ausgerichteten Varianten – nicht so, dass im Offenen Unterricht nur die starken und angepassten Kinder gute Leistungen erbringen, sondern es scheint so zu sein, dass gerade die Kinder aufgefangen werden, die im normalen Unterricht herausfallen und in der Folge als unbeschulbar oder behindert diagnostiziert werden.

Aus Datenschutz- und wissenschaftsethischen Gründen sind im Folgenden nur gekürzte Versionen der Originalfallstudien zu finden.

17.1 Björn

Björn kommt am 7. Dezember des ersten Schuljahres mit 8;3 Jahren in die hier untersuchte Klasse und ist damit das Kind der Zuwachsstichprobe I, das am längsten in der Klasse ist. Er ist drei Wochen zuvor in eine Außenwohngruppe der Jugendhilfe im Ort eingewiesen worden, um zum Halbjahreswechsel im Februar seiner Schulpflicht in der Schule für Erziehungshilfe in einer benachbarten Stadt nachzukommen. Trotz der Bitte des Leiters der Jugendhilfe, dass Björn „auch vorübergehend nicht nochmals an einer Grundschule eingeschult werden sollte, da die festgestellten Verhaltensauffälligkeiten sehr massiv und eine Regelbeschulung somit nicht angemessen ist", überlegt der Schulleiter der am Ort befindlichen Grundschule, ob Björn die rund zwei Monate Wartezeit nicht besser in der Schule als alleine in der Wohngruppe verbringen sollte. Für seine Überlegungen ist u. a. auch das noch nicht gültige Sonderschulaufnahmeverfahren ausschlaggebend.

Die Grundschule am Ort ist in zwei jeweils am gegenüberliegenden Ortsrand befindliche Gebäude unterteilt und verwaltungstechnisch zusammengefasst. Obwohl Björn eigentlich im direkten Einzugsbereich des anderen Schulteils liegt, wird der Klassenlehrer der hier untersuchten Klasse auf Grund des praktizierten Unterrichts gebeten, Björn in seine Klasse aufzunehmen. Dieser willigt gerne ein und erlebt Björn als einen eigenwilligen, aber in keiner Weise unbeschulbaren Schüler. Mit der schulischen Vergangenheit Björns wird er in umfangreicherem Maße erst bei der Auswertung von Björns Schulakte im Rahmen der hier vorgenommene Untersuchung konfrontiert. Im Rückgriff auf diese Unterlagen und einzelne Äußerungen von Björn, den Erzieherinnen der Wohngruppe oder auch seiner Mutter wird im Folgenden versucht, den schulischen Werdegang von Björn zu beschreiben.

Björn wuchs einerseits bei seiner alleinerziehenden Mutter in der nahe gelegenen Großstadt auf, andererseits zeitweise bei deren Eltern in eher ländlichem Gebiet. Zu seinem Vater hat Björn keinen Kontakt. Aus einzelnen Ausführungen Björns ist zu entnehmen, dass er schon im Kindergarten auffällig war. Aus dem Gesprächsprotokoll der Sonderschullehrerin, die Björn am Ende des ersten Schuljahres begutachtet hat, mit Björns Erzieherin in der Wohngruppe, ist über Björns Entwicklung Folgendes bekannt:

Kurz nach seiner Geburt habe Björn in die Kinderklinik gemußt, in der er 3-4 Monate blieb. Den Grund wisse sie nicht. Björn habe nach Angabe der Mutter spät sprechen und laufen gelernt, er konnte mit 2 Jahren noch nicht laufen.

Der Mutter sei von Ärzten immer wieder nahegelegt worden, Björn an einem Motoriktraining teilnehmen zu lassen. [...] Björn habe seine Tage weitgehend vor dem Fernseher verbracht. Erst jetzt erlebe er, daß ständig jemand da ist, erst jetzt lerne er spielen mit anderen, Kindern wie Erwachsenen. Die Mutter gebe sich kooperativ [...].

Björn wird im Juni 1994 amtsärztlich auf seine Schulreife hin untersucht und als nur bedingt schulfähig, aber schulkindergartenfähig diagnostiziert. Außerdem werden eine Sprachstörung, Bewegungs- und Wahrnehmungsstörungen sowie eine deutlich retardierte motorische Entwicklung festgestellt. Insgesamt bescheinigt die Jugendärztin ein Förderdefizit und empfiehlt die Direktaufnahme in den Schulkindergarten, über die Björns Mutter erst noch nachdenken möchte, dann aber im Rahmen der schriftlichen Aufforderung zur Zustimmung ihr Einverständnis erklärt.

Björn wird daraufhin zum Schuljahr 1994/95 mit 6;11 Jahren in den Schulkindergarten aufgenommen. Sein Verhalten im Schulkindergarten wird in einem Gutachten, das die Leiterin des Schulkindergartens im Rahmen des Sonderschulaufnahmeverfahrens im Oktober des folgenden Jahres anfertigt, folgendermaßen beschrieben:

Björn besuchte den Schulkindergarten 1994/95. Nur mit größter Anstrengung konnte er einen Schulvormittag durchstehen. Ihm war stets alles zu mühselig und schwer. Obwohl er durchaus Interesse für Spiel- und Arbeitsinhalte zeigte, konnte er aufgrund von großer Antriebsschwäche, mangelnder Konzentration und Ausdauer immer nur kurzfristig durchhalten. Seine wiederkehrenden unfertigen Ergebnisse machten ihn häufig traurig und ärgerlich. Er hatte durchaus von seinen Ergebnissen andere Vorstellungen wie das, was sich ihm dann darbot. Es war oft sehr schwer, ihn zur Weiterarbeit zu motivieren. Größere Beeinträchtigungen erlebte Björn im Sportbereich. Seine schwerfälligen, plumpen Bewegungen und seine mangelhafte Einsicht in Regelverständnis zeigten wiederum große Defizite.

In seinem Sozialverhalten war Björn oft besonders schwierig. Er trat, spuckte und beschimpfte mit den unflätigsten Ausdrücken sowohl Kinder als auch Erwachsene. All die aufgezeigten Probleme machten eine Ursachenüberprüfung notwendig. Im Gespräch mit der Mutter wurde ebenfalls deutlich, welche großen Probleme im Zusammenleben Björn hatte. Im gemeinsamen Gespräch mit der Schulärztin und der Mutter wurde dann die kinderpsychiatrische Überprüfung eingeleitet und durchgeführt.

Das angesprochene gemeinsame Gespräch mit Björns Mutter und der Schulärztin ist wahrscheinlich im Zusammenhang mit einer erneuten Untersuchung Björns Ende März 1995 zu sehen, bei der Björn nicht nur als bedingt schulfähig, sondern auch als nicht (mehr) schulkindergartenfähig diagnostiziert wird. Die Jugendärztin empfiehlt dringend die tagesklinische Betreuung Björns in der Kinderpsychiatrie und gibt als Grund erhebliche Verhaltensauffälligkeiten mit häufigen aggressiven Durchbrüchen an. Im Protokoll ist allerdings erstaunlicherweise vermerkt, dass der Kontakt zur entsprechenden Institution schon läuft – wahrscheinlich schon vorab von der Schule eingeleitet. Als mögliche Alternative wird ein Sonderschulaufnahmeverfahren für die Schule für Erziehungshilfe vorgeschlagen.

Björn wird daraufhin im Mai des Jahres in die Kinderpsychiatrie eingewiesen und besucht dort eine Klasse von 20 Kindern, die im Teamteaching unterrichtet werden. Zu diesem Aufenthalt findet sich in seinen Unterlagen nur eine kurze handschriftliche Notiz, evtl. aus einem Telefongespräch mit dem verantwortlichen Arzt oder Lehrer: „In den ersten Wochen die Klasse kräftig aufgemischt. Weniger Aggression auf andere als Verweigerungshaltung." Björn bleibt bis Ende September des Jahres in der Klinik und wird am 2. Oktober in die erste Klasse der für ihn zuständigen Grundschule eingeschult, in der er auch den Schulkindergarten besucht hat.

Zeitgleich zu seiner Rückkehr an die Schule wird für Björn ein Sonderschulaufnahmeverfahren beantragt, was an der Datierung der entsprechenden Gutachten zu erkennen ist. Es ist entsprechend davon auszugehen, dass für Björn nach der Rückkehr aus der Psychiatrie gar keine Beschulung an der Regelschule beabsichtigt war, sondern die Einweisung in das erste Schuljahr nur aus Gründen der Schulpflicht erfolgt ist. Neben dem schon oben auszugsweise wiedergegebenen Gutachten der Schulkindergartenleiterin erfolgt eine Zusatzbeurteilung der neuen Klassenlehrerin, in der sie beschreibt, wie sie Björn in den wenigen Tagen seines Besuches ihrer Klasse erlebt:

Björn wurde ab 2.10.1995 meiner Klasse zugewiesen.

Schon am ersten Tag trat er mehrere Mitschüler mit den Füßen. Während des Unterrichts konnte er nicht still sitzen und fiel dabei vom Stuhl.

Die aufgegebenen leichten Hausaufgaben in Sprache und Mathematik fertigte er nicht oder nur unvollständig an.

Mit zunehmenden schulischen Anforderungen fühlt er sich diesen nicht gewachsen und verweigert daher die Mitarbeit. Seit Montag bringt er seine Arbeitsmaterialien (Federmäppchen, Buntstifte, Schere und Arbeitsblätter) nicht mehr mit in die Schule, so daß eine richtige Mitarbeit ausgeschlossen ist. Selbst in der Sportstunde setzt er sich auf die Bank, weil ihm die Übungen nicht gefallen. In allen Belangen erweckt er den Eindruck eines – in unserer Schule – nicht beschulbaren Kindes.

In einem Brief wird der Mutter zeitgleich die Beantragung des Sonderschulaufnahmeverfahrens mitgeteilt:

Sehr geehrte Frau [...],

Björns Verhalten in der Schule ist inzwischen nicht mehr tragbar. Er stört den Unterricht derart, daß die anderen Kinder nicht arbeiten können.

Selbst im Sportunterricht verweigert er die Teilnahme, bringt keine Arbeitsmittel (Mäppchen, ...) mit und ist durch nichts zu einem regelgerechten Verhalten zu bewegen.

Ein Sonderschulaufnahmeverfahren habe ich beantragt. Dieses nimmt allerdings viel Zeit in Anspruch.

In der Zwischenzeit kann ich Björn eigentlich nicht weiter beschulen. Im Rahmen von Ordnungsmaßnahmen müßte ich ihn vom Unterricht ausschließen.

Da Sie, wie Sie mir mitteilten, ihn aber zu Hause in dieser Zeit nicht versorgen könnten, wenden Sie sich bitte an Frau [...] beim Jugendamt [...] und bitten um eine Notunterbringung für Björn bis zu dem Zeitpunkt, an dem eine reguläre Unterbringung in einem Heim mit heilpädagogischer Förderung erfolgen kann.

Aus diesem Brief wird auch ersichtlich, dass Björns Mutter die Vormundschaft für Björn entweder schon an das Jugendamt abgegeben hat oder dies bald tun wird. Zum Zeitpunkt der Einschulung in die hier untersuchte Klasse im Dezember des Jahres oblag die Vormundschaft beim Jugendamt, der Kontakt zur Schule lief über die Erzieherinnen der Jugendhilfe.

Anfang November sendet die Schulleiterin Björns Schulunterlagen an das für ihn nun zuständige Jugendhilfezentrum in einer Nachbarstadt, von wo sie dann an das Schulamt übersandt wurden, das für die Außenwohngruppe zuständig ist, die Björn ab Mitte November besucht. Der gleichzeitigen Bitte des Leiters der Jugendhilfe nach einem Verzicht auf die vorübergehende Beschulung Björns in der Regelschule wird – wie schon oben erwähnt – von Seiten des Schulamtes bzw. der Leitung der Grundschule nicht entsprochen. Björn kommt zwar mit der Perspektive der Einweisung auf die Schule für Erziehungshilfe in die hier untersuchte (Regelschul-)Klasse, stellt sich aber im hier beschriebenen Offenen Unterricht keineswegs als so unbeschulbar heraus, wie die erstellten Gutachten vermuten lassen. Er bleibt auf der Regelschule und wechselt nach dem vierten Schuljahr mit Noten von „gut" im Bereich Sprache und „sehr gut" in Mathematik auf das Gymnasium.

17.1.1 Entwicklung im Arbeits- und Sozialverhalten

Björn schneidet beim CFT 1 im Mai 1996 mit 8;8 Jahren leicht unterdurchschnittlich ab (IQ-Wert 95, Prozentrang 36) und erreicht auch beim CFT 20 mit 11;9 Jahren nahezu identische Werte (IQ-Wert 94, Prozentrang 34). Er wird von der Leiterin des Schulkindergartens seiner vorigen Schule im Oktober 1995 unter Zuhilfenahme eines Beobachtungsbogens folgendermaßen beschrieben: kräftiger Körperbau, grob- und feinmotorisch eher ungeschickt, kaum belastbar und leicht ermüdbar. Nicht verträgliches Sozialverhalten, aber selbstbewusst und durchsetzungsstark, auch gegenüber Erwachsenen. Dürftige sprachliche und bildnerische Ausdrucksfähigkeit, schwache Konzentrationsfähigkeit sowohl nach Intensität als auch nach Ausdauer, Arbeitsergebnisse nicht angemessen, sowohl qualitativ als auch in Bezug auf die verwendete Zeit.

1. Schuljahr

Björn kommt am 7. Dezember des ersten Schuljahres in die hier untersuchte Klasse. Im Tagebuch des Lehrers ist bezüglich seines ersten Schultages Folgendes vermerkt:

> 7.12.95
> Heute kommt Björn mit in die Klasse. In der Kleingruppe wird er direkt gut angenommen, Lars und andere Schüler kümmern sich um ihn [...]. Björn integriert sich gut. Er probiert sehr schnell ein bißchen Provozieren, läßt das dann aber bei Erfolgslosigkeit. Auf Vorgaben und Druck reagiert er abblockend, schätzt aber die Klassenatmosphäre und die ihr innewohnenden Freiheit.
>
> Zu Beginn frage ich ihn, welche Buchstaben er schon kann, mir gibt er keine Antwort, als aber Lars ihn mittels der großen Tabelle fragt, geht er alle Buchstaben mit durch. Später be-

schäftigt er sich mit Bücheransehen, singt mit, baut sich eine Gitarre und meldet sich auch im Kreis zu Wort.

Insgesamt ist Björn zwar durch seine kräftige Statur und seinen anzunehmenden „Dickkopf" nicht gerade unscheinbar, fällt aber inmitten der bunten Mischung der Klasse und im allgemeinen Unterrichtstrubel zu diesem Zeitpunkt nicht besonders auf. Der einzige Vermerk über Handgreiflichkeiten seinerseits ist an seinem vierten Schultag vermerkt:

12.12.95
Björn ist heute mit Natalie aneinandergeraten, er wollte auf den Drehstuhl, sie hat sich gewehrt, da hat er ihr an den Haaren gezogen. Er erzählt das ziemlich selbstverständlich, aber reflektiert doch.

Von der im Gutachten zur Einweisung in die Kinderpsychiatrie beschriebenen „erheblichen Verhaltensauffälligkeit mit häufigen aggressiven Durchbrüchen" kann weder zur Anfangszeit noch später die Rede sein, und auch die Beobachtung von Björns letzter Klassenlehrerin („Schon am ersten Tag trat er mehrere Mitschüler mit den Füßen. Während des Unterrichts konnte er nicht still sitzen und fiel dabei vom Stuhl.") kann trotz der zeitlichen Nähe zu den Vorkommnissen nicht bestätigt werden. Vielmehr strahlt Björn auf einige Kinder, vor allem aber auf die Erwachsenen (Lehrer, Schulleiter, Schulsekretärin, Eltern von Mitschülern) einen gewissen Charme des Besonderen aus – aber eher im positiven denn im negativen Sinne.

Nach zwei Wochen Schulzeit sind schon Weihnachtsferien und auch nach diesen Ferien wird Björn von den anderen Kindern ganz normal und selbstverständlich so empfangen, als ob er schon immer dazugehört hätte. In Einzelfällen bekommt der Lehrer mit, dass ein gegenseitiger Austausch mit anderen Kindern stattfindet, in dem Björn u. a. aufschlussreich und reflektierend über sein Schicksal in der Wohngruppe bzw. die Probleme zu Hause berichtet. Einen solchen Austausch pflegt er mit Erwachsenem – auch dem Lehrer – nicht. Wohl aber baut er eine Freundschaft zur Schulverwaltung, insbesondere zur Sekretärin auf, die er auch während der Unterrichtszeit gerne im Sekretariat besucht. Insgesamt stellen Sekretärin und auch Schulleitung über die ganze Grundschulzeit hinweg einen zusätzlichen Anlauf- und auch Ruhepunkt für Björn dar, den er einerseits zum „Smalltalk", andererseits aber auch für die verantwortliche Abwicklung von Formalitäten oder das Absprechen bestimmter (Sonder-)Erlaubnisse für ihn nutzt.

Mit unterrichtlichen Dingen beschäftigt sich Björn in dieser Zeit eher nicht, sondern geht lieber in der Klasse herum, guckt, was andere Kinder machen, setzt sich vor den Computer oder blättert Bücher durch. Er weiß sich in der Regel alleine oder mit anderen Kindern zu beschäftigen. Dabei vermeidet er alles, was irgendwie mit „Schule" zu tun hat. Sobald er Verpflichtungen verspürt, blockiert er sofort und verweigert die Arbeit. Es hat den Anschein, als ob er die Zeit weitgehend dazu nutzt, zu sehen, ob die ihm in der Klasse gewährte Freiheit bezüglich des Lernens auch ernst gemeint ist. Da bei ihm ansonsten keine Auffälligkeiten zu beobachten sind, ist zu vermuten, dass er diesen Freiraum nicht nur schätzt, sondern wahrscheinlich sogar benötigt.

Björn akzeptiert die demokratischen Grundstrukturen der Klasse von Anfang an. So wird von den Kindern, gerade ein paar Tage nachdem Björn in die Klasse gekommen ist, eine Regelung zur Computernutzung getroffen, die auch seine häufige Nutzung der Computer (die ihn in hohem Maße ansprechen) einschränkt. Als er und zwei andere Kinder an diesem Tag doch länger an den Computern arbeiten wollen, fertigt Björn nach einem Vorschlag des Lehrers eine Unterschriftenliste an, mit der er dann genügend Einverständniserklärungen von Kindern sammelt, dass er weiter am Computer arbeiten darf.

In der zweiten Woche nach den Weihnachtsferien beraten die Kinder über notwendige Regelstrukturen und Ämter in der Klasse, d. h. welche „Chefs" es geben sollte (ein Kind, das den Kreis leitet und auch sonst für alle Belange an zwei aufeinanderfolgenden Tagen zuständig ist; ein Kind, das Schülerarbeiten kontrolliert; ein Kind, das die Eigenbewertung der Kinder im Schlusskreis notiert; Kinder, die man fragen kann, wenn man mal keine Idee für eine Tätigkeit hat usw.). Björn schlägt zusätzlich einen „Rausschmeißchef" vor und stellt sich selbst zur Wahl, wird aber abgelehnt, weil die Kinder denken, dass diese Funktion schon der „Kreischef" innehat. Zusätzlich soll es aber „Musikchefs" geben, die das Nutzen der Musikanlage in der Klasse regeln. Für dieses Amt gibt es neben Björn sehr viele Bewerber, sodass er auch dieses Amt nicht bekommt. Zwei Wochen später schlägt Björn vor, dass man einen Geldchef bräuchte, der auf das in der Klasse vorhandene Spielgeld aufpasse. Er würde sich gerne dafür anbieten. Dieses Amt wird dann mit 5 Stimmen dafür und 15 Stimmen dagegen abgelehnt, woraufhin sich ein Mitschüler äußert, dass er es unfair fände, Björn immer nicht anzunehmen. Eine andere Mitschülerin plädiert entsprechend auch für ihn. In einer erneuten Abstimmung wird Björn das Amt des „Geldchefs" dann fast einstimmig zugesprochen.

Auch im weiteren Verlauf nutzt Björn die demokratischen Strukturen in der Klasse, vor allem aber akzeptiert er sie auch – wie z. B. ein verhängtes Computerverbot wegen „Rumspielens" oder zu langer Nutzung. Die von den Kindern gemeinsam gefassten Regelungen in der Klasse – die Verbote und Strafen mit einschließen – scheinen für ihn eine andere Qualität zu haben als die Regelungen bzw. „Erziehungsmaßnahmen", die er außerhalb dieses Umfeld bzw. vor allem in der Wohngruppe erfährt. Hier ist er nicht so „pflegeleicht" wie in der Klasse – wird allerdings auch dauernd korrigiert und zu einem bestimmten Verhalten angehalten, wie der Lehrer in seinen Besuchen in der Wohngruppe mitbekommen konnte (wobei sich die einzelnen Erzieher zum Teil stark hinsichtlich ihrer pädagogischen Handlungsweisen unterschieden).

Auch Björns Entwicklung im Arbeitsverhalten bzw. in den Fächern stellt sich in der hier untersuchten Klasse viel problemloser dar als man hätte annehmen können. In der zweiten Woche nach den Ferien fängt Björn plötzlich wie selbstverständlich an, zum derzeit beliebten Karnevalsthema „Vampire" am Computer (deshalb im Beispiel Kleinbuchstaben nach Drücken von Großbuchstaben) zu schreiben: „ein vampir fligt ins haus er ermordet ein medchen". Auffällig war damals nicht nur, dass Björn in der Schule überhaupt etwas freiwillig gearbeitet hat, sondern dass er direkt lautgetreu verschriftet hat (ohne Rechtschreibüberprüfung des Computers). So kann schon im „Privat-Zeugnis" der ersten Klasse Björns Schreibleistung erwähnt werden:

Hinweise zum Arbeits- und Sozialverhalten:

Lieber Björn,

Du bist ja noch nicht so lange in unserer Klasse, aber Du hast direkt Freunde gefunden, die gerne Sachen mit Dir zusammen machen. Zuerst hast Du Dir das bei uns alles erst einmal gut angeguckt, weil Du schon Schulen gesehen hast, die Dir nicht gefallen haben. Gefällt es Dir bei uns denn besser?

In der letzten Woche hast Du angefangen zu schreiben, ich habe mich (wie auch [... der Schulleiter; FP]) total über Deine gruselige Geschichte gefreut. Vielleicht hast Du ja jetzt Lust auf ein paar Lernsachen. Die könntest Du uns dann im Kreis zeigen.

Hinweise zu den Lernbereichen/Fächern:

Du hast jetzt angefangen zu schreiben, und das klappt doch ganz gut, oder? So schwer ist das also gar nicht. Das Lesen geht übrigens auch von alleine, wenn man schreibt.

Rechnen kannst Du auch schon gut, am liebsten machst du das am Computer. Ansonsten guckst Du Dir auch gerne Bücher an. Willst Du nicht mal etwas forschen, was Du dann allen Kindern zeigst?

Ich bin gespannt, was Du im nächsten Halbjahr alles machst.

Die Momente, in denen Björn ganz normal in der Klasse arbeitet, sind zwar Einzelfälle, aber nehmen weiter zu. Anfang Februar macht er sogar ganz normal bei einer Unterrichtsprobe der Lehramtsanwärterin mit, in der die Kinder Gespenstergeschichten schreiben sollen. Auch danach schreibt Björn immer öfter – meist am Computer und aufbauend auf seine Vampirgeschichte bzw. passend zum Karnevalsmotto der Kinder vor allem „gruselige" Inhalte.

Während Björn zum Ende des Halbjahres seine Verschriftungen noch nicht selbst lesen konnte, wird bei den Vorbereitungen für die Karnevalsfeier deutlich, dass er schon sinnentnehmend lesen kann. In einer Gruppe, die verschiedene Sorten von Wackelpudding mit eingelegten Weingummitierchen herstellen möchte, liest er ganz versiert die – sehr klein geschriebene und nicht leicht zu verstehende – Anleitung auf den Packungen vor und leitet die Herstellung (inklusive dem Abmessen der Wassermengen in ml bzw. Brüchen) an. Ähnlich ist es auch einen Monat später beim Färben von Ostereiern.

Neben dem Schreiben gruseliger Geschichten fängt Björn zeitweise an, mit den in der Klasse vorhandenen Experimentierbüchern zu forschen (Papierkugel in eine

Flasche blasen, Zuckerwasser erhitzen). Ende Februar arbeitet er plötzlich seitenweise in einem Rechenübungsheft. Sein Arbeitsverhalten ist dabei noch nicht kontinuierlich, aber er verblüfft durch seine Leistungen – vor allem deshalb, weil er, als er in die Klasse kam, noch nicht alle Buchstaben beherrscht hat, ihm das Auflautieren schwer gefallen ist und er nur begrenzt rechnen konnte.

Im Zeugnis für das erste Schuljahr werden sein Leistungsstand und seine Entwicklung beschrieben:

Lieber Björn !

Hinweise zum Arbeits- und Sozialverhalten:

Ich war ja auf einiges gefaßt, als du zu uns in die Klasse kamst. Aber daß das so gut wird mit dir, hätte ich nicht gedacht. Du hattest direkt Kontakt zu den anderen Kindern, mittlerweile machst du auch bei den Sachen, die wir zusammen machen, meist mit und hältst dich immer mehr an unsere Regeln. Wenn dir mal etwas nicht paßt und ich kann das nicht direkt mit dir ausdiskutieren, suchst du andere Möglichkeiten, damit klar zu kommen. Das ist klasse. Vielleicht kannst du ja auch mit anderen Kindern so ein Problem erst mal besprechen und dann eine Lösung suchen ?

Du schreibst zwar ganz tolle Geschichten und Briefe, aber arbeiten tust du in der Schule immer noch nicht so gerne. Am allerliebsten probierst du Sachen am Computer aus. Weil das manchmal die anderen vom Arbeiten ablenkt, geht das aber nicht immer. Da mußt du dir im nächsten Jahr auch mal andere Sachen vornehmen. Leider kann man sich nicht immer darauf verlassen, daß du am Computer nicht nur spielst. Dabei weißt du, daß das nur in der Pause geht. [...]

Hinweise zu Lernbereichen/Fächern:

Du kannst 1+1 und 1-1 weitgehend gut auswendig und rechnest auch schon schwierigere Aufgaben richtig. Probier doch mal mehr spannende Kniffelaufgaben.

Du konntest, als du kamst, noch nicht alle Buchstaben, hast aber ganz schnell Schreiben und Lesen gelernt. Jetzt kannst du alle beliebigen Wörter in großen Druckbuchstaben so aufschreiben, wie du sie sprichst. Probier doch nun mal Schreibschrift. Damit kannst du dann ganz bequem und schnell schreiben. Du bist gut im Lesen und liest alle möglichen Sachen, die dich interessieren. Dabei denkst du mit und weißt genau über das Bescheid, was du gelesen hast.

Forschen, Basteln, Malen, Musik und Theater machen dir manchmal Spaß, meistens machst du aber lieber andere Sachen. Im Sport spielst du mittlerweile klasse mit vielen Kindern. Dann macht es allen besonders viel Spaß. Du bist auch nicht mehr direkt so schnell beleidigt, wenn mal was schief läuft. Klasse!

Ich freue mich auf das zweite Schuljahr mit dir!

Auf dieses Zeugnis reagiert Björn schriftlich:

ICH BIN GUT IM RECHNEN. ICH BIN GUT IM BASTELN. ICH BIN GUT IM LESSEN UND KOME MIT EIN PA KINDER NICHT KLAR. ICH BIN GUT IM FORSCHEN. ICH BIN GUT IM THEATA. ICH BIN GUT IM BAUEN.

IM KREIS MACHE ICH NICHT GUT MIT. ICH KANN ALEINE GUT ARBEITEN. ICH KANN MIT ANDEREN NICHT GUT MITMACHEN. BEIM LESEN HAB ICH ALLES GELERNT NUR KEIN SCHREIBEN. ÜBER GOTT WEIS ICH NIX.
BESSER WERDEN KANN ICH WEN ICH MICH MER BEWEGE. BESSER WERDEN KANN ICH IN DER TURNHALLE.

Inwiefern Björns Resonanz als Hausaufgabe zusammen mit den Erziehern in der Wohngruppe entstanden ist, ist nicht mehr zu klären (der Umfang könnte darauf hinweisen, die fehlenden Korrekturen würden eher dagegen sprechen). Zumindest aber ist von Versagensängsten oder einer Misserfolgsorientierung nicht viel zu spüren, vielmehr scheint Björn seine Schwächen benennen zu können und sein Lernen insgesamt positiv zu reflektieren bzw. anzugehen.

Im Rahmen des zeitweiligen Versuchs der Schule, auf Grund der Aufnahme mehrerer „auffälliger" Kinder eine zusätzliche Förderungsbetreuung für die hier untersuchte Klasse zu bekommen, fertigt eine Sonderschullehrerin zum Ende des Schuljahres ein Gutachten über Björn an, in welchem sie ihn bzw. seine Entwicklung so beschreibt:

Unterrichtshospitation, Gespräch mit dem Schüler und Test:
In der Sportstunde zeigte sich Björn völlig unauffällig. Er war gut in Gruppenaktivitäten eingebunden, brachte eigene Ideen ein und übernahm hilfsbereit Aufgaben. Er wirkte fröhlich und ausgeglichen und begegnete seinen Klassenkameraden positiv. Gerade im Sportunterricht bereitete Björn in allen anderen Institutionen bisher erhebliche Probleme (s. Schülerakte), vermutlich da er u.a. aufgrund seiner Koordinationsstörungen häufig Mißerfolge erlebte. In dem jetzt praktizierten freien, wenig strukturiertem Unterricht kann er sich Dinge heraussuchen, die er beherrscht.
Björn scheint ein kontaktfreudiges Kind. Er erzählte mir bereitwillig von seiner „anderen Schule, da war ich immer so frech". An dieser Schule sei es viel schöner, auch mit den Kindern streite er sich nicht. Im Heim sei es auch gut. [...]

Gespräch mit der Erzieherin:
[...] Björns Erzieherin, bestätigte, daß Björn sich in der Schule sehr wohl fühle.
Er habe kaum etwas gekonnt, als er in die Wohngruppe kam, inzwischen könne er lesen, schreiben und im 100er-Raum rechnen. Auch habe er zu Anfang die Hausaufgaben verweigert, das sei jetzt kein Problem mehr. Er habe in allen Lernbereichen erhebliche Fortschritte gemacht.
Seine gesamte Entwicklung sei in dem halben Jahr, das Björn jetzt bei ihnen ist, positiv verlaufen. Zu Anfang habe er sowohl Erzieher wie auch andere Kinder versucht zu schlagen, wenn er Wut hatte. Dies mache er inzwischen nicht mehr. Er scheine in dem Heim zufrieden. [...]

Förderbedarf und vorgeschlagene Fördermaßnahmen:
Björn hat Defizite im sozial-emotionalen Bereich, vermutlich wegen der ungünstigen Bedingungen, unter denen er aufwuchs.
Er erlebt jetzt eine positive Annahme seiner Person sowohl im Heim, wie auch in der Schule. Dies hat in kurzer Zeit zu einer deutlichen Veränderung seines Verhaltens geführt. Er ist in seine Klasse integriert.
Trotz seiner Weigerung, am Klassenunterricht teilzunehmen, scheint er sich für Lerninhalte zu interessieren und sie aufzunehmen, da er auch hier Fortschritte gemacht hat. Björn hat einen erhöhten Förderbedarf. Seine Arbeitsverweigerungen scheinen Strategien, Frustrationen auszuweichen. Es sollten ihm Situationen mit individueller Zuwendung ermöglicht werden, um seine Bereitschaft, Hilfen anzunehmen, zu wecken und um sich zuzutrauen, sich Lernanforderungen stellen zu können.
Björn muß unbedingt in seiner Lerngruppe bleiben, da er hier das erste Mal positive Aufnahme gefunden hat und kein Außenseiter mehr ist. Auch hatte er in seiner bisherigen

Schulzeit 4 Wechsel in 1 1/2 Jahren zu verkraften, ein weiterer ist ihm zur Zeit nicht zuzumuten.

Als außerschulische Maßnahme wurde mit der Erzieherin Björns Teilnahme an einem Psychomotoriktraining verabredet.

Vom von schulärztlicher Seite angeregten „Sport treiben" ist im Moment noch abzuraten, da die Gefahr besteht, daß Björn wegen seiner Koordinationsstörungen Mißerfolge erleben wird und sich wieder Frustrationen aufbauen.

2. Schuljahr

In den ersten Tagen nach den Sommerferien hat Björn leichte Anlaufschwierigkeiten. Er arbeitet nicht bzw. wenig und findet ungewohnterweise auch keine eigenen Beschäftigungen. Am Ende der folgenden Woche bittet er den Lehrer, ihm Schreibschrift beizubringen. Dabei stellt sich schnell heraus, dass Björn eigentlich noch gar nicht Schreibschrift lernen will, sondern dies den Erzieherinnen zuliebe machen möchte bzw. machen soll. Diese bzw. ähnliche Formen der Einflussnahme der ihm wichtigen Bezugspersonen auf seine Lernentscheidungen sind auch in der Zukunft üblich, wobei den Erzieherinnen wahrscheinlich nur mit Einschränkungen klar ist, in welcher Weise sie Björn hier fordern bzw. welche inneren Konflikte sie ihm durch das Spiel mit dem Liebesentzug auferlegen. In einer ähnlichen Doppelbindungssituation befindet sich Björn, als er dem Lehrer sagt, dass er nicht am konfessionellen Religionsunterricht teilnehmen möchte. Dies ist gerade vor dem Hintergrund, dass er in einer kirchlichen Wohngruppe lebt, eine problematische Absicht, die auf Grund des in diesem Schuljahr frontal durchgeführten Religionsunterrichts verständlich, aber letztendlich nicht durchsetzbar erscheint.

Nachdem der Lehrer Björn bezüglich des Schreibschriftlernens mehr inneren Freiraum einräumen kann, fängt Björn in der folgenden Woche wieder an zu arbeiten, indem er beispielsweise ein Buch liest und danach über den Inhalt schreibt. Auch in den Sitzkreisen übernimmt Björn erneut Tätigkeiten des Notierens und Organisieren, z. B. bezüglich verschiedener Projektideen der Kinder, vom Werken bis zum Untersuchen von Farben und ihren Zusammensetzungen. Neben dem Lesen forscht Björn in der Folgezeit zeitweise an verschiedenen Sachen.

Immer öfter kommt Björn spontan auf Ideen für Vorhaben und Projekte, die er dann möglichst direkt durchführen will. Da dies schon rein organisatorisch auf Grund des Materialbedarfs nicht immer möglich ist, muss er diesbezüglich ab und zu vertröstet werden. Auf solche Vertröstungen reagiert er dann meist relativ patzig mit spitzen Bemerkungen – wobei der Lehrer allerdings den Eindruck hat, dass es dabei eher um das Verarbeiten der eigenen Enttäuschung denn eine wirkliche Uneinsichtigkeit geht. Diese Angewohnheit hat Björn auch noch nach Jahren – es könnte ein Verhalten sein, das ihn einerseits selbst vor Verletzungen oder Verlassensein schützt, andererseits aber auch Ursache für seine Probleme mit Erwachsenen ist, denn eine gewisse Anstrengung kostet der Umgang mit ihm in diesen Phasen schon. Der Lehrer geht darauf u. a. im Privatzeugnis zum Schulhalbjahr ein:

Hinweise zum Arbeits- und Sozialverhalten:

Lieber Björn,

als du zu uns gekommen bist, hast du nie gearbeitet. Jetzt machst du immer öfters was. Als Computerspezialist machst du am liebsten was am Computer und probierst da viele Sachen aus. Dann hast du da was total spannendes entdeckt und ich verdrehe erstmal die Augen, weil wieder nichts Richtiges zum Lernen gelaufen ist (und ich außerdem Angst um die Computer habe). Aber du hast dir jetzt vorgenommen, mehr auf Papier zu arbeiten und zum Beispiel Schreibschrift zu schreiben. Das hast du ganz gut und schnell durchgezogen. Da habe ich mich sehr drüber gefreut. Wenn du jetzt dran bleibst, haben wir mit der 3. Klasse kein Problem.

Mit den Kindern kommst du ganz O.K. aus. Ein bisschen mehr Mühe könntest du dir allerdings geben, dass du nicht immer nur zuerst an dich denkst. Du kommst immer zu den unmöglichsten Zeiten mit den unmöglichsten Ideen. Dann habe ich dafür gerade keine Zeit und du sagst: *Hier darf man ja gar nichts*. Dabei wissen wir beide, dass man ja wohl in anderen Klassen noch ziemlich viel weniger darf, oder nicht? Bereite einfach Sachen vor. Gib mir einen Zettel mit nach Hause, mit dem, was du willst. Da habe ich mehr Zeit dafür und mache gerne was für dich.

Schön wäre auch, wenn du ein bisschen mehr auf die anderen Kinder mitachtest. Es klappt mit [...] und [...] im Moment so gut, dass wirklich kein noch so kleiner Streit notwendig ist. Auch wenn du mal Recht haben solltest, versuch das bitte einfach anders zu regeln.

Im Gespräch mit dem Lehrer zum Halbjahresende reflektiert Björn seine Leistungen in den Fächern ziemlich genau. Er findet sich im Schreiben „so mittel" und differenziert weiter: Im Geschichtenschreiben nicht so gut, beim Schreibschriftschreiben mittel bis gut und in Erwachsenenschrift (Rechtschreibung) „ja". Lesen macht ihm Spaß und er findet sich auch gut, Rechnen bewertet er eher „mittel". Forschen macht er gerne und gut, Malen nicht so gerne und auch nicht gut, Musik macht ihm nicht Spaß, aber er kann es gut. Religion ist für ihn „tabu", das mag er nicht so. Sport macht ihm Spaß, er findet sich dort „mittel". Er möchte sich beim Schreiben und Rechnen mehr anstrengen.

Im Klassengespräch äußern sich die anderen Kinder zu Björn, indem sie ihm sagen, dass er ja immer nur am Computer sei, zu viel essen würde und sich mit Schimpfwörtern bessern sollte. Es sei gut, dass er jetzt viel mehr mit der Hand schreibe als früher, aber er solle mehr rechnen und mal eine Riesengeschichte schreiben.

Zusätzlich zu den oben schon zitierten Ausführungen bezüglich des Arbeits- und Sozialverhaltens führt der Lehrer Folgendes aus:

Hinweise zu den Lernbereichen/Fächern:

Geschichten habe ich schon lange nicht mehr von dir bekommen, dabei müssen Computerspezialisten doch auch gut schreiben können, oder? Die Kinder haben sich jedenfalls von dir eine Riesengeschichte gewünscht. An deiner Schreibschrift willst du noch arbeiten, hast du gesagt. Erwachsenenschrift merkst du dir schon gut. Du bist nämlich viel schlauer, als alle denken. Glaube ich. Zeig´s uns doch mal so richtig. Dann kannst du dir deinen Beruf später ganz locker aussuchen und dabei ganz viel machen, was dir Spaß macht.

Rechnen ist auch O.K., trau dich mal kniffeligere, neue Sachen, denn für Computer muss man erstklassig in Mathematik sein. Die machen nämlich innendrin alles nur mit Zahlen. Dass du das Rechenheft so schnell fertig hattest, ist klasse! Das ganze Einmaleins hätte ich dir allerdings eigentlich auch noch zugetraut.

Forschen tust du gerne, da brauche ich gute Ideen von dir, damit du nicht immer nur irgendwelche bunte Gläschen voll mischst. Malen und Musik findest du nicht so toll, am langweiligsten findest du Religion. Ich habe mir da mit Frau [...] schon was ausgedacht, damit Religion besser wird.

Sport findest du klasse, du traust dich auch immer mehr, manchmal spielst du aber auch stundenlang Superman. *Oder hieß das Suppenmann?* Deine Hausaufgaben sind meistens O.K.

Ich freue mich auf das nächste halbe Jahr mit Dir.

Der für den außenstehenden Leser unverständliche Bezug auf Björns Tätigkeiten im Sportunterricht soll im Folgenden kurz erläutert werden:

Wie schon im Gutachten der Sonderschullehrerin Ende der ersten Klasse beschrieben, ist Björns Verhalten im Sportunterricht insofern ein wichtiges Indiz für seine Entwicklung, als dass er gerade dort immer besonders herausfiel bzw. als Außenseiter in Erscheinung trat. Erinnert sei an die oben erwähnten amtsärztlichen Gutachten sowie die Ausführung der Leiterin des Schulkindergartens:

Größere Beeinträchtigungen erlebte Björn im Sportbereich. Seine schwerfälligen, plumpen Bewegungen und seine mangelhafte Einsicht in Regelverständnis zeigten wiederum große Defizite.

Im in der hier untersuchten Klasse praktizierten ganz offenen Sportunterricht, in dem die Kinder individuell nach ihren Bedürfnissen Spiel- und Sportgeräte aufbauen bzw. nutzen dürfen, bekam Björn einen ganz anderen Zugang zu diesem Fach bzw. zu sich selbst und seiner Motorik. Neben seinem Lieblingsaufbau „Gletscherspalte", bei dem zwei Großmatten aufrecht so hinter der Sprossenwand eingeklemmt werden, dass man nach entsprechendem Klettern von oben in den Zwischenraum rutschen kann und sich von dort im engen Spalt den Weg nach draußen bahnen muss, entdeckt er das freie Bewegen für sich. Er verkleidet sich durch das Umhängen einer Gymnastikmatte als „Superman" und läuft stundenlang vergnügt ein Gymnastikband schwingend durch die Turnhalle. Unter Umständen verhalf ihm das so gewonnene Selbstbewusstsein dann auch, andere sportliche Tätigkeiten aufzunehmen bzw. sich an den Aufbauten, Übungen und Spielen der anderen Kinder zu beteiligen.

In der Rückfrage nach dem, was er im Zeugnis richtig bzw. nicht richtig beschrieben fand, äußert sich Björn mit „Garnigs" in Bezug auf falsche Darstellungen und fand richtig, „Das ich erst immer an mich denke. Das ich immer am Computer size."

Björns grundsätzlich positive Entwicklung geht auch im zweiten Halbjahr weiter, wobei immer ein gewisser Einbruch zum Halbjahresanfang und eine stärkere Verbesserung zum Halbjahresende zu verspüren ist, wenn die Gutachten anstehen. Vor allem beim Schreiben von Geschichten macht Björn größere Fortschritte im Hinblick auf Wortwahl und Ausdruck – Rechtschreibung hat ihm ja noch nie Schwierigkeiten bereitet. Er kann flüssig lesen und liest schon anspruchsvolle Sach- und Geschichtenbücher, lediglich beim Vorlesen stört seine mangelnde Betonung. Er kann Additions- und Subtraktionsaufgaben im Hunderttausenderraum lösen sowie dreistellige Divisions- und Multiplikationsaufgaben. Im Sachunterricht hat er sich noch nicht zu einem Forschervortrag entschlossen, hier ist sein Wissen zwar groß, aber eine intensivere bzw. systematischere Auseinandersetzung ist sehr themenabhängig. Vielmehr scheint Björn alle möglichen in der Klasse „befindlichen" bzw. geäußerten Informationen aufzuschnappen und für sich zu nutzen. Interessiert ist er vor allem dann, wenn ihn handlungsaktive Sachen reizen ohne ihn zu überfordern.

Im musischen Bereich äußert Björn verspätet den Wunsch, in die für die Klasse organisierte Flöten-Arbeitsgemeinschaft einzusteigen und spricht sich daraufhin mit Kindern ab, die dann mit ihm im Keller Flöte üben. Diese Tätigkeit hält er auch bis zum Schuljahresende durch. Als im Rahmen der in der Klasse stattfindenden Schulpraktischen Studien Studierende etwas zum Thema Radfahren machen möchten, stellt sich heraus, dass Björn als einziges Kind der Klasse noch nicht Fahrrad fahren kann. Daraufhin wird ihm ein Rad besorgt und er kann nach kurzer Zeit des Übens (alleine bzw. unter Begleitung von Klassenkameraden oder Lehrer) Fahrrad fahren. Bei der Planung der anstehenden Klassenfahrt übernimmt Björn die Organisation der Spiele, die von den Kindern mitgebracht werden möchten bzw. sollen. Da die Klasse zusammen mit der Klasse einer anderen Schule wegfährt, müssen hier gegenseitig Listen gefaxt und miteinander abgestimmt werden, was Björn zuverlässig in die Hand nimmt.

Insgesamt ergibt sich ein positives Bild von Björns Verhalten und Entwicklung, das der Lehrer im Gutachten für das zweite Schuljahr folgendermaßen beschreibt – allerdings nicht ohne Björn noch ein Stück mehr herauszufordern:

Lieber Björn!

Hinweise zum Arbeits- und Sozialverhalten:

Du hast dich im letzten Jahr gut gemacht. Du nimmst dir immer öfter Sachen vor, die du arbeiten willst. So hast du dir zum Beispiel ziemlich flott Schreibschrift beigebracht und schreibst mittlerweile tolle Geschichten in Erwachsenenschrift. Schwer fällt dir aber noch oft mitzumachen, wenn wir was zusammen machen. Da klinkst du dich noch zu oft aus und machst etwas anderes und lenkst dann dabei leider auch andere Kinder ab. Versuch dich da noch ein bisschen mehr zusammenzureißen, auch Geduld für Fragen anderer Kinder zu entwickeln, nicht immer ungefragt zu reden, sondern eure Melderegeln zu beachten, und auch mal zurückstecken und abwarten zu können. Du müsstest eigentlich gemerkt haben, dass ich dir gerne immer sofort helfe, aber der Zeitpunkt muss zumindest einigermaßen stimmen. Und für die anderen ist es ja auch blöd, selber immer warten zu müssen, nur weil einer meint, er habe gerade jetzt das wichtigste Problem.

Mit den anderen Kindern kommst du gut klar, du arrangierst dich in letzter Zeit gut und versuchst auch Streit zu vermeiden. Vielleicht hast du auch gemerkt, was für tolle Kinder wir in der Klasse haben, mit denen man gute Sachen machen kann, die dann auch noch Spaß machen. Such dir also nicht nur die Kinder aus, die man leicht vom Lernen ablenken kann oder die jeden Quatsch mitmachen.

Besonders hat mir gefallen, wie du dich auch um die neuen Schüler kümmerst, wie du die Regeln der Kinder (z.B. die Arbeitszettel) akzeptierst und dass du dir vorgenommen hast, mehr mit anderen zu arbeiten.

Was ich auf jeden Fall von dir erwarte, ist, dass du die Schulregeln beachtest. Wir haben darüber gesprochen, was du in der Pause darfst und was nicht. Auch vermeide bitte alle

Streiche, die dir so einfallen, vielleicht enden sie sonst mal anders, als uns beiden lieb ist. O.K.?

Die letzte Bemerkung bezieht sich auf einen Vorfall, der dem Lehrer nicht mehr genau präsent ist. Wahrscheinlich ging es aber um das Verstopfen einer Toilette. Diesbezüglich hatte der Schulleiter eine Durchsage gemacht, um die Sache aufzuklären. Am Tagesende erfährt der Lehrer, dass sich Björn direkt nach der Durchsage beim Schulleiter als „Schuldiger" gemeldet hat – was ihm hoch angerechnet wurde.

Insgesamt reflektieren auch die anderen Kinder Björns Verhalten im vergangenen Halbjahr positiv, er hätte sich im Streiten gebessert und es sei „alles in Butter". Björn selbst nimmt vor dem Zeugnis kritisch Stellung zu seinen Leistungen und stimmt dabei in hohem Maße mit der Einschätzung des Lehrers überein:

> Manchmal quatsche ich im Kreis! Ich arbeite nicht gut mit. Manchmal hilfe ich anderen manchmal nicht. Ich kann nicht so gut mit anderen arbeiten. Ich komm nicht so gut anderen aus. Beim Streiten kann ich mich nicht ergeben. Ich kann Streit besprechen. Mir fallen gute Texte ein und ich hab eine Schöne schrift. ich Guck nicht so gut nach. Ich kann gut mit dem Wörterbuch umgehen.
> Ich kann schon ein paar Tausendausrechnen. Ich hab alle Führerscheine. [...]
> Ich kann gut lesen. Ich kann Flüssig vorlesen. ich kann nicht so gut betont vorlesen. Ich mach inzwischen gut bei Religion mit. ich weiß schon viel.
> Ich bin gut in Sport. Ich hab neue Sachen gelernt. Ich mach bei Spielen mit.

Für das nächste Schuljahr nimmt Björn sich „Schreiben, Lesen, Diktat, eine Geschichte zusammen schreiben, Gedichte üben, Deutsch" vor und möchte „Abenteuer machen, in den wald gehen, Flöte spielen und vorführen". Ferner schlägt er Ausflüge vor: „Klassenfahrt, in das Schokoladenmuseum gehen, über Pilze Forschen". Bezeichnend ist auch seine erfahrungsverarbeitende Einschätzung des Religionsunterrichts: „Aus der Bibel vorlesen und malen".

3. Schuljahr

Das dritte Schuljahr beginnt Björn (ungewohnterweise) mit einem erfolgversprechenden Start. Er arbeitet sehr selbstständig und zielstrebig, schreibt eigene Geschichten sowohl am Computer als auch mit der Hand, überarbeitet diese, rechnet herausfordernde Mathematikaufgaben im unbegrenzten Zahlenraum und forscht an verschiedenen Sachen im Sachunterricht. Letztere Aktivitäten sind aber weiterhin eher sporadischer Natur denn wirklich geplant. So schreibt ihm der Lehrer nach einem Vierteljahr:

> Versuch das auch mit dem Forschen in den Griff zu kriegen, denn ich finde deine Forschungen sehr gut und möchte, dass du da viel machst. Also bereite das vor! Schreib mir rechtzeitig alles Wichtige auf: Was? Wie? Womit? Weshalb? und so. Dann glaube ich nicht, dass du nur spielen willst und du hast was Tolles geleistet, wenn du das den anderen dann zeigst und vorträgst.

In diesem Brief an Björn geht der Lehrer vor dem Hintergrund der positiven Entwicklung und der guten Anpassung Björns an die Klasse das erste Mal konkreter auf Björns Probleme im Arbeitsverhalten ein – ein Schreiben, das Björn insofern gerecht wird, als dass ihm nicht fälschlicherweise gesagt wird, dass er nichts lernt, wenn er nicht arbeitet (das würde bei Björn nicht stimmen, da Björn anscheinend eher beiläufig lernt), sondern das Arbeitsverhalten selbst zum Lernziel macht:

> Deine Leistungen sind gut, du brauchst keine Angst vor der nächsten Schule zu haben, wenn du so weiter machst wie bisher. Du musst dein Arbeitsverhalten allerdings noch verbessern. Nach den Ferien warst du spitze drauf und hast ganz toll gearbeitet. Dann wurde es plötzlich schlechter (Liebeskummer?), sodass ich ab und zu mal genervt war.

> Verstehst du, du musst nicht arbeiten, damit du Sachen lernst, sondern, damit du das ruhige (manchmal auch langweilige) Arbeiten lernst. Denn das musst du in der nächsten Schule können. Da bekommst du was gesagt und das musst du dann machen, ob du willst oder nicht. Diskutieren kannst du nur mit einem tollen Lehrer und den kann dir keiner garantieren.

Wie hier angedeutet ist, hat Björns Arbeitsverhalten in der Mitte des Halbjahres einen auffälligen Einbruch (was genau mit „Liebeskummer" gemeint war, lässt sich leider nicht mehr rekonstruieren, es ging aber um niemanden aus der Klasse), der sich sowohl in der Schule als auch in der Wohngruppe zeigt. Insgesamt ist es eine Zeit, in der sich außer Björn auch zwei andere Kinder einen Spaß daraus machen, die gemeinsamen Regeln nur begrenzt einzuhalten — woraufhin das erste und einzige Mal ein sehr harter Beschluss von den anderen Kindern gefällt wird, wie der Tagebucheintrag zeigt:

> 6.11.97
> Im Schlusskreis sind ein paar Kinder zu albern und halten sich nicht an die Regeln. Es wird abgestimmt, ob diese Kinder nicht lieber zu Hause bleiben sollten, wenn sie in der Schule sowieso nicht arbeiten wollen. Geht auch so aus. Björn, Steven, Carlo sollen morgen zu Hause bleiben. Carlo weint, Björn versucht Schleichwege, Steven weiß die Reaktion zu Hause einzuschätzen. Nachher fragen erst Bodo, dann Lars, wie das mit Noten ist und wann man sitzen bleiben kann. Ich unterhalte mich noch mit Carlo und Steven während Religion. Beide sind stark am Nachdenken und es scheint einiges bei ihnen abzulaufen. Man abwarten, ob es was bringt.

> 7.11.97
> Björn bleibt zu Hause, Frau [... die Erzieherin; FP] zieht am selben Strang, Carlos Mutter bekommt Bauchschmerzen, Carlo kommt ruhig zur Schule und es klappt auch ganz gut. Steven hängt einen Entschuldigungszettel auf, seine Mutter kommt mit der Klassenentscheidung gut klar, kann aber nicht auf ihn aufpassen.

Diese Entscheidung geht allen drei betroffenen Kinder sehr nahe. Während sich Björn nach der entsprechenden Diskussion und Abstimmung noch nach außen hin überlegen gibt, indem er mit einem Tag „Ferien" prahlt, sind die anderen beiden Kinder sichtlich getroffen. Sie kommen auch beide trotzdem am nächsten Tag in die Schule (u. a., weil beide Eltern arbeiten müssen), was von den anderen Kinder der Klasse problemlos akzeptiert wird. Björn bleibt hingegen in der Wohngruppe und wirkt am nächsten Tag ziemlich fertig, weil der Vormittag allein in der Wohngruppe doch nicht so angenehm war wie er gedacht hatte.

Björns Verhalten ändert sich in der Folgezeit wieder zum Positiven, sodass zum Halbjahresende im Zeugnis formuliert ist:

Dazwischen gab es eine Zeit mit einigem Ärger, du hast keine Arbeiten angenommen, dich nicht an Regeln gehalten und ausgetestet, wie weit du mit deinen Streichen gehen kannst. Das hast du dann aber auch zu spüren bekommen, dass die Klasse da nicht mitmacht (genauso wenig wie die Leute bei dir zu Hause).

Ansonsten weißt du, dass ich dich für sehr intelligent halte und deshalb dein Verhalten in der Klasse extrem wichtig wird. Bei dir ist nicht das Lernen das Problem, sondern das Arbeiten nach Vorgabe und das Auskommen mit anderen Kindern. Wenn du das im nächsten Jahr noch auf die Reihe bekommst, stehen dir alle Türen offen. Reagiere bei Situationen, die dir nicht gefallen, nicht direkt mit Verweigern oder heimlichen Rache-Streichen, sondern versuche sie zusammen mit anderen zu lösen. Wir sind dafür eine ziemlich tolle Klasse, glaube ich. O.K.?

Björn reflektiert seine Lernentwicklung vor den Gutachten kritisch, indem er sagt, dass es nach den Sommerferien erst gut war, danach aber schlecht. Nach den Weihnachtsferien sei es aber wieder gut. Die anderen Kinder bestätigen diese Entwicklung und sagen ihm, er solle wirklich mehr auf andere achten und nicht mehr so wie früher „rumwuseln". Dass er das könne, wenn er wollte, habe er gezeigt.

Seinen Leistungsstand zum Ende des Halbjahres beschreibt Björn folgendermaßen:

Jetzt mach ich gut im Kreis mit und wenn wir zusammen arbeiten. [...] Ich arbeite gut, vermeide streit, arbeit gut mit anderen. [...]
Mit dem Wörterbuch guck ich Geschichten nach. Oft nur eins oder zwei Fehler. [...]
Ich kann Aufgaben aus dem 5 Schuljahr rechnen.

Er nimmt sich vor: „Ich muß mir die heimlichen Rache streiche abgewöhnen" und möchte in Religion besser mitarbeiten. In Sprache muss er sich nicht bessern, wohl aber im Sachunterricht. In Mathematik: „Da drin bin ich gut. Ich muß nur mehr machen." In Sport muß ich mich bessern in Musik nicht viel und in Kunst muß ich die sachen nicht immer wegwerfen."

Im zweiten Halbjahr macht Björns Verhalten in der Klasse gute Fortschritte. Er übernimmt viele Aufgaben und betreut diese verantwortlich und verlässlich. Beeindruckend ist vor allem auch der Prozess, den er im Rahmen des von der Klasse aufgeführten Musicals „Tabaluga" durchmacht. So möchte er gerne die Hauptrolle des kleinen Drachens spielen, wird auch entsprechend dafür gewählt, hat dann aber eine Phase, in der er diese Anforderungen wieder ablegen möchte. In einem ständigen Auseinandersetzungsprozess mit den anderen Kindern steht er diese Phase allerdings durch und liefert eine glanzvolle Vorstellung. Gerade diese Erfahrung lässt die Ansprüche, die von außen an Björn herangetragen werden, stetig wachsen – vor allem auch in Bezug auf sein Arbeitsverhalten. Vor diesem Hintergrund und der positiven Tendenz zum Halbjahresende sind die Formulierungen zu verstehen, die Björns Arbeitsverhalten im Zeugnis für das zweite Halbjahr der dritten Klasse beschreiben:

Du hast im letzten Halbjahr nicht gut gearbeitet. Zwar hast du vor dem letzte Zeugnis gezeigt, wie toll selbstständig, konsequent und fleißig du arbeiten kannst, das hast du nach dem Zeugnis dann aber sehr schnell wieder sein gelassen. Schade. So sind wir auch öfters aneinandergerasselt, wenn ich dein Arbeitsverhalten so absolut nicht in Ordnung fand. Aber ich habe dich früh genug darauf hingewiesen, dass in einer Leistungsbeurteilung nicht nur der Leistungsstand geschildert wird, sondern auch das Arbeiten in der Schule an sich.

Gerade aber dieses Arbeitsverhalten wird bei dir den Ausschlag dafür geben, auf welche Schule du gehen kannst. Wir haben ja mal eine Woche 5. Schuljahr gespielt und du hast gesehen, auf was es da ankommt. Entsprechend kannst du diese wichtige Entscheidung durch dein Verhalten im nächsten Jahr selber steuern – in die eine oder in die andere Richtung. Intelligent genug dazu bist du. Überleg dir also vorher gut, was du selber willst und verfolge dieses Ziel auch dann, wenn es dir manchmal schwer fällt, oder wenn du Probleme in anderen Bereichen hast.

Wichtig diesbezüglich war für mich auch zu sehen, wie du deine Hauptrolle bei Tabaluga durchhältst. Da habe ich mich nicht geirrt, denn wir konnten alle sehen, dass du sehr wohl diszipliniert und zielgerichtet arbeiten kannst und mittlerweile auch gut über Tiefpunkte hinwegkommst. Das war eine sehr große Leistung und sehr viele Eltern, Lehrer und Kinder sprechen mich immer wieder auf deine tolle Entwicklung an. Mach doch auch in den normalen Stunden so weiter und bekomm deine Lust und deine Stimmungen dann ganz in den Griff. Dann kannst du später auch das werden, was *du* willst.

Björns Leistungen in den Fächern sind dabei zum Ende des dritten Schuljahres durchweg gut – auch ohne entsprechend kontinuierliches Arbeitsverhalten. Dabei wurden die Fächer Religion und Sport fremd unterrichtet (nicht offen), der Sachunterricht teilweise von einem Lehramtsanwärter in die Hand genommen und die Musicalproben von einer Praktikantin betreut:

Religion: Du hast im letzten Halbjahr besser als früher mitgearbeitet und zum großen Teil die Erwartung an Konzentration und Mitarbeit erfüllt.

Sprache: Du liest unbekannte Stücke flüssig und gut betonend vor, verstehst auch anspruchsvolle Texte und kannst Anweisungen umsetzen. Du kannst gut Gedichte auswendig lernen und präsentieren.

Deine Geschichten sind gut und interessant geschrieben. Dir fallen Sachen zum Verbessern auf und du kannst Tipps umsetzen. Deine Wortwahl ist oft sehr treffend und gut gewählt. Insgesamt könntest du in der Schule aber mehr Geschichten schreiben und vorlesen. Du schreibst mit einem hohen Rechtschreibniveau fast fehlerfrei. Klasse !

Versuch im nächsten Jahr mehr in Richtung von Vorträgen zu gehen, such dir dazu Informationen aus Büchern, mach dir Stichworte und überlege dir eine passende Präsentation. So kannst du das Schreiben dann gut mit deinem großen Sachwissen verbinden und der Klasse zu Gute kommen lassen.

Sachunterricht: Den größten Teil des Sachunterrichts sind wir in diesem Schuljahr in der Form des Indianerprojektes angegangen. Achim schreibt über dich:

Am Anfang hattest du gar keine Lust zu unserem Projekt. Du hattest dich für die Tipi-Gruppe eingetragen, dann dort aber manchmal gar nicht mitgemacht, mit der Begründung, du könntest ja nicht nähen. Schule ist aber dafür da, dass man Sachen lernt, die man noch nicht kann. Im Kreis warst du interessiert, hast aber oft deine Beiträge einfach hereingerufen, ohne aufzuzeigen. Beim Vortrag hast du allerdings gut mitgewirkt. Dein Indianerbuch hast du wirklich toll bearbeitet.

Insgesamt hast du deine Forschungsvorhaben immer noch nicht im Griff. Sie werden zu schnell zum einfachen Spielen. Wenn du hier mehr Durchhaltevermögen (auch ohne Lehrer) zeigen könntest, würdest du sehr spannende Sachen entdecken und präsentieren können. So bewegst du dich beim Forschen oft weit unter deinem Niveau. Wie schon oben bei Sprache beschrieben, nimm dir zum nächsten Jahr mal einen Vortrag mit einer guten Präsentation vor. Material gebrauchst du oft noch nicht sachgerecht bzw. achtest nicht genug darauf, dass ja auch andere später noch damit arbeiten wollen.

Mathematik: Du kannst Plus-, Minus-, Mal- und Geteiltaufgaben im unbegrenzten Zahlenraum im Kopf, halbschriftlich und schriftlich richtig lösen und Probeaufgaben dazu rechnen. Du beherrschst sogar schon die Addition und Subtraktion mit mehreren Zahlen.

1+1, 1-1, 1*1 und 1:1 kannst du auswendig, das große Einmaleins bist du allerdings nicht mehr rechtzeitig angegangen. Schade.

Deine Rechengeschichten sind – wenn du welche schreibst – gut, du traust dich dabei auch an schwierigere Sachen heran. Textaufgaben und Aufgaben mit Größen verstehst du und kannst sie ausrechnen, wenn du dazu Lust hast. Dabei bekommst du auch schwierige Knobel- oder Dreisatzaufgaben heraus.

Sport: Du hast deine Sportstunden oft schon mit Skepsis begonnen und dir wenig zugetraut. Wenn du merktest, dass du doch Erfolge erzielen konntest, hast du mit viel Freude am Unterricht teilgenommen. Du konntest in Leichtathletik beweisen, dass du lange und ausdauernd laufen kannst.

Musik: Du singst unsere Lieder weitgehend mit und kannst auch Instrumente spielen, Texte in Musik umsetzen und dir Sachen notieren. Mit großer Begeisterung bist du an die Tabaluga-Proben herangegangen. Schnell hattest du einen Überblick über das ganze Stück und konntest eine Reihe von Ideen einbringen. Die Hauptrolle hast du gut umgesetzt, dir dabei Mühe gegeben und (zum ersten Mal ?) trotz der hohen Anforderungen an dich ein tolles Durchhaltevermögen gezeigt. Klasse, Björn !

Kunst/Textilgestaltung: Du hast auch im letzten Halbjahr etwas mehr gemalt und gebastelt als früher, aber das ist halt insgesamt nicht so ganz dein Fall. Wenn du willst, kannst du selbstständig werken und basteln, allerdings musst du weiterhin dranbleiben, um Hürden bei der Erstellung auf dich zu nehmen und auch die Endprodukte zu akzeptieren, die deinen Vorstellungen und Wünschen nicht hundertprozentig entsprechen.

Björn reflektiert ähnlich und gibt sich Noten zwischen 1+ (Sprache) und 3+ (Religion). Für das nächste Schuljahr nimmt er sich vor:

Nicht nur wenn es geht ruhig und sorgfältig arbeiten sondern immer. Ich versuch auf Sachen zu achten.
Das ich immer im Kreis gut bin.
Öfters gute Texte zu Schreiben.
Das große 1 * 1 und : zu lernen und mehr sachen aus zu denken.
Mehr zu forschen.
Mehr zu lesen
In Religion besser mitzumachen.
Ich will mich bessern in Sport.

4. Schuljahr

Anfang des vierten Schuljahres möchte Björn nach der Grundschule entweder auf das Gymnasium (1) oder die Realschule (2) gehen. Der Lehrer bejaht diese Entscheidung, wobei er selber vor dem Zwiespalt steht, inwiefern für die Wahl des Gymnasiums das Arbeits- und Anpassungsverhalten eines Schülers eher eine Rolle spielen als seine fachlichen Leistungen und kognitiven Möglichkeiten (vgl. Peschel 1999). Er schreibt Björn nach dem ersten Vierteljahr folgenden Brief:

Lieber Björn !
Das hier ist zwar noch kein Zeugnis für die 4. Klasse,
aber wir haben schon die Hälfte der Zeit bis zum Gespräch über die richtige Schulwahl vorbei und das nächste Zeugnis Ende Januar ist das, das du der nächsten Schule vorzeigen musst. Und das schreibe ich schon in den Weihnachtsferien. Mit Noten.

Damit du dir über deine Leistungen im 4. Schuljahr klar bist, schreibe ich dir ein paar wichtige Sachen aus meiner Sicht schon einmal so auf. Du kannst dann ja beurteilen, ob du so zufrieden bist, oder ob du dir irgendwo noch mehr Mühe geben willst.

Wir haben schon oft darüber gesprochen, dass jetzt nicht mehr nur das zählt, was du kannst, sondern auch wie gut du im Unterricht mitmachst, wie eifrig und selbstverständlich du Aufgaben angehst, wie gut du alleine üben kannst, wie sorgfältig deine Arbeiten aussehen und wie gut du mit anderen Kindern zusammenarbeitest.

Obwohl deine Leistungen an sich gut sind und meiner Meinung nach zum Gymnasium tendieren, kann ich dich so nicht dahin schicken, denn dein Arbeitsverhalten ist zwar von „nicht vorhanden" vor ein paar Jahren bis „arbeitet, wenn es wichtig wird" gestiegen, aber das reicht so nicht für das Gymnasium.

Das Problem ist folgendes: Ein angepasstes Arbeitsverhalten brauchst du in jeder Schule. Du musst dich einfach besser verkaufen. Wenn in deiner nächsten Schule die Lehrer mehr Unterricht von Vorne machen, brauchen sie dauernd Schüler, die begeistert mitmachen (oder zumindest so tun). Da du ein großes Wissen hast, könntest du dich doch auch von alleine melden. (Manchmal redest du allerdings auch mit deinem Nachbarn und man bekommt dich dran.)

Es scheiden bei diesem Arbeitsverhalten also alle normalen Schulen aus, denn dir nützt eine Realschule oder eine Hauptschule da auch nicht mehr (wäre auch Quatsch bei deinen Fähigkeiten), da diese Schulen ja auch ein entsprechendes Arbeitsverhalten fordern. Also letztendlich doch die Sonderschule oder was ???

Ich verstehe nicht, dass du nicht endlich die Kurve bekommst. Ich bewerte jeden Tag dein Arbeitsverhalten und du kannst dir denken, welche Noten sich da an vielen Tagen ansammeln. Auch, wenn du Sachen letztendlich kannst.

Mehr als dir das immer wieder sagen, kann ich nicht. Das ist eine Frage deiner Einsicht. Es hat keiner Lust, dir noch jahrelang nachzulaufen.

Es ist höchste Zeit für einen Ruck, mit dem du allen zeigst, was *du* selber willst.

Grundsätzlich erwartet der Lehrer aber auch von der weiterführenden Schule ein Akzeptieren des Menschen Björn – mit dem ihm eigenen Naturell und Eigenwillen. Er versucht dies in das Gutachten zum Halbjahr aufzunehmen:

Sehr geehrte Erziehungsberechtigte,

die Klassenkonferenz hat beschlossen, dass für Ihr Kind die folgenden beiden Schulformen für die weitere schulische Förderung am besten geeignet erscheinen:

Gymnasium oder Gesamtschule

Björn erscheint als ziemlich intelligenter Schüler, der den gängigen Grundlernstoff der Grundschule ohne großen Übungsaufwand beherrscht. Seine Mitarbeit im Unterricht ist stark abhängig von seiner Eigenmotivation. Er kann sehr zielstrebig und zügig arbeiten, Anstrengungsbereitschaft ist bei vorgegebenen Aufgaben aber vor allem dann vorhanden, wenn eine Bewertung erfolgt.

Björn kann völlig selbstständig auf hohem Niveau arbeiten, bei vorgegebenen Aufgaben erscheinen allerdings Erwachsene notwendig, um ihn entsprechend zur Erledigung anzuhalten. Björn hat sich eigene Lerntechniken angeeignet, die er sinnvoll anwenden könnte.

Eigenmotivation zum Finden von Aufgaben oder zum Stecken von Zielen ist in den Bereichen vorhanden, an denen er persönliches Interesse hat. Er hat ein gutes Gedächtnis und kann auch abstrakte Aufgaben und Anweisungen umsetzen. Björn ist für Impulse und Tipps offen, wenn sie ihm passen. Björn zeichnet sich durch gute Denkfähigkeit aus, die er allerdings bei Vorgaben aus Trotz oft nicht nutzt.

Er hat eine hervorragende Ausdrucksfähigkeit, die er mündlich und schriftlich anwenden kann.

Er kommt gut mit seinen Klassenkameraden klar, kann Konflikte besprechen und lösen und nimmt Reaktionen und Forderungen der Klasse an.

Björn ist relativ selbstständig, wenn man ihn lässt. Er kann erwachsenenunabhängig auch schwierige Aufgaben übernehmen und lösen, wenn er dabei seinen Weg gehen darf. Sein Selbstdurchsetzungsvermögen stößt durch seinen starken Ich-Bezug immer wieder an die Grenzen seiner Gegenüber, die darauf dann leider oft mit einem gewissen Druck reagieren (müssen). Björn ist bei fairen Aufträgen sehr zuverlässig. Kommen ihm seine eigenen Bedürfnisse in die Quere, wird es schwieriger. Stresssituationen meistert er mittlerweile gut, wobei er bei Tests mehr Ausdauer bei der Kontrolle zeigen könnte.

Er ist sehr an Forschung und Wissenschaft interessiert und hat dort ein großes Potential an Möglichkeiten. Björn hat viele Interessen, so interessiert er sich stark für Computer, naturwissenschaftliche Experimente und spielt Flöte.

Die Empfehlung „Gymnasium oder Gesamtschule" wird auf Grund des Leistungsstandes sowie der kognitiven Leistungsmöglichkeiten des Schülers getroffen. Dem entgegen steht sein individuelles, teilweise unangepasstes Arbeitsverhalten. Ob deshalb (zunächst) der Besuch der Realschule in Erwägung zu ziehen ist, sollte mit der in Frage kommenden Schule bzw. den zuständigen Lehrern besprochen werden.

Björns Benotung liegt im Bereich Sprache bei 1,3; in Mathematik und Musik bei 2; im Sachunterricht, in Sport und in Kunst bei 3 und in Religion bei 4.

Während Björns Arbeitsverhalten im ersten Halbjahr durchaus zufriedenstellend war, wird es im zweiten Halbjahr schlechter, was zeitlich mit gravierenden privaten Entscheidungen einher geht. Von Seiten der Wohngruppe – und damit auch für Björn – war immer klar, dass Björn spätestens nach seiner Grundschulzeit wieder zu seiner Mutter nach Hause ziehen wird, was ihm nicht möglich ist. Es kann sein, dass Björn aus der Perspektive, nach der Grundschulzeit wieder nach Hause kommen zu können, im letzten Halbjahr einiges an Kraft und Motivation in Bezug auf sein Arbeits- und Sozialverhalten geschöpft hatte. Mit der schwindenden Perspektive und dem Los, als einer der Ältesten in der Wohngruppe zu verbleiben, verzeichnete sich ein entsprechender Einbruch.

Dieser Einbruch ist gut an der Benotung von Björns Leistungen zum Ende des Schuljahres zu erkennen. Seine Textproduktionen sind nun eher einfach gestaltet, von der beeindruckenden Wortwahl, die in den Texten des ersten Halbjahres vorkommt, ist nicht mehr viel zu finden. Entsprechend sinkt hier die Benotung von „gut" auf „ausreichend", während seine Rechtschreibleistung und seine Lesekompetenz weiterhin mit „sehr gut" benotet werden können bzw. müssen. Auch in Mathematik sind Björns Leistungen weiterhin mit „sehr gut" zu benoten, wenn man seine mathematische Kompetenz und nicht sein Arbeitsverhalten zu Grunde legt. Während er im Sachunterricht (3), in Religion (4) und in Musik (2) wie im Vorjahr benotet wird, fällt er in Sport und in Kunst um eine Note auf Ausreichend.

Björns Rückblick auf seine Schulzeit

Zum Ende der Grundschulzeit schreibt Björn im Rückblick auf seine Grundschulzeit, dass er noch einmal in diese Klasse gehen würde, „weil es Toll war". Er hält dann am Computer fest:

> Ich fand alle Klassenfahrten bisher gut. Auf der anderen Schule war es viel doofer als hier bei ihnen. Die anderen Lehrer waren auch viel strenger als sie. Aber ich muss zugeben sie sind auch ein bisschen streng gewesen. Am anfang war es gut für mich das ich hierhin gekommen bin aber jetzt ist es nicht mehr so gut weil ich mich auf die faule haut legen kann.

Inwieweit in dieser Reflexion auch Björns Gespräche mit den Erzieherinnen über seinen Schulwechsel eine Rolle gespielt haben, ist aus der letzten Bemerkung nur zu mutmaßen, die genau die dem Lehrer bekannte Einstellung der Betreuer trifft. Diese fanden die Freiheit für Björn im ersten Schuljahr gut, haben aber die weitergehende Offenheit des Unterrichts nicht unbedingt verstehen können (erinnert sei an Björns Auftrag zu Beginn des zweiten Schuljahres, nun in der Schule Schreibschrift zu lernen) bzw. haben in der Wohngruppe eine andere pädagogische Richtung vertreten.

Das Interessante an Björns schulischer Biographie ist nicht nur, dass er sich im Offenen Unterricht im Gegensatz zu den Erfahrungen davor nicht als problematischer gezeigt hat als viele andere Kinder auch, sondern vor allem die Art, wie er gelernt hat – nämlich weitgehend nicht so, wie man es in Schule generell unterstellt. Björn hat anscheinend weniger durch Erklärungen und Übungen gelernt, sondern sich Wissen und Kompetenzen eher beiläufig angeeignet. Diese Kompetenzen bzw. Entwicklungen werden im Folgenden am Beispiel der Bereiche Rechtschreiben, Lesen und Mathematik vertieft dargestellt.

17.1.2 Entwicklung im Rechtschreiben

Im Folgenden wird Björns Entwicklung im Rechtschreiben unter Rückgriff auf verschiedene Tests (Fünf- und Neun-Wörter-Diktat, Hamburger Schreib-Probe) beschrieben. Da sich Björn schnell im obersten Bereich der Eichstichprobe befindet, werden ab Ende des zweiten Schuljahres zusätzlich schon für spätere Schuljahre vorgesehene Tests als Messinstrumente eingesetzt, um eine differenziertere Leistungsfeststellung zu ermöglichen.

1. Schuljahr

Als Björn am 7. Dezember in das erste Schuljahr der hier untersuchten Klasse kommt, fragt der Lehrer ihn u. a., welche Buchstaben er schon beherrscht – worauf Björn keine Antwort gibt. Später am selben Tag ist aber zu beobachten, wie sich Björn zusammen mit einem anderen Kind das Plakat mit der Buchstabentabelle ansieht und er dem anderen Kind die Buchstaben nennt, die er schon kennt. Björn kann dabei ungefähr die Hälfte der Buchstaben benennen. Darüber, ob bzw. welche Buchstaben er auch aufmalen bzw. verschriften kann, existieren keine Aufzeichnungen, da es bei Björn zu diesem Zeitpunkt nicht vorrangig um seine schulischen Leistungen, sondern um die Frage seiner Beschulbarkeit generell ging. Ein zwangsweise durchgeführter „Eingangstest" hätte seine Akzeptanz in Bezug auf die neue Klasse einschränken können und erschien unter pädagogischen Gesichtspunkten keinesfalls ratsam.

Wie schon oben ausgeführt, beschäftigt sich Björn in der ersten Zeit in der Klasse nicht mit unterrichtlichen Dingen, sondern vermeidet alles, was für ihn irgendwie mit „Schule" zu tun hat. Er geht lieber in der Klasse herum, guckt, was andere Kinder machen, setzt sich vor den Computer oder blättert Bücher durch. In der zweiten Woche nach den Weihnachtsferien (ungefähr Björns vierte Schulwoche) fängt er an am Computer zu schreiben (s. o.) und lässt sich u. a. auch zur gemeinsam mit den anderen Kindern erhobenen Schriftprobe bewegen. Dabei verschriftet er das Fünf-Wörter-Diktat folgendermaßen: *LATEA, hOSE, ScErE, WOLKE* (statt Regen), *mOnD*. Die gemischte Verwendung der Groß- und Kleinbuchstaben kann darauf hinweisen, dass Björn beim Schreiben möglicherweise gedanklich auf die Buchstabentabelle zurückgreift oder aber ihm (bestimmte) Kleinbuchstaben entweder durch das Schreiben am Computer oder das Ansehen von Büchern bekannt sind. Er befindet sich nach dem Modell von BRÜGELMANN (vgl. 1988/1989) ungefähr auf dem Stand, den die anderen Kinder im November erreicht hatten (Rechtschreibstufe 3,3).

Nach einem weiteren Vierteljahr schreibt Björn im April: *LEITA, HOSE, WOLKE, SCHERE, MONT.* Er liefert damit die in jedem Fall lautgetreue Verschriftung der Wörter und bewegt sich nur noch ein Stück unter dem Klassendurchschnitt.

Zum Ende der ersten Klasse befindet sich Björn weiterhin auf dem Stand des laugetreuen Schreibens. Im Diktat der 100 häufigsten Wörter schreibt er nur wenige Wörter nicht korrekt: *DAN, DOR* (statt doch), *DORD, EDWAS, WEK, IR, HATE, WORDE, WÖRDE, WERE, SCHTANT, FILE.* Auffällig ist seine Schreibweise des Lautes „t" mit „D", die u. U. auf eine Übergeneralisierung bezüglich der Endlautverhärtung zurückzuführen ist. Weiterhin verschriftet er den Laut „f" sowohl mit „F" als auch mit „V", wobei er das „V" zugleich auch für den Laut „w" nutzt: TELEVON, FARAT, VLIGE und VAN (als Bezeichnung für den Ortsteil Wahn). Im Neun-Wörter-Diktat vergisst er nur bei komplexeren Wörtern einzelne Buchstaben (*LOKOMOTWE, SCHROMF*). Orthographische Phänomene wie das Rechtschreibmuster *ie*, das Dehnungs-*h* oder die Konsonantenverdopplung nutzt er weder in seinen freien Texten noch in den Wörtertests.

2. Schuljahr (einschließlich Anfang drittes Schuljahr)

Im zweiten Schuljahr beginnt Björn, seine Wörter mit Groß- und Kleinbuchstaben zu verschriften (in Druckschrift) und auch orthographische Elemente zu verwenden. Zum Halbjahresende schreibt er alle Wörter der Hamburger Schreib-Probe bis auf „*Fahrad*" vollkommen korrekt.

Ende der zweiten Klasse schreibt Björn alle Wörter in Schreibschrift und verschriftet die Hamburger Schreib-Probe für das Ende der Klasse 2 bis auf vier Fehler korrekt: Er übergeneralisiert die Konsonantenverdopplung im Wort *„Eimmer"*, vergisst die Striche des „ä" bei *„Blatter"*, leitet *„Beckerei"* nicht von backen ab und übergeneralisiert das „ck" bei *„verckleidet"*. Es handelt sich also bei der Hälfte der Fehler um Übergeneralisierungen. Im direkt Anfang des nächsten Schuljahres wiederholten Test macht er keinen dieser Fehler, sondern schreibt lediglich *„Fahrad"* statt (vormals) *„Fahrrad"* als einziges Wort nicht korrekt. In der eigentlich erst für das Ende des Schuljahres vorgesehenen Hamburger Schreib-Probe 3 schreibt er zusätzlich zu diesem Fehler noch *„Schubkare"*, *„schaft"* sowie *„in"* statt „ihn" falsch. Er liegt damit bezüglich der Hamburger Schreib-Probe 2 auf Prozentrang 99 und schon zu Beginn des Schuljahres auf Prozentrang 91 der Norm für Ende des dritten Schuljahres.

3. Schuljahr

Diese Leistung kann Björn auch in der dritten Klasse halten. Er verschriftet die Wörter der Hamburger Schreib-Probe 3 in der Mitte des Schuljahres bis auf das Wort *„öfnen"* vollkommen korrekt, zum Schuljahresende macht er gar keinen Fehler (Prozentrang 98). Zeitgleich verschriftet auch jeweils die Hamburger Schreib-Probe 4, in welcher zum Testzeitpunkt Mitte Klasse 3 als Fehler nur die Übergeneralisierungen *„Vehrkersschild"* und *„beckommt"* zu finden sind, was Björn nach der erst eineinhalb Jahren später gültigen Norm Ende Klasse 4 einen Prozentrang von 88 bescheinigt. Zum Ende des dritten Schuljahres verschriftet er merkwürdigerweise mehr Wörter dieses Tests falsch (*Fernsehprogram, Gieskanne, Verkersschild, Schietzrichter, sizt*), was u. U. auch an einer lustloseren oder oberflächlicheren Bearbeitung des Tests liegen kann. Es lässt sich zumindest keine bestimmte Fehlerart oder falsch angewendete Strategie erkennen.

4. Schuljahr

Im vierten Schuljahr verschriftet Björn die Hamburger Schreib-Probe 4 sowohl zur Mitte als auch zum Ende des Schuljahres mit den zwei Fehlern *„Gieskanne"* und *„Lehrrerin"*. Er erreicht damit Mitte Klasse 4 einen Prozentrang von 92 und Ende Klasse 4 einen Prozentrang von 88.

In der auch schon im vierten Schuljahr durchgeführten Hamburger Schreib-Probe 5-9 verschriftet Björn Mitte Klasse 4 wiederum *„Gieskanne"* und *„Lehrrerin"* nicht korrekt und schreibt weiterhin *„kaput"* und *„stönt"* falsch. Er liegt damit auf Prozentrang 83 für das Ende der Klasse 5, also die eineinhalb Jahre später gültige Norm. Zum Ende des vierten Schuljahres schreibt er weiterhin *„Lehrrerin"* nicht korrekt, daneben aber auch zwei Wörter falsch, die er vorher richtig verschriftet hatte (*„Fehrnsehprogramm, Fußballmanschaft"*). Er liegt damit auf Prozentrang 91 nach der ein Jahr später geltenden Norm Ende Klasse 5.

Zusätzlich wurden im vierten Schuljahren der Diagnostische Rechtschreibtest 4 (Mitte und Ende des Schuljahres) sowie der Diagnostische Rechtschreibtest 5 (Ende des Schuljahres) durchgeführt. Im Diagnostischen Rechtschreibtest 4 macht Björn Mitte Klasse 4 den Fehler, das Wort „erfolg" im Satz klein zu schreiben, Ende Klasse 4 schreibt er „*Gelette*" statt Glätte und zum selben Zeitpunkt verschriftet er im Diagnostischen Rechtschreibtest 5 das Wort „*schwierigkeit*" klein. D. h. er bewältigt alle Tests mit je nur einem Fehler und liegt damit zum gültigen Normzeitpunkt Mitte Klasse 4 im obersten Prozentrangband 88-100, Ende Klasse 4 nach der für Mitte Klasse 5 geltenden Norm für „Mittelschule, Regelschule Sekundarschule" im Prozentrangband 92-100, nach der Norm für das Gymnasium im Prozentrangband 72-95 (auch für Mitte Klasse 5).

Entwicklung und Verwendung bestimmter Rechtschreibmuster

Betrachtet man Björns Verschriftungen bezüglich einzelner orthographischer Phänomene an ausgewählten Beispielen, so ergibt sich das in der folgenden Tabelle dargestellte Bild (durchgängig richtige Schreibweisen wurden der Übersichtlichkeit halber mittels Wiederholungszeichen dargestellt):

Jahr-Mo-nat	alph.: ei/-er	alph.: rum orth.: st-/pf	orth.: nn morph.: nn	alph.: fern orth.: h orth.: mm	orth.: h orth.: ss morph.: rr	orth.: h morph.: ssch morph.: ver-	orth.: ß orth.: nn	morph.: in
0-1	-	-						
0-3	-	-						
0-5	LATEA	ScErE						
0-8	LEITA	SCHERE						
0-9	LEITA	SCHROMF	HAMA	FARAT				
1-5	LEiter	StRumf	Hammer	Fahrad				
1-9	Leiter/Blätter	Strumpf	Hammer	Fahrrad				
2-1	Blätter		Spinne	Fernseher	Fahrad			Läuferin
2-4			Spinne	Fernseher	Fahrad			Läuferin
2-5	Blätter	Strumpfhose	Spinnennetz	Fernsehprogramm	Fahrradschloß	Vehrkersschild	Gießkanne	Verkläuferin
2-9		„	„	Fernsehprogam	Fahrradschloß	Verkersschild	Gieskanne	Lehrerin
3-5		„	„	Fernsehprogramm	Fahrradschloß	Verkehrsschild	Gieskanne	Lehrrerin
3-9		„	„	Fehrnsehprogramm	Fahrradschloß	Verkehrsschild	Gieskanne/ Gießkanne	Lehrrerin
4-6		„	*Fernsehprogramm*	*Fahrradschoß*	*Verkehrsschild*	*Gieskanne*	*Lehrerin*	
5-1		„	„	*Fahrradschloß*	*Verkehrsschild*	*Gießkanne*	„	
5-7		„	„	*Fahradschloß*	*Vehrkehrsschild*	„	„	
6-1		„	„	*Fahrradschloß*	*Verkehrsschild*	„	„	
6-6		„	„	„	„	„	„	

Das Rechtschreibmuster *ei* nutzt Björn von Anfang an wie alle anderen Buchstaben bzw. Buchstabenverbindungen. Ganz zu Beginn verschriftet er es beim Wort Leiter nur als *A*. Über andere Schreibweisen liegen keine Dokumente vor.

Die Endung *-er* entwickelt Björn im zweiten Schuljahr aus der Schreibweise *A (HAMA, LEITA)* und nutzt es von da ab relativ konsequent.

Die Rechtschreibmuster *sp* und *st* nutzt Björn auch erst ab dem zweiten Schuljahr, was darauf zurückzuführen sein kann, dass er die Buchstabentabelle nicht bzw. höchstens sehr eingeschränkt zum Verschriften verwendet.

Das Rechtschreibmuster *ie* nutzt Björn schon ab der Mitte des ersten Schuljahres und dann konsequent.

Jahr-Monat					
0-9	VLIGE	SPIGEL			ROSINE
1-5	FLiege	Spiegel			- (VLaume)
1-9	Fliege	Spiegel	Stiefel		Rusine
2-1			Stiefel	Briefmarke	

Das Dehnungs-*h* verwendet Björn ab Mitte des zweiten Schuljahres fast durchgängig richtig. Zeitweise setzt er in den Worttests das *h* an die falsche Stelle (*Vehrkersschild* Mitte Klasse 3) oder generalisiert über (*Fehrnsehprogramm* Ende Klasse 4). In der Regel verwendet er es aber erstaunlich früh und sicher.

Die Verdopplung von Konsonanten als Kürzezeichen beachtet Björn auch ab Mitte des zweiten Schuljahres, zum Ende des zweiten/Anfang des dritten Schuljahres schreibt er zwar manche Worte noch ohne Konsonantenverdopplung (*Schimel, Schubkare*), generalisiert aber in anderen Fällen schon über (*Eimmer*). Danach verwendet er die Konsonantenverdopplung bis auf zeitweise Falschschreibungen (*Fernsehprogram, Fußballmanschaft*) konsequent.

Auf der morphematischen Ebene beachtet Björn das Schreiben zweier gleichklingender aufeinanderfolgender Konsonanten bei Wortzusammensetzungen ungefähr ab Ende des zweiten Schuljahres (*Fahrrad*). Danach sind diesbezüglich keine falschen Schreibweisen mehr festzustellen.

Betrachtet man als weitere Beispiele für das Beachten der morphematischen Ebene die Schreibweise *äu* als Ableitung von verwandten Wörtern sowie das Verwenden der Vorsilbe *ver–*, so stellt man fest, dass Björn nach Schreibweisen wie „*MEUSE*" Ende des ersten Schuljahres nach kurzer Zeit im zweiten Schuljahr das *äu* entsprechend richtig verschriftet (Mäuse, Räuber, Verkäuferin) und auch in diesem Bereich keine Fehler mehr macht.

Die Vorsilbe *ver-* nutzt Björn ab dem ersten Testzeitpunkt im zweiten Schuljahr kontinuierlich richtig, ein genauerer Zeitpunkt kann auf Grund seiner wenigen Verschriftungen zu dieser Zeit nicht angegeben werden.

<u>Ergebnisse in den Normtests zum Rechtschreiben</u>

Im Folgenden sind Björns Ergebnisse bezüglich der Graphemtreffer in der Hamburger Schreib-Probe mit ihrem Prozentrangwert zusammenfassend angegeben. Zum Vergleich sind die Ergebnisse der Kernstichprobe dargestellt. Die Werte nach dem vierten Schuljahr sind in regelmäßigen Treffen der Klasse nach der Grundschulzeit erhoben worden. Der durchschnittliche Prozentrang für die Eichstichprobe liegt bei PR 50. Normwerte liegen für Mitte Klasse 3, 5 und 6 nicht vor, hier sind die Werte für das Ende des jeweiligen Schuljahres angegeben, die tatsächlichen Werte liegen entsprechend höher.

Graphemtreffer (GT) Prozentrang	E1	M2	E2	*M3*	E3	M4	E4	*M5*	E5	*M6*	E6	M7
Björn	42	97	90	*98+*	98	92	88	*91+*	91	*86+*	86	*80+*
∅ Kernstichprobe	56	72	70	*66+*	73	54	56					

Es ist direkt ersichtlich, dass Björn nach kurzer Zeit im Offenen Unterricht nicht mehr differenziert mit den üblichen Messinstrumenten erfasst werden kann. Wie die Ausführungen zu seiner Entwicklung in den Schuljahren gezeigt haben, konnte sogar der Einsatz von erst für die Folgejahre vorgesehenen Tests daran nichts ändern. Auch dort erreichte er immer Rangplätze im obersten Prozentrangbereich.

Diese Ergebnisse kann er auch nach seiner Grundschulzeit halten und macht in der Hamburger Schreib-Probe 5-9 jeweils maximal zwei Fehler – interessanterweise immer andere. Man würde sie wahrscheinlich eher dem Bereich Flüchtigkeitsfehler zuordnen (Vergessen von Buchstaben, Groß- und Kleinschreibung) denn eine mindere Kompetenz bezüglich orthographischer oder morphematischer Phänomene unterstellen.

Auf Grund der zu geringen Fehlerzahl macht eine Auswertung der Tests von Björn nach Strategien außerhalb der Hamburger Schreib-Probe 1 keinen Sinn. Er liegt in allen folgenden Tests immer im Spitzenbereich und etwaige Schwankungen wären primär auf das Messinstrument zurückzuführen.

In der Hamburger Schreib-Probe 1 schreibt Björn folgende Wörter falsch: *SPIGEL, TELEVON, MEUSE, HAMA, FARAT, VLIGE, VLIGT.* Er erreicht damit 49 der 61 Graphemtreffer und liegt auf Prozentrang 42. Der alphabetischen Strategie als Fehlpunkt zugeordnet ist lediglich die falsch verschriftete Endung *–er* bei HAMA, was direkt die Zuordnung des Prozentrangs 55 zur Folge hat. Von den insgesamt 10 orthographisch-morphematischen Lupenstellen schreibt er sechs falsch, was immer noch einem Prozentrang von 62 entspricht. Mitte und Ende der zweiten Klasse verschriftet er die für Mitte Klasse 2 vorgesehene ganz ähnliche Testfassung nur noch mit einem bzw. mit gar keinem Fehler.

Resümee

Als Björn in die hier untersuchte Klasse kommt, hat er ein Dreivierteljahr Schulkindergarten sowie einen Klinikaufenthalt von fünf Monaten hinter sich. Er kann zu diesem Zeitpunkt ungefähr die Hälfte der Buchstaben auf der Buchstabentabelle von REICHEN benennen. Nach ungefähr vier Wochen Schule fängt Björn an am Computer zu schreiben und befindet sich mit seinen Leistungen ungefähr auf dem Leistungsstand, den die anderen Kinder im Durchschnitt nach vier Monaten Schule erreicht hatten. Nach insgesamt rund vier Monaten Schulzeit schreibt Björn lautgetreu und bewegt sich immer näher am Klassendurchschnitt. Zum Ende der ersten Klasse erreicht Björn in der Hamburger Schreib-Probe einen Prozentrangplatz von 42. Orthographische oder morphematische Strategien scheint er zu diesem Zeitpunkt noch nicht zu nutzen. Dies ändert sich im zweiten Schuljahr, als Björn nur noch einen Fehler in der für Mitte Klasse 2 vorgesehenen Hamburger Schreib-Probe macht. Ab diesem Zeitpunkt erreicht er in den Tests zum Normzeitpunkt immer Werte über Prozentrang 90 (bis die Prozentrangwerte bei gleicher Fehlerzahl auf Grund des Deckeneffekts in der weiterführenden Schule leicht abnehmen). Dabei löst er auch für spätere Schuljahre vorgesehene Normtests schon ein oder eineinhalb Jahre vor dem Eichtermin so, dass auch diese Tests mit Prozentrangergebnissen über 80 oder 90 keine größere Differenzierung bzw. Fehleranalyse ermöglichen. Zugleich scheinen seine Falschschreibungen eher auf Flüchtigkeitsfehler hinzuweisen denn auf Probleme mit der Orthographie.

Björn ist damit ein Bespiel für einen Schüler, der sich den Bereich Rechtschreiben vollkommen selbstgesteuert und ohne unterrichtliche Unterweisung aneignet. Gerade weil Björn – zumindest zu Anfang – in hohem Maße mit Verweigerung oder Gegenwehr auf jegliche Form der Belehrung reagiert hat, kann angenommen werden, dass er sich seine Kompetenzen eher beiläufig und zufällig denn systematisch angeeignet hat. Trotzdem beherrscht er die notwendigen Strategien sowohl in seinen freien Texten als auch in entsprechenden Normtests problemlos und sicher.

17.1.3 Entwicklung im Lesen

Wie schon oben erwähnt, kann Björn, als er im Dezember in das erste Schuljahr kommt, ungefähr die Hälfte der Buchstaben der Buchstabentabelle von REICHEN benennen. Zum Testzeitpunkt des ersten von ihm mitgeschriebenen Fünf-Wörter-Diktats zum Ende des ersten Schuljahres kann er noch nicht lesen, wohl aber einige Wochen später, als er in einer Kindergruppe versiert die Anleitung zur Herstellung von Wackelpudding vorliest.

Björn sieht sich im ersten Schuljahr zwar hin und wieder gerne Bücher an, es hat aber nicht den Anschein, als ob er gezielt lesen würde. Trotzdem kann er immer Auskunft über das Gelesene geben. Zum Ende des ersten Schuljahres vermag Björn Texte aller Art gut und fast flüssig vorzulesen. Seine Vorlesekompetenz nimmt im zweiten Schuljahr weiter zu, wobei er sich zum Halbjahr in Bezug auf die Flüssigkeit ungefähr im Klassendurchschnitt befindet, was die Betonung angeht eher darunter. Zum Ende des Schuljahres kann Björn noch flüssiger vorlesen, während seine Betonung noch verbesserungswürdig erscheint. Ab dem dritten Schuljahr schließlich liegt er, sowohl was die Flüssigkeit als auch was die Betonung betrifft, im oberen Bereich. Seine Vorleseleistung ist entsprechend mit Sehr gut zu bezeichnen. Im Worterkennungstest des Hamburger Lesetests erreicht Björn im vierten Schuljahr wie alle anderen Kinder der Kernstichprobe mit der maximalen Punktzahl die Stufe hoher bzw. sehr hoher Lesegeschwindigkeit.

In Bezug auf das Leseverständnis erreicht Björn Mitte des vierten Schuljahres im Hamburger Lesetest 3-4 die Stufen 1, 2 und 3 des Leseverständnisses mit Prozentwerten von 100% (0 Fehler), 90% (2 Fehler) und 93% (1 Fehler) sicher (das sichere Erreichen einer Lesestufe wird ab 75% richtigen Lösungsanteils angesetzt) und sogar in der Lesestufe 4 einen Anteil von 63 % (3 Fehler). D. h. Björn kann nicht nur verschiedene Informationen und Hintergrundinformationen aufnehmen und zusammenführen, sondern auch kombinieren und rekonstruieren und zu einem großen Teil inferentiell verknüpfen, d. h. Informationslücken aus Kontext- und Allgemeinwissen ableiten und schlussfolgernd denken. In der Gesamtauswertung des Hamburger Lesetests erreicht er einen Prozentrang von 78 nach der Norm für das Ende der vierten Klasse und liegt damit schon am Übergang zwischen der dritten und der vierten Lesestufe. Im Test zum Ende des vierten Schuljahres erreicht er ähnliche Werte (Lesestufe 1 mit 100%, Lesestufe 2 mit 100%, Lesestufe 3 mit 79%), hat allerdings bei der Lesestufe 4 nur ein Ergebnis von 38% (3 von 8 Antworten richtig). Er erreicht insgesamt mit Prozentrang 76 einen Wert, der ungefähr dem des vorigen Halbjahres entspricht.

Damit liegt Björns Lesekompetenz trotz seiner zu Anfang geringen Vorkenntnisse sowohl in Bezug auf seine Vorlesekompetenz als auch bezüglich des Leseverständnisses nach kürzester Zeit (Anleitungen vorlesen) kontinuierlich im oberen Leistungsbereich – auch hier ohne unterrichtliche Unterweisung oder eine gelenkte Leseerziehung. Aus Besuchen in der Wohngruppe ist dem Lehrer bekannt, dass Björn vor allem im vierten Schuljahr eine hohe Lesemotivation entwickelt und dabei auch anspruchsvolle Bücher wie z. B. „Die unendliche Geschichte" (mehrfach) gelesen hat.

17.1.4 Entwicklung in Mathematik

1. Schuljahr

Über Björns Vorkenntnisse in Mathematik, als er im Dezember in die hier untersuchte Klasse kommt, kann nichts Detailliertes gesagt werden, da zu diesem Zeitpunkt keine entsprechende Lernstandserhebung sinnvoll erschien bzw. gemacht wurde. Der erste Test, an dem Björn teilnahm, fand zum Ende des Halbjahres statt, d. h. nach ungefähr vier Schulwochen. In diesem Test löst Björn den für das erste Schulhalbjahr vorgesehenen Mathematiktest des „Zahlenbuchs" (vgl. Berger u. a. 1994c) mit Rechenaufgaben aus dem Zwanzigerraum richtig. Björn kann Mengen abzählen und mit der entsprechenden Ziffer beschriften, Vorgänger und Nachfolger zweistelliger Zahlen bestimmen und notieren, Geldbeträge addieren, Zahlen verdoppeln sowie Additionsaufgaben ausrechnen und im Zwanzigerfeld darstellen. Zu diesem Termin wird den Kindern die Möglichkeit gegeben, auch schon die beiden für das zweite Schulhalbjahr vorgesehenen Tests zu lösen, was Björn auch zunächst vorhat, diese Arbeit dann aber nach einer halben Seite abbricht. Er kann Zahlenmauern ausrechnen, bei Rechendreiecken unterlaufen ihm teilweise Fehler. Formale Plus-, Minus- und Ergänzungsaufgaben mit Zehnerübergang löst er nicht mehr, genauso wie die Aufgaben, die einfaches Rechnen im Hunderterraum in einer Sachsituation erfordern oder sich auf mit Punktfeldern dargestellte Multiplikationsaufgaben beziehen.

Im wenig später geschriebenen mathematischen Überforderungstest rechnet Björn die Aufgaben aus dem Zwanzigerraum richtig, sowie einfache Additions- und Subtraktionsaufgaben im Hunderterraum (50+50, 100-50, 99-50, 31+8, 26+7). Bei den darauf folgenden Minusaufgaben rechnet er plus (68-7=75, 45-8=53) und ist auch nach einem Hinweis nicht zur Korrektur oder zum Weiterrechnen zu bewegen. Er scheint sich also im Bereich der Addition im Hunderterraum relativ sicher zu fühlen und die Subtraktion nur bei einfachen Aufgaben im Zwanzigerraum zu beherrschen bzw. angehen zu wollen (in den Tests vornehmlich als Umkehraufgabe der Addition oder als Differenz zur Zahl 10). Im Hunderterraum rechnet er nur ihm bekannte Ankeraufgaben wie 100-50 und daraus ableitbare Aufgaben wie 99-50. Seine Leistungen übersteigen damit das, was nach dem ersten Schulhalbjahr gefordert ist, liegen aber außerhalb der Addition eher unter dem, was durchschnittlich in der Klasse bzw. in der Kernstichprobe erbracht wird.

Im zweiten Halbjahr hat Björn zeitweise Phasen, in denen er sich stärker mit Mathematik beschäftigt und z. B. im Übungsheft (vgl. Berger u. a. 1994b) arbeitet. Zum Ende des Schuljahres beherrscht er weiterhin die Addition im Hunderterraum und rechnet einzelne Aufgaben im Tausenderraum, wenn sie keine Stellenüberschreitung erfordern (z. B. 234+125). Die Subtraktion gelingt ihm jetzt im Hunderterraum auch mit Stellenüberschreitung. Er hat das kleine Einspluseins nun automatisiert, das kleine Einsminuseins beherrscht er bis auf einzelne Aufgaben, bei denen er noch zu lange überlegen muss. Er kann einfache Multiplikationsaufgaben und Divisionsaufgaben des kleinen Einmaleins bzw. Einsdurcheins im Sachzusammenhang lösen.

Mit diesen Leistungen bewegt sich Björn Ende des ersten Schuljahres in Bezug auf alle Operationen ungefähr auf dem Stand des zweiten Schuljahres (sicher in der Addition, etwas weniger sicher in den anderen Operationen). Björn ist dem regulären Stoff damit ungefähr ein Jahr voraus.

2. Schuljahr

Im zweiten Schuljahr steigen Björns Leistungen im Rechnen weiterhin stark an. Er traut sich nun, Additions- und Subtraktionsaufgaben im Hunderttausenderraum auszurechnen, macht dabei allerdings bei den stellenüberschreitenden Aufgaben noch Fehler. Mit Hinweis kann er derartige Additionsaufgaben lösen, bei Subtraktionsaufgaben gelingt ihm das noch nicht, hier unterlaufen ihm zeitweise auch in kleineren Zahlenräumen Fehler. Björn bekommt Aufgaben des kleinen Einmaleins und Einsdurcheins heraus und probiert sich sogar schon an Aufgaben aus dem Hunderterraum, die er allerdings nicht bzw. nur mit Hinweis richtig lösen kann. Das kleine Einmaleins und Einsdurcheins hat er noch nicht automatisiert. Insgesamt sind seine Leistungen sehr beeindruckend. Er befindet sich Mitte des zweiten Schuljahres in Bezug auf die Addition schon fast auf dem Stand des vierten Schuljahres, in Bezug auf Subtraktion, Multiplikation und Division ungefähr auf dem Stand Mitte/Ende des dritten Schuljahres.

Im zweiten Halbjahr automatisiert er das kleine Einmaleins und das kleine Einsdurcheins. Er wird generell mit Mal- und Geteiltaufgaben sicherer, die er nun richtig im Hunderterraum löst (z. B. 624:3). Merkwürdigerweise rechnet er die im Überforderungstest gestellten Additionsaufgaben zunächst allesamt als Subtraktionsaufgaben mit und ohne Überschreitung und löst sie erst nach einem Hinweis zusätzlich als Additionsaufgaben. Er macht lediglich bei den Subtraktionsaufgaben im Zehn- und Hunderttausenderbereich Fehler. Er festigt damit seinen Leistungsstand auf dem Niveau des vierten Schuljahres in Bezug auf die Addition, und auch Multiplikation und Division bewegen sich in diese Richtung. Der Stand in Bezug auf die Subtraktion kann dem Ende des dritten Schuljahres zugeordnet werden. Björn ist dem Stoff der zweiten Klasse je nach Operation ungefähr ein bis zwei Jahre voraus.

3. Schuljahr

Im dritten Schuljahr löst Björn zum Halbjahr stellenüberschreitende Plus- und Minusaufgaben im unbegrenzten Zahlenraum (im Test bis zu einer Milliarde) und rechnet auch verschiedenste Multiplikationsaufgaben mit einfachem Multiplikator wie z. B. 5*2500 oder 7*71 korrekt aus (und nicht mit Hilfe schriftlicher Rechenverfahren). Divisionsaufgaben im Hunderterraum löst er generell richtig, traut sich aber hier nicht an höhere Zahlräume bei Aufgaben wie 5688:8 heran, obwohl diese Aufgaben eigentlich mit dem Wissen des Einmaleins lösbar sind. Das große Einmaleins hat er noch nicht automatisiert bzw. hat sich nicht zum Abfragen gemeldet. Auch meidet er Dreisatzaufgaben wie „7 Brötchen kosten 2,59. Wie viel kosten 5 Brötchen?"

Trotzdem liegt er mit diesen Leistungen weit über den Anforderungen des dritten Schuljahres, ja sogar über den Grundanforderungen der Grundschule. Er bewegt sich bezüglich Addition und Subtraktion über dem Stoff des vierten Schuljahres und bezüglich Multiplikation und Division ungefähr auf dem Stand des vierten Schuljahres (ohne schriftliche Rechenverfahren). Damit ist Björn den Anforderungen des Lehrplanes zu diesem Zeitpunkt rund eineinhalb bis zwei Jahre voraus.

Im zweiten Halbjahr des dritten Schuljahres eignet sich Björn die schriftliche Addition und Subtraktion an und beherrscht beide Operationen sowohl im unbegrenzten Zahlenraum als auch mit mehreren Zahlen. Er rechnet nun auch höhere Multiplikations- und Divisionsaufgaben aus dem Tausenderraum (5*1235, 7280:8) und traut sich auch an Dreisatzaufgaben wie „24 Brötchen kosten 4,80 DM. Wie viel kosten 40?" heran bzw. löst diese korrekt. Das große Einmaleins hat er sich noch nicht abfragen lassen.

Mit diesen Leistungen bewegt sich Björn nun in allen Operationen über dem eigentlich für die Grundschulzeit vorgesehenen Stoff und ist den Lehrplanzielen entsprechend weit voraus.

4. Schuljahr

Im vierten Schuljahr rechnet Björn Multiplikations- und Divisionaufgaben im unbegrenzten Zahlenraum halbschriftlich und mit Probe, macht allerdings bei einzelnen Rechnungen zum Halbjahr noch Fehler. Er beherrscht nun das große Einmaleins und rechnet ansonsten so sicher wie bisher. Bezüglich der Schnelligkeit beim Einmaleins und Einsdurcheins sind seine Leistungen zwar zufriedenstellend, liegen aber unter dem Durchschnitt der Klasse.

Im Norm-Rechentest für das dritte Schuljahr (SRT 3) löst Björn zum Testzeitpunkt Mitte Klasse 4 alle Aufgaben bis auf zwei (3*46=*158* und 824=*794*-30) richtig, was nach der Norm für Ende der Klasse 3 einem Prozentrangplatz von 98 entspricht. Dabei hat der zweite Fehler sicherlich mit der ungewohnten Aufgabenstellung zu tun.

Im zweiten Halbjahr löst Björn den Überforderungstest bis auf einen kleinen Notationsfehler bei der Angabe des Restes einer Verteiltaufgabe fehlerfrei. Er beherrscht damit nicht nur alle Operationen im unbegrenzten Zahlenraum halbschriftlich, sondern auch schriftlich, d. h. er kann mehrere Dezimalbrüche addieren und subtrahieren sowie Dezimalaufgaben mit einstelligem Multiplikator oder Divisor korrekt ausrechnen und die Lösungen mittels Probeaufgaben überprüfen. Beim Kopfrechnen verbessert er seine Ergebnisse in allen Bereichen.

Im zum Schuljahresende und nun zum richtigen Eichtermin durchgeführten Norm-Rechentest für das Ende des vierten Schuljahres (SRT 4) erreicht Björn mit vier Fehlern Prozentrang 95. Einen Fehler macht er, als er bei der Aufgabe „3 min : 6" als Ergebnis „*50 s*" schreibt. Ansonsten bereiten ihm nur einzelne der ihm bis dahin unbekannten Zuordnungsaufgaben Probleme, bei denen er die falschen Operationen bzw. „Rechenrichtungen" wählt:

100m Stoff -> 2800 DM, 20m Stoff -> *14000* DM; 12 Züge -> 7200 Personen, 3 Züge -> *28800* Personen; 48 Schüler -> 8700 DM, 12 Schüler -> *34800* DM.

Ob er den Rechenweg nicht verstanden hat oder ob für ihn das Multiplizieren bei diesen Zahlen näher liegt als das Dividieren, kann nicht gesagt werden.

Im mathematischen Untertest des AST 4 mit Multiple-Choice-Aufgaben erreicht Björn (nur) einen Prozentrang von 72, was durchaus auch an dieser Aufgabenform liegen kann, die bestimmte Kinder u. U. zum schnellen Ankreuzen einer einigermaßen plausiblen Lösung verführen kann.

In der von RATZKA durchgeführten TIMSS-Nacherhebung erreicht Björn mit zwei Fehlern den Prozentrang 88. Dabei macht er einen Fehler bei der Bestimmung eines nicht in vier gleiche Teile unterteilten Rechtecks aus einer Auswahl von vieren, des Weiteren wählt er bei der Zuordnung der besten Überschlagsrechnung zu einer Aufgabe nicht die von den Autoren als einfachste angesehene Form.

Mit diesen Leistungen bewegt sich Björn Ende des vierten Schuljahres in Bezug auf alle Rechenoperationen über dem eigentlich zu beherrschenden Stoff. Die Inhalte der fünften Klasse dürften ihm eigentlich keine großen Schwierigkeiten bereiten.

Nach dem in der Klassenanalyse verwendeten Stufenmodell, das sich ungefähr an den Lehrplanvorgaben orientiert bzw. die Stufenfolge aus dem beim Rechnen genutzten Zahlenraum ableitet, ergibt sich für Björn dieses Bild:

Mathetest M 1-5 Björn	Addition	Subtraktion	Multiplikation	Division
M 1	2	1	0,5	0,5
E 1	2,25	2	2	2
M2	3,75	2,5	2,5	2,5
E 2	4	3	3,5	3,5
M 3	4,5	4,25	4	3,75
E 3	5	4,75	4,5	4,5
M 4	5	5	4,25	4,25
E 4	5	5	5	5

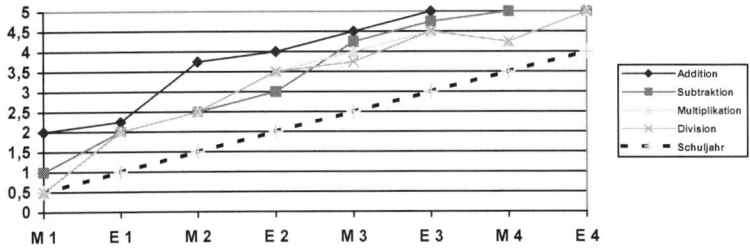

Björns Entwicklung in Mathematik ähnelt dabei seiner Entwicklung in anderen Bereichen. Er kommt nach seinen problematischen Schulerfahrungen mit einem eher geringen tatsächlichen Vorwissen in die Klasse (Beobachtungen des Lehrers, der Schulleitung und der Erzieherinnen), ist aber nach kurzer Zeit im Offenen Unterricht auf einem erstaunlich guten Stand an Grundkenntnissen. Er findet dann immer mehr einen eigenen Zugang zum Fach Mathematik (laut Tagebuchaufzeichnungen des Lehrers zum ersten Mal Anfang des zweiten Halbjahres im ersten Schuljahr). Seine Grundhaltung in der Schule spiegelt dabei auch in Mathematik eher Arbeitsvermeidung wider. Trotzdem bewegt er sich am Ende des Halbjahres schon auf dem Stand, der für das Ende der nächsten Klasse vorgesehen wäre und steigert sich im zweiten Schuljahr auf ein überdurchschnittliches Niveau bezüglich seiner arithmetischen Kompetenzen. Dieses Niveau hält er bis zum Verlassen der Grundschule, wobei sein Arbeitsverhalten von Schwankungen bzw. „Saisonarbeit" vor den Zeugnissen geprägt ist.

17.1.5 Resümee

Die hier aufgezeigte Schulbiographie von Björn ist eine, die zum Nachdenken anregen muss. Björn fällt bei der Schulreifeuntersuchung u. a. auf Grund seiner ungelenken Bewegungen und seinem leichten Lispeln auf und wird in den Schulkindergarten eingewiesen. Dort wird er rückblickend folgendermaßen beschrieben:

> Obwohl er durchaus Interesse für Spiel- und Arbeitsinhalte zeigte, konnte er aufgrund von großer Antriebsschwäche, mangelnder Konzentration und Ausdauer immer nur kurzfristig durchhalten. [...] Es war oft sehr schwer, ihn zur Weiterarbeit zu motivieren. [...] Seine schwerfälligen, plumpen Bewegungen und seine mangelhafte Einsicht in Regelverständnis zeigten wiederum große Defizite.

Im schulärztlichen Gutachten, mit dem Björns Einweisung in eine Kinderklinik begründet wird (zu der der Kontakt schon vor der Untersuchung hergestellt war), heißt es:

> Tagesklinische Betreuung (Kinderpsychiatrie) dringend empfohlen bei erheblichen Verhaltensauffälligkeiten mit häufigen aggressiven Durchbrüchen (Kontakt läuft). War ein Jahr im SKG. Alternative: SAV für E-Schule.

Aus Björns Klinikaufenthalt existiert die folgende Notiz, die sich auf das ärztliche Gutachten bezieht und dieses insofern korrigiert, als dass Björns „auffälliges" Verhalten eher der Arbeitsverweigerung denn der Aggression gegen andere zuordnet wird:

> In den ersten Wochen die Klasse kräftig aufgemischt. Weniger Aggression auf andere als Verweigerungshaltung.

Diese Verweigerungshaltung beschreibt auch die Lehrerin, in deren Klasse Björn für kurze Zeit nach seinem Klinikaufenthalt eingewiesen wird. Ein ernsthafter Versuch der Beschulung wird dabei anscheinend nicht mehr vorgenommen, wie die Kurzfristigkeit der Beantragung des Sonderschulaufnahmeverfahrens und Bemerkungen der Schulleitung wie die folgende nahe legen: „In der Zwischenzeit kann ich Björn eigentlich nicht weiter beschulen. Im Rahmen von Ordnungsmaßnahmen müsste ich ihn vom Unterricht ausschließen".

Die Lehrerin schreibt in ihrem Gutachten:

> Während des Unterrichts konnte er nicht still sitzen und fiel dabei vom Stuhl. [...] Mit zunehmenden schulischen Anforderungen fühlt er sich diesen nicht gewachsen und verweigert daher die Mitarbeit. Seit Montag bringt er seine Arbeitsmaterialien (Federmäppchen, Buntstifte, Schere und Arbeitsblätter) nicht mehr mit in die Schule, so daß eine richtige Mitarbeit ausgeschlossen ist. Selbst in der Sportstunde setzt er sich auf die Bank, weil ihm die Übungen nicht gefallen. In allen Belangen erweckt er den Eindruck eines – in unserer Schule – nicht beschulbaren Kindes.

Gerade der letzte Satz trifft die Situation – und zwar durch den Einschub, der nicht heißt „in der Regelschule nicht beschulbaren Kindes" sondern „in unserer Schule (oder Klasse) nicht beschulbaren Kindes".

Im Rückblick auf Björns Entwicklung in der hier untersuchten Klasse und auch aus späteren Bemerkungen Björns gewinnt der Lehrer immer mehr den Eindruck, dass Björn – trotz seiner sicherlich ungünstigeren familiären und körperlichen Ausgangslage – nicht unbedingt von vornherein „schwer erziehbar" war, sondern sein Verhalten auch eine unmittelbare Reaktion auf das Verhalten seiner Umwelt dargestellt hat. Björn scheint in seiner Kindheit weniger Verlässlichkeit gehabt zu haben als andere Kinder. So ist verständlich, dass er erst einmal vorsichtig ist mit Vertrauen in neue Situationen. Auch später noch weisen viele Verhaltensweisen Björns darauf hin, dass er so richtig eigentlich nur sich selbst vertraut und auch Menschen, die ihm nahe stehen, immer wieder nicht wirklich bzw. verlässlich an sich heran lässt.

Björn macht später in Klassen- oder Einzelgesprächen einige Bemerkungen, die auf seine Enttäuschung bei bzw. nach der Einschulung hinweisen. Eine davon ist dem Lehrer noch gut in Erinnerung, als Björn dem Wortlaut nach ungefähr erzählt: „Und dann haben wir immer so Lieder gelernt. So ,Indianer und Chinesen, alle lernen lesen' und das fand ich ja so bescheuert." Nimmt man diese Äußerung Björns einmal wirklich ernst, so ist man versucht, Björns Verhalten im Schulkindergarten, in der Klinik und auch seiner ersten Klasse anders bzw. weitreichender zu deuten, als die begutachtenden Lehrer und Ärzte es gemacht haben. Dieser Deutungsversuch vereinfacht sicherlich die viel komplexeren tatsächlichen Zusammenhänge, kann aber u. U. eine Betrachtungsweise mit ins Spiel bringen, die Björn in dieser Situation gerechter wird als die damals vorgenommenen Beurteilungen.

Es könnte sein, dass Björn mit einer bestimmten Vorstellung und Erwartung in die Schule kam, so etwas wie: „Ich lerne jetzt Lesen, Schreiben, Rechnen." Spannende Tätigkeiten an sich. Was er in der Schule aber dann kennen gelernt hat, ist – wie vorsichtig aus seinen Beschreibungen, aber auch aus den Gutachten und seinen alten Arbeitsheften abgeleitet werden kann – aus seiner Sicht eher der Beschäftigungstherapie zuzuordnen: Anstatt zu lesen, zu schreiben und zu rechnen, werden ihm viel zu kindisch erscheinende Lieder gesungen, Schwungübungen gemacht oder Fibelsätze auswendig gelernt. In Björns alten Schulsachen sind „individuelle" Übungen für ihn zu finden, wie die folgenden von der Lehrerin handgeschriebenen Leseblätter:

Leseblatt 1

LILO	LILA	LALA
LALI	LOLA	LALA
LOLA	LILI	LOLA
LILA	LALA	LOLO
LILA	LALA	LOLO
LOLA	LILA	LILI

Leseblatt 2

LA	LI	LO
LI	LO	LA
LO	LI	LA
LA	LI	LO
LO	LA	LI

Leseblatt 3

MIMO	MOMO
MAMA	MOMA
MAMO	MAMI
MIMI	MIMA
MOMA	MOMI
MIMO	MOMI
MAMI	MAMA

Leseblatt 4

M	L	L	M
M	L	L	L
M	M	L	L
L	L	M	M
LI	MI	LI	
MI	MI	LI	

Leseblatt 5

MI	LI	MO	
MA	LA	MI	
LO	MA	MO	LI

LIMO	LAMA	LIMO
MOLI	MAMI	LOMA
MALO	MILI	LIMA
MALI	LOMO	LAMA
MOLO	MOLI	LIMO

In Björns Schreibheft kommen nach einem sehr umfassenden Teil, in dem seitenweise reine Schwungübungen gemacht werden, später die Übungen, mit denen Björn Schreiben lernen sollte. Wie bei den Schwungübungen hat die Lehrerin über mehrere Zeilen hinweg am Zeilenanfang den einzuübenden Buchstaben geschrieben, den Björn dann immer über die ganze Zeile eintragen sollte. Nach dem einzelnen Einüben bestimmter Buchstaben folgt dann eine abzumalende Buchstabenkombination wie oben bei den Leseübungen.

Auch im Rechnen finden sich zunächst keine Aufgaben, sondern es wird – ähnlich den Schreibübungen – nach einem ausführlichen Programm von Schwungübungen bzw. dem Nachzeichnen von Formen das zeilen- bzw. seitenweise Schreiben einzelner Ziffern ohne Verbindung mit irgendwelchen Operationen eingeübt. Danach finden sich einfache Rechnungen, die man mit den gerade durchgenommenen Ziffern notieren kann, d. h. zunächst 1+1=2, 1+2=3 und 2+1=3. Dazu werden entsprechende Mengen durch Bild und Zahlvorgaben visualisiert, d. h. die Mengeanzahl wird mit dem Bild eines Würfels dargestellt und anschließend wird ein Gegenstand vorgezeichnet, der daneben in der entsprechenden Menge zu malen ist. Der Umfang der Übungen weist darauf hin, dass man dabei sehr kleinschrittig und „ausdauernd" vorgegangen ist.

Und dagegen hat sich Björn vermutlich durch Arbeitsverweigerung bzw. Streik gewehrt.

Wenn diese Aussage auch hypothetisch ist, scheinen Björns Verhalten und auch seine weitergehende Entwicklung in der offen unterrichteten Klasse auffällig in diese Interpretationsrichtung zu deuten (inwiefern der Wegzug von zu Hause auch eine Rolle gespielt hat, kann nicht gesagt werden). Björn wird nach dem Wechsel in der Schule nicht mehr gezwungen, ihm im Moment nicht sinnvoll erscheinende Tätigkeiten auszuführen, sondern hat jederzeit die Möglichkeit zu lesen, zu schreiben oder zu rechnen. Hat ihm seine vorherige Schule bescheinigt, dass er nicht lesen, schreiben, rechnen wolle, so würde unter diesem geänderten Blickwinkel Björn seiner vorigen Schule bescheinigen müssen, dass sie ihn durch all die (gutgemeinten) Prozeduren, die man gängigerweise erst tun muss, bevor man endlich lesen, schreiben, rechnen darf, genau daran gehindert hat.

Im Offenen Unterricht hat Björn nach einiger Zeit (wieder?) Vertrauen in sein eigenes Lernen gewinnen können. Er hat schon nach wenigen Wochen Schule in allen Bereichen einen Lernstand erreicht, der vergleichbar mit dem anderer Kinder ist. Ob Björn bis dahin sein tatsächliches Wissen absichtlich verborgen gehalten hat (was auf Grund der Beobachtungen in nicht schulischen Situationen eher unwahrscheinlich erscheint) oder ob ihm erst der Freiraum durch den Verzicht auf Unterricht das Ausbilden bzw. Erlernen der entsprechenden Kompetenzen ermöglicht hat, ist nicht abschließend zu beantworten. Sicher ist jedoch, dass Björn sich schon im nächsten Halbjahr immer mehr und kontinuierlicher an schulische Arbeiten gibt und trotz seiner nur sporadischen oder beiläufigen Aktivitäten in allen Bereichen erstaunliche Kompetenzen ausbildet. Er erreicht in den hier näher untersuchten Bereichen Rechtschreiben, Lesen und Mathematik in entsprechenden Normtests Ergebnisse im obersten Bereich und ist mit diesen Messinstrumenten auf Grund des Deckeneffekts nicht mehr differenziert zu erfassen.

Schwankungen sind eher in seinem Arbeitsverhalten denn in seinen Leistungen feststellbar und können in der Regel mit außerschulischen Vorkommnissen (vom Liebeskummer bis zur Abweisung durch die Mutter) bzw. daraus entstehenden Befindlichkeiten Björns in Verbindung gebracht werden – wobei es sein kann, dass man gerade in diesen Momenten nach entsprechenden Erklärungen sucht, die bei Björn durch seine problematische Situation immer in gewissem Maße zu finden sind. Alles in allem scheint Björns Lern- und Arbeitsverhalten aber eher von seiner emotionalen Lage abzuhängen denn vom Grad einer unterrichtlichen Unterweisung oder Qualität einer Unterrichtsaufbereitung.

Man ist versucht – und diese Überlegung sei hier gestattet – Björns massive Gegenwehr gegen eine lehrgangsmäßige Unterweisung rückblickend als bewusste oder unbewusste Reaktion auf die Vorgabe eines Lernweges zu verstehen, der ihm eben nicht weitergeholfen hätte, sondern vielmehr für sein Lernen eher hinderlich geworden wäre bzw. gewesen ist. Und zwar einerseits, weil er keine Möglichkeit hatte, seine außerschulischen Erfahrungen aufzuarbeiten bzw. zu verarbeiten, andererseits evtl. auch, weil er eher beiläufig und unstrukturiert gelernt hat denn systematisch. Vielleicht sollte man ein entsprechend auffälliges Verhalten von Kindern nicht so schnell als undiszipliniert oder renitent werten, sondern überlegen, ob hier nicht u. U. auch eine innere Wehr gegen eine mögliche Falschbehandlung ihren Ausdruck findet. Zumindest ist zu überlegen, ob man nicht den Kindern, die sich Rechtschreibung, Lesen, Sprachgebrauch, Rechnen und andere Bereiche eher unbewusst und beiläufig aneignen, diese Möglichkeit auch wirklich geben sollte. Des Weiteren muss überlegt bzw. untersucht werden, ob sich nicht auch Kinder, die sich nicht so massiv wie Björn gegen einen Lehrgang in diesem Bereich wehren, die entsprechenden Kompetenzen auf diesem Weg besser aneignen.

Björns Leistungen und die der anderen Kinder aus der Klasse haben sich zumindest auffällig überdurchschnittlich entwickelt und der Unterschied zu anderen Klassen mit Kindern vergleichbarer Vorkenntnisse liegt eben im Verzicht auf eine lehrgangsmäßige Unterweisung und im Betonen eines selbstgesteuerten Lernens. Einer Selbststeuerung, die von Anfang an radikal auf den Verzicht von Einführungs- und Übungssituationen achtet und durch ein anregungsreiches Umfeld nicht didaktisch bzw. lehrgangsmäßig aufbereiteter Lernanlässe geprägt ist.

Was Björn betrifft, so ist aus dem Kind, das dem Schulleiter bei der Einschulung noch sagte: „Glaub ja nicht, ich bin so harmlos, wie ich aussehe!", ein ziemlich charmanter Junge geworden, dessen positive Entwicklung alle Erwachsenen, die sie mitbekommen haben, sehr beeindruckt hat. Ähnlich positiv haben auch die Lehrer auf dem Gymnasium beim Gespräch mit dem Klassenlehrer nach den ersten Schulmonaten reagiert. Leider hat sich diese Einstellung im Laufe der Zeit nicht halten können – einerseits hat sich Björn nicht in der Weise mit dem Frontalunterricht anfreunden können wie gehofft, andererseits konnten wohl auch die Lehrer mit Björns Auffassung von sinnvollem Lernen auf Dauer eher weniger anfangen. Mittlerweile ist Björn – trotz seines nach Meinung des Grundschullehrers hohen kognitiven Potentials – auf die Realschule gewechselt und wiederholt dort die sechste Klasse. Es ist zu vermuten, dass die Leistungsmessung – aus Gründen, die im Verhalten Björns, in der Form des Unterrichts oder aber in der Leistungsüberprüfung selbst zu suchen sein können, nicht Björns wirkliche Kompetenz im jeweiligen Bereich erfasst, sondern vor allem sein Arbeitsverhalten zur Bewertungsgrundlage macht. Einen Hinweis darauf gibt beispielsweise die Benotung der Fächer Mathematik und Deutsch mit Ausreichend. Es erscheint eher unwahrscheinlich, dass Björn die Kompetenzen, die er zum Ende des vierten Schuljahres bzw. in seiner ganzen Grundschulzeit innehatte, in wenigen Monaten verlernt haben kann.

17.2 Mehmet

Mehmet kommt am 7. Mai des ersten Schuljahres mit 8;11 Jahren in die hier untersuchte Klasse, nachdem die Stadtverwaltung seiner Familie eine Wohnung in einem Asylantenheim zugewiesen hat, das nicht im Einzugsbereich seiner vorigen Schule liegt. Mehmet gilt als lernbehindert und soll nach Abschluss des gerade laufenden Überprüfungsverfahrens auf die Schule für Lernbehinderte überwiesen werden. Ein gemeinsamer Gesprächstermin mit seiner ehemaligen Grundschullehrerin, einem begutachtenden Sonderschullehrer sowie Mehmets Vater ist einen Monat später anberaumt. Zu diesem Termin erscheint auch Mehmets neuer Klassenlehrer, der dort über Mehmets Entwicklung der letzten Wochen in der hier untersuchten Klasse berichtet. Mehmets Fortschritte erscheinen dabei so vielversprechend, dass Mehmet fortan in der offen arbeitenden Klasse verbleibt. Mehmet wechselt nach der Grundschulzeit auf die Hauptschule, auf der er einen Notenschnitt von 2,6 erbringt. Vom Klassenlehrer in der Hauptschule wird Mehmets hohes Engagement sowie sein Ehrgeiz gelobt. Eine Lernbehinderung Mehmets scheint nicht vorzuliegen. Im Rückgriff auf die zur Verfügung stehenden Unterlagen und einzelne Äußerungen von Mehmet wird im Folgenden der schulische Werdegang Mehmets nachgezeichnet.

Die Vorgeschichte Mehmets kann dabei nur eingeschränkt wiedergegeben werden, da darüber nicht viel in den Schulakten vermerkt ist und auch Mehmet nie darüber gesprochen hat. Mehmets Familie muss ungefähr um 1992/93 in der Bundesrepublik wegen politischer Verfolgung in Kurdistan nach § 51 Ausländergesetz (Verbot der Abschiebung politisch Verfolgter) um Asyl gebeten haben, denn in einem amtsärztlichen Gutachten vom März 1994 heißt es „Mehmet lebt erst seit 1 Jahr in Deutschland", in einem späteren Gutachten vom Juni 1996 „Familie [...] lebt seit vier Jahren in Deutschland".

Zum Zeitpunkt seiner Einreise nach Deutschland war Mehmet dementsprechend fünf bis sechs Jahre alt. Seine Eltern sind Analphabeten, sie können weder Lesen noch Schreiben. Auch sprechen oder verstehen sie kein Deutsch. Mehmet hat noch zwei jüngere Brüder. Der eine ist zu diesem Zeitpunkt ungefähr drei Jahre alt, der andere wird erst Mitte 1994 geboren. Die Aufenthaltserlaubnis der Familie wird immer nur für zwei Jahre verlängert. Die Mutter darf nicht arbeiten, der Vater bekommt später eine Arbeitserlaubnis, die auf bestimmte Bereiche beschränkt ist.

Die erste Aufzeichnung über Mehmets Schullaufbahn ist das amtsärztliche Gutachten zur Schulaufnahme für das Schuljahr 1993/94. Dort wird Mehmet folgendermaßen beschrieben:

> Das Kind ist körperlich nicht schulreif, es wird deshalb eine Zurückstellung vom Schulbesuch empfohlen.
>
> Mehmet ist körperlich ein kleiner, zierlicher Junge. Koordination, Feinmotorik und Wahrnehmung noch unsicher. Keine Deutschkenntnisse und deutsches Sprachverständnis. Nachsprechen ok.
>
> Eine Zurückstellung für 1 Jahr in den Regelkindergarten ist ärztlicherseits dringend zu empfehlen.
>
> familiärer Kleinwuchs.

Bis zur Einschulung in die hier untersuchte Klasse muss die Familie mehrmals die Asylunterkunft wechseln. Ob bzw. welche Kindergärten Mehmet im Folgejahr besucht, kann nicht klar festgestellt werden. Einerseits formuliert der Schularzt bei Mehmets Untersuchung im nächsten Jahr „Mehmet lebt erst seit 1 Jahr in Deutschland, er musste wiederholt in dieser Zeit den Regelkindergarten wechseln", andererseits wird diese Zeitspanne in einem späteren Gutachten dem Besuch eines Schulkindergartens zugeordnet.

Im Gutachten des Schularztes für die Schulaufnahme im Jahr 1994/95 wird Mehmet erneut als nicht schulreif eingestuft:

> Das Kind ist körperlich nicht schulreif, es wird deshalb eine Zurückstellung vom Schulbesuch empfohlen.
>
> Augenärztliche Kontrolle erforderlich. [...] Mehmet hat noch große Sprachschwierigkeiten – keine Förderung vom Elternhaus. Feinmotorisch sowie visuelle und auditive Wahrnehmung und Umsetzung noch sehr ungeübt.
>
> Körperlich zart.
>
> Direkte Aufnahme und Förderung im SKG trotz Alter dringend zu empfehlen.

Mehmet besucht daraufhin ein Jahr den Schulkindergarten der für ihn zuständigen Schule. Nach diesem Jahr wird ihm bei der Schulreifeuntersuchung für die Einschulung 1995/96 neben einer feinmotorischen Verspannung eine gute Entwicklung bescheinigt, die zu seiner Einschulung in die erste Klasse führt. Mehmet ist mittlerweile 8;2 Jahre.

Da Mehmet anscheinend Probleme mit dem Lernen hat, werden die Eltern nach den Weihnachtsferien informiert, dass eine sonderpädagogische Überprüfung Mehmets beantragt ist. Ende April wird Mehmet ausgiebig von einem Sonderschullehrer getestet. In seinem später erstellten Gutachten formuliert er:

Eine Überprüfung von Mehmets Intelligenztestleistung erfolgte am 24.4.1996. Anwendung fanden dabei sprachfreie Teile des HAWIK-R (ZN, ZS, BE, MT, FL), MZT, CPM.

Bei dieser Feststellung sprach der Proband recht wenig, d.h. er ging recht wenig aus sich heraus.

Es ergaben sich dennoch Hinweise auf mangelndes Aufgabenverständnis, Probleme der optischen Diskriminierung, eingeschränkten deutschen Wortschatz.

Die o.a. erwähnten Überprüfungen förderten recht einheitliche Ergebnisse zutage:

Im MZT [vgl. Ziler 1970; FP] erreichte der 8; 11 Jahre alte Grundschüler im ersten Schuljahr ein MZA von 6 Jahren und damit einen MZQ von 67 Punkten, woraus sich ein deutlicher Entwicklungsrückstand interpretieren läßt.[*; FP]

Im CPM [vgl. Raven 1980[2]; FP] schnitt Mehmet wie folgt ab: RW = 7, PR unter 0,5; IQ unter 61. Zur Bewältigung der Aufgaben benötigte Mehmet zwölf Minuten.

Die Leistungen entsprechen nicht den Anforderungen der Lösungsstufe I. Nach den Interpretationsgrundsätzen von Raven entspricht der erreichte Prozentrang einer intellektuellen Fähigkeit, die als unzureichend zu bezeichnen ist.

Bei den angewandten Untertests des HAWIK-R [vgl. Tewes 1983; FP] erreichte der Proband in keinem auch nur annäherungsweise den mittleren WP von 10; die Wertpunkte schwanken zwischen eins und sieben; mittlerer WP ist 4,6. Die Standardabweichungen vom Mittelwert bewegen sich zwischen (-1) und (-3).

Der für die fünf Untertests errechnete durchschnittliche Prozentrang beträgt 6,42. Die erzielten Testalter-Äquivalente für die Rohpunkte liegen bei allen durchgeführten Untertests unter 6;2 Jahren. Mehmet dürfte demnach also über zwei Jahre in seiner Entwicklung Gleichaltrigen gegenüber verzögert sein.

Bei Mehmet scheint nach §5, Abs. 1 der VO-SF Lernbehinderung vorzuliegen.

[*Anmerkung: Beim Mann-Zeichen-Test wird die Zeichnung eines „Mannes" durch das Kind in Hinsicht auf die Verwendung verschiedener Details und ihrer Darstellung (maximal 58 Punkte) untersucht. Die erreichte Punktzahl wird durch vier geteilt und ergibt nach einer Addition von 3 (da es für die ersten drei Lebensjahre keine Punkte gibt) das „Mann-Zeichen-Alter" (MZA). Dividiert man MZA durch Lebensalter, so erhält man den „Mann-Zeichen-Quotienten" (MZQ), der in der amerikanischen Ausdrucksweise mit 100 multipliziert und in Punkten angegeben wird. Insgesamt ergibt der MZT nach Aussage des Autors für ein Lebensalter von vier bis dreizehn Jahren unter Berücksichtigung eines leichten Absinkens eine gute Validität in Bezug auf eine erste Beurteilung bzw. Rangeinteilung, wenngleich dieser Test sicherlich sehr kritisch zu sehen ist und höchstens als eines unter mehreren Instrumenten verwendet werden sollte; FP]

Durch den Umzug der Familie in eine neue Asylunterkunft wechselt Mehmet während des laufenden Verfahrens die Schule und kommt in die hier untersuchte Klasse. Auf Grund der geringen Zeit bis zum Schuljahresende schreibt Mehmets ehemalige Klassenlehrerin dem neuen Lehrer ein Vorschlags-Zeugnis:

Hinweise zum Arbeits- und Sozialverhalten:

Mehmet fand schnell Kontakt zu seinen Mitschülern. Im Umgang mit ihnen und mit seinen Lehrern musste er aber immer wieder ermahnt werden, Regeln einzuhalten und die Rechte anderer anzuerkennen. Er zeigte nur dann Ausdauer und Sorgfalt und arbeitete im angemessenen Tempo, wenn er über ein normales Maß hinausgehende Hilfe und Beachtung fand.

Hinweise zu Lernbereichen/Fächern:

Mehmet kann nur hinreichend geübte Schlüsselwörter lesen. Soll er neue Sätze aus bekannten Wörtern erlesen, fängt er an zu raten. Er kann Buchstaben, Wörter und kurze Sätze nur nach Vorlage schreiben. Er bemüht sich, klar gegliedert und normgerecht zu schreiben. Wenig Interesse zeigt er an sachkundlichen Themen. Seine Ergebnisse im Zeichnen und Basteln sind sehr unterschiedlich. Er kann die Ziffern 1-10 erkennen, versprachlichen und meist auch richtig schreiben. Im ZR 10-20 hat er noch Schwierigkeiten. Additionsaufgaben im ZR 1-10 löst er mit Hilfe von Anschauungsmitteln; die Lösung von Subtraktionsaufgaben bereitet ihm auch mit Hilfe noch große Schwierigkeiten.

Im später erstellten sonderpädagogischen Gutachten wird auf diese Ausführungen mehrfach Bezug genommen:

Mehmet wurde im Laufe des ersten Halbjahres dieses ersten „echten" Schuljahres in seinem schulischen Lern- und Leistungsverhalten auffällig. Er ist trotz vorangegangenen zweijährigen Schonraumes in den SKG's nicht in der Lage, dem Unterricht des ersten Schuljahres zu folgen (Siehe Ausführungen der allgemeinen Schule!).

Mögliche Behinderungen, die einen eventuellen sonderpädagogischen Förderbedarf bedingen könnten, werden seitens der Grundschule gesehen in u.a. sprachlichen Problemen, dem Elternhaus und dessen Interesse an Schule, mangelnder Ausdauer, enormen altersunangemessenen Schwierigkeiten im deutschen, sachkundlichen und mathematischen Bereich, Mehmets Problemen, sich ungern an Regeln halten zu können bzw. die Rechte anderer anzuerkennen. Auffallend sei Mehmets großer Bewegungsdrang. Es kommt bei dem Schüler – neben diesen o.a. Problemen auch der Verdacht auf verminderte intellektuelle Leistungsfähigkeit auf.

Bisherige Fördermaßnahmen (Siehe dazu Angaben der allgemeinen Schule!) ergaben keine größere Lern- und Leistungsbereitschaft seitens des Schülers, einhergehend wohl mit dem „Wenig"-Interesse der Eltern Mehmets den schulischen Problemen ihres Sohnes gegenüber. [...] Bei Mehmet scheint nach §5, Abs. 1 der VO-SF Lernbehinderung vorzuliegen.

Als Förderung wird vorgeschlagen:

Erforderliche sonderpädagogische Förderschwerpunkte könnten z. B. versuchen, Mehmets auffallend großen Bewegungsdrang „umzubiegen" auf schulische Probleme – eventuell durch Psychomotorik oder Mitgliedschaft in einem Sportverein (Lernen von Regeln etc.).

Die geistigen Anforderungen sollten drastisch heruntergeschraubt werden. Kleinste, für den Jungen überschaubare, nachvollziehbare Lernschritte sollten eingerichtet werden, womit Vertrauen in die eigene Leistung aufgebaut werden könnte, vielleicht über den Sachunterricht. Es gilt, Konzentrationsfähigkeit zu fördern, zu lernen, optisch zu differenzieren, das räumliche Vorstellungsvermögen zu verbessern, zu lernen, unter Zeitdruck zu arbeiten, das Gedächtnis zu trainieren.

Diese Förderhinweise liegen fast diametral zu dem Unterricht, den Mehmet in seiner neuen Klasse erfährt. Anstatt die Anforderungen zu verringern, wird er durch das nicht von einem Lehrplan begrenzte Tun der anderen Kinder herausgefordert – und gleichzeitig durch das individualisierende Prinzip geschützt. Hier arbeiten nicht mehr alle Kinder an denselben bzw. ähnlichen Inhalten, sondern bewegen sich auf den unterschiedlichsten Niveaus, von Themen der ersten Klasse bis hin zu Sekundarstufeninhalten. Dabei ermöglicht der Verzicht auf Lehrgangsunterricht Mehmet, die Auseinandersetzung mit dem ihm wichtigen Lernstoff genau auf dem Entwicklungsniveau vorzunehmen, auf dem er sich gerade befindet. Die vom Sonderpäda-gogen vorgeschlagenen zu trainierenden Fähigkeiten und Bereiche werden Mehmet selbst überlassen. Durch das selbstgesteuerte Arbeiten entwickelt er nicht nur neue Strategien und kognitive Muster in Bezug auf die fachlichen Inhalte, sondern lernt gerade durch die mögliche Selbstregulierung und Passung des Lernens langfristig wichtige Kompetenzen, sich zu konzentrieren und die auf ihn passende Zeiteinteilung bzw. Rhythmisierung für das Lernen zu finden.

Nachdem Mehmet ungefähr vier Wochen in der neuen Klasse ist, findet das schon oben erwähnte gemeinsame Gespräch zwischen der ehemaligen Grundschullehrerin, dem begutachtenden Sonderschullehrer, Mehmets Vater, dem türkischen Hausmeister der alten Schule als Dolmetscher sowie Mehmets neuem Klassenlehrer statt. Dieses Gespräch wird später im Gutachten folgendermaßen zusammengefasst:

> Zum Gespräch mit den Erziehungsberechtigten (Eingeladen war zum 12.6.96) erscheint der Vater Mehmets, der aber der deutschen Sprache absolut nicht mächtig ist – ein Dolmetscher wird zum Gespräch hinzugezogen.
>
> Familie [...] lebt seit vier Jahren in Deutschland. Herr [...] weiß, wozu er heute geladen sei. [...] Herr [...] wird auf die doch enormen Entwicklungsruckstände seines Sohnes aufmerksam gemacht, die auch nach den bisherigen Fördermaßnahmen nicht aufgeholt worden sind. Er erklärt sich mit einer eventuellen Umschulung in eine Sonderschule – Lb einverstanden: „Die Lehrer mögen wissen, was für Mehmet gut ist!"
>
> Im Laufe des VO-SF zog Familie [...] an die o.a. Anschrift. Die ersten Eindrucke der dortigen GGS [...] (Herr Peschel) sind durchaus positiv. So habe sich Mehmet gut in die Klasse integriert; er habe Kontakte zu Mitschülern. Im freien Unterricht suche sich Mehmet selbst Sachen zur Arbeit aus; es fiele ihm aber schwer dabeizubleiben. Der Junge arbeite gerne am Computer; er rechne (mit Hilfsmitteln) im Zahlenraum bis 20; Konzentrationsschwierigkeiten seien aber offensichtlich.
>
> Seit er Mehmet kenne, seien Leistungsfortschritte deutlich erkennbar. Mehmets Leistungen entsprächen z. Zt. in Mathematik und im sprachlichen Bereich dem Lehrplan.
>
> Herr Peschel schlägt als möglichen Förderort zunächst die Grundschule vor und bittet um ein halbes Jahr Beobachtungszeit.

Ein halbes Jahr später beschreibt der neue Klassenlehrer Mehmets Entwicklung im Offenen Unterricht folgendermaßen:

> Mehmet hat sowohl im Arbeits- als auch im Sozialverhalten Fortschritte gemacht.
>
> Er kann sich aber immer noch nicht über einen längeren Zeitraum mit einem Lernstoff durchgängig beschäftigen.
>
> Unterrichtsgeschehen jeglicher Art kann er nicht folgen, wobei unklar ist, ob mangelndes Interesse, fehlende Sprachkenntnisse oder kognitive Überforderung hier die Ursachen sind.
>
> Im Allgemeinen verfolgt Mehmet in solchen Situationen Vermeidungs- bzw. Ablenkungsstrategien.
>
> Mehmet hat guten Kontakt zu seinen Mitschülern und ist in der Klasse integriert. Konflikte löst er allerdings immer noch gewaltsam, auch hierfür könnte seine mangelnde Sprachkompetenz eine Ursache darstellen. Ansonsten ist Mehmet sehr hilfsbereit und aufgeschlossen. Im Rahmen seines Vermögens ist Mehmet durchaus als aufgeschlossen zu betrachten, wobei er sich in Bezug auf Lernstoff selber lieber unter- als überfordert.

- zu den Lernbereichen/Fächern (Entwicklung, aktueller Stand, Leistung)
Mehmet kann mittlerweile zählend im Hunderterraum plus rechnen. Einfache Malaufgaben kann er entsprechend zählend lösen.
Mehmet schreibt große Druckschrift weitgehend lautgetreu, wobei seine mangelnde Sprachkompetenz schnell zu einer falschen lautgetreuen Schreibweise führt. Ein Überarbeiten von Wörtern ist ihm nicht möglich. Mehmet liest anfänglich stockend. Die meisten Buchstaben sind ihm bekannt.

Ja nachdem wie man dieses Gutachten liest, kann Mehmets Entwicklung als mehr oder weniger beeindruckend interpretiert werden. Im Hinblick auf das Arbeitsverhalten im Unterricht fällt weiterhin Mehmets Problem mit dem Verfolgen von „Lehrtätigkeiten" auf. Mehmet ist – aus welchen Gründen auch immer – nicht in der Lage, sich selber einen fremd vorgezeigten Lernweg nutzbar zu machen. Trotzdem war es ihm möglich, innerhalb weniger Monate auf einen Leistungsstand zu kommen, der mindestens lehrplanentsprechend ist bzw. den Lehrplanvorgaben in Teilbereichen sogar schon vorausgeht.

Im Rahmen dieser positiven Entwicklung wird von der Schulaufsicht festgestellt, dass kein sonderpädagogischer Förderbedarf für Mehmet besteht. Wie schon oben erwähnt, konnte diese Feststellung bis heute aufrecht erhalten werden, sodass Mehmet zurzeit auf dem besten Wege zu einem guten Regelschulabschluss ist.

17.2.1 Entwicklung im Arbeits- und Sozialverhalten

Mehmet erreicht im April 1996 mit 8; 11 Jahren im CPM-Test (Coloured Progressive Matrices – sprachfreier Intelligenztest; Raven 1980[2]) einen IQ-Wert kleiner 61, was einem Prozentrang kleiner als 0,5 entspricht, sodass ihm nach der Durchführung ergänzender Tests mit fast deckungsgleichem Ergebnis eine Lernbehinderung attestiert wird. Bei der Durchführung des CFT 20 Mitte der vierten Klasse erreicht Mehmet mit 12;1 Jahren nahezu identische Werte (IQ-Wert 63, Prozentrang 1).

Mehmets Arbeitsverhalten ist von Engagement und Verantwortung innerhalb begrenzter Möglichkeiten geprägt. Dabei nehmen anfängliche Verhaltensmuster, die als Konzentrationsschwäche oder Vermeidungshaltung haben interpretiert werden können, kontinuierlich ab. Trotz der geringen intellektuellen Möglichkeiten, auf die der niedrige Intelligenzquotient hinweist, stabilisieren sich sowohl Mehmets kognitive Leistungen als auch sein Arbeitsverhalten im Laufe der Zeit immer mehr.

<u>1. Schuljahr</u>

Mehmet kommt am 7. Mai des ersten Schuljahres in die hier untersuchte Klasse und ist damit das vierte Kind der Zusatzstichprobe I. Er spricht und versteht Deutsch so, dass man sich mit ihm unterhalten kann. In der Klasse scheint er sich direkt wohl zu fühlen und wird auch von den anderen Kindern gut aufgenommen. Er sucht sich innerhalb des offenen Unterrichtsprinzips selber Sachen zum Arbeiten, lässt sich die Buchstabentabelle erklären und versucht sich an Rechenaufgaben. Dabei arbeitet er eher sporadisch und beobachtet ansonsten interessiert, was die anderen Kinder machen. Nach wenigen Tagen arbeitet er wie andere Kinder auch am Computer und lässt sich dort Programme und Arbeitsmöglichkeiten zeigen.

Im Umgang mit den anderen Kindern wirkt Mehmet nicht übermäßig regellos oder gewaltbereit. Es scheint viel eher so, dass er sich auf Grund seiner geringen sprachlichen Kompetenzen einfach weniger gut verbal verteidigen kann und deshalb auch andere Formen des Behauptens benötigt. Zudem muss er sich erst daran gewöhnen, dass nicht ein Erwachsener über das Einhalten der Regeln in der Klasse wacht, sondern diese von den Kindern selbst fortlaufend an die Bedürfnisse angepasst werden. Seine hilfsbereite und offene Art wird von den anderen Kindern gut angenommen, wobei der Kontakt der Jungen zu Mehmet stärker ist als der der Mädchen (was primär an Mehmet liegt).

Insgesamt macht Mehmet einen sehr befreiten Eindruck. Darauf, dass das offene Unterrichtsprinzip Mehmet so etwas wie „einen Stein von der Seele" genommen haben muss, weist eine Bemerkung hin, die Mehmet später in einem Gespräch mit seinen Tischnachbarn geäußert und die der Lehrer mitbekommen hat. Dabei erklärt Mehmet den anderen sinngemäß: „Das ist ja wohl die tollste Klasse der Welt, hier kann man alles lernen, was man will und muss nicht immer auf die Tafel gucken." Er ist ganz erstaunt, als die angesprochenen Kinder – die anderen Unterricht nur vom Hörensagen kennen – seine Bemerkung relativ gleichgültig hinnehmen. Darüber ist er fast entrüstet, so als würden sie gar nicht wissen, wie gut sie es hier haben.

Diese Reflexion Mehmets passt gut zu seiner Lern- und Leistungsentwicklung in den ersten Wochen. Wie schon im obigen Gutachten beschrieben, holt Mehmet in den rund fünf Wochen bis zur Gutachtenerstellung den Stoff der ersten Klasse auf – trotz seiner sowohl von der ehemaligen Lehrerin als auch vom begutachtenden Sonderschullehrer festgestellten geringen Vorkenntnisse. Was den bisherigen Unterricht vom in dieser Zeit praktizierten Unterricht unterscheidet, ist vor allem der Verzicht auf gelenktes Lernen und die Möglichkeit zur Selbststeuerung und Selbstregulierung. Das scheint Mehmet das Aufholen nahezu eines ganzen Schuljahres ermöglicht zu haben. Mehmets Leistungen entsprechen nun fast dem Lehrplan, sodass vor allem mit dieser positiven Tendenz einer Versetzung in die Klasse 2 nichts im Wege steht:

Lieber Mehmet !

<u>Hinweise zum Arbeits- und Sozialverhalten:</u>

Obwohl du erst seit kurzem bei uns bist, hast du dich schnell in die Klasse hineingefunden. Du erkennst immer mehr der Regeln in der Klasse und hältst dich immer besser an diese. Versuch bitte weiter, bei den wenigen Regeln, die wir haben, gut mitzumachen.

Das Arbeiten in der Klasse fällt dir oft schwer, dann nimmst du dir etwas vor, machst das aber nicht lange oder man muß es dir dauernd wieder sagen. Am liebsten arbeitest du am Computer. Aber wenn du wirklich etwas lernen willst, mußt du die Sachen, die du dir zum Arbeiten vornimmst, auch durchziehen. Nur du kannst für dich lernen. Das kann dir keiner abnehmen, es muß ja in deinen Kopf rein.

Obwohl du, als du gekommen bist, nur mit Material rechnen konntest, hast du ganz schnell das 1+1 gut gelernt. Das 1-1 kannst du bestimmt auch bald ganz flott. Klasse!

Zuerst konntest du nur ein paar Fibelwörter aufschreiben und vorlesen, aber die hast du nur auswendig gewußt. Richtig schreiben und lesen konntest du noch nicht.

Mit unserer Buchstabentabelle hast du aber nach ganz kurzer Zeit in unserer Klasse schon unbekannte Wörter aufschreiben können. Weil du zwar die meisten, aber noch nicht alle Buchstaben kannst, benutz die Tabelle ruhig immer beim Schreiben. Wenn du viel schreibst, kannst du dann bald auch alle Wörter lesen. Lesen üben mußt du jetzt noch nicht.

Forschen, Sport, Basteln, Malen, Musik und Theater machen dir Spaß, aber manchmal weißt du auch nicht, was du davon halten sollst oder ob das vielleicht zu schwierig ist. Anstatt nichts zu machen, frag dann einfach jemanden, der dir helfen kann.

Ich freue mich auf das zweite Schuljahr mit dir!

Mehmet selbst stuft sich im Hinblick auf die Zusammenarbeit mit anderen als „MITEL" ein, wobei er seine Fähigkeit, Konflikte zu lösen bzw. zu besprechen als „SchLeSChT" bezeichnet. Insgesamt findet er seine Produktionen eher „GUT", wobei er sein Können, sich selber knifflige Aufgaben zu stellen, selber Sachen (z. B. zum Forschen) zu suchen und für andere aufzuschreiben als „MITEL" bzw. „SchleSChT" bezeichnet.

2. Schuljahr

Im zweiten Schuljahr wagt sich Mehmet immer mehr auch an längere Aufgaben oder Projekte heran, wobei er diese gerne zusammen mit seinen engsten Freunden (Fedor, Lutz, Mahmud) angeht. So schreibt er längere Geschichten mit der Hand und am Computer, lässt sich von Kindern oder vom Lehrer „schwierige" Rechenaufgaben geben oder rechnet in einem Übungsheft. Nach den Herbstferien arbeitet er immer gezielter darauf hin, an jedem Tag etwas zu schreiben, zu rechnen und zu lesen. Zum Halbjahresende beteiligt er sich aktiver in den Kreisgesprächen bzw. übernimmt dort auch Leitungsfunktionen.

Insgesamt verläuft das Halbjahr sehr positiv. Mehmet kann (zählend) im Hunderterraum addieren und einfache Malaufgaben lösen. Er schreibt weitgehend lautgetreu in großer Druckschrift, und liest anfänglich (stockend). Im Privat-Zeugnis für das erste Halbjahr steht:

Lieber Mehmet,

du hast dich gut gemacht. Du findest jeden Tag gute Sachen zum Arbeiten und hältst dabei immer länger durch. Ich glaube aber, du könntest manchmal noch mehr schaffen.

Mit den anderen Kindern kommst du gut klar, manchmal bist du allerdings auch nicht ganz unschuldig an einem Streit. Achte noch ein bisschen mehr darauf, dass du im Kreis oder in der Klasse nicht so viele Späße machst, die die anderen Kinder stören können.

Schreiben kannst du immer besser, bleib dabei und achte aber immer mehr auf die Wörter. Merk dir die wichtigsten Wörter, damit du sie richtig schreiben kannst. Sag mir Bescheid, wenn du Schreibschrift lernen willst.

Lesen kannst du auch immer besser, mach das viel, dann kannst du auch bald ganz toll schreiben. Du kannst dir auch gerne mal ein paar Bücher ausleihen und deinem Bruder zu Hause etwas vorlesen.

Im Rechnen bist du ganz gut, mach da aber nicht immer Aufgaben, die du schon kennst, sondern schwierige, bei denen du neue Sachen lernst.

Forschen macht dir nicht ganz so viel Spaß, aber du hast doch auch hier gute Sachen entdeckt. (Wie beim Temperatur-Messen.) Malen machst du manchmal gerne, Musik machst du nicht so gerne, weil du meinst, dass du das nicht kannst. Versuch einfach mal.

Im Sport bist du klasse, das macht dir viel Spaß.

Einen nachhaltigen Eindruck auf den Lehrer macht dabei Mehmets Annäherung an sachunterrichtliche bzw. naturwissenschaftliche Dinge, die auf einer ganz anderen Ebene stattfindet als bei den anderen Kindern. So läuft Mehmet tagelang mit einem einfachen Thermometer durch die Klasse bzw. über das Schulgelände und ist völlig davon fasziniert, dass die rote Flüssigkeitssäule ansteigt, wenn er den Finger unten auf das Thermometer legt, und wieder sinkt, wenn er ihn wegnimmt. Er macht daraufhin unzählige Messungen, um sich mit diesem Phänomen auseinander zu setzen.

Mehmets Rückblick auf das erste volle Halbjahr in der Klasse ist durchaus positiv. Er meint er könne das Schreiben „ein bisschen" und mache Lesen und Rechnen gut. Forschen, Malen und Musik mache er nur ein bisschen, das mache ihm weniger Spaß – im Gegensatz zum Sport. Sein Arbeitsverhalten findet er mittlerweile „gut", sein Sozialverhalten „ein bisschen" bzw. „mittel", weil es manchmal Zankerei geben würde.

Die anderen Kinder finden, er solle ruhig mehr Musik machen und mehr lesen, schreiben und rechnen. Er sei immer lustig und gut drauf, das sei toll. Mit dem Treten und Schlagen sei es viel besser geworden und auch mit dem Blödsinnmachen in der Turnhalle. Er arbeite nun viel besser als früher.

Im zweiten Halbjahr arbeitet Mehmet weiter gut und immer kontinuierlicher. Zusammen mit seinen Freunden plant er eine Werk-Arbeitsgemeinschaft und setzt diese auch erfolgreich um. Er fängt zum Ende des Schuljahres an, Schreibschrift zu schreiben und macht vor allem im sinnentnehmenden Lesen gute Fortschritte. Ansonsten ist sein Leistungsstand im Bereich Schreiben schwach. Beim Rechnen wagt er sich in der Addition immer weiter in den Tausender- bzw. Zehntausenderraum vor, die anderen Operationen fallen ihm schwerer. Insgesamt erscheint bei seinen Leistungen – unter Berücksichtigung seiner positiven Entwicklung und der guten Integration in der Klasse – die Versetzung in das dritte Schuljahr möglich:

Lieber Mehmet!

<u>Hinweise zum Arbeits- und Sozialverhalten:</u>

Du hast im letzten Jahr gut gearbeitet. An den meisten Tagen hast du dir gute Sachen gesucht, die du dann selbständig bearbeitet hast. An manchen Tagen hast du vielleicht zu leichte Sachen gemacht, aber das kann man auch mal machen. Trau dich aber im nächsten Schuljahr noch mehr an schwierigere Sachen heran.

Mit den anderen Kindern kommst du gut klar. Manchmal bist du in einen Streit verwickelt und fühlst dich ungerecht behandelt. Dann traust du dich trotzdem nicht, das im Kreis mit den anderen Kindern zu besprechen. Da würde ich mir wünschen, dass du das noch mehr machen würdest.

Im Kreis machst du besser mit als im letzten Jahr, aber es kann auch passieren, dass du andere Kinder ablenkst, wenn du nicht mehr zuhören kannst. Versuch dann trotzdem, noch bei uns zu sitzen und mitzumachen. Sonst wird es zu schnell unruhig im Kreis.

<u>Hinweise zu Lernbereichen/Fächern:</u>

Du hast im Schreiben gute Fortschritte gemacht, sodass du Wörter schon weitgehend lautgetreu schreiben kannst. Die Erwachsenenschrift nehmen wir uns im nächsten Schuljahr noch mehr vor, genauso wie die Schreibschrift, die du ja jetzt schon angefangen hast.

Im Lesen hast du auch große Fortschritte gemacht, du kannst jetzt Wörter und Sätze sinnentnehmend lesen und vorlesen.

Im Rechnen bist du auch besser geworden. Du kannst mittlerweile Plusaufgaben im Tausenderraum lösen. Minusaufgaben fallen dir zeitweise aber noch schwer. Das kleine 1+1 und 1-1 kannst du auswendig, das 1*1 hast du verstanden und lernst noch daran. Geteiltaufgaben kannst du noch nicht. Bleib bitte weiter dran am Rechnen, such dir schwierige Aufgaben und üb weiter das Einmaleins.

Beim Forschen fällt es dir schwer, dir selber Sachen zu suchen. Du staunst aber immer wieder über Sachen, die wir herausfinden. Vielleicht kannst du ja bald selber mehr forschen.

In Musik, Malen und Werken machst du mit und gibst dir Mühe. Im Sport bist du klasse, du kannst schon viele Sachen und traust dich sehr viel. Auch an unsere Regeln hältst du dich mittlerweile gut.

Hausaufgaben machst du nur selten, aber du sagst, dass du ja zu Hause eigene Sachen arbeitest.

Ich freue mich auf das dritte Schuljahr mit dir!

Bemerkungen: Die Beurteilung im Bereich Sprache erfolgt auf Grund einer möglichen Teilleistungsschwäche in diesem Bereich. Mehmets Leistungen entsprechen hier noch nicht denen des abgeschlossenen 2. Schuljahres. Alle Leistungen sind schwach, erscheinen aber – gerade auch unter Berücksichtigung der positiven Entwicklung Mehmets – ausreichend zur weiteren Mitarbeit.

3. Schuljahr

Kurz nach Beginn des dritten Schuljahres kann Mehmet in Schreibschrift schreiben, wobei es dem Lehrer zeitweise so vorkommt, als ob Mehmet das (eher reproduktive) Üben der Schreibschrift als Ausweichmöglichkeit vor größeren Herausforderungen (orthographisches Überarbeiten von Texten etc.) genutzt hat. Im Rahmen seiner größeren Sicherheit im Umgang mit Multiplikationsaufgaben beginnt sich Mehmet bewusster mit Divisionsaufgaben zu beschäftigen, rechnet insgesamt aber eher wenig. Zusätzlich nimmt er mit wöchentlich zwei Stunden am Muttersprachlichen Ergänzungsunterricht in Türkisch teil.

Zeitweise hat Mehmet in diesem Halbjahr bei (zu vielen) Späßen anderer mitgemacht, ohne sie zu reflektieren. Dies zeigt einerseits, wie selbstverständlich er von den anderen Kindern angenommen und integriert wird, zeugt aber auch – im Gefühl des Lehrers – von einer mangelnden Reflexionskompetenz bei Mehmet, dem der Lehrer zumindest zeitweise die Einnahme einer etwas verantwortlicheren Rolle gewünscht hätte. Im Zeugnis steht dazu:

> Du scheinst oft nicht über das, was du tust oder wobei du mitmachst, nachzudenken. Da musst du unbedingt etwas dran tun. Viele Sachen sehen spannend aus und machen Spaß, aber sie sind deshalb noch lange nicht richtig, nur weil einer deiner Freunde dabei mitmacht. Also: Versuch selber mitzudenken, was gut und was blöd ist.

Insgesamt ist Mehmet gut in der Klasse integriert. So wird er z. B. mehrmals als Kreisleiter eingesetzt, als andere Kinder auf Grund einer schlechten Kreisführung abberufen werden. Mehmet liest im Kreis immer öfter eigene Geschichten vor, öffnet sich der Klasse also zunehmend auch in den Bereichen, in denen er sich nicht mit den anderen Kindern messen kann. Auch das honorieren die Kinder ohne falsches „Mitleid", sondern mit einem beeindruckenden Sinn für eine individuelle Leistungsbewertung. So tragen die Kinder beispielsweise Anfang November verschiedene Kapitel des Buchs „Jim Knopf" zusammen, wobei vor allem Mehmet und Fedor für ihre Zusammenfassungen anerkennenden „Zugabeapplaus" bekommen.

Mehmets Arbeitsverhalten insgesamt wirkt allerdings wechselhafter als im Jahr zuvor. Dies kann u. a. an den höheren Anforderungen liegen, denen sich Mehmet einerseits auf Grund seines schon erreichten Könnens, andererseits auf Grund des allgemein gestiegenen Anspruchs im dritten Schuljahr stellen muss. Es scheint so, als ob bei ihm zu dieser Zeit gewisse Grenzen bezüglich des leistungsmäßigen Aufholens erreicht seien. So steht im Zeugnis für das erste Halbjahr der dritten Klasse:

> Lieber Mehmet !
>
> **Hinweise zum Arbeits- und Sozialverhalten:**
>
> Dein Arbeitsverhalten war im letzten Halbjahr wechselhaft. Zu oft musste man dich ans Arbeiten erinnern. Du hast dich zwar dann meistens auch angestrengt, aber ich denke, du könntest das oft noch länger. Du musst dich bei deinen schwachen Leistungen da echt zusammenreißen, damit du auch wirklich so gut wie irgendmöglich wirst !
>
> Schwierige Sachen erfasst du nicht direkt, du brauchst deine eigene Zeit, um sie zu lernen. Deshalb musst du dich entsprechend länger damit befassen [...].
>
> **Aussagen über die Lernentwicklung und den Leistungsstand in den Fächern:**
>
> **Sprache:** Du hast Fortschritte beim Lesen gemacht, aber liest noch sehr abgehackt und unbetont. Hier hilft nur mehr zu lesen. Leih dir doch mal ein paar Bücher aus !
>
> Deine Geschichten sind entsprechend deinem Wortschatz meistens sehr einseitig, aber man entdeckt auch stellenweise gute Ideen darin.
>
> Deine Rechtschreibleistungen entsprechen nicht dem 3. Schuljahr. Du schreibst jetzt weitgehend lautgetreu und kommst auch bei Diktaten mit. Da du aber im letzten Halbjahr nicht viele Geschichten überarbeitet hast, kannst du viele Wörter noch nicht richtig schreiben. Du

musst unbedingt mehr auf Besonderheiten achten und die wichtigsten Wörter üben und auswendig lernen.

Sachunterricht: Forschen fällt dir schwer, du interessierst dich nur für Sachen, die du selber erleben und erfühlen kannst. Ansonsten fällt es dir nicht leicht, mit Material sachgerecht umzugehen oder Zusammenhänge zu erfassen. Auch das Aufschreiben kannst du noch nicht leisten.

Mathematik: Im Rechnen hast du das 1*1 einigermaßen auswendig gelernt, sodass du mit dem 1+1 und dem 1-1 nun alle Führerscheine bis auf das 1:1 hast. Ansonsten hast du wenig gerechnet, sodass du beim Rechnen im Tausenderraum kaum Fortschritte gemacht hast. Minusrechnen fällt dir immer noch schwer, Plusrechnen klappt auch nicht fehlerfrei. Sachaufgaben kannst du nur schwer erfassen. Hier hilft nur viel zu rechnen!

Sport: Im Sport bist du gut, am liebsten spielst du mit deinen Freunden Fußball. Am Schwimmen hast du auch gerne teilgenommen und das Frühschwimmerzeugnis bekommen. [...]

Bemerkungen: Die Beurteilung im Fach Sprache erfolgt aufgrund einer möglichen Teilleistungsschwäche in diesem Bereich. Mehmets Leistungen entsprechen hier nicht denen des 3. Schuljahres.

Alle Leistungen sind schwach, erscheinen aber – gerade auch unter Berücksichtigung der positiven Entwicklung Mehmets – mit Abstrichen noch ausreichend zur weiteren Mitarbeit. Entsprechend der weiteren Entwicklung Mehmets kann gegebenenfalls eine Rückversetzung in Betracht kommen.

Im Rahmen einer eher normativen denn individualorientierten Bewertung Mehmets zeichnen sich also Bedenken ab, ob Mehmet die Lehrplanvorgaben des dritten Schuljahres innerhalb der vorgesehenen Zeit erreichen kann bzw. wird. Dies wird auch an der Form des folgenden Texts deutlich, in dem Mehmet seine Leistungen vor dem Zeugnis formuliert (dabei verwendet er im Wort „manchmal" das gerade im Türkischunterricht erlernte „ç" statt des „ch"):

isch arbeite gut Beim schreiben Binisch gut und Maçmal Musisch auf die wörter auf pasen

Meine schrift ist auch gut aber nischt immer Maçmal nisch so gut

geschichten nachkuken Mach isch nicht immer aber nomal Machich

isch kan reschnen gut und schreiben kanisch ein Bise auch gut nur reschnen

isch mache selber reschen aufgaben oder isch geh suh peschel

Beim Forschen findisch Fast nischtforschen aber Mit meinen Froinden Mare isch Mit

isch Bin in schport Binisch gut ischhap noje sachen gelernt isch mache auch Beim schpile mit

Im zweiten Halbjahr der dritten Klasse bestätigt sich diese Vermutung. Mehmets Leistungen werden zwar kontinuierlich besser, aber er benötigt für seine Entwicklung einfach mehr Zeit als andere Kinder. Mehmet beginnt sich nun intensiver mit Rechtschreibung zu beschäftigen und seine Geschichten kontinuierlicher zu überarbeiten, aber sein Leistungsniveau in diesem Bereich bleibt gering. Außerschulisch findet sich eine Möglichkeit, dass eine kurdische Bekannte an einzelnen Tagen mit Mehmet zu Hause arbeitet. Dadurch bekommt das schulische Lernen für Mehmet in gewisser Weise nun auch außerhalb der Schule einen Stellenwert, wird dabei allerdings eher auf reproduktive Tätigkeiten reduziert. Dies beeinflusst wiederum auch Mehmets Arbeitsweise in der Schule. So gibt es Phasen, in denen Mehmet keine eigenen Geschichten schreibt und überarbeitet, sondern sich mit seinen Freunden und Arbeitspartnern Fedor und Lutz gegenseitig Texte zum Üben der Rechtschreibung diktiert. In Mathematik vermeidet er das Rechnen in größeren Zahlenräumen und übt lieber Einmaleins und Einsdurcheins.

Mehmet selbst schreibt vor dem Gutachten in einem mit der Bekannten zu Hause abgefassten und überarbeiteten Text:

> Im Kreis bin ich in letzter Zeit gut. Ich mache Sachen mit anderen zusammen. ich helfe den anderen gern. Ich kann mit anderen gut arbeiten. Mal komme ich gut mit den anderen aus, mal weniger gut. Ich versuche über den Streite zu reden. Ich versuche mich weniger zu streiten. [...]
> Ich sehe Geschichten wenig nach und ich mache viele Feler. Ich benutze das Wörterbuch selten. [...]
> Ich kann Minus-, Plus-, Geteilt- und Malaufgaben rechnen. Dafür habe ich auch Fürerscheine. [...]
> Ich kann einigermaßen flüssig lesen und vorlesen. Ich will mehr lesen üben.
> Ich möchte nicht sitzen bleiben. Ich will mich mehr anstrengen um ein besserer Schüler zu werden.

Trotz des guten Vorsatzes reichen Mehmets Leistungen nicht für eine Versetzung. Zur Beschreibung seiner Leistungen ist im Folgenden das Zeugnis für das zweite Halbjahr der dritten Klasse auszugsweise wiedergegeben (die Formulierung „üben" ist dabei aus Mehmets Vokabular entnommen und bedeutet – zumindest in der Schule – eher „an Lerninhalten arbeiten", es ist damit kein „Pauken" oder Trainieren von Teilleistungen gemeint):

> Lieber Mehmet!
>
> **Hinweise zum Arbeits- und Sozialverhalten:**
> Du hast im letzten Jahr ganz gut gearbeitet und auch Fortschritte gemacht. Schwierige Sachen erfasst du nicht direkt, du brauchst deine eigene Zeit, um sie zu lernen. Deshalb musst du dich entsprechend länger damit befassen und sie nachher auch einüben. Das hast du zunehmend selbstverantwortlicher getan. In der letzten Zeit hast du allerdings nicht mehr geübt, sodass du auch Sachen, die du konntest, wieder verlernt hast.
> Bei den Sachen, die du mit deinen Freunden gemacht hast, hast du zunehmend mehr Sachen reflektiert und überlegt, was richtig und was falsch ist. Mach weiter so und lass dich nicht zu dummen Sachen überreden oder mit hineinziehen.
> Hausaufgaben machst du fast nie, obwohl du unbedingt diese zusätzliche Zeit zum Üben brauchen würdest.
> **Aussagen über die Lernentwicklung und den Leistungsstand in den Fächern:**
> **Sprache:** Du hast weiter Fortschritte beim Lesen gemacht, aber liest noch sehr abgehackt und unbetont. Hier hilft nur, mehr zu lesen. Leih dir doch mal ein paar Bücher aus und les zum Beispiel deinem Bruder oder deinen Eltern täglich etwas vor.
> Deine Geschichten sind weiter besser geworden, du hast gute Ideen und schreibst immer mehr. Zwar ist dein Wortschatz noch relativ einseitig, aber er entwickelt sich immer mehr, genauso wie der Aufbau deiner Geschichten.
> Deine Rechtschreibleistungen entsprechen nicht denen des 3. Schuljahres. Du schreibst immer noch nur weitgehend lautgetreu, aber du überarbeitest deine Geschichten zunehmend selber und weißt schon einige Besonderheiten bei Wörtern. Trotzdem kannst du viele Wörter noch nicht richtig schreiben. Du musst unbedingt noch mehr auf Besonderheiten achten und

die wichtigsten Wörter auswendig lernen. Du übst hier noch immer viel zu wenig. Sieh mehr Texte mit dem Wörterbuch nach und versuche dabei zu überlegen, warum Wörter auf eine bestimmte Weise geschrieben werden. **Sachunterricht:** [...] Forschen fällt dir schwer, du interessierst dich nur für Sachen, die du selber erleben und erfühlen kannst. Ansonsten fällt es dir nicht leicht, mit Material sachgerecht umzugehen oder Zusammenhänge zu erfassen. Auch das Aufschreiben kannst du noch nicht leisten. **Mathematik:** Im Rechnen hast du 1*1 und 1:1 einigermaßen auswendig gelernt, sodass du mit dem 1+1 und dem 1-1 nun alle Führerscheine hast. Ansonsten hast du wenig gerechnet, sodass du beim Rechnen im Tausenderraum kaum Fortschritte gemacht hast. Minusrechnen fällt dir immer noch zu schwer, Plusrechnen klappt auch nicht fehlerfrei. Sachaufgaben kannst du nur schwer erfassen. Hier hilft nur viel mehr zu üben, damit du vor allem die Sachen nicht wieder vergisst, die du schon einmal konntest. [...] **Bemerkungen:** Mehmet [...] hat das Ziel der Klasse 3 nicht erreicht. Die Beurteilung im Fach Sprache erfolgt aufgrund einer möglichen Teilleistungsschwäche in diesem Bereich. Mehmets Leistungen entsprechen hier nicht denen des 3. Schuljahres. Alle Leistungen (außer Sport) sind schwach, erscheinen aber – gerade auch unter Berücksichtigung der positiven Entwicklung Mehmets – mit Abstrichen noch ausreichend zur Mitarbeit in der bisherigen Lerngruppe. Er wird daher zunächst weiter in der zukünftigen Klasse 4e gefördert. Entsprechend der weiteren Entwicklung kann gegebenenfalls eine Rückversetzung für Mehmet in Betracht kommen.

Mehmet wird also formal nicht in die vierte Klasse versetzt, verbleibt tatsächlich aber in seiner Lerngruppe, die nun eine vierte Klasse bildet. Dadurch wird Mehmet nicht an den Lehrplaninhalten des vierten Schuljahres gemessen, kann aber – genau wie alle anderen Kinder auch – weiter ohne Lehrgangsunterricht an seinen individuellen Lerninhalten arbeiten. Für Mehmet und die anderen Kinder spielt dieses Vorgehen außer einem Erkundigen nach „Sitzenbleiben" und einem Wundern über die Notwendigkeit dieser Formalien keine weitere Rolle.

4. Schuljahr

Entsprechend dieser Regelung ergeben sich für Mehmet keine Änderungen innerhalb des Unterrichts bzw. des Klassenlebens. Als es im ersten Vierteljahr des vierten Schuljahres in der Klasse um die Wahl der weiterführenden Schule geht, wird auch Mehmet befragt. Mehmet strebt für das Jahresende den Übergang zur Hauptschule an:

> ich möchte mich farbesern beim rechnen fer besern und mus mich auch beim Schreiben farbesern und nach koken
> ich neme mir for ich schreibe fil und koke nach und übe Reschnen das grose 1*1 und grose 1:1

Mit diesen Vorsätzen und sicher auch beeinflusst durch den Wunsch, nicht an der Grundschule zu verbleiben, wenn die anderen Kinder auf die weiterführende Schule wechseln, wird Mehmets Arbeitsverhalten im vierten Schuljahr wieder besser (kontinuierlicher) und sein alter Ehrgeiz ist zu spüren. Er schreibt vermehrt eigene Geschichten, die er überarbeitet, denkt sich selber Mathematikaufgaben aus, die er halbschriftlich löst, und rechnet sehr gerne „unendliche" (d. h. mindestens über zwei

DIN A4-Seiten gehende) Rechenaufgaben unter Zuhilfenahme der schriftlichen Rechenverfahren. Auf Grund dieser Entwicklung formuliert der Lehrer am Ende des Halbjahres das folgende Gutachten:

Sehr geehrte Erziehungsberechtigte,

die Klassenkonferenz hat beschlossen, dass für Ihr Kind die folgenden beiden Schulformen für die weitere schulische Förderung am besten geeignet erscheinen:

Hauptschule oder Gesamtschule

Mehmet hat als potentieller Kandidat für die Lernbehindertenschule große Fortschritte gemacht. Eine Lernbehinderung scheint nicht vorzuliegen, viel mehr scheint das außerschulische (analphabetische) Umfeld seiner Lernentwicklung nicht förderlich zu sein. Er hat – auch durch außerschulische Unterstützung – sein Übungsverhalten verbessert. Er muss entsprechenden Aufwand treiben, um seine Leistungen zu halten, sodass eher langfristige als kurzfristige Ausbaufähigkeit gegeben ist.

Mehmets Arbeitstempo ist ausreichend, er ist anstrengungsbereit, wobei seine Konzentrationsfähigkeit begrenzt ist. Mehmet ist zwar teilweise ablenkbar, kann aber mit entsprechenden Hilfestellungen gesetzte Ziele selbstständig verfolgen. Mehmet beherrscht einige elementare Lerntechniken, die er aber kontinuierlich weiter üben sollte. Mehmet bearbeitet am liebsten vorgegebene Aufgaben reproduktiver Art.

Mehmet benötigt verständliche Beispiele als Veranschaulichung von vorgegebenen Arbeitsaufträgen.

Bei entsprechender Übung kann Mehmet vor allem kurzfristig Sachverhalte automatisieren.

Mehmet beteiligt sich nicht oft an Diskussionen, es fällt ihm schwer, sich in abstraktere Sachverhalte hineinzuversetzen.

Mehmet kann Sachen reflektieren und nimmt Tipps und Vorschläge an. Das Umsetzen von abstrakteren Aufgabenstellungen fällt Mehmet schwer, er kann Sachen nicht gut transferieren, sondern reproduziert lieber.

Mehmet kann in Gruppen mit anderen Kindern zusammen arbeiten und seine Anliegen vorbringen, allerdings hält er sich oft damit zurück, da er sich seiner schwächeren Leistungen bewusst ist. In Bereichen, in denen das nicht der Fall ist (Sport, Alltagssituationen etc.) kann er mit viel Humor (und Geist) agieren. Er kann sich bei Konflikten verteidigen. Mehmet versucht auch in Tests seine Sache gut zu machen und wirkt auch bei Überforderung nicht frustriert.

Mehmet hat durch seine analphabetischen Eltern und deren Status als kurdische Asylanten ein sehr anregungsarmes Umfeld, das bestimmt zu einem guten Teil für seine zum Teil defizitäre Schulsituation verantwortlich ist.

Mehmets Noten werden dabei nach am Maßstab des vierten Schuljahres, nicht des dritten Schuljahres gemessen und spiegeln dadurch seine immer noch schwachen Leistungen recht schonungslos wieder. Mehmet bekommt ein Mangelhaft im Lesen und ein Ausreichend im Sprachgebrauch. Bei der Note „ausreichend" für die Rechtschreibung weist der Lehrer darauf hin, dass die Notengebung geübte Texte einbezieht: „Die Leistungsbewertung im Rechtschreiben bezieht bei Mehmet auf Grund seiner sprachlichen Situation in einem analphabetischen Umfeld geübte Diktate verstärkt mit ein. In freien Texten sind die Leistungen schlechter." Dies erscheint deshalb legitim, weil die Notengebung in anderen Grundschulklassen erfahrungsgemäß sogar hauptsächlich auf der Bewertung geübter Texte besteht. In diesen bringt Mehmet – je nach Übungsintensität – sogar durchaus gute Leistungen.

In Mathematik bekommt Mehmet ein Mangelhaft mit dem Hinweis „Die Leistungen in Mathematik sind bei reproduktiven Aufgabenstellungen und Automatisierungsleistungen auch besser." Mehmet würde also u. U. in einer Klasse, in der sich die Leistungsbewertung vornehmlich auf die üblichen schulbuchorientierten Überprüfungen oder das Kopfrechnen bezieht, eine bessere Note erhalten, da er beispielsweise die schriftlichen Rechenverfahren durchaus korrekt bzw. zufriedenstellend anwenden kann. Im Sachunterricht bekommt Mehmet ein Ausreichend, in Kunst, Musik und im Türkischunterricht ein Befriedigend, in Sport (Schwimmen) ein Gut.

Dieses Niveau kann Mehmet im weiteren Verlauf des vierten Schuljahres halten bzw. sogar noch steigern. Er verbessert seine Lesekompetenz so, dass sie nun als „ausreichend" bezeichnet werden kann und erreicht auch in Kunst und in Sport (kein Schwimmen) eine Steigerung auf die Noten „gut" bzw. „sehr gut". Mehmet kann bei diesen Leistungen mit gutem Gewissen in die Hauptschule versetzt werden und „springt" formal vom dritten in das fünfte Schuljahr. Der Verbleib in der Lerngruppe hat Mehmet anscheinend genau die Herausforderung gebracht, die für ihn sinnvoll bzw. notwendig war.

<u>Mehmets Rückblick auf seine Schulzeit</u>

Mehmet äußert sich Ende der vierten Klasse in einem Fragebogen zu seinen Erfahrungen in der Klasse. Er schreibt, er hätte sich in unserer Klasse wohlgefühlt: „weil die Klasse sehr guht ist es macht spaß in dieser Klasse". Ihm war vor allem wichtig, viel zu lernen und frei arbeiten zu können. Die Sachen, die in der Klasse gemacht wurden, fand er einerseits schwer, andererseits OK. Er sieht seine Schwächen darin, sich selber zum Lernen zu zwingen, sich durchsetzen zu können, Sachen mit anderen abzustimmen und sich selber Sachen auszudenken. Er fand es wichtig, gut mit anderen umzugehen und selber zu wissen, wie viel man arbeitet und was man will. Schwierig fand er das Selbermachen der Klassenregeln durch die Gruppe und das Machen von Vorträgen statt Sachen auswendig zu lernen. Gut fand er vor allem: „Mit unsere Klasse zur Klassenfahrt fahren". Die Leistung der Schule im Hinblick auf seine Vorbereitung würde er mit 1 oder 2 bewerten und jederzeit noch einmal in die Klasse gehen. Auch im Hinblick auf sein weiteres Fortkommen ist er sehr zuversichtlich und meint, dass er wohl „ganz gut" zurecht kommen wird. Ferner schreibt er in einem Brief, den er wahrscheinlich mit der Hilfe einer Bekannten verfasst (da der Brief orthographisch korrekt geschrieben ist und der Lehrer gesiezt wird):

Lieber Herr Peschel

Ich kenne sie jetzt schon fast vier Jahre. Sie waren immer ein guter Lehrer. Sie waren oft lustig und wir Schüler haben viel gelacht, aber noch mehr gelernt bei ihnen. Nicht immer waren wir so fleißig wie es richtig gewesen wäre. Ich denke, was möglich war, habe ich gelernt. Dafür bedanke ich mich bei Ihnen und auch bei den anderen Lehrern, die uns unterrichtet haben.

Ihr Mehmet

Mehmets Eltern können auf Grund ihres Analphabetentums bzw. ihrer geringen Deutschkenntnisse keine Rückmeldung geben.

Um Mehmets Entwicklung vom scheinbar Lernbehinderten zum durchschnittlichen Hauptschüler etwas näher zu kommen, soll im Folgenden seine Kompetenzausbildung am Beispiel der Bereiche Rechtschreiben, Lesen und Mathematik näher dargestellt werden.

17.2.2 Entwicklung im Rechtschreiben

Im Folgenden wird Mehmets Entwicklung im Rechtschreiben unter Rückgriff auf verschiedene Tests (Fünf- und Neun-Wörter-Diktat, Hamburger Schreib-Probe) sowie andere Schriftproben beschrieben.

<u>1. Schuljahr</u>

Als Mehmet im Mai einige Wochen vor Ende des ersten Schuljahres in die hier untersuchte Klasse kommt, kann er trotz ein oder zwei Jahren Schulkindergarten (s. o.) und anschließendem Besuch der ersten Klasse weder Lesen noch Schreiben. In seiner alten Klasse hat er bestimme Wortformen auswendig gelernt, die er aber nicht außerhalb der geübten Situation wiedergeben kann. Seine ehemalige Lehrerin beschreibt seine Kompetenzen so:

> Mehmet kann nur hinreichend geübte Schlüsselwörter lesen. Soll er neue Sätze aus bekannten Wörtern erlesen, fängt er an zu raten. Er kann Buchstaben, Wörter und kurze Sätze nur nach Vorlage schreiben. Er bemüht sich, klar gegliedert und normgerecht zu schreiben.

Diese Einschätzung wird durch die Beobachtungen des neuen Klassenlehrers bestätigt: Mehmet ist nach dem Klassenwechsel nicht in der Lage zu schreiben oder zu lesen. Ihm sind zwar Buchstaben als Elemente des Lesens und Schreibens bekannt und er kann sie auch so abmalen, dass man den Eindruck hat, er könne schreiben, letztendlich kann er sie aber selbst noch nicht nutzen. Statt des gewohnten Lehrgangsunterrichts erhält Mehmet nun die Möglichkeit, sich das Schreiben aufbauend auf seinen Vorkenntnissen selbst mit Hilfe der Buchstabentabelle beizubringen. Den Prozess, der sich dabei beobachten lässt, beschreibt der Lehrer im Privat-Zeugnis der ersten Klasse:

> Zuerst konntest du nur ein paar Fibelwörter aufschreiben und vorlesen, aber die hast du nur auswendig gewußt. Richtig schreiben und lesen konntest du noch nicht.
>
> Mit unserer Buchstabentabelle hast du aber nach ganz kurzer Zeit in unserer Klasse schon unbekannte Wörter aufschreiben können. Weil du zwar die meisten, aber noch nicht alle Buchstaben kannst, benutz die Tabelle ruhig immer beim Schreiben. Wenn du viel schreibst, kannst du dann bald auch alle Wörter lesen. Lesen üben mußt du jetzt noch nicht.

Mehmet beginnt in relativ kurzer Zeit, Wörter aufzulauten und zu verschriften. Dabei schreibt er entweder einzelne Wörter oder „fibelähnliche" Geschichten", in denen sich Phrasen unter Nutzung ihm bekannter und unbekannter Wörter dauernd wiederholen (die unterstrichenen Buchstaben sind spiegelverkehrt – die Interpretationsvorschläge i. F. immer unter Vorbehalt):

MEHMET HAT RAKTi (Mehmet hat Rakete)
DAS IST MAN MUTA (Das ist meine Mutter)
DAS IST MAN WATA (Das ist mein Vater)
DAS IST MAN WAL (? – evtl. Wiederholung des Vorsatzes)
DAS IST MAN ONKL (Das ist mein Onkel)
DAS IST MAN WrONTI (?)
DAS IST MAN Name MEHMET (Das ist mein Name: Mehmet)
DAS IST MAN Name AMED (Das ist mein Name: Amed [Vater])
DAS IST MAN NALIN (Das ist mein Nalin [Bruder])
DAS IST MAN MEHMET RAKTi (Das ist meine Mehmet-Rakete)
DAS IST MAN HAS (Das ist mein Haus)
DAS IST MAN Name ALi (Das ist mein Name: Ali [Bruder])
MANI MUTA GEN SCHPRSiRE (Meine Mutter geht spazieren)

Der erste Normtest, den Mehmet mitzuschreiben versucht, ist die Hamburger Schreib-Probe Ende Klasse 1. Dabei schafft er es, zumindest einen Teil der einzelnen Wörter zu verschriften:

Wortvorgabe	Verschriftung E 1
Baum	BAUm
Hund	HUST
Löwe	LöeW
Spiegel	chBiKL
Telefon	TELF
Mäuse	MOZ
Hammer	HAM
Fahrrad	WARA

Neben dem Einsatz einzelner Buchstaben, die eher willkürlich erscheinen („S" statt „N" in Hund), und dem Abbruch einiger Verschriftungen vor dem Ende (was durchaus ein Zeit- bzw. Konzentrationsproblem sein kann), zeigen die Schreibweisen, dass Mehmet das grundlegende Prinzip der Verschriftung von Wörtern erfasst hat und anwenden kann.

2. Schuljahr

Im zweiten Schuljahr lernt Mehmet immer besser lautgetreu zu verschriften. Er fängt an, sich schrittweise von starren Mustern zu lösen und eigene Geschichten zu schreiben. So schreibt er zu Beginn des Schuljahres:

ES WA AIN MON Mama (Es war ein [mal] mein[e] Mama)
Mama iSt iN VLSO Or (Mama ist in [?])
PAP iSt iN AUTO Mama (Papa ist im Auto – Mama)
MIRKO iSt iN WASA Mama (Mirko ist im Wasser – Mama)
WASA iSt SchMUTZ (Wasser ist schmutzig)
PAP iSt SchMUTZ (Papa ist schmutzig)

FEDO iSt SchMUTZ (Fedor ist schmutzig)
MEHMET iSt SchMUTZ (Mehmet ist schmutzig)
AMED iSt iN AUTO (Amed ist im Auto)

Im Oktober verfasst er:

MEHMET IST Ni AUTO (Mehmet ist im Auto)
Unb iN AUTO iST GLT (und im Auto ist Geld [oder gut])
Unb iSCH (und ich)
DA IST MEHMET (Da ist Mehmet)
DA MEHMET HAT AUTO (Da Mehmet hat Auto)

Zum Halbjahr verschriftet er die Hamburger Schreib-Probe 1 folgendermaßen (zum Vergleich ist seine Verschriftung Ende Klasse 1 mit aufgenommen:

Wortvorgabe	Verschriftung E 1	Verschriftung M 2
Baum	BAUm	BAUM
Hund	HUST	HUND
Löwe	LöeW	LÖWE
Spiegel	chBiKL	SCHiPiGeL
Telefon	TELF	TeLeVON
Mäuse	MOZ	MOISE
Hammer	HAM	HAMER
Fahrrad	WARA	VArAT

Den Diktatsatz schreibt Mehmet: *„DA VLiKT VOA SCHreK Di VliGe WeK".*

In der Auswertung erreicht er mit 44 Graphemtreffern den Prozentrangplatz 11. Seine Schreibweisen sind noch sehr an seine eigene Sprechweise bzw. eine buchstabenweise Verschriftung angelehnt, Mehmet bildet jedoch sämtliche Laute lautgetreu ab. Orthographische oder morphematische Strategien nutzt er noch nicht, wenn man unterstellt, dass die richtige Schreibweise „Hund" mit „d" am Ende nicht unbedingt auf eine solche Strategie hinweist, sondern auch auf die Bekanntheit des Wortes zurückzuführen sein kann. Beim etwas schwierigeren Neun-Wörter-Diktat verschriftet Mehmet zu diesem Zeitpunkt über die Hälfte der Wörter mit genauer Lautfolge. Dabei ergibt sich der Eindruck, dass ihm nicht alle Bedeutungen bekannt sind und er die Wörter nicht aus dem Kopf aufschreiben kann, sondern das diktierte Wort des Lehrers im Kopf halten muss. Er erreicht insgesamt nach dem Modell von BRÜGELMANN (vgl. 1988/1989) eine Rechtschreibstufe von 3,3, was ungefähr dem durchschnittlichen Stand für Mitte der ersten Klasse entspricht.

Im zweiten Halbjahr verschriftet Mehmet immer mehr Texte, in denen er sich eigene Geschichten ausdenkt. So schreibt er Anfang März:

MEHMET Get SChPiLen ZeGA
(Mehmet geht spielen – Sega [wahrscheinlich ist ein Spielcomputer gemeint])
ABA MEHMET SAKT HARI KOM Wir GeN LuZ ruFeN
(Aber Mehmet sagt: Harri, komm wir gehen Lutz rufen)
OKE SAKt HARI MEHMET UNd HARI UNd LUZ
(Okay, sagt Harri: Mehmet und Harri und Lutz)
UNd LuZ UNd HARI HABeN AKS
(Und Lutz und Harri haben Angst)
ABA MEHMET Get TroztiN Get MEHMET DA rAiN
(Aber Mehmet geht trotzdem geht Mehmet da rein)

Dabei greift er auch Themen auf, die gerade in der Klasse aktuell sind, wie z. B. das Forschen über Tiere. Er besorgt sich aus alten Zeitschriften Bilder und schreibt dazu eigene Texte, wie den folgenden zu einem Bild mit Wölfen:

MEHMET GeT ZUM WALT (Mehmet geht zum Wald)
UNT iN WALT iST KALT (und im Wald ist [es] kalt)
UNT ISCH HURE WOLF (und ich höre [einen] Wolf)
UNT MiJA iST KALT (und mir ist kalt)
UNb ISCh Sele AiEN HAUZ (und ich sehe ein Haus)
UNT Di FRAU (und die Frau)

Vor allem aber schreibt Mehmet Geschichten über sich und seine Freunde, in denen ein tiefgründiger Humor zu erkennen ist, den Mehmet auch so inne hat: Er versteht es, seine Partner zugleich durch eine gewisse Frotzelei herauszufordern als auch durch das Zusichern ihrer Stärke wieder zu beruhigen – was ihm ungeheuren Spaß zu machen scheint:

WAS GiPT iN ErdE ZU SeheN
(Was gibt in [es auf der] Erde zu sehen)
Wir SeheN deN KLEiNe MAhMUD Und Der LAUFT
(Wir sehen den kleinen Mahmud und der läuft)
EAr GeT iN WALD Und DA SiNT LÖWeN
(Er geht in [den] Wald und da sind Löwen)
UNd Der KLEiNe MAhMUD
(und der kleine Mahmud)
Er WürT FON EiNe BUSe HKSe Ge ZAUBAT
(er word von einer bösen Hexe verzaubert)
DAN HAUT Der Ale LÖWeN MiT SeiNe SchWeAT
(Dann haut er alle Löwen mit seinem Schwert)
UNd ENde (und Ende)

Im Neun-Wörter-Diktat scheinen Mehmet auch zum Ende des Schuljahres noch Wörter wie „Strumpf" oder „Rosine" unbekannt zu sein. Er erreicht trotzdem knapp die Rechtschreibstufe 4 und liegt damit etwas unter dem üblichen Niveau für das Ende der ersten Klasse. Die zu diesem Zeitpunkt wiederholte Hamburger Schreib-Probe 1 verschriftet er folgendermaßen:

Wortvorgabe	Verschriftung E 1	Verschriftung M 2	Verschriftung E 2
Baum	BAUm	BAUM	BAUM
Hund	HUST	HUND	HUNd
Löwe	LöeW	LÖWE	LÖWe
Spiegel	chBiKL	SCHiPiGeL	SChPiGEL
Telefon	TELF	TeLeVON	TeLeFON
Mäuse	MOZ	MOISE	MOISE
Hammer	HAM	HAMER	HAMER
Fahrrad	WARA	VArAT	FAHrrAT

Den Diktatsatz schreibt Mehmet: *„DA FLIeGT For SchreG DiE FlieGe WeG.*"

Er schreibt alle Wörter lautgetreu und setzt auch einzelne orthographisch-morphematische Elemente ein, die aber wahrscheinlich eher auf das Wissen bezüglich der Besonderheiten einzelner Wörter zurückzuführen sind denn auf ein Anwenden entsprechender Strategien. Nach der Norm für Mitte der zweiten Klasse befindet Mehmet sich mit nur sieben als falsch zu wertenden Graphemtreffern auf Prozentrang 72.

Zum selben Messzeitpunkt wird auch die Hamburger Schreib-Probe 2 durchgeführt, die Mehmet komplett mitschreibt. Auch hier erscheint es so, als seien Mehmet nicht alle Wörter bekannt („Sankarsten" evtl. in Anlehnung an den Jungennamen „Karsten"). Auch in diesem Test schreibt Mehmet alle Wörter lautgetreu (*EiMAer, MoiSE, KarM* für Kamm, *reGeNWOrM, SchTiFel, ZeNe, FAKLEiDeT, SiSCh, NUCh* für nur). Orthographische und morphematische Strategien wendet er nicht an (auch nicht bei *„FarAt"*). Er erreicht nach der Norm für das Ende des zweiten Schuljahres einen Prozentrangplatz von 6,6. (Auf den großen Unterschied zwischen diesem Ergebnis und dem Prozentrangwert 72 der in der Mitte Klasse 2 durchgeführten Hamburger Schreib-Probe 1 wird unten eingegangen.)

3. Schuljahr

Anfang der dritten Klasse wiederholt Mehmet die Hamburger Schreib-Probe 2. Dabei scheibt er jetzt einen großen Teil der Wörter in Schreibschrift. Einige Wörter verschriftet er nun richtig (*Eimer* statt *EiMAER, POSTKArTe* statt *POSTKATe*) und baut in das Wort „ZeNe" auch ein „h" ein. Insgesamt erreicht er Prozentrang 10.

Im Verlauf des nächsten Halbjahres schreibt Mehmet grundsätzlich alles in Schreibschrift, wodurch keine Vermischung von Groß- und Kleinbuchstaben in den Wörtern mehr vorkommt.

Es war einmal 4 opas
einer hist Fedor und Valentin und Mahmud und Mehmet
der Fedor must einkaufen und Mehmet auch
der Fedor kauft ein kisten Cola und Mehmet kauft ein kasten Waser
und dann gen sie nachhus
und Ende

peschel get mit Mehmet schwimen
Mehmet kann nischt schwimen
peschel brinkt dem Mehmet bei
und auf einmal kann Mehmet schwimen
peschl klatscht drei mal
und ende

In der Mitte Klasse 3 durchgeführten Hamburger Schreib-Probe nutzt Mehmet orthographische Elemente, wie z. B. das „*ie*" (*Briefmacke*) und das „*ck*" (*Beckarei*), die er bei vielen Wörtern übergeneralisiert (*Roieber, schwiembat, schpiene, Ferckoifer*). Das Dehnungs-„h" verwendet er nur (und nicht kontinuierlich) beim Wort *Fehnsehr*. Für diesen Zeitpunkt liegt leider nur die Normierung für Ende der Klasse 3 vor. Hier erreicht Mehmet in der Auswertung nach Graphemtreffern ungefähr Prozentrang 6. Würde man in den verschrifteten Wörtern Übergeneralisierungen nicht berücksichtigen, ergäbe sich ungefähr ein Prozentrang von 11. Mehmet kann zwar alle Wörter gut lautgetreu verschriften, aber ist im Hinblick auf die Verwendung orthographisch-morphematischer Strategien zu weit hinter der durchschnittlichen Kompetenz seiner Mitschüler zurück. Da Mehmet alle diese Elemente außerhalb des Tests nicht bzw. nur bei einzelnen Wörtern gebraucht, lässt sich vermuten, dass es sich bei der Verwendung eher um eine Reaktion auf den Test handelt, den Mehmet mit dem Vorkommen entsprechender Elemente verbindet. Morphematische Strategien bzw. die Rückführung auf verwandte oder bekannte Wörter lassen sich auch in den Eigenproduktionen nicht erkennen:

Es war Mal ein groses Lerer
Der heizt peschel.
der war 33 Jare
der war der beste Lerer
war so hoch wie das ganze schulof

Mehmets Verschriftungen entwickeln sich zwar im Laufe des nächsten Halbjahres weiter (*Katze* statt *Katse, Fahrat* statt *Farat*) und er verwendet jetzt vor allem *St* und *Sp* richtig (*Stein* statt *schtein, Spine* statt *schpiene*), es lässt sich aber kein grundsätzlicher bzw. weiterer Fortschritt bezüglich der Verwendung orthographischmorphematischer Strategien feststellen.

Es war eines tages schöner tag
da malten Mehmet und Fedor und Mahmud
sie wollten Super fusßbal Spiler sie trinierten Jeden Tag
sie waren super Spiler
sie gehten zur Brasilijn
sie wollten sie nicht
dan gehen sie zu Holant
die holender haben sie gehnomen
sie haten ein Spil gegen Brasilijen
die fakten an
und sie gewinten 2:0
und Ende

Übergeneralisierungen findet sich auch in den Tests nicht mehr (*Schwimbad* statt *schwiembat*) bzw. nur eingeschränkt da, wo sie auch richtig sein könnten (*wier, gehnomen*). Mehmet erreicht nach der nun gültigen Norm Ende Klasse 3 einen Prozentrang von 15.

4. Schuljahr

Auch im vierten Schuljahr verwendet Mehmet nur eingeschränkt orthographische oder morphematische Elemente (*Spinnennetzt*). Teilweise wendet er sie auch nicht mehr an (*Briftreger* statt *Brieftrega*). Insgesamt werden seine Schreibungen aber stetig besser und sicherer. Rechtschreibmuster wie das –er nutzt er nun auch in zusammengesetzten Wörtern (*Schmeterling* statt *Scgmetaling*) und bildet immer mehr Laute korrekt ab (*Ferkauferin* statt *Fekoifrin*). Auf seine stetig wachsende Schreibsicherheit weist u. a. auch die Fehlerzahl in den Satzdiktaten der Hamburger Schreib-Probe hin, in denen er rund ein Drittel weniger Fehler macht als vor einem halben Jahr. Insgesamt erreicht er Mitte Klasse 4 aber immer noch nur einen Prozentrangplatz von 9, zum Ende des Schuljahres einen Prozentrangplatz von 8.

Trotz einer ähnlichen Fehleranzahl im Test verbessern sich Mehmets Verschriftungen insofern qualitativ, als dass er zum Halbjahresende wieder einzelne orthographische Phänomene wie das *ie* und das Dehnungs-„*h*" nutzt bzw. übergeneralisiert (*Schmeterlieng, Spienennezt, Vehrkerschielt, Fehnserprogram*). Ohne diese Übergeneralisierungen hätte er rund ein Viertel weniger Fehler und ihm würde statt Prozentrangplatz 8 Prozentrangplatz 16 zugewiesen. Insgesamt wirken seine Verschriftungen sicherer als ein halbes Jahr zuvor, vor allem was die Groß- und Kleinschreibung sowie Abweichungen von der rein lautgetreuen Verschriftung betreffen (*schreibt* statt *schreipt, Staubsauger* statt *Staupsauger*). Morphematische Strategien nutzt Mehmet nicht (*Quwarkuchen*) bzw. nur bei Wörtern, die er diesbezüglich schon länger richtig verschriftet (*Spienennezt*). Die Vorsilbe *ver*- schreibt er stellenweise richtig mit „v", generalisiert dabei aber oft das Dehnungs-„*h*" über.

Insgesamt lässt sich keine konsequente Verwendung dieses Rechtschreibmusters feststellen *(vetregt, Fehrlegt, fergesen, föhrletzte, Vehrkeuferien – Ferkeuferin, Vehrkerschielt – Ferkersschild).*

Entwicklung und Verwendung bestimmter Rechtschreibmuster

Betrachtet man Mehmets Verschriftungen bezüglich einzelner orthographischer Phänomene an ausgewählten Beispielen, so ergibt sich folgendes Bild:

Jahr-Mo-nat	alph.: ei/-er	alph.: rum orth.: st-/pf	orth.: nn morph.: nn	alph.: fem orth.: h orth.: mm	alph.: ar orth.: qu morph.: kk	orth.: h orth.: ll	orth.: h orth.: ss morph.: rr	orth.: h morph.: äu morph.: ver-	orth.: h morph.: ssch morph.: ver-
0-9	--	--		HAM			WARA		
1-5	LAiTR	SChRMe		HAMer			VArAT		
1-9	LEiter/ BLeTer	SChTrOMF		HAMer			FAHrrAT		
2-1	bleter		schpine			rolschu	FarAt/Farat		
2-4			schpiene	Fehnsehr		Rolschue	Farat		
2-5	Bleter	Schtromfhose	schpenenest	Fernsenprogam	Kwrckkuchen	Rolschu	Faratschlos	Ferckoifer	Ferckesschilt
2-9	Bleter	schtromfhose	Spinnennetst	Fehrnsehnprogram	Quakkuchen	rolschuh	Faratschlos	Fekoifrin	Vagetsschilt
3-5	Bletter	Struphose	Spinnennetzt	Fernserprogram	Kwarkuchen	Rolschuhe	Faratschloß	Ferkauferin	Farkerschilt
3-9	Blätter	Strumpfhose	Spienennezt	Fehnserprogram	Quwarkuchen	Rollschuhe	Fahradschloss	Vehrkeuferien	Vehrkerschielt
4-6			*Spininnetz*	*Fernsehprogramm*			*Pfahradschloss*	*Verkeuferin*	*Fahrkersschild*
5-1			*Spienennetz*	*Fehrnsehprogramm*				*Fehrkeuferin*	*Verkesschilt*
5-7			*--*	*--*			*--*	*--*	*--*
6-1			*Spinnennetz*	*Fernsehrprogramm*			*Pfahradschloss*	*Ferkeuferin*	*Ferkersschild*
6-6			*--*	*--*			*--*	*--*	*--*

Das Rechtschreibmuster *ei* nutzt Mehmet ungefähr ab der zweiten Hälfte des zweiten Schuljahres als Weiterentwicklung der Schreibweise *Ai* (LaiTR) oder auch *A* (*MAN* für mein) und verwendet sie ab diesem Zeitpunkt konsequent (*EiMAer, Be-KArEi, schtein*).

Die Endung *-er* entwickelt Mehmet im zweiten Schuljahr aus der Endung *-a* bzw. *-r* (*FATA, LEiTR*) und gebraucht sie ab dem zweiten Halbjahr relativ durchgängig, wobei er teilweise auch *-aer* verschriftet (*EiMAer*). Ein orthographisch falsches Anwenden dieses Musters auf Wörter mit der Endung *-a* ist nicht zu beobachten (*Cola, Mama*).

Die Rechtschreibmuster *sp* und *st* verwendet Mehmet erst im zweiten Halbjahr des dritten Schuljahres, er scheint diese Buchstabenverbindung nicht durch die Buchstabentabelle erlernt zu haben.

Jahr-Monat							
0-9	--	chBiKL					--
1-5	VLiGe	SCHiPiGel					ROSiNe
1-9	FLieGe	SChPiGeL	SchTiFeL				ROSiNi
2-1			SchTiFeL	Brifmarke			
2-4				Briefmacke			
2-5				Briftreger	Gisckane		
2-9				Briefmarke/Brieftrega	giskane		
3-5				Briftreger	Giskane		
3-9				Brieftreger	Gieskane/Giehskane		
4-6				*Briefträger*	*Giskanne*		
5-1				*Briefträger*	*Gieskahne*		
5-7				--	--		
6-1				*Briefträger*	*Gießkanne*		
6-6				--	--		

Das Rechtschreibmuster *ie* wird von Mehmet bei einzelnen Wörtern (*FLieGe*) zum ersten Mal Ende des zweiten Schuljahres verwendet. Es taucht im Test des ersten Halbjahres des dritten Schuljahres verstärkt auf – sowohl richtig (*Briefmacke*) als auch übergeneralisierend (*Roieber, schwiembat, schpiene, Ferckoifer)*, findet sich aber nicht in Mehmets sonstigen Verschriftungen bzw. nur in einzelnen gängigen Wörtern (*die, sie*). Häufiger schreibt er es erst zum Ende der Klasse vier wieder – sowohl richtig (*Brieftreger, Tier, verliebt, gratolieren*) als auch übergeneralisierend (*schieken, schiempft, Lehrerien*). Eine konsequentere Verwendung scheint allerdings erst im sechsten Schuljahr zu erfolgen (wobei die Anzahl der Testwörter zu gering für eine generelle Aussage ist).

Das Dehnungs-*h* verwendet Mehmet zunächst nur bei einzelnen Wörtern der Hamburger Schreib-Probe. Er schreibt Ende des zweiten, Anfang des dritten Schuljahres *FAHrrAT* und *Zehne*. Dabei handelt es sich um nachträgliche Korrekturen seinerseits, sodass es sein könnte, dass er diese Schreibweise vor allem auf Grund der Testsituation vornimmt. Ähnlich einzuschätzen ist wahrscheinlich auch die Schreibweise *Fehnsehr* bzw. *Fehrnsehr* in den Hamburger Schreib-Proben des dritten Schuljahres; es kann sein, dass Mehmet weiß, dass das Testwort ein „*h*" enthält und er generalisiert aus diesem Grunde im ersten Wortteil über. In Wörtern, bei denen das *h* am Silbengelenk steht, verschriftet er die Dehnung (außerhalb oft genutzter Wörter wie *sehen, gehen* etc.) ungefähr ab Ende des dritten Schuljahres konsequent mit *h* (*Rollschuhe*). Ende des vierten Schuljahres setzt Mehmet das Dehnungs-*h* in der Hamburger Schreib-Probe 4 im Zusammenhang mit der Vorsilbe *ver*zeitweise übergeneralisierend ein (*Vehrkeuferien, Vehrkerschielt)*, nutzt das Rechtschreibmuster aber eigentlich nur bei einzelnen ihm gut bekannten Wörtern. Insgesamt lässt sich auch in der weiterführenden Schule noch keine konsequente Anwendung einer entsprechenden Strategie feststellen.

Die Verdopplung von Konsonanten als Kürzezeichen verwendet Mehmet ab dem zweiten Schuljahr zunächst bei häufigen Wörtern (*ALLe, dann*) oder bei Wörtern, bei denen er zwei Buchstaben heraushören kann (*TreFFen*). Bei den meisten anderen Wörtern beachtet er die Konsonantenverdopplung nicht bzw. nur in Einzelfällen *(Schlüsselloch, wollen)*. Die Verwendung ist dabei nicht konsequent, sondern bleibt über lange Zeit wechselhaft (*Spinennetst – Spinnennetzt – Spinennetzt; Giskane – Giskanne – Gieskane*). Zum Ende des vierten Schuljahres verschriftet Mehmet nur einzelne der Testwörter der Hamburger Schreib-Probe und des Diagnostischen Rechtschreibtests bezüglich dieses Rechtschreibphänomens richtig (*Fahradschloss, Rollschuhe, glatt, Quelle*). Einzelne Übergeneralisierungen finden sich zu diesem Zeitpunkt in Wörtern wie *källter* oder *Kreutzung*, generell ergibt sich aber der Eindruck, dass Mehmet dieses Rechtschreibmuster eher in ihm geläufigen (Test-)Wörtern nutzt denn eine Strategie anwendet. Erst Ende der sechsten Klasse scheint Mehmet bezüglich der Konsonantenverdopplung sicherer zu werden.

Auf der morphematischen Ebene beachtet Mehmet das Schreiben zweier gleichklingender aufeinanderfolgender Konsonanten bei Wortzusammensetzungen ungefähr ab Ende des dritten Schuljahres (*Spinennetst, schlüsselloch*) und gebraucht die entsprechende Schreibweise bei einigen Wörtern ab dann konsequent, bei anderen hingegen nicht *(Kwrckkuchen – Quakkuchen – Kwarkuchen – Quwarkuchen)*. Eine weitreichendere Verwendung ist erst ab dem fünften Schuljahr zu beobachten (*Fahrkersschild, Tischtenesschläger*). Das Wort Fahrrad schreibt Mehmet auch dann noch nicht als Zusammensetzung von *fahren* und *Rad*.

Zur weiteren Betrachtung der morphematischen Ebene werden das *äu* als Ableitung von verwandten Wörtern sowie das Verwenden der Vorsilbe *ver-* untersucht.

E1	MOZ			
M2	MOiSe			
E2	MOiSe	ROiBEr		
A3		rOiBer		
M3		Bagroiber	Ferckoifer	
E3		Bangroeber	Fekoifrin	
M4		Bankreuber	Ferkauferin	
E4		Bnkreuber	Vehrkeuferien	Leuft
M5		*Bankreuber*	*Verkeuferin*	
E5		*Bankräuber*	*Fehrkeuferin*	
M6		*Bankräuber*	*--*	
E6		*Bankreuber*	*Ferkeuferin*	
M7		*Bankräuber*	*--*	

Mehmet verschriftet das *äu* bis zum Ende der dritten Klasse lautgetreu als *oi* und wechselt dann zu Schreibweisen als *eu* bzw. als *äu*, wobei es so scheint, als würden hier weniger morphematische Strategien denn eine verbesserte Abbildung der Laute eine Rolle spielen. Die Schreibweisen ändern sich auch in der weiterführenden Schule entweder nicht (*Verkeuferin*) oder stellen sich wechselhaft dar (*Bankreuber – Bankräuber – Bankreuber – Bankräuber*). Eine Ableitung von verwandten Wörtern scheint Mehmet nicht bzw. nicht in breiterem Umfang vorzunehmen.

Sieht man sich anhand der Testwörter Mehmets Schreibweisen für die Vorsilbe *ver-* an, so ergibt sich folgendes Bild:

Mehmet verwendet den Buchstaben „*v*" in der Vorsilbe *ver-* zum ersten Mal Ende der vierten Klasse, schreibt dabei aber nicht orthographisch korrekt (*Vehrkeuferien, Vehrkerschielt*) bzw. verschriftet wechselhaft *(Ferkeuferin – Ferkersschild).* Eine konsequentere bzw. durchgängigere Verwendung ist auch in der weiterführenden Schule nicht zu erkennen.

E2	FAKLEiDeT	Fasucht						
M3		Fasucht					Ferckoifer	Ferckesschilt
E3		fasucht					Fekoifrin	Vagetsschilt
M4			Fehrtregt	Ferlegt	fergesen	faletzte	Ferkauferin	Farkerschilt
E4			vetregt	Fehrlegt	fergesen	föhrletzte	Vehrkeuferien/ Ferkeuferin	Vehrkerschielt/ Ferkersschild
M5				*vörgesen*	*ferletzten*	*Verkeuferin*	*Fahrkersschild*
E5				*vergessen*	*verletzte*	*Fehrkeuferin*	*Verkesschilt*
M6				–	–	–	–
E6				*vegessen*	*pferletzte*	*Ferkeuferin*	*Ferkersschild*
M7				–	–	–	–

Insgesamt scheint Mehmet nur wenige Rechtschreibstrategien ausgebildet zu haben. Innerhalb seiner Grundschulzeit war es ihm möglich, bezüglich des Schreibens generell, d. h. in Bezug auf das alphabetische Prinzip, sicherer zu werden, sodass er Schrift und Sprache fließend und auf einem durchaus ausreichenden Niveau nutzen kann. Zusätzlich konnte er die korrekte Verwendung einzelner orthographischer Elemente bzw. Rechtschreibmuster ausbilden (einfache Muster wie *ei, -er, sp* und *st*). Komplexere orthographische Phänomene eignete er sich erst später an *(ie,* Konsonantenverdopplung*).* Die konsequente Anwendung morphematischer Strategien lässt sich auch auf der weiterführenden Schule noch nicht erkennen, wenngleich Mehmet schon in der Grundschule auf Nachfrage Ableitmöglichkeiten bzw. verwandte Wörter nennen konnte. Dies hatte keine weitreichenderen Auswirkungen auf seine generelle Rechtschreibkompetenz.

Ergebnisse in den Normtests zum Rechtschreiben

Die obigen Betrachtungen können helfen, Mehmets Ergebnisse in den Normtests besser zu verstehen. In der folgenden Übersicht ist zunächst der Anteil der in der Hamburger Schreib-Probe richtig verschrifteten Graphemtreffer in Prozent angegeben. Zum Vergleich sind die Ergebnisse der Kernstichprobe zusätzlich dargestellt. Danach sind die dazugehörigen Prozentrangwerte abgebildet. Die Werte nach dem vierten Schuljahr sind in regelmäßigen Treffen der Klasse nach der Grundschulzeit erhoben worden. Der durchschnittliche Prozentrang für die Eichstichprobe liegt bei PR 50. Normwerte liegen für Mitte Klasse 3, 5 und 6 nicht vor, hier sind die Werte für das Ende des jeweiligen Schuljahres angegeben, die tatsächlichen Werte liegen entsprechend höher.

Graphemtreffer	E1	M2	E2	*M3*	E3	M4	E4	M5	E5	M6	E6	M7
Mehmet % **Anteil richtiger Lösungen**	--	**70**	**75**	**76**	**82**	**83**	**83**	**83**	**86**	--	**89**	--
Kernstichprobe % Anteil richtiger Lösungen		90	93	96	97	96	97					
Mehmet Prozentrang	--	*11*	*6,6*	*6+*	*15*	*9*	*8*	*5,5+*	*8,3*	--	*9,1*	--
Kernstichprobe Richtwerte (PR) ca.	56	72	70	*66+*	73	54	56					

Ergänzend sind hier die Ergebnisse der von Mitte Klasse 4 bis in die weiterführende Schule immer mit denselben Testwörtern durchgeführten Hamburger Schreib-Probe 5-9 dargestellt.

HSP 5-9 (maximal 339 Graphemtreffer)	(M4)	(E4)	*M5*	E5	*M6*	E6	M7
Graphemtreffer (GT)	267	280	*282*	291	--	300	--
Anteil in %	79	83	83	86	--	89	--
Prozentrang	*2,0+++*	*5,1++*	*5,5+*	8,3	--	9,1	--

Mehmets Ergebnisse in der Hamburger Schreib-Probe liegen erwartungsgemäß im unteren Bereich der Eichstichprobe, sie pendeln je nach Testvorlage und Zeitpunkt zwischen Prozentrang 6 bzw. 6,6 und Prozentrang 15. Dabei scheint es nicht angebracht, die einzelnen Werte als solche in einen direkten Bezug zu Mehmets Rechtschreibleistungen zu setzen, da die Schwankungen in diesem Bereich auch testbedingte Ursachen haben können. Was aber aus der Übersicht hervorgeht ist, dass Mehmet sich zwar im unteren Prozentrangbereich bewegt, aber innerhalb der Grundschulzeit nicht weiter abfällt. D. h. er macht einen kontinuierlichen Lernfortschritt, sodass er die steigenden Anforderungen der Tests auf seinem Niveau mithalten kann, denn diese werden von Jahr zu Jahr schwieriger bzw. unterliegen einer entsprechend anspruchsvolleren Normierung.

Die Entwicklung Mehmets wird vor allem sichtbar, wenn man statt der Prozent-rangwerte den Anteil der Graphemtreffer in Prozent betrachtet. Hier ist – trotz immer schwieriger werdender Testwörter – eine fortlaufende Steigerung von ungefähr 70 Prozent richtiger Verschriftungen zu über 80 Prozent zum Ende der Grundschulzeit bzw. bis zu knapp 90 Prozent Ende Klasse 6 zu verzeichnen. Dies lässt sich auch an den Ergebnissen für die Hamburger Schreib-Probe 5-9 ablesen, wobei der Anstieg von Mitte Klasse 5 bis Ende Klasse 6 evtl. auch mit der Wiederholung des immer gleichen Tests erklärbar sein kann.

Wie schon oben erwähnt, erreicht Mehmet Ende Klasse 2 im Normtest einen Prozentrangplatz von 6,6. Zum selben Zeitpunkt wiederholt er die Hamburger Schreib-Probe des letzten Halbjahres und belegt einen Prozentrangplatz von 72. Er erreicht dabei bezüglich der alphabetischen Strategie Prozentrang 74 und bezüglich der orthographisch-morphematischen Strategie Prozentrangplatz 41. Die unterschiedlichen Werte zwischen den Tests für Ende Klasse 2 und Mitte Klasse 2 legen die Vermutung nahe, dass Mehmet sehr wohl große Lernfortschritte macht, die aber immer einen gewissen Zeitraum hinter den durchschnittlichen Leistungen „hinterherhinken", die von Schülern seiner Jahrgangsstufe zu diesem Zeitpunkt erbracht werden. Leider liegen keine weiteren Werte von Tests vor, die Mehmet nach dem Eichtermin gelöst bzw. wiederholt hat und mit denen man den „Entwicklungsunterschied" bestimmen könnte. Es ist davon auszugehen, dass er zwar zum Testzeitpunkt Ende Klasse 2 mit einem Prozentrangergebnis des für Mitte Klasse 2 normierten Tests von 72 und des für Ende Klasse 2 normierten Tests von 6,6 zu diesem Zeitpunkt weniger als ein halbes Jahr „Rückstand" hatte, aber es kann auch sein, dass seine Entwicklung einen ganz anderen Verlauf als der der Eichstichprobe nimmt, sodass solche Schlussfolgerungen nicht gezogen werden können.

Die obige Beschreibung von Mehmets Rechtschreibentwicklung zeigt, dass Mehmets Entwicklung im Bereich des Schriftspracherwerbs bzw. des lautgetreuen Schreibens relativ zügig und kontinuierlich erfolgte, ihm aber die Ausbildung orthographischer und morphematischer Strategien nur eingeschränkt gelang. Da aber der große Unterscheid zwischen der Hamburger Schreib-Probe Mitte zweiter Klasse und der Ende zweiter Klasse genau in diesem Bereich liegt, kann es sein, dass dieses Ergebnis schon Mehmets Schwierigkeiten in Bezug auf die Ausbildung und Anwendung orthographisch-morphematischer Strategien andeutet. Dann müsste die oben getroffene Aussage über Mehmets kontinuierlichen Lernfortschritt (im unteren Prozentrangbereich der Eichstichprobe) zumindest relativiert werden. Es kann sein, dass er im Bereich der orthographischen oder morphematischen Phänomene nicht mit der durchschnittlichen Entwicklung mithalten kann. Weiteren Aufschluss darüber kann die strategieorientierte Auswertung der Hamburger Schreib-Probe geben, in der Mehmets Leistungen in Beziehung zur Eichstichprobe gesetzt werden.

In den folgenden Abbildungen sind die Werte zuerst als Anteil der richtigen Lösungen in Prozent angegeben. In der nächsten Zeile befinden sich zum Vergleich die Ergebnisse der Kernstichprobe. Darunter stehen die Prozentrangwerte, die Mehmet innerhalb der Normierung durch die Eichstichprobe erreicht, zum Vergleich sind zusätzlich die Ergebnisse der Kernstichprobe als grobe Richtwerte angegeben. Die Ergebnisse für die orthographische und die morphematische Strategie Ende Klasse 1 und Mitte Klasse 2 sind testbedingt zusammengefasst. Normwerte liegen für Mitte Klasse 3, 5 und 6 nicht vor, hier sind die Werte für das Ende des jeweiligen Schuljahres angegeben, die tatsächlichen Werte liegen entsprechend höher.

Alphabetische Strategie	E1	M2	E2	*M3*	E3	M4	E4	M5	E5	M6	E6	M7
Mehmet % **Anteil richtiger Lösungen**	--	**93**	**65**	**60**	**84**	**84**	**92**	**90**	**90**	--	**87**	--
Kernstichprobe % Anteil richtiger Lösungen	95	98	96	98	99	97	99					
Mehmet Prozentrang	--	*55*	*7,9*	*7+*	*19*	*19*	*32*	*31+*	*31*	--	*17*	--
Kernstichprobe Richtwerte (PR) ca.	*65*	*65*	*82*	*70+*	*80*	*62*	*72*					

Mehmet beherrscht die alphabetische Strategie schon beim ersten von ihm komplett verschrifteten Test Mitte des zweiten Schuljahres relativ sicher und liegt mit seinem Können gut im Durchschnitt der Eichstichprobe. Dass es sich dabei um eher einfache Testwörter handelt, erklärt das Abfallen der Werte bei den nächsten Tests, in denen er (nur) einen Anteil von 60 bis 65 der Lupenstellen richtig verschriftet. Er macht dabei Fehler, die mit seiner Aussprache erklärbar sind *(Bekarei, üfnen* statt öffnen, *sum polisei* statt zur Polizei*)*, mit der Unbekanntheit der Wörter zu tun haben können oder aber auch mit der Komplexität der Verschriftung des Wortes, die dann zur Auslassung von Buchstaben führt *(schpilats)*. Aber schon im zweiten Halbjahr der dritten Klasse wird er (auch in den Testsituationen) sicherer bezüglich des alphabetischen Prinzips und verschriftet von nun an rund 85 bis 90 Prozent der Lupenstellen richtig, was ungefähr drei bis vier Fehlern bei 30 Lupenstellen entspricht. Damit scheint Mehmet aber auch an seine Grenzen zu kommen, eine weitere Steigerung erfolgt nicht. Er bewegt sich mit diesen Leistungen zwischen unterem Mittelfeld und oberem Unterfeld der Eichstichprobe.

Orthographische Strategie	E1	M2	E2	*M3*	E3	M4	E4	M5	E5	M6	E6	M7
Mehmet % **Anteil richtiger Lösungen**	--	*20*	**0**	*20*	**33**	**40**	**50**	**32**	**68**	--	**72**	--
Kernstichprobe % Anteil richtiger Lösungen	*40*	*70*	*79*	*81*	*88*	*88*	*89*					
Mehmet Prozentrang	--	*28*	*0,8*	*5*	*5*	*12*	*15*	*11+*	*22*	--	*17*	--
Kernstichprobe Richtwerte (PR) ca.	*41*	*84*	*74*	*41+*	*53*	*57*	*53*	*2,9*				

Bezüglich der orthographischen Strategie ist bei Mehmet eine kontinuierliche Steigerung zu erkennen (Der Wert Mitte Klasse 5 ist nicht richtig normiert und liegt eigentlich höher). Während Mehmet in der Hamburger Schreib-Probe Ende Klasse 2 keine einzige der 15 Lupenstellen richtig verschriftet, steigert er sich im Laufe der Zeit so, dass er zum Ende der Grundschulzeit die Hälfte der Lupenstellen korrekt schreibt, zum Ende der Klasse 6 sogar knapp drei Viertel (was aber auch zum Teil an der Testwiederholung liegen kann). Es ist also auch hier eine kontinuierliche Entwicklung zu verzeichnen, die insofern sehr positiv verläuft, als dass Mehmet nicht nur mit den stetig wachsenden Anforderungen mithalten kann, sondern er seinen Rangplatz von 0,8 auf Werte im Bereich von 15 bis 22 steigern kann, also vom unteren Ende des Unterfelds in dessen oberen Bereich wechselt. Ob Mehmet auch hier seine Grenzen erreicht hat oder ob er in der Lage ist, die oben angesprochenen Rechtschreibstrategien bzw. -muster weiter zu entwickeln, kann hier nicht beantwortet werden. Insgesamt erscheint ein Lösungsanteil von rund 72% richtig verschrifteter Lupenstellen für seine Ausgangslage und Möglichkeiten als durchaus akzeptable Leistung.

Morphematische Strategie	E1	M2	E2	*M3*	E3	M4	E4	M5	E5	M6	E6	M7
Mehmet % **Anteil richtiger Lösungen**	--	*20*	**0**	**10**	**20**	**33**	**27**	**30**	**60**	--	**45**	--
Kernstichprobe % Anteil richtiger Lösungen	*40*	*70*	74	80	84	84	85					
Mehmet Prozentrang	--	*28*	**1,8**	**2,6+**	**5**	**7**	**3,8**	*1,1* *+*	*11*	--	*2,7*	--
Kernstichprobe Richtwerte (PR) ca.	*41*	*84*	*74*	*51+*	*59*	*57*	*50*					

Auch die Entwicklung der morphematischen Strategien zeigt eine kontinuierliche Weiterentwicklung, wenngleich auch mit weitaus geringeren Werten als in Bezug auf die Verwendung orthographischer Elemente. Mehmet steigert sich von keiner richtig verschrifteten morphematischen Lupenstelle Ende des zweiten Schuljahres bis zu ungefähr einem Drittel korrekt geschriebener Lupenstellen im vierten Schuljahr. In der weiterführenden Schule ist eine weitere Steigerung zu erkennen (was aber auch zum Teil an der Testwiederholung liegen kann).

Die dem richtigen Verschriftungsanteil entsprechenden Prozentrangwerte zeigen für den morphematischen Bereich allerdings deutlich, dass sich Mehmet diesbezüglich von Anfang an im untersten Bereich der Eichstichprobe befindet und sich seine tendenziell positive Entwicklung nur auf ein Halten bzw. leichtes Verbessern des Rangplatzes bezieht und nicht auf einen wirklichen Positionswechsel.

Resümee

Mehmet kommt mit sehr geringen Vorkenntnissen in die erste Klasse und es gelingt ihm, sich mit Hilfe des freien Schreibens relativ schnell das Schreiben an sich bzw. das lautgetreue Schreiben anzueignen. Das alphabetische Prinzip kann er dabei immer mehr ausbauen und verfeinern, sodass er sich in diesem Bereich zum Ende der vierten Klasse eher im unteren Mittelfeld als im Unterfeld befindet.

Auch bei den orthographischen Strategien gelingt ihm eine Leistungssteigerung, die sich vor allem auf bestimmte (für ihn einfachere) Rechtschreibmuster (wie *ei, -er, sp* und *st*) bezieht. Andere Rechtschreibmuster nutzt er zwar auch, aber es lässt sich auch zum Ende der Grundschulzeit (noch) keine kontinuierliche Anwendung erkennen. Dennoch verbessert er auch in diesem Bereich seinen Rangplatz merkbar vom unteren zum oberen Bereich des Unterfelds.

Eine solche Verbesserung gelingt ihm im morphematischen Bereich trotz Weiterentwicklung nicht, er wird allerdings auch nicht schlechter. Insgesamt ergibt sich der Eindruck, dass ihm eine Reflexion der Bedeutung und „Bauweise" von Wörtern in Bezug auf die Rechtschreibung sehr schwer fällt. Während er immerhin ein gewisses Gefühl für orthographische Elemente entwickelt, nutzt er das Analysieren der Bedeutung von Wörtern oder das übergreifende Inbeziehungsetzen nicht bzw. nur sehr eingeschränkt – meist da, wo entsprechende Rechtschreibelemente auch hörbar sind. Dabei ist Mehmet eine solche Analyse auf Nachfrage durchaus möglich, er setzt diese explizite Reflexion nur nicht im Schreibprozess ein.

Gerade die Schwächen, die Mehmet im morphematischen Bereich hat, könnten auf sein Umfeld bzw. seine Lernbedingungen zurückzuführen sein. Obwohl er Deutsch spricht, bleibt die deutsche Sprache zumindest außerhalb der Schule bzw. zu Hause etwas Fremdes, denn dort wird kein Deutsch gesprochen. Zugleich ist anzunehmen, dass durch das Analphabetentum der Eltern Schrift möglicherweise eine eher bedrohende bzw. ohnmachterzeugende Rolle im Leben der Familie spielt. Es kann sein, dass diese Faktoren gerade die morphematische Reflexion von Wörtern bzw. ein Hinterfragen ihrer Bedeutung und ihrer Bauweise beeinflussen bzw. hier die sprachliche Kompetenz und der zur Verfügung stehende Wortschatz wichtige Faktoren für eine erfolgreiche Strategieanwendung darstellen.

Rückblickend erscheint Mehmets Entwicklung auch dadurch positiv, dass er nicht nur überhaupt Schreiben gelernt hat, sondern vor allem schon nach relativ kurzer Zeit beeindruckende Texte produzieren konnte, die viel von ihm und seinen Erfahrungen widergespiegelt haben. Für Mehmet ist Schrift nach dem Methodenwechsel vom Lehrgangsunterricht zum freien Schriftspracherwerb schnell zur individuellen Ausdrucksmöglichkeit geworden, die ihm auf einer bis dato verschlossenen Ebene sowohl Kontaktaufnahme als auch Erlebnisverarbeitung ermöglicht hat. Dass er darüber hinaus für seine Möglichkeiten (analphabetisches, fremdsprachiges Umfeld,

Intelligenzquotient im Bereich von 60) durchaus akzeptabel Schreiben und Rechtschreiben gelernt hat, zeigen einerseits die Ergebnisse im Diagnostischen Rechtschreibtest, andererseits Mehmets weitere Schulentwicklung. Der Diagnostische Rechtschreibtest erlaubt im Gegensatz zur Hamburger Schreib-Probe auch eine Auswertung für Kinder mit anderer Muttersprache. Mehmet bewegt sich hier zum Eichzeitpunkt Mitte Klasse 4 im oberen Bereich des Prozentrangbandes 11-25 und liegt damit am Übergang der Einschätzung „schwach" zu „schwach durchschnittlich". Nach derselben Norm für Mitte Klasse 4 erreicht er Ende der vierten Klasse sogar den unteren Bereich des als „gut durchschnittlich" eingestuften Prozentrangbandes 51-75. Im Ende Klasse 4 durchgeführten Diagnostischen Rechtschreibtest 5 liegt er nach der ein halbes Jahr später geltenden Norm für Hauptschüler (alle Schüler) im Prozentrangband 22-40, also im unteren Durchschnittsbereich. Nach dem Schulwechsel wird Mehmet an der Hauptschule in Deutsch mit Befriedigend bewertet und kann diese Note auch halten.

Offen bleibt die Frage, ob es andere unterrichtliche Alternativen für Mehmet gegeben hätte. Anzunehmen ist auf Grund der oben beschriebenen Erfahrungen, dass ein kontinuierlicher Lehrgangsunterricht bei Mehmet zumindest beim Schriftspracherwerb zu eher schlechteren Resultaten geführt hätte, evtl. sogar dazu, dass Mehmet Analphabet geblieben wäre. Ob sich später durch einen Rechtschreiblehrgang oder andere Übungsformen eine noch größere Leistungssteigerung hätte ergeben können, ist nicht zu beantworten. Auf ein entsprechendes Bedürfnis Mehmets, die Rechtschreibung nicht durch (mühseliges) Überarbeiten von Texten, sondern lieber durch das Auswendiglernen von Wörtern oder das Bearbeiten von vorgegebenen Übungen zu erlernen, wurde schon oben hingewiesen. Es erschien dem Lehrer so, dass Mehmet im dritten Schuljahr das Üben von Schreibschrift und das gegenseitige Diktieren von Texten auch als Ausweg vor herausfordernderen Tätigkeiten genutzt hat. Ob man deshalb verstärkt hätte darauf eingehen sollen oder ob es gut war, das freie Schreiben und Überarbeiten von Texten als höherwertiger anzusehen, ist letztendlich nicht zu beantworten. Ein belehrenderes Vorgehen hätte zumindest das Risiko geborgen, dass Mehmet bezüglich der Rechtschreibung wieder in eine ähnlich unfruchtbare Lage gekommen wäre, wie er sie scheinbar im ersten Schuljahr im Fibelunterricht erlebt hat.

Wenn man Mehmets Arbeitsweise, seine Textproduktionen und auch seine Entwicklungsfortschritte im Bereich Rechtschreiben vor dem Hintergrund der bei ihm diagnostizierten Lernbehinderung und dem Förderungsvorschlag betrachtet, so muss seine Entwicklung beeindrucken. Die damalige Empfehlung lautete: „Die geistigen Anforderungen sollten drastisch heruntergeschraubt werden. Kleinste, für den Jungen überschaubare, nachvollziehbare Lernschritte sollten eingerichtet werden." Tatsächlich ist genau entgegengesetzt vorgegangen worden. Mehmet hat Sprache nicht buchstaben- oder wortweise in kleinen vorgegebenen Häppchen serviert bekommen, sondern hat einen direkten Zugriff darauf gehabt – mit allen Überforderungen, die das beinhaltet. Diese Anforderungen hat er – entgegen den Prognosen – so gut bewältigt, dass aus dem vermeintlichen Lernbehinderten ein engagierter Hauptschüler mit Leistungen im Durchschnittsbereich geworden ist.

17.2.3 Entwicklung im Lesen

Mehmet kann, als er einige Wochen vor Ende des ersten Schuljahres in die hier untersuchte Klasse kommt, weder Lesen noch Schreiben. Er hat bislang nur einzelne Wortformen auswendig gelernt, die er aber nicht außerhalb der geübten Situation wiedergeben kann. Im Vorschlagszeugnis für die erste Klasse formuliert seine ehemalige Lehrerin:

> Mehmet kann nur hinreichend geübte Schlüsselwörter lesen. Soll er neue Sätze aus bekannten Wörtern erlesen, fängt er an zu raten. Er kann Buchstaben, Wörter und kurze Sätze nur nach Vorlage schreiben. Er bemüht sich, klar gegliedert und normgerecht zu schreiben.

Diese Einschätzung bestätigt sich. Mehmet sind zwar Buchstaben als Elemente des Lesens und Schreibens bekannt und er kann sie auch als Buchstaben erkennen bzw. bestimmte Buchstabenfolgen in ihrer Ganzheit als Wort benennen, dies gelingt aber nicht außerhalb des engsten Übungszusammenhanges. Eine Umstellung von Buchstaben oder Wörterfolgen kann er nicht verarbeiten. Es ergibt sich der Eindruck, dass es sich um ein reines Wiedererkennen einzelner auswendig gelernter Formen und Muster handelt.

Nach Mehmets Schulwechsel erfolgt keine gelenkte Leseerziehung mehr. Mehmet bekommt eine Buchstabentabelle, um Schreiben zu lernen, und hat zudem Zugriff auf die in der Klasse befindlichen Bücher. Der Lehrer schreibt im Privat-Zeugnis der ersten Klasse:

> Zuerst konntest du nur ein paar Fibelwörter aufschreiben und vorlesen, aber die hast du nur auswendig gewußt. Richtig schreiben und lesen konntest du noch nicht.
>
> Mit unserer Buchstabentabelle hast du aber nach ganz kurzer Zeit in unserer Klasse schon unbekannte Wörter aufschreiben können. Weil du zwar die meisten, aber noch nicht alle Buchstaben kannst, benutz die Tabelle ruhig immer beim Schreiben. Wenn du viel schreibst, kannst du dann bald auch alle Wörter lesen. Lesen üben mußt du jetzt noch nicht.

Lesen lernt Mehmet im ersten Halbjahr des zweiten Schuljahres, indem er versucht, die Buchstaben in Phoneme zu übersetzen und zusammenzuziehen. Er erreicht zum Halbjahresende eine Vorleseleistung, wie sie ähnlich gering auch bei einigen anderen Kindern zu finden ist, die aus anderen Klassen bzw. dem Schulkindergarten kamen (bis auf Fedor aus der Kernstichprobe vornehmlich aus Zuwachsstichprobe I bzw. aus der Verluststichprobe). Mehmet liest sehr langsam, zusammenziehend, abgehackt und betont nicht. Außerdem fällt es ihm schwer, etwas längere Texte sinnentnehmend zu lesen – was aber auch mit seinem geringen deutschen Wortschatz zu tun haben kann. Insgesamt liest er relativ wenig. Zum Ende des Schuljahres kann Mehmet etwas flüssiger und betonter vorlesen, vor allem aber fällt es ihm leichter, Wörter und Sätze sinnentnehmend zu lesen. Mehmets Abstand zu den anderen Kindern fällt allerdings immer mehr auf. Während bei anderen Kindern, die sich mit dem Lesen nicht leicht tun, oft Lernsprünge beobachtbar sind, entwickelt sich Mehmet stetig, aber bedächtig weiter.

Im dritten Schuljahr macht Mehmet zwar weiter Fortschritte beim Lesen, liest aber immer noch sehr abgehackt und unbetont. Er nimmt sich zwar immer wieder vor, mehr zu lesen, setzt das aber nur begrenzt um. Das hat sicherlich einerseits damit zu tun, dass ihm das Lesen nicht leicht fällt, andererseits aber möglicherweise auch damit, dass Lesen in seinem analphabetischen Umfeld eher als Belastung oder Bedrohung gesehen wird denn positiv besetzt ist. Auf Vorschläge des Lehrers oder der anderen Kinder, dass Mehmet ja Bücher mit nach Hause nehmen könne, um zu lesen oder seinen Brüdern vorzulesen, geht er nicht oder nur in Einzelfällen ein. Auch im ersten Halbjahr des vierten Schuljahres bleibt Mehmets Leseleistung eher dürftig. Im Worterkennungstest des Hamburger Lesetests erreicht er zum Testzeitpunkt Mitte des vierten Schuljahres eine mittlere Lesegeschwindigkeit.

In Bezug auf das Leseverständnis erreicht Mehmet im Hamburger Lesetest keine der Lesestufen gesichert. Dabei wirken seine Ergebnisse eher zufällig (Anteil richtiger Lösungen Stufe 1: 37,5%; Stufe 2: 20%; Stufe 3: 43%; Stufe 4: 50%), vor allem, wenn man bedenkt, dass die Lösungswahrscheinlichkeit bei zufälligem Ankreuzen bei 25% liegt. Er erreicht Mitte Klasse 4 in der Gesamtauswertung einen Prozentrang von 6 nach der Norm für Ende Klasse 4 und einen Prozentrang von 15 nach der Norm für Ende Klasse 3. Mehmet befindet sich damit auf Lesestufe 0. Im Zeugnis bekommt er im Lesen die Note „mangelhaft".

Im zweiten Halbjahr verbessern sich Mehmets Leistungen im Lesen allerdings. Er fängt an, mehr zu lesen und steigert seine Leistung so, dass er nun Texte langsam und ansatzweise betont vorlesen kann. Seine Lesegeschwindigkeit wird auch beim Worterkennungstest des Hamburger Lesetests größer, er befindet sich nun wie alle anderen Kinder auf der höchsten Stufe der Lesegeschwindigkeit. Auch in Bezug auf das Leseverständnis erreicht Mehmet bessere Werte und löst die der Lesestufe 1 zugeordneten Aufgaben zu 75%. Die anderen Lesestufen erreicht Mehmet nicht gesichert (Stufe 2: 60%; Stufe 3: 64%; Stufe 4: 25%). In der Gesamtauswertung wird ihm die Lesestufe 2 zugeordnet, d. h. Mehmet ist in der Lage, einfache Informationen aufzufinden, um Fragen zu beantworten und vermag auch einfache Aspekte und Hintergrundinformationen zusammenzuführen. Das Kombinieren mehrerer Informationen scheint ihm hingegen nicht möglich. Nach der für den Testzeitpunkt gültigen Norm liegt er mit Prozentrang 25 am Übergang vom Unterfeld zum unteren Mittelfeld.

Zu bedenken ist dabei, dass das Erreichen höherer Lesestufen auch eine höhere Intelligenzleistung erfordert. Vor diesem Hintergrund und einem Intelligenzquotienten um die 60 erscheint Mehmets Leistung zum Ende der Klasse 4 durchaus positiv. Auf dem Abschlusszeugnis bekommt er im Bereich Lesen nun ein Ausreichend.

Ob Mehmet in einem gelenkteren Leseunterricht bessere Leistungen erbracht hätte, ist nicht zu beantworten. Mehmet hat erst im zweiten Halbjahr des vierten Schuljahres die Fortschritte gemacht, die ihm ein gutes Fundament auf der weiterführenden Schule ermöglichen. Ob diese Entwicklung durch einen Lehrgang zu beschleunigen gewesen wäre, ist auf Grund von Mehmets Erfahrungen beim Schriftspracherwerb nicht unbedingt zu vermuten. Unter Umständen hätte Mehmet früher geübte Texte flüssiger vorlesen und dadurch einen Einstieg in die Welt des Lesens bekommen können. Diese Entwicklung erscheint aber unter Anbetracht der negativen Vorerfahrungen Mehmets mit Leseübungen sowie dem geringen Stellenwert, den das Lesen in der Familie hat, eher unwahrscheinlich. Beachtenswert ist hingegen, dass Mehmet trotz der widrigen Umstände und seines eher desinteressierten Umfelds letztendlich einen eigenen Zugang zum Lesen gefunden hat, der als dauerhafte Grundlage angesehen werden kann und nicht nur schulisches Lesen oder geübte Texte zum Inhalt hat, sondern alle Arten von Schrift bzw. Informationsquellen.

17.2.4 Entwicklung in Mathematik

<u>1. Schuljahr</u>

Trotz ein bis zwei Jahren Schulkindergarten und anschließendem Besuch der ersten Klasse kann Mehmet, als er einige Wochen vor Ende des ersten Schuljahres in die hier untersuchte Klasse kommt, nur sehr begrenzt und mit Anschauungsmitteln additiv rechnen. Seine ehemalige Lehrerin beschreibt Mehmets Kompetenzen zu diesem Zeitpunkt so:

> Er kann die Ziffern 1-10 erkennen, versprachlichen und meist auch richtig schreiben. Im ZR 10-20 hat er noch Schwierigkeiten. Additionsaufgaben im ZR 1-10 löst er mit Hilfe von Anschauungsmitteln; die Lösung von Subtraktionsaufgaben bereitet ihm auch mit Hilfe noch große Schwierigkeiten.

Innerhalb des im Rahmen der Überprüfung des sonderpädagogischen Förderbedarfs durchgeführten Hamburg-Wechsler-Intelligenztests für Kinder (vgl. Tewes 1983) werden verschiedene Untertests durchgeführt, die auch mit Zahlen und Zählen zu tun haben. Beim Nachsprechen von kurzen Zahlreihen vermag Mehmet nur die drei einfachsten Reihen von drei bzw. vier Zahlen vorwärts zu wiederholen, rückwärts gelingt ihm das nur zweimal bei maximal zwei Zahlen. Er erreicht dabei 5 der möglichen 28 Punkte. Im Zahlen-Symbol-Test, bei welchem eine „Geheimschrift" für Zahlen angewendet bzw. übertragen werden soll, füllt Mehmet in der zur Verfügung stehenden Zeit nur 22 der 83 Felder aus und erreicht ein ähnlich niedriges Ergebnis. Auch die Untertests mit geometrischen Inhalten werden von ihm nur ansatzweise gelöst:

> Bei den angewandten Untertests des HAWIK-R erreichte der Proband in keinem auch nur annäherungsweise den mittleren WP von 10; die Wertpunkte schwanken zwischen eins und sieben; mittlerer WP ist 4,6. Die Standardabweichungen vom Mittelwert bewegen sich zwischen (-1) und (-3).

Der für die fünf Untertests errechnete durchschnittliche Prozentrang beträgt 6,42. Die erzielten Testalter-Äquivalente für die Rohpunkte liegen bei allen durchgeführten Untertests unter 6;2 Jahren. Mehmet dürfte demnach also über zwei Jahre in seiner Entwicklung Gleichaltrigen gegenüber verzögert sein.

Schon in den wenigen Wochen bis zum gemeinsamen Gespräch mit Mehmets ehemaliger Klassenlehrerin und dem begutachtenden Sonderpädagogen entwickelt Mehmet im Offenen Unterricht einen eigenen Zugang zur Mathematik, der ihn nicht nur Plus- und Minusaufgaben im Zwanzigerraum rechnen lässt (7+8=15, 13-7=6, 3+17=20), sondern darüber hinaus auch schon Additionsaufgaben ohne Überschreitung aus dem Hunderterraum (35+24=59, 33+7=40). Dabei greift Mehmet zwar teilweise noch auf Veranschaulichungsmittel (Zwanziger- bzw. Hunderterfeld, Zehnerschiffchen) zurück, dies kann aber durchaus zu einem gewissen Teil auch mit einem Ablöse- bzw. Gewohnheitsprozess zu tun haben.

Diese positive Entwicklung trägt mit dazu bei, dass Mehmet an der Regelschule bleibt. Im Gesprächsprotokoll ist vermerkt:

> Im Laufe des VO-SF zog Familie [...] an die o.a. Anschrift. Die ersten Eindrucke der dortigen GGS [...] (Herr Peschel) sind durchaus positiv. [...] Im freien Unterricht suche sich Mehmet selbst Sachen zur Arbeit aus [...]. Der Junge arbeite gerne am Computer; er rechne (mit Hilfsmitteln) im Zahlenraum bis 20 [...]. Seit er Mehmet kenne, seien Leistungsfortschritte deutlich erkennbar. Mehmets Leistungen entsprächen z. Zt. in Mathematik und im sprachlichen Bereich dem Lehrplan.

Im Zeugnis für die erste Klasse ist zu diesem Zeitpunkt vermerkt:

> Obwohl du, als du gekommen bist, nur mit Material rechnen konntest, hast du ganz schnell das 1+1 gut gelernt. Das 1-1 kannst du bestimmt auch bald ganz flott. Klasse!

2. Schuljahr

Im zweiten Schuljahr vertieft und festigt Mehmet seine mathematischen Kompetenzen, wobei er zwar oft auf Aufgaben zurückgreift, die er schon kann (z. B. aus dem Rechenheft), sich aber doch des Öfteren auch „herausfordernde" Aufgaben vom Lehrer oder anderen Kindern geben lässt. Dabei bekommt er das notwendige Selbstvertrauen einerseits durch einfachere Aufgaben mit großen Zahlen (80-40=40; 120+60=180), aber auch durch seine immer größer werdende Sicherheit im mathematischen Bereich. Teilweise bringt er allerdings Operationen durcheinander und wendet blätterweise falsche Strategien an (45+145=100; 95+195=100). Er rechnet aber in der Regel nicht mehr materialgestützt, sondern hat seinen eigenen Zugang zum formalen Rechnen gefunden.

Mehmet kann zum Halbjahr stellenüberschreitende Additionsaufgaben im Hunderterraum lösen und probiert sich auch schon an Aufgaben aus dem Tausenderraum, die er aber nur ohne Überschreitung richtig ausrechnet. Bei Aufgaben aus höheren Zahlenräumen unterlaufen ihm auch beim Rechnen ohne Überschreitung Fehler. Subtraktionsaufgaben fallen ihm weiterhin schwer, hier ist er nur im Zwanzigerraum sicher, im Hunderter- und Tausenderraum macht er noch Fehler bzw. kann nur einfachere Aufgaben lösen (234-133=101). Er bekommt einfache Malaufgaben heraus, Geteiltaufgaben rechnet er noch nicht.

Im zweiten Halbjahr bildet Mehmet immer mehr Strategien aus, die ihm sowohl die Subtraktion als auch das Rechnen mit größeren Zahlen erleichtern. Er rechnet nun Additions- und Subtraktionsaufgaben mit und ohne Überschreitung im Hunderterraum und kann diese auch im Tausenderraum richtig lösen, wobei ihm die Subtraktion immer noch schwer fällt. Er arbeitet dabei relativ langsam und macht auch oft noch Fehler, aber vermag die Aufgaben nach einem Hinweis selbstständig zu überprüfen und zu korrigieren. Im Zehntausenderraum gelingen ihm nur Aufgaben ohne Überschreitung zufriedenstellend. Er hat nun auch das kleine Einsminuseins und Einsdurcheins automatisiert. Einfache Multiplikationsaufgaben des Einmaleins kann er ausrechnen, Divisionsaufgaben noch nicht, allerdings hat er das Prinzip dieser Operation nun begriffen. Seine Leistungen werden im Zeugnis folgendermaßen beschrieben:

> Im Rechnen bist du auch besser geworden. Du kannst mittlerweile Plusaufgaben im Tausenderraum lösen. Minusaufgaben fallen dir zeitweise aber noch schwer. Das kleine 1+1 und 1-1 kannst du auswendig, das 1*1 hast du verstanden und lernst noch daran. Geteiltaufgaben kannst du noch nicht. Bleib bitte weiter dran am Rechnen, such dir schwierige Aufgaben und üb weiter das Einmaleins.

Mit diesen Leistungen bewegt sich Mehmet Ende des zweiten Schuljahres in Bezug auf die Addition schon auf dem Niveau des dritten Schuljahres, in Bezug auf die Subtraktion und die Multiplikation entspricht seine Kompetenz noch nicht ganz den Lehrplananforderungen. Die Division spielt noch keine Rolle für ihn. Insgesamt erscheint trotz dieser Schwächen eine Weiterarbeit unter den Anforderungen des dritten Schuljahres sinnvoll.

3. Schuljahr

Im dritten Schuljahr bekommen Mehmets Leistungen im Bereich Mathematik einen stärkeren Einbruch. Er rechnet nur noch wenig und wenn, dann hält er sich vor allem an reproduktive Aufgaben bzw. an das Erlernen des Einmaleins. Er löst zwar Additions- und Subtraktionsaufgaben im Hunderterraum immer noch weitgehend richtig, macht in größeren Zahlenräumen aber nun Fehler, die mit einem Vermischen von Strategien zu tun haben können. So rechnet er z. B. 345+123=462, subtrahiert also die Einer voneinander, während er die Zehner und Hunderter addiert. Die Aufgabe 582-40 löst er mit 538, scheint also erst richtig den Subtrahenden 40 abzuziehen, zieht dann aber wohl noch einmal die Einer des Minuenden zusätzlich ab. Diese Vorgehensweise kann auf ein Anwenden verschiedener halbschriftlicher Strategien zurückzuführen sein (z. B. Rechnen ohne Überschreitung, aber mit Änderung des Vorzeichens des Ergebnisses der jeweiligen Stelle).

Ansonsten rechnet Mehmet Subtraktionsaufgaben in dieser Zeit entweder gar nicht oder falsch, ohne dass dabei eine nicht korrekt angewendete Strategie erkennbar wäre. Bei operationalisierten Übungen wendet er zeitweise stereotype Lösungsmuster an, ohne alle Aufgaben zu rechnen bzw. zu überprüfen. Beim Einmaleins wird er sicherer und bekommt dadurch nun auch einen Zugang zum Einsdurcheins, welches er sich als Umkehroperation des Einmaleins aneignet. Aufgaben der Form 42 = _ * _ kann er nicht lösen. Im Halbjahreszeugnis ist beschrieben:

> Im Rechnen hast du das 1*1 einigermaßen auswendig gelernt, sodass du mit dem 1+1 und dem 1-1 nun alle Führerscheine bis auf das 1:1 hast. Ansonsten hast du wenig gerechnet, sodass du beim Rechnen im Tausenderraum kaum Fortschritte gemacht hast. Minusrechnen fällt dir immer noch schwer, Plusrechnen klappt auch nicht fehlerfrei. Sachaufgaben kannst du nur schwer erfassen. Hier hilft nur viel zu üben!

Im zweiten Halbjahr der dritten Klasse bleiben Mehmets Kompetenzen beim nichtschriftlichen Rechnen ähnlich unzureichend wie im Halbjahr zuvor. Fortschritte sind neben dem Angehen größerer Mal- und Geteiltaufgaben nur in Bezug auf eher reproduktive Inhalte wie das Lernen des kleinen Einsdurcheins zu verzeichnen:

> Im Rechnen hast du 1*1 und 1:1 einigermaßen auswendig gelernt, sodass du mit dem 1+1 und dem 1-1 nun alle Führerscheine hast. Ansonsten hast du wenig gerechnet, sodass du beim Rechnen im Tausenderraum kaum Fortschritte gemacht hast. Minusrechnen fällt dir immer noch zu schwer, Plusrechnen klappt auch nicht fehlerfrei. Sachaufgaben kannst du nur schwer erfassen. Hier hilft nur viel mehr zu üben, damit du vor allem die Sachen nicht wieder vergisst, die du schon einmal konntest.

In Bezug auf die Addition und die Subtraktion hilft Mehmet nun das schriftliche Rechnen. Er vermag Additionsaufgaben im Tausenderraum richtig zu lösen, bei Subtraktionsaufgaben unterlaufen ihm stellenweise Fehler beim Übertrag. In einem entsprechenden Schulbuchtest zur schriftlichen Addition erreicht er 19 von 22 Punkten bei zügigem Rechnen (ca. eine halbe statt einer ganzen Schulstunde), im Test der schriftlichen Subtraktion sind es 13 von 23 Punkten, wobei er die ganze vorgesehene Zeit einer Schulstunde benötigt. Diese Ergebnisse beim Rechnen mit Algorithmen zeigen, dass Mehmet in einer Klasse, in der die Leistungsbewertung vornehmlich auf der Grundlage der dem Lehrgang entsprechenden Tests basiert, zumindest in Teilbereichen durchaus gute Leistungen erbringen würde – auch wenn seine eigentliche mathematische Kompetenz weit darunter liegt.

Da in der hier untersuchten Klasse die Leistung in Mathematik nicht an einzelnen Überprüfungen eines in den vergangenen Wochen durchgenommenen bzw. geübten mathematischen Verfahrens festgemacht wird, sondern weitreichender betrachtet wird, ist ersichtlich, dass Mehmets Leistungen nicht den Anforderungen des Lehrplans entsprechen. Er wird deshalb formal nicht in die vierte Klasse versetzt, verbleibt aber in seiner Lerngruppe.

4. Schuljahr

Im nächsten Schuljahr bekommt Mehmets Arbeitsverhalten auch in Mathematik wieder einen Auftrieb, bleibt aber – an den Anforderungen des vierten Schuljahres gemessen – ähnlich problematisch wie im Jahr zuvor. Mehmet findet einen großen Gefallen an den schriftlichen Rechenverfahren und rechnet riesige, über mehrere Blätter bzw. Heftseiten gehende Aufgaben mit Hilfe der entsprechenden Algorithmen. Neben einem guten Training dieser Verfahren hat das aber zur Folge, dass er größere Aufgaben nur noch schriftlich rechnet und seine Leistungen im Bereich des nicht- bzw. halbschriftlichen Rechnens nicht weiter verbessert. Dabei beherrscht er die schriftliche Addition auch mit mehreren Summanden relativ fehlerfrei. Die Subtraktion gelingt ihm zum Halbjahr nur mit zwei Zahlen, er kann also nicht verschiedene Operationen in einer Aufgabe anwenden, wie es bei der schriftlichen Subtraktion mehrerer Zahlen nötig wäre.

Mehmet erlernt nach der halbschriftlichen die schriftliche Multiplikation sowie die halbschriftliche Division und kann diese auch in Tests weitgehend fehlerfrei anwenden – allerdings nur in zeitlicher Nähe zum vorherigen Üben. Entsprechend defizitär sind die Ergebnisse außerhalb der direkten Überprüfung. Im Kopfrechnen macht Mehmet u. a. durch Wettrechnen mit seinen Freunden gute Fortschritte, er rechnet Einmaleins und Einsdurcheins mindestens auf durchschnittlichem Niveau und bekommt auch einen Zugang zum großen Einmaleins.

Im Norm-Rechentest für das dritte Schuljahr (SRT 3) löst Mehmet nur knapp die Hälfte der Aufgaben richtig, was nach der Norm für Ende Klasse 3 zum Testzeitpunkt Mitte Klasse 4 einem Prozentrangplatz von 14 entspricht. Dabei erscheinen seine Lösungen allerdings eher willkürlich bzw. drücken u. U. eine mangelnde Bereitschaft aus, sich auf bestimmte Aufgaben einzulassen (7*90=97 oder 180:2=182). Rund ein Viertel der Aufgaben versucht er gar nicht erst zu lösen, was einerseits an ihm unbekannten Aufgabenformaten liegt (_ : 60 = 9) oder auch an einer kognitiven Überforderung, wie z. B. bei eingekleideten Rechenaufgaben (Zahlenrätseln). Hier hat er vor allem bei den Aufgaben Schwierigkeiten, die das Umdrehen von logischen Verknüpfungen erfordern (Ich denke mir eine Zahl aus der Sechzigerreihe. Wenn ich 30 dazuzähle, bekomme ich eine Zahl aus der Siebzigerreihe. Sie ist kleiner als 300).

Obwohl Mehmet die in den üblichen Mathematiklehrgängen für das Halbjahr vorgesehenen Inhalte bzw. zu übenden Techniken in den entsprechenden Schulbuchtests durchaus gut anwenden kann, bekommt er auf Grund der Begrenztheit seiner mathematischen Fähigkeiten auf dem Halbjahreszeugnis nur ein Mangelhaft.

Auch im zweiten Halbjahr ändert sich nicht viel an Mehmets Kompetenzen in diesem Bereich. Zusätzlich zu den bekannten Verfahren erlernt er die schriftliche Division, die er nach entsprechendem Üben gut beherrscht. Ein tieferes Verständnis der

Operation bzw. der Rückgriff auf halbschriftliche Strategien erfolgt nicht. Beim Kopfrechnen fällt Mehmet beim kleinen und beim großen Einmaleins etwas zurück, legt dafür aber beim Einsdurcheins zu. Insgesamt hat er alle zum schriftlichen Rechnen notwendigen Aufgaben gut automatisiert.

Der zum Schuljahresende und zum richtigen Eichtermin durchgeführte Norm-Rechentest für das Ende des vierten Schuljahres (SRT 4) kann bei Mehmet leider nicht gewertet werden, da hier bei den falsch gelösten Aufgaben große Übereinstimmungen mit seinen Tischnachbarn zu verzeichnen sind. Die Aufgaben, die er mit hoher Wahrscheinlichkeit selber gelöst hat, sind vor allem die schriftlich zu rechnenden Aufgaben, bei denen er keine Fehler gemacht hat. Mehmets Mathematikleistungen werden auf dem Abschlusszeugnis für die Grundschule mit Mangelhaft bewertet.

Es ist nicht leicht, Mehmets Leistungen in das in der Klassenanalyse verwendete Stufenmodell einzupassen, da dieses vor allem das Beherrschen der Operationen ohne die Verwendung einfacher Algorithmen bzw. Techniken zu Grunde legt. Unter Vorbehalt würde Mehmets Leistungsentwicklung ungefähr folgendes Bild ergeben:

Mathetest M 1-5 Mehmet	Addition	Subtraktion	Multiplikation	Division
M 1	0	0	0	0
E 1	1,25	1	0	0
M2	1,75	1	1	0
E 2	2,75	1,75	1,75	1
M 3	2,5	2	2,25	2
E 3	2,5	2,25	2,5	2,5
M 4	3	2,75	3	2,75
E 4	3,75	3,25	3,5	3,5

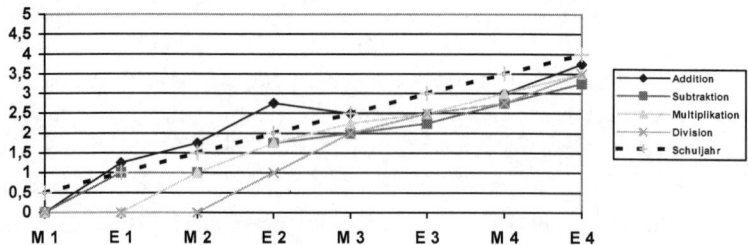

Ersichtlich wird bei der Betrachtung der Referenzlinie noch einmal, dass Mehmets Erstzugang zu den Operationen zu ganz unterschiedlichen Zeitpunkten erfolgt ist. Im weiteren zeitlichen Verlauf hat er dann versucht, den immer höheren Anforderungen gerecht zu werden und ist dabei bei allen Operationen an ein gewisses Limit gestoßen. Andererseits hat er es aber auch geschafft, seine Kompetenzen in allen

Operationen weiterzuentwickeln, um möglichst mit den Lehrplananforderungen Schritt zu halten.

Ob sich Mehmets Entwicklung in einem Lehrgangsunterricht anders dargestellt hätte, ist nicht zu klären. Mit hoher Wahrscheinlichkeit hätte Mehmets Kompetenz im Ausführen und Einüben von Algorithmen und im Automatisieren von Aufgaben zu einer positiveren Leistungsbewertung geführt. Es ist nicht auszuschließen, dass er durch diese Fähigkeiten eine Benotung erfahren hätte, die mindestens im Durchschnittsbereich angesiedelt worden wäre. Zumindest hätte er diese Bewertung in den Schulbuchtests des Zahlenbuchs (vgl. Berger u. a. 1994-1997c) erfahren. Darauf weist auch die Benotung Mehmets in der Hauptschule hin, in der er im fünften Schuljahr mit Gut und im sechsten mit Befriedigend bewertet wurde.

Ob Mehmet sich in einem eher lehrgangsorientierten Unterricht allerdings die Grundlagen so hätte sichern können, wie er es – trotz der eher negativen Abschlussbewertung – im Offenen Unterricht hat machen können, ist fraglich. Zumindest für die Anfangphase scheint seine Entwicklung eher in die Richtung zu deuten, dass ihm gerade durch das offene Prinzip und die Gelegenheit zum selbstgesteuerten Lernen der eigene Zugang zum Fach ermöglicht wurde. Bezüglich des Umgangs mit den Lehrplaninhalten des dritten und vierten Schuljahres in Bezug auf schwache Kinder sind auch in der Wissenschaft verschiedene Positionen zu finden. Einerseits wird empfohlen, diesen Kindern das Rechnen recht bald durch das Beibringen der schriftlichen Rechenverfahren zu erleichtern. Andererseits wird befürchtet, dass dieser Weg nur zu einem unverstandenen Ausführen von Techniken führt, die der Mathematik als solcher nicht gerecht werden und besser von Maschinen bewerkstelligt werden sollten. Das Urteil über Mehmets Entwicklung in der hier beschriebenen Klasse lässt sich entsprechend nicht vom individuell favorisierten Standpunkt trennen, der wiederum einer bestimmten Sichtweise von Mathematikunterricht und seinen Zielen obliegt. Dies wird sowohl im oben beschriebenen Mathematikkonzept als auch in den eben geäußerten Bewertungskriterien deutlich. Insgesamt erscheint Mehmets Entwicklung vor dem Hintergrund seines sehr niedrigen Intelligenzquotienten und seiner guten Benotung in der Hauptschule durchaus positiv.

17.2.5 Resümee

Mehmets Schulbiographie ist nicht untypisch für ein Kind, das aus solch problematischen Verhältnissen kommt, wie sie sich bei ihm darstellen. Mehmet gelangt mit ungefähr fünf bis sechs Jahren als kurdischer Asylant nach Deutschland. Weder er noch ein anderes Mitglied seiner Familie spricht Deutsch. Als Analphabeten haben die Eltern keinen Bezug zu Schrift – und wahrscheinlich auch nicht zu Schule, denn es ist anzunehmen, dass sie selbst nie eine Schule besucht haben. Als ältestes Kind der Familie übernimmt Mehmet schnell die Rolle des Dolmetschers und versucht mit den Wörtern, die er in seiner neuen Heimat mitbekommt, Belange der Familie zu regeln – einschließlich seiner eigenen schulischen.

Mehmet ist zum Zeitpunkt der Einreise der Familie schulpflichtig, wird aber vom Schularzt als nicht schulfähig diagnostiziert. Diese Diagnose wiederholt sich auch ein Jahr später, sodass Mehmet schließlich erst mit über acht Jahren eingeschult wird. In der Klasse, die er besucht, wird – wie aus den Formulierungen im Gutachten und Mehmets alten Schulunterlagen ersichtlich ist – „traditionell" unterrichtet. Das Lesenlernen erfolgt mit Hilfe einer Fibel und entsprechender Übungen, für das Schreibenlernen malt Mehmet nach den üblichen Schwungübungen zunächst zeilen- bzw. seitenweise einzelne Buchstaben ab, später werden entsprechende „Schlüssel- wörter" auf dieselbe Art abgemalt. Diese Arbeiten führt Mehmet mit einer erstaunli- chen Sorgfalt aus (er gestaltet sogar jede Zeile in einer anderen Farbe), lernt dadurch aber anscheinend weder Schreiben noch Lesen, wie aus dem Gutachten der Lehrerin ersichtlich wird:

> Mehmet kann nur hinreichend geübte Schlüsselwörter lesen. Soll er neue Sätze aus bekann- ten Wörtern erlesen, fängt er an zu raten. Er kann Buchstaben, Wörter und kurze Sätze nur nach Vorlage schreiben. Er bemüht sich, klar gegliedert und normgerecht zu schreiben.

In Mathematik ist das Vorgehen ähnlich, hier gibt das Mathematikbuch die Lern- schritte vor. In Mehmets Rechenheft finden sich (wenige) Plus- und Minusaufgaben im Zahlenraum bis 5 bzw. später bis 10, die alle einzeln mit Häkchen versehen sind – egal ob richtig oder falsch gelöst. Kurz vor dem Wechsel der Schule – also wenige Wochen vor den Sommerferien – tauchen zusätzlich Zahlen bis zwanzig im Rahmen operativer Übungsaufgaben auf. Mehmets mathematische Kompetenz beschreibt die ehemalige Klassenlehrerin in ihrem Abschlussgutachten so:

> Er kann die Ziffern 1-10 erkennen, versprachlichen und meist auch richtig schreiben. Im ZR 10-20 hat er noch Schwierigkeiten. Additionsaufgaben im ZR 1-10 löst er mit Hilfe von An- schauungsmitteln; die Lösung von Subtraktionsaufgaben bereitet ihm auch mit Hilfe noch große Schwierigkeiten.

Mehmet kann dem Unterricht nicht im selben Maße folgen, wie der „normale" Teil seiner Mitschüler – und ist zudem auch sozial auffällig:

> Hinweise zum Arbeits- und Sozialverhalten:
>
> Mehmet fand schnell Kontakt zu seinen Mitschülern. Im Umgang mit ihnen und mit seinen Lehrern musste er aber immer wieder ermahnt werden, Regeln einzuhalten und die Rechte anderer anzuerkennen. Er zeigte nur dann Ausdauer und Sorgfalt und arbeitete im angemes- senen Tempo, wenn er über ein normales Maß hinausgehende Hilfe und Beachtung fand.

Da Mehmet die durch den Unterricht angestrebten Ziele nicht erreicht, wird die Überprüfung seines sonderpädagogischen Förderbedarfs beantragt. Im entsprechen- den Gutachten werden nicht nur Mehmets schwache Leistungen nach zwei bis drei Jahren Besuch des Schulkindergartens bzw. der ersten Klasse bestätigt, sondern vor allem in eine Beziehung zu seinem (hohen) Alter gesetzt. Man möchte Mehmet nach den bisherigen Rückstellungen nicht mit neun Jahren wiederum in die erste Klasse zurückstellen und sieht deshalb eine Einweisung in die Lernbehindertenschule vor:

Die erzielten Testalter-Äquivalente für die Rohpunkte liegen bei allen durchgeführten Untertests unter 6;2 Jahren. Mehmet dürfte demnach also über zwei Jahre in seiner Entwicklung Gleichaltrigen gegenüber verzögert sein.

Bei Mehmet scheint nach §5, Abs. 1 der VO-SF Lernbehinderung vorzuliegen.

Als Mehmets Familie während des laufenden Verfahrens eine neue Unterkunft zugewiesen bekommt, muss Mehmet auch die Schule wechseln und kommt in die hier untersuchte Klasse. Dabei reflektiert Mehmet den Unterschied zu seinen bisherigen Schulerfahrungen in Gesprächen mit seinen Mitschülern vor allem darin, dass er nun nicht mehr gezwungen ist, für ihn unverständliche Vorgänge an der Tafel zu verfolgen oder für ihn nicht mit Sinn gefüllte Übungen auszuführen, sondern nun sein Lernen, seine Lerninhalte und seinen Lernrhythmus selbst bestimmen kann.

Diesen Anschein macht auch seine Entwicklung. Trotz seines niedrigen Intelligenzquotienten (Wert ca. 61 bis 63) wirkt Mehmet weder auf den Lehrer noch auf seine Mitschüler wie ein Behinderter. Er fasst durch seine offene und sympathische Art schnell Fuß in der Klasse und vermag schon in den ersten Wochen eine eindrucksvolle Entwicklung vorzuweisen, die dazu führt, dass Mehmet nicht in die Schule für Lernbehinderte wechseln muss, sondern in der Regelschule verbleibt.

Mehmet eignet sich vor dem Hintergrund seiner bisherigen Entwicklung innerhalb des Offenen Unterrichts zügig und sicher sowohl das Lesen und Schreiben als auch das Rechnen selbstgesteuert an. Eine mögliche Erklärung wäre, dass er nun einfach Zeit dafür hat, auf seinem eigenen Weg zu lernen. Er wird nun in der Schule nicht mehr zu Tätigkeiten gezwungen, die er für sich nicht nutzen kann, wie z. B. das Verfolgen von Handlungen an der Tafel oder das Ausführen bestimmter Übungen, sondern hat jetzt jederzeit die Möglichkeit zu lesen, schreiben oder rechnen – und zwar in genau den Anspannungs- und Entspannungsphasen, die er benötigt. Dadurch lösen sich nicht nur die Lernprobleme Mehmets, sondern er fällt auch im sozialen Bereich nicht mehr so auf wie in seiner alten Klasse. Es ist zu vermuten, dass Mehmet in den Momenten, in denen er Inhalte verfolgen sollte, die er nicht verfolgen konnte, andere „Beschäftigungen" in der Klasse gesucht hat, die nicht unbedingt etwas mit dem gerade unterrichteten Thema zu tun hatten. Im Offenen Unterricht kann er das Unterrichten des Lehrers nicht auf solche Weise stören. Vielmehr werden ihm seine verschiedenen Arbeitszustände bzw. Lernphasen zugestanden und Störungen schlimmstenfalls in einer direkten Auseinandersetzung bezüglich unterschiedlicher Interessen situativ begründet geklärt.

Mehmet hat durch diese Lernerfahrungen wahrscheinlich schnell (wieder) Vertrauen in sein eigenes Lernvermögen gefasst. Er arbeitet immer zielgerichteter, ausgeglichener und ausdauernder. Einen vermeintlichen Einbruch gibt es erst, als die Anforderungen im dritten und vierten Schuljahr höher werden und Mehmet möglicherweise an seinen intellektuellen Grenzen stößt. Trotz einer formalen Nichtversetzung in die vierte Klasse bleibt er aber in seiner Lerngruppe und wechselt nach insgesamt vier Jahren Grundschulzeit auf die weiterführende Schule. Auch wenn seine Leistungen zum Ende der Grundschulzeit immer noch schwach waren, so schienen sie keine Wiederholung des vierten Schuljahres bedingen zu können – wobei zusätzlich in Frage gestellt werden muss, ob eine Wiederholung an sich für Mehmets Lernfortschritt dienlich gewesen wäre.

Dass Mehmets Leistungen zwar schwach waren, sich aber im Vergleich zu den Leistungen anderer Kinder mit derselben Schulempfehlung durchaus sehen lassen können, zeigt Mehmets gute bzw. mindestens durchschnittliche Benotung an der Hauptschule. Diese positive Bewertung Mehmets lässt vermuten, dass (dort) bei schwachen Kindern wie ihm eher ein reproduktives Ausüben von Fähigkeiten und Fertigkeiten angestrebt bzw. vorausgesetzt wird denn ein reflexives Niveau, wie es in der hier untersuchten Klasse beabsichtigt wurde. Entsprechend kann man sich die Frage stellen, ob Mehmets Leistungsentwicklung anders bzw. besser verlaufen wäre, wenn man einen Unterricht praktiziert hätte, wie er im Gutachten des Sonderpädagogen für die weitere Förderung Mehmets empfohlen wurde:

> Die geistigen Anforderungen sollten drastisch heruntergeschraubt werden. Kleinste, für den Jungen überschaubare, nachvollziehbare Lernschritte sollten eingerichtet werden, womit Vertrauen in die eigene Leistung aufgebaut werden könnte [...].

Diese Frage lässt sich hier nicht abschließend beantworten, wohl aber lassen sich Hinweise darauf finden, dass Mehmets Entwicklung gerade durch die Eigenregulierung, die das Lernen ohne Lehrgang ermöglicht, so (positiv) anders verlaufen ist als prognostiziert. Neben den schon mehrfach angesprochenen Anzeichen dafür, dass Mehmet – zumindest in den ersten Jahren – eher einen eigenen Zugang zu den Lerninhalten benötigt hat denn einen kleinschrittigen Lehrgang, sollten vor allem Mehmets Leistungen am Ende seiner Grundschulzeit berücksichtigt werden. Dort zeigt er, dass er durchaus gute Leistungen im reproduktiven Bereich erbringen kann bzw. auch erbringt. Er kann beispielsweise Diktattexte so üben, dass er nur einzelne Fehler macht, und auch Rechentechniken fehlerfrei anwenden.

Dass Mehmets Leistungen in der hier untersuchten Klasse trotzdem nur mit gerade Ausreichend oder Mangelhaft bewertet werden, liegt am anderen Leistungsverständnis in dieser Lerngruppe bzw. an der anderen Art der Leistungsmessung des Lehrers. Diesem kommt es nicht auf das Auswendiglernen von Wörtern an, sondern auf die Rechtschreibkompetenz. Es kommt ihm nicht auf das perfekte Vorlesen eines zu diesem Zweck geübten Texts an, sondern auf das sinnentnehmende Lesen bzw. das Leseverständnis. Und auch in Mathematik spielt das schematische Ausführen der Algorithmen der schriftlichen Rechenverfahren oder das Auswendiglernen bestimmter Lösungsverfahren im Gegensatz zum nichtschriftlichen Rechnen und zum Ausbilden eigener Strategien eine unbedeutende Rolle.

An diesen Anforderungen gemessen, hat Mehmet nur schwache bis sehr schwache Leistungen erbracht bzw. erbringen können – man denke dabei auch an Mehmets intellektuelle Möglichkeiten mit einem Intelligenzquotienten im Bereich 60. Aber er hat diese Anforderungen in der Regel als Herausforderung genutzt, seinen eigenen Lernweg zu finden bzw. zu gehen. Und dies hat ihm u. a. nicht nur ein anscheinend relativ solides Fundament ermöglicht, sondern ihn auch im reproduktiven Bereich so gefördert, dass er hier im bzw. sogar teilweise über dem Durchschnitt seiner neuen Schulkameraden in der Hauptschule liegt. Die im Offenen Unterricht angestrebten Kompetenzen eines verstehenden Lernens scheinen von daher geringere Zielvorgaben einzuschließen – und darüber hinaus durch die ständige Herausforderung und die Möglichkeit zur Selbststeuerung wichtige zusätzliche Kompetenzen und Fertigkeiten sowohl im kognitiven als auch im sozialen Bereich auszubilden.

17.3 Zusammenfassung

Neben den Kindern, die in Bezug auf die Klasse durch ihre schwächeren Leistungen auffallen, erscheint ergänzend eine genauere Betrachtung der Kinder interessant, die in der hier untersuchten Klasse „wider Erwarten" erfolgreich waren. Dabei geht es um Kinder, die nach entsprechender Begutachtung als nicht in der Regelschule beschulbar diagnostiziert wurden. Sie kamen nach Umzügen als Anwärter auf die Schule für Lernbehinderte sowie die Schule für Erziehungshilfe, sind dann aber trotzdem in der hier untersuchten Klasse geblieben. Die Fallstudien geben dabei nicht nur Aufschluss über ihre Entwicklung in den verschiedensten Bereichen, sondern u. U. auch Hinweise darauf, dass der von ihnen vorher erfahrene Unterricht durchaus mit ihren Lernproblemen zu tun gehabt haben kann.

Mehmet kommt kurz vor Beginn seiner Schulpflicht als kurdischer Asylbewerber nach Deutschland. Seine Eltern sind Analphabeten, sie können weder lesen noch schreiben und sprechen oder verstehen auch kein Deutsch. Mehmet wird in den folgenden Jahren zweimal vom Schulbesuch zurückgestellt und schließlich mit über acht Jahren in die erste Klasse eingeschult. Da Mehmet anscheinend Probleme mit dem Lernen hat, werden die Eltern nach den Weihnachtsferien informiert, dass eine sonderpädagogische Überprüfung Mehmets beantragt ist. Ende April wird Mehmet ausgiebig von einem Sonderschullehrer getestet, der Mehmet nach der Durchführung mehrerer Tests eine Entwicklungsverzögerung von über zwei Jahren und einen Intelligenzquotienten unter 61 bescheinigt, was einem Prozentrangplatz von 0-1 entspricht.

Ein paar Wochen später kommt Mehmet – nach dem Umzug der Familie in eine neue Asylunterkunft – in die hier untersuchte Klasse. Er soll nach Abschluss des gerade laufenden Überprüfungsverfahrens auf die Schule für Lernbehinderte überwiesen werden. Die ehemalige Klassenlehrerin beschreibt Mehmets fachliche Leistungen folgendermaßen:

Hinweise zu Lernbereichen/Fächern:

Mehmet kann nur hinreichend geübte Schlüsselwörter lesen. Soll er neue Sätze aus bekannten Wörtern erlesen, fängt er an zu raten. Er kann Buchstaben, Wörter und kurze Sätze nur nach Vorlage schreiben. Er bemüht sich, klar gegliedert und normgerecht zu schreiben. Wenig Interesse zeigt er an sachkundlichen Themen. Seine Ergebnisse im Zeichnen und Basteln sind sehr unterschiedlich. Er kann die Ziffern 1-10 erkennen, versprachlichen und meist auch richtig schreiben. Im ZR 10-20 hat er noch Schwierigkeiten. Additionsaufgaben im ZR 1-10 löst er mit Hilfe von Anschauungsmitteln; die Lösung von Subtraktionsaufgaben bereitet ihm auch mit Hilfe noch große Schwierigkeiten.

Mehmets Schulhefte sind beeindruckend. Mehmet hat mit großer Sorgfalt die Aufträge der Lehrerin erfüllt – ja sogar noch übertroffen. Er hat z. B. nicht nur die zu lernenden Buchstaben und Wörter fein säuberlich abgeschrieben, sondern auch jede Zeile schön mit einer anderen Farbe verschriftet, manchmal sogar jeden Buchstaben. Aber Mehmet hat hier gar nicht verschriftet, sondern abgemalt. Mehmet hat im Schulkindergarten und in der Schule jahrelang Buchstaben und Wörter von Vorlagen abgemalt, von der Tafel, aus der Fibel, im Arbeitsheft. Es besteht kein Zweifel daran, dass er das wirklich fleißig, ordentlich und anstrengungswillig gemacht hat. Er kann Buchstaben, Wörter und kurze Sätze nach Vorlage abmalen. Aber Mehmet kann trotzdem nur hinreichend geübte Schlüsselwörter aufsagen – Lesen kann er eben nicht. Selbst Sätze aus ihm bekannten Wörtern kann er nicht zusammenfügen – er sagt irgendetwas und fängt an zu raten.

Mehmet kann also weder Schreiben noch Lesen, denn Schreiben ist nicht „Abschreiben", sondern die eigene, sinngebende Konstruktion von Wörtern. Und Lesen ist nicht „Entziffern" oder „Vorlesen", sondern die Sinnentnahme aus Wörtern und Texten. Aber selbst die abgemalten und in Wörtern auswendig gelernten Buchstaben kann Mehmet nicht richtig benennen oder wirklich für sich nutzen. Beim Rechnen ist es ähnlich. Trotz Schulkindergarten und anschließendem Besuch der ersten Klasse kann Mehmet nur sehr begrenzt und mit Anschauungsmitteln additiv rechnen. Es sieht nicht so aus, als habe Mehmet irgendeinen Bezug zu Zahlen und Mengen aufgebaut. Sachunterrichtliches Wissen ist bei ihm gar nicht vorhanden – zumal der in der Klasse praktizierte Sachunterricht eher dem Sprachunterricht zuzuordnen ist.

Mehmet scheint trotz der Mühen und Förderungsmaßnahmen der Lehrerin im Unterricht einfach nichts zu lernen. Mit einem Alter von bald neun Jahren kann er weder ansatzweise Lesen noch Schreiben noch Rechnen. Als Fördermaßnahmen werden im entsprechenden Gutachten empfohlen:

Die geistigen Anforderungen sollten drastisch heruntergeschraubt werden. Kleinste, für den Jungen überschaubare, nachvollziehbare Lernschritte sollten eingerichtet werden, womit Vertrauen in die eigene Leistung aufgebaut werden könnte, vielleicht über den Sachunterricht. Es gilt, Konzentrationsfähigkeit zu fördern, zu lernen, optisch zu differenzieren, das räumliche Vorstellungsvermögen zu verbessern, zu lernen, unter Zeitdruck zu arbeiten, das Gedächtnis zu trainieren.

Der Unterricht in der hier untersuchten Klasse liegt fast diametral zu diesen Förderhinweisen. Mehmet wird nach seinem Umzug ins kalte Wasser gestoßen. Wenn er Schreiben und Lesen lernen will, muss er selbst dafür sorgen. Er kann sich und anderen nichts mehr mit dem Abmalen oder Auswendiglernen von Buchstaben und Wörtern vormachen. Es gibt nichts mehr, was er einfach kopieren kann, womit er sich spielerisch beschäftigen kann, was er säuberlich aberledigen kann. Was passiert nun im Offenen Unterricht? In den letzten wenigen Wochen bis zum Schuljahresende lernt Mehmet mit Hilfe der Buchstabentabelle Schreiben und Lesen, kann nach kurzer Zeit im Zwanzigerraum rechnen und fängt an, sachunterrichtliche Themen zu erforschen. Mehmet hat anscheinend das erste Mal in seiner Schullaufbahn Raum und Zeit zum Lernen.

Interessant ist der Prozess, den Mehmet durchmacht, als er für sich selbst den Übergang vom gewohnten Abschreiben von Fibeltexten zum freien Schreiben bahnen muss. Mehmet beginnt nach dem Klassenwechsel in relativ kurzer Zeit, Wörter aufzulautieren und zu verschriften. Dabei schreibt er entweder einzelne Wörter oder „fibelähnliche" Geschichten", in denen sich Phrasen unter Nutzung ihm bekannter und unbekannter Wörter dauernd wiederholen:

MEHMET HAT RAKTi DAS IST MAN MUTA   DAS IST MAN WATA   DAS IST MAN MEHMET RAKTi   DAS IST MAN HAS MANI MUTA GEN SCHPRSiRE

In der Folge lernt Mehmet immer besser lautgetreu zu verschriften, löst sich schrittweise von den starren Mustern und schreibt z. B. Geschichten über sich und seine Freunde, in denen ein tiefgründiger Humor zu erkennen ist:

WAS GiPT iN ErdE ZU SeheN   Wir SeheN deN KLEiNe MAhMUD Und Der LAUFT EAr GeT iN WALD Und DA SiNT LÖWeN UNd Der KLEiNe MAhMUD Er WürT FON EiNe BUSe HKSe Ge ZAUBAT DAN HAUT Der Ale LÖWeN MiT SeiNe SchWeAT   UNd ENde

Insgesamt macht Mehmet nach dem Wechsel einen sehr befreiten Eindruck. Darauf, dass das offene Unterrichtsprinzip Mehmet so etwas wie „einen Stein von der Seele" genommen haben muss, weist eine Bemerkung hin, die Mehmet gegenüber seinen Tischnachbarn (sinngemäß) äußert: „Das ist ja wohl die tollste Klasse der Welt, hier kann man alles lernen, was man will und muss nicht immer auf die Tafel gucken." Er ist ganz erstaunt, als die angesprochenen Kinder – die anderen Unterricht nur vom Hörensagen kennen – seine Bemerkung relativ gleichgültig hinnehmen. Darüber ist er fast entrüstet, so als würden sie gar nicht wissen, wie gut sie es hier haben.

Diese Reflexion Mehmets passt gut zu seiner Lern- und Leistungsentwicklung in den ersten Wochen. Mehmet holt in den rund fünf Wochen bis zur Gutachtenerstellung den Stoff der ersten Klasse auf – trotz seiner sowohl von der ehemaligen Lehrerin als auch vom begutachtenden Sonderschullehrer festgestellten geringen Vorkenntnisse. Was den in dieser Zeit praktizierten Unterricht vom bisherigen Unterricht unterscheidet, ist vor allem der Verzicht auf gelenktes Lernen und die Möglichkeit zur Selbststeuerung und Selbstregulierung. Das scheint Mehmet das Aufholen nahezu eines ganzen Schuljahres ermöglicht zu haben. Seine Leistungen entsprechen nun fast dem Lehrplan, sodass vor allem mit dieser positiven Tendenz einer Versetzung nichts im Wege steht – es besteht kein sonderpädagogischer Förderbedarf für Mehmet mehr.

Im dritten Schuljahr wird Mehmet auf Grund seiner schwachen Leistungen in Deutsch und Mathematik formal nicht versetzt, bleibt aber in der Klasse. Dass Mehmets Leistungen in diesen Fächern nur mit schwach Ausreichend oder Mangelhaft bewertet werden, liegt am Leistungsverständnis der hier untersuchten Klasse bzw. an der Art der Leistungsmessung des Lehrers. Würde man die in vielen Klassen übliche Leistungsbewertung über die Abfrage auswendig gelernter Texte oder Rechentechniken anwenden, wie sie bei Diktaten und Schulbuchtests erfolgt, so hätte Mehmet die Schuljahresanforderungen wahrscheinlich erfüllt – auswendig gelernte Texte schreibt er fast fehlerfrei und auch Rechenverfahren wendet er nach entsprechendem Üben weitgehend korrekt an. Mehmet würde bei einer solchen Leistungsmessung in einer anderen Klasse also durchaus ordentliche Leistungen erbringen – auch ohne die entsprechenden orthographischen oder mathematischen Kompetenzen wirklich zu besitzen.

Trotz seiner Nichtversetzung schafft Mehmet es aber, sich im Schuljahr danach so zu steigern, dass er mit den anderen Kindern die Schule verlässt – also faktisch von der Klasse 3 in die Klasse 5 versetzt wird. Zurzeit ist Mehmet auf dem besten Wege zu einem guten Regelschulabschluss. Er wechselte nach der Grundschulzeit auf die Hauptschule, auf der er einen Notenschnitt von 2,6 erbringt. Von seinem Klassenlehrer dort wird Mehmets hohes Engagement und sein Ehrgeiz gelobt. Eine Lernbehinderung Mehmets scheint nicht (mehr) vorzuliegen.

Björn kommt im Dezember des ersten Schuljahres mit etwas über acht Jahren in die hier untersuchte Klasse. Er ist gerade in einer kirchlichen Wohngruppe im Ort aufgenommen worden und soll zum Halbjahr auf die Schule für Erziehungshilfe wechseln. Björn hat sich im Schulkindergarten auffällig verhalten und wurde länger in die Kinderpsychiatrie eingewiesen. Kurz nach der Rückkehr an seine Grundschule wird der Mutter die Beantragung eines Sonderschulaufnahmeverfahrens mitgeteilt:

> Björns Verhalten in der Schule ist inzwischen nicht mehr tragbar. Er stört den Unterricht derart, daß die anderen Kinder nicht arbeiten können. Selbst im Sportunterricht verweigert er die Teilnahme, bringt keine Arbeitsmittel (Mäppchen, ...) mit und ist durch nichts zu einem regelgerechten Verhalten zu bewegen.

> Ein Sonderschulaufnahmeverfahren habe ich beantragt. Dieses nimmt allerdings viel Zeit in Anspruch. In der Zwischenzeit kann ich Björn eigentlich nicht weiter beschulen. Im Rahmen von Ordnungsmaßnahmen müßte ich ihn vom Unterricht ausschließen. [Wenden; FP] Sie sich bitte an Frau [...] beim Jugendamt [...] und bitten um eine Notunterbringung für Björn bis zu dem Zeitpunkt, an dem eine reguläre Unterbringung in einem Heim mit heilpädagogischer Förderung erfolgen kann.

Im Rückblick auf die Entwicklung in der hier untersuchten Klasse und auch aus späteren Bemerkungen Björns lässt sich der Eindruck gewinnen, dass Björn – trotz seiner sicherlich ungünstigeren familiären Ausgangslage – nicht von vornherein „schwer erziehbar" war, sondern dass sein Verhalten auch eine unmittelbare Reaktion auf das Verhalten seiner Umwelt dargestellt hat. So erzählt Björn beispielsweise immer wieder Geschichten wie die folgende, die auf seine Enttäuschung nach der Einschulung hinweist: „Und dann haben wir immer so Lieder gelernt. So ‚Indianer und Chinesen, alle lernen lesen' – und das fand ich ja so bescheuert!"

In Björns Schulunterlagen sind haufenweise „individuelle" Arbeiten für ihn zu finden. Nach einem sehr umfassenden Teil von Schwungübungen kommen in seinem Schreibheft später die Übungen, mit denen er Schreiben lernen sollte. Wie bei den Schwungübungen hat die Lehrerin über mehrere Zeilen hinweg am Zeilenanfang den einzuübenden Buchstaben geschrieben, den Björn dann immer über die ganze Zeile eintragen sollte. Nach dem einzelnen Einüben bestimmter Buchstaben folgt dann eine abzumalende Buchstabenkombination. Genauso wie bei den Leseübungen, die mit viel Mühe von der Lehrerin seitenweise extra für Björn handgeschrieben wurden und aus einzelnen Buchstaben bzw. Silben bestehen: LI LO LA LO LI LA LA LI LO LO LA LI; LILO LILA LALA LALI LOLA LALA LOLA LILI LOLA LILA LALA LOLO LILA LALA LOLO LOLA LOLA LILA LILI usw.

Auch im Rechnen finden sich zunächst keine Aufgaben, sondern es wird – ähnlich den Schreibübungen – nach einem ausführlichen Programm von Schwungübungen bzw. dem Nachzeichnen von Formen das zeilen- bzw. seitenweise Schreiben einzelner Ziffern ohne Verbindung mit irgendwelchen Operationen eingeübt. Danach finden sich einfache Rechnungen, die man mit den gerade durchgenommenen Ziffern notieren kann, d. h. zunächst 1+1=2, 1+2=3 und 2+1=3. Dazu werden entsprechende Mengen durch Bild und Zahlvorgaben visualisiert, d. h. die Mengeanzahl wird mit dem Bild eines Würfels dargestellt und anschließend wird ein Gegenstand vorgezeichnet, der daneben in der entsprechenden Menge zu malen ist. Der Umfang der Übungen weist darauf hin, dass man dabei sehr kleinschrittig und „ausdauernd" vorgegangen ist.

Es könnte sein, dass Björn mit einer bestimmten Vorstellung und Erwartung in die Schule gekommen ist, so etwas wie: „Ich lerne jetzt Lesen, Schreiben, Rechnen." Was er in der Schule aber dann kennen gelernt hat, ist aus seiner Sicht eher einer Art Beschäftigungstherapie zuzuordnen: Anstatt zu lesen, zu schreiben und zu rechnen, werden ihm viel zu kindisch erscheinende Lieder gesungen, Schwungübungen gemacht oder Fibelsätze und Rechenaufgaben auswendig gelernt. Wenn diese Aussage auch hypothetisch ist, scheinen Björns Verhalten und auch seine weitergehende Entwicklung in der offen unterrichteten Klasse auffällig in diese Interpretationsrichtung zu deuten.

Im Offenen Unterricht stellt sich Björn keineswegs als so unbeschulbar heraus, wie die erstellten Gutachten vermuten lassen. Mit unterrichtlichen Dingen beschäftigt er sich zunächst zwar relativ wenig, sondern geht lieber in der Klasse herum, guckt, was andere Kinder machen, setzt sich vor den Computer oder blättert Bücher durch. Er weiß sich aber in der Regel gut alleine oder mit anderen zu beschäftigen. Dabei vermeidet er alles, was irgendwie mit „Schule" zu tun hat. Sobald er Verpflichtungen verspürt, blockiert er vorsorglich und verweigert die Arbeit. Es hat den Anschein, als ob er die erste Zeit in der Klasse weitgehend dazu nutzt, zu sehen, ob die ihm hier gewährte Freiheit bezüglich des Lernens auch ernst gemeint ist. Da bei ihm ansonsten keine Auffälligkeiten zu beobachten sind, ist zu vermuten, dass er diesen Freiraum nicht nur schätzt, sondern wahrscheinlich sogar benötigt – aber eben auch nicht zur Störung anderer missbraucht, wie es in anderen Unterrichtsformen der Fall war.

Dabei akzeptiert Björn die demokratischen Grundstrukturen der Klasse von Anfang an. Die von den Kindern selbst gemeinsam gefassten Regelungen in der Klasse – die Verbote und Strafen mit einschließen – scheinen für ihn eine andere Qualität zu haben als die Regelungen bzw. „Erziehungsmaßnahmen", die er außerhalb dieses Umfelds bzw. vor allem in der Wohngruppe erfährt. Hier ist er nicht so „pflegeleicht" wie in der Klasse – wird allerdings auch dauernd korrigiert und zu einem bestimmten Verhalten angehalten.

Björn kann, als er im Dezember in die hier untersuchte Klasse kommt, ungefähr die Hälfte der Buchstaben der Buchstabentabelle benennen. Nach wenigen Schulwochen fängt er plötzlich wie selbstverständlich an, zum derzeit beliebten Karnevalsthema „Vampire" am Computer zu schreiben. Auffällig war damals nicht nur, dass Björn in der Schule überhaupt etwas freiwillig gearbeitet hat, sondern dass er direkt lautgetreu verschriftet hat. Auch danach schreibt Björn immer öfter – meist am Computer und aufbauend auf seine Vampirgeschichte vor allem „gruselige" Inhalte.

Während Björn zum Ende des Halbjahres seine Verschriftungen noch nicht selber lesen kann, wird bei den Vorbereitungen für die Karnevalsfeier zufällig offensichtlich, dass er das sinnentnehmende Lesen beherrscht. In einer Kindergruppe, die verschiedene Sorten von Wackelpudding mit eingelegten Weingummitierchen herstellen möchte, liest er ganz versiert die – sehr klein geschriebenen und nicht leicht zu verstehenden – Anleitungen auf den Packungen vor und leitet die Herstellung (inklusive dem Abmessen der Wassermengen in ml bzw. Brüchen) an. Ähnlich ist es auch einen Monat später beim Färben von Ostereiern. Björn sieht sich zwar hin und wieder gerne Bücher an, es hat aber nicht den Anschein, als ob er gezielt lesen würde. Trotzdem kann er immer Auskunft über das Gelesene geben.

In den ersten Tagen des zweiten Schuljahres hat Björn leichte Anlaufschwierigkeiten. Er arbeitet nicht bzw. wenig und findet ungewohnterweise auch keine eigenen Beschäftigungen. Am Ende der folgenden Woche bittet er den Lehrer, ihm Schreibschrift beizubringen. Dabei stellt sich schnell heraus, dass Björn eigentlich noch gar nicht Schreibschrift lernen möchte, sondern dies seinen Erzieherinnen zuliebe machen möchte bzw. machen soll. Diese bzw. ähnliche Formen der Einflussnahme der ihm wichtigen Bezugspersonen auf seine Lernentscheidungen sind auch in der Zukunft üblich, wobei den Erzieherinnen wahrscheinlich nur mit Einschränkungen klar ist, in welcher Weise sie Björn hier fordern bzw. welche inneren Konflikte sie ihm durch ihr Spiel mit dem Liebesentzug auferlegen. Nachdem der Lehrer Björn bezüglich des Schreibschriftlernens wieder mehr inneren Freiraum einräumen kann, fängt Björn in der folgenden Woche wieder an zu arbeiten, indem er beispielsweise ein Buch liest und danach über den Inhalt schreibt.

In der Folge verblüffen Björns Leistungen alle Beteiligten. Ohne „schulisch" zu arbeiten, erreicht er hohe Kompetenzstufen beim Schreiben, Rechtschreiben, Lesen und Rechnen. Seine Vorleseleistung ist bald mit Sehr gut zu bezeichnen. Im Worterkennungstest des Hamburger Lesetests erreicht Björn im vierten Schuljahr mit der maximalen Punktzahl die Stufe sehr hoher Lesegeschwindigkeit, in Bezug auf das Leseverständnis erreicht er einen Prozentrang von 76-78. Björn entwickelt zugleich eine hohe Lesemotivation und macht dabei auch vor anspruchsvollen Büchern wie z. B. der „Unendlichen Geschichte" nicht Halt – sondern liest das Buch sogar mehrfach. In der Hamburger Schreib-Probe erreicht Björn nach kurzer Zeit im Offenen Unterricht Prozentränge zwischen 88 und 98. Seine Leistungen sind auf Grund des Deckeneffekts nicht mehr mit den üblichen Messinstrumenten zu erfassen. Sogar der Einsatz von erst für die Folgejahre vorgesehenen Tests kann daran nichts ändern. Auch dort erreichte er immer Rangplätze im obersten Prozentrangbereich.

Björns Entwicklung in Mathematik ähnelt seiner Entwicklung in anderen Bereichen. Er kommt mit einem eher geringen tatsächlichen Vorwissen in die Klasse, ist aber nach kurzer Zeit im Offenen Unterricht auf einem erstaunlich guten Stand an Grundkenntnissen. Er findet dann immer mehr einen eigenen Zugang zum Fach Mathematik. Seine Grundhaltung in der Schule spiegelt dabei auch in Mathematik eher Arbeitsvermeidung wider. Trotzdem bewegt er sich zum Ende des Halbjahres schon auf dem Stand, der für das Ende der nächsten Klasse vorgesehen wäre und steigert sich im zweiten Schuljahr auf ein überdurchschnittliches Niveau bezüglich seiner arithmetischen Kompetenzen. Dieses Niveau hält er bis zum Verlassen der Grundschule.

Einen kurzfristigen Einbruch erfahren Björns Leistungen im zweiten Halbjahr des vierten Schuljahres, was zeitlich mit gravierenden privaten Entscheidungen einher geht. Von Seiten der Wohngruppe – und damit auch für Björn – war immer klar, dass Björn spätestens nach seiner Grundschulzeit wieder zu seiner Mutter nach Hause ziehen wird, was ihm nicht möglich ist. Es kann sein, dass Björn mit der schwindenden Perspektive und dem Los, als einer der Ältesten in der Wohngruppe zu verbleiben, einen Motivationseinbruch erfährt, der sich entsprechend auf seine Leistungen auswirkt.

Nach dem vierten Schuljahr wechselt Björn mit Noten von „gut" im Bereich Sprache und „sehr gut" in Mathematik auf das Gymnasium. Aus dem Kind, das dem Schulleiter bei der Einschulung noch sagte: „Glaub ja nicht, ich bin so harmlos, wie ich aussehe!", ist ein ziemlich charmanter Junge geworden, dessen Entwicklung alle Erwachsenen, die sie mitbekommen haben, sehr beeindruckt hat. Ähnlich positiv haben auch die Lehrer auf dem Gymnasium beim Gespräch mit dem Klassenlehrer nach den ersten Schulmonaten reagiert. Leider hat sich diese Einstellung im Laufe der Zeit nicht halten können – einerseits hat sich Björn nicht in der Weise mit dem Frontalunterricht anfreunden können wie gehofft, andererseits konnten wohl auch die Lehrer mit Björns Auffassung von sinnvollem Lernen auf Dauer eher weniger anfangen. Mittlerweile ist Björn – trotz seines nach Meinung des Grundschullehrers hohen kognitiven Potentials – auf die Realschule gewechselt und wiederholt dort die sechste Klasse. Es ist zu vermuten, dass die Leistungsmessung – aus Gründen, die im Verhalten Björns, in der Form des Unterrichts oder aber in der Leistungsüberprüfung selbst zu suchen sein können – nicht Björns wirkliche Kompetenz im jeweiligen Bereich erfasst, sondern vor allem sein Arbeitsverhalten zur Bewertungsgrundlage macht. Einen Hinweis darauf gibt beispielsweise die Benotung der Fächer Mathematik und Deutsch mit Ausreichend. Es erscheint eher unwahrscheinlich, dass Björn die Kompetenzen, die er zum Ende des vierten Schuljahres bzw. in seiner ganzen Grundschulzeit innehatte, in wenigen Monaten verlernt haben kann.

Betrachtet man diese beiden Fallbeispiele, so ist man versucht, sowohl Mehmets treues Akzeptieren sinnlosen Abschreibens und Auswendiglernens als auch Björns massive Gegenwehr gegen eine lehrgangsmäßige Unterweisung rückblickend als bewusste oder unbewusste Reaktion auf die Fremdvorgabe eines Lernweges zu verstehen. Eines Lernweges, der beiden Kindern eben nicht weitergeholfen hat, sondern für ihr Lernen vielmehr hinderlich gewesen ist. Der gut gemeinte Unterricht hat ihnen das genommen, was er ihnen eigentlich geben sollte: Raum und Zeit zum Lernen.

Raum und Zeit, um selbstbestimmt, selbstgesteuert und interessenorientiert zu lernen. Eben so, wie aktuelle lernpsychologische Forschungen es für effektives Lernen fordern. Vielleicht sollte man ein entsprechend auffälliges Verhalten von Kindern nicht so schnell als undiszipliniert, lernbehindert oder renitent werten, sondern überlegen, ob hier nicht von den Kindern u. U. eine innere Wehr gegen eine mögliche Falschbehandlung offensichtlich wird. Es ist zu überlegen, ob man nicht den Kindern, die sich Rechtschreibung, Lesen, Sprachgebrauch, Rechnen und andere Bereiche eher unbewusst und beiläufig aneignen, diese Möglichkeit auch wirklich geben sollte. Und dann muss überlegt bzw. untersucht werden, ob sich nicht alle Kinder diese Kompetenzen auf diesem Weg besser aneignen. In der hier untersuchten Klasse war es wohl so.

Auch wenn sich hier keine verallgemeinerbaren Aussagen treffen lassen, so geben die Entwicklungen von Björn und Mehmet (sowie Fedor, Lutz und Natalie) nicht nur einen Hinweis darauf, welche Chancen der Offene Unterricht Kindern bietet, die für erziehungsschwierig oder lernbehindert gehalten werden, sondern (leider) auch, was der traditionelle Unterricht eben nicht leistet. Zumindest für die hier dargelegten Fälle vermeintlicher Lernbehinderung oder Erziehungsschwierigkeit – und wie aus den Einzelbeschreibungen der Kinder hervorgeht, waren dies nicht die einzigen Fälle positiver Entwicklung „wider Erwarten" – konnte dargelegt werden, dass der Offene Unterricht nicht nur die starken und angepassten Kinder fördert, sondern dass gerade die Kinder aufgefangen werden, die im normalen Unterricht herausfallen und in der Folge als unbeschulbar oder behindert diagnostiziert werden. Damit wäre der Offene Unterricht in der hier beschriebenen Form ein Konzept, das der zunehmenden Verschiedenartigkeit der Kinder mit immer unterschiedlicher werdenden Lernvoraussetzungen sowohl im kognitiven als auch im sozialen Bereich möglicherweise besser gerecht wird als andere Unterrichtsformen. Zumindest legen die Ergebnisse dieser Untersuchung ein solches Potential des Konzepts nahe, wie die überdurchschnittlichen Leistungen der Klasse, aber auch die Entwicklungen der schwachen oder auffälligen Kinder anschaulich zeigen.

18 Zusammenfassung und Ergebnisdiskussion der Untersuchung

Ob mit oder ohne Diskussionen über die Schulleistungen deutscher Kinder im internationalen Vergleich: Sobald die fachlichen Leistungen von Schülern in die Kritik geraten, wird schnell verstärkt auf Fachunterricht und systematisches Üben gesetzt. Und dies, obwohl Forschungsergebnisse der letzten Jahrzehnte ganz andere Antworten auf effektives Lernen in der Schule nahe legen. Als zentrale Begriffe können hier z. B. selbstbestimmtes, selbstreguliertes und interessegeleitetes Lernen genannt werden. Grundsätze für einen Unterricht, der nicht nur eine hohe Motivation des Lernenden erzeugt und ein sehr effektives, vom Individuum als sinnvoll empfundenes Lernen ermöglicht, sondern dadurch vor allem die Aneignung „toten Wissens" vermeidet – und genau in diesem Bereich scheinen die Probleme deutscher Schüler zu liegen: der Lernstoff kann vielfach zwar reproduziert, aber nicht wirklich genutzt oder angewandt werden.

Allerdings beginnt die Problematik der Umsetzung von Konzepten, die selbstbestimmtes, selbstreguliertes und interessegeleitetes Lernen fördern wollen, schon auf der theoretischen Ebene. So geht man z. B. besonders in der pädagogischen Psychologie davon aus, dass beim selbstregulierten Lernen der (bewusste) Einsatz metakognitiver Fertigkeiten zur Kontrolle des eigenen Lernhandelns wesentlich ist. Dadurch wird die Aneignung entsprechender Strategien (z. B. Analyseprozesse, Planungsprozesse, Überwachungsprozesse, Bewertungsprozesse) als Bedingung für erfolgreiches selbstgesteuertes Lernen angesehen. Dies wiederum suggeriert die Möglichkeit der Fremdsteuerung dieses Lernens (z. B. durch Lernstrategietraining). Durch diese Sichtweise bleibt das Bild vom Lernen im Grunde ein behavioristisches: Der Mensch wird auch in konstruktivistischen Theorien als ein passives und zu belehrendes Wesen angesehen, das von außen gesteuert werden kann (und sollte) – und zwar meist durch Verstärker, die in keiner direkten Beziehung zum Lerninhalt oder zum Lernenden stehen (müssen). Ein auf diesem Menschenbild basierender Unterricht schließt aber schon von vornherein die angestrebten Ziele der Selbstbestimmung, Selbstregulierung und Interessenorientierung aus, denn

> Unterrichten ist dann angewandte Lernpsychologie – und sonst nichts. [...] Ergebnisse der Lernforschung, die an Tieren gewonnen worden sind, lassen sich nicht auf menschliches Lernen übertragen. Geschieht dies doch, so finden tatsächlich auch nur solche Lernprozesse statt, die tierischem Lernen entsprechen. (Terhart 1997[2], 53)

18.1 Offener Unterricht in der Evaluation

Dieses Problem, das vermutlich aus unterschiedlichen wissenschaftlichen Traditionen und Forschungsmethoden resultiert (vgl. Kapitel 4.1), scheint sich auch in der Praxis fortzupflanzen. Obwohl mittlerweile für fast alle Fächer offene Lernkonzepte entwickelt bzw. erfolgreich erprobt worden sind (vgl. Kapitel 3, 5, 6 und 7) und

– zumindest auf den ersten Blick – bezüglich allgemeindidaktischer Fragestellungen und Zielsetzungen unter Lehrern und in Lehrplankommissionen ein breiter Konsens zu bestehen scheint, stellt sich die tägliche Unterrichtspraxis als immer noch sehr weit von einer konsequenten Umsetzung dieser Zielsetzungen entfernt dar.

18.1.1 Die Problematik bestehender Untersuchungen offenen Unterrichts

Dieser Eindruck ergibt sich nicht nur für denjenigen, der einen Einblick in das tatsächliche Geschehen vor Ort hat, sondern er spiegelt sich auch bei näherer Betrachtung bestehender Untersuchungen zu offenen Unterrichtsansätzen wider. In der Regel wird der als offen bezeichnete Unterricht in den untersuchten Klassen gar nicht durchgängig praktiziert, sondern ist auf einzelne Stunden pro Tag oder sogar nur pro Woche (z. B. als Unterrichtsfach „Freiarbeit") begrenzt (vgl. Brügelmann 1996/1997; Gervé 1997a, b). Aber selbst in den offenem Unterricht zugerechneten Stunden stellt sich die gewährte Offenheit als sehr eingeschränkt dar und ist meist auf eine rein organisatorische Öffnung des Unterrichts reduziert (vgl. Kapitel 2.3). Diese Umsetzung von Öffnung ist leicht zu leisten und erfordert keine wirkliche Änderung der Lehrer- und Schülerrolle. Die inhaltliche Differenzierung erfolgt immer noch „von oben" durch den Lehrer und der (dem Lehrer Sicherheit gewährende) Lehrgang wird im Grunde beibehalten. Der Unterricht bleibt in den eigentlich angestrebten und für das Lernen als wichtig empfundenen Bereichen der Selbstbestimmung, Selbstregulierung und Interessenorientierung gleichsam geschlossen:

- Offene Unterrichtsformen (z. B. der Projektunterricht) werden selten als „richtiger" Unterricht, sondern eher als „Bonbon" im Schulalltag angesehen. Die eigentlichen Ziele (Demokratiefähigkeit, Erwerb methodischer und inhaltlicher Kompetenz durch eigene bzw. gemeinsame Problemlösung einer Ernstsituation etc.) werden meist weder beabsichtigt noch verfolgt. Die Handlungsbefähigung wird reduziert auf tätigkeitsintensive Beschäftigungen.

- Die Eigenverantwortung des Lernens wird reduziert auf die Auswahl aus dem vorgegebenen Angebot. Das Material ist meist eher willkürlich nach Vorhandensein denn nach Qualität zusammengestellt – und/oder es herrscht ein großer Zeitaufwand bei der Herstellung der Angebote. Angebote werden „konstruiert", um den Anspruch an fächerübergreifendes oder ganzheitliches Arbeiten zu erfüllen.

- Die Materialien sind oft sehr (extrinsisch) motivierend aufgemacht – Lernen wird als Unterhaltung verkauft und dadurch wird die intrinsische Motivation des Kindes bzw. die Motivation durch das Fach beschnitten. Die Abhängigkeit vom (geschlossenen) Material ermöglicht keine qualitative Verbesserung des Zugangs zum Stoff. Es ist meist kein eigenes Erarbeiten von neuen Themen durch den Schüler möglich (höchstens das Anwenden bestehender Techniken auf ähnliche Übungen) – der Frontalunterricht bleibt zur (gemeinsamen) Einführung neuer Inhalte durch die Lehrperson bestehen.

- Das selbstgesteuerte Lernen wird reduziert auf die Reihenfolge der Bearbeitung von Aufgaben oder die Wahl des Arbeitsortes. Die Selbstkontrolle wird reduziert auf die Fremdkontrolle durch das Material. Die „Lehrerrolle" verlagert sich ins Material, das aber starr ist und nicht auf das lernende Individuum reagieren kann. Die Differenzierung wird reduziert auf die Ausgabe zweier oder dreier (in sich undifferenzierter) Wochenpläne. Lernen wird zum „Aberledigen" möglichst vieler Aufgaben – anstatt zu einer qualitativen Auseinandersetzung mit Inhalten bzw. der Anwendung und des Ausbaus eigener Lernmethoden.

Diese Umsetzung offener Arbeitsformen in der Schulpraxis hat dabei in der Folge gravierende Auswirkungen auch auf wissenschaftliche Erhebungen zum offenen Unterricht (vgl. Kapitel 8.1). Betrachtet man bestehende Untersuchungen genauer, so lassen sich viele der Stichproben im Nachhinein gar nicht mehr als Gruppen klassifizieren, in denen wirklich ein offener Unterricht praktiziert wurde. Auch findet man eine große Anzahl von Klassen bzw. Unterrichtstypen, die in den einen Untersuchungen als „offen" eingestuft wurden, in anderen aber nur als „traditionell" bzw. sogar noch niedriger eingestuft worden wären (vgl. Brügelmann 1998c, 19). In anderen Erhebungen konnte keine einzige der vorab erhobenen Selbstzuweisungen der Lehrer zum „offenen" Unterricht nach Unterrichtsbeobachtungen aufrecht erhalten werden, da es sich immer um geschlossenen bzw. lehrgangsorientierten Unterricht gehandelt hat (vgl. Hanke 2001b, 384). Von daher kann mit einiger Sicherheit behauptet werden, dass es bislang im Grunde genommen noch keine stichhaltige Untersuchung offenen Unterrichts gegeben hat – zumal es, wenn man die Kriterien anwendet, die in der Fachliteratur zu Grunde gelegt werden, aus den oben genannten Gründen gar keine ausreichenden Stichproben für diesen Unterricht gibt.

18.1.2 Grundlagen des in dieser Arbeit untersuchten Unterrichts

Die vorliegende Untersuchung möchte dazu beitragen, diese Lücke zu schließen. Dabei hat die unzureichende Umsetzung offenen Unterrichts in der Schullandschaft und die daraus resultierende Begrenztheit der Stichprobenauswahl zur Folge, dass es (noch) keine Untersuchung offenen Unterrichts geben kann, die Anspruch auf Repräsentativität erheben kann. Auch in der vorliegenden Untersuchung wird nur eine einzige Klasse als ein Fallbeispiel für offenen Unterricht evaluiert (vgl. Kapitel 8.2): Eine Klasse mit ganz bestimmten Kindern und einem bestimmten Lehrer. Aber es können die Lernvoraussetzungen der Kinder, ihr häusliches Umfeld und die Bedingungen, die in der Klasse herrschten, dokumentiert und mit anderen Bedingungsfeldern verglichen werden (vgl. Kapitel 9, 10, 11 und 12). Dies wurde in der Untersuchung ausführlich getan, sowohl auf Klassenebene als auch durch Fallstudien eines jeden Kindes (vgl. Kapitel 10). Auf diese Weise konnte gezeigt werden, dass die Stichprobenauswahl zwar nicht repräsentativ ist, aber in der Verteilung wesentlicher Merkmale auch nicht vom „Durchschnitt" abweicht, sodass die Erfahrungen auf Regelklassen übertragbar erscheinen. Dabei erfolgt die Darstellung der Untersuchungsergebnisse vornehmlich in Bezug auf die Kinder, die ihre ganze Grundschulzeit in der Klasse verbracht haben und hier als „Kernstichprobe" bezeichnet werden.

Grundlage des untersuchten Unterrichts ist eine weitreichende methodische und inhaltliche Öffnung im Bereich der Wissensaneignung sowie eine umfassende Öffnung im sozialen Bereich. Entsprechend zeichnen sich Unterricht und Klassenleben durch ein hohes Maß an Selbstbestimmung, Selbstregulierung und Interessenorientierung aus (vgl. Kapitel 2.3, 4.1 und 4.3):

Die methodische Öffnung bezieht sich dabei nicht auf das Verwenden eines bestimmen Methodenrepertoires, das durch Lehrer oder Arbeitsmittel vorgegeben wird, sondern macht die Erstellung von Eigenproduktionen der Kinder zur Grundlage des schülereigenen Lernens. Der Schüler hat methodische Freiheit – Material und Lehrer müssen dem Weg des Schülers folgen. Es gibt keine vorstrukturierten Lehrgänge oder Arbeitsmaterialien, keine bloß einzuübenden Techniken, kein unverstandenes Auswendiglernen.

Die inhaltliche Öffnung beschränkt sich darauf aufbauend nicht auf die „Freigabe" vorgegebener Inhalte bzw. Materialien oder Angebote, wie es z. B. für die Freie Arbeit oder den Werkstattunterricht charakteristisch ist, sondern berücksichtigt die Forderung nach einem interessenorientierten Lernen. Entsprechend gibt es auch für die Eigenproduktionen der Kinder keine vorstrukturierten Lehrgänge oder Arbeitsmaterialien. Die Kinder kommen morgens in die Schule und nehmen sich Sachen für den Tag vor, der Lehrer sorgt – wie auch die Kinder – für die notwendige „Lernatmosphäre" in der Klasse, gibt Impulse, strukturiert, verfolgt den Fortschritt der Kinder und hält die Passung zum (offenen) Lehrplan im Auge.

Die sozial-integrative Öffnung ist als Ergänzung dieser Öffnungsprinzipien auf der Ebene des sozialen Miteinanders zu verstehen. Durch sie wird Basisdemokratie und Schülermitgestaltung im Unterricht insgesamt verwirklicht, d. h. es werden vom Lehrer keinerlei Regeln und Normen vorgegeben (wohl aber vorgelebt bzw. als persönliches Recht eingefordert), sondern die zum Zusammenleben notwendigen Absprachen befinden sich einem dauernden Findings- und Evaluationsprozess aller Beteiligten. Regeln werden nicht fingiert und vorschnell zum „gemeinsamen" Ergebnis, sondern die sozialen Normen liegen in der Verantwortung aller Beteiligten. Normverstöße werden dadurch nicht als persönliches Defizit angesehen, sondern dienen als (nicht vom Lehrer initiierte oder missbrauchte) Reflexionsmöglichkeit. Der Lehrer ist gleichberechtigtes Mitglied der Gemeinschaft und unterliegt den gleichen Regeln und Absprachen. Es ergibt sich für alle Beteiligten eine Situation, die ihnen ein hohes Maß an Selbstbestimmung, Selbstregulierung, Interessenorientierung und Verantwortung auch im sozialen Bereich ermöglicht – und damit auch die Schule zu einem Ort macht, an dem authentisches Verhalten und persönliche Nähe nicht nur möglich sind, sondern die Basis des gemeinsamen Lebens und Lernens darstellen.

Das Grundprinzip, welches das hier beschriebene Konzept Offenen Unterrichts wahrscheinlich am stärksten von anderen Umsetzungsformen unterscheidet, ist der Verzicht auf die üblichen Arbeitsmittel, Übungskarteien oder Lernspiele. Das „weiße Blatt" als Hauptmedium dieses Offenen Unterrichts wird ergänzt durch einige wenige Werkzeuge sowie Alltagsmaterialien, die den Kindern den selbstgesteuerten Wissenserwerb durch freie Eigenproduktionen ermöglichen. Als organisatorisches Hilfsmittel hat sich die Versammlung der Klasse oder Einzelner im Sitzkreis bewährt. Die gemeinsamen Treffen unterstützen dabei nicht nur die demokratischen Grundformen in der Schule oder sind Ausdruck der bestehenden Gemeinschaft, sondern dienen in hohem Maße dazu, „das Lernen hochzuhalten". Im Kreis berichten die Kinder für sie selbst wichtige Dinge, kündigen Arbeitsvorhaben an, lesen Geschichten, halten Vorträge, präsentieren Mathematikerfindungen und bewerten sich und ihre Leistungen gegenseitig. Der Lehrer „unterrichtet" nicht mehr und ist gerade deshalb fast immer verfügbarer Ansprechpartner, Impulsgeber, Materiallieferant, arbeitendes Vorbild – und jemand, der eine persönliche Beziehung zu den Schülern pflegt und auch Zeit für Gespräche unabhängig von schulischen Inhalten hat. Er hat Interesse an den individuellen Gedanken und Lernwegen der Schüler – und nicht daran, dass sie nur die Aufgaben eines vorgegebenen Lehrgangs nach Vorlage lösen. Dabei liefern die Eigenproduktionen dem Lehrer ständig einen Einblick in den tatsächlichen Entwicklungsstand und Entwicklungsverlauf der Kinder – unabhängig von zusätzlichen Leistungskontrollen (vgl. Kapitel 4.3).

18.1.3 Integrativer, überfachlicher Unterricht

Die Unterrichtsgestaltung ist dabei aus den beschriebenen Gründen eines selbstgesteuerten, interessegeleiteten Lernens immer überfachlich, da die Eigenproduktionen und Projekte der Kinder nicht auf bestimmte Bereiche beschränkt werden. Zugleich ist der Unterricht aber auch immer fachlicher Unterricht, da sehr wohl Fachstrukturen eine Rolle spielen und auch die Eigenproduktionen zu einem großen Teil fachspezifisch sind, wenn z. B. mathematische Erfindungen gemacht werden oder bestimmte Gedichtformen in der Klasse Wellen schlagen. Neben dem Erlernen von Sprache und Mathematik werden so alle Fächer der Grundschule zur „Sache des Offenen Unterrichts". Ein hohes Maß an Situations-, Erfahrungs- und Anwendungsorientierung, das beiläufige Erlernen bzw. Üben der Kulturtechniken, aber auch ein explizites Erforschen bestimmter Sachen und Zusammenhänge prägen diesen Unterricht (vgl. Kapitel 4, 5, 6 und 7).

Ein solcher Unterricht, der maßgeblich von den Fragen der Kinder getragen wird, verlangt vom Lehrer weniger die didaktische Aufbereitung entsprechender Inhalte, sondern ist neben dem Erhalten einer Forscherneugier bei den Kindern vor allem an Arbeitsweisen und Darstellungsformen interessiert. Zentral im Unterricht ist die bestehende „Vortragskultur": Die Kinder beschaffen sich für ihre Forschervorträge Informationen, gestalten Plakate für ihre Präsentation, erstellen am Computer Texte, greifen zur Veranschaulichung auf Modelle zurück usw. Dabei ist der gemeinsame Sitzkreis das Gremium, das alle zur Prüfung der Inhalte und der methodischen bzw. medialen Vorgehensweise auffordert und ein Feedback zu Inhalt und Form der Darbietung gibt. Innerhalb dieser Aktivitäten bekommen alle Beteiligten einen Eindruck von der erbrachten Leistung, der dann innerhalb einer Diskussion überprüft und erweitert werden kann – unter der Leitung des Kindes, das sich benoten lassen will.

Für den Sprachunterricht stellen freies Schreiben und Lesen zentrale Momente dar (vgl. Kapitel 5). Ausgehend vom Schreiben mit der Buchstabentabelle und dem Verzicht auf eine Leseschulung erfolgt ein selbstgesteuerter Zugang zu Schrift und Sprache. Auch das Rechtschreiblernen ist ganz in das freie Schreiben und Lesen eingebettet. Ausgangspunkt ist die Annahme, dass „richtig Schreiben" aus dem Vorhandensein eines Rechtschreibgespürs resultiert, d. h. aus einem Gefühl dafür, ob eine Schreibweise richtig oder falsch ist. Der Aufbau von Rechtschreibkompetenz ist in diesem Zusammenhang als Prozess impliziter Musterbildung anzusehen, sodass explizite Übungen (z. B. als Teilleistungsübungen, Grundwortschatzarbeit oder Regellernen) als eher kontraproduktiv angesehen werden. In diesem „natürlichen Umgang" mit Schrift und Sprache gehen dann auch die anderen Bereiche des Sprachunterrichts auf. Textproduktion, Textrezeption und das Untersuchen von Sprache bilden eine Einheit und stützen sich gegenseitig, sie werden nicht künstlich als Aufsatz- oder Leseerziehung bzw. Grammatikunterricht voneinander getrennt.

Inhaltliche Basis des Mathematikunterrichts stellt die Integration der drei Bereiche Arithmetik, Geometrie und Größen dar. Dabei wird sich die Kompetenzausbildung im Sinne der „höheren" mathematischen Ziele (Beobachten, Mathematisieren, Argumentieren, kreativ sein usw.) durch den Zwang zur eigenaktiven Auseinandersetzung beim selbstgesteuerten Lernen und Entdecken von selbst ergeben – ähnlich der Sprach- bzw. Rechtschreibkompetenz im offenen Sprachunterricht. Der größte Teil der zu lernenden Inhalte kann sich bei den Kindern von selbst entwickeln, wenn sie ihre Vorkenntnisse nutzen sowie Impulse aus der Gruppe oder von zu Hause umsetzen. Sie rechnen mit immer größeren Zahlen, anderen Operationen, erweitern ihr Wissen über Größen, Messverfahren, Tabellen, geometrische Formen usw. Die Inhalte, die nicht von alleine auftauchen bzw. nicht nachentdeckt oder nacherfunden werden können (die schriftlichen Rechenverfahren und wenige andere Konventionen), können durch direkte oder indirekte Impulse für einzelne Schüler aus den Eigenproduktionen entwickelt und/oder in den gemeinsamen Kreisgesprächen in die Klasse eingebracht werden (vgl. Kapitel 6).

18.2 Untersuchungsergebnisse

Im Folgenden werden kurz die Untersuchungsergebnisse in den Bereichen Rechtschreiben, Lesen und Arithmetik zusammengefasst.

18.2.1 Untersuchungsergebnisse Rechtschreiben

Wie gerade beschrieben, ist das Rechtschreiblernen im hier untersuchten Unterricht im Gegensatz zu üblichen Formen des Rechtschreibunterrichts mit hohen Anteilen des Einübens von Wörtern, Regeln etc. ganz in das freie Schreiben und Lesen integriert. Vor dem Hintergrund, in die Auswertung vor allem die Kinder einzubeziehen, die ausschließlich nach dem hier beschriebenen Konzept gelernt haben (Kernstichprobe), geht es also in dieser Untersuchung u. a. um die Überprüfung der These, dass Rechtschreiben nicht explizit gelehrt werden muss, sondern als ein vornehmlich beiläufig erfolgender Prozess impliziter Musterbildung des Einzelnen erfolgt, der in einer entsprechenden Lernumgebung auch ohne Unterrichten ablaufen kann (vgl. i. F. Kapitel 13).

Die Erhebung der Buchstabenkompetenz zu Schulanfang ergibt in Bezug auf das Schreiben von Buchstaben, dass die Kinder zumindest keine überdurchschnittlichen Vorkenntnisse haben. Die durchschnittliche Buchstabenkenntnis liegt diesbezüglich zwischen 6 und 10 Buchstaben, ein Drittel der Stichprobe beherrscht mehr als 10 Buchstaben, fast die Hälfte weniger als 6 Buchstaben. Diese Werte liegen sogar unter denen anderer Untersuchungen (vgl. Richter 1992, 115ff.). Um den weiteren Verlauf der Schreib- und Rechtschreibentwicklung zu dokumentieren, wird auf verschiedene gängige „Überforderungsdiktate" zurückgegriffen. Neben dem Fünf- bzw. dem Neun-Wörter-Diktat (vgl. Brügelmann 1995; 1988/1989) wird die Hamburger Schreib-Probe (vgl. May 1997[3]) eingesetzt, die im Gegensatz zu den anderen Tests eine Einordnung der Ergebnisse in eine bundesweite Stichprobe ermöglicht.

Zur Auswertung des Fünf- bzw. des Neun-Wörter-Diktats wurde auf das 6-phasige Modell der Schreibentwicklung von BRÜGELMANN zurückgegriffen, wobei beim Fünf-Wörter-Diktat auf Grund des zu einfachen Wortmaterials zusätzlich Eigenproduktionen der Kinder für die Vergabe der höchsten Stufe (orthographisch korrekte Schreibung) einbezogen wurden. Die einfacheren Wörter dieses Diktats führen dazu, dass die Werte für das Neun-Wörter-Diktat zunächst unter denen des Fünf-Wörter-Diktats liegen. Die angegebenen Werte bzw. Mittelwerte sind dabei aus statistischen Gründen immer nur als anschauliche Näherungswerte zu verstehen. Diese Vorgehensweise hat sich im praktischen Gebrauch bzw. in anderen Untersuchungen bewährt und stimmt in hohem Maße mit Auswertungsverfahren überein, die berücksichtigen, dass die Niveaustufen eigentlich nicht auf einer Intervallskala liegen und deshalb nicht einfach Mittelwerte gebildet werden können.

Zur statistischen Präzisierung und zur weiteren Veranschaulichung wird der Anteil der Kinder angegeben, die über einem bestimmten Schwellenwert bzw. einer Kompetenzstufe liegen. Vergleichswerte liegen leider nur für das Neun-Wörter-Diktat und auch da nur für zwei Erhebungszeitpunkte vor (vgl. Brügelmann 1994a, Richter 1992):

Kernstichprobe (N=15)	Testform	∅ Kompetenzstufe	SD	sicher erreichte Kompetenzstufe (Anteil Kinder)	Erhebung Brügelmann	Erhebung Richter
nach 1 Monat	5-W.-Diktat	1,3	1,1	1 (93%)		
nach 3 Monaten	5-W.-Diktat	3,3	0,7	3 (87%)		
nach 5 Monaten	5-W.-Diktat	4,0	0,3	4 (100%)		
nach 8 Monaten	5-W.-Diktat	4,7	0,4	5 (80%)		
Ende Klasse 1	9-W.-Diktat	4,3	0,4	4 (100%)	4,1 (N=260)	3,9 (3,7-4,3) (SD=0,9; N=434)
Mitte Klasse 2	9-W.-Diktat	4,3	0,2	4 (100%)	4,4 (N=78)	
Ende Klasse 2	9-W.-Diktat	4,7	0,1	5 (100%)		

Während die Kinder nach einem Monat im Durchschnitt gerade den Anlaut eines Wortes verschriften können, sind sie nach knapp einem halben Jahr Schule in der Lage, weitgehend lautgetreu zu schreiben. Zwischen den Testzeitpunkten Ende Klasse 1 und Mitte Klasse 2 lässt sich keine Steigerung feststellen, was an der Verwendung überflüssiger orthographischer Elemente liegen kann, die bei diesem Messinstrument zu einer höheren Fehlerzahl führt, auch wenn eigentlich ein Fortschritt in der verwendeten Strategie vorhanden ist. Die Streuung nimmt im Laufe der Zeit immer mehr ab und erscheint auch unabhängig vom einsetzenden Deckeneffekt im Vergleich zu anderen Untersuchungen (z. B. der von RICHTER Ende Klasse 1) eher gering. Insgesamt weisen die Ergebnisse auf Leistungen hin, die zumindest nicht unterdurchschnittlich erscheinen.

Die von Ende Klasse 1 bis Ende Klasse 4 durchgeführte Hamburger Schreib-Probe gestattet eine Prozentrangzuordnung auf der Basis einer bundesweiten Vergleichsstichprobe. Für Mitte des dritten Schuljahres liegen keine Vergleichswerte vor, sodass hier die Normen für Ende des dritten Schuljahres verwendet werden. Die tatsächlichen Leistungen befinden sich entsprechend über diesen Testwerten (+).

Prozentrang Graphemtreffer (GT)	E1	M2	E2	*M3*	E3	M4	E4
∅ Gesamt (PR)	56	72	70	*66 +*	73	54	56
PR-Band (RW ±1 SD)	*42-84*	*60-83*	*55-90*	*47-91*	*60-98*	*41-92*	*41-92*

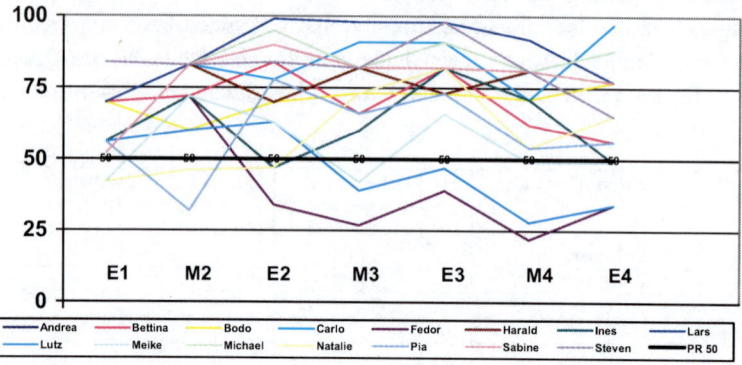

Insgesamt ergibt sich ein positiver Entwicklungsverlauf für die Kernstichprobe. Der Durchschnittswert liegt zu jeder Zeit über dem Prozentrang 50 und unterscheidet sich hochsignifikant von der Eichstichprobe. Überhaupt nur zwei Kinder, ein Asylant aus Bosnien und ein anderer Junge mit sehr unterdurchschnittlichem Intelligenzquotienten, bewegen sich länger unterhalb des mittleren Prozentrangs 50. Beide Kinder haben bei genauerer Betrachtung ihrer Verschriftungen auch zum Ende ihrer Grundschulzeit noch keine tragfähigen orthographischen Strategien aufgebaut, befinden sich mit Prozentrang 34 aber nicht im unteren Quartil.

Trotz durchschnittlicher bzw. leicht unterdurchschnittlicher Voraussetzungen liegen damit in der hier untersuchten Klasse bzw. Stichprobe überdurchschnittliche Ergebnisse für die Rechtschreibentwicklung vor, ein Bereich, der nicht explizit geübt bzw. gelehrt worden ist. Auch die geringen Streuungswerte weisen nicht darauf hin, dass der Unterricht bestimmte Kinder- oder Leistungsgruppen benachteiligt hätte. Selbst die beiden schwächsten Kinder der Kernstichprobe erreichen zum Ende der Grundschulzeit Werte, die nicht im unteren Leistungsbereich liegen. Es ist also auf der Grundlage der oben genannten Vergleichbarkeit der Lernvoraussetzungen mit einer Normstichprobe davon auszugehen, dass sich auch die Gruppe der „schwachen" Rechtschreiber eher über- als unterdurchschnittlich entwickelt hat. Es könnte sogar sein, dass Kinder, die sonst u. U. dieser Gruppe auf Grund ihrer Leistungen hätten zugerechnet werden müssen, im hier untersuchten Unterrichtskonzept gar nicht erst zu „schwachen" Rechtschreibern geworden sind.

Die Behauptung, dass Rechtschreibung auf Klassenebene nur mit einem expliziten Rechtschreiblehrgang erlernt werden kann, muss nach diesen Ergebnissen zumindest relativiert werden, da die Stichprobe dies für den hier beschriebenen Rahmen widerlegt. Das könnte dafür sprechen, impliziten und inzidentellen Lernprozessen auch in der Rechtschreibdidaktik eine stärkere Beachtung zu schenken und statt auf explizite Teilleistungsübungen o. Ä. im Unterricht mehr auf selbstgesteuertes Lernen, z. B. durch freies Schreiben und Lesen zu setzen.

18.2.2 Untersuchungsergebnisse Lesen

Da es im hier untersuchten Unterricht über die gesamte Grundschulzeit keinerlei explizite Leseerziehung gab – weder im Anfangsunterricht noch beim weiterführenden Lesen – stellt sich die Frage, inwieweit die Ziele des Lesenlernens, einschließlich der Vorlesekompetenz, erreicht werden konnten (vgl. i. F. Kapitel 14). Bei der Beantwortung dieser Frage werden vor allem die Kinder einbezogen, die ausschließlich nach dem hier beschriebenen Konzept gelernt haben (Kernstichprobe). Vor Schulbeginn liegen die Leistungen der Kinder in Bezug auf das Lesen von Buchstaben leicht über dem Durchschnittswert anderer Untersuchungen, die allerdings schon einige Zeit zurückliegen (vgl. Rathenow/ Völge 1982, 50). Neben einer halbjährlichen Erhebung der Lesekompetenz, für welche die Kinder selbst Kriterien („Sinnentnahme", „Flüssigkeit" und „Betonung") entwickelt haben und nach denen sie sich dann gegenseitig bewerteten, wird im vierten Schuljahr der „Hamburger Lesetest" durchgeführt.

Alle Kinder lernen ohne expliziten Leseunterricht im ersten Schulhalbjahr Lesen. Zum Ende des Schuljahres können alle fremde Texte ohne zu stocken vorlesen, zum Ende des zweiten Schuljahres lesen nur zwei Kinder noch nicht ganz flüssig, wobei eines auch Probleme mit einem sinnbetonten Vorlesen hat (der Asylant aus Bosnien). Bedenkt man, dass der Leselernprozess erst zu diesem Zeitpunkt, Ende des zweiten Schuljahres, abgeschlossen sein müsste, erscheint das Ergebnis entsprechend positiv. Im weiteren Verlauf steigt die Lesefertigkeit im Bereich des flüssigen und sinnbetonten Vorlesens weiter an, sodass zum Ende der vierten Klasse alle Kinder (der bosnische Asylant mit leichten Einschränkungen) weitgehend flüssig und sinnbetont vorlesen können. Im Lesesicherheit und Lesegeschwindigkeit messenden „Wort-Test O40" (vgl. Lehmann 1997) befinden sich alle Kinder zum Messzeitpunkt Ende des vierten Schuljahres auf der Stufe hoher bzw. höchster Lesegeschwindigkeit und Lesesicherheit und unterscheiden sich hochsignifikant von der Eichstichprobe.

Wort-Test O40	Kernstichprobe Ende Klasse 4	Eichstichprobe HAMLET Ende Klasse 4
LG 1: geringe Lesegeschwindigkeit	0%	5,6%
LG 2: mittlere Lesegeschwindigkeit	0%	24,6%
LG 3: hohe Lesegeschwindigkeit	100%	69,8%
∅ Kompetenzstufe LG AM=	3	2,6
SD=	0,0	keine Angabe verfügbar

Das viel wichtigere Leseverständnis wird im vierten Schuljahr mit dem „Hamburger Lesetest" erhoben (vgl. Lehmann 1997). Dabei müssen Texte unterschiedlicher Schwierigkeit und Art, von Geschichten bis hin zu Sachtexten, Tabellen, Anleitungen und anderen Gebrauchstexten durch Ankreuzen (1 aus 4) richtig beantwortet werden. Aus diesen Antworten werden vier Stufen des Leseverständnisses als Prozentangabe errechnet. Für das sichere Erreichen einer Stufe wird ein Wert von mindestens 75% benötigt. Diese Zuordnung ist alters- bzw. klassenstufenunabhängig. Zusätzlich kann ein Gesamtwert berechnet werden, für den dann auch eine Prozentrangnormierung vorliegt.

HAMLET 3-4 ∅ Kernstichprobe	Stufe 1 in %	Stufe 2 in %	Stufe 3 in %	Stufe 4 in %	*PR*
Ende Klasse 4	**98**	**91**	**84**	**58**	**77**

Es ist ersichtlich, dass die Kernstichprobe zum Messzeitpunkt Ende Klasse 4 die dritte Stufe (Kombinieren/Rekonstruieren von Informationen) überschritten hat, während die (auch für Erwachsene) als höchste geltende Verständnisstufe (inferentielles Verknüpfen von Informationen/Schlussfolgern) nicht als Durchschnittswert gesichert erreicht werden kann. Auch innerhalb der Gesamtauswertung befinden sich die Kinder vor dem Übergang von Lesestufe 3 zu Lesestufe 4. Alle Kinder bis auf den bosnischen Asylanten und den schon beim Rechtschreiben genannten Jungen mit unterdurchschnittlichem Intelligenzquotienten bewegen sich über Prozentrang 50, die Hälfte der Stichprobe sogar über Prozentrang 75, d. h. sie befindet sich im oberen Leistungsbereich. Aber selbst die beiden Jungen befinden sich mit Prozentrangwerten von 27 und 39 noch nicht im unteren Quartil. Insgesamt ergibt sich ein durchschnittlicher Prozentrang von 77, d. h. dass die Kernstichprobe sogar im Klassendurchschnitt im oberen Prozentrangbereich liegt und sich hochsignifikant von der Eichstichprobe unterscheidet.

Da auch die Ergebnisse für das Vorlesen bezüglich Flüssigkeit und Betonung im Vergleich mit den Lehrplanvorgaben sehr positiv bzw. „vorauseilend" aussehen, sollte das weit überdurchschnittliche Ergebnis im Bereich des Leseverständnisses zum Nachdenken anregen. Anscheinend ist die Leseentwicklung durch das oben beschriebene Unterrichtskonzept und den Verzicht auf ein explizites Lese- oder Vorlesetraining trotz durchschnittlicher Voraussetzungen bei der hier untersuchten Stichprobe sehr positiv verlaufen. Dies deckt sich auch mit den Beobachtungen im Hinblick auf die hohe Lesemotivation der Kinder sowie ihre Selbstständigkeit und Kompetenz in Bezug auf das Suchen und Aufbereiten von Informationen aus Sachbüchern.

Auch weisen die geringen Werte für die Streuung nicht darauf hin, dass bestimmte Kinder- oder Leistungsgruppen durch diese Art des Unterrichts benachteiligt worden wären. Selbst die beiden schwächsten Kinder der Kernstichprobe erreichen zum Ende der Grundschulzeit Werte, die nicht im unteren Leistungsbereich liegen. Es ist also auf der Grundlage der oben genannten Vergleichbarkeit der Lernvoraussetzungen mit einer Normstichprobe davon auszugehen, dass sich auch die Gruppe der „schwachen" Leser eher über- als unterdurchschnittlich entwickelt hat.

Es könnte sogar sein – wie schon im Bereich Rechtschreibung vermutet –, dass Kinder, die sonst u. U. dieser Gruppe hätten zugerechnet werden müssen, im hier untersuchten Unterrichtskonzept gar nicht erst zu „schwachen" Lesern geworden sind.

Die Behauptung, dass Lesen, Vorlesen und Leseverständnis nur mit einem expliziten Leselehrgang erlernt werden können, muss nach diesen Ergebnissen auf Klassenebene zumindest relativiert werden, da die Stichprobe dies für den hier beschriebenen Rahmen widerlegt. Das könnte dafür sprechen, impliziten und inzidentellen Lernprozessen auch in der Lesedidaktik eine stärkere Beachtung zu schenken und statt auf explizite Teilleistungsübungen o. Ä. im Unterricht mehr auf selbstgesteuertes Lernen, z. B. durch freies Schreiben und Lesen zu setzen.

18.2.3 Untersuchungsergebnisse Arithmetik

Gerade beim „Rechnenlernen" geht man von einer engen Beziehung zwischen der Unterrichtsgestaltung und den mathematischen Leistungen aus (vgl. Helmke/ Weinert 1997) und zwar insofern, als vor allem Unterrichtsmerkmale, die eher lehrerzentriert bzw. lehrergesteuert erscheinen, als effektiv betrachtet werden. Soziales Klima und Förderungsorientierung des Unterrichts werden als eher unwichtig angesehen (vgl. i. F. Kapitel 13).

Die fachlichen Voraussetzungen der hier untersuchten Kinder werden zu Schulanfang erhoben und mit Ergebnissen anderer Studien (vgl. Selter 1995) in Beziehung gesetzt. Sie weisen darauf hin, dass zumindest keine überdurchschnittlichen Vorkenntnisse vorhanden sind. Ein Mädchen fällt dabei durch besonders geringe mathematische Vorkenntnisse auf. Sie hat zudem in einem später durchgeführten Test einen Intelligenzquotienten, der üblicherweise als Lernbehinderung ausgelegt wird.

Als durchgängiges Messinstrument über die Grundschulzeit wird ein Überforderungstest entwickelt und eingesetzt, der inhaltlich nicht nur auf den im jeweiligen Schuljahr beschränkten Zahlenraum bzw. die dann üblichen Operationen begrenzt ist, sondern immer schon Aufgaben aus den nachfolgenden Schuljahren bis in die weiterführende Schule enthält. Dabei zeigt sich, dass die Kinder zu allen Testzeitpunkten schon Stoff beherrschen, den sie in Bezug auf den Zahlraum bzw. die Operationen und Verfahren eigentlich noch nicht können müssten. Bis auf das genannte Mädchen ohne mathematische Vorkenntnisse liegen alle Kinder immer über den Lehrplananforderungen.

Im Bereich der Addition haben die Kinder fast über die gesamte Grundschulzeit einen Vorsprung von rund eineinhalb Schuljahren. Kein Kind liegt irgendwann unter den Anforderungen. Im Bereich der Subtraktion beträgt der durchschnittliche Vorsprung vor dem gängigen Lehrplan rund ein Schuljahr und nur das genannte Mädchen liegt zu zwei Messzeitpunkten ein halbes Schuljahr unter den Anforderungen.

Addition:

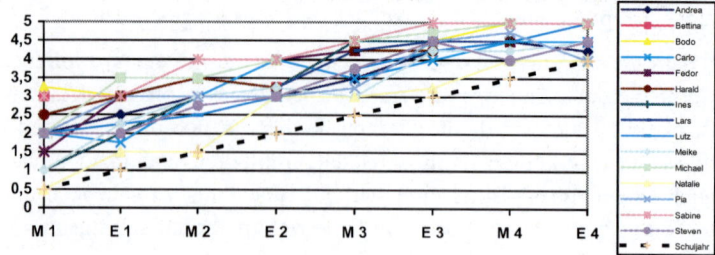

Subtraktion:

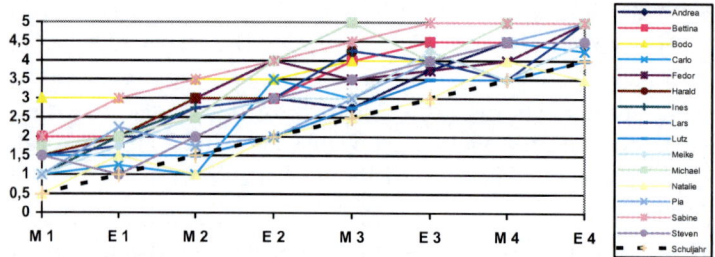

Multiplikation:

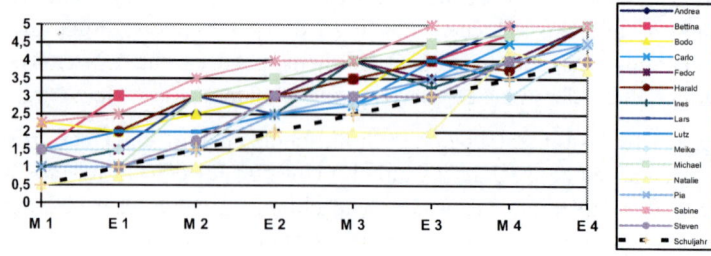

Division:

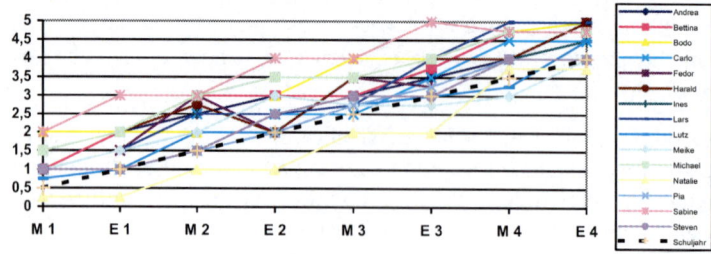

Bei der Multiplikation schwankt der Vorsprung gegenüber den Lehrgangsinhalten zwischen einem dreiviertel und einem ganzem Jahr und auch hier liegt nur das besagte Mädchen zu einzelnen Messzeitpunkten unter den Anforderungen. Die Division ist für die Kinder wohl die schwierigste oder auch alltagsfernste Operation, sie spielt eine eher untergeordnete Rolle. Im Schnitt liegen die Schüler bei der Division trotzdem ungefähr ein halbes Schuljahr vor dem Lehrgangsstoff. Nur das mathematikschwache Mädchen befindet sich bis zum vierten Schuljahr kontinuierlich unter den Ansprüchen.

Insgesamt liegen die Leistungen der Kinder in diesem selbstgesteuerten Mathematikunterricht ohne Lehrgang eher über den Anforderungen, die allgemein für die jeweilige Jahrgangsklasse angenommen werden. Diese positiven Ergebnisse im Bereich der Arithmetik werden durch zusätzlich durchgeführte Erhebungen und Normtests bestätigt, die auch andere mathematische Bereiche umfassen. So wurde im vierten Schuljahr u. a. der Schweizer Rechentest 4 (vgl. Lobeck 1990) und eine Erhebung im Rahmen einer TIMSS-Nachuntersuchung (vgl. Ratzka i. V.) durchgeführt. In allen Tests liegen die Ergebnisse der hier beschriebenen Kinder vergleichsweise hoch, oft sogar als Durchschnittswert schon im oberem Quartil der Eichstichproben. Der Mittelwertunterschied zu den Eichstichproben ist dabei immer hochsignifikant. In der TIMSS-Nachuntersuchung schneidet die Klasse als beste Klasse aller getesteten Klassen ab. Dabei liegt sogar die mathematikschwache Schülerin auf Prozentrang 61, alle anderen Schüler erreichen mindestens Prozentrang 88. Im Schweizer Rechentest erbringt das Mädchen allerdings nur ein schwaches Ergebnis, was u. a. am hohen Anteil an komplexen Denk- und Textaufgaben liegen kann, die sie größtenteils gar nicht bearbeitet. Alle anderen Kinder liegen gut über dem Durchschnitt der Eichstichprobe, sodass sich beim Schweizer Rechentest ein sich hochsignifikant von der Eichstichprobe unterscheidender mittlerer Prozentrangwert von 74 ergibt.

18.3 Leistungsentwicklung schwacher oder nicht regelbeschulbar erscheinender Kinder

Es ist vorstellbar, dass der auf Selbstbestimmung, Selbstregulierung und Interessenorientierung basierende Offene Unterricht u. U. bestimmte Schülergruppen benachteiligen könnte. So findet man in der Literatur immer wieder Bedenken, dass z. B. Kinder, die gute fachliche Voraussetzungen, ein hohes Maß an Selbststeuerungsfähigkeiten oder eigene Interessen mitbringen, vermutlich gut im Offenen Unterricht klar kommen werden, andere Kinder aber, von denen angenommen wird, dass sie z. B. mehr Struktur und Halt benötigen, dort möglicherweise unzureichend gefördert werden. Von daher erscheint es angebracht, sowohl die Entwicklung der Kinder näher zu betrachten, die innerhalb der Kernstichprobe durch eher schwache Leistungen in bestimmten Bereichen auffallen, als auch die der Kinder, die aus anderen Klassen als nicht in der Regelschule beschulbar herausgefallen sind und ihre

Grundschulzeit ohne sonderpädagogische Fördermaßnahmen in der hier untersuchten Klasse verbracht haben.

Bei der Betrachtung der Leistungsentwicklung der Kinder, die ihre ganze Grundschulzeit nach dem hier beschriebenen Konzept unterrichtet worden sind, fallen drei Kinder durch vergleichsweise schwache Leistungen auf: Fedor als Asylant aus Bosnien sowie Lutz und Natalie (vgl. i. F. Kapitel 16). Diese Kinder unterscheiden sich durch verschiedene Faktoren von den anderen Kinder der Kernstichprobe. So sind es beispielsweise genau die drei Kinder, die auch in den Intelligenztests die schwächsten Leistungen erbringen (Natalie IQ 73, PR 3; Lutz IQ 87, PR 19; Fedor IQ 91, PR 31). Auch durch äußere Faktoren sind die genannten Kinder vergleichsweise stark belastet (Scheidung, hoher häuslicher Leistungsdruck, drohende Rückführung nach Bosnien). Trotz dieser Belastungen und intellektueller Voraussetzungen, die sich eher im Unterfeld bewegen, war es den drei schwächsten Kindern der Kernstichprobe möglich, sich im Offenen Unterricht die Grundlagen anzueignen, die ihnen in der Folge den (erfolgreichen) Besuch des Gymnasiums (Lutz), der Gesamtschule (Natalie) sowie einer der Realschule äquivalenten Schule in Bosnien (Fedor) ermöglicht haben.

Neben den Kindern, die durch ihre schwächeren Leistungen auffallen, erscheint ergänzend die Entwicklung der Kinder interessant, die in der hier untersuchten Klasse „wider Erwarten" erfolgreich waren (vgl. Kapitel 17). Dabei geht es um Kinder, die nach entsprechender Begutachtung als nicht in der Regelschule beschulbar diagnostiziert wurden. Der aus einem analphabetischen Elternhaus stammende kurdische Asylant Mehmet soll in die Schule für Lernbehinderte eingewiesen werden, der aus der Kinderpsychiatrie entlassene und für den nun in einer Wohngruppe lebenden Björn ist die Schule für Erziehungshilfe vorgesehen. Beide sollten eigentlich nur kurzzeitig als Übergangslösung die hier thematisierte offen unterrichtete Klasse besuchen, sind dann aber dort an der Regelschule geblieben. Mehmet holt nach mehreren Jahren vergeblichen Besuchs des Schulkindergartens bzw. des ersten Schuljahres innerhalb von wenigen Wochen den Stoff der ersten Klasse auf, und Björn zeigt nach kurzer Zeit im Offenen Unterricht weit überdurchschnittliche Leistungen, die mit den normalen Normtests nicht mehr differenziert zu erfassen sind. Die Fallstudien geben dabei nicht nur Aufschluss über die Entwicklung der Kinder in den verschiedensten Bereichen, sondern auch Hinweise darauf, dass der von ihnen vorher erfahrene Unterricht durchaus mit ihren Lernproblemen zu tun gehabt haben kann.

Auch wenn sich hier keine verallgemeinerbaren Aussagen treffen lassen, so weisen die Entwicklungen von Björn und Mehmet sowie Fedor, Lutz und Natalie nicht nur darauf hin, welche Chancen der Offene Unterricht Kindern bietet, die für erziehungsschwierig oder lernbehindert gehalten werden, sondern (leider) auch, was der traditionelle Unterricht nicht leistet. Zumindest für die hier dargelegten Fälle vermeintlicher Lernschwäche oder Erziehungsschwierigkeit – und wie aus den übrigen

Einzelbeschreibungen der Kinder hervorgeht, waren dies nicht die einzigen Fälle positiver Entwicklung in der Klasse – konnte dargelegt werden, dass der Offene Unterricht nicht nur die starken und angepassten Kinder fördert, sondern dass gerade die Kinder aufgefangen werden, die im normalen Unterricht herausfallen und in der Folge als lernschwach, behindert oder nicht in der Regelschule beschulbar diagnostiziert werden. Damit wäre der Offene Unterricht in der hier beschriebenen Form ein Konzept, das der zunehmenden Verschiedenartigkeit der Kinder mit immer unterschiedlicher werdenden Lernvoraussetzungen sowohl im kognitiven als auch im sozialen Bereich möglicherweise besser gerecht wird als andere Unterrichtsformen. Zumindest legen die Ergebnisse dieser Untersuchung ein solches Potential des Konzepts nahe, wie die überdurchschnittlichen Leistungen der Klasse, aber auch die Entwicklungen der schwachen oder auffälligen Kinder anschaulich zeigen.

18.4 Kurzübersicht über die Leistungsentwicklung

Im Folgenden wird die Entwicklung der Kinder der Klasse stark vereinfacht in einem tabellarischen Überblick dargestellt, um Lernvoraussetzungen, Lernentwicklung und Leistungen an der weiterführenden Schule miteinander in Beziehung zu setzen. Ergänzend zu den Kindern, die ihre ganze Grundschulzeit in der Klasse verbracht haben (Kernstichprobe), werden auch die Kinder dargestellt, die später durch Umzug oder gezielte Einweisung in die Klasse gekommen sind.

18.4.1 Kinder, die ihre ganze Grundschulzeit in der Klasse verbracht haben

Kernstichprobe alphabetisch	Vorkenntnisse Schuleingang			Leistungen Ende Klasse 4				Leistungen Ende Klasse 6*			Bemerkungen
	Schr.	Lesen	Rechn.*	RS	Lesen	Rechn.	AST	D	M	Schultyp	
Andrea	o	+	o	++	++	++	o	+	+	**Gymn.**	
Bettina	+	+	+	o	++	++	++	+	+	**Gymn.**	
Bodo	+	+	+	+	++	++	++	o	+	**Gymn.**	
Carlo	--	--	-	++	++	+	++	o	-	**Gymn.**	
Fedor	--	--	o	-	-	+	-	/	/	**(Realsch.)**	-> Bosnien
Harald	o	o	o	+	++	+	+	+	o	**Gymn.**	
Ines	-	o	+	o	+	++	++	-	-	**Gymn.**	
Lars	o	o	o	+	++	++	++	+	o	**Gymn.**	
Lutz	-	-	o	-	-	o	-	-	o	**Gymn.**	
Meike	-	-	o	o	++	+	+	+	o	**Gymn.**	
Michael	+	+	+	++	+	++	++	-	o	**Gymn.**	-> VOSF
Natalie	--	--	--	+	o	-	-	o	o	**Gesamt.**	
Pia	-	-	o	o	+	+	+	+	o	**Realsch.**	
Sabine	+	++	+	+	++	++	++	+	++	**Gymn.**	
Steven (SKG)	++	++	o	+	++	++	+	o	o	**Realsch.**	
Durchschnitt	o	o	o	o	o	+	+	o	o		

* Aufgrund der Testanordnung bzw. der Notengebung ist die Angabe ++ nicht oder nur in Ausnahmefällen möglich und entspricht diesbezüglich nicht der üblichen Verteilung der Normtests (PR-Bänder nach Quintilen unterteilt).

Legende: ++ PR 80-100 bzw. Note 1
          +   PR 60-80 bzw. Note 2
          o   PR 40-60 bzw. Note 3
          -   PR 20-40 bzw. Note 4
          -- PR 0-20 bzw. Noten 5 und 6

Wie aus der Tabelle ersichtlich ist, sind die Vorkenntnisse der Kinder, die ihre ganze Grundschulzeit in der Klasse verbracht haben, im Mittel durchschnittlich. Alle Kinder haben in ihrer Grundschulzeit eine positive Entwicklung erfahren, sodass

- drei Viertel der Kinder nach der vierten Klasse auf das Gymnasium gewechselt sind;
- kein Kind auf die Hauptschule oder die Sonderschule überwiesen wurde;
- vier Kinder die Realschule oder die Gesamtschule besuchen und dort befriedigende bis gute Leistungen erreichen.

Von den elf Kindern, die auf das Gymnasium gewechselt sind, erbringen

- drei gute bis sehr gute Leistungen,
- vier befriedigende bis gute Leistungen,
- vier befriedigende bis ausreichende Leistungen.

Ein einziger Schüler (Michael) hat sich auf dem Gymnasium gegenüber seinen überdurchschnittlichen Voraussetzungen am Schulanfang und sehr guten Ergebnissen über die Grundschulzeit hinweg in der Rangposition verschlechtert. Dabei handelt es sich um ein schon im Kindergarten auffällig gewordenes hyperaktives hochbegabtes Kind mit Gutachten für die Sonderschule, das in der hier untersuchten Klasse integriert werden konnte, aber auf dem Gymnasium wieder auffällig geworden ist.

Ein zweiter Schüler (Steven) brachte – allerdings nach Besuch des Schulkindergartens – ebenfalls überdurchschnittliche Voraussetzungen mit, die sich ebenfalls in überdurchschnittlichem Erfolg während der Grundschulzeit niederschlugen. Er bekam ein Gutachten zum Besuch des Gymnasiums, die Eltern wählten aber die Realschule, wo seine Leistungen momentan „nur" zu einem Befriedigend reichen.

Positiv erscheinen auch die Entwicklungen der Kinder, die eher unterdurchschnittliche Vorkenntnisse zu Schulanfang aufwiesen (Natalie, Pia) und nun an Gesamtschule und Realschule befriedigende bis gute Leistungen erreichen.

Insgesamt bringt die Klasse trotz durchschnittlicher Voraussetzungen mindestens durchschnittliche Leistungen in der jeweiligen Schulart – und zwar bei drei Vierteln der Kinder auf Gymnasialniveau, bei keinem Kind auf Hauptschulniveau, was auf eine insgesamt überdurchschnittliche Leistungsentwicklung hinweist.

18.4.2 Kinder, die später in die Klasse gekommen sind

Die Vorkenntnisse der Kinder, die später in die hier untersuchte Klasse kamen, lagen im Durchschnitt unter dem normalen Niveau. Das kann z. T. dadurch erklärt werden, dass sie als potentielle Sonderschüler bzw. als Kinder, die das entsprechende Schuljahr eigentlich wiederholen sollten, bewusst in diese Klasse eingewiesen wurden.

Zugänge chronologisch (Zugangszeitpunkt)	Vorkenntnisse Schuleingang*			Leistungen Ende Klasse 4				Leistungen Ende Klasse 6**			Bemerkungen***
	Schr.	Lesen	Rech.**	RS	Lesen	Rechn.	AST	D	M	Schultyp	
Björn (M1)	o	o	o	++	+	++	++	-	--	Gymn.	VOSF-Gutach.
Eveline (E1)	-	-	--	-	+	--	o	-	-	Hauptsch.	
Irina (E1)	--	--	-	-	+	--	o	o	+	Hauptsch.	
Mehmet (E1)	--	--	--	--	o	o	-	o	o	Hauptsch.	VOSF-Gutach.
Mahmud (E1)	--	--	o	-	-	o	o	o	o	Realsch.	
Valentin (E2)	--	--	--	o	-	--	o	+	o	Hauptsch.	eigentl. Rückst.
Caterina (E2)	o	o	o	++	+	++	++	+	+	Gymn.	
Kai (E2)	o	o	o	o	++	-	o	o	+	Gesamt.	eigentl. Rückst.
Alyssa (A3)	+	+	o	+	o	++	++	+	+	Gymn.	
Boris (E3)	o	o	+	++	++	+	++	-	+	Gymn.	
Durchschnitt	-	-	-	o	+	o	+	o	o		

* Die Vorkenntnisse sind z. T. auf Grund fehlender Testunterlagen aus anderen Aufzeichnungen rekonstruiert.

** Aufgrund der Testanordnung bzw. der Notengebung ist die Angabe ++ nicht oder nur in Ausnahmefällen möglich und entspricht diesbezüglich nicht der üblichen Verteilung der Normtests (PR-Bänder nach Quintilen unterteilt).

*** Z. T. spezielle Einweisung der Kinder in die Klasse auf Grund bestehender Sonderschulgutachten oder beabsichtigter (z. T. wiederholter) Rückstellung.

Legende:
- ++   PR 80-100 bzw. Note 1
- +   PR 60-80 bzw. Note 2
- o   PR 40-60 bzw. Note 3
- -   PR 20-40 bzw. Note 4
- --   PR 0-20 bzw. Noten 5 und 6

Auch hier ist ein Kind (Björn) erkennbar, dass sich auf dem Gymnasium gegenüber seinen durchschnittlichen Voraussetzungen am Schulanfang und sehr guten Ergebnissen über die Grundschulzeit hinweg in der Rangposition verschlechtert hat und nun unterdurchschnittlich benotet wird. Dabei handelt es sich um ein als erziehungsschwierig diagnostiziertes Kind, das nach einem Aufenthalt in der Kinderpsychiatrie eigentlich nur kurz in der hier untersuchten Klasse auf seinen Platz in der Schule für Erziehungshilfe warten sollte, dann aber die restliche Grundschulzeit in der Klasse geblieben ist. Er erreichte in der Grundschule weit überdurchschnittliche Leistungen, wurde aber leider auf dem Gymnasium wieder auffällig.

Andere Kinder (Mehmet, Irina, Valentin) mit eher unterdurchschnittlichen Voraussetzungen, die z. T. als lernbehindert diagnostiziert worden waren, erbrachten zwar in der hier untersuchten Klasse auch eher schwache Leistungen, werden aber nach dem Schulwechsel in der Hauptschule als durchschnittlich bis überdurchschnittlich bewertet. Auch die Kinder, die eigentlich ein Schuljahr zurückgestellt werden sollten, erbringen ohne Wiederholung auf der weiterführenden Schule durchschnittliche bzw. gute Leistungen.

Insgesamt ergibt sich auch hier der Eindruck, dass der Offene Unterricht eher leistungsfördernd denn leistungsmindernd gewirkt hat. Es fallen lediglich die Kinder bezüglich ihrer Benotung an der weiterführenden Schule auf, die eigentlich als nicht an der Regelschule beschulbar galten und trotzdem haben integriert werden können, sodass sie nicht auf die Sonderschule wechseln mussten. Insofern könnte es sein, dass bei der Leistungsbewertung der weiterführenden Schule (besonders auf dem Gymnasium und der Realschule) ein angepasstes Arbeitsverhalten eine größere Rolle spielt als die fachliche Kompetenz des Schülers – denn es ist nicht leicht vorstellbar, dass die durch verschiedenste Normtests abgesicherten weit überdurchschnittlichen Kompetenzen der entsprechenden Kinder in kürzester Zeit in das Unterfeld haben absinken können.

18.5 Einordnung der Untersuchungsergebnisse in die wissenschaftliche Diskussion

Trotz nicht überdurchschnittlicher Eingangsvoraussetzungen liegen in der hier untersuchten Klasse bzw. Stichprobe überdurchschnittliche Ergebnisse für die Bereiche Rechtschreiben, Lesen und Arithmetik vor – und zwar ohne dass ein lehrgangsmäßiger Unterricht stattgefunden hätte. Die geringen Streuungswerte sowie die Fallstudienbetrachtungen weisen zudem darauf hin, dass der Unterricht nicht bestimmte Kinder- oder Leistungsgruppen benachteiligt hat. Selbst die drei schwächsten der Kinder, die ihre ganze Grundschulzeit in der Klasse verbracht haben, erreichen zum Ende der Grundschulzeit Werte, die nicht im untersten Leistungsbereich liegen – und das obwohl sie alle drei sowohl durch (z. T. stark) unterdurchschnittliche Intelligenzwerte als auch durch sehr bedrückende äußere Faktoren belastet sind. Sie kommen zurzeit an Gymnasium, Realschule und Gesamtschule gut zurecht. Mehrere Kinder, die eigentlich ein Schuljahr zurückgestellt werden sollten, absolvieren ihre Grundschulzeit erfolgreich ohne Wiederholung. Und sogar die Kinder, für die eigentlich statt der Regelschule eine sonderpädagogische Beschulung vorgesehen war, entwickeln sich im hier dargestellten Unterricht so positiv, dass sie an der Regelschule verbleiben und nach ihrer Grundschulzeit an Gymnasium und Hauptschule wechseln. Das hohe Durchschnittsniveau, welches die Klasse erreicht, geht also nicht zu Lasten bestimmter Kindergruppen – auch nicht zu Lasten der leistungsstarken Kinder. Vielmehr erscheinen die Leistungen aller Kinder nach oben verschoben – und zwar in der gesamten Breite.

18.5.1 Untersuchungen zu Merkmalen effektiven Unterrichts

Diese Ergebnisse, das hohe Klassenniveau trotz nicht überdurchschnittlicher Eingangsvoraussetzungen und die positive Entwicklung aller Schüler bzw. Schülergruppen, stehen zunächst im Widerspruch zu vielen Unterrichtskonzepten, die eine stärkere fachliche Strukturierung und Steuerung durch den Lehrer als unabdingbar für einen effektiven Unterricht ansehen. Diese Ansätze werden zusätzlich durch verschiedene Untersuchungen unterstützt (vgl. Einsiedler 1997). Vor allem aus älteren Untersuchungen und Metaanalysen zur Öffnung des Unterrichts, die meist aus dem angloamerikanischen Raum stammen, wird abgeleitet, dass traditioneller Unterricht zu tendenziell höheren Erfolgen im fachlichen Bereich führt, offene Unterrichtsformen hingegen im Hinblick auf Persönlichkeitsmerkmale (Selbstständigkeit, Neugier, Selbstkonzept, positive Einstellung zum Lernen, Kreativität, Kooperation etc.) besser abschneiden (vgl. Einsiedler 1990, 227ff.; Brügelmann 1998c, 9ff.; Kunert 1978, 147ff.).

Im deutschsprachigen Raum finden sich hingegen nur wenige entsprechende Untersuchungen, die zudem primär lernpsychologisch ausgerichtet sind - was u. U. eine Begründung dafür wäre, dass in der Regel weder die Untersuchungen selbst noch die in der Praxis angetroffenen unterrichtlichen Strukturen aus einem pädagogischen Blickwinkel reflektiert werden:

> Längsschnittstudien, die qualitative Aussagen zur multikriterialen Zielerreichung im Persönlichkeitsbereich sowie im Bereich der Lern- und Leistungsentwicklung unter den Bedingungen eines geöffneten Unterrichts zulassen, gibt es im deutschsprachigen Raum seltener, wobei es sich bei den vorliegenden zumeist eher um psychologisch als um pädagogisch-didaktisch ausgerichtete Studien (z. B. WEINERT/ HELMKE 1997) handelt. (Hanke 2001a, 51)
>
> Kritisch muß man anmerken, daß kein theoretisches Modell der Unterrichtsqualität vorliegt, das eine Systematik didaktisch-methodischer Maßnahmen enthält [...]. Die Sammelreferate zur Unterrichtsqualität stellen sich meist als relativ willkürliche Zusammenstellungen aus Elementen der Forschung zu Lehreraktivitäten und Unterrichtsmerkmalen dar. Manchmal hat man den Eindruck, daß sich die betreffenden Unterrichtsforscher nie mit dem Reichtum pädagogisch-didaktischer Formen, wie wir sie z.B. aus der Reformpädagogik kennen, befaßt haben. (Einsiedler 1997a, 19)

HANKE (vgl. 2001a, 61; s. a. Einsiedler 1997a, 24ff.; 1997b, 6ff., Roßbach 1996, 177) nennt in einer Übersicht, in der sie aktuelle „Untersuchungen zu Lernentwicklungen unter den Bedingungen geöffneten Unterrichts allgemein sowie von Freiarbeit insbesondere" zusammengestellt hat, folgende Erhebungen: die Fallstudien über einzelne Grundschulklassen von RÖBE (vgl. 1986) und DARTMANN (vgl. 1989), die Untersuchung zur Umsetzung von Freiarbeit von GÜNTHER (vgl. 1988; 1996), die Effektstudien von WAGNER und SCHÖLL (vgl. 1992) bzw. LAUS und SCHÖLL (vgl. 1995) sowie die SCHOLASTIK-Untersuchung von WEINERT und HELMKE (vgl. 1997).

Die Kritik, dass in den entsprechenden Studien in der Regel gar kein Unterricht untersucht worden ist, der wirklich den Kriterien bzw. den Ansprüchen genügen würde, die in der Fachliteratur für offenen Unterricht zu Grunde gelegt werden (vgl. Kapitel 8.1), bleibt dabei nicht nur für diese Untersuchungen bestehen, sondern gilt auch für deren internationale Vorläufer. KUNERT spricht z. B. schon kurz nach der Veröffentlichung der einflussreichen Studie von BENNETT (vgl. 1977) davon: „Nur 17 Prozent der befragten Lehrer praktizierten offenen Unterricht in der definierten extremen Form" (Kunert 1978, 155). Neben der Einbeziehung von Formen, die eher als geschlossen oder lehrergesteuert angesehen werden müssen, erfolgt auch oft keine Abgrenzung des offenen Unterrichts zu einem Unterricht, der gar kein Konzept besitzt: „Einschränkend ist zu BENNETTs Studie anzumerken, daß viele Lehrer der Gruppe ‚informeller Lehrstil' wohl eher einen ‚Laissez-faire-Stil' bevorzugten" (Einsiedler 1990, 228). Entsprechend gibt es in dieser Studie auch in Bezug auf die Lernentwicklung im offenen Unterricht keine einheitlichen Ergebnisse. Zudem wurde die Studie später auf Grund statistischer Schwächen von der Untersuchungsgruppe selbst relativiert - was allerdings keinen Einfluss mehr auf die Rezeption der negativen Ergebnisse in Bezug auf offenen Unterricht hatte (vgl. Brügelmann 1998b, 14).

Selbst in den bekannten Metaanalysen von PETERSON mit 45 Untersuchungen (vgl. 1979) oder von HEDGES u. a. mit 153 Untersuchungen (vgl. Giaconia/ Hedges 1982) lassen die gefundenen Strukturmerkmale im Prinzip keine Rückschlüsse auf Vor- oder Nachteile bestimmter Unterrichtsformen zu, wenn man die Klassenebene betrachtet. GIACONIA und HEDGES haben zusätzlich die Studien mit den höchsten Effekten zugunsten des offenen Unterrichts den Studien mit den ungünstigsten Resultaten des offenen Unterrichts gegenübergestellt. Aus ihrer Übersicht lässt sich tendenziell ableiten, dass eine höhere Effektivität des offenen Unterrichts mit der Konsequenz der Berücksichtigung von Dimensionen wie „Selbststeuerung durch das Kind", „Individualisierung" etc. einherzugehen scheint (vgl. Einsiedler 1990, 229ff.). Dies könnte ein Hinweis darauf sein, dass das hier untersuchte Unterrichtskonzept gerade wegen seiner Radikalität so erfolgreich ist.

Auch bei den aktuellen deutschen Studien kann eine gleichzeitige Zielerreichung in kognitiven, emotionalen, motivationalen und anderen Bereichen mit den verwendeten Forschungsdesigns nicht nachgewiesen werden, wie HANKE betont:

> Interessanterweise konnten in keiner Untersuchung bislang überhaupt Lernbedingungen identifiziert werden, die sich sowohl im kognitiven als auch nichtkognitiven (z.B. motivatonalen) Bereich als lernförderlich erweisen (vgl. STARK/GRUBER/MANDL 1998). In der Mehrheit der ausgewerteten Untersuchungen wurde insgesamt schließlich die Tendenz erkennbar, dass die Unterschiede in den Lernentwicklungen zwischen den Schulklassen sich jedoch als wesentlicher erwiesen als zwischen den nach Bedingungen der Unterrichtsqualität gebildeten Gruppen (vgl. z.B. in MAY 1995b; WEINERT/HELMKE 1997). (Hanke 2001a, 52)

Trotzdem hält sich weiterhin die Behauptung, dass offener Unterricht zwar persönlichkeitsstärkend sei, geschlossenere Unterrichtsformen bzw. lehrergesteuerte Unterrichtselemente aber größere Fortschritte im kognitiven Bereich ermöglichen würden:

> Andererseits kann man für das Konzept der Unterrichtsqualität im engeren Sinne feststellen, daß für ca. 10 – 15 Merkmale der Unterrichtsqualität die empirische Befundlage so gesichert ist, daß daraus Unterrichtsempfehlungen abzuleiten sind. Beispielhaft gilt dies etwa für das Merkmal Strukturorientierung, und zwar in mehrfacher Bedeutung: Unterricht ist effektiver, wenn Lehrkräfte durch sachbezogene Fragen und Hinweise das Gespräch strukturieren, wenn sie den Unterricht der Sache entsprechend sequenzieren und wenn sie die Konzepte, die Prinzipien, die Gesetzmäßigkeiten, das Zusammenhangswissen in den Lerngegenständen herausarbeiten lassen. (Einsiedler 1997a, 19)

Beispielhaft seien im Folgenden zwei aktuelle Untersuchungen mit den dort nahe gelegten Schlussfolgerungen für den Unterricht kurz beschrieben: für den Bereich Mathematik die 51 Grundschulklassen umfassende SCHOLASTIK-Studie (Schulorganisierte Lernangebote und Sozialisation von Talenten, Interessen und Kompetenzen) des Max-Planck-Instituts für psychologische Forschung (vgl. Weinert/ Helmke 1997) und für den Bereich Lesen und Schreiben die insgesamt 136 Hamburger

Grundschulklassen umfassende Untersuchung PLUS (Projekt „Lesen und Schreiben für alle"), die von PETER MAY (vgl. 1998) wissenschaftlich begleitet wird.

In der SCHOLASTIK-Studie wird für den Mathematikunterricht – im Gegensatz zum Bereich der Rechtschreibung – eine signifikante Beziehung zwischen der Unterrichtsgestaltung und den fachlichen Leistungen aufgezeigt. Dabei wird erfolgreicher Mathematikunterricht von weniger erfolgreichem vor allem mit Unterrichtsmerkmalen abgegrenzt, die eher lehrerzentriert bzw. lehrergesteuert erscheinen bzw. als solche von den Untersuchenden interpretiert werden (vgl. i. F. Helmke/ Weinert 1997, 241ff.):

- Effektive Zeitnutzung bzw. schnelle, gleitende Übergänge zwischen den Unterrichtsphasen;
- Strukturiertheit der Darbietung des Lernstoffs;
- Überwachung der und Einschalten in die Gruppen- und Stillarbeit der Schüler;
- Vorgabe unterschiedlicher Unterrichtsformen;
- Verständnisgrad der Fragen, Anweisungen und Aussagen des Lehrers auf Seiten des Schülers;
- möglichst wenig Unaufmerksamkeitsverhalten der Schüler.

Eine weniger große Beziehung zur Effektivität des Unterrichts weisen hingegen soziales Klima (Akzeptanz und ausdrückliche Thematisierung des affektiven Erlebens der Schüler; Bedeutung des Lehrers als persönlicher Ansprechpartner und Vertrauensperson über die Rolle als Stoffvermittler hinaus) und Förderungsorientierung des Unterrichts (Vorrang der Förderung lernschwacher Schüler; ausgeprägte Versuche, die Schwierigkeit von Anforderungen und Fragen den Lernvoraussetzungen der Schüler anzupassen) auf.

Trotzdem kritisiert z. B. WEINERT – fast im Widerspruch zu diesen Aussagen bzgl. Förderungsorientierung und sozialem Klima - in einem Interview das deutsche Schulsystem folgendermaßen:

> Der Unterricht sei erstens zu leistungsbezogen und zu wenig lernorientiert. [...] Zweiter Kritikpunkt: Der Unterricht sei zu wissensbezogen und zu wenig verständnisorientiert. [...] Drittens bemängelt Franz Weinert, daß die meisten Lehrer nicht fähig sind, auf die unterschiedlichen Bedürfnisse ihrer Schützlinge einzugehen. (Gast 1998, 11f.)

Deutlicher wird seine Position, wenn man sein Modell der „direkten Instruktion" nicht mit Frontalunterricht früherer Prägung gleichsetzt, sondern einen Unterricht annimmt, der durch Variabilität im Vorgehen gekennzeichnet ist und Fragen bzw. Problemstellungen unterschiedlichen kognitiven Niveaus umfasst (vgl. Einsiedler 2001, 26). Unabhängig von dem hohen Anspruch, den ein solches Konzept an den Lehrer stellt, ändert dies allerdings nichts an der Lehrerzentriertheit und Vorstrukturierung eines solchen Unterrichts, der sich durch diese Schwerpunktsetzung stark vom hier untersuchten Unterricht unterscheidet.

In der PLUS-Studie geht MAY (vgl. i. F. 1998) u. a. der Frage nach, unter welchen Bedingungen schulischer Unterricht (am Beispiel Lesen und Schreiben bzw. Rechtschreiben) effektiv ist bzw. welche Merkmale Klassen mit höherem Lernerfolg gegenüber Klassen mit geringerem Lernerfolg aufweisen. Dabei empfinden die Lehrer der untersuchten Klassen unterschiedliche unterrichtliche Vorgehensweisen für leistungsstarke und leistungsschwache Kinder als sinnvoll. Für lernschwache Schüler bedeutet das vor allem:

- individuelle Zuwendung und Hilfen
- Binnendifferenzierung/Individualisierung
- Transparenz und Strukturiertheit
- möglichst kein bzw. wenig Spielraum für selbstständiges Arbeiten
- möglichst kein bzw. wenig Aufgreifen von Schülerideen
- die Atmosphäre im Unterricht ist weniger wichtig

Bei der Betrachtung der Entwicklung von Klassen mit hohem bzw. niedrigem Lernerfolg wurden Lehrer- und Schüleraktivitäten durch geschulte Beobachter dokumentiert und ausgewertet. Danach lässt sich ein lernförderlicher Unterricht durch folgende Merkmale beschreiben:

- geringes Ausmaß an Lehreraktivitäten ohne direkte Interaktion mit den Kindern
- häufige Interaktion des Lehrers mit den Kindern (einzeln oder in Gruppen)
- zeitliche Begrenzung von Schüleraktivitäten ohne Lehrer
- ein höheres Ausmaß an Direktivität des Lehrerverhaltens
- ein höheres Ausmaß an Zuwendung an die Förderkinder, jedoch eher weniger Einzelzuwendungen an die übrigen Kinder
- eine höhere Aufmerksamkeit für die Abläufe in der Klasse
- eine stärkere Orientierung auf den Lehrstoff und ein stärkeres Einfordern von Disziplin
- größtmögliche Einschränkung nicht unterrichtsbezogener Schüleraktivitäten

Alle diese Merkmale scheinen dabei für Kinder mit Lernschwierigkeiten noch wichtiger als für andere Kinder zu sein, zusätzlich ist für diese Kinder vor allem ein positives Lern- und Arbeitsverhalten sowie das soziale Klima in der Klasse lernförderlich.

MAY kommt schließlich zum dem Schluss, dass folgende Faktoren in Bezug auf die Förderung lese-rechtschreibschwacher Kinder wichtig sind:

- differenzierte und individualisierte Aufgabenstellungen, um die persönliche Motivation zu berücksichtigen und Überforderungen zu vermeiden;
- Gestaltung von klar strukturierten Aufgabenstellungen und möglichst transparenten Lösungssituationen;

- Vermeidung längerer Phasen der Einzelarbeit mit komplexen und offenen Aufgabenstellungen, die den Förderkindern noch wenig vertraut sind;
- häufige individuelle Zuwendungen an die Förderkinder, um sie zu ermuntern sowie ihnen Erläuterung und Hilfen zu geben;
- möglichst unmittelbare Leistungsrückmeldung nach der Bewältigung von Teilschritten;
- Vermeidung von Leerlauf und unterrichtsfremden Aktivitäten.

Wenn solche Bedingungen im Rahmen des Klassenunterrichts nicht herstellbar sind, sollte ein externer Förderunterricht außerhalb der Klasse angestrebt werden.

18.5.2 Widerspruch, Bestätigung oder Impuls für eine andere Betrachtungsweise?

Die beiden gerade beschriebenen Untersuchungen zu den Bereichen Mathematik sowie Lesen und Schreiben spiegeln trotz einzelner Unterschiede ähnliche Untersuchungsergebnisse wider. Als effektivster Unterricht wird ein Unterricht dargestellt, der sich auszeichnet durch:

- direktives Lehrerverhalten,
- strukturierte Lehrerdarbietung des Lernstoffs,
- Begrenzung der Einzelarbeit des Schülers oder aber dabei direkte Interaktion mit dem Lehrer,
- starke Orientierung auf den Lehrstoff,
- effektive Zeitnutzung,
- starkes Einfordern von Disziplin und
- größtmögliche Einschränkung nicht unterrichtsbezogener Schüleraktivitäten.

Unwichtig oder nur für bestimmte Schülergruppen sinnvoll erscheinen

- ein Spielraum für selbstständiges Arbeiten,
- das Aufgreifen von Schülerideen,
- eine Lehrerrolle als Vertrauensperson oder persönlicher Ansprechpartner,
- die Unterrichtsatmosphäre und
- das soziale Klima.

Diese Ergebnisse bzw. daraus abgeleitete Forderungen für effektiven Unterricht befinden sich nicht im Einklang mit den Ergebnissen der vorliegenden Untersuchung. Das hier untersuchte Konzept basiert nicht nur auf einem größtmöglichen Spielraum für selbstständiges Arbeiten und auf dem interessengeleiteten Umsetzen eigener Ideen, sondern gerade auch auf dem positiven sozialen Klima in der Klasse und der persönlichen Beziehung zwischen den Schülern sowie dem Lehrer und den Schülern. Die als besonders lernförderlich angesehenen Unterrichtsmerkmale werden hingegen stark relativiert:

- der Lehrer unterrichtet nicht (direktiv), sondern ist ein Ansprechpartner unter vielen, der sicherlich eine andere Rolle als die Kinder innehat, sich aber als „learning facilitator" nicht in der traditionellen Lehrerrolle befindet;
- der Lernstoff wird nicht besonders strukturiert dargeboten, sondern eher unstrukturiert über Eigenproduktionen von den Kindern erschlossen;
- der Lehrer überwacht die Arbeit des Einzelnen oder der Gruppe nicht und schaltet sich auch nicht aus didaktischen Gründen in die Arbeit ein, sondern wird gefragt oder ist persönlich interessiert;
- der Lehrer gibt keine Unterrichtsformen vor, sondern die Wahl der Arbeitsform obliegt dem Einzelnen bzw. der Gruppe;
- der Lehrer gibt keine Anweisungen an die Schüler, weder im Bereich der Wissensaneignung noch im sozialen Bereich;
- die Zeitnutzung obliegt vollständig dem Schüler, es gibt keine lehrergesteuerten Phasen und Übergänge;
- die Schüler regeln ihre Spannungs- und Entspannungsphasen selbst.

Einzelfallauswertung statt Gruppenwertmittelung

Als Erklärung für diesen scheinbaren Widerspruch der Untersuchungsergebnisse kann vor allem die besondere Form des hier praktizierten Unterrichts herangezogen werden. In den oben genannten Studien werden die für effektiven Unterricht in Betracht gezogenen Merkmale aus der Analyse von Gruppenstatistiken gewonnen, innerhalb derer Zusammenhänge zwischen Variablen ermittelt werden. Dabei relativieren sich die Ausprägungen der Merkmale insofern, als – mit dem Vorteil einer höheren Zuverlässigkeit durch eine umfangreichere Stichprobe – nie die Werte der am effektivsten arbeitenden Klasse dargestellt werden, sondern nur die durchschnittlichen Ergebnisse. Diese Vorgehensweise ist dabei kein Einzelfall, sodass in vielen Untersuchungen durch die Mittelung bzw. den Mittelwert eine künstliche Abstraktion erfolgt, die die real vorkommenden Typen vertuscht und zu gravierenden Fehlschlüssen in der Interpretation führen kann.

Ergänzend zu ihrer Analyse fügen deshalb HELMKE und WEINERT eine Darstellung der Profile der sechs erfolgreichsten Klassen an, bei denen sich eben kein gleichförmiges Muster im Sinne einer überdurchschnittlichen Ausprägung der für effektiven Unterricht konstatierten Merkmale ergibt – wie man eigentlich erwarten könnte. Die Profile zeigen bei den Einzelmerkmalen z. T. drastische Einbrüche bzw. Abweichungen zu den Empfehlungen, die im Rückgriff auf die Untersuchung für effektiven Unterricht gegeben werden (vgl. Helmke/ Weinert 1997, 250f.):

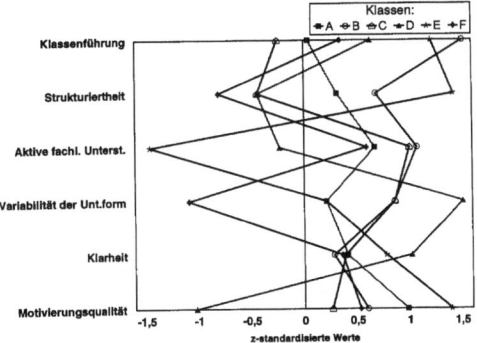

Deutlich wird bei der Einzelfallauswertung, dass die Merkmale effektiven Unterrichts letztendlich sehr stark vom Bedingungsfeld bzw. von den am Lernprozess Beteiligten abhängen. Unabhängig von einer individuellen Betrachtungsweise sind die Untersuchungsergebnisse zunächst nichts anderes als Näherungswerte, die zwar Anstöße in eine bestimmte Richtung geben können, letztendlich aber nicht auf den individuellen Fall einer Klasse übertragbar sind. Von daher erscheint es sinnvoller, anstatt der auf Gruppenanalysen basierenden variablenzentrierten Ansätze verstärkt Einzelfälle zu betrachten und genauer zu untersuchen, in welcher Form verschiedene Merkmale von Unterricht hier zusammenspielen. Die vorgelegte Arbeit kann mit ihrer umfangreichen Analyse des Bedingungsfeldes, des Konzepts einschließlich seiner Fundamente sowie der detaillierten Dokumentation der Lernentwicklung der Kinder ein Beispiel für einen solchen Forschungsansatz sein, der weiterhin die Notwendigkeit kumulativer Fallstudien unterstreicht.

Passung von Stichprobenauswahl und Ergebnisinterpretation

Weiterhin ist auf der Suche nach Erklärungen für die unterschiedlichen Ergebnisse der Untersuchungen davon auszugehen, dass sowohl in der SCHOLASTIK-Studie als auch in der PLUS-Studie vornehmlich lehrerzentriert unterrichtete Klassen untersucht worden sind (vgl. auch Einsiedler 2001, 28). Einerseits weisen die benannten Merkmale und Einstellungen der Lehrer darauf hin, dass im untersuchten Unterricht offene Momente eher selten bzw. unerwünscht waren. Andererseits erscheint es auf Grund der geringen Umsetzung eines konsequent praktizierten offenen Unterrichts in der Praxis unwahrscheinlich, dass bei repräsentativen Stichprobengrößen von 51 bzw. 136 Klassen ein nennenswerter Anteil an Unterricht oder Unterrichtssituationen untersucht worden wäre, der den hier dargelegten Kriterien für Offenen Unterricht entsprechen würde.

Entsprechend müssen die Ergebnisse von HELMKE und WEINERT bzw. MAY vor diesem Hintergrund interpretiert werden. Es wurden in den Erhebungen nicht Merkmale effektiven Unterrichts untersucht, sondern Merkmale effektiven lehrergesteuerten Unterrichts – sei es in der Form von Frontalunterricht, Unterricht mit Einzel- und Gruppenarbeit oder auch mit einzelnen Elementen offener Unterrichtsgestaltung. Alle in den Untersuchungen beschriebenen bzw. klassifizierten Merkmale von Unterrichtsqualität sind in diesem Zusammenhang zu interpretieren – von der Basis eines geschlossenen, lehrergesteuerten Unterrichts aus. Von daher ist es nicht erstaunlich, dass dieser Unterricht dann am effektivsten ist, wenn er die eigenen Zielsetzungen bzw. Grundlagen stützt und nicht verletzt. Dass in einem solchen Unterricht das „Aufgreifen von Schülerideen", der „Spielraum für eigenes Arbeiten", das soziale Klima, die affektiven Erlebnisse der Schüler und die Bedeutung des Lehrers als Person über die Rolle als Stoffvermittler hinaus weder von den Lehrern wirklich angestrebt werden noch einen Einfluss auf die Lerneffektivität haben, ist bei dieser Betrachtungsweise nicht weiter verwunderlich.

Soziale und personale Faktoren als wichtige Grundlagen effektiven Lernens

Der hier untersuchte Unterricht hat eine ganz andere Grundlage und Rollenverteilung. Er basiert auf der Selbstbestimmung, Selbstregulierung und Interessenorientierung des Lernenden. Dabei stellt die „Didaktik der sozialen Integration" durch diese Selbstregulierung sowohl des Individuums als auch der Gemeinschaft den Motor für effektives Lernen dar. In diesem Zusammenhang spielen sowohl soziales Lernen als gegenseitige Herausforderung aller Schüler als auch Förderungsorientierung im Sinne eines Lernens mit individueller Passung eine große Rolle. Wären diese Elemente so unerheblich, wie HELMKE und WEINERT es darstellen, und wären andererseits die von ihnen favorisierten, aber im Offenen Unterricht dergestalt nicht existenten Unterrichtsmerkmale so notwendig, müssten die Leistungen der Kinder im hier beschriebenen Modell bei gleichen Eingangsvoraussetzungen mit der Zeit signifikant unter den durchschnittlichen Vergleichswerten gelegen haben.

Einen Hinweis auf die Wichtigkeit dieser personalen Faktoren gibt auch MAY. Er findet im Gegensatz zu HELMKE und WEINERT in seiner Studie, dass sich auf der Ebene der Persönlichkeitsmerkmale Kinder mit hohen bzw. niedrigen Rechtschreibleistungen nicht nur durch die Schulleistungen und das Lern- und Arbeitsverhalten unterscheiden, sondern vor allem auch durch emotionale und motivationale Aspekte der Lernerpersönlichkeit (Motivation, Selbstbild). Auch die Kinder, die trotz anfänglicher Lernschwierigkeiten im Laufe der Zeit Anschluss an den Leistungsstand der Klasse finden, weisen im Hinblick auf die Kinder, die schwache Rechtschreiber bleiben, vor allem im Bereich der Motivation zum Lesen und Schreiben, im Arbeitsverhalten und bezüglich ihres Selbstbilds deutliche Unterschiede auf – bei vergleichbar schlechten Schulleistungen in den übrigen Fächern.

Gerade im hier untersuchten Unterrichtskonzept wird allen Kindern durch Selbstbestimmung, Selbstregulierung und Interessenorientierung ein hohes Maß an Eigenmotivation und Eigenverantwortung ermöglicht, was sich vermutlich positiv auf ihr Selbstbild auswirkt. Dies geschieht dabei vor allem auch bei den leistungsschwachen Kindern, denen in anderen Klassen eine solche Eigenständigkeit und Eigenverantwortung meist nicht zugestanden wird. Wie u. a. die Ergebnisse der Studie von MAY zeigen, räumen Lehrer zwar leistungsstarken Kindern u. U. Spielraum für selbstständiges Arbeiten oder eigene Ideen ein, sprechen diesen Freiraum leistungsschwachen Kindern aber in der Regel ab. Es ist sogar anzunehmen, dass die gut gemeinten Unterstützungs- und Fördermaßnahmen in Bezug auf das Selbstbild der Kinder eher kontraproduktiv zu bewerten sind, denn die Kinder erfahren gerade durch diese Maßnahmen ihre Leistungsschwäche immer wieder aufs Neue.

Im hier beschriebenen Offenen Unterricht werden die Kinder hingegen durch die ihnen mögliche Selbstbestimmung nicht nur im kognitiven, sondern auch im emotionalen und persönlichen Bereich gestärkt. Dabei lassen die hohen Leistungen der Klasse, aber auch die positive Entwicklung der schwachen bzw. auffälligen Kinder vermuten, dass durch diese Stärkung der Person zusammen mit einem Klassenklima, in dem das Lernen an sich als positiv betrachtet wird, andere Merkmale effektiven Unterrichts zweitrangig oder sogar vernachlässigbar werden. Der fachliche Input muss nicht mehr strukturiert und rhythmisiert aufbereitet bzw. dargeboten werden, sondern es reicht, wenn in der Klasse Werkzeuge oder Ansprechpartner (Kinder oder Lehrer) vorhanden sind. Lernen wird zu einem Prozess individueller und selbstgesteuerter Auseinandersetzung mit dem Lernstoff, herausgefordert und reguliert durch die Lerngruppe. Dieser individuelle Zugang des Einzelnen scheint dafür zu sorgen, dass die eigene Leistung auch dann nicht als minderwertig empfunden wird, wenn andere oder höherwertigere Leistungen erkannt werden. Der fehlende gemeinsame Lehrgang schützt unter diesem Blickwinkel nicht nur das methodische Vorgehen des Einzelnen, sondern schafft statt einer kontraproduktiven Konkurrenzorientierung eine Atmosphäre gegenseitiger Herausforderungen, bei der die Kinder ihre Verschiedenartigkeit akzeptieren und produktiv nutzen.

In der Klasse gab es eine große Anzahl von Kindern, die auf Grund ihres geringen Intelligenzquotienten oder stark belastender äußerer Faktoren zu der Gruppe von Kindern gehören, die entweder als potentielle Schulversager betrachtet werden könnten oder aber in anderen Klassen sogar schon als solche diagnostiziert wurden. Sie alle haben sich im Offenen Unterricht sehr positiv entwickelt. Interessant sind die Phasen ihrer Entwicklung, in denen auch im Offenen Unterricht Leistungseinbrüche oder Rückschritte zu verzeichnen waren. Die Fallanalysen weisen zu den entsprechenden Zeitpunkten immer auf gravierende bzw. sogar z. T. persönlichkeitsbedrohende äußere Belastungen hin (Ausweisung aus Deutschland, Nichterfüllung der versprochenen Rückkehr zur Mutter, Zwang zum Besuch einer bestimmten weiterführenden Schule gegen den eigenen Willen etc.). Hier scheint es sich um Faktoren zu handeln, die auch durch Offenen Unterricht nicht aufgefangen werden können, sondern die sogar evtl. durch die in diesem Unterricht vorhandene größere Abhängigkeit von der Eigenmotivation und Selbststeuerung des Kindes stärker als in anderen Unterrichtsformen durchschlagen. In abgeschwächter Form finden sich ähnliche Phasen auch bei leistungsstärkeren Kindern, wenn z. B. Kommentare der Eltern, Geschwister oder Großeltern dazu führen, dass nicht mehr gelesen oder geschrieben wird (siehe Kapitel 10.2.1 bzw. 14.2.1).

Die detaillierte Beschreibung der Entwicklungen der Kinder (siehe Kapitel 10, 16 und 17) macht aber offensichtlich, dass der Offene Unterricht den Kindern viel Raum und Möglichkeit zur Verarbeitung der entsprechenden Erfahrungen gegeben hat – vermutlich mit der Folge, dass der Leistungseinbruch schnell hat ausgeglichen werden können. Diese Vermutung wird durch Untersuchungen bestätigt, in denen sich Autonomie (Identifikation, Authentizität), soziale Eingebundenheit in eine Gruppe „persönlich signifikanter Anderer" sowie eigenes Kompetenzerleben als sogenannte „basic human needs" herausgestellt haben, die nicht nur als unabdingbar für eine hohe Lernmotivation im kognitiven Bereich angesehen werden, sondern deren Fehlen eine ernsthafte Gefährdung der seelischen Gesundheit darstellen kann (vgl. Krapp/ Ryan 2002, 72f.). Diese Bedürfnisse werden sicherlich im traditionellen Unterricht weniger berücksichtigt als im oben beschriebenen Offenen Unterricht. Von daher ist anzunehmen, dass die Verarbeitung bzw. Kompensation entsprechender Erfahrungen in geschlossenen Unterrichtsformen schwieriger ist und man dort u. U. mit weiteren Folgen für die Kinder rechnen muss. Dies gilt vor allem für den emotionalen Bereich, der aber schnell auch Auswirkungen auf den kognitiven Bereich haben kann – bis hin zum Verlust des Anschlusses an die Lerngruppe.

Widersprüchliche Begriffskonnotationen

Insgesamt ergibt sich bei der Betrachtung der Entwicklungen der Kinder bzw. der Klasse der Eindruck, dass das besondere Potential des Ansatzes vor allem in der Eingangsphase liegt. Die gewährte Selbstbestimmung, Selbstregulierung und Interessenorientierung hat zur Folge, dass direkt an die individuellen Vorkenntnisse der Kinder angeknüpft wird und die Motivation, mit der diese als „Schulkinder" in die Schule kommen, erhalten werden kann. Von daher ist es nicht erstaunlich, dass sich schnell ein Leistungsvorsprung ausbildet, der über die Jahre gehalten werden kann (gut sichtbar an den dem Lehrplan kontinuierlich vorauseilenden Leistungen in Mathematik, aber auch an den Ergebnissen beim Schriftspracherwerb). Da sich die Kinder diese Leistungen insofern selbstgesteuert aneignen konnten, als sie keinem Lehrgang und keinem Lehrgangsunterricht gefolgt sind, sondern nur die Möglichkeit hatten, auf Bücher, Alltagsmaterialien und andere Werkzeuge zurückzugreifen, werden zwar nicht die Ergebnisse der oben genannten Studien falsifiziert, aber zumindest die Schlussfolgerung relativiert, dass Wissen nur auf diese Weise vermittelt werden kann. Es ist vielmehr anzunehmen, dass die obigen Untersuchungsergebnisse nur dann gelten, wenn Stoff in Lehrgangsform vermittelt wird, aber nicht, dass dies die effektivste bzw. einzig mögliche Form der Vermittlung darstellt.

Von daher erscheint auch ein begriffliches Umdenken nötig zu sein. So werden z. B. Prinzipien wie Strukturiertheit, Transparenz, Zielgerichtetheit etc. zwar als wichtig für effektiven Unterricht angesehen, aber immer nur einseitig aus der Sichtweise des Lehrenden betrachtet, der gar keinen direkten Einfluss auf den Lernprozess hat. Viel näher liegt es, diese Begriffe von demjenigen aus zu definieren, der als einziger den aktiven Part des Lernens vollziehen kann: vom Lernenden aus. Damit wird auch klar, warum Selbstregulierung und Interessenorientierung einen so hohen Stellenwert im Lernprozess haben: Während der Lernende in einem Unterricht „direkter Instruktion" dem vom Lehrer vorgegebenen und vorstrukturierten Lernweg folgen muss, auch wenn dieser ganz und gar nicht dem eigenen Weg entspricht, kann bzw. muss er im Offenen Unterricht seinen eigenen Weg gehen. Einen Weg, auf dem er sich selber „direkt instruiert" – mit der größtmöglichen kognitiven, emotionalen, sozialen Passung, die beim Lernprozess herrschen kann. Aus diesem Blickwinkel erscheint nun der lehrerzentrierte Unterricht als willkürlich und nicht auf die individuellen Bedürfnisse und Strukturen des Lernenden passend, während sich die „chaotische Unstrukturiertheit" des Offenen Unterrichts als das eigentlich struktur-, transparenz- und zielgebende Moment darstellt. Ob sich der Lernende im Offenen Unterricht dann sein Wissen eher als Autodidakt aneignet oder aber Impulse von außen aufnimmt, ist eine zweitrangige Frage. Viel wichtiger ist die Grundbasis: die Selbstbestimmung über das eigene Lernen. Dass dazu eine eher radikale Umsetzung offener Unterrichtsformen notwendig ist, wird deutlich – und damit auch, warum sich die oben kritisierten Vor- und Zwischenformen geöffneten Unterrichts (siehe Kapitel 1) in ihrer Effektivität so wenig von geschlossenen Formen unterscheiden.

Die Öffnung des Unterrichts muss radikaler gedacht und konsequenter umgesetzt werden

Aber selbst wenn man der Aufforderung zu einem Umdenken innerhalb der verwendeten Begriffe (von der „Didaktik" zur „Mathetik") nicht nachkommen möchte, muss nach den obigen Ergebnissen die Behauptung, dass Schreiben, Rechtschreiben, Lesen, Vorlesen, Leseverständnis, Rechnen und Mathematik nur mit einem expliziten Lehrgang erlernt werden können, zumindest relativiert werden, da die Untersuchung dies für den hier beschriebenen Rahmen widerlegt. Das könnte dafür sprechen, impliziten und inzidentellen Lernprozessen generell eine stärkere Beachtung zu schenken und statt auf explizite Teilleistungsübungen o. Ä. im Unterricht mehr auf selbstgesteuertes und interessenorientiertes Lernen, z. B. durch freies Schreiben, Lesen, Rechnen und Mathematiktreiben zu setzen. Vor allem aber rückt die Komponente eines personenzentrierten Ansatzes in den Vordergrund, der das Individuum ernst nimmt und ihm die selbstregulierte Entwicklung eines positiven Selbstbilds in der Gemeinschaft ermöglicht. Für diese Vermutung sprechen auch Erfahrungen und Fallberichte von anderen Lehrenden, die radikale Alternativen zur traditionellen Schule umgesetzt haben (vgl. Holt 1999; Zehnpfennig 1992 und folgende Erscheinungsjahre).

Es ist mit einer (Klassen-)Fallstudie zwar nicht möglich zu beweisen, dass Offener Unterricht generell besser ist als traditionelle Lehr-/Lernformen. Das Beispiel kann aber das Potential dieses Ansatzes nachweisen und damit Allgemeinurteile (z. B. „Offener Unterricht mag soziales Lernen und Persönlichkeitsentwicklung der Kinder fördern, führt aber zu Nachteilen im fachlichen Wissen und Können") widerlegen. Es scheint vielmehr so zu sein, dass erst eine konsequente Umsetzung mit einer wirklichen anderen Rollenverteilung das Potential nutzt, das die Vorteile des Offenen Unterrichts im persönlichen und sozialen Bereich auch auf den Bereich der Wissensaneignung ausweitet.

18.6 Ein persönlicher Ausblick: Übergang an die weiterführende Schule

Aus den Kurzübersichten (siehe Kapitel 18.4) wird deutlich, dass drei Viertel der Kinder, die die Klasse über die ganze Grundschulzeit besucht haben, im Anschluss auf das Gymnasium gewechselt sind. Kein Kind dieser Gruppe besucht die Haupt- oder Sonderschule. Auch für die gesamte Klasse ergibt sich ein positives Bild, obwohl mehrere Kinder als potentielle Sonderschüler und Sitzenbleiber in die Klasse gekommen sind. Sie alle sind im Anschluss an die vierte Klasse ohne Wiederholung eines Schuljahres auf der Regelschule verblieben. Rund zwei Drittel aller Kinder der Klasse wechselten dabei auf das Gymnasium, die übrigen auf Realschule, Gesamtschule und Hauptschule.

Da sich Kinder nach der Grundschulzeit in der weiterführenden Schule an ein eher geschlossenes System anpassen müssen, wird als grundsätzlicher Einwand gegen den Offenen Unterricht die Vermutung geäußert, dass sich selbstreguliertes und interessegeleitetes Lernen gewohnte Kinder mit der Umstellung schwer tun müssten. Um diesen Bedenken im Rahmen der Erfahrungen mit der hier untersuchten Klasse zu begegnen, sollen im Folgenden kurz häufig gestellte Fragen beantwortet werden. Dies geschieht im Rückgriff auf die Ausführungen des Lehrers in der „Ich-Form", ohne diese extra als Zitat kenntlich zu machen (vgl. i. F. Peschel 2002b, 259ff.).

18.6.1 Wie kommen denn die Kinder auf der weiterführenden Schule klar?

Da wir uns als Klasse immer noch mehrmals im Jahr zu Aktionen oder zum Schlafen in der Schule treffen, und ich auch in den weiterführenden Schulen hospitiert bzw. an den Erprobungsstufenkonferenzen teilgenommen habe, kann ich über den Werdegang der Kinder relativ verlässlich Auskunft geben. Generell kommen alle

Kinder gut klar. Auch die „schwachen" Kinder haben gute Noten. Viele Eltern sind immer noch erstaunt, wie das so gut gelingen konnte – vor allem, weil sie stellenweise den Eindruck haben, dass die Kinder in der weiterführenden Schule eigentlich viel weniger lernen als noch zur Grundschulzeit. Bemerkungen wie „Wir wissen ja immer noch nicht, wie und was Sie da gemacht haben, und können uns das auch immer noch nicht vorstellen, aber es ist ja schon erstaunlich, wie gut sich die Kinder gemacht haben" tauchen noch jetzt in Gesprächen mit Eltern immer wieder auf. Fasziniert waren und sind viele Eltern aber vor allem von der Entwicklung der „schwierigen" Kinder gewesen, die als unbeschulbar zu uns kamen und sich allesamt beeindruckend gemacht haben – was die Eltern durch die vielen Treffen und Aktionen, die wir zusammen durchgeführt haben, hautnah mitbekommen konnten.

Bei zweien dieser Kinder sieht es an den entsprechenden Schulen (beide sind auf das Gymnasium gegangen) jetzt leider wieder anders aus. Diese Kinder, die als „hyperaktiv" bzw. als „erziehungsschwierig" im Offenen Unterricht vor der Abschiebung an die Sonderschule bewahrt werden konnten („Abschiebung" deshalb, weil sie gar nicht „behindert" sind), scheinen von den weiterführenden Schulen nicht mehr genügend aufgefangen zu werden. Hier bleibt abzuwarten, ob sie das System trotzdem meistern können – oder doch verspätet auf der Sonderschule (oder als „Hochbegabte" auf der Hauptschule) landen. Man kann natürlich argumentieren, dass diese Kinder auch direkt auf die Sonderschule hätten gehen können – so wäre uns allen ein wesentlich stressfreierer Unterricht möglich gewesen. Aber wer die verblüffend positive Entwicklung dieser Kinder bei uns mitbekommen hat, zweifelt eher an den Möglichkeiten der weiterführenden Schule und nicht am „Integrationserfolg" des Offenen Unterrichts in der Grundschule.

18.6.2 Ist der Übergang auf die weiterführende Schule nicht ein Schock für die Kinder?

Mein Eindruck vom Übergang, der sich aus Beobachtungen der Kinder, deren Berichten, Gesprächen mit den neuen Lehrern, Hospitationen in ihren Klassen usw. zusammensetzt, ist folgender: So ziemlich alle haben sich auf den neuen Lebensabschnitt gefreut – er stand ja direkt oder indirekt schon lange im Raum. Zunächst haben sie den andersartigen Unterricht, den sie nun dort erlebten, allesamt positiv aufgenommen. Sie haben ihre neuen Schulen (fast zu) schnell in Beschlag genommen, fanden ihre Lehrer durchweg „klasse" und haben den vornehmlich auf gemeinsamen Erarbeitungen und Vorgaben beruhenden Unterricht als Entlastung vom „Immer-selber-Sachen-machen-müssen" empfunden. Also ein allgemein positiver Einstand bei eigentlich allen.

Mit der Zeit haben sie dann allerdings wahrgenommen, dass das mit den „entlastenden" Vorgaben doch zwei Seiten hat: der Unterricht wurde teilweise höchst langweilig und sie haben gemerkt, dass sie weniger lernten als vorher – und das Lernen wurde auf Grund der anderen Vorgehensweise anstrengender, eben mehr wie „Schule". Statt des selbstgesteuerten, interessegeleiteten Lernens musste nun aufgepasst und geübt werden. Das war kein Problem für die Kinder, da sie gute und sichere Vorkenntnisse hatten und auch das Selbstbewusstsein, unfaire Behandlungen oder Bewertungen entweder anzusprechen oder zumindest daraus Schlüsse für die Weiterarbeit zu ziehen. Aber es ist an sich ein trauriger Vorgang, denn die Folge war meist, dass sie nun eben nicht mehr elfseitige Geschichten oder Vorträge schrieben, sondern nur noch eine halbe Seite zum Erledigen der Arbeitsvorgabe. Also: Ein Schock war es für die Kinder nicht, eher ein langfristiges Zurückstecken in Bezug auf effektives Lernen.

18.6.3 Können sich die Kinder in der weiterführenden Schule anpassen?

Die Frage ist zum Teil schon beantwortet worden. Die Befürchtung, dass Kinder, die freies Arbeiten gewöhnt sind, in geschlossenen Strukturen nicht zurecht kämen, hat sich nicht bewahrheitet (während die Umkehrung, dass Vorgaben gewöhnte Kinder schlechter in offenen Situationen zurecht kommen, richtig zu sein scheint). Im Gegenteil, alle Lehrer der weiterführenden Schulen haben nicht nur die hohe Sozialkompetenz der Kinder, sondern vor allem ihre große Selbstständigkeit hervorgehoben.

Interessant ist dabei allerdings, dass viele Qualifikationen, die die Kinder schon aus der Grundschule in die weiterführende Schule mitgebracht haben, erst Jahre später (wenn überhaupt) von den Lehrern entdeckt bzw. genutzt wurden. So hat sich z. B. erst nach eineinhalb Jahren der Geschichtslehrer auf den Vorschlag der Kinder, das anstehende Thema doch bitte als Referat an sie zu vergeben, eingelassen – und war dann völlig begeistert, wie kompetent die Kinder gearbeitet haben, von der selbstständigen Literaturbeschaffung in der Bibliothek bis hin zum freien Referieren vor der Klasse. Fähigkeiten und Arbeitsweisen, die er gleich von Anfang an hätte nutzen können ...

Oder interessant ist, wenn der (strenge) Deutschlehrer nicht versteht, warum das Nacherzählen einer Fabel nach bestimmten Kriterien von den Kindern eher mittelmäßig gelöst wurde, er aber völlig perplex bei der nächsten Arbeit mit einer offeneren Fragestellung feststellt, dass er ja „lauter hochkompetente und kreative Schriftsteller" in der Klasse sitzen hat. Es scheint so zu sein, dass sich zunächst die Schüler direkt vom einen auf den anderen Tag an die andere Unterrichtsform anpassen mussten (und das auch problemlos gemacht haben), hingegen die Anpassung der Lehrer an die schon vorher vorhandene Qualifikation der Kinder erst sehr allmählich erfolgt. Zum Teil geben die Notenbilder erst nach eineinhalb Jahren die wahren Kompetenzen der Kinder einigermaßen wieder – so lange hat man mittels der üblichen „Stichproben-Leistungsbewertungen" in der Form der drei zu schreibenden Arbeiten pro Halbjahr gebraucht, um die Leistungen eines Kindes einigermaßen zu erfassen.

18.6.4 Fehlen den Kindern nicht in der weiterführenden Schule wichtige Inhalte?

Von allen weiterführenden Schulen wird den Kindern neben hoher Sozialkompetenz (vor allem Empathie und Verantwortungsübernahme für andere) und Selbstständigkeit ein breites und solides Grundwissen und ein weit über das Notwendige hinausreichendes Spezialwissen in ungewöhnlich vielen Bereichen bestätigt. Sogar die (einzelnen) Kinder, denen ich nur ausreichende oder mangelhafte Leistungen in bestimmten Fächern bescheinigen konnte, zeichnen sich in ihrer Schulumgebung (Hauptschule/Gesamtschule) durch eben diese Überqualifikation aus. Eine Schülerin, die nach knapp einem Jahr von der Realschule auf das Gymnasium gewechselt ist, hatte für einen begrenzten Zeitraum primär in Englisch aufzuholen, also dem Fach, das neu hinzu gekommen ist.

Es scheint so zu sein, dass das selbstgesteuerte und interessengeleitete Lernen bei den Kindern ein „verstandenes Wissen" erzeugt hat, das unter dem Strich wesentlich umfassender herauskommt als ein nicht selbst konstruiertes Lehrgangswissen. Leider gibt es meines Wissens aber noch keine Modellversuche bezüglich eines solchen überfachlichen Offenen Unterrichtes für die weiterführende Schule, aber Schulmodelle wie z. B. die Sudbury Valley School in Framingham/Massachusetts (www.sudval.org), an der es keinen Unterricht im herkömmlichen Sinne gibt, scheinen die Effektivität eines solchen Lernens auch für die höhere Schule zu bestätigen. In Deutschland gestaltet sich leider sogar an Freien Alternativschulen der Unterricht in der Sekundarstufe immer noch eher traditionell als überfachlich bzw. offen. Hier herrscht Handlungs- und Erprobungsbedarf ...

19 Schlussbemerkung: Das Lernen hochhalten ...

Verstehendes Lernen setzt [...] voraus,
- dass die Lernumgebung den Lernenden Möglichkeiten für individuelle Konstruktionen und ihre Überprüfung gibt (konstruktives Lernen);
- dass die Lernumgebung Möglichkeiten zur Erfahrungsgewinnung bereithält (aktives Lernen);
- dass Lernprozesse in sinnvolle, möglichst authentische Kontexte eingebettet sind (situiertes Lernen);
- dass der Unterricht das interaktive Aushandeln von Deutungen und Meinungen in der Lerngruppe fördert (soziales und kooperatives Lernen) und
- dass der Unterricht Möglichkeiten für selbstbestimmte Lernwege einräumt (selbstbestimmtes Lernen). (Möller 2000, 54)

Ich habe hier ein Konzept Offenen Unterrichts beschrieben und evaluiert, das mit den verschiedensten Begründungen pädagogischer, psychologischer, soziologischer aber auch fachdidaktischer Art einen Wandel von Schule verfolgt, der im Hinblick auf den traditionellen Unterricht vor allem durch eine Abkehr von einem geschlossenen Kanon „trägen Wissens" zum Aufbau „flexiblen, prozeduralen, intelligenten Wissens" gekennzeichnet ist. Einem Wissen, das sich von einem Wissenserwerb zum Selbstzweck (oder zur Selektion der Lernenden) darin unterscheidet, dass es nicht nur eine kompetente Grundbasis für weiteren Wissenserwerb darstellt, sondern vor allem das Lernen des Lernens produktiv unterstützt, d. h. den Aufbau methodischer und fachlicher Kompetenzen so ermöglicht, dass zugleich möglichst die Motivation für ein lebenslanges Lernen erhalten wird.

Ich habe auch gezeigt, dass meiner Meinung nach für den Aufbau dieser Kompetenzen ein selbstgesteuertes autonomes Lernen nicht nur Zielperspektive, sondern Grundvoraussetzung ist. Genauso wie man Schreiben durch schreiben, Lesen durch lesen und Rechnen durch rechnen am besten lernt, so gehe ich davon aus, dass man Selbstständigkeit und Verantwortungsgefühl am besten durch selbstständiges und verantwortliches Handeln entwickelt. Ich traue Kindern dabei eine Menge zu – so viel, dass manch Kritiker über so viel Naivität nur müde lächelt. Natürlich klingt das beschriebene Konzept sehr idealistisch. Vielleicht würde ich es selbst auch als konkrete Utopie ansehen, hätte ich nicht die Erfahrungen in meiner eigenen Klassen gemacht – und vorzuweisen.

Ich glaube, dass viele der Überlegungen und das in ihnen ausgedrückte, vor Positivität strotzende Menschenbild – und die damit einhergehende Relativierung didaktischer Bemühungen – für viele Leser nicht mehr nachvollziehbar sein werden. Ich möchte daher abschließend eine kleine Geschichte, einen Gedanken erzählen, der mich seit Jahren begleitet, nämlich der, dass unsere Wahrnehmung von Natur aus sehr begrenzt und immer rein subjektiv ist. Vielleicht gibt es andere Dimensionen von Zusammenhängen und Wahrheiten, die uns einfach noch nicht bekannt sind – aber die zu erforschen es sich sicher lohnt. Diese Idee verknüpfe ich persönlich unter anderem mit EDWIN A. ABOTTs Schilderungen in seinem 1884 erschienenen

„mehrdimensionalen" Roman „Flächenland" (vgl. 1986; 1994), seit ich in meiner eigenen Schulzeit in PAUL WATZLAWICKs Buch „Wie wirklich ist die Wirklichkeit" (vgl. 1978, 214ff.) einem Hinweis auf ebendieses alte Buch von ABOTT begegnet bin.

In ABOTTs Buch findet man sich wieder als ein Bewohner von Flächenland, einer zweidimensionalen Welt, die nur aus einer Fläche ohne die dritte Dimension von Höhe oder Tiefe besteht. In dieser Welt wird von den Bewohnern alles letztendlich nur als längere bzw. kürzere Gerade gesehen, denn jeglicher Gegenstand oder jegliches Lebewesen liegt bzw. bewegt sich in ja nur einer Ebene: der Horizontalen. Um sich in die fremdartige Sichtweise der Flächenländer hineinzuversetzen, lege man einfach ein Blatt Papier beliebiger Form (z. B. ein Dreieck) auf einen Tisch und lasse die Auge immer mehr zur Tischkante wandern. Haben Augen, Papier und Tischplatte eine Höhe erreicht, sieht man das Papier nur noch von vorne, d. h. als Linie. Verändert man die Form des Blattes (z. B. zu einem Viereck oder einem Kreis), so verändert sich gegebenenfalls die Länge der Linie, aber sonst auch nichts. Stellt man sich nun noch vor, dass sich Papier und Tischplatte *in* genau *einer* Ebene befinden (und nicht das Papier *auf* der Tischplatte), so hat man eine erste Ahnung der Dimensionen von Flächenland.

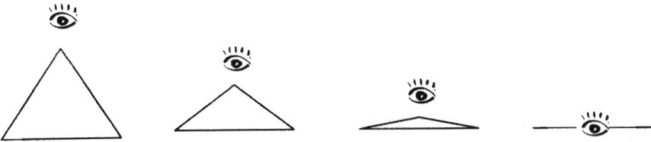

Nun, für die Bewohner von Flächenland ist das alles natürlich nichts Erstaunliches, sie haben andere Methoden des Erkennens untereinander gefunden (z. B. durch a-kustische Signale), als nur auf die Linienlänge zu achten. Aber eines Tages hat der Erzähler aus Flächenland eine Vision. Er träumt von einem anderen Land, „Linien-land". In Linienland bewegen sich die Bewohner als Striche und Punkte immer nur auf einer Linie vor und zurück. Sie selber nehmen sich optisch entsprechend nur als Punkte wahr – zudem können sie in ihrem ganzen Leben nie an ihren Nachbarn vorbei, da sie ja alle ein Teil derselben Linie, ihrer ganzen Welt, sind.

Der Besucher aus Flächenland (übrigens ein Quadrat) versucht dem König von Linienland zu erklären, dass es außer der Nord-Süd-Richtung noch eine Ost-West-Richtung geben würde: man könne sich nicht nur vor und zurück, sondern auch nach links oder rechts bewegen. Eine abstruse Vorstellung für den König von Linienland, der den unbekannten Besucher noch nicht einmal sehen kann. Daraufhin taucht unser Quadrat von einer Seite nach Linienland ein, durchläuft es und gleitet an der anderen Seite wieder hinaus. Alles was der König von ihm sieht, ist ein Punkt, wenn das Quadrat die Linie, d. h. seinen Augenhorizont, schneidet. Der eindimensionale König kann zwar mit Hilfe anderer Sinne Punkte von Linien unterscheiden, er kann aber nichts außer Punkten direkt sehen. Für ihn ist die Vorstellung einer zweidimensionalen Welt absolut unverständlich. Er kann nur die Phänomene zur Kenntnis nehmen, die die fremde Welt in seiner Welt (und seinem Weltbild) verursacht.

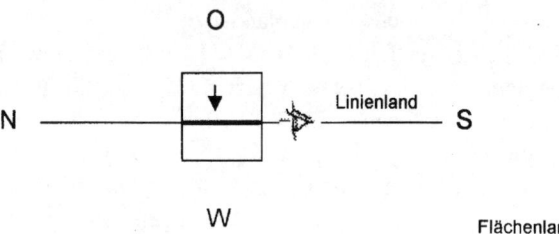

Das flächige Quadrat gleitet auf der Ebene waagerecht von Osten nach Westen durch Linienland hindurch – in Linienland ist nur ein Punkt wahrnehmbar, eine Linie ahnbar.

Aber es kommt noch besser, denn wenig später widerfährt dem zweidimensionalen Erzähler aus Flächenland, der Linienland auf Grund des beschränkten Vorstellungsvermögens des Königs aufgebracht verlassen hat, die gleiche Situation am eigenen Leibe: Unser Quadrat bekommt Besuch von einer Kugel aus „Raumland". Auch dieser Besucher taucht in die fremde Welt – hier Flächenland – ein. Aber alles, was unser flächenländer Quadrat von ihm zu sehen bekommt, ist das erschreckende Schauspiel einer Linie, (die er mit seinen anderen Sinnen zumindest als Kreis identifizieren kann,) die plötzlich in seinem ringsum geschlossenen (aber nach oben und unten natürlich offenen) Haus auftaucht und ständig ihre Größe ändert, für ihn wahrnehmbar vom Punkt bis zum großen Kreis und wieder zurück zum Punkt.

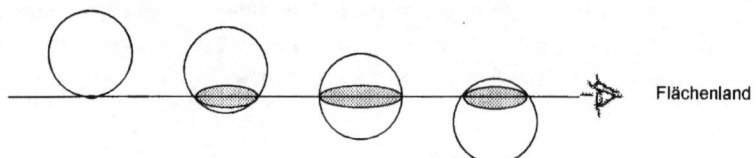

Die dreidimensionale Kugel gleitet vertikal von oben nach unten durch Flächenland hindurch
– in Flächenland ist nur eine Linie wahrnehmbar, ein Kreis ahnbar.

Wir können uns das als Bewohner von Raumland ja noch gut vorstellen, was das nur zwei Dimensionen gewöhnte Quadrat von der dreidimensionalen Kugel zu sehen bekommt. Genauso wie das Quadrat selbst vorher dem eindimensionalen König von Linienland versucht hat, seine eigene Figur zu beschreiben, indem es ihm erklärt hat,

900

dass es selber praktisch eine unendliche Anzahl von Linien sei, so versucht nun die Kugel dem Quadrat vergeblich zu erklären, dass sie selbst eine unendliche Anzahl von Kreisen sei. Schließlich aber folgt der ungläubige Bewohner Flächenlands dem Besucher aus Raumland in die unbekannte Dimension – und nimmt zum ersten Mal die Begrenztheit seines eigenen Weltbildes bzw. seiner Welt wahr, die er nun aus vorher *unvorstellbarer* Perspektive von oben betrachten kann. Zu den vier Himmelsrichtungen von Flächenland gesellen sich noch oben und unten als dritte Dimension. (In einem erneuten Traum zeigt die Kugel dem Quadrat dann noch „Punktland", einen hellen, unendlich kleinen Punkt, der sich selbstzufrieden für das ganze Universum hält – dimensionslos.)

Wie sieht es denn mit uns aus? Können wir uns – als „dreidimensionale Raumländer" eine vierte Dimension vorstellen? Geht man von den geometrischen bzw. mathematischen Folgen aus, so ergäbe sich (für das einfache Beispiel des Würfels) Folgendes:

0. Dimension – Punktland:	Ein in sich selbst ruhender und begrenzter (End-)Punkt
1. Dimension – Linienland:	Ein sich bewegender Punkt ergibt eine Linie mit 2 Endpunkten
	eine Linie wird durch 2 Punkte begrenzt
2. Dimension – Flächenland:	Eine sich bewegende Linie ergibt ein Quadrat mit 4 Endpunkten
	ein Quadrat wird durch 4 Linien begrenzt
3. Dimension – Raumland:	Ein sich bewegendes Quadrat ergibt einen Würfel mit 8 Endpunkten
	ein Würfel wird durch 6 Quadrate begrenzt
4. Dimension -? :	Ein sich bewegender Würfel ergibt ? mit 16 Endpunkten ...
	? wird durch 8 Würfel begrenzt ...

Selbst wenn wir als vierte Dimension die Zeit dazu nehmen würden, wären wir nicht in der Lage, eine „Vorstellung" von einem vierdimensionalen Gebilde zu bekommen. Wir würden uns auch hier an das uns Bekannte (z. B. den Würfel) klammern – was uns zweifelsohne der Begegnung mit der angestrebten nächsten Dimension völlig im Wege steht.

Warum erzähle ich hier von den Schwierigkeiten der Wahrnehmung anderer Dimensionen? Nun, für mich hat das viel mit der Ohnmacht zu tun, die ich im Hinblick auf die in diesem Buch angesprochene Thematik verspüre: *Auf der Suche nach der verlorenen Dimension der Offenheit.* Und zwar in mehrfacher Hinsicht.

Zunächst begegne ich immer wieder vielen Menschen, die mir und meinen Vorstellungen zuhören, mir von ihren Erlebnissen und Ansichten berichten, mit denen ich mich austausche. Dabei benutzen wir meist dieselben Begriffe und unterstellen uns auch ähnliche Ziele. Und dennoch wird mir dann bei bestimmten Äußerungen und Fragen meiner Gesprächspartner oft schlagartig klar, dass wir in so unterschiedlichen Welten leben, in so unterschiedlichen Dimensionen denken, dass ich mich frage, ob wirklich ein Austausch stattgefunden hat. Oder hat nur jeder seine Welt möglichst so geschildert, dass er ein williges Opfer zum Zuhören hat finden können

– vornehmlich zur Selbstbestätigung? Vor allem, wenn ich mir dann hochgelobte Beispiele „innovativer Schulen" oder „offenen Unterrichts" in der Praxis ansehe, merke ich, wie weit weg meine eigenen Gedanken doch auch nur vom ersten Ansatz einer allgemeineren Praxis sind.

Es kann also gut sein, dass dieses Buch für viele Menschen eher einer unbekannten Dimension entspringt denn einer bekannten – wobei ich selber nicht weiß, wer hier den „höherdimensionalen" Einblick hat: der Leser, der meine Dimension vielleicht schon längst hinter sich gelassen hat und – zumindest aus seiner Sicht – über so viel Unverstand ärgerlich den Kopf schüttelt, oder ich, der ich mittlerweile die meisten Probleme von Lehrern nicht mehr nachvollziehen kann, weil ich sie zu oft als hausgemacht erlebt habe und selber erfahren habe, wie schön und einfach Schule – auch mit noch so „schwierigen" Schülern – sein kann, wenn man statt des Versteckens hinter irgendwelchen methodisch-didaktischen Rezepten die Lernverantwortung einfach vertrauensvoll (wieder) den Kindern übergibt – und sie ehrlich und konsequent als eigenständige Menschen ernst nimmt.

Aber auch in einer zweiten Hinsicht verspüre ich eine gewisse Ohnmacht in Bezug auf meine beschränkte Sichtweise bzw. mir unbekannte Dimensionen. Nach dem Paradigmenwechsel der Didaktik bzw. der Fachdidaktiken in den letzten Jahren/Jahrzehnten werden die weißen Felder auf den Landkarten wieder größer, denn die allzu zügige Kartographierung scheinbar erschlossener Gebiete hat sich mittlerweile als viel zu vorschnell bzw. als wissenschaftlicher Irrweg herausgestellt. Was man über das Lernen von Kindern zu wissen glaubte, wird immer unglaubwürdiger und muss mehr und mehr wieder durch schwarze Flächen bzw. „black boxes" ersetzt werden. Wir wissen eben doch (noch?) nicht, wie Kinder lernen. Dabei verschwimmt die Wissenschaftlichkeit der Wissenschaft zunehmend und auch ernst zu nehmende Didaktiker versuchen mittlerweile unbekannte „vierte" Dimensionen aufzuspüren – weil sich die traditionellen Bahnen als zu eng gedacht bzw. immer wieder vom Ziel wegführend erwiesen haben. Genau so wie Physiker heute versuchen, in einer Quantentheorie der Gravitation die beiden sich gegenseitig ausschließenden und doch beide richtigen Theorien der Quantenmechanik und der allgemeinen Relativitätstheorie unterzubringen, genauso kann es sein, dass Lernen ganz anderen Gesetzen folgt als wir bislang vermuten. Denn es existieren doch allzu viele Beispiele für ein sehr erfolgreiches Lernen außerhalb pädagogischer bzw. didaktischer Situationen.

Eine verstärkte Aufmerksamkeit auf gerade diese Lernprozesse wird in der Zukunft richtungsweisend sein. Ich sehe hier den Schlüssel zu vielen pädagogischen und didaktischen Fragen, vielleicht ein bisschen so wie die Suche nach der eben erwähnten „Weltformel", die unterschiedliche physikalische Weltbilder vereinigen muss. Dabei begibt man sich auf weitgehend unerforschtes Gebiet – vor allem deshalb unerforscht, weil zu seiner Erforschung alle wissenschaftlichen Disziplinen, die mit

Schule zu tun haben, zusammenarbeiten müssten. Sie müssten zusammen herauszubekommen, was die produktive Lernatmosphäre im Offenen Unterricht von einer unproduktiven unterscheidet. Erste Ansätze einzelner Wissenschaften, die helfen könnten, dem hier angesprochenen Phänomen auf die Spur zu kommen, gibt es schon:

- die Pädagogik mit ihrem Verständnis selbstregulierten Lebens und Lernens;
- die Lernpsychologie mit der Selbstbestimmungstheorie der Motivation;
- die pädagogische Psychologie mit dem Ansatz interessegeleiteten Lernens;
- die Kognitionspsychologie mit der Erforschung impliziter und inzidenteller Lernprozesse;
- die Fachwissenschaften mit ihrer Besinnung auf elementare Kernideen;
- die Fachdidaktiken mit dem Wechsel von der Didaktik zur Mathetik, der Berücksichtigung individueller Lernvoraussetzungen, Lernentwicklungen und Lernwege durch Eigenproduktionen der Kinder;
- ...

Dabei handelt es sich in den meisten Fällen aber um isolierte Grundlagenforschung, die das Geschehen in einem Klassenraum, die Effektivität oder die Kontraproduktivität bestimmter Impulse, die Art der Aufnahme und Verarbeitung von „Lerninformationen" durch den Einzelnen nur unzureichend erklären kann. Daher ist der nächste Schritt, die Untersuchung des Zusammenspiels der verschiedenen Komponenten, viel wichtiger als diese Einzelforschungen. Hier sehe ich die primäre Aufgabe der Schulpädagogik, die nach der immerwährenden Phase der Schulkritik nun die Chance hat, Fächer, Fachdidaktiken und pädagogische Bezugsdisziplinen zu integrieren. Dies ist zwar in ersten Ansätzen schon erfolgreich geschehen (man denke z. B. daran, dass das Gros der einen Paradigmenwechsel begründenden fachdidaktischen Impulse von Schulpädagogen und nicht von Fachwissenschaftlern stammt), aber ein durchgängiges, stimmiges Konzept fehlt bislang. Zu häufig noch werden – wahrscheinlich, weil alle Beteiligten doch viel stärker in ihren fachlichen und biographischen Traditionen gefangen sind, als man vielleicht denkt – meiner Meinung nach einfach die falschen Fragen gestellt. Und dabei kommen dann auch notgedrungen nicht die richtigen Antworten heraus.

Eine solche Fragestellung, die mich schon Jahre beschäftigt, ist beispielsweise die nach der Funktion, die das explizite Erklären bzw. Thematisieren bestimmter Phänomene und Zusammenhänge im Hinblick auf das selbstgesteuerte Lernen hat. Die individuellen Gespräche mit Kindern und das gegenseitige Berichten im Kreis halte ich für ein Vorgehen, das sehr wichtig für das „Hochhalten des Lernens" ist – und damit eine Grundbedingung für die hohe Produktivität unseres Konzepts des Offenen Unterrichts darstellt. Wie schon oben mehrfach angedeutet, bin ich mir aber nicht sicher, inwieweit die konkreten Inhalte dabei eine Rolle spielen. Ich vermute mittlerweile, dass es in vielen Bereichen (z. B. Schreiben und Rechtschreiben, forschender Sachunterricht, große Bereiche der Mathematik) keinen Kanon unbedingt zu thematisierender Inhalte gibt, sondern dass hier Rückmeldungen primär dazu dienen, den jeweiligen Inhalt und das Interesse des Kindes an diesem als wichtig anzusehen und so „das Lernen hochzuhalten". Ich hatte einfach zu viele Kinder in der Klasse, die zwar von der herausfordernden Lernatmosphäre umgeben waren, aber eben keine solchen direkten Impulse des Lehrers bekommen haben – und trotzdem überdurchschnittlich gelernt haben. Dabei waren vor allem auch Kinder, die im „normalen" Unterricht als Schulversager galten. Sollte das so sein, hätte das gravierende Konsequenzen im Hinblick auf unsere Curricula in der Klasse – dann würde tatsächlich die Pädagogik zum Schlüssel für die Didaktik bzw. Mathetik werden.

Entsprechend ließe sich ein Konzept Offenen Unterrichts begründen, das die subjektive Wichtigkeit des Lernstoffs für den Einzelnen als primäre Lernvoraussetzung ansehen würde. Statt eines expliziten Lehrgangs müsste ein selbstreguliertes, in vielen Bereichen eher implizites und inzidentelles Lernen (einschließlich der vom Lernenden selbst gesteuerten „expliziten" Reflexions- und Bewusstmachungsprozesse) die Auseinandersetzung mit der Wirklichkeit bestimmen. Ein Lernen, das den von der Gesellschaft als Qualifikation geforderten Kompetenzerwerb leicht möglich machen würde (– evtl. sogar ohne die rechtliche Maßnahme des Schulzwangs, solange auch so eine „das Lernen hochhaltende" Umgebung für den Lernenden vorhanden ist).

> Maßstäbe sind in der fortschrittlichen Pädagogik wichtig. Wenn hohe Leistungsnormen gesetzt und erreicht werden, kann diese Form der Pädagogik als Beispiel für die Welt dienen. Fehlen die Maßstäbe, kann ein fortschrittliches Programm rasch zu einer Entschuldigung für Faulheit, Nachlässigkeit und sogar Anarchie werden. Aber solche Normen lassen sich – wie Francis Parker betonte – nicht von außen aufprägen. Sie müssen sich auf natürliche Art ergeben, wenn Schüler und Lehrer in einer Atmosphäre gegenseitiger Achtung zusammenarbeiten. (Gardner 1994, 243)

Es kann sein, dass das hier vorgestellte Konzept niemandem außer mir selbst viel nützt, weil es trotz aller Bemühungen um eine Einbettung in die wissenschaftliche Diskussion immer noch zwischen Pädagogik und Didaktik zu stehen scheint. Für mich ergibt sich diesbezüglich aber gar nicht die Dichotomie eines „Entweder – Oder", denn ich habe selbst erfahren können, dass eine Erziehung zum autonomen Lernen Menschen hervorbringt, die nicht nur den gängigen Lehrplaninhalten in der Regel weit voraus sind, sondern auch Menschen, die sich sehr engagiert für die Belange anderer bzw. die der Gemeinschaft einsetzen. Entsprechend stelle ich Pädagogik zunächst vor jede Didaktik und den einzelnen Menschen zunächst vor alle vermeintlichen Ansprüche der Gesellschaft, deren Rechte immer dann angeführt werden, wenn in der Schule die sachlogischen Begründungen ausgehen.

Ich weiß natürlich nicht, inwieweit das Konzept vor allem durch mich als Lehrer, der sich in hohem Maße mit seinem Handeln identifiziert hat, getragen worden ist. Ich sehe daher den größten Knackpunkt des „Konzepts " in der (nachvollziehbaren)

Tatsache, dass ich anderen Lehrenden keine konkreten Handlungsanweisungen geben kann. Ich kann zwar meine Überlegungen mitteilen und so mein Unterrichtskonzept durchschaubarer machen, aber das ist nur ein kleiner Bruchteil dessen, was das Konzept auszeichnet. Der wesentlich wichtigere Teil, der über Erfolg und Misserfolg eines solchen Offenen Unterrichts entscheidet, ist das, was ich mit „das Lernen hochhalten" zu beschreiben versucht habe und was ich auch in anderen Konzepten hinter Sätzen wie dem folgenden als Schlüssel zum produktiven Lernen vermute: „Der Lehrer wird bald merken, dass er sich weniger um die Herstellung von Kernideen sorgen muss, als um ihre Erhaltung und Pflege." (Gallin/ Ruf 1990, 39)

Und das ist etwas, was in meiner Klasse einfach „passiert" ist, was ich aber in anderen Klassen bislang noch nicht oft angetroffen habe. Es hat vermutlich mit der radikalen Öffnung der Fächer zu den Kindern zu tun; es hat mit der ehrlichen Beziehungsebene zu tun, die uns eine echte Gemeinschaft hat werden lassen; es hat etwas damit zu tun, dass alle authentisch agieren, „sie selbst" sein konnten; und nicht zuletzt hat es etwas damit zu tun, dass wir alle – einschließlich dem Lehrer – die meiste Zeit unser Lernen als höchst spannend, herausfordernd, ansteckend und sinngebend empfunden haben. Aber was genau den Unterschied macht, weiß ich nicht. Aber wir können ja alle weiter daran forschen.

Und bei all unseren Forschungen sollten wir bedenken, dass wir eben nicht ausschließen können, dass unser Weltbild – einschließlich unserer „Lern-" und „Naturgesetze" – nur ein vorläufiges, klägliches Abbild der wahren Zusammenhänge ist. Man darf auch hier gespannt sein auf die Zukunft. Zumindest aber sollte man nicht zu vorschnell an alten Relikten festhalten, die sich schon zu oft als unzulängliche oder unhaltbare Konstrukte erwiesen haben. Die Geschichte der Schule ist zu voll von diesen. Vielleicht kann man ja doch einmal einen neuen Weg gehen – auch wenn dieser unter Umständen zunächst in unbekanntere Dimensionen führt ...

ich fende Die Schule Toll Peschel

20 Literatur

Abott, Edwin A.: Flächenland. Ein mehrdimensionaler Roman. (Englisches Original 1884) München (Deutscher Taschenbuch Verlag) 1989

Abott, Edwin A.: Flatland. A Romance of Many Dimensions. (Original 1884) New York (Harper Perennial) 1994

Achermann, Edwin: Mit Kindern Schule machen. Zürich (Verlag Lehrerinnen und Lehrer Schweiz) 1995[4]

Ackermann, Marianne/ Bongard, Margret/ Gehrke, Helga/ Gesing, Harald/ Mink, Juliane: Xa-Lando. 1. bis 4. Schuljahr. (4 Bände). Paderborn (Schöningh) 1995-1996

Aebli, Hans: Zwölf Grundformen des Lehrens. Stuttgart (Klett-Cotta) 1994[8]

Afflerbach, Sabine: Grammatikalisierungsprozesse bei der Entwicklung der Kommasetzungsfähigkeiten. In: Feilke, Helmuth/ Kappest, Klaus-Peter/ Knobloch, Clemens (Hrsg.): Grammatikalisierung, Spracherwerb und Schriftlichkeit. Tübingen (Niemeyer) 2001 (S. 155-166)

Alberg, Rudolf: Das Bildungsgutachten – ein wirklichkeitsfremdes und leistungshemmendes Konzept. In: Schlaffke, Winfried/ Westphalen, Klaus: Denkschrift NRW – Hat Bildung in Schule Zukunft? Köln (Deutscher Instituts-Verlag) 1996 (S. 28-45)

Altenburg, Erika: Wege zum selbständigen Lesen. Frankfurt am Main (Cornelsen Skriptor) 1991

Altenburg, Erika: Offene Schreibanlässe. Donauwörth (Auer) 1998[2]

Altrichter, Herbert: Ist das noch Wissenschaft? Darstellung und wissenschaftstheoretische Diskussion einer von Lehrern betriebenen Aktionsforschung. München (Profil) 1990

Altrichter, Herbert/ Posch, Peter: Lehrer erforschen ihren Unterricht. Eine Einführung in die Methoden der Aktionsforschung. Bad Heilbrunn/Obb. (Klinkhardt) 1994

Andresen, Ute: So dumm sind sie nicht. Von der Würde der Kinder in der Schule. Weinheim (Beltz) 1985

Appleton, Matthew: Summerhill – Kindern ihre Kindheit zurückgeben. Demokratie und Selbstregulierung in der Erziehung. Herausgegeben von Falko Peschel. Baltmannsweiler (Schneider Verlag Hohengehren) 2000

Arbeitskreis Grundschule e.V. (Hrsg.): Wer hat Angst vor Freier Arbeit? Wir nicht! Entgegnung auf Henning Günther „Freie Arbeit in der Grundschule". Frankfurt am Main (Arbeitskreis Grundschule) 1990

Artelt, Cordula/ Demmrich, Anke/ Baumert, Jürgen: Selbstreguliertes Lernen. In: Deutsches PISA-Konsortium (Hrsg.): PISA 2000. Basiskompetenzen von Schülerinnen und Schülern im internationalen Vergleich. Olpaden (Leske und Budrich) 2001 (S. 271-298)

Augst, Gerhard: Rechtschreibung und Rechtschreibunterricht – Aufbruch zu neuen Ufern oder alter Wein in neuen Schläuchen? In: Der Deutschunterricht. Heft 6/89. Seelze (Friedrich) 1989 (S. 5-14)

Augst, Gerhard/ Dehn, Mechthild: Rechtschreibung und Rechtschreibunterricht. Können – Lehren – Lernen. Stuttgart (Klett) 1998

Auras, Thomas: Kinder als Bewegungsexperten. Freies Bewegen im Sportunterricht. Köln (Sport und Buch Strauss) 2001

Aurin, Kurt (Hrsg.): Gute Schulen – worauf beruht ihre Wirksamkeit? Bad Heilbrunn/Obb. (Klinkhardt) 1991[2]

Avila, Michael: Vom „Ob" über das „Wie" zum „Selbstverständlich". In: Mitzlaff, Hartmut/ Speck-Hamdan, Angelika (Hrsg.): Grundschule und neue Medien. Frankfurt am Main (Arbeitskreis Grundschule – Der Grundschulverband) 1998 (S. 220-230)

Balhorn, Heiko: Zur fundierung grundwortschatzorientierten lernens im rechtschreibunterricht in der primarstufe: Argumentation auf der basis empirischer untersuchungen. In: Bartnitzky, Horst/ Christiani, Reinhold (Hrsg.): Materialband: Grundwortschätze. Bielefeld (CVK) 1983 (S. 26-36)

Balhorn, Heiko/ Vieluf, Jochen/ Vieluf, Ulrich: Welchen übungswortschatz brauchen schüler? In: Grundschule. Heft 11/83. Braunschweig (Westermann) 1983 (S. 8 und 10)

Balhorn, Heiko/ Niemann, Heide (Hrsg.): Sprachen werden Schrift. Lengwil (Libelle) 1997

Balhorn, Heiko/ Brügelmann, Hans/ Kretschmann, Rudolf/ Scheerer-Neumann, Gerheid: Regenbogen-Lesekiste. Hamburg (Verlag für pädagogische Medien) 1997

Balhorn, Heiko: Heiko Balhorn fragt nach: In: Balhorn, Heiko/ Bartnitzky, Horst/ Büchner, Inge/ Speck-Hamdan, Angelika (Hrsg.): Schatzkiste Sprache 1. Frankfurt am Main (Arbeitskreis Grundschule) 1998 (S. 333-336)

Balhorn, Heiko/ Bartnitzky, Horst/ Büchner, Inge/ Speck-Hamdan, Angelika (Hrsg.): Schatzkiste Sprache 1. Frankfurt am Main (Arbeitskreis Grundschule) 1998

Bambach, Heide: Erfunde Geschichten erzählen es richtig. Lesen und Leben in der Schule. Bottighofen am Bodensee (Libelle) 1993

Bannach, Michael/ Sebold, Lydia (Hrsg.): Wege zur Öffnung des Unterrichts. München (Oldenbourg) 1997

Bannach, Michael: Selbstbestimmtes Lernen. Freie Arbeit an selbst gewählten Themen. Baltmannsweiler (Schneider Verlag Hohengehren) 2002

Bartnitzky, Horst: Sprachunterricht heute. Frankfurt am Main (Cornelsen Skriptor) 1987

Bartnitzky, Horst: Von Mogelpackungen, Irrwegen und Innovationen. In: Neue Deutsche Schule. Heft 4/98. Essen (Neue Deutsche Schule) 1998 (S. 24-29)

Bartnitzky, Horst/ Christiani, Reinhold (Hrsg.): Die Fundgrube für Freie Arbeit. Berlin (Cornelsen Scriptor) 1998

Bartnitzky, Horst: Kerncurriculum Deutsch/Sprache: Überlegungen zu den Arbeitsfeldern Rechtschreiben und Lesen. Unv. Manuskript. Frankfurt am Main (Der Grundschulverband) 2000a

Bartnitzky, Horst: Rechtschreiben üben – selbsttätig und materialarm. In: Die Grundschulzeitschrift. Heft 137. Seelze (Friedrich) 2000b (S. 6-12)

Bartnitzky, Horst/ Christiani, Reinhold (Hrsg.): Berufseinstieg: Grundschule. Leitfaden für Studium und Vorbereitungsdienst. Berlin (Cornelsen Scriptor) 2002

Baruk, Stella: Wie alt ist der Kapitän? Über den Irrtum in der Mathematik. Basel (Birkhäuser) 1989

Bauer, Karl-Oswald/ Rolff, Hans-Günter: Vorarbeiten zu einer Theorie der Schulentwicklung. In: Bauer, Karl-Oswald/ Rolff, Hans-Günter (Hrsg.): Innovation und Schulentwicklung. Weinheim (Beltz) 1978 (S. 219-266)

Bauersfeld, Heinrich: Wie lernen Kinder Mathematik und was ist guter Mathematikunterricht? Manuskript zum Fachgespräch „Wie lernen Kinder Mathematik und was ist guter Mathematikunterricht?" im Landesinstitut für Schule und Weiterbildung. Soest 1999

Baum, Monika/ Wielpütz, Hans: Arbeitspapier zum Workshop „Mathematik auf eigenen Wegen. Unv. Manuskript. Köln 1998

Becher, Hans-Rudolf/ Bennack, Jürgen/ Jürgens, Eiko (Hrsg.): Taschenbuch Grundschule Neu. Baltmannsweiler (Schneider Verlag Hohengehren) 1998[3]

Beck, Erwin/ Guldimann, Titus/ Zutavern, Michael: Eigenständig lernende Schülerinnen und Schüler. In: Beck, Erwin/ Guldimann, Titus/ Zutavern, Michael (Hrsg.): Eigenständig lernen. St. Gallen (UVK) 1995 (S. 15-58)

Beck, Gertrud/ Scholz, Gerold: Beobachten im Schulalltag. Ein Studien- und Praxisbuch. Frankfurt am Main (Cornelsen Scriptor) 1995

Beck, Gertrud/ Claussen, Claus: Kinder – Methoden – Kompetenz. In: Die Grundschulzeitschrift. Heft 139. Seelze (Friedrich) 2000 (S. 6-9)

Beeler, Armin: Selbst ist der Schüler. Überlegungen und praktische Vorschläge zum Lernenlernen in der Primarstufe. Zug (Klett und Balmer) 1995[4]

Behr, Michael/ Jeske, Werner: Schul-Alternativen. Modelle anderer Schulwirklichkeit. Düsseldorf (Schwann) 1982

Beinke, Lothar/ Bruggen, Johan C. van/ Dittmann, Armin/ Führ, Christoph/ Gauger, Jörg-Dieter/ Mußgnug, Reinhard/ Regenbrecht, Aloysius/ Rekus, Jürgen/ Reul, Herbert/ Westphalen, Klaus/ Wollersheim, Heinz-Werner: Zukunft der Bildung – Schule der Zukunft? Zur Diskussion um die Denkschrift der Bildungskommission NRW. Sankt Augustin (Konrad-Adenauer-Stiftung) 1996

Beishuizen, Meindert/ Klein, Ton: Eine Aufgabe – viele Strategien. In: Grundschule. Heft 3/97. Braunschweig (Westermann) 1997 (S. 22-24)

Bender, Peter/ Beyer, Dieter/ Brück-Binninger, Ute/ Kowallek, Rainer/ Schmidt, Siegbert/ Sorger, Peter/ Wielpütz, Hans/ Wittmann, Erich Ch.: Überlegungen zur fachmathematischen Ausbildung angehenden Grundschullehrerinnen und –lehrer. In: Journal für Mathematik-Didaktik. Heft 4/99. Stuttgart (Teubner) 1999 (S. 301-310)

Benezet, Louis P.: The Story of an Experiment. In: Journal of National Education Association 1935 (S. 241-244) (S. 301-303) und 1936 (S. 7-8)

Benezet, Louis P.: Die Geschichte eines Unterrichtsexperiments. Übersetzt von Erich Ch. Wittmann. In: Sachunterricht und Mathematik für die Primarstufe. Köln (Aulis Verlag Deubner) 1988 (S. 351-366)

Bennack, Jürgen: Der Erwerb pädagogischer Handlungskompetenz. In: Bildung und Erziehung. Heft 2. 6/96. Köln (Böhlau) 1996 (S. 233-244)

Bennack, Jürgen/ von Martial, Ingbert: Einführung in schulpraktische Studien. Baltmannsweiler (Schneider Verlag Hohengehren) 1997[4]

Bennack, Jürgen: Bildung und Erziehung in der Grundschule. In: Becher, Hans-Rudolf/ Bennack, Jürgen/ Jürgens, Eiko: Taschenbuch Grundschule. Neu. Baltmannsweiler (Schneider Verlag Hohengehren) 1998[3] (S. 286-292)

Bennack, Jürgen: Schulproblem: Erziehung. Neuwied (Luchterhand) 1999

Bennack, Jürgen: Schulaufgabe: Unterricht. Neuwied (Luchterhand) 2000

Benner, Dietrich/ Ramseger, Jörg: Wenn die Schule sich öffnet: Erfahrungen aus dem Grundschulprojekt Gievenbeck. München (Juventa) 1981

Benner, Dietrich: Auf dem Weg zur Öffnung von Unterricht und Schule. In: Die Grundschulzeitschrift. Heft 27. Seelze (Friedrich) 1989 (S. 46-55)

Bennett, Neville: Unterrichtsstile und Lernfortschritt. In: Klewitz, Elard/ Mitzkat, Horst (Hrsg.): Entdeckendes Lernen und offener Unterricht. Braunschweig (Westermann) 1977 (S. 74-78)

Berger, Albert/ Fischer, Marlene/ Hoffmann, Marlies/ Jüttemeier, Maria/ Müller, Gerhard N./ Wittmann, Erich Ch.: Das Zahlenbuch. Schülerbücher 1. bis 4. Schuljahr. (4 Bände). Stuttgart (Klett) 1994a-1997a

Berger, Albert/ Fischer, Marlene/ Hoffmann, Marlies/ Jüttemeier, Maria/ Müller, Gerhard N./ Wittmann, Erich Ch.: Das Zahlenbuch. Übungshefte. 1. bis 4. Schuljahr. (4 Bände). Stuttgart (Klett) 1994b-1997b

Berger, Albert/ Fischer, Marlene/ Hoffmann, Marlies/ Jüttemeier, Maria/ Müller, Gerhard N./ Wittmann, Erich Ch.: Das Zahlenbuch. Lehrerbände 1. bis 4. Schuljahr. (4 Bände). Stuttgart (Klett) 1994c-1997c

Berger-Kündig, Patricia: Gespräche über Namenwörter ziehen ihre Kreise. In: Ruf, Urs/ Gallin, Peter: Dialogisches Lernen in Sprache und Mathematik. Band 2: Spuren legen – Spuren lesen. Unterricht mit Kernideen und Reisetagebüchern. Seelze-Velber (Kallmeyer) 1998a (S. 161-166)

Berger-Kündig, Patricia: Es braucht Mut, seinen eigenen Erfahrungen zu trauen. In: Ruf, Urs/ Gallin, Peter: Dialogisches Lernen in Sprache und Mathematik. Band 2: Spuren legen – Spuren lesen. Unterricht mit Kernideen und Reisetagebüchern. Seelze-Velber (Kallmeyer) 1998b (S. 186-191)

Bergk, Marion: Rechtschreibenlernen von Anfang an. Frankfurt am Main. (Diesterweg) 1992[3]

Bertschi-Kaufmann, Andrea: Lesetagebücher – und was in ihnen sichtbar wird. Lese- und Schreibentwicklungen im offenen Unterricht. In: Bertschi-Kaufmann, Andrea (Hrsg.): Lesen und Schreiben im offenen Unterricht. Zürich (sabe) 1998 (S. 89-102)

Bildungskommission NRW: Zukunft der Bildung – Schule der Zukunft. Neuwied (Luchterhand) 1995

Birkenbihl, Vera F.: Das „neue" Stroh im Kopf? Vom Gehirn-Besitzer zum Gehirn-Benutzer. Landsberg am Lech (mvg-Verlag) 2000

Blumenstock. Leonhard: Interesse fördern – eine pädagogische Aufgabe. In: Grundschule. Heft 6/95. Braunschweig (Westermann) 1995 (S. 10-11)

Böhm, Winfried u. a. (Hrsg.): Schnee vom vergangenen Jahrhundert. Neue Aspekte der Reformpädagogik. Würzburg (Ergon) 1993

Böhm, Winfried/ Oelkers, Jürgen (Hrsg.): Reformpädagogik kontrovers. Würzburg (Ergon) 1995

Bönsch, Manfred/ Schittko, Klaus (Hrsg.): Offener Unterricht. Hannover (Schroedel) 1979

Bönsch, Manfred/ Schittko, Klaus: Einführung: Offener Unterricht – Vorschläge zur Veränderung des Unterrichts. In: Bönsch, Manfred/ Schittko, Klaus (Hrsg.): Offener Unterricht. Hannover (Schroedel) 1979 (S. 9-31)

Bönsch, Manfred (Hrsg.): Offener Unterricht in der Primar- und Sekundarstufe I. Praxisleitende Theorie und theorieleitende Praxis. Hannover (Hahn) 1993

Boettcher, Wolfgang/ Otto, Gunter/ Sitta, Horst/ Tymister, Hans Josef: Lehrer und Schüler machen Unterricht. Weinheim (Beltz) 1982

Bohnsack, Ralf: Rekonstruktive Sozialforschung: Einführung in Methodologie und Praxis qualitativer Forschung. Opladen (Leske und Budrich) 1993[2]

Bornholdt, Hans-Peter/ Dubben, Hans-Hermann: Der Hund, der Eier legt. Erkennen von Fehlinformationen durch Querdenken. Reinbek bei Hamburg (Rowohlt) 1997

Bortz, Jürgen: Statistik für Sozialwissenschaftler. Berlin (Springer) 1999[5]

Bott, Gerhard: Individual- und gruppenpsychologische Aspekte des antiautoritären Selbstregulationsprinzips. In: Engelmeyer, Otto (Hrsg.): Die Antiautoritätsdiskussion in der Pädagogik. Neuburgweiler (Schindele) 1973 (S. 35-48)

Bredderman, Ted: Affects of Activity-based Elementary Science on Student Outcomes: A Quantitative Synthesis. In Review of Educational Research. Heft 4/83. Santa Barbara, California (American Educational Research Association) 1983 (S. 499-518)

Brinkmann, Erika/ Brügelmann, Hans: Ideen-Kiste 1. Schrift – Sprache. Hamburg (Verlag für pädagogische Medien) 1993

Brinkmann, Erika/ Uihlein, Walter: ABeCeDarium. Hamburg (Verlag für pädagogische Medien) 1996

Brinkmann, Erika: Rechtschreibgeschichten. Projekt OASE – „Offene Arbeits- und Sozialformen entwickeln". Bericht No. 33. Universität Siegen 1997

Brinkmann, Erika: Vier Säulen des Rechtschreibunterrichts als Organisations- und Strukturierungshilfe im Deutschunterricht. In: Valtin, Renate (Hrsg.): Rechtschreiben lernen in den Klassen 1-6. Grundlagen und didaktische Hilfen. Frankfurt am Main (Arbeitskreis Grundschule - Der Grundschulverband) 2000 (S. 59-63)

Brinkmann, Erika: Softwarebewertung und –entwicklung. Die fachdidaktische Sicht. In: Brinkmann, Erika (Hrsg.): Computer in der Grundschule. Universität Siegen WS 2000/2001 (S. 141-162)

Brügelmann, Hans: Offene Curricula. Der experimentell-pragmatische Ansatz in englischen Entwicklungsprojekten. In: Zeitschrift für Pädagogik. Heft 1/71. Weinheim (Beltz) 1971 (S. 95-118)

Brügelmann, Hans: Auf der Suche nach der verlorenen Offenheit. In: Haller, Hans-Dieter/ Lenzen, Dieter (Hrsg.): Lehrjahre in der Bildungsreform. Resignation oder Rekonstruktion. Stuttgart (Klett) 1976 (S. 121–137)

Brügelmann, Hans: Veränderungen des Curriculum auf seinem Weg vom Autor zum Kind. In: Zeitschrift für Pädagogik. Heft 4/78. Weinheim (Beltz) 1978 (S. 601-618)

Brügelmann, Hans: Pädagogische Fallstudien: Methoden-Schisma oder Schizophrenie. In: Fischer, Dietlind (Hrsg.): Fallstudien in der Pädagogik. Aufgaben, Methoden, Wirkungen. Konstanz (Faude) 1982 (S. 62-82)

Brügelmann, Hans: Die Schrift entdecken. Konstanz (Faude) 1984

Brügelmann, Hans: Lese- und Schreibaufgaben für Schulanfänger. Beobachtungs- und Deutungshilfen zur Denkentwicklung beim Schriftspracherwerb. Berichte No. 33 a bis f. Universität Bremen 1988/1989

Brügelmann, Hans: Geschlossene Forschung über offenen Unterricht. In: Die Grundschulzeitschrift. Heft 23. Seelze (Friedrich) 1989 (S. 2-3)

Brügelmann, Hans: Kinder auf dem Weg zur Schrift. Bottighoven (Libelle) 1992[4]

Brügelmann, Hans: Dem Ein sin Einzelheit is dem Annern sin Ganzheit. In: Brügelmann, Hans: Kinder auf dem Weg zur Schrift. Bottighoven (Libelle) 1992[4] (S. 78-83)

Brügelmann, Hans: Wortbildjäger oder Buchstabensammler? In: Brügelmann, Hans: Kinder auf dem Weg zur Schrift. Bottighoven (Libelle) 1992[4] (S. 104-110)

Brügelmann, Hans: Von der Teilchen- zur Wellen-Theorie. Kinder konstruieren Wörter und eigene Rechtschreibsysteme. In: Brügelmann, Hans/ Richter, Sigrun (Hrsg.): Wie wir recht schreiben lernen. Lengwil (Libelle) 1994a (S. 102-108)

Brügelmann, Hans: Rechenfertigkeit von Schulanfängern. In: Die Grundschulzeitschrift. Heft 74. Seelze (Friedrich) 1994b (S. 36)

Brügelmann, Hans/ Brinkmann, Erika: Individualisierung „von unten" statt Differenzierung „von oben". Fehlerverständnis und Fehlertoleranz als Grundlage wirksamer Förderung. In: Grundschulunterricht. Heft 2/94. Berlin (Pädagogischer Zeitschriftenverlag) 1994 (S. 9-12)

Brügelmann, Hans/ Richter, Sigrun (Hrsg.): Wie wir recht schreiben lernen. Lengwil (Libelle) 1994

Brügelmann, Hans/ Schüler, Henning: Grundschulreform durch Job-Rotation. Skizze eines Kooperationsmodells von Schule, Universität und Studienseminar. In: Die Grundschulzeitschrift. Heft 79. Seelze (Friedrich) 1994 (S. 54)

Brügelmann, Hans: „Röntgen-Aufnahmen" vom Schriftspracherwerb. In: Brügelmann, Hans/ Balhorn, Heiko (Hrsg.): Schriftwelten im Klassenzimmer. Lengwil (Libelle) 1995 (S. 38-41)

Brügelmann, Hans/ Balhorn, Heiko (Hrsg.): Schriftwelten im Klassenzimmer. Lengwil (Libelle) 1995

Brügelmann, Hans/ Brügelmann, Karin: Kann man „Offenen Unterricht" beurteilen? In: Die Grundschulzeitschrift. Heft 87. Seelze (Friedrich) 1995 (S. 36-39)

Brügelmann, Hans/ Schüler, Henning: Ausbildung für die Arbeit mit Kindern. Vorschlag zu einer Reform der ersten Phase der LehrerInnen-Ausbildung für die Primarstufe. In: Die Grundschulzeitschrift. Heft 84. Seelze (Friedrich) 1995 (S. 48-53)

Brügelmann, Hans: Kinder erfinden Sprache, Schrift und Mathematik. OASE-Bericht Nr. 7. Universität Siegen 1996

Brügelmann, Hans: „Öffnung des Unterrichts" aus der Sicht von LehrerInnen. OASE-Bericht Nr. 3 und Nr. 3a. Universität Siegen 1996/1997

Brügelmann, Hans: Die Öffnung des Unterrichts muss radikaler gedacht, aber auch klarer strukturiert werden. In: Balhorn, Heiko/ Niemann, Heide (Hrsg.): Sprachen werden Schrift. Lengwil (Libelle) 1997a (S. 43-60)

Brügelmann, Hans: Öffnung des Unterrichts. Befunde und Probleme der empirischen Forschung. OASE-Bericht Nr. 10a. Universität Siegen 1997b

Brügelmann, Hans (Hrsg.): Kinder lernen anders. Lengwil (Libelle) 1998a

Brügelmann, Hans: Kinder lernen lesen und schreiben. In: Brügelmann, Hans (Hrsg.): Kinder lernen anders. Lengwil (Libelle) 1998a (S. 41-57)

Brügelmann, Hans: 6-phasiges Modell der Rechtschreibentwicklung. Abbildung in: Richter, Sigrun: Interessebezogenes Rechtschreiblernen. Braunschweig (Westermann) 1998b (S. 29)

Brügelmann, Hans: Öffnung des Unterrichts. Befunde und Probleme der empirischen Forschung. In: Brügelmann, Hans/ Fölling-Albers, Maria/ Richter, Sigrun (Hrsg.): Jahrbuch Grundschule. Fragen der Praxis – Befunde der Forschung. Seelze (Friedrich) 1998c (S. 8-42)

Brügelmann, Hans/ Brinkmann, Erika: Die Schrift erfinden. Lengwil (Libelle) 1998a

Brügelmann, Hans/ Brinkmann, Erika: Oft gestellte Fragen – Antworten im Dialog. In: Balhorn, Heiko/ Bartnitzky, Horst/ Büchner, Inge/ Speck-Hamdan, Angelika (Hrsg.): Schatzkiste Sprache 1. Frankfurt am Main (Arbeitskreis Grundschule) 1998b (S. 116-126)

Brügelmann, Hans/ Fölling-Albers, Maria/ Richter, Sigrun (Hrsg.): Jahrbuch Grundschule. Fragen der Praxis – Befunde der Forschung. Seelze (Friedrich) 1998

Brügelmann, Hans: Fallstudien in der Pädagogik. Perspektiven für die Forschung. OASE-Bericht Nr. 46. Universität Siegen 1999a

Brügelmann, Hans: Moden, Mythen und Modelle in der Erziehungswissenschaft. OASE-Bericht Nr. 47a. Universität Siegen 1999[2]b

Brügelmann, Hans: Qualität und die Kunst, den Erfolg von Unterricht zu messen. OASE-Bericht Nr. 55. Universität Siegen 1999c

Brügelmann, Hans / Fölling-Albers, Maria/ Richter, Sigrun/ Speck-Hamdan, Angelika (Hrsg.): Jahrbuch Grundschule 1999. Frankfurt am Main (Arbeitskreis Grundschule – Der Grundschulverband) 1999 (S. 77-80)

Brügelmann, Hans: Selbsttätigkeit. Serie: Prinzipien des Anfangsunterrichts. In: Die Grundschulzeitschrift. Heft 140. Seelze (Friedrich) 2000 (S. 49-51)

Brügelmann, Hans: Anfangsunterricht II: Didaktische und methodische Konzepte. Rahmentext zur Vorlesung Anfangsunterricht II. Universität Siegen 2001a

Brügelmann, Hans: Lesen lernen – schreiben lernen. In: Einsiedler, Wolfgang/ Götz, Margarete/ Hacker, Hartmut/ Kahlert, Joachim/ Keck, Rudolf W./ Sandfuchs, Uwe (Hrsg.): Handbuch Grundschulpädagogik und Grundschuldidaktik. Bad Heilbrunn/Obb. (Klinkhardt) 2001b (S. 410-415)

Buck, Siegfried (Hrsg.): Bausteine Deutsch. Sprachbuch 4. Schuljahr. Frankfurt am Main (Diesterweg) 1985

Büttner, Manfred (Hrsg.): Neue Lerninhalte für eine neue Schule. Grundlegung und Beispiele für ein handlungsorientiertes Lernen. Neuwied (Luchterhand) 1992

Bullock, Merry/ Ziegler, Albert: Entwicklung der Intelligenz und des Denkens: Ergebnisse aus dem SCHOLASTIK-Projekt. In: Weinert, Franz E./ Helmke, Andreas (Hrsg.): Entwicklung im Grundschulalter. Weinheim (Beltz) 1997 (S. 27-35)

Bundesverband der Freien Alternativschulen (Hrsg.): Freie Alternativschulen: Kinder machen Schule. Wolfratshausen (Drachen Verlag) 1992

Bund-Länder-Kommission für Bildungsplanung und Forschungsförderung (Hrsg.): Heft 60: Gutachten zur Vorbereitung des Programms „Steigerung der Effizienz des mathematisch naturwissenschaftlichen Unterrichts". Bonn 1997

Busse, Isabelle: Erziehung ohne Zwang – Analyse zur Alltagstauglichkeit eines Schulkonzepts. Diplomarbeit im Fach Erziehungswissenschaft. Universität zu Köln 1999

Carey, Susan: Conceptual change in childhood. Cambridge, Massachusetts (MIT-Press) 1985

Carpenter, Thomas P./ Fennema, Elizabeth/ Loef, Megan: Teachers Belief Scale: Cognitively Guided Instruction Project. Madison, Wisconsin (University of Wisconsin) 1990

Cattell, Raymond B./ Weiß, Rudolf H.: Culture Fair Test – Skala 20 (CFT 20). Göttingen (Hogrefe) 1998[4]

Christiani, Reinhold (Hrsg.): Auch die leistungsstarken Kinder fördern. Frankfurt am Main (Cornelsen Scriptor) 1994

Claßen, Johannes (Hrsg.): Antiautoritäre Erziehung in der Diskussion. Heidelberg (Quelle & Meyer) 1973

Clauß, Günter/ Finze, Falk-Rüdiger/ Partzsch, Lothar: Statistik. Für Soziologen, Pädagogen, Psychologen und Mediziner. Thun (Harri Deutsch) 1999[3]

Claussen, Claus: Wie frei ist freie Arbeit? In: Grundschule. Heft 2/93. Braunschweig (Westermann) 1993 (S. 44-45)

Claussen, Claus: Freie Arbeit als Element eines Konzepts der Öffnung von Schule. In: Claussen, Claus (Hrsg.): Handbuch Freie Arbeit. Weinheim (Beltz) 1995 (S. 13-23)

Collings, Ellsworth: Ein Versuch mit einem Projekt-Lehrplan. In: Dewey, John/ Kilpatrick, William Heard: Der Projekt-Plan. Grundlegung und Praxis. Übersetzt von Peter Petersen. Weimar (Hermann Böhlaus Nachfolger) 1935 (S. 180-189)

Comenius, Johann Amos: Große Didaktik (übersetzt und herausgegeben von Andreas Flitner). Düsseldorf (Küpper) 1960

Croall, Jonathan: Neill of Summerhill. The Permanent Rebel. London (ARK) 1983

Csikszentmihalyi, Mihaly: Das flow-Erlebnis. Jenseits von Angst und Langeweile: im Tun aufgehen. Stuttgart (Klett-Cotta) 1985

Czerwenka, Kurt: Wie lernwirksam ist Freie Arbeit? In: Pädagogische Welt. Heft 9/91. Donauwörth (Auer) 1991 (S. 395-399)

Damerow, Peter: Planung von offenem Unterricht. In: Die Grundschule. Heft 1/77. Braunschweig (Westermann) 1977 (S. 35-36)

DeCharms, Richard: Ein schulisches Trainingsprogramm zum Erleben eigener Verursachung. In: Edelstein, Wolfgang/ Hopf, Diether: (Hrsg.): Bedingungen des Bildungsprozesses. Stuttgart (Klett) 1973 (S. 60-78)

Dartmann, Wilma: Realisierungschancen Freier Arbeit in der Grundschule und die Frage der Kontinuität beim Übergang zur Sekundarstufe I – Analyse der Richtlinien und Lehrpläne der Primarstufe und der Sekundarstufe I als Fundierung der Freien Arbeit. Dissertation. Universität Münster 1989

Daubenbüchel, Josef/ Schuldt, Wilhelm: Wie frei ist die Freie Arbeit? In: Lehrer Journal. Grundschulmagazin. Heft 5/86. München (Oldenbourg/ Prögel) 1986 (S. 215-216)

Deci, Edward L./ Schwartz, Alan/ Sheiman, Laura/ Ryan, Richard M.: An instrument to assess adults' orientations towards control versus autonomy with children: reflections on intrinsic motivation and perceived competence. In: Journal of Educational Psychology Washington, District of Columbia (American Psychological Association) 1981 (S. 642-650)

Deci, Edward L./ Ryan, Richard M.: Die Selbstbestimmungstheorie der Motivation und ihre Bedeutung für die Pädagogik. In: Zeitschrift für Pädagogik. Heft 2/93. Weinheim (Beltz) 1993 (S. 223-238)

Dehaene, Stanislas: Der Zahlensinn. Basel (Birkhäuser) 1999

Dehn, Mechthild: Zeit für die Schrift. Lesenlernen und Schreibenkönnen. Bochum (Kamp) 1988

Dehn, Mechthild: Die Kursiv als Ausgangsschrift. In: Die Grundschulzeitschrift. Heft 69. Seelze (Friedrich) 1993 (S. 30-36)

Dehn, Mechthild: Die Kursivschrift als Ausgangsschrift. In: Die Grundschulzeitschrift. Heft 89. Seelze (Friedrich) 1995 (S. 4-5)

Deitering, Franz G.: Selbstgesteuertes Lernen. Göttingen (Hogrefe) 1995

Deutsches PISA-Konsortium (Hrsg.): PISA 2000. Basiskompetenzen von Schülerinnen und Schülern im internationalen Vergleich. Olpaden (Leske und Budrich) 2001

Dewes, Andrea/ Geiger, Diana/ Roos, Christian/ Weimann, Christiane/ Holle-Winterberg, Eva: Stationenarbeit als Einstieg in ein Jahreszeitenprojekt. In: Hegele, Irmintraut (Hrsg.): Lernziel: Stationenarbeit. Eine neue Form des offenen Unterrichts. Weinheim (Beltz) 1996 (S. 44-55)

Dewey, John/ Kilpatrick, William Heard: Der Projekt-Plan. Grundlegung und Praxis. Übersetzt von Peter Petersen. Weimar (Hermann Böhlaus Nachfolger) 1935

Dewey, John: The Child and the Curriculum. In: Boydston, Jo Ann (Hrsg.): John Dewey. The middle works 1899-1924. Vol. 2. Carbondale, Illinois (Southern Illinois University Press) 1976 (271-291)

Dick, Lutz van: Alternativschulen. Information. Probleme. Erfahrungen. Reinbek bei Hamburg (Rowohlt) 1986

Dick, Lutz van: Freie Arbeit - Offener Unterricht – Projektunterricht - Handelnder Unterricht – Praktisches Lernen. In: Pädagogik. Heft 6/91. Weinheim (Beltz) 1991 (S. 31-34)

Diederich, Jürgen: Zweifel an Projekten. Eine reformpädagogische Idee und ihr Pferdefuß. In: Friedrich Jahresheft XII. Seelze (Friedrich) 1994 (S. 92-94)

Diekmann, Andreas: Empirische Sozialforschung. Grundlagen, Methoden, Anwendungen. Reinbek bei Hamburg (Rowohlt) 1998[4]

Dietrich, Ingrid (Hrsg.): Handbuch Freinet-Pädagogik. Weinheim (Beltz) 1995

Dietrich, Theo: Die pädagogische Bewegung „vom Kinde aus". Bad Heilbrunn/Obb. (Klinkhardt) 1973

Dietrich, Theo: Reflexion über das Prinzip der Schülerorientiertheit des Unterrichts und über den eigenen Unterricht. In: Westermanns Pädagogische Beiträge. Heft 3/77. Braunschweig (Westermann) 1977 (S. 123-125)

Dörner, Dietrich: Lernen des Wissens- und Kompetenzerwerbs. In: Treiber, Bernhard/ Weinert, Franz E. (Hrsg.): Lehr-Lern-Forschung. München (Urban & Schwarzenberg) 1982 (S. 134-148)

Dolmetsch, Helmut: Theoretische und praktische Probleme einer offenen Lernorganisation. Dargestellt an einem Konzept für den Grunschulunterricht. Dissertation. Universität Tübingen 1986

Dolto, Francoise: Alles ist Sprache. Kindern mit Worten helfen. Weinheim (Quadriga) 1989

Dräger, Monika: „.... aber die weiterführende Schule!" In: Balhorn, Heiko (Hrsg.): DGLS Beiträge. Vechta und Rauischholzhausen (Deutsche Gesellschaft für Lesen und Schreiben) 1994/1995 (S. 104-108)

Dröge, Rotraut: Zehn Gebote für einen schülerorientierten Sachrechenunterricht. In: Sachunterricht und Mathematik in der Primarstufe. Heft 9/95. Köln (Aulis Verlag Deubner) 1995 (S. 413-423)

Duncker, Ludwig/ Götz, Bernd: Projektunterricht als Beitrag zur inneren Schulreform. Begründungen, Erfahrungen, Vorschläge für die Durchführung von Projektwochen. Langenau-Ulm (Armin Vaas) 1988

Eberwein, Hans/ Mand, Johannes (Hrsg.): Forschen für die Schulpraxis. Was Lehrer über Erkenntnisse qualitativer Sozialforschung wissen sollten. Weinheim (Deutscher Studien Verlag) 1995

Einsiedler, Wolfgang/ Härle, Helmut (Hrsg.): Schülerorientierter Unterricht. Donauwörth (Auer) 1978[3]

Einsiedler, Wolfgang: Konzeptionen des Grundschulunterrichts. Bad Heilbrunn/Obb. (Klinkhardt) 1979

Einsiedler, Wolfgang: Offener Unterricht. Strukturen – Befunde – didaktische methodische Bedingungen. In: Westermanns Pädagogische Beiträge. Heft 1/85. Braunschweig (Westermann) 1985 (S. 20-22)

Einsiedler, Wolfgang: Neue Lern- und Lehrformen in der Grundschule aus empirischer Sicht. In: Olechowski, Richard/ Wolf, Wilhelm (Hrsg.): Die kindgemäße Grundschule. Wien (Jugend und Volk) 1990 (S. 224-236)

Einsiedler, Wolfgang: Probleme und Ergebnisse der Sachunterrichtsforschung. Berichte und Arbeiten aus dem Institut für Grundschulforschung Nr. 83. Erlangen-Nürnberg (Institut für Grundschulforschung an der Universität Erlangen-Nürnberg) 1996

Einsiedler, Wolfgang: Unterrichtsqualität in der Grundschule. Empirische Grundlagen und Programmatik. In: Glumpler, Edith/ Luchtenberg, Sigrid (Hrsg.): Jahrbuch Grundschulforschung. Band 1. Weinheim (Deutscher Studien Verlag) 1997a (S. 11-33)

Einsiedler, Wolfgang: Empirische Grundschulforschung im deutschsprachigen Raum – Trends und Defizite. Berichte und Arbeiten aus dem Institut für Grundschulforschung Nr. 85. Erlangen-Nürnberg (Institut für Grundschulforschung an der Universität Erlangen-Nürnberg) 1997b

Einsiedler, Wolfgang: Neuere Entwicklungen und Forschungsergebnisse im Grundschulbereich. Berichte und Arbeiten aus dem Institut für Grundschulforschung Nr. 94. Erlangen-Nürnberg (Institut für Grundschulforschung an der Universität Erlangen-Nürnberg) 2001

Einsiedler, Wolfgang/ Götz, Margarete/ Hacker, Hartmut/ Kahlert, Joachim/ Keck, Rudolf W./ Sandfuchs, Uwe (Hrsg.): Handbuch Grundschulpädagogik und Grundschuldidaktik. Bad Heilbrunn/Obb. (Klinkhardt) 2001

Eliade, Bernard: Offener Unterricht. Weinheim (Beltz) 1975

Elschenbroich, Donata: Anleitung zur Neugier. Grundlagen japanischer Erziehung. Frankfurt am Main (Suhrkamp) 1996

Engelmeyer, Otto (Hrsg.): Die Antiautoritätsdiskussion in der Pädagogik. Neuburgweiler (Schindele) 1973

Enzensberger, Hans Magnus: Der Zahlenteufel. München (Carl Hanser) 1997

Erichson, Christa: „Kalt – kalte Füße – Kaltspeise". Probieren statt Vorbeugen im Rechtschreibunterricht. In: Die Grundschulzeitschrift. Heft 12. Seelze (Friedrich) 1988 (S. 20-21)

Erichson, Christa: „8 Tage durch 4 Freundinnen macht 2 Negerküsse." In: Die Grundschulzeitschrift. Heft 22. Seelze (Friedrich) 1989 (S. 12-16)

Erichson, Christa: Sachtexte lesen, mit denen man rechnen kann. In: Die Grundschulzeitschrift. Heft 48. Seelze (Friedrich) 1991 (S. 22-25)

Erichson, Christa: Von Lichtjahren, Pyramiden und einem regen Wurm. Erstaunliche Geschichten, mit denen man rechnen muß. Hamburg (Verlag für pädagogische Medien) 1992

Erichson, Christa: Lesestoff zum Sachrechnen. Ein fächerübergreifender Ansatz zur Erschließung der verschrifteten Umwelt. In: Die Grundschulzeitschrift. Heft 40. Seelze (Friedrich) 1993 (S. 17-19)

Erichson, Christa: Der Orthographie auf der Spur. In: Brügelmann, Hans/ Balhorn, Heiko (Hrsg.): Schriftwelten im Klassenzimmer. Lengwil (Libelle) 1995 (S. 203-208)

Erichson, Christa: Authentische Texte zum Mathematiklernen. In: Die Grundschulzeitschrift. Heft 102. Seelze (Friedrich) 1997 (S. 47-49)

Erichson, Christa: Authentizität als handlungsleitendes Prinzip. In: Beiträge zum Mathematikunterricht. Hildesheim (Franzbecker) 1999 (S. 161-164)

Fauser, Peter (Hrsg.): Wozu die Schule da ist. Seelze (Friedrich) 1996

Faust-Siehl, Gabriele/ Garlichs, Ariane/ Ramseger, Jörg/ Schwarz, Hermann/ Warm, Ute: Die Zukunft beginnt in der Grundschule. Reinbek (Rowohlt) 1996

Faust-Siehl, Gabriele: Leistung und Leistungsbeurteilung im Sachunterricht. In: Meier, Richard/ Unglaube, Henning/ Faust-Siehl, Gabriele (Hrsg.): Sachunterricht in der Grundschule. Frankfurt am Main (Arbeitskreis Grundschule) 1997 (S. 149-157)

Feilke, Helmuth: Schreibentwicklungsforschung. In: Diskussion Deutsch. Heft 129. Frankfurt am Main (Diesterweg) 1993 (S. 17-34)

Feilke, Helmuth/ Portmann, Paul R. (Hrsg.): Schreiben im Umbruch. Schreibforschung und schulisches Schreiben. Stuttgart (Klett) 1996

Feilke, Helmuth: Über sprachdidaktische Grenzen: Von „Erfindern", „Entdeckern" und „Methoden". In: Didaktik Deutsch. Heft 10. Baltmannsweiler (Schneider Verlag Hohengehren) 2001 (S. 4-25)

Feilke, Helmuth/ Kappest, Klaus-Peter/ Knobloch, Clemens (Hrsg.): Grammatikalisierung, Spracherwerb und Schriftlichkeit. Tübingen (Niemeyer) 2001

Feldtkeller, Richard/ Bosse, Georg: Einführung in die Technik der Nachrichtenübertragung. Stuttgart (Wittwer) 1976[4]

Fend, Helmut: Theorie der Schule. München (Urban & Schwarzenberg) 1981[2]

Feuchert, Sascha/ Büttner, Patrick (Hrsg.): Schreiben lernen – Schreiben lieben. Verträge und Beiträge für einen anderen Deutschunetrricht. Fernwald (Litblockin) 1997

Fingerhut, Ralf/ Manzke, Christel: „Ich war behindert an Hand der Lehrer und Ärzte". Protokoll einer Heilung. Reinbek bei Hamburg (Rowohlt) 1984

Fippinger, Franz: Allgemeiner Schulleistungstest für 4. Klassen (AST 4). Weinheim (Beltz) 1992[3]

Fischer, Dietlind (Hrsg.): Fallstudien in der Pädagogik. Aufgaben, Methoden, Wirkungen. Konstanz (Faude) 1982

Fischer, Dietlind/ Brügelmann, Hans: Warum sind ‚Fallstudien' in der Pädagogik ein Thema? In: Fischer, Dietlind (Hrsg.): Fallstudien in der Pädagogik. Aufgaben, Methoden, Wirkungen. Konstanz (Faude) 1982 (S. 12-19)

Fischer, Erika: Grundschule heute. Impulse für eine reformorientierte Weiterentwicklung der Grundschule. Frankfurt am Main (Lang) 1993

Fischer, Reinhard: Lernen im non-direktiven Unterricht. Frankfurt am Main. (Lang) 1982

Flick, Uwe: Qualitative Forschung. Theorie, Methoden, Anwendung in Psychologie und Sozialwissenschaften. Reinbek bei Hamburg (Rowohlt) 1998[3]

Flitner, Andreas: Reform der Erziehung. München (Piper) 1992

Fölling-Albers, Maria (Hrsg.): Veränderte Kindheit – Veränderte Grundschule. Frankfurt am Main (Arbeitskreis Grundschule – Der Grundschulverband) 1989

Fölling-Albers, Maria: Veränderte Kindheit – revisited. In: Fölling-Albers, Maria/ Richter, Sigrun/ Brügelmann, Hans/ Speck-Hamdan, Angelika (Hrsg.): Jahrbuch Grundschule III. Seelze/ Velber (Kallmeyersche Verlagsbuchhandlung/ Arbeitskreis Grundschule - Der Grundschulverband) 2001 (S. 10-51)

Fölling-Albers, Maria/ Richter, Sigrun/ Brügelmann, Hans/ Speck-Hamdan, Angelika (Hrsg.): Jahrbuch Grundschule III. Seelze/ Velber (Kallmeyersche Verlagsbuchhandlung/ Arbeitskreis Grundschule – Der Grundschulverband) 2001

Floer, Jürgen (Hrsg.): Arithmetik für Kinder. Frankfurt am Main (Arbeitskreis Grundschule) 1985

Foster, John: Entdeckendes Lernen in der Grundschule. München (Ehrenwirth) 1993

Franke, Marianne: Didaktik der Geometrie. Heidelberg (Spektrum Akademischer Verlag) 2000

Frech-Becker, Cornelia: Wenn Freiarbeit zur freien Arbeit wird. In: Praxis des neusprachlichen Unterrichts. Heft 1/97. Berlin (Pädagogischer Zeitschriftenverlag) 1997 (S. 86-92)

Freinet, Célestin: Pädagogische Werke. Teil 1. Paderborn (Schöningh) 1998

Freinet, Célestin: Pädagogische Werke. Teil 2. Paderborn (Schöningh) 2000

Freudenthal, Hans: IOWO – Mathematik für alle und jedermann. In: Neue Sammlung. Heft 6/80. Stuttgart (Klett-Cotta) 1980 (S. 633-654)

Frey, Karl: Die Projektmethode. Weinheim (Beltz) 1993[5]

Friebertshäuser, Barbara/ Prengel, Annedore (Hrsg.): Handbuch Qualitative Forschungsmethoden in der Erziehungswissenschaft. Weinheim (Juventa) 1997

Friedrich, Helmut F./ Mandl, Heinz: Analyse und Förderung selbstgesteuerten Lernens. In: Weinert, Franz E./ Mandl, Heinz (Hrsg.): Psychologie der Erwachsenenbildung. Enzyklopädie der Psychologie. Pädagogische Psychologie Band 4. Göttingen (Hogrefe) 1997 (S. 237-293)

Friedrich, Helmut F.: Analyse und Förderung kognitiver Lernstrategien. In: Empirische Pädagogik. Heft 2/95. Landau (Verlag Empirische Pädagogik) 1995 (S. 115-153)

Fröse, Sigrun/ Mölders, Ruth/ Wallrodt, Wiebke: Kieler Einschulungsverfahren (KEV). Göttingen (Hogrefe) 1988[2]

Fromm, Martin: Zur Verbindung quantitativer und qualitativer Methoden. In: Pädagogische Rundschau. Frankfurt am Main (Lang) 1990 (S. 469-481)

Führer, Lutz: Ich denke, also irre ich. Anfänge und Grenzen der Fehlerkunde. In: Mathematik lehren. Heft 5/84. Velber (Friedrich) 1984 (S. 2-9)

Funken, Walter: Mehr Lernen oder mehr Üben? In: Klexer. Heft 5/00. Berlin (Volk und Wissen – Kamp) 2000 (S. 2)

Gage, Nathaniel L./ Berliner, David C.: Pädagogische Psychologie. Weinheim (Beltz) 1986[4]

Gallin, Peter/ Ruf, Urs: Ich – du – wir. Sprache und Mathematik 1.-3. Schuljahr. Zürich (Interkantonale Lehrmittelzentrale) 1995

Gallin, Peter/ Ruf, Urs: Sprache und Mathematik. Zürich (Verlag Lehrerinnen und Lehrer Schweiz) 1990 und Seelze-Velber (Kallmeyer) 1998

Gallin, Peter/ Ruf, Urs: Ich – du – wir. Sprache und Mathematik 4.-5. und 5. – 6. Schuljahr. Zürich (Interkantonale Lehrmittelzentrale) 1999

Galton, Maurice/ Simon, Brian/ Croll, Paul: Inside the Primary Classroom. London (Routledge) 1980

Gardner, Howard: Dem Denken auf der Spur. Der Weg der Kognitionswissenschaft. Stuttgart (Klett-Cotta) 1989

Gardner, Howard: Abschied vom IQ. Die Rahmen-Theorien der vielfachen Intelligenzen. Stuttgart (Klett-Cotta) 1991

Gardner, Howard: Der ungeschulte Kopf. Stuttgart (Klett-Cotta) 1994

Garlichs, Ariane: Alltag im offenen Unterricht. Das Beispiel Lohfelden-Vollmarshausen. Frankfurt am Main (Arbeitskreis Grundschule) 1991[2]

Gast, Martina: Wann ist ein Lehrer erfolgreich? In: MPG-Spiegel. Heft 5/6/98. München (Max-Planck-Gesellschaft) 1998 (S. 9-12)

Gaudig, Hugo: Die Schule im Dienste der werdenden Persönlichkeit. Leipzig 1917. Zitiert nach: Reble, Albert (Hrsg.): Die Arbeitsschule. Bad Heilbrunn/Obb. (Klinkhardt) 1963

Geering, Peter: Das „Erste Zahlenalbum". Bernhardzell (Bernet-Verlag) 1994a

Geering, Peter: Das „Erste Zahlenalbum", ein Mathematik-Journal für Schulanfänger. In: Beiträge zum Mathematikunterricht. Hildesheim (Franzbecker) 1994b (S. 112-115)

Geissler, Erich E.: Analyse des Unterrichts. Bochum (Kamp) 1973

Geist, Martin/ Jungblut, Gerd/ Philipp, Elmar: Projektlernen – Eine Zauberformel? Ansätze zur Qualitätsverbesserung von Schule – Ergebnisse einer Schülerbefragung. In: Die Deutsche Schule. Heft 3/86. Weinheim (Juventa) 1986 (S. 306-316)

Gemeinsame Kommission für die Studienreform im Land Nordrhein-Westfalen (Hrsg.): Perspektiven: Studium zwischen Schule und Beruf. Neuwied (Luchterhand) 1996

Geppert, Klaus/ Preuß, Eckhardt (Hrsg.): Selbständiges Lernen. Bad Heilbrunn/Obb. (Klinkhardt) 1980

Gerr, Hans E.: Von geschlossenen zu offenen Lernformen. In: Lehrer Journal. Grundschulmagazin. Heft 2/91. München (Oldenbourg/ Prögel) 1991 (S. 4-7)

Gerstenmaier, Jochen/ Mandl, Heinz: Wissenserwerb unter konstruktivistischer Perspektive. In: Zeitschrift für Pädagogik. Heft 6/95. Weinheim (Beltz) 1995 (S. 867-888)

Gervé, Friedrich: Freie Arbeit in der Grundschule. Eine praxisbegleitende Fortbildungskonzeption zur Steigerung der Innovationsrate. Dissertation. Karlsruhe 1997a

Gervé, Friedrich: Zur Praxis der freien Arbeit in der Grundschule. Situationsanalyse zur Entwicklung einer innovationswirksamen Fortbildungskonzeption. OASE-Bericht Nr. 39. Universität Siegen 1997b

Gesing, Harald (Hrsg.): Pädagogik und Didaktik der Grundschule. Neuwied (Luchterhand) 1997

Giaconia, Rose M./ Hedges, Larry V.: Identifying Features of Effektive Open Education. In: Review of Educational Research. Santa Barbara, California (American Educational Research Association) 1982 (S. 579–602)

Giesecke, Hermann: Wozu ist die Schule da? Stuttgart (Klett) 1997

Giles, Geoff: Ist Lehren ein Hindernis für Lernen? In: mathematik lehren. Heft 21. Seelze (Friedrich) 1987 (S. 6-10)

Gilich, Gernot: Selbst, Selbsttätigkeit, Selbständigkeit. Analyse pädagogischer Grundbegriffe als Beitrag zu einer Theorie von Selbstunterricht. Frankfurt am Main (Lang) 1993

Glänzel, Angela: Sich der Mathematik annähern? In: Fragen und Versuche. Heft 56. Bremen (Pädagogik-Kooperative) 1991 (S. 30-48)

Glänzel, Angela: Eigene Wege zur schriftlichen Multiplikation. In: Die Grundschulzeitschrift. Heft 72. Seelze (Friedrich) 1994 (S. 38-42)

Glänzel-Zlabinger, Angela: Von Kullersystemen, freien Texten und dem Lob des Fehlers. Freinetbewegte Wege im Mathematikunterricht. In: Hering, Jochen/ Hövel, Walter (Hrsg.): Immer noch der Zeit voraus. Kindheit, Schule und Gesellschaft aus dem Blickwinkel der Freinet-Pädagogik. Bremen (Pädagogik-Kooperative) 1996 (S. 119-140)

Glänzel, Angela: Die Freude an der Mathematik nicht verlieren – Dem eigenen Weg folgen. In: Bannach, Michael/ Sebold, Lydia (Hrsg.): Wege zur Öffnung des Unterrichts. München (Oldenbourg) 1997 (S. 143-155)

Glänzel, Hartmut: Atelier Museum. Unv. Arbeitspapier. Berlin 1997

Glumpler, Edith/ Luchtenberg, Sigrid (Hrsg.): Jahrbuch Grundschulforschung. Band 1. Weinheim (Deutscher Studien Verlag) 1997

Göhlich, Michael (Hrsg.): Offener Unterricht – Community Education – Alternativschulpädagogik – Reggiopädagogik. Weinheim (Beltz) 1997

Götz, Margarete: Von geschlossenen zu offenen Lernsituationen im Sachunterricht der Grundschule. In: Pädagogische Welt. Heft 12/87. Donauwörth (Auer) 1987 (S. 537-543)

Götz, Margarete: Wege zum offenen Unterricht. In: Lehrer Journal. Grundschulmagazin. Heft 2/91. München (Oldenbourg/ Prögel) 1991 (S. 8-10)

Goetze, Herbert: „Wenn Freie Arbeit schwierig wird ..." – Stolpersteine auf dem Weg zum Offenen Unterricht. In Reiß, Günter/ Eberle, Gerhard (Hrsg.): Offener Unterricht – Freie Arbeit mit lernschwachen Schülern. Weinheim (Deutscher Studien Verlag) 1995^3 (S. 254-273)

Golding, William: Lord of the Flies. New York (Capricorn Books) 1954

Gossweiler, Martin: Der Zähler als Kernidee für das Dezimalsystem. In: Ruf, Urs/ Gallin, Peter: Dialogisches Lernen in Sprache und Mathematik. Band 2: Spuren legen – Spuren lesen. Unterricht mit Kernideen und Reisetagebüchern. Seelze-Velber (Kallmeyer) 1998 (S. 42-45)

Gräsel, Cornelia: Neue Medien – neues Lernen? In: Mitzlaff, Hartmut/ Speck-Hamdan, Angelika (Hrsg.): Grundschule und neue Medien. Frankfurt am Main (Arbeitskreis Grundschule – Der Grundschulverband) 1998 (S. 67-84)

Grassmann, Marianne: Na, ich hätte ja auch „durch" rechnen können! Vom Umgang mit „Kapitänsaufgaben". In: Grundschulunterricht. Heft 11. Berlin (Pädagogischer Zeitschriftenverlag) 1995 (29-32)

Grassmann, Marianne/ Mirwald, Elke/ Klunter, Martina/ Veith, Ute: Arithmetische Kompetenz von Schulanfängern – Schlußfolgerungen für den Arithmetikunterricht. In: Sachunterricht und Mathematik in der Primarstufe. Köln (Aulis Verlag Deubner) 1995 (S. 302-321)

Graves, Donald H.: Writing: Teachers and Children at Work. London (Heineman) 1983

Graves, Donald H.: Kinder als Autoren: die Schreibkonferenz. Zusammengefasst und auszugsweise übersetzt von Dietrich Binder. In: Brügelmann, Hans/ Balhorn, Heiko (Hrsg.): Schriftwelten im Klassenzimmer. Lengwil (Libelle) 1995 (S. 124-148)

Grell, Jochen/ Pallasch, Waldemar: Selbstgesteuertes Lernen in einer Kultur der Fremdsteuerung. In: Neber, Heinz/ Wagner, Angelika C./ Einsiedler, Wolfgang: Selbstgesteuertes Lernen. Weinheim (Beltz) 1978 (S. 88-108)

Gribble, David: Schule im Aufbruch. Freiamt (Mit Kindern wachsen) 2000

Groddeck, Norbert: Autonomie und Beziehung. Die Wachstumspädagogik von Maria Montessori und Carl R. Rogers – Ein Vergleich. In: Fitting, Klaus/ Kluge, Eva/ Saßenrath-Döpke, Eva-Maria (Hrsg.): Pädagogik und Auffälligkeit. Impulse für Lehren und Lernen bei erwartungswidrigem Verhalten. Weinheim (Deutscher Studien Verlag) 1996 (S. 317-362)

Groddeck, Norbert: Carl Rogers, die Reformpädagogik und die Reform der Regelschule. In: Schön, Bärbel (Hrsg.): Wieviel Therapie braucht die Schule? Donauwörth (Auer) 1998 (S. 52-116)

Groddeck, Norbert: Carl Rogers. Wegbereiter der modernen Psychotherapie. Darmstadt (Primus) 2002

Die Grundschulzeitschrift. Themenheft „Zaubergarten Mathematik". Heft 74. Seelze (Friedrich) 1994

Die Grundschulzeitschrift. Themenheft „Erste Schritte zur Öffnung". Heft 105. Seelze (Friedrich) 1997

Gudjons, Hernert: Handlungsorientiert lehren und lernen. Schüleraktivierung. Selbsttätigkeit. Projektarbeit. Bad Heilbrunn/Obb. (Klinkhardt) 1992

Grünewald, Heinrich: Argumente für die vereinfachte Ausgangsschrift im Hinblick auf die Rechtschreibung. In: Naegele, Ingrid/ Valtin, Renate (Hrsg.): Rechtschreibunterricht in den Klassen 1-6. Frankfurt am Main (Arbeitskreis Grundschule) 1984 (S. 97-100)

Günther, Henning: Tiefgreifende Veränderungen in der Grundschule. Teil 1. In: Theologisches. Nr. 185. September 1985. Beilage der „Offerten-Zeitung für die katholische Geistlichkeit Deutschlands". Siegburg (Verlag Franz Schmitt) 1985 (S. 6623-6629)

Günther, Henning: Unterricht heute: handlungsorientiert – sozialintegrativ – lehrerzentriert? In: Katholische Bildung. Heft 1/86. Essen (Verein katholischer deutscher Lehrerinnen) 1986 (S. 36-48)

Günther, Henning: Freie Arbeit in der Grundschule. Bonn (Elternverein Nordrhein-Westfalen/ Hessischer Elternverein) 1988

Günther, Henning: Kompetenzvermittlung durch Erziehung – Kritische Befunde zum „offenen Lernen". In: Mittelstraß, Jürgen (Hrsg.): Wohin geht die Sprache? Wirklichkeit – Kommunikation – Kompetenz. Sonderdruck aus Band 28 zum Kongreß der Hanns Martin Schleyer-Stiftung am 25./26. Mai 1988 in Essen. Essen (MA Akademie-Verlag) 1989 (S. 318-325)

Günther, Henning: Neue Tendenzen in der Schule – kritisch betrachtet. In: Menschenkenntnis. Heft 4/91. Zürich (Verein zur Förderung der psychologischen Menschenkenntnis) 1991 (S. 5-44)

Günther, Henning: Kritik des offenen Unterrichts. Bielefeld (Lernen für die Deutsche und Europäische Zukunft) 1996

Gutt, Armin: 1. Beispiel: Grundschullehrerin Ursel Q. – Deutsch. In: päd. extra. Heft 3/77. Wiesbaden (Extra Verlag) 1977 (S. 23-27)

Haarmann, Dieter: Chaos im Klassenzimmer. In: Die Grundschule. Heft 6/87. Braunschweig (Westermann) 1987 (S. 50-52)

Haarmann, Dieter: Was heißt hier „offen"? Über die Mehrdeutigkeit etablierter Unterrichtskonzepte. In: Kasper, Hildegard (Hrsg.): Laßt die Kinder lernen. Offene Lernsituationen. Braunschweig (Westermann) 1989 (S. 22-32)

Haarmann, Dieter: Resumé. In: Kasper, Hildegard (Hrsg.): Laßt die Kinder lernen. Offene Lernsituationen. Braunschweig (Westermann) 1989 (S. 118)

Hacker, Hartmut: Offenheit und Kontinuität. In: Grundschule. Heft 4/89. Braunschweig (Westermann) 1989 (S. 48-51)

Haenisch, Hans: Erfolgreich unterrichten – Wege zu mehr Schülerorientierung. Forschungsergebnisse und Empfehlungen für die Schulpraxis. In: Landesinstitut für Schule und Weiterbildung (Hrsg.): Schularbeiten. Heft 4. Schülerorientierung. Soest (Landesinstitut für Schule und Weiterbildung) 1992 (S. 1-8)

Haenisch, Hans/ Schuldt, Wilhelm: Schulentwicklung. Zur Wechselwirkung zwischen curricularen Rahmenbedingungen und inneren Gestaltungskräften von Grundschulen. Soest (Landesinstitut für Schule und Weiterbildung) 1994

Hänsel, Dagmar: Didaktik des Sachunterrichts. Sachunterricht als Innovation der Grundschule. Frankfurt am Main (Diesterweg) 1980

Härtling, Peter: Ben liebt Anna. Weinheim (Beltz & Gelberg) 1986

Hagmann, Guido: Wochenplan. Zürich (Verlag der Zürcher Kantonalen Mittelstufenkonferenz) 1997

Hagstedt, Herbert: Schüler können machen, was ihre Lehrer wollen. In: Päd extra. Heft 10/87. Wiesbaden (Extra Verlag) 1987 (S. 4-7)

Hagstedt, Herbert: Offene Unterrichtsformen. Methodische Modelle und ihre Planbarkeit. In: Hameyer, Uwe/ Lauterbach, Roland/ Wiechmann, Jürgen: Innovationsprozeße in der Grundschule. Fallstudien, Analysen und Vorschläge zum Sachunterricht. Bad Heilbrunn/Obb. (Klinkhardt) 1992 (S. 367-382)

Hagstedt, Herbert: Lernen an Stationen. In: Hameyer, Uwe (Hrsg.): Pädagogische Ideenkiste Primarbereich. Kronshagen (Körner) 1995[2] (S. 55-64)

Hahn, Manfred: Grundlagen der Sacherschließung. Offene Lernsituationen. In: Lehrer Journal. Grundschulmagazin. Heft 4/92. München (Oldenbourg/ Prögel) 1992 (S. 38-41)

Halbfas, Hubertus (Hrsg.): Religionsbuch für das 1.-4. Schuljahr (vier Einzelbände). Düsseldorf (Patmos) 1983-1986

Haller, Hans-Dieter/ Lenzen, Dieter (Hrsg.): Lehrjahre in der Bildungsreform. Resignation oder Rekonstruktion. Stuttgart (Klett) 1976

Hameyer, Uwe/ Lauterbach, Roland/ Wiechmann, Jürgen (Hrsg.): Innovationsprozesse in der Grundschule. Bad Heilbrunn/Obb. (Klinkhardt) 1992

Hanke, Petra: Mit Kindern über Sprache nachdenken. In: Büchner, Inge (Hrsg.): Lust und Last und Leistung. Rechtschreibung und Grammatik in der Grundschule und in der Sekundarstufe 1. Hamburg (Deutsche Gesellschaft für Lesen und Schreiben) 1999 (S. 110-125)

Hanke, Petra: Forschungen zur inneren Reform der Grundschule am Beispiel der Öffnung des Unterrichts. In: Roßbach, Hans-Günther/ Nölle, Karin/ Czerwenka, Kurt (Hrsg.): Forschungen zu Lehr- und Lernkonzepten für die Grundschule. Opladen (Leske und Budrich) 2001a (S. 46-62)

Hanke, Petra: Pädagogik und Didaktik des Schriftspracherwerbs in Theorie und Praxis. Auszüge aus der Habilitationsschrift. Universität Köln 2001b

Hart, Kathleen M. (Hrsg.): Children's Understanding of Mathematics: 11-16. London (Murray) 1981

Hartinger, Andreas: Interessenförderung: Eine Studie zum Sachunterricht. Bad Heilbrunn/Obb. (Klinkhardt) 1997

Hartinger, Andreas/ Fölling-Albers, Maria: Schüler motivieren und interessieren. Bad Heilbrunn/Obb. (Klinkhardt) 2002

Hasenclever, Wolf-Dieter: Reformpädagogik heute: Wege der Erziehung zum ökologischen Humanismus. Frankfurt am Main (Lang) 1993

Haser, Werner: Offener Unterricht und Ausbildung. In: Fragen und Versuche. Heft 51. Bremen (Pädagogik Kooperative) 1991a (S. 20-27)

Haser, Werner: Mut und Selbstvertrauen. Offener Unterricht und Lehrerausbildung. In: Päd extra. Heft 10/91. Wiesbaden (Extra Verlag) 1991b (S. 10-13)

Hecker, Ulrich/ Krüsmann, Gabi/ Schutte, Trudi: LehrerInnen lernen Freie Arbeit. Mülheim Ruhr (Verlag an der Ruhr) 1991

Heckt, Dietlinde H.: Kleine Anfrage zum Offenen Unterricht. In: Grundschule. Heft 3/87. Braunschweig (Westermann) 1987 (S. 54)

Heckt, Dietlinde H.: Vorwort. In: Claussen, Claus (Hrsg.): Wochenplan- und Freiarbeit. Braunschweig (Westermann) 1993 (S. 5-6)

Hegele, Irmintraut (Hrsg.): Lernziel: Freie Arbeit. Unterrichtsbeispiele aus der Grundschule. Weinheim (Beltz) 1993[3]

Hegele, Irmintraut (Hrsg.): Lernziel: Stationenarbeit. Eine neue Form des offenen Unterrichts. Weinheim (Beltz) 1996

Heimann, Paul/ Otto, Gunter/ Schulz, Wolfgang: Unterricht. Analyse und Planung. Hannover (Schroedel) 1979[10]

Heimrath, Johannes (Hrsg.): Die Entfesselung der Kreativität. Das Menschenrecht auf Schulvermeidung. Wolfratshausen (Drachen Verlag) 1991[2]

Heinrich, Karin: Kinder arbeiten (sich) frei. Wie Grundschule Schule der Kinder sein kann. Essen (Neue Deutsche Schule) 1991

Heinrich, Karin: Schrift, Sprache erobern. Mit freier Arbeit Schreiben und Lesen lernen. Essen (Neue Deutsche Schule) 1992

Heinrich, Karin: Schrift, Sprache gebrauchen. Konzept eines handlungsorientierten Sprachunterrichts in der Grundschule. Essen (Neue Deutsche Schule) 1996

Heitzlhofer, Karin: „Machen Sie den Kindern endlich Angst!" In: Die Grundschulzeitschrift. Heft 41. Seelze (Friedrich) 1991 (S. 2-3)

Hell, Peter (Hrsg.): Öffnung des Unterrichts in der Grundschule. Wochenplanarbeit. Stationentraining. Schuldruckerei. Donauwörth (Auer) 1993

Hellmich, Achim/ Teigeler, Peter (Hrsg.): Montessori-, Freinet-, Waldorfpädagogik. Konzeptionen und aktuelle Praxis. Weinheim (Beltz) 1992

Helmke, Andreas: Student Attention During Instruction and Achievement. In: Newstead, Stephen E./ Irvine, Sidney H./ Dann, Peter L. (Hrsg.): Human Assessment: Cognition and Motivation. Dordrecht (Martinus Nijhoff Publishers) 1986 (S. 273-286)

Helmke, Andreas/ Schrader, Friedrich-Wilhelm/ Weinert, Franz E.: Zur Rolle der Übung für den Lernerfolg. Ergebnisse der Münchener Studie. In: Blätter für Lehrerfortbildung. Heft 7-8/87. München (Ehrenwirth) 1987 (S. 247-252)

Helmke, Andreas/ Weinert, Franz E.: Unterrichtsqualität und Leistungsentwicklung: Ergebnisse aus dem SCHOLASTIK-Projekt. In: Weinert, Franz E./ Helmke, Andreas (Hrsg.): Entwicklung im Grundschulalter. Weinheim (Beltz) 1997 (S. 241-251)

Helsper, Werner/ Herwartz-Emden, Leonie/ Terhart, Ewald: Qualität qualitativer Forschung in der Erziehungswissenschaft. In: Zeitschrift für Pädagogik. Heft 4/01. Weinheim (Beltz) 2001 (S. 251-269)

Hemmings, Ray: Fifty Years of Freedom. A Study of the Development of the Ideas of A. S. Neill. London (George Allen & Unwin) 1972

Hendrickson, A. Dean: An Inventory of Mathematical Thinking Done by Incoming First-Grade Children. In: Journal for Research in Mathematical Education. Heft 10/77. Reston, Virginia (National Council of Teachers of Mathematics) 1979 (S. 7-23)

Hengartner, Elmar/ Röthlisberger, Hans: Rechenfähigkeit von Schulanfängern. In: Brügelmann, Hans/ Balhorn, Heiko/ Füssenich, Iris (Hrsg.): Am Rande der Schrift. Lengwil (Libelle) 1995 (S. 66-86)

Hengartner, Elmar (Hrsg.): Mit Kindern lernen. Zug (Klett und Balmer) 1999

Henningsen, Franziska: Kooperation und Wettbewerb. Antiautoritär und konventionell erzogene Kinder im Vergleich. Eine psychologische Studie. München (dtv) 1973

Hentig, Hartmut von: Wie frei sind Freie Schulen? Gutachten für ein Verwaltungsgericht. Stuttgart (Klett-Cotta) 1985

Hentig, Hartmut von: Die Schule neu denken. München (Hanser) 1993

Hering, Jochen/ Hövel, Walter (Hrsg.): Immer noch der Zeit voraus. Kindheit, Schule und Gesellschaft aus dem Blickwinkel der Freinet-Pädagogik. Bremen (Pädagogik-Kooperative) 1996

Hermann, Heinz-Dieter: Mathematik im Projektunterricht. In: Manzke, Ernst (Hrsg.): Glocksee-Schule. Berichte – Analysen - Materialien. Fulda (Transit) 1981 (S. 153-169)

Herndon, James: Die Schule überleben. Stuttgart (Klett) 1972

Hesse, Friedrich W.: Zur Verbesserung menschlichen Problemlöseverhaltens durch den Einfluß unterschiedlicher Trainingsprogramme auf die heuristische Struktur. Dissertation. RWTH Aachen 1979

Der Hessische Kultusminister (Hrsg.): Rahmenrichtlinien. Primarstufe. Sachunterricht. Aspekt Gesellschaftslehre. Wiesbaden (Hesssisches Kultusministerium) 1979

Der Hessische Kultusminister (Hrsg.): Rahmenplan Grundschule. B3 Sachunterricht. Wiesbaden (Hesssisches Kultusministerium) 1995

Heuvel-Panhuizen, Marja van den: Leistungsmessung im aktiv-entdeckenden Mathematikunterricht. In: Brügelmann, Hans/ Balhorn, Heiko/ Füssenich, Iris (Hrsg.): Am Rande der Schrift. Lengwil (Libelle) 1995 (S. 87-107)

Heymann, Hans-Werner: Modellierungsprobleme bei der Erforschung des Lehrer- und Schülerverhaltens. In: Unterrichtswissenschaft. Ismaning (Max Hueber) 1984 (S. 232-251)

Heymann, Hans-Werner: Allgemeinbildung und Mathematik. Weinheim (Beltz) 1996

Heymann, Hans-Werner: Üben und Wiederholen – neu betrachtet. In: Pädagogik. Heft 10/98. Weinheim (Beltz) 1998 (S. 7-11)

Höcker, Günther: Inhalte des Sachunterrichts im 4. Schuljahr. Eine kritische Analyse. In: Die Grundschule. Heft 3/68. Braunschweig (Westermann) 1968 (S. 10-14)

Hoefs, Hartmut: Offenheit macht Schule. Mülheim an der Ruhr (Verlag an der Ruhr) 1996

Höhtker, Barbara/ Selter, Christoph: Von der halbschriftlichen zur schriftlichen Multiplikation? In: Die Grundschulzeitschrift. Heft 119. Seelze (Friedrich) 1998 (S. 17-19)

Hövel, Walter: Darstellungstechniken. In: Fragen und Versuche. Heft 65. 10/93. Bremen (Pädagogik-Kooperative) 1993 (S. 36-51)

Hofmaier, Martin: Über die Kunst, Aufträge zu formulieren. In: Ruf, Urs/ Gallin, Peter: Dialogisches Lernen in Sprache und Mathematik. Band 2: Spuren legen – Spuren lesen. Unterricht mit Kernideen und Reisetagebüchern. Seelze-Velber (Kallmeyer) 1998 (S. 78-85)

Holli, Heike: Die Aufgaben der Lehrerin im Offenen Unterricht, dargestellt anhand der Planung, Durchführung und Reflexion von Lernprozessen in einem vierten Schuljahr. Schriftliche Hausarbeit zur Zweiten Staatsprüfung für das Lehramt für die Primarstufe. Unv. Manuskript. Köln 1997

Holling, Eggert/ Bamme, Arno: Lehrer zwischen Anspruch und Wirklichkeit. Frankfurt am Main (päd. extra-Buchverlag) 1976

Holt, John: Kinder lernen selbstständig oder gar nicht(s). Weinheim (Beltz) 1999

Huber, Günter L.: Selbstbestimmung und Fremdbestimmung in Lernprozessen. München (Ehrenwirth) 1976

Hülswitt, Kerensa Lee: Mathe 2000+1 oder: Die natürliche Methode für den Mathematikunterricht mit gleichem Material in großer Menge. In: Fragen und Versuche. Heft 89. 9/99. Bremen (Freinet-Kooperative) 1999 (S. 61-64)

Hülswitt, Kerensa Lee: Mathematik erfinden. In: Theorie und Praxis der Sozialpädagogik. Heft 5/00. Seelze-Velber (Kallmeyer) 2000 (S. 44-47)

Huschke, Peter: Wochenplan-Unterricht: Entwicklung, Adaption, Evaluation, Kritik eines Unterrrichtskonzepts und Perspektiven für seine Weiterentwicklung. In: Klafki. Wolfgang/ Scheffer, Ursula/ Koch-Priewe, Barbara/ Stöcker, Hermann/ Huschke, Peter/ Stang, Henner (Hrsg.): Schulnahe Curriculumentwicklung und Handlungsforschung. Weinheim (Beltz) 1982 (S. 200-278)

Huschke, Peter: Wochenplanunterricht. Praktische Ansätze zur innerer Differenzierung, zu selbständigem Lernen und zur Mitgestaltung des Unterrichts durch die Schüler. Weinheim (Beltz) 1994[5]

Hylla, Erich/ Kraak, Bernhard: Aufgaben zum Nachdenken- Klasse 4 (AzN 4+). Weinheim (Beltz) 1993

Illich, Ivan: Deschooling Society. London (Penguin) 1970

Ingenkamp, Karlheinz: Bildungs-Beratungs-Test für 3. und 4. Klassen (BBT 3-4). Weinheim (Beltz) 1977

Ingenkamp, Karlheinz (Hrsg.): Diagnostischer Rechtschreibtest – Klassen 1 bis 5 (DRT 1-5) Weinheim (Beltz) div. Jahrgänge und Neunormierungen

Ingenkamp, Karlheinz/ Knapp, Andreas/ Wolf, Bernhard: Bildungs-Beratungs-Test für 4. bis 6. Klassen (BBT 4-6). Weinheim (Beltz) 1992[2]

Ipfling, Heinz-Jürgen/ Gröschel, Hans/ Eckinger, Ludwig (Hrsg.): Sammlung Domino. Aktuelles Handbuch für Lehrer und Erzieher. München (Domino) 1987

Jürgens, Eiko: (Offener) Unterricht und Schülerinteresse. Was sagt die neuere Forschung zum interessegeleiteten Lernen? Oldenburger Vordrucke Heft 216/93. Universität Oldenburg (Zentrum für pädagogische Berufspraxis) 1993

Jürgens, Eiko: Die 'neue' Reformpädagogik und die Bewegung Offener Unterricht. Theorie, Praxis und Forschungslage. St. Augustin (Academia) 1994a

Jürgens, Eiko (Hrsg.): Erprobte Wochenplan- und Freiarbeits-Ideen in der Sekundarstufe I. Heinsberg (Agentur Dieck) 1994b

Jürgens, Eiko: Offener Unterricht: Einige Anmerkungen zur aktuellen Diskussion und zur Praxis. In: Jürgens, Eiko (Hrsg.): Erprobte Wochenplan- und Freiarbeits-Ideen in der Sekundarstufe I. Heinsberg (Agentur Dieck) 1994b (S. 19-38)

Jürgens, Eiko: Zur Geschichte: Wichtige reformpädagogische Vorläufer der Freiarbeit. In: Jürgens, Eiko (Hrsg.): Erprobte Wochenplan- und Freiarbeits-Ideen in der Sekundarstufe I. Heinsberg (Agentur Dieck) 1994b (S. 168-180)

Jürgens, Eiko: Offener Unterricht im Spiegel empirischer Forschung. Oldenburger Vordrucke Heft 265/95. Universität Oldenburg (Zentrum für pädagogische Berufspraxis) 1995

Jungwirth, Helga: Verlangsamung als Ziel. In: mathematik lehren. Heft 71. Seelze (Friedrich) 1995 (S. 59-61)

Käpnick, Friedhelm: Rechengeschichten – eine beliebte Aufgabenform. In: Grundschulunterricht. Heft 4. Berlin (Pädagogischer Zeitschriftenverlag) 1993 (S. 20-21)

Kahl, Reinhard: PISA oder die einstürzenden Altbauten des deutschen Bildungssystems. In: Fragen und Versuche. Heft 99. Bremen (Pädagogik-Kooperative) 2002 (S. 43-49)

Kahlert, Joachim/ Inckemann, Elke/ Speck-Hamdan, Angelika (Hrsg): Grundschule: Sich Lernen leisten: Theorie und Praxis. Neuwied (Luchterhand) 2000

Kaiser, Astrid: Das Konzept Freie Arbeit im Spannungsfeld. In: Die Deutsche Schule. Heft 1/92. Weinheim (Juventa) 1992 (S. 42-49)

Kaiser, Astrid: Einführung in die Didaktik des Sachunterrichts. Baltmannsweiler (Schneider-Verlag-Hohengehren) 1996

Kamp, Johannes-Martin: Kinderrepubliken. Geschichte, Praxis, Theorie radikaler Selbstregierung in Kinder- und Jugendheimen. Opladen (Leske und Budrich) 1995

Kanzler, Eberhard: Kinderfragen als Ausgangspunkt für Sachunterricht. In: Meier, Richard/ Unglaube, Henning/ Faust-Siehl, Gabriele (Hrsg.): Sachunterricht in der Grundschule. Frankfurt am Main (Arbeitskreis Grundschule) 1997 (S. 206-212)

Kasper, Hildegard (Hrsg.): Laßt die Kinder lernen. Offene Lernsituationen. Braunschweig (Westermann) 1989

Kasper, Hildegard u. a.: Offener Unterricht. Modewort oder Besinnung auf schulische Lernkultur? In: Kasper, Hildegard (Hrsg.): Laßt die Kinder lernen. Offene Lernsituationen. Braunschweig (Westermann) 1989 (S. 5)

Kasper, Hildegard: Offene Unterrichtsformen in der englischen Primarschule – Entwicklungen und gegenwärtige Problematik. In: Reiß, Günter/ Eberle, Gerhard (Hrsg.): Offener Unterricht – Freie Arbeit mit lernschwachen Schülern. Weinheim (Deutscher Studien Verlag) 1995[3] (S. 93-114)

Kaufmann, Theo: Selbständige Informationsbeschaffung im Offenen Unterricht. In: Jürgens, Eiko (Hrsg.): Erprobte Wochenplan- und Freiarbeits-Ideen in der Sekundarstufe I. Heinsberg (Agentur Dieck) 1994 (S. 210-222)

Kayser, Annette/ Schäkel, Lieselotte: Kinder und Lehrer lernen: Freie Arbeit. Frankfurt am Main (Cornelsen Scriptor) 1986

Kelle, Udo/ Erzberger, Christian: Die Integration qualitativer und quantitativer Forschungsergebnisse. In: Kluge, Susann/ Kelle, Udo (Hrsg.): Methodeninnovation in der Lebenslaufforschung. Weinheim (Juventa) 2001 (S. 89-133)

Keller, Bernhard/ Brandenberg, Markus: Kapitänsaufgaben in Bildern. In: Die Grundschulzeitschrift. Heft 126. Seelze (Friedrich) 1999 (S. 55-56)

Keller, Olivier: Denn mein Leben ist lernen. Freiamt (Mit Kindern wachsen) 1999

Key, Ellen; Das Jahrhundert des Kindes. Berlin (Fischer) 1907

Kiper, Hanna: Sachunterricht kindorientiert. Baltmannsweiler (Schneider Verlag Hohengehren) 1997

Klafki. Wolfgang/ Scheffer, Ursula/ Koch-Priewe, Barbara/ Stöcker, Hermann/ Huschke, Peter/ Stang, Henner (Hrsg.): Schulnahe Curriculumentwicklung und Handlungsforschung. Weinheim (Beltz) 1982

Klaßen, Theodor F./ Skierra, Ehrenhard (Hrsg.): Handbuch der reformpädagogischen und alternativen Schulen in Europa. Baltmannsweiler (Schneider Verlag Hohengehren) 1993[2]

Kleingeist-Poensgen, Helga/ Oschmann, Sigrid: Schulentwicklung gestalten. Soest (Landesinstitut für Schule und Weiterbildung) 1998

Klewitz, Elard/ Mitzkat, Horst: Erfahrungen mit offenem Unterricht. In: Die Grundschule. Heft 12/76. Braunschweig (Westermann) 1976 (S. 675-681)

Klewitz, Elard/ Mitzkat, Horst (Hrsg.): Entdeckendes Lernen und offener Unterricht. Braunschweig (Westermann) 1977

Klewitz, Elard/ Mitzkat, Horst: Erfahrungen mit „offenem Unterricht" In: Klewitz, Elard/ Mitzkat, Horst (Hrsg.): Entdeckendes Lernen und offener Unterricht. Braunschweig (Westermann) 1977 (S. 229-240)

Kluge, Susann/ Kelle, Udo (Hrsg.): Methodeninnovation in der Lebenslaufforschung. Weinheim (Juventa) 2001

Knapp, Annelie: Handout zum Kolloquium „Lehr-Lern-Forschung": „Fachliches und fachübergreifendes Lernen zwischen Instruktion und Konstruktion". Unv. Manuskript. Universität Siegen 2000

Knauf, Annegret/ Knauf, Tassilo: Das Medienlexikon – Ein Beitrag zur Humanisierung der Lehrerarbeit. In: Knauf, Tassilo (Hrsg.): Handbuch zur Unterrichtsvorbereitung in der Grundschule. Planungshilfen und Unterrichtsmedien. Bensheim (päd. extra-Buchverlag) 1979a (S. 9-17)

Knauf, Tassilo (Hrsg.): Handbuch zur Unterrichtsvorbereitung in der Grundschule. Planungshilfen und Unterrichtsmedien. Bensheim (päd. extra-Buchverlag) 1979a

Knauf, Tassilo (Hrsg.): Handlungsorientiertes Lernen in der Grundschule. Grundlagen und Beispiele. Bensheim (päd. extra-Buchverlag) 1979b

Knauf, Tassilo: Statt einer Einleitung: Lehrerhandeln – kann, muß es verändert werden? In: Knauf, Tassilo (Hrsg.): Handlungsorientiertes Lernen in der Grundschule. Grundlagen und Beispiele. Bensheim (päd. extra-Buchverlag) 1979b (S. 11-16)

Knauf, Tassilo: Einführung in die Grundschuldidaktik. Stuttgart (Kohlhammer) 2001

Knoll, Michael: 300 Jahre Lernen am Projekt. Zur Revision unseres Geschichtsbildes. In: Pädagogik. Heft 7-8/93. Beltz (Weinheim) 1993 (S. 58-63)

Knoll, Carla/ Ebertshäuser, Marlies/ Hinrichsen, Stefanie: Der Einsatz von Kindersachbuchreihen und Kinderlexika im Sachunterricht. In: Meier, Richard/ Unglaube, Henning/ Faust-Siehl, Gabriele (Hrsg.): Sachunterricht in der Grundschule. Frankfurt am Main (Arbeitskreis Grundschule) 1997 (S. 269-274)

Köhler, Ulrike/ Krammling, Doris: Selbstregulierung. Zur Entwicklung eines pädagogischen Begriffs, dargestellt am Beispiel der Glocksee Schule. In: Göhlich, Michael (Hrsg.): Offener Unterricht – Community Education – Alternativschulpädagogik – Reggiopädagogik. Weinheim (Beltz) 1997 (S. 141-155)

Köhnlein, Walter: Vorwort. In: Hartinger, Andreas: Interessenförderung: Eine Studie zum Sachunterricht. Bad Heilbrunn/Obb. (Klinkhardt) 1997 (S. 9-10)

Kohls, Eckhard: Öffnung der Grundschule – oder alter Wein in neue Schläuche. In: Grundschule. Heft 12/88. Braunschweig (Westermann) 1988 (S. 56-60)

Kohnen, Rosemarie/ Kohnen, Ralf: Psychologische Betrachtungen zur Bedeutung von Übung und Wiederholung in Lern- und Gedächtnisprozessen. In: Blätter für Lehrerfortbildung. 7-8/87. München (Ehrenwirth) 1987 (S. 253-257)

Konrad, Klaus/ Traub, Silke: Selbstgesteuertes Lernen in Theorie und Praxis. München (Oldenbourg) 1999

Kornmann, Reimer: Was nur Lehrerinnen und Lehrer über Lernprobleme ihrer Schülerinnen und Schüler wissen können: Inventare zur Evaluierung eigenen Unterrichts. In: Eberwein, Hans/ Mand, Johannes (Hrsg.): Forschen für die Schulpraxis. Was Lehrer über Erkenntnisse qualitativer Sozialforschung wissen sollten. Weinheim (Deutscher Studien Verlag) 1995 (S. 364-376)

Kosog, Oskar: Unsere Rechtschreibung und die Notwendigkeit ihrer gründlichen Reform. Leipzig (Teubner) 1912

Kozdon, Baldur: „Öffnung der Schule" – ein gefahrloses Experiment? In: Pädagogische Welt. Heft 11/89. Donauwörth (Auer) 1989 (S. 485-488)

Kozdon, Baldur: Was bleibt offen beim Offenen Unterricht? In: Pädagogische Welt. Heft 7/92. Donauwörth (Auer) 1992 (S. 314-318)

Krapp, Andreas: Interesse, Lernen und Leistung. Neue Forschungsansätze in der Pädagogischen Psychologie. In: Zeitschrift für Pädagogik. Heft 5/92. Weinheim (Beltz) 1992 (S. 747-770)

Krapp, Andreas: Die Bedeutung von Interesse und intrinsischer Motivation für den Erfolg und die Steuerung schulischen Lernens. In: Schnaitmann, Gerhard W. (Hrsg.): Theorie und Praxis der Unterrichtsforschung. Donauwörth (Auer) 1996 (S. 87-110)

Krapp, Andreas/ Ryan, Richard: Selbstwirksamkeit und Lernmotivation. In: Jerusalem, Matthias/ Hopf, Diether (Hrsg.): Selbstwirksamkeit und Motivationsprozesse in Bildungsinstitutionen. 44. Beiheft zur Zeitschrift für Pädagogik. Weinheim (Beltz) 2002 (S. 54-82)

Kratzin, Christian: Arbeitspapier zum Workshop „Strukturiertes Rechnen" im Rahmen des 9. Symposiums mathe 2000 am 24.9.1999 an der Universität Dortmund

Kraus, Josef: Spaßpädagogik. Sackgassen deutscher Bildungspolitik. München (Universitas) 1998

Krauthausen, Günter: Kopfrechnen, halbschriftliches Rechnen, schriftliche Normalverfahren, Taschenrechner: Für eine Neubestimmung des Stellenwerts der vier Rechenmethoden. In: Journal für Mathematik-Didaktik. Heft 3/4/93. Stuttgart (Teubner) 1993 (S. 189-219)

Krauthausen, Günter: Für die stärkere Betonung des halbschriftlichen Rechnens. In: Grundschule. Heft 5/95. Braunschweig (Westermann) 1995 (S. 14-18)

Krauthausen, Günther: Lernen – Lehren – Lehren lernen. Zur mathematik-didaktischen Lehrerbildung am Beispiel der Primarstufe. Leipzig (Klett) 1998

Krawitz, Rudi (Hrsg.): Bildung im Haus des Lernens. Bad Heilbrunn/Obb. (Klinkhardt) 1997

Krawitz, Rudi: Vorwort an unseren verehrten Kollegen Anton Menke. In: Krawitz, Rudi (Hrsg.): Bildung im Haus des Lernens. Bad Heilbrunn/Obb. (Klinkhardt) 1997 (S. 7)

Krawitz, Rudi: Für eine individualpädagogische Praxis der Schule. In: Krawitz, Rudi (Hrsg.): Bildung im Haus des Lernens. Bad Heilbrunn/Obb. (Klinkhardt) 1997 (S. 9-12)

Krawitz, Rudi: Bildung durch Unterricht und Erziehung. In: Krawitz, Rudi (Hrsg.): Bildung im Haus des Lernens. Bad Heilbrunn/Obb. (Klinkhardt) 1997 (S. 13-26)

Krawitz, Rudi/ Kurz, Gerhard: Unterricht zwischen Planung und Prozess. (Zur didaktischen und individualpädagogischen Unterrichtsvorbereitung). In: Krawitz, Rudi (Hrsg.): Bildung im Haus des Lernens. Bad Heilbrunn/Obb. (Klinkhardt) 1997 (S. 92-108)

Krebs, Heidi/ Faust-Siehl, Gabriele: Lernzirkel im Unterricht der Grundschule. Freiburg (Reformpädagogischer Verlag Jörg Potthoff) 1993

Krieger, Claus Georg: Mut zur Freiarbeit. Baltmannsweiler (Schneider Verlag Hohengehren) 1994

Kriss-Rettenbeck, Lenz/ Liedtke, Max (Hrsg.): Erziehungs- und Unterrichtsmethoden im historischen Wandel. Bad Heilbrunn/Obb. (Klinkhardt) 1986

Krüger, Rudolf: Projekt Offener Unterricht. Braunschweig (SL-Verlag) 1991

Kube, Bernhard: Wie wollen Sie das denn bewerten? Bewertungsprobleme bei offenen Unterrichtsformen. In: Die Grundschule. Heft 2/96. Braunschweig (Westermann) 1996 (S. 71-73)

Kubovsky, Monika: Überforderung durch Unterforderung. In: Müller, Gerhard N./ Wittmann, Erich Ch. (Hrsg.): Mit Kindern rechnen. Frankfurt am Main (Arbeitskreis Grundschule – Der Grundschulverband) 1995 (S. 84-86)

Küspert, Petra/ Schneider, Wolfgang: Würzburger Leise Leseprobe. Göttingen (Hogrefe) 1998

Kultusminister des Landes Nordrhein-Westfalen (Hrsg.): Richtlinien und Lehrpläne für die Grundschule in Nordrhein-Westfalen. Sachunterricht. Köln (Greven) 1973

Kultusminister des Landes Nordrhein-Westfalen (Hrsg.): Richtlinien und Lehrpläne für die Grundschule in Nordrhein-Westfalen. Sachunterricht. Mathematik. Sprache. Kunst/ Textilgestaltung. Musik. (Einzelne Bände) Frechen (Verlagsgesellschaft Ritterbach) 1985

Kultusminister des Landes Nordrhein-Westfalen (Hrsg.): Richtlinien und Lehrpläne für das Gymnasium. Deutsch. Frechen (Verlagsgesellschaft Ritterbach) 1993

Kunert, Kristian: Theorie und Praxis des offenen Unterrichts. München (Kösel) 1978

Kunert, Kristian (Hrsg.): Schule im Kreuzfeuer. Baltmannsweiler (Schneider Verlag Hohengehren) 1993

Kurowski, Ewald/ Soostmeyer, Michael: Kommentar zum Lehrplan Sachunterricht. Heinsberg (Agentur Dieck) 1986

Lachman, Roy/ Lachman, Janet L./ Butterfield, Earl C.: Cognitive Psychology and Information Processing: An Introduction. Hillsdale, New Jersey (Erlbaum) 1979

Lambrich, Hans-Jürgen: Erkenntnisse zum mathetischen Prinzip. Freiheit im Lernprozess und der Erwerb grundlegender Lernfähigkeiten. In: Bundesverband der Freien Alternativschulen (Hrsg.): Freie Alternativschulen: Kinder machen Schule. Wolfratshausen (Drachen Verlag) 1992 (S. 318-329)

Landesinstitut für Schule und Weiterbildung NRW (Hrsg.): Entwurfsfassung der Richtlinien und Lehrpläne für die Grundschule. Soest (Landesinstitut für Schule und Weiterbildung) 1983a

Landesinstitut für Schule und Weiterbildung NRW (Hrsg.): Überarbeitungen der Richtlinien und Lehrpläne für die Grundschule. 1. Teilentwurf Mathematik. Januar 1983. Soest (Landesinstitut für Schule und Weiterbildung) 1983b

Lange, Otto: Wieviel Steuerung bei problemlösendem Lernen? In: Scholz, Frank (Hrsg.): Arrangements für den Unterricht. Universität Oldenburg (Zentrum für pädagogische Berufspraxis) 1988 (S. 117-128)

Langefeld, Jürgen: Nachdenken über Freiarbeit. In: Pädagogik-Unterricht. Heft 2/3/88. Bochum (Verband der Pädagogiklehrer und Pädagogiklehrerinnen) 1988

Langefeld, Jürgen: Freiarbeit mit der Walkman-Generation: angemessen? nützlich? ambivalent? schädlich? In: Schule heute. Heft 1/89. Dortmund (Verband Bildung und Erziehung) 1989a (S. 6-12)

Langefeld, Jürgen: Freiheit und Identitätsbildung. In: Pädagogische Rundschau Heft 6/89. Franfurt am Main (Lang) 1989b (S. 713-730)

Lassahn, Rudolf: Das unerschlossene Erbe der Reformpädagogik. In: Pädagogische Rundschau. Heft 3/84. Franfurt am Main (Lang) 1984 (S. 277-293)

Laus, Matthias/ Schöll, Gabriele: Aufmerksamkeitsverhalten von Schülern in offenen und geschlossenen Unterrichtskontexten. Berichte und Arbeiten aus dem Institut für Grundschulforschung. Nr. 78. Erlangen-Nürnberg (Institut für Grundschulforschung an der Universität Erlangen-Nürnberg) 1995

Lauterbach, Roland: Sachunterricht zwischen Alltag und Wissenschaft. In: Hameyer, Uwe/ Lauterbach, Roland/ Wiechmann, Jürgen (Hrsg.): Innovationsprozesse in der Grundschule. Bad Heilbrunn/Obb. (Klinkhardt) 1992 (S. 147-155)

Le Bohec, Paul: Verstehen heißt Wiedererfinden. Natürliche Methode und Mathematik. Bremen (Pädagogik-Kooperative) 1994

Lehman, Bernd (Hrsg.): Kinder-Schule: Lebens-Schule. Langenau-Ulm (Armin Vaas) 1993

Lehmann, Rainer H./ Peek, Rainer/ Pieper, Iris/ Stritzky, Regine von: Leseverständnis und Lesegewohnheiten deutscher Schüler und Schülerinnen. Weinheim (Beltz) 1995

Lehmann, Rainer H. (Hrsg.): Hamburger Lesetest für 3. und 4. Klassen (HAMLET 3-4). Weinheim (Beltz) 1997

Lemmer, Christa: Wechsel tut gut. In: Sennlaub, Gerhard (Hrsg.): Mit Feuereifer dabei. Praxisberichte über freie Arbeit und Wochenplan. Heinsberg (Agentur Dieck) 1990[5]a (S. 70-71)

Lenzen, Dieter: Offene Curricula – Leidensweg einer Fiktion. In: Haller, Hans-Dieter/ Lenzen, Dieter: Lehrjahre in der Bildungsreform. Resignation oder Rekonstruktion. Stuttgart (Klett) 1976 (S. 138–162)

Lepper, Mark R./ Greene, David: Undermining Children's Intrinsic Interest with Extrinsic Reward: A Test of the "Overjustification" Hypothesis. In: Journal of Personality and Social Psychology. Heft 1/73. Washington, District of Columbia (American Psychological Association) 1973 (S. 129-137)

Lichtenstein-Rother, Ilse/ Röbe, Edeltraud: Grundschule: Der pädagogische Raum für Grundlegung der Bildung. Weinheim (Beltz) 1989[4]

Lincol, Yvonna S./ Guba, Egon: Naturalistic Inquiry. Beverly Hills (Sage) 1985

Linder, Gerhard: Untersuchungen zum Konzept der Ganzheit in der deutschen Schulpädagogik. Frankfurt am Main (Lang) 1984

Lipowsky, Frank: Lernzeit und Konzentration. Grundschulkinder in offenen Lernsituationen. In: Die Deutsche Schule. Heft 2/99. Weinheim (Juventa) 1999 (S. 232-245)

Litt, Theodor: Führen oder Wachsenlassen. Eine Erörterung des pädagogischen Grundproblems. Stuttgart (Klett) 1967[13]

Lobeck, Arnold: Schweizer Rechentest. 1.-3. Klasse (SRT 1-3). Basel (Beltz) 1987

Lobeck, Arnold: Schweizer Rechentest. 4.-6. Klasse (SRT 4-6). Basel (Beltz) 1990

Lorenz, Jens-Holger: Schwierigkeiten bei Sachrechen-Aufgaben. In: Grundschule. Heft 3/94. Braunschweig (Westermann) 1994 (S. 14-15)

Lorenz, Jens Holger: Über Mathematik reden – Rechenstrategien von Kindern. In: Sache – Wort – Zahl. Heft 10. Köln (Aulis Verlag Deubner) 1997 (S. 22-28)

Lorenz, Jens Holger: Wie lernen Kinder Mathematik und was ist guter Mathematikunterricht? Manuskript zum Fachgespräch „Wie lernen Kinder Mathematik und was ist guter Mathematikunterricht?" im Landesinstitut für Schule und Weiterbildung. Soest 1999

Lüftner, Wener: Handelndes Lernen im Sachunterricht. Frankfurt am Main (Diesterweg) 1983

Mager, Robert F.: Motivation und Lernerfolg. Weinheim (Beltz) 1974[6]

Mai, Norbert: Warum wird Kindern das Schreiben schwer gemacht? Zur Analyse der Schreibbewegungen. In: Psychologische Rundschau. Heft 1/91. Göttingen (Hogrefe) 1991 (S. 12-18)

Mamat, Herbert: Unsystematische Pädagogik. Lehrer brauchen ein Programm. Heinsberg (Agentur Dieck) 1992

Manzke, Ernst (Hrsg.): Glocksee-Schule. Berichte – Analysen - Materialien. Fulda (Transit) 1981

Marshall, Hermine H.: Open Classrooms: Has the Term Outlived its Usefulness? In: Review of Educational Research. Heft 2/81. Santa Barbara, California (American Educational Research Association) 1981 (S. 181-192)

May, Peter: Hamburger Schreibprobe zur Erfassung der grundlegenden Rechtschreibstrategien. In: Naegele, Ingrid/ Valtin, Renate: Rechtschreibunterricht in den Klassen 1-6. Frankfurt am Main (Arbeitskreis Grundschule) 1994[3] (S. 94-98)

May, Peter: Kinder lernen rechtschreiben: Gemeinsamkeiten und Unterschiede guter und schwacher Lerner. In: Balhorn, Heiko/ Brügelmann, Hans (Hrsg.): Rätsel des Schriftspracherwerbs. Neue Sichtweisen aus der Forschung. Lengwil (Libelle) 1995a (S. 220-229)

May, Peter: Schriftsprachliche Leistungen und lernförderliche Unterrichtsbedingungen. Ergebnisse der Voruntersuchung zum Hamburger Projekt „Lesen und Schreiben für alle". In: Brügelmann, Hans/ Balhorn, Heiko/ Füssenich, Iris (Hrsg.): Am Rande der Schrift. Lengwil (Libelle) 1995b (S. 344-349)

May, Peter: Hamburger Schreib-Probe (HSP). Hamburg (Verlag für pädagogische Medien) 1997[3]

May, Peter: Strategiebezogene Rechtschreibdiagnose – mit und ohne Test: Analyse von freien Schreibungen mit Hilfe der HSP-Kategorien. In: Balhorn, Heiko/ Bartnitzky, Horst/ Büchner, Inge/ Speck-Hamdan, Angelika (Hrsg.): Schatzkiste Sprache 1. Frankfurt am Main (Arbeitskreis Grundschule) 1998 (S. 279-293)

May, Peter: Welche schulische Förderung ist erfolgreich? Unv. Manuskript. Hamburg 1998

Mayer, Werner Guido: Projektunterricht in der Primarstufe. Limburg (Frankonius) 1978

Mayer, Werner Guido: Tatsachen. Beiträge zur Erstellung des Schulprogramms für den Sachunterricht in der Grundschule. Heinsberg (Agentur Dieck) 1985

Mayer, Werner Guido: Freie Arbeit in der Primarstufe und in der Sekundarstufe bis zum Abitur. Denkanstöße zur inneren Reform der Schule. Heinsberg (Agentur Dieck) 1992

Mayring, Philipp: Einführung in die qualitative Sozialforschung. Eine Anleitung zu qualitativem Denken. München (Psychologie Verlagsunion) 1990

Meier, Richard/ Bahns, Michael: Miteinander Lernen. Differenzierung und Freie Arbeit in der Grundschule. Stuttgart (Klett) 1981

Meier, Richard: Freie Arbeit. In: Reiß, Günter/ Eberle, Gerhard (Hrsg.): Offener Unterricht – Freie Arbeit mit lernschwachen Schülern. Weinheim (Deutscher Studien Verlag) 1995^3 (S. 45-92)

Meier, Richard/ Unglaube, Henning/ Faust-Siehl, Gabriele (Hrsg.): Sachunterricht in der Grundschule. Frankfurt am Main (Arbeitskreis Grundschule) 1997

Meiers, Kurt: Sachunterricht. Überlegungen – Anregungen – Hilfen zur Praxis. Zug (Klett und Balmer) 1989

Meiers, Kurt: Sachunterricht – eine Positionsbestimmung. In: Sachunterricht und Mathematik in der Primarstufe. Heft 2/93. Köln (Aulis Verlag) 1993 (S. 88-95)

Meis, Rudolf: Duisburger Vorschul- und Einschulungstest (DVET). Weinheim (Beltz) 1973

Menzel, Wolfgang: Grammatik-Werkstatt. Theorie und Praxis eines prozessorientierten Grammatikunterrichts für die Primar- und Sekundarstufe. Seelze-Velber (Kallmeyer) 1999

Messner, Rudolf: Beiträge zum Thema: Plädoyer für eine offene Schule. In: Westermanns Pädagogische Beiträge. Heft 4/78. Braunschweig (Westermann) 1978a (S. 135-139)

Messner, Rudolf: Planung des Lehrers und Handlungsinteressen der Schüler im offenen Unterricht. In: Westermanns Pädagogische Beiträge. Heft 4/78. Braunschweig (Westermann) 1978b (S. 145-150)

Metzig, Werner/ Schuster, Martin: Bedingungen des Lehrens und Lernens in der Schule. In: Bennack, Jürgen: Schulaufgabe: Unterricht. Neuwied (Luchterhand) 2000 (S. 11-22)

Meyer, Hilbert: Leitfaden zur Unterrichtsvorbereitung. Frankfurt am Main (Cornelsen Skriptor) 1991[11]

Miles, Matthew B./ Hubermann, A. Michael: Qualitative Data Analysis. Beverly Hills, California (SAGE) 1985

Ministerium für Schule und Weiterbildung des Landes Nordrhein-Westfalen (Hrsg.): Ausbildungsordnung Grundschule. Frechen (Verlagsgesellschaft Ritterbach) 1997

Ministerium für Schule und Weiterbildung, Wissenschaft und Forschung des Landes Nordrhein-Westfalen (Hrsg.): Richtlinien und Lehrpläne für die Grundschule. Sport. Frechen (Verlagsgesellschaft Ritterbach) 1999

Mitzlaff, Hartmut/ Speck-Hamdan, Angelika (Hrsg.): Grundschule und neue Medien. Frankfurt am Main (Arbeitskreis Grundschule – Der Grundschulverband) 1998

Möller, Kornelia: Lernen durch Tun. Handlungsintensives Lernen im Sachunterricht der Grundschule. Frankfurt am Main (Lang) 1987

Möller, Kornelia: Verstehendes Lernen im Vorfeld der Naturwissenschaften? In: Die Grundschulzeitschrift. Heft 139. Seelze (Friedrich) 2000 (S. 54-57)

Morgan, Augustus de: On Teaching Arithmetic. Quarterly Journal of Eduation. Vol. 5. London (Society for the Diffusion of Useful Knowledge) 1833 (S. 1-16)

Mühlhausen, Ulf: Überraschungen im Unterricht. Situative Unterrichtsplanung. Weinheim (Beltz) 1994

Müller, Gerhard/ Wittmann, Erich Ch.: Der Mathematikunterricht in der Primarstufe. Braunschweig (Vieweg) 1977

Müller, Gerhard/ Wittmann, Erich Ch. (Hrsg.): Mit Kindern rechnen. Frankfurt am Main (Arbeitskreis Grundschule – Der Grundschulverband) 1995

Müller, Hans-Joachim: Offener Unterricht in der Weiterbildung. Planungsstrategien – Handlungsstrategien – Praktische Erfahrungen. Berlin (Schmidt) 1985

Näf, Martin: Alternative Schulformen in der Schweiz. Informationen. Ideen. Erfahrungen. Zürich (pro juventute) 1990[2]

Naegele, Ingrid/ Valtin, Renate (Hrsg.): Rechtschreibunterricht in den Klassen 1-6. Frankfurt am Main (Arbeitskreis Grundschule) 1984

Neber, Heinz (Hrsg.): Entdeckendes Lernen. Weinheim (Beltz) 1973

Neber, Heinz/ Wagner, Angelika C./ Einsiedler, Wolfgang: Selbstgesteuertes Lernen. Weinheim (Beltz) 1978

Neber, Heinz: Elemente entdeckenden Lernens. In: Zeitschrift für Heilpädagogik. Beiheft 14. Hannover-Herrenhausen (Verband Deutscher Sonderschulen) 1988 (S. 59-65)

Negt, Oskar: Kindheit und Schule in einer Welt der Umbrüche. Göttingen (Steidl) 1997

Nehles, Rudolf: Offenheit – pädagogisches Engagement ohne Theorie? Frankfurt am Main (Lang) 1981

Neill, Alexander Sutherland: A Dominie's Log. London (Herbert Jenkins) 1918[5]

Neill, Alexander Sutherland: Erziehung in Summerhill. Das revolutionäre Beispiel einer freien Schule. München (Szczesny) 1965

Neill, Alexander Sutherland: Das Prinzip Summerhill: Fragen und Antworten. Reinbek bei Hamburg (Rowohlt) 1969

Neill, Alexander Sutherland: Neill, Neill, Birnenstiel. Erinnerungen eines großen Erziehers. Reinbek bei Hamburg (Rowohlt) 1973

Neill, Alexander Sutherland: The New Summerhill. Herausgegeben von Albert Lamb. London (Penguin) 1992

Neubauer, Wolfgang: Effektivitätsuntersuchungen zum Training des Lehrerverhaltens. In: von Martial, Ingbert/ Ludwig, Harald/ Pühse, Uwe (Hrsg.): Schulpädagogik heute – Probleme und Perspektiven. Frankfurt am Main (Lang) 1994 (S. 217-251)

Neuhaus-Siemon, Elisabeth: Offener Unterricht – eine neue pädagogische Utopie? In: Pädagogische Welt. Heft 9/89. Donauwörth (Auer) 1989 (S. 406-411)

Neuhaus, Elisabeth: Reform der Grundschule. Bad Heilbrunn/Obb. (Klinkhardt) 1991[5]

Neuhaus-Siemon, Elisabeth: Reformpädagogik und offener Unterricht. In: Grundschule. Heft 6/96. Braunschweig (Westermann) 1996 (S. 19-27)

Neumann, Dieter: Falsche Ansichten über das Lernen? Reformgrundsätze auf dem Prüfstand (Teil 1). In: Realschule in Deutschland. Heft 6/97. München (Verband Deutscher Realschullehrer) 1997a (S. 15-19)

Neumann, Dieter: Falsche Ansichten über das Lernen? Reformgrundsätze auf dem Prüfstand (Teil 2). In: Realschule in Deutschland. Heft 7/97. München (Verband Deutscher Realschullehrer) 1997b (S. 18-23)

Neuweg, Georg Hans: Mehr lernen, als man sagen kann: Konzepte und didaktische Perspektiven impliziten Lernens. In: Unterrichtswissenschaft. Heft 3/00. Weinheim (Juventa) 2000 (S. 197-217)

Nölle, Veronica: Schüler sehen Schule anders. Eine empirische Untersuchung über Schulauffassungen von Schülern und ihren Konsens. Frankfurt am Main (Lang) 1995

Nordrhein-Westfälischer Lehrerverband (Hrsg.): Schulautonomie in der Kritik. Düsseldorf 1997

Nuber, Franz (Hrsg.): Informeller Unterricht – Modell für die Grundschule. München (Urban & Schwarzenberg) 1977

Nunes, Terenzinha/ Schliemann, Andalucia Dias/ Carraher, David William: Street Mathematics and School Mathematics. Cambridge (Cambridge University Press) 1993

Nussbaum, Albert/ Leutner, Detlev: Entdeckendes Lernen von Aufgabenlösungsregeln unter verschiedenen Anforderungsbedingungen. In: Zeitschrift für Entwicklungspsychologie und pädagogische Psychologie. Heft 2/86. Göttingen (Hogrefe) 1986 (S. 153-164)

Oelkers, Jürgen: Reformpädagogik. Eine kritische Dogmengeschichte. Weinheim (Juventa) 1996

Oellrich-Wagner, Margret: Offener Unterricht unter der Lupe – Leitfaden zur Reflexion und Unterrichtsvorbereitung. Essen (Eigenverlag Margret Oellrich-Wagner) 1996

Oerter, Rolf/ Montada, Leo: Entwicklungspsychologie. Weinheim (Beltz – Psychologie Verlags Union) 1995[3]

Oerter, Rolf: Implizites Lernen beim Sprechen, Lesen und Schreiben. In: Unterrichtswissenschaft. Heft 3/00. Weinheim (Juventa) 2000 (S. 239-256)

Olechowski, Richard/ Wolf, Wilhelm (Hrsg.): Die kindgemäße Grundschule. Wien (Jugend und Volk) 1990

Ossner, Jakob: Gibt es Entwicklungsstufen beim Aufsatzschreiben? In: Feilke, Helmuth/ Portmann, Paul R. (Hrsg.): Schreiben im Umbruch. Schreibforschung und schulisches Schreiben. Stuttgart (Klett) 1996 (S. 74-84)

Ossner, Jakob: Orthographische Formulare: In: Feilke, Helmuth/ Kappest, Klaus-Peter/ Knobloch, Clemens (Hrsg.): Grammatikalisierung, Spracherwerb und Schriftlichkeit. Tübingen (Niemeyer) 2001 (S. 127-154)

Oßwald, Claudia: Interessen fördern durch offene Lernsituationen. In: Grundschule. Heft 6/95. Braunschweig (Westermann) 1995 (S. 22-23)

Oswald, Hans: Was heißt qualitativ forschen? In: Friebertshäuser, Barbara/ Prengel, Annedore (Hrsg.): Handbuch Qualitative Forschungsmethoden in der Erziehungswissenschaft. Weinheim (Juventa) 1997 (S. 71-87)

Otterbach, Achim: Lernsoftware „Die sprechende Anlauttabelle". Seelze (Friedrich) o. J.

Otto, Berthold: Ausgewählte pädagogische Schriften. Besorgt von Karl Kreitmair. Paderborn (Schönigh) 1963

Padberg, Friedhelm: Didaktik der Arithmetik. Mannheim (Bibliographisches Institut) 1986

Padberg, Friedhelm/ Harass, Nicole: Addition und Subtraktion im Hunderterraum – eine empirische Untersuchung. In: Sache – Wort – Zahl. Heft 36. Köln (Aulis Verlag Deubner) 2001 (S. 55-59)

Pallasch, Waldemar/ Reimers, Heino: Pädagogische Werkstattarbeit. Eine pädagogisch-didaktische Konzeption zur Belebung der traditionellen Lernkultur. Weinheim (Juventa) 1990

Papasilekus-Ohem, Apostoles: Offene Curricula und Aktionsforschung. Fortsetzung oder Abbruch des Curriculumdiskurses? Hamburg (Reim) 1983

Perrig, Walter J./ Perrig, Pasqualina: Implizites Gedächtnis: unwillkürlich, entwicklungsresistent und altersunabhängig? In: Zeitschrift für Entwicklungspsychologie und Pädagogische Psychologie. Heft 1/93 Göttingen (Hogrefe) 1993 (S. 29-47)

Peschel, Falko: Offener Unterricht – Am Anfang oder am Ende? OASE-Bericht Nr. 2. Universität Siegen 1995a

Peschel, Falko: Das Prinzip Glocksee. Theorie und Praxis der antiautoritären Erziehung. Unv. Manuskript. Troisdorf/ Hannover 1995b

Peschel, Falko: Das Prinzip Glocksee in Theorie und Praxis. In: Glocksee Info 2-95. Hannover (Glocksee-Schule) 1995c (S. 6-7)

Peschel, Falko: Offen bis geschlossen – Formen und Chancen offenen Unterrichts. In: Gesing, Harald (Hrsg.): Pädagogik und Didaktik der Grundschule. Neuwied (Luchterhand) 1997a (S. 229-268)

Peschel, Falko: Ist das Unterricht? Unterricht ohne zu unterrichten. In: Friedrich Jahresheft XV. Seelze (Friedrich) 1997b (S. 30-31)

Peschel, Falko: Wenn schon, denn schon. Öffnung zwischen Radikalität, Konsequenz und Illusion. In: Die Grundschulzeitschrift. Heft 105. Seelze (Friedrich) 1997c (S. 21-23)

Peschel, Falko: Schreiben und Rechtschreiben lernen in der Grundschule. In: Schulzeit Eins/97. Düsseldorf (Ministerium für Schule und Weiterbildung des Landes NRW) 1997d (S. 10-11)

Peschel, Falko: Freie Arbeit als durchgängiges Unterrichtsprinzip. In: Peschel, Falko/ Saborowski, Cornelia: Erfahrungen aus der Öffnung des Unterrichts im Schulalltag. OASE-Bericht Nr. 37. Universität Siegen 1997e (S. 1-24)

Peschel, Falko: Verschiedene Beiträge in: Kaiser, Astrid: Lexikon des Sachunterrichts. Baltmannsweiler (Schneider Verlag Hohengehren) 1997f

Peschel, Falko: Verschiedene Aufsätze zum Offenen Unterricht in: Bartnitzky, Horst/ Christiani, Reinhold (Hrsg.): Die Fundgrube für Freie Arbeit. Berlin (Cornelsen Scriptor) 1998a

Peschel, Falko: Spich – eine „ganz normale" Grundschule stellt sich vor. Mit einem Beitrag von Cornelia Saborowski. In: Becher, Hans-Rudolf/ Bennack, Jürgen/ Jürgens, Eiko (Hrsg.): Taschenbuch Grundschule. Baltmannsweiler (Schneider Verlag Hohengehren) 1998^{3}b

Peschel, Falko: Werkstattunterricht. In: Holenz, Klaus/ Peschel, Falko/ Schwandt, Ulrike/ Taaks, Gerd-Ulrich: Integrierender Sachunterricht. Werkstattunterricht. Soest (Landesinstitut für Schule und Weiterbildung) 1998c

Peschel, Falko: Computer von Anfang an. Oder: Was muss passieren, damit Lehrer Schülern endlich mehr vertrauen? In: Mitzlaff, Hartmut/ Speck-Hamdan, Angelika (Hrsg.): Grundschule und neue Medien. Frankfurt am Main (Arbeitskreis Grundschule – Der Grundschulverband) 1998d (S. 231-237)

Peschel, Falko: Leistungsbewertung: Und unsere Beurteilungskriterien stimmen immer noch nicht! Oder: Für eine andere Sichtweise von Produkt- und Prozessbeurteilung im (offenen) Unterricht. In: Fragen und Versuche. Heft 89. Bremen (Freinet-Kooperative) 1999 (S. 39-44) (Leider sind die Seiten vertauscht gedruckt worden. Die Seite 41 ist die vorletzte Seite.)

Peschel, Falko: Kinder planen ihr Lernen selbst: Möglichkeiten und Erfahrungen im Mathematikunterricht. In: Sache – Wort – Zahl. Heft 29. Köln (Aulis Verlag Deubner) 2000a (S. 49-53)

Peschel, Falko: Stell dir vor, es gibt Autonomie und keine(r) nimmt sie wahr ... In: Die Grundschulzeitschrift. Heft 131. Seelze (Friedrich) 2000b (S. 56-57)

Peschel, Falko: Ein Blick über den eigenen Zaun ... In: Die Grundschulzeitschrift. Heft 131. Seelze (Friedrich) 2000c (S. 57) und in: Lernchancen. Heft 13. Seelze (Friedrich) 2000d (S. 77)

Peschel, Falko: GRAM-MATIK? In: Die Grundschulzeitschrift. Heft 138. Seelze (Friedrich) 2000e (S. 56) und in: Der Deutschunterricht in der Grundschule. Heft 1/00. Seelze (Friedrich) 2000f (S. 27-28)

Peschel, Falko: Summerhill – Kindern ihre Kindheit zurückgeben. In: Fragen und Versuche. Heft 92. Bremen (Freinet-Kooperative) 2000g (S. 65-66)

Peschel, Falko: Offener Unterricht ist präventiver Unterricht – Präventiver Unterricht ist Offener Unterricht. In: Lumer, Beatrix (Hrsg.): Integration behinderter Kinder. Berlin (Cornelsen Scriptor) 2001a (S. 74-88)

Peschel, Falko: Kinder lernen anders! In: Die Grundschulzeitschrift. Heft 143. Seelze (Friedrich) 2001b (S. 41-42)

Peschel, Falko/ Reinhardt, Astrid: Der Sprachforscher: Rechtschreiben. Seelze (Friedrich) 2001c

Peschel, Falko/ Reinhardt, Astrid: Der Sprachforscher: Rechtschreiben. Informationen für Eltern und Lehrer. Seelze (Friedrich) 2001d

Peschel, Falko: Vom Einüben zum Ausüben – vom Einprägen zum Erforschen. Rechtschreiblernen im Wandel. In: Grundschule Sprachen. Heft 3/01. Seelze-Velber (Kallmeyer) 2001e (S. 10-11)

Peschel, Falko: Offener Unterricht – Idee, Realität, Perspektive und ein praxiserprobtes Konzept zur Diskussion. Teil I: Allgemeindidaktische Überlegungen. Baltmannsweiler (Schneider Verlag Hohengehren) 2002a

Peschel, Falko: Offener Unterricht – Idee, Realität, Perspektive und ein praxiserprobtes Konzept zur Diskussion. Teil II: Fachdidaktische Überlegungen. Baltmannsweiler (Schneider Verlag Hohengehren) 2002b

Peschel, Falko: Das „Integrierende Schulpraktikum Primarstufe". In: PÄD Forum. Heft 2/02. Baltmannsweiler (Schneider Verlag Hohengehren) 2002c (S. 132-134)

Peschel, Falko: Öffnung des Unterrichts – ein Stufenmodell. In: Bartnitzky, Horst/ Christiani, Reinhold (Hrsg.): Berufseinstieg: Grundschule. Leitfaden für Studium und Vorbereitungsdienst. Berlin (Cornelsen Scriptor) 2002d (S. 235-239)

Peschel, Falko: Offene Unterrichtsformen – qualitativ absichern und weiterentwickeln. In: Bartnitzky, Horst/ Christiani, Reinhold (Hrsg.): Berufseinstieg: Grundschule. Leitfaden für Studium und Vorbereitungsdienst. Berlin (Cornelsen Scriptor) 2002e (S. 240-245)

Peschel, Falko: Qualitätsmaßstäbe – Hilfen zur Beurteilung der Offenheit von Unterricht und Vorschläge zur Leistungsmessung. In: Drews, Ursula/ Wallrabenstein, Wulf (Hrsg.): Freiarbeit in der Grundschule. Offener Unterricht in Theorie, Forschung und Praxis. Frankfurt am Main (Arbeitskreis Grundschule – Der Grundschulverband) 2002f (S. 160-177)

Peschel, Falko: Ist das Didaktik? Didaktik durch Nicht-Didaktik. In: System Schule. Heft 4/02. Dortmund (Verlag Modernes Lernen) 2002 (S. 100-102)

Peschel, Falko: Vom Edutainment zur kreativen Herausforderung: Der Computer als Werkzeug im Offenen Unterricht. In: Thissen, Frank (Hrsg.): Multimedia-Didaktik in Wirtschaft, Schule und Hochschule. Berlin (Springer Verlag) 2003 (S. 9-25)

Peter-Koop, Andrea: „Das sind so ungefähr 30 000". In: Die Grundschulzeitschrift. Heft 125. Seelze (Friedrich) 1999 (S. 12-15)

Petersen, Peter: Führungslehre des Unterrichts. Weinheim (Beltz) 1984

Peterson, Penelope L.: Direct instruction reconsidered. In: Peterson, Penelope L./ Walberg, Herbert J. (Hrsg): Research in Teaching. Concepts, Findings and Implications. Berkeley, California (McCutchan) 1979 (S. 57-69)

Petillon, Hanns: Soziales Lernen in der Grundschule. Frankfurt am Main (Diesterweg) 1993

Petillon, Hanns (Hrsg.): Individuelles und soziales Lernen in der Grundschule – Kindperspektive und pädagogische Konzepte. Opladen (Leske und Budrich) 2002

Petri, Gottfried: Idee, Realität und Entwicklungsmöglichkeiten des Projektlernens. Graz (Bundesministerium für Unterricht, Kunst und Sport – Zentrum für Schulversuche und Schulentwicklung) 1991

Piaget, Jean: Biology and Knowledge. Edinburgh 1971

Piaget, Jean: Über Pädagogik. Weinheim (Beltz) 1999

Pitzschel, Friedrich: Sie sollen wollen, was sie tun. Freie Arbeit in der Hauptschule. In: Lehrer Journal. Heft 5/86. München (Oldenbourg/ Prögel) 1986 (S. 221-224)

Plake, Klaus: Reformpädagogik. Wissenssoziologie eines Paradigmenwechsels. Münster (Waxmann) 1991

Pliefke, Annemarie: Das „offene Kindergartenkind" in der Schule. In: Theorie und Praxis der Sozialpädagogik. Heft 2/00. Seelze-Velber (Kallmeyer) 2000 (S. 29-30)

Popp, Susanne: Der Daltonplan in Theorie und Praxis. Ein aktuelles reformpädagogisches Modell zur Förderung selbständigen Lernens in der Sekundarstufe. Bad Heilbrunn/Obb. (Klinkhardt) 1995

Potthoff, Willy: Einführung in die Reformpädagogik. Freiburg (Reformpädagogischer Verlag Jörg Potthoff) 1992a

Potthoff, Willy: Grundlage und Praxis der Freiarbeit. Freiburg (Reformpädagogischer Verlag Jörg Potthoff) 1992^{4}b

Potthoff, Willy: Freies Lernen – Verantwortliches Handeln. Der Freiburger Ansatz der integrierten Reformpädagogik. Freiburg (Reformpädagogischer Verlag Jörg Potthoff) 1994^2

Prange, Klaus: Lebensgeschichte und pädagogische Reflexion. In: Zeitschrift für Pädagogik. Heft 3/87. Weinheim (Beltz) 1987 (S. 345-362)

Prengel, Annedore: Perspektivität anerkennen – Zur Bedeutung von Praxisforschung in Erziehung und Erziehungswissenschaft. In: Friebertshäuser, Barbara/ Prengel, Annedore (Hrsg.): Handbuch Qualitative Forschungsmethoden in der Erziehungswissenschaft. Weinheim (Juventa) 1997 (S. 599-627)

Prenzel, Manfred: Autonomie im Lernen Erwachsener. In: Zeitschrift für Pädagogik. Heft 5/93. Weinheim (Beltz) 1993 (S. 239-253)

Prenzel, Manfred/ Lankes, Eva-Maria: Anregungen aus der pädagogischen Interessenförderung. In: Grundschule. Heft 6/95. Braunschweig (Westermann) 1995 (S. 12-13)

Preuschoff, Gisela/ Preuschoff, Axel: Gewalt an Schulen – und was dagegen zu tun ist. Köln (PapyRossa) 1992

Preuss-Lausitz, Ulf/ Rülcker, Tobias/ Zeiher, Helga (Hrsg.): Selbständigkeit für Kinder – die große Freiheit? Weinheim (Beltz) 1990

Preuss-Lausitz, Ulf: Die Kinder des Jahrhunderts. Weinheim (Beltz) 1993

Priebe, Hiltrud/ Röbe, Edeltraud (Hrsg.): Blickpunkt Grundschule. Bilder einer zukunftsoffenen Schullandschaft. Donauwörth (Auer) 1992

Projekt "mathe 2000": 10 Jahre „mathe 2000". Bilanz und Perspektiven. Düsseldorf (Klett) 1997

Projektgruppe Schlüsselqualifikationen in der beruflichen Bildung: Wege zur beruflichen Mündigkeit (Teil 1). Weinheim (Deutscher Studien Verlag) 1992

Radatz, Hendrik/ Schipper, Wilhelm/ Oltmanns, Katrin/ Wille, Ulrike: Zum Mathematikunterricht in der Grundschule – Ergebnisse einer Lehrerbefragung. Göttingen (Georg-August-Universität) 1981

Radatz, Hendrik: Untersuchungen zum Lösen eingekleideter Aufgaben. In: Journal für Mathematik-Didaktik. Stuttgart (Teubner) 1983 (S. 205-217)

Radatz, Hendrik: „Sag mir, was soll es bedeuten?" Wie Schüler und Schülerinnen Veranschaulichungen verstehen. In: Die Grundschulzeitschrift. Heft 82. Seelze (Friedrich) 1995 (S. 50-51)

Radatz, Hendrik/ Schipper, Wilhelm: Stoffplan „Mathematik in den Schuljahren 1-4". In: Die Grundschulzeitschrift. Heft 96. Seelze (Friedrich) 1996 (S. 43-45)

Radatz, Hendrik/ Schipper, Wilhelm/ Ebeling, Astrid/ Dröge, Rotraud: Handbuch für den Mathematikunterricht. 1. Schuljahr. Hannover (Schroedel) 1996

Radatz, Hendrik: Fördern und Fordern aller Kinder im Mathematikunterricht. In: Grundschule. Heft 3/97. Braunschweig (Westermann) 1997 (S. 8-9)

Radatz, Hendrik/ Schipper, Wilhelm: Freigabe des Verfahrens der schriftlichen Subtraktion. In: Grundschule. Heft 3/97. Braunschweig (Westermann) 1997 (S. 26-27)

Radatz, Hendrik/ Schipper, Wilhelm/ Dröge, Rotraud/ Ebeling, Astrid: Handbuch für den Mathematikunterricht. 2. Schuljahr. Hannover (Schroedel) 1998

Radatz, Hendrik/ Schipper, Wilhelm/ Dröge, Rotraud/ Ebeling, Astrid: Handbuch für den Mathematikunterricht. 3. Schuljahr. Hannover (Schroedel) 1999

Rainer, Wilhelm: Lernen lernen. Ein Bildungsauftrag der Schule. Paderborn (Schöningh) 1980

Ramseger, Jörg: Offener Unterricht in der Erprobung. Weinheim (Juventa) 1977

Ramseger, Jörg/ Skedzuhn, Annegret: Offener Unterricht in der Praxis. In: Die Grundschule. Heft 1/78. Braunschweig (Westermann) 1978 (S. 23-26)

Ramseger, Jörg: Das Nicht-Planbare planen? Anregungen zur Gestaltung von Offenem Unterricht. In: Knauf, Tassilo (Hrsg.): Handbuch zur Unterrichtsvorbereitung in der Grundschule. Planungshilfen und Unterrichtsmedien. Bensheim (päd. extra-Buchverlag) 1979 (S. 18-34)

Ramseger, Jörg: Neun Argumente für die Öffnung der Grundschule. In: Die Grundschulzeitschrift. Heft 1. Seelze (Friedrich) 1987 (S. 6-7)

Ramseger, Jörg: Unterricht zwischen Instruktion und Eigenerfahrung. In: Zeitschrift für Pädagogik. Heft 5/93. Weinheim (Beltz) 1993 (S. 825-836)

Rathenow, Peter/ Vöge, Jochen: Erkennen und Fördern von Schülern mit Lese-Rechtschreibschwierigkeiten. Braunschweig (Westermann) 1982

Ratzka, Nadja: Mathematische Fertigkeiten und Fähigkeiten im Grundschulalter. Empirische Studien im Anschluss an TIMSS (Arbeitstitel). Unv. Dissertation. Universität Siegen, i. V.

Raven, John Carlyle: Coloured Progressive Matrices (CPM). Göttingen (Hogrefe) 1980[2]

Reich, Kersten: Systemisch-konstruktivistische Pädagogik. Neuwied (Luchterhand) 2000[3]

Reichen, Jürgen: Lernsoftware „Lesen durch Schreiben". Hamburg (Heinevetter) o. J.

Reichen, Jürgen: Lesen durch Schreiben. Lehrerkommentar. Hefte 1-8. Zürich (Sabe) 1982

Reichen, Jürgen: Sachunterricht und Sachbegegnung. Zürich (Sabe) 1991

Reichen, Jürgen: Rettet die Mathematik – macht Sachunterricht! In: Die Grundschulzeitschrift. Heft 74. Seelze (Friedrich) 1994 (S. 28-29)

Reichen, Jürgen: Antwort auf die im Voraus gestellten Fragen der Fachtagung „Anfangsunterricht im Lesen und Schreiben" vom 10. März 1997. Unv. Manuskript. Soest (Landesinstitut für Schule und Weiterbildung) 1997

Reichen, Jürgen: Lesen und Schreiben von Anfang an? Nein!!! In: Balhorn, Heiko/ Bartnitzky, Horst/ Büchner, Inge/ Speck-Hamdan, Angelika (Hrsg.): Schatzkiste Sprache 1. Frankfurt am Main (Arbeitskreis Grundschule) 1998 (S. 327-333)

Reichen, Jürgen: Jürgen Reichen antwortet: In: Balhorn, Heiko/ Bartnitzky, Horst/ Büchner, Inge/ Speck-Hamdan, Angelika (Hrsg.): Schatzkiste Sprache 1. Frankfurt am Main (Arbeitskreis Grundschule) 1998 (S. 336-341)

Reichen, Jürgen: Mein Kommentar. Unv. Brief an Hans Brügelmann. Bad Oldesloe 1999

Reichen, Jürgen: Hannah hat Kino im Kopf. Die Reichen-Methode *Lesen durch Schreiben* und ihre Hintergründe für LehrerInnen, Studierende und Eltern. Hamburg (Heinevetter) 2001

Reinhardt, Astrid: Praxisbericht: Wie eine Klasse mit dem Sprachforscherbuch gearbeitet hat. In: Peschel, Falko/ Reinhardt, Astrid: Sprachforscher: Rechtschreiben. Informationen für Lehrer und Eltern. Unv. Manuskript. Troisdorf 2000 (S. 35-48)

Reinhardt, Astrid: Rechtschreibung mit dem Sprachforscherbuch erschließen: Von sammelnden, ordnenden und forschenden Kindern. In: Grundschule Sprachen. Heft 3/01. Seelze-Velber (Kallmeyer) 2001 (S. 12-15)

Reinhardt, Klaus: „Öffnung von Schule": Aktionismus ohne Theorie? In: Pädagogik. Heft 4/91. Weinheim (Beltz) 1991 (S. 18-23)

Reinhardt, Klaus: Öffnung der Schule. Community Education als Konzept der Zukunft? Weinheim (Beltz) 1992

Reiß, Günter/ Eberle, Gerhard (Hrsg.): Offener Unterricht – Freie Arbeit mit lernschwachen Schülern. Weinheim (Deutscher Studien Verlag) 1995[3]

Rekus, Jürgen: Schule als „Haus des Lernens" – und wer soll über die Schlüssel verfügen? In: Beinke, Lothar/ Bruggen, Johan C. van/ Dittmann, Armin/ Führ, Christoph/ Gauger, Jörg-Dieter/ Mußgnug, Reinhard/ Regenbrecht, Aloysius/ Rekus, Jürgen/ Reul, Herbert/ Westphalen, Klaus/ Wollersheim, Heinz-Werner: Zukunft der Bildung – Schule der Zukunft? Zur Diskussion um die Denkschrift der Bildungskommission NRW. Sankt Augustin (Konrad-Adenauer-Stiftung) 1996 (S. 35-52)

Renner, Erich (Hrsg.): Akzente für den Unterricht in der Primarstufe. Heinsberg (Agentur Dieck) 1982

Retterath, Gerhard: Man kann jede Art von Unterricht beurteilen. Unv. Manuskript. o. J. Überarbeitet abgedruckt in: Retterath, Gerhard: Das Lernen vom Kind aus planen. In: Grundschule. Heft 4/96. Braunschweig (Westermann) 1996 (S. 38-40)

Revuz, André: Est-il impossible d'enseigner les mathématiques? Paris (Press universitaires de France) 1980

Reys, Barbara J./ Reys, Robert E.: Mental Computation and Computational Estimation – Their Time Has Come. In: The Arithmetic Teacher. Heft 7. 3/86. Reston, Virginia (National Council of Teachers of Mathematics) 1986 (S. 4-5)

Richter, Sigrun: Die Rechtschreibentwicklung im Anfangsunterricht und Möglichkeiten der Vorhersage ihrer Störungen. Hamburg (Kovač) 1992

Richter, Sigrun/ Brügelmann, Hans: Der Schulanfang ist keine Stunde Null. In: Brügelmann, Hans/ Richter, Sigrun: Wie wir recht schreiben lernen. Lengwil (Libelle) 1994 (S. 62-77)

Richter, Sigrun: Zwei Kinder in einer Klasse: Verschiedene Wege aus ähnlichen Anfängen. In: Brügelmann, Hans/ Richter, Sigrun (Hrsg.): Wie wir recht schreiben lernen. Lengwil (Libelle) 1994 (S. 109-125)

Richter, Sigrun: Subjektive Interessen und Rechtschreiblernen. In: Glumpler, Edith/ Luchtenberg, Sigrid (Hrsg.): Jahrbuch Grundschulforschung. Band 1. Weinheim (Deutscher Studien Verlag) 1997 (S. 251-259)

Richter, Sigrun: Interessebezogenes Rechtschreiblernen. Braunschweig (Westermann) 1998

Röbe, Heinrich Joachim: Freie Arbeit – eine Bedingung zur Realisierung des Erziehungsauftrages der Grundschule? Frankfurt am Main (Lang) 1986

Röbe, Hans-Joachim: Wie frei soll freie Arbeit sein? In: Die Grundschule. Heft 10/87. Braunschweig (Westermann) 1987 (S. 62-64)

Röhrs, Hermann/ Lenhardt, Volker (Hrsg.): Die Reformpädagogik auf den Kontinenten. Frankfurt am Main (Lang) 1994

Röthlisberger, Hans: Heterogenität als Herausforderung: Standortbestimmung am Schulanfang. In: Hengartner, Elmar (Hrsg.): Mit Kindern lernen. Zug (Klett und Balmer) 1999 (S. 22-28)

Rogers, Carl Ransom: Lernen in Freiheit. München (Kösel) 1974

Rogers, Carl Ransom: Die Kraft des Guten. München (Kindler) 1978

Roßbach, Hans-Günther: Lage und Perspektive der empirischen Grundschulforschung. In: Empirische Pädagogik Heft 2/96. Landau (Empirische Pädagogik) 1996 (S. 167-191)

Roßbach, Hans-Günther/ Nölle, Karin/ Czerwenka, Kurt (Hrsg.): Forschungen zu Lehr- und Lernkonzepten für die Grundschule. Opladen (Leske und Budrich) 2001

Rost, Detlef H.: Komponenten des Leseverständnisses. Berichte und Arbeiten aus dem Institut für Grundschulforschung Nr. 47. Erlangen-Nürnberg (Institut für Grundschulforschung an der Universität Erlangen-Nürnberg) 1984

Rost, Detlef H.: Hat Leseverständnis eine Struktur? Berichte und Arbeiten aus dem Institut für Grundschulforschung Nr. 51. Erlangen-Nürnberg (Institut für Grundschulforschung an der Universität Erlangen-Nürnberg) 1985

Rost, Detlev H. (Hrsg.): Handwörterbuch Pädagogische Psychologie. Weinheim (Psychologie Verlags Union) 1998

Roth, Heinrich: Pädagogische Psychologie des Lehrens und Lernens. Hannover (Schroedel) 1983[16]

Rousseau, Jean-Jacques: Emilie oder über die Erziehung. Stuttgart (Reclam) 1963

Ruf, Urs/ Gallin, Peter: Dialogisches Lernen in Sprache und Mathematik. Band 1: Austausch zwischen Ungleichen. Grundzüge einer interaktiven und fächerübergreifenden Didaktik. Seelze-Velber (Kallmeyer) 1998a

Ruf, Urs/ Gallin, Peter: Dialogisches Lernen in Sprache und Mathematik. Band 2: Spuren legen – Spuren lesen. Unterricht mit Kernideen und Reisetagebüchern. Seelze-Velber (Kallmeyer) 1998b

Ruf-Bräker, Regula: Was sich in meinem Unterricht verändert hat. In: Ruf, Urs/ Gallin, Peter: Dialogisches Lernen in Sprache und Mathematik. Band 2: Spuren legen – Spuren lesen. Unterricht mit Kernideen und Reisetagebüchern. Seelze-Velber (Kallmeyer) 1998 (S. 197-205)

Rumpf, Horst/ Diederich, Jürgen: Lerner oder Menschen? Ein Briefwechsel über Schülerbilder von Lehrern zwischen Horst Rumpf und Jürgen Diederich. In: Friedrich Jahresheft II. Seelze (Friedrich) 1984 (S. 33-36)

Rumpf, Horst: Was ist frei an der freien Arbeit? In: Pädagogik. Heft 6/91. Beltz (Weinheim) 1991 (S. 6-9)

Rutschky, Katharina (Hrsg.): Schwarze Pädagogik. Frankfurt am Main (Ullstein) 1977

Ryan, Richard M./ Grolnick, Wendy S.: Origins and Pawns in the Classroom: Self-Report and Projective Assessement of Individual Differences in Children's Perceptions. In: Journal of Personality and Social Psychology. Washington, District of Columbia (American Psychological Association) 1986 (S. 550-558)

Sänger-Feindt, Elisabeth: Leistungen in Mathematik – nach Maßgabe des Lehrplans und der Fachdidaktik. Manuskript zum Workshop „Qualitätssicherung und Qualitätsentwicklung in der Primarstufe. Unterrichtsfach: Mathematik" des Ministeriums für Schule und Weiterbildung, Wissenschaft und Forschung NRW. Soest 1998

Saint-Exupéry, Antoine de: Die Stadt in der Wüste (Citadelle). Düsseldorf (Karl Rauch) 1956

Saldern, Matthias von: Qualitative Forschung – quantitative Forschung: Nekrolog auf einen Gegensatz. In: Empirische Pädagogik Heft 4/92. Landau (Empirische Pädagogik) 1992 (S. 377-399)

Salinger, Jerome D.: The Catcher in the Rye. (Original 1951) Boston, Massachusetts (Little, Brown and Company) 1999[11]

Schaare, Jochen: Lernen, Handeln, Üben und Forschen im Offenen Unterricht. In: Grundschule. Heft 9/91. Braunschweig (Westermann) 1991 (S. 54-57)

Scharrelmann, Heinrich: Erlebte Pädagogik. Braunschweig (Westermann) 1922[2]

Scheel, Barbara: Offener Grundschulunterricht. Schülerzentrierter Unterricht mit Freier Arbeit und Wochenplan. Weinheim (Beltz) 1978

Scheerer-Neumann, Gerheid: Was kommt schon dabei raus? Lernen und Leisten in offenen Situationen. In: Kasper, Hildegard (Hrsg.): Laßt die Kinder lernen. Offene Lernsituationen. Braunschweig (Westermann) 1989 (S. 66-90).

Scheerer-Neumann, Gerheid: Wortspezifisch: ja – Wortbild: nein. Ein letztes Lebewohl an die Wortbildtheorie. In: Balhorn, Heiko/ Brügelmann, Hans (Hrsg.): Rätsel des Schriftspracherwerbs. Neue Sichtweisen aus der Forschung. Lengwil (Libelle) 1995 (S. 149-173)

Scherer, Petra: Entdeckendes Lernen im Mathematikunterricht an der Schule für Lernbehinderte. Heidelberg (Winter) 1995

Scherer, Petra: Lernen in kleinen Schritten oder in komplexen Umgebungen? Was ist geeignet für Kinder mit Lernschwächen? In: Grundschule. Heft 3/97. Braunschweig (Westermann) 1997 (S. 28-31)

Schiefele, Ulrich/Schreyer, Inge: Intrinsische Lernmotivation und Lernen: Ein Überblick zu Ergebnissen der Forschung. In: Zeitschrift für Pädagogische Psychologie. Heft 1/94. Bern (Huber) 1994 (S. 1-13)

Schiefele, Ulrich/ Pekrun, Reinhard: Psychologische Modelle des fremdgesteuerten und selbstgesteuerten Lernens. In: Weinert, Franz E. (Hrsg.): Psychologie des Lernens und der Instruktion. Enzyklopädie der Psychologie. Pädagogische Psychologie Band 2. Göttingen (Hogrefe) 1996 (S. 249-278)

Schipper, Wilhelm/ Hülshoff, Annette: Wie anschaulich sind Veranschaulichungshilfen? In: Grundschule. Heft 4/84. Braunschweig (Westermann) 1984 (S. 54-56)

Schipper, Wilhelm: Formen und Funktionen des Übens im Mathematikunterricht der Grundschule. In: Schipper, Wilhelm: Üben im Mathematikunterricht der Grundschule. Hildesheim (Niedersächsisches Landesinstitut für Lehrerfortbildung, Lehrerweiterbildung und Unterrichtsforschung) 1993[7] (S. 5-17).

Schipper, Wilhelm: Kompetenz und Heterogenität im arithmetischen Anfangsunterricht. In: Die Grundschulzeitschrift 96. Seelze (Friedrich) 1996 (S. 11-15)

Schipper, Wilhelm/ Wittmann, Erich Ch./ Padberg, Friedhelm: Freigabe des Verfahrens der schriftlichen Subtraktion. In: Die Grundschulzeitschrift. Heft 119. Seelze (Friedrich) 1998 (S. 8-9)

Schipper, Wilhelm: Wie lernen Kinder Mathematik und was ist guter Mathematikunterricht? Manuskript zum Fachgespräch „Wie lernen Kinder Mathematik und was ist guter Mathematikunterricht?" im Landesinstitut für Schule und Weiterbildung. Soest 1999

Schipper, Wilhelm/ Dröge, Rotraud/ Ebeling, Astrid: Handbuch für den Mathematikunterricht. 4. Schuljahr. Hannover (Schroedel) 2000

Schlaffke, Winfried/ Westphalen, Klaus (Hrsg.): Denkschrift NRW – Hat Bildung in Schule Zukunft? Köln (Deutscher Instituts-Verlag) 1996

Schmack, Ernst: Offenes Curriculum – Offener Unterricht. Möglichkeiten und Grenzen. Kastellaun (Henn) 1978

Schmid, Jakob Robert: Antiautoritäre, autoritäre oder autoritative Erziehung? Bern (Paul Haupt) 1971

Schmidt, Edeltraut/ Wopp, Christel: Beurteilungsspinne zum Offenen Unterricht. Oldenburger Vordrucke Heft 294. Universität Oldenburg (Zentrum für pädagogische Berufspraxis) 1996

Schmidt, Roland: Die Zählfähigkeit der Schulanfänger. In: Sachunterricht und Mathematik in der Primarstufe. Heft 10/82. Köln (Aulis Verlag Deubner) 1982 (S. 371-376)

Schmidt, Siegbert/ Weiser, Werner: Zählen und Zählverständnis bei Schulanfängern. In: Journal für Mathematik-Didaktik. Heft 3/4/82. Stuttgart (Teubner) 1982 (S. 227-263)

Schnabel, Ulrich: Wissen, ohne zu wissen. Wie der Neuropsychologe Lawrence Weiskrantz bizarre Bewusstseinsstörungen erforscht. In: Die Zeit vom 03.02.00. Heft 6/00. Hamburg (Zeitverlag) 2000 (S. 38)

Schnaitmann, Gerhard W. (Hrsg.): Theorie und Praxis der Unterrichtsforschung. Donauwörth (Auer) 1996

Schneider, Wolfgang/ Bullock, Merry/ Sodian, Beate: Die Entwicklung des Denkens und der Intelligenzunterschiede zwischen Kindern. In: Weinert, Franz E. (Hrsg.): Entwicklung im Kindesalter. Weinheim (Psychologie Verlags Union) 1998 (S. 53-74)

Schön, Bärbel (Hrsg.): Wieviel Therapie braucht die Schule? Donauwörth (Auer) 1998

Schön, Donald A.: The Reflective Practitioner. How Professionals Think in Action. Basic Books 1983

Scholz, Frank (Hrsg.): Arrangements für den Unterricht. Universität Oldenburg (Zentrum für pädagogische Berufspraxis) 1988

Scholz, Gerold: Kinder lernen von Kindern. Baltmannsweiler (Schneider Verlag Hohengehren) 1996

Scholz, Norbert: Wiederbelebung der Selbstregulation. Ein alter Gedanke im Licht von Autopoiesis, Chaosforschung und Gestalttherapie. In: Bundesverband der Freien Alternativschulen (Hrsg.): Freie Alternativschulen: Kinder machen Schule. Wolfratshausen (Drachen Verlag) 1992 (S. 274-289)

Schreier, Helmut: Die Sache des Sachunterrichts. Paderborn (Schöningh) 1982

Schreier, Helmut: Der Gegenstand des Sachunterrichts. Bad Heilbrunn/Obb. (Klinkhardt) 1994

Schubert, Elke/ Strick, Rainer: Leitfaden zum „Spielzeugfreien Kindergarten". München (Aktion Jugendschutz) 1994

Schütte, Sybille: Mathematiklernen in Sinnzusammenhängen: Probleme und Perspektiven der Grundschulmathematik heute. Stuttgart (Klett) 1994a

Schütte, Sybille : Mathematik entdecken auf eigenen Wegen. In: Die Grundschulzeitschrift. Heft 72. Seelze (Friedrich) 1994b (S. 6-9)

Schütte, Sybille: Rechengeschichten statt Textaufgaben: Mathematik und Sprache verbinden. In: Die Grundschulzeitschrift. Heft 102. Seelze (Friedrich) 1997 (S. 6-11)

Schütz, Peter: Techniken der Freinet-Pädagogik im Mathematik-Unterricht. Natürliche Methode. In: Fragen und Versuche. Heft 74. Bremen (Pädagogik-Kooperative) 1995 (S. 20-24)

Schütz, Peter: Vielfalt im Mathematik-Unterricht. In: Dietrich, Ingrid (Hrsg.): Handbuch Freinet-Pädagogik. Weinheim (Beltz) 1995 (S. 121-146)

Schuler, Heinz: Noten und Studien- und Berufserfolg. In: Rost, Detlev H. (Hrsg.): Handwörterbuch Pädagogische Psychologie. Weinheim (Psychologie Verlags Union) 1998 (S. 370-374)

Schulze, Hermann: „... und morgen fangen wir an!" Bausteine für Freiarbeit und offenen Unterricht in der Sekundarstufe. Soltau (Schulze) 1993[2]

Schuster, Karl: Einführung in die Fachdidaktik Deutsch. Baltmannsweiler (Schneider Verlag Hohengehren) 1993[2]

Schwarz, Hermann: Lebens- und Lernort Grundschule. Prinzipien und Formen der Grundschularbeit. Praxisbeispiele. Weiterentwicklungen. Frankfurt am Main (Cornelsen Scriptor) 1994

Schwedes, Hannelore: Lernziele/ Erste Erfahrungen. Stuttgart (Klett) 1976

Sehrbrock, Peter M.: Offener Unterricht als Befreiende Pädagogik in der Schule. Pragmatische Reflexionen. Universität Oldenburg (Zentrum für pädagogische Berufspraxis) 1997

Selter, Christoph: Jede Aufgabe hat eine Lösung. Vom rationalen Kern irrationalen Vorgehens. In: Grundschule. Heft 3. Braunschweig (Westermann) 1994 (S. 20-22)

Selter, Christoph: Zur Fiktivität der ‚Stunde Null' im arithmetischen Anfangsunterricht. In: Mathematische Unterrichtspraxis. Heft 2/95. Seelze-Velber (Kallmeyer) 1995 (S. 11-19)

Selter, Christoph/ Spiegel, Hartmut: Wie Kinder rechnen. Leipzig (Klett) 1997a

Selter, Christoph/ Spiegel, Hartmut: Offenheit gegenüber dem Denken der Kinder. In: Grundschule. Heft 3/97. Seelze (Friedrich) 1997b (S. 12-13)

Selter, Christoph: Flexibles Rechnen statt Normierung auf Normalverfahren. In: Die Grundschulzeitschrift. Heft 125. Seelze (Friedrich) 1999a (S. 6-11)

Selter, Christoph: Geschickt rechnen – Schätzend rechnen. In: Die Grundschulzeitschrift. Heft 125. Seelze (Friedrich) 1999b (S. 33-38)

Selter, Christoph: Wie gut sind deutsche Grundschüler in Mathe? (4). Mehr Offenheit bei schriftlichen Tests. In: Sache – Wort – Zahl. Heft 25. Köln (Aulis Verlag Deubner) 1999c (S. 41-46)

Selter, Christoph: Mit Zuckerstückchen und Törööö! Benjamin Blümchen als Mathelehrer. In: Die Grundschulzeitschrift. Heft 146. Seelze (Friedrich-Verlag) 2001 (S. 52-55)

Seneca, Lucius Annaeus: Epistulae morales ad Lucilium. Liber XVII et XVIII. Briefe an Lucilius über Ethik. 17. und 18. Buch. Übersetzt und herausgegeben von Heinz Gunermann. Stuttgart (Reclam) 1998

Sennlaub, Gerhard (Hrsg.): Mit Feuereifer dabei. Praxisberichte über freie Arbeit und Wochenplan. Heinsberg (Agentur Dieck) 1990[5]a

Sennlaub, Gerhard: Auf die Reform sind wir stolz. In: Sennlaub, Gerhard (Hrsg.): Mit Feuereifer dabei. Praxisberichte über freie Arbeit und Wochenplan. Heinsberg (Agentur Dieck) 1990[5]a (S. 9-18)

Sennlaub, Gerhard: Chinesisch aus dem Wörterbuch. In: Grundschule. Heft 9. Braunschweig (Westermann) 1990b (S. 69-70)

Sieglin, Adelheid/ Goll, Walter: Schule der Zukunft – Freie Schule Kreuzberg. Berlin-Kreuzberg (Kooperatives Lernen) 1990

Singer, Kurt: Die Würde des Schülers ist antastbar. Vom Alltag in unseren Schulen und wie wir ihn verändern können. Reinebek bei Hamburg (Rowohlt) 1999

Sogolin, Ingrid: Kritische Fragen zur „Öffnung von Schule". In: Pädagogik. Heft 4/91. Weinheim (Beltz) 1991 (S. 6-8)

Soostmeyer, Michael: Das entdeckende und forschende Lernen als Ansatzpunkt einer Didaktik der Denkerziehung im naturwissenschaftlich-technischen Sachunterricht der Grundschule/ Fachperspektive Physik. Versuch einer Grundlegung. Dissertation. Universität Essen 1977

Soostmeyer, Michael: Sachunterricht in der Lebenswirklichkeit. Studie über das Pilot-Projekt: Die Lebenswirklichkeit der Kinder als Ausgangspunkt des Sachunterrichts in der Grundschule. Köln (Regierungspräsident Köln) 1987

Spiegel, Hartmut: Vom Nutzen des Taschenrechners im Arithmetikunterricht der Grundschule. In: Bender, Peter (Hrsg.): Mathematikdidaktik: Theorie und Praxis. Berlin (Cornelsen) 1988 (S. 177-189)

Spinner, Kaspar H.: Das Lernen unterstützen im Deutschunterricht der Grundschule. In: Brügelmann, Hans/ Fölling-Albers, Maria/ Richter, Sigrun/ Speck-Hamdan, Angelika (Hrsg.): Jahrbuch Grundschule 1999. Frankfurt am Main (Arbeitskreis Grundschule – Der Grundschulverband) 1999 (S. 77-80)

Spitta, Gudrun: Kinder schreiben eigene Texte: Klasse 1 und 2. Frankfurt am Main (Cornelsen Scriptor) 1988

Spitta, Gudrun: Schreibkonferenzen in Klasse 3 und 4. Frankfurt am Main (Cornelsen Scriptor) 1992

Spitta, Gudrun: Freies Schreiben – kurzlebige Modeerscheinung oder didaktische Konsequenz aus den Ergebnissen der Schreibprozeßforschung? In: Spitta, Gudrun (Hrsg.): Freies Schreiben – eigene Wege gehen. Lengwil (Libelle) 1998 (S. 18-42)

Spitta, Gudrun: Laßt die Kinder zeigen, was sie tatsächlich können! Freies Schreiben und Schreibkonferenzen – ein Weg, die eigenen Fähigkeiten zu entdecken und zu vervollkommnen. In: Spitta, Gudrun (Hrsg.): Freies Schreiben – eigene Wege gehen. Lengwil (Libelle) 1998 (S. 43-80)

Spitta, Gudrun: Zur Entwicklung von Rechtschreibfähigkeiten beim Freien Schreiben oder Wie Freies Schreiben und Rechtschreiben miteinander verbunden sind. In: Büchner, Inge (Hrsg.): Lust und Last und Leistung. Rechtschreibung und Grammatik in der Grundschule und in der Sekundarstufe 1. Hamburg (Deutsche Gesellschaft für Lesen und Schreiben) 1999a (S. 180-187)

Spitta, Gudrun: Rechtschreibbewusstheit als Konzept orthographischen Lernens? Fallstudien zur Entwicklung von Rechtschreibbewusstheit. Unv. Manuskript. Universität Bremen 1999b

Spitta, Gudrun: Sind Sprachbewusstheit und Sprachbewusstsein dasselbe? oder Gedanken zu einer vernachlässigten Differenzierung. In: Deutschdidaktische Perspektiven. Universität Bremen 2000

Spreckelsen, Kay/ Möller, Kornelia/ Hartinger, Andreas (Hrsg.): Ansätze und Methoden empirischer Forschung zum Sachunterricht. Bad Heilbrunn/Obb. (Klinkhardt) 2002

Stadler, Christine: Rekorde, Höchstleistungen, Kurioses bei Menschen und Tieren, in Natur, Technik und Architektur. In: Die Grundschulzeitschrift. Heft 74. Seelze (Friedrich) 1994 (S. 47-54)

Staiger, Horst: Erziehung zum „selbstbestimmten Ich". Untereisesheim (Josta-Verlag) 2001[2]

Stark, Robin/ Gruber, Hans/ Mandl, Heinz: Motivationale und kognitive Passungsprobleme beim komplexen situierten Lernen. In: Psychologie in Erziehung und Unterricht. Heft 3/98. München (Ernst Reinhardt Verlag) 1998 (S. 202-215)

Steindorf, Gerhard: Grundbegriffe des Lehrens und Lernens. Bad Heilbrunn/Obb. (Klinkhardt) 1985

Steinke, Ines: Kriterien qualitativer Forschung. Weinheim (Juventa) 1999

Stenhouse, Lawrence: An Introduction to Curriculum Research and Development. London (Heinemann) 1975

Stenhouse, Lawrence: Pädagogische Fallstudien: Methodische Traditionen und Untersuchungsalltag. In: Fischer, Dietlind (Hrsg.): Fallstudien in der Pädagogik. Aufgaben, Methoden, Wirkungen. Konstanz (Faude) 1982 (S. 24-61)

Stern, Elsbeth/ Straub, Fritz: The effects of teacher's content beliefs in addition and subtraction on students'achievement. Unv. Manuskript. Zürich/ Berlin 1995

Stern, Elsbeth/ Staub, Fritz: Mathematik lernen und verstehen: Anforderungen an den Unterricht. In: Kahlert, Joachim/ Inckemann, Elke/ Speck-Hamdan, Angelika (Hrsg): Grundschule: Sich Lernen leisten: Theorie und Praxis. Neuwied (Luchterhand) 2000 (S. 90-100)

Straka, Gerald A.: Auf dem Weg zu einer mehrdimensionalen Theorie selbstgesteuerten Lernens. Universität Bremen 1998

Straka, Gerald A.: „...denn sie wissen nicht, was sie tun" – Lernen im Prozess der Arbeit. In: Straka, Gerald A. (Hrsg.): Forschungs- und Praxisberichte der Forschungsgruppe LOS (Lernen, Organisiert und Selbstgesteuert). Band 3. Universität Bremen 1999 (S. 20-40)

Strobel, Anton: Natürliche Mathematik in der Freinet-Pädagogik. In: Lengnink, Katja/ Prediger, Susanne/ Siebel, Franziska (Hrsg.): Mathematik und Mensch. Sichtweisen der Allgemeinen Mathematik. Mühltal (Verlag Allgemeine Wissenschaft) 2001 (S. 111-125)

Strote, Ingo: Das Wochenplanbuch für die Grundschule. Heinsberg (Agentur Dieck) 1985

Struck, Peter: Die Schule der Zukunft. Darmstadt (Wissenschaftliche Buchgesellschaft) 1996

Stuffer, Georg (Hrsg.): (K)eine besondere Schule. München (Oldenbourg) 1989

Sundermann, Beate/ Selter, Christoph: Halbschriftliche Addition und Subtraktion im Tausenderraum. Teil I. In: Grundschulunterricht Heft 1/95. Berlin (Pädagogischer Zeitschriftenverlag) 1995a (S. 22-25)

Sundermann, Beate/ Selter, Christoph: Halbschriftliche Addition und Subtraktion im Tausenderraum. Teil 2. In: Grundschulunterricht Heft 2/95. Berlin (Pädagogischer Zeitschriftenverlag) 1995b (S. 30-32)

Sundermann, Beate/ Selter, Christoph: Quattro Stagioni. Nachdenkliches zum Stationenlernen aus mathematikdidaktischer Perspektive. In: Friedrich Jahresheft XVIII. Seelze (Friedrich) 2000 (S. 110-113)

Tent, Lothar: Zensuren. In: Rost, Detlev H. (Hrsg.): Handwörterbuch Pädagogische Psychologie. Weinheim (Psychologie Verlags Union) 1998 (S. 580-584)

Terhart, Ewald: Lehr-Lern-Methoden. Weinheim (Juventa) 1997[2]

Tewes, Uwe: Hamburg-Wechsler-Intelligenztest für Kinder – Revision 1983 (HAWIK-R) Göttingen (Hogrefe) 1983

Tewissen, Frank u. a.: Lernsoftware „Der sprechende Setzkasten". Duisburg (spiriteam) o. J.

Thomé, Günther: Experimente zur Rechtschreibung am Computer. In: Büchner, Inge (Hrsg.): Lust und Last und Leistung. Rechtschreibung und Grammatik in der Grundschule und in der Sekundarstufe 1. Hamburg (Deutsche Gesellschaft für Lesen und Schreiben) 1999 (S. 188-195)

Thomé, Günther: Möglichkeiten und Grenzen der Arbeit mit Anlauttabellen. In: Valtin, Renate (Hrsg.): Rechtschreiben lernen in den Klassen 1-6. Grundlagen und didaktische Hilfen. Frankfurt am Main (Arbeitskreis Grundschule – Der Grundschulverband) 2000 (S. 116-118)

Thomé, Günther/ Hartmann, Regina: Vorstellung und Analyse ausgewählter Rechtschreibmaterialien. In: Valtin, Renate (Hrsg.): Rechtschreiben lernen in den Klassen 1-6. Grundlagen und didaktische Hilfen. Frankfurt am Main (Arbeitskreis Grundschule – Der Grundschulverband) 2000 (S. 146-153)

Todt, Eberhard; Die Bedeutung der Schule für die Interessen von Kindern und Jugendlichen. In: Unterrichtswissenschaft. Heft 4/85. Weinheim (Juventa) 1985 (S. 362 – 376)

Topsch, Willhelm: Das Ende einer Legende. Die Vereinfachte Ausgangsschrift auf dem Prüfstand. Donauwörth (Auer) 1996

Traub, Silke: Schrittweise zur erfolgreichen Freiarbeit. Bad Heilbrunn/Obb. (Klinkhardt) 2000

Treiber, Bernhard/ Weinert, Franz E. (Hrsg.): Lehr-Lern-Forschung. München (Urban & Schwarzenberg) 1982

Trickett, Liz/ Sulke, Frankie: Mathematikunterricht mit schulschwachen Kindern: Fördern heißt Fordern! In: Die Grundschulzeitschrift. Heft 68. Seelze (Friedrich) 1993 (S. 35-38)

Ulich, Klaus: Lehrer/innen-Ausbildung im Urteil der Betroffenen. Ergebnisse und Folgerungen. In: Die Deutsche Schule. Heft 1/96. Weinheim (Juventa) 1996 (S. 81-97)

Ullrich, Heiner: Die Reformpädagogik. Modernisierung oder Weg aus der Moderne? In: Zeitschrift für Pädagogik. Heft 36/90. Weinheim (Beltz) 1990 (S. 893-918)

Ulshöfer, Robert/ Götz, Theo (Hrsg.): Praxis des offenen Unterrichts. Das Konzept einer kooperativen Didaktik. Freiburg (Herder) 1976

Unglaube, Henning: Das Experiment im Sachunterricht. In: Meier, Richard/ Unglaube, Henning/ Faust-Siehl, Gabriele (Hrsg.): Sachunterricht in der Grundschule. Frankfurt am Main (Arbeitskreis Grundschule) 1997 (S. 224-236)

Valtin, Renate/ Naegele, Ingrid (Hrsg.): „Schreiben ist wichtig!" Grundlagen und Beispiele für kommunikatives Schreiben(lernen). Frankfurt am Main (Arbeitskreis Grundschule) 1986

Valtin, Renate (Hrsg.): Rechtschreiben lernen in den Klassen 1-6. Grundlagen und didaktische Hilfen. Frankfurt am Main (Arbeitskreis Grundschule – Der Grundschulverband) 2000

Valtin, Renate: Einleitung und Vorbemerkung. In: Valtin, Renate (Hrsg.): Rechtschreiben lernen in den Klassen 1-6. Grundlagen und didaktische Hilfen. Frankfurt am Main (Arbeitskreis Grundschule – Der Grundschulverband) 2000 (S. 7-9)

Verband Bildung und Erziehung (Hrsg.): „Freie Arbeit". Chancen und Schwierigkeiten in der Grundschule. Hamm (Verband Bildung und Erziehung) 1988

Verboom, Lilo: ANNA-Zahlen. Material in: Die Grundschulzeitschrift. Heft 119. Seelze (Friedrich) 1996 (S. 28-42)

Vercamer, Renate: Lebendige Kinderschule. „Offener Unterricht" im Spiegel einer Klassenchronik. Weinheim (Beltz) 1995

Vester, Frederic: Denken, Lernen, Vergessen. München (dtv) 1978

Vierlinger, Rupert: Die Auswirkungen verschiedener Unterrichtskonzepte auf Aufmerksamkeit und Störverhalten von Schülern. In: Unterrichtswissenschaft. Heft 4/84. Weinheim (Juventa) 1984 (S. 387-396)

Voß, Reinhard (Hrsg.): Unterricht aus konstruktivistischer Sicht. Die Welten in den Köpfen der Kinder. Neuwied (Luchterhand) 2002a

Voß, Reinhard (Hrsg.): Die Schule neu erfinden. Systemisch-konstruktivistische Annäherungen an Schule und Pädagogik. Neuwied (Luchterhand) 2002[4]b

Wagener, Matthea: Sind Lehrerinnen, die verbal beurteilen, reformorientierter? In: Valtin, Renate u. a.: Was ist ein gutes Zeugnis? Weinheim (Juventa) 2002 (S. 101-112)

Wagenschein, Martin: Verstehen lehren. Weinheim (Beltz) 1968

Wagenschein, Martin: Die pädagogische Dimension der Physik. Braunschweig (Westermann) 1971

Wagenschein, Martin: Kinder auf dem Wege zur Physik. Weinheim (Beltz) 1990

Wagner, Angelika C.: Selbstgesteuertes Lernen im offenen Unterricht – Erfahrungen mit einem Unterrichtsversuch in der Grundschule. In: Einsiedler, Wolfgang: Konzeptionen des Grundschulunterrichts. Bad Heilbrunn/Obb. (Klinkhardt) 1979 (S. 174-186)

Wagner, Gerhard/ Schöll, Gabriele: Selbständiges Lernen in Phasen freier Aktivitäten – Entwicklung eines Beobachtungsinventars und Durchführung einer empirischen Untersuchung in einer 4. Grundschulklasse. Berichte und Arbeiten aus dem Institut für Grundschulforschung Nr. 70. Erlangen-Nürnberg (Institut für Grundschulforschung an der Universität Erlangen-Nürnberg) 1992

Wallascheck, Uta: Lernzirkel – eine Arbeitsform, die selbständiges, individuelles Arbeiten ermöglicht. In: Lehmann, Bernd (Hrsg.): Kinder–Schule: Lehrer–Schule. Langenau (Armin Vaas) 1991

Wallrabenstein, Wulf: Offene Schule – Offener Unterricht. Ratgeber für Eltern und Lehrer. Reinbek bei Hamburg (Rowohlt) 1991

Wallrabenstein, Wulf: Hilfe – ich habe den Überblick verloren! Zur Passung von offenen und geschlossenen Lernphasen. In: Friedrich Jahresheft XII. Seelze (Friedrich) 1994 (S. 32-34)

Wallrabenstein, Wulf: Wie planbar ist Offener Unterricht? „Planung und Öffnung – Das kommt einer Quadratur des Kreises gleich". In: Pädagogik. Heft 4/96. Weinheim (Beltz) 1996 (S. 27-31)

Walter, Jürgen/ Suhr, Kristina/ Werner, Birgit: Experimentell beobachtete Effekte zweier Formen von Mathematikunterricht in der Förderschule. In: Zeitschrift für Heilpädagogik. Heft 4/01. Hannover-Herrenhausen (Verband Deutscher Sonderschulen) 2001 (S. 143-151)

Wang, Margaret C.: Entwicklung und Förderung von Kompetenzen zur Selbststeuerung und Selbst-Management bei Schülern. In: Unterrichtswissenschaft. Heft 2/82. Weinheim (Juventa) 1982 (S. 129 – 139)

Watzlawick, Paul: Wie wirklich ist die Wirklichkeit? München (Piper) 1978

Watzlawick, Paul: Anleitung zum Unglücklichsein. München (Piper) 1983

Weber, Anders: Werkstatt – Erfahrungen im individualisierenden und gemeinschaftsbildenden Unterricht. Zell (Zürcher Kantonale Mittelstufenkonferenz) 1991

Weber, Ernst: Autorität im Wandel. Donauwörth (Auer) 1974

Weigelt, Peter: Chaos als Chance. Versuch über das alternative Konzept „Selbstregulierung" am Beispiel der Glocksee-Schule. Frankfurt am Main (Campus) 1982

Weinert, Franz E.: Entwicklungsgemäßer Unterricht. Probleme der Anpassung des Unterrichts an den kognitiven Entwicklungsstand der Schüler [1]. In: Unterrichtswissenschaft. Heft 1/77. Weinheim (Juventa) 1977 (S. 1-13)

Weinert, Franz E.: Selbstgesteuertes Lernen als Voraussetzung, Methode und Ziel des Unterrichts. In: Unterrichtswissenschaft. Heft 2/82. Weinheim (Juventa) 1982 (S. 99-110)

Weinert, Franz E.: Ist Lernen lehren endlich lehrbar? Einführung in ein altes Problem und in einige neue Lösungsvorschläge. In: Unterrichtswissenschaft. Heft 4/83. Weinheim (Juventa) 1983 (S. 329-334)

Weinert, Franz E.: Lernen ... gegen die Abwertung des Wissens. In: Friedrich Jahresheft IV. Seelze (Friedrich) 1986 (S. 102-104)

Weinert, Franz E.: Vorwort zur deutschsprachigen Ausgabe. In: Gardner, Howard: Der ungeschulte Kopf. Stuttgart (Klett-Cotta) 1994 (S. 7-12)

Weinert, Franz E. (Hrsg.): Psychologie des Lernens und der Instruktion. Enzyklopädie der Psychologie. Pädagogische Psychologie Band 2. Göttingen (Hogrefe) 1996a

Weinert, Franz E.: Lerntheorien und Instruktionsmodelle. In: Weinert, Franz E. (Hrsg.): Psychologie des Lernens und der Instruktion. Enzyklopädie der Psychologie. Pädagogische Psychologie Band 2. Göttingen (Hogrefe) 1996a (S. 1-48)

Weinert, Franz E.: Für und Wider die „neuen Lerntheorien" als Grundlagen pädagogisch-psychologischer Forschung. In: Zeitschrift für Pädagogische Psychologie. Heft 1/96 Bern (Huber) 1996b (S. 1-12)

Weinert, Franz E./ Helmke, Andreas (Hrsg.): Entwicklung im Grundschulalter. Weinheim (Beltz) 1997

Weinert, Franz E./ Mandl, Heinz (Hrsg.): Psychologie der Erwachsenenbildung. Enzyklopädie der Psychologie. Pädagogische Psychologie Band 4. Göttingen (Hogrefe) 1997

Weinert, Franz E. (Hrsg.): Entwicklung im Kindesalter. Weinheim (Psychologie Verlags Union) 1998

Weinert, Sabine: Spracherwerb und implizites Lernen. Bern (Huber) 1991

Weltner, Klaus: Autonomes Lernen. Stuttgart (Klett-Cotta) 1978

Wenzel, Achill: Freiarbeit in der Grundschule. Modelle, Berichte und Beispiele. Bad Heilbrunn/Obb. (Klinkhardt) 1983

Wenzel, Achill: Freiarbeit in der Grundschule – Chancen und Probleme. In: Lehrer Journal. Grundschulmagazin. Heft 11/87. München (Oldenbourg/ Prögel) 1987 (S. 2-5)

Wenzel, Hartmut: Unterricht und Schüleraktivität. Probleme und Möglichkeiten der Entwicklung von Selbststeuerungsfähigkeiten im Unterricht. Weinheim (Deutscher Studien Verlag) 1987

Whitney, Hassler: Taking responsibility in school mathematics education. In: The Journal of Mathematical Behaviour. Heft 3/85. Norwood, New Jersey (Ablex Publishing Corporation) 1985 (S. 219-235)

Wiebel, Klaus Hartmut: „Laborieren" als Weg zum Experimentieren im Sachunterricht. In: Die Grundschulzeitschrift. Heft 139. Seelze (Friedrich) 2000 (S. 44-47)

Winkel, Rainer: Offener oder beweglicher Unterricht? In Grundschule. Heft 2/93. Braunschweig (Westermann) 1993a (S. 14-16)

Winkel, Rainer (Hrsg.): Reformpädagogik konkret. Hamburg (Bergmann + Helbig Verlag) 1993b

Winner, Anna: Der „Spielzeugfreie Kindergarten". Ein Beitrag zur Suchtprävention. München (Aktion Jugendschutz) 1996

Winter, Heinrich: Mathematik entdecken. Berlin (Cornelsen Scriptor) 1987

Winter, Heinrich: Anwenden und Entdecken – Probleme des Sachrechnens in der Grundschule. In: Die Grundschulzeitschrift. Heft 42. Seelze (Friedrich) 1991 (S. 28-35)

Winter, Heinrich: Sachrechnen in der Grundschule. Berlin (Cornelsen Scriptor) 1992

Wittenbruch, Wilhelm (Hrsg.) Das pädagogische Profil der Grundschule. Impulse für die Weiterentwicklung der Grundschule. Heinsberg (Agentur Dieck) 1989

Wittmann, Erich Ch./ Müller, Gerhard: Handbuch produktiver Rechenübungen. Band 1. Vom Einspluseins zum Einmaleins. Stuttgart (Klett) 1990

Wittmann, Erich Ch.: Mathematiklernen zwischen Skylla und Charybdis. In: Mitteilungen der mathematischen Gesellschaft in Hamburg. Band XII. Heft 3/91. Hamburg (Mathematische Gesellschaft in Hamburg) 1991 (S. 663-679)

Wittmann, Erich Ch./ Müller, Gerhard: Handbuch produktiver Rechenübungen. Band 2. Vom halbschriftlichen zum schriftlichen Rechnen. Stuttgart (Klett) 1992

Wittmann, Erich Ch.: „Weniger ist mehr": Anschauungsmittel im Mathematikunterricht der Grundschule. In: Beiträge zum Mathematikunterricht. Hildesheim (Franzbecker) 1993 (S. 394-397)

Wittmann, Erich Ch.: Legen und Überlegen. Wendeplättchen im aktiv-entdeckenden Rechenunterricht. In: Die Grundschulzeitschrift. Heft 72. Seelze (Friedrich) 1994 (S. 44-46)

Wittmann, Erich Ch: Aktiv-entdeckendes und soziales Lernen im Rechenunterricht – vom Kind und vom Fach aus. In: Müller, Gerhard/ Wittmann, Erich Ch.: Mit Kindern rechnen. Frankfurt am Main (Arbeitskreis Grundschule – Der Grundschulverband) 1995

Wittmann, Erich Christian.: Offener Mathematikunterricht in der Grundschule – vom FACH aus. In: Grundschulunterricht. Heft 6/96. Berlin (Pädagogischer Zeitschriftenverlag 1996 (S. 3-7)

Wittmann, Erich Ch.: Stellungnahme zu den einzelnen Punkten des Fragebogens. Manuskript zum Fachgespräch „Wie lernen Kinder Mathematik und was ist guter Mathematikunterricht?" im Landesinstitut für Schule und Weiterbildung. Soest 1999

Wittrock, Merlin C.: A constructive review of research on learning strategies. In: Weinstein, Claire E./ Goetz, Ernest T./ Alexander, Patricia A. (Hrsg.): Learning and study strategies. Issues in assessment, instruction and evaluation. San Diego (Academic Press) 1988 (S. 287-297)

Wollersheim, Heinz-Werner; Braucht die Schule einen neuen Bildungsbegriff? In: Beinke, Lothar/ Bruggen, Johan C. van/ Dittmann, Armin/ Führ, Christoph/ Gauger, Jörg-Dieter/ Mußgnug, Reinhard/ Regenbrecht, Aloysius/ Rekus, Jürgen/ Reul, Herbert/ Westphalen, Klaus/ Wollersheim, Heinz-Werner: Zukunft der Bildung – Schule der Zukunft? Zur Diskussion um die Denkschrift der Bildungskommission NRW. Sankt Augustin (Konrad-Adenauer-Stiftung) 1996 (S. 13-33)

Wopp, Christel: Lernschwierige Kinder im offenen Unterricht. In: Grundschule. Heft 5/89. Braunschweig (Westermann) 1989 (S. 35-37)

Zander, Conrad: Wer erlöst uns von dem Übel? (Verdammte Schule 6. Teil). In: Stern. Heft 29/76. Hamburg (Gruner und Jahr) 1976 (S. 42-50)

Zehnpfennig, Hannelore/ Zehnpfennig, Helmut: Was ist „Offener Unterricht". In: Landesinstitut für Schule und Weiterbildung (Hrsg.): Schulanfang. Ganzheitliche Förderung im Anfangsunterricht und im Schulkindergarten. Kapitel 5.2: Basis „Offener Unterricht". Soest (Landesinstitut für Schule und Weiterbildung) 1992 (S. 46-60)

Zehnpfennig, Hannelore/ Zehnpfennig, Helmut: OFFENER UNTERRICHT, aktiv-entdeckendes Lernen und Mathematik in der Grundschule. In: Grundschulunterricht. Heft 1/94. Berlin (Pädagogischer Zeitschriftenverlag) 1994a (S. 20-22)

Zehnpfennig, Hannelore/ Zehnpfennig, Helmut: „Es riecht nach Weltall. Zauberhaft!". Kinder schreiben Gedichte – eine Unterrichtsdokumentation. In: Grundschulunterricht. Heft 4/94. Berlin (Pädagogischer Zeitschriftenverlag) 1994b (S. 11-12)

Zehnpfennig, Hannelore/ Zehnpfennig, Helmut: „Mit einem Bild ist es fast so wie mit einer Geschichte, wenn sie fertig ist, fängt sie erst richtig an". Kinder malen ihre Gedichte. In: Grundschulunterricht. Heft 10/94. Berlin (Pädagogischer Zeitschriftenverlag) 1994c (S. 29-32)

Zehnpfennig, Hannelore/ Zehnpfennig, Helmut: „Eins minus Hundert ist gleich neunundneunzig unter Null". Erstkläßler entdecken und erobern den Zahlenraum. In: Grundschulunterricht. Heft 11/94. Berlin (Pädagogischer Zeitschriftenverlag) 1994d (S. 27-30)

Zehnpfennig, Hannelore/ Zehnpfennig, Helmut: Das Arbeitsblatt: Für und Wider. In: Grundschulunterricht. Heft 1/95 Beiheft. Berlin (Pädagogischer Zeitschriftenverlag) 1995a (S. 10-11)

Zehnpfennig, Hannelore/ Zehnpfennig, Helmut: „Neue" Schule in „alten" Strukturen. In: Grundschulunterricht. Heft 6/95. Berlin (Pädagogischer Zeitschriftenverlag) 1995b (S. 5-7)

Zehnpfennig, Hannelore: Thesenpapier (zur Arbeitsgruppe 5: Grundschule in Bewegung). Unv. Manuskript. Köln 1995c

Ziler, Hermann: Der Mann-Zeichen-Test in detail-statistischer Auswertung. Münster (Aschendorfsche Verlagsbuchhandlung) 1970

Zinnecker, Jürgen/ Behnken, Imbke/ Maschke, Sabine/ Stecher, Ludwig: null zoff & voll busy. Die erste Jugendgeneration des neuen Jahrhunderts. Opladen (Leske und Budrich) 2002

Zürcher, Käthi: Werkstatt-Unterricht. Am Beispiel 1x1. Bern (Zytglogge) 1987